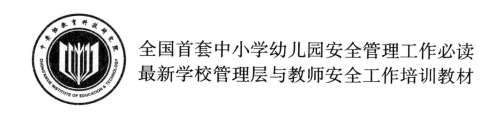

全国首套中小学幼儿园安全管理工作必读
最新学校管理层与教师安全工作培训教材

学校安全工作标准指引

XUE XIAO AN QUAN GONG ZUO BIAO ZHUN ZHI YIN

中安协教育科技研究院◇组编

九州出版社
JIUZHOUPRESS

目 录

第一卷 学校安全管理实务

3

第二卷　学校安全法律法规

第三卷　学校安全国家标准

第四卷　学校安全行业标准

第五卷　班主任（教师）安全工作应知应会

第一卷　学校安全管理实务

◎学校安全安全管理基本要求
◎学校建筑安全隐患排查要求
◎学校建筑安全检查标准指引
◎学校安全管理检查标准指引
◎学生伤害事故预防与处理
◎学校安全伤害侵权责任认定
◎学校日常安全应急工作流程

第一章 学校安全安全管理基本要求

第一节 学校校舍建筑安全管理

一、校舍建筑安全排查

校舍建筑排查主要包括校舍场址安全排查和校舍建筑安全排查。

（一）校舍场址安全排查

由当地政府组织有关部门和专业人员通过查阅资料和实地踏勘，必要时通过专项评估，对校舍场址遭受洪涝、台风、雷电、地质灾害、地震地质灾害、火灾危害等安全隐患进行全面排查，提出是否需要迁移避险和专门处置的意见。

1. 危险地段

（1）处于滑坡、崩塌、地面沉陷、地裂缝、山洪、泥石流等危险区的场地；

（2）发震断裂带上可能发生地表位错的部位；

（3）行洪区、雷电重灾区；

（4）遭受病险水库、淤地坝、蓄水池、尾矿库或储灰库等威胁，且难以整治和防御的高危害影响区；

（5）与输气输油管道，高压走廊、大型变压器，生产、经营、储存有毒有害危险品、易燃易爆危险品场所相毗邻的场地；

（6）有关工程建设标准规定的其他危险地段。

2. 需评估判定的危险地段或禁止建设地段

（1）存在潜在危险性但尚未查明或不明确的滑坡、崩塌、地面沉陷、地裂缝、地震断裂带、山洪、泥石流等场地；

（2）尚未稳定的地下采空区；

（3）地质灾害破坏作用影响严重，环境工程地质条件严重恶化，难以整治的场地；

（4）地下埋藏有待开采的矿产资源的场地；

（5）洪泛区、蓄滞洪、易洪易涝区及山洪、台风、暴潮、雷电严重威胁区；

（6）与大型可燃材料堆场相毗邻的场地；

（7）存在其他对建设用地限制使用条件的场地。

评估应由国土资源、地震、水利、安监、消防、教育等部门组织完成。

（二）校舍建筑安全排查

在确认校舍场址安全的基础上，通过查阅档案和实地踏勘等方式对校舍基本情况和建筑的安全隐患进行全面排查，提出校舍建筑是否需要进行鉴定和专门处置的意见。排查的基本内容应包括：校舍概况（名称，用途，建筑面积，建设年代，原勘察、设计、施工、监理单位等），建筑物基本情况（高度、层数、建筑体型、结构类型、基础形式等），勘察、设计、施工、检测、竣工验收文件情况，抗震设防、消防、防洪、抗风、防雷击、排除用地安全威胁等防灾情况（使用的防灾标准），历史使用和维修改造情况，现场检查情况，存在的主要问题和安全隐患等。

二、校舍建筑安全的鉴定

对所有校舍，委托有相应资质或资格的单位进行鉴定，确定校舍是否需要加固改造或拆除重建。

根据鉴定工作要求，对需要进行检测的校舍，由有相应资质单位对校舍建筑进行检测，检测工作内容和深度需满足校舍鉴定工作的要求。

（一）鉴定机构及要求

1. 鉴定机构资质

根据《全国中小学校舍安全工程技术指南》和《房屋建筑工程抗震设防管理规定》，具有相应设计资质的设计单位可以承担校舍抗震鉴定业务，房屋安全性鉴定单位和具有相应设计资质的设计单位可以承担校舍房屋安全鉴定业务。各地可以根据本地区实际情况制定具体办法，或者对可以承担校舍鉴定业务的单位予以公布，以便建设单位选择。

2. 鉴定要求

（1）地震烈度7度及以上地区和地震重点监视防御区，由有相应设计资质的单位按照《建筑抗震鉴定标准》《民用建筑可靠性鉴定标准》和有关抗震设计规范对校舍进行抗震鉴定，出具抗震鉴定报告，确定校舍是否需要进行抗震加固。有条件时可优先委托有相应资质的原设计单位开展校舍的抗震鉴定工作。

（2）地震烈度6度及以下的非地震重点监视防御区，由房屋安全鉴定机构或有相应设计资质的单位按照《民用建筑可靠性鉴定标准》等对校舍进行房屋安全鉴定，提出房屋安全鉴定报告，根据房屋安全级别确定校舍是否需要加固。

地震烈度6度地区经房屋安全鉴定需进行加固的C级危房，还应进一步作抗震鉴定，提出抗震鉴定报告，加固时应满足抗震设防要求。

（3）位于洪泛区、蓄滞洪和易洪易涝区的校舍要由有资质的单位进行抗淹没、抗洪水冲击的鉴定，台风严重威胁区内的校舍要由有资质的单位进行抗风能力验算。

3. 重点鉴定的校舍

（1）发现结构安全有问题的校舍；

（2）老旧校舍，特别是接近或超过原设计使用年限的校舍；

（3）违章违规建造、加层或拆改结构的校舍；

（4）位于地震烈度 7 度及以上地区和地震重点监视防御区，未进行抗震设防或按照《建筑抗震设计规范》设计，且未做抗震加固的校舍；

（5）位于蓄滞洪、洪泛区和易洪易涝区的校舍；

（6）耐火等级、安全疏散和消防设施等不符合相关消防技术标准要求的校舍；

（7）设计建造后当地设防烈度（地震动参数）提高了的校舍；

（8）缺少勘察、设计或工程验收文件的校舍；

（9）原勘察、设计、施工单位资质不符合要求的校舍。

（二）鉴定内容与步骤

1. 初步调查：对图纸资料、建筑物建设和使用历史、受灾历史、现场考察，制定详细调查计划及检测、试验工作大纲并提出需由委托方完成的准备工作。

2. 详细调查：结构基本情况勘查、结构使用条件调查核实、地基基础（包括桩基础）检查、材料性能检测分析、承重结构检查、水情资料分析调查等。

3. 安全性鉴定评级：按构件、子单元和鉴定单元分三个层次进行。每一层次分为 A、B、C、D四个安全性等级。

4. 适修性评估：按每种构件、每一子单元和鉴定单元分别进行评估。

5. 鉴定报告：报告深度应满足相关标准和合同规定的要求。

（三）鉴定类别及内容

1. 抗震鉴定

中小学校舍抗震鉴定不得降低抗震设防标准，并应包括下列内容：

（1）搜集建筑的勘察报告、施工图纸、竣工图纸和工程验收文件等原始资料；当资料不全时，进行必要的补充实测。

（2）调查建筑现状与原始资料相符合的程度、施工质量和维护状况，发现相关的非抗震缺陷，评估非结构构件（如外走廊栏杆、栏板）在地震中引发次生灾害的可能性。

（3）根据各类建筑建造年代和依据的设计规范、结构的特点、结构布置、构造和抗震承载力等因素，开展构造鉴定和抗震承载力验算，对结构的抗震能力进行综合评价。

（4）对现有建筑整体抗震性能做出评价，对不符合抗震鉴定要求的建筑提出相应的抗震减灾对策和处理意见，对符合抗震鉴定要求的建筑应注明其后续使用年限。

2. 抗水灾鉴定

中小学校舍的抗淹没、抗洪水冲击等综合防灾能力的鉴定应符合《防洪标准》、《堰塞湖风险等级划分标准》以及《蓄滞洪区建筑工程技术规范》等标准规范的要求，并应包括下列内容：

（1）了解校址地理环境，包括洪涝、台风灾害以及病险库、淤地坝、堰塞湖、蓄水池、尾矿坝或储灰库和地质灾害威胁的情况。

（2）详细调查校舍位置与相关致灾因子的关系，结构基本情况勘察、结构使用条件调查核实、地基基础（包括桩基础）检查、材料性能检测分析、承重结构检查、水情资料分析调查、校舍防洪自保措施和必要的预警避险措施核查。

（3）调查建筑物所处地理位置和周边环境以及建筑现状与原始资料相符合的程度、施工质量和维护状况，发现相关的防灾薄弱环节，评估非结构构件（如外走廊栏杆、栏板）在灾害发生时引发次生灾害的可能性。

（4）根据各类建筑建造年代和依据的设计规范、结构的特点、结构布置、构造和承载力等因素，开展综合防灾计算，对结构综合防灾能力进行综合评价。

（5）对现有建筑整体综合防灾性能做出评价，对不符合综合防灾鉴定要求的建筑提出相应的减灾对策和处理意见，对符合综合防灾鉴定要求的建筑应注明其后续使用年限。

附1：建筑工程抗震设防分类

抗震设防分类是指根据建筑遭遇地震破坏后，可能造成人员伤亡、直接和间接经济损失、社会影响的程度及其在抗震救灾中的作用等因素，对各类建筑所做的设防类别划分。

我国《建筑工程抗震设防分类标准》（GB 50223—2008）明确规定，建筑工程应分为以下四个抗震设防类别：

1. 特殊设防类：指使用上有特殊设施，涉及国家公共安全的重大建筑工程和地震时可能发生严重次生灾害等特别重大灾害后果，需要进行特殊设防的建筑。简称甲类。

2. 重点设防类：指地震时使用功能不能中断或需尽快恢复的生命线相关建筑，以及地震时可能导致大量人员伤亡等重大灾害后果，需要提高设防标准的建筑。简称乙类。

3. 标准设防类：指大量的除特殊设防类、重点设防类、适度设防类以外按标准要求进行设防的建筑。简称丙类。

4. 适度设防类：指使用上人员稀少且震损不致产生次生灾害，允许在一定条件下适度降低要求的建筑。简称丁类。

根据《建筑工程抗震设防分类标准》规定：教育建筑中，幼儿园、小学、中学的教学用房以及学生宿舍和食堂，抗震设防类别应不低于重点设防类。

附2：建筑工程抗震设防标准

建筑工程抗震设防标准是指衡量抗震设防要求高低的尺度，由抗震设防烈度或设计地震动参数及建筑抗震设防类别确定。

各类别建筑的抗震设防标准分别是：

1. 标准设防类：应按本地区抗震设防烈度确定其抗震措施和地震作用，达到在遭遇高于当地抗震设防烈度的预估罕遇地震影响时不致倒塌或发生危及生命安全的严重破坏的抗震设防目标。

2. 重点设防类：应按高于本地区抗震设防烈度一度的要求加强其抗震措施；但抗震设防烈度为9度时应按比9度更高的要求采取抗震措施；地基基础的抗震措施，应符合有关规定。同时，应按本地区抗震设防烈度确定其地震作用。

3. 特殊设防类：应按高于本地区抗震设防烈度提高一度的要求加强其抗震措施；但抗震设防烈度为9度时应按比9度更高的要求采取抗震措施。同时，应按批准的地震安全性评价的结果且高于本地区抗震设防烈度的要求确定其地震作用。

4. 适度设防类：允许比本地区抗震设防烈度的要求适当降低其抗震措施，但抗震设防烈度为6度时不应降低。一般情况下，仍应按本地区抗震设防烈度确定其地震作用。

附3：校舍鉴定等级

A级：结构承载力能满足正常使用要求，未发现危险点，房屋结构安全。

B级：结构承载力基本能满足正常使用要求，个别结构构件处于危险状态，但不影响主体结构，基本满足正常使用要求。

C级：部分承重结构承载力不能满足正常使用要求，局部出现险情，构成局部危房。

D级：承重结构承载力已不能满足正常使用要求，房屋整体出现险情，构成整幢危房。

三、校舍建筑安全检查原则

（一）定期安检与常态安检相结合

1. 定期安全检查：学校一般应组织安排至少四次定期检查，分别为：

（1）寒假开学前

（2）五一长假中

（3）暑假开学前

（4）十一长假中

（5）其它：如汛期前对建筑设施检查、冬季来临前对取暖设施、防雪灾检查等

2. 常态安全检查

学校应经常性地对建筑设施、公共设施、设施设备、用水用电、门卫值班等进行检查，以便及时发现隐患，消除隐患。

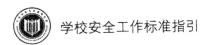

（二）专人安检与师生报告相结合

1. 设立专（兼）安全检查员

每所选择和培养几名专兼的安全检查员，进行系统的专业培训，熟知各类安全隐患的特性，定期对学校校舍建筑进行检查，争取及时准确地发现问题隐患。

2. 明确班主任和教师安全检查职责

学校建筑物安全隐患光凭几名安全检查员来完成是远远不够的，因为现在学校建筑面积越来越大，各类教室和功能教室越来越多，为弥补人员上的不足，对于一些教室和专用教室的排查工作都应交给相关教师来完成。

3. 设立班级学生安全委员

主要是发动学生来向学校提供宿舍、餐厅、操场等隐患，扩大检查面。

（三）重点部位安检与一般细节安检相结合

1. 重点部位检查

学校一般至少有教学楼、校门、实验楼、餐厅、宿舍、图书馆、计算机教室等重点部门，这些是每次必查的部位，注意要勤检查、勤记录、快整改。

2. 注重细节检查

（三）校舍建筑安全检查项目及内容

1. 校舍建筑外观

（1）地基是否牢固，是否受其他新建校舍影响，有无变形塌陷现象；

（2）外墙有无墙皮隆起、龟裂、剥落、缝隙等；

（3）柱体有无倾斜、变形、裂缝，有无混凝土脱落、钢筋裸露、锈蚀等现象；

（4）平房房顶是否变形、塌陷、缺瓦等。

2. 校舍建筑内部

（1）墙体有无变形、开裂，墙表皮是否鼓起、龟裂、剥落等；

（2）楼梯梯面防滑砖、防滑条有无脱落，楼梯地面有无裂缝，楼梯台阶有无缺损，楼梯扶手是否牢固、结实、完整，有无裂破或异物突出，楼梯间照明设置有无损坏；

（3）走廊、地面是否平整，有无裂缝、凹陷、积水等；

（4）柱体有无倾斜、变形、裂缝、钢筋裸露、锈蚀等现象；

（5）天花板有无开裂、变形、脱落、漏水现象；

（6）通过平房检查口检查房梁是否有变形、损坏、虫洞、腐朽等现象。

3. 校舍附属设施

（1）大厅入口、教室、楼梯、储物室等门锁有无安全隐患，特别是玻璃门是否结实、有无松动、摇晃、开裂、开启不畅等现象；

（2）建筑物窗框是否结实牢固，玻璃有无松动、晃动、掉落；安装防盗网的，是否有损坏、铁丝外突等；

（3）建筑内灯具、吊扇、黑板、电开关以及悬吊在墙壁上的视听器材、教具等设施有无隐患；

（4）楼栏杆是否符合安全标准，外观有无破损，是否牢固；铁质和不锈钢栏杆有无断裂现象，水泥栏杆有无裂缝、混凝土剥落及倾斜现象，木质栏杆有无腐烂现象；

（5）楼顶是否有堆积物、是否有可能坠落的物体，有无开裂、塌陷、漏水、下水口阻塞等现象，楼顶有无杂草杂物，楼顶围墙、栏杆有无损坏，通往楼顶的通道是否有防止学生进入的封闭措施，是否有安全警示；

（6）楼房是否有悬挂物，悬挂物是否结实牢固，楼房上的大型展板、标志、霓虹灯、钢体字等是否结实牢固。

4. 其他公共设施

（1）围墙地基塌陷、变形等隐患，墙体是否有变形、倾斜，砖石有无缺失、松动、掉落等，铁艺围栏是否结实，有无破损等；

（2）校门是否结实牢固，固定大门的门垛是否牢固；

（3）旗杆是否牢固，有无倾斜、松动、晃动等现象，滑轮是否结实，固定国旗的装置是否结实；

（4）旱厕所建筑有无隐患，化粪池口是否开在学生入厕另一方，如在同一方，是否安装了铁门并上锁。厕所内蹲坑宽度是否符合学生生理特点。

5. 教室

（1）所有的灯光设备是否安装正确且条件良好和清洁，有无暴露的灯泡；

（2）天花板是否开裂、变形、脱落、漏水；

（3）学生桌椅是否修缮完好；

（4）讲台是否牢固结实；

（5）地面是否平整，墙面是否鼓起、龟裂、剥落；

（6）黑板固定是否牢固；

（7）悬吊的电扇是否牢固；

（8）悬挂在墙上上视听器材、教具等高度是否合适，是否牢固；

（9）教室前后门是否开合正常，门上的玻璃是否结实；

（10）电器设备和灯光开关是否完好；

（11）裸露的电线、电器连接线等是否有安全隐患；

（12）暖气片是否有覆盖以防止学生撞伤；

（13）为方便学生提供的挂衣钩是否高于班内最高学生身高；

（14）窗台上摆放的花草是否可能刺伤学生或可能造成学生花粉过敏。

五、校舍建筑安全隐患的整改

（一）立即整治，彻底除患

对于排查出的校舍建筑安全隐患，学校能够治理的，应及时组织整治，彻底消除隐患。

（二）及时报告，做好防范

学校无力解决或无法排除的重大安全隐患，应当及时书面报告教育主管行政部门或本级人民政府，并制定积极的防范措施。

（三）组织力量，帮助治理

教育行政部门接到学校报告后，应立即安排经费、人员、物资帮助学校解决问题，消除隐患。

（四）报告政府，协调解决

对一些问题特别严重、需要资金较大的，应积极向同级政府报告，并协调相关部门进行整治。在协调整治期间，须尽最大可能保证学生及师生安全，采取一切力所能及的措施和应对办法。

第二节 学校设施设备安全管理

一、教育教学设施设备管理

（一）普通教室

1. 建立课桌椅检查制度。对课桌椅进行经常性的检查，确保桌椅牢固结实、不晃动。标准制课桌椅不缺少固定镙丝，并保证每颗镙丝钉拧紧。特别要防范椅腿折断伤害学生。

2. 低年级教室应配备高度不同的两种桌椅，以适应身高不同的学生使用。

3. 保证教室黑板固定牢固，悬挂高度符合标准，材料不伤害学生眼睛。

4. 经常检查电扇、空调、电视、屏幕等悬吊物，不发生坠落伤人事故。

5. 检查教室用电设施、电路、开关等，防止学生触电。

（二）专业教室

1. 对教室设施进行经常性检查，发现隐患，及时整改。

2. 强化教室管理制度，严格按照安全规程使用设备。

3. 确保疏散门及通道畅通

4. 按照检查和维修消防设备

（三）教学仪器

1. 严格教学仪器采购。在采购过程中，要特别注重选择质量好、符合安全标准、信誉高的商家。

2. 严格按照教学仪器安全管理规定，做好出入库、检查、保养、更换、报废等工作。

3. 加强学生使用教学仪器安全管理，确保不发生安全事故。

4. 幼儿园在购买大型玩具时，一定要注意质量安全。安装完毕投入使用前，一定要在小范围内试用，确保安全。此外，要反复检查、及时消除隐患，确保设备无安全隐患。

二、生活设施设备管理

（一）学生宿舍

1. 对学生宿舍用床进行经常性检查，发现床铺不牢、晃动、床板折裂、镙丝缺失或松动、上床攀登物有问题等要及时进行维修。

2. 对上铺防护栏净高度低于标准的（30厘米）要及时更换。

3. 有上下铺的宿舍，床铺摆放要合理、安全，不得随意搬动。

4. 盥洗室、厕所地面要勤打扫，防水防滑，以免摔伤。

5. 宿舍内用电线路、开关要保证安全，配备插座的，要严格管理。

（二）学生食堂

该内容见本章卫生安全管理中的食堂卫生安全管理部分。

（三）其它设备

1. 电路是否存在老化、开裂、裸露、松弛等现象；

2. 各类用电开关是否完好；

3. 是否存在变电装置，若存在，是否采取安全措施；

4. 配电室安全设施是否齐全，外部是否有警示标志；

5. 学校锅炉是否坚持年检，锅炉工是否有培训合格证；

6. 高压锅炉房与教学生活用房安全间距是否充足；

7. 锅炉房与开水房是否分设，北方学校冬季供水是否有防滑措施；

8. 锅炉房及供煤是否单独设立并提示学生不得进入；

9. 供气设施设备是否经常检查并确保安全。

三、体育设施设备管理

（一）体育场地

1. 对运动场地进行经常性的检查，发现场地有坑洼、突出物、积水、石块等安全隐患，要及时进行治理。必要时，可停止学生入场运动，等隐患消除后再开放。

2. 对运动场地中设立的设施要进行经常性的检查和维护，如足球大门是否牢固结实，投掷区安全防设施是否结实，排水设施是否功能正常。

3. 对运动场周边的看台要进行必要性检查，及时发现排除安全隐患。

（二）体育场馆

1. 学校的运动场馆要合理分配和使用；做到人人爱护、人人保护公有财产和设施。

2. 增强对体育场馆，消除各种不安全因素；在各运动场馆、器材室配置足够的消防设施。

3. 切实做好用电、用水的合理性和规范性，本着安全、节约、合理的原则使用。

4. 定期检查体育场地、器材、器械是否符合安全卫生要求，对出现的问题及时向上级反映，并及时解决。

5. 做到体育场地专人专管，保证场地、场馆器械的安全，保证器材的合理使用。

（三）体育器械

1. 严格按照国家体育器械配备标准购置学校体育器械。

2. 各类体育器械在安装后，要由专业人员进行先行试用，确保安全后再投入教学。

3. 定期组织对学校体育器械特别是固定大型体育器械进行检查，要做好记录，发现隐患，及时清除。

4. 建议小学、幼儿园在校园内不要设置全民健身器械，因为这类供少数成年人使用的锻练器械在众多未成年人的场所不宜摆放，极易形成伤害。如果学校要坚持放置，则必须履行教育、管理职责。

第三节　学校"三防"安全管理

安全防范是社会公共安全的一部分。一般来讲，安全防范包括人力防范、实体（物）防范和技术防范三个范畴。其中人力防范和实体防范是古已有之的传统防范手段，它们是安全防范的基础，随着科学技术的不断进步，这些传统的防范手段也不断融入新科技的内容。技术防范的概念是在近代科学技术（最初是电子报警技术）用于安全防范领域并逐渐形成的一种独立防范手段的过程中所产生的一种新的防范概念。"三防"是学校安全防范工作的主要内容，对学校预防安全事故特别是治安类事故起着十分重要的作用。

一、人员防范

人力防范是指利用人们自身的传感器（眼、手、耳等）进行探测，发现妨害或破坏安全的目标，作出反应；用声音警告，恐吓，设障，武器还击等手段来延迟或阻止危险的发生，在自身力量不足时还要发出求援信号，以期待作出进一步的反应，制止危险地发生或处理已发生的危险。校园人防是指学校建立相应工作机制，充分利用和合理配置学校现有人员达到学校安全防范的目的。主要做好如下工作：

1. 学校应成立校园安全防范工作领导小组，明确职责，分清责任，制定安防规划，研究处理各类问题等。

2. 建立相应职能机构，配备专（兼）职工作人员，熟知业务技能，组织实施校园安全防范各项措施和工作。

3. 组建由教职工参加的校卫队、护校队、放学队等自护队伍，负责学校巡逻、看护、维持秩序等工作。

4. 组织教职工开展安全教育培训和安全技能演练。

5. 严格值班制度，做好应急防范。需要指出的是学校在安全值班时，一定要双人值守，以防给应急工作带来不便。

二、物资防范

物资防范也称为物理防范或实体防范。其主要作用在于推迟危险的发生，为"反应"提供足够的时间。现代的实体防范，已经不是单纯的纯物质屏障的被动防范，而是越来越多的采用高科技的手段，一方面使实体屏障被破坏的可能性变小，增大延迟的时间；另一方面也使实体屏障本身增加探测和反应的功能。学校物防主要是指学校充分利用现有设施设备等物力达到安全防范的目的。主要包括：

1. 建筑设防。校舍建筑在设计、施工时要突出安全预防的特性，比如较大楼梯配置双侧扶手、教学楼门厅设计疏散空间加大、门卫室监控视野最大化、围墙或围栏防侵入设计等。

2. 防盗设施。在学校计算机教室、化学药品储存地、报告厅、财物室、各类库房等重地装配防盗门、防盗柜、防盗网、防盗窗栏等设施，以防被盗。

3. 灯光设防。有条件的学校可在校园实施光亮工程，在夜晚增强照明，对减少安全事故的发生有积极的意义。

三、科技防范

科技防范是社会公共安全范畴的技术安全防范，简称技防。是指通过现代科学技术进行安全防范，比如电子监控，电子防盗报警等技术手段。技术防范手段可以说是人力防范手段和实体防范手段的功能延伸和加强，是对人力防范和实体防范在技术手段上的补充和加强。它要融入人力防范和实体防范之中，使人力防范和实体防范在探测、延迟、反应三个基本要素中间不断地增加高科技含量，不断提高探测能力、延迟能力和反应能力，使防范手段真正起到作用，达到预期的目的。在学校，它主要包含以下内容：

1. 视频监控系统。在学校重点部位安装监控探头，主要有两个作用，一是对违法人员起威慑作用；二是发生事件后可获得证据。

2. 红外报警系统。主要是静校之后，对重要场所进行监控，起人员值班作用。一旦有人进入监控区域，就会自动报警。

3. 门禁系统。对出入学校的人员进行管理。

4. 紧急报警按钮。也称为一键报警装置，安装在门卫室和保卫部门，与公安报警平台联网。一旦学校突发治安案件，按下按钮，即可实现向公安报警的目的。

5. 周界报警系统。主要是指学校围墙或围栏上加装红外装置，如发生有人从围墙出入学校即可报警，提醒学校及时采取措施。

第四节　学校门卫安全管理

教育部明确规定：所有中小学、幼儿园必须建立门卫室，配备门卫。门卫是学校安全第一道防线，也是展示学校安全工作，甚至学校整体管理水平的窗口，必须高度重视门卫管理。

一、门卫硬件要达标

1. 门卫室建筑要符合标准，监控视野不小于135度，便于门卫安全各项检查工作。

2. 固定大门的门垛要结实牢固，要经常检查，以防坍塌伤人。铁门安装要稳固，开合灵便，门上部不允许安装带尖、带电的极具危险的设施。伸缩门要注意开合自如，要防夹、防挤、防电。

3. 门卫室内要配备必须的安防器械，如警用钢叉、伸缩棍、防割手套、棒球棒、防刺背心、盾牌、网绳等。

4. 门卫室要安装技防设施，如大门内外监控镜头、门卫室内监控镜头、紧急报警装置等。

5. 经交警同意，可在校门前设置隔离设施，划出隔离区域。

6. 校门外可悬挂一块告知牌，及时通知家长应知事项。

二、门卫选配要适当

门卫的配备一般有四种情形：

1. 由政府统一配备专职保安充当门卫。

2. 由当地教育行政部门合理调配一些教职工充当专职保卫干部，负责学校全部安全工作。

3. 学校自行聘用专职保安或训练专门人员充当门卫。

4. 条件极差的，由教师轮流到校门值班。

三、门卫选择符合标准

1. 年龄在 55 岁以下；

2. 男性；

3. 有一定安防知识技能和经验；

4. 适合在学校工作。

特别要注意，学校不要雇佣超过 60 岁的老人担当门卫，一是难以承担安全防范职责，二是发生事故学校要承担工伤赔偿责任。

四、门卫管理流程

（一）严格管理来访人员

通过"1234"标准化流程来实现：

一问：问清来人目的

二看：查看来人相关证件和证明，确定身份。

三联系：联系约见人，说明情况。

四登记：登记来客情况及约见人，开具入门凭证。

学校最好在门卫室设立会客区，门卫可通知约见人来门卫室见面。

（二）对物的管理实行"双禁止"

禁止有毒有害、易燃易爆等物品进入校园；

禁止一切车辆进入校园（义务教育学校）

（三）严格学生外出

学校要严格未成年学生外出。如学生提出外出要求，学校必须征求监护人同意后开具出门证，门卫要严格检查出门手续，告知学生回归时间并做好记录。

（四）未到开启校门时间，如遇学生在门外大量聚集，门卫应及时打开大门，放学生入校。

（五）门卫要严防大型流浪犬进入学校。

第五节　学校课堂安全管理

凡是在教师上课的范围，包括普通课室、各专用课室、操场等地方都称为课堂。课堂是学生在校期间的主要学习场所，也是教师最重要的工作场所，保障课堂安全是学校最基本的安全任务，也是教师必备的职守。

一、什么是课堂安全

课堂安全包括学生课堂心理安全和课堂人身安全，两者都需要较为专业的心理学、管理学、人际学知识和安全技能做保证来完成。

（一）课堂心理安全

主要是指教师通过各种手段的应用，使学生在课堂上做到不焦虑、不恐惧、不孤独、不自卑，让学生有一种稳定的、放松的、愉悦的、积极的、开放的心理环境来学习。主要的外在表现为：学生能够无所顾及地发表自己的见解，而不担心被讥讽、被指责、被批评；学生能积极主动地参与自我探究、小组合作、交流分享，而不感觉到紧张、自卑、孤独；学生感到师生、同学关系和谐，而没有任何沟通交流的心理障碍；学生感觉到时常被尊重、被重视，而没有被伤害、被冷落、被歧视的感觉；学生真切感受到学习的乐趣和生命的意义，而没有痛苦感、乏味感；学生敢于尝试、敢于"冒险"，而不怕失败、无所畏惧、竞争面前不逃避。

（二）课堂人身安全

主要是指在课堂教学期间确保学生身体不受到损害。如同学间发生打斗、师生间发生争斗、教师对学生体罚伤害、学生突发疾病或伤情未及时救治以及各种意外伤害等。

二、如何实现课堂心理安全

（一）创造民主和谐的课堂氛围

苏霍姆林斯基曾说过："如果教师不去设法在学生身上形成情绪高涨、智力振奋的内部状态，那么知识只能引起一种冷漠的态度，而不动感情的脑力劳动只会带来疲劳。"学生只有在师生关系融洽、民主和谐的课堂中，才会把老师看作是良师益友，获得充足的安全感，才能形成高涨的自主学习兴趣和进取精神。创设民主和谐的课堂气氛，教师要以和蔼可亲的表情语言与学生交流，要无条件地关注每一个学生，要让学生感受到教师真诚的关怀；教师要尊重学生的选择，尊重学生的不同见解，尊重学生的个性；教师要及时通过动作、神态、语言等方式，给予激励、唤醒、鼓舞，这就是给予学生"安全感"最好的方式。学生的学习水平是有差异的，而在课堂上，老师营造一种互相请教，相互解答的氛围，会有利于学生之间的互相接纳，也能更好的营造安全感。

（二）把握好倾听的技术

高效课堂上学生是"主角"，学生说的多，教师学会倾听显得尤其重要。倾听就是专注、耐心、主动地听，不仅要听懂学生通过语言、行为所表达出来的信息，还要听出他们在交谈中没有明确表达的、隐含的内容。当学生发言时，教师要有意识地向前走几步，用和善、专注的目光看着发言者，并不时地点头、微笑，有时需要重述学生言语中的关键词和生成点；即便是学生的表达有缺陷，教师也不随意打断学生的话语；对待学生表达中的错误，教师要善意地进行纠正或启发引导。倾听能够创造一种安全温暖的气氛，使学生能够更加开放自己的内心，更加坦率地表达真实的想法。教师的倾听，向学生传达了一种真诚、肯定和无条件地关注，学生感觉到尊重与接纳、感觉到安全可信，这在一定程度上起到了正性强化作用，使学生的自信心不断增加，能够激励学生多说、多思考。大量研究表明，每个人都喜欢和尊重自己谈话的人交流。

（三）创建优秀的班级文化

优秀的班级文化以"大气、诚信、平等、博爱、文明"为主旋律。在这样的班级里师生平等、互尊互助、教学相长，在这样的班级里学生获得归属与爱、感受到的是家的温暖，在这样的班级里处处、时时散发着人性的光芒，在这样的班级里学生个个阳光灿烂、积极进取。班级应当是学生健康成长的精神家园，优秀的班级文化是"班级安全"的根本和前提，"班级安全"是优秀班级文化的重要标志。"班级安全"是课堂安全大的心理环境，仅在课堂上营造安全氛围是"应急"的做法，是远远不够的；还要从基础做起、从原点做起，着力创建优秀的班级文化。

（四）改变教师的教育观念与行为

营造安全的课堂氛围，关键在教师，也可以说是教师在课堂上的核心任务。作为老师，我们除了要注意课堂客观环境的安全以外，更要不断提醒自己，你今天的课堂带给学生的是鼓励还是伤害？鼓励了一些人的同时是否伤害了另一些人？你今天的课堂上学生得到的是快乐还是忧伤？是对生活的向往还是绝望？是增加了自信还是自卑？是和你的心贴得近了还是离得远了？如果我们多问问自己以上问题，我们就能减少对学生的伤害，就能提高课堂效率。另一方面，我们还要问问自己：我今天在课堂上精神状态好吗？是不是很累？我有没有因为什么而生气、发怒、失态？我见到自己的学生高兴吗？我走进课堂时充满激情吗？课前想想，课后反思，我们就会减少对自己的伤害，调整好心态，使课堂效率得到提高。

由以上关于课堂心理安全的特征及表现可知，我们所推行的高效课堂就是课堂安全的典型课例。在高效课堂上，没有强制，只有自动自发；没有控制，只有引导和激励；没有讽刺挖苦，只有鼓励和抚慰；没有严厉训斥，只有和风细雨；没有歧视和放弃，只有仁爱与公平；没有嫉妒与排斥，只有友爱与互助。高效课堂致力于课堂文化的重建，紧紧围绕如何让学生"爱学、会学、学得会、学得乐、学得高效"，强调学生学习方式和课堂生态的变革，充分体现学生的"主角"地位，注重激发生命活力，落脚于全面发展和个性张扬；这一切都是以课堂安全为一种文化背景，以课堂安全为一种孕育高效的土壤。

三、如何实现课堂人身安全

（一）教师必须严格按照作息时间上下课

1. 作息时间就是教师实施课堂安全管理的标尺，每一名教师必须做到上课铃响立即进入教室、下课铃响立即下课。不许晚到教室或提前下课，以免发生因教师不在岗履行管理责任导致的安全事故。

2. 加强自习课管理。小学一般不设置自习课，初中自习课必须保证有教师全程进行管理，高中自习课必须安排教师巡视。

3. 如果教师有事不能及时进入课堂，学校应及时做出调整，确保学生在课堂期间有人管理。

（二）教师必须严格按照计划教学

1. 未经批准，任何教师不能随意更换课程教学时间。

2. 教师不能随意更改教学计划，特别是一些具有风险的课程。

3. 教师不能按照上课时，必须提前向学校申请，以便及时安排人员顶替。

（三）教师必须将保证学生不脱离监控视野

1. 教师监控视野一般为 25 米，室内教学应都在可视范围内，室外教学时教师要注意监控距离，确保学生失去监管。

2. 教师一旦发现学生脱离监控视野，要停止授课，立即组织查找。

（四）教师必须妥善处置课堂事故

1. 处理突发事故的原则

（1）以不影响课堂教学为首要原则。课堂上的主要任务是教学，因此无论如何处理突发事件都不能影响教学任务的完成；另外，对意外事件的处理，一般仅涉及少数学生，若因此耽误课堂教学，则会影响所有学生的学习。

（2）尊重学生的自尊心。每个人都有人格尊严，都有获得自尊和他人尊重的心理需要。教师在处理突发事件时，切忌体罚、变相体罚学生，伤害学生的自尊。

（3）宽严适度，掌握分寸。突发事件的形式多种多样，性质轻重有别，要求教师根据情况，把握好对学生惩罚的度。一方面要尊重学生，另一方面也不能放弃严格要求和纪律。

（4）及时、果断。面对突发事件，教师必须快速作出反应，积极应付，迅速、果断地扼制事态发展。尤其对突然发生的且有可能继续扩大影响的突发事件，一定要快速采取有效的措施。

2. 常见课堂突发事件的处理

教师只有恰当处理课堂突发事件，教学活动才能够持续而有效地进行。下面介绍几种常见突发事件的处理策略。

（1）处理外来干涉事件。外来干涉事件指由外界某些偶然因素的干扰引起的事件，如突如其来的外界声音，风掀翻了教具，小动物跑进了教室，忽然有人"破门而入"等。处理这类事件，要求教师：一要做到暂停讲课，先稳定学生情绪；二要随机应变，迅速处理，善于"化险为夷"；三要巧妙提出一些追忆性的问题，如"刚才我讲到哪里了"，把学生的注意力很自然地集中到学习内容上。

（2）处理教学疑难引起的突发事件。教师在课堂教学如讲解、提问和组织讨论中，由于问题本身有一定的难度，加上学生的深入思考，学生可能会突然提出一些教师意想不到的疑难问题，有些问题教师还一时难以回答出。这类事件虽不具有破坏课堂纪律的性质，但处理不好也会打乱正常的教学秩序。处理这类事件，要求教师：一要实事求是，不懂不能装懂，更不能胡乱回答欺骗学生；二要寻找最恰当的方式，用最短的时间，把学生的思路引向疑难问题的"结局"，尽快导入正常教学；三要注意保护学生的好奇心，鼓励学生提出问题；四要兑现许诺，如果课上说课后解决某问题，那就一定要认真准时兑现、解决。

（3）处理自身失误。课堂教学是一种极其复杂的劳动。尽管教师认真备课，但仍然避免不了出现一些意料不到的失误，如口误、笔误，内容遗漏或错误，还有讲课"卡壳"、学生听不懂等方面的失误。处理自身失误，教师要注意做到：一要沉着冷静，稳定情绪，然后思考对策，选择最合理的办法纠正；二要态度诚恳，承认错误，有错即改，失误处理得越及时越彻底越好，态度要诚恳，讲究方式，运用机智；三要考虑成熟，避免一个问题造成两次失误，要给明确的答案；四要不动声色，力求在不转移学生注意力的前提下及时纠正。切忌因爱面子、怕丢丑而坚持错误，甚至大发脾气，那样会严重挫伤学生学习的热情，也会破坏教师在学生心目中的形象。

（4）处理学生的恶作剧或纪律行为。这类事件是指在课堂上突然出现的学生的不良行为，如向教师提一些与教学内容无关的怪问题，在别人背后贴纸条，引得全班哄堂大笑等，影响较大，常常扰乱课堂秩序，往往把教师精心准备的课搅得一塌糊涂。遇到这类事件，教师必须沉着冷静，充分发挥教育机智，可以用幽默的手法来处理，巧妙化解。

（五）教师必须及时履行告知和报告责任

1. 如发现学生缺勤，班主任要及时告知家长。科任教师下课后要及时向班主任通报或向学校相关部门报告。

2. 如课上学生突发事件，且得以处理平息。课后，科任教师必须通报班主任或学校部门，以便进一步对学生进行干预，确保不发生次生问题。

（六）体育课教师必须严格按照规程组织教学

1. 体育课教学安全规程。

（1）设施设备检查

（2）严格按计划教学

（3）注重对学生进行衣装检查

（4）准备活动要充分

（5）加强教育，严格纪律

（6）针对特点，科学教学

（7）为学生提供有效地保护和帮助

（8）有计划地安排学生自由活动

（9）合理使用学生搬运体育器械

2. 体育课教学应注意的事项

（1）注意学生特异体质、特殊疾病、特殊日期

（2）注意学生完成动作的差异性

（3）完成较为危险的动作要注意防范

（4）学生受伤或有受伤可能切记要进行救治

（5）注意不要对学生进行体罚或使用带"罚"字的语言

（6）自由活动尽量不要安排对抗性较强的活动

附：课堂安全管理实务

一、上课期间学生要上厕所怎么办？

学生在上课时要求上厕所教师应该允许，但在发现异常情况要及时采取措施。

1. 教师要对提出上厕所的学生进行判断，分辨学生是不是撒谎。

2. 教师要提醒学生在课间一定要及时上厕所，从而减少上课期间上厕所的情况。

3. 中小学生一般都有自己上厕所的能力，可以让学生自行上厕所。

4. 教师发现上厕所的学生在正常时间内没有返回，应当及时汇报和查找，以免发生意外。

5. 学校给学生提供的厕所不应当太远，不要存在安全隐患。

6. 学校要加强上课期间的教学巡查工作，对没有在课堂上课的学生要进行询问和检查。

二、上课期间有人找学生怎么办？

1. 为了保证正常的教学秩序，学校在上课期间，原则上不允许任何人会见学生。对于要见学生的人，教师要婉言谢绝。

2. 如果有特殊的紧急情况，确实需要在上课时与学生见面，应当经过学校主管部门或领导同意，履行必要手续后，由任课教师将有关学生叫出。

三、学生上课期间自行离开教室怎么办？

1. 学校和教师应当加强对学生的管理和教育，要把上课时自行离开教室作为一项严重违纪行为来处理。

2. 上课时，教师要关闭教室的门。如果在夏天，教室需要开后门，教师要严加注意，防止学生私自离开教室。

3. 教师应当在上课时掌握学生的出勤情况，做到心中有数。

4. 如果在上课期间发现学生溜走，应当及时向学校的有关部门汇报，组织查找。

5. 对私自离开教室的学生要按违纪进行严肃处理，以警戒类似情况的发生。

四、上课期间教师和学生发生冲突怎么办？

1. 在与学生发生冲突时，教师一定要保持冷静，千万不要因一时冲动而发生伤害学生事故。

2. 教师应当在短时间内判断自己的行为是否正确，如果错怪了学生，要及时向学生道歉。

3. 教师要采取拖延战术，把问题放到课后解决，一是保证了课堂教学的顺利进行，二是给处理问题有了缓冲余地。

4. 对于学生殴打教师，教师可采取正当防卫，但防卫的限度要合理。

5. 对于辱骂老师的学生，学校应做出严肃处理；对于殴打教师的学生，情节严重的要向公安机关报案，请求司法处理。

五、学生上课时突发急病怎么办?

1. 任课老师在上课时要注意认真观察学生，以便及时发现学生有异常表现。

2. 当发现学生身体不适时，应当及时采取必要的措施。对于严重的学生，应立即送到校医室检查诊治，校医若处置不了的，应及时送医院救治。

3. 学校要尽快通知学生家长。

六、上课期间遇到违纪学生怎么办?

1. 教师发现学生有违纪行为扰乱课堂教学秩序时，要对违纪学生进行警告之类的措施，对其进行劝阻。

2. 若警告措施无效，则采取将违纪学生隔离出教室的惩戒，使用这一方式时，一定要注意学生的心理、生理特点。

3. 采取隔离措施时，任课教师要将违纪学生送到学生管理部门，千万不会简单把学生逐出教室，以便发生意外。

4. 课后，任课教师应配合学生管理部门和班主任对违纪学生进行教育，帮助其树立信心，改正陋习。

七、实验课教学学生安全怎么办?

1. 必须保证教师的素质和数量。实验课教师和实验员一定要经过专业培训，能够熟练地进行操作和妥善处理各种突发事件，上课时要保证足够的教师和实验员人数。

2. 实验课教师和实验员要有高度的责任心，提前检查好实验器材和药品，并要提前自己动手做一次实验，确保实验的效果和安全。

3. 教师在实验前要对学生讲清实验要领及注意事项，对学生进行必要的安全教育。

4. 实验时可对学生进行分组，要求学生互相监督，以免发生学生偷拿药品、违规操作等事件。

5. 教师要会使用常用的急救药品和灭火器材。

八、留置学生在校完成作业怎么办?

1. 留置学生在校完成作业是一种简单的惩戒方式，但要有足够的理由。

2. 留置时间不要太久，要适宜。

3. 留置时要注意学生的正常心理需求。

4. 教师要负责学生留置期间的安全监管。

5. 必要时，教师要将留置学生的情况通知家长，让家长知道孩子的去向，安排孩子的接送。

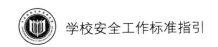

第六节　学校课间安全管理

　　学生经过一段时间的学习后，需要适当安排一点时间放松休息。相对于课堂而言，在课间休息时间，学生的活动场地更为开放，活动的自由度也更大，所受到的纪律约束也要少，加之在课堂学习压力短暂解除之后，学生往往表现出极大的兴奋性，这让学校的管理难度随之增大。学校如果缺乏相应的制度设计，对学生的课间活动缺乏有效的监督和管理，那么发生安全事故的概率将大大增加。数据表明，小学阶段发生的事故类型中，课间意外伤害长居第一位。课间不能成为学校安全管理的盲区，因为按照《侵权责任法》的规定，只要存在"学生在校期间期间"这一时空条件，学校就必须承担教育、管理的责任。不然，学生发生意外伤害，学校是要承担责任的。

一、常见引发课间安全事故的几种危险行为

（一）奔跑追逐

　　受场地限制，学生在奔跑追逐时容易碰到课桌椅、门、墙壁或其他同学；在奔跑中猛然回头、转身或变向，则容易与他人发生触碰，导致自己、他人摔伤或因磕碰硬物而受伤。

（二）玩弄危险物品

　　一些学生违反规定，携带打火机、管制刀具、剪刀、弹弓等危险物品进校园，并在课间休息时拿出来玩耍，或者手持小刀、露出尖尖的笔具比划玩弄，在不经意间很容易伤及自己或他人。

（三）危险性游戏

　　某些具有一定危险性的游戏，如叠罗汉、跳山羊、斗鸡、背人和拐推人等，学生若在没有成人监督和保护的情况下玩耍，很有可能发生意外，低年级学生尤其不适合玩此类游戏。

（四）吵架、打架等故意行为

　　学生之间因小事发生矛盾，从吵架发展到大打出手，这样的情况并不少见。由于自身的辨别力和自制力有限，所以未成年学生动起手来往往不管不顾，很容易导致伤亡的后果。

（五）跳台阶、攀爬高处

　　一些学生在课间玩耍时跳台阶、桌椅、乒乓球台，或者攀爬课桌、窗台、护栏、篮球架、树木，或者骑着栏杆扶手滑行，这些行为都很危险。

（六）拥挤

课间休息时，学生在人群密集的教室门口、楼梯或厕所门口等空间狭小处快速行走，或相互推拉拥挤，一旦前面有学生摔倒，就容易引发群体性踩踏事件。

二、容易引发课间安全事故的几个危险区域

（一）教室

课间休息时，有相当一部分学生会选择待在教室。由于教室摆放了较多的课桌椅，供通行的过道面积有限，所以学生在游戏、打闹时很容易因磕碰或摔倒而受伤。

（二）楼梯

学生在楼梯的扶手上骑行，上下楼梯时打闹、推搡，在行人众多时相互拥挤，都有可能导致安全事故的发生。学校应视学生流量、安排专人定时定点进行疏导，必要时要错时上下，有专人值守。

（三）体育器械区

在没有教师在场帮助和保护的情况下，学生自行在单杠、双杠上活动有可能发生意外。

（四）厕所门口

学生在课间休息时集中上厕所，如果急速进出很容易因磕碰、拥挤而受伤。

（五）楼道、操场

楼道是学生通行、活动的场所之一，操场则是学生重要的活动场所，课间休息时两地的人流量都比较大，有可能引发安全事故。

三、课间安全实行"四化"标准式管理

（一）课间内容规程化

1. 制定课间安全规则

课间安全事故的发生虽然具有一定的偶然性，但绝大多数都与学生的违规、危险性行为有关。因此，学校应当制定学生课间行为准则，并要求学生严格遵守。课间纪律应当规定课间学生应该做和不应该做的具体内容，特别是一些危险行应当严令禁止。如不得在教室内做肢体运动较为剧烈、活动范围较大的游戏；上下楼梯要靠右慢行，不拥挤、不推人、撞人，不并步、不跳步；不得攀爬课桌、窗台、护栏、球架、围墙、树木；不得在教室、楼道、楼梯、厕所等处追逐、推搡、打闹；

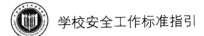

不携带、玩弄危险物品，不做带有危险性的游戏；不吵架、打架；不得从楼上往下抛洒任何东西；未经班主任许可，不得离开校园等。

2. 学校要对学生课间活动区域作出合理划分，不要让学生到远离教室的地方活动，以免上课铃响起，因着急奔跑发生意外。

3. 学校要将课间规则告诉学生及家长，让他们能够积极遵守。

（二）课间教育经常化

1. 学校要将课间规则形成文字标语，悬挂张贴在教室、楼道、楼梯等地方，时时提醒学生注意课间安全。

2. 学校要利用升旗、主题教育等活动时段对学生进行课间安全教育。

3. 班主任要经常性地警示学生注意课间安全，特别是小学低年级学生，要坚持每节课进行一次提醒教育。

（三）课间巡视常态化

1. 学校应当建立课间巡查制度，安排教师在学生活动的场所进行巡逻，制止学生的危险性行为。学校可以规定，值周的校领导为课间巡查的总负责人，当天值日的教师为学校分区域的巡查负责人，班主任为本班教室的巡查责任人，各责任人在课间要加强安全巡查。课间巡视制度还可以配合班级纪律评比来进行，以增强其实效性。

2. 学校可向学生推荐、传授一些安全的游戏活动，引导学生通过安全适宜的方式来放松。此外，在课间休息时，有条件的学校可以播放轻松优雅的背景音乐，使学生心情放松、心境平和，为课间休息营造轻松的氛围，引导学生选择文明、安全的游戏活动。

（四）课间管理规则化

1. 巡视教师对违反课间纪律的学生要进行及时的行为制止和批评教育。

2. 对一些具有严重高危行为的学生，学校要严格按照纪律规定进行批评处理，如有必要，可通知学生家长。

3. 班主任要及时向班内学生通报学生违纪行为，教育告诫学生遵守课间纪律，杜绝课间事故发生。

附：××小学课间活动管理办法

一、上学、到校

1. 按时到校（上午7：50，下午2：40），有事、有病要由家长向班主任作书面请假。

2. 注意交通安全，往返一律靠右行，走人行横道，不突然横穿、不追跑，不逗留。

3. 接送学生的家长一律在接送线以外接送，学生自主步行进校，劝说家长返回。

4. 进校后不得随便出校，有特殊情况须经老师批准。

5. 学生到校，应自觉进教室看书或做作业，不追逐奔跑吵闹。

6. 班级值日生到校后，应立即打开门窗，整理桌椅，打扫教室及公共区卫生。

7. 学校值日生应提前到校值勤（上午7：30，下午2：30）。

8. 不随便触摸电器开关或插座，不随意开启学校电灯、电风扇、应急灯和消防设施等设备。

9. 不买零食，不喝生水，严禁带零食到校。

二、升旗、做操

1. 自觉参加每周的升旗活动。升国旗、奏国歌时要肃立、脱帽、行队礼。唱国歌时，要做到节奏准确，声音洪亮，感情充沛，吐词清楚，充满爱国热情。

2. 集合铃响起应马上在走廊集合，做到快、静、齐。并按照指定方向行进至本班位置，做完操后仍然要列队返回教室。进、退场的过程中，队伍成列，不零散；行动迅速，不拖拉；语言文明，不打闹；精神饱满、手臂摆动、原地踏步。

3. 做操时，要听从指挥，态度认真，动作准确，节奏合拍，做到动作整齐划一，精神饱满向上。

4. 各班体育委员负责整队、领操。

5. 学生有特殊原因的需与带班教师请假说明原因，否则不得无故缺勤。

三、眼保健操

1. 眼保健操时间，乐曲响起，停止一切活动，立即做操。

2. 眼保健操，要求穴位准确，力度适中，动作到位，节奏合拍。

四、课前、课后

1. 下课后，值日生要为下节课提前作好准备，先擦黑板、整理教室，再出去活动。

2. 下课后，先上厕所后活动，以免影响下节上课。上厕后要洗手，注意保持厕所卫生，节约用水。

3. 预备铃响，所有的学生必须停止一切活动，立即进入教室，作好上课准备，迎接老师的到来。

4. 室外课、体育课、信息课、实验课等须在指定地点集合排队，由科任教师带到活动场所或专用教室，往返行进间要保持安静、有序。

五、课间活动

1. 课间休息时，值日班干部要认真履行职责、维护班级的秩序，遇到突发事件应及时处理，并派人上报班主任和值日教师。

2. 课间服从老师和值日生的指导，在规定的活动区域进行课间活动。

3. 不在教室、走廊高声喧哗，不吹口哨，不讲脏话，不得追跑打闹或进行打球、跳绳、踢毽子等体育活动。

4. 上下楼梯一律靠右走，注意礼让，不在楼梯口聚集，不互相推挤，不追逐打闹，不跨骑楼梯扶手及将楼梯扶手当作滑梯。

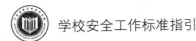

5. 不攀爬护栏、门窗及围墙，不随意推拉窗户和拉栅门，不乱涂乱刻墙壁、地面、课桌和黑板。

6. 不准在男女厕所内外逗留，防止拥挤、推搡、打架等不安全事件的发生。

7. 不趴在地上玩"纸牌"、"弹珠"等不卫生游戏。

8. 不做带危险性的游戏，不带管制刀具等利器进校园，不打架骂人。

9. 不得随地吐痰、倒水，不丢纸屑、果皮等，看到地上有垃圾应顺手捡起，并丢进垃圾桶。

10. 不进入绿化带，不攀折树木、摇树和践踏花草、折损花木。

11. 未经许可，不要走进教师办公室和其他班级教室，不窜班，不围观逗留。

12. 当教室门关着时，要进入必须轻声敲门，不得用力拍打或用脚踢门。

13. 课间休息，提倡小运动量活动和游戏。

六、午餐、午休

1. 寄午的同学要严格遵守就餐纪律，按时就餐，排队分餐，在指定餐位用餐，不得擅自调换餐位，不敲盘、不喧闹。

2. 就餐做到"一静三净"。安静：不谈笑，不交头接耳，不得敲打盘碗；"三净"：不挑食，不浪费，把餐盘内的菜、碗内的饭吃干净；把吃下的骨、壳之类的剩物，装入盘内并倒入桶内，保持桌面干净；不洒落饭粒、菜汤，保持地面干净。

3. 饭后，把餐具回收摆放整齐，然后有秩序离开用餐桌，饭后不宜激烈运动。

4. 有事有病不能在校用餐午休的要请假，不能随意走出校门。

5. 午休时间，要按时进教室，在自己的座位上安静看书、做作业或伏桌休息。

6. 没寄午的同学进校门后（下午2：40到校），立即进教室，不得大声叫喊和随便走动，要保持安静，不影响他人休息和学习。

七、放学、离校

1. 按时放学回家，不在校内外逗留，自觉执行清校制度（上午12：00，下午5：40）。

2. 各班值日生认真打扫教室及公共区卫生，擦净黑板，整理劳动工具，关好电扇和电灯，锁闭门窗。

3. 不到电子游戏机室、网吧、录像厅、舞厅等场所游玩，不在路上逗留，不随便与陌生人交谈，遇到意外情况要及时与家长、老师联系。

4. 各班学生放学后要马上排好路队，集体排队离校，过马路的同学要在老师的护送下排着整齐的队伍穿越马路，凡出校的学生不得再返回学校。

第七节　学校实验室安全管理

一、实验室管理的目标及特点

（一）实验室管理目标

1. 使仪器设备经常处于完好可用状态，免遭非正常损失，保持数量上的动态平衡；

2. 确保实验教学任务的完成，并要满足第二课堂活动及时性社会服务的需要，使仪器设备的教育效能得到最大限度的发挥；

3. 确保人身和国家财产的安全。

（二）实验室管理特点

1. 是着眼于仪器设备的全过程管理，仪器出入保护数量上的平衡。要求做到：仪器入库有账目，使用有登记、消耗有处理，损失要赔偿，件件有交待，杜绝非正常损失。

2. 是着眼于仪器设备的质量管理，要使在册的仪器设备经常保持可用的完好状态。

3. 着眼于提高实验开出率，开展多方位的服务工作，使已具备的条件得到充分利用。

4. 是着眼于实验室的全面管理、强调管理、使用、安全一起抓；并要求深入到仪器设备存放、使用过程中的各个环节，善始善终管好用好。总之，使管理者充分认识自己的工作目标及行动规范，认真管好用好仪器设备。

二、实验室环境管理

（一）保持实验室（楼）周围环境的整洁，做到无垃圾、杂草、瓦砾，要植树种花草，绿化环境，有些植物如夹竹桃能吸收有害气体，可栽培，以净化空气。实验室内要坚持天天打扫，做到经常保持洁净。

（二）实验室、仪器室、准备室的布局要合理。

同一学科实验室要紧靠准备室、仪器室，并有内通道相联。如果实验室和准备室、仪器室相隔很远，甚至不在同一排房或同一层楼上，这种布局不仅增加了实验教师的劳动强度，也增加了事故发生机率，是不可取的。实验室（仪器室、准备室）内的各种配套设施要巧夺天工安排，做到整齐划一。

（三）存放仪器的橱柜要色调一致，摆放整齐，一般情况下仪器柜呈一字形排列，柜门要与窗户垂直，以利通风；各排仪器柜之间要留有不少于1米的通道，以利操作。仪器柜一般不要靠墙摆放，非靠墙不可的，柜墙间应留100cm左右通风空间。

（四）妥善处理实验教学过程中产生的废气、废料。

在实验教学及仪器药品保管过程中会产生各种有害气体，实验室（仪器室、准备室）要建立良好的通风排气装置，及时把有害气体排出室外。化学实验中产生的废液应倒入废液缸内，集中倒入废液池内，不能随地泼洒；清洗实验室器皿的废水不得排入下水管道或沟渠，应排入废水池内，自然下渗入土，废液池内要经常洒石灰，以减少环境污染。

（五）营造实验室的科学氛围，实验室内正前方黑板一侧应张贴"学生实验守则"，两边墙上张贴科学这画像及其名人名言，或张贴学科实验挂图，如科学实验操作方法、电器仪表使用方法、生物挂图等。有条件的学校可在实验室的后墙布设展览橱窗，摆放可定期更换的典型实验装置或标本、模型等，供学生观看，使他们从中得到复习，获得知识。要在仪器室内的显著位置张贴各种管理制度，陈列各项管理记录及本学科实验室账册。

三、验收入库管理

仪器设备的验收入库工作是实验室目标管理应把好的第一关，无论是自购或主管部门调拨的仪器设备都应经过实验教师或实验技术人员亲自验收合格才能入库。验收的一般程序是：开箱察看，核对数量，查看仪器说明书，检查仪器附件是否齐全，整机有无操作，有的要开机检测。贵重仪器设备的验收要有实验室负责人和实验教师共同在场方能开箱检查，待判定完好后（并作好验收记录）才能入库保管。验收合格的仪器设备要填写入库单，仪器入库单和主管部门调拨单是记账凭证要装订存档。要把入库仪器的说明书及技术资料搜集整理或与物相随，或统一存放备查。验收不合格或数量有误产品应及时和供销部门联系处理。

验收入库的仪器一般都应张贴标签或书写编号标记，注明仪器编号、名称、规格、数量及序号，化学药品标签要写清品名、分子式、纯度，一般不写编号。标签张贴的位置要适宜，字迹商讨，大小适当，同一台（套）仪器的主件或附件，都应编以同一编号，以免主、附件错乱而影响使用。

经验收入库和在仪器室保管的仪器设备应该是数量符合配备标准，仪器附件配套齐全，性能良好可用，并且是实验教学所必须的。

在仪器室中保管的仪器未达到配备标准的，或提高配备标准的，或因自然老化，或在使用中损耗需要不断补充和更新。补充仪器设备实验室应在期末编制购货计划，并征求任课教师意见，经校领导批准后，报主管部门代购或自购。采购仪器设备及实验材料、药品要及时，不能影响实验教学的正常进行。

四、登记建帐管理

实验室的仪器设备是国家财产。建立健全实验室的财产账是实行目标管理的基本环节。也是仪器设备在管理中进行数量平衡的依据。账册清，家底明，实验室要建立"三本账"：总账、明细账、低值易耗品账。建立财产账要做到账册齐全，账目清楚，单据完整，记账正确。

"总账"要求反映仪器的总件数和总价值及每年的变动情况。要记载仪器编号、名称规格、应配数、单位、单价、数量金额。

"明细账"也称分类账，要求反映每种仪器的数量，金额及存放位置。应记载仪器编号、名称、规格型号，单位、单价、数量、金额以及仪器入库，出库（指调出）时间、来源、去向、入库单号（或调拨单号）、存放位置等项目、要做到每种同规格型号的仪器记一页，分学科建立。

"低值易耗品账"的条目同"明细账"调协，要分学科建立。所谓低值易耗品是指单价中学 X 元以下，小学 X 元以下，使用期在一年以上的仪器设备。低值易耗品要根据使用情况每学期核销一次。此外，单价很低，使用期不满一年的实验材料及药品应单独登记建账，编入低值易耗品账之后。

五、存放保养管理

（一）分学科、分室存放。规模较大的县城以上中学，一般是一学科一层楼，农村中学物理和生化分室存放。化学仪器和药品必须分室存放。有的学校把同一学科如物理的演示实验与分组实验仪器分室存放，或者把力学、电学和声、热、光、原子仪器分室存放等等，要因地制宜。

（二）同室同学科仪器要分类入柜，柜内分层，层上定点，做到定橱、定位摆放；同柜仪器重的放下层，轻的放上层；同层仪器体高的放里边，体矮的放外边；同层放同种仪器的不要堆叠挤压，要呈梯队状排放在一起；仪器设备一般都要正放，因仪器体高（如人体半身模型等）柜内入不下时，应调整台板高度后入柜正放。同室药品要把一般药品和危险药品分开，一般药品中有机药品和无机药品分开存放，摆放顺序是：先无机后有机，无机药品可按单质（金属或非金属）、氧化物、酸、碱、盐、指示剂等依次摆放，有机药品按官能团系统如烃、醇、闪酸、糖类等依次摆放。有条件的学校要建酸库，放置有强腐蚀性的酸和碱。生物模型、标本有条件的学校要使用双面玻璃柜存入于一室，透亮美观又能防尘；鸟兽剥制或仿真标本要革新橱柜，依形定位（似展览橱窗）存放室内，供学生参观，各学科挂图、图片资料要制作专用图架或入柜摆放，文理科声像盘带、投影片、电影片等应专柜或专室存放。小学数学、自然仪器要分柜存放于一室，小学化学药品要专柜存放；同室仪器说明书及技术资料要分类搜集，装订成册，专柜放置备查。

（三）要根据仪器设备自身特点进行摆放，例如，仪表的存放要将全部开关置"零位"；电表的存放要短路保护，磁电式仪表如演示电表要避开强磁场存放。化学危险品应按其易燃、易爆、腐蚀、毒害等特性，分室或分柜隔离存放剧毒药品应专柜存放，双人双锁保管，限量发放，易挥发、潮解、风化的试剂长期不用要用石蜡封口，易挥发而又难于封牢的试剂如乙醚、溴水、二硫化碳等则要用熟石膏粉封口，再用水封，以阻止挥发。自燃固体白磷庆浸在水中存放，遇湿易燃的固体如金属钾、钠、钙等要浸在煤油中存放。定型的成套化学实验装置要存放于固定橱柜内，以备下次再用。玻璃仪器品种多，大小形状各异，易损坏，要根据器皿的形状制作专用放置架，或横卧，或竖插，10 个 20 个一组入柜摆放，可避免相互碰撞而损坏，又便于使用。生物显微镜、解剖镜等要放入原包装盒内存放，以防尘、防潮，等等。

（四）分类是仪器设备科学摆放的主要操作方法，分类的方法可参照国家、省颁发的《中学理科教学仪器配备目录》及《小学数学、自然教学仪器配备目录》中的分类方法和顺序。

（五）做好仪器设备的保养工作。教学仪器在长期存放过程中受周围环境的影响会引起质地变化，性能变差，甚至报废。教学仪器的这种自老化现象容易被人忽视．管理者的任务是要依据仪器自身特点，做好保养工作，使其经常处于良好可用状态，延长使用寿命。仪器设备的保养要做好以下工作：

1. 做好清洁除尘工作，灰尘是由许多不同性质的微粒组成的，附着在仪器的表面，不但影响整洁美观，而且会破坏仪器的使用性能，甚至发生意外。例如，机械的运动部门有灰会增加机械磨损，金属表面有灰会粘附水汽而生锈，静电仪器粘附灰尘会影响绝缘性能，光学仪器粘附灰尘会影响透光度，使镜头霉变等等。仪器本身要定期擦抹或用机械吸尘除灰，特别是精密贵重仪器，如气垫道轨、电子仪表，要经常保持洁净，有的要装入原包装盒内存放，有的要加盖防尘罩，ad 定期除尘保养。不要用无门的橱柜摆入仪器、模型标本。

2. 要适当调节仪器保管室内的温、湿度，使其保持正常。超常的温、湿度是导致仪器锈蚀，霉变和老化的主要原因。要做好仪器室的通风排气工作，有条件的学校应配备除湿机。平时要利用自然通风高节室内温、湿度（如高温季节或雨季，室外温度或湿度高于室内时，要关好门窗；反之，室外温度或湿度低于室内时，要打开门窗，进行调节），存放精密仪器及电子仪表的橱柜内要放置干燥剂，（如氯化钙、硅胶等）并要定期更换或除湿。

3. 要根据仪器自身特点做好保养工作。例如：金属器具要防止表面油漆或镀层脱漆而生锈，裸露的金属表面要经常滁抹防锈剂，紧固螺丝及机械转动部门要定期加注润滑油，以防生锈结牢，影响使用。传动式皮带、胶带、弹簧发条使用后要解除形变。橡胶、塑料等高分材料制品要注意老化的防护（在存放仪表的柜内布设电源插座，不需搬动仪器便能通电保养）。带内电源的仪器、仪表使用后应了出电池存放。磁铁存放时要使磁路闭合，以防消磁。等等。

4. 要经常检查仪器的附件、零配件是否完整，组合教具如小学的力学、电流等实验盒后必须检查部件是否齐全，然后装盒保管，以防失散，定期更换易损零部件，确保性能良好。

5. 化学试剂的保养要注意：室内要保持适宜的温、湿度，要防止试剂瓶上的标签脱落或腐蚀，一般采取在标签外面涂一层石蜡保护。少数购时时用塑料代包装的试剂入库后要改装存放在试剂瓶中，并贴好标签。受光照易分解或变质的试剂如硝酸银、碘化钾、过氧化氢等，要用棕色玻璃瓶盛装，并放在低温阴暗处，容易挥发、潮解或风化的试剂，盛装的玻璃瓶要用石蜡封口，并经常检查封口的严密性。氢氧化钠、氢氧化钾、氢氧化钡、碳酸钠、碳酸钾的溶液必须盛装在带有橡胶塞的玻璃瓶中，浓硫酸等要盛装在带玻璃塞的瓶子中等等。

6. 实验完毕回收的仪器要随时保养。例如，有的要涂油，有的要清洁干燥，有的要将有关部件复位后才能归位。等等。

7. 保养工作要定期进行，形成制度，每次保养都要作好记录。

8. 对于价值较高的精密仪器要建立技术档案，收集整理在验收、保管、使用、修理等工作中有关技术资料，建立使用卡片，一机一卡，记载仪器的技术指标、性能、维修、保养等反映仪器设备的性能状态资料。

六、实验仪器维修盘点管理

（一）实验仪器维修

为延长仪器的使用寿命，提高投资效益，节省开支，凡在存放和使用过程中损坏的仪器能修理的实验教师有责任把它修复，自己不能修的要清厂家或社会修理部维修。做到一般维修不出校。在教学仪器维修中要遵守的原则是：不盲目拆卸仪器，只调整有故障部位。维修前要仔细分析故障原因，找准故障部位，对"症检修。不得随意拆卸仪器、仪表。实验室应购置或搜集已损坏仪器的不同种类和规格的零部件及原材料备用。检修时对仪器装配中容易松动或磨损的紧固件要注意加固或更换。在同种规格的多件仪器损坏后不能一一修复时，可采取"拆二拼一"办法，修复一部分使用。仪器设备修复后，要将故障现象及原因，维修方法，检验结果记录存档。

（二）实验仪器盘点

教学仪器在存放和使用一段时间后要清理盘点，查明其性能好坏及损耗情况，以便总结经验，并制订补充购置计划。清查工作一般一学期或一学年进行一次。盘点时要以账对物，逐件清理。清查盘点要和保养维修结合起来，做到边清理边保养维修。清查中如发现仪器短少或多出时，要查明原因，写出报告，提出处理意见，经校领导审批后才能调整账目。清查出来的超标准配备多余仪器或因教材变更用不着的仪器要清理出仪器室，集中专室或专柜存放，并报主管部门调剂处理。对超期服役（教学仪器一般的使用寿命是十年）已失去使用和修理价值的仪器，要作报废处理的，固定资产报废由实验室开列清单，报学校审批，由学校写出报告报主管部门审批，并根据审批意见调整账目。清理调整后的财产账要和主管部门的账目核对清楚。清理情况要作好记录。实验教师工作变动时，要求有领导和交接双方在场，清理核查仪器，开列清单，办好交接手续，经三方签字生效。不办交接手续擅自离岗者要追究学校分管负责人的责任，交接清单要存档备查。

七、实验室仪器使用管理

（一）制订好实验教学计划并认真组织实施

实验教师要协同任课教师制订学期或学年度实验教学计划，各年级的实验课，第二课堂及课外科技活动的内容、时间要列表张贴，计划排定后要认真贯彻执行，不能随便更改。

实验教师要经常督促，定期检查，保证计划的实施，以提高实验教学的开出率和覆盖率，并认真作好记录，每完成一次，记载一次。

（二）做好实验前的准备工作

实验教师要按照任课教师的实验通知单或课外做实验预约单提前准备好实验仪器和用品。演示实验仪器、药品按当日有课教师每人准备一套，装入木提盒内定点放置，并在提盒上标明使用班级和教师。实验教师要准备多套消耗品，随班补充，事后要补办使用登记手续。学生实验售，药品，试剂深液要按组分套准备，贴好标签，放入专用柜内备用。准备实验要注意：可见度要大（如标尺的分度线要明显，指针要灵敏等），使用后要清洁保养归橱或妥为收藏，以备下次使用。实验通知单由任课教师填写，应提前三天交到实验室。任课教师或实验教师对准备好的演示实验或学生实验事先要做一遍，排除课堂上可能发生的不利因素（有时会因缺一盒火柴，一根导线而影响实验的成功），以取得最佳效果。在化学实验中一些定型的实验装置及试剂深液，品种多，用量大，临时准备耽误时间，实验室要提前准备好。

（三）做好仪器设备的借还登记工作

仪器设备的使用管理是一种动态管理。做好仪器设备的发放和回收工作是搞好使用管理的关键。所有仪器设备的领用、外借、回收都必须通过管理人员办理借还手续。做到：发放有登记，回收有签收；按时发放，限期收回。（一般情况要当堂借，当堂还）要建立健全仪器设备借还登记簿册。课堂教学或开展第二课堂活动使用仪器，由任课教师或课外活动小组组长亲自到实验室输借还签字手续，不得由他人或学生代领；校外或从事科普活动使用仪器（仅人使用不外借）在不影响课堂教学前提下，经校领导（或实验室主任）批准，办理借还手续后方能出借。为简化手续，方便教学，任课教师课堂教学领用或回收仪器，可直接在实验通知单上办理签字手续，不必另行登记。实验通知单和仪器借还登记簿册要整理装订存档

（四）建立实验小组并定组定位定仪器

上学生实验课要把全班学生编成若干实验小组，每组选一个组长。上课时，各组对号入座，定组定位定仪器。学生做实验时，实验教师要下班辅导，排除仪器故障，处理有关问题。实验完毕由实验小组分工负责，按"三净"（即桌面交发、仪器净、地面交发）要求表洗整理好仪器，由组长点交，经实验教师或任课教师验收后方可离去。

（五）做好损耗仪器的处理工作

在实验教学中损耗的仪器应及时处理。在使用中正常损十（即在实验过程中遇意外或仪器本身质量问题造成损坏）的仪器（消耗品除外）经使用者填写仪器设备损耗报废单并签名，报实验室负责人审批后作报废处理；非正常损坏丢失（即师生擅自动用工失职或违反操作规程而造成损坏、丢失）的仪器设备，要查明原因，并填写仪器损失赔偿单，按间赔偿（赔偿事宜由实验教师负责办理）。情节严重，损失大的要追究领导及当事人的责任。

（六）开放实验室并搞好第二课堂及社会服务活动

1. 向学生开放。要允许学生在课外活动时间到实验室选仪器做实验（重做课堂实验或自行设计有开拓性的实验）。

2. 创造条件，采取"借出去"、"请进来"等形式向兄弟学校开放，帮助兄弟学校开展学生实验或解决实验中的难题。

3. 在不影响本校实验教学前提下，有条件的实验室要向社会开放，为社会科普活动及当地经济建设和科技兴农服务。

（七）勤俭节约做实验

自制教具是教师或学生根据教学内容的需要，选用废旧材料和日常生活用品等易得物品，自己设计，自己动手制作成的教学仪器。自制教具是师生动手动脑的一项创造性活动，也是开展实验教学的一种好形式。自制教具有利于发扬勤俭办学的优良传统，有利于开发智力，培养动手能力。同时，自制教具往往在改进仪器性能或操作方法等方面有所创造，成为开展新产品的一个途径，必须积极开展。自制教具要紧密结合教学，注重配套，注重创新。在实验教学中，因缺少仪器不能做或原来的实验装置教学效果差或不容易做成的实验，实验教师要想方设法，发动师生自制或改进实验装置做好实验，增强教学效果，提高实验开出率。

八、实验室的安全管理

（一）以防护为主

确保实验室安全是为了育人，育人必须安全。在实验室管理过程中时时、处处、事事都要把安全放在首位。以预防为主，要把握实验室管理过程中的各个环节，做好预防工作，把故事的隐患消除在过程进行之前。实验室要配齐安全用品，要加强在实验过程中的安全教育，使参与实验的师生，人人都能提高警惕。准备实验时要准备防护及保险措施，实验装置要牢固，放稳妥；实验时要严格遵守操作规程，学生实验必须在教师指导下进行，在化学实验中严禁学生随意混合化学药品，以免发生意外，并仔细审察不安全因素，消除隐患。实验教师要学习和掌握实验室伤害救护常识，做好急救工作。

（二）确保用电安全

实验室教学仪器的存放和使用过程中离不开电，确保用电安全是实验室安全管理的重要任务之一。实验室要设总配电盘。装设漏电保安器，离开实验室时要将总电曾断开。任课教师要严格控制学生实验用电，尽量使用36伏以下的安全电压。实验室供电线路的布设电线截面积和保险丝的选用，要符合安全供电标准，供电线要定期检修和更换。安装电器设备要做到电流、电压与用电器的标称值匹配。一般情况下（除有特殊注意者外）用电器都应接地，并经常检查接地是否良好。清洁大扫除时，不能弄湿电源线，不能用潮湿的手触摸正在工作的电器设备。电线或电器盒盖破损要及时修复，以免高压导线裸露伤人。检修电源线和用电器时必须切断电源，切忌带电操作，所有电工工具应有绝缘良好的手柄等。

（三）管好用好化学危险品

凡是有易燃、易爆、体育馆、毒害等危险性质，在一定条件下能上起燃烧、爆炸或中毒等导致破坏财产和人身伤亡故事的化学药品统称为化学危险品。中小学实验室中接触到的化学危险品有七大类（氧化剂、自燃品、遇水燃烧品、易燃液体、易燃固体、毒害品、腐蚀品）要严格管理，谨慎使用。在药品保管室中要将危险品分隔存放在危险品柜内，要避免因混放（氧化剂和易燃物混放）而诱发爆炸、燃烧事故发生，做可能发生危险的实验时，要准备好防护用品，存放剧毒药品的专柜要双人双锁保管。危险品的使用要严格遵守操作规程，使用剧毒药品（氰化物、砷化物、升汞等）要经实验室负责人批准，限量发放，取用量要逐一登记，用有剩余要回收，回收数量要入账。如发现危险品特别是剧毒品被盗，要立即报告校领导，并通知当地公安部门查处。实验室要做好通风排气工作。做发生有强刺激或有毒气体烟雾的实验必须在通风橱内进行。使用水银做实验，要防止水银蒸汽中毒。不准用汽油代替酒精或煤油作燃料。酒精、汽油等易燃液体大量撒落地面时，要立即打开窗户或排气扇通风，并严禁在室内明火，以离心可燃蒸汽爆炸或起火，禁止在实验室内存放食品或吸烟。

（四）定期检查实验室消防设施

实验室的消防设施，如沙箱、沙代、灭火器、消防水管、桶等都要定点布设，做到使用方便。开学时要全面检查所有消防设施，发现问题，及时处理。泡沫灭火器的药液要定期（一般一年一次）更换，以免失效。

（五）做好防盗工作

实验室要回固门窗，管好钥匙，安装防盗设施，做好防盗工作。晚上，实验室要有专人值班看管（但不得以看管为名，把实验室改作住室）。

（六）处理好突发事故

实验室发生触电、中毒、爆炸、着火、失窃等突发事故，要迅速果断处理。并立即报告校领导。事后要查明原因，总结经验，制订防洪措施，并把事故发生原因及损失情况报告主管部门。

九、实验室的档案管理

（一）实验室管理档案

实验室管理档案包括仪器设备账册、说明书和技术资料、实验通知单、规章制度、各项管理工作记录、实验教学年报表和工作总结等资料。实验教学要认真做好有关资料的搜集整理工作。

（二）做好实验室的各项记录

在实验室管理过程中，各项工作进行情况及结果要如实记录在册。实验室的工作记录有：演示实验客学生实验记录、仪器设备借还记录、仪器设备损耗报废和赔偿记录、仪器保养、维修记录、自制教具和改进实验装置记录、超纲和开放做实验记录，等等。实验室的工作记录由实验教师和学生谭代表负责记载，任课教师要积极配合。记录要随做随记养成习惯。记载实验室工作记录要实事求是，不要弄虚作假。对编造记录，应付检查者，一经查实，要严肃处理。

实验室管理工作要定期总结，一般期末有小结，年终（学年度—）有总结。总结要反映实验室一年内主要工作成果、经验及存在问题，并提出改进意见。通过总结肯定成绩，找出差距，改进提高。总结材料要报学校和主管部门。学期或学年末要将实验教学完成情况及清理盘点后仪器设备变动情况编制报表报学校和主管部门。

第八节　学校大型活动安全管理

一、大型活动定义

（一）大型群众性活动

按照国务院《大型群众性活动安全管理条例》规定，大型群众性活动，是指法人或者其他组织面向社会公众举办的每场次预计参加人数达到 1000 人以上的下列活动：

1. 体育比赛活动；
2. 演唱会、音乐会等文艺演出活动；
3. 展览、展销等活动；
4. 游园、灯会、庙会、花会、焰火晚会等活动；
5. 人才招聘会、现场开奖的彩票销售等活动。

（二）学校大型活动

学校大型活动一般是指由学校组织开展的参加人数在 100 人以上的离校市内活动或 50 人以上的市外活动等学生人数较多的集会或集体性活动。学校群众性大型活动主要包括：

1. 体育比赛活动；
2. 文艺演出活动；
3. 社会实践活动；
4. 军事训练活动；
5. 实训实习活动；
6. 参观考察活动；
7. 春游踏足活动；

8. 夏（冬）令营活动等；

9. 其他学生人数较多的活动。

二、大型群众性活动的安全责任

（一）大型群众性活动的承办者对其承办活动的安全负责，承办者的主要负责人为大型群众性活动的安全责任人。

（二）举办大型群众性活动，承办者应当制订大型群众性活动安全工作方案。大型群众性活动安全工作方案包括下列内容：

1. 活动的时间、地点、内容及组织方式；

2. 安全工作人员的数量、任务分配和识别标志；

3. 活动场所消防安全措施；

4. 活动场所可容纳的人员数量以及活动预计参加人数；

5. 治安缓冲区域的设定及其标识；

6. 入场人员的票证查验和安全检查措施；

7. 车辆停放、疏导措施；

8. 现场秩序维护、人员疏导措施；

9. 应急救援预案

（三）大型群众性活动承办者安全责任

1. 落实大型群众性活动安全工作方案和安全责任制度，明确安全措施、安全工作人员岗位职责，开展大型群众性活动安全宣传教育；

2. 保障临时搭建的设施、建筑物的安全，消除安全隐患；

3. 按照负责许可的公安机关的要求，配备必要的安全检查设备，对参加大型群众性活动的人员进行安全检查，对拒不接受安全检查的，承办者有权拒绝其进入；

4. 按照核准的活动场所容纳人员数量、划定的区域发放或者出售门票；

5. 落实医疗救护、灭火、应急疏散等应急救援措施并组织演练；

6. 对妨碍大型群众性活动安全的行为及时予以制止，发现违法犯罪行为及时向公安机关报告；

7. 配备与大型群众性活动安全工作需要相适应的专业保安人员以及其他安全工作人员；

8. 为大型群众性活动的安全工作提供必要的保障。

（四）大型群众性活动场所管理者安全责任

1. 保障活动场所、设施符合国家安全标准和安全规定；

2. 保障疏散通道、安全出口、消防车通道、应急广播、应急照明、疏散指示标志符合法律、法规、技术标准的规定；

3. 保障监控设备和消防设施、器材配置齐全、完好有效；

4. 提供必要的停车场地，并维护安全秩序。

（五）大型群众性活动参加人员安全责任

1. 遵守法律、法规和社会公德，不得妨碍社会治安、影响社会秩序；

2. 遵守大型群众性活动场所治安、消防等管理制度，接受安全检查，不得携带爆炸性、易燃性、放射性、毒害性、腐蚀性等危险物质或者非法携带枪支、弹药、管制器具；

3. 服从安全管理，不得展示侮辱性标语、条幅等物品，不得围攻裁判员、运动员或者其他工作人员，不得投掷杂物。

三、学校大型活动安全"六有"式标准化管理

（一）有计划

1. 成立大型活动领导小组，明确责任人员；

2. 研究制定大型活动计划及方案；

3. 进行大型活动风险评估。

（二）有审批

（1）1000人以下的大型活动报主管教育部门批准；

（2）1000人以上5000人以下的大型活动由当地公安部门批准；

（3）5000人以上报设区市公安部门批准。

（三）有教育

1. 学校要将活动计划向所有参与人员进行通报，要对参加者进行必要的安全教育，确保参加人员知晓活动内容、时间要求、注意事项。

2. 活动前，学校要专门开展预防传染病、食物中毒、交通安全及其他安全知识的宣传教育，增强参加活动人员的安全意识和自我保护、救护能力。

（四）有管理

1. 外出活动，师生比必须达到1：15的最低比例，确保有足够多的教师参与活动管理。

2. 制定详细实施方案，对参加人员进行合理编组，指定临时负责人，统一协调，统一调度，统一管理。

3. 严格按照预定方案实施活动，严格遵守时间、纪律、任务要求，认真做好集合、整队、清点等工作。

（五）有预案

1. 活动前，学校和承办单位应在卫生、公安、消防、交通、消防等有关部门的指导下制定计划、成立事故发生应急处理小组和突发事件应急预案，明确组织管理机构职责、具体应急措施。加

强对活动全程的监督，确定信息报告人和信息报告的程序。

2. 遇到突发事件，严格按照预案进行应急。

（六）有保障

1. 车辆保障。学校应租用具有合法资质的营运车辆，选择有深厚驾驶经验和熟悉活动地路线的司机，并签定相关协议。

2. 经费保障。学校应做好活动经费预算和保障，不能因经费问题发生影响活动及至形成安全事故的情形。

3. 饮食保障。提前做好活动期间的饮食卫生安全工作，在饮食材料的选择、准备、保管等环节不出现问题，以免发生饮食中毒事故。

4. 现场保障。学校应在活动前派出人员对活动现场进行深入勘察，尽可能熟悉活动场地环境状况，对场地周边也应进行调查，对一些有安全隐患的地方要列出标记，活动时要派人专门盯守。

第九节　学校社会实践安全管理

一、什么是学生社会实践

（一）社会实践活动是指学校统一安排，每学期有一定时间保证，按照不同年级年龄段开展的不同形式的远足、军训、访问、参观、社会公益服务、专题冬令营、夏令营等活动。

（二）社会实践是一门学校课程

综合实践活动是国家规定的必修课，包括研究性学习、劳动技术教育、社区服务、社会实践四部分内容。开展综合实践活动旨在让学生联系社会实际，通过亲身体验进行学习，积累和丰富直接经验，培养创新精神、实践能力和终身学习的能力。学校要从实际出发，具体安排、确定综合实践活动各部分内容和组织形式。

研究性学习以学生的自主性、探索性学习为基础，从学生生活和社会生活中选择和确定研究专题，主要以个人或小组合作的方式进行。通过亲身实践获取直接经验，养成科学精神和科学态度，掌握基本的科学方法，提高综合运用所学知识解决实际问题的能力。在研究性学习中，教师是组织者、参与者和指导者。

劳动技术教育主要对学生进行劳动观念和一般劳动技术能力的教育，进行现代职业意识、职业技能的培养和就业选择的指导。

社区服务主要通过学生在本社区以集体或个人形式参加各种公益活动，进行社会责任意识、助人为乐精神的教育，为社区的建设和发展服务。

社会实践主要通过军训和工农业生产劳动对学生进行国防教育、生产劳动教育，培养组织纪律性、集体观念和吃苦耐劳精神。学校可以结合实际，为学生走出学校，深入社会创造条件。

二、学生社会实践的目的和原则

（一）通过社会实践活动使学生接触社会，了解社会，关注社会，树立为他人和社会服务的责任感；增强学生创新精神和实践能力；培养学生适应环境，学会交往，承受挫折等综合能力；促进学生认知和行为的统一，提高教育工作的实效性。

（二）社会实践活动应坚持主体性原则：学生是参加社会实践活动的主体。在实践活动中应充分调动其积极性和主动性，激发学生主动探索、研究实际问题的兴趣，为学生自主发展提供广阔的空间、充足的时间和必备的条件。

（三）社会实践活动应坚持指导性原则：教师应教给学生参加实践活动的基本技能，引导学生把学校学到的知识应用到实践中，帮助学生正确分析实践活动中发现的问题，启发学生在实践中探索、鉴别、研究和发展。在实践活动中教师应对学生进行思想政治教育、品德教育、纪律教育、心理教育和法制教育。

（四）社会实践活动应坚持时代性原则：实践活动的内容要贴近学生生活，关注社会热点，把握时代脉搏，突出人文、科技、国防、环保等意识和创造能力的培养。

（五）社会实践活动应坚持安全性原则：保证学生在社会实践活动中的安全，是全社会的责任。学校在组织学生参加社会实践活动时要制定切实可行的安全措施，指定专人负责。教师和家长（监护人）要教给学生自我保护方法，增强学生安全防范意识和自我保护能力。实践基地和单位在保证设施安全的基础上，向学生讲清与实践内容相关的操作程序，安全制度，培养学生安全生产和操作的意识。学生在实际活动中出现的安全问题按教育部颁发的《学生伤害事故处理办法》的相关精神解决处理。

三、学生社会实践的时间、内容和途径

（一）时间

《两办意见》中规定："社会实践总时间，初中学生一般每学年不少于 20 天，普通高中学生一般每学年不少于 30 天"。

（二）内容

1. 小学生低年级学生的实践活动以校内外有计划的活动为主，以学校和家庭为主要实践场所，重在体验；

2. 小学中、高年级和初中学生的社会实践活动包括社会调查（含参观访问）、公益劳动、国防教育、社区服务、科技文体活动等，以社区和基地为实践阵地；

3. 高中阶段的实践活动应包括研究性学习、军事训练、生产实习、志愿者活动、勤工俭学等，实践活动以工厂、农村、军训基地等社会单位为依托。

（三）途径

1. 组织学生参加社会实践活动是一项系统工程，实践基地的建立是学生开展实践活动的必要保证。

2. 各地教育部门和学校要善于利用本地资源，充分发挥多级青少年教育基地及有关场所的作用，挖掘地区资源的潜力，逐步建立满足不同年龄和不同类型实践活动需要的区县和校级实践基地，规范现有的基地。

3. 各学校要结合本地区实际，与学校传统活动相结合，与共青团、少先队组织的活动紧密结合，职业学校的社会实践活动还应与生产实习相结合。高中学生的社会实践活动应作为综合实践活动的一部分统筹考虑。

三、学生社会实践安全底线

（一）学生社会实践必须做到"三符合"

1. 社会实践必须符合学生心理特点；
2. 社会实践必须符合学生生理特点；
3. 社会实践必须符合学生身体健康条件。

（二）学生社会实践严防"四不得"

1. 学校不得组织学生参加抢险等应当由专业人员或者成人从事的活动
2. 学校不得组织学生参与制作烟花爆竹、有毒化学品等具有危险性的活动
3. 学校不得组织学生参加有污染、传染可能的活动
4. 学校不得组织学生参加商业性活动。

四、学生社会实践安全规范管理

（一）安全教育

1. 组织社会实践活动前，发给家长一封信，告知活动安排及安全注意事项，要求家长做好对学生外出活动的安全教育工作，包括到校时间、放学时间、安全等需提醒事项。

2. 社会实践活动出发前，各班主任组织班级学生进行集体安全教育，教给学生自我保护知识，落实安全管理措施。特别预警以下内容：①预警活动目的地的安全状况，危险区域；②严防学生携带管理刀具、易燃易爆等危险品；③告诫学生不带过多的钱和贵重物品；④教育学生注意乘车安全；⑤告知班主任的联系方式；⑥告知遇险时的处理方式、求助方式。

3. 社会实践活动出发前，学校组织会议，加强对教工的安全教育，强调教工肩负的安全管理责任。

（二）严格管理

1. 教师跟班

政教处协调各年级组安排教师到相应班级，协助班主任，跟班对学生进行全过程管理；

返校途中，跟班教师不允许提前离开，要护送学生到校；

政教处提前公布跟班教师名单。

2. 分组管理

班主任将学生分成若干小组，确定小组长，明确小组长的管理责任和管理内容，对学生实行分组管理。

教育学生以小组为单位，集体行动，互相照顾。不主张单独行动；要单独离开，需要向老师报告并得到准许。

3. 集合排队

活动全过程要落实集合排队制度，出发、上车、下车等要先集合，排队，有秩序行进，防止推挤踩踏事故。上下车要教育学生，做到女生优先，照顾病、弱残等同学。

4. 加强点名

活动全过程要进行点名，清点人数，防止学生走失和漏乘。一旦发现有学生未到场，立即采取措施组织寻找。

加强以下几种情况的点名：①出校门前；②出发发车前；③到目的地解散前；④返校发车前；⑤返校放学前。

5. 回校放学

活动结束，班主任与跟班教师应该带学生回到学校，清点人数，进行活动小结和回家途中的安全教育后，再放学。不得在校门外解散学生。

（三）事故响应

发生意外事故，按以下方面处置：

1. 第一时间报告：事故发生后，第一时间报告领导；第一时间报告当事人的监护人。

2. 第一时间救护：事故发生后，第一时间采取应急救护措施，及时通知警方或医院急救。

3. 现场取证：事故发生后，保护必要的现场，调查访问现场证人，笔录取证。

第十节　学校体育活动安全管理

学校体育活动包括体育课、课外活动、集体晨练、跑操、阳光体育活动、课间操、体育训练、各类比赛等。学校活动是课堂教学的延伸，学校必须按照正常教学对待，担负起教育、管理的职

责。目前，校内发生的学生伤害，很大一部分是在各类体育活动期间，学校也因为没有履责而承担责任，一定要引起高度重视。

一、体育课事故原因分析

（一）学生因素

1. 安全意识不足。如：学生对参加运动的安全意识低下，没有足够的重视，在运动中容易产生安全问题。

2. 心理因素所致。学生心理素质差，耐挫能力差，遇到挫折产生畏惧、胆怯心理，做动作缩手缩脚，容易产生安全问题。

3. 学生的好强和逞强行为。在运动中（特别是男生）有好强和逞强行为，没有听清教师的讲解，就贸然练习，容易产生安全问题。

4. 上课前的准备工作不充分。如：在体育课前，没有准备好运动服装或者运动鞋，运动装备不符合要求，容易产生安全问题。

（二）教师因素

1. 准备活动组织不充分。教师在教学中没有认真根据教学内容安排合理的准备活动，容易产生安全问题。

2. 课堂纪律存在问题。教师的课堂教学管理能力较低或者任由学生违纪行为的出现，教学中学生之间的干扰，容易产生安全问题。

3. 活动规则没有讲清楚。教师安排学生的活动前，没有讲清活动的规则和要求，学生贸然参加活动，容易产生安全问题。

4. 内容没有把握好。教学内容过难、要求过高、运动负荷过大。教师课前缺乏对学情的认真了解，导致教学内容过难、要求过高，容易产生安全问题。

5. 保护帮助不到位。教师在教学中没有清楚讲解保护帮助的方法，导致保护帮助不到位，容易产生安全问题。

6. 场地器材的布置不合理。教师课前没有根据学校的场地和教学内容，合理的布置教学的场地和运动器械，导致学生安全问题的出现。

7. 运动器械长时间缺乏检修。因为多年没有检修，运动器械松动或者损坏，导致学生安全问题的出现。

8. 自由活动监管不到位。大部分体育课事故都发生在学生自由活动时段，主要原因是教师安排自由活动不合理或随意安排、教师安全教育不到位、学生活动时教师缺乏有效管理。

二、体育课教学安全规程

（一）设施设备检查

课前，体育教师要了解学校场地和器材情况，合理布置教学场地器材。根据教学内容，科学的布置和选择好教学的场地和器械。课前认真检查场地和器械情况，避免不合理的教学场地与器械对学生安全的影响。

（二）严格按计划教学

体育教师要严格按照大纲及教学计划组织实施教学，不得未经批准，私自随意更改教学计划及内容。

（三）注重对学生进行衣装检查

体育课教师在教学前要仔细地检查学生穿着，学生必须穿运动服和运动鞋，不允许学生着紧身服、牛仔服、裙子等不适合体育运动的服装。不允许学生着皮鞋、高跟鞋、凉鞋等进入课堂。一些可能因运动给自身或他人造成损伤的佩物、饰品、物件等要禁止进入课堂。

（四）准备活动要充分

每节体育课都必须做好充分的、有针对性的准备活动。充分的准备活动，能有效全面地锻炼学生的身体，让学生更好地投入各项教学活动，有效地避免一般伤害事故的发生，如扭伤、拉伤等。准备活动还应该根据运动项目的不同，重点加强某部位的针对性练习活动，避免受力肌肉和关节的受伤。

（五）加强教育并严格纪律

体育与健康教学中，严格的课堂纪律是为了使课堂教学安全、有序开展，使课堂教学时间的利用更加充分，保证教学任务的顺利完成；避免伤害事故的发生，确保学生的身体安全。课前让学生明白课堂纪律，得到学生的认可；面对学生的违纪，教师应该采用灵活的教育方法机智处理，通过师生的共同努力，创设良好的课堂教学氛。

（六）科学施教

体育教师要针对学生心理生理特点、教学内容特点，突出科学性、技术性、灵活性，有效组织教学。

教学中，学生安全问题的出现，是因为学生不良的心理原因造成的，如对单双杠的畏惧心理、支撑跳跃的害怕心理等，或者因为身体素质差而导致练习中多次失败的影响，致使部分学生对运动项目产生畏难、恐惧心理，容易造成伤害事故。教师在教学中应安排基础较好的学生率先练习，以激励他们的勇气，通过降低要求和标准、教师的保护与帮助等措施，让他们尝到成功的喜悦，并有意识地帮助他们提高身体素质，从而逐渐克服不良心理，提高自信心。

技术教学是体育与健康教学的重点部分，学生的技能提高来源于学生对技术的掌握和运用。教师在课堂教学中应该让学生知道正确的技术动作，并指导学生进行正确动作的练习。非正确的动作，往往是技术教学中发生安全问题的主要原因，所以教师应该关注学生的正确技术的教学和掌握，促进学生良好运动技能的提高，避免因为非正确动作而导致学生安全问题的产生。

教师在组织学生练习时，活动的要求和规则必须让学生清楚，学生在明确的要求和规则下进行练习，同时获得教师在知识、技术上的指导，获得有效的学习。学生如果对活动的要求和规则不明确，出现违反规则的现象，就容易出现安全问题，特别是在一些对抗性强和游戏性活动中。所以，明确的要求和规则是学生安全参与教学活动的重要方面。

（七）为学生提供有效的保护和帮助

保护与帮助的意义在于消减学生在练习中的困难，使学生体会、掌握动作要领，避免练习中学生的伤害事故的发生。教学中，教师应该讲明示范保护与帮助的方法和要求，使学生明确保护帮助的方法和技巧，激励学生互相帮助的精神。此外，教师还应教给学生一些自我保护的方法，确保运动中的安全。

（八）有计划地安排学生自由活动

体育课教学后半段，体育课教师要有计划地、有目的地安排学生自由活动，切记不要安排对抗性较强的活动如足球、篮球等活动，不要让学生开展急速奔跑类活动，不要让学生四处过于分散活动，要保证每名学生在体育教师的监控视野内，防范学生意外事故发生。

（九）合理使用学生搬运体育器械

根据学生年龄特点及体育器械性质，合理使用学生搬运器械，以免发生意外伤害。

三、其它安全事项

1. 注意学生特异体质、特殊疾病、特殊日期；
2. 注意学生完成动作的差异性；
3. 完成较为危险的动作要注意防范；
4. 学生受伤或有受伤可能切记要进行救治；
5. 注意不要对学生进行体罚；
6. 自由活动尽量不要安排对抗性较强的活动。

四、其它体育活动安全管理要领

1. 体育活动尽量安排在校内进行，最大限度地减少安全事故发生的可能性。如必须安排在校外，学校一定要慎重选择路线，协调公安交警采取交通管制或加强交通管理，预防交通事故发生。

2. 每次活动开始前，教师一定要对学生进行必要的安全教育，讲清注意事项。

3. 活动过程中，教师必须参与整个活动，对学生进行严格管理，绝不能中途离岗。

第十一节　学校饮食卫生安全管理

学校卫生安全包括食堂食品卫生安全、饮水安全、小卖部安全、传染病预防、心理健康、营养餐等。卫生安全在学校安全工作中是重头戏，因为这一类事故的发生具有受害人数多、影响大、花钱多、责任重、处置难等特性，学校一定要严格按照标准去管理，坚决杜绝卫生事件发生。

一、食堂卫生安全管理

（一）建立健全各项规章制度

1. 明确学校法定代表人责任。学校法定代表人是学校食堂安全第一责任人，对本单位的食堂安全负全面责任。

2. 建立学校食堂卫生管理员制度。学校食堂要设置专职或兼职食品卫生管理员，凡就餐人数在1000人以下的学校，设置一名专职或兼职食品卫生管理员；就餐人数在1000～1500人的学校，设置一名专职食品卫生管理员；就餐人数在1500人以上的学校，设置2名或2名以上专职食品卫生管理员。

食品卫生管理员应当经过教育、卫生行政部门培训，取得合格证后方可上岗。

3. 建立健全食堂与学生集体用餐卫生工作制度，成立卫生管理组织机构。建立相应的责任机制，制定校长、分管校长、总务主任、食堂管理员、食堂从业人员、卫生保健教师岗位职责。

学校要建立食堂环境卫生管理，食品采购索证和贮存卫生管理，食品加工过程卫生管理，食堂餐具、工用具卫生管理，食品供应和留样，食堂从业人员卫生管理，食堂安全保卫，原料采购索证，餐具、用具清洗消毒，卫生检查，从业人员健康检查与卫生知识培训和食品加工烹调管理等制度。

（二）严格规范操作流程

1. 食品采购

（1）食堂采购员必须到持有卫生许可证的经营单位采购食品，并按照国家有关规定进行索证；应相对固定食品采购的场所，以保证其质量。

（2）严禁采购以下食品：

①腐败变质、油脂酸败、霉变、生虫、污秽不洁、混有异物或者其他感官性状异常，含有毒有

害物质或者被有毒、有害物质污染，可能对人体健康有害的食品；

②未经兽医卫生检验或者检验不合格的肉类及其制品；

③超过保质期限或不符合食品标签规定的定型包装食品；

④其他不符合食品卫生标准和要求的食品。

（3）学校订购学生集体餐时，应确认生产经营者的卫生许可证上注有"送餐"或"学生营养餐"的许可项目，不得向未经许可的生产经营者订餐。学生集体用餐必须当餐加工，不得订购隔餐的剩余食品，不得订购冷荤凉菜食品。严把供餐卫生质量关，要按照订餐要求对供餐单位提供的食品进行验收。

2. 食品贮存。

（1）食品入库前应进行验收、出入库时应进行登记，建立进出台账；

（2）食品贮存应当分类、分架、隔墙、离地存放，定期检查、及时发现处理变质或超过保质期限的食品；

（3）食品贮存场所禁止存放有毒、有害物品及个人生活物品。

（4）用于保存食品的冷藏设备，应当贴有标志，生食品、半成品和熟食品分柜存放。

3. 加工出售。

（1）用于原料、半成品、成品的刀、墩、板、桶、盆、筐、抹布以及其他工具、容器应标志明显，做到分开使用，定位存放，用后洗净，保持清洁；

（2）食堂炊事员要采用新鲜保洁的原料制作食品，不得加工或使用腐败变质和感官性状异常的食品及其原料；

（3）加工食品做到熟透，需要熟制加工的大块食品，其中心温度不低于70℃。加工后的熟制品应当与食品原料和半成品分开存放，半成品与食品原料分开存放。食品不得接触有毒物、不洁物；

（4）学校食堂不得制售冷荤凉菜，不得出售腐败变质或者感官性状异常、可能影响学生健康的食物。

（5）食品在烹饪后至出售前存放时间一般不超过2小时，超过2个小时的，在高于60℃或低于10℃的条件下存放。

（6）食堂剩余食品应当冷藏，冷藏时间不得超过24小时。在确认没有变质的情况下，经高温彻底加热后，方可继续出售。

4. 食品留样。

食堂应当建立留样制度。留样食品按品种分别存放于清洗消毒后的密闭专用容器内，在冷藏条件下存放48小时以上，每个品种留样量不少于100克。留样食品应当为每餐的所有主、副食。

5. 洗刷消毒。

（1）严格按照洗刷程序对餐具、加工具等进行去残渣、去油污、清水洗等工作。

（2）认真进行消毒。采用物理消毒、洗碗机消毒、化学消毒等方式对使用过的器具进行彻底消毒。

（3）做好消毒记录

（4）将消毒后的器具按照标准规范存放。

（三）加强食堂从业人员管理

食堂从业人员包括食堂采购员、食堂炊事员、食堂分餐员、仓库保管员等。学校必须严格按照以下标准严格管理：

1. 食堂从业人员、管理人员应当熟悉了解有关食品卫生的基本要求。

2. 食堂从业人员每年进行健康检查。新参加工作和临时参加工作的从业人员应进行健康检查，取得健康证明后方可上岗。

3. 凡患有痢疾、伤寒、病毒性肝炎等消化道疾病（包括病原携带者），活动性肺结核，化脓性或者渗出性皮肤病以及其他有碍食品卫生疾病的，不得从事接触直接入口食品的工作。

4. 食堂从业人员及集体餐分餐人员在出现咳嗽、腹泻、发热、呕吐等有碍于食品卫生的病症时，要立即脱离工作岗位，待查明病因、排除有碍于食品卫生的病症或治愈后，方可重新上岗。

5. 食堂从业人员和管理人员应当接受市、县（市、区）教育行政部门和卫生行政部门的卫生知识、职业道德和法制教育培训，并经考核合格颁证后方可上岗。

6. 食堂从业人员要有良好的个人卫生习惯：

（1）工作前、处理食品原料后、便后要用肥皂及流动清水洗手；接触直接入口食品之前应洗手消毒；

（2）穿戴清洁的工作衣、帽，并把头发置于帽内；

（3）不得留长指甲、涂指甲油、戴戒指加工食品；

（4）不得在食品加工和销售场所内吸烟；

（5）离开工作场所必须脱掉工作服。

（四）加强学校食堂监管

1. 幼儿园食堂由学校自主经营，不得对外承包或变相承包。

2. 义务教育段学校原则上应由学校自主经营。

3. 对食堂规模大、就餐人数较多、确需引进社会饮食企业（个人）经营的，要实行公开招标制度。学校要全面审核投标方的经营管理水平、技术水平、资金能力、资质信誉等，择优选定。学校与中标方要签订具有法律效力的合同，明确各自的责任、权利和义务，并严格按合同办事。学校不得以任何方式把食品卫生的监控责任转交中标方，中标方应当接受学校的监督管理。学校应向承包方收缴一定数额的风险保证金，主要用于发生学生集体用餐中毒事故后的救护和救济。对食堂承包者违反国家法律法规行为，存在严重安全隐患，整改不力的，可以根据合同约定适当扣除风险保证金。风险保证金归承包者所有，学校统一管理，任何人不得挪用。

4. 鼓励和提倡学校食堂购买餐饮场所责任保险。学校自主经营的食堂，费用由学校负担；社会饮食企业（个人）承包经营的学校食堂，由承包者支付。

5. 食堂应当取得卫生行政主管部门发放的卫生许可证，未取得卫生许可证的食堂不得开办。食堂要积极配合和主动接受卫生行政主管部门的监督和检查。

6. 食堂要将岗位责任制度及卫生管理等制度在用餐场所公示，接受监督。

7. 食堂应当建立安全保卫措施，严禁非食堂工作人员随意进入食堂食品加工操作间及食品原料存放间。

8. 学校要对学生加强饮食卫生教育，鼓励和提倡学生在校内就餐，劝阻学生不购买无照（证）商贩出售的盒饭等食品，不食用来历不明的可疑食物。

9. 学校要采取有效措施降低食堂经营成本，提高食堂伙食标准和饭菜质量。

10. 学校要建立健全食物中毒或者其他食源性疾患报告制度，发生食物中毒或疑似食物中毒事故应在 2 小时内报告教育、卫生行政主管部门。

教育、卫生行政主管部门接到发生食物中毒或疑似食物中毒事故报告后应在 2 小时内报告上级教育、卫生行政部门和本级人民政府。

（五）预防食物中毒

1. 食物中毒的常见原因。

（1）细菌性食物中毒常见原因：

①生熟交叉污染。如熟食品被生的食品原料污染，或被与生的食品原料接触过的表面（如容器、手、操作台等）污染，或接触熟食品的容器、手、操作台等被生的食品原料污染。

②食品贮存不当。如熟制高风险食品被长时间存放在 10℃ 至 60℃ 之间的温度条件下（在此温度下的存放时间应小于 2 小时），或易腐原料、半成品食品在不适合温度下长时间贮存。

③食品未烧熟煮透。如食品烧制时间不足、烹饪前未彻底解冻等原因使食品加工时中心温度未达到 70℃。

④从业人员带菌污染食品。从业人员患有传染病或是带菌者，操作时通过手部接触等方式污染食品。

⑤经长时间贮存的食品食用前未彻底再加热至中心温度 70℃ 以上。

⑥进食未经加热处理的生食品。

（2）化学性食物中毒常见原因

①作为食品原料的食用农产品，在种植养殖过程或生长环境中受到化学性有毒有害物质污染或食用前有毒农药或兽药残留剂量较多。

②食品中含有天然有毒物质，食品加工过程未去除。如豆浆未煮透使其中的胰蛋白酶抑制物未彻底去除，四季豆加热时间不够使其中的皂素等未完全破坏。

③食品在加工过程受到化学性有毒有害物质的污染。如误将亚硝酸盐当作食盐使用。

④食用有毒有害食品，如毒蕈、发芽马铃薯、河豚鱼。

2. 预防食物中毒的基本方法。

（1）预防细菌性食物中毒的基本原则和关键点。

预防细菌性食物中毒，应根据防止食品受到病原菌污染、控制病原菌的繁殖和杀灭病原菌三项基本原则采取措施，其关键点主要有：

①避免污染。即避免熟食品受到各种病原菌的污染。如避免生食品与熟食品接触；经常性洗手，接触直接入口食品的人员还应消毒手部；保持食品加工操作场所清洁；避免昆虫、鼠类等动物接触食品。

②控制温度。即控制适当的温度以保证杀灭食品中的病原菌或防止病原菌的生长繁殖。如加热食品应使中心温度达到70℃以上。贮存熟食品，要及时热藏，使食品温度保持在60℃以上，或者及时冷藏，把温度控制在10℃以下。

③控制时间。即尽量缩短食品存放时间，不给病原菌生长繁殖的机会。熟食品应尽量当餐食用；食品原料应尽快使用完。

④清洗和消毒。这是防止食品受到污染的主要措施。接触食品的所有物品应清洗干净，凡是接触直接入口食品的物品，还应在清洗的基础上进行消毒。一些生吃的蔬菜水果也应进行清洗消毒。

⑤控制加工量。食品的加工量应与加工条件相吻合。食品加工量超过加工场所和设备的承受能力时，难以做到按食品安全要求加工，极易造成食品污染，引起食物中毒。

（2）预防常见化学性食物中毒的措施：

①农药引起的食物中毒。蔬菜粗加工时以食品洗涤剂（洗洁精）溶液浸泡30分钟后再冲净，烹饪前再经烫泡1分钟，可有效去除蔬菜表面的大部分农药。

②豆浆引起的食物中毒。烧煮生豆浆时将上涌泡沫除净，煮沸后再以文火维持煮沸5分钟左右，可使其中的胰蛋白酶抑制物彻底分解破坏。应注意豆浆加热至80℃时，会有许多泡沫上浮，出现"假沸"现象。

③四季豆引起的食物中毒。烹饪时先将四季豆放入开水中烫煮10分钟以上再炒。

④亚硝酸盐引起的食物中毒。加强亚硝酸盐的保管，避免误作食盐使用。

附：餐饮服务食品安全操作规范

第一章　总　　则

第一条　为加强餐饮服务食品安全管理，规范餐饮服务经营行为，保障消费者饮食安全，根据《食品安全法》、《食品安全法实施条例》、《餐饮服务许可管理办法》、《餐饮服务食品安全监督管理办法》等法律、法规、规章的规定，制定本规范。

第二条　本规范适用于餐饮服务提供者，包括餐馆、小吃店、快餐店、饮品店、食堂、集体用餐配送单位和中央厨房等。

第三条　餐饮服务提供者的法定代表人、负责人或业主是本单位食品安全的第一责任人，对本

单位的食品安全负法律责任。

第四条 鼓励餐饮服务提供者建立和实施先进的食品安全管理体系，不断提高餐饮服务食品安全管理水平。

第五条 鼓励餐饮服务提供者为消费者提供分餐等健康饮食的条件。

第六条 本规范下列用语的含义

（一）餐饮服务：指通过即时制作加工、商业销售和服务性劳动等，向消费者提供食品和消费场所及设施的服务活动。

（二）餐饮服务提供者：指从事餐饮服务的单位和个人。

（三）餐馆（含酒家、酒楼、酒店、饭庄等）：指以饭菜（包括中餐、西餐、日餐、韩餐等）为主要经营项目的提供者，包括火锅店、烧烤店等。

特大型餐馆：指加工经营场所使用面积在 $3000m^2$ 以上（不含 $3000m^2$），或者就餐座位数在 1000 座以上（不含 1000 座）的餐馆。

大型餐馆：指加工经营场所使用面积在 $500\sim3000m^2$（不含 $500m^2$，含 $3000m^2$），或者就餐座位数在 $250\sim1000$ 座（不含 250 座，含 1000 座）的餐馆。

中型餐馆：指加工经营场所使用面积在 $150\sim500m^2$（不含 $150m^2$，含 $500m^2$），或者就餐座位数在 $75\sim250$ 座（不含 75 座，含 250 座）的餐馆。

小型餐馆：指加工经营场所使用面积在 $150m^2$ 以下（含 $150m^2$），或者就餐座位数在 75 座以下（含 75 座）的餐馆。

（四）快餐店：指以集中加工配送、当场分餐食用并快速提供就餐服务为主要加工供应形式的提供者。

（五）小吃店：指以点心、小吃为主要经营项目的提供者。

（六）饮品店：指以供应酒类、咖啡、茶水或者饮料为主的提供者。

甜品站：指餐饮服务提供者在其餐饮主店经营场所内或附近开设，具有固定经营场所，直接销售或经简单加工制作后销售由餐饮主店配送的以冰激凌、饮料、甜品为主的食品的附属店面。

（七）食堂：指设于机关、学校（含托幼机构）、企事业单位、建筑工地等地点（场所），供应内部职工、学生等就餐的提供者。

（八）集体用餐配送单位：指根据集体服务对象订购要求，集中加工、分送食品但不提供就餐场所的提供者。

（九）中央厨房：指由餐饮连锁企业建立的，具有独立场所及设施设备，集中完成食品成品或半成品加工制作，并直接配送给餐饮服务单位的提供者。

（十）食品：指各种供人食用或者饮用的成品和原料以及按照传统既是食品又是药品的物品，但不包括以治疗为目的的物品。

原料：指供加工制作食品所用的一切可食用或者饮用的物质和材料。

半成品：指食品原料经初步或部分加工后，尚需进一步加工制作的食品或原料。

成品：指经过加工制成的或待出售的可直接食用的食品。

（十一）凉菜（包括冷菜、冷荤、熟食、卤味等）：指对经过烹制成熟、腌渍入味或仅经清洗切配等处理后的食品进行简单制作并装盘，一般无需加热即可食用的菜肴。

（十二）生食海产品：指不经过加热处理即供食用的生长于海洋的鱼类、贝壳类、头足类等水产品。

（十三）裱花蛋糕：指以粮、糖、油、蛋为主要原料经焙烤加工而成的糕点胚，在其表面裱以奶油等制成的食品。

（十四）现榨饮料：指以新鲜水果、蔬菜及谷类、豆类等五谷杂粮为原料，通过压榨等方法现场制作的供消费者直接饮用的非定型包装果蔬汁、五谷杂粮等饮品，不包括采用浓浆、浓缩汁、果蔬粉调配而成的饮料。

（十五）加工经营场所：指与食品制作供应直接或间接相关的场所，包括食品处理区、非食品处理区和就餐场所。

1. 食品处理区：指食品的粗加工、切配、烹饪和备餐场所、专间、食品库房、餐用具清洗消毒和保洁场所等区域，分为清洁操作区、准清洁操作区、一般操作区。

（1）清洁操作区：指为防止食品被环境污染，清洁要求较高的操作场所，包括专间、备餐场所。

专间：指处理或短时间存放直接入口食品的专用操作间，包括凉菜间、裱花间、备餐间、分装间等。

备餐场所：指成品的整理、分装、分发、暂时放置的专用场所。

（2）准清洁操作区：指清洁要求次于清洁操作区的操作场所，包括烹饪场所、餐用具保洁场所。

烹饪场所：指对经过粗加工、切配的原料或半成品进行煎、炒、炸、焖、煮、烤、烘、蒸及其他热加工处理的操作场所。

餐用具保洁场所：指对经清洗消毒后的餐饮具和接触直接入口食品的工具、容器进行存放并保持清洁的场所。

（3）一般操作区：指其他处理食品和餐用具的场所，包括粗加工场所、切配场所、餐用具清洗消毒场所和食品库房等。

粗加工场所：指对食品原料进行挑拣、整理、解冻、清洗、剔除不可用部分等加工处理的操作场所。

切配场所：指把经过粗加工的食品进行清洗、切割、称量、拼配等加工处理成为半成品的操作场所。

餐用具清洗消毒场所：指对餐饮具和接触直接入口食品的工具、容器进行清洗、消毒的操作场所。

2. 非食品处理区：指办公室、更衣场所、门厅、大堂休息厅、歌舞台、非食品库房、卫生间等非直接处理食品的区域。

3. 就餐场所：指供消费者就餐的场所，但不包括供就餐者专用的卫生间、门厅、大堂休息厅、歌舞台等辅助就餐的场所。

（十六）中心温度：指块状或有容器存放的液态食品或食品原料的中心部位的温度。

（十七）冷藏：指将食品或原料置于冰点以上较低温度条件下贮存的过程，冷藏温度的范围应在0℃~10℃之间。

（十八）冷冻：指将食品或原料置于冰点温度以下，以保持冰冻状态贮存的过程，冷冻温度的范围应在 -20℃ ~ -1℃之间。

（十九）清洗：指利用清水清除原料夹带的杂质和原料、餐用具、设备和设施等表面的污物的操作过程。

（二十）消毒：用物理或化学方法破坏、钝化或除去有害微生物的操作过程。

（二十一）交叉污染：指食品、食品加工者、食品加工环境、工具、容器、设备、设施之间生物或化学的污染物相互转移的过程。

（二十二）从业人员：指餐饮服务提供者中从事食品采购、保存、加工、供餐服务以及食品安全管理等工作的人员。

第七条 本规范中"应"的要求是必须执行；"不得"的要求是禁止执行；"宜"的要求是推荐执行。

第二章 机构及人员管理

第八条 食品安全管理机构设置和人员配备要求

（一）大型以上餐馆（含大型餐馆）、学校食堂（含托幼机构食堂）、供餐人数500人以上的机关及企事业单位食堂、餐饮连锁企业总部、集体用餐配送单位、中央厨房应设置食品安全管理机构并配备专职食品安全管理人员。

（二）其他餐饮服务提供者应配备专职或兼职食品安全管理人员。

第九条 食品安全管理机构和人员职责要求

（一）建立健全食品安全管理制度，明确食品安全责任，落实岗位责任制。食品安全管理制度主要包括：从业人员健康管理制度和培训管理制度，加工经营场所及设施设备清洁、消毒和维修保养制度，食品、食品添加剂、食品相关产品采购索证索票、进货查验和台账记录制度，关键环节操作规程，餐厨废弃物处置管理制度，食品安全突发事件应急处置方案，投诉受理制度以及食品药品监管部门规定的其他制度。

（二）制订从业人员食品安全知识培训计划并加以实施，组织学习食品安全法律、法规、规章、规范、标准、加工操作规程和其他食品安全知识，加强诚信守法经营和职业道德教育。

（三）组织从业人员进行健康检查，依法将患有有碍食品安全疾病的人员调整到不影响食品安全的工作岗位。

（四）制订食品安全检查计划，明确检查项目及考核标准，并做好检查记录。

（五）组织制订食品安全事故处置方案，定期检查食品安全防范措施的落实情况，及时消除食品安全事故隐患。

（六）建立食品安全检查及从业人员健康、培训等管理档案。

（七）承担法律、法规、规章、规范、标准规定的其他职责。

第十条　食品安全管理人员基本要求

（一）身体健康并持有有效健康证明。

（二）具备2年以上餐饮服务食品安全工作经历。

（三）持有有效培训合格证明。

（四）食品药品监督管理部门规定的其他条件。

第十一条　从业人员健康管理要求

（一）从业人员（包括新参加和临时参加工作的人员）在上岗前应取得健康证明。

（二）每年进行一次健康检查，必要时进行临时健康检查。

（三）患有《食品安全法实施条例》第二十三条所列疾病的人员，不得从事接触直接入口食品的工作。

（四）餐饮服务提供者应建立每日晨检制度。有发热、腹泻、皮肤伤口或感染、咽部炎症等有碍食品安全病症的人员，应立即离开工作岗位，待查明原因并将有碍食品安全的病症治愈后，方可重新上岗。

第十二条　从业人员个人卫生要求

（一）应保持良好个人卫生，操作时应穿戴清洁的工作衣帽，头发不得外露，不得留长指甲、涂指甲油、佩带饰物。专间操作人员应戴口罩。

（二）操作前应洗净手部，操作过程中应保持手部清洁，手部受到污染后应及时洗手。洗手消毒宜符合《推荐的餐饮服务从业人员洗手消毒方法》（见附件5）。

（三）接触直接入口食品的操作人员，有下列情形之一的，应洗手并消毒：

1. 处理食物前；

2. 使用卫生间后；

3. 接触生食物后；

4. 接触受到污染的工具、设备后；

5. 咳嗽、打喷嚏或擤鼻涕后；

6. 处理动物或废弃物后；

7. 触摸耳朵、鼻子、头发、面部、口腔或身体其他部位后；

8. 从事任何可能会污染双手的活动后。

（四）专间操作人员进入专间时，应更换专用工作衣帽并佩戴口罩，操作前应严格进行双手清洗消毒，操作中应适时消毒。不得穿戴专间工作衣帽从事与专间内操作无关的工作。

（五）不得将私人物品带入食品处理区。

（六）不得在食品处理区内吸烟、饮食或从事其他可能污染食品的行为。

（七）进入食品处理区的非操作人员，应符合现场操作人员卫生要求。

第十三条　从业人员工作服管理要求

（一）工作服（包括衣、帽、口罩）宜用白色或浅色布料制作，专间工作服宜从颜色或式样上予以区分。

（二）工作服应定期更换，保持清洁。接触直接入口食品的操作人员的工作服应每天更换。

（三）从业人员上卫生间前应在食品处理区内脱去工作服。

（四）待清洗的工作服应远离食品处理区。

（五）每名从业人员不得少于 2 套工作服。

第十四条　人员培训要求

（一）从业人员（包括新参加和临时参加工作的人员）应参加食品安全培训，合格后方能上岗。

（二）从业人员应按照培训计划和要求参加培训。

（三）食品安全管理人员原则上每年应接受不少于 40 小时的餐饮服务食品安全集中培训。

第三章　场所与设施、设备

第十五条　选址要求

（一）应选择地势干燥、有给排水条件和电力供应的地区，不得设在易受到污染的区域。

（二）应距离粪坑、污水池、暴露垃圾场（站）、旱厕等污染源 25m 以上，并设置在粉尘、有害气体、放射性物质和其他扩散性污染源的影响范围之外。

（三）应同时符合规划、环保和消防等有关要求。

第十六条　建筑结构、布局、场所设置、分隔、面积要求

（一）建筑结构应坚固耐用、易于维修、易于保持清洁，能避免有害动物的侵入和栖息。

（二）食品处理区应设置在室内，按照原料进入、原料加工、半成品加工、成品供应的流程合理布局，并应能防止在存放、操作中产生交叉污染。食品加工处理流程应为生进熟出的单一流向。原料通道及入口、成品通道及出口、使用后的餐饮具回收通道及入口，宜分开设置；无法分设时，应在不同的时段分别运送原料、成品、使用后的餐饮具，或者将运送的成品加以无污染覆盖。

（三）食品处理区应设置专用的粗加工（全部使用半成品的可不设置）、烹饪（单纯经营火锅、烧烤的可不设置）、餐用具清洗消毒的场所，并应设置原料和（或）半成品贮存、切配及备餐（饮品店可不设置）的场所。进行凉菜配制、裱花操作、食品分装操作的，应分别设置相应专间。制作现榨饮料、水果拼盘及加工生食海产品的，应分别设置相应的专用操作场所。集中备餐的食堂和快餐店应设有备餐专间，或者符合本规范第十七条第二项第五目的要求。中央厨房配制凉菜以及待配送食品贮存的，应分别设置食品加工专间；食品冷却、包装应设置食品加工专间或专用设施。

（四）食品处理区应符合《餐饮服务提供者场所布局要求》（见附件1）。

（五）食品处理区的面积应与就餐场所面积、最大供餐人数相适应，各类餐饮服务提供者食品处理区与就餐场所面积之比、切配烹饪场所面积应符合《餐饮服务提供者场所布局要求》。

（六）粗加工场所内应至少分别设置动物性食品和植物性食品的清洗水池，水产品的清洗水池应独立设置，水池数量或容量应与加工食品的数量相适应。应设专用于清洁工具的清洗水池，其位置应不会污染食品及其加工制作过程。洗手消毒水池、餐用具清洗消毒水池的设置应分别符合本规范第十七条第八项、第十一项的规定。各类水池应以明显标识标明其用途。

（七）烹饪场所加工食品如使用固体燃料，炉灶应为隔墙烧火的外扒灰式，避免粉尘污染食品。

（八）清洁工具的存放场所应与食品处理区分开，大型以上餐馆（含大型餐馆）、加工经营场所面积 500m² 以上的食堂、集体用餐配送单位和中央厨房宜设置独立存放隔间。

（九）加工经营场所内不得圈养、宰杀活的禽畜类动物。在加工经营场所外设立圈养、宰杀场所的，应距离加工经营场所 25m 以上。

第十七条 设施要求

（一）地面与排水要求

1. 食品处理区地面应用无毒、无异味、不透水、不易积垢、耐腐蚀和防滑的材料铺设，且平整、无裂缝。

2. 粗加工、切配、烹饪和餐用具清洗消毒等需经常冲洗的场所及易潮湿的场所，其地面应易于清洗、防滑，并应有一定的排水坡度及排水系统。排水沟应有坡度、保持通畅、便于清洗，沟内不应设置其他管路，侧面和底面接合处应有一定弧度，并设有可拆卸的盖板。排水的流向应由高清洁操作区流向低清洁操作区，并有防止污水逆流的设计。排水沟出口应有符合本条第十二项要求的防止有害动物侵入的设施。

3. 清洁操作区内不得设置明沟，地漏应能防止废弃物流入及浊气逸出。

4. 废水应排至废水处理系统或经其他适当方式处理。

（二）墙壁与门窗要求

1. 食品处理区墙壁应采用无毒、无异味、不透水、不易积垢、平滑的浅色材料构筑。

2. 粗加工、切配、烹饪和餐用具清洗消毒等需经常冲洗的场所及易潮湿的场所，应有 1.5m 以上、浅色、不吸水、易清洗和耐用的材料制成的墙裙，各类专间的墙裙应铺设到墙顶。

3. 粗加工、切配、烹饪和餐用具清洗消毒等场所及各类专间的门应采用易清洗、不吸水的坚固材料制作。

4. 食品处理区的门、窗应装配严密，与外界直接相通的门和可开启的窗应设有易于拆洗且不生锈的防蝇纱网或设置空气幕，与外界直接相通的门和各类专间的门应能自动关闭。室内窗台下斜45度或采用无窗台结构。

5. 以自助餐形式供餐的餐饮服务提供者或无备餐专间的快餐店和食堂，就餐场所窗户应为封闭式或装有防蝇防尘设施，门应设有防蝇防尘设施，宜设空气幕。

（三）屋顶与天花板要求

1. 加工经营场所天花板的设计应易于清扫，能防止害虫隐匿和灰尘积聚，避免长霉或建筑材料脱落等情形发生。

2. 食品处理区天花板应选用无毒、无异味、不吸水、不易积垢、耐腐蚀、耐温、浅色材料涂覆或装修，天花板与横梁或墙壁结合处有一定弧度；水蒸汽较多场所的天花板应有适当坡度，在结构上减少凝结水滴落。清洁操作区、准清洁操作区及其他半成品、成品暴露场所屋顶若为不平整的结构或有管道通过，应加设平整易于清洁的吊顶。

3. 烹饪场所天花板离地面宜 2.5m 以上，小于 2.5m 的应采用机械排风系统，有效排出蒸汽、油烟、烟雾等。

（四）卫生间要求

1. 卫生间不得设在食品处理区。

2. 卫生间应采用水冲式，地面、墙壁、便槽等应采用不透水、易清洗、不易积垢的材料。

3. 卫生间内的洗手设施，应符合本条第八项的规定且宜设置在出口附近。

4. 卫生间应设有效排气装置，并有适当照明，与外界相通的门窗应设有易于拆洗不生锈的防蝇纱网。外门应能自动关闭。

5. 卫生间排污管道应与食品处理区的排水管道分设，且应有有效的防臭气水封。

（五）更衣场所要求

1. 更衣场所与加工经营场所应处于同一建筑物内，宜为独立隔间且处于食品处理区入口处。

2. 更衣场所应有足够大小的空间、足够数量的更衣设施和适当的照明设施，在门口处宜设有符合本条第八项规定的洗手设施。

（六）库房要求

1. 食品和非食品（不会导致食品污染的食品容器、包装材料、工具等物品除外）库房应分开设置。

2. 食品库房应根据贮存条件的不同分别设置，必要时设冷冻（藏）库。

3. 同一库房内贮存不同类别食品和物品的应区分存放区域，不同区域应有明显标识。

4. 库房构造应以无毒、坚固的材料建成，且易于维持整洁，并应有防止动物侵入的装置。

5. 库房内应设置足够数量的存放架，其结构及位置应能使贮存的食品和物品距离墙壁、地面均在 10cm 以上，以利空气流通及物品搬运。

6. 除冷冻（藏）库外的库房应有良好的通风、防潮、防鼠等设施。

7. 冷冻（藏）库应设可正确指示库内温度的温度计，宜设外显式温度（指示）计。

（七）专间设施要求

1. 专间应为独立隔间，专间内应设有专用工具容器清洗消毒设施和空气消毒设施，专间内温度应不高于 25℃，应设有独立的空调设施。中型以上餐馆（含中型餐馆）、快餐店、学校食堂（含托幼机构食堂）、供餐人数 50 人以上的机关和企事业单位食堂、集体用餐配送单位、中央厨房的专间入口处应设置有洗手、消毒、更衣设施的通过式预进间。不具备设置预进间条件的其他餐饮服务提供者，应在专间入口处设置洗手、消毒、更衣设施。洗手消毒设施应符合本条第八项规定。

2. 以紫外线灯作为空气消毒设施的，紫外线灯（波长 $200\sim275\mathrm{nm}$）应按功率不小于 $1.5\mathrm{W/m^3}$ 设置，紫外线灯应安装反光罩，强度大于 $70\mu\mathrm{W/cm^2}$。专间内紫外线灯应分布均匀，悬挂于距离地面 2m 以内高度。

3. 凉菜间、裱花间应设有专用冷藏设施。需要直接接触成品的用水，宜通过符合相关规定的水净化设施或设备。中央厨房专间内需要直接接触成品的用水，应加装水净化设施。

4. 专间应设一个门，如有窗户应为封闭式（传递食品用的除外）。专间内外食品传送窗口应可开闭，大小宜以可通过传送食品的容器为准。

5. 专间的面积应与就餐场所面积和供应就餐人数相适应，各类餐饮服务提供者专间面积要求应符合《餐饮服务提供者场所布局要求》。

（八）洗手消毒设施要求

1. 食品处理区内应设置足够数量的洗手设施，其位置应设置在方便员工的区域。

2. 洗手消毒设施附近应设有相应的清洗、消毒用品和干手用品或设施。员工专用洗手消毒设施附近应有洗手消毒方法标识。

3. 洗手设施的排水应具有防止逆流、有害动物侵入及臭味产生的装置。

4. 洗手池的材质应为不透水材料，结构应易于清洗。

5. 水龙头宜采用脚踏式、肘动式或感应式等非手触动式开关，并宜提供温水。中央厨房专间的水龙头应为非手触动式开关。

6. 就餐场所应设有足够数量的供就餐者使用的专用洗手设施，其设置应符合本项第二至第四目的要求。

（九）供水设施要求

1. 供水应能保证加工需要，水质应符合 GB 5749《生活饮用水卫生标准》规定。

2. 不与食品接触的非饮用水（如冷却水、污水或废水等）的管道系统和食品加工用水的管道系统，可见部分应以不同颜色明显区分，并应以完全分离的管路输送，不得有逆流或相互交接现象。

（十）通风排烟设施要求

1. 食品处理区应保持良好通风，及时排除潮湿和污浊的空气。空气流向应由高清洁区流向低清洁区，防止食品、餐用具、加工设备设施受到污染。

2. 烹饪场所应采用机械排风。产生油烟的设备上方应加设附有机械排风及油烟过滤的排气装置，过滤器应便于清洗和更换。

3. 产生大量蒸汽的设备上方应加设机械排风排气装置，宜分隔成小间，防止结露并做好凝结水的引泄。

4. 排气口应装有易清洗、耐腐蚀并符合本条第十二项要求的可防止有害动物侵入的网罩。

（十一）清洗、消毒、保洁设施要求

1. 清洗、消毒、保洁设备设施的大小和数量应能满足需要。

2. 用于清扫、清洗和消毒的设备、用具应放置在专用场所妥善保管。

3. 餐用具清洗消毒水池应专用，与食品原料、清洁用具及接触非直接入口食品的工具、容器清洗水池分开。水池应使用不锈钢或陶瓷等不透水材料制成，不易积垢并易于清洗。采用化学消毒的，至少设有 3 个专用水池。采用人工清洗热力消毒的，至少设有 2 个专用水池。各类水池应以明显标识标明其用途。

4. 采用自动清洗消毒设备的，设备上应有温度显示和清洗消毒剂自动添加装置。

5. 使用的洗涤剂、消毒剂应符合 GB 14930.1《食品工具、设备用洗涤卫生标准》和 GB 14930.2《食品工具、设备用洗涤消毒剂卫生标准》等有关食品安全标准和要求。

6. 洗涤剂、消毒剂应存放在专用的设施内。

7. 应设专供存放消毒后餐用具的保洁设施，标识明显，其结构应密闭并易于清洁。

（十二）防尘、防鼠、防虫害设施及其相关物品管理要求

1. 加工经营场所门窗应按本条第二项规定设置防尘防鼠防虫害设施。

2. 加工经营场所可设置灭蝇设施。使用灭蝇灯的，应悬挂于距地面 2m 左右高度，且应与食品加工操作场所保持一定距离。

3. 排水沟出口和排气口应有网眼孔径小于 6mm 的金属隔栅或网罩，以防鼠类侵入。

4. 应定期进行除虫灭害工作，防止害虫孳生。除虫灭害工作不得在食品加工操作时进行，实施时对各种食品应有保护措施。

5. 加工经营场所内如发现有害动物存在，应追查和杜绝其来源，扑灭时应不污染食品、食品接触面及包装材料等。

6. 杀虫剂、杀鼠剂及其他有毒有害物品存放，应有固定的场所（或橱柜）并上锁，有明显的警示标识，并有专人保管。

7. 使用杀虫剂进行除虫灭害，应由专人按照规定的使用方法进行。宜选择具备资质的有害动物防治机构进行除虫灭害。

8. 各种有毒有害物品的采购及使用应有详细记录，包括使用人、使用目的、使用区域、使用量、使用及购买时间、配制浓度等。使用后应进行复核，并按规定进行存放、保管。

（十三）采光照明设施要求

1. 加工经营场所应有充足的自然采光或人工照明，食品处理区工作面不应低于 220lux，其他场所不宜低于 110lux。光源应不改变所观察食品的天然颜色。

2. 安装在暴露食品正上方的照明设施应使用防护罩，以防止破裂时玻璃碎片污染食品。冷冻（藏）库房应使用防爆灯。

（十四）废弃物暂存设施要求

1. 食品处理区内可能产生废弃物或垃圾的场所均应设有废弃物容器。废弃物容器应与加工用容器有明显的区分标识。

2. 废弃物容器应配有盖子，以坚固及不透水的材料制造，能防止污染食品、食品接触面、水源

及地面，防止有害动物的侵入，防止不良气味或污水的溢出，内壁应光滑以便于清洗。专间内的废弃物容器盖子应为非手动开启式。

3. 废弃物应及时清除，清除后的容器应及时清洗，必要时进行消毒。

4. 在加工经营场所外适当地点宜设置结构密闭的废弃物临时集中存放设施。中型以上餐馆（含中型餐馆）、食堂、集体用餐配送单位和中央厨房，宜安装油水隔离池、油水分离器等设施。

（十五）设备、工具和容器要求

1. 接触食品的设备、工具、容器、包装材料等应符合食品安全标准或要求。

2. 接触食品的设备、工具和容器应易于清洗消毒、便于检查，避免因润滑油、金属碎屑、污水或其他可能引起污染。

3. 接触食品的设备、工具和容器与食品的接触面应平滑、无凹陷或裂缝，内部角落部位应避免有尖角，以避免食品碎屑、污垢等的聚积。

4. 设备的摆放位置应便于操作、清洁、维护和减少交叉污染。

5. 用于原料、半成品、成品的工具和容器，应分开摆放和使用并有明显的区分标识；原料加工中切配动物性食品、植物性食品、水产品的工具和容器，应分开摆放和使用并有明显的区分标识。

6. 所有食品设备、工具和容器，不宜使用木质材料，必须使用木质材料时应不会对食品产生污染。

7. 集体用餐配送单位和中央厨房应配备盛装、分送产品的专用密闭容器，运送产品的车辆应为专用封闭式，车辆内部结构应平整、便于清洁，设有温度控制设备。

第十八条　场所及设施设备管理要求：

（一）应建立餐饮服务加工经营场所及设施设备清洁、消毒制度，各岗位相关人员宜按照《推荐的餐饮服务场所、设施、设备及工具清洁方法》（见附件3）的要求进行清洁，使场所及其内部各项设施设备随时保持清洁。

（二）应建立餐饮服务加工经营场所及设施设备维修保养制度，并按规定进行维护或检修，以使其保持良好的运行状况。

（三）食品处理区不得存放与食品加工无关的物品，各项设施设备也不得用作与食品加工无关的用途。

第四章　过程控制

第十九条　加工操作规程的制定与执行

（一）餐饮服务提供者应按本规范有关要求，根据《餐饮服务预防食物毒注意事项》（见附件4）的基本原则，制定相应的加工操作规程。

（二）根据经营的产品类别，加工操作规程应包括采购验收、粗加工、切配、烹饪、备餐、供餐以及凉菜配制、裱花操作、生食海产品加工、饮料现榨、水果拼盘制作、面点制作、烧烤加工、食品再加热、食品添加剂使用、餐用具清洗消毒保洁、集体用餐食品分装及配送、中央厨房食品包装及配送、食品留样、贮存等加工操作工序的具体规定和操作方法的详细要求。

（三）加工操作规程应具体规定加工操作程序、加工操作过程关键项目控制标准和设备操作与维护标准，明确各工序、各岗位人员的要求及职责。

（四）餐饮服务提供者应教育培训员工严格按照加工操作规程进行操作，确保符合食品安全要求。

第二十条　采购验收要求

（一）采购的食品、食品添加剂、食品相关产品等应符合国家有关食品安全标准和规定的要求，不得采购《食品安全法》第二十八条规定禁止生产经营的食品和《农产品质量安全法》第三十三条规定不得销售的食用农产品。

（二）采购食品、食品添加剂及食品相关产品的索证索票、进货查验和采购记录行为应符合《餐饮服务食品采购索证索票管理规定》的要求。

（三）采购需冷藏或冷冻的食品时，应冷链运输。

（四）出库时应做好记录。

第二十一条　粗加工与切配要求

（一）加工前应认真检查待加工食品，发现有腐败变质迹象或者其他感官性状异常的，不得加工和使用。

（二）食品原料在使用前应洗净，动物性食品原料、植物性食品原料、水产品原料应分池清洗，禽蛋在使用前应对外壳进行清洗，必要时进行消毒。

（三）易腐烂变质食品应尽量缩短在常温下的存放时间，加工后应及时使用或冷藏。

（四）切配好的半成品应避免受到污染，与原料分开存放，并应根据性质分类存放。

（五）切配好的半成品应按照加工操作规程，在规定时间内使用。

（六）用于盛装食品的容器不得直接放置于地面，以防止食品受到污染。

（七）加工用工具及容器应符合本规范第十七条第十五项规定。生熟食品的加工工具及容器应分开使用并有明显标识。

第二十二条　烹饪要求

（一）烹饪前应认真检查待加工食品，发现有腐败变质或者其他感官性状异常的，不得进行烹饪加工。

（二）不得将回收后的食品经加工后再次销售。

（三）需要熟制加工的食品应烧熟煮透，其加工时食品中心温度应不低于70℃。

（四）加工后的成品应与半成品、原料分开存放。

（五）需要冷藏的熟制品，应尽快冷却后再冷藏，冷却应在清洁操作区进行，并标注加工时间等。

（六）用于烹饪的调味料盛放器皿宜每天清洁，使用后随即加盖或苦盖，不得与地面或污垢接触。

（七）菜品用的围边、盘花应保证清洁新鲜、无腐败变质，不得回收后再使用。

第二十三条　备餐及供餐要求

（一）在备餐专间内操作应符合本规范第二十四条第一项至第四项要求。

（二）供应前应认真检查待供应食品，发现有腐败变质或者其他感官性状异常的，不得供应。

（三）操作时应避免食品受到污染。

（四）分派菜肴、整理造型的用具使用前应进行消毒。

（五）用于菜肴装饰的原料使用前应洗净消毒，不得反复使用。

（六）在烹饪后至食用前需要较长时间（超过2小时）存放的食品应当在高于60℃或低于10℃的条件下存放。

第二十四条　凉菜配制要求

（一）加工前应认真检查待加工食品，发现有腐败变质或者其他感官性状异常的，不得进行加工。

（二）专间内应当由专人加工制作，非操作人员不得擅自进入专间。专间内操作人员应符合本规范第十二条第四项的要求。

（三）专间每餐（或每次）使用前应进行空气和操作台的消毒。使用紫外线灯消毒的，应在无人工作时开启30分钟以上，并做好记录。

（四）专间内应使用专用的设备、工具、容器，用前应消毒，用后应洗净并保持清洁。

（五）供配制凉菜用的蔬菜、水果等食品原料，未经清洗处理干净的，不得带入凉菜间。

（六）制作好的凉菜应尽量当餐用完。剩余尚需使用的应存放于专用冰箱中冷藏或冷冻，食用前要加热的应按照本规范第三十条第三项规定进行再加热。

（七）职业学校、普通中等学校、小学、特殊教育学校、托幼机构的食堂不得制售凉菜。

第二十五条　裱花操作要求

（一）专间内操作应符合本规范第二十四条第一项至第四项规定。

（二）蛋糕胚应在专用冰箱中冷藏。

（三）裱浆和经清洗消毒的新鲜水果应当天加工、当天使用。

（四）植脂奶油裱花蛋糕储藏温度在3℃±2℃，蛋白裱花蛋糕、奶油裱花蛋糕、人造奶油裱花蛋糕储藏温度不得超过20℃。

第二十六条　生食海产品加工要求

（一）用于加工的生食海产品应符合相关食品安全要求。

（二）加工前应认真检查待加工食品，发现有腐败变质或者其他感官性状异常的，不得进行加工。

（三）从事生食海产品加工的人员操作前应清洗、消毒手部，操作时佩戴口罩。

（四）用于生食海产品加工的工具、容器应专用。用前应消毒，用后应洗净并在专用保洁设施内存放。

（五）加工操作时应避免生食海产品的可食部分受到污染。

（六）加工后的生食海产品应当放置在密闭容器内冷藏保存，或者放置在食用冰中保存并用保鲜膜分隔。

（七）放置在食用冰中保存时，加工后至食用的间隔时间不得超过 1 小时。

第二十七条 饮料现榨及水果拼盘制作要求

（一）从事饮料现榨和水果拼盘制作的人员操作前应清洗、消毒手部，操作时佩戴口罩。

（二）用于饮料现榨及水果拼盘制作的设备、工具、容器应专用。每餐次使用前应消毒，用后应洗净并在专用保洁设施内存放。

（三）用于饮料现榨和水果拼盘制作的蔬菜、水果应新鲜，未经清洗处理干净的不得使用。

（四）用于制作现榨饮料、食用冰等食品的水，应为通过符合相关规定的净水设备处理后或煮沸冷却后的饮用水。

（五）制作现榨饮料不得掺杂、掺假及使用非食用物质。

（六）制作的现榨饮料和水果拼盘当餐不能用完的，应妥善处理，不得重复利用。

第二十八条 面点制作要求

（一）加工前应认真检查待加工食品，发现有腐败变质或者其他感官性状异常的，不得进行加工。

（二）需进行热加工的应按本规范第二十二条第三项要求进行操作。

（三）未用完的点心馅料、半成品，应冷藏或冷冻，并在规定存放期限内使用。

（四）奶油类原料应冷藏存放。水分含量较高的含奶、蛋的点心应在高于60℃或低于10℃的条件下贮存。

第二十九条 烧烤加工要求

（一）加工前应认真检查待加工食品，发现有腐败变质或者其他感官性状异常的，不得进行加工。

（二）原料、半成品应分开放置，成品应有专用存放场所，避免受到污染。

（三）烧烤时应避免食品直接接触火焰。

第三十条 食品再加热要求

（一）保存温度低于60℃或高于10℃、存放时间超过 2 小时的熟食品，需再次利用的应充分加热。加热前应确认食品未变质。

（二）冷冻熟食品应彻底解冻后经充分加热方可食用。

（三）加热时食品中心温度应符合本规范第二十二条第三项规定，不符合加热标准的食品不得食用。

第三十一条 食品添加剂的使用要求

（一）食品添加剂应专人采购、专人保管、专人领用、专人登记、专柜保存。

（二）食品添加剂的存放应有固定的场所（或橱柜），标识"食品添加剂"字样，盛装容器上应标明食品添加剂名称。

（三）食品添加剂的使用应符合国家有关规定，采用精确的计量工具称量，并有详细记录。

第三十二条　餐用具清洗消毒保洁要求

（一）餐用具使用后应及时洗净，定位存放，保持清洁。消毒后的餐用具应贮存在专用保洁设施内备用，保洁设施应有明显标识。餐用具保洁设施应定期清洗，保持洁净。

（二）接触直接入口食品的餐用具宜按照《推荐的餐用具清洗消毒方法》（见附件2）的规定洗净并消毒。

（三）餐用具宜用热力方法进行消毒，因材质、大小等原因无法采用的除外。

（四）应定期检查消毒设备、设施是否处于良好状态。采用化学消毒的，应定时测量有效消毒浓度。

（五）消毒后的餐饮具应符合GB 14934《食（饮）具消毒卫生标准》规定。

（六）不得重复使用一次性餐用具。

（七）已消毒和未消毒的餐用具应分开存放，保洁设施内不得存放其他物品。

（八）盛放调味料的器皿应定期清洗消毒。

第三十三条　集体用餐食品分装及配送要求

（一）专间内操作应符合本规范第二十四条第一项至第四项要求。

（二）盛装、分送集体用餐的容器不得直接放置于地面，容器表面应标明加工单位、生产日期及时间、保质期，必要时标注保存条件和食用方法。

（三）集体用餐配送的食品不得在10℃~60℃的温度条件下贮存和运输，从烧熟至食用的间隔时间（保质期）应符合以下要求：

烧熟后2小时的食品中心温度保持在60℃以上（热藏）的，其保质期为烧熟后4小时。

烧熟后2小时的食品中心温度保持在10℃以下（冷藏）的，其保质期为烧熟后24小时，供餐前应按本规范第三十条第三项要求再加热。

（四）运输集体用餐的车辆应配备符合条件的冷藏或加热保温设备或装置，使运输过程中食品的中心温度保持在10℃以下或60℃以上。

（五）运输车辆应保持清洁，每次运输食品前应进行清洗消毒，在运输装卸过程中也应注意保持清洁，运输后进行清洗，防止食品在运输过程中受到污染。

第三十四条　中央厨房食品包装及配送要求

（一）专间内操作应符合本规范第二十四条第一项至第四项要求。

（二）包装材料应符合国家有关食品安全标准和规定的要求。

（三）用于盛装食品的容器不得直接放置于地面。

（四）配送食品的最小使用包装或食品容器包装上的标签应标明加工单位、生产日期及时间、保质期、半成品加工方法，必要时标注保存条件和成品食用方法。

（五）应根据配送食品的产品特性选择适宜的保存条件和保质期，宜冷藏或冷冻保存。冷藏或冷冻的条件应符合第三十三条第三项至第四项的要求。

（六）运输车辆应保持清洁，每次运输食品前应进行清洗消毒，在运输装卸过程中也应注意保持清洁，运输后进行清洗，防止食品在运输过程中受到污染。

第三十五条　甜品站要求

甜品站销售的食品应由餐饮主店配送，并建立配送台账。不得自行采购食品、食品添加剂和食品相关产品。食品配送应使用封闭的恒温或冷冻、冷藏设备设施。

第三十六条　食品留样要求

（一）学校食堂（含托幼机构食堂）、超过100人的建筑工地食堂、集体用餐配送单位、中央厨房，重大活动餐饮服务和超过100人的一次性聚餐，每餐次的食品成品应留样。

（二）留样食品应按品种分别盛放于清洗消毒后的密闭专用容器内，并放置在专用冷藏设施中，在冷藏条件下存放48小时以上，每个品种留样量应满足检验需要，不少于100g，并记录留样食品名称、留样量、留样时间、留样人员、审核人员等。

第三十七条　贮存要求

（一）贮存场所、设备应保持清洁，无霉斑、鼠迹、苍蝇、蟑螂等，不得存放有毒、有害物品及个人生活用品。

（二）食品应当分类、分架存放，距离墙壁、地面均在10cm以上。食品原料、食品添加剂使用应遵循先进先出的原则，及时清理销毁变质和过期的食品原料及食品添加剂。

（三）冷藏、冷冻柜（库）应有明显区分标识。冷藏、冷冻贮存应做到原料、半成品、成品严格分开放置，植物性食品、动物性食品和水产品分类摆放，不得将食品堆积、挤压存放。冷藏、冷冻的温度应分别符合相应的温度范围要求。冷藏、冷冻柜（库）应定期除霜、清洁和维修，校验温度（指示）计。

第三十八条　检验要求

（一）集体用餐配送单位和中央厨房应设置与生产品种和规模相适应的检验室，配备与产品检验项目相适应的检验设备和设施、专用留样容器、冷藏设施。

（二）检验室应配备经专业培训并考核合格的检验人员。

（三）鼓励大型以上餐馆（含大型餐馆）、学校食堂配备相应的检验设备和人员。

第三十九条　餐厨废弃物处置要求

（一）餐饮服务提供者应建立餐厨废弃物处置管理制度，将餐厨废弃物分类放置，做到日产日清。

（二）餐厨废弃物应由经相关部门许可或备案的餐厨废弃物收运、处置单位或个人处理。餐饮服务提供者应与处置单位或个人签订合同，并索取其经营资质证明文件复印件。

（三）餐饮服务提供者应建立餐厨废弃物处置台账，详细记录餐厨废弃物的种类、数量、去向、用途等情况，定期向监管部门报告。

第四十条　记录管理要求

（一）人员健康状况、培训情况、原料采购验收、加工操作过程关键项目、食品安全检查情况、食品留样、检验结果及投诉情况、处理结果、发现问题后采取的措施等均应详细记录。

（二）各项记录均应有执行人员和检查人员的签名。

（三）各岗位负责人应督促相关人员按要求进行记录，并每天检查记录的有关内容。食品安全管理人员应定期或不定期检查相关记录，如发现异常情况，应立即督促有关人员采取整改措施。

（四）有关记录至少应保存 2 年。

第四十一条　信息报告要求

餐饮服务提供者发生食品安全事故时，应立即采取封存等控制措施，并按《餐饮服务食品安全监督管理办法》有关规定及时报告有关部门。

第四十二条　备案和公示要求

（一）自制火锅底料、饮料、调味料的餐饮服务提供者应向监管部门备案所使用的食品添加剂名称，并在店堂醒目位置或菜单上予以公示。

（二）采取调制、配制等方式自制火锅底料、饮料、调味料等食品的餐饮服务提供者，应在店堂醒目位置或菜单上公示制作方式。

第四十三条　投诉受理要求

（一）餐饮服务提供者应建立投诉受理制度，对消费者提出的投诉，应立即核实，妥善处理，并且留有记录。

（二）餐饮服务提供者接到消费者投诉食品感官异常或可疑变质时，应及时核实该食品，如有异常，应及时撤换，同时告知备餐人员做出相应处理，并对同类食品进行检查。

第五章　附　　则

第四十四条　省级食品药品监督管理部门可根据本规范制定具体实施细则，报国家食品药品监督管理局备案。

第四十五条　本规范由国家食品药品监督管理局负责解释。

第四十六条　本规范自发布之日起施行。

二、饮水安全管理

1. 学校应建立生活饮用水卫生安全管理制度，安排专门人员负责生活饮用水卫生安全管理工作。

2. 直接从事供、管水的人员须每年进行一次健康体检，持健康合格证上岗。凡患有痢病、伤寒、病毒性肝炎、活动性肺结核、化脓性渗出病及有碍饮用水卫生的疾病和病源携带者，不得从事供、管水工作。

3. 各类蓄水设施要加强卫生安全防护，专人管理，严防投毒，并定期清洗和消毒。农村学校蓄水池（塔）要一月清洗一次，每季度消毒一次。

4. 学校集中供应的茶水应煮沸并符合相应的卫生标准，茶水桶应加盖加锁并定期清洗消毒。使用纯净水的必须向供货商索取卫生许可证和纯净水卫生检验报告，饮水机应定期清洗和消毒。

5. 对饮用水要进行的净化与消毒，水的净化包括沉淀和过滤，水的消毒一般采用氯化消毒法。

6. 定期开展水质监测。根据生活饮用水监测规范，自备水源设施和水质必须按《生活饮用水卫生标准》对化学指标、毒理学指标、细菌学指标进行全面检测合格才能供水。在用水源水质的细菌学指标要每年监测一次。具体检测由卫生部门组织进行，水质监测结果学校要存档保存备查。

7. 自备水源的水井要设有井盖，加固上锁，设专人定时供水。有二次供水的学校，蓄水池要加盖、加锁，溢水口要加设防护网罩。

8. 自备开水器供应饮用水的学校，要有专人管理，经常检查电源接地是否良好，水温是否达到饮用标准，幼儿园要做好防烫伤的防护工作。要有维修和消毒记录台帐。

9. 学校要采取多种宣传形式，加强学生健康教育，要把学生的饮水卫生安全行为作为学校纪律加以约束。学校要在校园内醒目位置设置饮水卫生公告栏，宣传卫生安全知识，告知学生饮水安全须知，提倡喝开水，教育学生不要饮用生水。养成良好的卫生习惯，努力提高学生的自我保护意识和能力。

三、小卖部安全管理

（一）小卖部的设立

1. 学校设立小卖部应根据师生的实际需求，主要以方便、满足师生购买生活、学习必需品为目的。一般来讲，寄宿制学校可以开设小卖部。幼儿园严禁单独开设小卖部，非寄宿制学校原则上不开设小卖部。学校小卖部提倡以超市经营管理模式有序经营。

2. 学校小卖部经营必须坚持"依法经营，安全第一，服务学生，有利育人"的指导思想。要把食品卫生安全、学生健康放在第一位，以满足学生购买生活、学习必需品需求和有利于优化育人环境作为经营目的，不得以盈利为主要目的。

3. 学校小卖部原则上由学校自主经营，确需承包经营的，应通过公开招标方式，严格经营准入，签订承包协议，并做好监督工作。

4. 学校小卖部经营场所必须符合工商、卫生部门有关经营场所的规定，经营房屋质量应符合有关建筑质量要求，水电安装应规范到位，货架、食品摆放整齐清洁，食品存放、储存应符合国家食品存放、储存的有关规定，室内应通风干燥，室内外环境应整洁卫生。

5. 学校小卖部必须取得卫生行政部门核发的《卫生许可证》。校外单位、个人进校承包（租赁）经营的小卖部必须取得工商行政部门核发的工商营业执照。小卖部从业人员必须取得《健康证》，持证上岗。学校小卖部接受工商、物价、卫生、教育等部门的检查。未取得相应证照，不得开设，坚决取缔。未取得《健康证》的人员不得上岗从业。

（二）小卖部的经营管理

1. 小卖部商品的价格按国家有关物价法规规定执行，保证物价公平合理，所有商品必须标签立卡、明码标价，严禁价格欺诈。小卖部商品价格不得高于市场价格，不得牟取暴利，更不准以学校组织活动等为名向学生硬性摊派、推销商品。

2. 学校经营者应认真把好小卖部进货源头的监督、管理关，严格执行检查验收登记制度。所有物品实行定点采购制度，供货单位必须具备卫生合格的资质证明，提供的货物要同时具备质量合格证和卫生合格证，坚持食品采购索证制度。坚决杜绝"三无"食品（无生产厂家、无生产日期、无保质期）、过期食品、假冒伪劣食品和散装食品，不得向学生销售学校违禁物品，不得自制或加工食品出售，不得超范围经营。学校应向经营者明确出售商品的品种，除必需的生活、学习用品外，凡不利于学生健康、不利于学校日常卫生管理、不利于营造良好育人环境的商品都应严格禁止销售。

3. 学校应建立严格的小卖部管理制度，制度必需在小卖部公示上墙。经营者、从业人员应遵守学校的规章制度，文明服务，按规定定期进行体检，患有传染性疾病的人员必须按规定离岗。学校、经营者应采取切实措施加强从业人员的教育工作。

4. 小卖部工作人员应配合学校做好小卖部周围环境卫生工作，做好防火、防盗等安全工作，及时妥善处理售出食品的包装物，并采取切实有效措施消除苍蝇、老鼠、蟑螂和其它有害昆虫。同时学校应加强对学生的行为习惯教育，培养学生勤俭节约，不吃零食的好习惯，确保校园整洁。

5. 学校应明确规定小卖部的营业时间。小卖部的营业时间限于早晨上课前、午饭后、放学后和晚自习后。

四、传染病预防

青少年儿童是传染病的好发人群，学校是传染病的集散场所。每天学生从四面八方汇集到学校，由于他们的免疫功能尚不完善，抵御各种传染病的能力较弱，一旦传染病发生，易于传播和流行，并可能扩散到家庭和社会。因此，学校、卫生部门应密切配合，及早采取有力的防控措施，对学生中的传染病做到早发现、早诊断、早报告、早隔离、早治疗，有效防控学校传染病，保护学生的身体健康，维护学校正常的教学秩序。

（一）学校常见传染病种类及症状

1. 出疹性疾病

（1）麻疹。麻疹由麻疹病毒引起的急性呼吸道传染病，多为散发，好发于冬春两季。临床特征为发热、流涕、咳嗽、眼结膜炎、口腔粘膜斑及全身皮肤斑丘疹。常可并发肺炎，而危及婴幼儿生命。其发疹特点为先热后疹，皮疹颜色深，疹间参差不齐，手摸粗糙，疹后皮肤呈皮糠样改变。传染期一般为出疹前5日至出疹后5日，以潜伏期末到出疹后1、2日传染性最强。患病后可获得持久免疫力，第二次发病者较少见。

隔离期限：出疹后5天，合并肺炎隔离至出后10天。

（2）风疹。由风疹病毒引起的急性呼吸道传染病，因疫苗接种率普遍不高，儿童普遍易感，易呈暴发流行。流行季节为冬春季，临床特征为为发热，皮疹，耳后及枕部淋巴结肿大。皮疹颜色淡，出疹均匀，整齐，疹后皮肤光滑，干净如常。

隔离期限：出疹后 5 天，合并肺炎隔离至出后 10 天。

2. 流行性腮腺炎

流行性腮腺炎简称流腮，由腮腺炎病毒所引起，全年均可发病，但以冬春为主。在学校及幼托机构易造成暴发流行。临床特征为发热及腮腺肿、痛。腮腺炎其病虽不可怕，然而其并发症却十分可怕。可能导致：

（1）男生睾丸炎：较大儿童及体弱患儿易并发睾丸炎，常有一侧或双侧睾丸肿大、疼痛。若治疗不及时出现睾丸萎缩而引起无精症，故而不生育；

（2）卵巢炎：10 岁以上女患儿易并发卵巢炎。症状是小腹部及腰骶部疼痛、全身乏力，发烧较重可达 39℃ 以上。治疗不及时，婚后不孕；

（3）脑膜脑炎：在腮腺肿大一周后出现嗜睡、呕吐、头痛、颈项强直、发烧 39℃ 以上，一般无抽搐。

隔离期限：至腮腺完全消肿后 3 天止，自发病起约 3 周时间。

3. 手足口病

手足口病是肠道病毒引起的常见传染病之一，多发于 5 岁以下的婴幼儿。最典型的起病过程是发热（体温在 39℃ 以下），进而出现咽痛，幼儿表现为流口水、拒食。手、足、口腔可发现皮疹、丘疹或疱疹，伴有咳嗽、流涕、食欲不振、呕吐等症状。个别患者可引起心肌炎、肺水肿、无菌性脑膜炎等致命性并发症。

隔离期限：自发病日起 14 天。

4. 流行性感冒

流行性感冒是由流感病毒引起的急性呼吸道传染病，流行无明显季节性，以冬春季节为多。临床特点为急起高热，体温达 39 - 40℃ 甚至更高，伴头痛、全身酸痛等。以全身中毒症状重，而呼吸道症状轻为特征。流感病毒的变异化非常快，是一种无国界的传染性强、传播速度快的疾病。多数人以为流感是小病而不加理会，其实每年死于流感的人不胜其数。流感病毒若入侵器官，可引致严重的并发症，例如肺炎、支气管炎、心力衰竭等，后果十分严重。传播途径为空气飞沫经呼吸道传染，人群普遍易感。发病 3 天内传染性最强。

隔离期限：自发病日起 7 天

5. 水痘

水痘是一种常见、多发的儿童传染病，由水痘 - 带状疱疹病毒引起。临床特点是皮肤粘膜出现瘙痒性水疱疹。水痘结痂后病毒消失。接种水痘疫苗是预防这种传染病的有效措施。并发症：皮肤继发感染最常见如脓疱疮、蜂窝组织炎等；水痘肺炎；心肌炎、脑炎。易感孕妇在妊娠早期如患水痘，终止妊娠是最佳选择。

隔离期限：至水痘疱疹完全结痂为止，但不少于发病后 7 天。

6. 流脑

流脑为脑膜炎双球菌引起的急性呼吸道传染病，常见于冬春季，病变主要在脑膜、临床特点为起病急、高烧、头痛、皮肤瘀点及脑膜刺激症。现已有疫苗预防，发病率低。

隔离期限：症状消失后 3 天，但不少于发病后 1 周。

7. 乙脑

乙脑为乙型脑炎病毒引起的中枢神经系统的急性传染病。流行季节为 7、8、9 三个月，传播途径是经蚊子叮咬。临床上以高烧、意识障碍、抽搐及脑膜刺激症为特征。现已有疫苗预防，发病率低。

隔离期限：隔离至体温正常。

（二）学校常见传染病个人预防措施

1. 预防接种

预防接种是预防传染病最经济、最有效的方法。上述学校常见传染病除手足口病外，均有相应疫苗可预防。

2. 注意室内通风换气、保持空气新鲜。

3. 养成良好的个人卫生习惯，勤洗手，勤晒衣被，多饮开水，多吃清淡食物。

4. 均衡饮食、加强营养、适量运动、充足休息，增强抵抗力。

5. 在传染病流行高发期尽量避免让孩子到人多拥挤、空气污浊的公共场所，不到病人家串门，以减少患病机会。

6. 药物预防。 可服板蓝根冲剂、玉叶冲剂等抗病毒中成药，具有清热解毒作用，同时应及时到正规医院就医治疗。

（三）学校常见传染病控制管理

1. 疫情的判断与核实

根据上述介绍的学校常见传染病主要症状判断与核实为何种传染病；确认后向当地卫生院防疫组做疫情报告。

2. 坚持晨检制度。

按照学校传染病防控晨检工作规范要求，认真询问、观察、检测（测体温）学生的健康状况，发现异常认真登记，督促就诊并严格居家隔离。

3. 严格病人隔离

严格掌握并按上述各种传染病的隔离期限责成患病学生居家隔离治疗，直至满隔离期限后或经当地卫生院提供医师开具的无传染性的证明，患病学生方可返校上课。教师职工亦同。

4. 执行疫情日报告

每日根据晨检结果，指定专人汇总填写汇总表，报告当日新发病例数、痊愈病例数，住院病例数等信息，疫情报告信息要准确、及时。

5. 环境清洁与消毒

开展爱国卫生运动，保持学校环境卫生的清洁，校园内无卫生死角；定期对教室、宿舍等学生活动场所进行通风、消毒。

6. 开展健康教育工作

学校通过授课、版报、发放宣传单等形式对师生进行各类传染病防控知识的宣传教育，教育学生平时加强身体锻炼，合理饮食和休息，增强自身抗病能力，学会勤洗手、勤晒被、多通风、喝开水、吃熟食的十五字防病口诀。疫情发生期间同学不互相探望、串门，学校根据实际情况减少或停止集体活动，尽量避免全校或较多人员集会。

7. 保护易感人群。

对未发病学生可建议由家长携带到当地卫生院应急接种相关疫苗或视疫情程度经卫生行政主管部门批准后由当地卫生院组织入校开展疫苗应急接种工作，保护易感人群。

附1：学校传染病防控晨检工作规范

一、晨检人：校医/保健老师；无条件者可由各班主任担任；

二、对晨检老师的要求

穿工作服、戴帽子、戴口罩

三、晨检需要的用品

体温计（医用），消毒液（84消毒液、碘伏消毒液或75%乙醇），消毒容器（脸盆或桶），毛巾

四、晨检流程

1. 问：询问是否有身体不适感（如发热、咽痛、流涕等）；

2. 看：察看儿童精神状况，有无明显异常（如颜面潮红、出疹等）；

3. 摸：用手触摸儿童额头，是否发热；

4. 量：对可疑发热儿童进行体温测量；

5. 留验：对有发热、精神差、有相关症状的儿童进行留验，安排在单独留检室；

6. 消毒：对体温表每使用一次消毒一次，晨检老师晨检后应进行手消毒，儿童进教室前进行洗手。

五、消毒方法

1. 消毒对象：手和体温表

2. 消毒药物：84消毒消毒液；0.5%碘伏消毒液；75%乙醇棉球

3. 消毒药物的浓度：半脸盆（约5斤）水加84消毒液1盖，形成500mg/L浓度；

消毒方法：将手浸泡后再用毛巾擦干

六、留验与报告

1. 各学校应准备单间留验室，隔离所有疑似病例；

将留验儿童晨检结果逐一登记；填写《学生晨检因病缺勤记录登记表》（附表1）；

2. 通知家长接回儿童并带到当地卫生院就诊；

留验室应安排一名老师，监护留验儿童，家长未接走儿童前，儿童不得离开留验室。

3. 将各班晨检结果进行汇总，填写《学校晨检结果汇总表》（附表3），每日上午9时前报告辖区卫生院防疫组；若波及学校多，各校统一将晨检结果汇总表上报给学区，由学区汇总后每日上午9时30分前上报给辖区卫生院防疫组。

附2 学校各场所的消毒方案

一、消毒原则

学校的预防性措施应以清洁为主，平时注意加强通风（每日2－3次，每次不少于30分钟），保持好环境卫生，不需专门开展消毒工作，若有传染病疫情存在，按才有针对性消毒。

二、消毒场所

教室、宿舍、图书馆（阅览室）、音乐室、礼堂、厕所、食堂等公共场所。

三、消毒对象与方法

1. 地面：上述各场所地面用有效氯为1000mg/L～2000mg/L的含氯消毒剂进行擦洗消毒。

2. 空气：房屋密闭后：①2%过氧乙酸（过氧乙酸A、B液在使用前需混合放置24小时后，方可按比例配制使用）进行喷雾消毒，用量为8毫升/米3；②也可将食醋放置瓷或玻璃器皿中，底部用装有适量酒精的酒精灯或电磁炉加热蒸发，薰蒸1小时，开门窗通风。熏蒸消毒时要注意防火。③也可用移动紫外线灯照射消毒半小时。

3. 课桌椅等物体表面进行消毒时，可选用清洗、擦拭、喷雾的方法。一般选择含氯消毒剂，浓度为500毫克/升～1000毫克/升，作用时间应不少于30分钟。

4. 手与皮肤：可用0.5%碘伏消毒液、或75%乙醇棉球、纱布块擦拭，作用1分钟~3分钟，防止手造成的交叉感染。

5. 食饮具：首选物理消毒方法：煮沸消毒15－30分钟；使用消毒碗柜，温度达到125℃，维持15分钟，消毒后温度应降至40℃以下方可使用。对不具备物理消毒的单位可采用化学消毒法。如用有效氯含量为250mg/L－500mg/L的含氯消毒液浸泡30 min。消毒后清水冲洗、风干保存备用。

6. 垃圾：可燃物质尽量焚烧，也可喷洒10000mg/L有效氯含氯消毒剂溶液，作用60分钟以上。

附3：疫情报告

报告种类：共分甲、乙、丙三类，38种传染病。

甲类：鼠疫，霍乱

乙类：传染性非典型性肺炎、艾滋病、病毒性肝炎、脊髓灰质炎、人感染高致病性禽流感、麻疹、流行性出血热、狂犬病、流行性乙型脑炎、登革热、炭疽、细菌性和啊米巴性痢疾、肺结核、伤寒和付伤寒、流行性脑脊髓膜炎、百日咳、白喉、新生儿破伤风、猩红热、布鲁氏菌病、淋病、梅毒、钩端螺旋体病、血吸虫病、疟疾。

丙类：流行性感冒、流行性腮腺炎、风疹、机型出血性结膜炎、麻风病、流行性和地方性斑疹伤寒、黑热病、包虫病、丝虫病、除霍乱、细菌性和阿米巴性痢疾、伤寒和副伤寒以外的感染性腹泻病、手足口病。

第十二节　学生心理健康安全管理

一、中小学生心理健康健康标准

中小学生心理健康咨询，就是由具有丰富的心理学、教育学专业知识的人员，对中小学生和他们的家长在学习、生活以及人际关系方面出现的心理问题或心理障碍给予帮助或指导，使他们能顺利地消除心理困惑，健康地成长。其咨询内容例如：向中小学生提供有关的心理知识；青春期心理困惑；学习困难，如考试焦虑与紧张，学习方法与态度，如何解决学习中的注意力问题，提高记忆的效果；思维与创新；情绪困扰，如焦虑、抑郁、厌烦；性格及行为偏差等问题；如何解决在集体中的人际关系，如缺少知心朋友，感到在集体中有些压抑感；因个性的缺点和弱点而缺乏自信；如何进行心理调整，保持心理平衡等等。

一般来说，中小学生的心理问题在期末考试、期中考试、高考、周围环境的重大变化（如父母关系发生突变，家庭成员或经济状况发生意外变化）或人际变化等情况表现得更为集中和突出。一旦得不到及时的指导，很容易被心理阴影笼罩而不能自拔，尤其是对那些性格内向、心理承受力较弱而自尊心极强的青少年，各种刺激一起袭来，如果没有教师或其他人员（家长、心理工作者）及时对症下药地进行认知上的调整，给以消极情绪的疏导，形成积极向上的心理状态，便很难避免严重后果的发生。中小学生的心理健康标准可以参照以下四个方面：

1. 学习适应性

一个心理健康的中小学生，通常有比较好的学习态度和学习方法；学习目的明确，学习目标具体、切合实际；学习的自觉性高；善于制定学习计划，并在执行计划的过程中表现出意志力强、学习信心足的特点。在对待考试问题上，他们沉着冷静，灵活应对。

2. 人际关系的和谐程度

人际关系指的是人与人之间心理上的直接关系或心理上的距离。一个心理健康的中小学生，一般与同学、老师、父母、朋友等关系处理得比较融洽，很少发生冲突。他们乐于与人交往，具有同情心，待人热情、宽容、真诚，而不是胆小、怕羞、不合群、表情冷淡或扭怩作态。

3. 自我认知与现实感

自我认知指对自己的心理过程与特征及其表现的认知，而现实感则指个人对自己同现实之间关系的认知。心理健康的中小学生往往有较强的自我认知能力，他们能够正确地认识自己，自我评价恰当。在对现实的感知能力上，他们能够客观地认识现实，并根据对现实的认识来给自己作出恰当的人生发展定位，有与现实联系紧密的自我价值体系。

4. 个性发展的良好性

个性是指比较稳定的心理倾向和心理特征的总和，它是一个统一的整体结构。人的个性结构主要由个性倾向性和个性心理特征组成。其中个性倾向性包括需要、动机、兴趣、理想、信念、世界观等，个性心理特征包括能力、气质和性格等。心理健康的中小学生，在个性发展上，应表现出良好的态势，即作为心理动力系统的个性倾向性各成分之间的关系和谐，个性心理特征上的一些成分则表现出良好的社会适应性，如情绪控制能力强、善良、自律等。

按照上述标准，生活中很难找到一个心理完全健康的人。一个人在人生的某个时期或某个阶段，都可能出现心理健康水平下降的情况，都可能偶尔出现一些不健康的心态或行为，这并不意味着心理不健康。我们评价一个人心理健康与否，要看"不健康"的心态或行为出现的频率和强度，同时是否对一个人的学习、生活、劳动等带来不良影响，自我感觉是否痛苦，是否影响个体的发展。

二、心理健康问题产生的根源

处于青春发育时期的中小学生正处于生长发育期，心理困扰十分明显，心理矛盾很突出，从近年来我们在咨询活动中了解到的情况看，产生问题的原因主要有以下几类。

1. 学习类问题。学习是学生的主要任务，围绕着学习产生的问题占中学生心理问题的主要部分，其反映有二。目前，父母和社会的期望值过高，使得学生精神压力越来越大，不少学生有苦闷、烦恼、忧愁、焦躁、无奈等情绪，看见书就又恨又怕，真想把它扔出去。

厌学是目前学习活动中比较突出的问题，不仅是学习差的同学不愿学习，就连成绩很好的同学也有这种倾向，这种现象非常值得我们深思。

2. 人际关系问题。这也是学生中反映最多的问题之一，主要包括三方面。

与教师的关系问题。主要集中在由于教师对学生的不理解，过多干涉学生的业余生活和正常交往而引起的困惑和烦恼。还有一些其它想法，诸如：认为老师嫌贫爱富，认为老师处事不公正，认为老师轻视自己等等，都反映出学校中师生关系的问题。

3. 与同学的关系问题。主要集中在交友方面，因处理不好朋友之间的关系而苦恼。有位学生讲到，他的一位好朋友总是对他不信任，怀疑他对朋友的友谊，认为他为朋友的付出不够多，使他十分苦恼，不知怎样做才能消除朋友的怀疑，内心十分孤独，寂寞，想恢复与朋友的关系又不知该怎样去做。

4. 与父母关系的问题。主要是因父母与子女之间缺乏相互理解和沟通，或家庭关系不和学生造成的心灵伤害。例如，有位学生谈到经常和妈妈闹矛盾，听到她的骂声就心烦，有时真想一走了之再也不回来了。

5. 情感类问题。青年时期是花的季节，在这一阶段人的第二性征渐渐发育，性意识也慢慢成熟。此时，情绪较为敏感，易冲动，对异性充满了好奇与向往，当然也会伴随着出现许多情感的困惑，如初恋的兴奋、失恋的沮丧、单恋的烦恼等等。

三、中小学生常见心理问题的表现

1. 一般心理与行为问题

（1）偏执。思想固执，行动偏激，不接受意见，自我评价过高，一意孤行。

（2）暴躁。易被激怒，沉不住气，听到一些不顺耳的话，往往就火冒三丈，甚至唇枪舌剑，拳脚相加，缺乏自我克制的能力。

（3）孤僻。孤独，胆怯，冷漠，不合群，总是喜欢独来独往，脾气古怪，敏感多疑。

（4）自卑。常对自己的智力、能力等作出过低的评价，认为自己不如别人，易生烦恼，悲观失望，缺乏自我表现的勇气，脆弱，依赖，缺乏自信心，不善交往。

（5）嫉妒。把他人在才能、地位、境遇或相貌等方面的优越之处视为对自己的威胁，因而感到忧虑、愤怒和怨恨。有时甚至采用贬低、打击他人的手段来维护自己的虚荣心，以求得心理上的平衡。

（6）行为问题。指反复而持久的反社会性、攻击性或对立性品行。但发展到极端时，这种行为可严重违反相应年龄的社会规范，较之儿童普通的调皮捣蛋或少年的逆反行为更严重。如过分好斗或霸道；残忍地对待动物或他人；严重破坏财物；纵火；偷窃；反复说谎；逃学或离家出走；过分频繁地大发雷霆；对抗性挑衅行为；长期的严重违拗。

（7）人际关系问题。与老师、同学不能友好相处，不能共同协作完成任务，对别人指责多，不能容忍别人的行为等。

（8）注意力不能集中，记忆力下降。很难持续集中注意力一段时间。特别表现在上课不能集中注意力，记忆困难。

（9）依赖。长期生活在父母和他人的关心和爱护下，因此形成较强的依赖心理，首先表现为对环境的依赖，如天气的变化不能适应，不知道增减衣服，需要老师或家长的提醒才行，否则很容易感冒。

（10）意志薄弱。缺乏行动的目的性和一致性。做事容易半途而废，容易上当受骗，爱说谎话，不能经受学校和生活带来的正常竞争，不能正确地面对挫折，行动放任自流，意志力非常薄弱。当他们面对困难和挫折的时候无所适从，甚至采取消极的逃避方式。

2. 心理障碍

（1）焦虑。焦虑是一种类似担忧的反应，或者是对当前或预计可能对自尊心有潜在威胁的任何情景，具有一种担忧的反应倾向。主要有三种表现。①内心体验为害怕、担忧、提心吊胆、忐忑不安，甚至极端惊恐或恐怖。②精神运动性不安、来回走动、坐立不安，也可表现为发抖或震颤。③伴有身体不适感的植物神经功能障碍，如出汗、口干、嗓子发堵、胸闷气短、呼吸困难、心慌、脸色发红发白、恶心呕吐、头晕、尿频等等。

（2）抑郁。自己感觉到容易疲劳，精力明显不足，心情压抑，悲观失望，高兴不起来，苦闷的感情与心境，学习兴趣的减退，缺乏活动愿望，丧失活动力，学习不能胜任。以及与抑郁相联系的其它感知和躯体方面的感受，如身体多处不适感，头痛，身体酸胀感，记忆力明显下降，饮食不香等。

（3）情绪不稳定。烦躁易怒，易激惹，容易为一点小事和家人、同学发生矛盾与争执。

（4）强迫症状。主要指那些明知没有必要，但又无法摆脱的无意义思想、冲动和行动，有强迫思维和强迫行为两种主要表现。其特点是：有"强迫感"，明知不对，仍无法控制，多次重复地、反反复复地想个不停，如反复洗手、整理书包，题目做好以后总是不放心，担心有错误，要反复检查，或者对书写的内容重复描写，已经写好的数字要反复描几次，浪费了大量的时间。

（5）恐怖症状。恐怖的对象比较广泛，如：空旷场地，人群，或公共场所和交通工具。此外，较为多见的是考试恐怖、社交恐怖等。是指对某些特殊处境、物体、情景或与人交往时产生异乎寻常的恐惧与不安的内心体验，因而出现回避反应。尽管明知恐惧对象对自己并无真正威胁，这种恐惧极不合理，但在相同场合均反复出现，难以控制而影响正常生活。

四、防治对策

1. 开设专门的心理健康教育课程，帮助学生了解心理科学知识，掌握一定的心理调节技术。可以分为两部分。一部分为知识理论课，如心理卫生常识讲座，心理调节问题答疑，焦点问题讨论等，在心理知识的学习中明确认识、矫正观念，以积极的态度去对待自己的心理冲突。另一部分为活动训练课，这是对中学生开展心理健康教育最为有效的方法。活动内容包括：小品表演，角色模拟游戏，互访互问，以及其它活动形式，在活动中学生不仅可以学习介绍自己、了解别人和与人交往的社交技能，还可以掌握一些诸如转移情绪、宣泄痛苦、发泄愤怒的心理调节手段，防患于未然。

2. 在常规的教育活动中渗入心理辅导的内容。实际上各科教学本身都包括心理教育的内容，只要备课时加入心理教育的导向，就可以使授课内容深入一层，如语文课就包含有许多情感教育的因素；劳动课、体育课又可安排挫折教育，增强学生的耐挫能力，锻炼意志力。最佳的做法是在各门学科的教学目的中加入心理教育的分节目标，使教育模式由知识教育向包括心理教育在内的素质教育转化。

3. 在中小学建立心理访谈室，除了一般的咨询谈心外，还可采用一些心理治疗的简易方法对症下药。如大考之前，总会有一些学生产生考试焦虑，表现出紧张、失眠等症状。心理辅导员就可集中为学生做一些放松治疗，帮助他们缓解紧张情绪，调整应考动机以取得好的成绩。

4. 对部分已经存在心理障碍的学生，要及早识别，转诊于专业的心理治疗机构，不能以为只是思想问题而延误早期治疗时间。

综上所述，中小学生的心理健康状况是不容忽视，它为我们亮起了警示信号。作为学校心理健康教育工作者有责任挑起这付担子，不能仅仅把工作老是停留在了解、分析问题的水平上，要着手尝试解决问题，使心理健康教育具有实实在在的意义。

五、心理健康教育的指导思想和基本原则

1. 开展中小学心理健康教育工作，必须高举中国特色社会主义伟大旗帜，以邓小平理论、三个代表"重要思想和科学发展观为指导，学习践行社会主义核心价值体系，贯彻党的教育方针，坚持立德树人、育人为本，注重学生心理和谐健康，加强人文关怀和心理疏导，根据中小学生生理、心理发展特点和规律，把握不同年龄阶段学生的心理发展任务，运用心理健康教育的知识理论和方法技能，培养中小学生良好的心理素质，促进其身心全面和谐发展。

2. 开展中小学心理健康教育，要以学生发展为根本，遵循学生身心发展规律，必须坚持以下基本原则：——坚持科学性与实效性相结合。要根据学生身心发展的规律和特点及心理健康教育的规律，科学开展心理健康教育，注重心理健康教育的实践性与实效性，切实提高学生心理素质和心理健康水平。——坚持发展、预防和危机干预相结合。要立足教育和发展，培养学生积极心理品质，挖掘他们的心理潜能，注重预防和解决发展过程中的心理行为问题，在应急和突发事件中及时进行危机干预。——坚持面向全体学生和关注个别差异相结合。全体教师都要树立心理健康教育意识，尊重学生，平等对待学生，注重教育方式方法，关注个别差异，根据不同学生的特点和需要开展心理健康教育和辅导。——坚持教师的主导性与学生的主体性相结合。要在教师的教育指导下，充分发挥和调动学生的主体性，引导学生积极主动关注自身心理健康，培养学生自主自助维护自身心理健康的意识和能力。

六、心理健康教育的目标与任务

1. 心理健康教育的总目标是：提高全体学生的心理素质，培养他们积极乐观、健康向上的心理品质，充分开发他们的心理潜能，促进学生身心和谐可持续发展，为他们健康成长和幸福生活奠定基础。

心理健康教育的具体目标是：使学生学会学习和生活，正确认识自我，提高自主自助和自我教育能力，增强调控情绪、承受挫折、适应环境的能力，培养学生健全的人格和良好的个性心理品质；对有心理困扰或心理问题的学生，进行科学有效的心理辅导，及时给予必要的危机干预，提高其心理健康水平。

2. 心理健康教育的主要任务是：全面推进素质教育，增强学校德育工作的针对性、实效性和吸引力，开发学生的心理潜能，提高学生的心理健康水平，促进学生形成健康的心理素质，减少和避免各种不利因素对学生心理健康的影响，培养身心健康、具有社会责任感、创新精神和实践能力的

德智体美全面发展的社会主义建设者和接班人。

按照"全面推进、突出重点、分类指导、协调发展"的工作方针，不同地区应根据本地实际情况，积极做好心理健康教育工作。

全面推进。要普及、巩固和深化中小学心理健康教育，加快制度建设、课程建设、心理辅导室建设和师资队伍建设，积极拓展心理健康教育渠道，建立学校、家庭和社区心理健康教育网络和协作机制，全面推进中小学心理健康教育科学发展，在学校普遍建立起规范的心理健康教育服务体系，全面提高全体学生的心理素质。

突出重点。地方教育行政部门和学校要利用地方课程或学校课程科学系统地开展心理健康教育；要加强心理辅导室建设，切实发挥心理辅导室在预防和解决学生心理行为问题中的重要作用；加强心理健康教育师资队伍建设，建立一支科学化、专业化的稳定的中小学心理健康教育教师队伍。

分类指导。大中城市和经济发达地区，要在普遍开展心理健康教育工作的基础上，继续推进和深化心理健康教育工作，努力提高质量和成效，率先建立成熟的心理健康教育服务体系；其他地区，要尽快完善心理健康教育工作机制，建立心理健康教育辅导室和稳定的心理健康专业教师队伍，普遍开展心理健康教育工作。

协调发展。坚持公共教育资源和优质教育资源向农村、中西部地区倾斜，逐步缩小东西部、城乡和区域之间中小学心理健康教育的发展差距，以中西部地区和农村地区发展为重点，推动中小学心理健康教育全面、协调发展。按照"城乡结合，以城带乡"的原则，加强城乡中小学心理健康教育的交流与合作，实现心理健康教育全覆盖和城乡均衡化发展。同时，着力提高中小学心理健康教育质量和成效，促进学生的心理素质和德智体美全面协调发展。

七、心理健康教育的主要内容

1. 心理健康教育的主要内容包括：普及心理健康知识，树立心理健康意识，了解心理调节方法，认识心理异常现象，掌握心理保健常识和技能。其重点是认识自我、学会学习、人际交往、情绪调适、升学择业以及生活和社会适应等方面的内容。

2. 心理健康教育应从不同地区的实际和不同年龄阶段学生的身心发展特点出发，做到循序渐进，设置分阶段的具体教育内容。

小学低年级主要包括：帮助学生认识班级、学校、日常学习生活环境和基本规则；初步感受学习知识的乐趣，重点是学习习惯的培养与训练；培养学生礼貌友好的交往品质，乐于与老师、同学交往，在谦让、友善的交往中感受友情；使学生有安全感和归属感，初步学会自我控制；帮助学生适应新环境、新集体和新的学习生活，树立纪律意识、时间意识和规则意识。

小学中年级主要包括：帮助学生了解自我，认识自我；初步培养学生的学习能力，激发学习兴趣和探究精神，树立自信，乐于学习；树立集体意识，善于与同学、老师交往，培养自主参与各种活动的能力，以及开朗、合群、自立的健康人格；引导学生在学习生活中感受解决困难的快乐，学

会体验情绪并表达自己的情绪；帮助学生建立正确的角色意识，培养学生对不同社会角色的适应；增强时间管理意识，帮助学生正确处理学习与兴趣、娱乐之间的矛盾。

小学高年级主要包括：帮助学生正确认识自己的优缺点和兴趣爱好，在各种活动中悦纳自己；着力培养学生的学习兴趣和学习能力，端正学习动机，调整学习心态，正确对待成绩，体验学习成功的乐趣；开展初步的青春期教育，引导学生进行恰当的异性交往，建立和维持良好的异性同伴关系，扩大人际交往的范围；帮助学生克服学习困难，正确面对厌学等负面情绪，学会恰当地、正确地体验情绪和表达情绪；积极促进学生的亲社会行为，逐步认识自己与社会、国家和世界的关系；培养学生分析问题和解决问题的能力，为初中阶段学习生活做好准备。

初中年级主要包括：帮助学生加强自我认识，客观地评价自己，认识青春期的生理特征和心理特征；适应中学阶段的学习环境和学习要求，培养正确的学习观念，发展学习能力，改善学习方法，提高学习效率；积极与老师及父母进行沟通，把握与异性交往的尺度，建立良好的人际关系；鼓励学生进行积极的情绪体验与表达，并对自己的情绪进行有效管理，正确处理厌学心理，抑制冲动行为；把握升学选择的方向，培养职业规划意识，树立早期职业发展目标；逐步适应生活和社会的各种变化，着重培养应对失败和挫折的能力。

高中年级主要包括：帮助学生确立正确的自我意识，树立人生理想和信念，形成正确的世界观、人生观和价值观；培养创新精神和创新能力，掌握学习策略，开发学习潜能，提高学习效率，积极应对考试压力，克服考试焦虑；正确认识自己的人际关系状况，培养人际沟通能力，促进人际间的积极情感反应和体验，正确对待和异性同伴的交往，知道友谊和爱情的界限；帮助学生进一步提高承受失败和应对挫折的能力，形成良好的意志品质；在充分了解自己的兴趣、能力、性格、特长和社会需要的基础上，确立自己的职业志向，培养职业道德意识，进行升学就业的选择和准备，培养担当意识和社会责任感。

八、心理健康教育的途径和方法

1. 学校应将心理健康教育始终贯穿于教育教学全过程。全体教师都应自觉地在各学科教学中遵循心理健康教育的规律，将适合学生特点的心理健康教育内容有机渗透到日常教育教学活动中。要注重发挥教师人格魅力和为人师表的作用，建立起民主、平等、相互尊重的师生关系。要将心理健康教育与班主任工作、班团队活动、校园文体活动、社会实践活动等有机结合，充分利用网络等现代信息技术手段，多种途径开展心理健康教育。

2. 开展心理健康专题教育。专题教育可利用地方课程或学校课程开设心理健康教育课。心理健康教育课应以活动为主，可以采取多种形式，包括团体辅导、心理训练、问题辨析、情境设计、角色扮演、游戏辅导、心理情景剧、专题讲座等。心理健康教育要防止学科化的倾向，避免将其作为心理学知识的普及和心理学理论的教育，要注重引导学生心理、人格积极健康发展，最大程度地预防学生发展过程中可能出现的心理行为问题。

3. 建立心理辅导室。心理辅导室是心理健康教育教师开展个别辅导和团体辅导，指导帮助学生解决在学习、生活和成长中出现的问题，排解心理困扰的专门场所，是学校开展心理健康教育的重要阵地。在心理辅导过程中，教师要树立危机干预意识，对个别有严重心理疾病的学生，能够及时识别并转介到相关心理诊治部门。教育部将对心理辅导室建设的基本标准和规范做出统一规定。

心理辅导是一项科学性、专业性很强的工作，心理健康教育教师应遵循心理发展和教育规律，向学生提供发展性心理辅导和帮助。开展心理辅导必须遵守职业伦理规范，在学生知情自愿的基础上进行，严格遵循保密原则，保护学生隐私，谨慎使用心理测试量表或其他测试手段，不能强迫学生接受心理测试，禁止使用可能损害学生心理健康的仪器，要防止心理健康教育医学化的倾向。

4. 密切联系家长共同实施心理健康教育。学校要帮助家长树立正确的教育观念，了解和掌握孩子成长的特点、规律以及心理健康教育的方法，加强亲子沟通，注重自身良好心理素质的养成，以积极健康和谐的家庭环境影响孩子。同时，学校要为家长提供促进孩子发展的指导意见，协助他们共同解决孩子在发展过程中的心理行为问题。

5. 充分利用校外教育资源开展心理健康教育。学校要加强与基层群众性自治组织、企事业单位、社会团体、公共文化机构、街道社区以及青少年校外活动场所等的联系和合作，组织开展各种有益于中小学生身心健康的文体娱乐活动和心理素质拓展活动，拓宽心理健康教育的途径。

九、心理健康教育的组织实施

1. 加强对中小学心理健康教育工作的领导和管理。各级教育行政部门要切实加强对心理健康教育工作的领导，制定规章制度，明确责任部门和负责人，支持和指导中小学开展心理健康教育工作。各地和学校要通过多种途径和方式，结合教育教学实际，保证心理健康教育时间，课时可在地方课程或学校课程中安排。各级教育行政部门要将心理健康教育工作列入年度工作计划，纳入学校督导评估指标体系之中，教育督导部门应定期开展心理健康教育专项督导检查。教育部将适时开展中小学心理健康教育示范校创建活动。

2. 加强心理健康教育教师队伍建设。心理健康教育是一项专业性很强的工作，必须大力加强专业教师队伍建设。各地各校要制订规划，逐步配齐心理健康教育专职教师，专职教师原则上须具备心理学或相关专业本科学历。每所学校至少配备一名专职或兼职心理健康教育教师，并逐步增大专职人员配比，其编制从学校总编制中统筹解决。地方教育行政部门要健全中小学心理健康教育教师职务（职称）评聘办法，制订相应的专业技术职务（职称）评价标准，落实好心理健康教育教师职务（职称）评聘工作。心理健康教育教师享受班主任同等待遇。

3. 大力开展心理健康教育教师培训。教育部将组织专家制订教师培训课程标准，分期分批对中小学心理健康教育教研员和骨干教师进行国家级培训。各省级教育行政部门要将心理健康教育教师培训纳入教师培训计划，分期分批对区域内心理健康教育教师进行轮训，切实提高专、兼职心理健康教育教师的基本理论、专业知识和操作技能水平。要在中小学校长、班主任和其他学科教师等各类培训中增加心理健康教育的培训内容，建立分层分类的培训体系。

4. 要重视教师的心理健康教育工作。各级教育行政部门和学校要关心教师的工作、学习和生活，从实际出发，采取切实可行的措施，减轻教师的精神紧张和心理压力。要把教师心理健康教育作为教师教育和教师专业发展的重要方面，为教师学习心理健康教育知识提供必要的条件，使他们学会心理调适，增强应对能力，有效地提高其心理健康水平和开展心理健康教育的能力。

5. 加强心理健康教育材料的管理。各种有关心理健康教育的教育材料的编写、审查和选用要根据本指导纲要的统一要求进行。自 2013 年春季开学起，凡进入中小学的心理健康教育材料必须经省级以上教育行政部门组织专家审定后方可使用。

6. 加强心理健康教育的科学研究。各级教育行政部门要加强指导，增加经费投入，将心理健康教育纳入教育科学研究规划，积极组织相关课题申报和优秀成果评选。要积极引导高等学校、科研机构的研究人员开展相关研究，为心理健康教育实践提供理论基础和科学依据。要建立中小学心理健康教育教研制度，各级教研机构应配备心理健康教育教研员。要坚持理论与实践相结合，组织专家学者、教研人员、一线教师和学校管理人员结合实际情况积极开展心理健康教育教学研究，在实践中丰富完善心理健康教育理论，不断提高心理健康教育科学化水平。

附：

教育部关于印发《中小学心理健康教育指导纲要（2012 年修订）》的通知

教基一〔2012〕15 号

各省、自治区、直辖市教育厅（教委），新疆生产建设兵团教育局：

2002 年，我部印发了《中小学心理健康教育指导纲要》（以下简称《纲要》），对各地中小学开展心理健康教育起到了指导和推动作用。为进一步科学指导和规范中小学心理健康教育工作，促进心理健康教育工作深入发展和全面普及，在认真总结各地心理健康教育工作经验的基础上，我部组织专家对《纲要》进行了修订完善。现将修订后的《纲要》印发给你们，请各地结合实际，认真组织实施，并将落实情况、问题和意见及时报我部。

附件：中小学心理健康教育指导纲要（2012 年修订）

教育部
2012 年 12 月 7 日

第十三节　学校学生住宿安全管理

一、学生住宿用房必须符合安全标准

1. 不得将危房充作学生住宿用房

2. 不得改变建筑用途充作学生住宿用房

3. 不得将采用明火取暖的房舍充作学生住宿用房

4. 不得将不符合消防安全标准的房舍充作学生住宿用房

5. 不得将电路老化的房舍充作学生住宿用房

6. 不得将环境有隐患的房舍充作学生住宿用房

7. 不得将内部设施有隐患的房舍充作学生住宿用房

8. 不得将不符合住宿标准的房舍充作学生住宿用房

9. 加强安全检查，及时排除隐患

二、加强学生住宿管理

（一）设立学生住宿管理室

1. 确保管理员的监控视野遍及所有宿舍。

2. 确保管理室 24 小时有人值班。

3. 管理员符合用人标准。

4. 管理室应设电话，保证突发事故时能够及时拨打"110"、"120"、"119"，并与学校领导及有关人员报告。

（二）严格消防安全管理

1. 确保消防栓符合安全标准，足额配备灭火器；

2. 确保应急照明设施正常工作，疏散指示标志齐全；

3. 确保安全通道通畅，无隔墙、栅栏门、卷帘门等阻碍设施；

4. 宿舍内严格配备电源插座接口

（三）健全住宿管理制度

1. 宿管人员制度

2. 住宿管理制度

3. 学生出入管理制度

4. 学生请假销假管理制度

5. 宿舍防火制度

6. 宿舍安全用电制度

7. 应急疏散预案

8. 应急疏散指示图

（四）规范学生住宿安全管理

1. 住校学生要严格执行宿舍管理制度，服从寝室管理人员的指导，按时作息。

2. 不准将火源（如火柴、打火机）和易燃、易爆有毒有害以及其他危险物品带入寝室

3. 不准在寝室内违章用电，烧电炉，使用烤火器等

4. 因事因病夜晚不归，要向班主任和寝室管理人员请假，并征得许可。

5. 不得将外人带入寝室住宿

6. 不准将衣服、洗脸巾晾晒在电线或日光灯上

7. 不准在寝室内焚烧废纸杂物

8. 住上铺的要慢慢上下，不准将床摇晃，不准跨越相邻床位，不准站立或坐在床沿将脚掉下穿脱衣服，不准将身体伸出窗外，不准用手接触吊扇，顶棚等。

9. 住上下铺床的学生，不准在床上做剧烈的体育活动，以避免造成伤亡事故。

10. 要保持室内清洁、干燥，不准将剩饭菜、洗脚水、洗脸水等倒在室内。

11. 要关好寝室门

12. 原则上不准学生在校外租（借）房中住宿，如有特殊情况，需学生家长向学校申请并经许可，且家长与学校签订安全责任书。

（五）其它

1. 宿舍楼厕所应加装铁护窗，以防不法分子进入宿舍。

2. 不宜男女生混合住宿

3. 保持宿舍卫生清洁，空气清新

4. 宿舍外学生晾衣绳一定要保持在学生身高之上，以免成为"上吊绳"

5. 坚持每日晚点名，发现学生不在宿舍要进行查找，必要时通知学生家长

6. 宿舍员要加强巡视，防止学生发生打架斗殴

7. 每学期应组织一次疏散逃生演练

三、强化校外住宿管理

1. 集体租住住房选择

（1）宿舍用房符合建筑安全标准，适合作学生宿舍。

（2）住处周边环境良好，有利于学生健康生活。

（3）住处离学生距离适当，上下学行走方便。

2. 签订协议

明确双方安全责任，保证学生住宿安全。

3. 健全制度，严格管理。

4. 建立学生上下学交通安全制度，确保不发生交通事故。

第十四节　学校教职工安全管理

一、加强对教职工资质审查

学校坚持每年对教职工进行一次资格审查。本校教职工主要掌握全年表现，有无违法犯罪、生理疾病、心理障碍等状况；外聘教师、临时人员要建档登记，加强调查，掌握详尽资料，特别关注在校工作期间的各种表现。施工人员要登记在册，发放出入证，限制其活动范围。

对于有犯罪的、患传染性疾病、精神疾病的要及时调整其离开与学生接触的工作岗位，以免发生伤及学生的事件。

二、加强对教职工的法律教育

通过法制讲座、安全培训、岗位培训等方式，普及安全知识和法律知识，不断提高教职工法制意识和安全责任意识。

三、严令禁止违规行为

（一）严禁体罚行为

1. 体罚。体罚是指通过对人身体的责罚，特别是造成疼痛，来进行惩罚或教育的行为。体罚学生是指教育者通过对学生身体造成痛苦的方式进行处罚以达到教育目的的错误行为。

2. 体罚的种类。

（1）击打身体：如打耳光、打手心、打屁股、踢身体某部位、揪头发、扭捏身体、拳击身体、推搡、磕碰等；

（2）超越极限：罚站、罚跑、罚跪、罚面壁、饥饿、罚体力劳动等，超越学生身体承受极限，造成极大痛苦；

（3）用物击打：用东西故意砸、打学生等。

（二）严禁变相体罚

1. 变相体罚。变相体罚是指用不通过对人身体造成疼痛而利用其他形式来进行处罚以达到教育目的的行为。

2. 变相体罚的种类。

（1）罚抄：强制性让学生罚抄过量作业，如抄写十遍课文、抄写生字几十次等

（2）罚钱：不论数目多少，不论形式如何

（3）罚劳动：连续多天做值日或罚其打扫卫生。

（4）逐出教室而不及时处理。

（5）未经领导同意，随意停课或停止学生参加一切活动。

（6）哄撵学生回家

（三）严禁侮辱行为

1. 侮辱。侮辱是指教育者以语言或其他行为侮弄羞辱学生，使对方人格或名誉受到损害，以达到教育目的的行为。

2. 侮辱行为的种类

（1）恐吓：威胁、呵斥、吓唬、摔东西等方式给学生造成压力。

（2）侮辱：讽刺、挖苦、辱骂、嘲笑、羞辱等语言攻击方式对学生施压。

（3）其他：刁难、孤立、使用文字、指使学生欺负等方式处罚学生。

四、严禁侵权行为

侵权行为。侵权行为是民事主体违反民事义务，侵害他人合法权益，依法应当承担民事责任的行为。

（一）法律名词

1. 法律权利：是指国家通过法律规定，对法律关系主体作出或者不作出某种行为以及要求他人作出或者不作出某种行为的许可和保障。

2. 权利：是指规定或隐含在法律规范中、实现于法律关系中的、主体以相对自由的作为或不作为的方式获得利益的一种手段。

3. 法的权利：是指法所允许的权利人为了满足自己的利益而采取的、由其他人的法律义务所保证的法律手段。

（二）未成年人在校应享有的权利

1. 受教育权

受教育权：指公民在教育与文化领域享有的权利与自由。

未成年人有依法接受规定年限义务教育的权利，有权要求学校开足开齐国家规定的各类课程，有权要求学校采取措施保证教学质量，学校或教师不得以任何理由限制学生上课。如有的学校对违纪学生处以停课一周的处罚，实际上侵害了学生的受教育权。

2. 生命权、身体权、健康权

生命权：指公民维持自己生命延续、不受他人非法剥夺的权利。

健康权：指公民保持身体组织的完整和生理机能的健全，使肌体生理机能正常运作和功能完整发挥，从而维持人体生命活动的权利。

身体权：是指自然人保持其身体组织完整并支配其肢体、器官和其他身体组织并保护自己的身体不受他人违法侵犯的权利。

未成年人在学校接受良好教育的同时，其生命权、身体权、健康权应该受到保护。如教师对学生的体罚或变相体罚，学校校舍倒塌对学生造成伤害，校外人员进入学校对学生造成伤害等等，侵害了学生的 生命权、身体权、健康权。

3. 身体自由权和内心自由权

身体自由权：也称作行动的自由权，是指自然人按照自己的意志和利益，在法律规定的范围内作为和不作为，不受非法限制、剥夺、妨碍的权利。身体自由权所包含的，是自然人自由支配自己外在身体行动的权利。非法限制、妨碍或剥夺自然人的身体自由，即为侵权行为。

内心自由权：也称精神自由权，也称作决定意思的自由、意志自由权。在现代社会，自然人依自己的意志和利益从事正当的思维活动，观察社会现象，是进行民事活动的前提，法律应当予以保障。因而，精神自由权是自然人按照自己的意志和利益，在法律规定的范围内，自主思维的权利，是自然人自由支配自己内在思维活动的权利。非法限制、妨碍自然人的精神自由，即为侵权行为。

发生在学校的侵害该类权利的行为有；教师禁止学生上学、进教室、罚站等，放学后禁止学生回家，下课后禁止学生自由活动，教师要求学生接受自己的思想观点，强迫订阅某种刊物、不允许自由阅读等。

4. 肖像权

肖像权：肖像是指以一定的物质形式再现出来的自然人的形象。肖像权是指自然人所享有的在自己的肖像上所体现的以人格利益为内容的权利，也就是公民就自己的肖像上的利益所享有的权利。

学校在使用或对外提供有关学生学习、生活的照片作为赢利性目的的使用时，如果照片是以特定的未成年人形象为主题的，比如照片只有一个或几个未成年人，学校必须征得未成年人或其监护人的同意。特别是在进行有关违反校规校纪的宣传中，最好不要出现未成年人的真实照片。

5. 名誉权

名誉权：名誉是指社会对民事主体的品德、才能以及其他素质的综合评价。名誉权是指民事主体享有的维持自己获得公正的社会评价的权利，是每个人对自己在名誉上的利益所享有的权利。

未成年人年龄虽小同样享有名誉权，学校或教师不得对其人格进行侮辱或诽谤。如有的教师上课时用言语侮辱学生，对学生进行体罚或变相体罚，都是对学生名誉权的侵害。

6. 隐私权

隐私权：指自然人享有的对自己的个人秘密和个人私生活进行支配并排除他人干涉的权利。

未成年人的私人通信、考试分数排名等，只要是他（她）不愿意让别人知道的，都可以成为其隐私，受到法律的保护。

7. 财产受到管理、保护权

未成年人在学校学习期间，其财产应该得到学校的管理和保护当学校没有尽到保护职责致使其财产受到侵害时，学校应承担相应的民事责任。

8. 独立财产权。

财产所有权：指所有人依法对其财产享有占有、使用、收益、处分的权利。

财产不被没收是未成年人对财产享有独立所有权的基本内容，学校无权没收其财产。学生上课看课外书或玩弄其他物品时，采取没收的作法，实际上侵害了学生的财产所有权。

9. 生活获得照顾权

如学校提供给学生的午餐，其卫生和营养应该得到保障，学生生病时应该及时得到救治，学生在穿衣、吃饭等方面应该得到指导等。

10. 民事活动代理权

对于未成年人在学校期间不能独立完成的民事活动，未成年人应该有要求学校代理的权利。但即使是买食品、学习用品等行为，如果未成年人没有提出要求学校代理，学校也无权代理。

11. 休息娱乐权

作为未成年人最大幸福的休息娱乐，应该成为其在学校的主要权利之一。学校应该考虑到他们的娱乐、休息，允许他们创造健康的丰富多采的校园生活。

12. 获得良好的校园环境权

《中小学校园环境管理的暂行规定》对校园环境作了明确的规定，学校有义务采取措施，使校园环境达到相关标准，以满足未成年人健康成长的需要。

13. 拒绝乱收费的权利

学校向学生收取不该收取的费用，就意味着学校侵犯了学生特别是家长的财产权，学生和家长有权拒绝。

14. 拒绝不合理劳动权

学校有权组织学生进行一些劳动，但如果学校要求学生从事赢利性劳动或过重的体力劳动，学生有权拒绝。学生犯了错误后，罚其劳动，也属不合理劳动，学生有权拒绝。

15. 拒绝不合理校内外活动权

有些学校甚至一些地方政府的庆典活动，要求中小学生参加演出，属于不合理校内外活动，学生有权拒绝。

16. 荣誉权

未成年人在学校期间获得的各种荣誉，如参加各级各类竞赛获奖，获得"三好学生"、"优秀学生干部"等称号，学校不得阻碍未成年人获得该荣誉，也不得随意撤消或剥夺。

17. 著作权

著作权：指作者及其他著作人权人依法对自己的作品享有的权利。著作权包括人身权和财产权两大类，具体包括发表权、署名权、修改权、保护作品完整权、使用权和获得报酬权等。

学生在校期间的作品，应依法享有著作权。

18. 平等对待权

未成年人在学校里有权得到和其他未成年人一样的对待，有权不受歧视。其中包括在入学和升学方面享有平等权利，在校学习和生活方面享有平等权利，受到公正评价的权利。

五、严禁犯罪行为

（一）什么是犯罪

中华人民共和国刑法第十三条对犯罪的定义是：一切危害国家主权、领土完整和安全，分裂国家、颠覆人民民主专政的政权和推翻社会主义制度，破坏社会秩序和经济秩序，侵犯国有财产或者劳动群众集体所有的财产，侵犯公民私人所有的财产，侵犯公民的人身权利、民主权利和其他权利，以及其他危害社会的行为，依照法律应当受刑罚处罚的，都是犯罪，但是情节显著轻微危害不大的，不认为是犯罪。

（二）教师可能构成的犯罪行为

1. 伤害罪

（1）故意伤害罪

我国刑法规定第二百三十四条规定，故意非法损害他人身体的行为为故意伤害罪。故意伤害罪的主要特征有：

①侵犯的客体是他人的身体健康的权利。这里的健康是指人体组织的完整和人体器官机能和正常活动。伤害达到了一定的严重程度即可构成故意伤害罪。

②客观方面表现为实施了非法损害他人身体的行为。

损害他人身体的行为的方式，既可以表现为积极的作为，亦可以表现为消极的不作为。前者如拳打脚踢、刀砍枪击、棒打石砸、火烧水烫等；后者则如负有保护幼儿责任的保姆不负责任，见幼儿拿刀往身上乱戳仍然不管，结果幼儿将自己眼睛刺瞎的行为，就可构成本罪。既可以由自己实施，又可以利用他人如未成年人、精神病人实施，还可以利用驯养的动物如毒蛇、狼犬等实施。既可以针对人身的外表，造成外部组织的残缺或容貌的毁坏，又可以针对人体的内部，造成内部组织、器官的破坏，妨碍其正常的功能活动。总之，无论是直接由本人实施还是间接实施，亦无论是针对何种部位，采取什么样的方式，只要出于故意，能造成他人的人身健康伤害，即可构成本罪。

损害他人身体的行为必须是非法进行的。如果某种致伤行为为法律所允许，就不能构成故意伤害罪，如正当防卫造成伤害而未过当的，医生对病人截肢治病等。经被害人同意的伤害，是否合法，要做具体分析。如果被害人的同意是为了达到危害社会的目的，这种同意不能排除伤害行为的非法性；如果这种同意是为了有益于社会的目的、则可以排除他人伤害行为的非法性。对于具有激烈对抗性体育运动项目中发生的伤害行为是否具有合法性，也应作具体分析。如果这种致伤动作本

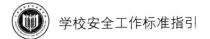

身为该项运动项目的规则所允许，这种伤害一般不能认为具有刑法上的非法性。如在足球比赛时，依据"合理冲撞规则"所实施而引起伤害的动作，一般不认为是伤害罪：如果比赛中动作粗鲁，明显违反规则要求，具有伤害他人身体故意的，也应按故意伤害罪论处。

损害他人身体的行为必须已造成了他人人身一定程度的损害，才能构成本罪。只是一般性的拳打脚踢、推拉撕扯，不会造成伤害结果的，则不能以本罪论处。伤害结果其表现可多种多样，有的是破坏了他人组织的完整性，如咬去鼻子、砍断手脚；有的是损害了他人器官的正常功能，如听觉、视觉、味觉丧失，精神失常等。但就结果的严重程度而言，则有 3 种形态，即轻伤、重伤或死亡。如果没有造成轻伤以上的伤害如没有达到伤害等级或虽达到等级却属轻微伤，则不能以本罪论处。

③本罪的主体为一般主体。凡达到刑事责任年龄并具备刑事责任能力的自然人均能构成本罪，其中，已满 14 周岁未满 16 周岁的自然人有故意伤害致人重伤或死亡行为的，应当负刑事责任。

④本罪在主观方面表现为故意。即行为人明知自己的行为会造成损害他人身体健康的结果，而希望或放任这种结果的发生。在一般情况下，行为人事先对于自己的伤害行为能给被害人造成何种程度的伤害，不一定有明确的认识和追求。无论造成何种程度的结果都在其主观犯意之内，所以，一般可按实际伤害结果来确定是故意轻伤还是故意重伤。故意轻伤的犯罪还存在犯罪未遂问题。但对重伤意图非常明显，例如企图严重毁容，并已着手实施的行为，由于意志以外的原因而未得逞的，即使未造成任何实际伤害，也应按故意重伤罪（未遂）定罪量刑。

（2）过失伤害罪

过失致人重伤罪，是指过失伤害他人身体，致人重伤的行为。

①客体要件

本罪侵犯的客体是他人的身体权，身体权是自然人以保持其肢体、器官和其他组织的完整性为内容的人格权。其客体为身体即自然人的躯体，包括四肢、五官及毛发、指甲等。假肢、假牙等已构成肢体不可分离的一总分，亦应属于身体，但可以自由装卸的则不属于身体。

②客观要件

本罪在客观方面表现为伴法损害他人身体健康的行为。认定非法损害他人身体健康的行为需要注意两点：其一，构成过失重伤罪，法律不仅要求行为人的行为必须造成他人实际的伤害结果而且要求这种伤害只有达到重伤的程度，才构成犯罪。如果过失致人轻伤，则不构成犯罪，行为人只承担此事赔偿责任。这也是本罪和故意伤害罪的重要区别之一，对重伤的认定，应当依照刑法第 95 条的规定，并参照最高人民法院、最高人比检察院、公安部、司法部发布的《人体重伤鉴它标准》，由法医正确地加以鉴定。过失重伤罪的鉴定依据、鉴定程序、审查原则和认定标准同故意伤害罪中对重伤的鉴定是相同的，其二、构成过失重伤罪，还要求行为人的行为与结果之间有直接因果关系。即行为人的行为直接地、必然地造成了这种重伤结果，行为人的行为是造成这一重伤结果的决定性的、根本的原因。如果重伤结果的产生，并不是由该行为人的行为所直接决定的，也就不能追究行为人过失重伤罪的刑事责任。

③主体要件

本罪的主体为一般主体。凡年满16周岁且具备刑事责任能力的自然人均能构成本罪。

④主观要件

本罪在主观方面表现为过失，包括疏忽大意的过失和过于自信的过失。前者是指应当预见自己的行为可能发生被害人重伤的结果，由于疏忽大意而没有预见；后者是指已经预见而轻信能够避免，以致发生被害人重伤的结果。过失重伤罪的本质特征在于：行为人既没有杀人的故意，也没有伤害的故意，只是出于疏忽大意或者过于自信，才造成被害人重伤的结果，如果事实证明行为人对自己行为引起的重伤结果的发生并没有预见，而且根据实际情况也不可能预见，则属于意外事件，行为人主观上没有罪过，因而对重伤不负刑事责任。

3. 侮辱罪

（1）什么是侮辱罪

侮辱罪，是指使用暴力或者以其他方法，公然贬损他人人格，破坏他人名誉，情节严重的行为。本罪侵犯的客体是他人的人格尊严和名誉权。人格尊严权和名誉权是公民的基本人身权利。本罪的犯罪对象，只能是自然人，而非单位。侮辱法人以及其他团体、组织，不构成侮辱罪。在公众场合以焚烧、毁损、涂划、玷污、践踏等方式侮辱中华人民共和国国旗、国徽的，依照《中华人民共和国国旗法》和本法第299条之规定，应以侮辱国旗、国徽罪依法追究刑事责任。客观方面表现以暴力或其他方法公然贬损他人人格、破坏他人名誉，情节严重的行为。侮辱罪的主要特征：

①客体要件

本罪侵犯的客体是他人的人格尊严和名誉权。人格尊严权和名誉权是公民的基本人身权利。宪法第38条规定："中华人民共和国公民的人格尊严不受侵犯。禁止用任何方法对公民进行侮辱、诽谤和诬告陷害。"所谓人格尊严，是指公民基于自己所处的社会环境、地位、声望、工作环境、家庭关系等各种客观条件而对自己或他人的人格价值和社会价值的认识和尊重。所谓名誉，是指公民在社会生活中所获得的名望声誉，是一个公民的品德、才干、信誉等在社会生活中所获得的社会评价。所谓名誉权，是指以名誉的维护和安全为内容的人格权。

②客观要件

本罪在客观方面表现以暴力或其他方法公然贬损他人人格、破坏他人名誉，情节严重的行为。

侮辱他人的行为。行为的主要手段有：（1）暴力侮辱人身，这里所讲的暴力，仅指作为侮辱的手段而言。例如以粪便泼人，以墨涂人，强剪头发，强迫他人做有辱人格的动作等，而不是指殴打、伤害身体健康的暴力。如果行为人有伤害他人身体健康的故意和行为，则应以伤害罪论处。（2）采用言语进行侮辱，即用恶毒刻薄的语言对被害人进行嘲笑、辱骂，使其当众出丑，难以忍受，如口头散布被害人的生活隐私、生理缺陷等。（3）文字侮辱，即以大字报、小字报、图画、漫画、信件、书刊或者其他公开的文字等方式泄漏他人隐私，诋毁他人人格，破坏他人名誉。

侮辱行为必须公然进行。所谓"公然"侮辱，是指当着第三者甚至众人的面，或者利用可以使不特定人或多数人听到、看到的方式，对他人进行侮辱。公然并不一定要求被害人在场。如果仅仅面对着被害人进行侮辱，没有第三者在场，也不可能被第三者知悉，则不构成侮辱罪。因为只有第三者在场，才能使被害人的外部名誉受到破坏。

侮辱对象必须是特定的人。特定的人既可以是一人，也可以是数人，但必须是具体的，可以确认的。在大庭广众之中进行无特定对象的漫骂，不构成侮辱罪。死者不能成为本罪的侮辱对象，但如果行为人表面上侮辱死者，实际上是侮辱死者家属的，则应认定为侮辱罪。

必须达到情节严重的程度才能构成本罪。公然侮辱他人的行为还必须达到情节严重的程度才能构成本罪。虽有公然侮辱他人的行为，但不属于情节严重，只属于一般的民事侵权行为。所谓情节严重，主要是指手段恶劣，后果严重等情形，如强令被害人当众爬过自己的跨下；当众撕光被害人衣服；给被害人抹黑脸、挂破鞋、带绿帽强拉游街示众；当众胁迫被害人吞食或向其身上泼洒粪便等污秽之物；当从胁迫被害人与尸体进行接吻、手淫等猥亵行为；因公然侮辱他人致其精神失常或者自杀身亡；多次侮辱他人，使其人格、名誉受到极大损害；对执行公务的人员、妇女甚至外宾进行侮辱，造成恶劣的影响；等等。

③主体要件

本罪主体是一般主体，凡达到刑事责任年龄且具有刑事责任能力的自然人均能构成本罪。国家机关、企事业单位、社会团体不构成本罪主体。

④主观要件

本罪在主观方面表现为直接故意，并且具有贬损他人人格，破坏他人名誉的目的。间接故意、过失不构成本罪。

3. 性侵害

（1）什么是儿童性侵害

儿童性侵害是指加害者以权威、暴力、金钱或甜言蜜语，引诱、胁迫 18 岁以下的儿童及少年，与其发生性活动。这些性活动包括：猥亵、乱伦、强暴、性交易、媒介卖淫等。儿童性侵害定义大致也可以这样描述：一切通过武力、欺骗、讨好、物质诱惑或其他方式，把儿童引向性接触、以求达到侵犯者满足的行为。

许多研究表明，遭受性侵害的孩子在相当长的时间里，会不同程度地表现出一系列心理症状，比如：恐惧、焦虑、抑郁、暴食或厌食、不喜欢自己的身体、对身体有异样感、低自尊、行为退缩、攻击性行为、注意力不集中、药物滥用、自杀或企图自杀。如果没有得到足够的帮助，成年后多会在人际关系方面遇到困难，难以与异性建立亲密关系，有人还会多次受害。由此可见，性侵害对儿童心身健康有长期的影响。

（2）性侵害的类型

①强奸（又叫性暴力、性侵犯或强制性交），是一种违背被害人的意愿，使用暴力、威胁或伤害等手段，强迫被害人进行性行为的一种行为。在所有的国家，强奸行为都属于犯罪行为。当被害人因为酒精或药物的影响，而无法拒绝进行性行为时，与其发生性行为也被视为强奸。（比如使用药物麻醉女性后，与其发生性行为，事后证实该性行为不是该女子自愿的，也属于强奸）。

②猥亵：是指除奸淫行为外，以刺激、兴奋、满足自己或他人性欲为目的而实施的淫秽行为。

广义的猥亵包括除强奸、乱伦外所有妨害社会风化的色欲行为，如鸡奸、兽奸、当众手淫、散布淫秽书刊等。狭义的猥亵包括公开暴露生殖器，强制或互相自愿在对方性感区进行抠摸、搂抱、吸吮、舌舔等行为。猥亵行为严重危害被害人身心健康、败坏社会风气。

四、合理使用惩戒方式

学生的成长是需要老师管理的。一般来讲，只要教师的行为不违法、不侵权、不伤害学生身心健康，都是允许的、应该的。教师常见的合理的管理方式有：

1. 语言责备
2. 书面检查
3. 剥夺特权
4. 增加作业
5. 隔离措施
6. 留置学校
7. 没收
8. 赔偿损失
9. 处分
10. 移送工读学校
11. 其他惩诫方式

第十五节　学校消防安全管理

一、学校消防安全隐患和问题

（一）人员问题

1. 学校领导对消防的重要性认识不足，重视不到位。自 2010 年国内发生多起校园暴力事件以后，教育部门、学校领导均十分重视校园治安的防范工作，但各地中小学、幼儿园在加强治安管理的同时，往往忽视消防安全的重要性，对消防工作重视不够，管理制度不健全，安全责任制度不落实，致使学校内部的消防设施缺损严重、疏散通道不畅、师生缺乏基本的自救能力和逃生常识。

2. 学校的消防安全责任人、管理人和具体工作人员没有认真履行消防安全职责，更没有认识到消防安全隐患带来的严重后果。个别校领导知道消防安全的重要性，却舍不得投入经费整改火灾隐患，使学校消防安全隐患重重。

（二）建筑隐患

1. 一些学校擅自增建、改建和搭建违章建筑，甚至使用极易燃烧且易产生毒烟的建筑材料如聚氨酯泡沫夹芯板、塑料扣板，一旦发生火灾不仅扑救困难且易造成人员中毒。另外，还有些学校建筑屋顶为木结构材料，耐火等级偏低。

2. 一些学校不办理行政许可手续，擅自新建校舍建筑，留下难以整改的"先天性"火灾隐患。

（三）消防设施

消防设施普遍损坏严重、配置不足。许多学校的灭火器配置不足，已设的室内消火栓或者内配器材（水带、水枪、栓口等）缺失、或者损坏、个别学校擅自停用消防设施，管道内根本没有水，已配置的灭火器缺少维护保养、部分已失效，一旦发生火灾根本不能发挥作用。另外，校舍建筑普遍缺少火灾应急照明灯、安全疏散指示标志等引导物和提示物。

（四）安全通道

安全疏散通道不畅通。一些学校出于治安管理和防盗方面需要，简单地在学生住宿房间的外窗、走廊设置影响安全疏散和施救的固定栅栏等障碍物。还有些校舍建筑层数超标，或者建筑仅设置一部楼梯，发生险情，不利于学生及时疏散。

（五）安全意识

大部分学校没有开展经常性消防安全教育，师生和教职员工消防安全意识淡薄，不会操作使用灭火器，不懂得逃生和自救常识，对公共消防设施肆意破坏，个别学生甚至将水枪、接口当废品卖掉，学校宿舍的生活老师和管理人员没有认真履行监督管理职责。在监督检查中，发现大部分生活老师和管理人员不会操作使用灭火器，不会扑救和处置初期火灾，不会组织人员疏散。试想，学生休息期间一旦发生火灾，生活老师和管理人员如何应对突发事故？如何能保障学生的人身安全？以上问题，不得不引起教育主管部门和学校领导的高度重视！

二、强化消防安全管理

（一）依法取得消防行政许可

学校所在建筑应依法通过消防设计审核、消防验收或备案抽查。改建、扩建或进行内装修应依法办理消防许可或者备案手续。

（二）落实消防安全责任

学校应履行《中华人民共和国消防法》第十六条、第十七条规定的消防安全职责，落实逐级消防安全责任制和岗位消防安全责任制，明确逐级和岗位消防安全职责，确定各级、各岗位的消防安全责任人。学校的主要负责人是本单位的消防安全责任人，对单位的消防工作全面负责，确定为消防安全重点单位的学校应确定一名成员为消防安全管理人。明确消防工作归口管理部门和专、兼职消防安全管理人员，逐级明确消防安全管理责任，明确各类员工消防安全职责，建立健全消防安全制度、消防安全操作规程以及灭火和应急疏散预案。实行承包、租赁或者委托经营、管理时，合同中应依照有关规定明确各方的消防安全责任。两个以上产权单位管理或两个以上经营者的，应当明确对消防车通道、涉及公共消防安全的疏散设施和其他建筑消防设施统一管理的责任单位。

（三）建立健全消防安全制度

学校应建立健全消防安全例会、防火巡查检查、消防宣传与培训、安全疏散设施管理、消防设施管理、火灾隐患确认和整改、用电防火安全管理、用火动火安全管理、易燃易爆化学物品管理、消防安全重点部位管理、消防档案管理等消防安全管理制度，并严格执行。

（四）加强安全疏散设施管理

学校内建筑安全出口的数量、疏散宽度和距离，必须符合国家有关消防技术标准。疏散通道、安全出口处不应有杂物堵塞，确保畅通。要按照相关消防技术要求设置消防应急照明灯具和疏散指示标志。教学楼、图书馆、食堂和集体宿舍的疏散门应向疏散方向开启，且应采用平开门；常闭式防火门应经常保持关闭；疏散门不得设置门槛和其他影响疏散的障碍物，且在其 1.4m 范围内不应设置台阶；不应采用推拉门、卷帘门、吊门、转门等。学校的教学楼、图书馆、食堂和集体宿舍的门窗不得设置影响逃生和灭火救援的障碍物，学生就寝时宿舍的安全出口严禁上锁，高层教学楼、集体宿舍内应配备安全疏散示意图、应急手电筒、防烟面具等逃生器材及使用说明。

（五）加强消防设施维护管理

学校应加强建筑消防设施、应急照明灯具和疏散指示标志、灭火器材的日常管理，保证建筑消防设施、灭火器材、应急照明灯具和疏散指示标志配置齐全，并能运行正常。设有自动消防设施的场所，应当定期对建筑消防设施、器材进行巡查、单项检查、联动检查，做好维护保养，并委托具有相关资质的单位每年对自动消防设施进行全面检查测试。室内消火栓系统的设置和配置应符合规范要求，压力应满足灭火需要。设有自动喷水灭火系统的应定期重点巡查喷头和报警阀组外观、末端试水装置压力，消防供水设施应符合国家技术标准要求。设有自动报警系统的应及时排除系统故障、误报等状况，确保联动控制完好有效。

（六）加强消防安全重点部位管理

学校应将教学楼、图书馆、食堂、集体宿舍、厨房、锅炉房、消防控制室、配电房、消防水泵房等作为消防安全重点部位。集体宿舍内应限制供电电流强度并限时供电，严禁私自安装使用电加热设备，严禁使用电炉、酒精炉等物品，宿舍内严禁吸烟、动用明火等。学校食堂厨房与餐厅之间的隔墙应采用耐火极限不低于 2h 的不燃烧体，隔墙上的门窗应采用乙级防火门窗。厨房敷设的燃料管线、配置的灶具设备等必须符合相关技术标准。厨房工作结束后，应当关闭所有燃料供给阀门，熄灭火源，切断除冷冻设备以外的一切电源。厨房的烟道应至少每季度清洗一次。餐厅应保持通道及出入口畅通、应急照明和疏散指示标志完备好用。食堂的餐厅内严禁使用、存放液化石油气钢瓶。餐厅内不应采用明火照明和取暖，禁止使用溶剂汽油、可燃气体做燃料的取暖炉具。消防控制室应当严格落实 24 小时不间断双人值班制度。锅炉房、配电房、消防水泵房的设置应符合国家技术规范要求。

（七）加强用电设备消防安全管理

学校的教学楼、图书馆、食堂和集体宿舍的电气、电热设备的采购，应选用合格产品，并应符合有关消防技术标准和管理规定的要求；电气线路敷设、电气设备安装和维修应由具备职业资格的电工操作；电气设备、线路和防雷、防静电设施应当每年至少进行一次技术检测；严禁违反规定接、拉电线和随意加大负荷或者改变保险装置；电器设备周围应与可燃物保持 0.5m 以上的间距，开关、插座和照明器靠近可燃物时，应采取隔热、散热等防火保护措施。发热量大的电器设备不应直接安装在可燃装修或可燃构件上，引入线应按规定作隔热保护。消防用电设备应采用专用供电回路，配电线路应满足火灾时连续供电的需要，其敷设应满足相关规范的规定。所有电气设备的接地装置均应按相关规定定期进行接地电阻测试，确保其处于正常工况。

（八）加强消防宣传教育

学校应在公共部位的醒目位置设置宣传防火、灭火、应急逃生等常识的宣传板，学校应根据教学楼、图书馆、食堂和集体宿舍人员集中、火灾危险性较大和重点部位的实际情况，制订有针对性的灭火和应急疏散预案，每半年至少组织一次消防演练。对消防安全管理人员每半年至少应组织一次集中消防安全培训，新上岗员工或有关从业人员上岗前应参加消防安全培训。

（九）及时整改消防安全隐患

学校在日常消防安全巡查、检查过程中发现违章使用明火作业或者在具有火灾、爆炸危险的场所吸烟、使用明火；违章使用、储存易燃易爆危险物品；将安全出口上锁、遮挡，或占用防火间距、堵塞疏散通道；消火栓、灭火器材被遮挡影响使用或被挪作他用；常闭式防火门处于开启状态，防火卷帘下堆放物品；消防设施管理、值班人员和防火巡查人员脱岗；违章关闭消防设施、切断消防电源等行为应立即改正并做好记录。对巡查、检查发现不能立即改正的火灾隐患，应制定整改方案，明确整改措施、期限和人员，按期整改并落实防范措施。对公安机关消防机构责令改正或限期改正的火灾隐患和重大火灾隐患，应积极在规定的期限内改正，并将火灾隐患整改复函送达公安机关消防机构。对存在重大火灾隐患不能立即整改的，应制定整改方案，重大火灾隐患整改期间防范措施并及时向上级主管单位及公安机关消防机构报告。

三、组织开展消防"四个能力"建设

（一）消防"四个能力"的工作目标

消防"四个能力"是指检查和消除火灾隐患能力、扑救初起火灾能力、组织人员疏散逃生能力和消防宣传教育能力。消防"四个能力"的工作目标就是通过以开展"四个能力"建设工作为契机，力争使各单位消防安全管理工作达到：各单位消防安全自查、火灾隐患自除；火情发现早、小火灭得了；能火场逃生自救、会引导人员疏散；消防设施标识化、消防常识普及化。认真落实"政府统一领导、部门依法监督、单位全面负责、公民积极参与"的消防工作原则。落实消防安全管理责任，健全消防安全管理制度，完善消防安全管理档案。在员工中普及消防法律法规、防火知识、灭火和火场逃生技能，提高全校人员的消防安全意识和防范意识，提升学校各单位的火灾防控能力。

（二）消防安全"四个能力"建设工作内容

1. 检查和消除火灾隐患能力

总体要求：做到"消防安全自查、火灾隐患自除"

（1）要确定消防安全管理人，具体负责本单位的消防安全管理，进一步加强对消防安全管理人的教育培训，使其熟悉掌握消防安全管理知识，切实抓好本单位的消防安全管理工作。

（2）坚持每日开展防火巡查、定期开展全面细致的消防安全检查，各单位都要明确防火巡查、消防安全检查的详细内容，落实巡查、检查人员的责任，完善巡查、检查记录，对发现的问题要有周密的程序督促整改并复查。

（3）要落实员工岗位消防责任，特别是重点要害岗位，要有员工消防安全职责、消防安全操作章程，要层层签订消防安全责任书，将防范火灾的任务层层分解到每一个岗位、每一名员工。

（4）对检查发现的火灾隐患要立即消除，不能立即消除的，应当制定整改方案，明确整改措施，落实整改资金，限时消除。

2. 扑救初起火灾能力

总体要求：做到"火情发现早、小火灭得了"

（1）要建立"保消合一"消防队，对保安队员要经常进行巡查检查、灭火救援技能的培训。

（2）要建立志愿消防队，鼓励单位青壮年员工学习掌握消防知识技能，志愿从事消防工作。

（3）要制定灭火和应急疏散预案并定期演练，确保一旦发生火情，员工能按照职责分工及时到位、有效处置；要保证预案切合实际、操作可行，每次演练要有详细记录，认真讲评。

（4）消防控制室值班操作人员要持证上岗，2010年内，所有操作人员必须全部取得各级公安消防部门的专门培训上岗证；2011年内，要全部取得消防行业特有工种职业资格证书，熟悉消防设备，熟练掌握火警处置和启动消防设施设备的程序和方法；到2012年，未取得消防行业特有工种

职业资格证书，不得从事消防控制室工作，单位不得录用没有职业资格证书的人员从事该项工作。

3. 组织人员疏散逃生能力

总体要求：做到"能火场逃生自救、会引导人员疏散"

员工要掌握火场逃生自救基本技能，熟悉逃生路线和引导人员疏散程序。单位建筑物的每个楼层、疏散通道、安全出口要明确疏散引导人员，确保一旦发生火灾，能够及时组织在场人员安全疏散。

4. 消防宣传教育能力

总体要求：做到"消防设施标识化、消防常识普及化"

（1）消防设施器材要设施规范、醒目的标识，用文字和图例表明操作使用方法。

（2）重点部位、重点场所和疏散通道、安全出口要设置"提示"和"禁止"类消防标语。

（3）要落实消防教育培训制度，员工普遍达到"懂基本消防常识、会查改火灾隐患；懂消防设施器材使用方法、会扑救初起火灾；懂逃生自救技能、会组织人员疏散"的"三懂三会"要求。

（4）新录用的员工，必须首先接受消防培训教育，老员工要定期接受消防培训，消防技能不合格的不得上岗。

第十六节　学校校车安全管理

一、校车的定义

校车是指用于运送学生往返学校的交通工具。国务院制定的《校车安全管理条例》规定：本条例所称校车，是指依照本条例取得使用许可，用于接送接受义务教育的学生上下学的 7 座以上的载客汽车。

二、校车安全标准

《校车安全管理条例》明确规定：接送小学生的校车应当是按照专用校车国家标准设计和制造的小学生专用校车。2012 年 5 月实施的《专用校车安全国家标准》由两项强制性国标《专用校车安全技术条件》和《专用校车学生座椅系统及其车辆固定件的强度》组成。这两项国标明确了校车及座椅系统的各项技术指标和试验方法，更加注重车辆安全性能、车辆配置的人性化、车辆安全管理的可操作性。

专用校车安全国家标准主要包括：

（一）定员

幼儿校车的最大乘员数不超过 45 人；小学生校车和中小学生校车的最大乘员数应不超过

56 人。

其中，幼儿校车每个幼儿的体重按 30 公斤计算，小学生校车每个学生的体重按 48 公斤计算，中小学生校车的每个学生的体重按 53 公斤计算，每个照管人员的体重按 68 公斤计算，驾驶员的体重按 75 公斤计算。

（二）外观

新国标将校车分为轻型校车和大中型校车，轻型校车车长大于 5 米且小于等于 6 米，大中型校车车长大于 6 米且小于等于 12 米。

校车车高不得大于 3.7 米，不得设置车外行李架，架铰接客车和双层客车不能作为专用校车使用。专用校车应安装前、后保险杠。

（三）内饰

车内外不得有容易卡住幼儿和小学生手指的孔洞，不应存在可能致人员受伤的凸起、凹陷、尖角等缺陷。校车乘客门处应安装高、低扶手，扶手上不应存在可能致伤的凸起、毛刺。

乘客区侧窗至少下部二分之一应封闭，所有车窗玻璃的可见光透射比应不小于 50%，且不得张贴不透明和带任何镜面反光材料的色纸或隔热纸。

幼儿专用校车乘客区应采用平地板结构，除轮罩、检修口盖等的局部结构凸起外，地板上不得有台阶。

乘坐区、过道区和引道区域的地板覆盖层应防滑、耐磨。

（四）车外顶

校车应在车外顶部前后各安装两个黄色校车标志灯，前标志灯与车顶前部最边缘的距离应不大于 40 厘米；后标志灯与车顶后部最边缘的距离应不大于 40 厘米。灯具应有一个圆形透明灯罩且绕其垂直轴线 360°发光。校车标志灯安装后不应高出车顶蒙皮上表面 20 厘米。

（五）车后

校车应在车后围板外表面、后方车辆接近时可以看到的区域，清晰标示"请停车等候"及"当停车指示牌伸出时"红色字样。

"当停车指示牌伸出时"字样应在"请停车等候"字样的下方；"请停车等候"字样高度至少应为 20 厘米。"当停车指示牌伸出时"字样高度至少为 13 厘米。

（六）空气质量

如果不能自然通风则应安装强制通风装置。车内空气中的成分应符合规定。

允许采用具有杀菌、消除有害气体功能的空气净化装置达到空气质量的要求。

（七）踏步

在车辆整备质量状态下，从地面至乘客门的第一级踏步高度应不大于35厘米，其它各级踏步的高度应不大于25厘米。轻型专用校车的一级踏步深度应不小于23厘米，大中型专用校车应不小于30厘米。

（八）座椅

幼儿及学生座椅应前向布置。驾驶员座椅所处的横向垂直平面以前不得设置幼儿及学生座椅。幼儿及学生座椅在车辆横向上最多采用"2+3"布置。

幼儿及学生座椅不应是折叠座椅，每个幼儿及学生座椅应带有靠背，靠背宽不应小于座垫宽度。幼儿及学生座椅应软化。

单人幼儿及学生座椅的座垫宽度应不小于38厘米。若为长条幼儿及学生座椅，应符合每人坐垫宽至少33厘米，坐垫深至少30厘米，坐垫高大于22厘米，靠背厚度至少4厘米。

（九）座间距

《专用校车安全国家标准》要求，幼儿校车座椅的座间距应不小于50厘米，小学生校车座椅的座间距应不小于55厘米，中小学生校车座椅的座间距应不小于65厘米，照管人员的座间距应不小于65厘米。

（十）应急出口

专用校车应只有一个乘客门并位于右侧前后轮之间。为方便撤离和车外救助，车辆的左侧、右侧应至少各有一个出口。乘客区的前半部和后半部应至少各设一个出口。后围应至少有一个出口。出口包括应急门、应急窗和顶部撤离舱口。大中型校车还应装有顶部撤离舱口。

（十一）照明

车内照明应覆盖全部乘客区、车组人员区。

至少应有两条内部照明线路，当一条线路出故障时不应影响另一条线路的照明。

（十二）行驶记录仪

新国标要求，校车应安装具有卫星定位功能的行驶记录仪；行驶记录仪的显示部分应易于观察，数据接口应便于移动存储介质的插拔。

校车应安装车内和车外录像监控系统，应有倒车语音提示系统。

（十三）安保

乘员舱内应配备灭火器，应保证至少一个照管人员座椅附近和驾驶员座椅附近各有一只至少2

公斤重的干粉灭火器。

校车内应设计至少一个急救箱的安装位置和安装支架。急救箱安装位置处应清晰标示"急救箱"或国际通用符号。

三、提供校车服务者

1. 学校自配；

2. 道路旅客运输经营企业；

3. 城市公共交通企业；

4. 根据县级以上地方人民政府规定设立的校车运营单位

四、加强校车安全管理

（一）自备校车

学校应成立校车安全管理领导小组，建立健全各项校车安全管理制度，定期召开校车工作会议，部署、分析、研究、解决各类问题。

（二）购买服务

学校应当与校车服务提供者签订校车安全管理责任书，明确各自的安全管理责任，落实校车运行安全管理措施。同时，学校应当将校车安全管理责任书报县级或者设区的市级人民政府教育行政部门备案。

（三）维护保养

按时保养，定期检测，及时维修，经常检查，确保正常。

（四）安全教育

1. 学校应当对教师、学生及其监护人进行交通安全教育，向学生讲解校车安全乘坐知识和校车安全事故应急处理技能，并定期组织校车安全事故应急处理演练。

学生的监护人应当履行监护义务，配合学校或者校车服务提供者的校车安全管理工作。学生的监护人应当拒绝使用不符合安全要求的车辆接送学生上下学。

2. 对校车驾驶员要进行经常性安全教育与培训，保证其安全驾驶。

3. 学校和校车服务提供者应当定期对随车照管人员进行安全教育，组织随车照管人员学习道路交通安全法律法规、应急处置和应急救援知识。

（五）乘车安全

1. 校车驾驶人驾驶校车上道路行驶前，应当对校车的制动、转向、外部照明、轮胎、安全门、

座椅、安全带等车况是否符合安全技术要求进行检查，不得驾驶存在安全隐患的校车上道路行驶。

2. 严格学生上下车秩序；

3. 严禁驾驶人无校车驾驶资格，饮酒、醉酒后驾驶，身体严重不适、校车超员；

4. 清点乘车学生人数，帮助、指导学生安全落座、系好安全带，确认车门关闭后再启动校车；

5. 严禁学生在校车行驶过程中离开座位等危险行为。

（六）事故应急

1. 校车发生交通事故，驾驶人、随车照管人员应当立即报警，设置警示标志。

2. 乘车学生继续留在校车内有危险的，随车照管人员应当将学生撤离到安全区域；

3. 及时与学校、校车服务提供者、学生的监护人联系处理后续事宜。

第十七节　学校危险器具安全管理

一、危险器具的种类

（一）管制刀具

根据公安部《对部分刀具实行管制的暂行规定》，管制刀具是指匕首、三棱刮刀、带有自锁装置的弹簧刀以及其他类似的单刃、双刃、三棱尖刀，刀尖角度小于60度，刀身长度超过15厘米或者刀尖角度大于60度，刀身长度超过22厘米的各类刀具。

1. 管制刀具的标准

（1）匕首，除人民解放军和人民警察作为武器、警械配备以外，专业狩猎人员和地质、勘探等野外作业人员必须持有的，须由县以上主管单位出具证明，经县以上公安机关批准，发给《匕首佩带证》，方准持有佩带；三棱刮刀仅限机械加工人员使用，不得带出工作场所。

（2）制造管制刀具的工厂、作坊，须经县以上主管部门审查同意和所在地县、市公安局批准，发给《特种刀具生产许可证》，方准生产；管制刀具样品及其说明（名称、规格、型号、用途、数量）须送所在地县、市公安局备案。

（3）经销上述管制刀具的商店，必须经县、市以上主管部门审查同意和所在地县、市公安局批准。购销要建立登记制度，备公安局检查。

（4）购买管制刀具的单位和个人，向所在地县、市公安局（公安分局）申请《特种刀具购买证》，凭证购买；军队和警察，由县、团以上单位凭上一级主管部门批准的函件，向指定单位定购；三棱刮刀，凭单位介绍信向批准经销的商店购买。

（5）少数民族使用的藏刀、腰刀、靴刀等，只准在民族自治地方销售。

2. 管制刀具的种类

（1）匕首、三棱刀、三棱刮刀、半圆刮刀、侵刀、扒皮刀、羊骨刀、猎刀、弹簧刀；

（2）刀体八厘米以上，带自锁装置或非折叠式的单刃、双刃尖刀；

（3）武术用刀（能开刃的）、剑等器械；

（4）少数民族用的藏刀、腰刀、靴刀；

（5）其它可能危害社会治安的刀具。

（二）危险器具

除管制刀具外，有可能造成学生伤害的器具都属于严格控制进入校园的危险器具。

1. 危险刀具

转笔刀、水果刀、美术刻刀、裁纸刀等。

2. 危险学具

活芯笔铅、圆规、量具。

3. 危险玩具

4. 其他危险物

铁棍、钢管、甩棍、鞭炮、酒瓶、棍棒、饰物、臭气弹等。

二、危险器械的管理

1. 定期开展教育活动

2. 告知家长，让家长协助学校管理

3. 严查严管，严格处理

第十八节　学生信息安全管理

一、学校应当全面掌握学生安全信息

（一）身体健康信息

每学年，学校要向学生家长发放学生健康信息问询表，通过家长反馈获得学生有无心脏疾病、脑干疾病、运动疾病、特异体质等。

（二）心理健康信息

心理健康是指各类心理活动正常、关系协调、内容与现实一致和人格处在相对稳定状态。说得通俗点，心理健康的标志是：身体、智力、情绪十分协调，人际关系良好，能适应环境，有幸福感，在学习、工作中能充分发挥自己的能力，过着有效率的生活。

心理健康水平的标准，有以下 10 项：心理活动强度、心理活动耐受力、周期节律性、意识水平、暗示性、康复能力、心理自控力、自信心、社会交往、环境适应能力。

学校可通过与家长调查了解，也要注意在学校学习生活过程观察发现学生心理变化，以便进行帮助治疗。要特别关注学生以下几方面心理状况：

1. 依赖心理：当前，独生子女学生越来越多，日益成为在校生的主体。他们有的在"糖水"里长大，从小受到父母的百般呵护、溺爱、娇宠，好比温室里的花朵，缺少独立意识，什么事情都要依赖家长。

2. 自负心理：主要是由于父母的过分溺爱和娇宠，独生子女成为整个家庭的轴心，总认为自己比别人强，总想事事占先抢头，容不得别人超过自己，认识不到"山外青山楼外楼""强中更有强中手"。他们一旦遭遇挫折失败，受到委屈，往往意志脆弱，承受力差，痛苦不能自拔，甚至走上绝路。

3. 自私狭隘心理：表现为心胸狭窄，自私自利，常为一点小事而斤斤计较，把个人利益看得过重，经常感到委屈，吃亏而郁郁不乐，具有较强的报复心理。

4. 自卑心理：自卑心理是指学生由于各种原因对自己的品质、智力、能力等感到怀疑并做出过低评价所产生的心理感受。自卑心理一旦形成并得到发展，就会对人的心理过程和个性心理产生日益显著的消极影响，特别是中学生尚处于心理发展不稳定的年龄阶段，自我否定意识更容易引起情感情绪的巨大波动和思想观念的急剧变化，严重影响其学习和生活。

5. 抑郁心理：抑郁心理是中学生较常见的一种心理失调症，是中学生感到无力应付外界压力而产生的一种消极情绪。处于抑郁情绪状态下的中学生，经常生活在焦虑的心境中，他们内心孤独却不愿向同学、老师和家长倾诉。

6. 孤僻心理：主要表现是喜欢独处，实属单飞的雁，不愿与他人接触，沉默寡言，内心产生压抑、苦闷。这种心理往往严重影响了同学之间、师生之间以及学生和家长之间的正常交流，造成彼此之间的心理隔膜，影响人际交往，往往使学生陷入孤独无助的境地。

7. 焦虑异常心理：焦虑心理是一种以担心、紧张或忧虑为特点的、复杂而延续的情绪状态。当人们预期某种危险和痛苦境遇将发生时，通常都会产生焦虑反应，这种焦虑反应是带有普遍性的正常的适应性反应。然而，焦虑的程度过于严重时，就变成了惧怕，人的主观感觉就变得紧张不安，易产生不愉快预感。

8. 恐惧心理：是指对某种特定对象或境遇产生了强烈、非理性的害怕。而实际上这类引起害怕的对象或境遇，一般并不导致危险或威胁。对某一特定事物或现象的特殊害怕，是中学生最为普遍的恐惧心理。

9. 易怒心理：所谓易怒就是指容易冲动、急躁，爱发脾气，喜怒无常，报复性强，常有干危险、愚蠢事的冲动，事后冷静下来又后悔。现实生活中，有些中小学生常常会出现这样一种情况，本来只是一些鸡毛蒜皮的小事，在别人看来不以为然，而他却犯颜动怒，火冒三丈。

10. 逆反心理：一些学生对外界的刺激常产生与常态相背的心理反应，与他人交往采取不合作的对抗态度，对老师、家长的教育感到厌烦甚至顶撞。

11. 嫉妒心理：这是一种恐惧或担心他人优于自己的心理状态。这种心态重点中学的学生尤为明显。

12. 猜疑强迫心理：表现是遇事多疑、疑心太重。这类同学不能与同学正常交往、和睦相处，久而久之，造成情绪上的不稳定，意志消沉，缺乏自尊自信等。

13. 厌学心理：中学生学习负担过重，学习的心理压力越来越大，面对升学难，就业难，出路窄的现象，深感前途渺茫，为此，造成精神上的萎靡不振，从而导致食欲不振，失眠，神经衰弱，记忆力下降，思维迟缓，害怕考试等等。

（三）建立健康档案

学校要将获得的学生信息及时进行整理分析，对一些有特殊疾病、特异体质、特殊性格、心理有问题的学生要建立起健康档案。要专人保管，注意隐私保护。

（四）关心照顾

在学校学习生活过程中，班主任和老师要对档案学生进行特别关照，根据教育内容，妥善安排他们的强度和进度，确保不引发学生固有健康问题而导致的伤害。

二、学校必须尽到告知义务

（一）时间调整告知

一般来讲，中小学校不能擅自调整作息时间，特别是临时放假、提前放学等。如必须更改上学时间，必须报请主管教育部门批准。同时，学校应提前 24 小时通知家长，以便家长安排学生在家期间监护工作。

（二）活动信息告知

学校如举行大型活动、班级活动、家长会、社会实践等活动，以及学生各类交费、放假安排、学生未到校上课等应及时通知家长。

（三）学生表现告知

对于学生在校的表现，无论的优秀的或缺点性的，学校认为有必要，要及时告知学生家长，以便家校携手共同关注学生健康成长。

第十九节　学生欺凌暴力安全管理

一、校园欺凌概念

校园欺凌是指同学间欺负弱小、言语羞辱及敲诈勒索甚至殴打的行为等，校园欺凌多发生在中小学。

近些年来在应试教育的冲击下，许多学校重视知识教育，轻视法制与规则教育，忽视生命、尊重与心理教育，由于很多国家实行的是九年制义务教育，受害者会长期受到欺凌。在欺凌过程中，欺凌者会对受害者构成心理问题，影响健康，甚至影响人格发展。

国务院总理李克强对校园暴力频发作出重要批示。批示指出：校园应是最阳光、最安全的地方。校园暴力频发，不仅伤害未成年人身心健康，也冲击社会道德底线。教育部要会同相关方面多措并举，特别是要完善法律法规、加强对学生的法制教育，坚决遏制漠视人的尊严与生命的行为。

发生在学校校园内、学生上学或放学途中、学校的教育活动中，由老师、同学或校外人员，蓄意滥用语言、躯体力量、网络、器械等，针对师生的生理、心理、名誉、权利、财产等实施的达到某种程度的侵害行为，都算作校园欺凌。

在世界的各个国家，每天都会发生校园欺凌的事件，并不时有校园学生暴力案件的报道，其中还有一些性质相当恶劣的案件。案件中那些心灵被扭曲的孩子们作案手段之残忍，令人触目惊心。在日本，校园欺凌已经变成了一个严重的社会问题，每年有许多学生自杀。并衍生了一个独特的现象"不登校"。

任何形式的欺凌行为都是不可接受的，因为欺凌不但对"受伤者"造成伤害外，而且对"欺凌者"和"旁观者"同样造成伤害。"欺凌者"由于长期欺负别人，内心得到极大满足，以自我中心，对同学缺少同情心，而"旁观者"会因为帮不到受害者而感到内疚、不安，甚至惶恐，。"校园欺凌"对受害者的伤害也不可小视，受欺凌的学生通常在身体上和心灵上受到双重创伤，并且容易留下阴影长期难以平复。同时"校园欺凌"也会影响到学校的整体纪律和风气。所以，学校须正视并加以制止和预防欺凌事件的发生。并且同学和家长的努力也非常重要的。

二、校园欺凌主要表现

校园欺凌不一定在校园内发生，放学后同学间的欺负行为也算在内。其主要表现是身体强壮的学生欺负弱小的学生，令其在心灵及肉体上感到痛苦。校园欺凌通常都是重复发生。而不是单一的偶发事件。有时是一人欺负一人；有时集体欺负一人。通常欺负者不觉得自己不对，而且受害者怕事，默默承受而不敢反抗和告发欺凌者。因此，恶性循环导致受害者的身心深受煎熬。

三、校园欺凌欺凌类型

（一）典型欺凌者

1. 霸道和冲动，倾向使用暴力欺压他人。

2. 比较自我中心，对受害同学缺少同情心。

3. 得到部分同辈的认同。

4. 行为上比起其他同学突出。

（二）被动欺凌者

1. 看见欺凌者的暴力行为得逞，于是协助及附和欺凌者，有些则藉此保护自己，免受欺凌。

2. 看见欺凌者欺凌同学后，则嘲笑受害者无用。

（三）被欺凌者

1. 性格内向、害羞、怕事。

2. 在同学间不受重视，只有很少朋友，在学校中十分孤单。

3. 缺乏与同辈相处的社交技巧，容易引起同学不满和反感。

4. 有身体障碍者、有智力障碍者。

5. 沉默、表达能力不佳者

6. 性格或行为上有异于他人

（四）对受害者影响

1. 欺负同学会对同学构成心理问题，影响健康，甚至影响人格发展。

2. 身心影响：恐惧、消沉抑郁、创伤后遗症、忧虑、胃痛、吸毒、酗酒、自残、自杀，自己也成为欺凌者，可能是校园枪击案的原因之一。

3. 其他影响：常常缺席、对老师不恭敬、诉讼。

（五）校园欺凌行为

1. 叫受害者侮辱性绰号；指责受害者无用、侮辱其人格等。

2. 对受害者进行重复性的物理攻击。拳打脚踢、掌掴拍打、推撞绊倒、拉扯头发；使用管制刀具、棍棒等攻击受害者。

3. 干涉受害者的个人财产、教科书、衣裳等，损坏，或通过他们嘲笑受害者。

4. 欺凌者明显地比受害者强，而欺凌是在受害者未能保护自己的情况下发生。

5. 传播关于受害者的消极谣言和闲话。

5. 恐吓、威迫受害者做他或她不想要做的，威胁受害者跟随命令。

6. 让受害者遭遇麻烦，或令受害者招致处分。

7. 中伤、讥讽、贬抑评论受害者的体貌、性取向、宗教、种族、收入水平、国籍、家人或其他。

8. 分派系结党：孤立、杯葛或排挤受害者。

9. 敲诈：强索金钱或物品。

10. 画侮辱画，写侮辱性的文字。

11. 网上欺凌，即在网志或论坛上发表具有人身攻击成份的言论。

（六）角色体现

1. 欺凌过程，蕴藏着一个复杂的互动状态，牵涉的学生可分为几种：

2. 欺凌者（英文：Bully）发动欺凌行为，通常还带领其他同学参与其中。

3. 受害者（英文：Victim）受到欺凌。

4. 协助者（英文：Assistant）跟随欺凌者，直接参与欺凌行动。

5. 附和者（英文：Reinforcer）支持欺凌者的行为，例如：在旁嬉笑或呐喊助威。

6. 保护者（英文：Defender）安慰及支持受害者，尝试制止欺凌行为。

7. 局外人（英文：Outsider）置身事外。

四、我国现状

最高法的调研报告首先说明，校园暴力在我国时有发生，但是情况复杂，违法与犯罪交织，且多数事件未进入司法程序追究法律责任，加上目前缺少统一的事件报告、统计制度，导致难以了解我国校园暴力发生的真实情况。今年5月，最高人民法院从2013－2015年各级法院审结生效的校园暴力刑事案件中抽取100多件典型案件样本进行了梳理，在一定程度上反映出此类犯罪的特点，最高法刑一庭审判长冉容介绍，校园暴力犯罪案件涉及的罪名相对集中。针对人身的暴力伤害比例最高，其中，故意伤害罪占57%，故意杀人罪占6%。

校园暴力涉及的罪名还包括寻衅滋事罪占10%；性侵、侵财犯罪各占12%，还有很小比例的聚众斗殴罪与绑架罪。报告统计数据显示，抽查样本涉及的159名未成年被告人中，已满十四不满十六周岁的被告人占35%；已满十六不满十八周岁的被告人占65%。虽然我国规定，十四岁是可以承担刑事责任的年龄，但是，已满十四周岁不满十六周岁的被告人只对八类严重暴力犯罪承担刑事责任，所以，未满十六周岁的放在比较轻微的校园暴力行为，没有进入我们刑事犯罪处罚的程序，所以相对来看，这一百多件案件中，处罚的高中生及职业高中的未成年被告人占比较高。抽取的案件样本显示，持凶器作案、造成人身伤亡后果比例较高。"全国的校园暴力案件我们当时看了一下，大概持凶器的占30%多，选的这100多件案件里，持凶器的达到了49%，基本上是一半了，这些孩子一般是带弹簧刀、水果刀、猎刀……主要带刀具的比较多一些，而且造成的后果非常严重，这一百多个案子，造成被害人死亡的占35%，重伤的占32%，也就是60多起案件将近七成的被害人要么死要么重伤，不能说明全部问题，但是比例是非常高了。"

被告人作案后自首、与被害人达成赔偿谅解协议的比例分别占49%、54%。通常是构成犯罪以后，公安机关将孩子拘留或抓捕，通知家长，家长才意识到问题的严重性。

判刑情况统计显示，致被害人重伤的32起案件中，宣告缓刑的22件，占68.75%；判处有期徒刑三年以下的4件，占12.5%；致被害人死亡的35起案件中，宣告缓刑的8件，占22.86%；三至五年有期徒刑的4件，占11.43%；五年以上十年以下有期徒刑的12件，占34.29%；十年以上有期徒刑的10件，占28.57%。

报告认为，理念存在偏差，对校园暴力的危害性认识还不够的问题比较突出。如何做到宽容而不纵容，社会还缺乏共识。从近几年处理的校园暴力事件来看，有的地方认为校园暴力是青少年成长过程中出现的小问题，主要强调教育、挽救原则，没有意识到对于那些社会危害性大的失足青少年，惩戒实际也是教育、挽救的一种重要方式，对同为未成年人的被害人的平等保护还不够。

我们应该正确的认识到，对于被告人，实施欺凌的被告人，我们要挽救、教育，但是对被欺凌，被伤害的孩子，更应该得到法律和社会的关注和保护，因为他们，一是守法者，二，他们是弱者。

五、校园欺凌应对

大多数研究者都认为，学生对上学感到厌倦是欺凌弱小的先兆，学校应该开展丰富多彩的学生活动。

澳大利亚南澳大学的里戈比认为：我不认为法律是解决校园欺凌问题的成功途径。在很多情况下，它仅仅是在提醒孩子，他们的所作所为是错的。一些专家还认为，教孩子如何积极参加社交活动而非仅仅做一个旁观者，是解决这个问题的另一个有效途径。

挪威：鼓励学校对校园欺凌采取全校范围的干预措施，如制定课堂规则，对学生行为进行限制，组建教师职业发展小组，与学生开展有关同辈关系与行为的班会活动，为欺凌者、受害者及其家长提供心理咨询等。挪威于2002年通过了一个宣言，号召国家、地方政府以及家长和教师团体加入到尽快根除校园欺凌现象的行动中。

澳大利亚：建立了政府支持的组织和网站，如"反欺凌网络组织"和"澳大利亚无欺凌计划"，以帮助学校了解欺凌现象，为学校制定相关政策，提供教师培训的指导大纲。澳大利亚政府通过增进师生们对社会正义问题的理解来解决校园欺凌问题。其理论依据是：只要认识到骚扰、折磨与自己不同的人是错的，那么欺凌问题就得到解决了。

以色列：以色列为解决校园欺凌问题采取了一系列措施，其中要求学校建立全校范围的反欺凌政策，并对在职教职员工进行培训。以色列还对正在进行的调查和研究提供支持，以求寻找到个性化的解决办法。调查发现，欺凌现象发生最多的是在放学后的走廊和厕所，或教师监控不力的时间段。很多学校采取的办法很简单，如增加警力，保证照明，让父母接送孩子，休息时间在走廊上安排更多教师等。

美国：校园暴力被称为"欺凌"（bullying）。校园欺凌在初中（6－8年级）阶段最严重，高中时逐渐减少，但依然存在，是中学普遍存在的问题。学校对"欺凌"十分重视，每年开学时，会培训教师如何处理欺凌事件，发给指导材料。对学生也会有预防性的教育，告知他们学校的有关规章。

日本：日本文部科学省加强了对教师进行有关校园欺凌的培训，增加了合格学校辅导员和护理员的数量，以帮助学生处理各种问题；同时，允许学校对那些给同学带来身体或心理伤害的学生停课，并为此制定了更加明晰的指导原则和程序。

韩国：针对越来越严重的中小学校园暴力，韩国教育部决定，将从3月中旬开始向一些中小学生提供免费"警卫服务"，让其免受校园暴力。"警卫"工作，除了警察之外，还动员民间保安公司的保安、体育馆协会等人员来承担。只要学生向学校或教育厅提出身边保护申请，政府就会安排"警卫"到学校或特定地点保护学生。韩国教育部预计，2007年一年将向1600名学生提供这类服务。但一些家长和教师则对此表示担心，认为"警卫服务"会令受害学生变得孤立。针对这种担心，韩国教育部表示，警卫人员将向求助学生提供暗中保护。

六、原因分析

（一）个性张扬中的偏狭自私与冷酷

相当多的家长越来越困惑于读不懂自己的孩子。孩子越大，接受的知识越多，和家长间的隔阂往往就越深。其实这种隔阂的焦点，就是两种不同价值取向的相互冲突。无论是做家长的，还是做子女的，都是立足在自身价值取向的基础上，试图用自己的价值观来规范对方的行为，这就势必要产生矛盾。

问题的关键是总有少数家长的价值取向是非理性的，甚至是自相矛盾的。一方面，家长总是希望孩子能在学业上和品行上都出类拔萃；另一方面，出于一种原生态的本性，又时刻担心孩子遭受挫折或蒙受委屈，这种两难中的家长，大多学会了通过物质或其他途径来补偿的办法，以此来求得自己内心的平衡。

然而这种补偿多数情况下被演化成了一种放纵——文化课学习之外的放纵。由于放纵，孩子个性中的很多弱点被淡化忽视，许多违反行为规范的举动被认可甚至纵容。这些小错的点滴积累，慢慢地养成了孩子个性中的偏狭自私与冷酷，使得孩子在处理问题时不能通过理性和规范来约束行为，而是率性而为不顾后果。因为从小到大，在相当多的孩子的脑海中，就没有贮存过关爱他人与人为善的传统美德。写满他们人生词典的，都是竞争是残酷是为了目的不择手段。

正是这种极端的个人中心思想，养成了孩子惟我独尊的畸形心态，形成了遇事只考虑自身利益、漠视他人存在的偏狭性格。在这种心态的支配下，一旦自身利益受到了外界的侵犯，就立刻会采取一些极端行为来进行反击，其中就不乏通过伤害对方身体或者性命来发泄自身的愤怒的残忍的"江湖仇杀"行为。

（二）万千宠爱集一身的价值取向错觉

随着独生子女现象的出现，"4＋2＋1"的家庭结构形式，使得1个孩子处于6个成年人浓浓关爱的包围中。这6份关爱的交汇，织成了一张厚重而温柔的网，呵护起孩子从童年到青年的一切，遮挡住孩子可能遭受的挫折和坎坷。

但正是这爱的网，人为地割裂了个体的孩子和整个社会的有机交融，使得孩子的活动，绝大多数情况下被局限在这要风有风要雨得雨的狭隘范围内。在这个狭小的家庭王国中，孩子是当然的国王，是可以左右家庭一切活动的最高权威。孩子的要求，无论是对的还是错的，多数情况下，总会获得满足。于是，一切的付出都开始扭曲了，成了一种理所当然的支出。孩子心灵的田园，丧失了感恩的思想，只有唯我独尊的莠草没有约束地漫延。

当孩子的心中充彻了自我中心的思想意识之后，他的价值取向也就滑入了错觉的泥淖中。这种错觉，养成了他不能承受任何轻视嘲弄，更不能承受肉体和精神伤害的脆弱心理。而一旦这样的伤害成为了事实之后，他们总会或是无法应对，躲避退让，最终成为忍气吞声的被伤害者；或是恼羞成怒，愤然出击，选择他们认为最好的"江湖"方法来解决问题。

更严重的是，极端宠爱中长大的孩子，往往自觉不自觉中就形成了别人必须听从于我的错觉。他们把这种错觉带入了校园，在和同学交往的过程中，总是希望时时刻刻能站在上风，希望大家都能听命于自己，希望是"老大"。然而，有这样心态的孩子太多，"老大"却只能是一个，矛盾自然也就产生了。大家都要做"老大"，学校又不可能来排这样的位次，家长对此也是无能为力，如何解决呢？只有用从小说和电视上学来的方法，通过"江湖决战"来解决问题。而这样的"老大"形成后，其自身又确实能体味到一种满足，其他弱小者为了不被欺凌，或主动或被迫地总要巴结讨好他们。如此，又反过来助长了他们的病态心理需要。

（三）教育惩戒功能丧失后的放纵

当教育民主被哄抬到一个不切实际的高度之后，教育就成了一个什么人都可以指手画脚的行业。教育的神圣外衣被媒体用尖刻的文字描绘成了一个令人望而生厌的黑斗篷。从事阳光下最伟大的事业的教师，也时常被定格成了一种"禽兽"。所以，绝大多数学校再不敢轻易地处分一个学生，哪怕这个学生已经无恶不作。更有的省份干脆由决策机构下文来统一规定，彻底废除中小学校沿袭多年的最高处分——开除。

然而，教育永远都不是万能的。失去了必要的惩戒功能后的校园，并没有出现想象中的那种人人知书达理的好现象，反而是因为没有了高悬在头顶的"达摩克里斯利剑"，一些原先收敛的恶行便都敢于公开表现出来。这些校园病毒又相互感染，使得原本健康的校园文化肌体上开始出现块块腐烂的肌肉。

惩戒功能的丧失，催动了畸形心理的自由萌发，使得丑陋和猥亵都变得无所畏惧；反过来，这些个性中的丑陋，又在惩戒的日益退缩中越发的强大起来，并慢慢地自发凝结成一个个的团体，形

成了带有明显江湖色彩的小集团。这些小集团，常常为了点滴小事而发生殴斗，甚至是团伙持械玩命，严重地干扰正常的学校教学，也直接危害了社会治安。但即使如此，学校能采用的，也还是一个说服教育。这种说服教育和那血淋淋的砍杀相比照，是多么的苍白无力。

（四）教师权威地位颠覆后问题归属的误判

与教育惩戒功能的丧失同步的，是"师道"的尊严扫地。在中学生、特别是高中生的眼中和心中，教师仅仅成为了一种最没有用的读书人的代名词。教师失去了应该获得的尊重和感恩，师生间的关系、教师和家长间的关系也日趋微妙起来。在相当多的家长和学生心目中，老师成了单一的出售知识的人。家长学生与老师间的关系，就是一种顾客和销售员的关系。这种价值取向，又反过来影响着老师们的工作情绪，使得一些教师也自动地进入家长和学生划定地这个"售货员"的角色中，成了除了教授知识别的就一概不加过问的甩手掌柜了。

教师权威地位颠覆带来的后果是很明显的。首先是师生间丧失了一种相互的理解和信任。学生遇见了无法解决的问题，不再愿意去征询老师的意见，不愿意向老师敞开自己的心扉；而老师也是只从表面上依照学校的量化条款来接近学生，心灵深处的空间中，却很少有一块领地能真正属于学生。学生和教师成了真正的被管理者和管理者的关系。其次是同学间发生纠葛时，告诉老师并请老师帮助解决成了一种无能的体现。而且，大多数的孩子还认为老师根本就解决不了问题，要切实解决好纠纷，依靠的只能是自己的力量和自己所归属的小团体的力量。可以说，学生们在推翻了教师的权威地位后，又依照自己的经验，确立起了通过强权来获取尊严并替代老师权威的新的地位观。

这种完全依照少年的懵懂而生发出来的新地位观，眼下正成为越来越多的中学生的价值信仰。在此信仰的操纵下，同学间的纠纷便有了新的"处理条例"，力量、财富和容貌等世俗社会用来评价判断人的地位的标准，成了这新的"处理条例"的基础，也成了裁定问题归属的新权威。这"法外法"撇开了所有发生矛盾时该走的正道，刻意地把原本简单的问题，上升到类似江湖纷争的地步，使得单纯的校园，平添了几分恐怖江湖的阴云。

（五）对强权政治、黑恶势力、暴力游戏与灰色文学的认同与膜拜

相对于书本的说教，游戏和影视文学以其鲜明生动的形象特征，在更宽广的思想空间上影响甚至左右了青少年的道德和价值评判。暴力游戏的快意杀戮，港台影视的黑社会英雄，在青少年心底播种的就是一种根深蒂固的对邪恶的认同和膜拜。

这种建立在非理性基础上的认同和膜拜，内化后又成为了部分"问题少年"处世的准则，使得他们在待人接物等多方面都体现出一种对主流社会的反叛和仇视。因为反叛，他们便只想依照自己的规矩行事；因为仇视，他们便采用极端的手段来对待他人。

调查结果。根据教育署系2002至2003年度的统计数字显示，中学校园欺凌和暴力事件约七百多宗。若扣除学校假期，则平均每日三宗。亦有调查结果显示，于同一年中学训导老师曾处理六百四十三宗欺凌同学个案，数目占中学生人数的百分之零点一四。可见欺凌个案在校园是相当严

重的。

其实，任何形式的欺凌行为都是不可接受的，因为欺凌对受伤者造成伤害外，对「欺凌者」和「旁观者」同样造成伤害。欺凌者长期欺负别人，会很自我中心，对同学缺少同理心等等，而「旁观者」会因为帮不到受害者而感到内疚，不安等等。同时间也会影响到学校的整体纪律和风气。所以，欺凌是学校须正视并加以制止及预防的问题。但同学和家长的合作也很重要的。

七、如何预防欺凌

1. 给孩子的穿戴和学习用品尽量低调，不要过于招摇。

2. 教育孩子不要去挑逗比较霸道和强悍的同伴；在学校不主动与同学发生冲突，一旦发生及时找老师解决。

3. 教育孩子上下学和活动时尽可能结伴而行；独自出去找同学玩时，不要走僻静、人少的地方；不要天黑再回家，放学不要在路上贪玩，按时回家。

4. 如果侵犯者偷孩子的东西，就给孩子要带到学校去的学习、生活用具上贴上姓名。这样有利于证明这些物品都是属于谁的，甚至可能起到防止侵犯的作用。

5. 教育孩子，如果他在某些方面与别人不一样，这也没有什么关系。尽早地让孩子明白这一点，孩子会形成坚实的自我价值感，会认同自己，感到自己也同样值得尊重。

6. 让孩子参加自卫训练。也许并不希望孩子对侵犯者实施身体上的报复，但情况一旦恶化，让孩子有自我保护的能力总是好的。这些训练还可以大大提高孩子的自我尊严，减小他成为受欺负者的可能。

7. 如果欺负仅仅是口头或网络上的，告诉孩子不要理会那个侵犯者。有时候，侵犯者在得不到回应或是被欺负者并未因此而担惊受怕的情况下，他们往往会失去兴趣，事情就过去了。如果情形继续，让你的孩子告诉侵犯者，他给别人带来的感受是什么，并且要求他停止他的粗暴行为。有些侵犯者面临挑战时，会收敛和停止自己的错误行为。

8、如果遇到校园欺凌，首先可以大声警告对方，他们的所作所为是违法违纪的，会受到法律纪律严厉的制裁，会为此付出应有的代价。（幼儿园的儿童可以说：你为什么打我，你这样做是坏孩子。）这样做的目的一是大声告诉周围的老师同学关注欺凌者的行为，二是欺凌者大都知道自己的行为不对，心虚，洪亮的声音可以起一个震摄作用。如果对方还是继续欺凌行为的话，应适当自卫，而不是忍受挨打。

自卫的原则不是以暴制暴打回去，而是同样起一个震摄作用，以行动告诉对方我们不是软弱可欺的。一般欺凌者都欺软怕硬，若看到欺负对象奋起反抗，多会心虚停止攻击行为，而如果被欺负者默默忍受，反而会让他更加得意忘形，从而持续攻击行为，直到达到目的为止。如果反抗后对方仍未停止攻击，应该在自卫的同时大声呼救求助，并且寻找机会逃走，保护好自身安全是最重要的。

9. 如果遇到校园暴力，一定要沉着冷静，采取迂回战术，尽可能拖延时间。当他在公共场合受

到一群人胁迫的时候，应该采取向路人呼救求助的态度，这种办法会免去一些麻烦。真正等到事情发生之后，到了一个封闭场所里面就比较难办了。如果呼救或者反抗的话，可能会遭来更加激烈的一些暴力。

人身安全永远是第一位的，不要去激怒对方。唯一的就是麻痹对方，顺从对方的话去说，从其言语中找出可插入话题，缓解气氛，分散对方注意力，同时获取信任，为自己争取时间，寻找机会逃走，而不是准备在那儿忍受一切。

受到这种暴力以后，很多人都是被威胁报案的话会受到报复，但还是应该告诉孩子，碰到这种事情一个是不要沉默，再一个是不要再以暴易暴，要以法律的方式来解决。

10. 事情发生后，父母有必要保持冷静，并把发生的情况告诉孩子的老师、咨询员、园长或校长。可以先问问孩子是愿意自己去告诉，还是由你去告诉。严重的暴力行为应以法律方式来维护自身权益。

案例：

2016 年 1 月 12 日 17 时许，海南临高县东英镇几名女生因 QQ 聊天发生口角，四人对另外一名女生围殴、侮辱，并录制视频在网上传播，引发网络关注。

3 月 5 日 8 时许，安徽省黄山市田家炳实验中学一名高三女生发表长微博：因自己被班上三名男同学下春药，随后女生父母要报警，而三名主谋男生却继续威胁要用砒霜下毒。

4 月 23 日，山西运城 15 岁休学少年张超凡，在网吧被同校 6 名十五六岁的同学殴打致死。

2016 年两会期间，教育部原部长袁贵仁谈及校园暴力问题时曾表示："校园安全是一件头等要紧的大事，安全没有，教育无从谈起，成长成才也无从谈起。"

中国青少年研究中心曾对 10 个省市的 5000 多名中小学生调查显示，32.5% 的人偶尔被欺负；6.1% 的人经常被高年级同学欺负；49% 的同学承认对其他同学有过不同程度的暴力行为；87% 的人曾遭受到其他同学不同程度的暴力行为。青少年犯罪总数已经占到了全国刑事犯罪总数的 70% 以上。校园暴力是滋生未成年人犯罪的温床，如不及时阻止、教育或惩治，这些年幼的孩子难免走上歧途。70% 的数据也从侧面证明了遏制校园欺凌行为的必要性。

校园欺凌是什么？中国青年政治学院少年儿童研究所所长童小军解释："校园欺凌，不是指你和我因为什么矛盾打了一架，而是指一个人或一群人对他人实施的肢体、言语或精神上的伤害和攻击。"所以校园欺凌不只是肢体上的暴力行为，有些非肢体的欺凌对孩子的伤害也很大。

为何总会有校园欺凌发生？其成因复杂，既有中小学生身心发育不完整的内在因素，也有家长、学校监督管理不到位，网络世界中的暴力元素影响有关，还有一些法律或法律条款对未成年人约束的短板和不足有关。校园欺凌问题的产生，是教育中忽视了学生除知识之外的生命教育、心理教育、法制和规则教育所产生的恶果。而正确的做法是，学校、家庭、社会群策群力、齐抓共管，共同铲除"校园欺凌"存在的土壤。

受到校园欺凌怎么办？很多孩子被恶意欺负后，有的会感到很羞耻或害怕被家长责骂，有的则担心家长为自己出面后，恶霸反而会变本加厉，所以选择沉默。这就需要家长对孩子多了解、多观察，发现反常行为要及时了解并反映给学校。让孩子坚信，父母永远是孩子的坚强后盾。

当孩子有以下表现时，一定要引起注意了：莫名其妙，突然不想上学了；鞋子、文具、衣物等个人物品经常丢失或者破损；孩子身体表面无缘无故出现瘀伤、抓伤等人为伤痕，有可能是遭遇过暴力伤害；睡眠出现问题或者沮丧、沉默寡言、失眠、噩梦等；孩子非要回家才上厕所；自尊心受挫；自我伤害倾向。

家长还应该要求孩子穿戴用品尽量低调，不要太过招摇，到处得罪人；上下学和活动时尽可能结伴而行，不要走僻静的道路，按时回家；在学校避免冲突，不要主动找事，一旦发生欺凌事件，及时找老师反映。

2016年4月28日，国务院教育督导委员会办公室向各地印发《关于开展校园欺凌专项治理的通知》（以下简称《通知》），要求各地各中小学校针对发生在学生之间，蓄意或恶意通过肢体、语言及网络等手段，实施欺负、侮辱造成伤害的校园欺凌进行专项治理。

《通知》指出，要通过专项治理，加强法制教育，严肃校规校纪，规范学生行为，促进学生身心健康，建设平安校园、和谐校园。此次专项治理覆盖全国中小学校，包括中等职业学校，将分为两个阶段进行，第一阶段为4月—7月，主要是各校开展治理；第二阶段为9月—12月，主要是开展专项督查。

《通知》要求，各地要高度重视此次专项治理，精心组织部署，加强对专项治理的监督指导；责任督学要对责任区内学校的专项治理全程监督，发现问题及时与校方沟通，做好记录并及时向当地教育督导部门报告；各校要集中对学生开展以校园欺凌治理为主题的专题教育，开展品德、心理健康和安全教育，邀请公安、司法等相关部门到校开展法制教育，组织教职工集中学习对校园欺凌事件预防和处理的相关政策、措施和方法等；要制定完善校园欺凌的预防和处理制度、措施，建立校园欺凌事件应急处置预案，明确相关岗位教职工预防和处理校园欺凌的职责；要加强校园欺凌治理的人防、物防和技防建设，充分利用心理咨询室开展学生心理健康咨询和疏导，公布学生救助或校园欺凌治理的电话号码并明确负责人；要及时发现、调查处置校园欺凌事件，涉嫌违法犯罪的，要及时向公安部门报案并配合立案查处。

《通知》强调，各地各校要按照"学校自查、县级普查、市级复查、省级抽查"的程序，对专项治理第一阶段专题教育情况、规章制度完善情况、加强预防工作情况、校园欺凌事件发生和处理情况等，进行全面自查、督查和总结，形成报告并逐级上报。

专项治理期间仍发生校园欺凌事件，造成恶劣影响的，将予以通报、追责问责并督促整改。国务院教育督导委员会办公室将根据各地治理情况，组织督查组对各地专项治理情况进行实地督查。

国务院教育督导委员会办公室
关于开展校园欺凌专项治理的通知国教督办函

〔2016〕22 号

各省、自治区、直辖市教育厅（教委）、人民政府教育督导部门，新疆生产建设兵团教育局、教育督导部门：

近年来，发生在学生之间蓄意或恶意通过肢体、语言及网络等手段，实施欺负、侮辱造成伤害的校园欺凌事件，损害了学生身心健康，引起了社会高度关注。为加强对此类事件的预防和处理，国务院教育督导委员会办公室决定开展校园欺凌专项治理。现将有关事项通知如下：

一、治理目的

通过专项治理，加强法制教育，严肃校规校纪，规范学生行为，促进学生身心健康，建设平安校园、和谐校园。

二、治理范围

全国中小学校（含中等职业学校）

三、安排及要求

本次专项治理分为两个阶段。

第一阶段：2016 年 4 月—7 月

1. 开展教育。各校要集中对学生开展以校园欺凌治理为主题的专题教育，开展品德、心理健康和安全教育，邀请公安、司法等相关部门到校开展法制教育。组织教职工集中学习对校园欺凌事件预防和处理的相关政策、措施和方法等。

2. 完善制度。各校要制定完善校园欺凌的预防和处理制度、措施，建立校园欺凌事件应急处置预案，明确相关岗位教职工预防和处理校园欺凌的职责。

3. 加强预防。各校要加强校园欺凌治理的人防、物防和技防建设，充分利用心理咨询室开展学生心理健康咨询和疏导，公布学生救助或校园欺凌治理的电话号码并明确负责人。

4. 及时处理。各校要及时发现、调查处置校园欺凌事件，严肃处理实施欺凌的学生。涉嫌违法犯罪的，要及时向公安部门报案并配合立案查处。

5. 监督指导。各地教育督导部门要加强对学校开展校园欺凌专项治理的指导和检查。责任督学要对责任区内学校的专项治理全程监督，发现问题及时与校方沟通，做好记录并及时向当地教育督导部门报告。

6. 组织部署。各地接到本通知后要高度重视，制定本省（区、市）开展校园欺凌专项治理的具体实施方案，抓紧部署，组织市、县两级教育督导部门和学校认真实施。

第二阶段：2016 年 9 月—12 月

各地各校要对专项治理第一阶段专题教育情况、规章制度完善情况、加强预防工作情况、校园欺凌事件发生和处理情况等，进行全面自查、督查和总结，形成报告并逐级上报。

1. 学校自查。各校按照要求进行全面自查和总结，于 2016 年 9 月 15 日前形成自查报告并报县级教育督导部门。

2. 县级普查。县级教育督导部门要组织督查组对县域内所有中小学校专项治理情况进行全面督查，于 2016 年 9 月 30 日前将督查情况报市级教育督导部门、教育行政部门及本级政府。

3. 市级复查。市级教育督导部门要组织督查组对所辖县（市、区）专项治理情况进行复查，复查抽取县级单位比例不低于 1/3，每县抽取学校数量不少于 6 所。复查结束后，于 2016 年 10 月 20 日前将复查报告，连同所辖县（市、区）的督查报告一并报送省级教育督导部门、教育行政部门及本级政府。

4. 省级抽查。省级教育督导部门要组织督查组对本省专项治理情况进行抽查，抽取市级单位不少于 3 个，每个市级单位抽取县级单位不少于 2 个，每县抽查学校数量不少于 6 所。抽查结束后，于 2016 年 11 月 15 日前将专项治理报告报国务院教育督导委员会办公室，同时报省级政府。

国务院教育督导委员会办公室将根据各地治理情况，组织督查组对各地专项治理情况进行实地督查。专项治理期间仍发生校园欺凌事件，造成恶劣影响的，将予以通报、追责问责并督促整改。

联系人：唐保国、陈磊

联系电话：（010）66097085、（010）66096587

国务院教育督导委员会办公室

2016 年 4 月 28 日

第二十节　学校安全档案管理

一、安全档案管理的重要性

1. 安全档案是学校安全工作真实具体的原始性记录

2. 安全档案是学校安全工作的重要依据，也是，研究处理问题、领导决策、研判、实现学校安全工作目标考核的需要。

3. 安全档案是处理安全事故责任的重要证据

4. 安全档案是全面提升学校安全工作水平的保证

二、安全档案的内容

学校安全工作档案应包括基本情况、组织管理、安全制度、上级来文、安全教育、安全预案、值班记录、专项整治、事故隐患、报送资料、安全检查、工作会议和其它等 13 个方面。

（一）基本情况

1. 学校基本情况说明

2. 各类图表

（1）单位位置图、单位平面图、重点目标位置分布图、消防设施图、疏散指示图、学校周边环境图等图示

（2）消防器材、设备登记表

（3）贵重物品登记表

（4）危险物品备案登记表

（5）学校校车档案资料

（6）备案材料（复印件）

①学校法人代码证

②学校建筑安全验收合格证

③学校建筑消防安全验收意见书

④学校食堂卫生防疫合格证及操作人员健康体检证

⑤学校小卖部营业执照及卫生防疫合格证

⑥易燃易爆化学危险品储存批准证书

⑦学生饮用水水质检测报告

⑧锅炉检测报告及司炉工证

（二）组织管理

1. 学校安全工作领导小组及其办公室、安全机构等职责、人员名单等。

2. 安全目标责任书。包括上级与本学校、本学校与相关责任人签订的《学校安全工作目标责任书》。

3. 计划、总结。本年度安全工作计划、总结、会议记录、讲话等 。

（三）安全制度

包括学校安全规章制度、学校安全责任制度、安全工作规程等。

（四）上级来文

按级别、时间分类装入本年度各级党委、政府，各级教育行政部门，各相关单位下发到学校的有关安全文件。

（五）安全教育

1. 安全教育教学计划、课程表；安全教育教材；安全教育教师登记表及备课笔记；学生安全课程测试（考试）试卷、成绩统计表；学生心理问题排查记录、心理健康教育资料、心理咨询记录表；各类安全避险演练实施方案、总结、演练活动音像记录；

2. 安全宣传材料、记录；安全宣传教育活动方案；安全征文、演讲、主题班会等文稿；

3. 安全培训通知、登记表；特种岗位人员上岗证（复印件）；各类培训记录；

4. 能说明安全工作成效的材料：安全工作获奖证书、奖牌、证件、通报文件；学校或上级组织的安全调查问卷及统计结果；

5. 其他有关材料。

（六）安全预案

包括各类应急预案，需在及时修正补充。

（七）值班记录

将学校安全值班记录按节假日及上级要求的其他重要时段顺序组档。

（八）专项整治

1. 上级要求开展的专项整治资料。按上级通知、整治方案、过程资料、整改总结的顺序分类组档。

2. 学校自行开展的专项整治资料。

（九）日常管理

1. 各类设施设备安全隐患排查登记台账、整改记录；校舍、围墙检查记录、鉴定报告、整修记录；上级检查时下发的整改通知书、学校整改报告；

2. 学校进出人员、车辆、物品检查记录；校园安全巡查记录；防汛记录；

3. 消防设施维护记录；各楼层疏散示意图分布图；

4. 学生宿舍管理登记表；

5. 校医室管理。包括学校医务室人员资格证书（复印件），药品、购置使用记录；疾病诊疗记录、传染病诊疗及上报记录；环境清扫记录等；

6. 饮食卫生管理。包括食堂卫生许可证、经营许可证、从业人员健康证（复印件）；原料采购合格证、发票；原料使用、食品销售记录；餐具、炊具消毒记录、食堂餐厅卫生清扫记录等；学生饮用水水质检测报告；

7. 外出活动、校内大型活动方案、应急预案；上报审批报告及主管部门批复；

8. 自备校车、公用车辆行车证（复印件）营运证、维护记录；租用校车行车证、营运证、驾驶人员驾驶证（复印件）、接送学生车辆登记表；学生乘坐校车安排表、上、放学教师值勤表、学生乘车教师（或相关人员）值班记录表；

9. 教职工管理。包括学校正式人员花名册，临时人员登记表，安全教育培训等。

10. 实习生实习协议、安排表、安全教育记录、联系记录；

11. 宿舍管理。宿舍管理制度；学生宿舍分布图；床位各项尺寸测量记录；宿舍卫生清扫制度及检查评比记录；每天查铺记录。

（十）事故处理

包括学校发生的各类事故、事故原因、调查处理结果等。

（十一）综合治理

包括综合治理各类资料、责任民警、法制副校长、开展活动情况、学校周边综合治理情况等。

（十二）其它安全档案

其他安全工作资料，即能证明学校开展安全工作的其他所有关联文件资料等。

三、安全档案建档要求

（一）组档要求

1. 学校安全工作档案按照"一学年一卷"的原则组卷，组档时间为9月1日至次年8月31日。

2. 学校安全工作档案在遇到撤（并）校时，应将该档案转交新校或上级教育主管部门。

3. 学校安全工作档案在遇到单位名称变更时，应按新名称重新立卷，原档案应予保留。

（二）立卷要求

1. 学校安全工作档案要求以县区为单位使用统一的档案盒和档案封面。

2. 档案盒封面要求统一贴上或打上"学校安全工作档案"标签，横标下有分卷标签，标签统一使用黑体字电脑打印，分卷标签采用小一号黑体字，分卷一盒不够需用几盒的，在分卷标签上注明分卷顺序，如组织领导（1）……，档案侧面有同样字体的竖标签。

3. 学校安全工作档案都要有总目录，各分卷都要有分卷目录与卷内文件目录，装订顺序按各分卷内容先后装订。分卷装订统一使用竖排线装。归档文件目录见附件。

4. 所有材料一律用 A4 纸制作。可用蓝黑、碳素墨水或黑色签字笔书写，也可打印。要求字迹工整、简洁、准确、不得涂改。

5. 档案用棉绳装订，采用三孔一线装订法，装订长度为 160 毫米，不得用金属物品订夹。

6. 卷内材料当中，不得有订书钉、曲别针、大头针等金属物品。

7. 严格保密制度，严禁将档案内容向无关人员扩散。

8. 案卷由"卷盒——卷内目录——档案材料——封底"组成。

第二章　学校建筑安全隐患排查要求

第一节　我国校舍的基本特点

我国目前的校舍设计规范中均按照城市普通中小学和农村普通中小学来具体划分的。因为受经济条件、在校学生数量等影响，城市和农村的中小学的建设性质存在差异，特别是农村，存在较多非正规建筑校舍和临时建筑校舍等情况，要更有针对性的实施安全检查。

一、城市中小学校舍

我国城市普通中小学校校舍一般由教学及教学辅助用房、办公用房、生活服务用房三部分组成。

（一）教室及教学辅助用房：主要包括普通教室、专用教室、公共教学用房、对应的教学辅助用房等；结构形式主要为钢筋混凝土结构、砌体结构、钢结构等，作为教室功能的校舍特点为部分房间开间大，属砌体结构时则表现为部分横墙间距较大（超过9m）；部分教学用房的特点为大跨度、敞开式，例如风雨操场等。

（二）办公用房：结构形式主要为钢筋混凝土结构、砌体结构、钢结构等，其特点与一般民用办公建筑基本一致。

（三）生活服务用房：主要包括学生宿舍、食堂、开水房、浴室、自行车库、汽车库、配电室、厕所等用房；结构形式主要为钢筋混凝土结构、砌体结构、钢结构等；其中部分生活服务用房为临时性建筑，例如自行车库、汽车库、厕所等。

二、农村中小学校舍

我国农村普通中小学校舍一般由教学及教学辅助用房、办公及生活用房组成。

（一）教室及教学辅助用房：主要包括普通教室、专用教室、公共教学用房、对应的教学辅助用房等；结构形式主要为砌体结构、钢结构、砖木结构、木结构、生土结构、石墙结构等；特点包括多为单层建筑、大开间（超过9米）、无正规设计资料等，部分偏远山区存在较多利用旧有其他建筑当做校舍教室使用的情况。

（二）办公及生活用房：主要包括办公室、学生宿舍、食堂、开水房、浴室、厕所等用房；结

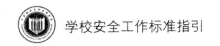

构形式主要为砌体结构、钢结构、砖木结构、木结构、生土结构、石墙结构等，多为单层建筑及临时性建筑，与当地农村建筑风格和建造方式较为类似。

第二节　校舍安全检查的基本要求

校舍安全排查的目的是及时发现建筑物的使用安全隐患以便采用相应的措施，对日常检查和特定检查的侧重点为建筑结构、建筑构件与部件的正常使用状况和建筑设备及系统正常运行的有效性检查。

校园作为人群密集场所，要严防建筑结构倒塌破坏和附属构件坠落等事故，各类建筑结构破坏倒塌的形式和类型有所差别，应把不同类型结构可能出现的破坏形式与部位作为检查的重点。例如悬挑构件，与结构相连的根部若出现酥松、开裂等，则极易出现塌跨；对于女儿墙，其根部出现贯通水平裂缝及歪闪后，也容易发生女儿墙塌落的危险。排查时还应注意建筑部件或附属装置（例如外墙的贴面砖、幕墙玻璃、室外空调及支架，以及连接于屋顶和外墙的宣传牌等）是否容易坠落并危及学生安全。

建筑消防和防雷系统的有效性就是安全防火和防雷击的保证。对于建筑防雷装置、特种设备有定期检验的要求，应检查定期检验实施与检验结果是否满足要求。

一、校舍安全检查的职责要求

校舍建筑的安全排查，应由校舍建筑安全检查员负责执行，排查方法应通过目测、尺量等对地基基础、主体结构和建筑构件与部件、建筑设施设备及系统等进行现场状况检查。从事校舍建筑安全排查的校舍建筑安全检查员应具备一定的房屋建筑结构或建筑设备安全管理知识，虽然不可能各专业都熟悉，但应通过相应的培训逐渐掌握一些基本的专业知识。

校舍建筑的安全排查，应形成完整的记录，现场记录应尽量详细，对于发现损伤与缺陷的问题应记录相应的部位与损伤范围、程度和相应的照片。校舍建筑安全检查员应进行下列特定情况的检查：

（一）在采暖期到来前后，对采暖设施和系统的完好性和安全性进行检查；对易冻部位的消防水系统的装置（例：消火栓、喷洒头等）进行防冻保护和安全性检查。

（二）在雨季到来前后，对公共部位的外窗渗漏情况、幕墙的密封状况、屋面渗漏情况、屋面及室外排水设施情况等进行检查和核查避雷装置的完好性。

（三）在大风、大雪天气季节到来前后，对外墙装饰装修、伸缩缝装饰板的牢固性、公共部位的外窗、校园围墙和房屋建筑附属构筑物的牢固性情况进行检查。

校舍建筑的日常检查周期应根据校园场地、地基基础、主体结构、建筑构件与部件、建筑设备系统的特点、容易出现损伤的规律和房屋建筑及设备的使用年限等确定。

二、校舍安全检查台账与档案

校舍建筑安全排查记录与归档是历次排查状况、处理方案、处理效果的记载，对于综合判断建筑各分部的使用安全是非常重要的，同时校舍排查记录也是全国中小学校舍信息管理系统的基本数据源之一，对国家有关部门掌握全国校舍安全的现状具有重要意义。

三、安全检查前的调查摸底

中小学校舍建筑第一次安全排查前，应进行校舍建筑的基本情况调查，调查的内容一般为以下五个方面：

（一）校舍属性类别：分城市中小学或农村中小学；

（二）校舍建筑的用途：当前的使用用途与设计是否一致；

（三）校舍建筑的历史情况：使用历史，竣工后使用、维修及加固改造的情况。

（四）是否存在受损经历：使用过程中是否受过损伤，损伤的部位及情况记录；

（五）是否存在特殊使用环境：使用环境是否有腐蚀性、振动荷载和高温环境（试验室）

四、安全检查的重点

中小学校舍建筑的安全排查应重点关注以下七个方面：

（一）校舍场地的位置，校舍地基和基础出现的不均匀沉降、变形。

（二）校舍建筑物的结构构件、附属构筑物、建筑构件与部件、建筑装饰装修出现的开裂、变形．

（三）校舍围墙及建筑物的女儿墙、外墙饰面砖等附属构件等出现的损伤。

（四）校舍建筑有无消防设施及设施的完好性与管理完善状况。

（五）校舍建筑有无防雷装置及年检的实施状况与有关整改状况。

（六）校舍建筑配套特种设备定期检验的实施状况与有关维护状况。

（七）其他建筑设备及系统的运行状况等。

五、校舍安全检查的主要实施内容

（一）砌体结构类

1. 场地状况；

2. 基础不均匀沉降状况；

3. 承重墙裂缝状况；

4. 梁板变形、裂缝状况；

5. 隔墙、栏杆、扶手、雨篷、空调机架、广告牌等变形、开裂状况；

6. 配套消防、电梯、防雷等设施设备的安全状况

（二）混泥土结构类

1. 场地状况；

2. 基础不均匀沉降状况；

3. 承重柱、梁、板的变形、裂缝状况；

4. 隔墙、栏杆、扶手、雨篷、空调机架、广告牌等变形、开裂状况；

5. 配套消防、电梯、防雷等设施设备的安全状况

（三）钢结构类

1. 场地状况；

2. 基础不均匀沉降状况；

3. 钢结构构件的弯曲变形状况；

4. 钢结构构件的节点损坏状况；

5. 钢结构构件的锈蚀状况；

6. 钢结构构件的防火、防腐层损坏状况；

7. 隔墙、栏杆、扶手、雨篷、空调机架、广告牌等变形、开裂状况；

8. 配套消防、电梯、防雷等设施设备的安全状况

（四）砖木结构类

1. 场地状况；

2. 基础不均匀沉降状况；

3. 承重墙裂缝状况；

4. 木构件的变形、腐朽、裂缝状况；

5. 木构件节点的松动、拔榫状况；

6. 隔墙、栏杆、扶手、雨篷、空调机架、广告牌等变形、开裂状况钢结构构件的节点损坏状况；

7. 配套消防、电梯、防雷等设施设备的安全状况

（五）木结构类

1. 场地状况；

2. 基础不均匀沉降状况；

3. 木构件的变形、腐朽、裂缝状况；

4. 木构件节点的松动、拔榫状况；

5. 隔墙、栏杆、扶手、雨篷、空调机架、广告牌等变形、开裂状况；

6. 配套消防、防雷等设施设备的安全状况

（六）生土结构类

1. 场地状况；

2. 基础不均匀沉降状况；

3. 承重土墙的裂缝和歪闪状况；

4. 木构件的变形、腐朽、裂缝状况；

5. 配套消防、防雷等设施设备的安全状况

（七）石墙结构类

1. 场地状况；

2. 基础不均匀沉降状况；

3. 承重石墙的裂缝和歪闪状况；

4. 木构件的变形、腐朽、裂缝状况；

5. 配套消防、防雷等设施设备的安全状况

（八）杆栏式结构

1. 场地状况

2. 木（竹）构件的变形、腐朽、裂缝状况；

3. 房屋整体的倾斜变形状况；

4. 配套消防、防雷等设施设备的安全状况

（九）窑洞结构类

1. 场地状况；

2. 窑洞拱顶及拱脚裂缝、松动状况；

3. 配套消防、防雷等设施设备的安全状况

（十）构筑物类

1. 基础不均匀状况；

2. 构筑物底部松动、变形状况；

3. 构件的变形、裂缝、腐蚀状况

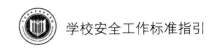

第三节 校舍安全隐患排查结果处置

校舍建筑安全排查的目的是发现建筑存在现状缺陷、使用安全、结构安全的构件及其部位和附属构筑物、配套设备系统中的安全隐患与故障，并应区分现状缺陷与损伤（故障）的严重程度采取不同的处理方法。

一、对建筑结构、建筑构件与部件或建筑设备系统存在一般缺陷且判定为不影响使用安全时，如结构构件出现表面抹灰收缩裂缝、围护结构出现温度裂缝、钢结构构件防锈涂层脱落等，学校组织进行相应的维修和维护。

二、发现建筑结构、建筑构件与部件或建筑设备系统存在的缺陷与损伤无法判定对使用安全的影响时，应请有资质的鉴定机构进行检测鉴定；对于存在严重安全隐患的情况，在请有资质的鉴定机构进行检测鉴定的同时，并应根据严重程度采取相应的应急处理措施。

三、根据校舍建筑安全评估或专项检测鉴定报告，需要对校舍建筑进行修复、加固、改造或设备进行中修、大修与更新改造时，应按规定和要求进行报批，同时校舍建筑安全检查员应跟踪检查维护与维修处理效果。

第四节 校舍场地、地基和基础检查要求

一、校舍场地安全排查

校舍的场地位置非常重要，泥石流易发地段、滑坡体、陡坡边或坡底、崖底、挡土墙近旁、水坝泄洪区、采空区等危险地段等场地，会给校园带来较大危险，并且场地情况会随着外界环境的变化而逐渐变化，排查时要给予记录。

二、地基基础检查

对于校舍建筑地基基础不均匀沉降排查的重点部位为：

（一）砌体结构指由烧结砖砌筑，纵横墙承重的结构体系房屋，不均匀沉降裂缝常发生现在外纵墙窗下墙体、门窗洞口周边。

（二）对于钢筋混凝土框架结构，不均匀沉降产生后，会造成框架主次梁与柱的节点部位产生裂缝；对于剪力墙结构，由于整体刚度较大，不均匀沉降一般会造成整体倾斜或剪力墙本身出现斜向裂缝。

（三）结构不均匀沉降产生时，钢结构构件之间的连接会由于不协调变形使连接部位的节点焊缝、连接螺栓等产生变形或发生破坏。

（四）生土、石墙建筑，由于整体性差，在发生不均匀沉降时，生土墙和石墙一般会首先出现开裂。

（五）干栏式建筑的地基基础不均匀沉降，可以表现为柱的下沉及其带来的整体明显倾斜。

（六）窑洞建筑应检查拱脚位置，在发生不均匀沉降时，拱脚会首先表现出下沉迹象。

（七）当建筑结构产生较大不均匀沉降时，从地下室墙体、板及其连接部位可观察到明显开裂，地下水位较高时，还会有地下水从墙体裂缝渗出。

（八）建筑周围散水、地沟与外墙之间一般存在缝隙，缝隙以沥青等柔性防水材料封堵；当存在不均匀沉降时，可观察到这些缝隙处会产生较大开裂或者挤压变形。

（九）设有防震缝的房屋，当不均匀沉降产生后，防震缝的宽度会发生增大或缩小的变化，甚至防震缝两侧的墙体会产生挤压等。

（十）校舍围墙地基基础出现不均匀沉降时，其上部会出现开裂、变形、外闪等情况。

三、特定情况检查

（一）由于建在河涌、水渠、山坡、采空区等危险地段的校舍建筑，较易产生不均匀沉降、地基滑坡、基础及上部结构变形等破坏，所以对于此类房屋应重点检查。

（二）当校舍建筑周围进行基坑开挖、地铁施工、降水或管沟施工以及存在振动源时，由于地基土中的应力变化，会造成不均匀沉降、滑移、裂缝等，甚至发生更大灾害，所以应对其周围临近建筑进行特定检查。

四、安全排查周期与处理

校舍建筑地基基础安全排查应每半年一次，当地基基础具有特定情况发生时（周围存在基坑开挖、临时大雨浸泡及其他异常情况等），应根据影响情况制订新的详细排查计划和次数。

校舍建筑地基基础检查发现的问题，应按下列规定处理：

（一）发现建筑物基础内填土、肥槽内填土，结构与地沟之间的填土，或者室外地沟周边的填土局部有小面积的下沉等一般性缺陷时，这部分一般性缺陷可由学校组织进行相应的维修和维护。

（二）发现建筑物基础内填土、肥槽内填土，结构与地沟之间的填土，或者室外地沟周边的填土有较严重下沉时，应请有资质的鉴定机构进行检测鉴定。

（三）因为雨季、基坑开挖、地震、其他强烈震动等产生时，发现或怀疑未进行边坡加固处理的房屋建筑周围的边坡有滑坡等迹象时，应采取应急处理措施，并请有资质的检测鉴定机构进行检测鉴定，并按鉴定结果进行处理。

第五节　校舍建筑结构安全检查要求

一、校舍建筑基本规定

我国校舍建筑的安全排查一般为砌体结构、混凝土结构、钢结构、砖木结构、木结构、生土房屋、石墙房屋、干栏式房屋和窑洞房屋建筑，对于其他不属于该结构类型的校舍，应根据具体结构由专业技术人员单独制定排查内容与要求。校舍房屋建筑结构的安全排查应重点关注结构主要承重构件、悬挑构件、节点连接等损伤以及校舍结构改动引起的损伤等情况。

二、校舍建筑结构检查

（一）砌体结构安全排查主要内容

1. 虽然砌体结构具有一定的承压能力，但墙体的承压能力与砌体块材强度与砂浆强度有关，当墙体的砌筑砂浆强度比较低时，其受压承载力大为降低。一些砌体结构出现底层墙体和独立砖柱的受压破坏，其主要原因之一是砌筑砂浆强度较设计强度等级相差比较多造成的。一旦砌体结构底层的墙、柱出现受压裂缝，则会危及整个结构的安全，造成局部或整体垮塌。

2. 支承梁或屋架端部的开裂情况检查。出现这种裂缝的情况是由于墙体局部承压不足引起的。由于砌体墙的受压承载力不高，所以在砌体墙支承梁或屋架时应设置混凝土梁垫，以便把支承梁的集中荷载分散在梁垫的砌体墙范围内，用以缓解砌体墙的集中压力。由于经济条件所限，我国目前仍存在部分。临时构建的校舍，由于设计的缺位而忽视了梁垫的作用而不设梁垫，这就会出现支承梁和屋架下墙体应力集中的现象，当集中力超过墙体受压承载力时就会出现裂缝破坏，该类破坏属于脆性破坏，严重时可造成支撑梁或屋架的突然垮塌.

3. 墙体出现外闪、倾斜和纵横向墙体交接处拉开情况，其原因一般是地基不均匀沉降，特别是指软弱地基或古河道等地基上建筑的房屋容易产生这种损伤。当地基土的压缩性明显不均匀，如地基处理造成地基软硬不均时，或由于荷载明显不均时，上部结构的受力状况会随之发生变化.进而通过墙体变形和开裂反映出来。

4. 砖过梁作为旧时房屋中过梁的一种方式，曾在旧时期大量采用，目前部分该类建筑仍作为山区校舍使用；过梁的受力性能是下部受拉，由于砖墙抗拉承载力较差，较宽窗洞的砖过梁容易在中部出现竖向裂缝，当较宽窗洞砖过梁出现下垂变形时还可能在端部出现斜向裂缝；一旦砖过梁出现上述裂缝，其作为过梁的功能就严重减弱，特别是对于无筋砖过梁，还存在过梁本身坠落的危险。

5. 楼、屋盖中的梁、板构件，作为直接承重部分，当上部荷载超出承载力设计值时，会出现开裂、变形。对于该部分的排查重点，一般包括变形检查、裂缝检查和钢筋锈蚀缺陷检查。

6. 砌体结构在容易受潮的底层外墙以及长期渗漏的厕浴间周围，其墙体容易出现墙体风化、酥碱等损伤，当砌体块材的强度不高时还会出现墙体粉化现象，墙阵的这类缺陷较大的降低了砌体墙的承载能力。对于这类缺陷，应分析产生的原因以便确定具体的处理措施。

（二）混凝土结构安全排查主要内容

1. 多、高层建筑的底层和空旷层的承重柱混凝土的压坏迹象情况检查。框架结构的底层承重柱承担上部各层传下的重量，当混凝土强度不能达到设计要求或改变使用功能而超载较多时反应比较敏感的是底层的柱。混凝土柱压坏迹象的出现表明结构安全受到了极大的影响，应立即采取临时支撑等应急措施，同时请有结构检测鉴定资质的机构进行检测鉴定。

2. 混凝土构件出现倾斜、开裂、变形的原因有多种，房屋建筑地基基础下沉或基础不均匀下沉都会引起结构整体或局部结构构件的倾斜或变形，结构局部改造或增加荷载等也会出现构件的变形及开裂，结构构件损伤如开裂、混凝土腐蚀等也会引起构件刚度的降低而产生变形。所以，对于构件出现开裂、变形以及还在发展中应引起足够的重视，应仔细检查和分析原因，对于比较严重的应请结构检测鉴定单位进行检测鉴定。

3. 混凝土构件出现钢筋主筋锈蚀裂缝情况检查。除了梁板构件外，长期处于潮湿环境的地下室钢筋混凝土墙和框架柱或含有氯离子的混凝土构件均会出现钢筋锈蚀的情况。钢筋锈蚀特别是主筋的锈蚀不仅影响结构的耐久性，锈蚀严重的还会影响结构安全，应当引起足够的重视。在检查中一旦发现钢筋锈蚀，应请有资质的检测鉴定单位进行钢筋锈蚀范围和程度的检测鉴定，并应分析找出原因及给出相应的处理措施。

4. 混凝土构件在使用过程中，受外界环境影响或者使用时对其的碰触、破坏等，会造成构件表面产生各类损伤（酥裂、起鼓、腐蚀等）。该类损伤往往会影响建筑物结构的耐久性，所以排查时要将损伤状况记录清楚，作为判断损伤的发展情况和确定修缮处理方案的参考依据。

（三）钢结构安全排查主要内容

1. 钢结构构件锈蚀后出现凹坑或掉皮检查。这主要是针对钢结构构件的锈蚀及其程度的检查。在室外环境、室内潮湿环境以及有腐蚀介质的环境影响下，防锈涂层失效的构件容易出现锈蚀。构件刚开始锈蚀从局部掉皮开始，严重一些的局部出现凹坑，更严重的是形成大面积的掉皮和锈蚀深度增大。由于钢结构构件的锈蚀将严重削弱构件的承载能力，所以应对钢构件的锈蚀状况进行仔细检查，特别要关注处于环境条件差的钢构件的锈蚀检查，并应尽可能改善钢结构构件所处的环境状况或增加防锈的措施。

2. 钢结构构件出现的弯曲变形情况检查．在钢结构中，钢构件（包括网架的杆件）出现弯曲变形，特别是因失稳出现在弯曲变形，是较为危险的，因为局部变形容易出现"连锁反应"，甚至发展为整体坍塌。构件的变形原因一般有：网架中由于施工偏差或网架中局部荷载的增加而改变了杆件的拉压状态，钢构件承载力超限引起的整体变形，构件长细比不满足规范要求造成的失稳等。

3. 钢结构构件表面缺陷、构件锈蚀与表面涂装脱落检查。这方面的检查属于钢构件表面缺陷的检查，对于发现钢构件出现表面缺陷的情况应及时进行维护。

4. 焊缝的裂纹、未焊满、根部收缩、表面气孔、咬边、电弧擦伤、接头不良、表面夹渣等检查。这属于对焊缝外观质量的检查，虽然在钢结构施工质量验收过程中均进行了焊缝质量检查，但是在实际钢结构中还会或多或少的存在焊缝质量的缺陷。对于网架焊接球节点应检查球壳变形、两个半球对口错边、球壳裂纹、焊缝裂纹和节点锈蚀等情况。当发现焊缝存在缺陷时，应给予详细记录，并应请有资质的检测鉴定单位进行检测鉴定。

5. 螺栓断裂、松动、脱落、螺杆弯曲、连接板变形和锈蚀检查。在对螺栓连接进行检查时，除了对螺栓的布置、螺纹外露丝扣数、螺栓的松动等进行检查，尚应对连接板尺寸、变形等进行检查。对于高强螺栓的连接，由于其施工时按施加一定的预压力，要求摩擦面能传递足够的剪力，当其连接部位产生滑移时，高强螺栓也就失去了原先应有的作用，而只能按普通螺栓考虑。对于网架螺栓球节点螺栓连接，应检查螺栓断裂、锥头或封板裂纹、套筒松动和节点锈蚀等情况。

6. 防火涂层和防腐涂层的损伤检查。耐火性能差是钢结构的一大缺点，一旦发生火灾，钢结构就会在较短时间内发生整体坍塌，因此对于防火有要求的钢结构房屋，应检查结构构件的防火措施的完整性、有效性和出现的损伤情况；对于处于腐蚀环境的钢结构应进行防腐措施和损伤情况的检查。

（四）砖木结构和木结构房屋安全排查主要内容

1. 砖木结构墙体或柱承重构件出现局部受压裂缝；砖木结构墙体风化、酥碱范围和程度检查。这方面的检查要求见砌体结构的该项检查内容。

2. 砖木结构的木屋架以及木结构房屋中，受力木构件的变形、歪扭、腐朽、虫蛀、蚁蚀、影响受力的裂缝均影响构件承载力和耐久性，因此对砖木结构和木结构中的木梁（桁）、屋架、檩、椽、穿枋、龙骨等受力构件的变形、歪扭、腐朽、虫蛀、蚁蚀，影响受力的裂缝和疵病应进行日常检查。

3. 木构件节点的松动或拔榫情况检查。木构件节点的松动或拔榫导致构件连接失效、承载力和结构整体稳定性降低，对于发现这方面的损伤应及时处理。

4. 木柱根部腐朽和木柱、木构架倾斜或歪闪情况检查。木构架倾斜或歪闪将导致构件内力重分布使某些构件受力比较大而破坏。木柱根部腐朽则会丧失柱的承载能力，在检查中应对木柱根部是否出现腐朽及腐朽程度进行重点检查。

（五）生土房屋和石墙房屋安全排查主要内容

1. 生土房屋和石墙房屋的屋盖、楼盖多为木结构，其检查要求与木结构相同。

2. 各类生土房屋，由于材料强度较低，承重体系在平立面布置上更要求简单，同时墙体的整体性又较差，所以墙体出现的裂缝和歪闪需要特别注意，极易造成坍塌事故。另外由于生土墙体遇潮会脱落、严重时墙体削弱而丧失承重能力，故对该类房屋的防潮措施和潮湿状况检查也需注意。

3. 石墙房屋的检查重点，基本上与砌体结构相同。

（六）干栏式房屋安全排查主要内容

干栏式房屋为在木（竹）柱底架上建筑的高出地面的房屋，也称：干栏、高栏、阁栏、葛栏，目前主要存在于我国的南方少数民族区。对该类房屋的排查主要针对于木（竹）构件的开裂和房屋整体的变形。

（七）窑洞房屋安全排查主要内容

窑洞房屋主要存在于我国的西北黄土高原地区，按结构分为土窑洞、石窑洞、砖窑洞；窑洞的受力形式为拱形受力，对其的排查主要针对于拱结构的开裂和变形。

各类结构安全排查的资料核查，是校舍建筑全寿命周期监视的一个重要组成部分，需要按照要求进行，不可遗漏和中断。

三、排查周期与结果处理

校舍房屋建筑的安全排查周期，按照《关于建立中小学校舍安全保障长效机制的意见》（国办发〔2013〕103号）中的要求，同时结合新建工程和使用一定年限建筑的特点，对安全排查周期进行了规定。对于存在特殊情况的校舍建筑，应根据情况制订排查计划和次数。校舍房屋结构检查发现的问题的处理原则：

（一）发现房屋结构存在局部损伤为一般缺陷时，可由学校组织进行相应的维修和维护。

（二）发现房屋结构存在较严重缺陷时，应请有资质的鉴定机构进行检测鉴定，对于可能出现较严重后果时，还应同时采取应急处理措施。

第六节 校舍建筑构件及部件安全检查要求

一、校舍建筑构件及部件安全规定

在房屋建筑中除组成承重骨架体系的建筑结构构件外的其他构件和部件统称为建筑构件及部件，建筑构件及部件的范围比较广，包括围护墙体、隔墙、女儿墙、门窗、走廊、出入口、楼梯，附着于楼面和屋面的阳台、雨篷、空调机架，栏杆扶手、附属广告牌等。这些建筑构件与部件相对于建筑主体结构而言其自身的损伤及其与主体结构连接部位的损伤较为复杂，应为检查的重点。

二、围护结构、隔墙、女儿墙、门窗安全排查

围护结构指除主体结构墙体或填充的墙体，它们的作用是将建筑整体进行分离和隔断成一个个

小单元或房间，在平面上形成独立的可供使用的房间，本身的承担建筑荷载的能力很小或在设计中并不考虑其作用的部分。

女儿墙、围护墙体、隔墙（包括预制墙板）的常见损伤如裂缝、渗漏、外闪、砂浆酥松、嵌料脱落等及存在的部位如门窗框周围、阳台雨篷与墙体连接处、变形缝部位均应为此类非承重墙日常检查的重点。

外墙保温层对于建筑物防火检查的重点应为外墙外保温的面层完好及可能遭受的冻融破坏情况。

建筑外窗如设置防护设施，应通过简单测量检查其防护设施的位置、高度、宽度、缝隙是否满足相关规定要求；同时检查校舍特殊部位的门窗开启方式是否满足相关规定要求。

三、走廊、出入口、栏杆、扶手安全排查

对于房屋建筑中走廊、出入口、栏杆、扶手的安全排查，应通过简单量测检查其位置、高度、宽度、间隔的设置是否满足要求，通过检查栏杆的根部是否有裂缝、构件的受腐蚀情况和必要的用手推动来检查其稳定性和承受水平荷载的情况等。对于房屋建筑中走廊、出入口、栏杆、扶手和楼梯的后续日常检查，主要应包括其与主体结构的连接松动和破损情况以及构件的变形、损伤、表面缺陷和锈蚀程度。

四、阳台围栏、雨篷、空调机架安全排查

对于房屋建筑中没有全封闭的悬挑阳台，其为静定的悬挑结构，检查的重点是受力最不利的位置即各层阳台上部与结构的连接部位；对于全封闭的悬挑阳台，由于各层阳台围护墙的存在可能导致传力方式发生变化，上部阳台荷载由通过悬挑梁板传至承重墙改为通过各层阳台围护墙直接向下传递至底层阳台三面墙体，因此除阳台上部与结构的连接部位外，底层阳台三面墙体的下沉、开裂情况以及底部几层阳台与结构连接部位出现裂缝、阳台板下沉变形等情况也应为此类阳台日常检查的内容。

对于房屋建筑中的悬挑雨篷，应根据雨篷的材料形式以及其与不同结构类型的建筑主体结构连接的特点，分别对雨篷与主体结构的连接情况、自身杆件之间的连接情况及杆件自身的松弛、变位、锈蚀、损伤等在日常检查中应引起重视。

对于房屋建筑中的悬挑空调机架，根据是否与建筑结构一起施工可分为两种类型：与建筑结构一起施工的一般为在结构中挑出的钢筋混凝土面板支架，而在既有房屋建筑物建成后增设的一般为悬挑铁件支撑支架。

与建筑结构一起施工的混凝土面板支架的现场检查内容，应与钢筋混凝土一般悬挑板的现场检查内容相同，主要是面板上部与结构连接部位出现裂缝情况。

在既有房屋建筑物后增设的悬挑铁件支撑支架，其检查内容应与钢构件的现场检查内容基本相同，主要应包括外支架与房屋建筑结构连接部位的螺栓松动、钢构件的锈蚀及支架歪斜、下沉情

况等。

此外，对于空调百叶窗及护栏，应重点检查窗框及护栏与建筑外墙、混凝土面板支架的连接情况。

五、附属广告牌安全排查

校舍建筑上的各类后设外置宣传类标牌、铭牌均属于附属广告牌排查内容。对于附着于建筑物上的附属广告牌，在日常检查中应重点检查其与主体结构的连接情况，包括是否存在松动、锚固件锈蚀、开裂等；对于广告牌构件自身，应重点检查构件之间连接节点连接的牢固性，构件出现压屈变形和锈蚀以及油漆脱落等情况。在大风季节到来前后，应对附属广告牌与主体结构的连接情况、锚固牢固性情况进行特定检查。

对高于建筑物的金属广告牌，在雷雨季节到来前后应对构件与防雷接地的连接是否良好等情况进行特定检查。

六、排查周期与结果处理

建筑构件及部件的排查周期及处理方式一般性规定，当房屋建筑构件与部件出现裂缝等损伤情况时，应根据情况制订详细的检查计划和次数。

第七节　校舍构筑物安全检查要求

一、校舍构筑物安全检查一般规定

校舍建筑配套的烟囱、水塔、围墙及建筑小品等构筑物的安全排查，不包括管道支架、管沟和厂区的运输机通廊、冷却塔等构筑物日常检查。

烟囱、水塔、围墙、建筑小品构筑物的安全排查内容包括整体性连接构造措施、构筑物变形及损伤三个方面的内容，应重点关注构件不均匀下沉、倾斜变形、构件开裂以及装饰脱落层，构筑物墙体表面的包箍等构件是否脱落、腐蚀严重程度、焊接部位是否脱焊、除锈防腐措施是否损坏、易掉落附件的牢固情况。

二、校舍构筑物排查

砌体构筑物的裂缝检查应区分受力裂缝和非受力裂缝，检查内容包括构筑物墙体倾斜引起的变形和裂缝，构筑物承重构件的松动和破损等。混凝土构筑物的日常检查，主要是是外观检查，应包括构件的腐蚀、剥落、蜂窝、孔洞、疏松和钢筋露筋、锈蚀以及连接部位缺陷和构件倾斜或变形、构件裂缝、损伤等。对钢材构件构成的建筑小品或钢栅栏围墙，其整体性连接构造措施、构件变

形、焊缝质量和构件锈蚀等为检查的重点。

对木材构件构成的建筑小品，其整体性连接构造措施、木构件的节点松动或拔榫、木构架倾斜和歪闪、木柱糟朽和虫蛀等为检查内容。石材构件构成的建筑小品，应检查基础和整体与构件变形、石材风化等内容。校舍构筑物第一次排查的内容应包括检查构筑物的基本情况和相关设计、竣工验收文件等。

校舍构筑物需要进行特定检查的条件，主要原则就是在容易发生倒塌和附件坠落的环境时，需进行特定的检查，以防发生安全事故。

三、安全排查周期与结果处理

构筑物安全排查的周期宜定为半年一次，但由于围墙、建筑小品构筑物受外界环境影响较大，其检查频次可以定为每月一次；检查人员应根据裂缝、变形的具体情况进行处理。构筑物安全排查发现的问题，按照以下三种情况进行处理：

（一）构筑物出现的一般缺陷由学校组织进行相应的维修和维护。

（二）构筑物出现较大裂缝和变形等情况时，应请有资质的检测鉴定机构进行检测鉴定。

（三）对损伤比较严重或构筑物变形继续发展时，除应请有资质的检测鉴定机构进行检测鉴定外，还应采取应急处理措施。

第八节　校舍建筑电梯设备安全查检要求

一、校舍建筑电梯设备排查

校舍建筑设备的安全排查主要用于电梯设备的状况检查和运行维护状况检查。校舍建筑设备的安全排查，不是对电梯系统进行全面检查，而是有重点的通过乘坐电梯发现电梯是否存在问题。这样与取得资质的电梯维护保养人员的定期维护保养检查相结合，进一步确保电梯的安全运行。

二、排查周期与结果处理

校舍建筑电梯设备的日常维护保养、设备运行维护与使用管理资料检查的周期建议为半年一次，但平时的巡检制度一定要执行，因为校舍建筑的电梯设备一般使用频率较高，乘坐巡检方式对发现电梯异常非常有效。本条的建议周期可以便于排查人员的排查实施，同时也可确保排查的效果。电梯设备缺陷和损伤的维修维护由于技术性强，并且有一定的危险性，因此应有具备资质的维保人员进行。

第九节　校舍建筑消防系统安全检查

一、校舍建筑消防系统安全检查基本规定

校舍建筑消防系统排查是以及排查维护为主要对象。由于是提供给校舍管理人员使用，因此主要集中于疏散条件的合理性、消防设施的完好性和消防管理制度的完备性这类较易实现的检查项目。

建筑消防系统的安全排查，主要包括建筑消防设施完好性检查、建筑消防产品的完好性检查、建筑疏散条件现状、建筑消防系统资料核查。资料检查主要是指日常检查记录情况，以备日后消防系统送检维修参考。消防系统现场状况检查，主要指出了校舍管理人员在日常巡视过程中需要检查的对象。有些建筑消防系统缺乏日常维护，再加上年久失修，后续维护资金投入不足，极易留下严重的火灾隐患。

二、排查周期与结果处理

为使系统处于准工作状态，能够随时发现灾情，及时控制联动系统动作，并迅速将灭火系统投入运行并控制灾情，有必要建立建筑防火系统日、周、月、季、年巡查制度，以使整套消防系统正常发挥作用。本条阐述了消防系统的建议检查周期。

对于建筑消防系统检查发现的问题，校舍管理人员应能够予以尽快解决，对于需要由供应商或者厂家解决的，应采取措施，尽快回复系统正常工作状态；对于需要专业机构进行进一步鉴定与评估的问题，则要及时提交至有相关资质的第三方机构。

第十节　校舍建筑防雷设施安全检查要求

一、校舍建筑物、构筑物防雷设施的基本规定

校舍建筑物、构筑物的防雷设施的安全排查，对于运用仪器进行的专业性防雷设施检测，考虑到一般学校较难配备专业的技术人员和仪器，故暂不包括该项内容，专业的防雷设施检测需委托具备相应资质的单位进行；主要从防雷设施的外观进行检查，可以查出一般情况下的防雷设施损伤。

建筑防雷设施的日常检查主要是接闪器、引下线和各类浪涌保护器等检查。接闪器是指直接截受雷击的避雷针、避雷带（线）、避雷网，以及用作接闪的金属屋面和金属构件等，突出屋面的金

属物体应和屋面防雷装置可靠连接。

引下线是指连接接闪器和接地装置的金属导体，分明敷和暗敷两种，暗敷引下线一般为直接利用结构钢筋作为引下线，明敷引下线一般沿建筑物外墙以最短路径敷设，一般选用镀锌圆钢，近地段引下线的保护措施是指地面上 1.7 米至地面下 0.3 米的一段接地线应采取暗敷或用镀锌角钢、改性塑料管或橡胶管加以保护。

接地装置是指接地体和接地线的总合。接地体是指埋入土壤中或混凝土基础中作散流用的导体，接地线是指从引下线断接卡至接地体的连接导体，接地装置的电阻值是指用专业接地电阻测试仪测出的电阻数值。

浪涌保护器（SPD）就是通过现代电学以及其他技术用来防止被雷击中的设备，部分新建校舍可能会采用。建筑防雷设施的档案资料核查是防雷设施排查的一个环节，完整的资料对隐患的诊断和排除具有非常重要的参考作用。

二、排查周期与结果处理

建筑防雷设施定期排查，一般为每年两次，分别为雨季来临前和雨季过后，具体日期可根据气象预报由学校房管部门自行制定，为方便起见，可与校舍安全排查一并进行；建筑防雷设施日常检查，在每次雷电过后进行，是指雨过天晴后进行检查。建筑防雷设施检查发现问题的处理，根据问题的严重程度划分为两种：

（一）轻度锈蚀是指避雷针、避雷带（线）、避雷网、明敷引下线的锈蚀部位没有超过截面的三分之一，局部缺陷还应包括引下线近地段保护不完善、有浪涌保护器的发热、积尘过多等情况。

（二）损伤是指避雷针、避雷带（线）、避雷网、明敷引下线的机械损伤、锈蚀部位超过截面的三分之一，失效是指避雷针、避雷带（线）、避雷网与引下线断裂、脱焊，或明敷引下线自身断裂、脱焊，还包括浪涌保护器的损坏、接触不良等情况。

第十一节　校舍安全隐患排查记录要求

校舍安全排查记录是校舍建筑安全排查、特定检查过程的如实记载，是校舍建筑安全检查员在排查过程中，对排查项目、排查内容、排查人员、时间、地点、场所以及排查中发现的问题及处理意见的客观描述、复写、照片或摄影（必要时）。现场排查记录的这一性质决定了现场排查记录应该规范化、系统化，避免流于形式。填写需要注意以下几点：

一、排查记录的准确性

现场排查记录是无法后补的书面材料，校舍建筑的使用用途、排查项目、排查内容以及排查时间务必准确无误。排查人与记录入应相互监督，相互提醒并签字确认，排查时间应具体到班组。

二、排查记录的全面性

应当针对校舍建筑及其附属构筑物和配套设施设备等各部分的特点，按照本指南规定的现场排查内容、重点和排查周期等对校舍建筑进行全面排查。

三、排查记录的客观性

现场排查记录时，必须如实记录排查的内容和排查的时间，不能凭以前排查的印象或者相关人员的描述想当然.不经过现场实际排查，不经过实际检测检验的不能记人现场排查记录。制作现场排查记录，务必如实记录现场排查的真实情况，不夸大不缩小，实事求是，对存在安全隐患的内容在记录的同时应辅以现场照片或录像。

四、排查记录的即时性

现场排查记录是一个动态过程，在现场排查时务必随查随记，记录清具体地点、具体项目、具体时间存在哪些隐患，以防排查结束制作现场排查记录时有所遗漏。

第三章 学校建筑安全检查标准指引

第一节 砌体结构安全检查

检查类别	检查内容	检查要求	检查结果	处理办法
建筑场地	场地位置	不位于泥石流易发地段、滑坡体、陡坡边或坡底、崖底、挡土墙附近旁、水坝泄洪区、采空区。		
		附近没有地下工程、地下隧道、基坑工程施工。		
地基基础	室外散水与外墙结合的界面处	无明显不均匀沉降裂缝		
	房屋建筑主体	无明显倾斜		
	防震缝处	无明显挤压裂缝		
	外纵墙窗角墙体	无明显斜向裂缝		
上部结构	梁、板构件	无明显裂缝和下垂		
		混凝土无局部剥落		
		钢筋无明显外露、锈蚀		
	承重墙、砖柱	无明显开裂		
		无明显外闪、倾斜		
		无严重的风化、粉化、酥碱		
	悬挑构件（含阳台）	钢筋无明显外露、锈蚀		
		根部无明显裂缝		
	纵横墙交接处	无拉开状况		
	砖过梁	中部无明显竖向裂缝、端部无明显斜向裂缝		

检查类别	检查内容	检查要求	检查结果	处理办法
建筑构件及部件	女儿墙	外观无明显开裂和外闪		
	隔墙	无明显裂缝和变形		
	门窗	外窗台低于0.9米时有防护措施		
	走廊、出入口	有防物体坠落伤人的安全措施		
	栏杆、扶手	临空栏杆高度不低于1.1米，竖杆间距不大于0.11米		
		无明显开裂和变形		
		根部无松动		
		楼梯井净宽大0.11米时扶手表面有防儿童攀滑措施		
	阳台围栏、雨篷、空调机架	根部无裂缝及明显变形		
		固定牢固、螺栓无松动，锚固端无严重锈蚀		
		空调室外机及附件不易脱落		
	附属宣传牌、广告牌	与主体连接处牢固、无松动，锚固端无严重锈蚀		
		构件无明显变形		
		构件节点处牢固、无松动		
	其他易脱落附件	连接牢固、无松动		
电梯设备	《安全检验合格》	在检验有效期内		
	轿门防止门夹人的保护装置	完好有效		
	轿厢照明及应急对讲系统	完好有效		
	电梯安装、改造、维修施工资料	完好有效		
	电梯运行维护与使用管理资料	完整齐全		
	层门锁紧和自动关闭层门装置	完好有效		

检查类别	检查内容	检查要求	检查结果	处理办法
消防系统	消防设施	火灾自动报警系统正常		
		消火栓系统正常		
		应急照明正常		
		应急广播正常		
	消防产品	防火门状态正常		
		灭火器在特定位置处		
		灭火器在有效期内		
		灭火器压力指针在正常范围		
	疏散条件	安全出口及疏散通道畅通		
		疏散通道指示标志使用正常		
		安全出口指示标志使用正常		
	资料核查	新建房屋的消防验收资料齐全		
		日常防火检查记录完整		
防雷设施	避雷网、避雷带、避雷针及支持件	无缺失、断裂、脱焊、锈蚀		
	明敷引下线及支持件	无缺失、断裂、脱焊、锈蚀		
	接地装置	完好有效		
	资料核查	新建房屋的防雷系统验收资料齐全		
		防雷安全检查检测记录完整		

备注：

1. 排查周期一般为半年1次，特定内容的检查周期按相关特定要求或标准规范执行。

2. 当校舍建筑结构出现裂缝或变动结构主体以及其他可能影响安全使用的情况发生时，应根据情况制订排查计划和次数。

第二节　钢筋混泥土结构

（建筑场地、地基基础、上部结构、建筑构件及部件、电梯设备、消防系统、防雷设施）

检查类别	检查内容	检查要求	检查结果	处理办法
建筑场地	场地位置	不位于泥石流易发地段、滑坡体、陡坡边或坡底、崖底、挡土墙近旁、水坝泄洪区、采空区		
		附近无地下工程、地下隧道、基坑工程施工		
地基基础	室外散水与外墙结合的界	无明显不均匀沉降裂缝		
	房屋建筑主体	无明显倾斜		
	防震缝处	无明显挤压裂缝		
	首层外围护墙体及内隔墙体	无明显斜向裂缝		
上部结构	构件（含悬挑构件）	无锈蚀		
		无锈蚀后出现的凹坑或掉皮		
		无裂纹		
		无表面缺陷		
		表面涂装无脱落		
		无因宽厚比不足出现局部屈曲		
	受压构件	无因失稳出现的弯曲变形		
	拉杆	无拉杆变为压杆的变形		
	焊缝	表面无裂纹		
		焊缝饱满、未出现根部收缩、表面气孔、咬边、电弧擦伤、接头不良、表面夹渣等现象		
	螺栓	无断裂、松动、脱落		
		无锈蚀		
		螺杆无弯曲		

检查类别	检查内容	检查要求	检查结果	处理办法
上部结构	螺栓	连接板无变形和锈蚀		
		预埋件未出现变形或锈蚀无螺栓断裂		
	网架螺栓球节点	锥头或封板无裂纹		
		无套筒松动		
		无节点锈蚀		
		球壳无变形、裂纹		
	网架焊接球节点	两个半球无对口错边		
		球壳无裂纹		
		焊缝无裂纹		
		节点无锈蚀		
	防火措施	无局部损伤		
	防腐措施	无局部损伤		
建筑构件及部件	围护结构	无明显裂缝和变形		
	女儿墙	外观无明显开裂和外闪		
	隔墙	无明显裂缝和变形		
	门窗	外窗台低于0.9米时有防护措施		
	走廊、出入口	有防物体坠落伤人的安全措施		
	栏杆、扶手	临空栏杆高度不低于1.1米。竖杆间距不大于0.11米		
		无明显开裂和变形		
		根部无松动		
		楼梯井净宽大于0.11米时扶手表面有防儿童攀滑措施		
	阳台围栏、雨篷、空调机架	根部无裂缝及明显变形固定牢固、螺栓无松动，锚固端无严重锈蚀		
		空调室外机及附件不易脱落		
	附屑宜传牌、广告牌	与主体连接处牢固、无松动，锚固端无严重锈蚀		
建筑构件及部件	其他易脱落附件	构件无明显变形		
		构件节点处牢固、无松动		
		连接牢固、无松动		

检查类别	检查内容	检查要求	检查结果	处理办法
电梯设备	安全检验合格	在检验有效期内		
	层门锁紧和自动关闭层门	完好有效		
	轿门防止门夹人的保护装置	完好有效		
	轿厢照明及应急对讲系统	完好有效		
	电梯安装、改造、维修施工资料	齐全有效		
	电梯运行维护与使用管理资料	完整		
消防系统	消防设施	火灾自动报警系统正常		
		消火栓系统正常		
		应急照明正常		
		应急广播正常		
	消防产品	防火门状态正常		
		灭火器在特定位置处		
		灭火器在有效期内		
		灭火器压力指针在正常范围		
	疏散条件	安全出口及疏散通道畅通		
		疏散通道指示标志使用正常		
		安全出口指示标志使用正常		
	资料核查	新建房屋的消防验收资料齐全		
		日常防火检查记录完整		
防雷设施	避雷网、避雷带、避雷针及支持件	无缺失、断裂、脱焊、锈蚀		
	明敷引下线及支持件	无缺失、断裂、脱焊、锈蚀		
	接地装置	完好有效		

备注：

1. 排查周期一般为半年1次，特定内容的检查周期按相关特定要求或标准规范执行。

2. 当校舍建筑结构出现裂缝或变动结构主体以及其他可能影响安全使用的情况发生时，应根据情况制订排查计划和次数。

第三节 钢结构安全检查

（建筑场地、地基基础、上部结构、建筑构件及部件、电梯设备、消防系统、防雷设施）

检查类别	检查内容	检查要求	检查结果	处理办法
建筑场地	场地位置	不位于泥石流易发地段、滑坡体、陡坡边或坡底、崖底、挡土墙近旁、水坝泄洪区、采空区		
		附近无地下工程、地下隧道、基坑工程施工		
地基基础	室外散水与外墙结合的界面处	无明显不均匀沉降裂缝		
	房屋建筑主体	无明显倾斜		
	防震缝处	无明显挤压裂缝		
	首层外围护墙体及内隔墙体	无明显斜向裂缝		
上部结构	构件（含悬挑构件）	无锈蚀		
		无锈蚀后出现的凹坑或掉皮		
		无裂纹		
		无表面缺陷		
		表面涂装无脱落		
		无因宽厚比不足出现局部屈曲		
	受压构件	无拉杆变为压杆的变形		
	拉杆	表面无裂纹		
	焊缝	焊缝饱满、未出现根部收缩、表面气孔、咬边、电弧擦伤、接头不良、表面夹渣等现象		
	螺栓	无断裂、松动、脱落		
		无锈蚀		
		螺杆无弯曲		
		连接板无变形和锈蚀		
		预埋件未出现变形或锈蚀		

检查类别	检查内容	检查要求	检查结果	处理办法
上部结构	网架螺栓球节点	无螺栓断裂		
		锥头或封板无裂纹		
		无套筒松动		
		无节点锈蚀		
	网架焊接球节点	球壳无变形、裂纹		
		两个半球无对口错边		
		球壳无裂纹		
		焊缝无裂纹		
		节点无锈蚀		
	防火措施（涂层）	无局部损伤		
	防腐措施（涂层）	无局部损伤		
	防火措施（涂层）			
建筑构件及部件	围护结构			
	女儿墙			
	隔墙			
	门窗			
	走廊、出入口			
	栏杆、扶手	临空栏杆高度不低于 1.1 米。竖杆间距不大于 0.11 米		
		无明显开裂和变形		
		根部无松动		
		楼梯井净宽大于 0.11m 时扶手表面有防儿童攀滑措施		
	阳台围栏、雨篷、空调机架	根部无裂缝及明显变形		
		固定牢固、螺栓无松动，锚固端无严重锈蚀		
		空调室外机及附件不易脱落		
	附属宣传牌、广告牌	与主体连接处牢固、无松动，锚固端无严重锈蚀		
		构件无明显变形		
		构件节点处牢固、无松动		

检查类别	检查内容	检查要求	检查结果	处理办法
电梯设备	《安全检验合格》	在检验有效期内		
	层门锁紧和自动关闭层门装置	完好有效		
	轿门防止门夹人的保护装置	完好有效		
电梯设备	轿厢照明及应急对讲系统	完好有效		
	电梯安装、改造、维修施工资料	齐全有效		
	电梯运行维护与使用管理资料	完整		
消防系统	消防设施	火灾自动报警系统正常		
		消火栓系统正常		
		应急照明正常		
	消防产品	应急广播正常		
		防火门状态正常		
		灭火器在特定位置处		
		灭火器在有效期内		
	疏散条件	灭火器压力指针在正常范围		
		安全出口及疏散通道畅通		
		疏散通道指示标志使用正常		
	资料核查	安全出口指示标志使用正常		
		新建房屋的消防验收资料齐全		
		日常防火检查记录完整		
防雷设施	避雷网、避雷带、避雷针及支持件	无缺失、断裂、脱焊、锈蚀		
	明敷引下线及支持件	完好有效		
	接地装置	新建房屋的防雷系统验收资料齐全		
	资料核查	防雷安全检查检测记录完整		

备注:

1. 排查周期一般为半年1次,特定内容的检查周期按相关特定要求或标准规范执行。

2. 当校舍建筑结构出现裂缝或变动结构主体以及其他可能影响安全使用的情况发生时,应根据情况制订排查计划和次数。

第四节　砖木结构安全检查

（建筑场地、地基基础、上部结构、建筑构件及部件、电梯设备、消防系统、防雷设施）

检查类别	检查内容	检查要求	检查结果	处理办法
建筑场地	场地位置	不位于泥石流易发地段、滑坡体、陡坡边或坡底、崖底、挡土墙近旁、水坝泄洪区、采空区		
		附近无地下工程、地下隧道、基坑工程施工		
地基基础	室外散水与外墙结合的界面处	无明显不均匀沉降裂缝		
	房屋建筑主体	无明显倾斜		
	防震缝处	无明显挤压裂缝		
	首层外围护墙体及内隔墙体	无明显斜向裂缝		
上部结构	梁、板构件	无明显裂缝和下垂		
		混凝土无局部剥落		
		钢筋无明显外露、锈蚀		
	结构墙体或柱	无明显受压裂缝		
	结构墙体	无明显温度或收缩裂缝		
		无严重的风化、粉化、酥碱		
	木柱、梁(柁)、屋架、檩、椽、穿枋、龙骨等受力构件	木构件表面防火涂层基本完好		
		无影响受力的裂缝和疵病		
		无腐朽、虫蛀、蚁蚀		
		无变形、歪扭		
		无松动或拔榫		
	木构件节点	无倾斜或歪闪		
	木构架	无明显下垂变形		
	悬挑构件(包括阳台)	根部无明显裂缝		

检查类别	检查内容	检查要求	检查结果	处理办法
建筑构件及部件	隔墙	无明显裂缝和变形		
	门窗	外窗台低于 0.9m 时有防护措施		
	走廊、出人口	有防物体坠落伤人的安全措施		
	栏杆、扶手	临空栏杆高度不低于 1.1 米，竖杆间距不大于 0.11 米		
		无明显开裂和变形		
		根部无松动		
		楼梯井净宽大于 0.11 米时扶手表面有防儿童攀滑措施		
	阳台围栏、雨篷、空调机架	根部无裂缝及明显变形		
		固定牢固、螺栓无松动		
	阳台围栏、雨篷、空调机架	空调室外机及附件不易脱落		
	附属宣传牌、广告牌	与主体连接处牢固、无松动		
		构件无明显变形		
		构件节点处牢固、无松动		
	其他易脱落附件	连接牢固、无松动		
消防系统	消防设施	火灾自动报警系统正常		
		消火栓系统正常		
		应急照明正常		
		应急广播正常		
	消防产品	防火门状态正常		
		灭火器在特定位置处		
		灭火器在有效期内		
		灭火器压力指针在正常范围		
	疏散条件	安全出口及疏散通道畅通		
		疏散通道指示标志使用正常		
		安全出口指示标志使用正常		
	资料核查	日常防火检查记录完整		
		新建房屋的消防验收资料齐全		

检查类别	检查内容	检查要求	检查结果	处理办法
防雷设施	避雷网、避雷带、避雷针及支持件	无缺失、断裂、脱焊、锈蚀		
	明敷引下线及支持件	无缺失、断裂、脱焊、锈蚀		
	接地装置	完好有效		
	资料核查	新建房屋的防雷系统验收资料齐全		
		防雷安全检查检测记录完整		

备注：

1. 排查周期一般为半年 1 次，特定内容的检查周期按相关特定要求或标准规范执行。

2. 当校舍建筑结构出现裂缝或变动结构主体以及其他可能影响安全使用的情况发生时，应根据情况制订排查计划和次数。

第五节　木结构安全检查

（建筑场地、地基基础、上部结构、建筑构件及部件、电梯设备、消防系统、防雷设施）

检查类别	检查内容	检查要求	检查结果	处理办法
建筑场地	场地位置	不位于泥石流易发地段、滑坡体、陡坡边或坡底、崖底、挡土墙近旁、水坝泄洪区、采空区		
		附近无地下工程、地下隧道、基坑工程施工		
地基基础	室外散水与外墙结合的界面处	无明显不均匀沉降裂缝		
	房屋建筑主体	无明显倾斜		
上部结构	木柱、梁（柁）、屋架、檩、椽、穿枋、龙骨等受力构件	无变形、歪扭		
		无腐朽、虫蛀、蚁蚀		
		无影响受力的裂缝和疵病		
		木构件表面防火涂层基本完好		
	木构件节点	无松动或拔榫		
	木构架	无倾斜或歪闪		
	悬挑构件（包括阳台）	无明显下垂变形		
		根部无明显裂缝		
建筑构件及部件	隔墙	无明显裂缝和变形		
	门窗	外窗台低于0.9m时有防护措施		
	走廊、出入口	有防物体坠落伤人的安全措施		
	栏杆、扶手	临空栏杆高度不低于1.1米，竖杆间距不大于0.11米		

检查类别	检查内容	检查要求	检查结果	处理办法
建筑构件及部件	栏杆、扶手	无明显开裂和变形		
		根部无松动		
		楼梯井净宽大于 0.11 米时扶手表面有防儿童攀滑措施		
	阳台岡栏、雨篷、空调机架	根部无裂缝及明显变形		
		固定牢固、螺栓无松动		
		空调室外机及附件不易脱落		
	附属宣传牌、广告牌	与主体连接处牢固、无松动		
		构件无明显变形		
		构件节点处牢固、无松动		
	其他易脱落附件	连接牢固、无松动		
消防系统	消防设施	火灾自动报警系统正常		
		消火栓系统正常		
		应急照明正常		
		应急广播正常		
	消防产品	防火门状态正常		
		灭火器在特定位置处		
		灭火器在有效期内		
		灭火器压力指针在正常范围		
	疏散条件	安全出口及疏散通道畅通		
		疏散通道指示标志使用正常		
		安全出口指示标志使用正常		
	资料核查	新建房屋的消防验收资料齐全		
		日常防火检查记录完整		

检查类别	检查内容	检查要求	检查结果	处理办法
防雷设施	避雷网、避雷带、避雷针及支持件	无缺失、断裂、脱焊、锈蚀		
	明敷引下线及支持件	无缺失、断裂、脱焊、锈蚀		
	接地装置	完好有效		
	资料核查	新建房屋的防雷系统验收资料齐全		
		防雷安全检查检测记录完整		

备注：

1. 排查周期一般为半年 1 次，特定内容的检查周期按相关特定要求或标准规范执行.

2. 当校舍建筑结构出现裂缝或变动结构主体以及其他可能影响安全使用的情况发生时，应根据情况制订排查计划和次数。

第六节　生土结构安全检查

（建筑场地、地基基础、上部结构、建筑构件及部件、电梯设备、消防系统、防雷设施）

检查类别	检查内容	检查要求	检查结果	处理办法
建筑场地	场地位置	不位于泥石流易发地段、滑坡体、陡坡边或坡底、崖底、挡土墙近旁、水坝泄洪区、采空区		
		附近无地下工程、地下隧道、基坑工程施工		
地基基础	房屋建筑主体	无明显倾斜		
上部结构	外墙墙体	无明显裂缝和下垂		
	木柱、梁（柁）、屋架、檩、椽、穿枋、龙骨等受力构件	无变形、歪扭		
		无腐朽、虫蛀、蚁蚀		
		无影响受力的裂缝和疵病		
		木构件表面防火涂层基本完好		
	木构件节点	无松动或拔榫		
	木构架	无倾斜或歪闪		
	悬挑构件（含阳台）	根部无明显裂缝		
		无明显下垂变形		
建筑构件及部件	隔墙	无明显裂缝和变形		
	走廊、出入口	有防物体坠落伤人的安全措施		
	栏杆、扶手	无明显开裂和变形		
		根部无松动		
	其他易脱落附件	连接牢固、无松动		
消防系统	消防设施	应急照明正常		
		应急广播正常		

检查类别	检查内容	检查要求	检查结果	处理办法
消防系统	消防产品	灭火器在特定位置处		
		灭火器在有效期内		
		灭火器压力指针在正常范围		
		无灭火器时有无其他消防设施（沙土包、水缸等）		
	疏散条件	安全出口及疏散通道畅通		
		疏散通道指示标志使用正常		
		安全出口指示标志使用正常		
	资料核查	新建房屋的消防验收资料齐全		
		日常防火检查记录完整		
防雷设施	避雷网、避雷带、避雷针及支持件	无缺失、断裂、脱焊、锈蚀		
	明敷引下线及支持件	无缺失、断裂、脱焊、锈蚀		
	接地装置	完好有效		
	资料核查	新建房屋的防雷系统验收资料		
		防雷安全检查检测记录完整		

备注：

　1. 排查周期一般为半年1次，特定内容的检查周期按相关特定要求或标准规范执行。

　2. 当校舍建筑结构出现裂缝或变动结构主体以及其他可能影响安全使用的情况发生时，应根据情况制订排查计划和次数。

第七节　石墙结构安全检查

（建筑场地、地基基础、上部结构、建筑构件及部件、电梯设备、消防系统、防雷设施）

检查类别	检查内容	检查要求	检查结果	处理办法
建筑场地	场地位置	不位于泥石流易发地段、滑坡体、陡坡边或坡底、崖底、挡土墙近旁、水坝泄洪区、采空区		
		附近无地下工程、地下隧道、基坑工程施工		
地基基础	房屋建筑主体	无明显倾斜		
上部结构	外墙墙体	无明显竖向、斜向裂缝		
	木柱、梁（桁）、屋架、檩、椽、穿枋、龙骨等受力构件	无变形、歪扭		
		无腐朽、虫蛀、蚁蚀		
		无影响受力的裂缝和疵病		
		木构件表面防火涂层基本完好		
	木构件节点	无松动或拔榫		
	木构架	无倾斜或歪闪		
	悬挑构件（含阳台）	根部无明显裂缝		
		无明显下垂变形		
建筑构件及部件	隔墙	无明显裂缝和变形		
	走廊、出入口	有防物体坠落伤人的安全措施		
	栏杆、扶手	无明显开裂和变形		
		根部无松动		
	其他易脱落附件	连接牢固、无松动		
消防系统	消防设施	应急照明正常		
		应急广播正常		
	消防产品	灭火器在特定位置处		
		灭火器在有效期内		
		灭火器压力指针在正常范围		
	疏散条件	安全出口及疏散通道畅通		
		疏散通道指示标志使用正常		
		安全出口指示标志使用正常		

检查类别	检查内容	检查要求	检查结果	处理办法
消防系统	资料核查	新建房屋的消防验收资料齐全 日常防火检查记录完整		
防雷设施	避雷网、避雷带、避雷针及支持件	无缺失、断裂、脱焊、锈蚀		
	明敷引下线及支持件	无缺失、断裂、脱焊、锈蚀		
	接地装置	完好有效		
	资料核查	新建房屋的防雷系统验收资料齐全		
		防雷安全检查检测记录完整		

备注：

1. 排查周期一般为半年 1 次，特定内容的检查周期按相关特定要求或标准规范执行。

2. 当校舍建筑结构出现裂缝或变动结构主体以及其他可能影响安全使用的情况发生时，应根据情况制订排查计划和次数。

第八节　干栏式结构安全检查

（建筑场地、地基基础、上部结构、建筑构件及部件、电梯设备、消防系统、防雷设施）

检查类别	检查内容	检查要求	检查结果	处理办法
建筑场地	场地位置	不位于泥石流易发地段、滑坡体、陡坡边或坡底、崖底、挡土墙近旁、水坝泄洪区、采空区		
		附近无地下工程、地下隧道、基坑工程施工		
地基基础	房屋建筑主体	无明显倾斜		
上部结构	外墙墙体	无明显竖向、斜向裂缝		
	木柱、梁（柁）、屋架、檩、椽、穿枋、龙骨等受力构件	无变形、歪扭		
		无腐朽、虫蛀、蚁蚀		
		无影响受力的裂缝和疵病		
		木构件表面防火涂层基本完好		
	木（竹）构件节点	无松动或拨榫		
	木（竹）构架	无倾斜或歪闪		
	悬挑构件（含阳台）	根部无明显裂缝		
		无明显下垂变形		
建筑构件及部件	走廊、出入口	有防物体坠落伤人的安全措施		
	栏杆、扶手	无明显开裂和变形		
		根部无松动		
	阳台围栏、雨篷	根部无裂缝及明显变形		
	其他易脱落附件	固定牢固、螺栓无松动		
		连接牢固、无松动		
消防系统	消防设施	应急照明正常		
		应急广播正常		
	消防产品	灭火器在特定位置处		
		灭火器在有效期内		
		灭火器压力指针在正常范围		
		无灭火器时有无其他消防设施（沙土包、水缸等）		

检查类别	检查内容	检查要求	检查结果	处理办法
消防系统	疏散条件	安全出口及疏散通道畅通		
		疏散通道指示标志使用正常		
		安全出口指示标志使用正常		
	资料核查	新建房屋的消防验收资料齐全		
		日常防火检查记录完整		
防雷设施	避雷网、避雷带、避雷针及支持件	无缺失、断裂、脱焊、锈蚀		
	明敷引下线及支持件	无缺失、断裂、脱焊、锈蚀		
	接地装置	完好有效		
	资料核查	新建房屋的防雷系统验收资料齐全		
		防雷安全检查检测记录完整		

备注：

1. 排查周期一般为半年1次，特定内容的检查周期按相关特定要求或标准规范执行。

2. 当校舍建筑结构出现裂缝或变动结构主体以及其他可能影响安全使用的情况发生时，应根据情况制订排查计划和次数。

第九节 窑洞结构安全检查

（建筑场地、地基基础、上部结构、建筑构件及部件、电梯设备、消防系统、防雷设施）

检查类别	检查内容	检查要求	检查结果	处理办法
建筑场地	场地位置	不位于泥石流易发地段、滑坡体、陡坡边或坡底、崖底、挡土墙近旁、水坝泄洪区、采空区		
		附近无地下工程、地下隧道、基坑工程施工		
地基基础	房屋建筑主体	无明显倾斜		
上部结构	窑洞墙体	无明显开裂		
	土窑拱顶及拱脚	无开裂、脱落		
	石窑洞砌体	无开裂、松动或脱落		
	砖窑洞砌体	无开裂、松动或脱落		
建筑构件及部件	隔墙	无明显裂缝和变形		
	走廊、出入口	有防物体坠落伤人的安全措施		
	雨篷	根部无裂缝及明显变形		
		固定牢固、螺栓无松动		
	其他易脱落附件	连接牢固、无松动		
消防系统	消防设施	应急照明正常		
		应急广播正常		
	消防产品	灭火器在特定位置处		
		灭火器在有效期内		
		灭火器压力指针在正常范围		
		无灭火器时有无其他消防设施（沙土包、水缸等）		

检查类别	检查内容	检查要求	检查结果	处理办法
消防系统	疏散条件	安全出口及疏散通道畅通		
		疏散通道指示标志使用正常		
		安全出口指示标志使用正常		
	资料核查	新建房屋的消防验收资料齐全		
		日常防火检查记录完整		
防雷设施	避雷网、避雷带、避雷针及支持件	无缺失、断裂、脱焊、锈蚀		
	明敷引下线及支持件	无缺失、断裂、脱焊、锈蚀		
	接地装置	完好有效		
	资料核查	新建房屋的防雷系统验收资料齐全		
		防雷安全检查检测记录完整		

备注:

1. 排查周期一般为半年 1 次,特定内容的检查周期按相关特定要求或标准规范执行。

2. 当校舍建筑结构出现裂缝或变动结构主体以及其他可能影响安全使用的情况发生时,应根据情况制订排查计划和次数。

第十节　构筑物安全检查

（建筑场地、地基基础、上部结构、建筑构件及部件、电梯设备、消防系统、防雷设施）

检查类别	检查内容	检查要求	检查结果	处理办法
砌体构筑物	场地位置	墙体位移（倾斜）或变形		
		承重构件		
混凝土构筑物	房屋建筑主体	无明显倾斜		
	外观质量	无明显腐蚀、剥落、蜂窝、孔洞、疏松		
		无明显位移（倾斜）或变形		
		无明显裂缝		
		无环境侵蚀损伤		
		无人为损伤等		
	钢筋	无明显露筋、锈蚀		
	连接部位	无明显缺陷		
钢构件	构件外观质量	无明显变形、锈蚀		
	焊缝质量	焊缝饱满，无裂纹		
木构件	节点	无明显松动或拔榫		
	木构架	无明显倾斜和歪闪		
	木柱	无明显糟朽和虫蛀		
石构件	基础和整体构件	底部及构件无明显变形		
	石材	无明显风化		

注意：

1. 排查周期一般为半年 1 次，特定内容的检查周期按相关特定要求或标准规范执行。

2. 当校舍建筑结构出现裂缝或变动结构主体以及其他可能影响安全使用的情况发生时，应根据情况制订排查计划和次数。

第四章 学校安全管理检查标准指引

第一节 学校安全通用检查标准

环境安全、疏散通行宽度、校园出入口、校园道路、走道、楼梯、教室疏散

检查类别	检查要求	检查结果	处理办法
环境安全	《中小学校设计规范》8.1.1 中小学校应装设周界视频监控、报警系统。有条件的学校应接人当地的公安机关监控平台。中小学校安防设施的设置应符合现行国家标准《安全防范工程技术规范》GB 50348 的有关规定；		
	《中小学校设计规范》8.1.2 中小学校建筑设计应符合现行国家标准《建筑抗震设计规范》GB 50011《建筑设计防火规范》GB 50016 的有关规定；		
	《中小学校设计规范》8.1.3 学校设计所采用的装修材料、产品、部品应符合现行国家标准《建筑内部装修设计防火规范》（GB 50222）、《民用建筑工程室内环境污染控制规范》（GB 50325）的有关规定及国家有关材料、产品、部品的标准规定；		
	《中小学校设计规范》8.1.4 体育场地采用的地面材料应满足环境卫生健康的要求；		
	《中小学校设计规范》8.1.5 临空窗台的高度不应低于0.90m；		
	《中小学校设计规范》8.1.6 上人屋面、外廊、楼梯、平台、阳台等临空部位必须设防护栏杆，防护栏杆必须牢固、安全，高度不应低于1.10m。防护栏杆最薄弱处承受的最小水平推力应不小于1.5kN/m；		

检查类别	检查要求	检查结果	处理办法
环境安全	《中小学校设计规范》8.1.7 以下路面、楼地面应采用防滑构造做法，室内应装设密闭地漏：疏散通道；教学用房的走道；科学教室、化学实验室、热学实验室、生物实验室、美术教室、书法教室、游泳池（馆）等有给水设施的教学用房及教学辅助用房；卫生室（保健室）、饮水处、卫生间、盟洗室、浴室等有给水设施的房间。		
	《中小学校设计规范》8.1.8 教学用房的门窗设置应符合下列规定：疏散通道上的门不得使用弹簧门、旋转门、推拉门、大玻璃门等不利于疏散通畅、安全的门；各教学用房的门均应向疏散方向开启，开启的门扇不得挤占走道的疏散通道；靠外廊及单内廊一侧教室内隔墙的窗开启后，不得挤占走道的疏散通道，不得影响安全疏散；二层及二层以上的临空外窗的开启扇不得外开。		
疏散通行宽度	《中小学校设计规范》8.1.9 在抗震设防烈度为6度或6度以上地区建设的实验室不宜采用管道燃气作为实验用的热源。		
	《中小学校设计规范》8.2.1 中小学校内，每股人流的宽度应按0.60m计算。		
	《中小学校设计规范》8.2.2 中小学校建筑的疏散通道宽度最少应为2股人流，并应按0.60m的整数倍增加疏散通道宽度。		
	《中小学校设计规范》8.2.3 中小学校建筑的安全出口、疏散走道、疏散楼梯和房间疏散门等处每100人的净宽度应按表8.2.3计算。同时，教学用房的内走道净宽度不应小于2.40m，单侧走道及外廊的净宽度不应小于1.80m。		
	《中小学校设计规范》8.2.4 房间疏散门开启后，每樘门净通行宽度不应小于0.90m		
校园出入口	《中小学校设计规范》8.3.11 中小学校的校园应设置2个出入口。出入口的位置应符合教学、安全、管理的需要，出入口的布置应避免人流、车流交叉。有条件的学校宜设置机动车专用出入口。		
	《中小学校设计规范》8.3.12 中小学校校园出入口应与市政交通衔接，但不应直接与城市主干道连接。校园主要出入口应设置缓冲场地。		

检查类别	检查要求	检查结果	处理办法
校园道路	《中小学校设计规范》8.4.1 校园内道路应与各建筑的出入口及走道衔接，构成安全、方便、明确、通畅的路网。		
	《中小学校设计规范》8.4.2 中小学校校园应设消防车道。消防车道的设置应符合现行国家标准《建筑设计防火规范》GB 50016 的有关规定。		
	《中小学校设计规范》8.4.3 校园道路每通行 100 人道路净宽为 0.70m，每一路段的宽度应按该段道路通达的建筑物容纳人数之和计算，每一路段的宽度不宜小于 3.100m		
	《中小学校设计规范》8.4.4 校园道路及广场设计应符合国家现行标准的有关规定。		
	《中小学校设计规范》8.4.5 校园内人流集中的道路不宜设置台阶。设置台阶时，不得少于 3 级。		
	《中小学校设计规范》8.4.6 校园道路设计应符合现行国家标准《建筑设计防火规范》GB 50016 的有关规定。		
建筑出入口	《中小学校设计规范》8.5.1 校园内除建筑面积不大于 200 时，人数不超过 50 人的单层建筑外，每栋建筑应设置 2 个出入口。非完全小学内，单栋建筑面积不超过 500 时，且耐火等级为一、二级的低层建筑可只设 1 个出入口。		
	《中小学校设计规范》8.5.2 教学用房在建筑的主要出入口处宜设门厅。		
	《中小学校设计规范》8.5.3 教学用建筑物出入口净通行宽度不得小于 1.40m，门内与门外各 1.50m 范围内不宜设置台阶。		
	《中小学校设计规范》8.5.4 在寒冷或风沙大的地区，教学用建筑物出入口应设挡风间或双道门。		
	《中小学校设计规范》8.5.5 教学用建筑物的出入口应设置无障碍设施，并应采取防止上部物体坠落和地面防滑的措施。		
	《中小学校设计规范》8.5.6 停车场地及地下车库的出入口不应直接通向师生人流集中的道路。		
走道	《中小学校设计规范》8.6.1 教学用建筑的走道宽度应符合下列规定：1 应根据在该走道上各教学用房疏散的总人数，按照本规范表 8.2.3 的规定计算走道的疏散宽度；2 走道疏散宽度内不得有壁柱、消火栓、教室开启的门窗扇等设施。		

检查类别	检查要求	检查结果	处理办法
走道	《中小学校设计规范》8.6.2 中小学校的建筑物内，当走道有高差变化应设置台阶时，台阶处应有天然采光或照明，踏步级数不得少于3级，并不得采用扇形踏步。当高差不足3级踏步时，应设置坡道。坡道的坡度不应大于1:8，不宜大于1:12		
楼梯	8.7.1 中小学校建筑中疏散楼梯的设置应符合现行国家标准《民用建筑设计通则》GB 50352、《建筑设计防火规范》GB 50016和《建筑抗震设计规范》GB 50011的有关规定。		
	《中小学校设计规范》8.7.2 中小学校教学用房的楼梯梯段宽度应为人流股数的整数倍。梯段宽度不应小于1.20m，并应按0.60m的整数倍增加梯段宽度。每个梯段可增加不超过0.15m的摆幅宽度。		
	《中小学校设计规范》8.7.3 中小学校楼梯每个梯段的踏步级数不应少于3级，且不应多于18级，并应符合下列规定：各类小学楼梯踏步的宽度不得小于0.26m，高度不得大于0.15m；2 各类中学楼梯踏步的宽度不得小于0.28m，高度不得大于0.16m		
	《中小学校设计规范》楼梯的坡度不得大于30°		
	《中小学校设计规范》8.7.4 疏散楼梯不得采用螺旋楼梯和扇形踏步。		
	8.7.5 楼梯两梯段间楼梯井净宽不得大于0.11 m，大于0.11m时，应采取有效的安全防护措施。两梯段扶于间的水平净距宜为0.10m至0.20m。		
	《中小学校设计规范》8.7.6 中小学校的楼梯扶手的设置应符合下列规定： 1 楼梯宽度为2股人流时，应至少在一侧设置扶手； 2 楼梯宽度达3股人流时，两侧均应设置扶手； 3 楼梯宽度达4股人流时，应加设中间扶手，中间扶手两侧的净宽均应满足本规范第8.7.2条的规定； 4 中小学校室内楼梯扶手高度不应低于0.90m，室外楼梯扶手高度不应低于1.10m；水平扶手高度不应低于1.10m 5 中小学校的楼梯栏杆不得采用易于攀登的构造和花饰；杆件或花饰的楼空处净距不得大于0.11m		

检查类别	检查要求	检查结果	处理办法
楼梯	《中小学校设计规范》8.7.7 除首层及顶层外，教学楼疏散楼梯在中间层的楼层平台与梯段接口处宜设置缓冲空间，缓冲空间的宽度不宜小于梯段宽度。		
	《中小学校设计规范》8.7.8 中小学校的楼梯两相邻梯段间不得设置遮挡视线的隔墙。		
	《中小学校设计规范》8.7.9 教学用房的楼梯间应有天然采光和自然通风。		
教室疏散	《中小学校设计规范》8.8.1 每间教学用房的疏散门均不应少于2 个，疏散门的宽度应通过计算；同时，每撞疏散门的通行净宽度不应小于 0.90m。		
	《中小学校设计规范》当教室处于袋形走道尽端时，若教室内任一处距教室门不超过 15.00m ，且门的通行净宽度不小于1.50m 时，可设 1 个门。		
	《中小学校设计规范》8.8.2 普通教室及不同课程的专用教室对教室内桌椅间的疏散走道宽度要求不同，教室内疏散走道的设置应符合本规范第 5 章对各教室设计的规定。		

第二节　学校周边环境安全检查

（学校周边、选址与安全评估、建筑内外、围墙、校门、门卫室、绿化装饰）

检查类别	检查内容	检查结果	处理办法
校园周边	《中小学校设计规范》与《建筑设计防火规范》规定：是否有生产或销售有毒有害、易燃易爆或其他危险品的工厂、加油（汽）站和商店等；		
	《中小学校设计规范》4.1.3 是否远离殡仪馆、医院的太平间、传染病院等建筑；		
	《中小学校设计规范》4.1.8 高压电线、长输天然气管道、输油管道是否穿越或跨越学校校园；当在学校周边敷设时，安全防护距离及防护措施是否符合相关规定。		
	校园周边区域的山体、水流对学校建筑物、活动场所、通道等是否存在潜在的安全隐患；		
	校园附近是否设有学校标志，学校门前道路是否设有禁停警示、限速标志线，过街路是否设交通信号灯、人行横道线、减速带等；		
	有无精神病患者、不良团伙敲诈勒索学生现象及其他违法行为；		
	学校周边有无设立电子游戏场所，200 米内有无网吧，文化娱乐设施是否符合规定，有无非法经营的报刊点、音像店、小卖部、饮食摊点等；		
	《中小学校设计规范》学校教学区的声环境质量应符合现行国家标准《民用建筑隔声设计规范》的有关规定。学校主要教学用房设置窗户的外墙与铁路路轨的距离不应小于 300m，与高速路、地上轨道交通线或城市主干道的距离不应小于 80m。当距离不足时，应采取有效的隔声措施。		
校园周边	《中小学校设计规范》学校周界外 25 米范围内已有邻里建筑处的噪声级是否超过现行国家标准《民用建筑隔声设计规范》有关规定的限值		

检查类别	检查内容	检查结果	处理办法
选址	《中小学校设计规范》4.1.1：是否在阳光充足、空气流动、场地干燥、排水通畅、地势较高的宜建地段；校内是否有布置运动场地和提供设置基础市政设施的条件。		
	《中小学校设计规范》4.1.2：是否建设在地震、地质塌裂、暗河、洪涝等自然灾害及人为风险高的地段和污染超标的地段。校园及校内建筑与污染源的距离是否符合对各类污染源实施控制的国家现行有关标准的规定。		
	校园及校内建筑与污染源的距离应是否符合对各类污染源实施控制的国家现行有关标准的规定；		
	是否在地震、地质塌裂、暗河、洪涝等自然灾害及人为风险高的地段和污染超标的地段；		
安全评估鉴定	对校舍场址遭受洪涝、台风、雷电、地质灾害、地震地质灾害、火灾危害等安全隐患是否进行全面排查，是否请专业部门做过专项评估；		
	是否委托有资质的鉴定机构对校舍建筑、抗震、抗水、耐火等做过安全鉴定；		
建筑外观	建筑结构参照第一编检查，以下为日常安全检查项；		
	地基是否牢固，是否受其他新建校舍影响，有无变形塌陷现象；		
	外墙有无墙皮隆起、龟裂、剥落、缝隙等；		
	柱体有无倾斜、变形、裂缝，有无混凝土脱落、钢筋裸露、锈蚀等现象；		
	附着在建筑上的标牌、标语是否有松动、脱落迹象；		
	平房房顶是否变形、塌陷、缺瓦等。		
	平房根基是否有积水和浸泡隐患；		
	可能出现的其他安全隐患；		
	建筑结构参照第一编检查，以下为日常安全检查项；		
	墙体有无变形、开裂，墙表皮是否鼓起、龟裂、剥落等；		
建筑内部	楼梯梯面防滑砖、防滑条有无脱落，楼梯地面有无裂缝，楼梯台阶有无缺损，楼梯扶手是否牢固、结实、完整，有无裂破或异物突出，楼梯间照明设置有无损坏；		
	走廊、地面是否平整，有无裂缝、凹陷、积水等；		
	柱体有无倾斜、变形、裂缝、钢筋裸露、锈蚀等现象；		
	天花板有无开裂、变形、脱落、漏水现象；		
	通过平房检查口检查房梁是否有变形、损坏、虫洞、腐朽等现象。		

检查类别	检查内容	检查结果	处理办法
绿化设施	学校周边、围墙内外有无大型树木枯死、残枝，以及坠落可能；		
	校内外附近绿化带沉陷、塌陷迹象；		
	绿化带中的井盖是否完好，突出地面的水管、龙头是否标示；		
	绿化植物是否有剧毒、刺伤、过敏物等；		
	绿化带护栏是否明显识别，护栏是否有尖锐物；		
	绿化带、花园、花池中是否有不利学生健康或安全的植物；		
围墙	围墙高度是否符合《中小学校设计标准》要求，教学用房及学生公共活动区的墙面宜设置墙裙，墙裙高度是否符合：各类小学的墙裙高度不宜低于1.20m；各类中学的墙裙高度不宜低于1.40m；舞蹈教室、风雨操场墙裙高度不应低于2.10m		
	是否有墙皮及硬物坠落隐患；		
	围墙、围栏是否架设钢丝或铁丝网等障碍物隐患；		
	围墙是否全封闭；		
	围墙是否坚固、无倾斜或倒塌迹象；		
围墙	围墙、围栏上方是否有电线架设及导电隐患；是否设有铁丝线网，砖混砌体墙头是否设有玻璃渣等尖锐障碍物；		
	围墙、围栏上是否有通电灯箱、标语，未接电源的是否有牢固；		
	围墙是否在校门口醒目位置设置校园周边综治部门责任公示牌；		
	围墙是否张贴重大安全隐患举报电话		
校门	校门门墩根基是否倾斜；		
	校门安装是否牢固，固件是否松动、脱落等；		
	电动校门是否定期和不定期进行安检测试，漏电保护是否合格；		
	校门是否安装金属防护门，是否牢固；是否有裸露尖锐物；		
	校门前是否明示车辆禁停禁放标线、警示		
门卫室	门卫室是否独立，是否紧临校门；		
	四表（外来人员出入登记表、外来车辆出入登记表、家长送物登记表、学生中途出入校登记表）是否健全，登记是否规范；		
	保安巡逻、值班记录是否规范、完整；		
	值班电话及一键报警装置是否正常、畅通；		
	安保制度、保安信息、岗位职责是否上墙公示，是否张贴学校重点安保部门示意图；		
	是否规范用电，是否在照明线上使用大功率电器，是否使用电热毯（褥）；		
	是否清楚学校当日带班领导、值班人员电话，是否定时开关校门；		
	室内是否干净整洁、无杂物，电路、电器设置无隐患；		
	门卫室视线是否开阔，可见校外50－100米范围状况；		

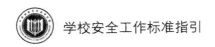

第三节 安防设施安全检查标准

（基本要求、人防、物防、技防）

检查类别	检查要求	检查结果	处理办法
基本要求	是否按照公安部、教育部制定的《中小学、幼儿园安全技术防范系统要求》（GB/T29315—2012）实施安防措施；		
	《中小学、幼儿园安全技术防范系统要求》学校大门外一定区域是否设置视频监控装置，监视及回放图像是否能清晰显示监视区域内学生出入校园、人员活动和治安秩序情况。		
	《中小学、幼儿园安全技术防范系统要求》学校周界是否设置实体屏障，宜设置周界入侵报警装置；		
	《中小学、幼儿园安全技术防范系统要求》学校大门口是否设置视频监控装置，监视及回放图像是否能清楚辨别进出人员的体貌特征和进出车辆的车型及车牌号；		
	《中小学、幼儿园安全技术防范系统要求》学校大门口是否配置隔离装置，用于在学生上学、放学的人流高峰时段，大门内外一定区域内通过隔离装置设备临时隔离区，作为学生接送区；		
	《中小学、幼儿园安全技术防范系统要求》学校大门口宜设置对学生、教职员工、访客等人员进行身份识别的出入口控制通道装置；		
	《中小学、幼儿园安全技术防范系统要求》学校门卫室（传达室）是否设置紧急报警装置		
	室外人员集中活动区域（操场等）是否设置视频监控装置，监视及回放图像应能清晰显示监视区域内人员活动情况		

检查类别	检查要求	检查结果	处理办法
基本要求	《中小学、幼儿园安全技术防范系统要求》教学区域内中出入的主要通道和出入口是否设置视频监控装置		
	《中小学、幼儿园安全技术防范系统要求》学生宿舍楼（区）的出入品是否设置视频监控装置，监控及回放图像应清楚辨别出入人员的体貌特征，可设置出入口控制装置		
	《中小学、幼儿园安全技术防范系统要求》学生宿舍楼（区）的值班室是否设置紧急报警装置		
	《中小学、幼儿园安全技术防范系统要求》食堂操作间和储藏室的出入品是否设置视频监控装置、操作间、储藏室和就餐区域宜设置视频监控装置，监视及回放图像应能辨别人员活动情况；		
	《中小学、幼儿园安全技术防范系统要求》易燃易爆等危险品储存室、实验室是否有实体防护措施，应设置入侵报警装置，宜设置视频监控装置；		
	《中小学、幼儿园安全技术防范系统要求》贵重物品存放处（财务室等）是否有实体防护措施，是否设置入侵报警装置，宜设置视频监控装置；		
	《中小学、幼儿园安全技术防范系统要求》安防监控室有实体防护措施，应设置紧急报警装置，并配置通讯工具；应设置广播装置接入校园广播系统，用于突发事件时的人员疏散及应急指控；宜设置视频监控装置。		
	《中小学、幼儿园安全技术防范系统要求》水电气热等设备间（配电室、锅炉室、水泵房等）就有实体防护措施是否设置视频入侵报警装置；		
	《中小学、幼儿园安全技术防范系统要求》重点部位和区域是否设置电子巡查装置；		
	《中小学、幼儿园安全技术防范系统要求》其他部位和区域是否根据实际需要设置相应防范措施；		

检查类别	检查要求	检查结果	处理办法
人防	《中小学、幼儿园安全技术防范系统要求》是否按照学校规模配备保安人员；		
	保安岗前是否经过专业培训，是否持证上岗；		
	保安人员的年龄是否处于 18 至 55 周岁间，最大年龄不应超过 60 岁；		
	保安人员的着装及器械佩戴是否规范，是否熟知警用器械的使用方法；		
	是否在重点时段、重点区域做到见警察、见警车、见警灯；		
	是否建有教职工校园巡查队伍；		
物防	学校是否建有校园警务室；		
	是否设有一键报警装置，是否设有可以直拨固定电话；		
	防护器械（警棍、钢盔、防割手套、防刺背心、钢叉、警哨、强光手电等）是否按标准配齐；悬挂、摆放是否便于紧急使用；		
	防护器械使用功能是否正常；		
技防	校门口、校园周边角落是否安装视频监控系统；		
	校园围墙是否安装防入侵系统；		
	门卫室是否安装一键式报警器，是否与 110 联网；		
	校园内重点部位（财务室、实验室、教学楼、图书馆、食堂、仓库、操场、楼道、重要出入口、学生公寓、化学药品库、地下自行车库等）是否安装监控设备，且使用正常		
	监控点布局是否合理，设备是否运转正常		
	监控是否设专人专室，《安全监控值班记录》登记是否详细规范；		
	拍摄角度是否全覆盖、图像是否清晰；		
	监控时间误差是否不超过 30 秒，监控图像存储是否达 15 天以上；		
	视频回放是否能准确调取；		

第四节　教学场所安全检查标准

（教学楼道、安全出口、教室疏散、教学楼梯、普通教室、专用教室、实验室、
计算机教室、语言教室、合班教室、美术书法教室、舞蹈教室）

检查类别	检查要求	检查结果	处理办法
教学楼道	一楼大厅是否张贴疏散示意图与室外疏散区域图2个总图，二层以上是否张贴本层2个示意图；		
	楼道通道口处、楼门口是否安装符合要求的"安全出口"标志，楼道内与楼梯转角处是否正确张贴安全疏散标识；		
	室内楼梯栏杆的高度不应低于900mm，室外楼梯及水平栏杆高度不低于1200mm；		
	梯道内照明设施是否安全且使用正常；		
	上下楼梯处是否安装应急灯；应急灯安装是否符合安全标准与规范；		
	应急出口是否始终开启；		
	楼内消防栓门是否容易开关，是否水源充足、水压符合标准，水带是否悬挂规范；		
	是否在明显和便于取用的地点放置灭火器，灭火器是否足量配备，是否按期年检，是否压力充足，是否张贴操作示意图		
	学生集中上下楼梯时是否有值勤人员进行疏导		
	楼道宽度是否符合应急疏散安全标准；		
	楼道是否长期或零时存放、摆放花盆及其它装饰物；是否有阻碍正常通行障碍物；		
	楼道护栏、窗台是否高度达标及坚固；		
安全出口	中小学校疏散通道宽度最少应为2股人流，并应按0.60m的整数倍增加疏散通道宽度；		
	中小学校建筑的安全出口、疏散走道、疏散楼梯和房间疏散门等处每100人的净宽度是否按照《中小学校设计规范》（GB50099－2011）表8.2.3计算。教学用房的内走道净宽度不应小于2.40m，单侧走道及外廊的净宽度不应小于1.80m		
	校园内除建筑面积不大于200m²，人数不超过50人的单层建筑外，每栋建筑是否设置2个出入口。非完全小学内，单栋建筑面积不超过500m²，且耐火等级为一、二级的低层建筑可只设1个出入口。		

检查类别	检查要求	检查结果	处理办法
安全 出口	教学用房在建筑的主要出入口处是否设门厅		
	教学用建筑物出入口净通行宽度不得小于 1.40m，门内与门外各 1.50m 范围内不宜设置台阶；		
	在寒冷或风沙大的地区，教学用建筑物出入口应设挡风间或双道门。		
	教学用建筑物的出入口是否设置无障碍设施，并应采取防止上部物体坠落和地面防滑的措施。		
教室 疏散	《中小学校设计规范》每间教学用房的疏散门均不应少于 2 个，疏散门的宽度应通过计算；同时，每樘疏散门的通行净宽度不应小于 0.90m。当教室处于袋形走道尽端时，若教室内任一处距教室门不超过 15.00m，且门的通行净宽度不小于 1.50m 时，可设 1 个门。		
	《中小学校设计规范》普通教室及不同课程的专用教室对教室内桌椅间的疏散走道宽度要求不同，教室内疏散走道的设置应符合《中小学设计规范》第 5 章对各教室设计规定		
	《中小学校设计规范》中小学校普通教室课桌椅的排距不宜小于 0.90m，独立的非完全小学可为 0.85m；		
教室 疏散	《中小学校设计规范》教室最后排座椅之后是否设横向疏散走道；自最后排课桌后沿至后墙面或固定家具的净距不应小于 1.10m；		
	《中小学校设计规范》中小学校普通教室内纵向走道宽度不应小于 0.60m，独立的非完全小学可为 0.55m；沿墙布置的课桌端部与墙面或壁柱、管道等墙面突出物的净距不宜小于 0.15m；		
	《中小学校设计规范》台阶处应有天然采光或照明，踏步级数不得少于 3 级，并不得采用扇形踏步。当高差不足 3 级踏步时，是否设置坡道。坡道的坡度不应大于 1：8，不宜大于 1：12。		
	疏散楼梯的设置是否符合现行国家标准《民用建筑设计通则》GB50352		
	《中小学校设计规范》小学校教学用房的楼梯梯段宽度是否为人流股数的整数倍。梯段宽度不应小于 1.20m，是否按 0.60m 的整数倍增加梯段宽度。每个梯段可增加不超过 0.15m 的摆幅宽度；		
	《中小学校设计规范》中小学校楼梯每个梯段的踏步级数不应少于 3 级，且不应多于 18 级，并应符合：各类小学楼梯踏步的宽度不得小于 0.26m，高度不得大于 0.15m；各类中学楼梯踏步的宽度不得小于 0.28m，高度不得大于 0.16m；楼梯的坡度不得大于 30°		
	疏散楼梯不得采用螺旋楼梯和扇形踏步；		

检查类别	检查要求	检查结果	处理办法
教室 疏散	《中小学校设计规范》中小学校室内楼梯扶手高度不应低于0.90m，室外楼梯扶手高度不应低于1.10m；水平扶手高度不应低于1.10m；		
	《中小学校设计规范》中小学校的楼梯栏杆不得采用易于攀登的构造和花饰；杆件或花饰的镂空处净距不得大于0.11m；		
教室 疏散	中小学校的楼梯扶手上是否加装防止学生溜滑的设施		
	除首层及顶层外，教学楼疏散楼梯在中间层的楼层平台与梯段接口处宜设置缓冲空间，缓冲空间的宽度不宜小于梯段宽度；		
	中小学校的楼梯两相邻梯段间不得设置遮挡视线的隔墙；		
	教学用房的楼梯间应有天然采光和自然通风		
	楼梯两梯段间楼梯井净宽不得大于0.11m，大于0.11m时，应采取有效的安全防护措施		
	两梯段扶手间的水平净距宜为0.10m至0.20m		
	《中小学校设计规范》楼梯扶手的设置应符合：1.楼梯宽度为2股人流时，应至少在一侧设置扶手；2.楼梯宽度达3股人流时，两侧均应设置扶手；3.1楼梯宽度达4股人流时，应加设中间扶手，中间扶手两侧的净宽均应满足《中小学设计规范》第8.7.2条的规定；		
普通 教室	《农村普通中小学建设标准》第31条：小学的普通教室应在三层及以下，初级中学的普通教室应在四层及以下；		
	《农村普通中小学建设标准》第33条：教学用房的层高，小学不宜低于3.6m，初级中学不宜低于3.9m		
	《城市普通中小学校舍建设标准》第16条：小学的普通教室宜在四层以下，不宜超过四层；中学的普通教室宜在五层以下，不宜超过五层。其他教学、办公用房可根据使用要求设计。 第17条：普通教室的层高，小学不宜低于3600mm；中学不宜低于3800mm。		
	所有的灯光设备是否安装正确且条件良好和清洁，有无暴露的灯泡；		
	天花板是否开裂、变形、脱落、漏水；		
	学生桌椅是否修缮完好，确保每个螺丝钉都很紧。		
	讲台是否牢固结实，无晃动。		
	地面是否平整，墙面是否鼓起、龟裂、剥落；		
	黑板固定是否牢固；		
	悬吊的电扇是否牢固；		

检查类别	检查要求	检查结果	处理办法
普通教室	悬挂在墙上视听器材、教具等高度是否合适，是否牢固；		
	教室前后门是否开合正常，门上的玻璃是否结实；		
	电器设备和灯光开关是否完好；		
	裸露的电线、电器连接线等是否有安全隐患；		
	暖气片是否有覆盖以防止学生撞伤；		
	为方便学生提供的挂衣钩是否高于班内最高学生身高；		
	窗台上摆放的花草是否可能刺伤学生或可能造成学生花粉过敏。		
	电教仪器的线路是否裸露在外，是否老化，是否盘绕错综，电线质量是否过关，是否存在电线发热量高等问题；教室的后门是否能在出现紧急情况下及时开启；		
	每个教室是否张贴本班疏散示意图与室外疏散区域图；		
专用教室管理制度	是否明确安全责任人，是否签订安全责任书		
	是否有具体可操作的管理规章制度并上墙明示（安全管理规章制度、岗位安全责任制度、实验室操作规范流程）		
	是否结合教学实际制订专用教室（含实验室）各种活动应急预案		
	单体（栋）建筑专用教室、实验室是否在一楼大厅悬挂疏散示意图与室外疏散区域图，二层以上是否悬挂分层图，楼道内疏散标识是否全覆盖，楼内通道口与楼门口是否悬挂"安全出口"标志，照明与应急照明设施是否安全且能正常使用；		
	是否配备专门的电源箱，是否内置自动电源开关，是否违规使用刀闸开关；		
	实验室内水、电、气的阀门标识是否明显；		
	室内是否配有专用灭火器或沙土，管理人员是否能熟练使用消防设备；		
实验室	是否严格按照相关规定，做好含实验废弃物的分类、收集、处置工作		
	是否按废弃物类别配备相应的收集容器，容器是否有破损、盖子损坏或其它可能导致废弃物泄漏的隐患		
	是否在废弃物收集容器上粘贴危险废弃物标签，明显标示其中的废弃物名称、主要成分与性质，并保持清晰可见		
	是否将危险废弃物收集容器存放在符合安全与环保要求的室内特定区域，且做好相应的记录；		
	最后排座椅之后应设横向疏散走道；		
	《中小学校设计规范》自最后排实验桌后沿至后墙面或固定家具的净距不应小于1.20m；		

检查类别	检查要求	检查结果	处理办法
实验室	《中小学校设计规范》双人单侧操作时，中间纵向走道的宽度不应小于0.70m；四人或多于四人双向操作时，中间纵向走道的宽度不应小于0.90m；		
	《中小学校设计规范》沿墙布置的实验桌端部与墙面或壁柱、管道等墙面突出物间宜留出疏散走道，净宽不宜小于0.60m；另一侧有纵向走道的实验桌端部与墙面或壁柱、管道等墙面突出物间可不留走道，但净距不宜小于0.15m；		
	实验用物品的购买、保管、使用、登记、回收、销毁等是否专人专管；		
	是否对实验室化学品（试剂）的领用、消耗、回收及时登记，是否建档备查；		
	危险化学品、放射物质等是否分类存放，是否存放在符合规定的安全地方或专门的保险柜，是否实行双人双锁；		
	实验室电源、水源、排气设施等是否安全无隐患；		
	化学用酒精灯、试管、玻璃器皿等是否耐用安全，存放整洁有序；		
	《中小学校设计规范》：化学实验室宜设在建筑物首层。是否除符合《中小学设计规范》第5.3.11条规定外，化学实验室并应附设药品室。化学实验室、化学药品室的朝向不宜朝西或西南；		
	演示实验室中，桌椅排距不应小于0.90m；演示实验室纵向走道宽度不应小于0.70m；		
	《中小学校设计规范》：边演示边实验的阶梯式实验室中，阶梯的宽度不宜小于1.35m；边演示边实验的阶梯式实验室的纵向走道是否有便于仪器药品车通行的坡道，宽度不应小于0.70m		
	《中小学校设计规范》：每一化学实验桌的端部应设洗涤池；岛式实验桌可在桌面中间设通长洗涤槽；		
	每一间化学实验室内是否至少设置一个急救冲洗水嘴，急救冲洗水嘴的工作压力不得大于0.01MPa。		
	《中小学校设计规范》：化学实验室的外墙至少应设置2个机械排风扇，排风扇下沿应在距楼地面以上0.10m至0.15m高度处。在排风扇的室内一侧应设置保护罩，采暖地区应为保温的保护罩。在排风扇的室外一侧应设置挡风罩。实验桌应有通风排气装置，排风口宜设在桌面以上。药品室的药品柜内应设通风装置。		
	《中小学校设计规范》：化学实验室、药品室、准备室是否采用易冲洗、耐酸碱、耐腐蚀的楼地面做法，并装设密闭地漏；		
	《中小学校设计规范》：演示实验室内最后排座位之后，应设横向疏散走道，疏散走道宽度不应小于0.60m，净高不应小于2.20m		

检查类别	检查要求	检查结果	处理办法
计算机教室	《中小学校设计规范》：计算机教室的课桌椅布置是否符合：单人计算机桌平面尺寸不应小于0.75m×0.65m。前后桌间距离不应小于0.70m；学生计算机桌椅可平行于黑板排列；也可顺侧墙及后墙向黑板成半围合式排列；课桌椅排距不应小于1.35m；纵向走道净宽不应小于0.70m；沿墙布置计算机时，桌端部与墙面或壁柱、管道等墙面突出物间的净距不宜小于0.15m		
	《中小学校设计规范》计算机教室的室内装修应采取防潮、防静电措施，并宜采用防静电架空地板，不得采用无导出静电功能的木地板或塑料地板。当采用地板采暖系统时，楼地面需采用与之相适应的材料及构造做法。		
语言教室	《中小学校设计规范》：中小学校设置进行情景对话表演训练的语言教室时，可采用普通教室的课桌椅，也可采用有书写功能的座椅。并应设置不小于20m² 的表演区。		
	《中小学校设计规范》：语言教室宜采用架空地板。不架空时，应铺设可敷设电缆槽的地面垫层。		
合班教室	《中小学校设计规范》：各类小学宜配置能容纳2个班的合班教室。当合班教室兼用于唱游课时，室内不应设置固定课桌椅，并应附设课桌椅存放空间。		
	容纳3个班及以上的合班教室是否设计为阶梯教室；		
	《中小学校设计规范》（GB50099－2011）合班教室课桌椅的布置是否符合：每个座位的宽度不应小于0.55m，小学座位排距不应小于0.85m，中学座位排距不应小于0.90m		
	《中小学校设计规范》：纵向、横向走道宽度均不应小于0.90m，		
	《中小学校设计规范》：当座位区内有贯通的纵向走道时，若设置靠墙纵向走道，靠墙走道宽度可小于0.90m，但不应小于0.60m；最后排座位之后应设宽度不小于0.60m的横向疏散走道；		
美术书法教室	《中小学校设计规范》（GB50099－2011）5.7.4 美术教室应设置书写白板，宜设存放石膏像等教具的储藏柜。在地质灾害多发地区附近的学校，教具储藏柜应与墙体或楼板有可靠的固定措施。		
	美术教室物品管理使用是否建章立制；		
	《中小学校设计规范》书法条案的布置应符合：条案的平面尺寸宜为1.50m×0.60m，可供2名学生合用；条案宜平行于黑板布置；条案排距不应小于1.20m；纵向走道宽度不应小于0.70m		

检查类别	检查要求	检查结果	处理办法
舞蹈教室	《中小学校设计规范》5.9.2 舞蹈教室应附设更衣室，宜附设卫生间、浴室和器材储藏室。		
	5.9.3 舞蹈教室应按男女学生分班上课的需要设置。		
	5.9.4 舞蹈教室内应在与采光窗相垂直的一面墙上设通长镜面，镜面含镜座总高度不宜小于 2.10m，镜座高度不宜大 0.30m。镜面两侧的墙上及后墙上应装设可升降的把杆，镜面上宜装设固定把杆。把杆升高时的高度应为 0.90m；把杆与墙间的净距不应小于 0.40m		
	5.9.5 舞蹈教室宜设置带防护网的吸顶灯。采暖等各种设施应暗装。		
	5.9.7 当学校有地方或民族舞蹈课时，舞蹈教室设计宜满足其特殊需要。		

第五节　宿舍管理安全检查标准

（布局设置、安全管理、消防取暖）

检查类别	检查要求	检查结果	处理办法
布局设置	是否把危房、地下室等作为学生宿舍		
	学生宿舍内是否设置有超市、饭店等经营性场所；		
	宿舍设室外厕所的最远距离是否超过 30 米，是否设有路灯		
	宿舍与教学用房不宜在同一栋建筑中分层，可在同一栋建筑中以防火墙分隔贴建。学生宿舍是否便于自行封闭管理，不得与教学用房合用建筑的同一个出入口。		
	学生宿舍必须男女分区设置，分别设出入口，满足各自封闭管理的要求。		
布局设置	学生宿舍盥洗室门、卫生间门与居室门间的距离不得大于 20.00m² 当每层寄宿学生较多时可分组设置；		
	《中小学校设计规范》学生宿舍每室居住学生不宜超过 6 人。居室每生占用使用面积不宜小于 3.00m²。当采用单层床时，居室净高不宜低于 3.00m；当采用双层床时，居室净高不宜低于 3.10m；当采用高架床时，居室净高不宜低于 3.35m		
	学生宿舍应设置衣物晾晒空间。当采用阳台、外走道或屋顶晾晒衣物时，应采取防坠落措施；		

检查类别	检查要求	检查结果	处理办法
布局 设置	学生宿舍是否设在地下室或半地下室		
	采用高低床的须按照《床类主要尺寸国家标准》中关于高低床护栏高度应大于或等于 20 厘米；目前我国暂缺学生高低床标准。		
	宿舍吊扇、灯具安装是否符合安全距离；		
	宿舍门锁是否完好，应急出口、通道是否畅通；		
宿舍 管理	是否建立宿舍管理日志，填写是否详实、规范；		
	是否每天定时开窗通风，是否定期消毒；		
	是否配备专职或兼职管理人员管理学生宿舍		
	是否落实夜间值班、巡查制度		
宿舍 管理	是否建立宿舍来访人员登记		
	是否有照明等设施久而未修现象；		
	是否坚持对寄宿学生实行早、午、晚三点和定时查铺		
	是否定期对学生衣柜进行安全检查，有无危险品		
	宿舍床架是否存在螺丝松动、上铺防护栏摇晃不牢固、护栏低于		
	寄宿学生提前离校，是否有班主任或专职管理人员签字		
消防	宿舍是否安装应急、消防、通讯、报警、广播设施，消防与逃生通道是否畅通，是否张贴应急疏散示意图与室外避险区域图		
	是否在一楼悬挂疏散示意图与室外疏散区域图，二层以上是否悬挂分层图，楼道内疏散标识是否全覆盖，楼内通道口与楼门口是否悬挂或张贴"安全出口"标志，照明与应急照明设施是否安全且正常使用		
	是否在明显和便于取用的地点放置灭火器，灭火器是否足量配备，是否按期年检，是否压力充足，是否张贴操作示意图，管理人员能否熟练操作灭火设备		
	是否每学期组织学生在午休、夜间等时段，在教室、宿舍、食堂、实验室等场所进行防火、防震逃生疏散演练		
	是否存在私拉乱扯电线、使用大功率电器现象		
	宿舍是否存在使用蜡烛、燃油燃气灯等明火现象，学生有无抽烟现象		
	宿舍是否已采用暖气取暖		
取暖	是否存在使用电褥子等辅助取暖，是否建立安全制度和控制措施；		
	采用电暖气、空调取暖的是否设置了专用线路，并安排专人巡查		
	使用炉火取暖的，是否建立专人负责制；		
	使用热水袋等其他取暖方式的，是否建立规范的制度保障；		
	城市集中供暖的，暖气阀门、气门是否安全可靠，是否有溢水跑水，有严防防止烫伤措施；		

第六节 食堂安全管理检查标准

（食堂设置、资格审批、日常管理、留样、消防应急、校内经营）

检查类别	检查要求	检查结果	处理办法
食堂 设置	《中小学设计规范》6.2.18 食堂与室外公厕、垃圾站等污染源间的距离应大于25.00m；		
	《中小学设计规范》6.2.19 食堂不应与教学用房合并设置，宜设在校园的下风向。厨房的噪声及排放的油烟、气味不得影响教学环境。		
	《中小学设计规范》6.2.20 寄宿制学校的食堂应包括学生餐厅、教工餐厅、配餐室及厨房。走读制学校应设置配餐室、发餐室和教工餐厅。		
	《中小学设计规范》6.2.21 配餐室内应设洗手盆和洗涤池，宜设食物加热设施。		
	《中小学设计规范》6.2.22 食堂的厨房应附设蔬菜粗加工和杂物、燃料、灰渣等存放空间。各空间应避免污染食物，并宜靠近校园的次要出人口。		
	《中小学设计规范》6.2.23 厨房和配餐室的墙面应设墙裙，墙裙高度不应低于2.10m		
	水源地是否设有安全防护和消毒设施；		
资格 审批	食堂是否对外承包，是否签订安全协议书；		
	是否取得餐饮服务许可证和食品卫生许可证，是否在有效期内；		
	食堂内是否设有小卖点，是否依法审批；		
日常 管理	是否制定食品安全和食堂卫生管理制度，是否建立采购查验供货商许可证和食品合格证明制度、食品采购台账制度和食品留样制度，是否上墙公示		
	是否履行食品安全承诺，是否按岗位签定安全责任书		
	食堂从业人员是否每年定期体检，并做到持证上岗		
	是否按照寄宿生每生不少于1.5m² 的标准设置餐厅，并配有一定数量的就餐桌椅		

检查类别	检查要求	检查结果	处理办法
日常管理	是否有相对独立的食品原料存放间、食品加工操作间、食品出售场所		
	食堂加工操作间是否配备有通风、排烟装置；		
	是否配备有效的防蝇、防尘、防鼠、污水排放及存放废弃物的设施设备；		
	是否做到生熟食品分开、副食品与调味品的贮藏分开、烹饪间与烧火间分开（使用煤气或天然气可不分开）		
	学生就餐时是否有值周人员在场管理疏导		
	食堂是否售卖烟酒等违禁食品		
	是否制定关键环节食品加工操作规程、食品安全检查计划以及食品安全突发事件应急处置预案。《餐饮服务许可审查规范》第七条　特大型餐馆、大型餐馆，学校食堂，供餐人数500以上的机关、企事业单位食堂，连锁经营餐饮服务企业总部，集体用餐配送单位应当制定关键环节食品加工操作规程、食品安全检查计划以及食品安全突发事件应急处置预案。		
留样	留存克数是否达100g，留存时间是否达48小时，温度是否控制在4度；		
	留样登记是否规范；		
消毒	是否配备必要的消毒、冷藏、冷冻设备，是否建立物理消毒和化学消毒制度，消毒记录是否登记规范		
	生熟案板、刀具是否分开，炊用具标识是否齐全		
	消毒人员掌握基本消毒知识；		
	餐饮具消毒符合相关要求，确保干净无毒液残留；		
	消毒池与其他水池是否混用；		
食品添加剂管理	食品添加剂使用符合国家有关规定；		
	达到专店采购、专柜贮存、专人负责、专用工具、专用台帐要求；		
	是否建立严格的添加使用规程和管理制度；		

检查类别	检查要求	检查结果	处理办法
票证管理	采购食品及原料、食品添加剂及食品相关产品进货查验、索证索票并具有采购记录台账；		
	不存在国家禁止使用或来源不明的食品及原料、食品添加剂及食品相关产品		
	食用油脂、散装食品、一次性餐盒和筷子的进货渠道符合规定，落实索证索票制度		
	库存食品未超过保质期限，原料贮存符合相关要求		
消防应急	电源使用是否规范，是否超负荷运转；		
	食堂操作间专用灭火器是否配备充足，是否按期年检，是否配备专用箱，是否张贴操作流程图，是否明确责任人		
	是否在学生就餐期间组织进行应急演练		
商店	校园内是否开设商店、小卖部、饮食店等经营场所 商店等是否在主管教育部门备案 小商店等是否具有营业执照		
	商店等是否销售"三无"、过期和不合格食品，是否超执照范围经营		

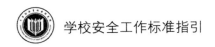
第七节　公用场所安全检查标准

（操场、体育场馆、体艺器材、图书阅览室、卫生间、室外厕所、游泳池游泳馆、室外场地）

检查类别	检查要求	检查结果	处理办法
卫生间设置	《中小学校设计规范》6.2.5 教学用建筑每层均应分设男、女学生卫生间及男女教师卫生间。学校食堂宜设工作人员专用卫生间。当教学用建筑中每层学生少于 3 个班时，男、女生卫生间可隔层设置。		
	《中小学校设计规范》6.2.6 卫生间位置应方便使用且不影响其周边教学环境卫生。		
	《中小学设计规范》6.2.7 在中小学校内，当体育场地中心与最近的卫生间的距离超过 90.00m 时，可设室外厕所。所建室外厕所的服务人数可依学生总人数的 15% 计算。室外厕所宜预留扩建的条件。		
	《中小学校设计规范》6.2.8 学生卫生间卫生洁具的数量应为：男生应至少为每 40 人设 1 个大便器或 1.20m 长大便槽；每 20 人设 1 个小便斗或 0.60m 长小便槽；女生应至少为每 13 人设 1 个大便器或 1.20m 长大便槽；每 40 人至 45 人设 1 个洗手盆或 0.60m 长盟洗槽；卫生间内或卫生间附近应设污水池。		
	《中小学校设计规范》6.2.9 中小学校的卫生间内，厕位蹲位距后墙不应小于 0.30m		
	《中小学校设计规范》6.2.10 各类小学大便槽的蹲位宽度不应大于 0.18m		
	《中小学校设计规范》6.2.11 厕位间宜设隔板，隔板高度不应低于 1.20m		
	《中小学校设计规范 6.2.12 中小学校的卫生间应设前室。男、女生卫生间不得共用一个前室。		

检查类别	检查要求	检查结果	处理办法
卫生间设置	《中小学设计规范6.2.13 学生卫生间应具有天然采光、自然通风的条件，并应安置排气管道。		
	《中小学校设计规范》6.2.14 中小学校的卫生间外窗距室内楼地面 1.70m 以下部分应设视线遮挡措施。		
	《中小学校设计规范6.2.15 中小学校应采用水冲式卫生间。当设置旱厕时，应按学校专用无害化卫生厕所设计。		
	厕所结构是否安全、完整，是否有顶、墙、门、窗和夜间照明设备		
	卫生间设置距离是否符合规范要求；		
卫生情况	厕所蹲位是否达到学生人数规定标准		
	蹲位是否建在蓄粪池上，是否与之有隔断		
	蓄（化）粪池是否加盖		
	是否保持干净、卫生		
	独立厕所与生活饮用水水源和食堂是否相距 25 米以上；		
体艺器材	篮球架、排球架、足球门架、单杠、双杠、肋木、计时台、爬杆等器材的支柱、臂柱、立柱等是否有较严重生锈腐蚀、损坏、开裂、断裂等现象		
	螺丝是否有松动现象，器材晃动是否严重；		
	底座或植埋处是否牢固扎实，电焊处是否有裂开现象		
	篮圈是否有较严重的塌落及松动现象，篮板是否有较严重裂开或晃动现象		
	室外石材乒乓球台底座处是否牢固，场地是否平整，活动间距是否合理；		
风雨操场	《中小学校设计规范》5.10.3 当风雨操场无围护墙时，应避免眩光影响。有围护墙的风雨操场外窗无避免眩光的设施时，窗台距室内地面高度不宜低于 2.10m。窗台高度以下的墙面宜为深色。		
	《中小学校设计规范》5.10.4 根据运动占用空间的要求，应在风雨操场内预留各项目之间设置安全分隔的设施。		

检查类别	检查要求	检查结果	处理办法
风雨操场	《中小学校设计规范》5.10.5 风雨操场内，运动场地的灯具等应设护罩。悬吊物应有可靠的固定措施。有围护墙时，在窗的室内一侧应设护网。		
	《中小学校设计规范》5.10.6 风雨操场的楼、地面构造应根据主要运动项目的要求确定，不宜采用刚性地面。固定运动器械的预埋件应暗设。		
	《中小学校设计规范》5.10.9 体育器材室的门窗及通道应满足搬运体育器材的需要。		
	《中小学校设计规范》5.10.10 体育器材室的室内应采取防虫、防潮措施。		
游泳池游泳馆	《中小学校设计规范》5.10.11 中小学校的游泳池、游泳馆均应附设卫生间、更衣室，宜附设浴室；		
	《中小学校设计规范》5.10.12 中小学校泳池宜为 8 泳道，泳道长宜为 50m 或 25m		
	《中小学校设计规范》5.10.13 中小学校游泳池、游泳馆内不得设置跳水池，且不宜设置深水区。		
	《中小学校设计规范》5.10.14 中小学校泳池入口处应设置强制通过式浸脚消毒池，池长不应小于 2.00m，宽度应与通道相同，深度不宜小于 0.20m。		
	《中小学校设计规范》5.10.15 泳池设计应符合国家现行标准《建筑给水排水设计规范》GB 50015 及《游泳池给水排水工程技术规程》CJJ 122 的有关规定。		
室外场地	跑道、足球场地、篮球场地、排球场地等地面是否平整；		
	煤渣地面、泥地面是否有坑洼或明显突起的石块；		
	跑道的内外突沿是否有破损及缺少的现象；高低不平现象是否较严重；		
	水泥地面、塑胶面是否有大面积开裂；		
	场地周边排水沟、窨井（雨水井、电缆井等）盖板是否牢固，有无损坏、缺少现象；		

第八节　特种设施安全检查标准

（电梯、锅炉、电热水器、压力容器）

检查类别	检查要求	检查结果	处理办法
电梯	是否有电梯安全管理制度，是否签订安全管理责任书；		
	电梯安全管理人员是否持证上岗；		
	是否标有电梯安全警示标志		
	是否标有每年一次的特种设备年检合格标志		
	电梯紧急电话是否可以正常使用；		
	电梯自动开关是否正常；		
锅炉	是否有锅炉安全管理制度，是否签订安全责任书，是否上墙公示岗位职责		
	锅炉工是否经过专业培训，是否持有上岗证		
	炉体是否标有每年一次的检测合格标志		
电热水器	是否张贴触电、防烫伤安全警示标识		
	安装电热水器时是否采取漏保供电式，是否采取可靠接地保护		
	是否设有专人管理，定时开放；		
压力容器液化气瓶	年度检查、全面检查和耐压试验检查是否及时，记录是否完备		
	压力容器的漆色、标志及喷涂的使用证号码是否符合有关规定		
	压力容器的本体、接口部位、焊接接头是否有裂纹、过热、变形、泄露、损伤等		
	外表面有无腐蚀，有无异常结霜、结露等		
	是否张贴或悬挂安全警示标志		

第九节　学校附属物安全检查标准

（校车、雨棚车棚、旗杆、车辆管理）

检查类别	检查要求	检查结果	处理办法
校车	校车运营资质是否齐全合法；		
	校车安全运营管理制度与岗位责任是否健全；		
	校车安全日志记录是否详实、准确；		
	是否按规定及时进行年检、维修		
	是否有专人在车上监护学生，是否存在超载现象		
	驾驶员是否依法取得相应驾证		
	车辆是否已在公安交警部门备案		
	车箱内是否张贴学生乘车须知和乘车规范		
	车辆行车记录仪是否正常，相关数据是否依规存储和备份；		
	校车在线监控系统是否正常，数据是否保存完好；		
雨蓬车棚	钢制雨蓬与建筑主体连接是否牢固，有无生锈		
	棚顶是否有松动，材料是否有老化，是否安装照明灯		
	是否违规在车棚为电动车充电；		
	是否有照明线路老化、导电隐患；		
	雨棚高度及出口是否符合安全标准；		
旗杆	是否牢固，有无倾斜、松动、晃动等现象，滑轮是否结实；		
	绳索是否结实、有风化、老化断裂迹象；		
	旗杆固件是否有松动、脱落、腐朽等隐患；		
	是否制定国旗升降操作规范及制度；		
车辆管理	是否施划专门行驶线路及车辆停放位置，是否设立警示牌		
	是否将学校场地对外开放，租用于停放社会车辆		
	是否有车辆出去登记管理；		
仓库	所保管物品是否符合安全存放要求和存放条件；		
	是否配备足量灭火器材；		
	是否建立安全岗位责任制		
	是否存放易燃易爆等违禁物品		

第十节 学校安全责任制建设标准

（安全工作机构、安全规划、安全会议、安全制度、安全教育、安全演练、安全职责、家校共管）

检查类别	检查要求	检查结果	处理办法
安全工作机构	是否建立学校安全工作领导小组，明确校长是安全工作第一责任人，是否有 1 名副校长分管安全工作；		
	学校是否设立专门的安全保卫机构，配备专职安全管理人员		
	领导小组是否下设了指挥组、保卫组、现场处置组、现场救护组、通讯联络组、后勤保障组、事故调查组等应急小组		
	是否建立"一岗双责、党政同责"的安全工作领导责任体系		
	学校是否形成了校、年级、科室、班组完整的安全管理网络体系		
安全规划	是否制定年度学校安全工作计划		
	是否有配套的安全工作实施方案		
	学校是否每年签订安全工作责任书		
	是否有切合学校实际的部门安全措施		
安全会议	是否定期召开领导小组安全专题会议，组织学习上级部门下发的安全工作文件；		
	是否在学期初、期中、期末召开全校安全工作会议；		
	是否每季度（每月或每周）召开一次安全工作例会；		
	是否定期通报安全工作进展情况；		
	是否定期组织教职工安全培训；		
	是否定期组织有关人员开展安全研判和风险分析；		
	是否定期召开联席会议研究校园及周边安全工作		
安全会议	是否定期邀请公安、地震、交通、卫生、食品等部门负责人深入学校检查和指导；		
	会议记录、检查记录、隐患排查台账及安全文件、图片等安全档案资料是否及时收集归档，是否妥善规范保管；		

检查类别	检查要求	检查结果	处理办法
安全制度	是否建立"党政同责、一岗双责"工作责任制；		
	是否建立学校年度安全、综治工作责任目标制度		
	是否建立学校安全工作全员岗位责任制度和定期考核奖惩制度		
	是否建立学校安全隐患定期排查和治理制度		
	是否建立门卫工作制度、外来人员登记制度		
	是否建立领导带班、教职员工值班制度、校园安防巡逻制度		
	是否建立宿舍安全常规管理制度		
	是否建立大型活动申报审批和预案制度、信息报送制度		
	是否建立保卫值班巡逻和领导值班制度		
	是否建立安全法制宣传、教育和培训制度		
	是否建立应对自然灾害、事故灾难、公共卫生事件和社会安全事件的应急预案		
	是否建立消防安全制度和消防工作责任制		
	是否建立矛盾纠纷处理制度		
	是否建立实验室和化学药品安全管理制度		
	是否建立食堂安全管理和食品卫生工作制度		
	是否建立校园周边环境综合治理机制或联席会议制度		
	是否建立安全事故报告制度和责任追究制度		
	是否严格执行《学校安全管理日志》制度，是否逐日规范填写，逐项认真整改；		
	是否建立小学生上下学路队制度		
	是否建立校车安全管理制度		
	是否建立寄宿学生离返校接送制度		
	是否建立课间活动安全巡查制度		
	是否建立学生宿舍夜间巡查制度		
	是否把安全教育列入课程计划		
	是否制定了安全课程教案		
	是否执行每两周1节安全课		
	是否使用地区统编《安全》教材开课		
	教材是否覆盖各年级		
	是否确定专兼职安全教师		
	是否配备安全教研员，定期开展教研活动		
	是否对安全教育课程实施情况进行考核评价		
	是否开展丰富多彩的校园安全主题教育活动（报告会、专题讲座、书画展、文艺演出、演讲、安全手抄报、设置安全板报、橱窗等）		

检查类别	检查要求	检查结果	处理办法
安全 演练	是否制定年度安全演练计划		
	是否每月组织一次安全应急疏散演练		
	是否聘请政府相关业务部门人员担任学校兼职安全教师		
	部门兼职安全教师是否到校授课，并全程参与演练		
	是否参加"全国中小学生安全教育日"、"512 防灾减灾日"、"119 消防日""安全生产宣传日"等活动，是否有详细的文字和图片记录		
	是否定期组织师生到有关部门的安全教育实践基地进行体验		
安全 职责	是否按《中小学校岗位安全工作指南》要求，明确了学校各个岗位的安全职责任务		
	是否制定了本校《岗位安全工作细则》		
	是否上墙公示各岗位安全工作职责		
	是否制定年度安全培训计划		
	学校是否组织对教师进行安全教育和培训，是否有培训记录和教师个人学习档案及考核评价档案		
安全 职责	是否组织所聘的锅炉工、炊事员、安保门卫、水暖电工、校车司机等特殊岗位人员到专业部门接受规范培训，是否取得上岗证		
家校 共管	学校、班级是否定期召开家长会		
	是否定期下发《致家长一封信》，利用短信、校讯通等平台提醒家长加强对学生的监管		
	学校是否与家长签订家校联系安全责任书		
家校 共管	学校是否及时收回《致家长一封信》回执和家校联系安全责任书		
	是否根据季节、天气变换及时发布各种安全预警		
	是否每学期初对学生上下学乘车情况进行摸底排查		

第十一节 幼儿园安全管理检查标准

检查类别	检查要求	检查结果	处理办法
举办资质	是否依法取得办学资质及有关证照		
园所选址	《托儿所、幼儿园建筑设计规范》（JGJ39 - 2016）3.1.2 规定：托儿所、幼儿园的基地应符合下列规定： 1. 应建设在日照充足、交通方便、场地平整、干燥、排水通畅、环境优美、基础设施完善的地段； 2. 不应置于易发生自然地质灾害的地段； 3. 与易发生危险的建筑物、仓库、储罐、可燃物品和材料堆场等之间的距离应符合国家现行有关标准的规定； 4. 不应与大型公共娱乐场所、商场、批发市场等人流密集的场所相毗邻； 5. 应远离各种污染源，并应符合国家现行有关卫生、防护标准的要求； 6. 园内不应有高压输电线、燃气、输油管道主干道等穿过。		
规划区域	《托儿所、幼儿园建筑设计规范》（JGJ39 - 2016）3.1.2 规定：托儿所、幼儿园的服务半径宜为300m 至500m		
规划布局	《托儿所、幼儿园建筑设计规范》（JGJ39 - 2016）规定： 3.2.2 三个班及以上的托儿所、幼儿园建筑应独立设置。两个班及以下时，可与居住建筑合建，但应符合下列规定： 1. 幼儿生活用房应设在居住建筑的底层； 2. 应设独立出入口，并应与其他建筑部分采取隔离措施； 3. 出入口处应设置人员安全集散和车辆停靠的空间； 4. 应设独立的室外活动场地，场地周围应采取隔离措施； 5. 室外活动场地范围内应采取防止物体坠落措施。 3.2.3 托儿所、幼儿同应设室外活动场地，并应符合下列规定： 1. 每班应设专用室外活动场地，面积不宜小于60m²，各班活动场地之间宜采取分隔措施； 2 应设全园共用活动场地，人均面积不应小于2m²；		

检查类别	检查要求	检查结果	处理办法
规划布局	3 地面应平整、防滑、无障碍、无尖锐突出物，并宜采用软质地坪； 4 共用活动场地应设置游戏器具、沙坑、30m 跑道、洗手池等，宜设戏水池，储水深度不应超过 0.30m；游戏器具下面及周围应设软质铺装； 5 室外活动场地应有 1/2 以上的面积在标准建筑日照阴影线之外。 3.2.4 托儿所、幼儿园场地内绿地率不应小于 30%，宜设置集中绿化用地。绿地内不应种植有毒、带刺、有飞絮、病虫害多、有激性的植物。 3.2.5 托儿所、幼儿同在供应区内宜设杂物院，并应与其他部分相隔离。杂物院应有单独的对外出入口。 3.2.6 托儿所、幼儿园基地周围应设围护设施，围护设施应安全、美观，并应防止幼儿穿过和攀爬。在出入口处应设大门和警卫室，警卫室对外应有良好的视野。 3.2.7 托儿所、幼儿园出人口不应直接设置在城市干道一侧；其出入口应没置供车辆和人员停留的场地，且不应影响城市道路交通。 3.2.8 托儿所、幼儿园的幼儿生活用房应布置在当地最好朝向，冬至日底层满窗日照不应小于 3h。		
门窗要求	《托儿所、幼儿园建筑设计规范》（JGJ39－2016）规定：4.1.5托儿所、幼儿园建筑窗的设计应符合下列规定： 1. 活动室、多功能活动室的窗台面距地面高度不宜大于 0.60m； 2. 当窗台面距楼地面高度低于 0.90m 时，应采取防护措施，防护高度应由楼地面起计算，不应低于 0.90m；3. 窗距离楼地面的高度小于或等于 1.80in 的部分，不应设内悬窗和内平开窗扇； 4. 外窗开启扇均应设纱窗。 4.1.6 活动室、寝室、多功能活动室等幼儿使用的房间应设双扇平开门，门净宽不应小于 1.20m。 4.1.7 严寒和寒冷地区托儿所、幼儿园建筑的外门应设门斗。		

检查类别	检查要求	检查结果	处理办法
门窗要求	4.1.8 幼儿出入的门应符合下列规定： 1. 距离地面1.20m以下部分，当使用玻璃材料时，应采用安全玻璃； 2. 距离地面0.60m处宜加设幼儿专用拉手； 3. 门的双面均应平滑、无棱角； 4. 门下不应设门槛； 5. 不应设置旋转门、弹簧门、推拉门，不宜设金属门； 6. 活动室、寝室、多功能活动室的门均应向人员疏散方向开启，开启的门扇不应妨碍走道疏散通行； 7. 门上应设观察窗，观察窗应安装安全玻璃		
生活用房	《托儿所、幼儿园建筑设计规范》（JGJ39-2016）规定：4.1.3托儿所、幼儿园中的幼儿生活用房不应设置在地下室或半地下室，且不应布置在四层及以上；托儿所部分应布置在一层。 4.3.4 单侧采光的活动室进深不宜大于6.60m。 4.3.5 活动室宜设阳台或室外活动平台，且不应影响幼儿生活用房的日照。 4.3.6 同一个班的活动室与寝室应设置在同一楼层内。 4.3.7 活动室、寝室、多功能活动室等幼儿使用的房间应做暖性、有弹性的地面，儿童使用的通道地面应采用防滑材料。 4.3.9 寝室应保证每一幼儿设置一张床铺的空间，不应布置双层床。床位侧面或端部距外墙距离不应小于0.60m。		
卫生间	4.3.10 卫生间应由厕所、盥洗室组成，并宜分间或分隔设置。无外窗的卫生间，应设置防止回流的机械通风设施。 4.3.11 每班卫生间的卫生设备数量不应少于表4.3.11的规定，且女厕大便器不应少于4个，男厕大便器不应少于2个。 4.3.13 卫生间所有设施的配置、形式、尺寸均应符合幼儿人体尺度和卫生防疫的要求。卫生洁具布置应符合下列规定： 1. 盥洗池距地面的高度宜为0.50m-0.55m，宽度宜为0.40m-045m，水龙头的间距宜为0.55m-0.60m； 2. 大便器宜采用蹲式便器，大便器或小便槽均应设隔板，隔板		

检查类别	检查要求	检查结果	处理办法
卫生间	处应加设幼儿扶手。厕位的平面尺寸不应小于 0.70m×0.80m（宽×深），沟槽式的宽度宜为 0.16m－0.18m，坐式便器的高度宜为 0.25m－0.30m。 4.3.14 厕所、盥洗室、淋浴室地面不应设台阶，地面应防滑和易于清洗。		
内外廊道	《托儿所、幼儿园建筑设计规范》（JGJ39－2016）规定：4.1.9 托儿所、幼儿园的外廊、室内回廊、内天井、阳台、上人屋面、平台、看台及室外楼梯等临空处应设置防护栏杆，栏杆应以坚固、耐久的材料制作，防护栏杆水平承载能力应符合《建筑结构荷载规范》GB 50009 的规定。防护栏杆的高度应从地面计算，且净高不应小于 1.10m。防护栏杆必须采用防止幼儿攀登和穿过的构造，当采用垂直杆件做栏杆时，其杆件净距离不应大于 0.11m。		
墙面要求	《托儿所、幼儿园建筑设计规范》（JGJ39－2016）规定：4.1.10 距离地面高度 1.30m 以下，幼儿经常接触的室内外墙面，宜采用光滑易清洁的材料；墙角、窗台、暖气罩、窗口竖边等阳角处应做成圆角。		
楼梯踏步	《托儿所、幼儿园建筑设计规范》（JGJ39－2016）规定：4.1.11 楼梯、扶手和踏步等应符合下列规定： 1. 楼梯间应有直接的天然采光和自然通风； 2. 楼梯除设成人扶手外，应在梯段两侧设幼儿扶手，其高度宜为 0.60m； 3. 供幼儿使用的楼梯踏步高度宜为 0.13m，宽度宜为 26m； 4. 严寒地区不应设置室外楼梯； 5. 幼儿使用的楼梯不应采用扇形、螺旋形踏步； 6. 楼梯踏步面应采用防滑材料； 7. 楼梯间在首层应直通室外。 4.1.12 幼儿使用的楼梯，当楼梯井净宽度大于 0.11m 时，必须采取防止幼儿攀滑措施。楼梯栏杆应采取不易攀爬的构造，当采用垂直杆件做栏杆时，其杆件净距不应大于 0.11m。		

检查类别	检查要求	检查结果	处理办法
楼梯踏步	4.1.13 幼儿经常通行和安全疏散的走道不应设有台阶，当有高差时，应设置防滑坡道，其坡度不应大于1：12。疏散走道的墙面距地面2m以下不应设有壁柱、管道、消火栓箱、灭火器、广告牌等突出物。 4.1.15 托儿所、幼儿园建筑走廊最小净宽不应小于《托儿所、幼儿园建筑设计规范》（JGJ39－2016）表4.1.14的规定。 4.1.15 建筑室外出入口应设雨篷，雨篷挑出长度宜超过首级踏步0.50m以上。 4.1.16 出入口台阶高度超过0.30m，并侧面临空时，应设置防护设施，防护设施净高不应低于1.05m。 4.1.17 活动室、寝室、乳儿室、多功能活动室的室内最小净高不应低于《托儿所、幼儿园建筑设计规范》（JGJ39－2016）表4.1.17的规定。		
室内环境	《托儿所、幼儿园建筑设计规范》（JGJ39－2016）5.1.1 托儿所、幼儿园的生活用房、服务管理用房和供应用房中的各类房间均应有直接天然采光和自然通风，其采光系数最低值及窗地面积比应符合表5.1.1的规定。 5.1.2 托儿所、幼儿园建筑采光应符合现行国家标准《建筑采光设计标准》GB50033的有关规定。 5.2.3 托儿所、幼儿园建筑的环境噪声应符合现行国家标准《民用建筑隔声设计规范》GB50118的有关规定。 5.3.1 托儿所、幼儿园的室内空气质量应符合现行国家标准《室内空气质量标准》GB/T18883的有关规定。 5.3.2 托儿所、幼儿园的幼儿用房应有良好的自然通风，其通风口面积不应小于房间地板面积的1/20。夏热冬冷、严寒和寒冷地区的幼儿用房应采取有效的通风设施。 5.3.3 托儿所、幼儿园建筑使用的建筑材料、装修材料和室内设施应符合现行国家标准《民用建筑工程室内环境污染控制规范》GB50325的有关规定。		

检查类别	检查要求	检查结果	处理办法
电气设施	6.3.1 活动室、寝室、图书室、美工室等幼儿用房宜采用细管径直管形三基色荧光灯，配用电子镇流器，也可采用防频闪性能好的其他节能光源，不宜采用裸管荧光灯灯具；保健观察室、办公室等可采用细管径直管形三基色荧光灯，配用电子镇流器或节能型电感镇流器，或采用其他节能光源。寄宿制幼儿园的寝室宜设置夜间巡视照明设施。 6.3.2 活动室、寝室、幼儿卫生间等幼儿用房宜设置紫外线杀菌灯，也可采用安全型移动式紫外线杀菌消毒设备。 6.3.3 托儿所、幼儿园的紫外线杀菌灯的控制装置应单独设置，并应采取防误开措施。 6.3.5 托儿所、幼儿园的房间内应设置插座，且位置和数量根据需要确定。活动室插座不应少于四组，寝室、图书室、美工室插座不应少于两组。插座应采用安全型，安装高度不应低于1.8m。插座回路与照明回路应分开设置，插座回路应设置剩余电流动作保护。 6.3.6 幼儿活动场所不宜安装配电箱、控制箱等电气装置；当不能避免时，应采取安全措施，装置底部距地面高度不得低于1.8m。 6.3.7 托儿所、幼儿园安全技术防范系统的设置应符合下列规定： 1. 幼儿园园区大门、建筑物出入口、楼梯间、走廊等应设置视频安防监控系统； 2. 幼儿园周界宜设置入侵报警系统、电子巡查系统； 3. 厨房、重要机房宜设置入侵报警系统。 6.3.8 托儿所、幼儿园建筑应设置电话系统、计算机网络系统，并宜设置广播系统、有线电视系统。 6.3.9 托儿所、幼儿园建筑的应急照明设计、火灾自动报警系统设计、防雷与接地设计、供配电系统设计、安防设计等，应符合国家现行有关标准的规定。		
消防设施	是否依法依规配备足够的安全消防器材 《托儿所、幼儿园建筑设计规范》（JGJ39 – 2016）规定：4.1.18 托儿所、幼儿园建筑防火设计应符合现行国家标准《建筑设计防火规范》GB50016 的规定。		

检查类别	检查要求	检查结果	处理办法
门卫管理	门卫室是否独立，是否紧临校门 四表（外来人员出入登记表、外来车辆出入登记表、家长送物登记表、幼儿中途出入校登记表）是否健全，登记是否规范 保安巡逻、值班记录是否规范、完整 值班电话及一键报警装置是否正常、畅通 安保制度、保安信息、岗位职责是否上墙公示，是否张贴学校重点安保部门示意图 是否规范用电，是否在照明线上使用大功率电器，是否使用电热毯（褥） 是否清楚学校当日带班领导、值班人员电话，是否定时开关校门； 室内是否干净整洁、无杂物，电路、电器设置无隐患； 门卫室视线是否开阔，可见校外 50－100 米范围状况 保安人员是否按规定配备安防器械，并熟练使用		
安全管理	是否建立学校安全工作领导小组，明确园长是安全工作第一责任人，是否有 1 名副园长分管安全工作 校舍安全是否定期或不定期开展安全检查和鉴定评估； 学校是否设立专门的安全保卫机构，配备专职安全管理人员 安全领导小组是否下设了指挥组、保卫组、现场处置组、现场救护组、通讯联络组、后勤保障组、事故调查组等应急小组 是否建立"一岗双责、党政同责"的安全工作领导责任体系 是否建立健全安全管理责任制等各种制度，并规范登记造册 安全设施是否按照规范标准配备，运行正常，电子视频存储规范，易查找		
食堂厨房	《托儿所、幼儿园建筑设计规范》（JGJ39－2016）规定：4.5.5 当托儿所、幼儿园建筑为二层及以上时，应设提升食梯。食梯呼叫按钮距地面高度应大于 1.70m。 教师厨房、幼儿厨房是否分开设置 是否建立预防食物中毒和食源性疾病的责任制和应急预案 是否按照卫生主管部门的要求配置各种设备 食堂建筑卫生要求和设施、设备符合规定 食堂从业人员是否定期体检和持证上岗 是否建立食品留样制度 操作人员是否取得《健康证》证件及在有效期内		

第五章　学生伤害事故预防与处理

第一节　溺水事故的预防与处理

一、如何预防溺水事故的发生

对溺水事故，学校不应消极预防，而应积极应对。最好的预防是教会学生游泳，学会在突发事件发生时自救、自护。为此，学校一要加强管理；二要加强教育；三要采取必要措施，科学预防溺水事故发生。

（一）加强管理

1. 学校要制定《溺水事故应急预案》，明确相关人员责任和分工。当事故发生时，能够迅速、果断处置。

2. 学校要与当地政府和社区一起积极创造条件，在学校周边不适于游泳的水域设立警示标识，提醒学生不得下水。

3. 农村地区特别是山区，夏季暴雨季节易发生学生在上下学的路上被洪水围困或冲走的事故，学生家长与教师要了解学生所经过的道路存在哪些隐患，并采取有效的措施，防止学生不慎落水或被水冲走。

4. 加强学校与附近水域地区居民的联系，发放学校事故警报联系卡给居民，便于居民一旦发现异常情况马上告知学校。农村学校可以通过发放"告家长信"，在池塘边、江边等设警示性标志，实行学生放学"路队"制，聘请游泳安全巡视员或义务监督管理员，预防学生发生溺水事故。

（二）加强教育

1. 学校可根据当地的季节变化，及时对学生进行防溺水教育。初夏与暑假前是防溺水教育的重点时间段。雨季教育重点是预防学生被洪水冲走，初冬与早春应提醒学生预防落入冰窟而溺水。

2. 学校要教育学生不得在没有成人带领的情况下私自游泳。更不许在上下学路上和节假日私自或结伴到非游泳水域（如水库、池塘、湖泊、河流、水坑等）游泳。

3. 学校要通过通知、信件和家长会，向家长宣讲防溺水的知识，请家长与学校配合，共同做好学生工作。教育学生不去不明水域游泳，不在没有成年人带领的情况下游泳，提高防止溺水的意识和能力。

（三）要教会学生游泳和自救

1. 教师在指导学生学习游泳时，除让学生通过大量的练习，熟练掌握游泳的基本技能外，还要训练学生在出现溺水的迹象时（如被水草缠住或腿抽筋），如何自救并进行相应的训练。在开设游泳课的过程中，也要做好相应的防范工作，以防发生意外。

2. 在正规游泳池和进行游泳训练的场所，要教育学生不得打闹，不得在水下搜腿，以防呛水。在不了解水域深浅的地方不练习跳水，以免造成危险和伤害。

3. 教师要教育学生，在水中发现有危险时，要沉着冷静，不要紧张，因紧张会使身体的密度加大，更容易迅速沉入水中；也不要乱扑腾，尽可能使鼻子露出水面呼吸，呼气要浅，吸气要深。因为深吸气时，人体密度减小，可浮出水面。

4. 中小学生属于未成年人，救助他人的能力有限。要教育学生，发现有人溺水时，不能冒然救助，防止在救助他人时自己溺水身亡。在这种情况下，要向四周大声呼救，请周围的成年人救助溺水者。当周围没有人时，可跑到距事发地点最近的村庄去求救。现场可用投木板、救生圈、长杆、绳子等方式，让落水者攀扶上岸。

二、发生溺水事故后如何解决

（一）启动应急预案

得知学生发生溺水的消息后，立即启动《溺水事故应急预案》。学校要立刻拨打电话 110 和 120 请求警务人员和医务人员迅速赶到现场救助。同时，学校领导要迅速赶到现场。

1. 快速了解落水的准确地点与基本情况。

2. 在迅速组织营救或拨打求助电话的同时，向上级报告。

3. 如事发时间属于学生在校时段，应迅速与家长取得联系。

（二）组织抢救和治疗

1. 迅速组织现场救助工作，组织有经验的成年人抢救落水者。

2. 当把溺水者打捞上岸后，应先清除其口腔、鼻孔里的淤泥，清空肚子里的积水，再进行抢救。对心跳、呼吸停止者，应及时进行心肺复苏术，尽快使其恢复正常的心跳与呼吸。进行初步的现场救助后，应快速将溺水者送到医院进行进一步的救治。

3. 注意事项

在处理事故的过程中，要做到以下几点：

（1）要与有关部门配合，迅速抢救。

（2）要报告上级有关部门。

（3）要做好溺水死亡者家长的工作。

第二节　食物中毒事故的预防与处理

食物中毒一般分为微生物性、化学性、有毒动植物中毒。主要包括：误食有毒化学物质（如鼠药、农药、亚硝酸盐等）或食入被其污染的食物而引起的中毒，误食有毒动植物（如毒蕈、桐油、蓖麻子、马桑果等）或摄入因加工、烹调方法不当而未除去有毒成分的动植物食物（如四季豆、马铃薯、生豆浆、河豚鱼等）引起的中毒。学校常见食物中毒事故的主要原因有：食品未烧熟、煮透；生熟食物没分开，导致交叉感染；食物过期变质；食堂从业人员因带菌污染食品；食用有毒、有害物质；食堂卫生管理不符合要求；饮用水被污染等。

一、如何预防食物中毒事故的发生

预防食物中毒的关键是食品本身无毒无害，储存方法得当，加工方法正确，处理过程无污染。

（一）把好采购关

1. 不采购腐败变质的食品（如已酸败的油脂，霉变、生虫、污秽等不洁的食品），不采购未经兽医卫生检验或检验不合格的肉类及其制品。

2. 不采购来源不明、食品标签不清、超过保质期限等不符合食品卫生标准和要求的食品。

3. 落实食品原料采购索证和进货验收制度，建立台账。

（二）把好贮存关

1. 注意食品的贮藏卫生，防止尘土、昆虫、鼠类等动物及其他不洁物污染食品。

2. 食品贮存场所严禁存放有毒、有害物品及个人生活物品。鼠药、农药等有毒化学物要标签明显，存放在专门场所并上锁。加强亚硝酸盐的保管，避免误作食盐或碱面食用。

3. 建立严格的食堂安全保卫措施。严禁非食堂工作人员随意进入学校食堂的食品加工操作间及食品原料存放间。厨房、食品加工间和仓库要注意上锁，防止投毒。

4. 储存食品要在5℃以下，生、熟食品分开储存。

（三）把好加工关

1. 蔬菜加工前要用食品清洗剂（洗洁精）浸泡30分钟后，再用清水反复冲洗；一般要洗三遍，温水效果更好；烹调前再经烫泡1分钟。水果宜洗净后削皮食用。

2. 加工食品必须做到烧熟、煮透，需要熟制加工的大块食品，其中心温度不低于70℃。

3. 食品在烹饪后至出售前一般不超过2个小时，若超过2个小时存放的，应当在高于60℃或低于10℃的条件下存放。

4. 加工食品的工具、容器等要做到生熟分开。加工后的熟制品应当与食品原料或半成品分开存放，半成品应当与食品原料分开存放。

5. 剩余食品必须冷藏，冷藏时间不得超过24小时，在确认没有变质的情况下，必须经高温彻底加热后，方可食用。

6. 烹调四季豆时先将四季豆放入开水中烫煮10分钟以上再炒。

7. 不吃生芽过多、黑绿色皮的马铃薯；生芽较少的马铃薯应彻底挖去芽的芽眼，并将芽眼周围的皮削掉一部分。这种马铃薯不宜炒吃，应煮、炖、红烧吃。烹调时加醋，可加速破坏其中的有毒物质。

8. 将豆浆彻底煮开后饮用，生豆浆烧煮时将上涌泡沫除净，煮沸后再以文火煮沸5分钟左右。应注意豆浆加热至80℃时，会有许多泡沫上浮，出现假"沸"现象。

（四）做好食堂和饮水设施的卫生管理

1. 食堂必须有有效的卫生许可证。

2. 食堂要建立卫生管理制度，设有专（兼）职食品卫生管理人员。食品加工操作场所要保持清洁。

3. 每餐要对供应的食品成品留样。留样食品应按品种分别盛放于经清洗、消毒后的专用密闭容器内，每餐的各种凉菜应各取不少于 250 克的样品留置于冷藏设备中保存 24 小时以上，以备查验。

4. 食堂应遵守国家制定的操作规范及卫生要求，对公用餐具、容器、用具应进行严格的清洗和消毒：第一步是用热水洗去食物残渣（水温以 50℃～60℃为宜）；第二步是温水清洗，去除残留油脂等（水温以 30℃左右为宜）；第三步是消毒，可采用物理法或者化学法杀灭餐具上的残留病原微生物（如病菌、病毒等）；第四步是冲洗，即用清洁卫生的清水冲洗掉餐具上的残留药物；第五步是保洁，即将洗净消毒后的餐具、容器、用具移入保洁设施内备用，以防再污染。

5. 学校自备水源（为解决学校用水而建的水塔、蓄水池、水井等给水设施）必须有卫生许可证，并定期请疾病预防控制部门进行水质检测。

6. 学校要建立自备水源卫生管理制度，包括水塔、蓄水池等二次供水设施的定期清洗制度，并安排专职（或兼职）人员负责管理。水源管理人员每年必须进行体检，经体检合格者方能上岗。

7. 学校自备水源距离厕所、垃圾堆等污染源必须 30 米以上。水源周围环境必须保持清洁卫生。

（五）做好食堂从业人员的管理

1. 学校每年必须组织食堂从业人员进行健康检查。凡患有痢疾、伤寒、病毒性肝炎等消化道疾病（包括病原携带者），活动性肺结核，化脓性或者渗出性皮肤病以及其他有碍食品卫生的疾病的，不得从事接触直接入口食品的工作。

2. 食堂管理人员每天要对食堂从业人员进行晨检，发现食堂从业人员出现咳嗽、腹泻、发热、呕吐等有碍于食品卫生的病症时，应要求其立即脱离工作岗位，待查明病因、排除有碍食品卫生的病症或治愈后，方可重新上岗。

3. 食堂管理人员对食堂从业人员日常的卫生操作行为要进行指导和监督，食堂从业人员要做到：工作前、处理食品原料后、便后，用肥皂及流动清水洗手；接触直接入口食品之前要洗手消毒；穿戴清洁的工作衣、帽，并把头发置于帽内；不得留长指甲、涂指甲油、戴戒指加工食品；不得在食品加工和销售场所内吸烟。

（六）对学生进行食品卫生安全知识的宣传教育

学校每年要对学生进行食品卫生安全知识的宣传教育，提高学生的食品卫生安全意识和自我保护能力，防止由于食用不洁食物。

二、发生食物中毒事故后如何应对

在学校食堂就餐的人员中有 2 例或 2 例以上在进食相同食物后短时间内发生呕吐、腹痛、腹泻等症状，而未进食的同学没有发病症状时，应高度怀疑是否为食物中毒，并采取以下措施：

1. 启动应急预案。

2. 联系卫生部门（医院）组织救治。

3. 追回已出售（发出）的可疑中毒食品或物品，或通知有关人员停止食用可疑中毒食品、停止使用可疑中毒物品。

4. 停止出售和封存剩余可疑中毒食品和物品。

5. 控制或切断可疑水源。

6. 向中毒或患病人员家长、家属通报情况。

7. 配合卫生防疫部门封锁和保护事发现场，对中毒食品、物品等取样留验，排查致病因素，对现场进行消毒和处理，对相关人员进行隔离。

8. 配合公安部门进行现场取样，开展侦破工作。

9. 按照当地政府和卫生行政部门要求，落实其他紧急应对措施。

10. 对学校不能解决的问题请求上级教育行政部门和当地政府以及卫生行政部门支持和帮助。

11. 学校在适当范围内通报食物中毒事件的基本情况以及采取的措施，稳定师生员工情绪，开展卫生宣传教育，提高师生的自我保护意识。

12. 学校要向主管教育行政部门、当地疾病预防控制部门进行三次报告。

初次报告：事件发生 2 小时内向上述部门报告事件发生时间、地点、中毒人数、发生中毒的可能原因等。

过程报告：事件处理过程中，及时向上述部门报告事件控制、中毒人员治疗与病情变化、造成事故的原因、已经或准备采取的措施等。

结果报告：事件结束后，及时向上述部门报告处理结果、整改情况、责任追究情况等。

第三节　拥挤踩踏事故预防与处理

一、拥挤踩踏事故发生的特点

学校中的拥挤踩踏事故是导致学生群死群伤的恶性事故，一旦事故发生，往往会造成多名人员的死伤。

1. 易发生事故时间：事故多在下晚自习、下课、上操、就餐和集会时，学生集中上下楼梯，且心情急切。

2. 易发生事故地点：事故多发生在教学楼层之间的楼梯转角处。

3. 易发生事故的学生群体：事故发生主要集中在小学生和初中生。他们年龄较小，自我控制和自我保护能力较差，遇事容易慌乱，场面失控，造成伤亡。

4. 易发生事故的设施设备因素：一是通道狭窄，楼梯，特别是楼梯拐角处狭窄，不能满足学生集中上下的需要；二是建筑不符合标准，一栋楼只有一个楼梯，不易疏散；三是照明不足，晚上突然停电或楼道灯光昏暗，没有及时更换损坏的照明设备，也容易造成恐慌和拥挤。

5. 易发生事故的管理因素：一是学生在集中上下楼梯时，没有老师组织和维持秩序；二是学生上晚自习时没有老师值班，下课时无人疏导；三是个别学生搞恶作剧，在混乱情况下狂呼乱叫，推操拥挤，致使惨剧发生；四是没有对学生和教师进行事故防范教育和训练，无应急措施。

二、拥挤踩踏事故的预防

（一）加强内部安全管理

1. 制定预案：要制定《校园拥挤踩踏事故应急预案》，预案要有针对性和可操作性，并根据学校的发展不断完善。

2. 明确责任：学校要健全预防拥挤踩踏的各项安全管理制度，层层分解，落实到人。

3. 落实措施：

（1）加强值班，建立教师在学生集中上下楼梯时的值班制度。在学生集中上下楼梯时，要有值班老师组织疏导。倡导错开时间，分年级、分班级逐次下楼，强调安全第一，不强调整齐快速。

（2）强化学校对晚自习的管理。学生晚间自习，必须有教师值班、干部带班；当停电或照明设施损坏时，要及时开启应急照明设备，同时带班干部和值班教师要立即到现场疏导。

（3）合理安排班级教室。学校要尽可能将班额大、年龄小的学生班级安排在底楼或较低楼层教室。

（二）开展安全教育

1. 安全意识的教育：学校要通过拥挤踩踏事故案例，采用多种形式和途径，对学生开展预防拥挤踩踏事故的专题教育，提高学生安全意识，让学生充分认识发生拥挤踩踏事故的主要原因和严重后果，掌握防范措施。

2. 安全行为的培养：培养学生上下楼梯轻声慢步并靠右行走的习惯，禁止追逐打闹。发现学生行为具有危险性时，应当及时告诫、制止，与学生的监护人沟通。同时，学校要定期组织学生开展应对拥挤踩踏事故的训练，提高学生防范能力。

3. 如何应对拥挤踩踏事故：心理镇静是个人逃生的前提，服从大局是集体逃生的关键。当出现拥挤踩踏时，应保持情绪稳定，切忌惊慌失措。要听从现场老师的指挥，服从大局。当发现自己前面有人突然摔倒时，要马上停下脚步，同时大声呼救。若被推倒，要设法靠近墙壁，身体蜷成球状，双手在颈后紧扣，以保护身体最脆弱的部位，同时尽量露出口鼻，保持呼吸通畅。

（三）加强检查，完善设施设备

1. 定期检查：学校要定期检查楼梯通道、照明设施等，及时修理更换，消除安全隐患，对不符合国家有关规定的校舍、设施设备，及时报告当地政府和教育行政部门给予解决。

2. 确保通畅：学校应在楼道里安装应急灯，及时清理楼道、楼梯间等通道的堆积物，确保楼道、楼梯通畅。

3. 标志明显：学校要在楼梯台阶上画中间标识线及行进方向指示标志，在楼梯迎面墙壁上悬挂提醒学生上下楼梯注意安全的标志牌，楼道和楼梯的墙壁要有标明逃生方向的灯箱。

三、拥挤踩踏事故发生后的急救和处理

一旦发生踩踏事故，学校要立刻采取有效的应对措施，最大限度地减少事故对学生造成的伤害。

（一）启动应急预案

踩踏事故发生后，学校要立即启动《学校拥挤踩踏事故应急预案》。迅速拨打120、110电话呼救，抢救受伤人员。在规定时间内向上级有关部门报告，同时做好伤亡者家长的工作。

（二）快速疏导现场人员

学校要利用一切有效手段快速疏导现场人员，让学生尽快疏散到安全地点，禁止无关人员滞留现场，防止有人故意制造恐慌气氛，避免再次发生事故。

（三）紧急救护伤者

在专业医务人员到达之前，学校要抓紧时间用科学的方法进行自救和互救。

（四）事故的善后处理

1. 及时向上级行政管理部门报告事故的最新情况，特别是学生伤亡的情况。

2. 组织人员到医院看望受伤学生，协助有关部门处理好治疗、康复和医疗费等问题。

3. 认真接待好家长，并稳定家长情绪。

4. 配合相关部门做好事故调查和善后处理工作。

5. 对学生进行心理辅导，消除事件对他们心理的影响。

如何进行现场急救

当学生受伤后，在事发现场应积极采取正确有效的救助措施，为救治伤者赢得时间。

1. 大量出血不止的处置

受伤者被伤及较大的动、静脉血管，流血不止时，必须立刻采取止血措施。常见的止血方法有加压包扎止血法和指压止血法。加压包扎止血法是用干净、消过毒的厚纱布覆盖在伤口，用手直接在敷料上施压，然后用绷带、三角巾缠绕住纱布，以便持续止血。指压止血法是用手指压住出血伤口的上方（近心端），阻断血流，达到止血的目的。

2. 发生骨折的处置

发生骨折后，应设法固定骨折部位，防止发生位移。固定时，应针对骨折部位采取不同的方式，可用木板、木棍加捆绑的方式固定骨折部位。受伤者发生骨折无大量出血，且事故发生地离医院较近时，可让受伤者原地不动，等待医生救助。

3. 呼吸与心跳停止的处置对呼吸与心跳停止的伤者，应采取人工呼吸与胸外心脏按压的办法进行抢救。人工心肺复苏需要接受专门的训练，才能在现场救助他人时使用。受伤者呼吸与心跳停止时，正确及时的现场救护可挽救其生命。

第四节　地震的预防与处理

一、如何预防地震

（一） 防震意识

学校从以下几方面加强防震教育：

1. 学校要加强防震减灾教育，将防震减灾知识教育纳入学校教育内容，开设防震减灾知识课程，将地震科普知识和震时避震，震后自救、互救知识整理汇编成中小学防震减灾知识简易教材，让学生系统掌握防震减灾知识，形成防震减灾的长效教育机制。

2. 学校要制定详细的宣传教育计划，利用各种学生易于接受的手段对学生进行教育。例如，利用电视台播放地震灾害的宣传片，使学生了解地震给人类带来的灾害，加强学生对防灾减灾工作重要性的认识；利用每天的学校广播时间让孩子学习了解地震发生的原因、有关地震预报的知识，向学生介绍不同地点的避震要点、震后的自救互救等知识。

3. 学校要组织各个年级召开以防灾减灾知识为主题的班队会，帮助学生更加清楚地了解防灾减灾工作的重要性，丰富防灾减灾的知识。

4. 学校可利用科学课的时间带领学生辨认地震标识，熟悉绿色通道。绘制学校每间房间的紧急疏散路线图，带学生们在课上看图找通道，并自己动手把疏散图贴在教室内。

5. 组织学生成立防震减灾教育活动兴趣小组，在地震专业人员和老师的指导下，通过让学生自己收集地震知识、动手自编防震减灾知识小报，校广播站定期播放地震知识，观看地震知识科技、纪实片，在地震纪念日上街进行防震减灾宣传等多种形式，扩大学生的知识面，培养学生的动手能力和创造能力。

6. 组织学生志愿者带着防震知识宣传展板，走进社区，走入家庭，让学生把地震知识很巧妙地融入自己生动淳朴的语言中，向他人讲述地震的相关知识，以及如何预防地震灾害的发生，等等。

7. 学校应把疏散演习作为对学生进行防震训练的一个重要项目。疏散演习之前，学校要认真制定疏散预案，对学生反复进行安全教育。在疏散过程中，每位老师都要有明确的位置，各个通道均有专人负责，引导学生进行疏散，确保学生安全。

（二） 学会自救防震能力

1. 在学校相关场所中的自我防护演练

（1） 在去学校途中发生地震时：首先，要用书包保护住头部，如果周围有建筑物、电线杆、广告牌等时，应及时离开，找到安全的地方。如果正在桥上时，需要冷静地离开，走到安全的地方。在离学校很近的情况下，走到学校的操场等空旷的地方进行避难。如果离学校还很远时，应该到公园等空旷的地方，然后再决定回家，或者去学校听从老师的指示进行避难。

（2） 在教室的时候发生地震时：先不要急于跑出教室，首先躲在桌子下面，护住头部。等地震稍微缓和的时候，再有序撤离到避难场所。

（3） 在楼道的时候发生地震时：如果在可能的情况下，进入最近的教室，然后躲在桌子下面进行避震。当无论如何也不能行动时，要远离有玻璃的窗户，蹲下，护住头部，寻找时机进行避震。

（4）在楼梯的时候发生地震时：在楼梯发生地震时，慌张的逃跑属于危险的行为，应该立即蹲下，护住头部，等待撤离的时机。

2. 被埋压在废墟下的自救演练

（1）学会采取必要的现场应急自救措施。地震时如被埋压在废墟下，周围又是一片漆黑，只有极小的空间，一定要训练学生不惊慌、树立生存的信心，并千方百计保护自己。在这种极其不利的环境下，首先要保持呼吸畅通，挪开头部、胸部的杂物，闻到煤气、毒气时，用湿衣服等物捂住口、鼻；避开身体上方不结实的倒塌物和其他容易掉落的物体；扩大和稳定生存空间，用砖块、木棍等支撑残垣断壁，以防余震发生后，环境进一步恶化。

（2）学会设法脱离险境。如果找不到脱离险境的通道，尽量保存体力，用石块敲击能发出声响的物体，向外发出呼救信号，不要哭喊、急躁和盲目行动，这样会大量消耗精力和体力。尽可能控制自己的情绪或闭目休息，等待救援人员到来。如果受伤，要想法包扎，避免流血过多。

（3）学会尽力维持生命。如果被埋在废墟下的时间比较长，救援人员未到，或者没有听到呼救信号，就要想办法维持自己的生命，防震包的水和食品一定要节约，尽量寻找食品和饮用水，必要时自己的尿液也能起到解渴作用。

（4）学校的避震演练还要特别加强各种信号（如地震警报等）和口令（如按顺序撤离命令等）的识别训练，必须做到服从指挥，有序避震。

（三）积极做好地震预防

接到地震预报或地震期间，学校一定要做一些必要的防震准备。下面是一些震前的准备工作：

1. 水：学校应根据师生人数、天气状况、医疗救援等因素储存一定数量的饮用水。建议购买瓶装水，要注意保质期。

2. 食品：储存食品应注意两点，一是不要选择那些容易让人口渴的食品；二是只储备无需冷藏、烹饪或特殊处理的食品。

3. 应急灯和备用电池：在每间教室及办公室配备有效的应急灯和备用电池，且要放在方便取用的地方。

4. 便携式收音机及电池供电的无线对讲机等，供获取信息或发出信号之用。

5. 急救箱和急救手册。

6. 灭火器：ABC（多用途干粉）灭火器可安全使用于多种火源。

7. 工具：每间屋子还需准备一个用来关闭水管的可调扳手，还要有一个打火机、一盒装在防水盒子里的火柴和一个用来呼叫援救人员的哨子。

8. 衣服：如果学校所处的地区天气寒冷，还应要求师生准备保暖衣物。

（四）定期做好建筑物排查，及时消除安全隐患

学校要对现有各类建筑物的抗震设防能力进行全面普查，特别要对石结构房、砖混房、板房的

教室详细普查，及时解决未达标的建筑。如确有不可修复的建筑，要及时向政府主管部门报告

二、地震灾害应对

地震发生后，学校应迅速采取措施，开展如下几方面工作：

（一）迅速启动地震应急预案

学校如事先接到地震部门的预报，或遇突发性地震，应立即启动《地震应急预案》。

（二）迅速组织开展自救

1. 通过各种手段迅速发出地震警报。

2. 组织教师带领所在班级，第一时间迅速、有序撤离到安全地带。

3. 如来不及撤离，教师应组织学生迅速躲避在安全位置（如课桌下面），等待地震间隙时迅速带领学生撤离到安全地带。

4. 有序组织有救援能力的教职工开展救援工作。

（三）做好安抚工作，稳定人心

做好撤离到安全地带师生的安抚工作，稳定他们的情绪，同时发出救援信号，等待救援。

第五节　洪水和泥石流的预防与处理

一、学校如何预防洪水灾害

对于易受洪水灾害影响的学校，要做好洪水灾害的预防、宣传教育和相应物资准备。

1. 根据学校所处的位置和条件，选择最佳撤离路线，做好应急预案，并组织演练。

2. 加强预防洪水灾害的宣传教育，使广大师生熟悉学校和上学路线周边地理情况，了解洪水发生规律和逃生知识，减少洪水危害。

3. 在得到可能发生洪水的预警后，学校要及时调整学生上课日程，同时发动在校师生做好应急准备：

（1）备足几天用的方便速食食品，准备足够的饮用水和日用品。

（2）有条件的学校可扎制木排、竹排等适合漂浮救生工具，以备急需。

（3）准备手机等通讯设备，备足电池，并做好防潮保护处理。

（4）将不便携带的贵重物品作防水捆扎后埋入地下或放到高处妥善保存。

二、如何应对洪涝灾害

学校可以根据天气预报和当地实际情况，在洪水到来前采取提前放学和调课等措施减少洪水对学校的危害。洪水到来时，学校要组织师生自救互救，减少灾害造成的损失。

（1）立即启动应急预案，指挥全体教职工和学生科学、有序逃生。

（2）洪水到来时，来不及转移的师生，要就近迅速向楼房的高层、附近的山坡高地转移，或者立即爬上屋顶、大树等高处暂避。由于洪水温度低、夹杂一些漂浮物，轻易不要选择游泳逃生或上泥坯房房顶求生。

（3）如洪水继续上涨，暂时躲避的地方将出现险情，则要充分利用准备好的救生器材逃生，或者迅速找一些门板、桌椅、木床、大块的泡沫塑料等漂浮物逃生。

（4）如果已被洪水包围，要设法尽快与外界取得联系，报告自己的方位和险情，积极寻求救援。

（5）如已被卷入洪水中，一定要尽可能抓住固定的或能漂浮的东西，寻找机会逃生。

（6）发现高压线铁塔、电线杆倾斜或者电线断头下垂时，一定要迅速远避，防止触电。

洪水灾害发生后，各级各类学校要首先组织好学校内部的自救、互救，并协助安排救灾人员在校内的抢险救灾和受伤师生的救治、转移、运送工作，做好受灾师生安置及心理疏导，并根据灾情调整教学、考试计划，安排好师生生活。在属地政府的统一领导下，采取有效措施防止和控制传染病的暴发流行；协助、配合公安、武警加强治安管理和安全保卫工作，预防和打击各种违法犯罪活动，维护社会治安；配合相关部门做好相应的救灾工作，稳定师生情绪，防止衍生灾害的发生。同时，了解灾害情况，及时向当地教育行政部门和救灾指挥部报告灾情和工作情况。

三、如何预防和处理泥石流

泥石流灾害常常具有暴发突然、来势凶猛、过程迅速的特点。高频率的泥石流，主要发生在气候干湿季较明显、较暖湿、局部暴雨强大、冰雪融化快的地区，如云南、四川、甘肃、西藏等。低频率的泥石流主要发生在东北和南方地区。我国西南、西北山区学校在雨季要注意预防泥石流灾害。

（一）泥石流的预防

泥石流虽然流域面积小，但是暴发突然、运行速度快、危害严重，人一旦裹进泥石流后，逃生机会非常渺茫。

1. 校舍选址：学校校舍要建在没有泥石流威胁的安全地带。

2. 安全警示：学生上下学的路上如果经过可能有泥石流发生的区域，当地政府和学校要设置警示牌，同时加强对学生的安全教育，让学生在雨季提高警惕。

3. 普及预防知识：在山区，如果连降大雨，容易暴发山洪和泥石流。如果听到异常响声，看到

有石头、泥块频频飞落，向某一方向冲来，表示附近可能有泥石流袭来。如果响声越来越大，已经可以看见泥块、石头等，说明泥石流就要发生，要尽快逃生。

4. 技能训练：要学会根据各种现象判断泥石流的发生，并立即逃开，选择最短、最安全的路径向沟谷两侧山坡或高地跑，切忌顺着泥石流前进方向奔跑。

（二）泥石流的处理

泥石流灾害发生后，各级各类学校首先组织好学校内部的自救、互救，并协助安排救灾人员在校内的抢险救灾和受伤师生的救治、转移、运送工作，做好受灾师生安置及心理疏导，稳定师生情绪，防止衍生灾害的发生。同时，了解灾害情况，及时向当地教育行政部门和救灾指挥部报告灾情和工作情况。

第六节　雷击的预防与处理

一、哪些场所和行为容易发生雷击灾害

雷电全年都会发生，全国各地都有，而强雷电多发生于春夏之交和夏季。

（一）雷雨天易发生雷击的场所

1. 地势较高处的校舍。

2. 无防雷设施的校舍。

3. 离高大树木、电线杆等物体很近的校舍。

4. 露天游泳池、开阔的水域或小船上，树林的边缘。

5. 电线杆、旗杆、干草堆、帐篷等没有防雷装置的物体附近。

6. 铁轨、水管、煤气管、电力设备、拖拉机、摩托车等外露金属物体旁边。

7. 孤立的烟囱或大树（山顶孤立的大树下尤其危险）。

8. 空旷地带孤零零的棚屋、岗亭等。

（二）雷雨天易引发雷击的行为

1. 大开门窗，赤脚站在泥地或水泥地上。

2. 接触天线、煤气管道、铁丝网、金属窗、建筑物外墙。

3. 使用带有外接天线的收音机和电视机，拨打、接听电话。

4. 用喷头洗澡。

5. 在旷野中打伞或高举羽毛球拍、高尔夫球杆、锄头等。

6. 进行打高尔夫球、踢足球、攀登、钓鱼、游泳等户外活动。

二、如何预防雷击灾害

1. 主动与地质、气象部门沟通，远离风险源选择校址；给校舍安装防雷装置，并进行定期检测，及时维护；清除或移栽距校舍较近的高大树木。

2. 雷雨多发地区，学校必须成立防雷领导小组，组建应急疏散组、医疗救护组、后勤保障组、宣传组、综合协调组。

3. 建立本校雷击防灾应急预案，组织演练；一旦发生雷击，全面启动学校雷击应急工作，指挥各专业组按预案确定的职责投入抗雷救灾。

4. 在雷雨季节执行天气预报传达制度，及时向老师传达气象状况，引起师生重视，提前准备。

5. 利用全校教职工会议、专题培训、广播、标语、黑板报、印发防雷击小报等形式，大力宣传雷电产生的原因及如何预防等知识，增强师生的防雷击意识及防雷击能力。

6. 教师要在学生中开展防雷击知识专题教育、防雷技能训练，要求学生时时警惕，尽力避免雷击事故的发生，在遇到雷电来临时能应知应会。

7. 加强家校联系，要求学生向家长及邻居讲解防雷击知识，让防雷击知识家喻户晓，人人皆知。

8. 室内避雷：

（1）雷雨天气时，要注意关好门窗，以防侧击雷和球状雷侵入。

（2）雷雨天气时，最好把电器的电源切断，并拔掉电源插头。

（3）雷雨天气时，不要使用带有外接天线的收音机和电视机，不要接打电话。

（4）雷雨天气时，不要接触天线、煤气管道、铁丝网、金属窗、建筑物外墙等，远离带电设备，不要赤脚站在泥地和水泥地上。

（5）不要在雷电交加时用喷头洗澡。

9. 户外避雷：

（1）立即寻找避雷场所，可选择装有避雷针、钢架或钢筋混凝土的建筑物等处所，但是注意不要靠近防雷装置的任何部分；若找不到合适的避雷场所，可以蹲下，两脚并拢，双手抱膝，尽量降低身体重心。

（2）如在雷电交加时，头、颈、手处有蚂蚁爬行的感觉，头发竖起，说明将发生雷击，应赶紧按上一条要求，做好防雷击动作，并拿掉身上佩戴的金属物品，如发卡等。

（3）不要待在露天游泳池、开阔的水域或小船上，不要停留在树林的边缘。

（4）不要待在电线杆、旗杆、干草堆、帐篷等没有防雷装置的物体附近。

（5）不要停留在铁轨、水管、煤气管、电力设备、拖拉机、摩托车等外露金属物体旁边。

（6）不要靠近孤立的大树或烟囱（山顶孤立的大树边尤其危险）。

（7）不要躲进空旷地带孤零零的棚屋、岗亭里。

（8）不宜在旷野中打伞或高举羽毛球拍、高尔夫球杆、锄头等。

（9）应立即停止打高尔夫球、踢足球、攀登、钓鱼、游泳等户外活动。

（10）避免开摩托车、骑自行车，更不能在雷雨中快速开摩托车、骑自行车。

（11）人在汽车里要关好车门、车窗。

（12）多人一起在野外时，应相互拉开几米距离，不要挤在一起。

（13）高压电线遭雷击落地时，近旁的人要保持高度警觉，当心地面"跨步电压"的电击；逃离时的正确方法是双脚并拢，跳着离开危险地带。

（14）身处空旷地带宜关闭手机，更不能拨打电话。

学校要坚持"安全第一、预防为主"的方针，通过以上措施，增强师生防雷击的意识和预防雷击的能力，最大限度地保护师生的生命安全和学校的财产安全。

三、雷电发生前后的注意事项

（一）雷电发生前

当校园上空暴雨、闪电、雷鸣即将发生时：

1. 切断校园内包括微机房、远程教育室、教室、办公室等场所的一切电源。

2. 班主任应当迅速通知、召集正在室外活动的学生安全地回到教室。

3. 根据天气状况，学校可适当调整放学时间，避开雷雨时段。

（二）雷电发生时

1. 应当关好门窗，防止球形雷（滚雷）窜入室内造成危害。

2. 不得打电话或接听手机。

3. 不要靠近室内的金属设备（如水管）及门窗等容易被雷击中的地方，不要赤脚站在泥地和水泥地上。

（三）雷击伤害事故发生后

1. 立即启动雷击事故应急预案。

2. 拨打120急救电话，并及时通知受伤学生的监护人马上赶赴现场或医院。

3. 受雷击而烧伤或严重休克的人，他的身体是不带电的，抢救时不要有顾虑，应该迅速扑灭他身上的火，实施紧急抢救；若伤者失去知觉，但有呼吸和心跳，则有可能自行恢复，应该让他舒展平卧，安静休息后再送医院治疗；若伤者已经停止呼吸和心跳，应迅速果断地交替进行口对口人工呼吸和心脏挤压，并及时送往医院抢救，在专业医护人员未接替前救治不能中止。

4. 及时做好其他学生的心理抚慰工作。

5. 在遭受雷电灾害后，应及时向教育主管部门和气象主管机构报告灾情，并协助气象主管机构做好雷电灾害的调查、鉴定工作，分析雷电灾害事故原因，提出解决方案和措施。

第七节　校园伤害的预防与处理

校园伤害是学校中发生最多、统计最难、最具隐蔽性、对受害者人身安全和心理健康影响最普遍的伤害。它常常以恃强凌弱、殴打谩骂、恶意嘲弄、散布谣言、敲诈勒索、排斥和性侵害的形式出现。校园伤害不仅是行为健康问题，也是可能逐渐演变成刑事犯罪的问题。

一、如何预防校园伤害事故的发生

对校园伤害的预防可以着眼于预防校园暴力行为和校园性侵害。

（一）如何预防校园暴力行为

1. 如何预防学生之间的暴力伤害

对在校学生加强法制教育。我国在1999年制定了《中华人民共和国预防未成年人犯罪法》，使预防未成年人犯罪有法可依。学校要依照法律做好预防违法犯罪教育，从根源上预防学生之间的暴力行为。学校要教育学生遵守法律、法规及社会公共道德规范，树立自尊、自律、自强意识，增强辨别是非和自我保护的能力，自觉抵制各种不良行为及违法犯罪行为的引诱和侵害，用法律保护自己。

2. 避免使用粗暴的教育方法，耐心细致地加以引导，关注学生心理问题。导致学生之间暴力行为的原因，一是在不良的生活环境中，受来自各方面的不良影响，养成不良习惯后的自发施暴行为；二是鉴别是非的能力较差，在他人教唆、引诱、胁迫的条件下发生暴力行为。对学生之间的暴力行为要仔细查找原因，分析他们的心理状态以及家庭生长环境，有针对性地对其进行教育，帮助他们认识到自己的不良行为对自身发展的影响。千万不要采用粗暴的方式来解决问题。学校和班主任应该关注个别学生的教育，防止个别学生出现行为问题，尤其是殃及他人的行为问题。

3. 准确判断未成年人的不良行为。对于学校和教师来说，能够及时了解学生情况，特别是有行为问题学生的情况非常重要。下面是对未成年人不良行为的分类：

未成年人的一般不良行为：

（1）旷课、夜不归宿。

（2）携带管制刀具。

（3）打架斗殴、辱骂他人。

（4）强行向他人索要财物。

（5）偷窃、故意损坏财物。

（6）参与赌博或者变相赌博。

（7）观看、收听色情、淫秽的音像制品、读物等。

（8）进入法律、法规规定未成年人不宜进入的营业性歌舞厅等场所。

（9）其他严重违背社会公德的不良行为。

未成年人的严重不良行为：

（1）纠集他人结伙滋事，扰乱社会治安。

（2）携带管制刀具，屡教不改。

（3）多次拦截殴打他人或者强行索要他人财物。

（4）传播淫秽的读物或者音像制品等。

（5）进行淫乱或者色情、卖淫活动。

（6）多次偷窃。

（7）参与赌博，屡教不改。

（8）吸食、注射毒品。

（9）其他严重危害社会的行为。

（二）如何预防社会人员的暴力伤害

对于预防社会人员的暴力伤害事件，学校可以从下列几个方面开展工作：

1. 制定紧急预案：学校要根据本地区的实际情况制定预防各类校园暴力事件的预案，一旦发生校园暴力，立刻启动预案，迅速控制局面，防止局势扩大。

2. 加强校门管理：加强对校门的管理是避免校园伤害发生的重要举措。对校门的管理，首先要选择有责任心的人员值班，防止无关人员随意进入校园。有条件的地区可利用现代技术手段加强防范，如安装电子监控与自动报警设施，并将校内监控报警系统与当地公安部门联网。

3. 努力化解矛盾：学校在处理家长与教师存在的矛盾时，要从多方面考虑，应防止学校领导与家长、教师与家长、学生家长与家长之间的矛盾激化。有时矛盾的激化能诱发校园伤害事件的发生。在处理学生违规行为时也要慎重，对各类学生均应给予改过的机会，不能把学生逼得无路可走，防止因处理问题不当而导致校园暴力的发生。

4. 认真了解和研究校外暴力团伙的情况：对校外暴力团伙或个人应认真分析，特别要收集相关的证据。对带有恶霸或黑社会行为的暴力团伙，应谨慎对待。当掌握确凿证据后，可协助当地公安部门采取打击措施。

另外，对校内及学校周边的精神疾病患者，也要做到心中有数，防止精神疾病患者发病时造成校园暴力的发生。

（三）预防校园性侵害

1. 对学生进行预防性侵害教育

首先要让学生懂得什么样的行为是性侵害行为。要让孩子懂得自己身体的哪些部位是不可随便让别人触摸的，与异性须保持一定距离。如果有可能，学校要开设性教育课程，并让学生清楚地了解如下内容：

（1）在学校内或上学和回家的路上要结伴而行，不要到四周没人的地方去，千万不要为了图方便走近路。

（2）不要轻易接受陌生人或他人的饮料和食品。

（3）指导学生建立正确的性观念：任何人提出的性接触，都要断然拒绝。

（4）让学生知道身体某些部位是属于个人隐私，别人是不可以随便碰触的。

（5）让学生学习分辨不同形式的触摸，哪些是可以的，哪些是不可以的，对于不当或不舒服的身体接触，要勇敢地说"不"。

（6）陌生人或熟人都可能是性侵害的加害人，应避免独自在无人的场所逗留。

（7）遇到类似问题，不要因受加害人恐吓不敢说出来，要及时向家长和可信任的成年人报告，以免造成更大的伤害。

2. 对教师的管理和关注

学校要加强教师队伍的管理，注重师德师风教育。师德教育必须把目光投向教师丰富的现实生活和精神世界，要对教师的生活进行规范指导。同时，学校要关注教师心理健康，定期对教师进行心理测试，对有问题的教师重点进行心理健康辅导。

3. 对家长的教育

受传统观念影响，多数家长羞于向孩子讲授性知识，这容易导致孩子形成错误的性观念，甚至形成不健全的人格心理。更严重的是，好奇心强的孩子可能通过不正当的渠道，如色情网站、黄色碟片等去寻找答案，这就使他们容易受到这类媒体的负面影响，对其身心发展极其不利。学校有必要帮助家长补上性知识与性教育这一课。

二、如何处理校内学生之间的伤害（打架）行为

当校内学生发生打架行为时，学校领导或教师可采取的措施是：

1. 第一时间赶到现场。

2. 喝令双方住手，并作以下判断：谁是强者、谁是弱者，谁主动、谁被动，是否持械。

3. 迅速介入，先将双方拉开，然后将强者、主动者或持械者推开，并控制他的行为，一般弱者会很快住手；教师介入时，要注意保护自己。

4. 将双方带到不同地点待其冷静。

5. 找在场人员准备调查取证。

6. 保护现场，收集相关证据。

7. 对受伤者要快速施救。

8. 通知双方家长。

9. 根据事态的严重程度，考虑是否通知警方。

10. 一旦警方介入，考虑两个解决方案：一是警方调解，二是司法介入。

11. 警方介入后，新闻发布与媒体接待的口径，均应以警方为准。

三、校外人员闯入时如何处理

遇到校外人员闯进校园对校内师生实施暴力行为时，凡在场的教职员工第一要务是保护学生的安全，再设法制止暴力行为，其步骤是：

1. 喝令施暴者住手并拦住他。

2. 让周围的学生尽快跑开。

3. 迅速报警。

4. 如可能，将其制服；否则，与之对峙，等待警方到来。

5. 如果闯入者持械施暴，应随手拿起身边可能拿到的器具保护自己，并与施暴者对峙。

6. 如果已经形成对峙，就等待警方的到来；不要贸然试图将其制服，那样可能造成不必要的伤害。

7. 快速对受伤者进行救治。

8. 通知家长配合调查并对伤者进行治疗。

四、校园劫持或绑架事件如何处理

恐怖分子（一人或多人）闯进学校劫持师生做人质，多数是为解决某个问题而采取的极端化行为。学校在劫持发生到警察到来之前可以做的事情如下：

1. 立即疏散恐怖分子周边的人员，使他（或他们）不能劫持到更多的人质。

2. 保持镇静，没有把握不要试图反抗，免得过早地造成人员伤亡。

3. 迅速指派一人避开恐怖分子的视线报警，免得激怒恐怖分子而伤及人质。

4. 及时向上级报告发生的情况。

5. 试着与其谈判，明确告诉他（或他们）只要不伤人，所有条件可以满足。

6. 开展心理攻势，以情理攻其心，使之保持冷静，尽量拖延谈判的时间。

7. 如果已经发生人员伤亡，立即通知急救中心请求救援。

8. 警方到达后，全力配合警方的工作。

9. 通知并接待好家长，安抚家长，请家长配合警方的行动。

10. 接待媒体与新闻发布，均以警方为准。

五、如何妥善处理性侵害事件

校园性侵害事件的处理往往非常棘手，受害人、受害人家长和受害人周围的人对这类事件非常敏感，有些人甚至表现出异常的关注，这常常会导致事件本身的复杂化，尤其容易造成对受害人的二次伤害。学校在处理性侵害事件时，要确保对受害人的保护，尽量减少对周围人的影响，同时要依法惩罚加害者。由于性侵害对受害人的影响不可能很快消除，学校要在事件发生后的相当长时间内关注受害人的情况并给予心理、学业等各方面的帮助。学校在处理性侵害事件过程中要注意下列环节：

1. 要告诉受害人这不是他（她）的错。

2. 尊重并保护受害人的隐私权，做好保密工作。

3. 了解事实真相，鼓励受害人说出实话，并给予支持与安全感。

4. 安排受害人至医院检查、治疗。

5. 带受害人接受心理辅导。

6. 保存受害的证据。

7. 处理案件人员有涉入个案者，应回避。

8. 有关处理情况均由发言人统一发布。

第八节　传染病的预防与处理

学校常见传染病多为呼吸道传染病和肠道传染病。其中肺结核、麻疹、腮腺炎、水痘、流感等为呼吸道传染病，病原体多为病毒、细菌，通过直接接触、空气飞沫等途径引起疾病传播。肠道传染病主要是一组由细菌、病毒、寄生虫等病原体经消化道传播的疾病，常见的有感染性腹泻、伤寒、副伤寒、细菌性痢疾等。

一、呼吸道传染病的预防

1. 保持良好的个人及环境卫生。

2. 勤洗手，使用肥皂或洗手液并用流动水洗手，不用污浊的毛巾擦手。双手接触呼吸道分泌物后（如打喷嚏后）应立即洗手。

3. 打喷嚏或咳嗽时应用手帕或纸巾掩住口鼻，避免飞沫污染他人。患病在家或外出时佩戴口罩，以免传染他人。

4. 均衡饮食、适量运动、充足休息，避免过度疲劳。

5. 每天开窗通风数次（冬天要避免穿堂风），保持室内空气新鲜。

6. 尽量不到人多拥挤、空气污浊的场所；不得已必须去时，最好戴口罩。

7. 正规接种相关疫苗。如接种流感疫苗、水痘疫苗可有效预防流感、水痘等相关疾病。实践证明，预防接种是减少传染病，特别是多种呼吸道传染病的重要措施和手段。

8. 开展健康教育，了解掌握呼吸道传染病预防基本知识，提高自身防疫能力。

二、肠道传染病的预防

1. 注意饮食卫生，不吃腐烂变质食物；蔬菜、瓜果不能生吃，一定要洗干净，煮熟再吃；剩

菜、剩饭要煮后再吃，食用餐具要经常消毒。

2. 适当进食蒜、醋等以预防肠道传染病的发生。

3. 注意饮用水卫生。不喝生水，要喝开水。

4. 养成良好的卫生习惯，饭前、便后洗手。

5. 增强抵抗力，经常进行体育活动。

6. 出现呕吐、腹泻、发热等症状时应立即到校医室或医院就诊，不能自行使用抗菌素进行不规范治疗。

7. 加强对垃圾和污水的卫生管理，做好灭蝇、灭蟑螂工作。

8. 学校食堂把好食品采购、加工、出售等环节的"卫生关"。

9. 食堂从业人员要保持个人卫生，不能带病上岗。

三、学校发生传染病疫情后如何处理

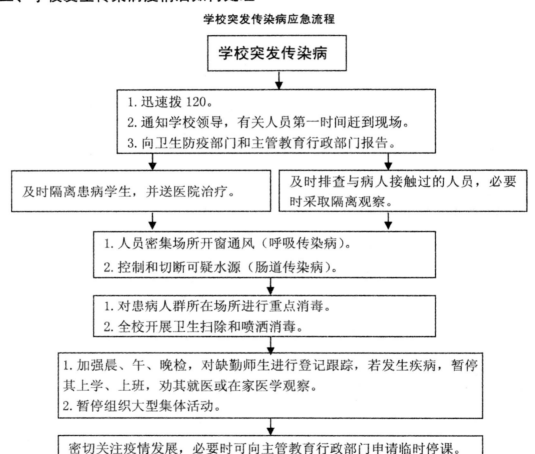

学校突发传染病应急流程

学校突发传染病

1. 迅速拨120。
2. 通知学校领导，有关人员第一时间赶到现场。
3. 向卫生防疫部门和主管教育行政部门报告。

及时隔离患病学生，并送医院治疗。

及时排查与病人接触过的人员，必要时采取隔离观察。

1. 人员密集场所开窗通风（呼吸传染病）。
2. 控制和切断可疑水源（肠道传染病）。

1. 对患病人群所在场所进行重点消毒。
2. 全校开展卫生扫除和喷洒消毒。

1. 加强晨、午、晚检，对缺勤师生进行登记跟踪，若发生疾病，暂停其上学、上班，劝其就医或在家医学观察。
2. 暂停组织大型集体活动。

密切关注疫情发展，必要时可向主管教育行政部门申请临时停课。

1. 与患病学生家长保持联系。
2. 向师生通报情况，稳定情绪。开展疾病预防和公共卫生安全教育，尽快恢复正常教学秩序。

（一）立即报告

1. 报告内容及时限：

（1）在同一宿舍或者同一班级，1 天内有 3 例或者连续 3 天内有多个学生（5 例以上）患病，并有相似症状（如发热、皮疹、腹泻、呕吐、黄疸等）或者共同用餐、饮水时，学校疫情报告人应当在 2 小时内报出相关信息。

（2）当学校和托幼机构发现传染病或疑似传染病病人时，学校疫情报告人应当立即报出相关信息。

（3）个别学生出现不明原因的高热、呼吸急促或剧烈呕吐、腹泻等症状时，学校疫情报告人应当在 24 小时内报出相关信息。

（4）学校发生群体性不明原因疾病或者其它突发公共卫生事件时，学校疫情报告人应当在 2 小时内报出相关信息。

2. 报告方式

当出现以上情况时，学校疫情报告人应当以最方便的通讯方式（电话、传真等）向属地疾病预防控制机构（农村学校向乡镇卫生院防保组）报告，同时向属地教育行政部门报告。

（二）启动学校突发公共卫生事件应急措施。

（三）积极配合卫生部门（医院）对患者进行救治，对感染来源进行调查，开展疫情监测，保护易感人群。

（四）按照当地政府和卫生行政部门要求，落实其它紧急应对措施。

（五）开展健康教育，提高师生员工自我保护意识及应对能力。

（六）及时通报疫情控制情况，稳定师生员工、家长情绪。

第九节　火灾的预防与处理

一、如何预防校园火灾的发生

（一）普及灭火器使用常识

学校要组织学生学习各种灭火器的使用方法，特别要以多种方式指导学生掌握如何打开保险栓。

（二）排查并消除校园火灾隐患

学校作为人员密集场所，及时排查各种能引发火灾的隐患，对预防火灾具有积极意义。学校排查火灾的重点是学生宿舍、食堂、实验室、图书馆、库房、配电室等处。排查时要对可燃物及时清理，以消除火灾隐患，并管理好火源，防止引燃可燃物品，具体内容见表1。

表1　排查并消除火灾隐患

导致火灾的原因	排查存在的火灾隐患	常见的火灾预防措施
使用明火	燃烧柴、草或使用蜡烛照明的情况	减少或避免在校内使用明火；用蜡烛照明要制定相应的安全措施
使用燃煤取暖、做饭	燃煤取暖及做饭情况，如宿舍、食堂等	加强对燃煤取暖及做饭的管理，使火源远离可燃物
使用燃气设施	燃气设施的完好程度及使用情况	经常检查燃气设施的完好程度及使用情况
使用电器不慎	校内所有成员使用电器情况，如电炉、电热毯等	禁止学生在宿舍内使用电炉、电热毯等电器
使用电焊或气焊	在建筑工地或施工场地使用电、气焊情况	加强工地或施工场地电、气焊使用的监管
电路短路	电路施工或改造应由电工完成；宿舍内有无乱拉电线现象	制止学生、教师在宿舍内乱拉电线
电器设备过载	校内使用各种电器情况，特别是大功率电器	定期检查校内使用的各种电器增加情况，特别是大功率电器
电线或用电器老化	校内电线或长期使用的电器分布情况及现状	对校内已老化电线或存在安全隐患的电器进行及时更换
雷击	学校各种避雷设施的安装及完好情况	确保各种避雷设施的完好，对无避雷设施的建筑安装避雷设施
自燃	易自燃的化学药品及其他易燃物数量及存放情况	加强易自燃的化学药品及其他易燃物的管理
汽车自燃	学校汽车的定期保养与日常维护情况	对学校的汽车进行定期保养、加强日常维护
燃放鞭炮	有无燃放鞭炮现象	禁止师生在校内燃放鞭炮
乱扔烟头	教职工中有吸烟习惯的人员及学生吸烟情况	加强对吸烟的监管
儿童或智障者玩火	校内有无儿童或智障者	加强对儿童或智障者的管理
祭扫活动	学校周边有无祭扫的场所	在祭扫阶段加强对学校周边的巡视
人为纵火或蓄意破坏	分析查找诱发人为纵火或蓄意破坏的因素	加强对学校的管理，防止各类闲杂人员进入

排查各种隐患后对所存在的隐患要仔细分析并制定具体的措施，重点是防止火灾的发生。此外，要经常检查灭火器及灭火设施的完好及配备情况，对过期的灭火器要及时更换。灭火器要放在易于拿取的地方，并按消防部门的要求在食堂、图书馆、实验室、配电室配置足够的灭火器。对灭火设施要保证其完好、有效。

（三）定期进行火灾逃生演练

平时有目的地进行逃生演练，可有效地提高学生在发生或遇到火灾时逃生的基本技能。学校可根据本校实际情况，定期组织学生进行火灾逃生演练。演练时，一要让学生熟悉逃生的路线，二要让学生了解逃生时避免吸入有毒烟气而窒息的方法。组织逃生演练时，可请当地消防队给予指导，并结合实例介绍多种躲避、逃生、自救、呼救的方法，提高学生自身应对火灾的能力。

（四）加强火灾逃生常识教育

要让学生了解发生火灾时的逃生常识，并能采取正确的躲避、逃生、自救与呼救方法。如果采取的方法不正确，就可能在逃生的过程中受伤或死亡。

1. 掌握火灾逃生方法。一些火灾发生时正确的和错误的逃生方法具体见表2。

表2　发生火灾时正确和错误的逃生方法

正确的逃生方法	错误的逃生方法
1. 烟气较大时，先用多层浸湿的毛巾或衣物捂住自己的口鼻，防止吸入有毒气体而窒息。 2. 房间内着火时，要弯腰或匍匐，并沿有冷空气进入的方向逃生。 3. 等待救援过程中，要用各种方式发出求救信号，如敲击金属管道、向外抛投衣物等。 4. 着火点离自己较近时，不要大声呼喊，防止吸入火焰将呼吸道烧伤。 5. 衣服着火时，不要猛跑，防止火势加大。 6. 穿多层衣服时可将外层脱掉或就地打滚将火压灭。 7. 穿单层化纤衣服时，不要盲目脱衣服，防止衣服与皮肤粘连后，因脱衣而导致皮肤外伤加重。	被困高层楼房时，选择跳楼的方式逃生。 居住在楼房时，乘坐普通电梯逃生。 面对火焰大声喊叫。 在浓烟中直立快速逃生。

2. 无法逃生时的躲避、自救与呼救。

（1）无法逃生时，可采取关闭门窗、向门窗泼水、用湿棉被等堵上门窗等方法隔离火源，等待救援。

（2）自救时可用水、尿浸湿的多层毛巾或衣物捂住口鼻，防止吸入大量有毒气体而中毒窒息。

（3）可到阳台、窗口等处进行呼救，也可用向窗外抛撒衣物、纸张方式求救。

二、学校发生火灾事故时应如何应对

发生火灾时应保持冷静的头脑，并采取正确的躲避、逃生、自救与呼救措施，可有效地保护自己，使火灾对自身的伤害减小到最小程度。

1. 学校火灾事故应对办法

学校一旦发生火险，应立即扑救；如果火势失控，要立即报火警并启动《学校防火应急预案》。学校教职工应对火险的一些具体措施详见下页图1。

2. 宿舍或居室火灾事故应对办法

（1）及时发现火情

及时发现火情对选择正确的逃生与躲避措施有积极作用。发现火情的方法一是从声音判断，二是从烟与气味判断。当听到有人喊："着火啦！"，或看到了烟、闻到了气味，此时一定要从窗口观察着火的位置，根据着火位置与自己所处地点的距离及所受的影响，确定自己所采取的措施。

（2）迅速有序撤离　危急时刻组织有序撤离对减少火灾造成的人员伤亡非常重要。撤离时可按预演时的顺序与路线，快速向安全地点撤离。在组织撤离的过程中教师要发挥重要的组织指挥作用。

当自己所在房间上面着火时，可迅速从楼道撤到安全地点，大火产生的烟气向上蔓延的速度极快，可充分利用下面没有烟气的时间段，快速逃离危险区域。

自己所在房间一侧着火时，如烟气还未扩散至整个楼道，可迅速从一侧的楼道撤离。

自己所在房间的下层着火，如下楼的楼道还未充满烟气时，应快速有序地从楼道撤离；如发现楼道内已充满烟气，可从楼两侧的防火楼梯撤离，撤离时要用湿毛巾或浸湿的衣物捂住口鼻，防止吸入大量烟气而窒息。无法撤离时，要利用关门、封堵门缝等方式，防止烟气进入自己所在房间，并到窗户前呼救。

图1 学校火灾故事应对办法

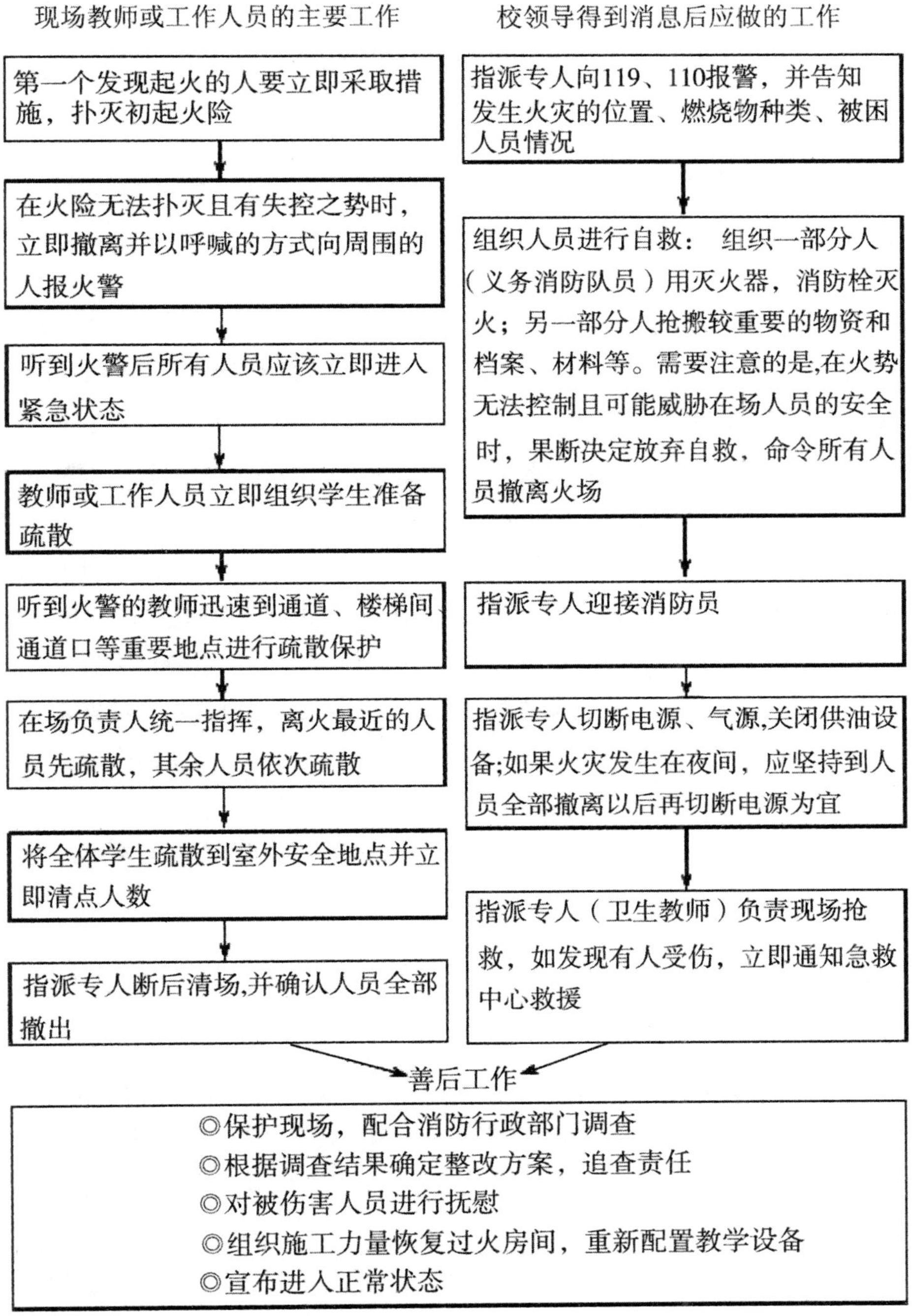

现场教师或工作人员的主要工作　　校领导得到消息后应做的工作

现场教师或工作人员的主要工作	校领导得到消息后应做的工作
第一个发现起火的人要立即采取措施，扑灭初起火险	指派专人向119、110报警，并告知发生火灾的位置、燃烧物种类、被困人员情况
在火险无法扑灭且有失控之势时，立即撤离并以呼喊的方式向周围的人报火警	组织人员进行自救：组织一部分人（义务消防队员）用灭火器，消防栓灭火；另一部分人抢搬较重要的物资和档案、材料等。需要注意的是,在火势无法控制且可能威胁在场人员的安全时，果断决定放弃自救，命令所有人员撤离火场
听到火警后所有人员应该立即进入紧急状态	
教师或工作人员立即组织学生准备疏散	
听到火警的教师迅速到通道、楼梯间、通道口等重要地点进行疏散保护	指派专人迎接消防员
在场负责人统一指挥，离火最近的人员先疏散，其余人员依次疏散	指派专人切断电源、气源,关闭供油设备;如果火灾发生在夜间，应坚持到人员全部撤离以后再切断电源为宜
将全体学生疏散到室外安全地点并立即清点人数	指派专人（卫生教师）负责现场抢救，如发现有人受伤，立即通知急救中心救援
指派专人断后清场,并确认人员全部撤出	

善后工作

◎保护现场，配合消防行政部门调查
◎根据调查结果确定整改方案，追查责任
◎对被伤害人员进行抚慰
◎组织施工力量恢复过火房间，重新配置教学设备
◎宣布进入正常状态

第十节　交通事故的预防与处理

一、如何预防交通事故的发生

（一）加强管理

1. 学校要制定《交通事故应急预案》。明确当较大交通事故发生、造成群体伤亡时，学校应采取的措施和相关人员的工作职责，要措施有效，分工合作，有条不紊地做好各项工作。

2. 加强校车管理，确保学生乘车安全。凡学校自有校车或租用用于接送学生的车辆应贴有当地统一的校车标志。有校车的学校平时要加强对司机与车辆的管理，按国家的相关要求办理各种准许接送学生的手续，定期对车辆进行保养、维护、检查，使车辆状况处于良好状态。坚决不租用那些不具备相关条件的车辆接送学生。车辆发生故障时，坚决不再使用。要加强对司机的培训，提高他们对自己所担负工作的重要性的认识，增强责任感，杜绝因玩忽职守而造成的事故隐患。

3. 学校要建立在开学初和节假日前集中对学生进行交通安全教育的制度。

4. 学校不得组织学生到公路和交通流量大的道路上开展集体活动和体育锻炼，如确需占用部分道路开展活动，应报请当地交通管理部门批准并请交警维持秩序，采取有效防范措施确保学生安全。

5. 农村学校应建立"路队"制度。学生放学要根据学生的居住地组织路队，统一排队回家。在路上要排成一队靠公路右边行走，确保安全。

（二）加强教育

1. 加强教育，提高学生预防和应对交通事故的能力。用多种方式开展交通安全教育。请当地交管部门的人员结合本地区的交通事故实例，对学生开展交通法规和交通安全知识教育，使学生知法、懂法和守法。学校可通过举办交通安全展览、"安全出行"主题班会或团队活动，让学生了解交通法规和可能存在的交通安全隐患，知道发生交通安全事故的规律，提高防范意识，科学预防，减少事故的发生。

2. 学校要通过家长学校和家长会，向家长宣传交通法规和交通安全知识，提高家长做好学生安全工作的紧迫感。请家长和学校共同做好学生的交通安全教育工作。提醒学生在上下学路上注意交通安全，不在马路上追逐打闹，不斜穿马路，不在高速公路上行走，要有意避让车辆等。学生应了解和掌握采用不同交通方式时应注意的事项：

步行注意事项：

（1）步行时应当在人行道内行走，没有人行道时靠道路右边行走。

（2）通过路口或横过道路，应当走人行横道或过街设施。

（3）通过有交通信号灯的人行横道，应当按照交通信号灯指示通行。

（4）通过没有交通信号灯、人行横道的路口，或在没有过街设施的路段横过道路时，应当在确认安全后迅速直行通过。

（5）不得在车辆临近时，突然加速横穿道路或中途倒退、折返。

乘车注意事项：

（1）不在机动车道上拦截机动车。

（2）在车站候车时应自觉排队，公交车进站还未停稳时，不要着急拥向车门

（3）车门打开后要按先下后上顺序上下车，自觉礼让老人、儿童与残障人员。

（4）上车后要扶好或坐好，乘车的过程中不把身体的任何部位伸到车窗外。

（5）所乘车辆发生交通事故时，要听从司机或售票人员的指挥。

（6）乘坐家用轿车或打车时，不要从机动车道一侧上下车。

（7）所乘座位有安全带时，要系好安全带。

骑车注意事项：

（1）骑车要走非机动车道，无非机动车道时，要靠右行驶。

（2）骑车过程中，不得多人并行或在行驶过程中交谈。

（3）行驶途中左拐弯时，要打手势向后面行驶车辆示意，禁止强行猛拐。

（4）设有左拐指示灯的路口，左拐指示灯（绿灯）亮时，才能左拐。

（5）无人行横道的路段，横穿道路时，要主动避让机动车，禁止与机动车抢行。

（6）通过无人看守的铁道路口时，要确认安全后再通过。

（7）不逆行，不闯红灯；当不得不逆行时，可靠边行驶；车辆较多时，应推车行走。

（8）禁止骑车走机动车道，不在人行道上骑车。

（9）不骑车闸、车铃失灵的车辆出行，途中车闸失灵时，要推车行走。

（10）骑车时不双手离把、攀扶其他车辆、手中持物或使用手机。

（11）超车时在不妨碍被超车辆正常行驶的前提下，从左侧超越，不能S型行驶

（12）骑车时，如遇到正在执行紧急任务的特种车辆（警车、救火车、救护车、抢险车），应主动避让。

（13）骑车途中，不双耳插耳机及带耳麦听音乐或广播。

（14）遇暴雨、雷电、风雪等恶劣天气，不选择骑车方式出行。

3. 要教育学生不坐不符合安全规定的车辆，主要包括：

（1）不乘坐司机酒后驾驶的车辆；

（2）不乘坐非法运营或没有牌照的车辆；

（3）不乘坐严重超载或超员的车辆；

（4）不乘坐没有驾驶执照者驾驶的车辆；

（5）不乘坐两轮摩托车、农用车、小货车等。

4. 农村学校周边是交通事故的多发区，教育农村学校学生安全出行是减少交通事故的重要环节，要让他们了解在上下学路上的注意事项，确保学生上下学路上的安全，具体包括：

（1）应具有安全意识，随时观察所通过的道路是否存在安全隐患；

（2）崎岖不平的山路、陡峭的山崖存在因下雨而发生道路坍塌、滚石、山体滑坡、泥石流等自然灾害引发的危险；

（3）道路位于深山峡谷、河道边时，要提防上游暴雨引发山洪暴发；

（4）冬季下雪时崎岖的山路要特别注意行走安全；

（5）雨季要关注天气预报，尽量避开在恶劣天气出行；

（6）行走的路上遇暴雨时，要选择地势较高处躲避，同时注意防止雷击；

（7）夏季走在山路上要防止被蛇咬伤，可手持木棍边走边敲打；

（8）天快黑时尽可能不走山路，以防因视线不好而摔伤；

（9）在偏僻的道路上行走时最好结伴而行，以防发生意外；

（10）在行走的过程中不要到小河中戏水或游泳，以防溺水；

（11）通过河道时最好快速通过，防止突然猛涨的河水将人冲走；

（12）不图抄近路而从冰面上通行，以防掉入冰窟。

5. 要教育学生学会发生交通事故时的逃生方法：一是所乘车辆发生侧翻，自己被困在车内时，应采取措施逃至车外；无法从车门逃出时，可击碎车窗玻璃逃出。二是所乘车辆着火时，应设法迅速逃离所乘车辆；当车内已有大量烟气时，应用衣物捂住口鼻后，再设法逃出，以防吸入大量有毒、有害烟气而窒息；从车中逃出后，要远离事故发生地点，防止因车辆着火、爆炸而对自己造成伤害。

（三）注意与当地政府职能部门和社区合作共同做好交通安全工作

1. 学校校门如临近公路，应提醒和配合当地交管部门，在距离学校大门一定距离的公路上方设立"前有学校，车辆慢行"等警示牌，提醒司机减速行驶，注意过往学生，避免交通事故发生。

2. 位于繁华地区或校门口道路上车流量较大的学校，要主动与当地交通管理部门联系，在学生集中上下学的时段，安排警力维护好校门前道路的交通秩序，做到"三见"：见警察、见警灯、见警车，以确保学生的人身安全。

二、发生校车和学生群体交通事故时应采取哪些措施

1. 迅速启动《交通事故应急预案》。迅速拨打电话 120 或 999，请求急救中心抢救伤员，同时，迅速拨打 110 电话请求交管部门处理事故。

2. 学校领导如在现场要迅速报告上级领导部门。如不在现场，在向上级报告的同时，要迅速赶到现场。

3. 要尽快采取科学措施抢救伤员。对伤口大量流血的伤员，可立刻用手捂住出血处止血。对发生骨折的伤员，不要移动骨折部位，应等待救护人员到来后进行处理。对伤势较重或无力自救者，要等待医务人员抢救。同时，把其他没有受伤的学生带到安全地带。

4. 维持现场秩序，记录肇事车辆车牌号码，等待交管部门处理。如发现肇事车辆已逃逸，可向事发现场的人员了解车辆号码、颜色、车型等信息，以便于交管部门调查。

5. 在上级部门领导下组织相关人员成立相应工作小组，分别做好伤亡学生家长的工作、保险理赔工作，协助交管部门做好事故调查处理工作等。

第六章　学校安全伤害侵权责任认定

第一节　校园安全事故侵权责任常识

一、校园事故侵权与现状

（一）案例简介

2003 年 4 月某日，一名小学生被其班主任殴打致伤。仅 12 岁的思思是某小学的一名小学生。由于临近期中考试，学校作出规定：对期中考试不及格学生较多的班级和学生给予通报批评。思思平时学习不用功，因而数学不及格，并且得了全校最低分。其考试成绩被学校挂在公告栏里"示众"，班主任老师李某也因而受到校领导的责备。李某为发泄心中不快，把思思叫到办公室对其进行"教训"。被老师殴打后，思思回到家没敢和父母说，但是父母当晚就发现思思听力有问题，再三追问思思才说出实情。父母立刻带思思去检查，经法医鉴定，思思左耳听力严重下降，产生严重听觉障碍，已构成九级伤残。

思思住院期间共花去医疗费、护理费、营养费、交通费等各项费用 8 万余元。给思思购买助听设备花费 1 万多元。

思思的家长找到学校理论，要求学校给个说法。学校领导避而不见。于是思思的父母决定通过法律途径维护自己的合法权益。他们将学校和老师一起告上了法庭。

（二）法律规定

1.《侵权责任法》

第一条　为保护民事主体的合法权益，明确侵权责任，预防并制裁侵权行为，促进社会和谐稳定，制定本法。

第二条第一款：侵害民事权益，应当依照本法承担侵权责任。

2.《学生伤害事故处理办法》

第一条　为积极预防、妥善处理在校学生伤害事故，保护学生、学校的合法权益，根据《中华人民共和国教育法》、《中华人民共和国未成年人保护法》和其他相关法律、行政法规及有关规定，制定本办法。

第二条 在学校实施的教育教学活动或者学校组织的校外活动中，以及在学校负有管理责任的校舍、场地、其他教育教学设施、生活设施内发生的，造成在校学生人身损害后果的事故的处理，适用本办法。

第三条 学生伤害事故应当遵循依法、客观公正、合理适当的原则，及时、妥善地处理。

（三）法律解读

在我国，校园事故侵权问题历来很少引起人们的关注。据统计，目前全中国各级各类学生约有2亿人，其中绝大部分是青少年儿童。每年至少约有1000万儿童受到各种形式的意外伤害，约占全国儿童总数的10%。其中10万儿童因此死亡，40万儿童因此残废。学生伤害事故频频发生，占到学生死亡人数的86%，成为中小学生安全的重大威胁。

在这样一个庞大的群体面前，任何小事都会变成大事，任何忽视都是一种短视。也许是跨众多学科的原因，也许是由于寓于兴趣或知识面等问题，学者们对校园事故侵权没有给予充分的关注，致使该领域的研究比较薄弱。著名法学家杨立新教授认为："这种事故的不断发生，不仅给社会造成很多的不安定因素，而且对学校的教学、管理等造成重大影响，对校园正常教学秩序和管理秩序造成冲击。"因而校园事故侵权问题必须引起全社会的关注。

随着依法治国进程的不断推进，教育法律、民事法律法规等不断完善并逐渐深入人心，平等、权利等法的观念逐渐成为国民的意识，人们对生命、健康、人权等的关注程度也在不断提升，校园事故侵权逐渐走向前台，成为全社会乃至全世界日益关注的社会热点问题之一。2003年世界卫生日的主题就被定为"为儿童营造健康的环境"。尤其是随着《中华人民共和国侵权责任法》（以下简称《侵权责任法》）的出台，专家学者们的视角也逐步转向了对侵权问题的关注，其中校园事故侵权便是其中一个重要议题。《侵权责任法》中专门对校园事故侵权责任的承担作了规定，同时，该法律的一般侵权规定，也为研究校园事故侵权和处理校园事故侵权的法律实践提供了明确的法律依据。

至此，大家对于校园事故侵权的现状已经有所了解。那么，究竟什么是校园事故侵权呢？就目前出台的相关法律文件来看，对于"校园事故侵权"还没有一个统一的称谓。比如教育部颁布的《学生伤害事故处理办法》将其称为"学生伤害事故"；《北京市中小学生人身伤害事故预防与处理条例》则将其称之为"学生人身伤害事故"；《上海市中小学校学生伤害事故处理条例》将其称为"学校学生伤害事故"；《浙江省中小学校学生人身安全事故预防与处理办法》则改称为"学校学生人身安全事故"。这么多称谓，到底哪一个是我们所说的校园事故侵权呢？

无论法律规定的各种称谓如何，基本上都可以理解为校园事故侵权的表述。表述上的不一致并不会造成理解上的混乱，对法律有所了解的人都会对校园事故侵权形成一个大概的认识。但是有一点需要注意，以上列举的各种法律法规只是为大家提供一个理解上的参考，并不能完全涵盖校园事故侵权的所有情况。

以上述案例为例，大家很可能都注意到思思被伤害的事实了。稍有法律常识的人都明白，思思因老师殴打导致左耳失聪，至少打人的老师是脱不了干系的，一定要追究她的法律责任。但是，还有一点也应该引起注意：思思在考了最低分之后，成绩被学校挂在公示栏里，这一行为是否侵犯了思思本人的隐私权？这就是本书在后面将要谈及的隐性侵权问题。校园隐性侵权也是校园事故侵权的一种，而且往往会对学生造成心理上的伤害，这种伤害比身体上的伤害更应该引起学校、老师和家长的注意。此外，《侵权责任法》也规定了财产侵权的责任，继而推知，校园财产侵权也应该包含在校园事故侵权的范围里。

校园事故侵权中的侵害对象应该如何定位呢？校园事故侵权中的侵害对象只能是在校学生，虽然现实生活中也存在校外人员在学校内受伤以及丢失财物、老师被学生打伤、老师权益受到学校侵害等现象，但是不应将此类现象也列入校园事故侵权的范围内。校园事故侵权是一个特定概念，侵害对象仅限于学生，一个原因在于学生群体的特殊性，学生是作为一个弱势群体而存在的，需要法律的特殊保护；另一个原因在于学校在法律上有特殊的地位，学校承担着特殊的社会功能，对学生负有法定的教育、管理和监护义务，因而学生在校园里权益受损害时适用法律具有一定的特殊性。至于除学生外其他人受到损害，适用法律的一般规定即可。

校园事故侵权的发生地点是否一定在校园里面？答案是否定的。校园事故侵权并不局限于校园，也有可能发生在校园外。只要依法规定学校对此负有一定责任和义务，就不应该排除在校园事故侵权之外。根据《学生伤害事故处理办法》第 2 条规定，在学校实施的教育教学活动或者学校组织的校外活动中，以及在学校负有管理责任的校舍、场地、其他教育教学设施、生活设施内发生的，造成在校学生人身损害后果的事故都属于校园侵权事故。例如，学校疏于管理致使学生外出受伤、班级组织爬山老师未尽照顾责任致使学生摔伤、校车行驶过程中紧急刹车致使学生磕伤等事故，学校在此期间都负有教育、管理和保护职责，很有可能需要对事故承担责任，此类都应属于校园事故侵权之列。至于校园的理解，则可包括幼儿园、小学、中学、职业学校和大学。

总而言之，本书所讲的校园事故侵权所包含的范围是很广泛的，是指在校学生在学校承担教育、管理和保护职责期间所受到的一切人身或财产损害的事件，o 既包括了意外"事故"侵权，也包括了人为"事件"侵权。这样，对校园事故侵权就有了一个清晰的认识，在此基础之上将通过具体的案例对具体情况进行具体分析。相信随着《侵权责任法》的出台，校园事故侵权问题会得到更多的关注。

（四）专家建议

虽然在学术研究中校园事故侵权并未得到足够的重视，但是在日常生活中此类案件时有发生，得到了很多人的关注。相信在依法治国的背景之下，校园事故侵权研究必然不断发展。

校园侵权涉及校方、在校学生、学生家长等多方关系，一旦发生，受害人应积极主张侵权责任，维护自己的正当权益。

二、学生校园维权意识

（一）案例简介

2009年4月的一天，早上7点左右，黑龙江省某县某中学多名老师暴打一名初三学生，造成该学生身体多处受重伤，住院治疗。

黑龙江省某中学初三学生赵某是一个出身农村的学生，平时在学校学习成绩优异，是班里前几名。由于他团结同学，有很强的组织和领导能力，初一下学期就被选为班长。在2009年4月某日早上7点多的时候，他拖着因感冒而晕晕的身体坚持进考场进行期中考试，在教学楼走廊上，其身后忽然传来一个震耳的声音："我刚才叫你没听见么"？赵某一边回头一边说"我真没听见"，这时他看到他的年级主任林某向他走来，走到近前，抓住他的衣领就把他的头往墙上猛撞，被撞得晕晕的赵某开始用手保护自己，伸手抵挡着打来的拳脚，嘴里喊着："你凭什么打我？我可以告你去！"这下更惹怒了林某："凭什么，就凭我是老师，你是学生！有本事你就去告，看谁敢管！"林某变本加厉，谎称赵某打老师，叫上路过的几名男老师一起伸手殴打。之后赵某又被带到学校的收发室，遭到漫骂和殴打。打完之后，林某为了维护年级主任的面子，带着多名老师强迫赵某到初三各班去给他道歉。

当在农村正种地的老实巴交的父母赶到学校把赵某送到医院的时候，赵某已经晕倒，浑身是伤。林某还对赵某父母声称："我这是教育他，学生不听话，老师教育学生是天经地义！"

在律师、亲戚的帮助下，最终赵某的父母将打人的老师和学校告到法院。

（二）法律规定

1.《宪法》

第三十三条　凡具有中华人民共和国国籍的人都是中华人民共和国公民。

中华人民共和国公民在法律面前一律平等。

国家尊重和保障人权。

任何公民享有宪法和法律规定的权利，同时必须履行宪法和法律规定的义务。

2.《民法通则》

第五条　公民、法人的合法的民事权益受法律保护，任何组织和个人不得侵犯。

3.《侵权责任法》

第一条　为保护民事主体的合法权益，明确侵权责任，预防并制裁侵权行为，促进社会和谐稳定，制定本法。

第二条第一款　侵害民事权益，应当依照本法承担侵权责任。

4.《义务教育法》

第二十九条　教师在教育教学中应当平等对待学生，关注学生的个体差异，因材施教，促进学

生的充分发展。

教师应当尊重学生的人格，不得歧视学生，不得对学生实施体罚、变相体罚或者其他侮辱人格尊严的行为，不得侵犯学生合法权益。

（三）法律解读

我国的教育者历来都很少关注学生的权利。其原因是多方面的。（1）我国自古就有"尊师重教"的传统，老师对于家长和学生而言，通常是权威的，家长不可以干涉，学生不可以反抗，在老师面前是不可以强调学生权利的。"严师出高徒"，老师对学生权利的忽视往往被看做"严"的一种表现，因而很难引起人们的关注。（2）一些人也受到"伦理纲常、等级森严"的封建流毒的影响，认为老师是高高在上、高人一等的，学生就应该服从、臣服；而学生却是低人一等的，没有裁定权，只能无条件服从。（3）现实中学校作为一个机构，国家赋予学校较强势的地位，尤其是在我国，学校具有很强的行政机构色彩，学校的领导和老师往往运用行政管理的方式管理学校，当然也经常会运用行政文件甚至行政命令来规范学生的言行。

综上所述，学生权利长期得不到重视，积重难返，致使学生经常成为校园事故中被侵害的对象。学生在学校里几乎不被当做公民看待，这体现了社会和教育者法制意识的淡薄，也体现了教育理念的错位。

本案中年级主任林某作为老师，理应关爱学生，为人师表，但是他丧失了作为教育者的基本道德修养，不仅没有履行教书育人的义务，还无故辱骂、殴打学生，同时，"为了维护年级主任的面子，带着多名老师强迫赵某到初三各班去给他道歉"，不仅侵害了学生的身体健康权，也损害了学生的人格尊严，给学生造成身体和心灵上的巨大创伤。

"凭什么，就凭我是老师，你是学生！有本事你就去告，看谁敢管！"从林某的话里我们可以看到，作为一位老师，他是不称职的；作为一个公民，他更不懂法律。学生就没有权利？学生就不能告老师？《中华人民共和国宪法》（以下简称《宪法》）第33条规定，凡具有中华人民共和国国籍的人都是中华人民共和国公民，中华人民共和国公民在法律面前一律平等，任何公民享有宪法和法律规定的权利。自然学生也不例外，学生也当然地享有宪法规定的公民权利。《中华人民共和国民法通则》（以下简称《民法通则》）第5条规定："公民、法人的合法的民事权益受法律保护，任何组织和个人不得侵犯。"本案中年级主任林某的行为不仅侵犯了宪法赋予公民的权利，也严重侵犯了赵某的民事权益，如果赵某伤势严重，林某还应承担相应的刑事责任。

林某一直到最后还是不认错，声称："我这是教育他，学生不听话，老师教育学生是天经地义！"现实中像林某这样的人可能并不仅此一个，这表现出他们对现行教育理念和价值理解的根本错位。《中华人民共和国义务教育法》（以下简称《义务教育法》）第29条第2款规定："教师应当尊重学生的人格，不得歧视学生，不得对学生实施体罚、变相体罚或者其他侮辱人格尊严的行为，不得侵犯学生合法权益。"该法明确承认学生的合法权益，学校和老师是不应该漠视的。

对于在校学生及其家长而言，应该知法、学法、懂法，在学生自身权益遭到漠视甚至重大损害时，能够运用法律武器维护自己的合法权益。尤其是随着《侵权责任法》的制定，校园事故侵权又再次成为人们关心的话题。校园事故侵权作为侵权的一种，和其他侵权行为一样，也要受到《侵权责任法》的调整，学生的权益也同样受到该法的保护。正如《侵权责任法》所规定的："为保护民事主体的合法权益，明确侵权责任，预防并制裁侵权行为，促进社会和谐稳定，制定本法。""侵害民事权益，应当依照本法承担侵权责任……"法律条文中对什么情况下是侵权、责任的承担与否及如何承担、赔偿数额等都作了详尽明确的规定。这为维护学生合法权益提供了重要的法律依据，具有重要的意义。

总之，无论是学校、老师、家长还是学生，都应该有这样一种观念：学生虽然年纪小，但学生也是公民，同样拥有法律规定的各种合法权益。这种权益不会因为年龄偏小和能力偏弱而受到任何削减，更不会因为身在校园就要受到剥夺。他们和很多教育者一样，是平等的国家公民。

（四）专家建议

日常生活中有时会存在一些老师不尊重学生权利的情况。有些老师认为，学生来学校就应该接受学校的管理，老师有权利管教学生，学生还是孩子，哪里有什么权利，因而对不听话的学生轻则言语侮辱，重则拳脚相加。其实这种做法是违反法律的。学生也是公民，学生也有权利，学生的利益必须得到良好的保护。《侵权责任法》为保护学生权利提供了明确而统一的法律依据。在民主意识和公民意识不断发展的今天，学生权利的保护必须引起社会和教育者的高度重视。

三、学生依法享有的权利

（一）案例简介

2002 年 10 月，某市第一小学三年级（1）班的学生在一次早读课时吵闹不休，老师一怒之下，罚全班同学用胶纸贴住嘴巴。此事引起了学生家长的强烈不满，部分被罚学生的家长纷纷到教育局投诉。

某市第二中学学生小张晚上在校内抽烟，被学校巡察组的老师发现，给予开除学籍处分。小张不服，要求向校领导申诉，校方告知其已被开除，不许申诉。后小张又向教育行政部门申诉，未果。

宁波某学院每年都会在毕业生离校前强行向学生收取"孝敬费"。学校这一届 455 名高职毕业生每人都被强行收取了 30 元钱，用于学校购买一块价值 10 万元的电子显示屏。学校回应称，学生交费是自愿捐献行为。

1998 年 6 月，某大学拒绝给该校 94 级学生田某颁发毕业证和学位证，理由是田某在 1996 年 2 月的考试中作弊而被学校取消了学籍。1999 年年初，田某将学校告上法庭。法院经过审理，判决被告某大学向田某颁发毕业证书。

（二）法律规定

1. 《侵权责任法》

第二条　侵害民事权益，应当依照本法承担侵权责任。

本法所称民事权益，包括生命权、健康权、姓名权、名誉权、荣誉权、肖像权、隐私权、婚姻自主权、监护权、所有权、用益物权、担保物权、著作权、专利权、商标专用权、发现权、股权、继承权等人身、财产权益。

2. 《教育法》

第四十二条　受教育者享有下列权利：

（一）参加教育教学计划安排的各种活动，使用教育教学设施、设备、图书资料；

（二）按照国家有关规定获得奖学金、贷学金、助学金；

（三）在学业成绩和品行上获得公正评价，完成规定的学业后获得相应的学业证书、学位证书；

（四）对学校给予的处分不服向有关部门提出申诉，对学校、教师侵犯其人身权、财产权等合法权益，提出申诉或者依法提起诉讼；

（五）法律、法规规定的其他权利。

3. 《义务教育法》

第一条　为了保障适龄儿童、少年接受义务教育的权利，保证义务教育的实施，提高全民族素质，根据宪法和教育法，制定本法。

（三）法律解读

所谓校园事故侵权的客体，是指在校园事故侵权中，侵权行为所侵害的对象。简单地说，校园事故侵权的客体就是侵权行为所侵害的学生所享有的权利。要把这个法律术语讲明白，必须首先明确学生享有的权利。学生作为一个特定的群体，具体享有哪些权利呢？

学生的权利可分为两类：一类是作为公民应享有的一般权利，另一类是学生作为受教育者所应享有的特定权利。宪法确认了公民的一般权利。我国《宪法》第34条规定："中华人民共和国年满十八周岁的公民，不分民族、种族、性别、职业、家庭出身、宗教信仰、教育程度、财产状况、居住期限，都享有选举权和被选举权。"第35～40条分别规定了中华人民共和国公民有言论、出版、集会、结社、游行、示威的自由，宗教信仰自由，人身自由，通信自由，人格尊严和住宅不受侵犯的权利。第46条则规定了公民的受教育权。这些是公民的基本权利。此外，《民法通则》还规定公民的民事权益受到保护。《侵权责任法》第2条对民事主体享有的权利作了集中规定：民事权益包括生命权、健康权、姓名权、名誉权、荣誉权、肖像权、隐私权、婚姻自主权、监护权、所有权：用益物权、担保物权、著作权、专利权、商标专用权、发现权、股权、继承权等人身、财产权益。以上所提及的权利都是一般公民人人都应该享有的，学生理所当然也享有。在此需要阐明的一点是，绝大部分学生是未成年人，很多都不具备民事行为能力，是否也享有上述所有权利？答案是肯定的。学生虽然不具备民事行为能力，但是并不影响权利的享有。能否自己亲自行使和是否享有权利是两码事，不能混淆，两者并不冲突。学生不会因为其年龄小而使其权利受到任何的减损。有些权利虽然规定了年龄条件，但是满足相应的年龄条件之前只是暂不能行使权利，并不是不享有权利。

学生作为受教育者，应该享有哪些权利？我国《义务教育法》规定适龄儿童享有接受义务教育的权利。《中华人民共和国教育法》（以下简称《教育法》）第 42 条规定："受教育者享有下列权利：（一）参加教育教学计划安排的各种活动，使用教育教学设施、设备、图书资料；（二）按照国家有关规定获得奖学金、贷学金、助学金；（三）在学业成绩和品行上获得公正评价，完成规定的学业后获得相应的学业证书、学位证书；（四）对学校给予的处分不服向有关部门提出申诉，对学校、教师侵犯其人身权、财产权等合法权益，提出申诉或者依法提起诉讼；（五）法律、法规规定的其他权利。"《中华人民共和国高等教育法》（以下简称《高等教育法》）第 54 条第 2 款规定："家庭经济困难的学生，可以申请补助或者减免学费"；第 57 条规定："高等学校的学生，可以在校内组织学生团体。"《普通高等学校学生管理规定》第 5 条规定："学生在校期间依法享有下列权利：（一）参加学校教育教学计划安排的各项活动，使用学校提供的教育教学资源；（二）参加社会服务、勤工助学，在校内组织、参加学生团体及文娱体育等活动；（三）申请奖学金、助学金及助学贷款；（四）在思想品德、学业成绩等方面获得公正评价，完成学校规定学业后获得相应的学历证书、学位证书；（五）对学校给予的处分或者处理有异议，向学校、教育行政部门提出申诉；对学校、教职员工侵犯其人身权、财产权等合法权益，提出申诉或者依法提起诉讼；（六）法律、法规规定的其他权利。"

因而，总结起来，学生享有的权利是十分广泛的。学生享有的一般权利有：（1）表达自由；（2）宗教信仰自由；（3）通信自由权；（4）通信秘密权；（5）生命权；（6）健康权；（7）人格尊严权；（8）隐私权；（9）人身自由；（10）姓名权；（11）名誉权；（12）荣誉权；（13）肖像权；（14）著作权；（15）财产权；（16）受教育权；（17）休息权；（18）其他法定权利；学生享有的特殊权利有：（1）平等的入学权；（2）受教育机会的选择权；（3）受教育条件的请求权；（4）参加教育教学活动权；（5）获得奖学金权；（6）公正评价权；（7）获得证书权；（8）申诉权；（9）诉讼权。

是否上述学生享有的所有权利都是校园事故侵权的客体呢？当然不是，在具体案件中侵权人不可能侵犯学生所有的权利，往往会侵犯其中一种或几种。在侵权案件中被侵犯的学生权利才是校园事故侵权的客体。举例来说，上述四个案例中，学生的合法权利都受到不同程度的侵害，分别侵犯了学生的人格尊严、申诉权、财产权和获得证书权。这些被侵犯的权利就是校园事故侵权的客体。当然，在不同案件中客体是不同的，上述提到的各种权利都有可能成为校园侵权的客体，要根据具体案件来分析。

在法制日益完备的今天，学生的各项权利都有法律明确规定，而且受到法律保护；随着法治观念深入人心，任何机关、团体和个人都不能随意侵犯学生利益，任何将学生权利作为侵权客体的侵权行为，侵权人都会承担相应的法律责任。学校和老师作为教育者，更应该学法、知法、懂法，依法管理，依法教育，尊重并保护学生的各项权利。

（四）专家建议

上面的案例在生活中都是普遍存在的现象。学生大部分时间都会在学校之中，如果权利得不到重视，极易成为学校和第三人侵犯的对象。尤其是未成年学生，他们本身心智不够成熟，自我保护意识不强，是校园中的弱势群体。因而校园事故侵权的客体主要就是这个群体的合法权利。了解校园事故侵权的客体，对于明确某行为是否构成校园事故侵权，侵害了学生的何种权益，从而提出正确恰当的侵权诉讼请求，具有重要意义。

四、校园侵权责任的法律依据

（一）案例简介

年满15岁的王某，2004年10月转到某市三中154班借读。由于是借读生，并不受该班班主任老师程某的重视和尊重。刚去该班不久，有一天不知是谁把一块泡泡糖掉在了教室，程老师不问青红皂白，就将王某打了一顿，其后又多次揪耳朵、殴打其头部，并频繁使用"吃屎""蠢猪"等语言侮辱学生。最近一次上数学课时，程某故意刁难王某，让王某到黑板前做一道思考题。因王某未能作出练习题，程老师大怒，不仅指着王某的鼻子骂他"蠢猪"，而且在课堂上调唆学生："谁也不准和蠢猪王某来往"，并命其滚回家，致使王某无颜面对同学，经常瞒着家人不去上学。王某认为自己的身心受到了严重创伤，但是又不知道怎样来维护自己的权利。为此他将这件事告诉了他在大学学法律的表哥，希望能从表哥那里得到帮助。

（二）法律规定

1.《侵权责任法》

第一条　为保护民事主体的合法权益，明确侵权责任，预防并制裁侵权行为，促进社会和谐稳定，制定本法。

第三条　被侵权人有权请求侵权人承担侵权责任。

第三十八条　无民事行为能力人在幼儿园、学校或者其他教育机构学习、生活期间受到人身损害的，幼儿园、学校或者其他教育机构应当承担责任，但能够证明尽到教育、管理职责的，不承担责任。

第三十九条　限制民事行为能力人在学校或者其他教育机构学习、生活期间受到人身损害，学校或者其他教育机构未尽到教育、管理职责的，应当承担责任。

第四十条　无民事行为能力人或者限制民事行为能力人在幼儿园、学校或者其他教育机构学习、生活期间，受到幼儿园、学校或者其他教育机构以外的人员人身损害的，由侵权人承担侵权责任；幼儿园、学校或者其他教育机构未尽到管理职责的，承担相应的补充责任。

2.《学生伤害事故处理办法》

第一条　为积极预防、妥善处理在校学生伤害事故，保护学生、学校的合法权益，根据《中华人民共和国教育法》、《中华人民共和国未成年人保护法》和其他相关法律、行政法规及有关规定，制定本办法。

（三）法律解读

在侵权案件中，当事人分为两类。一类是侵权人，另一类是被侵权人。侵权人是指侵害他人人身或财产利益，致使他人受到损害的一方当事人。被侵权人则是指受到他人侵害，致使其人身或财产利益减损的当事人。以"校园事故侵权"这个特定概念为出发点，侵权人可以是学校、老师、学生或者其他第三人，被侵权人一般只能是学生。因为校园事故侵权是指在校学生在学校承担教育、管理和保护职责期间所受到的一切人身或财产损害事件，因此，学生在校园事故侵权中是惟一的被侵权人。

同时学生这个群体自身具有特殊性：他们大部分都是未成年人，心智发育不成熟，情绪易激动，控制能力不强，遇事容易慌张等。因而，在事故发生后，他们往往不能理智地思考，更不懂得如何维护自身的合法权益。在本案中，王某采取逃学的方式来应对老师的打骂和侮辱是很不明智的，他在一开始就应该拿起法律武器来维护自己的权利。

那么到底拿什么来维护学生的权利呢？校园事故侵权是一种特殊的侵权行为，什么行为构成侵权以及侵权责任如何承担都有法律明确规定。因此，想要通过法律途径获得赔偿，就必须先了解校园事故侵权责任承担的法律依据。在现行法律体系框架内，校园事故侵权的法律依据主要有《民法通则》《侵权责任法》《学生伤害事故处理办法》《中华人民共和国未成年人保护法》（以下简称《未成年人保护法》）《教育法》等法律法规。现分析如下：

首先，《民法通则》和《侵权责任法》是学生在遭到侵权时维权的基本法律依据。对于校园事故侵权，《民法通则》虽然没有专门条款，但是专设一章（第六章）规定民事责任，尤其是第六章的第三节"侵权的民事责任"和第四节"承担民事责任的方式"是专门针对侵权的民事责任而设的。《民法通则》作为基本法律，是处理侵权案件基本的和首要的依据。另外，《侵权责任法》作为规范侵权责任承担、保护受害人合法权益的基本法，也是处理侵权案件必不可少的法律之一。正如《侵权责任法》第1条指出的："为保护民事主体的合法权益，明确侵权责任，预防并制裁侵权行为，促进社会和谐稳定，制定本法。"第3条规定："被侵权人有权请求侵权人承担侵权责任。"对于自然人人身财产权侵害的救济统一由《侵权责任法》作出规范，而校园事故侵权也属侵害人身财产权范畴，因而，《侵权责任法》同样也调整校园中的侵权案件。与此同时，该法的第38~40条对校园侵权也作了专门规定，其中主要是针对学校责任的规定，这样对学生权利的维护又增添了一道保障。

其次，《学生伤害事故处理办法》是由教育部颁布的部门规章，也是校园事故侵权案件处理的法律依据之一。该办法第1条即阐明了它的立法目的："为积极预防、妥善处理在校学生伤害事故，保护学生、学校的合法权益，根据《中华人民共和国教育法》、《中华人民共和国未成年人保护法》和其他相关法律、行政法规及有关规定，制定本办法。"该办法对于校园事故侵权的责任承担、事

故处理程序、事故损害的赔偿以及对事故责任者的处理都作了细致、明确的规定，是专门针对校园人身侵权案件而制定的部门规章。由于其在校园人身侵权方面具有很强的针对性，因而在处理校园事故侵权时经常被作为重要的法律依据。上海、北京、浙江等地方也根据该办法出台了专门的地方性法规作为学生伤害事故处理的依据。

再次，第三类法律依据就是《未成年人保护法》《教育法》《义务教育法》《高等教育法》《中华人民共和国教师法》（以下简称《教师法》）等教育法律法规。这类法律法规并不直接规定侵权的民事责任，也不涉及责任的具体承担，而是主要规定学校的义务、教师的权利和义务、学生的权利和义务，以及校园侵权中的行政责任等。这些规定对于了解学生的权利、约束学校和教师的行为、预防校园侵权事故的发生都起到积极的作用。同时，这些规定也是判定学校是否存在过错，进而要求其承担侵权责任的重要依据。

最后，《最高人民法院关于审理人身损害赔偿案件适用法律若干问题的解释》和《最高人民法院关于确定民事侵权精神损害赔偿责任若干问题的解释》等司法解释也是指导侵权案件审判实践的有效规范。虽然在我国法院不是立法机关，无权制定法律，但是全国人民代表大会赋予了"两高"司法解释的权力。司法解释是最高司法机关针对司法实践如何适用法律问题所作出的说明。司法解释在我国具有普遍性的规范效力，法院在审理案件时必须遵循，因而不可忽视。

由此看来，实际上我国规范"校园事故侵权"的法律是比较完善的，基本上形成了一个多方面、多层次的侵权法律体系，对全方位地维护被侵权人的利益有重要作用。

（四）专家建议

二十多年来，通过普法，公民的法律意识增强是不争的事实。但是，当涉及某些法律问题时，很多人就束手无策了。这说明公民对法律的系统了解还是不够的。"徒法不足以自行"，即使法律再完善，不被人运用就不能发挥法的作用。例如，涉及侵权的法律是与每个人的利益切实相关的，想要维护好自身的合法权益，光有法律摆在那里是不够的，民众必须大体了解一些法律的规定，或者起码能知道该到哪部法律里查找需要的法条，才能真正发挥法的全部功能。学生作为侵权案件的多发群体，更应该根据自己的认识水平适当地去了解基本的维权法律常识。因而，学校和家长要注重对孩子加强法律通识教育，将法律对学生权益的保护落到实处。

第二节　校方事故侵权中的义务

一、学校有安全教育和保护义务

（一）案例简介

河源市龙川县某城镇某小学五年级男生黄某。2002 年 10 月 15 日下午，该校五、六年级的学生由体育老师组织上体育课。课前，体育老师宣布参加乒乓球等项目比赛的同学进行训练，其余学生自由活动，同时要求学生不要去玩单双杠，不要影响其他学生训练。一切安排好之后，体育老师就自行离开了。由于黄某不是参加比赛的运动员，便与几位同学自由活动。发现老师不在旁边，他们就一起跑去玩单杠。黄某因身高不够，几次跳起都没能抓住单杠，便爬上单杠旁边的砖墙，跳过去抓单杠，但因没抓着而跌落在地上，摔伤右手，造成严重骨折致7级伤残，并花去医疗费等相关费用66 316元。事后，黄某认为自己受伤虽自己有过错，但是在学校上体育课时受伤，学校负有一定的管理责任。于是黄某将该学校告上龙川县法院，要求依法赔付其受伤致残造成的经济损失。

最终，法院作出判决：原告黄某在上体育课时违反学校管理制度，擅自并且不按规定要求去抓单杠，以致受伤，黄某应负该事故的主要责任。被告校方（体育老师）虽在上体育课时对学生提出不要去玩单双杠的要求，但校方并未在可预见的单杠区内采取必要的安全措施，上课时也没有老师在旁指导，以致学生受伤，校方应承担一定的责任。依照《民法通则》和《学生伤害事故处理办法》等法律规定，黄某造成损失的66 316元由学校负责赔偿20%，即13 263元，其余由原告黄某自负。

（二）法律规定

1.《侵权责任法》

第三十九条　限制民事行为能力人在学校或者其他教育机构学习、生活期间受到人身损害，学校或者其他教育机构未尽到教育、管理职责的，应当承担责任。

2.《学生伤害事故处理办法》

第九条　因下列情形之一造成的学生伤害事故，学校应当依法承担相应的责任：

（4）学校组织学生参加教育教学活动或者校外活动，未对学生进行相应的安全教育，并未在可预见的范围内采取必要的安全措施的；

3.《未成年人保护法》

第二十二条　学校、幼儿园、托儿所应当建立安全制度，加强对未成年人的安全教育，采取措施保障未成年人的人身安全。

4.《中小学幼儿园安全管理办法》

第二十八条　学校在日常的教育教学活动中应当遵循教学规范，落实安全管理要求，合理预见、积极防范可能发生的风险。

学校组织学生参加的集体劳动、教学实习或者社会实践活动，应当符合学生的心理、生理特点和身体健康状况。

学校以及接受学生参加教育教学活动的单位必须采取有效措施，为学生活动提供安全保障。

（三）法律解读

学校的安全教育和保护义务是指对学生进行安全教育并且保护学生的人身、财产等权益免受损害的义务。它包含两层意思，既包括对学生进行安全教育，也包括保护学生的人身、财产安全。《未成年人保护法》第 22 条第 1 款规定："学校、幼儿园、托儿所应当建立安全制度，加强对未成年人的安全教育，采取措施保障未成年人的人身安全。"《中小学幼儿园安全管理办法》第 28 条第 3 款也作出规定："学校以及接受学生参加教育教学活动的单位必须采取有效措施，为学生活动提供安全保障。"这是学校安全教育和保护义务的法律依据。

学校虽然是教育机构，但并不是说学校仅仅只负责学生的教学任务。学生在学校内学习、活动和生活，有时难免会遭到意想不到的损害。而这些损害发生时，由于监护人不在身边无法履行监护职责，学生又大多是未成年人，他们的人身财产安全很难得到保障。为了保护相对处于弱势的学生的利益，学校应当对学生进行安全教育并担负保护义务。

在本案中，学生玩单杠摔下来受伤，似乎是学生的个人行为，为什么还要学校来承担责任呢？原因在于法律既然规定了学校的安全教育和保护义务，学校就应当依法履行职责。法定义务和道德义务是有区别的：违反道德义务一般不会有来自外在的强制性惩罚，义务违反者或是遭受良心的责难，或是遭受大众舆论的谴责，但是并不会因此而承担责任；违反法定义务则不同，无义务则无责任，法定义务是法律责任的来源，一旦违反了法定义务，随之而来的就是法律责任的承担，因此，学校违反了法定义务，当然要承担相应的法律责任。学生玩单杠不慎摔伤虽然并非是学校直接侵害所致，但是，在上课时老师对学生负有进行安全教育并保护其人身安全之义务。老师虽然"要求学生不要去玩单双杠"，尽到一定的安全提醒义务，但是安全教育和保护义务并不仅仅是提醒义务，教师还应当对单杠的危险性详细说明，并在可预见的范围内采取一定的安全措施。老师应该预见可能会有学生去攀爬单杠，但是并没有采取任何措施，而且在上课期间离开，由此可见，学校显然没有很好地履行安全教育和保护义务，存在一定的过错。根据《学生伤害事故处理办法》第 9 条第（4）项的规定，学校组织学生参加教育教学活动或者校外活动，未对学生进行相应的安全教育，并未在可预见的范围内采取必要的安全措施的，学校应当依法承担相应的责任。《侵权责任法》第 39 条规定："限制民事行为能力人在学校或者其他教育机构学习、生活期间受到人身损害，学校或者其他教育机构未尽到教育、管理职责的，应当承担责任。"就本案来说，由于学生黄某不听老师提醒，违反学校规定，在明知有危险的情况下故意去攀爬单杠以致摔伤，是该事故的主要原因，应该承担事故的责任，并且是主要责任，因此，学校承担次要责任。

法院最终判决学校承担 20% 的赔偿责任是比较合适的。

（四）专家建议

学校的安全教育和保护义务是法律明文规定的，学校和其他教育机构不能以任何理由拒绝履行。学校一方面要帮助和引导学生了解基本的保护个体生命安全和维护社会公共安全的知识和法律法规，树立和强化安全意识，正确处理个体生命与自我、他人、社会和自然之间的关系，了解保障安全的方法并掌握一定的技能。另一方面也应该积极有效地防止学生受到损害，保护在校学生的人身财产安全，为学生营造一个安全的校园环境。

二、学校的安全防护义务

（一）案例简介

2007年4月的某一天晚上5点左右，某中学的学生贾某在校园里正沿着道路由北往南走。突然刮起了一阵狂风，顿时沙尘漫天。突然有一阵咔嚓咔嚓的响声，校园路边一棵根部直径约1米的大槐树发出一声巨响，树上一根巨大的枯枝折断后掉了下来。正好砸在贾某的左肩上，贾某惨叫一声，倒在马路上。这时，附近的学生都跑过来。有一名学生想要拉他起来，可是他喊疼，让人别动他。事发后，有学生拨打了急救电话，附近一家医院的骨科医生赶来，并推来医院的一辆轮椅。但因上身不能动，最终受伤学生贾某被赶来的120急救人员用担架抬上救护车，送往附近的友谊医院。

晚上10点左右，学校相关部门工作人员用电锯将校园内的其他枯树砍掉，把其他已经腐朽枯枝锯断。贾某受伤后经医院诊断，左肩粉碎性骨折。由于孩子尚未成年，需要特别诊治，转至省立医院治疗。贾某的父母认为校内的大树都归学校管理，学校未尽到相应的注意义务，致使枯树砸伤孩子，因而向学校索赔。学校则认为，学校也不能事先知道大树会倒掉，这是一起意外事件，责任不在学校。双方多次协商未果，贾某父母遂将学校诉至法院。

（二）法律规定

1.《侵权责任法》

第三十九条　限制民事行为能力人在学校或者其他教育机构学习、生活期间受到人身损害，学校或者其他教育机构未尽到教育、管理职责的，应当承担责任。

第九十条　因林木折断造成他人损害，林木的所有人或者管理人不能证明自己没有过错的，应当承担侵权责任。

2.《最高人民法院关于审理人身损害赔偿案件适用法律若干问题的解释》

第十六条　下列情形，适用民法通则第一百二十六条的规定，由所有人或者管理人承担赔偿责任，但能够证明自己没有过错的除外：

（一）道路、桥梁、隧道等人工建造的构筑物因维护、管理瑕疵致人损害的；

（二）堆放物品滚落、滑落或者堆放物倒塌致人损害的；

（三）树木倾倒、折断或者果实坠落致人损害的。

3.《学生伤害事故处理办法》

第五条（第一款）学校应当对在校学生进行必要的安全教育和自护自救教育；应当按照规定，建立健全安全制度，采取相应的管理措施，预防和消除教育教学环境中存在的安全隐患；当发生伤害事故时，应当及时采取措施救助受伤害学生。

第九条　因下列情形之一造成的学生伤害事故，学校应当依法承担相应的责任：

（2）学校的安全保卫、消防、设施设备管理等安全管理制度有明显疏漏，或者管理混乱，存在重大安全隐患，而未及时采取措施的；

（7）学生有特异体质或者特定疾病，不宜参加某种教育教学活动，学校知道或者应当知道，但未予以必要的注意的；

4. 《中小学幼儿园安全管理办法》

第四条　学校安全管理工作主要包括：……（二）健全学校安全预警机制，制定突发事件应急预案，完善事故预防措施，及时排除安全隐患，不断提高学校安全工作管理水平；

（三）法律解读

学校的安全注意义务是指学校、教师在教育活动中负有采取合理的注意防止学生人身、财产遭受损害的义务。安全注意义务的义务人是学校，其主要内容是注意到存在的安全隐患并采取措施有效防止其发生，使学生免于人身和财产的损害。《学生伤害事故处理办法》第5条规定，学校建立健全安全制度，采取相应的管理措施，预防和消除教育教学环境中存在的安全隐患。这就使学校的安全注意义务有了法律上的依据。法律要求学校预防和消除教育教学环境中存在的安全隐患，这就等于规定学校应当具有相当的注意义务来发现安全隐患，并及时排除，从而防止造成学生伤害事故。

法律上关于学校的注意义务的规定，是基于学校作为学生的聚集场所，人口密度大，发生危险事故的几率也就大得多，因而，让学校承担起安全注意义务，可以督促学校在危险发生之前就积极注意潜在的危险因素和安全隐患，及时排除，防止危险的发生。学校的保护义务与安全注意义务既有相似点，也有不同之处。保护义务强调学校在危险发生时或者危险迫近时积极地保护学生的安全，而安全注意义务则更强调防患于未然，督促学校在平时的管理工作中及时排除安全隐患。另外，在危险发生时学校已积极地履行了保护义务和及时救助义务但仍造成学生损害的，就不能以学校未履行保护义务或及时救助义务要求学校承担责任，但是，如果能证明危险的发生是由于学校未尽安全注意义务而导致，那么可根据学校未履行该义务而追究校方的责任。因此，安全注意义务是法律基于保护在教育关系中处于相对弱势地位的学生、幼儿等受教育者一方的利益，而给处于相对强势地位的教育者一方课以防范危险的义务。

在本案中，枯树被大风吹倒，砸到学生，看似是一个意外事件，其实不然。学校内的树均由学校负责管理，学校内有学生活动，学校既是树的管理者，又是学生的教育者，就应该履行注意义务，防止树倒砸人。学校辩称"不能事先知道大树会倒掉，这是一起意外事件，责任不在学校"，这个理由是否能成立，需要进一步分析学校安全注意义务的注意标准。由于学校的能力有限，不可能要求其对所有的潜在危险都能注意得到并及时排除，因此要有一个要求的限度。如果学校不具有预见能力，不应预见也无法预见，则损害结果具有无可预见性，学校无法尽相当的注意义务，采取合理行为避免损害结果的发生，那么就不能要求学校承担损害责任。那么哪些危险应该是学校应该预见到的呢？学校安全注意义务的注意标准，不但要达到一般的"理智的人"的行为标准，而且还应当达到作为一个合格的学校和教师通常的和习惯的行为标准。在具体案件中，由于具体情况不同，要具体问题具体分析，不能一概而论。在本案中校内的枯木很多，枯树往往很脆弱，树体内很多地方已经成了空壳，一吹就折，一折就断，因此，校内的枯树应该引起学校的警惕，及时清理树上的枯枝，枯死的树也要及时铲掉。否则，时间久了，树枝有可能自行腐朽折断或吹起的大风将树枝吹落砸人。因此，枯树枝被风吹断砸人，即使根据普通人的判断标准，学校也是可以预见并且应当预见的。因此将该事故仅仅归于意外的论点是站不住脚的。承担法律责任以存在一定的法律义务为前提和基础。法律责任是违反法律义务的法律后果。学校对学生伤害事故应承担的民事法律责任，取决于学校对在校学生所负的义务。学校违背了安全注意义务，就应当承担相应的责任。根据《学生伤害事故处理办法》第9条的规定，因学校的管理混乱，存在重大安全隐患，未及时采取措施造成学生伤害事故的，学校应当依法承担相应的责任。

本案就应当属于这种情形。《侵权责任法》第39条也规定："限制民事行为能力人在学校或者其他教育机构学习、生活期间受到人身损害，学校或者其他教育机构未尽到教育、管理职责的，应当承担责任。"虽然该法未将学校的职责明确指明，但是根据相关的法律，学校已违反了安全注意义务，可以认定学校未尽到管理职责，因此，贾某被树砸伤，学校应当承担相应的责任。同时，根据《侵权责任法》第90条以及《最高人民法院关于审理人身损害赔偿案件适用法律若干问题的解释》第16条第（3）项的规定，因林木折断造成他人损害，林木的所有人或者管理人不能证明自己没有过错的，应当承担侵权责任。因此，除非学校能够证明自己不存在过错，否则不能免责。但是很显然，学校是的的确确存在过错的，最终无法免于赔偿。

《学生伤害事故处理办法》第9条第（7）项具体规定了学校注意义务的一种情形："学生有特异体质或者特定疾病，不宜参加某种教育教学活动，学校知道或者应当知道，但未予以必要的注意"，造成学生伤害事故的，学校应当承担责任。该条款是将学校注意义务的一种具体情形作了明确规定，因此，对于此种情形可直接援引该条款作为学校违反注意义务的法律依据，而不需要再对是否违反注意义务进行判断。

（四）专家建议

《中小学幼儿园安全管理办法》第4条第（2）项明文规定，要健全学校安全预警机制，制定突发事件应急预案，完善事故预防措施，及时排除安全隐患，不断提高学校安全工作管理水平。因此学校和其他教育机构要不断加强安全防范意识，履行安全注意义务，及时排除潜在的危险因素，减少事故发生。这样，才能给学生提供一个安全良好的学习环境。

三、学校的通知和告知义务

（一）案例简介

小明（13岁）系某县住宿制中学初中一年级学生。某日下午，小明感到身体不适在宿舍休息，没去上课。第二天上午，学校管理人员和班主任汪某检查宿舍卫生时发现小明躺在床上，脸色很难看，于是就问他怎么回事？小明说有点不舒服，班主任就问他要不要去医院检查一下，小明说休息一会就好。于是班主任也没有在意。到了晚上，班主任汪某正在办公室里批改作业，忽然小明的舍友跑进来，说小明肚子疼得厉害。汪某就又派班长到宿舍看小明。班长到宿舍后，小明的症状有所减轻，于是便向班主任报告了情况，汪某以为小明可能吃坏了肚子，就没有带他到医院检查，也没有通知家长。几天后，小明脸发黄，唇发白，非常憔悴，连走到门口的力气都没有了。同学们赶紧用自行车将他推到一家药店输液。这时，学校才想起给学生的家长打电话，通知家长把小明接走。小明的父亲见儿子病成这样子，就将儿子送到某医院治疗，但已太晚了。小明死于急性重症肝炎。

小明的父母认为学校没有及时把小明送往医院，也没有通知家长，延误治疗，对小明的死亡负有不可推卸的责任，遂将学校告上法庭。学校辩称：学校不是教育医疗机构，没有诊断病情的义务，也没有告知的义务。学校工作人员不可能对小明的病情作出科学的了解。小明自己没有告诉家长，不看医生，不是小明请病假学校不准，学校也没有阻拦他去医院治疗，和学校无关。因此学校对小明的死亡没有责任。法院经审理认为，学校虽然是教育机构，不可能对小明的病情作出科学的认识，但是，作为学校，负有将学生情况通知家长的义务，因此对于小明的死亡负有一定的责任。最后，判决支持了原告的诉讼请求。

（二）法律规定

1. 《侵权责任法》

第六条　行为人因过错侵害他人民事权益，应当承担侵权责任。

根据法律规定推定行为人有过错，行为人不能证明自己没有过错的，应当承担侵权责任。

2. 《教育法》

第二十九条　学校及其他教育机构应当履行下列义务：

（4）以适当方式为受教育者及其监护人了解受教育者的学业成绩及其他有关情况提供便利；

3. 《学生伤害事故处理办法》

第九条　因下列情形之一造成的学生伤害事故，学校应当依法承担相应的责任：

（十一）对未成年学生擅自离校等与学生人身安全直接相关的信息，学校发现或者知道，但未及时告知未成年学生的监护人，导致未成年学生因脱离监护人的保护而发生伤害的；

4. 《中小学幼儿园安全管理办法》

第二十四条（第一款）　学校应当建立学生安全信息通报制度，将学校规定的学生到校和放学时间、学生非正常缺席或者擅自离校情况，以及学生身体和心理的异常状况等关系学生安全的信息，及时告知其监护人。

（三）法律解读

学校的通知和告知义务是指学校负有将学生在校的表现及情况通知和告知家长的义务。我国法律对学校通知和告知义务的具体内容并没有明确和统一的规定，但是在很多法律法规中都有所涉及。《教育法》第 29 条规定学校应当履行的义务之一是"以适当方式为受教育者及其监护人了解受教育者的学习成绩及其他有关情况提供便利"。《学生伤害事故处理办法》第 15 条规定"发生学生伤害事故，学校应当及时救助受伤害学生，并应当及时告知未成年学生的监护人"。另外，有些省市出台的"事故处理条例"（地方性法规）中，对学校的通知告知义务也作出了相关的规定，也可以作为参考。《福州市中小学校学生安全防范和伤害事故处理条例》第 13 条第 2 款规定："学校应当将学生非正常缺席、擅自离校的情况，以及学生身体和心理的异常状况等关系学生安全的信息，及时通知学生父母或者其他监护人。"《北京市中小学生人身伤害事故预防与处理条例》第 10 条也作出类似的规定，学校在发现或者知道学生有未到校、擅自离校等与学生人身安全直接相关的情形时，应及时告知其父母或者其他监护人，并采取相应措施。因此，总结起来，学校的通知告知义务的内容至少可以归纳为三点：第一，应当向家长告知"受教育者的学习成绩及其他有关情况"；第二，告知"学生身体和心理的异常状况等关系学生安全的信息"；第三，学生发生伤害事故，应当通知家长。这三项内容基本上涵盖了学校的通知告知义务的最主要的方面。

法律关于学校通知和告知义务的相关规定，有利于保护家长正当和及时地行使监护权，确保学生的合法权利免受侵害。在学校期间，学生脱离了监护人的监护范围，因而家长很难了解学生的在校表现及在校的身体和心理异常状况。孩子作为无行为能力人和限制行为能力人，由于心理不成熟，对于很多事情不会应对和处理，必须要有家长在旁提醒、开导和帮助，而家长从孩子那里又很难了解到真实的信息，此时家长只能依靠学校通知和告知的方式了解孩子的情况。家长正是基于这种信任心态才将孩子交给学校管理的，因此法律为保护家长的这种信赖利益，规定学校应承担通知和告知的义务。学校认为自身不是教育医疗机构，没有诊断病情的义务，没有告知的义务，是与法律规定不相符的。

在本案中，学校是否违背了告知义务是判断学校是否存在过错继而要求其承担责任的关键。班主任汪某在小明生病的第二天上午就获知了这一情况，作为学校的老师，理应引起高度注意。但是他并没有放在心上，甚至在小明肚子疼的时候也没有采取措施，如带其到校医院检查，完全没有履行及时救助义务。虽然学校辩称学校工作人员不可能对小明的病情作出科学的了解，但是这不能作为推脱责任的理由。即使不能确切地了解病情，在学生连续几天生病的情况下，也有义务将学生送到医院请专业人员检查。根据法律规定，学校也应该将学生生病的情况及时通知其监护人，便于其监护人及时履行监护义务，但学校也没有这么做。学校认为是小明自己没有告诉家长，和学校无关的想法是错误的。法律既然明文规定了学校的通知义务，学校就应该切实履行，而不是以此理由来搪塞，这样完全是强词夺理，在法律上是站不住脚的。

由于学校未履行告知和及时救助义务，致使错过了最佳治疗时机，最终，"小明死于急性重症肝炎"。学校的这一过错与小明的死亡存在直接的因果关系。因而学校明显是存在过错的。《侵权责任法》第 6 条第 1 款规定："行为人因过错侵害他人民事权益，应当承担侵权责任。"《学生伤害事故处理办法》第 9 条也明确规定，对未成年学生擅自离校等与学生人身安全直接相关的信息，学校

发现或者知道，但未及时告知未成年学生的监护人，导致未成年学生因脱离监护人的保护而发生伤害的，学校应当依法承担相应的责任。因此法院判决学校对该事件负责，承担赔偿责任。

（四）专家建议

由于学校的一时疏忽，一个花一般的生命就此凋零。这个迟到的通知确实值得教育者深深反思。教育者肩上寄托着无数家庭的希望，只有切实履行通知和告知义务才能让家长放心地让孩子脱离自己的监护去学校接受教育。《中小学幼儿园安全管理办法》第24条规定，学校应当建立学生安全信息通报制度。希望这个案例能给广大教育者以警示，关注学生安全信息通报制度的建立和完善，履行好通知和告知义务，避免类似的悲剧发生。

四、学校的及时救助义务

（一）案例简介

吴某（13岁）和刘某（13岁）是某小学六年级同班同学。在某日下午放学前的自由活动时间，在教室里的吴某因数学老师要他订正作业，就从自己座位走上讲台拿作业本，在经过坐在前排的刘某身边时，刘某伸了个懒腰，手中的铅笔尖正巧戳进了吴某的左眼。当时，吴某因痛揉了揉眼睛，没在意。回家后也没告诉家人。第二天上午上课时，班主任发现吴某频繁揉眼睛，问了问吴某得知他左眼被戳的事，但没有采取任何措施，也没有通知家长。一直到晚上，吴某爸爸在家发现吴某左眼红肿、流泪，一问才知真相，即带儿子到医院治疗。经手术治疗后，吴某双眼又并发交感性眼炎，视力急剧下降。医院鉴定吴某的左眼视力为0.06，右眼视力为0.2，且不能矫正，左眼角膜裂伤，外伤性白内障，双眼交感性眼炎，已达6级伤残。吴某病情虽稳定下来，但随时可能发作，最终可能导致双目失明。吴某在索赔无果的情况下，将同学刘某和学校告上了法庭，要求两被告赔偿11.9万余元。

法院审理后认为，学校和致害学生对吴某受伤均有过错，判决两被告赔偿受伤人吴某各项损失74200元，其中刘某承担80%的责任，学校承担20%的责任。

（二）法律规定

1.《侵权责任法》

第三十九条　限制民事行为能力人在学校或者其他教育机构学习、生活期间受到人身损害，学校或者其他教育机构未尽到教育、管理职责的，应当承担责任。

2.《未成年人保护法》

第二十四条　学校对未成年学生在校内或者本校组织的校外活动中发生人身伤害事故的，应当及时救护，妥善处理，并及时向有关主管部门报告。

3.《学生伤害事故处理办法》

第五条（第一款）　学校应当对在校学生进行必要的安全教育和自护自救教育；应当按照规

定，建立健全安全制度，采取相应的管理措施，预防和消除教育教学环境中存在的安全隐患；当发生伤害事故时，应当及时采取措施救助受伤害学生。

第九条　因下列情形之一造成的学生伤害事故，学校应当依法承担相应的责任：

（八）学生在校期间突发疾病或者受到伤害，学校发现，但未根据实际情况及时采取相应措施，导致不良后果加重的；

（三）法律解读

学生在学校里学习和生活，有时难免会出现一些意外事故，受到人身或财产伤害。在危险情况出现时，学校作为学生的教育者和管理者，充当着临时监护人的角色，应当及时采取措施应对，避免学生受到伤害，即使在学生受到的伤害不可逆转的情况下，也应采取及时救助措施，避免损害进一步扩大。为此，法律对学校的及时救助义务作了明文规定。《未成年人保护法》第24条规定："学校对未成年学生在校内或者本校组织的校外活动中发生人身伤害事故的，应当及时救护，妥善处理，并及时向有关主管部门报告。"《学生伤害事故处理办法》第5条也作出规定，当发生伤害事故时，应当及时采取措施救助受伤害学生。

之所以要规定学校及时救助的义务，是由于学生在学校中受到伤害时，家长并不在身边，无法及时给予救助。而惟一能够帮助救护学生的就只有身边的学校和老师。学校作为临时监护人，如果不承担及时救助的义务，等家长了解到情况采取措施时，损害早已发生甚至已经扩大，救助就没有了及时性。因此，既然家长将孩子托付给学校，学校就应该将及时救助学生的义务担当起来。

在本案中，在"下午放学前的自由活动时间"，"刘某伸了个懒腰，手中的铅笔尖正巧戳进了吴某的左眼"，由此可知刘某用铅笔戳伤吴某的行为发生在课后，而且纯属意外。学校和老师虽然负有一定的监护义务，但是由于此类突发的意外事件本身是无法预料到的，因此不存在管理不善的过错。但是学校在事情的处理上出现了过错。班主任在知道吴某眼睛被戳伤的情况下，"没有采取任何措施，也没有通知家长"，这样的做法是很不负责任的。作为一名老师，应当意识到铅笔戳伤眼睛可能会引起眼部感染等一系列严重后果，在了解情况后，应当及时将学生送到医疗机构检查和消毒，同时也应将受伤事件及时通知家长。但是学校没有履行及时救助的义务，并在客观上延误了学生的治疗时间，造成了加重的后果。根据《学生伤害事故处理办法》第9条第（8）项规定，学生在校期间突发疾病或者受到伤害，学校发现，但未根据实际情况及时采取相应措施，导致不良后果加重的，学校应当依法承担相应的责任。同时，《侵权责任法》第39条也作出规定："限制民事行为能力人在学校或者其他教育机构学习、生活期间受到人身损害，学校或者其他教育机构未尽到教育、管理职责的，应当承担责任。"因此，学校虽然在事前管理上没有过错，但是因没有履行及时救助义务，事后处理中存在疏漏，也应承担相应的责任。

刘某虽然不是故意戳伤吴某，但是他作为13岁的小学生，应当能认识到在教室随意挥动铅笔具有一定危险性，可能会误伤到人。他由于疏忽大意而没有注意到走在旁边的吴某，伸懒腰的时候正巧戳到他的眼睛，存在主观上的过失，因此应当对其侵权行为承担责任。在本案中，考虑到刘某

是限制行为能力人，责任由其监护人承担。

综合上面的分析，刘某实施了侵权行为，对事故负主要责任，学校由于没有履行及时救助义务，客观上耽误了学生治疗，对事故负次要责任。法院判决两被告赔偿受伤人吴某各项损失 74200 元，其中刘某承担 80% 的责任，学校承担 20% 的责任，是比较合适的。

总之，在学生受到伤害后，不论学校是否有过错和责任，都必须根据学生的伤害程度采取妥善方法积极救助。如果学生伤势轻微，如磕破皮肤等比较轻的外伤，学校医务室或校外一般诊所能够安全处理的，可在这些地方处理。如果学生伤势比较严重，学校应当根据情况，将学生及时地送往较大医院或条件较好的医院，及时求助急救中心，使学生得到妥善救治。千万不可疏忽大意，以免贻误治疗时机。

（四）专家建议

法律规定了学校的及时救助义务，学校应当依法遵守。要将及时救助义务落到实处，除了学校和老师重视、学生和家长配合等主体能动因素外，学校加强及时救助制度和设施的建设和完善也是很重要的一个方面。例如建立突发事件通报、处理机制，学生受伤急救机制，校园医疗保健机制；完善消防安全设施；随时检查紧急疏散通道的畅通等，诸如此类。只有这样，才能切实履行好学校的及时救助义务，防止和减少学生损害事故的发生。

五、学校提供安全设施的义务

（一）案例简介

2005 年 11 月 8 日，某市第六小学五年级学生李某（11 岁）午饭后来到学校教学楼三楼走廊上玩耍。他右脚跨在走廊栏杆上，不慎失手坠落至一楼，当即昏迷不醒。后被人发现送至医院治疗，因头部严重受伤，经抢救无效死亡。李某坠落的教学楼系 1970 年修建，走廊栏杆高度 0.80 米。李某的父母认为该栏杆没有达到建设部 1986 年颁布的《中小学校建筑设计规范》规定的 1.1 米之高，于是要求学校承担李某死亡的责任。后李某父母与学校协商未果，遂起诉至县法院请求判令第六小学赔偿全部损失。法院经审理作出如下判决：学校楼梯栏杆的设计缺陷是造成事故的主要原因，学校应当承担该事故的主要责任，李某父母亦负有监护责任，应承担相应的责任。由被告第六小学赔偿原告李某父母因李某之死产生的死亡补偿费、丧葬费、抢救费、误工费、交通费等合计 78493 元。判决后，当事人均未上诉。

（二）法律规定

1. 《侵权责任法》

第二十六条　被侵权人对损害的发生也有过错的，可以减轻侵权人的责任。

第三十八条　无民事行为能力人在幼儿园、学校或者其他教育机构学习、生活期间受到人身损害的，幼儿园、学校或者其他教育机构应当承担责任，但能够证明尽到教育、管理职责的，不承担责任。

2.《学生伤害事故处理办法》

第四条　学校的举办者应当提供符合安全标准的校舍、场地、其他教育教学设施和生活设施。

第九条　因下列情形之一造成的学生伤害事故，学校应当依法承担相应的责任：

（一）学校的校舍、场地、其他公共设施，以及学校提供给学生使用的学具、教育教学和生活设施、设备不符合国家规定的标准，或者有明显不安全因素的；

第十条　学生或者未成年学生监护人由于过错，有下列情形之一，造成学生伤害事故，应当依法承担相应的责任：

（一）学生违反法律法规的规定，违反社会公共行为准则、学校的规章制度或者纪律，实施按其年龄和认知能力应当知道具有危险或者可能危及他人的行为的；

3.《中小学幼儿园安全管理办法》

第十八条　学校应当建立校内安全定期检查制度和危房报告制度，按照国家有关规定安排对学校建筑物、构筑物、设备、设施进行安全检查、检验；发现存在安全隐患的，应当停止使用，及时维修或者更换；维修、更换前应当采取必要的防护措施或者设置警示标志。学校无力解决或者无法排除的重大安全隐患，应当及时书面报告主管部门和其他相关部门。

学校应当在校内高地、水池、楼梯等易发生危险的地方设置警示标志或者采取防护设施。

4.《中小学校建筑设计规范》

8.7.6 中小学校的楼梯扶手的设置应符合下列规定：

1 楼梯宽度为 2 股人流时，应至少在一侧设置扶手；

2 楼梯宽度达 3 股人流时，两侧均应设置扶手；

3 楼梯宽度达 4 股人流时，应加设中间扶手，中间扶手两侧的净宽均应满足本规范8.7.2条的规定；

4 中小学校室内楼梯扶手高度不应低于0.90m，室外楼梯扶手高度不应低于1.10m；水平扶手高度不应低于1.10m；

5 中小学校的楼梯栏杆不得采用易于攀登的构造和花饰；杆件或花饰的镂空处净距不得大于0.11 m；

6 中小学校的楼梯扶手上应加装防止学生溜滑的设施。

（三）法律解读

学校在教育活动中有依法保护学生人身安全的义务和职责，具体表现在学校应当提供符合安全标准的校舍、场地、其他教育教学设施和生活设施，以及对学生进行安全教育、管理和保护等方面。学校提供安全的校园设施是学校的一项重大义务，相关法律对此作出明文规定。教育部颁布的《学生伤害事故处理办法》第4条第1款规定："学校的举办者应当提供符合安全标准的校舍、场地、其他教育教学设施和生活设施。"

法律之所以规定学校有提供安全校园设施的义务，是由于学校是学生聚集的地方，学生数量多，人口密度大，学生需要长时间处于这一个环境中学习、娱乐和休息，学校的建筑和设施使用率是相当高的。如果学校不能保证学生学习的场所、使用的设施是安全的，那么一旦发生危险，损失是难以想象的。此外，学校，特别是中小学中的主要学生是未成年人，甚至是无行为能力人，他们年龄小，认知能力方面存在缺陷，往往无法对危险作出正确的判断，因而学校的建筑和设施更要保证是安全的，才能避免对这个群体造成损害。因而对于学校的建筑和设施的安全性要求更要严格，并且要根据学生群体的需要和特点来进行设计。

在本案中，被告小学教学楼楼梯的护栏高度仅有 0.8 米，远远低于我国《中小学建筑设计规范》中规定的室外楼梯水平栏杆至少 1.1 米的高度。虽然该建筑系早期建筑，当时《中小学建筑设计规范》尚未实施，但是校方至今也未采取任何安全防护措施，存在重大安全隐患，因而学校并未很好地履行提供安全的校园设施的义务。《侵权责任法》第 38 条规定："无民事行为能力人在幼儿园、学校或者其他教育机构学习、生活期间受到人身损害的，幼儿园、学校或者其他教育机构应当承担责任．但能够证明尽到教育、管理职责的，不承担责任。"显然，学校无法证明自身已尽到教育、管理职责，相反，被告小学违反了提供安全的校园设施的义务，因此应当承担事故责任。根据《学生伤害事故处理办法》第 9 条第（1）项的规定，因学校的校舍、场地、其他公共设施，以及学校提供给学生使用的学具、教育教学和生活设施、设备不符合国家规定的标准，或者有明显不安全因素，造成学生伤害事故的，学校应当依法承担相应的责任。根据鉴定，小学生李某系右脚跨在走廊栏杆上不慎从教学楼上摔下，护栏过低是发生事故的主要原因。因此，学校应依法承担事故的主要责任。

李某作为 11 岁的小学生，虽然认识能力受到年龄的限制，但是即使在已有的认知能力下，对于"右脚跨在走廊栏杆上"的危险性李某是应该可以预见到的。在这起校园事故中，他也是存在过错的。《侵权责任法》第 26 条规定："被侵权人对损害的发生也有过错的，可以减轻侵权人的责任。"另外根据《学生伤害事故处理办法》第 10 条的规定，学生违反法律法规的规定，违反社会公共行为准则、学校的规章制度或者纪律，实施按其年龄和认知能力应当知道具有危险或者可能危及他人的行为，造成学生伤害事故的，未成年学生监护人应当依法承担相应的责任。因此，被告小学的责任依法应减轻，只承担主要责任，而李某父母因负有监护责任也应承担相应的责任。

综合上面的分析，法院最后的判决是合理合法的。

（四）专家提示

四川汶川地震中大量的校舍倒塌事件引起社会各界进一步反思，痛定思痛吸取教训，关注学校等公共建筑设施的安全已成广泛共识。《中小学幼儿园安全管理办法》第 18 条规定："学校应当建立校内安全定期检查制度和危房报告制度，按照国家有关规定安排对学校建筑物、构筑物、设备、设施进行安全检查、检验；发现存在安全隐患的，应当停止使用，及时维修或者更换；维修、更换前应当采取必要的防护措施或者设置警示标志。学校无力解决或者无法排除的重大安全隐患，应当及时书面报告主管部门和其他相关部门。学校应当在校内高地、水池、楼梯等易发生危险的地方设置警示标志或者采取防护设施。"校园设施关系到学生的生命安全，关系到家庭的幸福和社会的安定。学校作为承担教育和保护学生职能的场所，必须依法办事，履行好其提供安全的校园设施的法定义务。

六、学校提供合格药品、食品、饮用水的义务

（一）案例简介

2008 年 8 月 2~3 日，某省某中专学校发生了一起食物中毒事件。该中专很多学生都在学校食堂就餐。8 月 2 日晚 21 时至 8 月 3 日 5 时在学校餐厅就餐的 130 人中陆续有 23 名学员发热，体温38~39℃，出现恶心、呕吐、痉挛性腹痛、腹泻等症状，发病者均就诊于该校校医室，诊断为"急性胃肠炎"，经过治疗，大部分病情好转，但仍有部分学生住院观察。后经调查，该校学生食堂虽办理了卫生许可证、从业人员健康证，但卫生管理较差，厨房和餐厅垃圾未及时清理，餐具、物品摆放零乱，餐饮具用后未能及时清洗消毒，苍蝇密度较大。同时，就餐者反映午餐豆腐干有异味，晚餐内掺有昨天的剩菜。经对食堂菜墩表面物和一次性餐盒进行致病菌检验，取得阳性结果，即菜中有大量病菌。最后查明"急性胃肠炎"骤发事件是一起由学校食堂供餐不卫生引起的细菌性食物中毒。

学生家长为此找到学校，要求学校对这起事件负责。学校最终向每位学生赔付了一定数量的医疗费用，并向学生家长道歉。

（二）法律规定

1.《侵权责任法》

第三十九条　限制民事行为能力人在学校或者其他教育机构学习、生活期间受到人身损害，学校或者其他教育机构未尽到教育、管理职责的，应当承担责任。

2.《学生伤害事故处理办法》

第九条　因下列情形之一造成的学生伤害事故，学校应当依法承担相应的责任：

（三）学校向学生提供的药品、食品、饮用水等不符合国家或者行业的有关标准、要求的；

第二十三条　对发生学生伤害事故负有责任的组织或者个人，应当按照法律法规的有关规定，承担相应的损害赔偿责任。

3.《学校食堂与学生集体用餐卫生管理规定》

第四条　食堂应当保持内外环境整洁，采取有效措施，消除老鼠、蟑螂、苍蝇和其他有害昆虫及其孳生条件。

第十五条　食堂炊事员必须采用新鲜洁净的原料制作食品，不得加工或使用腐败变质和感官性状异常的食品及其原料。

第十六条加工食品必须做到熟透，需要熟制加工的大块食品，其中心温度不低于70℃。加工后的熟制品应当与食品原料或半成品分开存放，半成品应当与食品原料分开存放，防止交叉污染。食品不得接触有毒物、不洁物。

不得向学生出售腐败变质或者感官性状异常，可能影响学生健康的食物。

第三十四条第一款 要建立学校食品卫生责任追究制度。对违反本规定，玩忽职守、疏于管理，造成学生食物中毒或者其他食源性疾患的学校和责任人，以及造成食物中毒或其他食源性疾患后，隐瞒实情不上报的学校和责任人，由教育行政部门按照有关规定给予通报批评或行政处分。

（三）法律解读

学校提供合格药品、食品、饮用水的义务是指学校负有为学生提供的药品、食品、饮用水应当符合国家安全卫生标准，不会损害人体健康并具有应有效用的义务。《学生伤害事故处理办法》第9条第（3）项规定，学校向学生提供的药品、食品、饮用水等不符合国家或者行业的有关标准、要求，造成学生伤害事故的，学校应当依法承担相应的责任。

学校不仅是学生学习和接受教育的场所，同时也是学生生活的场所。学校除了履行教育义务之外，还要履行保护义务。学生在学校的餐厅用餐，在学校的医院就医，在学校的宿舍休息，因而，在这些场所中的一切日常活动都应该得到保障。学校作为学生生活场所和餐宿用品的提供者，自然就负有提供合格药品、食品、饮用水的义务。换句话说，学校提供合格药品、食品、饮用水的义务是学校保护义务的自然延伸。

在本案中，某中专学校食堂卫生状况极差，完全忽视了学生的身体健康。食堂"虽办理了卫生许可证、从业人员健康证，但卫生管理较差，厨房和餐厅垃圾未及时清理，餐具、物品摆放零乱，餐饮具用后未能及时清洗消毒，苍蝇密度较大"，"午餐豆腐干有异味，晚餐内掺有昨天的剩菜"，违反了教育部与卫生部联合制定的《学校食堂与学生集体用餐卫生管理规定》。该管理规定对学校食堂与学生集体用餐卫生作了明确的说明和指导，其中有关于食堂从业人员卫生标准和卫生要求的条款。该管理规定第4条规定："食堂应当保持内外环境整洁，采取有效措施，消除老鼠、蟑螂、苍蝇和其他有害昆虫及其孳生条件。"第15条规定："食堂炊事员必须采用新鲜洁净的原料制作食品，不得加工或使用腐败变质和感官性状异常的食品及其原料。"第16条第2～3款规定："加工后的熟制品应当与食品原料或半成品分开存放，半成品应当与食品原料分开存放，防止交叉污染。食品不得接触有毒物、不洁物。不得向学生出售腐败变质或者感官性状异常，可能影响学生健康的食物。"从上述条款中可以看出，法律对于学校食品安全十分重视，专门出台了相关的行政规章。该中专学校作为教育机构，明知法律的规定，却完全无视法律的权威与学生的安全与健康，应当依法承担相应行政责任。依据该管理规定第34条规定，对违反本规定，玩忽职守、疏于管理，造成学生食物中毒或者其他食源性疾患的学校和责任人，由教育行政部门按照有关规定给予通报批评或行政处分。

承担了行政责任并不意味着学校没有其他责任了，学校还应该对受到损害的23名学员承担相应的民事责任。学生吃了学校供给的不卫生食品受到人身损害，导致生病住院，学校明显违背了提供合格药品、食品、饮用水的义务。因此，《侵权责任法》第39条规定："限制民事行为能力人在学校或者其他教育机构学习、生活期间受到人身损害，学校或者其他教育机构未尽到教育、管理职责的，应当承担责任。"学校最终向每位学生赔付了一定数量的医疗费用，并向学生家长道歉。

除在本案中学校提供的食品不合格的情况外，有些学校还存在校医院供给学生的药品不合格及饮用水水质不过关的情况，学校也应加强这方面的监管，建立和完善相关制度，切实维护好学生的权益。

（四）专家建议

近年来食品、药品、饮用水安全问题突出。校园内学生群体集中，为保护学生群体的健康和安全，教育机构应当严格执行《学校食堂与学生集体用餐卫生管理规定》《餐饮业和学生集体用餐配送单位卫生规范》，严格遵守卫生操作规范。学校还应建立和完善食堂物资定点采购和索证、登记制度，饭菜留验和记录制度，并形成检查饮用水卫生和药品质量的常态机制。

第三节 校园安全事故侵权构成

一、侵权责任的行为要件

（一）案例简介

某幼儿园的孩子上课时拿出小刀削铅笔，不慎将同学的左眼划伤。在协调无果的情况下，法院作出判决，由被告家长和幼儿园双方承担相应的赔偿责任。涂某在某学校幼儿园读大一班。2006年6月26日下午约4时，在上最后一节课时，小朋友要用铅笔，詹某拿出自己带的小刀削铅笔，不小心把同学涂某的左眼划伤，顿时血流不止。随后，涂某被送往医院治疗，后经南昌大学第二附属医院诊断为左眼球全损伤，需要将眼球摘除，为了保住原告的左眼球，涂某的父母只好带他到中山大学附属眼科医院进行治疗，前后花去各项费用共计人民币41276.36元。由于就该治疗费用的承担问题不能与学校和詹某的父母达成一致，涂某遂向余江县人民法院提起了民事诉讼。

法院经审理后认为：被告詹某在幼儿园用小刀划伤了涂某的左眼，因被告詹某系无民事行为能力人，因此由其法定监护人（即詹某的父母）承担民事赔偿责任。而幼儿园对涂某在幼儿园生活、学习期间，负有保护其人身不受到伤害的义务。在幼儿园上课时，詹某不小心把涂某的左眼划伤，因此，詹某和学校都应当承担相应的赔偿责任。

据此，法院判决詹某的父母和学校对涂某受到的伤害都承担相应的赔偿责任。目前，经过余江县法院执行，涂某家已拿到了所有赔偿款。

（二）法律规定

《侵权责任法》

第一条　为保护民事主体的合法权益，明确侵权责任，预防并制裁侵权行为，促进社会和谐稳定，制定本法。

第十二条　二人以上分别实施侵权行为造成同一损害，能够确定责任大小的，各自承担相应的责任；难以确定责任大小的，平均承担赔偿责任。

第三十八条　无民事行为能力人在幼儿园、学校或者其他教育机构学习、生活期间受到人身损害的，幼儿园、学校或者其他教育机构应当承担责任，但能够证明尽到教育、管理职责的，不承担责任。

（三）法律解读

侵权责任的构成要件是指加害人一方对受害人一方遭受的损害承担诸如赔偿一类的法律责任，需要存在某些主观上和客观上的条件，以证明这种对他人之损害承担责任的公正合理性。这些主观和客观上的条件即为侵权责任的构成要件。主观条件与人的行为、行为人的内心状态有关，客观条件则与损害后果和因果关系相联系。如果某一案件符合侵权责任的全部构成要件，加害人一方则应当依法承担侵权责任；缺乏任何一个或数个构成要件，则不承担侵权责任。同样，校园事故侵权责任的承担也需要以其构成要件齐备为前提。

校园事故一般侵权责任构成要件包括：（1）侵权人实施了一定的加害行为；（2）出现了一定损害结果；（3）侵权行为与损害结果之间存在因果关系；（4）行为人在主观上存在过错。只有在以上四个要件都满足时，才能要求侵权人对某校园事故侵权负责。

构成要件中第一个要件是"侵权人实施了一定的加害行为"。加害行为又称致害行为，是指行为人作出的致他人的民事权利受到损害的行为。任何一个民事损害事实都与特定的加害行为相联系，亦即民事损害事实都由特定的加害行为造成。没有加害行为，损害就无从发生。从表现形式上看，加害行为可以是作为，也可以是不作为，即既包括积极的行为，也包括消极的不行为，如因不履行法定义务而给他人造成侵权损害就是消极的不行为构成侵权的情形。

《侵权责任法》第1条就作出规定："为保护民事主体的合法权益，明确侵权责任，预防并制裁侵权行为，促进社会和谐稳定，制定本法。"由此可见"侵权责任"通常都是和"侵权行为"联系在一起的，侵权行为即加害行为，没有加害行为就无法要求其承担侵权责任。在本案中，造成涂某眼睛被划伤这一损害后果的加害行为有两个：一个是直接积极的作为，即詹某用小刀划伤涂某眼睛的加害行为；另一个则是间接消极的不作为，即幼儿园未履行保护义务的行为。"幼儿园对涂某在幼儿园生活、学习期间，有保护其人身不受到伤害的义务"，但是幼儿园并没有尽到相应的义务，幼儿园的行为实际上已经构成了不作为方式的加害行为。因此，《侵权责任法》第38条作出规定："无民事行为能力人在幼儿园、学校或者其他教育机构学习、生活期间受到人身损害的，幼儿园、学校或者其他教育机构应当承担责任。"这样的规定充分考虑到了在校园事故侵权案件中,学校等教育机构不履行保护义务实际上也是一种不作为形式的加害行为,因此要对侵权事故承担一定的责任。最后法院也确认了这一规定,判决詹某和幼儿园都要对涂某眼睛被划伤这一损害后果承担责任。

另外,《侵权责任法》对于双方都有加害行为的情形作出了规定。该法第12条规定:"二人以上分别实施侵权行为造成同一损害,能够确定责任大小的,各自承担相应的责任;难以确定责任大小的,平均承担赔偿责任。"幼儿园和詹某在本案中的责任大小是不同的,应该根据各自责任的大小确定责任的承担。显然直接伤人者詹某应该承担主要责任,幼儿园未尽保护义务,承担次要责任。

（四）专家建议

加害行为是校园事故侵权责任构成要件之一。加害行为是承担侵权责任的前提,否则就无法要求加害方承担侵权责任。责任承担主体和加害行为人是一致的,因而实施加害行为的主体往往就是侵权责任主体。因此明确加害行为及其归属对于确定侵权责任具有重大的意义。学校作为特殊的教育机构,对学生负有教育、管理、保护等法定义务,其不履行义务的行为如果造成校园事故侵权,要因此承担相应的侵权责任。

二、侵权责任损害结果的认定

（一）案例简介

李某（女,15岁）与张某（男,17岁）均为某中学初二年级学生。某日晚自习前,张某将一条蛇带到学校玩耍。张某平时就比较调皮,看到李某正在专心致志地学习,于是就想吓她一下。出于恶作剧的目的,张某将蛇放在李某的手臂上。李某正在专心学习,突然感觉手臂凉凉的,发现有条蛇在自己身上,当场就吓得尖叫着向教室门口跑去,并被课桌绊倒。同学们见状连忙跑过去将她扶起。李某爬起来后,大哭着跑出了教室。老师点名时发现李某不在,便向同学询问,得知李某被蛇吓后跑出教室一直未归,即刻通知其父母一起寻找。次日凌晨,他们才找到无目标游走的李某。后经某医科大学司法精神病学鉴定,李某患了心因性精神障碍,其发病与被惊吓直接相关。为此,李某用去医药鉴定费用6 000元左右。李某监护人起诉到法院,要求张某和学校共同承担赔偿责任。法院审理此案时,在损害事实问题上产生了分歧。

（二）法律规定

1.《侵权责任法》

第二十二条　侵害他人人身权益,造成他人严重精神损害的,被侵权人可以请求精神损害赔偿。

第三十九条　限制民事行为能力人在学校或者其他教育机构学习、生活期间受到人身损害,学

校或者其他教育机构未尽到教育、管理职责的，应当承担责任。

2. 《最高人民法院关于审理人身损害赔偿案件适用法律若干问题的解释》

第十八条 受害人或者死者近亲属遭受精神损害，赔偿权利人向人民法院请求赔偿精神损害抚慰金的，适用《最高人民法院关于确定民事侵权精神损害赔偿责任若干问题的解释》予以确定。

精神损害抚慰金的请求权，不得让与或者继承。但赔偿义务人已经以书面方式承诺给予金钱赔偿，或者赔偿权利人已经向人民法院起诉的除外。

3. 《最高人民法院关于确定民事侵权精神损害赔偿责任若干问题的解释》

第一条 自然人因下列人格权利遭受非法侵害，向人民法院起诉请求赔偿精神损害的，人民法院应当依法予以受理：

（一）生命权、健康权、身体权；

（二）姓名权、肖像权、名誉权、荣誉权；

（三）人格尊严权、人身自由权。

违反社会公共利益、社会公德侵害他人隐私或者其他人格利益，受害人以侵权为由向人民法院起诉请求赔偿精神损害的，人民法院应当依法予以受理。

（三）法律解读

损害事实，是指因一定的行为或事件对他人的财产或人身造成的不利影响或后果。损害事实作为侵权民事责任的构成要件，是由侵权法的本质和社会功能决定的。侵权法的功能之一在于补偿受害人所受的损害，使其利益尽可能恢复到如同利益未受损害的状态。因此，无损害即无责任。损害包括财产损害、人身损害和精神损害。

财产损害，主要是指由于行为人对受害人的财产权利施加侵害所造成的经济损失。它既包括直接损害，如车辆被盗，也包括间接损害，如因车辆被盗导致运输公司无法运输货物，营业收入减少。校园中常见的财产损害主要表现为学生损坏学校的教学设施，损坏其他学生的日常用品等。人身伤害，是指由于行为人对受害人的人身施加侵害所造成的人身上的损害，具体包括生命的损害、身体的损害、健康的损害三种情况。同时，对自然人人身的损害往往也会导致其财产的损失，如伤害他人身体致其支付医疗费和收入减少等。校园事故侵权中大多数是侵害人身权利，如侵犯学生的生命权、健康权、名誉权、隐私权等。精神损害，主要是指受害人因人格受损、人身伤害或其他原因而导致的精神痛苦。与其他损害不同的是，精神损害具有无形性，难以用金钱来衡量。

界定损害的类型是承担侵权责任的前提。本案中的损害结果应如何界定呢？本案的情况比较特殊，李某由于受到惊吓而患上精神障碍，其精神受到侵害。将损害后果首先界定为精神损害应该是没有问题的。但是，经司法鉴定，"李某患了心因性精神障碍，其发病与被惊吓直接相关"，说明精神损害已经严重到形成精神疾病的程度。那么该损害结果是否也侵犯了李某的健康权呢？健康权，是人身权利之一，指自然人保持身体机能正常和维护健康利益的权利。健康的范围，不仅包括生理健康，也包括心理健康。一般的精神损害，若只是造成精神上的痛苦，尚未造成其他严重后果，可认定为精神损害。但是当侵害人的侵权行为导致受害人精神失常到患有精神疾病的程度，就不仅仅是精神损害，而应当认定为侵害了其以精神健康为内容的健康权。其原因在于在因精神损害导致精神疾病的情况下，其大脑的正常机能已经受到损害，无法正常地运转和思考，实质上影响到了人身的健康。若把张某对李某的损害仅认定为精神损害，受害人李某仅能得到精神损害赔偿金，而无法得到人身损害的相关赔偿，即受害人为治疗精神疾病（人身损害）所支出的费用都无法得到补偿，这样的判决显然是很不合理的。《侵权责任法》第22条规定："侵害他人人身权益，造成他人严重精神损害的，被侵权人可以请求精神损害赔偿。"因此，将"李某患心因性精神障碍"认定为人身损害，李某既能得到人身损害赔偿，又能申请精神损害赔偿，这样既符合法理，又能充分保障李某的权利，发挥《侵权责任法》应有的功能。

在确定了损害类型之后，本案另一个疑难问题就是责任由谁承担。在本案中学生张某违反学校规定，将具有危险性的动物带进教室并以恶作剧方式吓着学生李某。作为限制民事行为能力人，张某应当认识到自己的行为所产生的不良后果，对造成李某精神疾病的后果应承担主要责任。那么学校应不应当承担责任？《侵权责任法》第39条规定："限制民事行为能力人在学校或者其他教育机构学习、生活期间受到人身损害，学校或者其他教育机构未尽到教育、管理职责的，应当承担责任。"因此学校如果要承担责任，必须以学校未尽到相关义务为前提。本案中学生张某带蛇进学校，学校并不知道，也无法察觉，也就无法制止。事发时值晚自习之前，老师不在教室不属于脱离岗位的渎职情形。晚自习时教师点名发现受伤学生不在教室，当即过问并马上联系家长一起寻找。因此，学校在对学生的管理以及善后处理上均无过错。因此，学校对原告李某受惊吓所致心因性精神障碍并无过错，故不承担赔偿责任。

（四）专家建议

《最高人民法院关于审理人身损害赔偿案件适用法律若干问题的解释》第18条第1款规定："受害人或者死者近亲属遭受精神损害，赔偿权利人向人民法院请求赔偿精神损害抚慰金的，适用《最高人民法院关于确定民事侵权精神损害赔偿责任若干问题的解释》予以确定。"根据该解释第1条的规定，自然人因健康权遭受非法侵害，向人民法院起诉请求赔偿精神损害的，人民法院应当依法予以受理。在申请精神损害赔偿时应以《最高人民法院关于确定民事侵权精神损害赔偿责任若干问题的解释》作为依据和参考，才能做到诉讼请求准确、适当。

三、侵权责任有因果关系

（一）案例简介

由于其他同学丢钱，一学生被老师单独询问，学生回家后就自杀了。学生家长于是将老师告上法庭。

2004年2月25日下午，佛山某小学一名六年级学生魏某遗失200元钱。班主任对此事进行调

查，把本班几名同学分别叫出去谈话，希望能了解一些情况。这些学生中也包括李某。在老师把李某单独叫出教室询问期间，另一同学在李某的课桌抽屉里找到了 200 元钱，并将钱交给老师。老师因此认为李某偷了同学的钱，就在办公室对其进行批评教育。2 月 26 日下午，李某回到家中，没吃晚饭就进了房间。父母后来进屋喊李某吃晚饭时，才发现李某自缢身亡。李某父母认为孩子自杀是由老师的不当询问和不实批评侵犯了孩子的名誉权引起的，故请求法院判决学校承担赔偿责任。

佛山市中级人民法院经过审判，对这起特殊的校园人身损害侵权案作出终审判决，认定学校和老师的行为无过错，并未对学生的名誉权构成侵害，学生的死与老师的职务行为无因果关系。

（二）法律规定

《侵权责任法》

第三条 被侵权人有权请求侵权人承担侵权责任。

第六条 行为人因过错侵害他人民事权益，应当承担侵权责任。

根据法律规定推定行为人有过错，行为人不能证明自己没有过错的，应当承担侵权责任。

（三）法律解读

因果关系是一个哲学概念，是指社会现象之间的一种客观联系，即一种现象的出现是由一种或几种现象引起的，一种现象也必然会引起另一种现象的发生，则引起某种现象产生的现象称之为原因，被某种现象引起的现象称之为结果，这两种现象之间的联系，就称为因果关系。简单来说，因果关系就是一种引起与被引起的关系。侵权民事责任中的因果关系是特殊的因果关系，它是哲学上的因果关系范畴在民事法律上的运用。侵权行为只有在加害行为与损害事实之间存在因果关系时，才能构成。如果加害人有加害行为，他人也有民事权益受损害的事实，但二者毫不相干，则仍不能构成侵权行为。因此，加害行为与损害事实之间有因果关系，是构成一般侵权行为的又一要件。

以因果关系的存在作为承担责任的前提之一，既是基本的法理，也符合人们的普遍观念。如果加害行为与损害结果不存在法律上的关联，就失去了要求行为人承担责任的基础。在《侵权责任法》中虽然没有关于因果关系的直接规定，但是因果关系是贯穿在其中的。举例来说，该法第 3 条规定"被侵权人有权请求侵权人承担侵权责任"，侵权人行为和被侵权人损害的因果联系是不言自明的，被侵权人有权请求侵权人承担侵权责任，原因在于侵权人的行为造成了被侵权人的损害。又如该法第 6 条第 1 款规定"行为人因过错侵害他人民事权益，应当承担侵权责任"，明确地指出民事权益的损害是行为人的侵害造成的，侵害行为是"因"，损害结果是"果"，因此这一规定涵盖了侵权责任的四要件——加害行为、损害结果、主观过错以及加害行为与损害结果间的因果联系。

如何判断民事侵权法上的因果关系是否存在呢？司法实践中一般以如下标准进行判断：依行为时的一般社会经验和知识水平作为判断标准，有理由认为该行为有引起该损害发生的可能性，而实际上又确实引起了该损害结果，则该行为与该结果之间有因果关系。

在本案中，班主任对丢钱事件进行调查，把本班几名同学叫出去谈话，属于正常的职务行为，并非有意的侵权行为。而且，老师私下找同学谈话，并未向其他同学公开谈话内容，也没有在其他同学面前说明李某是小偷，不能认定为侵害了李某的名誉权。李某的自杀行为虽然与老师的批评存在一定的关联，但是并非所有的联系都能作为承担侵权责任的因果关系要件。老师的批评行为并不一定必然导致李某自杀。在从"老师批评"这一行为到出现"李某自杀"这一损害结果的过程中，实际上介入了李某的个人因素，可能是李某的心理承受能力较正常人弱，抑或是其他个人原因，但是作为老师很难预料到普通的批评行为会导致学生的自杀。因此老师的行为和学生的死亡之间不存在直接的因果关系，只存在间接的微弱的联系，这种联系不能被认定为责任承担的因果关系要件。在本案中如果要老师承担学生死亡的赔偿责任，显然是说不过去的。

但是，并不是说与此类似的情况都不需要承担责任。本案中老师找学生谈话和批评学生的行为都属于职务行为，并没有特别严重的情节，老师不存在过错。但是如果换做另一种情况，老师公开指明李某是小偷，而且用特别激烈甚至侮辱性的语言当众贬损李某的人格，那么，老师很可能就侵犯了李某的名誉权并因此而存在过错。此种情形下李某不堪侮辱而自杀，老师就应该对李某的死亡承担相应的责任。因为任何人的心理承受能力都是有限度的，作为老师，严重损害学生的人格，应当预见到学生可能会承受不了打击而采取某些极端行为。此时老师的过激行为和李某的死亡就存在直接的因果关系，并要因此承担相应的侵权损害赔偿责任。

因此，在判断因果关系时，要具体问题具体分析，结合不同的案情作出具体的判断。综合上面的观点，本案中法院的判决是恰当的。

（四）专家建议

因果关系是指行为与结果之间决定与被决定、引起与被引起的关系。在民事侵权中，因果关系理论作为侵权责任构成必不可少的要件，日益凸显其重要性。在判断行为与损害结果之间是否存在因果关系时，要综合考虑行为人自身的心理状态、社会经验和知识水平，行为与损害结果的关联程度，损害发生有无其他原因以及行为人是否存在过错等因素，只有这样当事人才能正确认定侵权责任，法官才能作出正确裁量。

四、学校无过错不构成侵权

（一）案例简介

12岁的男生小关是北京市东城区某学校学生。2008年的某天，正当小关打算翻墙离开学校时，听到同学说"老师来了"，精神紧张的小关从墙上掉下受伤。在治疗过程中，小关支付各种费用1.5万余元，小关起诉学校要求赔偿。近日，顺义法院审结此案，判决驳回了小关的诉讼请求。

小关诉称，2008年4月29日，他在校园内课间活动时，发生右脚扭伤事件，学校随即打电话通知家长，由家长将小关送到东直门医院治疗，后又转至北京大学第三医院住院手术治疗，共花去医药费19882.26元。除去大病基金支付的金额外，小关自付15066.04元。小关认为，他是在校学

生，且长期在校住宿，校园对小关负有监管义务。小关在校期间发生身体伤害，校园负有赔偿义务。因此，小关要求学校支付医疗费等各项费用共计 13546.23 元，本案诉讼费由学校承担。

被告北京市东城区某学校辩称，小关并非在学校组织活动中受伤。2008 年 4 月 29 日课外活动期间，小关擅自离开集体，并翻越学校围墙，导致右腿摔伤。小关的行为属违反学校校纪行为。事发后，学校立即与家长联系，并派专车将其送往医院，确保其在第一时间接受救助。学校认为其在救助过程中并无瑕疵，不应当承担事故责任。

根据上述事实，顺义法院经审理认为，小关所受损伤系其在课后学生自由活动时间欲翻墙出校时自己造成，并不在有组织的教育教学活动期间发生，伤后学校未迟延处理。对小关出现的损害学校不能预见，故学校不存在过错，依法判决驳回小关的诉讼请求。

（二）法律规定

1.《侵权责任法》

第六条　行为人因过错侵害他人民事权益，应当承担侵权责任。

根据法律规定推定行为人有过错，行为人不能证明自己没有过错的，应当承担侵权责任。

第七条　行为人损害他人民事权益，不论行为人有无过错，法律规定应当承担侵权责任的，依照其规定。

2.《学生伤害事故处理办法》

第十条　学生或者未成年学生监护人由于过错，有下列情形之一，造成学生伤害事故，应当依法承担相应的责任：

（一）学生违反法律法规的规定，违反社会公共行为准则、学校的规章制度或者纪律，实施按其年龄和认知能力应当知道具有危险或者可能危及他人的行为的；

（三）法律解读

行为人在主观上存在过错也是侵权责任的构成要件之一。主观过错是指侵权行为人在实施侵权行为时的心理状态，包括故意和过失两种情况。故意是指行为人预见到自己行为的有害后果，仍然希望或者放任有害结果的发生。例如，明知道幼儿拿着铅笔会导致危险的后果，教师仍放任不管，此时教师的心理状态就属于故意。过失是指行为人应当预见自己的行为可能发生不良的后果而没有预见（疏忽大意的过失），或虽然预见到了却轻信此种后果可以避免（过于自信的过失）。前者如养犬人由于疏于管理致使恶犬咬伤学生，养犬人就属于疏忽大意的过失；后者如骑车人在校园内飞驰，明知有可能撞到人，但由于过于相信自己的技术而未减速，以至撞到路上的学生，骑车人则属于过于自信的过失。

主观过错是一般侵权责任构成要件最重要的因素，是最终的构成要件。行为人是否存在过错，决定着行为人是否要承担侵权责任，即行为人仅在有过错的情况下，才承担民事责任；没有过错，就不承担民事责任。《侵权责任法》第 6 条第 1 款规定："行为人因过错侵害他人民事权益，应当承担侵权责任。"

　　法律把主观过错规定为侵权责任的构成要件，是出于社会正义和公平的考虑。从社会正义的角度讲，"有错才该受罚"是社会中每个人普遍的价值认同，因此，法律如果要求某人承担责任，该人就应当有过错。要求没有过错的人无故承担责任是违背法律正义的。从社会公平的角度讲，《侵权责任法》的主要功能是弥补社会损害，既要使被侵权人的受损利益得到补救，又不给无辜的当事人强加责任。因此，如果行为人本身不存在过错却被追究了责任，即使因此弥补了受侵害人的损失，对责任的承担者也是不公平的。因此，过错是侵权责任必不可少的构成要件。

　　在本案中，小关虽然是在学校里受伤，但是其受伤原因并非来自学校。小关是因擅自离开集体，并翻越学校围墙，才导致右腿摔伤。法院裁判学校不承担责任，主要依据就是学校不存在过错。因此，具体分析学校的主观心理状态是否存在过错是本案的关键。小关翻墙时，听到同学说"老师来了"，由于自身精神紧张才从墙上掉下受伤，学校对此既不希望和放任，也没有疏忽大意和过于自信的心理，因此，校方既不存在故意，也不存在过失。这样，要求学校承担责任的重要基础——过错就不存在了，因此，赔偿责任不应由学校负担，而应由小关自己来负责。正是基于以上法理，《学生伤害事故处理办法》第10条第（1）项针对该种情形作出明确规定，学生违反法律法规的规定，违反社会公共行为准则、学校的规章制度或者纪律，实施按其年龄和认知能力应当知道具有危险或者可能危及他人的行为，造成学生伤害事故的，学生应当依法承担相应的责任。

　　需要注意的是，行为人仅在有过错的情况下，才承担民事责任，没有过错，就不承担民事责任，这只是侵权责任承担的一般情形。法律中也存在着一些条款，对几种特殊侵权行为作了特别规定。此类侵权行为即使行为人不存在过错，或者只要行为人不能证明自己没有过错，就要承担侵权责任。《侵权责任法》第6条第2款规定："根据法律规定推定行为人有过错，行为人不能证明自己没有过错的，应当承担侵权责任。"第7条规定："行为人损害他人民事权益，不论行为人有无过错，法律规定应当承担侵权责任的，依照其规定。"这就是法理上讲的"无过错责任"。但是这种特殊情况的存在是受限制的，必须以法律的明文规定为限。这类侵权责任包括：高度危险致人损害责任、产品侵权责任、环境污染致人损害责任、饲养动物致人损害责任、地面施工致人损害责任等。

（四）专家建议

　　过错虽然是校园事故侵权责任承担的重要前提和基础，但是在现实案件中，有时候行为人是否存在过错并不容易判断。在判断过错是否存在时，一方面应以社会一般人的智力水平和预见能力为标准，看行为人能否预见到损害结果；另一方面，还要考虑每个具体行为人的预见能力，如果某个具体行为人的识别能力超出社会一般人的预见能力，就不应该还按照一般人的标准来要求他，而应结合具体情况。综合以上两方面来分析，如果行为人显然能预见到损害发生的就是故意，因疏忽大意没有预见到损害或者已经预见到损害而轻信能够避免损害发生的就是过失，完全不可能预见到损害发生则证明行为人不存在过错。

第四节　学校应当承担责任

一、学校行政行为导致侵权

（一）案例简介

南京某学院附属实验中学的小张，刚报到就被开除了——因为他在宿舍里抽烟。2003 年 9 月，小张作为新生进入南京某学院附属实验中学就读高一。由于平时和一些坏朋友来往，年纪轻轻的小张就养成了抽烟的坏习惯。由于该学校是住宿制学校，因此离家较远的学生都要住在学校提供的宿舍里。因此小张没办法像在家里一样跑到外面抽烟。有一天晚上小张的烟瘾上来了，于是偷偷躲在宿舍厕所里抽烟。正好值班老师晚上检查宿舍秩序，在查到小张的宿舍时，闻到宿舍里有烟味，便走进去，发现烟味是从厕所里散发出来的，于是推开厕所门，把正在抽烟的小张逮个正着。

值班老师立刻向学校汇报了这个情况。第二天小张就被叫到训导处接受调查询问。最终学校领导作出开除小张学籍的决定。小张的父母得知此事，急忙找到学校，告知学校他们并不知道自己的孩子抽烟，以后一定严加管教，希望学校能够"收回成命"。学校的王校长坦言：作出如此决定是因为"很多家长反映校风不好"，虽然"没有具体的处罚条例"作依据，但"我们学校管理比较严"。

小张父母认为虽然孩子犯了错误，但是学校也不能随便开除学生，因此向法院提起了诉讼，一纸诉状把学校告上法庭。

（二）法律规定

1. 《侵权责任法》

第二条　侵害民事权益，应当依照本法承担侵权责任。

本法所称民事权益，包括生命权、健康权、姓名权、名誉权、荣誉权、肖像权、隐私权、婚姻自主权、监护权、所有权、用益物权、担保物权、著作权、专利权、商标专用权、发现权、股权、继承权等人身、财产权益。

2. 《未成年人保护法》

第十八条　学校应当尊重未成年学生受教育的权利，关心、爱护学生，对品行有缺点、学习有困难的学生，应当耐心教育、帮助，不得歧视，不得违反法律和国家规定开除未成年学生。

3. 《义务教育法》

第二十七条　对违反学校管理制度的学生，学校应当予以批评教育，不得开除。

4. 《普通高等学校学生管理规定》

第五十四条　学生有下列情形之一，学校可以给予开除学籍处分：

（一）违反宪法，反对四项基本原则、破坏安定团结、扰乱社会秩序的；

（二）触犯国家法律，构成刑事犯罪的；

（三）违反治安管理规定受到处罚，性质恶劣的；

（四）由他人代替考试、替他人参加考试、组织作弊、使用通讯设备作弊及其他作弊行为严重的；

（五）剽窃、抄袭他人研究成果，情节严重的；

（六）违反学校规定，严重影响学校教育教学秩序、生活秩序以及公共场所管理秩序，侵害其他个人、组织合法权益，造成严重后果的；

（七）屡次违反学校规定受到纪律处分，经教育不改的。

（三）法律解读

学校行政行为是指依法成立的公立学校根据法律、法规、规章的授权在学校管理领域内依照法定程序针对教师、学生作出的影响其权利、义务的具有法律效力的单方面行为。学校行政行为与学校民事行为的范畴不同，后者是平等主体间的民商事活动，如向文具公司购买教学用品，与建筑公司签订建筑工程合同等。学校行政行为发生在学校的管理领域内。在这个领域内，学校与受其管辖的教师、学生不是一种平等的民事法律关系，而是命令与服从的行政法律关系。

学校行政行为具有明显的特征：（1）强制性。学校作出的决定，不管学生、教师的意愿如何，必须遵守之。（2）单方面性。学校在作出决定时，虽需听取教师、学生的意见，但教师、学生的意见对学校不具有约束效力，学校可仅凭自己的意志作出决定。（3）公益性。学校行政行为的目的不在于维护个别人的私益，而在于保障正常的教学秩序、科研秩序以及公共秩序等。基于学校行政行为具有以上的特征，学校行政行为在理论上存在侵害学生合法权益的可能性，在司法实践中，学校行政行为侵犯学生合法权益的案例也屡见不鲜。因而学校在实施行政行为时不能随意而为，必须严格实施，依法实施。

在本案中，小张因为抽烟被值班老师发现，就受到了学校开除学籍的处分。开除学籍是对学生最严厉的纪律处分，其制裁方式是剥夺违纪学生在某校受教育的权利。学校不是行政机关，因此其仅在法律、法规、规章授权的情况下，才具有行政职权，例如，根据《教育法》第28条的规定，学校具有招生、学籍管理、奖惩、颁发证书、组织教学、制定规章等方面的职权。因此，学校仅在法律、法规、规章授权的领域内作出的行为才是行政行为，超出法律、法规、规章的授权范围的学校行为不属于学校行政行为。那么学校作出开除学籍的决定是否有合法性依据呢？《未成年人保护法》第18条规定："学校应当尊重未成年学生受教育的权利，关心、爱护学生，对品行有缺点、学习有困难的学生，应当耐心教育、帮助，不得歧视，不得违反法律和国家规定开除未成年学生。"本条款有两层含义：第一，不得违反法律和国家规定开除学生；第二，只有符合法律和国家规定，才可以开除学生。这就规范了学校开除未成年学生的情形，使学校开除未成年学生具备了一定的法

律依据。因此，可以断定学校开除学生的行为是学校的行政行为。

但是，既然只有在法律规定的情况下学校才可以开除学生，那么本案中学校开除小张的行为是否符合法律的规定呢？从相关法律规定来看，学校能否开除未成年学生可分为两种情况。第一种情况是义务教育阶段能否开除的情形。《义务教育法》第27条规定："对违反学校管理制度的学生；学校应当予以批评教育，不得开除。"这是一条强行性规定，没有给学校任何自主裁量的余地，即只要是处于义务教育阶段的学生，学校都无权开除。第二种情况是非义务教育阶段，包括高中、大学等学习阶段能否开除的情形。法律并没有专门针对高中阶段作出相关规定，但是可以以《普通高等学校学生管理规定》的相关条款作为参考。根据该规定第54条，学生有该条款规定的情形之一，学校可以给予开除学籍处分。但是学生抽烟并未作为开除学生的情形之一规定在里面。学校在"没有具体的处罚条例"的情况下，无权随意开除学生，这种做法侵犯了学生受教育的权利。

需要注意的是，此时学校行政行为侵权不同于民事侵权。民事侵权是平等民事主体之间的行为造成损害，而学校行政行为侵犯学生的受教育权实质上是行政主体侵犯行政相对人的合法权益。因此，《侵权责任法》第2条也未将教育权（受教育权）列入民事侵权的范畴。对此类侵犯学生受教育权的行为，可以向学校和上级教育行政部门申诉，或者直接向法院提起行政诉讼，以维护自己的合法权益。

（四）专家建议

目前教育的急功近利化仍然挥之不去。对于一些所谓的"问题"学生，教育显现出自己的短视和无情。一些学校千方百计劝退问题学生，更有甚者，有些学校对成绩不好的学生也是"另眼相看"，上课不给他们发言机会，也不批改他们的作业，甚至不让他们参加影响学校排名的大考。学生在面临学校的行政行为侵权时，要勇敢地拿起法律武器维护自己的合法权益。

在依法治国的今天，教育也应该纳入法制化的轨道。上述种种现象都是与我国的《义务教育法》和《教育法》乃至教育理念相违背的。从法律的角度讲，教育制度应该有章可循，学校不能恣意妄为；从教育理念来说，教育应该是"人的教育"，应该来得更温润、更理性，学校要"以人为本"，给学生以充分的关怀。

二、教师打伤学生——学校故意侵权担全责

（一）案例简介

一起老师体罚学生的案件，法院判决学校故意侵权，承担全部赔偿责任。2003年11月26日上午10时20分，正在铜山县汉王镇某小学五（4）班上数学课的该校教师周某见该班学生高某（12岁）与杨某发生争执，并互撕对方的作业本，遂对高、杨二人进行训斥，见高某态度强硬，拒不认错，周某遂将坐在倒数第二排的高某拉起推到教室最后一排站着，并朝其头部打了三四巴掌，朝其腿部踢了两三脚。放学后，周某见高某不能行走，遂与其家长一起将高某送到徐州市第六人民医院

诊治，后转到徐州市第四人民医院住院治疗。经过 25 天的住院治疗，高某被诊断为：因外力击打引起脊髓震荡。2003 年 12 月 27 日高某病情好转后出院。其间，周某共为高某支付医疗费 6542.15元。2005 年 3 月 31 日徐州市公安局法医对高某的损伤程度作出鉴定：伤者高某的损伤属轻微伤。之后，高某的家长与校方因部分医药费、护理费、营养费、住院伙食补助费、交通费以及鉴定费等协商未果，遂于 2005 年 10 月 27 日将铜山县汉王镇某小学及其该校教师周某一起告上法庭，要求二被告赔偿原告医药费、护理费、营养费等共计 5439.92 元。

该案经铜山县人民法院主持调解，原、被告双方自愿达成调解协议：被告铜山县汉王镇某小学一次性赔偿原告高某医疗费、护理费、营养费等各项费用 1 000 元。被告周某赔偿原告高某医疗费、护理费、营养费、住院伙食补助费等各项费用 3500 元。此案被告已自觉履行完毕。

（二）法律规定

1. 《侵权责任法》

第三条　被侵权人有权请求侵权人承担侵权责任。

第六条　行为人因过错侵害他人民事权益，应当承担侵权责任。

根据法律规定推定行为人有过错，行为人不能证明自己没有过错的，应当承担侵权责任。

2. 《学生伤害事故处理办法》

第九条　因下列情形之一造成的学生伤害事故，学校应当依法承担相应的责任：

（九）学校教师或者其他工作人员体罚或者变相体罚学生，或者在履行职责过程中违反工作要求、操作规程、职业道德或者其他有关规定的；

第二十七条　因学校教师或者其他工作人员在履行职务中的故意或者重大过失造成的学生伤害事故，学校予以赔偿后，可以向有关责任人员追偿。

3. 《未成年人保护法》

第二十一条　学校、幼儿园、托儿所的教职员工应当尊重未成年人的人格尊严，不得对未成年人实施体罚、变相体罚或者其他侮辱人格尊严的行为。

（三）法律解读

故意侵权，是一种具有过错心理状态的侵权行为和状态。

《侵权责任法》中的故意是指行为人已经预见到自己的行为的损害后果，仍然积极地追求或者听任该后果的发生。故意主要包括两个判断标准：（1）行为人预见到自己行为的有害后果。（2）行为人希望这种有害结果的发生（直接故意），或者虽然不希望，却有意识地放任有害后果的发生（间接故意）。满足这两个标准就构成故意。划分直接故意和间接故意的意义在于两者的过错程度不同，直接故意比间接故意更严重，主观恶性更大，在某些案件中可能导致承担更多的赔偿责任。由于民事责任并不考虑行为人的主观恶性，因此在侵权责任法上，只要确定行为人的行为是出于故意而为之，就足以很好地解决责任问题，因而没有必要确定直接故意还是间接故意。此外，一般来说，在确定故意时，也没有必要考虑行为人的行为动机。不论是出于好的动机还是坏的动机，一旦因为过错导致侵权损害，就要承担相应的损害赔偿责任。

在校园事故侵权中，学校的故意主要表现为学校（或老师）能预见自己的行为对学生的损害结果，仍然希望或听任其有害后果发生。但是学校的故意又与普通侵权人的故意有所差别。在意识上，学校应当已经理解自己行为的性质，认识到行为会发生损害学生利益的后果。但是这个认识往往是很模糊的。比如在本案中，老师知道打学生会引起一定的伤痛，但是他并非一定能意识到殴打会导致"脊髓震荡"的后果。在意思上，学校对于行为后果的发生抱着希望或放任的态度。但是学校的故意多为间接故意（放任）的情形，很少有直接故意（希望）的情形。毕竟学校作为教育机构，具有公益性质，担负着法定的保护学生人身财产安全的职责，一般情况下不会刻意去追求学生的损害。尽管有上述特殊性的存在，仍然不妨碍学校故意的成立。

具体到本案中，针对周某在课堂上体罚学生高某，并致其损伤这一行为，铜山县汉王镇某小学应否承担民事赔偿责任及应当承担何种责任是本案的焦点。《未成年人保护法》第 21 条规定："学校、幼儿园、托儿所的教职员工应当尊重未成年人的人格尊严，不得对未成年人实施体罚、变相体罚或者其他侮辱人格尊严的行为。"教师负有教书育人的神圣职责，更应为人师表，爱护学生，教师周某"朝其头部打了三四巴掌，朝其腿部踢了两三脚"，这种体罚行为本身就是违背法律规定的，更何况教师的体罚行为已经造成了损害的后果。根据《侵权责任法》第 5 条和第 6 条第 1 款的规定，行为人因过错侵害他人民事权益的，应当承担侵权责任，被侵权人有权请求侵权人承担侵权责任。法律面前人人平等，即使侵权人是老师，也不能享有免责特权，周某的行为已经构成侵权。由于周某是学校的老师，体罚学生的行为属于职务行为，其主观故意就是学校的主观故意。根据《学生伤害事故处理办法》第 9 条第（9）项的规定，学校教师体罚或者变相体罚学生造成学生伤害事故，学校应当依法承担相应的责任。因此，铜山县汉王镇某小学应为故意侵权致人损害的行为承担民事赔偿责任。

那么学校应承担全部责任还是部分责任呢？这就要根据学校的过错来判定。在本案中周某对高某的体罚行为，是高某损伤的惟一原因，即学校的故意是学生伤害事故发生的惟一原因，学校应承担因自己过错而产生的责任，因此，在这种情况下，学校应承担全部赔偿责任。

另外，《学生伤害事故处理办法》第 27 条规定："因学校教师或者其他工作人员在履行职务中的故意或者重大过失造成的学生伤害事故，学校予以赔偿后，可以向有关责任人员追偿。"教师周某体罚学生的行为是故意为之（对损害结果是过失），因此学校可以此条款向周某追偿。

（四）专家建议

学校故意侵权是主观恶性较大的行为，在社会上也会产生比较坏的影响。学校故意侵犯学生的行为通常表现为老师体罚学生、学校（老师）故意不履行义务等。前一种行为并非都是侵权行为，如果是短时间的罚站或者是轻微的拍打，并未造成损伤，不应认定为故意侵权行为，可以由学校对老师进行相关的批评教育，不需通过诉讼途径。后一种行为如果对学生形成现实危险或造成轻微侵权，可以向有关教育行政部门反映，若严重侵害学生利益，并造成实际损害，应当请求法院判决赔偿。

三、学校过失侵权责任

（一）案列简介

因学校看护不力，导致在校园内玩耍的小朋友受伤。学校因过失要承担人身损害赔偿。

2005 年 10 月的一天，在邹平县某幼儿园上学的小小在老师的带领下，和其他孩子在园内活动玩耍。她与同班其他小朋友一起来到幼儿园操场玩滑梯，在攀登滑梯时，由于扶手很滑，没有抓牢，结果掉到了坚硬的水泥地上，不幸摔伤。老师赶紧将其送到医院，经检查是左臂骨折。小小的母亲接到幼儿园的电话，赶紧骑车赶往医院。听完事故经过，小小的母亲对幼儿园老师非常生气——怎么不看管好孩子呢？

幼儿园方面也感到委屈："不是我们不尽看管责任，这只是一个意外，是她自己不小心从滑梯上摔下来的，谁也没想到会发生这样的事。孩子也太淘气了，结果出了事故。对此，家长也该负一定责任。"一听这些，小小母亲更生气了，就与学校起了争执。最终因与校方关于赔偿问题达不成一致意见，原告小小将幼儿园告上法庭，要求赔偿医疗费、护理费等损失共计 1 万元。

法院判决幼儿园赔偿小小 8 000 余元。法院审理认为，小小系未成年人，负有管理和监护职责的幼儿园在组织小小进行游戏活动时应做到尽职尽责。由于幼儿园疏于管理，造成小小身体损害，幼儿园应承担过错责任。

（二）法律规定

1.《侵权责任法》

第三十八条　无民事行为能力人在幼儿园、学校或者其他教育机构学习、生活期间受到人身损害的，幼儿园、学校或者其他教育机构应当承担责任，但能够证明尽到教育、管理职责的，不承担责任。

2.《中小学幼儿园安全管理办法》

第二十八条（第一款）　学校在日常的教育教学活动中应当遵循教学规范，落实安全管理要求，合理预见、积极防范可能发生的风险。

3.《学生伤害事故处理办法》

第九条　因下列情形之一造成的学生伤害事故，学校应当依法承担相应的责任：

（四）学校组织学生参加教育教学活动或者校外活动，未对学生进行相应的安全教育，并未在可预见的范围内采取必要的安全措施的；

第十条　学生或者未成年学生监护人由于过错，有下列情形之一，造成学生伤害事故，应当依法承担相应的责任：

（二）学生行为具有危险性，学校、教师已经告诫、纠正，但学生不听劝阻、拒不改正的；

（三）法律解读

过失是与故意对应的一种主观状态，是指行为人因未尽合理的注意义务而未能预见损害后果，并致损害后果发生。过失可以分为疏忽大意的过失和过于自信的过失两种。前者是指行为人应当预见自己的行为可能发生不良的后果而没有预见的心理状态。后者是指预见到了可能发生损害后果，却轻信此种后果可以避免的心理状态。

无论是在刑法还是在民法中，行为人都要对过失导致的损害承担责任。有人认为不是"故意的"就可以不承担责任，这种观念是错误的。首先，过失本身就是一种可谴责的消极心理状态。行为人既然能够尽到合理的注意义务并防止损害的发生，就应该积极地去履行注意义务。由于行动的懒惰或者思想的麻痹，而没有履行，这本来就不符合一个"善意管理者"的标准，即使没有发生损害后果，也应该受到道德上的谴责，若一旦发生损害，自然就转化成现实的法律责任。其次，行为人的行为是处于行为人自己的控制之下的，损害结果是可以因行为人的注意而避免的，那么过失而造成的损害结果实际上是行为人放任自己行为的结果，因此过失行为和损害后果之间存在直接的因果联系。有因才有果，"果"的责任必须由"因"来负。

在校园事故侵权中，学校的过失要怎么来认定呢？过失是行为人未尽合理的注意义务而导致损害的心理状态，因此认定学校过失存在与否的前提是明确学校对学生所负的注意义务的内容。一般而言，学校的注意义务包括安全教育和保护义务、安全注意义务、通知和告知义务、及时救助义务、提供安全的校园设施的义务以及提供合格药品、食品、饮用水的义务等。注意义务不同，可能导致的过失程度不同，学校所应承担的责任也不同。

在本案中，幼儿园作为入托幼儿的管理和保护责任人，负有管理保护小小人身安全的职责和义务。《中小学幼儿园安全管理办法》第28条第1款规定："学校在日常的教育教学活动中应当遵循教学规范，落实安全管理要求，合理预见、积极防范可能发生的风险。"小小攀登滑梯摔伤，虽然自己负有一定责任，但是幼儿园并未在可预见的范围内采取措施（幼儿攀爬滑梯存在潜在危险是应当预见的），本身没有履行好管理保护的注意义务。《学生伤害事故处理办法》第9条对此种情形作出了规定，学校组织学生参加教育教学活动或者校外活动，未对学生进行相应的安全教育，并未在可预见的范围内采取必要的安全措施，造成学生伤害事故的，学校应当依法承担相应的责任。因此，幼儿园照管疏忽致使幼儿摔伤，其主观状态是过失，依法应当承担民事责任，赔偿原告的损失。

幼儿园方认为小小自身也存在过失的观点，很难得到法官的支持。小小从事的行为是幼儿园的娱乐体育活动，并非高度危险性的活动，没有违反幼儿园的规章制度和纪律，按其年龄和认知能力，她并不会认为玩滑梯也会有危险性，而且这一行为是得到老师默许的。根据《学生伤害事故处理办法》第10条的规定，学生行为具有危险性，学校、教师已经告诫、纠正，但学生不听劝阻、拒不改正，造成学生伤害事故，学生及其监护人应当依法承担相应的责任。因此，除非老师能证明当时老师将危险性已经告知，小小不听劝阻自行攀爬导致受伤，才能要求小小及其监护人承担责任，否则不能要求小小本人及其父母对摔伤事故负责，从而减轻幼儿园的责任。

最后法院认定"幼儿园疏于管理，造成小小身体损害，幼儿园应承担过错责任"，判决幼儿园赔偿小小 8000 余元，比较恰当地保护了被侵权人的合法权益。

（四）专家建议

校方有过失的校园侵权，实质上是因学校疏忽大意导致的，对于这类事故，校方理所当然地要承担责任。幼儿园管理保护义务的时间范围应从幼儿踏入校门算起，直至离开。此段时间内幼儿园要积极排除任何会导致幼儿受伤的过失情形。例如，幼儿园应该根据学生年龄的大小，安排相应的教师看护，进行正常的课堂教学、户外活动、饮食起居的监管。幼儿在和其他小朋友玩耍时，情绪容易兴奋，也很容易出事，教师应对将要做的游戏有充分的估计，如游戏跑动较多，活动量较大，就应选择较宽敞的场地，且最好是软地垫的。游戏前可和幼儿一起说说该游戏的危险之处，让幼儿有意识地控制、保护自己。

四、不能证明无过错侵权责任

（一）案例简介

一起幼儿受伤案件，幼儿园因无法证明尽到教育、管理职责而承担责任。2004 年 11 月 10 日下午 4 时左右，正是幼儿园放学时间，来接年仅 4 岁的小天的父亲却发现孩子头部肿起个大包，左腿也不能动了。小天支吾着说："在排队出校门的时候，有个小朋友推了我一下，我就倒在地上了，正好坐到一块石头上。"随后他指了指推他的小伟。小天父亲赶忙找到老师反映这一情况。幼儿园李园长找到 5 岁的小伟，而小伟自己也说不清怎么推小天的。看着小天一直喊左腿疼，李园长和小天父亲赶紧把小天送进医院，医院一检查，发现小天左腿骨折。为治病，小天花费医疗费 1.3 万元。

小伟的父亲认为，孩子虽然推倒了小天，但这是在幼儿园发生的事件，自己孩子入托后，其监护权力应由幼儿园行使，孩子造成的经济损失应由幼儿园负责赔偿。而幼儿园认为，老师已经尽到了监护责任，孩子之间互相推是老师无法立即发现的，这是意外情况，因此幼儿园不该负责，小天受伤的损失应由小伟的监护人负责赔偿。

几方最后争到法庭上。法院认为，对小天的伤害，小伟与幼儿园二被告负有共同赔偿责任。法院判决二被告各赔偿小天 1 万余元。

（二）法律规定

1.《侵权责任法》

第三十二条　无民事行为能力人、限制民事行为能力人造成他人损害的，由监护人承担侵权责任。监护人尽了监护责任的，可以减轻其侵权责任。

有财产的无民事行为能力人、限制民事行为能力人造成他人损害的，从本人财产中支付赔偿费用。不足部分，由监护人赔偿。

第三十八条　无民事行为能力人在幼儿园、学校或者其他教育机构学习、生活期间受到人身损害的，幼儿园、学校或者其他教育机构应当承担责任，但能够证明尽到教育、管理职责的，不承担责任。

2.《最高人民法院关于审理人身损害赔偿案件适用法律若干问题的解释》

第七条　对未成年人依法负有教育、管理、保护义务的学校、幼儿园或者其他教育机构，未尽职责范围内的相关义务致使未成年人遭受人身损害，或者未成年人致他人人身损害的，应当承担与其过错相应的赔偿责任。

第三人侵权致未成年人遭受人身损害的，应当承担赔偿责任。学校、幼儿园等教育机构有过错的，应当承担相应的补充赔偿责任。

（三）法律解读

随着我国法律的不断完善和人们法制意识的不断提高，发生于儿童身上的安全事故，日益成为人们关注的焦点。10 周岁以下的未成年人在法律上都属于无行为能力人，由于缺乏一定的社会认知，心理发育未成熟，本身又有好动的天性，经常会发生人身伤害事故。因此，法律也加大了对该群体的保护力度。《侵权责任法》第 38 条规定："无民事行为能力人在幼儿园、学校或者其他教育机构学习、生活期间受到人身损害的，幼儿园、学校或者其他教育机构应当承担责任，但能够证明尽到教育、管理职责的，不承担责任。"本条款实际上是通过设定学校的过错推定原则，将举证责任附加给幼儿园等教育机构的，这样更有利于保护无行为能力人的权利。

过错推定原则是侵权责任法上划归责任的一种原则，也叫过失推定原则，是指发生侵权损害结果后，受害人在诉讼中不需要证明侵权人存在过错，而是从损害事实本身推定加害人有过错，除非加害人能拿出证据证明自身不存在过错，否则加害人就要承担侵权责任。根据上述条款，无行为能力人一旦在幼儿园或其他教育机构受到侵害，进入诉讼程序后无需证明教育机构存在过错，只要教育机构拿不出能够证明自己尽到教育、管理职责的证据，就应对无行为能力人的伤害负赔偿责任。

从文字表述上看，这样的规定似乎对学校不公平，但是，从实际的操作上来考虑，却实现了实质上的公平。无行为能力人的认知能力是很有限的，假设由作为受害方的无行为能力人举证证明学校存在过错，这种举证要求是很不合理的，也是无法完成的，实质上就变相排除了幼儿园的责任，使被侵权人无法获得赔偿。但是将证明自己无过错举证责任附加给幼儿园，一方面幼儿园等教育机构本身就承担着无行为能力人的安全保障义务，应该尽量避免伤害事故的发生；另一方面，如果幼儿园真的已经尽到积极保护的义务，相信举证证明对于校方应该并非难事，这样对双方都是公平的。

在本案中，小天被小伟推倒摔伤所造成的经济损失，因直接侵权人是小伟，毫无疑问，小伟应该承担责任。但小伟还是幼儿，不能承担民事责任。根据《侵权责任法》第 32 条第 1 款的规定，无民事行为能力人、限制民事行为能力人造成他人损害的，由监护人承担侵权责任。即小伟的父母对小天的骨折承担侵权赔偿责任。

本案的关键问题是幼儿园是否应当承担责任。《最高人民法院关于审理人身损害赔偿案件适用法律若干问题的解释》第 7 条规定："对未成年人依法负有教育、管理、保护义务的学校、幼儿园或者其他教育机构，未尽职责范围内的相关义务致使未成年人遭受人身损害，或者未成年人致他人人身损害的，应当承担与其过错相应的赔偿责任。第三人侵权致未成年人遭受人身损害的，应当承担赔偿责任。学校、幼儿园等教育机构有过错的，应当承担相应的补充赔偿责任。"事故虽然发生在幼儿园放学期间，但尚未脱离幼儿园的职责范围，幼儿园对入托的幼儿负有安全保护义务。小天被他人推倒骨折，除非幼儿园能证明自己已尽到职责，否则应当对此承担相应补充责任。但教师如没有尽自己职业的"谨慎"义务，就很难证明自己是没有过错的。只有能证明幼儿园老师尽到了必要的监护责任，比如在放学时幼儿园老师要大家排队出门，前后都有老师监护，这时发生的突然推小朋友一下造成的后果，幼儿园才可以免责。

由于在本案中幼儿园并没有积极地去履行义务，因而无法举出相应的证据证明，最终法院判决二被告各赔偿小天 1 万余元是符合法律规定的。

（四）专家建议

幼儿是一个需要特殊保护和照料的群体。一方面，处于高速生长期的幼儿具有爱玩好动的特性，对什么事都感到好奇；另一方面，幼儿的思维和行为活动带有明显的随意性，自控能力差，又缺乏生活经验，不能准确地判断周围环境中潜在的不安全因素。因此，幼儿更易发生安全事故。为了保护幼儿的利益，《侵权责任法》规定由学校承担举证证明自己无过错的责任。但是，并非所有的校园侵权都如此。限制行为能力人（10 周岁以上的未成年人）发生侵权伤害事故，《侵权责任法》就并未规定学校的举证义务。即是说，限制行为能力人权利受到侵害，需要由受害人举证证明学校未履行相关义务或存在过错，才能要求学校承担责任，学校不承担证明自己无过错的责任。这也是考虑到限制行为能力人已经具备了较强的辨别和判断能力，有了举证的能力。因此，对校园事故侵权案件中被侵权人的年龄差异需要格外注意。

五、教师行为侵权学校承担替代责任

（一）案例简介

某日，在某小学校门外发生一起车祸。一小学生在过公路时，不幸遭遇车祸，经抢救无效死亡，肇事司机最后被抓获。

于某是某城区小学的学生，也是班里的班长，平时学习成绩优秀，也很听老师话，很讨老师喜欢。2003 年 9 月某日上午，该城区小学正在晨读。三年级二班也像往常一样在班主任的监督下，背诵昨天学的语文课文。班长于某正在埋头背书时，班主任鲁某走过来，让于某到校外为自己买早

点。于某说了声"好"，放下课本就走出了教室。在过公路时，由于一辆车超速行驶，撞向于某。于某不幸遭遇车祸，后被学校紧急送至医院，经抢救无效死亡，肇事司机一周后被公安机关抓获。

于某父母将学校和肇事者告上法庭。法院经审理认为，肇事者承担主要责任，学校未尽到管理职责，应对学生死亡承担赔偿责任。

（二）法律规定

1.《侵权责任法》

第三十四条　用人单位的工作人员因执行工作任务造成他人损害的，由用人单位承担侵权责任。

劳务派遣期间，被派遣的工作人员因执行工作任务造成他人损害的，由接受劳务派遣的用工单位承担侵权责任；劳务派遣单位有过错的，承担相应的补充责任。

2.《学生伤害事故处理办法》

第九条　因下列情形之一造成的学生伤害事故，学校应当依法承担相应的责任：

（九）学校教师或者其他工作人员体罚或者变相体罚学生，或者在履行职责过程中违反工作要求、操作规程、职业道德或者其他有关规定的；

第十四条　因学校教师或者其他工作人员与其职务无关的个人行为，或者因学生、教师及其他个人故意实施的违法犯罪行为，造成学生人身损害的，由致害人依法承担相应的责任。

第二十七条　因学校教师或者其他工作人员在履行职务中的故意或者重大过失造成的学生伤害事故，学校予以赔偿后，可以向有关责任人员追偿。

（三）法律解读

《侵权责任法》第 34 条第 1 款规定："用人单位的工作人员因执行工作任务造成他人损害的，由用人单位承担侵权责任。"这就为学校承担替代责任提供了《侵权责任法》上的依据。《侵权责任法》中的替代责任是指在存在雇佣等关系的前提下，雇员在实施职务行为的过程中，侵害他人利益，法律规定由雇主承担赔偿责任，雇主在承担赔偿责任后向雇员追偿；或者雇员直接造成雇主利益的损失，雇主向雇员索赔。学校和教师的关系也是一种特殊的雇佣关系。学校作为雇主，向教师支付工资，教师作为雇员，理应做好本职工作。学校对于教师的失职行为，承担替代责任。之所以说学校与教师之间是特殊的雇佣关系，是因为教师职业具有道德要求，教师与学生之间不仅仅是经济利益的联系。因此，既要尊重教师职业的神圣性和道德性，也要明确教师与学校间的雇佣法律关系。

替代责任的目的在于加强对受害人权益的保障，通过加重替代责任人的责任，促使其加强对被替代人的监督，避免侵权的再次发生。法律规定替代责任的前提是替代责任者必须对被替代人拥有一定的监督和指挥的权利，甚至是人身上的控制权。具体到学校与教师的关系上，学校对教师有一定的监督和指挥权，教师的教育、管理学生甚至批评、责备学生的行为通常都是在执行学校的教育管理职责，属于职务行为，学校应当也必须为教师的行为承担替代责任。由学校承担替代责任，可以加强学校对相关校园事故侵权的关注，重视加强本校教师素质的提高和责任心的督导，减少校园事故侵权的发生。

本案的第一个焦点是，事故是否属于校园安全事故。这是对本案的一个定性问题，也是在肇事司机无法寻获的情况下要求学校承担责任的前提。事故虽然发生在校外，但是整个事故和学校、老师紧密联系，老师的指示行为是于某出校的起因。于某发生意外时，仍处于学校承担教育、管理和保护职责期间，毫无疑问应归入校园事故侵权的范围。

本案的第二个焦点是，班主任鲁某役使学生于某出去买早餐的行为是属于职务行为还是个人行为。《学生伤害事故处理办法》第 14 条规定："因学校教师或者其他工作人员与其职务无关的个人行为，或者因学生、教师及其他个人故意实施的违法犯罪行为，造成学生人身损害的，由致害人依法承担相应的责任。"因此，如果该役使行为是职务行为，学校就应当承担替代责任；如果是鲁某的个人行为，责任的承担者就是鲁某而不是学校。表面上看，教师役使学生买早餐的行为是教师的个人意志和个人行为，与学校和教师的职权无关。但是，鲁某并非以个人身份役使学生去为之买早餐，而是以班主任的身份役使学生，因此不能将这一行为简单归为个人行为，而应当认定为老师的职务行为。根据《学生伤害事故处理办法》第 9 条第（9）项的相关规定，因学校教师在履行职责过程中违反工作要求、操作规程、职业道德或者其他有关规定，造成学生伤害事故的，学校应当依法承担相应的责任。鲁某违背职业道德，利用职责之便，置学生安全于不顾，私自差遣学生为其个人买早点，属职务行为，因而判决学校对该事故承担责任。

在本案中教师让学生买早点属过错行为，对买早点潜在的安全隐患估计不足，导致事故发生，学校为此承担了替代责任。但是，事故发生的主要责任人是肇事司机而非学校，在肇事者和学校之间责任如何分担？《侵权责任法》第 40 条规定："无民事行为能力人或者限制民事行为能力人在幼儿园、学校或者其他教育机构学习、生活期间，受到幼儿园、学校或者其他教育机构以外的人员人身损害的，由侵权人承担侵权责任；幼儿园、学校或者其他教育机构未尽到管理职责的，承担相应的补充责任。"因此，学校承担的是补充责任。肇事者的经济能力如果不能完全履行赔偿责任，学校就应该赔偿剩下的数额。

（四）专家建议

教师履行职务的行为造成侵权，由学校承担赔偿责任。但是，学校教师在履行职务中因故意或者重大过失造成学生伤害事故的，由于错误本身不在学校而在于教师，学校对被侵权人予以赔偿后，可以向教师个人追偿。

六、校外人员侵权学校承担补充责任

（一）案例简介

2006 年 12 月 10 日晚，某县城中学的学生正在上晚自习。一名校外人员吴某喝醉酒后骑摩托车回家，但为了避免绕远路，于是想到横穿学校。他看门口传达室没人，就直接开车闯进校园。由于天黑看不清路，加上吴某醉酒后车速很快，在校园内将下晚自习的一名学生朱某撞成重伤。学校发现后将学生送往医院并配合肇事者吴某积极救治。其间，学校对受害学生和家长在各方面给予了应有的关心，受伤学生出院后，总体疗效较好，但可能留下轻度听力障碍。后来经调查得知，学校门口传达室的保安人员在值班守门时间，未经批准私自到校外网吧上网，疏于管理，才酿成了悲剧。家长认为，该子是在校园里被撞的，责任应由学校负，因此在学生治疗期间，家长任何事情只找学校，而对肇事者的责任却避而不谈。学校则认为，是吴某醉酒撞人，责任在他，怎么能归责于学校呢？双方争执不下，家长一方天天来学校吵闹，于是学校以诉讼主体的身份针对本案向法院提起诉讼。

（二）法律规定

1.《侵权责任法》

第三十三条　完全民事行为能力人对自己的行为暂时没有意识或者失去控制造成他人损害有过错的，应当承担侵权责任；没有过错的，根据行为人的经济状况对受害人适当补偿。

完全民事行为能力人因醉酒、滥用麻醉药品或者精神药品对自己的行为暂时没有意识或者失去控制造成他人损害的，应当承担侵权责任。

第三十七条　宾馆、商场、银行、车站、娱乐场所等公共场所的管理人或者群众性活动的组织者，未尽到安全保障义务，造成他人损害的，应当承担侵权责任。

因第三人的行为造成他人损害的，由第三人承担侵权责任；管理人或者组织者未尽到安全保障义务的，承担相应的补充责任。

第四十条　无民事行为能力人或者限制民事行为能力人在幼儿园、学校或者其他教育机构学习、生活期间，受到幼儿园、学校或者其他教育机构以外的人员人身损害的，由侵权人承担侵权责任；幼儿园、学校或者其他教育机构未尽到管理职责的，承担相应的补充责任。

2.《学生伤害事故处理办法》

第二十七条　因学校教师或者其他工作人员在履行职务中的故意或者重大过失造成的学生伤害事故，学校予以赔偿后，可以向有关责任人员追偿。

（三）法律解读

侵权补充责任，是指多数行为人基于不同发生原因而产生的同一给付内容的数个责任，各个责任负担全部履行义务，造成损害的直接责任人按照第一顺序承担责任，承担补充责任的人只有在第一顺序的责任人无力赔偿、赔偿不足或者下落不明的情况下，才承担责任，并且可以向第一顺序的责任人请求追偿的侵权责任形态。简单来说，补充责任就是指在直接责任人不能满足权利人赔偿请求时，先由其尽力承担责任再由补充责任人承担权利人剩余损失的一种承担责任的方式。

根据《侵权责任法》以及《最高人民法院关于审理人身损害赔偿案件适用法律若干问题的司法

解释》的规定，以下三种类型的侵权行为，承担补充责任：（1）宾馆、商场、银行、车站、公园、娱乐场所等公共场所的管理人或者群众性活动的组织者，在防范制止第三人侵权行为时未尽安全保障义务，造成消费者或者社会活动参与者损害的，应当承担补充责任；（2）在学生伤害事故责任中，第三人造成未成年学生人身伤害，学校未尽安全保护义务，有过错的，应当承担补充责任；（3）劳务派遣期间，被派遣的工作人员在工作过程中造成他人损害，劳务派遣单位有过错的，承担相应的补充责任。

《侵权责任法》第40条规定："无民事行为能力人或者限制民事行为能力人在幼儿园、学校或者其他教育机构学习、生活期间，受到幼儿园、学校或者其他教育机构以外的人员人身损害的，由侵权人承担侵权责任；幼儿园、学校或者其他教育机构未尽到管理职责的，承担相应的补充责任。"根据该条款的规定，学校对校园中的第三方责任事故有过错的，要承担补充责任。学校承担补充责任时的具体适用规则如下：

第一，发生侵权行为后，受害人应当直接向直接责任人请求赔偿，而直接责任人承担了全部赔偿责任后，补充责任人（学校）的赔偿责任终局消灭，受害人不得向其请求赔偿，直接责任人也不得向其追偿。

第二，根据《最高人民法院关于审理人身损害赔偿案件适用法律若干问题的司法解释》的规定，受害人向直接责任人请求赔偿，在直接责任人不能全部赔偿，或者不能赔偿，或者直接责任人下落不明或者无法确认的时候，才可以请求补充责任人承担侵权损害赔偿责任。

第三，在补充责任人承担了赔偿责任之后，补充责任人对于其已经承担的责任部分，有权请求直接责任人承担其承担赔偿责任的损失。直接责任人有义务赔偿补充责任人的全部损失。

第四，如果赔偿权利人直接起诉补充责任人的，法院应当将第三人即直接责任人作为共同被告，但第三人不能确定的除外；这时，法院应当判决直接责任人首先承担责任，补充责任人确定承担补充责任，在直接责任人（第三人）不能赔偿或者赔偿不足的时候，再承担补充责任。第三人不能确定的，直接确定补充责任人的侵权责任。

在本案中，直接侵权人是肇事者吴某。根据《侵权责任法》的规定，完全民事行为能力人因醉酒对自己的行为暂时没有意识或者失去控制造成他人损害的，应当承担侵权责任。因此，虽然当时吴某处于醉酒状态，认识不清醒，但仍要对自己的行为负责，况且吴某醉酒驾驶摩托车的行为，属违法行为，造成学生受伤的损害后果，应依法承担法律责任及民事赔偿责任。

学校传达室的保安人员擅离职守是校外人员得以进入校园的原因，继而造成撞伤学生的惨剧，因此，学校未尽到管理职责，明显存在过错。依据《侵权责任法》第40条的规定，学校应当承担补充赔偿责任，学校认为责任只在直接肇事者的想法是片面的。

受伤学生家长"任何事情只找学校，而对肇事者的责任却避而不谈"的做法也是不恰当的。学校承担的是补充责任，而非连带责任。受害人应当直接向直接责任人吴某请求赔偿，只有在吴某不能全部赔偿，或者不能赔偿，或者下落不明的时候，才可以请求学校承担侵权损害赔偿责任。因此，受伤学生家长应该明确责任人，恰当地行使赔偿请求权。若最终肇事者无法承担赔偿责任，学

校为此承担了补充责任，学校也有权利要求吴某承担其支付赔偿款的全部损失。

另外，《学生伤害事故处理办法》第27条规定："因学校教师或者其他工作人员在履行职务中的故意或者重大过失造成的学生伤害事故，学校予以赔偿后，可以向有关责任人员追偿。"学校传达室的保安人员私自离职外出上网的行为就属于履行职务中的重大过失行为，学校承担的补充责任实质上也是一种替代责任，学校承担责任后亦可向该保安人员追偿。

（四）专家建议

学生家长在遇到类似情况时，应首先取得交通管理部门对该事故的责任认定报告，向法院针对肇事者和学校提起民事诉讼，由法院作出相应的判决，先行请求肇事者履行判决，承担赔偿责任，再视具体情况要求学校承担相应的补充责任。在肇事者无法寻获的情况下，也可以请求法院要求学校先行承担全部赔偿责任，待确定肇事者后学校可向肇事者追偿。

第五节　校园暴力侵权责任认定

一、教师暴力行为侵权责任

（一）案例简介

2007年5月17日晚，12岁的学生李某被学校误认为是22日校外打架事件的肇事者，被老师王某叫往办公室训斥。由于李某拒不认错，老师很恼怒，就对李某使用暴力，关在办公室进行毒打，毒打的结果导致李某耳鼓膜穿孔。事情发生后的最初几天，学校还主动配合给李某进行治疗，后因学校开除了打李某的王老师，学校便以王老师已不是本校老师为由，不再承担医疗费用，而要李某去找打人的王老师。李某和他的家人去找王老师，可王老师也以同样理由要他们去找学校。双方就这样相互推诿，都不愿承担责任。再后来，王老师来了个"人间蒸发"，他们又只好去找学校。哪知学校无视学生李某的伤情，百般搪塞、万般推诿，对学生极端不负责任。而打他的王老师对他的伤情无动于衷，刻意逃避，就更别说主动承担责任。

李某住院期间共花去医疗费、护理费、营养费、交通费等各项费用8万余元。给李某购买助听设备花费5000多元。

面对学校和老师不负责任的做法，李某的父母决定通过法律途径维护自己的合法权益。他们将学校和老师一起告上了法庭。

（二）法律规定

1.《侵权责任法》

第十六条　侵害他人造成人身损害的，应当赔偿医疗费、护理费、交通费等为治疗和康复支出的合理费用，以及因误工减少的收入。造成残疾的，还应当赔偿残疾生活辅助具费和残疾赔偿金。造成死亡的，还应当赔偿丧葬费和死亡赔偿金。

第三十九条　限制民事行为能力人在学校或者其他教育机构学习、生活期间受到人身损害，学校或者其他教育机构未尽到教育、管理职责的，应当承担责任。

2.《最高人民法院关于审理人身损害赔偿案件适用法律若干问题的解释》

第七条　对未成年人依法负有教育、管理、保护义务的学校、幼儿园或者其他教育机构，未尽职责范围内的相关义务致使未成年人遭受人身损害，或者未成年人致他人人身损害的，应当承担与其过错相应的赔偿责任。

3.《学生伤害事故处理办法》

第九条　因下列情形之一造成的学生伤害事故，学校应当依法承担相应的责任：

（九）学校教师或者其他工作人员体罚或者变相体罚学生，或者在履行职责过程中违反工作要求、操作规程、职业道德或者其他有关规定的；

第二十七条　因学校教师或者其他工作人员在履行职务中的故意或者重大过失造成的学生伤害事故，学校予以赔偿后，可以向有关责任人员追偿。

4.《教师法》

第三十七条　教师有下列情形之一的，由所在学校、其他教育机构或者教育行政部门给予行政处分或者解聘：

（一）故意不完成教育教学任务给教育教学工作造成损失的；

（二）体罚学生，经教育不改的；

（三）品行不良、侮辱学生，影响恶劣的。

教师有前款第（二）项、第（三）项所列情形之一，情节严重，构成犯罪的，依法追究刑事责任。

5.《未成年人保护法》

第六十三条　学校、幼儿园、托儿所侵害未成年人合法权益的，由教育行政部门或者其他有关部门责令改正；情节严重的，对直接负责的主管人员和其他直接责任人员依法给予处分。

学校、幼儿园、托儿所教职员工对未成年人实施体罚、变相体罚或者其他侮辱人格行为的，由其所在单位或者上级机关责令改正；情节严重的，依法给予处分。

（三）法律解读

近年来，学校老师打学生的事件屡见不鲜，由此而导致的法律纠纷也越来越多。但是对于如何处理此类问题，学生家长和学校方面却不是很清楚。尤其是学校方面，往往会以是老师打伤学生，应该由打人的老师承担责任为由，拒绝承担相应的责任，比如说，在本案中，学校的法定代表人就说："学生在校受伤，责任应由老师承担，哪个法律上规定是学校负责？家长说学校是学生的监护人就该负责，简直是荒谬之谈！家长若不服，可走司法途径，归学校负责的学校一定负责。"同时，他还搬出某学校相同案例，信心十足地称学生和学校打官司后，是学校胜诉。他认为李某及家人之所以对学校纠缠不清，完全是受到某些律师的误导。他还表示，学校出于人道主义，曾经为李某出过一些医药费，而且积极主动地配合治疗，但其家人一而再、再而三地找学校要钱，无非是想趁机诈骗。这种观点是十分错误的。

首先，从理论上说，教师作为学校教学活动或者管理活动的具体实施者，在实施教学或者管理活动的过程中，所代表的是学校，而不是他们自己，他们的行为是履行职务的行为而不是个人行为。根据民法的一般原理，履行职务造成损害，赔偿责任应该由履行职务的行为人所在的单位承担。在本案中，老师王某误认为 12 岁的学生李某是学校校外打架事件的肇事者，而将其叫到办公室进行管理教育，是履行其管教职责的行为。在管教期间，对学生李某进行毒打，并致其耳鼓膜穿孔，是履行职务行为造成的损害。根据以上分析，学校当然应当承担责任。

其次，从法律规定来看，许多法律法规都对学校承担责任作出了规定。《侵权责任法》第 39 条规定："限制民事行为能力人在学校或者其他教育机构学习、生活期间受到人身损害，学校或者其他教育机构未尽到教育、管理职责的，应当承担责任。"《最高人民法院关于审理人身损害赔偿案件适用法律若干问题的解释》第 7 条规定："对未成年人依法负有教育、管理、保护义务的学校、幼儿园或者其他教育机构，未尽职责范围内的相关义务致使未成年人遭受人身损害，或者未成年人致他人损害的，应当承担与其过错相应的赔偿责任。"《学生伤害事故处理办法》中也有类似的规定：学校教师或者其他工作人员体罚或者变相体罚学生，或者在履行职责过程中违反工作要求、操作规程、职业道德或者其他有关规定的，应当承担相应的责任。因学校教师或者其他工作人员在履行职务中的故意或者重大过失造成的学生伤害事故，学校予以赔偿后，可以向有关责任人员追偿。因此，本案中的学校法定代表人认为没有法律规定应该由学校承担责任是对法律无知的表现。

通过上述分析，我们知道，学校和老师都应当承担相应的法律责任，具体来说：

1. 民事责任方面

《侵权责任法》第 16 条规定："侵害他人造成人身损害的，应当赔偿医疗费、护理费、交通费等为治疗和康复支出的合理费用，以及因误工减少的收入。造成残疾的，还应当赔偿残疾生活辅助具费和残疾赔偿金。造成死亡的，还应当赔偿丧葬费和死亡赔偿金。"我国《民法通则》第 119 条规定，侵害公民身体造成伤害的，应当赔偿医疗费、因误工减少的收入、残疾者生活补助费等费用。《最高人民法院关于确定民事侵权精神损害赔偿责任若干问题的解释》第 8 条第 2 款规定："因侵权致人精神损害，造成严重后果的，人民法院除判令侵权人承担停止侵害、恢复名誉、消除影响、赔礼道歉等民事责任外，可以根据受害人一方的请求判令其赔偿相应的精神抚慰金。"同时，根据《学生伤害事故处理办法》第 27 条的规定，学校老师打骂学生、学校承担的是替代责任，即因学校教师或者其他工作人员在履行职务中的故意或者重大过失造成的学生伤害事故，学校应该先予以赔偿，学校赔偿之后可以向有关责任人员追偿。在本案中，学校承担责任之后，可以向老师王某追偿，即王某为最终的责任承担者。至于赔偿范围，李某住院期间花去的医疗费、护理费、营养费、交通费、购买助听设备花费等各项费用都应该包括其中。另外，李某在起诉中还可以提起精神损害赔偿的请求，要求侵权人承担精神抚慰金。

2. 行政责任方面

我国《教师法》第 37 条规定："教师有下列情形之一的，由所在学校、其他教育机构或者教育行政部门给予行政处分或者解聘：（一）故意不完成教育教学任务给教育教学工作造成损失的；（二）体罚学生，经教育不改的；（三）品行不良、侮辱学生，影响恶劣的。教师有前款第（二）项、第（三）项所列情形之一，情节严重，构成犯罪的，依法追究刑事责任。"《未成年人保护法》第 63 条规定："学校、幼儿园、托儿所侵害未成年人合法权益的，由教育行政部门或者其他有关部门责令改正；情节严重的，对直接负责的主管人员和其他直接责任人员依法给予处分。学校、幼儿园、托儿所教职员工对未成年人实施体罚、变相体罚或者其他侮辱人格行为的，由其所在单位或者上级机关责令改正；情节严重的，依法给予处分。"

3. 刑事责任方面

如果学生李某所受伤害构成轻伤的话，老师王某的行为就可能触犯了《刑法》第 234 条关于故意伤害罪的规定，还可以追究王某的刑事责任。

（四）专家建议

老师对学生使用暴力行为是违反法律规定的，老师在履行职务过程中导致学生受到侵害，学校应当首先承担责任。对这种替代责任，法律已经作出明确规定。因此，学校不能以已经将老师开除等理由推卸自己的责任。当然，老师应当是责任的最终承担者，即学校在承担责任之后，还可以向因履行职务过程中的故意或者重大过失造成学生伤害事故的老师追偿。

二、校内学生暴力侵权责任

（一）案例简介

李某（14 岁）与朱某（15 岁）同为某封闭式寄宿学校的在校学生。2008 年 5 月 12 日晚上，'刚与李某发生过矛盾的朱某用板凳将李某砸倒在地，李某本想还击，但看到朱某身边有好几个同伴便作罢了。第二天早自习期间，由于没有老师管理，朱某又纠集几名同伴将李某揍了一顿，此时李某气愤不过，随手便操起自己的板凳，向朱某砸去，造成朱某鼻骨骨折，视网膜视神经外伤，先后在医院治疗一个多月，出院后被评定为 10 级伤残。住院治疗期间，学校支付医疗费 3 万多元。此后，朱某父母就后续医疗费、伤残赔偿金、精神损失费等与学校多次协商未果，即以该学校为被告起诉要求学校赔偿全部费用 6 万余元，学校随即反诉要求朱某退还其垫付的医疗费 30345 元，并申请追加李某为被告。

（二）法律规定

1.《侵权责任法》

第三十二条　无民事行为能力人、限制民事行为能力人造成他人损害的，由监护人承担侵权责任。监护人尽到监护责任的，可以减轻其侵权责任。

有财产的无民事行为能力人、限制民事行为能力人造成他人损害的，从本人财产中支付赔偿费用。不足部分，由监护人赔偿。

2.《民法通则》

第一百三十三条　无民事行为能力人、限制民事行为能力人造成他人损害的，由监护人承担民事责任。监护人尽了监护责任的，可以适当减轻他的民事责任。

有财产的无民事行为能力人、限制民事行为能力人造成他人损害的，从本人财产中支付赔偿费用。不足部分，由监护人适当赔偿，但单位担任监护人的除外。

3.《最高人民法院关于审理人身损害赔偿案件适用法律若干问题的解释》

第三条二人以上共同故意或者共同过失致人损害，或者虽无共同故意、共同过失，但其侵害行为直接结合发生同一损害后果的，构成共同侵权，应当依照民法通则第一百三十条规定承担连带责任。

二人以上没有共同故意或者共同过失，但其分别实施的数个行为间接结合发生同一损害后果的，应当根据过失大小或者原因办比例各自承担相应的赔偿责任。

第七条对未成年人依法负有教育、管理、保护义务的学校、幼儿园或者其他教育机构，未尽职责范围内的相关义务致使未成年人遭受人身损害，或者未成年人致他人人身损害的，应当承担与其过错相应的赔偿责任。

（三）法律解读

校园，本该是一方净土，文明的殿堂。然而，近年来，校园暴力事件时有发生，给宁静的校园蒙上了一层阴影。我们不无忧虑地发现，原本应该用美好、纯真等词来形容的花季少年们，却越来越多地与暴力、喋血、行凶、杀人等词联系在一起……

在本案中，同窗的李某与朱某用板凳互殴，造成了朱某鼻骨骨折、视网膜视神经外伤等严重后果。我们不禁要问：谁来承担责任呢？学校？李某？抑或是他的家长？根据法律规定，学校应该承担主要的责任，对李某的加害行为，其监护人虽然无过错也应承担责任，但应承担次要责任。具体来说包括以下几方面责任。

1. 学校的责任

学生在校期间，学校负有管理、教育和保护的义务。《最高人民法院关于审理人身损害赔偿案件适用法律若干问题的解释》第7条规定："对未成年人依法负有教育、管理、保护义务的学校、幼儿园或者其他教育机构，未尽职责范围内的相关义务致使未成年人遭受人身损害，或者未成年人致他人人身损害的，应当承担与其过错相应的赔偿责任。"根据本条款可以知道，学生在校园内受到伤害，学校是否承担责任的依据主要在于在学生受到伤害的过程中，学校是否存在过错。具体到本案，被告作为一所封闭式的学校，不同于一般的普通义务教育学校。作为盈利性的教育机构，在收取高额学费的同时，也应当同时承担较高的义务。在本案中学校的过错是比较明显的，主要表现在：违反规定上早、晚自习，而且自习期间没有老师在场，没有履行其管理、保护职责，放任学生玩耍，并最终酿成了严重人身伤害事故。因此，学校应当承担与其过错相当的赔偿责任。

2. 监护人的责任

《侵权责任法》第 32 条第 1 款规定："无民事行为能力人、限制民事行为能力人造成他人损害的，由监护人承担侵权责任。监护人尽到监护责任的，可以减轻其侵权责任。"《民法通则》第 133 条第 1 款也作出规定："无民事行为能力人、限制民事行为能力人造成他人损害的，由监护人承担民事责任。监护人尽了监护责任的，可以适当减轻他的民事责任。"由此可见，监护人的责任实际上是一种无过错责任，即只要被监护人致人损害，监护人就应当承担责任，即使监护人尽到了监护职责，仍只可以适当减轻民事责任，而不是不承担责任。当然，对于尽到监护职责的监护人，应当自己负责提出证据加以证明。另外根据《民法通则》第 133 条第 2 款规定："有财产的无民事行为能力人、限制民事行为能力人造成他人损害的，从本人财产中支付赔偿费用。不足部分，由监护人适当赔偿，但单位担任监护人的除外。"《侵权责任法》第 32 条第 2 款规定："有财产的无民事行为能力人、限制民事行为能力人造成他人损害的，从本人财产中支付赔偿费用。不足部分，由监护人赔偿。"由此可见，监护人在这里承担的仅仅是补充赔偿责任。也就是说，在未成年人侵权的情况下，如果该未成年人有财产，应该首先以未成年人的个人财产赔偿，不足的部分，由其监护人在不足的范围内承担补充赔偿责任。当然，在未成年人没有财产的情况下，监护人应当承担责任。具体到本案，因为李某本身并没有财产，所以应该由其监护人承担责任。

3. 两者责任的关系

通过上述分析，我们知道，学校和李某的监护人都应该承担责任，那么他们之间又应该如何分配责任呢？即学校和监护人是否应该承担连带责任？如果不是，各自的责任份额又是多少呢？

《最高人民法院关于审理人身损害赔偿案件适用法律若干问题的解释》第 3 条规定："二人以上共同故意或者共同过失致人损害，或者虽无共同故意、共同过失，但其侵害行为直接结合发生同一损害后果的，构成共同侵权，应当依照民法通则第一百三十条规定承担连带责任。二人以上没有共同故意或者共同过失，但其分别实施的数个行为间接结合发生同一损害后果的，应当根据过失大小或者原因力比例各自承担相应的赔偿责任。"在本案中，学校与李某的监护人显然没有共同的意思联络，也无意追求损害结果的发生，同时也缺乏对同一损害后果的共同预见性，因而属于间接结合发生同一损害后果，构成无意思联络的数人侵权。应当根据过失大小或者原因力比例各自承担相应的赔偿责任，而不应该要求二者承担连带赔偿责任。

对于学校与监护人之间责任份额的分担，首先，我们应该注意到，无论对加害人还是对受害人，学校都有教育、管理和保护的义务。学校未充分履行此项义务，是导致本案伤害事故发生的主要原因，因此学校的主观过错较大，应当对伤害后果承担主要的赔偿责任。其次，由于学校实行封闭式管理，使李某的监护人履行监护职责受到限制。对李某的加害行为，其监护人虽然无过错也应承担责任，但应承担次要责任。最后，还需要注意的是，根据我国《民法通则》等的相关规定，限

制行为能力人应对自己的行为有一定的认知能力，应认识到与他人的打闹行为可能造成损害的后果。本案受害人是一个年满 14 周岁的初中学生，已经具备了相当的认识能力，也应认为是有一定过错的，根据《民法通则》第 131 条的规定，可以减轻侵害人的民事责任。

（四）专家建议

未成年的学生在校期间发生打架等暴力事件，造成他人损害的，监护人应该承担民事责任。当然，如果侵权的未成年人有财产，那么应该从未成年人的财产中支付赔偿费用，不足部分再由监护人赔偿。作为对学生负有管理、教育和保护职责的学校，未尽职责范围内的相关义务致使未成年人遭受人身损害，或者未成年人致他人人身损害的，应当承担与其过错相应的赔偿责任。应该注意的是，学校与监护人并不承担连带责任，而是根据过失大小或者原因的比例各自承担相应的赔偿责任。

三、校外人员暴力侵权责任

（一）案例简介

学生张某平时就与校外无业人员接触，并曾经因为与外来人员一起勒索本校学生，受到学校处分。一天，张某正在学校上课，校外无业人员朱某来到学校，将张某叫出教室，在教室外的走廊上，与张某口角后，将张某打成重伤。住院期间共花去医疗费、护理费、营养费、交通费等各项费用 2 万余元。事后，张某的监护人将学校诉至法院，认为学校没有尽到管理义务，让外来无业人员朱某擅自进入学校，导致张某被打成重伤，学校在管理上存在过失。而学校辩称，学校老师发现双方动手打架后已经出面劝止，没有奏效后又拨打了报警电话，已经尽到相关义务，故自己不应该承担责任，而应该由实际实施侵权行为的校外无业人员朱某承担责任。最后，一审法院认定学校存在过失，应当承担补充赔偿责任，但鉴于朱某无力承担责任，法院判决学校承担全部责任。学校不服，提起上诉。

（二）法律规定

《侵权责任法》
第四十条　无民事行为能力人或者限制民事行为能力人在幼儿园、学校或者其他教育机构学习、生活期间，受到幼儿园、学校或者其他教育机构以外的人员人身损害的，由侵权人承担侵权责任；幼儿园、学校或者其他教育机构未尽到管理职责的，承担相应的补充责任。

《最高人民法院关于审理人身损害赔偿案件适用法律若干问题的司法解释》
第七条（第二款）　第三人侵权致未成年人遭受人身损害的，应当承担赔偿责任。学校、幼儿园等教育机构有过错的，应当承担相应的补充责任。

（三）法律解读

《侵权责任法》第 40 条规定："无民事行为能力人或者限制民事行为能力人在幼儿园、学校或者其他教育机构学习、生活期间，受到幼儿园、学校或者其他教育机构以外的人员人身损害的，由侵权人承担侵权责任；幼儿园、学校或者其他教育机构未尽到管理职责的，承担相应的补充责任。"《最高人民法院关于审理人身损害赔偿案件适用法律若干问题的司法解释》第 7 条第 2 款也规定："第三人侵权致未成年人遭受人身损害的，应当承担赔偿责任。学校、幼儿园等教育机构有过错的，应当承担相应的补充责任。"

根据上述法律规定，我们可以看出，对于学校或者其他教育机构以外的人员造成学生伤害的事故，学校承担的是补充赔偿责任。那么何为补充赔偿责任呢？所谓补充赔偿责任，是指多个行为人基于各自不同的发生原因而产生数个责任，造成直接损害的直接责任人按照第一顺序承担全部责任，承担补充责任的责任人在第一顺序的责任人无力赔偿、赔偿不足或者下落不明等情况下，在其过错范围内承担相应责任，且可以向第一顺序的直接责任人请求追偿的侵权责任形态。根据此定义，可以看出补充赔偿责任具有以下特点：（1）补充赔偿责任是两种责任的竞合状态。这种责任竞合状态是由于两个侵权行为产生同一损害事实，为弥补这一损失而发生的两个责任的竞合，即基于直接侵权行为的直接赔偿责任和基于违反安全保障义务的侵权行为的补充赔偿责任的竞合。（2）补充赔偿责任具有有限性。补充赔偿责任的范围应当限定在补充赔偿责任人过错的范围之内。（3）补充赔偿责任具有非终局性。即补充赔偿责任具有暂时性，责任人承担责任后可以依法向直接责任人行使追偿权，直接责任人才是最终责任承担者。

在何种情况下，责任人应该承担补充赔偿责任呢？应该具备以下几个条件：

（1）责任人未尽到安全保障义务；

（2）第三人侵权直接导致损害发生；

（3）损害的发生与责任人未尽安全保障义务存在因果关系；

（4）赔偿权利人对第三人的请求权未能完全实现。

具体分析本案，我们看到，学校完全符合补充赔偿责任的四个构成要件：首先，学校对学生负有教育、管理和保护职责，却未尽职责范围内的安全注意义务，让社会闲杂人朱某进入校园，给第三人朱某实施侵权行为提供了可乘之机，这便是其违反义务的表现。故而学校以老师发现双方动手打架后已经出面劝止，没有奏效后又拨打了报警电话，已经尽到相关义务为由主张抗辩是不正确的。其次，对张某造成的损害是由第三人朱某直接导致发生的。再次，学校未尽其职责与损害的发生存在因果关系。最后，直接侵权的第三人无力承担赔偿责任，故赔偿权利人对第三人朱某的请求权不能实现。因此，学校应当承担补充责任。此时，学校作为补充责任人应当在自己的过错范围内满足受害人的请求。补充责任人承担了赔偿责任后，有权向直接侵权人朱某追偿。

根据上述分析，我们很容易发现，法院的判决是值得商榷的。学校仅仅应当承担在其过错范围内的责任，而不是全部责任。因为教育机构的补充责任是一种有限度的责任，而不是无限补充赔偿责任。教育机构承担补充责任应以其过错程度为限，超出其过错范围的部分，不属于教育机构责任范围，教育机构不承担责任。同时教育机构的责任也是一种过错责任，教育机构对损害没有过错的，则不应承担赔偿责任。否则，容易加重学校的负担，对学校来说也是不公平的。

（四）专家建议

学校虽然对学生负有教育、管理和保护职责，但并不是说在学校内发生的由第三人侵权所导致的事故都要由学校承担，因为此时学校承担的仅仅是补充赔偿责任。即，只有在直接侵权人无力赔偿、赔偿不足或者下落不明的时候，学校才承担赔偿责任。在直接侵权人有能力赔偿的时候，学校不承担责任，因为直接侵权人才是终局的责任承担者。而且，学校承担责任的范围仅限于其过错范围之内，这就是补充赔偿责任的有限性。当学校已尽到管理和保护职责的时候，也即没有过错的时候，学校不承担责任。

四、师生校内发生暴力侵权责任

（一）案例简介

2006 年 12 月 13 日，济南市某中学高中三年级英语课进行期末考试，老师王某负责监考。开考还不到 10 分钟，考生李某（已满 18 周岁）就拿着考卷走上讲台准备交卷，当时老师王某就劝阻李某，让他再认真想一下所学知识，坚持到考试结束，并说："学校有规定，考试没有结束，考生不能离开考场"。考生李某一句话也没说，直接把卷子扔在讲桌上，扭头向教室的后门走去，边走还边说："你算老几啊？"老师见状赶忙追过去，拦住李某不让他离场。这时，隔壁教室的几位老师也过来劝说李某回到座位上去。这时候李某大吼道："你们是谁啊，用得着你们来管我吗？"说罢继续朝着楼梯口走去。

无奈之下，老师王某就去拉李某的胳膊，没想到，李某突然转身，一脚把王老师踹倒在地。之后，他又连续踹了两脚。在其他几位老师的帮助下，才将其拦住。而此时的王老师已是痛苦不堪，无法站立。随后，王老师被送到医院。后经法医鉴定，她的右小腿为粉碎性骨折，其损伤程度已构成轻伤。同年 12 月 28 日，考生李某因涉嫌故意伤害罪被公安局刑事拘留。

（二）法律规定

1.《侵权责任法》

第二条　侵害民事权益，应当依照本法承担侵权责任。

本法所称民事权益，包括生命权、健康权、姓名权、名誉权、荣誉权、肖像权、隐私权、婚姻自主权、监护权、所有权、用益物权、担保物权、著作权、专利权、商标专用权、发现权、股权、继承权等人身、财产权益。

第四条　侵权人因同一行为应当承担行政责任或者刑事责任的，不影响依法承担侵权责任。因同一行为应当承担侵权责任和行政责任、刑事责任，侵权人的财产不足以支付的，先承担侵权责任。

第十六条　侵害他人造成人身损害的，应当赔偿医疗费、护理费、交通费等为治疗和康复支出的合理费用，以及因误工减少的收入。造成残疾的，还应当赔偿残疾生活辅助具费和残疾赔偿金。

造成死亡的，还应当赔偿丧葬费和死亡赔偿金。

2. 《教师法》

第三十五条 侮辱、殴打教师的，根据不同情况，分别给予行政处分或者行政处罚；造成损害的，责令赔偿损失；情节严重，构成犯罪的，依法追究刑事责任。

（三）法律解读

尊师重教历来就是中华民族的传统美德。老师作为"传道授业解惑者"，理所当然应该受到学生的尊重。然而，在现实生活中，我们却看到越来越多的学生殴打老师的事件被媒体曝光，在感到痛心的同时，我们不禁要问：在强调保护学生权益的同时，我们拿什么来保护我们的老师？

一位曾被学生殴打的教师不无痛苦地说："老师若是动了学生一指头，就会被通报批评，还可能被媒体曝光，可老师如果被学生打伤了，除了请他的家长来外也没有别的办法。学生打老师简直成了一种新的校园暴力，教师的权利不知到底该由谁来维护？"其实，这反映了很多老师的心声：老师被学生殴打之后，不知道怎么维护自己的合法权益。这样导致的结果就是，被打的老师往往会选择委曲求全、息事宁人的做法，而这种容忍的做法又导致了更多的学生打老师事件的发生，进入一个恶性循环。难道我们的法律就真的没有保护老师的规定吗？难道老师被殴打之后只能忍气吞声吗？当然不是！

我国《教师法》第35条明文规定："侮辱、殴打教师的，根据不同情况，分别给予行政处分或者行政处罚；造成损害的，责令赔偿损失；情节严重、构成犯罪的，依法追究刑事责任。"通过此条我们可以看到，殴打老师的行为可能会承担民事赔偿责任、行政责任甚至刑事责任。这是因为老师跟其他任何人一样，同样享有生命权、健康权等人格权，侵犯老师这些权利的行为当然应当受到法律的制裁。《侵权责任法》第2条也明确规定，侵害公民生命权、健康权的行为应当承担侵权责任。另外，《侵权责任法》第4条规定："侵权人因同一行为应当承担行政责任或者刑事责任的，不影响依法承担侵权责任。因同一行为应当承担侵权责任和行政责任、刑事责任，侵权人的财产不足以支付的，先承担侵权责任。"这就是说，如果学生殴打老师的行为同时触犯了《中华人民共和国行政处罚法》（以下简称《行政处罚法》）、《中华人民共和国刑法》（以下简称《刑法》）等法律，应当承担行政责任或者刑事责任的，也不能免除学生应当对老师承担的侵权责任，而且侵权责任的承担优先于行政责任和刑事责任。比如说，如果行政机关给予学生行政罚款的处罚之后，学生就没有能力对老师进行赔偿，那么学生就应该先对老师进行赔偿，赔偿之后，再缴纳罚款。上述这些法律规定都为保护老师的合法权益提供了法律依据。当老师的生命权、健康权遭受侵害的时候，老师应该勇敢地拿起法律武器维护自己的合法权益。

具体到本案，老师王某按照学校规定，劝阻学生李某让其继续考试，该行为应属正当。而李某非但不听老师劝说，反而对老师大打出手，作为已经年满18周岁的完全民事行为能力人，他完全知道自己的踢打行为会导致老师王某受到损害，但仍然踢打老师，其主观方面应属故意，客观上又导致了老师王某腿骨粉碎性骨折，当然应当承担侵权的责任。具体来说，应当承担赔礼道歉、赔偿损失等侵权责任，如果老师王某的精神受到严重侵害，李某还应当承担精神损害赔偿。另外，经过法医鉴定，老师王某的伤已构成轻伤，因此，学生李某还涉嫌构成故意伤害罪，可能会承担相应的刑事责任。当然刑事责任的承担并不影响其承担侵权的民事责任。

（四）专家建议

近年来学生殴打老师事件时常见诸报端，老师如何维护自己的合法权益已经成为一个亟待解决的问题。我国现行法律规定，公民享有生命权、健康权等人格权，老师也是公民，也享有同等的权利，殴打老师就是对公民健康权的侵害，应该承担相应的民事、行政甚至刑事责任。有的学校为了维护学校的对外形象，在老师被学生殴打的情况下往往要求老师不要把事情闹大，毫无原则地采取息事宁人、委曲求全的做法，这种措施是对老师合法权益的极大伤害。因此，当老师的权益受到侵害时，老师应该勇敢地拿起法律的武器维护自己的合法权益，只有这样，才能让社会对教师的合法权益给予更多的关注，减少学生殴打老师事件的发生。

第六节　校园财产侵权责任认定

一、教师行为侵犯学生财产责任

（一）案例简介

2008 年江西某技校学生朱某在上课时由于翻看集邮册，没有认真听讲，被班主任教师张某发现后多次让其将集邮册收起，而朱某拒不听从老师意见，无奈之下，老师张某将集邮册没收。之后，班主任随手将集邮册放在了办公桌上的书架上，后因工作繁忙将此事淡忘。过了一段时间，朱某向班主任讨要集邮册，但班主任找遍了办公室，也不见集邮册的踪影！由于集邮册中有珍贵的邮票，朱某便要求班主任张某赔偿，班主任不同意，双方为此发生争执，最后诉至法院。法院最后判决班主任老师张某赔偿学生朱某人民币 1000 元。

（二）法律规定

1.《侵权责任法》

第十九条　侵害他人财产的，财产损失按照损失发生时的市场价格或者其他方式计算。

2.《民法通则》

第七十五条　公民的个人财产，包括公民的合法收入、房屋、储蓄、生活用品、文物、图书资料、林木、牲畜和法律允许公民所有的生产资料以及其他合法财产。

公民的合法财产受法律保护，禁止任何组织或者个人侵占、哄抢、破坏或者非法查封、扣押、冻结、没收。

3.《物权法》

第三十四条　无权占有不动产或者动产的，权利人可以请求返还原物。

第三十七条　侵害物权，造成权利人损害的，权利人可以请求损害赔偿，也可以请求承担其他民事责任。

第六十六条　私人的合法财产受法律保护，禁止任何单位和个人侵占、哄抢、破坏。

（三）法律解读

为了保证正常的教学秩序，保证学生的学习质量，学校一般都会要求学生禁止将与学习无关的物品带到学校，一旦教师发现学生违反规定，就有可能将物品没收。在老师们看来，这是对学生负责的表现，因而是合情合理的，不存在违不违法的问题。但是学校没收学生物品到底算不算违法侵权，还是应该具体情况具体分析的。例如在本案中老师没收学生的物品，后又将物品丢失，显然侵害了学生的财产权。但是对于普通的代为保管行为，还是不应认定为违法侵权行为。

总之，老师没收学生物品的行为，是否违法，不能一概而论，应区别对待。在下列情形之下，保管学生物品的行为应该是合理的。

第一，没收的物品是法律法规禁止持有的物品，如淫秽书刊、毒品、仿真手枪等。没收之后应该将物品上缴有关的司法机关。

第二，没收的物品并不是法律法规禁止持有的，而是校规校纪明令禁止持有并带入学校的物品，比如有的小学校规规定，学生不得持有手机，在此情况下，老师可以先对学生予以告诫，若学生不听告诫执意违反学校规定，那么老师可暂时予以保管，将手机交予家长并向家长说明学校的规定。

第三，没收的物品，虽然法律法规与校规校纪都没有禁止持有，但是学生持有该物品严重影响正常的教学秩序，比如上课的时候看武侠小说之类的书籍，老师可以事先予以劝导或者警告，要求学生收起与学习无关的物品，在劝导无效、学生行为又严重影响到教学秩序的情况下，老师可暂时代为保管，但是课下必须要归还学生或者转交其家长。

上述三种情形都是维护学校正常教学秩序之必要，一般不认定为侵权行为。除了上述三种情形，在无维护正常教学秩序之必要的情况下，老师随便没收学生物品的行为就是违法的，是对学生的所有权的侵害。根据《中华人民共和国物权法》（以下简称《物权法》）第34条和第37条的规定，无权占有不动产或者动产的，权利人可以请求返还原物。侵害物权，造成权利人损害的，权利人可以请求损害赔偿，也可以请求承担其他民事责任。也就是说，在本案中学生作为所有权人，可以要求老师返还没收的物品。如果没收的物品丢失，老师当然应该承担赔偿责任。关于赔偿数额的多少，《侵权责任法》第19条作出了规定："侵害他人财产造成损失的，财产损失按照损失发生时的市场价格或者其他方式计算。"

具体到本案，某技校学生朱某在上课期间翻看集邮册，老师屡次劝导也无效，其行为已经严重损害了正常的教学秩序。根据上面的分析，学校老师可以将该相册暂时予以保管。但是，学校老师没收之后，应该妥善予以处置，比如下课后将集邮册归还朱某或者直接转交其家长保管。但是，老师没收集邮册之后，既没有在下课后归还朱某，也没有转交给朱某的家长，而是放在自己的办公桌上，这样就形成了对没收财物的保管关系，老师张某作为保管人，应当妥善履行其保管义务，保管好没收财物。老师张某将相册随手放在了办公桌的书架上，后因工作繁忙，也没有作出进一步的处理，最终导致了集邮册的丢失，违背了保管义务，给朱某造成了损失，理应承担赔偿责任。

（四）专家建议

为了维护教学秩序，老师经常在课上随意没收学生的物品。这种做法是不正确的。只有在为了维护正常的教学秩序之必要时，才能代为保管学生的相关物品。在很多情况下，教师不分青红皂白，随意没收学生的物品，显然会对学生的财产权构成侵害。根据《侵权责任法》的要求，侵害他人财产应当负返还原物或赔偿损失之义务。另外，在有代为保管之必要时，老师也应该谨慎尽到保管人的管理义务。否则，一旦保管物丢失，老师也要承担相应的赔偿责任。

二、学生校内财物被盗责任认定

（一）案例简介

李某是济南某大学学生，在校住宿。2008年11月5日，他和同宿舍同学到校外实习，将电脑等贵重物品都锁在宿舍的柜子里。2008年11月18日，李某回到宿舍，发现自己的惠普笔记本电脑和1 000元现金丢失。他们马上到学校宿舍管理部门查看监控录像，结果发现，11月12日，两名不明身份人员潜入宿舍区，撬门进入宿舍，偷走了上述财物，而且他们进出宿舍楼大门的时候，有关服务人员均未让其出示证件和进行登记。

李某认为，自己已交纳住宿费用，学校有义务看护宿舍内财物，现在给他造成损失，理应由学校来赔偿。但学校却称，自己只是向学生提供合适的住宿条件，不产生看管义务，校外人员进入学校引起财物丢失，应由学生自行承担责任。面对学校的托词，无奈的李某将学校告上了法庭，要求学校承担赔偿责任。最后法院判决学校赔偿李某笔记本电脑的损失3 500元（按照原价值的70%进行折旧）及现金损失1000元。

（二）法律规定

1. 《侵权责任法》

第三十七条　宾馆、商场、银行、车站、娱乐场所等公共场所的管理人或者群众性活动的组织者，未尽到安全保障义务，造成他人损害的，应当承担侵权责任。

因第三人的行为造成他人损害的，由第三人承担侵权责任；管理人或者组织者未尽到安全保障义务的，承担相应的补充责任。

2.《合同法》

第五十三条　合同中的下列免责条款无效：

（一）造成对方人身伤害的；

（二）因故意或者重大过失造成对方财产损失的。

第一百二十二条　因当事人一方的违约行为，侵害对方人身、财产权益的，受损害方有权选择依照本法要求其承担违约责任或者依照其他法律要求其承担侵权责任。

（三）法律解读

近年来，由于生活水平的提高，学生持有的贵重物品越来越多。学校发生的盗窃案件也越来越多，那么损失到底要由谁来承担呢？学生自己还是学校？

一般来讲，学校对学生负有教育、管理和保护的义务，这种义务在本质上是一种安全保障义务。所谓安全保障义务，就是指旅馆、饭店、银行、学校等从事经营活动或其他公共事业的经营者，对于进入其经营场地的人员的人身和财产安全负有的必要的保护义务。此种保护义务既可以来源于法律的直接规定，也可以来源于合同的明确约定，甚至可以来源于诚实信用原则的要求。学校的安全保障义务主要是依照法律规定应当承担的义务，我国《教育法》《未成年人保护法》等法律法规及相关司法解释对此都有明确规定，2002年教育部制定实施的《学生伤害事故处理办法》也对学校违反该义务的责任作了原则性的规定。法定义务是法律对义务主体的最低要求。因此，对未成年学生承担教育、管理、保护职责，充分地保护未成年学生的人身和财产安全是社会对学校最基本的要求。负有安全保障义务的学校如果没有尽到义务，造成了学生人身或者财产损害，就构成了侵权，应当承担损害赔偿责任。一般来说，学校违反安全保障义务的侵权行为主要有以下类型：

第一，设施设备未尽安全保障义务。即学校设置的硬件没有达到安全保障的要求，存在一定的缺陷或瑕疵造成他人的人身或者财产损害。

第二，服务管理人员未尽安全保障义务。即因管理存在缺陷或瑕疵造成人身或者财产损害。

第三，违反因先前行为而产生的安全保障义务。即在因实施某种在先行为而对他人负有保护义务的情况下，如果违反该义务，也应当承担侵权责任。

第四，在防范或者制止第三人侵害方面没有尽到安全保障义务。学校在校园内对学生负有防止校外人员进入学校伤害学生的义务，如果违反该义务，要承担侵权责任。

在前三种情况下，学校承担的是直接责任，即直接造成他人损害所应承担的责任；在第四种情况下，学校承担的是一种补充责任，该种责任应当首先由加害人承担；在加害人不能赔偿、赔偿不足或者下落不明的情况下，由对其负有安全保障义务的经营者在其过错范围内承担补充责任。

违反安全保障义务，除了构成侵权行为以外，还可能构成违约行为。即违反合同约定的行为。因为，在当前私立学校、私立幼儿园普遍存在的情况下，学校完全可能与学生家长签订教育服务合同，这种合同无疑可认定为双务有偿合同。根据合同条款的约定，学校应当承担契约上的保护义务，如果发生学生人身或者财产损害的事实，无疑应构成违约行为。此时，学校应承担的侵权责任和违约责任发生竞合，《中华人民共和国合同法》（以下简称《合同法》）第122条规定："因当事人一方的违约行为，侵害对方人身、财产权益的，受损害方有权选择依照本法要求其承担违约责任或者依照其他法律要求其承担侵权责任。"即学生家长当事人可以选择要求学校承担侵权责任或者违约责任，但不能同时提起。

学校作为安全保障义务人在违反保障义务的情形下，应当承担侵权责任或者违约责任，那么，安全保障义务人是否有减免责任的事由呢？《民法通则》第131条规定："受害人对于损害的发生也有过错的，可以减轻侵害人的民事责任。"我们可以看出，受害人的过错是可以作为一种免责事由的。但其适用需要一个前提：学校在合理限度内尽到了安全保障义务或相对于受害人的过错，经营者的过错对损害结果的发生十分轻微。比如受害人不听劝阻或者无视警示，或者因故意、重大过失违反安全要求，在这种情形之下，可以减轻或者免除学校的责任。

具体到本案，学校是否要承担责任？首先应该判断一下，学校是否有违反或者未尽到安全保障义务的行为。通过案例，我们无法得知学校与学生是否签订过合同，但是不管签订与否，学校对学生都负有法定的安全保障义务，因而，学校所称"自己只是向学生提供合适的住宿条件，不产生看管义务，校外人员进入学校引起财物丢失，应由学生自行承担责任"的说法是错误的。在负有安全保障义务的前提下，学校没有让进入宿舍的陌生人员出示证件或者进行登记，其对安全保障义务的违反是显而易见的，故学校应当承担侵权责任是毫无疑问的。当然，如果学生没有遵照学校的有关安全管理规定，没有锁上房门或者关上门窗，那么他们对自己财物的损失也有一定的过错，也应当承担相应的责任，根据过错相抵原则，应当减轻学校的赔偿责任。

通过上述分析，我们认为法院判决学校赔偿学生的损失，是完全正确的。

（四）专家建议

学校不仅承担着教书育人的职责，而且还负有法定的安全保障义务，即对学生的人身和财产的必要的保护义务。学校在违反安全保障义务的情况下，应当承担相应的民事责任。当然，学校承担民事责任的前提是学校有过错，无过错即无责任，因此学校若适当履行了安全保障义务，即使侵害发生，学校也并不应该对所有发生在校园内的安全事故承担责任；若学校没有尽到管理注意义务，就要承担相应的损害赔偿责任。此外，如果学生自己对财物的丢失也有一定的过错，根据过错相抵原则，学校可以减轻或者免除处罚。

三、损坏公物学校处罚侵犯学生财产权

（一）案例简介

李某是山东省潍坊市某校初一学生（13周岁），学习成绩不佳，守纪情况亦差。2009年9月10日，李某在教学楼内玩球，故意将一个价值300元的吊灯打坏。学校在查明事实真相后，依据学校有关"损坏公物要赔偿和罚款"的规章制度，对李某作出三点处理决定：（1）给予警告处分；（2）

照价赔偿吊灯；（3）罚款 300 元。对此，学校、教师、学生和学生家长都没有感到不妥。该校校长还在全校师生大会上以此事为例，大谈依法治校、从严治校的重要性。

（二）法律规定

1.《侵权责任法》

第二条　侵害民事权益，应当依照本法承担侵权责任。

本法所称民事权益，包括生命权、健康权、姓名权、名誉权、荣誉权、肖像权、隐私权、婚姻自主权、监护权、所有权、用益物权、担保物权、著作权、专利权、商标专用权、发现权、股权、继承权等人身、财产权益。

2.《行政处罚法》

第三条　公民、法人或者其他组织违反行政管理秩序的行为，应当给予行政处罚的，依照本法由法律、法规或者规章规定，并由行政机关依照本法规定的程序实施。

没有法定依据或者不遵守法定程序的，行政处罚无效。

3.《教育法》

第二十八条　学校及其他教育机构行使下列权利：

（一）按照章程自主管理；

（二）组织实施教育教学活动；

（三）招收学生或者其他受教育者；

（四）对受教育者进行学籍管理，实施奖励或者处分；

（五）对受教育者颁发相应的学业证书；

（六）聘任教师及其他职工，实施奖励或者处分；

（七）管理、使用本单位的设施和经费；

（八）拒绝任何组织和个人对教育教学活动的非法干涉；

（九）法律、法规规定的其他权利。

国家保护学校及其他教育机构的合法权益不受侵犯。

4.《普通高等学校学生管理规定》

第五十二条　对有违法、违规、违纪行为的学生，学校应当给予批评教育或者纪律处分。

学校给予学生的纪律处分，应当与学生违法、违规、违纪行为的性质和过错的严重程度相适应。

第五十三条　纪律处分的种类分为：

（一）警告；

（二）严重警告；

（三）记过；

（四）留校察看；

（五）开除学籍。

（三）法律解读

在依法治校大趋势的今天，学校管理行为日渐纳入法治渠道，在上述案例中，学校对故意打坏吊灯的李某处以警告处分和照价赔偿的处罚都是有法律依据的。根据《普通高等学校学生管理规定》第52条规定："对有违法、违规、违纪行为的学生，学校应当给予批评教育或者纪律处分。学校给予学生的纪律处分，应当与学生违法、违规、违纪行为的性质和过错的严重程度相适应。"第53条规定："纪律处分的种类分为：（一）警告；（二）严重警告；（三）记过；（四）留校察看；（五）开除学籍。"根据《侵权责任法》第2条的规定，侵害财产权的行为，应该承担侵权责任。在本案中学生李某故意打坏吊灯的行为，属于侵害学校财产权的行为。但鉴于李某是限制民事行为能力人，根据《侵权责任法》第32条的规定，无民事行为能力人、限制民事行为能力人造成他人损害的，由监护人承担侵权责任。因此应由李某的监护人承担赔偿责任。通过上述分析，我们可以看出，学校对李某作出的处理决定中，前两点都是没有问题的，问题在于，学校是否有权对李某作出罚款300元的处理决定呢？根据我国现行法律规定，学校对学生李某罚款是一种典型的违法行为。

然而，在现实生活中，学校对学生、对老师罚款的现象在一些中小学经常发生，甚至在一些高校的校规校纪中也能看到这种"罚款"内容的存在。而且这种罚款往往有本校的规章作为"合法性"依据。在这种"合法性"的外衣下，罚款似乎变得光明正大。其实不然。现实中存在很多类似罚款问题的模糊地带，正是这些模糊地带成为侵害学生权益的主要途径。为了使学生合法权益得到更有利的保护，学校罚款问题有予以澄清之必要。

罚款作为行政处罚的一种，是指享有行政处罚权的行政主体依照行政法律规范强制行为人在一定期限内向国家缴纳一定数额的金钱的处罚方式。从这个概念我们可以看出，罚款具有以下法律特征：（1）实施罚款的主体是享有行政处罚权的国家行政机关，此外，还包括法律法规授权的组织和行政机关委托的组织。（2）罚款的对象是与行政机关之间没有组织隶属关系的公民、法人或其他组织。（3）罚款的依据必须是行政法律规范，这些规范具体包括宪法、法律、地方性法规、自治条例、单行条例、行政法规和部门规章。那么学校对学生进行罚款是否符合罚款的法律特征呢？

首先，来看学校是否具有罚款的主体资格，即是不是行政主体。我国现行的行政主体主要有三类：第一类是职权性行政主体，即行政机关；第二类是授权性行政主体，即法律法规授权的组织；第三类是行政机关委托的组织。那么，学校是否属于其中的一类呢？根据《教育法》第28条第1款第（4）项规定，学校及其他教育机构对受教育者进行学籍管理，实施奖励或者处分。这说明在学籍管理、奖励或者处分方面学校相对于学生而言处于管理者的地位，可见，学校对学生的确有一定范围的行政管理权。但这种管理权只是在上面提到的范围和事项上有效，与行政机关的管理权不能相提并论，因此，学校充其量是属于法律、法规授权的履行部分教育行政管理职责的教育机构，而不属于行政机关。另外，通过本条，我们也可以看出，学校对学生只有处分的权力，而没有处罚的权力。

其次，来看学校进行处罚的依据。学校进行处罚的依据大部分都是学校的规章。那么学校的规章能否作为处罚的依据呢？回答是否定的。因为行政处罚有两个基本原则：处罚法定原则和职能分离原则。其中处罚法定原则的一项要求就是处罚的依据法定，即，处罚必须以法律、行政法规、部门规章、地方性法规和地方性规章为依据，而学校的校规校纪作为团体的自治性规则，并不属于其中的任何一种。

综合以上分析，学校不是行政主体，校规校纪也不能作为罚款的依据。《行政处罚法》第3条第2款规定："没有法定依据或者不遵守法定程序的，行政处罚无效。"因此学校作出罚款的决定是违法的、无效的。另外根据《行政处罚法》的相关规定，在实施行政处罚时没有法定的行政处罚依据的，可以对直接负责的主管人员和其他直接责任人员依法给予行政处分。

在本案中，本身就不是行政主体的学校对学生予以罚款，其依"法"治校的依据是学校所制定的校规校纪，而在这些规章制度中规定罚款本身就是违法的，因此作出的罚款决定自然也是违法的。学生仅应当就损坏的吊灯进行赔偿，对学校毫无法律依据的罚款要求则完全可以拒绝。

（四）专家建议

学生违反校规校纪，学校对其进行处分本应无可厚非，但是在学校作出的处理决定本身就违法的情况下，学校又怎能让学生接受呢？又怎能做到以法治校呢？因此，学校制定的校规校纪应该与法律的规定保持一致，不得违背法律的精神，只有这样，学校才能让学生遵守校规校纪，在学生违反校规校纪的情况下，学校才能作出合法的处理决定，依法治校、从严治校的目标才能实现。

第七节　校园隐性侵权行为

一、变相体罚造成侵权责任认定

（一）案例简介

某中学初二年级学生王某，因违反班规被罚跑而猝死学校操场。为了防止学生违反校规校纪和课堂纪律，该中学初二年级制定了一项"班规"。规定谁违犯了纪律都由班长记在笔记本上，然后根据违纪情况对违纪人员"采取措施"。措施有两种选择，一是扣1分跑10圈，二是抄写已经学过的英语单词。11月3日，王某因违反课堂纪律被班长记下扣掉1分，他觉得跑圈快一些，也免得抄写英语单词。于是，王某就被罚围着操场跑10圈，在学校的操场上跑了5圈半时，王某突然倒地。王某倒下的时候，一位校领导刚刚走下办公楼，他看到该班的班主任老师席某站在操场边的教室门口。他们几乎同时赶到王某身边，无论怎么呼喊他，他也没有一点反应。4名老师和一些学生轮流抬着他到校外200多米处的村诊所，医生听了一下心跳就叫他们赶快送医院。此时66班的班长已

经将王某的母亲喊来，他们一起坐着校车往县三医院赶。赶到后，早就接到校长电话的医生们立即实施抢救，但王某已经死亡。

事后校方不承认这是对学生的体罚行为，认为班里要求学生围着操场跑步只是对学生的警告提醒，同时也可以让学生锻炼身体，不是体罚行为，学生的死只是教学活动中的意外。学校请法医对死者进行尸检。家长认为学生身体没有问题，孩子死亡是由于老师的处罚造成的，因此学校应对此负全责；学校则认为，王某系先天性心脏肥大，不能从事剧烈运动，学校事先并不知道，因此没有责任。家长和校方在僵持了几天后，终于达成协议：学校一次性赔偿家长 38.8 万元。

（二）法律规定

1. 《侵权责任法》

第三十九条　限制民事行为能力人在学校或者其他教育机构学习、生活期间受到人身损害，学校或者其他教育机构未尽到教育、管理职责的，应当承担责任。

2. 《未成年人保护法》

第二十一条　学校、幼儿园、托儿所的教职员工应当尊重未成年人的人格尊严，不得对未成年人实施体罚、变相体罚或者其他侮辱人格尊严的行为。

3. 《义务教育法》

第二十九条　教师在教育教学中应当平等对待学生，关注学生的个体差异，因材施教，促进学生的充分发展。

教师应当尊重学生的人格，不得歧视学生，不得对学生实施体罚、变相体罚或者其他侮辱人格尊严的行为，不得侵犯学生合法权益。

4. 《学生伤害事故处理办法》

第九条　因下列情形之一造成的学生伤害事故，学校应当依法承担相应的责任：

（九）学校教师或者其他工作人员体罚或者变相体罚学生，或者在履行职责过程中违反工作要求、操作规程、职业道德或者其他有关规定的；

第十条　学生或者未成年学生监护人由于过错，有下列情形之一，造成学生伤害事故，应当依法承担相应的责任：

（三）学生或者其监护人知道学生有特异体质，或者患有特定疾病，但未告知学校的；

（三）法律解读

校园里的侵权行为大部分是比较容易识别和判断的，例如学生被打伤、被责骂以及因学校不履行义务致学生损害等，但是也有一些侵权行为并不容易识别和判断，甚至并不产生表面的损害后果。对于此类校园侵权行为可归于隐性校园侵权行为。

变相体罚就是一类隐性校园侵权行为。根据我国《未成年人保护法》和《义务教育法》的相关规定，学校、幼儿园、托儿所的教职员工应当尊重未成年人的人格尊严，不得对未成年人实施体罚、变相体罚或者其他侮辱人格尊严的行为。虽然我国法律明文禁止体罚与变相体罚，但由于未对变相体罚作明确的定义，致使在适用和实施方面产生诸多疑问和摩擦。在司法实践中对变相体罚也比较难以判断和识别，变相体罚成为一种隐性的校园侵权行为。体罚是在各国教育制度中具有悠久历史而今却普遍被《教育法》禁止的一种纪律执行措施。我国《辞海》对体罚的解释是："成年人（如父母或教师）对小孩身体使用的惩罚，其严厉性从打手心到打屁股不等"。因此，可以将校园内的体罚（一般为老师对学生的体罚）理解为：为惩罚学生，老师亲自或指使他人以暴力方式接触学生身体的一种惩罚。因此，无论是教师亲自接触学生身体还是指使他人接触学生身体，其行为均可构成体罚，但前提是其接触方式必须属于暴力方式。是否属于暴力方式既可依其行为的后果判断，如是否产生了身体的伤害，也可以从一般的社会认知和接受程度判断。如果教师踢学生一脚，那么这个行为属于体罚，但如果在学生演讲比赛的前夕，教师指导完某学生之后重重地拍了一下他的肩膀说："加油！"这一拍虽然力度较大，但却在人们日常可以接受的尺度内，因此很难与体罚挂起钩来。教师用体罚的方法来处理违反纪律的同学也应称为体罚。

相较于变相体罚，体罚行为还是比较容易判断的。变相体罚就是没有接触被罚人身体，但以非人道方式迫使被罚人作出某些行为，使其在身体或精神上感到痛苦的惩罚形式。这样的体罚行为由于找不到表面的损害结果，因而比较难以判断。对变相体罚的概念要强调三点：一是不接触学生身体；二是采用非人道方式；三是使学生在身体或精神上感到痛苦，产生与体罚相同的危害学生身体健康或其他违背人格尊严的后果。根据这个定义，如果教师责令学生当众脱裤子、在学生脖子上挂破鞋等行为，即属非人道地对待学生、侮辱学生人格尊严的变相体罚。而强迫学生在烈日下长时间站立、跑步，或过多遍地抄写作业等也会产生危害学生身体健康的后果，属于非人道的处置方式，应归入变相体罚。与此形成对比的是，如果教师未使用非人道的管理方式，对学生的处置也未超出其年龄及健康状况能够承受的水平，那么他的行为就属于合法和正当的管理手段，不在法律禁止之列。

在本案中王某在学校里猝死，责任应该由谁来承担呢？

《侵权责任法》第39条规定："限制民事行为能力人在学校或者其他教育机构学习、生活期间受到人身损害，学校或者其他教育机构未尽到教育、管理职责的，应当承担责任。"教师的罚跑行为应当属于变相体罚。虽然老师并没有责打学生，也没有辱骂学生，但是让学生绕着操场跑10圈并非日常教学内容，而是因王某违反了课堂纪律招致的处罚，这显然是一种变相体罚行为。学校称"不是体罚行为，学生的死只是教学活动中的意外"是不成立的。因此，学校存在过错，违反了学校的保护义务，应当承担侵权责任。《学生伤害事故处理办法》第9条第（9）项也规定，学校教师或者其他工作人员体罚或者变相体罚学生，或者在履行职责过程中违反工作要求、操作规程、职业道德或者其他有关规定，造成学生伤害事故的，学校应当依法承担相应的责任。据此校方也应为其变相体罚行为承担侵权赔偿责任。另外根据《学生伤害事故处理办法》第10条第（3）项的规定，学生或者其监护人知道学生有特异体质，或者患有特定疾病，但未告知学校，造成学生伤害事故的，应当依法承担相应的责任。如果学校所称"王某系先天性心脏肥大，不能从事剧烈运动，学校事先并不知道"这一情况属实，而受害人家长又未事先告知学校，那么受害方也存在一定的过错，在此情况下学校的责任可能会有所减轻，但是这并不影响学校侵权的定性。因而，无论如何，学校对学生进行变相体罚的行为都是违法行为，也是我国《教育法》明令禁止的，一旦造成学生损害，必须要承担相应的责任。在本案中学校则要根据最后的鉴定结论，确定侵权责任的大小，承担相应的赔偿责任。

（四）专家建议

体罚和变相体罚现象在日常生活中屡见不鲜。学校在教学活动中，应当加强管理，减少体罚和变相体罚行为的发生，维护学生的合法权益。为此应采取以下措施：

（1）确立依法治校的学校管理基本指导思想。

（2）提高学校管理人员及全体教师的法制修养。

（3）严格遵守《教育法》和教育方针、政策，完善学校内部的各项规章制度。

（4）正确认识和处理学校管理中涉及的各种教育法律关系。

（5）自觉抵制各种有悖于法律规定的体罚或变相体罚现象和行为。

总之，学校应该站在学生的角度，以学生的健康成长为出发点，高举法律的大旗，尊重并保护学生的各项权利，还给他们本属于自己的天空。

二、教师语言暴力侵权责任

（一）案例简介

2000年11月13日，浙江省绍兴市某中学初三年级女生金某上课时玩圆珠笔发出声音，遭到骆老师大声训斥，还扬言要把她送到派出所。当天中午，金某出现不正常现象，晚上开始语无伦次，手舞足蹈，发高烧，小便失禁。经绍兴市第一医院诊断，属于情感性精神障碍。

2001年10月31日上午，内蒙古自治区呼和浩特市14岁的中学生凯某自缢身亡。他在遗书里说，"我在学校淘气，把钢笔水甩在了语文老师的身上。我其实只甩了一次。但老师不信我，以前有人甩的也要我承认。还说如果我不承认，就和我没完没了。还说我是人渣，是没人性。我实在受不了了……"

2002年10月，安徽省宿州市某中学一名教师用选举"差生"的方式来惩治调皮学生，并张榜公布。这名老师还用"败类""人渣"之类的词辱骂学生。在训斥班里的一名女生时，该老师当着全班同学骂道："女孩子家不知羞耻、不自重、不要脸。"该名女生深受刺激，坚决不肯再去学校。

2003年4月，重庆某中学一位汪姓老师，当众斥责一名迟到的女生："你学习不好，长得也不漂亮，连坐台也没有资格。"课后，这名女生不堪羞辱，留下一封遗书，从该校教学楼8楼纵身跳下，经抢救无效死亡。

（二）法律规定

1. 《侵权责任法》

第二条　侵害民事权益，应当依照本法承担侵权责任。

本法所称民事权益，包括生命权、健康权、姓名权、名誉权、荣誉权、肖像权、隐私权、婚姻自主权、监护权、所有权、用益物权、担保物权、著作权、专利权、商标专用权、发现权、股权、继承权等人身、财产权益。

2. 《民法通则》

第一百零一条　公民、法人享有名誉权，公民的人格尊严受法律保护，禁止用侮辱、诽谤等方式损害公民、法人的名誉。

第一百二十条　公民的姓名权、肖像权、名誉权、荣誉权受到侵害的，有权要求停止侵害，恢复名誉，消除影响，赔礼道歉，并可以要求赔偿损失。

3. 《未成年人保护法》

第二十一条　学校、幼儿园、托儿所的教职员工应当尊重未成年人的人格尊严，不得对未成年人实施体罚、变相体罚或者其他侮辱人格尊严的行为。

4. 《义务教育法》

第二十九条　教师在教育教学中应当平等对待学生，关注学生的个体差异，因材施教，促进学生的充分发展。

教师应当尊重学生的人格，不得歧视学生，不得对学生实施体罚、变相体罚或者其他侮辱人格尊严的行为，不得侵犯学生合法权益。

5. 《教师法》

第三十七条　教师有下列情形之一的，由所在学校、其他教育机构或者教育行政部门给予行政处分或者解聘。

（一）故意不完成教育教学任务给教育教学工作造成损失的；

（二）体罚学生，经教育不改的；

（三）品行不良、侮辱学生，影响恶劣的。

教师有前款第（二）项、第（三）项所列情形之一，情节严重，构成犯罪的，依法追究刑事责任。

（三）法律解读

近年来，随着法制观念和师德建设的不断深入，教师体罚学生的现象大大减少。但采用讽刺、挖苦、孤立、冷落、揭短、当众出丑等手段对学生进行"心理惩罚"的现象却呈上升趋势。这些现象被统称为语言暴力。

语言暴力是肢体暴力的变体，是一种隐性的侵害手段。教师的语言暴力可以归纳为使用嘲笑、侮辱、诽谤、诋毁、歧视、蔑视、恐吓、谩骂、贬损等不文明的语言，致使学生在精神上和心理上感受到痛苦或伤害，属于精神损害的范畴。

从表面上看，语言暴力比体罚显得文明，但它带给学生的伤害绝不会比体罚小。从某种程度上讲，可能还有过之而无不及。体罚更多伤害的是学生的身体，其痛苦可能是短暂的，但语言暴力的伤害却是长久的，不仅侮辱了孩子的人格，损伤了孩子的自尊和自信，摧残了学生心理健康，严重的还会导致学生心智失常，丧失生活勇气，引发厌学、逃学、违法犯罪、自杀等严重恶果。"语言暴力"对孩子们的伤害主要有几方面：第一，由于学生和老师在地位上的差异，孩子们在受到侮辱和伤害以后，一般无从发泄，只能将这些情绪积压下来。而在某个时候，这些精神上的巨大压力极有可能演变为由内向外的复仇冲动，他们很可能由此走向扰乱社会秩序、向个人甚至社会报复的不归路。第二，"语言暴力"造成的精神负担在某些孩子身上一直无法排解，造成对自我心理和身体的巨大摧残，造成精神病和心理障碍甚至自杀。第三，孩子的自尊、自信在老师们的这些话语当中被严重伤害，时间长了，他们就逐渐丧失了对自尊的需求和认同，逐渐走上抛却自尊、自信的沉沦之路。第四，由于许多老师都是当着其他同学或者其他老师的面来讽刺、斥责学生的，这又非常容易受其他同学、其他老师的影响，造成对该同学的持续刺激。同时，被斥责的同学也可能出现一些心理变化，比如看到同学，就会认为在讥笑他。从而产生对同学和老师的害怕，孤僻由此产生。

俗话说"良言入耳三冬暖，恶语伤人六月寒"。诸如此类的至理名言不少教师都耳熟能详，在课堂上也阐述得头头是道，缘何却频频丧失理智，极尽言语讽刺侮辱之能事，将"心罚"这把不带血的"尖刀"毫不留情地捅向学生稚嫩的心窝？语言暴力产生原因在于：一方面，一些教师没有意识到教师职业所必须承担的责任和义务，粗话、脏话等不文明的用语甚至成为他们的口头禅，偏好以语言暴力等方式取代循循善诱的启发引导。另一方面，教师本身也存在各方面的心理压力，在压力面前，他们往往容易失态。应试教育的压力太大太重，教师有时也需要宣泄，语言暴力只是一种表现方式。教师心理不健康或人格有缺陷，必然会对学生产生消极影响，给学生造成师源性心理伤害。

虽然在法律上并没有明文规定"语言暴力"属于侵权行为，也不存在针对"语言暴力"这一特定侵权行为的相关规制，但是并不是说法律对此类行为造成的侵害结果不予保护。首先，法律从教师的义务层面对教师的行为进行规范。《义务教育法》第29条作了如下规定："教师在教育教学中应当平等对待学生，关注学生的个体差异，因材施教，促进学生的充分发展；教师应当尊重学生的人格，不得歧视学生，不得对学生实施体罚、变相体罚或者其他侮辱人格尊严的行为，不得侵犯学生合法权益。"上述规定中的"其他侮辱人格尊严的行为"应当包含了教师的"语言暴力"行为。因此教师使用"语言暴力"行为本身就是违法行为。其次，法律从侵权责任层面对"语言暴力"行为进行调整和惩罚。"语言暴力"作为一种软暴力，虽然没有肉体上的损害结果，但是并不表示不存在损害结果。其造成的损害多是精神层面的，如人格尊严、名誉权、隐私权等民事权益的损害。《侵权责任法》第2条明确规定侵害包括健康权（包括心理健康）、名誉权、隐私权等在内的民事权益，应当承担侵权责任。《民法通则》第120条规定："公民的姓名权、肖像权、名誉权、荣誉权受到侵害的，有权要求停止侵害，恢复名誉，消除影响，赔礼道歉，并可以要求赔偿损失。"除民事责任外，《教师法》第37条还规定了教师的行政责任和刑事责任：教师品行不良、侮辱学生，影响恶劣的，由所在学校、其他教育机构或者教育行政部门给予行政处分或者解聘；情节严重，构成犯罪的，依法追究刑事责任。

需要注意，语言暴力造成的损害并不仅仅停留在精神层面，当精神层面的损害到达一定程度时，往往会转化为一种实际损害，如上述案例中学生因遭遇"语言暴力"而产生精神疾病和自杀死亡的损害后果。因此，"语言暴力"的危害是相当严重的。此时加害方不仅仅要对损害人格尊严和精神损害的后果承担赔偿责任，还要根据语言暴力行为与实际损害结果之间的因果关系的大小对实际损害结果承担赔偿责任。

（四）专家建议

教师语言暴力，这个名词听起来很陌生，但它的确现实存在，其对学生的心理伤害不可小觑。语言暴力折射出中国学校教育中方方面面的匮乏与缺失，原因是多方面的，既有教师综合素质与人文精神方面的问题，也有中国教育制度与教师心理健康方面的问题。要杜绝类似情况，一方面要建立对教师的有效监督机制，另一方面也要积极疏导教师的心理压力。当然，还有一个很重要的方面，学生在遭受语言暴力之后，要懂得运用法律武器维护自己的合法权益。只有这样，才能最终使语言暴力在校园中消失。

三、教师侵害学生隐私权责任

（一）案例简介

王某是某中学初三学生，最近几次考试成绩下降幅度很大，班主任李某怀疑王某是因为早恋而造成的，但班主任在找王某谈话过程中，王某否认了此事。为了抓住王某早恋的证据，班主任李某就私自翻看了王某藏在课桌里的日记，发现果然与邻校高一某班的张某谈恋爱。第二天上课期间，李某怒气冲冲地问王某为什么违反学校规定，读书期间早恋，王某当即否认。李某见王某不承认，便拿出王某的日记，当着全班同学的面大声宣读，并阴阳怪气地将一些句子高声朗读。王某当即就质问老师李某："你凭什么看我的日记？"李某答道："就凭我是老师！"然后继续朗读，羞愤难当的王某当即跑出了教室。从此以后，原本活泼可爱的王某变得沉默寡言，也不愿意上学。经医院鉴定，王某患上了轻度的抑郁症，住院期间共花费医疗费、交通费、营养费共计 5 000 余元。在与学校协商赔偿事宜未果的情况下，王某的父母便将学校和班主任李某告上了法庭。

（二）法律规定

1. 《宪法》
第三十八条 中华人民共和国公民的人格尊严不受侵犯。禁止用任何方式对公民进行侮辱、诽谤和诬告陷害。

2. 《最高人民法院关于贯彻执行〈中华人民共和国民法通则〉若干问题的意见》
第一百四十条（第一款） 以书面、口头等形式宣扬他人的隐私，或者捏造事实公然丑化他人人格，以及用侮辱、诽谤等方式损害他人名誉，造成一定影响的，应当认定为侵害公民名誉权的

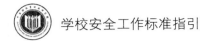

行为。

3. 《侵权责任法》

第二条　侵害民事权益，应当依照本法承担侵权责任。

本法所称民事权益，包括生命权、健康权、姓名权、名誉权、荣誉权、肖像权、隐私权、婚姻自主权、监护权、所有权、用益物权、担保物权、著作权、专利权、商标专用权、发现权、股权、继承权等人身、财产权益。

第十五条　承担侵权责任的方式主要有：

（一）停止侵害；

（二）排除妨碍；

（三）消除危险；

（四）返还财产；

（五）恢复原状；

（六）赔偿损失；

（七）赔礼道歉；

（八）消除影响、恢复名誉。

以上承担侵权责任的方式，可以单独适用，也可以合并适用。

4. 《未成年人保护法》

第三十九条　任何组织或者个人不得披露未成年人的个人隐私。

对未成年人的信件、日记、电子邮件，任何组织或者个人不得隐匿、毁弃；除因追查犯罪的需要，由公安机关或者人民检察院依法进行检查，或者对无行为能力的未成年人的信件、日记、电子邮件由其父母或者其他监护人代为开拆、查阅外，任何组织或者个人不得开拆、查阅。

（三）法律解读

在学校生活中，许多教师为了防止学生早恋而影响学业，往往会对学生的私人信件予以扣押并且私拆，或者偷看学生的日记，有些学校甚至会将这些行为作为学校的基本管理规则以确定下来，使其"合法化"。这些做法不仅严重侵犯了学生的隐私，更有甚者酿成了惨剧。究其原因，主要是老师缺乏法律意识，缺乏对学生隐私权尊重的观念。

那么何为隐私权呢？隐私权是我国公民应当依法享有的、不容随意限制或剥夺的基本民事权利，是公民享有的私人生活安宁与私人信息秘密依法受到保护，不被他人非法侵扰、知悉、收集、利用和公开的一种人格权。权利主体对他人在何种程度上可以介入自己的私生活，对自己是否向他人公开隐私以及公开的范围和程度等具有决定权。具体说来，隐私权主要包括以下内容：一是隐私隐瞒权，公民对自己的隐私有权隐瞒，使其不为人所知；二是隐私利用权，公民对自己的隐私，不仅享有消极的隐瞒权，而且还享有利用权，即对自己的个人隐私进行利用，以满足自己某些方面需要的权利；三是隐私支配权，即隐私权人支配自己的隐私的权利；四是隐私维护权，即当自己的隐私被泄漏或者被侵害的时候，有权寻求司法保护。

隐私权作为一项基本的人格权，对于维护一个人的尊严、保障个人的自由发展具有极其重要的意义。我国法律也对隐私权的保护作出了一系列的规定。我国《宪法》第 38 条规定："中华人民共和国公民的人格尊严不受侵犯。禁止用任何方式对公民进行侮辱、诽谤和诬告陷害。"用根本大法的形式为保护公民的隐私提供了最强有力的前提。《未成年人保护法》第 39 条第 1 款规定："任何组织或者个人不得披露未成年人的个人隐私。"另外，根据《最高人民法院关于贯彻执行〈中华人民共和国民法通则〉若干问题的意见》第 140 条。的规定可以看出，我国法律对隐私的保护实际上是以保护名誉权的形式来进行的。这实际上是远远不够的，法律应该直接对隐私权进行保护。《侵权责任法》解决了这个问题，其第 2 条明确规定了侵犯公民的隐私权应当承担侵权责任，这就为要求侵犯隐私权的行为人提供救济提供了明确的法律依据。那么侵犯隐私权应当承担什么责任呢？《侵权责任法》第 15 条第 1 款规定："承担侵权责任的方式主要有：（一）停止侵害；（二）排除妨碍；（三）消除危险；（四）返还财产；（五）恢复原状；（六）赔偿损失；（七）赔礼道歉；（八）消除影响、恢复名誉。"对于侵犯隐私权来说，受害人可以要求加害人停止侵害，赔礼道歉，并可以要求赔偿损失等。具体来说：

第一，停止侵害。此种责任形式的适用条件是，侵权行为正在进行或仍在延续进行之中。

第二，赔礼道歉。是指不法行为人向受害人认错，表示歉意。对隐私权受到侵害的公民赔礼道歉，一般应当在非公开场合进行，否则，赔礼道歉的过程可能会对受害人造成二次伤害。

第三，赔偿损失。对隐私权受到侵害的公民的赔偿，主要包括两个方面：一是对公民受到的精神损害的赔偿；二是对公民因隐私权受到侵害而产生的其他直接、间接的财产损失的赔偿，如对因此而引起的疾病的治疗费用、营养费等的赔偿。

具体到本案，班主任李某毫无疑问已经对学生王某的隐私权构成了侵害，主要是侵害了王某的隐私隐瞒权，因此应当承担相应的民事责任。因为班主任李某的侵权行为已经结束而且也并未处于延续的状态之中，所以停止侵害的责任形式并不适用。这样，班主任承担侵权责任的方式就包括如下两种：（1）向学生王某赔礼道歉；（2）赔偿学生因治疗所花费的医疗费、交通费、营养费等，如果造成学生精神损害的，还应当进行精神损害赔偿。

（四）专家建议

学生的私人信件、日记作为隐私，是受到国家法律保护的、不容侵犯的。因此，老师应当尊重学生的隐私，不应该随意扣押、拆阅学生信件和偷看学生日记。如果发生上述情形，老师应当承担停止侵害、赔偿损失等民事责任。

四、教师教学活动隐侵权责任

（一）案例简介

在期末考试结束、暑假即将到来之时，四川省某县一中学在工商银行办事处和镇政府门口张贴了两张"成绩汇报"。在此"成绩汇报"中，除公布了本校部分学生的高分成绩外，还将并未在该中学读书的 4 名学生的不理想考分作了公布，致使社会公众形成了这 4 名学生系"双差生"之印象，引起 4 名学生及其监护人的不满。一周后，该中学又将此"成绩汇报"打印 50 份交镇党政办公室，拟送本镇各村及居委会，后仅送出 6 份给镇有关领导，其余被该中学收回。为此，4 名学生状告学校侵犯名誉权，要求其承担相应的民事责任。县人民法院审理认为，该中学公开张贴"成绩汇报"，虽然是为了吸引生源，主观上无侵害原告名誉权的故意，但在客观上公布了原告不愿公开的成绩，侵犯了原告的隐私权，依法应承担相应的民事责任。据此，作出如下判决：被告在本判决生效后 5 日内，在同一地点以公告形式向 4 名原告赔礼道歉，公告内容交法院审核，此公告应保留 3 天。法院在判决理由中确认，被告在没有取得原告同意的情况下，擅自将其不愿公开的成绩公布于众，侵犯了原告的人格尊严，对原告名誉权造成了事实上的损害。

（二）法律规定

1.《民法通则》

第一百零一条 公民、法人享有名誉权，公民的人格尊严受法律保护，禁止用侮辱、诽谤等方式损害公民、法人的名誉。

2.《侵权责任法》

第二条 侵害民事权益，应当依照本法承担侵权责任。

本法所称民事权益，包括生命权、健康权、姓名权、名誉权、荣誉权、肖像权、隐私权、婚姻自主权、监护权、所有权、用益物权、担保物权、著作权、专利权、商标专用权、发现权、股权、继承权等人身、财产权益。

第三条 被侵权人有权请求侵权人承担侵权责任。

（三）法律解读

少年儿童人身伤害问题，近年来是社会广泛关注的一个热点。随着我国义务教育的大规模普及发展，现在大部分适龄儿童都可以进入学校接受初级教育。由于大部分适龄儿童的职业都是学生，最经常的活动几乎都是学习活动，因而在学习活动中难免会受到一些伤害。当政府有关部门和广大中小学校为避免学生安全事故而殚精竭虑时，相对于这些显性的伤害，那些无法预料且不时发生的隐性伤害，却很少进入人们关注的视野。尤其是学习活动带来的隐性伤害，是学生群体最经常遭受的一种隐性伤害。这种伤害，由于不太明显且发生效应较为迟滞，很容易被人们所忽视。但它往往会对少年儿童脆弱的心灵造成无法估量的消极影响，有的甚至长时间都无法弥补。学习活动带来的隐性伤害，主要是指在校园情境中由于教育方法、管理方式、措施的不完善或失当等引起的学生隐性人身伤害。其中，学校公布成绩就是隐性伤害的一种。

学校公布成绩在日常生活中屡见不鲜，而通常这种行为也得到了大家的默许。虽然学校公布成绩有可能会对部分学生造成一定的隐性伤害，但是"公布成绩"是否属于违法行为不论在理论上还是在司法实践中都仍然存在争议。争论主要围绕着成绩是否是学生的个人隐私，以及公布学生成绩是否侵犯隐私权等问题展开。浙江省曾因出台了新版《浙江省义务教育条例》，其中明确规定学校公布考试成绩的排名属于"违法"而一直受到争议。但是，无论"公布成绩"这一行为在理论上如何饱受争议，在实际的司法层面上，还是应当严格依法办事。

根据现行法律的规定，除个别的地方教育法规，如上述提到的《浙江省义务教育条例》等对公布成绩的行为作出直接的、明确的规定外，中央出台的法律法规还没有针对该具体问题作出明确的规定。但是，没有具体规定也并不代表法律对于类似情况就完全置之不理，单纯的"公布成绩"的行为在未造成一定的损害后果时，根据现有法律很难判定为侵权行为。但是，在造成一定实际物质损害或者实体权益损失时，法律并不会不闻不问，也会对此作出相当的反应。

以本案为例，四川省某县一中学在工商银行办事处和镇政府门口张贴两张"成绩汇报"，是一种公布学生成绩的行为，学校的原意是想通过公布本校学生的优秀成绩，达到吸引生源的目的。但是，由于公布成绩的行为不当，4名学生认为实际上造成了对其名誉权的损害而学校则认为其行为并没有侵害学生的名誉权，因此判断名誉权是否遭受了损害是本案的关键。根据案情来看，学校"将并未在该中学读书的4名学生的不理想考分作了公布，致使社会公众形成了这4名学生系'双差生'之印象"，这说明学校的行为造成受害人社会评价的降低，这是侵害名誉权的主要后果。因而，学校已公布"隐私"的学生的名誉权确确实实遭受了损害。学校公布成绩的行为与名誉权的损害存在因果关系，属于侵犯公民名誉权的侵权行为。根据《民法通则》第101条规定："公民、法人享有名誉权，公民的人格尊严受法律保护，禁止用侮辱、诽谤等方式损害公民、法人的名誉。"《侵权责任法》第2条第1款规定："侵害民事权益，应当依照本法承担侵权责任。"因此学校应对该侵权行为承担相应的侵权责任。

需要注意，在本案中，公布成绩的行为被法院认定为侵犯了学生的隐私权，主要是由于该行为造成了学生名誉权的损害后果，而且其将成绩向社会公开的行为已经超出了单纯的成绩公布行为的界限，法官根据该具体情况才作出侵犯隐私权的认定。如果是平时老师在班内公布学生的测验成绩，则很难将其认定为侵犯隐私权的行为。

因此，对于公布成绩是否一定是侵犯了隐私权的问题，也不能一概而论。在目前的司法操作中主要由法官根据具体案情来判断。若从长远来讲，一方面，依赖于立法上作出相关的规定，完善学生权利保护的法律法规，另一方面，也要在学校对学生的评价机制上进行改革，摒弃应试教育，重视素质教育，形成不仅仅依赖于"分数"评价学生的多元化评价机制。

（四）专家建议

长期以来，人们习惯用"成绩排名"作为激发学生努力学习的重要手段。虽然学生和家长有必要知道自身的学习状况，但是学校如果公布分数，容易对学生造成伤害，特别是对那些不善于面对挫折，或是屡"试"屡败的学生，在不经意间可能会造成学生之间的歧视，以至于伤害一些学生的自尊心。更有严重者，例如本案，会侵害到学生的名誉权。因此，在是否公布成绩的问题上专家和学者也无法达成统一的意见。但是，随着素质教育的推进，评价学生能力的标准逐渐多元化，公布成绩的现象也会慢慢减少乃至消失，但这仍依赖于政府、社会和学校的共同努力。在目前的情况下，只能通过学校在日常教学活动中注意多站在学生的立场上考虑问题，切实按照《未成年人保护法》和《教育法》的相关规定，来尽量减少和避免学习活动对学生的隐性伤害，保护学生的心理健康以及人格尊严等各项合法权益。

五、学生以强欺弱侵权责任

（一）案例简介

某市文化中学 17 岁的初中二年级学生小林是个非常内向的学生，平时不爱说话，也非常老实，常常受到学校高年级同学的欺负。后来，由于父母调动工作，小林也随着父母从老家来到一个新的城市。在这所新的学校里，由于小林是外乡人，自己的性格又相对的老实懦弱，因此常常成为同校同学欺负的对象。

后来，小林成为一批学校小霸王们常欺负的对象，他们经常向他收保护费，不给的话就对小林拳打脚踢，恶揍一顿。小林于是每周向家里要钱，每次要 50 元。有一次，小林又向父亲要钱，小林的爸爸质问他这段时间怎么老向家里要钱。小林就哭诉说，说学校不好，老受同学欺负，同学还向他收保护费。小林的父亲心想肯定是小林自己闯的祸，还有脸哭诉，当场打了小林几巴掌，一直打得小林不敢哭。后来小林再也没提自己受到欺负，小林的父亲也慢慢忽视了这一问题。

2007 年 5 月 5 日的一天，小林的爸爸接到了一个来自公安局的电话：小林用铅笔刀连捅 6 名同学，造成 2 死 4 伤，伤者中一人被刺穿了心脏和肺部，一人手术摘除了左肾，另外两名伤者也伤势严重。

（二）法律规定

1. 《侵权责任法》

第十六条　侵害他人造成人身损害的，应当赔偿医疗费、护理费、交通费等为治疗和康复支出的合理费用，以及因误工减少的收入。造成残疾的，还应当赔偿残疾生活辅助具费和残疾赔偿金。造成死亡的，还应当赔偿丧葬费和死亡赔偿金。

第三十二条　无民事行为能力人、限制民事行为能力人造成他人损害的，由监护人承担侵权责任。监护人尽到监护责任的，可以减轻其侵权责任。

2. 《刑法》

第十七条　已满十六周岁的人犯罪，应当负刑事责任。

已满十四周岁不满十六周岁的人，犯故意杀人、故意伤害致人重伤或者死亡、强奸、抢劫、贩卖毒品、放火、爆炸、投毒罪的，应当负刑事责任。

已满十四周岁不满十八周岁的人犯罪，应当从轻或者减轻处罚。

因不满十六周岁不予刑事处罚的，责令他的家长或者监护人加以管教；在必要的时候，也可以由政府收容教养。

（三）法律解读

校园欺负现象不仅在我国是一个较为严重的校园问题，也同样是一个较为严重的世界性的校园问题。校园欺负已成为校园暴力经常的表现形式，它不仅直接导致受欺负的一方受到严重的身心伤害，甚至引起自杀行为；而且欺负他人的一方由于其恃强凌弱，也往往会使逼急的受欺负方奋起反击，由此招致严重的人身伤害，甚至死亡。本案就是后者的一个典型例证。

欺负现象在我国校园内比较严重，对校园儿童的身心健康已形成了一定的不良影响。在我国的校园里。以大欺小、以强凌弱的现象并不少见。高年级同学敲诈、抢劫低年级学生财物的案件也经常发生。2003 年 6 月 23 日，南京市小学生心理信息采集与分析中心在中小学心理教育网上对南京市秦淮、玄武、白下、鼓楼、浦口等区实验小学的 747 名学生进行了网络调查。调查结果显示，南京市小学生校园生活的安全性令人担忧。51.0% 的学生坦言受到过同学的欺负。其中，几乎每天都有的占 13.1%，一周一次左右的占 18.3%，一月一次左右的占 8.6%，一学期一次左右的占 11.0%。孩子们受到欺负的形式也很多，有 22.6% 的同学被辱骂，14.3% 的同学被人取外号，13.1% 的同学被打，3.2% 的同学被强迫帮别人做事，1.9% 的同学被别人抢去钱物，还有一些同学受到别人排斥、被强迫做些坏事等其他形式的欺负。对于被欺负的地点，48.1% 是在教室，10.3% 是在校园角落，1.9% 是在游乐场所，还有 9.8% 是在校外路上，等。经常欺负他们的是本班同学的达 67.5%，另外有 19.3% 的同学受到过高年级学生的欺负，有 13.2% 的同学受到过校外人员的欺负。孩子们发现，在自己的班上，有些人已经成为受欺负的固定对象。32.4% 的同学看到班上有一两个同学经常会被欺负，35.1% 的同学认为班上有三四个同学经常会被欺负，32.5% 的同学觉得经常受欺负的人数还要更多。在调查中发现，受到别人欺负时，39.4% 的同学只是忍让一下，算了；21.4% 的同学只是想办法离开；20.7% 的同学会采用对打、对骂等形式进行反抗；只有 7.0% 的同学会向周围的人求援。有 29.6% 的同学承认自己欺负过别人。其中，几乎每天都会欺负人的占 6.2%，一周一次左右的占 9.1%，一月一次左右的占 5.5%，一学期一次左右的占 8.8%。

在本案中，这批学校小霸王们是欺负方，他们恃强凌弱，利用自己体力和人数上的优势，结成小团体。他们往往情感上冷漠，对他人缺乏同情心和爱心，为了钱财，为了满足他们娱乐的各种消费需求，而采取各种不良、甚至违法的手段，对他人的合法人身、财产权益进行侵害。如偷盗他人的钱财，对低年级同学进行敲诈勒索等，而他们一点点看似微小恶习的累积将导致他们最终走向违法犯罪道路，成为法律的惩治对象。小林作为被欺负方，由于自己的性格内向、懦弱，缺乏自我保护的能力和寻求各种保护途径的方法，因此在自己合法权益受到侵害时，由于一点点累积的压力和矛盾得不到外界有力的疏导和排解，在某一时点，最终如火山似地爆发，造成 2 死 4 伤的惨剧。作为该事件重要第三方的学校和小林家长，也有应该反思的地方。学校在对学生进行教育时，应该不仅仅只顾及学生们学习成绩的方面，更应该关注学生人格的塑造，人文意识、人文素质的培养，以爱育情，以情养德，以德促智。要关注学生在校园生活中的状况，经常与学生谈心，了解学生的思想状况，经常作家访，作校园学生的心理调查，建立校园心理健康排解室、咨询室，关爱学生心理健康，培养学生健全人格。小林父亲的做法加重了小林心理创伤。在"小林向他哭诉说，说学校不好，老受同学欺负，同学还向他收保护费"时，小林的父亲不但不向老师询问情况，悉心地听小林的讲解，反而其心里想肯定是小林自己闯的祸，还有脸哭诉，竟然打了小林几巴掌，一直打得小林不敢哭，结果使这一悲剧最终发生。这不但对他人的家庭造成了伤害，自己的家庭也陷于痛苦与破裂中。家庭是孩子的第二学校，家长也是孩子的第二任老师，家庭教育应当受到家长的重视。

《侵权责任法》第 16 条规定："侵害他人造成人身损害的，应当赔偿医疗费、护理费、交通费等为治疗和康复支出的合理费用，以及因误工减少的收入。造成残疾的，还应当赔偿残疾生活辅助具费和残疾赔偿金。造成死亡的，还应当赔偿丧葬费和死亡赔偿金。"第 32 条第 1 款规定："无民事行为能力人、限制民事行为能力人造成他人损害的，由监护人承担侵权责任。监护人尽到监护责任的，可以减轻其侵权责任。"限制民事行为能力人是指 18 岁以下的未成年人，在本案中小林作为限制民事行为能力人，对于造成他人的人身伤害，应该由其法定监护人其父母承担民事责任。但是在刑法上，依据《刑法》第 17 条的规定，已满 16 周岁的人犯罪，应当负刑事责任。小林已经是完全刑事责任能力人，其行为已经触犯了刑法，构成严重的刑事犯罪，应该承担相应的刑事法律责任。

（四）专家建议

本案涉及的是所谓的校园欺负现象。要消除这种不良的现象，一方面，学校需要加强校园建设，树立良好的校园风气，关注学生的身心健康成长；另一方面，家长应该有足够的耐心、责任心、爱心，多与子女沟通、交流。校园欺负中的欺负者，在校园中经常欺负别人，养成了一些不良习气，如果未经有效教育，将来很有可能走上违法犯罪道路；而受害学生也可能因害怕被欺负而与欺负者一道去欺负别人，或者因为不堪忍受欺负而造成人格扭曲，以至用残忍手段报复欺负者。对于校园欺负现象社会应当给予足够的关注，学校也应进行有针对性的自助、自护教育，减少和杜绝此类现象的发生。

第八节　涉及多方当事人的侵权责任

一、校园共同侵权责任的承担

（一）法律规定

王某（18 岁）是大一的学生，学习成绩一直很好，干事情认真负责，很受老师和同学的信任，因而在大一下学期被选为班长。孙某（18 岁）和朱某（17 岁）是王某的同班同学。两人沉迷于网络游戏，经常外出通宵上网，整夜不归。作为班长，王某曾多次告知学校禁止学生晚上不归，但两人并不以为然。王某认为自己是班长，应该对同学负责，因而将孙、朱二人通宵上网不归宿舍的情况向辅导员老师反映。两人因此受到学院的警告处分。孙某和朱某认为王某是故意和他们作对，于是二人商量要给王某点厉害瞧瞧。一日，二人见王某正在在僻静处停放电动自行车（价值 3 000 元），于是跑过去将王某推倒，合伙将王某的电动自行车砸烂，并把王某打伤。后来，王某找到学院领导，学院虽然对此事作出处理，给予孙某和朱某记大过处分，但是孙某和朱某拒不赔偿被损坏的电动自行车。

王某觉得自己不能就这么算了，为此他向学校里教法律的老师咨询，希望通过法律渠道来维护自己的合法权益。

（二）法律规定

《侵权责任法》

第八条 二人以上共同实施侵权行为，造成他人损害的，应当承担连带责任。

第十三条 法律规定承担连带责任的，被侵权人有权请求部分或者全部连带责任人承担责任。

第十四条 连带责任人根据各自责任大小确定相应的赔偿数额；难以确定责任大小的，平均承担赔偿责任。

支付超出自己赔偿数额的连带责任人，有权向其他连带责任人追偿。

（三）法律解读

这是一起典型的共同侵权案件，由于其发生在校园中的学生之间，因此，也将其纳入校园事故侵权的范围。共同侵权行为，是指两个或者两个以上的行为人，由于共同故意或者共同的过失致人损害，应当承担连带责任的侵权行为。如帮助他人实施侵权行为的，帮助人和行为人构成共同侵权，应承担连带责任。法律之所以规定共同侵权行为要承担连带责任，是因为共同侵权行为由于是数人有意思联络地进行侵权，并且数人都实施了侵权行为，数个侵权行为形成了一个不可分割的整体，对于这一整体的侵害行为造成的损害，在责任承担时侵权各方也应作为一个整体来承担，因此法律规定了共同侵权人要承担连带责任。

在本案中，孙某和朱某二人共同故意损坏王某的电动自行车，具有共同的故意，而且实施了共同的侵权行为，因而二人构成共同侵权，应该承担共同侵权责任。学校作为校园的管理者，负有管理和规范学生行为的义务。但是，由于在本案中，孙、朱二人损坏王某的电动车是由于临时起意，属于临时突发事件，并且二人是在"僻静处"实施的侵权行为，学校很难对此进行监管，不能认为学校存在过错，违反了管理上的义务。

因而学校对于二人的侵权行为不承担责任。因此，本案最终的损害责任仅由两个共同侵权人来承担。

《侵权责任法》第8条规定:"二人以上共同实施侵权行为,造成他人损害的,应当承担连带责任。"因此,孙、朱二人应当承担连带责任。另外,根据该法第13条的规定,承担连带责任的,被侵权人有权要求部分或者全部连带责任人承担责任。即是说,王某有权要求二人中的任何一人赔偿电动自行车的全部费用;也可要求二人各自承担一半;也可根据两人的具体赔偿能力而决定如何赔偿,例如其中一人的经济条件有限,只能赔偿自行车款的一部分,那么王某可要求另一人赔偿剩余的款项。

孙、朱二人承担责任之后,本案并没有完全解决。由于孙、朱二人承担的是连带责任,因而在向王某赔偿后,还有二人责任承担的内部分配这一后续问题。如果法院判决二人共赔偿王某3 000元费用,虽然王某可以向两人中任何一人主张赔偿,但是,二人为了不承担对方的责任,二人之间一定会有一个具体的赔偿承担方案。那么具体的赔偿承担方案应该如何确定呢?《侵权责任法》第14条规定:"连带责任人根据各自责任大小确定相应的赔偿数额;难以确定责任大小的,平均承担赔偿责任。支付超出自己赔偿数额的连带责任人,有权向其他连带责任人追偿。"本案中孙、朱二人损毁电动车的行为是共同实施的,很难判定二人谁的责任大,谁的责任小,因此,平均承担赔偿责任是比较合理的,即二人每人承担1 500元的赔偿费用。如果在二人赔偿王某的3 000元中,孙某仅承担了1 000元,朱某承担了2 000元(即朱某多承担了500元的赔偿款),朱某则有权根据第14条的规定,要求孙某偿还自己多付的500元。

(四)专家建议

校园中发生的共同侵权案件多种多样,除了学生可以作为共同侵权人,学校和老师、老师和老师、老师和学生、学生和校外第三人等都可以作为共同侵权人,因此,对于共同侵权的案件要具体分析。但是,共同侵权案件都有一个共同特点,即责任的连带性。只要是共同侵权人,都应当承担连带责任。连带责任的规定,既加重了对共同侵权人的惩罚,也加强了对被侵害人的保护力度,体现了《侵权责任法》的基本立法精神。

二、共同危险行为的侵权责任

(一)案例简介

甲、乙、丙三人是某小学二年级的学生。某天轮到三人值日,因而在放学后他们没有像平时一样回家,而是留下来打扫教室和楼道卫生。在打扫的过程中,三人有说有笑,边玩边打扫。三人在打扫教室阳台时,发现阳台上放了一些旧的饮料玻璃瓶。由于教室在五楼,他们觉得把瓶子拿到楼下的垃圾桶里扔掉很麻烦,同时三个儿童出于好玩的想法,每人拿起一个,到楼道窗户前,用手把瓶子伸到楼外,喊了声"1、2、3",就一齐松手,把瓶子扔了出去。恰好这时两个高年级学生从楼下经过,一个落下的瓶子不偏不倚正好砸到了一个学生的头上,造成该学生当即倒地,血流不止。另一个学生见状大声呼救。路过的老师听到呼救赶紧拨打急救电话,将受伤学生紧急送往医院。由于抢救及时，伤者脱离了生命危险，但是医生告诉伤者父母可能会有后遗症。该受伤学生在医院治疗 3 个月后回家休养。受伤学生的家长找到甲、乙、丙要求赔偿，三方家长都说不是自己的孩子砸的。由于不能确定儿子到底是哪个学生砸伤的，受害方的家长将甲、乙、丙三人作为共同被告向法院起诉，要求法院判决三被告赔偿医疗费等各项支出共 6 万余元。法院最后判决三被告承担连带赔偿责任，支持了原告的赔偿请求。

（二）法律规定

1.《侵权责任法》

第十条　二人以上实施危及他人人身、财产安全的行为，其中一人或者数人的行为造成他人损害，能够确定具体侵权人的，由侵权人承担侵权责任；不能确定具体侵权人的，行为人承担连带责任。

第十六条　侵害他人人身造成伤害的，应当赔偿医疗费、护理费、交通费等为治疗和康复支出的合理费用，以及因误工减少的收入。造成残疾的，还应当赔偿残疾生活辅助具费和残疾赔偿金。造成死亡的，还应当赔偿丧葬费和死亡赔偿金。

2.《最高人民法院关于民事诉讼证据的若干规定》

第四条　下列侵权诉讼，按照以下规定承担举证责任：

（七）因共同危险行为致人损害的侵权诉讼，由实施危险行为的人就其行为与损害后果不存在因果关系承担举证责任；

3.《最高人民法院关于审理人身损害赔偿案件适用法律若干问题的解释》

第四条　二人以上共同实施危及他人人身安全的行为并造成损害后果，不能确定实际侵害行为人的，应当依照民法通则第一百三十条规定承担连带责任。共同危险行为人能够证明损害后果不是由其行为造成的，不承担赔偿责任。

（三）法律解读

共同危险行为也是涉及多方当事人的侵权行为，但是并不同于典型的共同侵权。在典型的共同侵权中，损害后果是侵权人各方共同侵权造成的。而共同危险行为虽然有共同侵权之行为，但是损害结果只是由其中一个行为造成的。只是由于具体侵害人无法确定，由此法律规定比照共同侵权责任的承担方式来确定责任。

所谓共同危险行为是指两个或者两个以上的行为人实施可能造成他人损害的危险行为并实际致人损害，而无法确定加害人的侵权行为。也就是在侵权案件中，可能存在多个人实施侵权行为，各侵权行为都存在导致损害的危险性，并且其中一人的加害行为造成实际的损害后果，但无法确定到底是哪一个人造成了损害。由于无法确定加害人，法律推定各行为人的行为与损害后果都存在因果关系。因此各行为人都是加害人，并承担连带责任。我国《民法通则》中对此并没有相关的规定，但是在实际的审判过程中出现了这种案件，为此，2003 年《最高人民法院关于审理人身损害赔偿案件适用法律若干问题的解释》中对这种情形作出了相应的司法解释。鉴于这一情况，《侵权责任法》进一步明确了相关规定。该法第 10 条规定："二人以上实施危及他人人身、财产安全的行为，其中一人或者数人的行为造成他人损害，能够确定具体侵权人的，由侵权人承担侵权责任；不能确定具体侵权人的，行为人承担连带责任。"在此案中，三个孩子的行为就是共同危险行为。三人从楼道窗户往外扔瓶子是共同实施的具有危险性的行为，由于不能确定究竟是谁扔的瓶子砸到人，因此应当由三个孩子的监护人承担连带赔偿责任。

另外，根据 2001 年《最高人民法院关于民事诉讼证据的若干规定》和 2003 年《最高人民法院关于审理人身损害赔偿案件适用法律若干问题的解释》，加害人可以举证证明推翻因果关系的推定，即加害人能够证明损害后果不是由其行为造成的，不承担赔偿责任。也就是说在法庭审理过程中，三名被告之中只要有人能提出证据证明砸中原告的瓶子不是自己抛出的，该被告就可以不承担侵权责任。这是法律规定的惟一的免责事由，除此之外，不能免除被告的责任。

本案的另一个焦点是学校的责任问题。学生在学校里被楼上掉下的重物砸伤，学校应不应该承担责任呢？就本案来讲，砸伤人的瓶子是由本校的学生故意扔下来的，并非因学校管理失误而致使瓶子坠落。从具体案情中可以了解到学校在管理中并不存在明显的过错，如果要求学校对该伤害负责，是极不合情理的。毕竟有学生从楼上扔瓶子，学校是不可能预先知道并采取相应的措施加以避免的，如果要求学校防止这种危险的发生，几乎是不可能的，很明显这已经超出学校的保护能力。因此，学校不承担侵权责任，而应由伤人学生的监护人来承担。

最后受害人家长提出赔偿 6 万余元的诉讼请求，赔偿的费用是如何计算的呢？《侵权责任法》第 16 条规定："侵害他人人身造成伤害的，应当赔偿医疗费、护理费、交通费等为治疗和康复支出的合理费用，以及因误工减少的收入。造成残疾的，还应当赔偿残疾生活辅助具费和残疾赔偿金。造成死亡的，还应当赔偿丧葬费和死亡赔偿金。"在本案中，受害人家长要求侵权人赔偿医疗费、护理费、交通费、误工费等费用是合理的，并且于法有据，应当得到法院的支持。

（四）专家建议

共同危险行为作为一种特殊的共同侵权，不同于一般的共同侵权。如何认定共同危险行为呢？一般来说，共同危险行为具备以下法律特征：（1）侵害行为由数人实施；（2）行为的性质具有危险性；（3）这种具有危险性的共同行为是致人损害的原因；（4）损害结果不是共同危险行为人全体所致，而是其中不能确定的人所致。根据法律规定，在共同危险行为造成损害的情况下，应由共同危险行为人共同承担责任。有人认为损害并非是全体共同危险行为人所致，对于实际上未致害他人的行为人来说，有失公平。但是，在不能查明谁是加害人，不能确定具体的义务主体的情况下，如果不让全体共同危险行为人承担赔偿责任，受害人的损害就不可能得到赔偿。从这个角度上说，必然是对受害人的显失公平。民法的公平原则正是为了保护受害人的权利，使受害人的损失得到合理而适当的补偿。

三、教唆无行为能力人侵权责任

（一）案例简介

新疆某小学例行卫生检查。在这次检查中，四（2）班的卫生区因为有一根扫帚苗未被打扫干净，被学校扣掉1分，四（2）班班主任赵某知道后很不高兴。这时负责打扫卫生的8名同学中有人报告说：与他们一起值日的王某不好好打扫卫生，光顾自己玩。赵某听后立即把打扫卫生的8名同学叫到一起，让他们每人打王某3个耳光。在第3个同学打的时候，王某已经哭了，可余下的同学在赵某的逼迫下还是把耳光打完了。进到教室，等同学们都坐好后，赵某还不解气，又让王某走到每个同学面前，要每人再打他3个耳光。王某只好流着泪走到每个同学面前挨打。有一个叫李某的同学平常与王某关系较好，打得轻了，赵某见了就令李某的同桌同学打了李某3个耳光，看到这种情况，就没有人再敢轻打了。那些在教室外已经打过王某的值日生，跟着又打了王某一遍。王某当场被打得两耳嗡嗡乱响，但强忍着眼泪不敢吭声。就这样，全班共有38人打了王某耳光，小小的王某一个下午就被人打了114个耳光。中午王某没回家，晚上回家后，家长发现王某的左脸肿得厉害，连正常的说话声都听不清楚，经询问后就带他到医院检查，并迅速向学校报告情况。学校极为重视，查明了事实；班主任赵某指使全班38名学生，每人打王某3记耳光，使王某的脸部、耳朵受伤。经研究，学校决定对赵某实行停职检查，停职期间赵某必须进行反省，向学生本人和学生家长赔礼道歉，并承担相应的行政责任和民事责任。

王某不久出院，回到家里休养，心理医生建议家长把孩子转到另一所学校，离开原来的环境，淡忘此事。

（二）法律规定

1.《侵权责任法》

第九条　教唆、帮助他人实施侵权行为的，应当与行为人承担连带责任。

教唆、帮助无民事行为能力人、限制民事行为能力人实施侵权行为的，应当承担侵权责任；该无民事行为能力人、限制民事行为能力人的监护人未尽到监护责任的，应当承担相应的责任。

2.《民法通则》

第一百三十三条　无民事行为能力人、限制民事行为能力人造成他人损害的，由监护人承担民事责任。监护人尽了监护责任的，可以适当减轻他的民事责任。

（三）法律解读

在日常学校教学中，有时会出现老师对学生的体罚现象。有些是轻微体罚，老师和家长可能就不以为意。其实，无论是轻微体罚还是严重体罚，都不是我们的教育所应该倡导的。党和国家提出"以人为本"的号召，教育也应该审时度势，做到真正的"以人为本，因材施教"。对教育者而言，"以人为本"就是以学生为本。对于有缺点、错误的学生，要深入了解情况，具体分析原因，满腔

热情地做好他们的思想转化工作，要进行耐心细致的说服教育工作，以理服人，不能采用简单粗暴和压服的办法，更不得体罚和变相体罚学生。

在本案中，班主任赵某没有直接动手打王某，而是指使班内同学对王某进行打骂，是不是就不承担民事责任呢？如果要承担责任，责任应该怎样分配呢？赵某是否要承担全部责任？直接打王某耳光的38个同学及其家长是否也应对此承担责任？

现仅就上述问题分析如下：

《侵权责任法》第9条规定："教唆、帮助他人实施侵权行为的，应当与行为人承担连带责任。教唆、帮助无民事行为能力人、限制民事行为能力人实施侵权行为的，应当承担侵权责任；该无民事行为能力人、限制民事行为能力人的监护人未尽到监护责任的，应当承担相应的责任。"本案中的学生是小学四年级的孩子，都是无民事行为能力人或者是限制民事行为能力人。所谓无民事行为能力人就是指完全不能正确认识自己和控制自己行为和行为所产生后果的人；而限制民事行为能力人则是指不能完全认识自己和控制自己行为和行为所产生后果的人。

依据我国《民法通则》规定，不满10周岁的未成年人及不能辨认自己行为的精神病人是无民事行为能力人，限制民事行为能力人则包括10周岁以上的未成年人和不能完全辨认自己行为的精神病人。由于这类群体本身心智并不成熟，也不具备进行民事活动的能力，因而民事活动由他们的法定代理人代理。因此，法律上规定对于教唆、帮助无民事行为能力人、限制民事行为能力人实施侵权行为的，应当承担侵权责任。老师赵某教唆同学们打王某，就属于法律规定的教唆无民事行为能力人、限制民事行为能力人侵权情形。因而老师应当承担侵权责任。

至于打人的38个学生要不要承担连带责任呢？根据《民法通则》第133条规定，无民事行为能力人、限制民事行为能力人造成他人损害的，由监护人承担民事责任。因而，打人的学生是不能直接承担责任的，即使要承担责任，也要由他们的监护人即家长承担。那么家长的责任如何确定呢？《侵权责任法》第9条第2款规定："教唆、帮助无民事行为能力人、限制民事行为能力人实施侵权行为的，应当承担侵权责任；该无民事行为能力人、限制民事行为能力人的监护人未尽到监护责任的，应当承担相应的责任。"即是说，家长是否尽到了监护义务是判断是否承担责任的依据。

从班主任赵某对王某的惩罚行为看，让全班同学去打王某完全是一个强迫的行为。学生在学校期间，家长无法尽到监护责任，此时的监护责任已转由学校承担，家长并不存在过错。因此教师赵某应对此承担全部责任，而不应由动手打王某的同学及其家长分担责任。班主任赵某的行为严重侵犯了学生的名誉权和身体健康权，依法应为学生消除影响、恢复名誉，并赔礼道歉，学校也应承担一定的赔偿责任。此外，老师也应承担一定的行政责任，学校决定对赵某实行停职检查是正确的。

（四）专家建议

学校是培养教育下一代和建设社会主义精神文明的主要阵地，保护少年儿童健康成长是教育工作者的神圣职责。对学生坚持正面教育，是所有教育工作者必须遵循的一条重要的教育原则。教师在必要时可以对学生进行批评教育，但是一定不可以侵害学生的合法权益。学生的合法权益受到法律保护，任何对学生的侵权行为都会受到法律的追究。即便是像本案的班主任赵某，借他人之手行侵权之实，也难逃法律的责罚。

另外，对于学生和学生家长而言，遇到类似的事件，应有一个清醒的认识，明确侵权人到底是谁，不能有病乱投医，把所有相关者都当成被告乱告一气，这样不仅浪费了司法资源，消耗了自己的时间和精力，而且不能解决问题。对于教唆无行为能力人侵权的案件，教唆人才是真正的被告。

四、数人侵权主次责任认定

（一）案例简介

2003 年 5 月 12 日，某市某中学为了丰富学生的课外活动，决定由老师领队，组织学生到电影院观看电影。一直到电影放映前 5 分钟，电影院仍未进行检票，老师就去和电影院协商，要求赶快检票。电影院检票时，电影已经开始放映。由于电影院管理失误，入场检票时比较匆忙，单、双号门紧闭，致使五六百学生检票后仅能进入廊厅而不能进入放映场。电影开演五六分钟后，电影院才仅开单号门让学生入放映场地，学生一拥而入。而放映厅内天窗紧闭，不开电灯，黑暗中学生发生拥挤，致使 3 名学生被挤倒在地，其中高三女生孟某经抢救无效死亡，另两人受轻伤。

受害学生的家长找到学校要讨个说法，学校则认为责任不在自己，而在电影院，应由电影院承担赔偿责任。学生看电影发生踩踏事故，责任到底在谁？

（二）法律规定

1.《侵权责任法》

第十二条　二人以上分别实施侵权行为造成同一损害，能够确定责任大小的，各自承担相应的责任；难以确定责任大小的，平均承担赔偿责任。

第三十七条　宾馆、商场、银行、车站、娱乐场所等公共场所的管理人或者群众性活动的组织者，未尽到安全保障义务，造成他人损害的，应当承担侵权责任。

因第三人的行为造成他人损害的，由第三人承担侵权责任；管理人或者组织者未尽到安全保障义务的，承担相应的补充责任。

2.《学生伤害事故处理办法》

第九条　因下列情形之一造成的学生伤害事故，学校应当依法承担相应的责任：

（四）学校组织学生参加教育教学活动或者校外活动，未对学生进行相应的安全教育，并未在可预见的范围内采取必要的安全措施的；

第十一条　学校安排学生参加活动，因提供场地、设备、交通工具、食品及其他消费与服务的经营者，或者学校以外的活动组织者的过错造成的学生伤害事故，有过错的当事人应当依法承担相应的责任。

3.《最高人民法院关于审理人身损害赔偿案件适用法律若干问题的解释》

第三条　二人以上共同故意或者共同过失致人损害，或者虽无共同故意、共同过失，但其侵害行为直接结合发生同一损害后果的，构成共同侵权，应当依照民法通则第一百三十条规定承担连带责任。

二人以上没有共同故意或者共同过失，但其分别实施的数个行为间接结合发生同一损害后果的，应当根据过失大小或者原因力比例各自承担相应的赔偿责任。

（三）法律解读

这是一桩学校组织校外活动，造成学生伤害的案件。在本案中，学校和电影院都是负有一定的责任的。

《侵权责任法》第37条第1款规定："宾馆、商场、银行、车站、娱乐场所等公共场所的管理人或者群众性活动的组织者，未尽到安全保障义务，造成他人损害的，应当承担侵权责任。"电影院是为公众提供休闲娱乐的经营场所，应按规定为购票的观众提供安全的观看场所，做好维持秩序的组织工作等应尽的职责。在本案中，由于电影院管理失误，入场检票时单、双号门没有打开，致使五六百学生检票后仅能进入廊厅而不能进入放映场，后来又只打开单号门让学生进入放映厅。放映厅内没有开灯，致使黑暗中发生拥挤和踩踏事故。因而整个事故的主要责任在电影院。

那么学校对事件的发生是否负有责任呢？根据《学生伤害事故处理办法》第9条的相关规定，学校组织学生参加教育教学活动或者校外活动，未对学生进行相应的安全教育，并未在可预见的范围内采取必要的安全措施的，学校应当依法承担相应的责任。学校在组织学生参加大型集体活动时，应当做好一切准备工作。特别是有教育经验的人应当意识到，学生在入场时如果不按一定的秩序，很容易发生拥挤和互相踩踏的情况。因而学校对踩踏事故的发生是可以预见的，如果采取有效的防范措施是可以有效防止其发生的，因此，学校也是该侵权案件中的侵权人。

由此可知，学校和电影院同为本案的侵权人，那么二者是否构成了共同侵权呢？共同侵权是指二人以上共同故意或者过失侵权。显然，学校和电影院之间并不存在共同伤害的意思联络，因而并不是共同侵权。学校和电影院的损害行为实际上构成了无意思联络的数人侵权。无意思联络的数人侵权，是指两个或两个以上的行为人事先并无共同的意思联络，但其行为的偶然结合致人损害。学校和电影院都存在一定的过失，并且各自无意思联络的过失行为偶然结合导致了学生的死亡和受伤。《最高人民法院关于审理人身损害赔偿案件适用法律若干问题的解释》第3条第2款规定："二人以上没有共同故意或者共同过失，但其分别实施的数个行为间接结合发生同一损害后果的，应当根据过失大小或者原因力比例各自承担相应的赔偿责任。"另外，《学生伤害事故处理办法》第11条规定："学校安排学生参加活动，因提供场地、设备、交通工具、食品及其他消费与服务的经营者，或者学校以外的活动组织者的过错造成的学生伤害事故，有过错的当事人应当依法承担相应的责任。"因而学校和电影院应当根据过错的大小比例承担相应的赔偿责任。在本案中，电影院管理不当，是事故发生的主要原因，承担主要责任，因此，电影院对死亡学生的家属及受伤学生应负主要赔偿责任；学校的过错程度较轻，应对受害学生或其家属承担一定的赔偿责任。

在诉讼中学生家长可以作为原告或者原告的代理人出席法庭，将电影院和学校列为共同被告。

（四）专家建议

无意思联络的数人侵权属于涉及多方当事人的侵权的一种，由于当事人间并没有共同的故意和过失，缺乏彼此的意思联络，因而不同于共同侵权行为。在责任承担时侵权各方不需要承担连带赔偿责任，只需根据各自错的大小来承担赔偿责任。在本案中电影院和学校责任的主次是比较容易判断的，但是现实中也存在责任的主次、大小难以确定的情况。此时可以援引《侵权责任法》第12条的有关规定，要求侵权各方平均承担赔偿责任。

五、侵权案中加害人不明的责任认定

（一）案例简介

2007年11月某日下午5时，17岁的高二学生何某和往日一样从学校徒步回家。从教学楼走到校门要穿过学校教师的家属区。当他从7号家属楼前的道路上经过时，一个装满泥土的塑料花盆突然从天而降，不偏不倚地落在何某的头上，何某随之倒下，满脸是血，不省人事。路人见状，急忙把他送往医院救治。医院联系到何某所在学校，并要求通知其家长。经医生检查，何某颅骨开放性骨折，颅内有出血，虽然经抢救何某脱离了危险，但是被鉴定为8级伤残。这次不幸，给何某及其父母造成巨大痛苦。为了治伤，何某先后动了两次手术，花去了3万多元，虽然保住了性命，但是脑子受到了损伤，出院后仍然会经常性地头痛，因此，医生建议何某1年内不要过度用脑，静心休养，次年6月份的高考就不要参加了。为此，何某背上了沉重的思想包袱。不明不白地遭受巨大伤害，何某的父母怎么也咽不下这口气，一定要找到责任人讨个说法。可是，花盆在一瞬间落下，谁也没有注意到花盆是从何处坠落的。事发当时，何某父母就曾赶往出事地点，寻找肇事花盆的主人，同时向当地公安派出所报了案。派出所的民警得知情况后，也及时对现场进行勘查和走访，但都难以确定花盆是从哪家窗台上掉下来的。这幢建筑是8层的，3楼以上的人家都是有可能的。

于是，何某的父母以何某的名义，将3楼和3楼以上的共12户人家都告上了法庭，要求赔偿医疗费、残疾生活补助费等共计15万余元。法院在经过反复调查、认真审理之后，作出了一审判决，判令其中10家住户共同赔偿何某各项损失共计8万余元。

（二）法律规定

1.《侵权责任法》

第八十七条　从建筑物中抛掷物品或者从建筑物上坠落的物品造成他人损害，难以确定具体侵权人的，除能够证明自己不是侵权人的外，由可能加害的建筑物使用人给予补偿。

2.《民法通则》

第一百二十六条　建筑物或者其他设施以及建筑物上的搁置物、悬挂物发生倒塌、脱落、坠落造成他人损害的，它的所有人或者管理人应当承担民事责任，但能够证明自己没有过错的除外。

3.《最高人民法院关于审理人身损害赔偿案件适用法律若干问题的解释》

第十六条　下列情形，适用民法通则第126条的规定，由所有人或者管理人承担赔偿责任，但能够证明自己没有过错的除外：

（一）道路、桥梁、隧道等人工建造的构筑物因维护、管理瑕疵致人损害的；

（二）堆放物品滚落、滑落或者堆放物倒塌致人损害的；

（三）树木倾倒、折断或者果实坠落致人损害的。

前款第（一）项情形，因设计、施工缺陷造成损害的，由所有人、管理人与设计、施工者承担连带责任。

4.《学生伤害事故处理办法》

第十三条　下列情形下发生的造成学生人身损害后果的事故，学校行为并无不当的，不承担事故责任；事故责任应当按有关法律法规或者其他有关规定认定：

（一）在学生自行上学、放学、返校、离校途中发生的；

（二）在学生自行外出或者擅自离校期间发生的；

（三）在放学后、节假日或者假期等学校工作时间以外，学生自行滞留学校或者自行到校发生的；

（四）其他在学校管理职责范围外发生的。

（三）法律解读

本案发生在校园内，因而是校园意外伤害案件，属于校园事故侵权的范畴。但是与一般的校园侵权案件不同，此案无法判定明确的加害人。"花盆在一瞬间落下，谁也没有注意到花盆是从何处坠落的"，因而，想要找出具体的加害人是很困难的。那么，在这种情况下，无法确定被告，被砸伤的何某的权益如何得到救济呢？在《侵权责任法》颁布之前，相关法律没有对此种情形作出专门的规定。但是司法实践中的一般做法是根据建筑物责任原则，在排除了该建筑物中"不具有花盆坠落的可能性"的住户（建筑物的管理者、所有者、使用者等，下同）后，判令不能排除花盆坠落可能性的住户共同承担赔偿责任。如此判决的依据是《民法通则》第126条规定，即"建筑物或者其他设施以及建筑物上的搁置物、悬挂物发生倒塌、脱落、坠落造成他人损害的，它的所有人或者管理人应当承担民事责任，但能够证明自己没有过错的除外。"这一规定采取的是"过错推定"的归责原则。所谓归责原则是指据以确定侵权民事责任由行为人承担的理由、标准或者说最终决定性的根本要素，也就是怎样来确定责任的归属。过错推定作为一种归责原则，是指只要出现了损害结果，就推定侵害人对损害的发生存在过错，应当承担赔偿责任。这其实是免除了被侵害人的一部分举证责任，即举出证据证明侵害人有过错的责任。这一规定的立法本意是为了最大限度地保护弱者。在本案中，何某无辜被花盆击中，又无法找到侵权人，是弱势的一方，其利益应当得到法律的保护。《侵权责任法》的主要目标，就是填补被侵权损害的利益，因而何某必须得到赔偿。由于无法确定具体侵权人，因而根据《民法通则》第126条的立法精神和相关司法解释的规定，建筑物上搁置物掉落致人损害，应当由所有人或管理人承担赔偿责任，除非所有人能够证明自己不存在过错。由于本案"具有花盆坠落的可能性"的 12 户居民只有 2 户能证明自己不存在过错，另外 10 户不能证明，因而判决该 10 户居民分担赔偿责任是恰当的。追究建筑物管理者等的责任，要他们履行自己不使搁置物坠落伤人的义务，是符合《侵权责任法》填补社会损失、抑制侵权行为发生要求的。那么这样是否对于承担责任的 9 户居民不公平呢？因为 10 户中必然有一户是真正的侵权人，而另外 9 户则是陪着侵权人一起受罚的。其实并不然，如果他们其中有人家可以有足够的证据证明当时花盆不可能从自己家窗台落下，完全可以通过诉讼举证，解除自己的赔偿责任。正是由于他们无法证明，因此才要承担责任。其实这是法律要求建筑物的住户要尽到谨慎生活的义务，如果要避免自己承担赔偿责任，就要证明自己所采取的措施能够保证不给途经此地的他人造成损害。

因而，基于以上法理的考量，在《侵权责任法》中，对此种情形作出了明确的规定。该法第 87 条规定："从建筑物中抛掷物品或者从建筑物上坠落的物品造成他人损害，难以确定具体侵权人的，除能够证明自己不是侵权人的外，由可能加害的建筑物使用人给予补偿。"在以后此类案件的判决中，可直接援引本条款的规定，作为公民维权和法院审判的依据。但是"适当补偿"的数额，就要根据案件的具体情形和法官的自由裁量来确定。另外，一般来说这种补偿责任是按份责任，而非连带责任。

在本案中学校要不要承担责任呢？很显然，学校是没有责任的。并不是在所有校园事故侵权中学校都要承担责任，学校仅在不履行义务或存在过错的情况下才会承担责任。在本案中，何某虽然是在学校里被花盆砸伤，但是何某已经放学，学校不存在管理疏漏，对于事故的发生也不存在过错。根据《学生伤害事故处理办法》第 13 条第（1）项的规定，学生自行上学、放学、返校、离校途中发生造成学生人身损害后果的事故，学校行为并无不当的，不承担事故责任；事故责任应当按有关法律法规或者其他有关规定认定。因此，本案的责任不在学校，法院的判决是正确的。

（四）专家建议

《侵权责任法》的根本目的在于填补社会损害。法律对社会上发生的损害绝对不会置之不理。即使如本案的情况，无法查明具体加害人，《侵权责任法》也为被侵权人提供了救济途径。但是法律不仅具有事后救济的功能，还有事前的教育功能。《民法通则》126 条规定的"过错推定"和《侵权责任法》作出由所有可能的侵害人承担责任的规定，是对社会价值取向的一种正确引导，是对公民的法制教育。教育建筑物管理者等，如果要避免自己承担赔偿责任，就应该自己主动采取措施，保证不会给他人造成损害。这样，建筑物的管理者才会尽到谨慎生活的义务，注意自己的行为是否可能给他人造成损害，并尽可能去避免。具体到本案，建筑物的住户就应该避免将花盆或其他重物搁置于窗台，防止损害到过路行人。

第九节　学校事故侵权的免责事由及减轻责任

一、学校无过错可免侵权责任

（一）案例简介

2002 年冬天，某县教育局为了丰富学生的课外活动，组织了一场全县初中生篮球赛，石某（14 岁）作为学校代表队的成员参加了比赛。

虽然比赛前校方教练员对参赛队员进行了安全教育和篮球规则的说明，但是由于篮球运动在初高中非常盛行，大家参赛热情很高，每场比赛的拼抢自然也就十分激烈。

在石某代表学校与另一所学校进行激烈的预选赛时，由于关系到学校出线权，比赛异常激烈。比赛第一节结束时，校方教练员提醒队员注意安全，不要过分拼抢，防止出现危险。但是在比赛的第二节中，石某急着抢球，与对方球员童某发生身体碰撞。石某因碰撞而重重地摔倒在地上，同时头部与地面发生接触，受到创伤，当场昏迷，送至医院时头部仍流血不止。

后经当地医院治疗，石某头部外伤愈合，但遗留下神经性头痛的症状。虽经多次医院治疗，仍未见好转。经专业鉴定机构鉴定，其结论为：额顶部硬膜下积液；脑沟、裂、池轻度增宽，为脑外伤后癫痫，评定为 6 级伤残，需要长期维持治疗，每年治疗费约 5000 元。石某的家长因此起诉石某就读的学校和作为活动组织者的教育局，要求二者承担连带责任；二被告辩称他们在活动之前已尽了安全教育义务，在活动中已经尽了安全保障义务，二者主观上无过错，不应该对此承担责任。初审法院作出判决，要求学校根据公平责任承担一定的经济补偿责任，分担石某一定比例的医疗费用。

（二）法律规定

1.《侵权责任法》

第六条　行为人因过错侵害他人民事权益，应当承担侵权责任。

根据法律规定推定行为人有过错，行为人不能证明自己没有过错的，应当承担侵权责任。

第二十四条　受害人和行为人对损害的发生都没有过错的，可以根据实际情况，由双方分担损失。

第三十九条　限制民事行为能力人在学校或者其他教育机构学习、生活期间受到人身损害，学校或者其他教育机构未尽到教育、管理职责的，应当承担责任。

2.《民法通则》

第一百三十二条　当事人对造成损害都没有过错的，可以根据实际情况，由当事人分担民事责任。

3.《最高人民法院关于贯彻执行〈中华人民共和国民法通则〉若干问题的意见》

第一百五十七条　当事人对造成损害均无过错，但一方是在为对方的利益或者共同的利益进行活动的过程中受到损害的，可以责令对方或者受益人给予一定的经济补偿。

4.《学生伤害事故处理办法》

第十二条　因下列情形之一造成的学生伤害事故，学校已履行了相应职责，行为并无不当的，无法律责任：

（五）在对抗性或者具有风险性的体育竞赛活动中发生意外伤害的；

（三）法律解读

学校是对未成年人进行全面教育、提高其素质的场所，对于就读于学校的未成年人来说，保证其人身、财产安全，维护其合法权益是未成年人接受教育的前提。学生在校期间的监护责任，实际上不可能由学校以外的其他主体承担。但是，学校并不是对每一起在校学生伤害事故都必须承担责任。学校只是代为履行学生在校期间其监护人不便于行使的部分监护职责，包括对在校未成年学生的照顾、保护、教育、管理职责。与未成年人监护人之于亲权或其他法定义务的监护职责不同的是，该职责应限于学校所能管理和控制的特定时间和空间范围内。同时，学校只有在未尽法定"谨慎义务"即存在过失的情况下，方可被要求承担责任。换句话说，学校无过错就可以免责。因此，在一般校园事故侵权中，校方无过错是免除责任的事由之一。

本案是一桩由教育局举办的、学校作为参赛一方组织学生参加的校外竞技体育活动致学生受伤的案件。在本案中，学生的身体伤害由谁承担责任，是由学校承担还是由教育局承担是解决事故纠纷的焦点。《侵权责任法》第6条第1款规定："行为人因过错侵害他人民事权益，应当承担侵权责任。"从第6条第1款可以推知，有过错则有责任，无过错则无责任．这是《侵权责任法》的基本精神。该法第39条规定："限制民事行为能力人在学校或者其他教育机构学习、生活期间受到人身损害，学校或者其他教育机构未尽到教育、管理职责的，应当承担责任。"从该条款可以明确知道，学校对限制民事行为能力人受到的人身损害承担的也是过错责任。因此具体到本案中，教育局、学校是否承担责任将取决于两个单位是否有过错，即有过错才承担责任。

首先需要讨论的是教育局的过错问题。教育局作为当地主管教育的行政部门，其举办一个为了增强青少年体质、丰富同学们生活的活动赛事，并无不当之处。因此教育局举办活动与石某受伤并无直接联系，也没有任何过错。

那么学校是否有过错呢？在篮球赛中，校方是提供了比赛预赛的场地和设施的。但是从本案的案情来看，并没有相关证据表明校方所提供的比赛场地及比赛设施（篮球、篮球架等相关运动器具、设施）存在致人损害的危险因素。比赛前校方教练员对参赛队员进行了安全教育和篮球规则的说明，赛中也进行了必要的提醒，因此学校也尽到了其告知、教育、安全保障义务。虽然在比赛过程中石某受到了身体的严重损害，但这是篮球这种对抗性竞技体育活动所固有的运动参与风险，对该损害结果的发生被告事前无法预知，同时也无法在比赛过程中采取相应的措施防范。因此不应认为学校存在管理和保护上的过错。事发后，校方采取了及时的抢救措施，将原告石某送往医院治疗，尽到了及时救助的义务。综合上述分析，无论是从赛前的组织、比赛中的装备设施还是出事后的救助来看，学校已履行了其应尽的职责，也不存在过错。根据《学生伤害事故处理办法》第12条第（5）项的规定，在对抗性或者具有风险性的体育竞赛活动中发生意外伤害，造成学生伤害事故，学校已履行了相应职责，行为并无不当的，不承担侵权法律责任。

那么这是否意味着石某的损害无法获得赔偿了呢？并不尽然。学校因无过错而免除了侵权责任并不代表不承担任何责任。《侵权责任法》第24条规定："受害人和行为人对损害的发生都没有过错的，可以根据实际情况，由双方分担损失。"这是法律关于公平责任的规定。所谓公平责任是指在当事人对造成的损害都无过错、不能适用无过错责任要求加害人承担赔偿责任，但如果不赔偿受害人遭受的损失又显失公平的情况下，由人民法院根据当事人的财产状况及其他实际情况，责令加害人对受害人的财产损失给予适当补偿的一种制度。其实质是民法的公平正义原理在个案中的实现与利益的微调。《民法通则》第132条规定："当事人对造成损害都没有过错的，可以根据实际情况，由当事人分担民事责任。"公平责任的具体适用可以参照《最高人民法院关于贯彻执行〈中华人民共和国民法通则〉若干问题的意见》第157条的规定："当事人对造成损害均无过错，但一方是在为对方的利益或者共同的利益进行活动的过程中受到损害的，可以责令对方或者受益人给予一定的经济补偿。"在本案中，教育局虽然是比赛的举办方，但预赛完全是学校组织的，并且尚未进行正式比赛，石某的损害与教育局的行为之间没有因果关系，教育局也无过错，因此教育局不承担责任。比赛结果的好坏对学校的荣誉有影响，石某是代表学校参加比赛，换句话说，是在为学校的利益进行比赛，因此根据上述条款，学校依法应分担石某的损失一因此在本案中，即使学校得以免除侵权责任，也要因公平责任而承担一定的经济补偿责任。

（四）专家建议

在校园事故侵权案件中的被侵权人是限制行为能力人的情况下，学校承担的是过错责任，即学校在有过错的情况下才承担责任，无过错则无责任。此时无过错是一个当然的免责事由，并且一般情况下能够完全免除校方的责任。但在学校和受害学生双方都无过错的情况下，如果受害学生受有重大损害，而学校虽无过错但有受益的情形，应当考虑适用法律关于公平责任的规定，由学校分担部分损失。因此，无过错可以作为行为人的抗辩事由，以对抗对方的主张，从而免除侵权责任，但是无侵权责任不等于完全无责任，在适用公平责任的情况下，行为人需要承担一定的经济补偿责任以弥补受害人的损失，从而维护社会的公平正义。

二、不可抗力免责事由的适用

（一）案例简介

小刚是某市中心小学的一名学生，家就住在学校周围，因此外出时一般都必须从学校临街教学楼前走过。2004 年 8 月 1 日下午，小刚同伙伴在学校附近的球场踢球。这时，天色突然变阴，接着吹起大风。其中一个伙伴说："昨天天气预报报道今天有大风，可能风一时半会儿停不了，我看我们还是赶快回家吧！"小刚和伙伴见天空乌云密布，于是便纷纷往各自家里的方向跑去。小刚经过临街的教学楼时，一阵狂风刮起，学校临街教学楼上方的玻璃幕墙突然迸裂并大面积脱落。从高空下落的玻璃碎片将小刚砸伤。小刚当场晕厥过去。

小刚很快被送到医院，经医院治疗，出具了诊断意见：（1）左肘关节不全离断伤；（2）左前臂外伤；（3）失血性休克。法医鉴定伤残程度为 6 级，评定小刚双上肢创伤功能丧失达 78% 以上，日常生活明显受限，需要他人帮助。据此，小刚父母不但支付大笔的医疗费，小刚的身心也受到巨大的伤害。

后来经调查得知，玻璃幕墙原本就已损坏，产生裂痕，校方一直未予以注意。此次风力很大，将本来就有裂痕的玻璃幕墙吹碎，才导致了事故发生。另外，据当地的气象部门统计，当时当地部分地区出现大风天气，局部地区瞬间风力达 10 级。

（二）法律规定

1. 《侵权责任法》

第二十九条 因不可抗力造成他人损害的，不承担责任。法律另有规定的，依照其规定。

第八十五条 建筑物、构筑物或者其他设施及其搁置物、悬挂物发生脱落、坠落造成他人损害，所有人、管理人或者使用人不能证明自己没有过错的，应当承担侵权责任。所有人、管理人或者使用人赔偿后，有其他责任人的，有权向其他责任人追偿。

2. 《民法通则》

第一百五十三条 本法所称的"不可抗力"，是指不能预见、不能避免并不能克服的客观情况。

3. 《学生伤害事故处理办法》

第四条 学校的举办者应当提供符合安全标准的校舍、场地、其他教育教学设施和生活设施。

第九条 因下列情形之一造成的学生伤害事故，学校应当依法承担相应的责任：

（一）学校的校舍、场地、其他公共设施，以及学校提供给学生使用的学具、教育教学和生活设施、设备不符合国家规定的标准，或者有明显不安全因素的；

第十二条 因下列情形之一造成的学生伤害事故，学校已履行了相应职责，行为并无不当的，无法律责任：

（一）地震、雷击、台风、洪水等不可抗的自然因素造成的；

（三）法律解读

不可抗力，是法律规定的免除责任的事由。《民法通则》第153条规定："本法所称的'不可抗力'，是指不能预见、不能避免并不能克服的客观情况。"换句话说，当事人以最大谨慎和最大努力仍不能防止的事件为不可抗力事件。不可抗力事件的不可预见性和偶然性决定了人们不可能列举出它的全部外延，不能穷尽人类和自然界可能发生的种种偶然事件。因此，尽管世界各国都承认不可抗力可以免责，但是没有一个国家能够确切地规定不可抗力的范围，而且由于习惯和法律意识不同，各国对不可抗力的范围理解也不同。根据我国实践、国际贸易惯例和多数国家有关法律的解释，不可抗力事件的范围主要由两部分构成：（1）由自然原因引起的自然现象，如火灾、旱灾、地震、风灾、大雪、山崩等；（2）由社会原因引起的社会现象，如战争、动乱、政府干预、罢工、禁运、市场行情等。

在侵权法领域，不可抗力免责是指由于发生了不能预见、不能避免并不能克服的客观情况，导致侵权事故的发生，行为人可以据此主张不承担责任。《侵权责任法》第29条规定"因不可抗力造成他人损害的，不承担责任。法律另有规定的，依照其规定。"法律之所以如此规定，是由于不可抗力是行为人无法控制的情况，在出现此类情况时，行为人往往无力阻止侵权事故的发生，而且行为人本身并不希望发生侵权事故，是无辜的。若由此就要行为人承担侵权责任，显然有悖公平。因此法律特设这一免责事由，以保护无辜行为人的合法权益，维护社会公平。

本案是一起发生在校园内的物件致人损害案件，学生受伤是由10级大风引起教学楼玻璃幕墙迸裂并大面积脱落导致的。在本案中，学生的身体伤害由谁承担，10级大风是否可以作为不可抗力免除学校责任，是探讨的核心问题。

《学生伤害事故处理办法》第12条第（1）项规定，地震、雷击、台风、洪水等不可抗的自然因素造成的学生伤害事故，学校已履行了相应职责，行为并无不当的，无法律责任。本案的关键是确定由10级大风引起教学楼玻璃幕墙的大面积脱落而导致学生受伤是否属于由不可抗力而导致的损害结果。据当地的气象部门统计，当时当地部分地区出现大风天气，局部地区瞬间风力达10级。从因果关系的角度考虑，10级大风确实与小刚的损害之间有因果关系，而10级大风属于不可抗力，表面上似乎符合了法律关予免责事由的规定。但在本案中，玻璃幕墙倒塌的结果并不仅仅是大风的原因。该幕墙早就出现裂痕，校方一直未予以注意，如果能提前加以修护，幕墙就不会碎裂，损害的发生也就可以避免。根据《学生伤害事故处理办法》第4条第1款的规定："学校的举办者应当提供符合安全标准的校舍、场地、其他教育教学设施和生活设施。"学校并没有严格依法履行上述义务，因此学校存在很大的疏忽，对损害的发生存在过错。而且学校也完全可以通过气象部门或者电视台预报而得知大风即将来临的消息，学校对10级大风也是可以预见的。综合上面的分析，本案不符合不可抗力不能避免和不能预见的特点，因此学校若提出不可抗力免责是得不到法院支持的。

《侵权责任法》第85条规定："建筑物、构筑物或者其他设施及其搁置物、悬挂物发生脱落、坠落造成他人损害，所有人、管理人或者使用人不能证明自己没有过错的，应当承担侵权责任。"本案应该适用该条款关于物件致人损害责任。物件致人损害责任是一种特殊侵权责任，适用过错推定规则，并且实行举证责任倒置，即当建筑物等物件致人损害时，法律推定物件的所有人和管理人主观上有过错，该物件的所有人和管理人只有举证证明自己没有过错，方能否定这种法律上的推定。在本案中，免责事由已经被推翻，学校无法主张免责事由的抗辩，因此只能通过其他主张证明学校不存在过错。但是，从本案事实来看，学校玻璃幕墙发生破损，存在很大的安全隐患，学校没有及时维修；另外，在得知大风来临的消息后，学校应尽比平时更高的注意义务，更应该预见到玻璃幕墙的危险性，对该幕墙加强管理和维护，但是学校也并未采取任何有效措施加以防止，学校显然是存在过错的。因此学校很难举证证明自己不存在过错，应当承担民事赔偿责任。

（四）专家建议

不可抗力作为免责事由应严格限定，只有不可预见、不可避免并且不能克服的客观情况才能构成不可抗力。因不可抗力造成损害，当事人一般不承担民事责任。但是，不可抗力导致免责，必须是不可抗力是损害发生的惟一原因，当事人对损害的发生和扩大不能产生任何作用。总之，对不可抗力能否作为抗辩事由应严格掌握其构成要件。

三、受害人同意免责事由的适用

（一）案例简介

小明和小强均系某中学的学生，二人酷爱踢球，由于兴趣爱好颇有共同之处，且志趣相投，二人关系很好。他们和学校里其他年级喜欢踢球的同学，自发组织成立了一个足球联队，该联队立志以足球为业，'以切磋球技为理想追求。他们利用课后和周六、周日的时间，经常到学校的田径场自发组织球赛。

2003年5月的一天，春光和煦，春风吹拂，大家兴致勃发，相约结伴来到老地方——学校的田径场，开始一场激烈、热闹的足球比赛。在争抢足球的过程中，小明见小强及对方几个球员包抄过来，连忙来了个凌空抽射，想把球传给远在球场另一边的队友。没想到小强突然跃起，想用头部挺球，结果势大力沉的飞来横球正中小强左眼，造成他左眼重伤。

后经医院诊断治疗，小强"左眼视网膜脱离"，需在医院住院20天。后经人民法院司法技术鉴定处鉴定，小强左眼损伤已构成重伤，遗留8级伤残。

（二）法律规定

1.《侵权责任法》

第二十四条　受害人和行为人对损害的发生都没有过错的，可以根据实际情况，由双方分担损失。

第三十九条　限制民事行为能力人在学校或者其他教育机构学习、生活期间受到人身损害，学

校或者其他教育机构未尽到教育、管理职责的，应当承担责任。

2.《最高人民法院关于审理人身损害赔偿案件适用法律若干问题的解释》

第七条　对未成年人依法负有教育、管理、保护义务的学校、幼儿园或者其他教育机构，未尽职责范围内的相关义务致使未成年人遭受人身损害，或者未成年人致他人人身损害的，应当承担与其过错相应的赔偿责任。

3.《学生伤害事故处理办法》

第十二条　因下列情形之一造成的学生伤害事故，学校已履行了相应职责，行为并无不当的，无法律责任：

（五）在对抗性或者具有风险性的体育竞赛活动中发生意外伤害的；

（三）法律解读

所谓受害人同意的行为，是指受害人事先明确表示愿意自行承担某种损害结果，而且不违反法律和社会公共利益的行为。例如，病人或其家属在同意做手术的书面文书上签字后，对于正常进行手术可能发生的损害后果，医院、医生不承担责任，但构成医疗事故的除外。由于权利人对自己的权利有权自我处分，因此一般来讲，行为人经受害人同意实施的侵权行为可以不承担侵权责任。

具体到本案，这是一桩学生自发组织课外踢球而导致球员受伤的案件。虽然学校不是球赛的参与者，但是由于损害发生在校园内，因此也成为本案的当事人之一。本案的关键点就在于明确参赛球员及学校对损害后果的责任承担问题。在本案中，踢球学生的身体伤害由谁承担？是学校还是致害球员？按照本案的事实和我国相关法律的规定，法院最终判决学校和致害球员不承担责任，损害由受害学生自己担责。对这一判决本文展开如下分析。

首先要解决的问题是：学校是否要承担赔偿责任？

《侵权责任法》第39条规定："限制民事行为能力人在学校或者其他教育机构学习、生活期间受到人身损害，学校或者其他教育机构未尽到教育、管理职责的，应当承担责任。"《最高人民法院关于审理人身损害赔偿案件适用法律若干问题的解释》第7条第1款规定："对未成年人依法负有教育、管理、保护义务的学校、幼儿园或者其他教育机构，未尽职责范围内的相关义务致使未成年人遭受人身损害，或者未成年人致他人人身损害的，应当承担与其过错相应的赔偿责任。"由此可见，学校对校园伤害事故的归责原则为过错责任原则，在其责任范围内学校有过错的，应该承担与其过错相应的赔偿责任，没有过错的，则不应该承担责任。在本案中该中学不是该场球赛的组织者，学校的运动场地设施不存在安全隐患，况且也无证据证明学校未尽到对未成年学生应有的教育、管理、保护义务。在学校没有过错的情况下，由学校承担原告小强的人身损害结果，这相当于让学校承担了所有体育活动的风险，这种变相的严格责任，将不利于学校继续举办、开设、组织此类比赛活动，也不利于学生课余活动的丰富和业余自由活动的开展，必将影响学校日常工作的进行。由此，《学生伤害事故处理办法》第12条第（5）项也规定，在对抗性或者具有风险性的体育竞赛活动中发生意外伤害的，学校已履行了相应职责，行为并无不当的，无法律责任。

那么，小明是否要因其凌空抽射的一脚对小强造成的损害负责呢？这就涉及免责事由的问题。足球竞赛、足球运动具有全体性、对抗性及人身危险性，出现人身伤害的事件属于正常现象，应在意料之中，参赛者无一例外地处在潜在的危险之中，既是危险的潜在制造者，又是危险的潜在承担者。足球运动中出现的正当危险后果是被允许的，参与者有可能成为危险后果的实际承担者，而正当危险的制造者不应当为此付出代价。因此足球比赛等激烈的对抗性比赛活动的参加人应当对此类损害后果有所预见。在预见到可能产生的损害后果后，仍然坚持参加比赛的，属于自甘风险的行为。一自甘风险，也叫自甘冒险，是自甘冒险行为的简称，是指行为人也即受害人原可预见损害之发生而又自愿冒损害发生之危险，而损害后果真不幸发生。在本案中，小明在足球比赛中的行为不违反运动规则，也不存在过失，不属于侵权行为的范畴。小强的行为属于自甘风险的行为，自甘风险属于受害人同意的一种情形。受害人同意又称受害人承诺，是指受害人容许他人侵害其权利，自己自愿承担损害后果，且不违背法律和公共道德的一方意思表示。在本案中，小强明知运动有风险而参与其中，实际上已经以默示的形式作出同意表示，即自己自愿承担受伤风险，因此小明不承担侵权责任。

不过，根据《侵权责任法》第24条的规定："受害人和行为人对损害的发生都没有过错的，可以根据实际情况，由双方分担损失。"这是法律关于公平责任的规定。因此小强可以向法院主张公平责任，请求小明分担损失。

（四）专家建议

对抗性体育是体育的重要组成部分，它是以体育竞技为主要特征、以夺取比赛胜利为主要目标、身体对抗性强、具有高风险性的体育活动，主要包括篮球、足球、手球、曲棍球、橄榄球等球类项目，以及拳击、摔跤、柔道、击剑等搏击项目。对抗性体育是一种高风险性的体育运动，这直接导致参与者在比赛中的伤害事件频繁发生。但是由于此类伤害的特殊性，很难归责，一旦发生意外，损害往往要自己来承担。因此，在参加此类型项目时，要根据自己具体的身体情况，不能盲目参加，同时在参与过程中要适可而止，不要过于激烈地对抗。

四、受害人过错减轻对方责任

（一）案例简介

某高级中学位于某市一居民区内，由于地理位置的局限，学校用地紧张，因此教学区与学校操场分割，将操场设置于校园外。由于操场不在校园内，学校不便于管理，虽然操场的入口处有道小门，但从早到晚从不落锁，周围居民和其他人员随便出入。虽然操场周围的墙上写明了标语，如"禁止外人入内"、"禁止外人使用体育器材，发生意外概不负责"等，但由于它处于市中心居民区，活动空间有限，周围居民经常来锻炼、健身。

9岁的小龙，生性活泼好动，与小伙伴涛涛、杰杰、塞塞、蒙蒙等经常在操场上玩，2005年5

月15号下午，小龙与几个小伙伴在高级中学新引进的多功能体育器材上玩"红绿灯游戏"，一个人在下边抓，其他人在杠子上，杠子上面的人不让动，下面的人不能动。小龙在杠子上不小心踩空掉下来，被放杠子的八字支架挂伤。

后小龙被送往医院，经过一段时间治疗后出院，医院诊断为：右侧下颌骨开放性骨折；左侧下颌骨骨折；左侧踝状突骨折。小龙父母为此支付巨额医药费、手术费，并因到大城市就医而影响其工作收入。

（二）法律规定

1.《侵权责任法》

第六条　行为人因过错侵害他人民事权益，应当承担侵权责任。

根据法律规定推定行为人有过错，行为人不能证明自己没有过错的，应当承担侵权责任。

第二十六条　被侵权人对损害的发生也有过错的，可以减轻侵权人的责任。

第三十七条　宾馆、商场、银行、车站、娱乐场所等公共场所的管理人或者群众性活动的组织者，未尽到安全保障义务，造成他人损害的，应当承担侵权责任。

因第三人的行为造成他人损害的，由第三人承担侵权责任；管理人或者组织者未尽到安全保障义务的，承担相应的补充责任。

2.《民法通则》

第一百三十一条　受害人对于损害的发生也有过错的，可以减轻侵害人的民事责任。

3.《最高人民法院关于审理人身损害赔偿案件适用法律若干问题的解释》

第二条　受害人对同一损害的发生或者扩大有故意、过失的，依照民法通则第一百三十一条的规定，可以减轻或者免除赔偿义务人的赔偿责任。但侵权人因故意或者重大过失致人损害，受害人只有一般过失的，不减轻赔偿义务人的赔偿责任。

适用民法通则第一百零六条第三款规定确定赔偿义务人的赔偿责任时，受害人有重大过失的，可以减轻赔偿义务人的赔偿责任。

第六条第一款：从事住宿、餐饮、娱乐等经营活动或者其他社会活动的自然人、法人、其他组织，未尽合理限度范围内的安全保障义务致使他人遭受人身损害，赔偿权利人请求其承担相应赔偿责任的，人民法院应予支持。

（三）法律解读

受害人过错，也称过失相抵，是指受害人过错行为构成了受害人损害发生或者扩大的原因，受害人过错的存在减轻了侵权人的过错，导致了侵权人责任的降低，成为责任相抵的理由。

这是一桩外校学生到学校操场嬉戏受伤的案件。本案的焦点在于学校是否对损害后果承担侵权责任。如果学校不承担，孩子的身体伤害该由谁负责？如果学校承担责任，那么学校该承担多大的责任？

根据《侵权责任法》第 6 条第 1 款的规定，行为人因过错侵害他人民事权益，应当承担侵权责任。同样，学校对校外人员承担的也是过错责任。学校对小龙的损害承担过错责任，即有过错则有责任，无过错则无责任。小龙虽然不是该校的学生，但由于该学校的操场不在校园内，管理非常混乱，操场入口虽有一个小门，但从早到晚从不落锁，形同虚设，周围居民和其他人员可以随便出入，实际上这个操场已经成为公共运动场所。《侵权责任法》第 37 条第 1 款规定："宾馆、商场、银行、车站、娱乐场所等公共场所的管理人或者群众性活动的组织者，未尽到安全保障义务，造成他人损害的，应当承担侵权责任。"又根据《最高人民法院关于审理人身损害赔偿案件适用法律若干问题的解释》第 6 条第 1 款规定："从事住宿、餐饮、娱乐等经营活动或者其他社会活动的自然人、法人、其他组织，未尽合理限度范围内的安全保障义务致使他人遭受人身损害，赔偿权利人请求其承担相应赔偿责任的，人民法院应予支持。"因此，作为这个实际上已经成为"公共运动场所"的操场的管理人，学校对所有进出操场的人都要尽到一定程度的安全保障义务。虽然该学校多年以来在操场周围的墙上写明了警示标语，如"禁止外人入内"、"禁止外人使用体育器材，发生意外概不负责"等，但这不足以证明其已尽到了充分的管理、警示和告知义务。其多年对外界开放的既成事实足以证明其管理缺失，其不作为足以表彰其主观上有过错，因此，该学校应该对儿童的损害承担责任。

那么儿童自身及其监护人有没有责任呢？根据《侵权责任法》第 26 条和《民法通则》第 131 条的规定，被侵权人对损害的发生也有过错的，可以减轻侵权人的责任。同时，《最高人民法院关于审理人身损害赔偿案件适用法律若干问题的解释》第 2 条作了更为明确细致的解释："受害人对同一损害的发生或者扩大有故意、过失的，依照民法通则第一百三十一条的规定，可以减轻或者免除赔偿义务人的赔偿责任。但侵权人因故意或者重大过失致人损害，受害人只有一般过失的，不减轻赔偿义务人的赔偿责任。适用民法通则第一百零六条第三款规定确定赔偿义务人的赔偿责任时，受害人有重大过失的，可以减轻赔偿义务人的赔偿责任。"以上诸条款表明，受害人有过错，可以减轻侵权人的责任。在本案中，不仅学校有过错，受伤儿童的父母一方也有过错。小龙是无民事行为能力人，其父母作为其监护人，应当依法、尽职地履行监护职责，对孩子进行相应的安全、教育、管理和保护。教育、看管孩子不进入不该进入的场所，不进行与其年龄、智力、能力不相适应甚至可能造成孩子危险的活动。由于监护人未尽其监护职责，导致小龙进入不该进入的场所，爬到两米多高的体育器材上，并最终造成小龙重摔伤。小龙的人身伤害与监护人未尽监护职责有直接的因果关系。侵权人和受害人双方均存在过错，此时受害人的过错则成为减轻学校责任的事由，因此学校不必承担事故的全部责任。综合上面的分析，本案中的侵权人学校与小龙父母最终应对损害结果进行分担。

（四）专家建议

在侵权损害赔偿案件中，损害的发生或者扩大通常都只是由于侵权人一方的故意或者过失所致，但在某些情况下，受害人对于损害的发生或者扩大也具有故意或者过失，此时如果仍令侵权人

承担全部的赔偿责任，则有悖法理与公平原则，因此法律规定在受害人有过错的情况下在一定程度上减轻或者免除侵权人的赔偿责任。总体来说，对于损害后果的发生或加重，受害人的过错程度越大，加害人所负的赔偿责任就越轻。但如果加害人存在故意或重大过失，而受害人只是一般过失的，不减轻加害人的赔偿责任。即使在加害人没有过错，法律仍规定他要承担责任的特殊案件中，受害人存在过失的，只要不是故意，也只能减轻而不能免除加害人的赔偿责任。

五、受害人故意行为校方免责

（一）案例简介

17岁的洪某是某大学大二学生。经过高中3年的苦读和自己的不懈努力，在家庭的支持、学校的教育下，终于考入南方一大城市的著名学府。洪某从此进入一个新的环境。但从没出过县城的她并不能很好地适应这里的生活，由于远离家人，生疏冷漠的都市陌生人社会让洪某时常感到孤独和寂寞。周围的同学都很优秀，同学们都有自己的想法和目标，都在为自己的前程打拼和奔波。一直依赖父母的洪某很多事情都不能自己决断，虽然每天出没于图书馆，但在这种单调的生活里她始终感觉不到快乐。

终于有一天，一个高大、帅气的阳光男孩何某闯入了她的世界，从没有过恋爱经历的洪某遇到人生中的初恋，完全地陷入了爱情的甜蜜之中，不久他们就同居了。后来，何某移情别恋，与洪某分手。洪某多次乞求何某，希望能够挽回他们之间的感情，但是都遭到了何某的拒绝。洪某顿时精神崩溃，感觉生活从此没有了意义，整天魂不守舍，并产生厌世的心理。她抱怨自己遇人不淑，抱怨上天的不公。2002年6月5日的一天清晨，洪某趁舍友不在，吞服大量的安眠药，舍友第二天清晨发现时将洪某送往医院，但她最终因药物中毒抢救无效死亡。

洪某的父母得知这一消息后悲痛欲绝，向法院起诉要求学校赔偿。学校抗辩自己没有过错，不应该承担责任，但出于人道主义的考虑，自愿拿出5万元对洪某父母进行补偿。最终当事人双方达成和解，学校支付洪某家长8万元丧葬费，洪某家长撤诉。

（二）法律规定

1. 《侵权责任法》

第六条　行为人因过错侵害他人民事权益，应当承担侵权责任。

根据法律规定推定行为人有过错，行为人不能证明自己没有过错的，应当承担侵权责任。

第二十六条　被侵权人对损害的发生也有过错的，可以减轻侵权人的责任。

第二十七条　损害是因受害人故意造成的，行为人不承担责任。

2. 《民法通则》

第一百三十一条　受害人对于损害的发生也有过错的，可以减轻侵害人的民事责任。

3. 《学生伤害事故处理办法》

第十二条　因下列情形之一造成的学生伤害事故，学校已履行了相应职责，行为并无不当的，无法律责任：

（三）学生有特异体质、特定疾病或者异常心理状态，学校不知道或者难于知道的；

（四）学生自杀、自伤的；

4.《最高人民法院关于审理人身损害赔偿案件适用法律若干问题的解释》

第二条　受害人对同一损害的发生或者扩大有故意、过失的，依照民法通则第一百三一条的规定，可以减轻或者免除赔偿义务人的赔偿责任。但侵权人因故意或者重大过失致人损害，受害人只有一般过失的，不减轻赔偿义务人的赔偿责任。

适用民法通则第一百零六条第三款规定确定赔偿义务人的赔偿责任时，受害人有重大过失的，可以减轻赔偿义务人的赔偿责任。

（三）法律解读

受害人故意，是指受害人明知自己的行为会发生损害自己的后果，而希望或放任此种结果的发生。根据法律规定，受害人故意造成自己损害的，行为人可以免责。法律作为～种维护权利、保障秩序的制度架构，只调整整个社会生活的一部分，即立法者对社会生活裁剪出其当时认为最为重要的部分用法律规范进行调控规整。因此，法律不可能照顾到社会的方方面面，也不可能对任何情况的损害都进行弥补。法律对于受害人故意自伤的行为引起的损害就不会去弥补，毕竟是受害人故意造成了自己的损失，损失只能自己来承担。

在本案中，洪某的自杀是一个悲剧。不仅夺取了自己的生命，也深深地伤害了疼爱她的父母。从法律以外的层面上讲，洪某由于缺少社会阅历，缺乏心理健康教育，没有一个良好的生活态度。由此，学校以至整个社会的教育体制、教育理念等方面，都有值得反思的地方。从法律的层面上讲，在本案中排除情感因素以及相关社会因素的干扰，洪某的自杀行为属于受害人故意，学校本身并无法律上的过错，因此学校可以根据受害人故意的抗辩事由而免责，不承担责任。但由于学校自愿补偿，对方家长对此也予以接受，双发自愿达成的和解协议合法有效。

《侵权责任法》第6条第1款规定："行为人因过错侵害他人民事权益，应当承担侵权责任。"根据《学生伤害事故处理办法》第12条的规定，学生有特异体质、特定疾病或者异常心理状态，学校不知道或者难于知道，以及学生自杀、自伤，造成学生伤害事故，学校已履行了相应职责，行为并无不当的，无法律责任。本案中学校并无主观上的过错，虽然洪某是限制民事行为能力人，学校对其承担保护责任，但因失恋情变而产生心理上的阴影，学校是不能提前预见的。洪某自己已经是一名在校大学生，应具有对一定行为后果的认识能力和判断能力，对生活中的挫折应该具有一定的抵抗能力。大学的氛围比初中、高中更为宽松，相应的，学校对学生实施较为宽松的管理，每个学生应该培养自己自立、自信、自强、自主的品格，在遇到生活中的挫折和压力时，应寻求合理的排解途径，可以与同学、师长多交流，多请教。当然学校也应该关注学生的心理健康，建立心理咨询、诊疗室，多关注学生的思想动态，培养学生健全的人格，塑造学生健康的身心。

《侵权责任法》第 26 条规定："被侵权人对损害的发生也有过错的，可以减轻侵权人的责任。"第 27 条规定："损害是因受害人故意造成的，行为人不承担责任。"《最高人民法院关于审理人身损害赔偿案件适用法律若干问题的解释》第 2 条规定："受害人对同一损害的发生或者扩大有故意、过失的，依照民法通则第一百三十一条的规定，可以减轻或者免除赔偿义务人的赔偿责任。但侵权人因故意或者重大过失致人损害，受害人只有一般过失的，不减轻赔偿义务人的赔偿责任。适用民法通则第一百零六条第三款规定确定赔偿义务人的赔偿责任时，受害人有重大过失的，可以减轻赔偿义务人的赔偿责任。"洪某死亡的结果是自己的自杀行为导致的，应当由自己负全责，学校没有过错，不承担责任。

因此，学校可以以受害人的故意而免除责任。

（四）专家建议

受害人故意是一方可以免除责任的重要的抗辩事由。受害人故意，是指受害人明知自己的行为会发生损害自己的后果，而希望或放任此种结果的发生。受害人对损害结果的发生或者扩大具有故意，表明受害人的行为是损害发生或扩大的惟一原因，从而应使加害人免责。在过错责任的范围内，如果受害人具有故意，而加害人只有轻微过失，加害人也可以免责。在无过错责任原则中，受害人故意，加害人即可免责。

第十节　侵权责任的承担方式

一、侵权责任形式的合并适用

（一）案例简介

罗罗今年 8 岁，是某小学二年级五班的一名学生。罗罗生性内向，不善言语，学习成绩平平，不大爱说话，每天生活在自己的小世界里，跟同学们交流很少。罗罗的班主任是位姓马的女老师，大家都叫她马老师。

有一天，马老师上完课后，忘了把随身的包带走，等回过神找到包时，却发现包里的 200 元钱不翼而飞。由于包一直放在教室老师的讲桌上，马老师断定是教室里哪位同学拿去了。马老师非常气愤，她命令全体同学都回到座位上，然后向大家宣布，谁拿钱了请主动自首，但大家都没有反应。马老师决定实施第二套方案，她对全班同学的身体和座位进行全方位的搜查，但仍未查处结果。马老师又气又急，这时已经接近放学时间，马老师宣布在没有查出真凶之前，一个人也不许走，"你们都好好反省反省"。马老师把门一摔，回到了办公室。

后来班长献计献策：可以采取公投的方式，选出小偷。马老师觉得这主意不错，后经民主投票，不谙世事、孤僻内向的罗罗得票最多，马老师当场宣布罗罗是小偷，限她在明天早上把钱交出来，否则要对她进行全校通报批评，并告诉她家长。

当天晚上，罗罗回到家后，没有敢告诉父母实情。马老师的最后通牒，让她备受煎熬。当天晚上，罗罗浑身抽搐，并伴有高烧症状。后被送往医院，经诊断，罗罗为刺激性突发精神人格障碍，并伴有失语症症状，后经多家医院治疗，才有所好转。罗罗父母因此起诉学校和马老师，要求双方连带承担因治疗所花费的费用及精神损害赔偿，并赔礼道歉，消除影响，恢复名誉。

（二）法律规定

1. 《宪法》

第三十七条　中华人民共和国公民的人身自由不受侵犯。

任何公民，非经人民检察院批准或者决定或者人民法院决定，并由公安机关执行，不受逮捕。

禁止非法拘禁和以其他方法非法剥夺或者限制公民的人身自由，禁止非法搜查公民的身体。

第三十八条　中华人民共和国公民的人格尊严不受侵犯。禁止用任何方法对公民进行侮辱、诽谤和诬告陷害。

2. 《侵权责任法》

第十五条　承担侵权责任的方式主要有：（一）停止侵害；（二）排除妨碍；（三）消除危险；（四）返还财产；（五）恢复原状；（六）赔偿损失；（七）赔礼道歉；（八）消除影响、恢复名誉。

以上承担侵权责任的方式，可以单独适用，也可以合并适用。

第十六条　侵害他人造成人身损害的，应当赔偿医疗费、护理费、交通费等为治疗和康复支出的合理费用，以及因误工减少的收入。造成残疾的，还应当赔偿残疾生活辅助具费和残疾赔偿金。造成死亡的，还应当赔偿丧葬费和死亡赔偿金。

第二十二条　侵害他人人身权益，造成他人严重精神损害的，被侵权人可以请求精神损害赔偿。

3. 《义务教育法》

第二十九条　教师在教育教学中应当平等对待学生，关注学生的个体差异，因材施教，促进学生的充分发展。

教师应当尊重学生的人格，不得歧视学生，不得对学生实施体罚、变相体罚或者其他侮辱人格尊严的行为，不得侵犯学生合法权益。

（三）法律解读

马老师的行为不但违反了作为一名人民教师应该遵循的职业道德、职业操守，也违反了法律对教师这个职业设定的职业标准、职业规则。其行为违反了法律，既侵犯了公民的宪法权利，也侵犯了自然人的民事权利。

从宪法角度看，我国《宪法》第37条规定："中华人民共、和国公民的人身自由不受侵犯。任何公民，非经人民检察院批准或者决定或者人民法院决定，并由公安机关执行，不受逮捕。禁止非法拘禁和以其他方法非法剥夺或者限制公民的人身自由，禁止非法搜查公民的身体。"第38条规定"中华人民共和国公民的人格尊严不受侵犯。禁止用任何方法对公民进行侮辱、诽谤和诬告陷害。"

　　具有一国国籍的人就是一国的公民，本国学生当然毫无疑问也是公民。不能因为孩子年龄小或者是学生就不把他们当成公民，或者忽视他们的公民权。罗罗及某小学二年级五班的全体同学都具有中华人民共和国国籍，都是中华人民共和国公民。他们的人格尊严不受侵犯，人身自由不受侵犯。马老师利用班主任这一职权，放学后不让同学回家，并对每个人进行搜身，在搜查未果的情况下，竟然采取民主投票这种荒谬的形式进行"公投内贼"，严重侵犯了宪法赋予公民的人权，即侵犯了罗罗及某小学二年级五班的全体同学的合法宪法权利。

　　从民事法律的角度来看，首先，马老师的行为违背了相关的教育法规。我国《义务教育法》第29条规定："教师在教育教学中应当平等对待学生，关注学生的个体差异，因材施教，促进学生的充分发展。教师应当尊重学生的人格，不得歧视学生，不得对学生实施体罚、变相体罚或者其他侮辱人格尊严的行为，不得侵犯学生合法权益。"马老师作为一名人民教师，应该平等地对待自己的学生，根据学生个体的不同，因材施教，关注学生的思想动态和情感倾向。虽然教师有一定的惩戒权，但应该慎而行之，作为老师要对学生有爱心，有关心，有同情心。以爱育师生之情！

　　其次，马老师的行为已构成民事侵权，应该承担侵权责任。那么侵权责任应如何来承担呢？这就涉及侵权责任形式的问题。侵权责任形式，又称侵权民事责任承担方式，是指侵权行为人依据《侵权责任法》就自己实施的侵权行为应当承担的具体的民事责任形式。侵权民事责任承担方式是落实侵权责任的具体形式，是责任与义务，是向法律负责和向受害人负责的结合。我国民事法律中对侵权责任问题作了十分明确的规定。

　　《侵权责任法》第15条规定："承担侵权责任的方式主要有：（一）停止侵害；（二）排除妨碍；（三）消除危险；（四）返还财产；（五）恢复原状；（六）赔偿损失；（七）赔礼道歉；（八）消除影响、恢复名誉。以上承担侵权责任的方式，可以单独适用，也可以合并适用。"其中赔偿损失又可分为两种方式，即人身损害赔偿和精神损害赔偿。该法第16条接着规定了人身损害赔偿的内容："侵害他人造成人身损害的，应当赔偿医疗费、护理费、交通费等为治疗和康复支出的合理费用，以及因误工减少的收入。造成残疾的，还应当赔偿残疾生活辅助具费和残疾赔偿金。造成死亡的，还应当赔偿丧葬费和死亡赔偿金"。该法第22条则为请求精神损害赔偿提供了法律依据："侵害他人人身权益，造成他人严重精神损害的，被侵权人可以请求精神损害赔偿。"以上就是《侵权责任法》关于侵权责任承担方式的规定。

　　具体到本案中，侵权责任承担方式应当合并适用。由于马老师的行为是以班主任的身份行使的职务行为，因此学校应承担替代责任，学校一方不但要承担人身损害赔偿（包括医疗费、护理费、交通费等为治疗和康复支出的合理费用，以及罗罗父母为照顾罗罗误工减少的收入），而且要承担对罗罗造成的精神上的损害赔偿。除了承担赔偿损失的责任方式外，还可以根据受害方的诉讼请求，合并适用向罗罗赔礼道歉、消除不良影响、恢复罗罗名誉等侵权责任承担的责任方式。

（四）专家建议

构成侵权民事责任，侵权行为人将承担与其实施的侵权行为相适应的民事责任方式。侵权民事责任方式，就是侵权行为人依据《侵权责任法》就自己实施的侵权行为应该承担的具体责任形式。《侵权责任法》第15条规定了9种侵权责任方式，包括：（1）停止侵害；（2）排除妨碍；（3）消除危险；（4）返还财产；（5）恢复原状；（6）赔偿损失；（7）赔礼道歉；（8）消除影响；（9）恢复名誉。并且规定以上几种承担侵权责任的方式，可以单独适用，也可以合并适用。受害人可以综合运用这几种侵权责任承担的方式对自己的合法权益进行全面的保护。

二、返还原物与赔偿损失侵权责任

（一）案例简介

丁某（16岁）和炎某（16岁）是好朋友，二人都是某高中高二（一）班的学生，并且住在同一个小区。二人从小就经常在一起玩，特别是二人都有共同的爱好——集邮。因此，丁某和炎某平常经常在一起互相交流集邮经验。由于丁某家境富裕，他收藏了很多贵重邮票，经常向炎某炫耀。

有一天，丁某父亲的一位朋友送给丁某一枚猴票，丁某非常得意，第二天就拿到学校向炎某炫耀。炎某见了，很是羡慕。对丁某说："能借我欣赏两天吗？我回家用数码相机拍两张照片。"丁某想了想，认为好朋友，不借显得自己很小气，于是就爽快地把邮票借给了炎某。可是炎某将猴票借走之后，一直都没有归还。丁某碍于情面也没有开口追还。直到有一天，丁某的父亲翻看丁某的集邮册，突然发现这张猴票不见了。于是父亲着急地问丁某猴票哪去了。丁某支支吾吾地说借给炎某看了。丁某的父亲说这张邮票很珍贵，千万要记得要回来。丁某想起此时离猴票借出去已经一个多月了，这才意识到问题的严重性，连忙说："我把它借给炎某观赏了，我明天就跟他要。"第二天，丁某向炎某索要邮票。炎某说："不好意思，那张邮票在我当天拿回家的路上就弄丢了，我一直不敢告诉你。"

丁某回家告诉了父亲，丁某的父亲认为对方一定是把猴票私藏起来了，为此双方的家长闹得不可开交。后来丁某的父亲向法院起诉，要求炎某的父母返还邮票原物，如果不能返还，要求他们按猴票市场价格赔偿损失。

（二）法律规定

《侵权责任法》

第六条　行为人因过错侵害他人民事权益，应当承担侵权责任。

根据法律规定推定行为人有过错，行为人不能证明自已没有过错的，应当承担侵权责任。

第十五条　承担侵权责任的方式主要有：

（一）停止侵害；

（二）排除妨碍；

（三）消除危险；

（四）返还财产；

（五）恢复原状；

（六）赔偿损失；

（七）赔礼道歉；

（八）消除影响、恢复名誉。

以上承担侵权责任的方式，可以单独适用，也可以合并适用。

第十九条　侵害他人财产的，财产损失按照损失发生时的市场价格或者其他方式计算。

第三十二条　无民事行为能力人、限制民事行为能力人造成他人损害的，由监护人承担侵权责任。监护人尽到监护责任的，可以减轻其侵权责任。

有财产的无民事行为能力人、限制民事行为能力人造成他人损害的，从本人财产中支付赔偿费用。不足部分，由监护人赔偿。

（三）法律解读

《侵权责任法》第15条第1款规定："承担侵权责任的方式主要有：（一）停止侵害；（二）排除妨碍；（三）消除危险；（四）返还财产；（五）恢复原状；（六）赔偿损失；（七）赔礼道歉；（八）消除影响、恢复名誉。"返还财产与赔偿损失不仅是侵权责任的承担方式，也是民事责任的承担形式。

返还财产，是指侵害人将其非法占有或者获得的财产移转给所有人或者权利人。包括三种情形：一是不当得利的返还，即没有合法根据，取得不当得利，造成他人损失的，应当将取得的利益返还给受损失的人；二是因民事行为（含合同）无效导致的先前给付的返还，即民事行为被确认无效或者被撤销后，第三人因该行为取得的财产，应当返还给受损失的一方；三是非法侵占他人财产的返还，即侵占国家、集体财产或者他人财产的，应当返还财产。作为侵权责任的承担方式之一的财产返还，主要指的是第三种类型的返还，即非法侵占他人财产所应为的返还。

赔偿损失，是侵权责任方式中最基本、最重要、适用范围最广的一种侵权责任方式。在行为人因其行为致他人财产或人身受到损害，又不能采用其他方式弥补受害人所受损失时，行为人应以自己的财产补偿受害人所受到的损失。无论行为人给他人造成的是财产损害、人身损害，还是精神损害，都可适用这种责任方式。赔偿损失的责任方式主要适用于赔偿受害人因侵权行为所受的损失，使受害人的利益恢复到侵权行为发生之前的状态。本案属于第三种情形，在不能返还原物的情形下，被告应该按不低于猴票当年的市场价格的价格赔偿原告的价金损失。

本案是一起财产侵权案件，由于发生在学生之间，因而也可归于校园事故侵权。丁某是猴票的主人，因此对猴票享有所有权。《侵权责任法》第6条第1款规定："行为人因过错侵害他人民事权益，应当承担侵权责任。"因此炎某丢失猴票是对丁某所有权的侵害，对此应当承担责任。至于责任该如何承担，要分情况进行处理。在本案中，丁某的父亲认定炎某将邮票私藏，因此第一种情况是邮票尚未丢失而被炎某私藏的情况。如果炎某真是将邮票私藏而最终也能通过举证证明炎某私藏了邮票，那么可以要求炎某返还邮票。第二种情况是邮票确确实实是丢了而不能返还，那么就应该采用赔偿损失的责任方式，要求炎某赔偿因丢失邮票给丁某造成的损失。《侵权责任法》第 19 条规定："侵害他人财产的，财产损失按照损失发生时的市场价格或者其他方式计算。"他们应该按不低于邮票当年的市场价格的价格赔偿损失。这就又出现了新的问题，如何计算该邮票的价格。邮票，作为一种独特的载体，具有多重属性，既是作为邮资凭证形式而存在的有价证券，又是一种艺术品，而且还是一种特殊商品。邮票通过邮局发行出来作为通信领域的邮资使用的时候，它只不过具有商品的一般属性，其价格一般与票面价格一致，但当它一旦进入集邮领域，便脱离了邮资凭证的属性，其特殊商品的特殊使用价值即收藏价值也就体现出来了。因此，本案中丢失的邮票，其市场价格不能以票面金额来计算，否则对丁某是极其不公平的。在要求赔偿时，应注意两点：第一，由于本案中的猴票属珍贵邮票，而且进入了集邮领域，因此邮票的价格不是票面价格，而是在集邮市场内的价格。第二，邮票具有特殊性，其价格在一定时间内会发生变化，赔偿价格应以邮票丢失时该邮票在集邮市场的价格为准。

因此，在炎某无法返还原物的情况下，应依照上述标准进行赔偿。另外，《侵权责任法》第 32 条规定："无民事行为能力人、限制民事行为能力人造成他人损害的，由监护人承担侵权责任。监护人尽到监护责任的，可以减轻其侵权责任。有财产的无民事行为能力人、限制民事行为能力人造成他人损害的，从本人财产中支付赔偿费用。不足部分，由监护人赔偿。"丁某是限制行为能力人，在其没有个人财产的情况下，赔偿责任由其父母承担。

（四）专家建议

侵权责任方式的适用应遵循救济损害需要和可以并用的原则。救济损害需要的原则，就是根据救济受害人的权利损害需要，对于单纯的财产权利损害，可以单独适用损害赔偿方式救济损害；对于生命权、健康权、身体权的损害，在赔偿财产损失之外，还可能需要赔偿精神损害；对于精神性人格权（包括名誉权、隐私权、姓名权、肖像权、人身自由权、信用权等）的侵害，可以单独适用精神型的民事责任方式（包括停止侵害、消除影响、恢复名誉、赔礼道歉）。在任何情况下，只要有救济损害的需要，就可以适用综合性的民事责任方式（包括排除影响与消除危险）。可以并用的原则是指，在侵权民事责任方式中，每种方式各具特点，对于侵权行为造成损害的救济，可以单独适用一种责任形式，也可以综合适用多种责任形式。

三、排除妨碍与消除危险责任方式的适用

（一）案例简介

林林和妞妞是某村立小学三年级二班的学生，由于小学在村东头，而林林和妞妞都住在村西头，因此二人上学都要走很长一段路。林林和妞妞家相距不远，平时二人上学、放学都结伴而行。

从村东头到村西头必须经过王二家。王二最近在家门口附近开了个粮店。为了保护店内货物的安全，他家从外地买回了一条黑狼犬，用两条绳子拴在门口。由于村内路面本来很窄；又在门口拴上一条凶恶的黑狼犬，每个路经他家大门口的大人都战战兢兢，更别说小孩了。虽然村民多次向村里反映了这个情况，但村支书、村治保主任的数次劝说都无功而返。王二还振振有词地说："这是我们家，我想干什么，就干什么！"

妞妞和林林每天都心惊胆战地从王二家走过。有一天，当二人再次从他家门前走过时，黑狼犬朝两人狂吠。由于拴狗的较短的绳子原本就快被挣断，在黑狼犬的挣脱下断掉一根，黑狼犬向前够到了林林的小腿，随即咬了一口。林林当即就吓得往后退，幸亏还有一根绳子才避免黑狼犬挣脱。妞妞将林林扶回家，林林的家长赶紧带孩子到医院打了狂犬疫苗并对伤口进行了消毒。事后，林林家长向当地的派出法庭起诉，除了要求赔偿损失外，还要求王二把恶狗棚子拆除，将恶狗从路上移除，排除妨碍，消除危险。

（二）法律规定

《侵权责任法》

第十五条　承担侵权责任的方式主要有：

（一）停止侵害；

（二）排除妨碍；

（三）消除危险；

（四）返还财产；

（五）恢复原状；

（六）赔偿损失；

（七）赔礼道歉；

（八）消除影响、恢复名誉。

以上承担侵权责任的方式，可以单独适用，也可以合并适用。

第二十一条　侵权行为危及他人人身、财产安全的，被侵权人可以请求侵权人承担停止侵害、排除妨碍、消除危险等侵权责任。

第七十八条　饲养的动物造成他人损害的，动物饲养人或者管理人应当承担侵权责任，但能够证明损害是因被侵权人故意或者重大过失造成的，可以不承担或者减轻责任。

第八十条　禁止饲养的烈性犬等危险动物造成他人损害的，动物饲养人或者管理人应当承担侵权责任。

第八十四条　饲养动物应当遵守法律，尊重社会公德，不得妨害他人生活。

（三）法律解读

本案是典型的动物致人损害案件。所谓的动物致人损害责任，是指饲养的或者豢养的动物致人损害，该动物的所有人、占有人等所应当承担的赔偿受害人人身损害和财产损害的特殊侵权责任。这种侵权责任具有以下特点：（1）侵权损害后果的造成，不是行为人的行为所致，而是动物所致。（2）对损害后果的责任承担主体，是动物的所有人或者占有人，而不是动物，因而是对物的替代责任。《侵权责任法》对动物致人损害作出了明确规定。该法第78条规定："饲养的动物造成他人损害的，动物饲养人或者管理人应当承担侵权责任，但能够证明损害是因被侵权人故意或者重大过失造成的，可以不承担或者减轻责任。"该条款规定的是饲养的动物致人损害的一般归责原则，即采取过错推定原则，只要饲养的动物致人损害，就推定动物饲养人或者管理人有过错，应该承担动物侵权责任。但如果能够证明损害是因被侵权人的故意或者重大过失造成的，就可以减轻或者免除他们的赔偿责任。但这仅是对于一般动物致人损害的规定。对于本案中王二饲养的黑狼犬，法律专门作出了规定。《侵权责任法》第80条规定："禁止饲养的烈性犬等危险动物造成他人损害的，动物饲养人或者管理人应当承担侵权责任。"即是说禁止饲养的烈性犬等动物造成他人损害的，动物饲养人承担无过错侵权责任，采取特殊的归责原则，以加重禁止饲养的烈性犬等动物的饲养人的责任。王二饲养的黑狼犬就属于法律规定的烈性犬。黑狼犬这种动物对他人以及公共安全有严重的危险性，作为饲养者，应该按照我国相应行政法规的规定，经相应管理机关批准后，才能饲养。并且还应按照相应的规定对自己的宠物打疫苗，做定期的检查；在饲养动物时要采取相应的防护措施、隔离措施，避免对公共安全造成威胁，甚至是损害。因此根据这一规定，暂且不说王二没有履行法律规定的义务，造成了他人损害，即使他谨慎注意，严格履行饲养人的义务，但由于他饲养的是烈性犬，一旦造成他人损害，也要承担侵权责任。因此，王二承担损害赔偿责任是毫无疑问的。

在本案中，林林的家长还提出排除妨碍、消除危险的诉讼请求。所谓排除妨碍，是指不法行为人实施的侵害行为使受害人无法行使或不能正常行使自己的合法权益，受害人有权排出妨碍。此种责任的适用条件是：妨碍行为必须是不正当的；需因妨碍行为而导致已经存在某种不便。例如他人在自己的房屋附近堆放物品，导致出入困难，即可要求排除妨碍。而消除危险是指行为人的行为对他人人身和财产安全造成威胁，或存在侵害他人人身或财产的可能，他人有权要求行为人采取有效措施消除危险。此种责任形式的适用条件是：需损害尚未实际发生，也没有妨碍他人民事权利的行使，但行为人的行为却有可能造成损害的结果，对他人构成威胁。例如请求邻居拆除可能倒塌的建筑物。当然危险必须是可以合理预见的，确实存在着某种危险，而不是主观臆测的危险。所有人在行使消除危险的请求权时不考虑行为人主观上是否具有故意或者过失。

判断该诉讼请求是否合理，需要结合王二的行为进行分析。《侵权责任法》第84条规定："饲养动物应当遵守法律，尊重社会公德，不得妨害他人生活。"首先，王二在通行道路上饲养恶犬本身就是妨碍他人生活的不正当行为，人为地制造了通行障碍，并且导致了对他人通行权的侵害，因此原告有权请求排除妨碍。其次，恶狗一直挡路，形成了一种持续的危险源，造成对不特定公众人身与财产安全的威胁，而且该威胁随时有可能转化为实际的损害，林林被恶狗咬伤就是证明，因此，原告也有权请求消除危险。《侵权责任法》第21条规定："侵权行为危及他人人身、财产安全的，被侵权人可以请求侵权人承担停止侵害、排除妨碍、消除危险等侵权责任。"综合上面分析以

及法律的规定，原告完全有理由要求被告排除妨碍、消除危险。

（四）专家建议

在诉讼中遇有需要停止侵害、排除妨碍、消除危险的情况，人民法院可以根据当事人的申请或者依职权先行作出裁定，先予执行原告的诉讼请求。在本案中，在诉讼过程中、法院作出判决之前，本案的被告仍没有将恶犬移除，消除安全隐患，恢复公共安全，为了避免他人再受伤害，本案的原告在必要的情况下可以向法院请求先予执行消除危险、排除妨碍的诉讼请求。法院可参考申请理由以及案件的具体情况，裁定先予执行。另外，由于王二未经批准饲养烈性犬，其他村民也可以请求当地行政主管部门对其采取相应的行政措施。

四、校内活动赔偿责任认定

（一）案例简介

兰某是某小学五年级学生，罗某系兰某所在班体育老师。2005 年 10 月某天，在课间休息时间，罗某与其他教师在学校操场上踢足球，兰某和其他同学见到后即一同参与踢球。

在踢球过程中，罗某正要使足力气大开一脚，兰某突然伸腿想要断球，罗某一脚正好踢在了兰某的小腿上，后经诊断为胫骨骨折。当日罗某为兰某垫付了医药费 1000 元。后兰某的父母要求罗某与所在学校共同赔偿兰某的医疗费用、误工费以及精神损失等共计 2.4 万元。但学校和罗某认为当时属于课间自由时间，学校不具有监管职责；同时兰某与老师踢球属于自愿行为，老师与学生共同踢球并非属于职务行为，而且踢球中并无过错；在事发当日还为兰某垫付了 1000 元医疗费，因此学校与罗某不应当承担赔偿责任。双方协商未果，兰某的父母向法院提起诉讼。

（二）法律规定

1. 《侵权责任法》

第十六条　侵害他人造成人身损害的，应当赔偿医疗费、护理费、交通费等为治疗和康复支出的合理费用，以及因误工减少的收入。造成残疾的，还应当赔偿残疾生活辅助具费和残疾赔偿金。造成死亡的，还应当赔偿丧葬费和死亡赔偿金。

第三十九条　限制民事行为能力人在学校或者其他教育机构学习、生活期间受到人身损害，学校或者其他教育机构未尽到教育、管理职责的，应当承担责任。

2. 《最高人民法院关于审理人身损害赔偿案件适用法律若干问题的解释》

第七条（第一款）　对未成年人依法负有教育、管理、保护义务的学校、幼儿园或者其他教育机构，未尽职责范围内的相关义务致使未成年人遭受人身损害，或者未成年人致他人人身损害的，应当承担与其过错相应的赔偿责任。

第十七条　受害人遭受人身损害，因就医治疗支出的各项费用以及因误工减少的收入，包括医疗费、误工费、护理费、交通费、住宿费、住院伙食补助费、必要的营养费，赔偿义务人应当予以赔偿。

受害人因伤致残的，其因增加生活上需要所支出的必要费用以及因丧失劳动能力导致的收入损失，包括残疾赔偿金、残疾辅助器具费、被扶养人生活费，以及因康复护理、继续治疗实际发生的必要的康复费、护理费、后续治疗费，赔偿义务人也应当予以赔偿。

受害人死亡的，赔偿义务人除应当根据抢救治疗情况赔偿本条第一款规定的相关费用外，还应当赔偿丧葬费、被扶养人生活费、死亡补偿费以及受害人亲属办理丧葬事宜支出的交通费、住宿费和误工损失等其他合理费用。

3. 《学生伤害事故处理办法》

第十二条 因下列情形之一造成的学生伤害事故，学校已履行了相应职责，行为并无不当的，无法律责任：（五）在对抗性或者具有风险性的体育竞赛活动中发生意外伤害的；

（三）法律解读

足球比赛属于激烈的对抗性比赛，身体的碰撞和接触往往是难以避免的，而且在比赛中也存在着潜在的风险，因此在比赛中发生的人身损害也属正常。基于受害人早已预料到这种受伤的可能性而仍然参加比赛，因此比赛中的受伤，一般被认为是得到受害人默示同意的，即受害人自愿担当受伤风险，行为人因此不需要为此承担责任。但是在本案中，受害人兰某是一个小学生，他和老师踢球时被踢伤，是否也能使用这样的规则，而使老师得以免责呢？对在激烈的对抗性比赛中的伤害免责，既然是基于受害人自愿担当受伤风险，那么就要求受害人能够意识到危险的存在，且具有参与此项危险运动的一般人所能具有的防范、避免一定危险的技能，并能够亲自作出自愿承担危险的意思表示的行为能力。在本案中，小学五年级的学生兰某参与老师之间的踢球，无论是从生理发育、体力、技巧技能上，还是从防范危险的意识上，双方都不在同一层次上，不可能让小学五年级的未成年学生和成年老师一样自愿承担危险。而且在具有人身接触和冲撞行为的对抗性竞技活动中，一般要求在一定年龄段的自然人之间进行，这正是考虑到自然人的智力、体力及生理发育的相互适应程度。因而在这种具有潜在危险性的活动中，自愿承担危险应当建立在行为能力大体相当、具有相同注意义务的自然人之间的基础之上。因此，受害人自愿承担危险不能成为老师罗某免除责任的理由。根据《学生伤害事故处理办法》第12条的规定，在对抗性或者具有风险性的体育竞赛活动中发生意外伤害造成的学生伤害事故，学校已履行了相应职责，行为并无不当的，无法律责任。罗某作为一名体育教师，应该承担比一般人更重的注意义务。他作为一名熟知体育运动竞技规则、熟知学生心理的教师，应该按照专业人的标准来要求自己的行为，避免给学生造成人身上的伤害。但本案的被告并未履行相应职责，且行为不当，因此，罗某作为兰某受伤的直接致害人，应当承担相应的侵权责任。

在本案中，承担侵权责任的主要方式是赔偿损失。赔偿损失是侵权责任最常见的承担方式，是指行为人因侵权行为而给他人造成损害，应以其财产赔偿受害人所受的损失。《侵权责任法》第16条规定："侵害他人造成人身损害的，应当赔偿医疗费、护理费、营养费、交通费等为治疗和康复支出的合理费用，以及因误工减少的收入。造成残疾的，还应当赔偿残疾生活辅助具费和残疾赔偿金。造成死亡的，还应当赔偿丧葬费和死亡赔偿金。"这是法律关于赔偿范围的规定。《最高人民法院关于审理人身损害赔偿案件适用法律若干问题的解释》第17条作了更为详细的说明："受害人遭受人身损害，因就医治疗支出的各项费用以及因误工减少的收入，包括医疗费、误工费、护理费、交通费、住宿费、住院伙食补助费、必要的营养费，赔偿义务人应当予以赔偿。受害人因伤致残的，其因增加生活上需要所支出的必要费用以及因丧失劳动能力导致的收入损失，包括残疾赔偿金、残疾辅助器具费、被扶养人生活费，以及因康复护理、继续治疗实际发生的必要的康复费、护理费、后续治疗费，赔偿义务人也应当予以赔偿。受害人死亡的，赔偿义务人除应当根据抢救治疗情况赔偿本条第1款规定的相关费用外，还应当赔偿丧葬费、被扶养人生活费、死亡补偿费以及受害人亲属办理丧葬事宜支出的交通费、住宿费和误工损失等其他合理费用。"

兰某的父母要求罗某与所在学校共同赔偿兰某的医疗费用、误工费以及精神损失等共计2.4万元的主张，只要属于《侵权责任法》规定的赔偿项目，并有相应的证据佐证，一般都会得到法院的确认与支持。

（四）专家建议

《最高人民法院关于审理人身损害赔偿案件适用法律若干问题的解释》第19～24条分别规定了医疗费、误工费、护理费、交通费、住院伙食补助费、营养费的赔偿标准与计算方式：（1）医疗费根据医疗机构出具的医药费、住院费等收款凭证，结合病历和诊断证明等相关证据确定。赔偿义务人对治疗的必要性和合理性有异议的，应当承担相应的举证责任。医疗费的赔偿数额，按照一审法庭辩论终结前实际发生的数额确定。器官功能恢复训练所必要的康复费、适当的整容费以及其他后续治疗费，赔偿权利人可以待实际发生后另行起诉。但根据医疗证明或者鉴定结论确定必然发生的费用，可以与已经发生的医疗费一并予以赔偿。（2）误工费根据受害人的误工时间和收入状况确定。误工时间根据受害人接受治疗的医疗机构出具的证明确定。受害人因伤致残持续误工的，误工时间可以计算至定残日前一天。受害人有固定收入的，误工费按照实际减少的收入计算。受害人无固定收入的，按照其最近3年的平均收入计算；受害人不能举证证明其最近3年的平均收入状况的，可以参照受诉法院所在地相同或者相近行业上一年度职工的平均工资计算。（3）护理费根据护理人员的收入状况和护理人数、护理期限确定。护理人员有收入的，参照误工费的规定计算；护理人员没有收入或者雇佣护工的，参照当地护工从事同等级别护理的劳务报酬标准计算。护理人员原则上为一人，但医疗机构或者鉴定机构有明确意见的，可以参照确定护理人员人数。护理期限应计算至受害人恢复生活自理能力时止。受害人因残疾不能恢复生活自理能力的，可以根据其年龄、健康状况等因素确定合理的护理期限，但最长不超过20年。受害人定残后的护理，应当根据其护理依赖程度并结合配制残疾辅助器具的情况确定护理级别。（4）交通费根据受害人及其必要的陪护人员因就医或者转院治疗实际发生的费用计算。交通费应当以正式票据为凭；有关凭据应当与就医地点、时间、人数、次数相符合。住院伙食补助费可以参照当地国家机关一般工作人员的出差伙食补助标准予以确定。受害人确有必要到外地治疗，因客观原因不能住院，受害人本人及其陪护人员实际发生的住宿费和伙食费，其合理部分应予赔偿。（5）营养费根据受害人伤残情况参照医疗机构的意见确定。

五、赔礼道歉、消除影响、恢复名誉的适用

（一）案例简介

阿文和阿也系高中同班同学，并共同考入某市某知名大学。阿文酷爱文学，著作颇丰，经常在杂志上发表校园文学作品。

2004年12月，阿也起诉至法院，称其在《萌芽》杂志上发现署名为阿文、标题为《我内心的真实世界》的校园随笔。文章中的一个人物名叫阿也，和自己的名字完全相同。阿文在该篇文章中用第一人称介绍"阿也"为"我这个同学叫阿也，高中时是同班同学"，之后将阿也描述成一个同时有多个女朋友、生活作风随便的大学生。

阿也认为阿文的行为侵犯了他的名誉权，便以侵犯名誉权为由将阿文诉上法庭。法院判决，阿文修改其作品，删除所有使用阿也姓名及与阿也经历、爱好相同的内容，以书面形式向阿也赔礼道歉、消除影响、恢复名誉，并赔偿阿也精神损害赔偿金人民币569元。

（二）法律规定

1.《侵权责任法》

第十五条　承担侵权责任的方式主要有：

（一）停止侵害；

（二）排除妨碍；

（三）消除危险；

（四）返还财产；

（五）恢复原状；

（六）赔偿损失；

（七）赔礼道歉；

（八）消除影响、恢复名誉。

以上承担侵权责任的方式，可以单独适用，也可以合并适用。

第二十二条　侵害他人人身权益，造成他人严重精神损害的，被侵权人可以请求精神损害赔偿。

2.《民法通则》

第一百二十条　公民的姓名权、肖像权、名誉权、荣誉权受到侵害的，有权要求停止侵害，恢复名誉，消除影响，赔礼道歉，并可以要求赔偿损失。

法人的名称权、名誉权、荣誉权受到侵害的，适用前款规定。

第一百三十四条　承担民事责任的方式主要有：

（一）停止侵害；

（二）排除妨碍；

（三）消除危险；

（四）返还财产；

（五）恢复原状；

（六）修理、重作、更换；

（七）赔偿损失；

（八）支付违约金；

（九）消除影响、恢复名誉；

（十）赔礼道歉。

以上承担民事责任的方式，可以单独适用，也可以合并适用。

人民法院审理民事案件，除适用上述规定外，还可以予以训诫、责令具结悔过、收缴进行非法活动的财物和非法所得，并可以依照法律规定处以罚款、拘留。

3.《最高人民法院关于确定民事侵权精神损害赔偿责任若干问题的解释》

第一条　自然人因下列人格权利遭受非法侵害，向人民法院起诉请求赔偿精神损害的，人民法院应当依法予以受理：

（一）生命权、健康权、身体权；

（二）姓名权、肖像权、名誉权、荣誉权；

（三）人格尊严权、人身自由权。

违反社会公共利益、社会公德侵害他人隐私或者其他人格利益，受害人以侵权为由向人民法院起诉请求赔偿精神损害的，人民法院应当依法予以受理。

第八条　因侵权致人精神损害，但未造成严重后果，受害人请求赔偿精神损害的，一般不予支持，人民法院可以根据情形判令侵权人停止侵害、恢复名誉、消除影响、赔礼道歉。

因侵权致人精神损害，造成严重后果的，人民法院除判令侵权人承担停止侵害、恢复名誉、消除影响、赔礼道歉等民事责任外，可以根据受害人一方的请求判令其赔偿相应的精神损害抚慰金。

（三）法律解读

《侵权责任法》第 15 条规定了承担侵权责任的 8 种方式，本案主要涉及赔礼道歉、消除影响与恢复名誉这几种侵权责任方式的具体运用，它们都是侵害人格权的责任形式，笔者将对之进行逐一介绍。此外，由于侵害人格权致人精神损害、造成严重后果者还可能会承担精神损害赔偿责任，此处也将涉及对精神损害赔偿的相关介绍。

1. 赔礼道歉

赔礼道歉，是指加害人以口头或者书面的方式向受害人承认过错、表示歉意的一种侵权责任承担方式，它主要适用于侵害人格权的侵权行为。赔礼道歉一般应当公开进行，否则不足以消除影响。但是受害人不要求公开进行的，也可以由加害人向受害人秘密进行。由法院判决加害人承担赔礼道歉责任的，赔礼道歉的内容应当经法院审查同意。

2. 消除影响

消除影响，是指加害人在其不良影响所及的范围内消除对受害人不利后果的民事责任，它主要适用于侵害人格权的行为。消除影响应当与其不良影响所及的范围相适应，否则难以实现保护受害人合法权益的目的。

3. 恢复名誉

名誉，从字义上解释，就是指公民、法人的名望声誉。也就是说，一个公民、一个法人的品德、才干、信誉等在社会中所获得的社会评价。名誉直接关系到自然人的人格尊严，它是人们进行民事活动以及其他社会活动的重要条件。而法人的名誉则表彰了其在社会中的信誉，这种信誉是法人在比较长的时间内，在它的整个活动中逐步形成的，特别是企业法人的名誉，反映了社会对它在生产经营等方面表现的总的评价，往往对其生产经营和经济效益发生重大影响。

名誉权，是指人们依法享有的对自己所获得的客观社会评价享有利益并排除他人侵害的权利。它为人们自尊、自爱的安全利益提供法律保障。名誉权主要表现为名誉利益支配权和名誉维护权。人们有权利用自己良好的声誉获得更多的利益，有权维护自己的名誉免遭不正当的贬低，有权在名誉权受侵害时依法追究侵权人的法律责任。《民法通则》第 101 条规定："公民、法人享有名誉权，公民的人格尊严受法律保护，禁止用侮辱、诽谤等方式损害公民、法人的名誉。"

一般而言，侵害名誉权主要采用侮辱、诽谤等方式。所谓侮辱，是指用语言（包括书面和口头）或行动，公然损害他人人格、毁坏他人名誉的行为。如用大字报、小字报、漫画或极其下流、肮脏的语言等形式辱骂、嘲讽他人，使他人的心灵蒙受耻辱等。所谓诽谤，是指捏造并散布某些虚假的事实，破坏他人名誉的行为。如毫无根据或捕风捉影地捏造他人作风不好，并四处张扬、损坏他人名誉，使他人精神受到很大痛苦。

恢复名誉是侵害名誉权的行为人应当承担的一种责任，是指加害人在其侵害后果所及范围内使受害人的名誉恢复到未曾受损害的状态。恢复名誉也应当与其造成损害的后果相适应，否则受害人的名誉权可能难以得到有效保护。

此外，我们还应当注意的是，根据《最高人民法院关于确定民事侵权精神损害赔偿责任若干问题的解释》的相关规定，自然人的人格权如名誉权、荣誉权等遭受非法侵害造成严重后果的，可以请求精神损害赔偿，人民法院应当依法予以受理，并根据侵权行为的具体情节等因素判处侵权行为人赔偿损失。

本案是典型的侵害名誉权的案件。根据案情，阿文文章中的人名与阿也同名，并且在文章中提到阿也是其高中同学并将其描述成一个同时有多个女朋友、生活作风随便的大学生。文章发表后，认识阿文与阿也的人肯定会对阿也的社会评价降低，阿也将会遭受一定的精神痛苦。因此法院判决

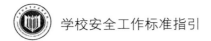

阿文向阿也赔礼道歉、消除影响、恢复名誉、赔偿精神损害是正确的。

（四）专家建议

在日常生活中，侵害名誉权的案件比较常见。依据我国相关法律规定，侵犯名誉权的行为人主要承担赔礼道歉、消除影响、恢复名誉的民事责任，造成严重精神损害的，受害人还可以主张精神损害赔偿。因此，一旦自己的名誉受到严重侵害，受害人就应当提出赔礼道歉、消除影响、恢复名誉以及精神损害赔偿等诉讼请求，以全面保护自己的合法权益。

第十一节　校园其他侵权责任认定

一、学校设施设备事故侵权责任

（一）案例简介

某天，上课铃刚刚响过，初中二年级一班的同学们纷纷跑进实验楼，准备上课。今天的物理实验课是学生们普遍感兴趣的课。这节课的实验内容是电路的串联与并联。需要的器材包括若干线路、两个开关、两节电池以及1个小灯泡。当物理教师让同学们检查实验器材有没有缺少时，有5名同学（包括刘某）发现没有实验用的小灯泡。于是，老师就让刘某去校门口的某商店购买了5个小灯泡。物理教师将操作步骤一一在黑板上列出，并一边演示一边提醒同学注意事项。学生们便按老师的要求动起手来。刘某和其他同学一样，认真地将刚刚买来的小灯泡接到线路中，并按照老师讲述的操作规程认真地检查了每一个元件及线路，当他认为整个实验装置已安装无误_ 时，便轻轻地按下电源开关。就在刘某按下电源开关的一瞬间，线路中的小灯泡发生爆炸。大家都被爆炸声吓了一跳，急忙循着爆炸声看过去，只见刘某痛苦地用手捂着左眼，并且手上都是血。老师赶紧拨打急救电话，把刘某送到医院，学校领导也第一时间赶到医院，并将此事通知刘某的父母。经过诊断，一块灯泡碎片击中刘某的左眼。在通过很长时间的治疗、花费了大笔的医疗费用之后，刘某左眼只恢复到0.3的视力。后经查明，爆炸的灯泡存在严重的质量问题。

刘某的父母认为孩子受伤应该获得赔偿，但是在应该起诉谁的问题上犯了难。有人说应该去告学校，有些人则说应该告老师，还有些人说应该去告灯泡的生产商。最后刘某的父母向律师咨询了产品侵权的相关问题。

（二）法律规定

1.《侵权责任法》

第四十条　无民事行为能力人或者限制民事行为能力人在幼儿园、学校或者其他教育机构学习、生活期间，受到幼儿园、学校或者其他教育机构以外的人员人身损害的，由侵权人承担侵权责任；幼儿园、学校或者其他教育机构未尽到管理职责的，承担相应的补充责任。

第四十三条 因产品存在缺陷造成损害的，被侵权人可以向产品的生产者请求赔偿，也可以向产品的销售者请求赔偿。

产品缺陷由生产者造成的，销售者赔偿后，有权向生产者追偿。

因销售者的过错使产品存在缺陷的，生产者赔偿后，有权向销售者追偿。

2.《中华人民共和国产品质量法》

第四十三条 因产品存在缺陷造成人身、他人财产损害的，受害人可以向产品的生产者要求赔偿，也可以向产品的销售者要求赔偿。属于产品的生产者的责任，产品的销售者赔偿的，产品的销售者有权向产品的生产者追偿。属于产品的销售者的责任，产品的生产者赔偿的，产品的生产者有权向产品的销售者追偿。

3.《学生伤害事故处理办法》

第十五条发生学生伤害事故，学校应当及时救助受伤害学生，并应当及时告知未成年学生的监护人；有条件的，应当采取紧急救援等方式救助。

4.《最高人民法院关于贯彻执行〈中华人民共和国民法通则〉若干问题的意见》

153. 消费者、用户因为使用质量不合格的产品造成本人或者第三人人身伤害、财产损失的，受害人可以向产品制造者或者销售者要求赔偿。因此提起的诉讼，由被告所在地或侵权行为地人民法院管辖。

（三）法律解读

随着社会生产力的发展，科学技术的运用，经济条件、生活方式的改变，新的损害不断涌现。如果拘泥于侵权行为的一般规定中的侵权行为的赔偿原则，受害人就会得不到赔偿，影响社会的安定。于是出现了特殊侵权行为。特殊侵权，是指当事人基于与自己有关的行为、物件、事件或者其他特别原因致人损害，依照民法上的特别规定仍应对他人的人身、财产损失承担民事责任的侵权。校园特殊侵权是指在校园中发生的，法律对于谁承担民事责任及各侵害人如何分担民事责任作出特殊规定的侵权。特殊侵权责任不同于一般的侵权责任，由于法律对此类侵权作出了特殊规定，因而应按照特殊规定承担民事责任。

校园事故侵权本身就是一种特殊侵权责任，责任的承担可以根据有关校园侵权法律规定来判断。但是在校园事故侵权案件中，有时候还会涉及其他类型的特殊侵权。例如本案校园里的产品致人损害的责任，便是一种校园特殊侵权责任。产品致人损害的民事责任，简称产品责任，是指产品中存在的缺陷造成人身伤害或财产损失而引起的民事责任。从本案来看，事故发生在学校内，因而也应当属于校园事故侵权的一种。就本事故的性质来看，应当属于学校内发生的第三方责任事故。对于第三方责任事故，《侵权责任法》有明确的规定，但是由于涉及产品责任这一特殊侵权责任，因而还要结合法律对产品责任的特殊规定来分析责任如何承担。

第三方责任事故是指由学校以外的个人或组织的故意、过失或疏忽而造成的学生伤害事故，因此应由造成事故的第三方承担赔偿责任。但是仔细思考会发现，产品侵权有其特殊性，由产品造成的损害，是不存在侵权人的，那么责任应该由谁来承担呢？《侵权责任法》第43条规定："因产品存在缺陷造成损害的，被侵权人可以向产品的生产者请求赔偿，也可以向产品的销售者请求赔偿。产品缺陷由生产者造成的，销售者赔偿后，有权向生产者追偿。因销售者的过错使产品存在缺陷的，生产者赔偿后，有权向销售者追偿。"在本案中，灯泡的爆炸不是由于实验操作失误，而是因产品缺陷导致的，因而根据这一条款的规定，刘某的父母既可以要求灯泡的生产者赔偿，也可以要求灯泡的销售者赔偿，生产者和销售者应当承担连带赔偿责任。

本案的另一个焦点是学校和老师是否要承担民事责任。《侵权责任法》第40条规定："无民事行为能力人或者限制民事行为能力人在幼儿园、学校或者其他教育机构学习、生活期间，受到幼儿园、学校或者其他教育机构以外的人员人身损害的，由侵权人承担侵权责任；幼儿园、学校或者其他教育机构未尽到管理职责的，承担相应的补充责任。"在本案中，"物理教师将操作步骤一一在黑板上列出，并一边演示一边提醒同学注意事项"，说明老师已尽到注意义务，老师的教学行为并不存在过错。另外，《学生伤害事故处理办法》第15条规定："发生学生伤害事故，学校应当及时救助受伤害学生，并应当及时告知未成年学生的监护人；有条件的，应当采取紧急救援等方式救助。"学校在事故发生之后，紧急采取措施，拨打急救电话，将刘某送到医院，并通知刘某父母。一方面，没有延误刘某的治疗，造成伤害扩大的结果；另一方面，也依法履行了通知义务。因而学校和老师不承担责任。

需要注意的是，如果刘某的父母要到法院起诉产品的生产者和销售者，根据《最高人民法院关于贯彻执行〈中华人民共和国民法通则〉若干问题的意见》第153条的规定，因产品致人损害提起的诉讼，由被告所在地或侵权行为地人民法院管辖。所谓被告所在地是指被告住所地，被告住所地与经常居住地不一致的，由经常居住地法院管辖。侵权行为地是指侵权行为发生的地点。具体到本案，刘某的父母既可以向学校所在地（同时也是灯泡销售者所在地）的管辖法院起诉，也可以向灯泡生产厂家所在地的管辖法院提起诉讼。

（四）专家建议

产品致人损害的案件在日常生活中屡见不鲜。假冒伪劣产品不仅达不到合格产品应有的效用，还会引起安全事故，因而在购买产品时要多加注意。一方面，平时要留心产品识别的方法，防止自己买到不合格产品，另一方面，一旦发现假冒伪劣产品，要及时向相关部门举报，从而也使他人的权益不受侵犯。在购物和消费时，要形成向产品和服务提供者索要发票等消费凭证的习惯，在产品和服务对自己造成损害时，可以拿出发票作为消费的证明，这样容易得到法院的支持，维护自己的合法权益。在没有发票等消费凭证的情况下，要让对方承担责任是很困难的。

二、校园内动物致人伤害责任认定

（一）案例简介

2005年4月8日早晨，原告张某（13岁）按照班级老师的安排于6时左右来到被告海安县某镇初中上学，以负责安排同学们停放好车辆并打扫好场地。当张某去教学楼二楼自己的教室时，发现有一只狗在教学楼走廊处走动。后张某从自己的教室走到教学楼一楼走廊时，该狗凑到其身边，张某挥了一下手欲赶走此狗，但该狗突然一口咬住张某的右手食指，致使其右手食指出血受伤。随后，张某同学将其送去包扎伤口，班主任到校后又送张某到当地卫生院注射了狂犬疫苗。张某同学与班主任分别垫付了包扎费用和疫苗费用共250余元。被告海安县某镇初中也随即向公安机关报警。经打听，得知该狗系被告朱某家所饲养。当地公安机关接到报警后派民警到现场进行处理，并召集朱某和张某的爷爷'（张某父亲已外出打工）等人到场。经民警主持调解，朱某与张某的爷爷达成了调解协议，主要内容为：张某被朱某自养的狗咬伤右手食指，所有医药费全部由朱某负担共计248元，同时负担张某的营养费20元；张某在以后不发生病变的情况下，不再以任何借口找朱某；如张某在以后确实因狗咬伤发生病变，此协议重新修正。当日，张某因疼痛未能在校上课而回到家中，后张某出现伤口肿胀、身体发热等症状。第二天下午，张某被送往当地卫生院进行门诊治疗，经诊断为右食指被狗咬伤，并遵医生建议住院治疗。2005年4月16日，张某出院，共花去医疗费1762.86元，卫生院向其出具了一份出院记录，并医嘱随诊。出院后，张某自称晚上常有睡不着觉或做噩梦的现象发生，精神上因受到惊吓而恐惧。为此，张某向法院提起诉讼，要求朱某和海安县某镇初中共同赔偿医疗费、护理费、营养费以及精神抚慰金等共计5102.22元，但被告朱某和海安县某镇初中均无正当理由而未出庭参加诉讼。

海安县法院经审理后判决，两被告共赔偿原告4800元。由于朱某对损害的发生负有主要责任，因此承担赔偿款3800元，海安县某镇初中应承担次要责任，向原告赔偿1000元。

（二）法律规定

《侵权责任法》

第四十条　无民事行为能力人或者限制民事行为能力人在幼儿园、学校或者其他教育机构学习、生活期间，受到幼儿园、学校或者其他教育机构以外的人员人身损害的，由侵权人承担侵权责任；幼儿园、学校或者其他教育机构未尽到管理职责的，承担相应的补充责任。

第七十八条　饲养的动物造成他人损害的，动物饲养人或者管理人应当承担侵权责任，但能够证明损害是因被侵权人故意或者重大过失造成的，可以不承担或者减轻责任。

第八十条　禁止饲养的烈性犬等危险动物造成他人损害的，动物饲养人或者管理人应当承担侵权责任。

第八十三条　因第三人的过错致使动物造成他人损害的，被侵权人可以向动物饲养人或者管理

人请求赔偿，也可以向第三人请求赔偿。动物饲养人或者管理人赔偿后，有权向第三人追偿。

（三）法律解读

动物致人损害，是法律规定的特殊侵权行为之一。《侵权责任法》对此作了专门规定。饲养的动物造成他人损害的，动物饲养人或者管理人应当承担侵权责任。之所以这样规定，是为了保护被侵权人的利益。因为动物本身并不是法律的主体，无法承担责任，但是作为动物的饲养者和管理者，应当承担起对其所喂养和管理的动物的管束义务，防止损害到他人利益。动物致人损害本身就是因动物的饲养者和管理者未尽到谨慎管束的义务而造成的，因而由他们来填平被侵权人的受损利益是合情合理的。

动物致人损害的特征是：（1）造成损害的是饲养的动物。饲养的动物就是受人们管束、喂养的动物。（2）动物行为并非受人驱使，而是动物的独立行为。独立行为可以是动物正常的本能行为，如因受到惊吓而攻击，也可以是动物的异常行为，如狗因得了疯狗症而疯狂袭击路人。但如果动物行为是受人驱使或者是经过特定训练而形成的条件反射行为，那么就是人以动物为工具而实施侵权行为，此时如同一般侵权，视为驱使人和训练人直接侵权而非动物侵权。（3）应当不存在免除责任的事由。《侵权责任法》第78条规定："饲养的动物造成他人损害的，动物饲养人或者管理人应当承担侵权责任，但能够证明损害是因被侵权人故意或者重大过失造成的，可以不承担或者减轻责任。"由此可知，受害人的故意和重大过失是饲养动物侵权的免责事由。受害人因自身故意或重大过失导致自身损害，动物饲养人或管理人可以不承担或少承担民事责任；受害人因故意或重大过失造成损害后果扩大的，动物饲养人或管理人可以减轻责任，即对扩大的损害后果不承担责任。除此之外，动物饲养人和管理人不能免责。

校园内的动物侵权，也属于动物致人损害的范围，因而也同样适用《侵权责任法》的规定。从本案的案情来看，狗是朱家饲养的，这一点是明确的。狗咬伤张某的行为是动物的独立行为，并非受朱某的驱使。张某按时到校完成老师指派的任务，并没有错，另外，因为狗凑到张某身边，所以张某才"挥了一下手欲赶走此狗"，此时的"挥手"是人的本能反应，不能认为张某存在故意或者重大过失。因此，本案是典型的动物致人损害案件，应当适用《侵权责任法》的相关规定。朱某对所饲养的狗疏于防范，对损害的发生存在过错，因而应当对这起校园内动物事故侵权负责。

至此，侵权人的责任已经明确了，但是，由于本案发生在学校里，学校的责任怎么确定？《侵权责任法》第40条规定："无民事行为能力人或者限制民事行为能力人在幼儿园、学校或者其他教育机构学习、生活期间，受到幼儿园、学校或者其他教育机构以外的人员人身损害的，由侵权人承担侵权责任；幼儿园、学校或者其他教育机构未尽到管理职责的，承担相应的补充责任。"海安县某镇初中原本应担负起对学生的保护和管理义务，但是由于疏于校园安全管理，致使动物进入校园，咬伤学生，是损害发生的次要原因，因此应依法承担相应的责任，即补充赔偿责任。补充赔偿责任，简单来说就是指在直接责任人不能满足权利人赔偿请求时，再由补充责任人承担权利人相应损失的一种责任形态。那么，在本案中，如果朱某未能完全赔偿张某因侵权而造成的损失，海安县

346

某镇初中就应该赔偿剩下的数额。规定补充责任的目的，一方面是给学校的疏忽以警诫，另一方面也是为了能充分保护被侵权人的利益。至于两被告之间的责任具体如何分担，要根据实际情况和法官的自由裁量来最终决定。

在此，还需要说明一点，如果朱某家的狗将张某咬伤是因第三人的过错造成的，例如狗原本拴在朱某家的院子里，但被某人（甲）故意解开后放走，才因此得以进入教学楼伤人，那么这个故意将狗放开的人便存在过错。《侵权责任法》第83条规定："因第三人的过错致使动物造成他人损害的，被侵权人可以向动物饲养人或者管理人请求赔偿，也可以向第三人请求赔偿。动物饲养人或者管理人赔偿后，有权向第三人追偿。"因此，朱某承担赔偿责任后可以向甲追讨因赔偿而支出的费用。

（四）专家建议

近年来，随着家养宠物数量的增多，各地动物致人损害的事故也明显增多，特别是狗咬人的事件尤为突出。如何保护被侵害人的利益以及如何让养宠物者谨慎自律，成为法律关注的焦点。比起《民法通则》的规定，《侵权责任法》对动物致人损害责任作了更为严格而人性化的规定：（1）违反管理规定饲养烈性犬等动物造成他人损害的，动物饲养人或者管理人应当承担侵权责任（《侵权责任法》第80条）。（2）在免责事由方面，《民法通则》规定受害人过错即可构成加害人免责事由，《侵权责任法》则限制为受害人有重大过失，因此受害人即使有一般过失，加害人也不能免责。（3）关于因第三人的过错致使动物造成他人损害的情况，《民法通则》规定，第三人应承担责任。而《侵权责任法》规定，受害人可以请求第三人承担赔偿责任，也可以请求动物饲养人承担赔偿责任。动物饲养人承担赔偿责任后，有权向第三人追偿。受害人有了选择权，可以依照具体情况要求赔偿，比如第三人与动物饲养人谁更有赔偿能力，受害人就可以选择谁行使权利。

三、校外作业致人损害侵权责任

（一）案例简介

2008年10月的某一天上午9时左右，某中专学校的学生正在上课，突然，一声巨响传来，紧接着，教室的门窗被什么东西砸破了，碎石如雨点般袭来。老师和学生都趴到桌子下面躲避，有些学生吓得大喊。等碎石慢慢减少，老师和同学才从桌底钻出来。他们被眼前的景象惊呆了，教室的窗户全部被砸碎，碎玻璃散落一地，墙根的地上都是碎石和沙砾。不一会儿，就发现有学生受伤。原来，砸破门窗的是从学校不远处的山上飞来的石块。巨大的响声传出后，震动了整个校园，教学楼、办公楼等门窗玻璃大面积脱落、损坏，30名上课的学生头部、面部、手、脚等部位受轻伤。学校启动安全工作紧急预案，迅速将受伤师生送往医院救治。后经查明，爆破意外系爆破公司在距学校不远处的山上实施爆破引起的，由于事先没有考虑到爆溅的碎石会飞到学校里，就没有通知学校，也没有做好相应的防范措施，因而造成了损害后果。

受伤学生的家长多次找到学校协商，要求学校承担责任，学校辩称自己也是被侵权的一方，全部责任应当由爆破公司承担，因而不同意承担责任。学生家长又去找爆破公司，爆破公司却只同意承担部分责任。在协商无果的情况下，受伤学生的家长将学校和爆破公司一起起诉到了法院。

（二）法律规定

1.《民法通则》

第一百二十三条　从事高空、高压、易燃、易爆、剧毒、放射性、高速运输工具等对周围环境有高度危险的作业造成他人损害的，应当承担民事责任；如果能够证明损害是由受害人故意造成的，不承担民事责任。

2.《侵权责任法》

第六十九条　从事高度危险作业造成他人损害的，应当承担侵权责任。

第七十七条　承担高度危险责任，法律规定赔偿限额的，依照其规定。

3.《最高人民法院关于贯彻执行〈中华人民共和国民法通则〉若干问题的意见》

从事高度危险作业，没有按有关规定采取必要的安全防护措施，严重威胁他人人身、财产安全的，人民法院应当根据他人的要求，责令作业人消除危险。

（三）法律解读

高度危险作业，又称高度危险业务、高度危险来源，是指利用现代科学技术设施从事对于周围环境的人身或财产安全具有高度危险性的业务操作活动。o 根据我国《民法通则》的规定，高度危险作业包括高空、高压、易燃、易爆、剧毒、放射性、高速运输工具等对周围环境有高度危险的作业，例如建筑工程作业、爆破作业、核工业以及飞机与火车等高速运输作业等均属于高度危险作业的范围。高度危险致人损害的民事责任，是指因从事对周围环境具有高度危险的作业造成他人损害时，依法应承担的民事责任。《侵权责任法》第 69 条规定："从事高度危险作业造成他人损害的，应当承担侵权责任。"即是说，高度危险作业造成他人损害的，承担责任是原则，不承担责任是例外，这种责任适用的是无过错责任，即只要存在着损害事实，行为与损害结果之间有因果关系，行为人就应依法承担民事责任，除非具有法律规定的免责事由。《民法通则》中对免责事由作了十分严格的规定："从事高空、高压、易燃、易爆、剧毒、放射性、高速运输工具等对周围环境有高度危险的作业造成他人损害的，应当承担民事责任；如果能够证明损害是由受害人故意造成的，不承担民事责任。"目前来看，高度危险作业的免责事由只有一个——受害人的故意，而且这个免责事由要由作业人举证加以证明。

因此，高度危险作业致人损害责任在民法上是一种特殊责任，其责任承担与否与作业人是否存在过失无关，而与受害人是否存在故意有关，如果无法证明受害人存在故意，即使作业人不存在过失，也不能免除自身的责任。之所以要对高度危险作业的民事责任人予以特殊规定，是由于高度危险作业具有超出一般程度的危险性，这类作业在现有技术水平、设备条件下即使以极其谨慎的态度进行作业，仍然难以避免给他人的人身和财产造成损害；而一旦发生危险事故，又会给周围环境中的人们的生命、健康和财产造成巨大的伤害或损失。因此适用无过错责任能促使从事危险作业的组织和个人提高责任心和提高安全措施，更好地保障人民生命财产的安全，最大限度地减少、避免高度危险作业产生的危害。

在本案中，爆破公司实施的爆破活动，属于高度危险作业。从爆破公司自身来看，爆破公司本身并不存在侵权致害的故意，但是爆破公司实施了爆破这一损害行为，造成碎石飞溅，致使发生 30 名学生受伤的损害结果，根据上述法律规定，爆破行为已经符合了高度危险致人损害的构成要件，爆破公司难辞其咎。虽然法律也规定了免责事由，但是在本案中 30 名学生对其受伤的结果显然不存在故意，因而，爆破公司承担责任是毫无疑问的。

那么受伤学生的家长向学校要求赔偿有无法律依据呢？学生是在学校的课堂上遭受损害的，学生的家长必然会要求学校承担责任。但是，学校不能无缘无故就承担责任，必须在学校存在过错的情况下才能要求其承担。从本案的事实来看，事故是在上课时发生的，爆破公司事先并未通知学校，学校也并不可能预见到事故的发生，因此学校对事故的发生不存在管理不当的问题。并且学校得知学生受伤后，及时采取救济措施，善后处理及时，因此学校无任何过错。因此，向学校要求赔偿的做法是手法无据的。同时，学校"教学楼、办公楼等门窗玻璃大面积脱落、损坏"，作为被侵权的一方，也可以依据法律的相关规定，向爆破公司主张赔偿。

在日常生活中，有时还会出现高度危险作业虽然没有造成现实的损害后果，但是对公民的人身、财产已经构成严重威胁，如果不加以制止就很可能会出现实际损害的情况。此时相关的利益人是否有权请求作业人消除威胁呢？根据《最高人民法院关于贯彻执行〈中华人民共和国民法通则〉若干问题的意见》第 154 条规定："从事高度危险作业，没有按有关规定采取必要的安全防护措施，严重威胁他人人身、财产安全的，人民法院应当根据他人的要求，责令作业人消除危险。"因此，受到威胁的利益人可以请求人民法院责令作业人消除潜在的危险，防止损害的现实发生。

（四）专家建议

校园中的高度危险作业致人损害案件，除了校外第三人侵权损害的情况外，还有可能是学校本身或者学校的雇用人员从事高度危险作业致学生损害。同时，校园内的教职工也有可能遭到危险作业损害。但是无论是哪一种情况，危险作业人都需要承担无过错责任，而学校的责任要根据《侵权责任法》的相关规定，结合具体案件的情况来确定。在日常生活中，损害赔偿只是作为事后救济的一种途径，更重要的还是事前预防。从这个角度讲，学校要尽量避免在校内从事高度危险作业，学生不要接近高度危险作业的场所和设施，避免发生损害事故。

四、校内交通事故责任认定

1.（一）案例简介

一小偷做贼心虚，在校园内骑着一辆盗来的摩托车，竟然撞上学生。7 日 15 时 03 分许，学生

贾某步行经过实验教学楼门口时，被一名男子骑着的豪爵牌摩托车刮到衣服，因为车速较快，摩托车将贾某拖倒，摩托车也因为失去平衡而倒地。但是令人不可思议的是，那个男青年从地上爬起来之后，连看也没有看摔倒的贾某一眼，就匆匆忙忙抛下摩托车，奔向校门口。

贾某因为被摩托车拖倒在地，受伤不轻，被过路的师生送到医院。经医院诊断，手腕部因为与地面撞击严重骨折，肩部和脸部也受伤，住院期间共花费医疗费用8 000余元。后该事件查明，撞人的男子名叫魏某，所骑摩托车是在教学楼墙角处偷盗所得，偷车后由于做贼心虚，慌不择路，撞到学生贾某。在撞人之后，摩托车也没骑走，就慌忙逃出学校。当时学校的保安目睹了这一幕，猜到有可能是小偷，于是在校门口将其截住并送往派出所，派出所民警到达现场将摩托车扣留。随后，民警通过查阅该摩托车的资料，了解到车主是住在永春县石鼓镇桃星村的刘某。在接到民警的电话通知时，车主正在心急如焚地寻找被盗窃的摩托车。刘某说，当天13时许，他来学校看望孩子，将摩托车停放在教学楼下的一个小角落里。不知道什么时间被偷了。

贾某的父母得知事情原委之后，找到车主要求车主赔偿医疗费用，但车主觉得很委屈，虽然撞伤人的是自己的车，可是人是小偷骑车撞的，和自己没有关系。而贾某的父母却坚持认为车主应该对孩子受伤进行补偿。

（二）法律规定

1. 《侵权责任法》

第四十八条　机动车发生交通事故造成损害的，依照道路交通安全法的有关规定承担赔偿责任。

第五十二条　盗窃、抢劫或者抢夺的机动车发生交通事故造成损害的，由盗窃人、抢劫人或者抢夺人承担赔偿责任。保险公司在机动车强制保险责任限额范围内垫付抢救费用的，有权向交通事故责任人追偿。

2. 《道路交通安全法》

第一百一十九条　本法中下列用语的含义：

（一）"道路"，是指公路、城市道路和虽在单位管辖范围但允许社会机动车通行的地方，包括广场、公共停车场等用于公众通行的场所。

（二）"车辆"，是指机动车和非机动车。

（三）"机动车"，是指以动力装置驱动或者牵引，上道路行驶的供人员乘用或者用于运送物品以及进行工程专项作业的轮式车辆。

（四）"非机动车"，是指以人力或者畜力驱动，上道路行驶的交通工具，以及虽有动力装置驱动但设计最高时速、空车质量、外形尺寸符合有关国家标准的残疾人机动轮椅车、电动自行车等交通工具。

（五）"交通事故"，是指车辆在道路上因过错或者意外造成的人身伤亡或者财产损失的事件。

（三）法律解读

根据《中华人民共和国道路交通安全法》（以下简称《道路交通安全法》）的相关规定，一般的交通事故都由公安机关交通管理部门进行处理。可是发生在校园里的交通事故，由于其地点的特殊性，被排除在《道路交通安全法》调整的范围外。这是因为《道路交通安全法》里所说的"道路"，是指公路、城市道路和虽在单位管辖范围但允许社会机动车通行的地方，包括广场、公共停车场等用于公众通行的场所。显然，校园里的道路不属于《道路交通安全法》规定的管理范围。《侵权责任法》第48条规定："机动车发生交通事故造成损害的，依照道路交通安全法的有关规定承担赔偿责任。"这一规定虽然并没有具体规定此类侵权行为责任如何承担，但是为交通事故侵权指明了法律依据，即在《侵权责任法》颁布后，《道路交通安全法》仍然作为处理交通事故侵权的主要法律依据。另外，根据这一规定，有一些原本不属于道路交通安全范围的机动车侵权事故，例如上面提到的校园中的交通事故，也被纳入了《道路交通安全法》的调整范围之内。

根据《道路交通安全法》第119条的相关规定，所谓"机动车"是相对于"非机动车"而言的。"非机动车"是指以人力或者畜力驱动，上道路行驶的交通工具，以及虽有动力装置驱动但设计最高时速、空车质量、外形尺寸符合有关国家标准的残疾人机动轮椅车、电动自行车等交通工具。"机动车"则是指以动力装置驱动或者牵引，上道路行驶的供人员乘用或者用于运送物品以及进行工程专项作业的轮式车辆。"交通事故"一词在生活中经常用到，在法律上也作了明确的规定，是指车辆在道路上因过错或者意外造成的人身伤亡或者财产损失的事件。据此，可以给"机动车交通事故"下一个定义，机动车交通事故是指机动车辆在道路上行驶过程中，因有关人员实施违反道路交通法规的行为，造成他人人身、财产损害的事故。

在本案中交通事故发生在校园内，属于校园事故侵权的情形，应当依据《侵权责任法》的规定来处理。校园道路不属于《道路交通安全法》中所指的"道路"，但是依据《侵权责任法》第48条的规定，在侵权责任如何承担并不明确时，可以依据《道路交通安全法》的相关规定作出判断。由此来确定责任的归属。

但是，本案不同于一般的交通事故。在日常的交通事故中，车辆的驾驶人一般都是车辆的所有人，而在本案中小偷骑着偷来的车撞伤了人，车辆的驾驶人并非所有人，那么责任应该由谁来承担？是由车主承担，还是由偷车人来承担呢？在本案中，车主事先对该校园事故侵权的发生并不知情，小偷盗取他的摩托车后在逃走过程中撞伤了人，如果要由车主承担侵权责任，显然有失公平。但是，在《道路交通安全法》中车主又很难找到相关的法律依据来免除自己的责任。为此，《侵权责任法》第52条明确规定，盗窃、抢劫或者抢夺的机动车发生交通事故造成损害的，由盗窃人、抢劫人或者抢夺人承担赔偿责任。这就限定了责任的承担者，使本来也是受害方的机动车车主得以免责。

但是需要注意的是，现实生活中还存在一种情形，也会造成机动车的驾驶人和所有人发生分离，那就是将自己的车子租借给别人使用的情况。此时若租借机动车的人在驾驶过程中撞伤人该如何处理？是否也是同盗窃机动车的情况一样，仅由机动车的驾驶人负责，而机动车的所有人则不需要负责呢？根据《侵权责任法》第 49 条的规定，因租赁、借用等情形机动车所有人和使用人不是同一人时，发生交通事故后属于机动车一方责任的，由机动车使用人承担赔偿责任。机动车所有人对损害的发生有过错的，承担相应的赔偿责任。由此看来，机动车的租借人驾车发生交通事故，侵权责任还是应由租借人来承担。但是与偷盗机动车的情况有所不同，《侵权责任法》在此还作了一个特殊规定——"机动车所有人对损害的发生有过错的，承担相应的赔偿责任。"因此，在机动车租借的情形中，机动车的所有人也要尽到相应的注意义务，否则一旦发生交通事故侵权事件，自己也有可能被追究侵权责任。

（四）专家建议

随着社会的进步，私家车逐渐增多，校园内的交通事故正在逐年上升。因此，明确校园内交通事故的原因和法律依据，从中发现一些规律，对有效地预防事故发生和保持在校学生及其教职工家属的生命财产安全，是很有必要的。在确定校园交通事故侵权责任时，要注意区分不同的情况，如驾车人与所有人是否同一人，机动车的来源是非法获取还是合法租借。除了学生及家长应给予必要的关注外，每个学校都不能忽视学生安全，应严格限制车辆、人员出入学校，莫让我们的孩子遭受意外伤害。

五、校园环境污染致人损害的侵权责任

（一）案例简介

因工厂泄漏的有毒废水污染了校园环境，浙江省杭州市某县四百余名在校学生一纸诉状递上法庭，要求肇事单位给予赔偿。

2001 年 4 月 4 日，以苯乙烯为主要生产原料的某塑料化工实业有限公司（以下简称 X 公司）因违规操作，发生苯乙烯泄漏事故，致使苯乙烯直接流入沉淀池内，并外泄流入排水沟。苯乙烯散发出的气味影响到距离这家公司仅 150 米的某小学，致使刘某等 407 人出现头晕、头痛、恶心、腹痛、咳嗽等症状。这些学生后被送往当地医院检查，其中有 20 人住院观察。

事故发生后，经过当地政府会同有关部门对事故进行行政处理，X 公司已停产整顿，并支付了学生医疗、检查等费用合计 132 406.80 元。但刘某等 407 名学生认为 X 公司已严重侵害并继续威胁着他们的人身财产权益，故诉之法院要求这家公司停止向某中学排放包括苯乙烯在内的含热废水，赔偿其经济损失及精神损害。

4 月 12 日，浙江省、杭州市两级疾病预防控制中心的专家对该小学全体师生和某公司职工进行体检后认为，该小学师生出现的症状是 X 公司苯乙烯泄漏引起的一过刺激性反应，但是无苯乙烯急、慢性中毒诊断依据。

X 公司提供了相关部门的报告，认定这家公司聚苯乙烯生产项目的废水、废气排放量较少，对

周围环境影响不大，属于可接受的风险范围。故法院作出如下判决：X 公司苯乙烯泄漏事故属于污染环境行为，对某小学的师生造成了一定程度的损害，构成侵权，应承担相应的侵权损害赔偿责任。但 x 公司已经支付了检查费、医疗费等费用，判令 X 公司赔偿该小学刘某等 407 名学生精神损害抚慰金每人 500 元，共计 203 500 元。对其他诉讼请求则不予支持。

（二）法律规定

1.《民法通则》

第一百二十四条　违反国家保护环境防止污染的规定，污染环境造成他人损害的，应当依法承担民事责任。

2.《侵权责任法》

第六十六条　因环境污染发生纠纷，污染者应当就法律规定的不承担责任或者减轻责任的情形及其行为与损害之间不存在因果关系承担举证责任。

（三）法律解读

《民法通则》第 124 条规定："违反国家保护环境防止污染的规定，污染环境造成他人损害的，应当依法承担民事责任。"这一规定表明，环境污染致人损害的民事责任的构成以违反国家保护环境防止污染的规定为前提条件，而且行为人所承担的是无过错责任，即只要产生环境污染的原因是行为人的排污行为，污染的来源是行为人所有或经营的客体排污造成环境污染，该客体的所有人或经营人就应当为该客体的损害后果承担责任，而无论所有人或经营人是否有过错。只有适用无过错责任的归责原则才有利于强化污染环境者的法律责任，促使其履行环保法律义务，严格控制和积极防治污染；也只有适用无过错责任的归责原则，才更有利于保护受害人合法权益，减轻受害人证明加害人的过错的举证责任，维护社会的实质正义。同时，对污染环境致人损害的行为适用无过错责任的归责原则，为当代世界各国环境保护立法和侵权责任法的基本趋势。

因此在环境污染致人损害的侵权案件中，污染方即使证明自身对于环境污染并不存在过错，也要承担侵权责任。《侵权责任法》中也确认了无过错责任，同时该法第 66 条规定："因环境污染发生纠纷，污染者应当就法律规定的不承担责任或者减轻责任的情形及其行为与损害之间不存在因果关系承担举证责任。"这就把排污与损害之间的因果关系的证明责任转移给了污染者，受害者只要能证明自己遭受了损害即可，不需要证明自己的损害是排污行为造成的。如此规定的原因在于，在环境污染侵权案件中，受害人很难证明排污与损害之间的因果关系。环境污染，有时多因一果，情况复杂，要让被侵权人证明企业内部在组织管理、生产流程中的过错是有困难的。因此，实行举证责任倒置和因果关系推定，原告只要证明排污者排放污染，且原告的人身和财产受到损害，并且两者之间有可能存在因果关系，法官就直接推定有因果关系。被告如果认为自己的行为与损害之间没有因果关系，则需自己举证，证明成立的，免除责任，不成立的，就应当承担侵权责任。

在本案中，X 公司因排放含有化工原料的废水，造成 407 名在校学生出现不良反应，属于一起发生在校园内的环境污染侵权事件。已经存在的事实表明 X 公司造成了环境污染，同时也存在学生出现不良反应的损害事实，根据"苯乙烯散发出的气味已影响到距离这家公司仅 150 米的某小学"这一情况，也可以推测出该小学的学生出现不良反应很可能与 X 公司苯乙烯泄漏的污染事故有关，因此，根据上述法律条款，法院已有充足的理由判决 x 公司承担环境污染致人损害的侵权责任。如果 X 公司想要免责，就需要提供证据证明学生的不良反应与苯乙烯泄漏事故无关才行。浙江省、杭州市两级疾病预防控制中心的专家对该小学全体师生和某公司职工进行体检后认为，该小学师生出现的症状是 X 公司苯乙烯泄漏引起的一过刺激性反应，显然因果关系是存在的，因此 X 公司无法拿出相反的证据，对于这次污染事故需要承担侵权责任。

在本案中，实际上刘某等 407 名学生的诉讼请求有两部分，一部分是因泄漏事故造成不良反应的侵权损害赔偿请求，另一部分则是要求 X 公司停止向某中学排放包括苯乙烯在内的含热废水的诉讼请求。后一个诉讼请求，实际上已与先前的泄漏事故无关，是针对 X 公司排放含热废水的行为而提出的。虽然对于泄漏事故 X 公司同意承担侵权责任，但是针对后一项诉讼请求，X 公司提供了相关部门的报告，认定了这家公司聚苯乙烯生产项目的废水、废气排放量较少，对周围环境影响不大，属于可接受的风险范围，另外，疾病预防控制中心的专家的检测结果表明该小学学生"无苯乙烯急、慢性中毒诊断依据"，因此排放含热废水的行为并不构成环境污染的损害行为，也并无相应的损害结果，法院最终没有支持学生的后一诉讼请求，最后判决 X 公司苯乙烯泄漏事故属于污染环境行为，对该小学的师生造成了一定程度的损害，构成侵权，应承担相应的侵权损害赔偿责任；对于其他诉讼请求不予支持。

（四）专家建议

甘肃血铅超标案轰动了大江南北，两千多名受害者竟然在如此环境中生活 10 年，许晶，5 岁，血铅含量 260 微克/升；刘家美，12 岁，血铅含量 361 微克/升……村里 334 个孩子都铅中毒，这就是环境污染带来的恶果。改善民众福利依赖于经济增长，而现代经济增长主要依赖工业化。反过来，工业发展多少都会造成空气、水或土壤污染，对整个生态造成负面影响，从而也会对民众的身体产生某种负面影响。在本案中，《侵权责任法》可以解决环境污染致人损害的校园侵权赔偿案件，但是这种事后救济不能从根本上杜绝校园污染事故。如何预防环境污染，尤其是如何让污染远离校园，仍需要国家、社会和企业的关注与反思。

六、施工致人损害的侵权责任

（一）案例简介

工程承包商刘某，与某小学签订协议建教学大楼。工程完成后，建筑工地（校园内）遗留下一个 4 米见方的坑未及时填平。某日暴雨后，坑中积满了雨水。第二天一早，几个前来上学的小学生围在坑边玩耍，学生李某（11 岁）不慎将同学高某（10 岁）推入坑中。由于坑深达 2 米，高某立即沉没水中。几个学生惊惶失措地跑到学校办公室向老师报告，等老师赶到水坑处救人时，高某早已溺水身亡。高某家长找到学校，要求学校承担孩子死亡的损害赔偿。学校认为，造成事故的直接原因是李某将高某推入坑中。施工单位没有填平施工坑，是造成高某死亡的危险源，高某的死亡应由承包商刘某和李某家长共同承担。刘某辩称，工程已经完工，自己不应承担责任。事故是因受害人玩水造成，学校没有尽到管理职责，应由学校承担责任。李某家长辩称，自己的孩子年仅11岁，同学之间相互玩耍将高某推入坑中，是学校未尽到教育、管理的职责，应由学校承担损害后果。由于难以达成一致意见，最后受害学生家长将施工者、学校和李某都告上了法庭。

（二）法律规定

1. 《民法通则》

第一百二十五条　在公共场所、道旁或者通道上挖坑、修缮安装地下设施等，没有设置明显标志和采取安全措施造成他人损害的，施工人应当承担民事责任。

2. 《侵权责任法》

第九十一条　在公共场所或者道路上挖坑、修缮、安装地下设施等，没有设置明显标志和采取安全措施造成他人损害的，施工人应当承担侵权责任。

窨井等地下设施造成他人损害，管理人不能证明尽到管理职责的，应当承担侵权责任。

（三）法律解读

地面施工致人损害的民事责任是指在公共场所、道旁或者通道上挖坑、修缮安装地下设施等，没有设置明显标志和采取安全措施造成他人损害时，施工人应当承担的民事责任。

在公共场所或者通路上施工，对在此地通行的人会造成一定的危险，如果施工人不进行特别的标志提醒，往往会使通行人遭受伤害。因此我国法律明确规定施工人未尽警示义务，造成他人损害的，应当承担民事责任。《民法通则》第125条规定："在公共场所、道旁或者通道上挖坑、修缮安装地下设施等，没有设置明显标志和采取安全措施造成他人损害的，施工人应当承担民事责任。"《侵权责任法》第91条第1款也作了类似的规定："在公共场所或者道路上挖坑、修缮、安装地下设施等，没有设置明显标志和采取安全措施造成他人损害的，施工人应当承担侵权责任。"

一般来讲，地面施工致人损害的侵权具有如下特点：（1）首先，施工工作应是在公共场所、道旁、通道等可能危及行人的场所进行。公共场所是指公众聚集、活动的场所，道旁、通道是公众通行的地段。其次，须是从事挖坑、修缮安装地下设施等作业。（2）施工人未设置明显标志，也未采取安全措施。设置明显标志和采取安全措施，是法律对施工人的特殊要求，是施工人应承担的作为义务。施工人违反了该义务并造成了他人损害的，当然应承担相应的法律后果。此外，施工人是否设置了明显标志和采取了安全措施，应以事故发生时的状态为判断标准。在因第三人行为使安全标志和安全措施不合要求的情况下，施工人在承担责任后有权向第三人追偿。（3）有损害事实的存在。遭受损害的是他人的人身或财产，但不包括施工人员自身受到的伤害，后者应适用劳动合同或雇佣合同关系加以调整。（4）地面施工致人损害适用推定过错责任，即除非施工人能证明其已尽法定警示义务，主观上无过错，否则就应承担民事责任。（5）施工人未设置明显标志也未采取安全措施的不作为与损害后果之间存在因果关系。

地面施工致人损害的民事责任由施工人承担。所谓施工人，是指接受施工任务并组织施工作业的组织或者个人，而不是指具体进行施工作业的组织内的工作人员或受雇于施工人的雇工。一般情况下，施工人是承包他人工程进行施工的承揽人，但施工人也可能就是该工程的所有人或管理人。地面施工致人损害民事责任的免责事由只有一个：施工人已设置明显标志和采取安全措施，而且这些标志或措施足以使任何人采取通常的注意就可避免损害的发生。

本案是发生在校园内的地面施工致人损害案件，属于校园特殊侵权案件。本案的关键在于如何依据本案的事实和相关法律规定来确定各方当事人的民事责任，从而使受害人高某的死亡得到依法赔偿。在本案中，承包商刘某与某小学签订协议建教学大楼，工程完成后，建筑工地（校园内）遗留下一个 4 米见方的坑未及时填平。某日暴雨后，坑中积满了雨水，从而导致受害人高某死亡这一严重后果。作为工程承包商，刘某有义务将所挖之坑填平及采取安全措施。但在工程结束后刘某并未采取施工扫尾措施，而是采取了放任不管的消极行为。作为施工方，刘某应当对整个施工过程的安全负责，这不仅包括施工过程中，也包括施工结束后发生的问题。刘某应按照《民法通则》的规定履行其公共安全保护的义务并承担民事责任。根据《民法通则》第 125 条及《侵权责任法》第 91 条的相关规定，承包商兼施工人刘某既未设置明显标志，也未采取安全措施，毫无疑问要对事故承担责任。学校作为所有权人和受益方，对承包商刘某的工程具有监督管理职责，同时也有谨慎小心管理自己事务的义务。校方应当知道坑未填平的危害性，但学校并没有对遗留之坑设置安全警示标志，也未采取适当的措施来消除危害，存在过错，违反了对校内学生的保护义务，故也是民事责任的承担者。学生李某不慎将同学高某推入坑中，其行为直接导致了受害人高某掉入水坑死亡这一结果，故李某亦应承担民事责任，但由于其是未成年人，故应由其监护人来依法承担民事责任。所以，当事人承包商刘某、学校、李某均应对学生高某的死亡承担民事赔偿责任。

（四）专家建议

地面施工致人损害是一种特殊侵权责任，适用推定过错责任，即除非施工人能证明其已尽法定警示义务，主观上无过错，否则就应承担民事责任。这样的规定加重了施工人的警示义务，有利于保护人民群众人身安全，也在很大程度上减少了校园中类似侵权损害的发生。

另外，《侵权责任法》第 91 条增加了对窨井等地下设施致人损害的规定，这是在《民法通则》中从未规定的。所谓"窨井"即马路中间下水道检查井。这也是针对近年来由于井盖丢失造成的人员伤亡案例屡屡发生，对市民的生命和财产造成很大的损失而因事设法，该条款的规定为窨井致人损害的侵权案件的解决提供了法律依据。

七、校内附属物致人损害侵权责任

（一）案例简介

校内超市广告牌砸伤了学生，学生家长将超市告上了法庭。2008年4月的一天，某中学的校内超市实行优惠大酬宾，超市的工作人员在其超市门口设置了一块介绍优惠商品的广告牌。广告牌的高度为2米，宽为1米。当天傍晚，突然刮起大风，广告牌被风吹得哗哗响。不一会，由于风力太大，广告牌被吹倒，超市工作人员随即将广告牌靠墙，但是并未采取其他安全措施。一阵大风又将广告牌刮倒，正好击中向超市行走的学生雷某的头部，致其当即昏迷，后学校将其急速送往医院治疗。出院后，雷某的父母找到学校，学校告知其应向超市追究事故责任。于是雷某的父母又找到该校内超市索赔，却遭到拒绝。雷某父母遂诉至法院，要求超市老板赔偿医疗费用等损失。超市辩称，广告牌第一次刮倒后，超市工作人员作了安全处理，但又被大风刮倒，实属不可抗力，超市不应承担责任。

（二）法律规定

1.《民法通则》

第一百二十六条　建筑物或者其他设施以及建筑物上的搁置物、悬挂物发生倒塌、脱落、坠落造成他人损害的，它的所有人或者管理人应当承担民事责任，但能够证明自己没有过错的除外。

2.《侵权责任法》

第八十五条　建筑物、构筑物或者其他设施及其搁置物、悬挂物发生脱落、坠落造成他人损害，所有人、管理人或者使用人不能证明自己没有过错的，应当承担侵权责任。所有人、管理人或者使用人赔偿后，有其他责任人的，有权向其他责任人追偿。

第八十八条　堆放物倒塌造成他人损害，堆放人不能证明自己没有过错的，应当承担侵权责任。

（三）法律解读

《民法通则》第126条规定："建筑物或者其他设施以及建筑物上的搁置物、悬挂物发生倒塌、脱落、坠落造成他人损害的，它的所有人或者管理人应当承担民事责任，但能够证明自己没有过错的除外。"工作物致人损害的民事责任，又称建筑物等设施致人损害的民事责任，是指建筑物或其他设施以及建筑物上的搁置物、悬挂物发生倒塌、脱落、坠落造成他人损害的，其所有人或管理人所应承担的赔偿责任。工作物致害侵权责任是一种特殊侵权责任，地上工作物致害责任的赔偿义务主体，是地上工作物的所有人或者管理人及其他责任人。管理人对工作物的安全应尽到充分的注意义务，否则工作物致人损害，管理人应承担赔偿责任。

如何判断某一具体情形是否构成地上工作物致害的赔偿责任呢？一般来说需要具备下列条件：

1. 须因地上工作物致人损害

地上工作物的范围具体包括：（1）建筑物。它是指在土地之上，由人工用建筑材料牢固地结合在一起、四周封闭并供人们直接在内进行生产、生活或储存东西的建造物，如住宅、工业厂房等。（2）其他设施。它是指依特定技术或经验建造起来的，附着于土地之上并为一定目的之用的物。如桥梁、堤防、水塔、码头、沟渠、牌坊、雕塑、广告牌、纪念碑、隧道、涵洞、井架、竖井、电线杆、路灯、围墙、缆车、索道、公园游乐场中的运动器材等，也包括上述设施不可分的组成部分，如门窗、梁柱等。此外，机器设备若固定于土地之上，应为其他设施。（3）建筑物上的搁置物、悬挂物。它是指搁置或悬挂在建筑物之上而又非建筑物有机组成部分的物，它可以独立于建筑物而存在。如阳台上放置的花盆，悬挂在墙壁或屋顶上的镜子、相框、电扇、吊灯等。

地上工作物致人损害，包括人身损害和财产损害，其具体的致害形态有三种：一是建筑物的全部或一部分倒塌或脱落致人损害；二是其他设施倒塌或脱落致人损害；三是建筑物上的搁置物、悬挂物坠落致人损害。

2. 须受害人的损害结果与地上工作物塌落有因果关系

有两种情形：一是地上工作物塌落的物力直接作用于他人的财产、人身而造成损害；此时的致害原因为直接原因。二是地上工作物塌落的物力直接作用于他人的财产、人身，而是引起其他物力作用于他人财产、人身而造成损害。此时的致害原因为间接原因。

3. 须无免责或减轻责任的事由

须地上工作物等所有人或管理人不能证明自己没有过错，还必须证明工作物的倒塌是由下列原因造成的：（1）不可抗力；（2）受害人过错；（3）第三人的过错。

《侵权责任法》第85条作出了与《民法通则》相同的规定："建筑物、构筑物或者其他设施及其搁置物、悬挂物发生脱落、坠落造成他人损害，所有人、管理人或者使用人不能证明自己没有过错的，应当承担侵权责任。"据此可以对本案进行下列分析：

在本案中，超市完全具备地上工作物致害的赔偿责任的构成条件：（1）超市为招揽生意，在门前设置了广告牌。广告牌属于我国《侵权责任法》第85条所规定的"其他设施"。广告牌被大风刮倒后，超市工作人员将其靠墙放置，并没有改变广告牌作为"其他设施"的性质。（2）广告牌被大风刮倒应解释为属于《侵权责任法》中所指的其他设施倒塌之列。因广告牌的倒塌击中过路学生雷某的头部，二者之间有因果关系。（3）超市存在过错。超市为招揽生意，在门前竖立广告牌无可非议。但当广告牌被大风刮倒后，超市工作人员只是简单地移放，而没有妥善地加以处理，这是有过错的。（4）超市没有免责事由。本案是一起工作物致害案件，适用过错推定原则归责，被告应就自己无过错举证。因此超市必须能够证明自己无过错才能免责。显然，广告牌击中雷某头部，既不是不可抗力造成的，也不是第三人的过错和受害人的过错造成的，而是超市的过错造成的，因此超市不存在可以免责的事由，更加无法举证证明。综上所述，校内超市作为广告牌的所有人和管理人，对其设置的广告牌的倒塌所造成的损害，应当承担全部赔偿责任。

《侵权责任法》第85条同时还规定："所有人、管理人或者使用人赔偿后，有其他责任人的，有权向其他责任人追偿。"在本案中由于没有第三方责任人，因此超市也无权向他人追偿，必须由自己承担所有的侵权责任。

（四）专家建议

在地上工作物致人损害侵权案件中，实行过错推定原则及举证责任倒置，即不需要受害人证明工作物的管理人和所有人存在过错，而由管理人和所有人证明自己不存在过错，否则就不能免责。这是法律规定的惟一免责情形。即使管理人和所有人能证明受害人的受伤是由受害人自身的过错引起的，但无法证明自己不存在过错，也无法推脱自己的责任。因为在特殊侵权责任中，在一般情况下法律对受害人的注意义务要求较低，其目的在于加重加害人的责任，使受害人的合法权益得到更周全的保护，不使受害人因为一般的过失甚至轻微的过失而承担责任。因此，地上工作物的所有人和管理人必须尽到应有的注意义务。

另外，根据《侵权责任法》第88条的规定，堆放物倒塌造成他人损害的侵权责任的承担方式与地上工作物致人损害的侵权责任的承担方式相同，即堆放人不能证明自己没有过错的，应当承担侵权责任。

第七章 学校日常安全应急工作流程

第一节 学校日常安全工作流程

1. 学校安全工作管理和职能

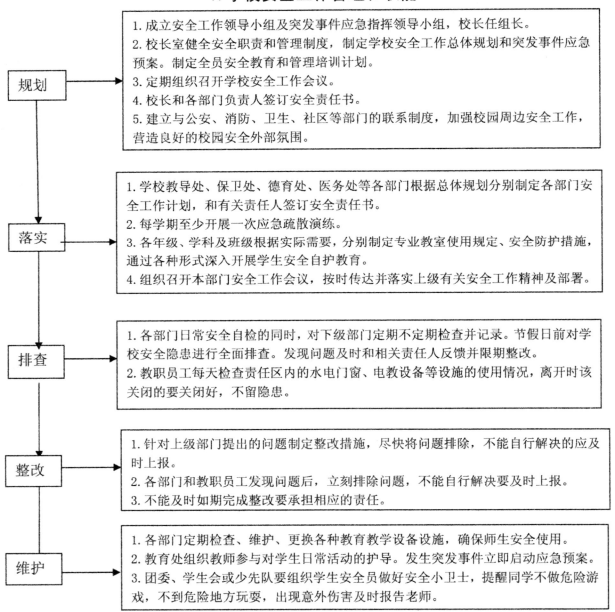

规划

1. 成立安全工作领导小组及突发事件应急指挥领导小组，校长任组长。
2. 校长室健全安全职责和管理制度，制定学校安全工作总体规划和突发事件应急预案。制定全员安全教育和管理培训计划。
3. 定期组织召开学校安全工作会议。
4. 校长和各部门负责人签订安全责任书。
5. 建立与公安、消防、卫生、社区等部门的联系制度，加强校园周边安全工作，营造良好的校园安全外部氛围。

落实

1. 学校教导处、保卫处、德育处、医务处等各部门根据总体规划分别制定各部门安全工作计划，和有关责任人签订安全责任书。
2. 每学期至少开展一次应急疏散演练。
3. 各年级、学科及班级根据实际需要，分别制定专业教室使用规定、安全防护措施，通过各种形式深入开展学生安全自护教育。
4. 组织召开本部门安全工作会议，按时传达并落实上级有关安全工作精神及部署。

排查

1. 各部门日常安全自检的同时，对下级部门定期不定期检查并记录。节假日前对学校安全隐患进行全面排查。发现问题及时和相关责任人反馈并限期整改。
2. 教职员工每天检查责任区内的水电门窗、电教设备等设施的使用情况，离开时该关闭的要关闭好，不留隐患。

整改

1. 针对上级部门提出的问题制定整改措施，尽快将问题排除，不能自行解决的应及时上报。
2. 各部门和教职员工发现问题后，立刻排除问题，不能自行解决要及时上报。
3. 不能及时如期完成整改要承担相应的责任。

维护

1. 各部门定期检查、维护、更换各种教育教学设备设施，确保师生安全使用。
2. 教育处组织教师参与对学生日常活动的护导。发生突发事件立即启动应急预案。
3. 团委、学生会或少先队要组织学生安全员做好安全小卫士，提醒同学不做危险游戏，不到危险地方玩耍，出现意外伤害及时报告老师。

2. 学校预防拥挤踩踏日常工作流程

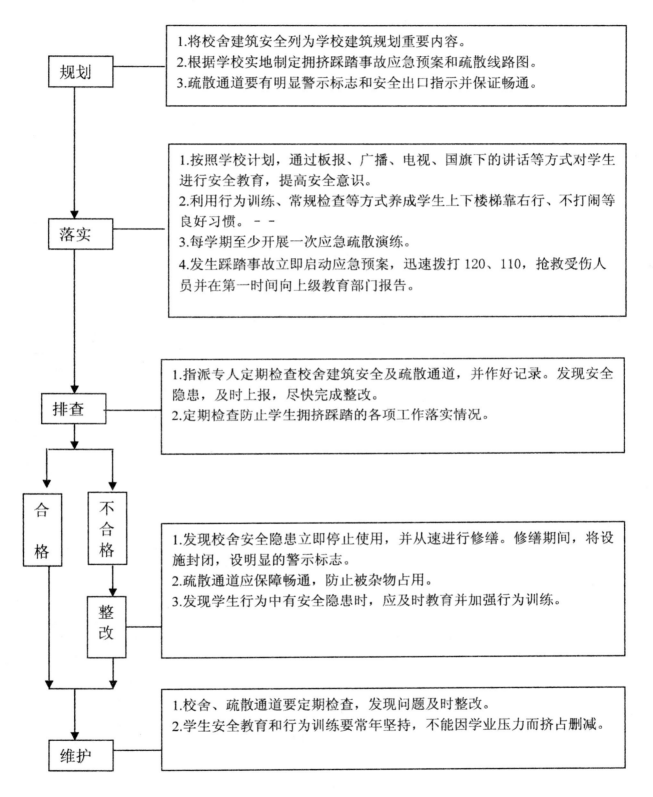

规划

1.将校舍建筑安全列为学校建筑规划重要内容。
2.根据学校实地制定拥挤踩踏事故应急预案和疏散线路图。
3.疏散通道要有明显警示标志和安全出口指示并保证畅通。

落实

1.按照学校计划，通过板报、广播、电视、国旗下的讲话等方式对学生进行安全教育，提高安全意识。
2.利用行为训练、常规检查等方式养成学生上下楼梯靠右行、不打闹等良好习惯。－－
3.每学期至少开展一次应急疏散演练。
4.发生踩踏事故立即启动应急预案，迅速拨打120、110，抢救受伤人员并在第一时间向上级教育部门报告。

排查

1.指派专人定期检查校舍建筑安全及疏散通道，并作好记录。发现安全隐患，及时上报，尽快完成整改。
2.定期检查防止学生拥挤踩踏的各项工作落实情况。

合格　**不合格**

整改

1.发现校舍安全隐患立即停止使用，并从速进行修缮。修缮期间，将设施封闭，设明显的警示标志。
2.疏散通道应保障畅通，防止被杂物占用。
3.发现学生行为中有安全隐患时，应及时教育并加强行为训练。

维护

1.校舍、疏散通道要定期检查，发现问题及时整改。
2.学生安全教育和行为训练要常年坚持，不能因学业压力而挤占删减。

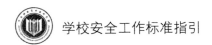

3. 学校预防游戏伤害和打架斗殴安全工作流程

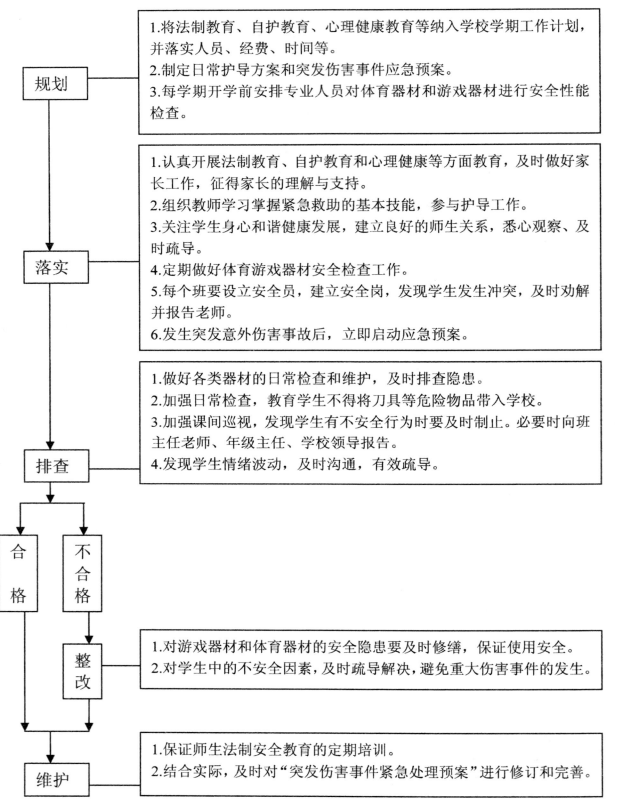

规划

1. 将法制教育、自护教育、心理健康教育等纳入学校学期工作计划，并落实人员、经费、时间等。
2. 制定日常护导方案和突发伤害事件应急预案。
3. 每学期开学前安排专业人员对体育器材和游戏器材进行安全性能检查。

落实

1. 认真开展法制教育、自护教育和心理健康等方面教育，及时做好家长工作，征得家长的理解与支持。
2. 组织教师学习掌握紧急救助的基本技能，参与护导工作。
3. 关注学生身心和谐健康发展，建立良好的师生关系，悉心观察、及时疏导。
4. 定期做好体育游戏器材安全检查工作。
5. 每个班要设立安全员，建立安全岗，发现学生发生冲突，及时劝解并报告老师。
6. 发生突发意外伤害事故后，立即启动应急预案。

排查

1. 做好各类器材的日常检查和维护，及时排查隐患。
2. 加强日常检查，教育学生不得将刀具等危险物品带入学校。
3. 加强课间巡视，发现学生有不安全行为时要及时制止。必要时向班主任老师、年级主任、学校领导报告。
4. 发现学生情绪波动，及时沟通，有效疏导。

合格

不合格

整改

1. 对游戏器材和体育器材的安全隐患要及时修缮，保证使用安全。
2. 对学生中的不安全因素，及时疏导解决，避免重大伤害事件的发生。

维护

1. 保证师生法制安全教育的定期培训。
2. 结合实际，及时对"突发伤害事件紧急处理预案"进行修订和完善。

4.学校游泳池及校园内水域安全工作流程

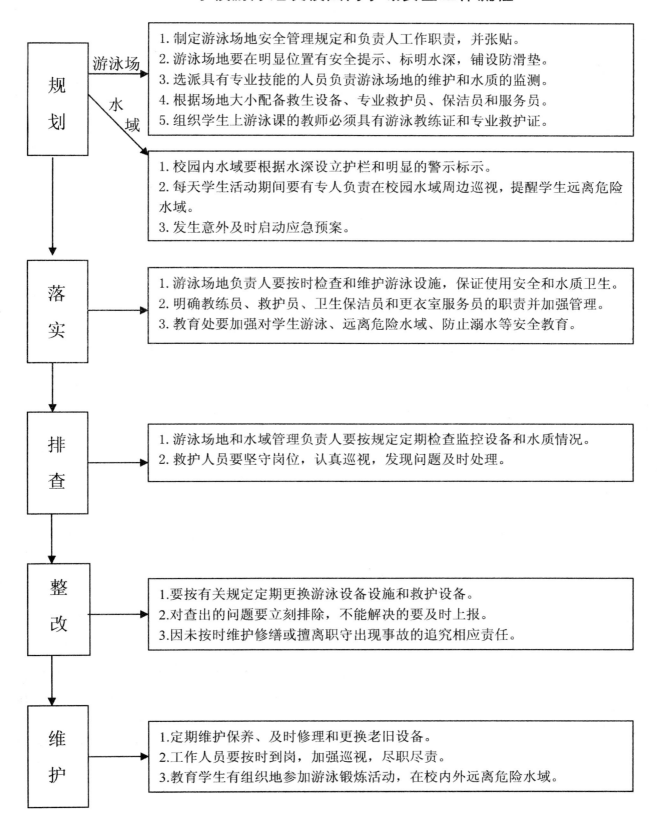

规划

游泳场

1.制定游泳场地安全管理规定和负责人工作职责，并张贴。
2.游泳场地要在明显位置有安全提示、标明水深，铺设防滑垫。
3.选派具有专业技能的人员负责游泳场地的维护和水质的监测。
4.根据场地大小配备救生设备、专业救护员、保洁员和服务员。
5.组织学生上游泳课的教师必须具有游泳教练证和专业救护证。

水域

1.校园内水域要根据水深设立护栏和明显的警示标示。
2.每天学生活动期间要有专人负责在校园水域周边巡视，提醒学生远离危险水域。
3.发生意外及时启动应急预案。

落实

1.游泳场地负责人要按时检查和维护游泳设施，保证使用安全和水质卫生。
2.明确教练员、救护员、卫生保洁员和更衣室服务员的职责并加强管理。
3.教育处要加强对学生游泳、远离危险水域、防止溺水等安全教育。

排查

1.游泳场地和水域管理负责人要按规定定期检查监控设备和水质情况。
2.救护人员要坚守岗位，认真巡视，发现问题及时处理。

整改

1.要按有关规定定期更换游泳设备设施和救护设备。
2.对查出的问题要立刻排除，不能解决的要及时上报。
3.因未按时维护修缮或擅离职守出现事故的追究相应责任。

维护

1.定期维护保养、及时修理和更换老旧设备。
2.工作人员要按时到岗，加强巡视，尽职尽责。
3.教育学生有组织地参加游泳锻炼活动，在校内外远离危险水域。

5. 学校大型活动安全工作流程

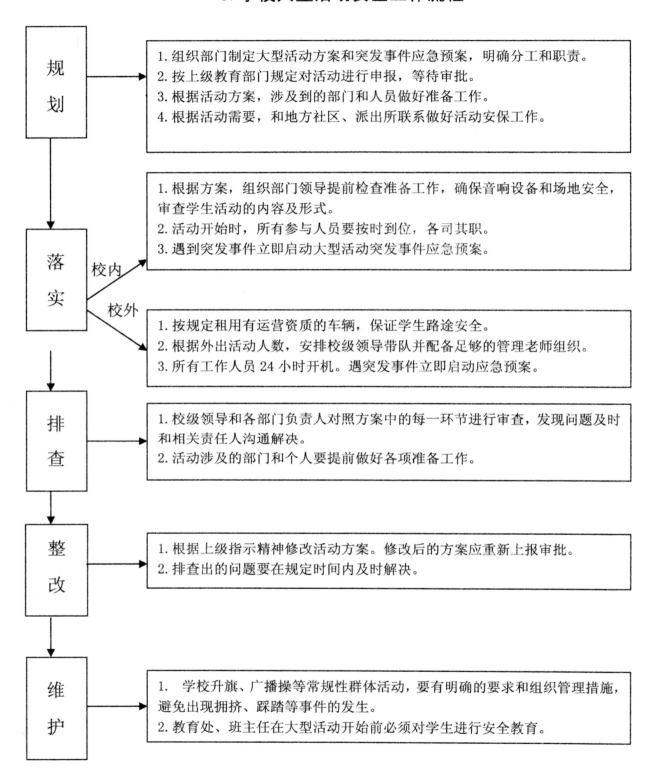

规划
1. 组织部门制定大型活动方案和突发事件应急预案，明确分工和职责。
2. 按上级教育部门规定对活动进行申报，等待审批。
3. 根据活动方案，涉及到的部门和人员做好准备工作。
4. 根据活动需要，和地方社区、派出所联系做好活动安保工作。

落实

校内
1. 根据方案，组织部门领导提前检查准备工作，确保音响设备和场地安全，审查学生活动的内容及形式。
2. 活动开始时，所有参与人员要按时到位，各司其职。
3. 遇到突发事件立即启动大型活动突发事件应急预案。

校外
1. 按规定租用有运营资质的车辆，保证学生路途安全。
2. 根据外出活动人数，安排校级领导带队并配备足够的管理老师组织。
3. 所有工作人员24小时开机。遇突发事件立即启动应急预案。

排查
1. 校级领导和各部门负责人对照方案中的每一环节进行审查，发现问题及时和相关责任人沟通解决。
2. 活动涉及的部门和个人要提前做好各项准备工作。

整改
1. 根据上级指示精神修改活动方案。修改后的方案应重新上报审批。
2. 排查出的问题要在规定时间内及时解决。

维护
1. 学校升旗、广播操等常规性群体活动，要有明确的要求和组织管理措施，避免出现拥挤、踩踏等事件的发生。
2. 教育处、班主任在大型活动开始前必须对学生进行安全教育。

6. 学校公共卫生（疾病预防）安全工作流程

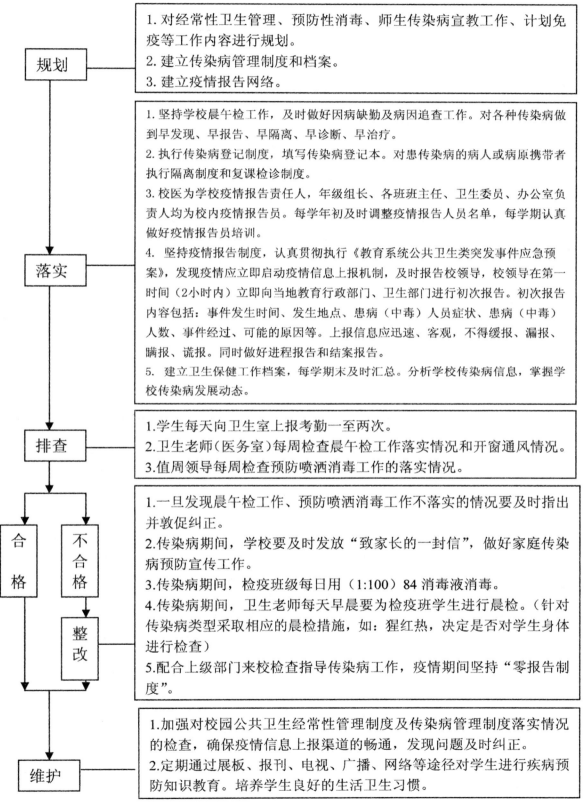

规划

1. 对经常性卫生管理、预防性消毒、师生传染病宣教工作、计划免疫等工作内容进行规划。
2. 建立传染病管理制度和档案。
3. 建立疫情报告网络。

落实

1. 坚持学校晨午检工作，及时做好因病缺勤及病因追查工作。对各种传染病做到早发现、早报告、早隔离、早诊断、早治疗。
2. 执行传染病登记制度，填写传染病登记本。对患传染病的病人或病原携带者执行隔离制度和复课检诊制度。
3. 校医为学校疫情报告责任人，年级组长、各班班主任、卫生委员、办公室负责人均为校内疫情报告员。每学年初及时调整疫情报告人员名单，每学期认真做好疫情报告员培训。
4. 坚持疫情报告制度，认真贯彻执行《教育系统公共卫生类突发事件应急预案》，发现疫情应立即启动疫情信息上报机制，及时报告校领导，校领导在第一时间（2小时内）立即向当地教育行政部门、卫生部门进行初次报告。初次报告内容包括：事件发生时间、发生地点、患病（中毒）人员症状、患病（中毒）人数、事件经过、可能的原因等。上报信息应迅速、客观，不得缓报、漏报、瞒报、谎报。同时做好进程报告和结案报告。
5. 建立卫生保健工作档案，每学期末及时汇总。分析学校传染病信息，掌握学校传染病发展动态。

排查

1. 学生每天向卫生室上报考勤一至两次。
2. 卫生老师（医务室）每周检查晨午检工作落实情况和开窗通风情况。
3. 值周领导每周检查预防喷洒消毒工作的落实情况。

合格　**不合格**　**整改**

1. 一旦发现晨午检工作、预防喷洒消毒工作不落实的情况要及时指出并敦促纠正。
2. 传染病期间，学校要及时发放"致家长的一封信"，做好家庭传染病预防宣传工作。
3. 传染病期间，检疫班级每日用（1:100）84消毒液消毒。
4. 传染病期间，卫生老师每天早晨要为检疫班学生进行晨检。（针对传染病类型采取相应的晨检措施，如：猩红热，决定是否对学生身体进行检查）
5. 配合上级部门来校检查指导传染病工作，疫情期间坚持"零报告制度"。

维护

1. 加强对校园公共卫生经常性管理制度及传染病管理制度落实情况的检查，确保疫情信息上报渠道的畅通，发现问题及时纠正。
2. 定期通过展板、报刊、电视、广播、网络等途径对学生进行疾病预防知识教育。培养学生良好的生活卫生习惯。

7. 学校预防体育运动伤害安全工作流程

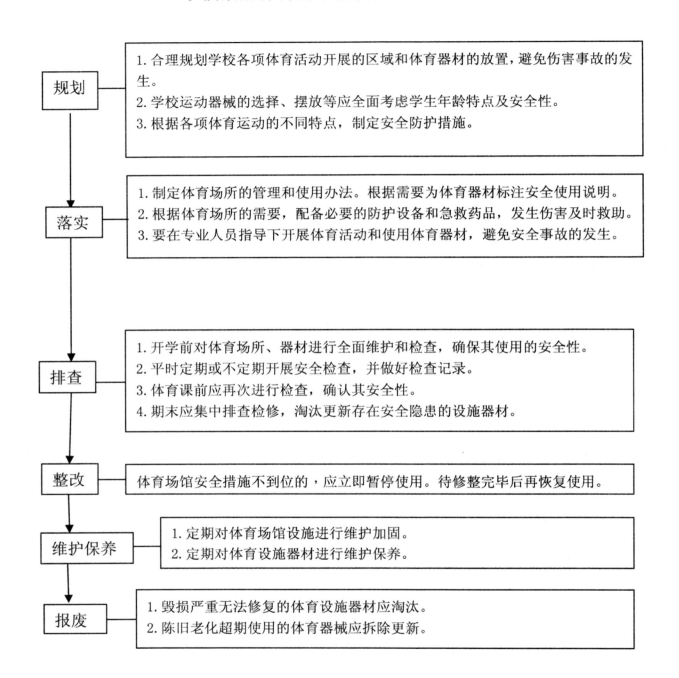

规划
1. 合理规划学校各项体育活动开展的区域和体育器材的放置,避免伤害事故的发生。
2. 学校运动器械的选择、摆放等应全面考虑学生年龄特点及安全性。
3. 根据各项体育运动的不同特点,制定安全防护措施。

落实
1. 制定体育场所的管理和使用办法。根据需要为体育器材标注安全使用说明。
2. 根据体育场所的需要,配备必要的防护设备和急救药品,发生伤害及时救助。
3. 要在专业人员指导下开展体育活动和使用体育器材,避免安全事故的发生。

排查
1. 开学前对体育场所、器材进行全面维护和检查,确保其使用的安全性。
2. 平时定期或不定期开展安全检查,并做好检查记录。
3. 体育课前应再次进行检查,确认其安全性。
4. 期末应集中排查检修,淘汰更新存在安全隐患的设施器材。

整改
体育场馆安全措施不到位的,应立即暂停使用。待修整完毕后再恢复使用。

维护保养
1. 定期对体育场馆设施进行维护加固。
2. 定期对体育设施器材进行维护保养。

报废
1. 毁损严重无法修复的体育设施器材应淘汰。
2. 陈旧老化超期使用的体育器械应拆除更新。

8.学校实验室与实验设备安全工作流程

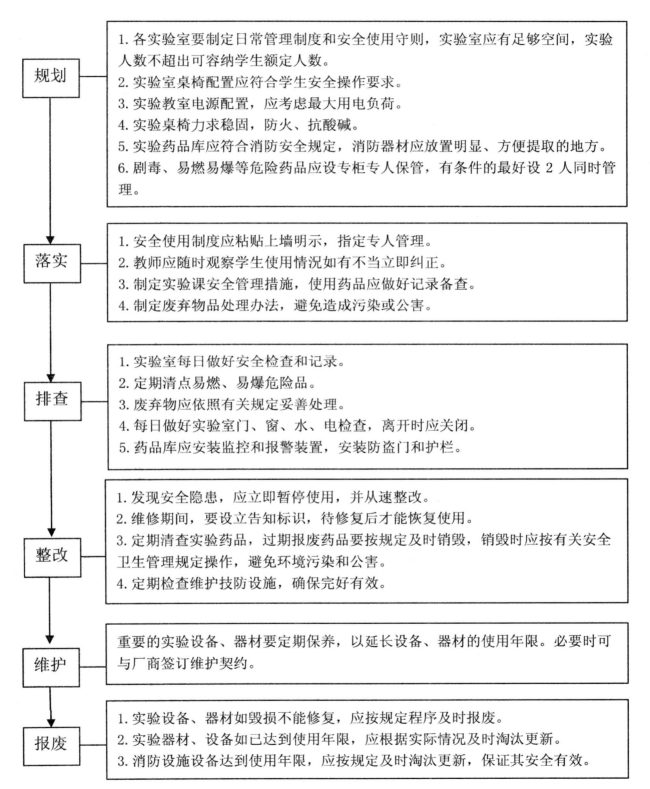

规划

1. 各实验室要制定日常管理制度和安全使用守则，实验室应有足够空间，实验人数不超出可容纳学生额定人数。
2. 实验室桌椅配置应符合学生安全操作要求。
3. 实验教室电源配置，应考虑最大用电负荷。
4. 实验桌椅力求稳固，防火、抗酸碱。
5. 实验药品库应符合消防安全规定，消防器材应放置明显、方便提取的地方。
6. 剧毒、易燃易爆等危险药品应设专柜专人保管，有条件的最好设 2 人同时管理。

落实

1. 安全使用制度应粘贴上墙明示，指定专人管理。
2. 教师应随时观察学生使用情况如有不当立即纠正。
3. 制定实验课安全管理措施，使用药品应做好记录备查。
4. 制定废弃物品处理办法，避免造成污染或公害。

排查

1. 实验室每日做好安全检查和记录。
2. 定期清点易燃、易爆危险品。
3. 废弃物应依照有关规定妥善处理。
4. 每日做好实验室门、窗、水、电检查，离开时应关闭。
5. 药品库应安装监控和报警装置，安装防盗门和护栏。

整改

1. 发现安全隐患，应立即暂停使用，并从速整改。
2. 维修期间，要设立告知标识，待修复后才能恢复使用。
3. 定期清查实验药品，过期报废药品要按规定及时销毁，销毁时应按有关安全卫生管理规定操作，避免环境污染和公害。
4. 定期检查维护技防设施，确保完好有效。

维护

重要的实验设备、器材要定期保养，以延长设备、器材的使用年限。必要时可与厂商签订维护契约。

报废

1. 实验设备、器材如毁损不能修复，应按规定程序及时报废。
2. 实验器材、设备如已达到使用年限，应根据实际情况及时淘汰更新。
3. 消防设施设备达到使用年限，应按规定及时淘汰更新，保证其安全有效。

9.学校食品卫生安全工作流程

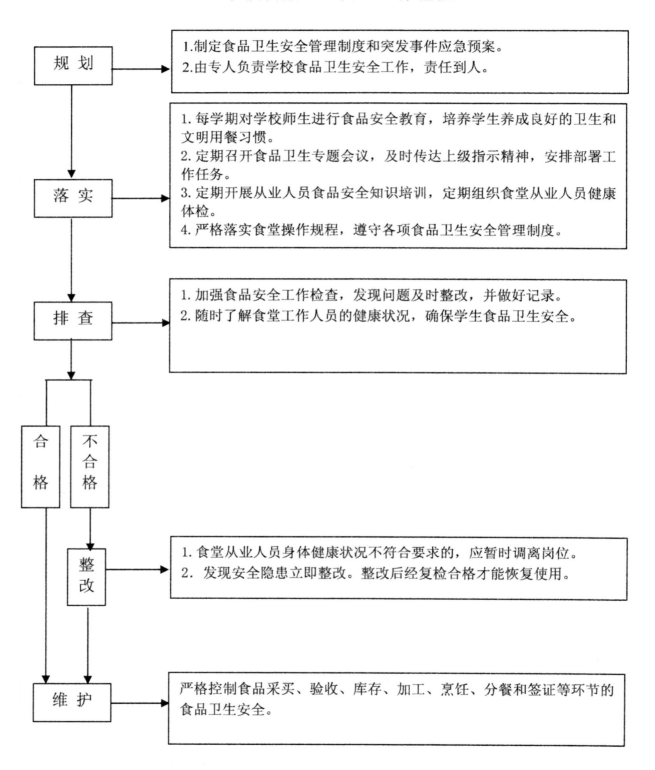

规划 → 1.制定食品卫生安全管理制度和突发事件应急预案。
2.由专人负责学校食品卫生安全工作，责任到人。

落实 → 1.每学期对学校师生进行食品安全教育，培养学生养成良好的卫生和文明用餐习惯。
2.定期召开食品卫生专题会议，及时传达上级指示精神，安排部署工作任务。
3.定期开展从业人员食品安全知识培训，定期组织食堂从业人员健康体检。
4.严格落实食堂操作规程，遵守各项食品卫生安全管理制度。

排查 → 1.加强食品安全工作检查，发现问题及时整改，并做好记录。
2.随时了解食堂工作人员的健康状况，确保学生食品卫生安全。

合格　不合格

整改 → 1.食堂从业人员身体健康状况不符合要求的，应暂时调离岗位。
2.发现安全隐患立即整改。整改后经复检合格才能恢复使用。

维护 → 严格控制食品采买、验收、库存、加工、烹饪、分餐和签证等环节的食品卫生安全。

10. 学校水电管理安全工作流程

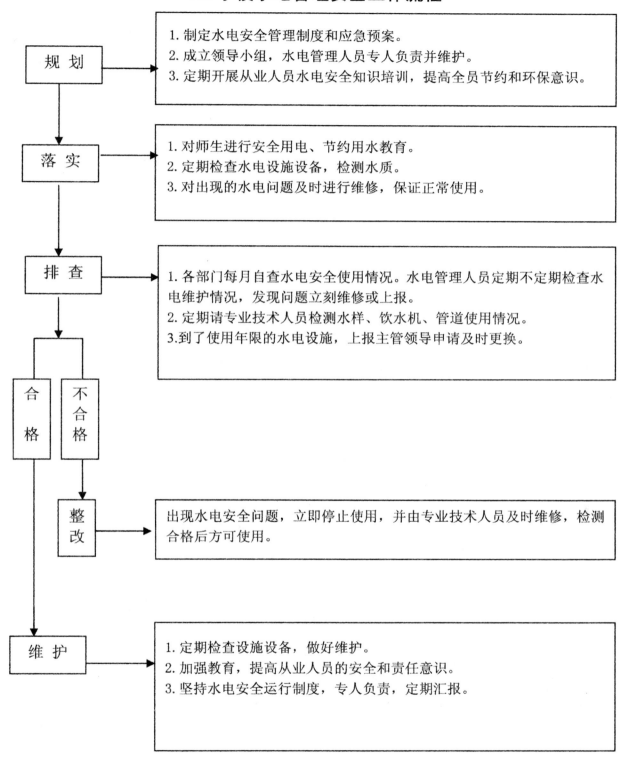

| 规 划 | 1. 制定水电安全管理制度和应急预案。
2. 成立领导小组，水电管理人员专人负责并维护。
3. 定期开展从业人员水电安全知识培训，提高全员节约和环保意识。 |

| 落 实 | 1. 对师生进行安全用电、节约用水教育。
2. 定期检查水电设施设备，检测水质。
3. 对出现的水电问题及时进行维修，保证正常使用。 |

| 排 查 | 1. 各部门每月自查水电安全使用情况。水电管理人员定期不定期检查水电维护情况，发现问题立刻维修或上报。
2. 定期请专业技术人员检测水样、饮水机、管道使用情况。
3. 到了使用年限的水电设施，上报主管领导申请及时更换。 |

合格　不合格

| 整 改 | 出现水电安全问题，立即停止使用，并由专业技术人员及时维修，检测合格后方可使用。 |

| 维 护 | 1. 定期检查设施设备，做好维护。
2. 加强教育，提高从业人员的安全和责任意识。
3. 坚持水电安全运行制度，专人负责，定期汇报。 |

11. 学校建筑（校舍）安全工作流程

规划
1. 新建或改建校舍应符合国家建筑设计规范，建筑施工过程应严格按照国家有关建设管理规定组织施工，确保建筑安全。
2. 建设规划中充分考虑三防（人防、物防、技防）建设，疏散通道的数量、宽度等校舍建筑安全达标情况。
3. 学校新安装水、电、气、实验仪器、线路管网等设施设备应充分考虑负载，符合国家安全标准。

落实
1. 新建或改建校舍，应聘请监理公司实地监管，隔离施工现场并指派专人现场督查，防止出现安全隐患。
2. 校园施工要与施工单位签署安全协议，安排现场安全员负责日常安全管理，粘贴安全告知，确保各项安全措施到位。
3. 按照国家有关建设管理规定组织相关单位负责人做好工程各项验收工作，验收合格后方可投入使用。

排查
1. 校舍施工时，相关单位要加强施工现场的安全检查，确保施工安全。
2. 每学期开学前全面检查建筑（校舍）安全，发现安全隐患，及时修缮。
3. 加强日常和季节变化前的重点部位检查，发现隐患，及时排查。

整改
1. 建设过程中发现安全隐患，应立即停止施工，从速整改。整改合格后，方可继续施工。
2. 整改期间应贴出安全告知，提示安全事项，必要区域要设置围挡。
3. 消防设施整改后应由消防部门验收签字。

维护
1. 学校建筑应定期维护，确保其使用安全和耐用。
2. 定期委托相关专业部门对学校建筑物进行检测，出具检测报告及整改方案并存档。

报废
1. 被检测为危房的建筑物，应立即停止使用，及时申报加固或拆除。
2. 具有严重安全隐患的建筑物应设置安全标识和围挡，警告师生远离。

12. 学校消防安全工作流程

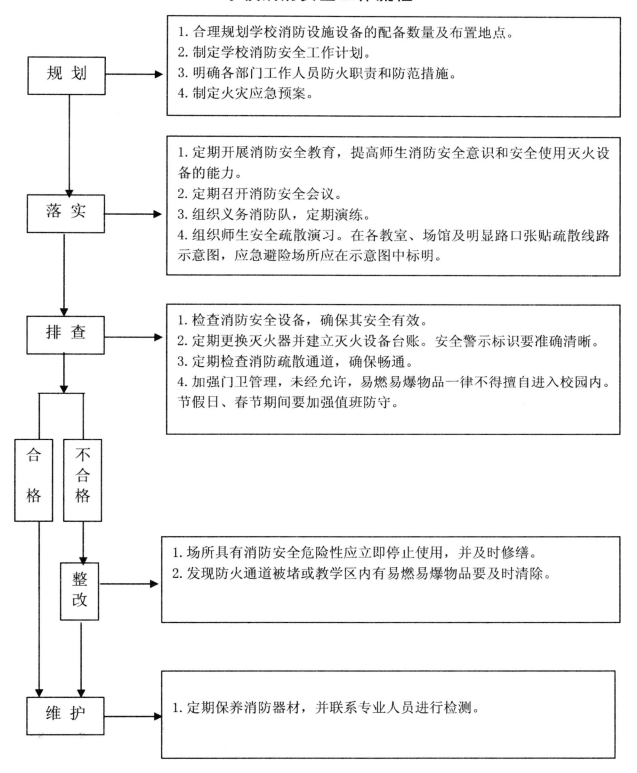

| 规 划 | → | 1. 合理规划学校消防设施设备的配备数量及布置地点。
2. 制定学校消防安全工作计划。
3. 明确各部门工作人员防火职责和防范措施。
4. 制定火灾应急预案。 |

| 落 实 | → | 1. 定期开展消防安全教育，提高师生消防安全意识和安全使用灭火设备的能力。
2. 定期召开消防安全会议。
3. 组织义务消防队，定期演练。
4. 组织师生安全疏散演习。在各教室、场馆及明显路口张贴疏散线路示意图，应急避险场所应在示意图中标明。 |

| 排 查 | → | 1. 检查消防安全设备，确保其安全有效。
2. 定期更换灭火器并建立灭火设备台账。安全警示标识要准确清晰。
3. 定期检查消防疏散通道，确保畅通。
4. 加强门卫管理，未经允许，易燃易爆物品一律不得擅自进入校园内。节假日、春节期间要加强值班防守。 |

合 格　　不 合 格

| 整 改 | → | 1. 场所具有消防安全危险性应立即停止使用，并及时修缮。
2. 发现防火通道被堵或教学区内有易燃易爆物品要及时清除。 |

| 维 护 | → | 1. 定期保养消防器材，并联系专业人员进行检测。 |

13.学校治安防范安全工作流程

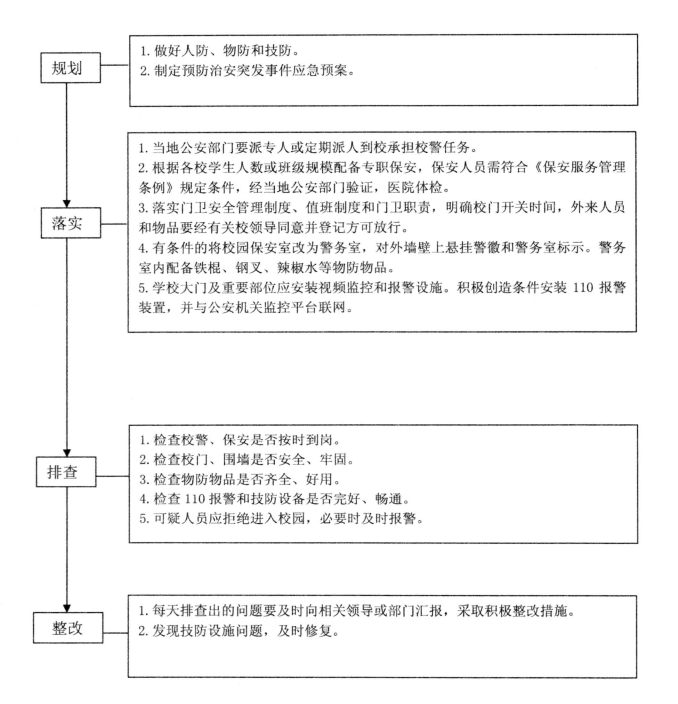

规划
1.做好人防、物防和技防。
2.制定预防治安突发事件应急预案。

落实
1.当地公安部门要派专人或定期派人到校承担校警任务。
2.根据各校学生人数或班级规模配备专职保安，保安人员需符合《保安服务管理条例》规定条件，经当地公安部门验证，医院体检。
3.落实门卫安全管理制度、值班制度和门卫职责，明确校门开关时间，外来人员和物品要经有关校领导同意并登记方可放行。
4.有条件的将校园保安室改为警务室，对外墙壁上悬挂警徽和警务室标示。警务室内配备铁棍、钢叉、辣椒水等物防物品。
5.学校大门及重要部位应安装视频监控和报警设施。积极创造条件安装110报警装置，并与公安机关监控平台联网。

排查
1.检查校警、保安是否按时到岗。
2.检查校门、围墙是否安全、牢固。
3.检查物防物品是否齐全、好用。
4.检查110报警和技防设备是否完好、畅通。
5.可疑人员应拒绝进入校园，必要时及时报警。

整改
1.每天排查出的问题要及时向相关领导或部门汇报，采取积极整改措施。
2.发现技防设施问题，及时修复。

14. 学校交通安全工作流程

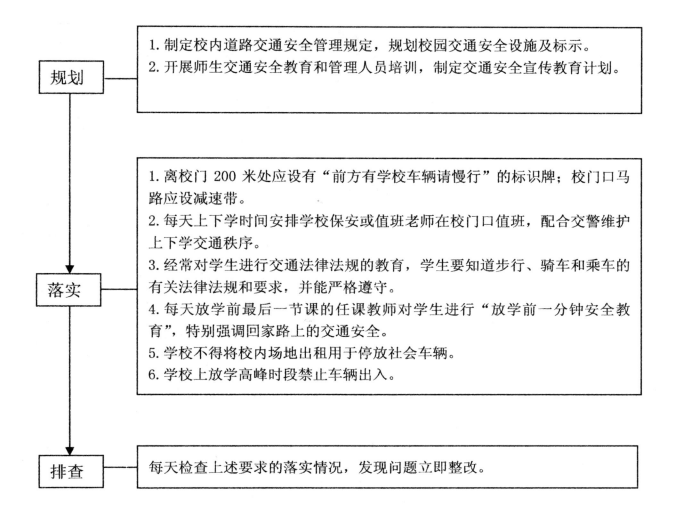

规划
1. 制定校内道路交通安全管理规定，规划校园交通安全设施及标示。
2. 开展师生交通安全教育和管理人员培训，制定交通安全宣传教育计划。

落实
1. 离校门 200 米处应设有"前方有学校车辆请慢行"的标识牌；校门口马路应设减速带。
2. 每天上下学时间安排学校保安或值班老师在校门口值班，配合交警维护上下学交通秩序。
3. 经常对学生进行交通法律法规的教育，学生要知道步行、骑车和乘车的有关法律法规和要求，并能严格遵守。
4. 每天放学前最后一节课的任课教师对学生进行"放学前一分钟安全教育"，特别强调回家路上的交通安全。
5. 学校不得将校内场地出租用于停放社会车辆。
6. 学校上放学高峰时段禁止车辆出入。

排查
每天检查上述要求的落实情况，发现问题立即整改。

15. 学校自然灾害预防与应对安全工作流程
（地震、洪水、雷击、台风、泥石流等）

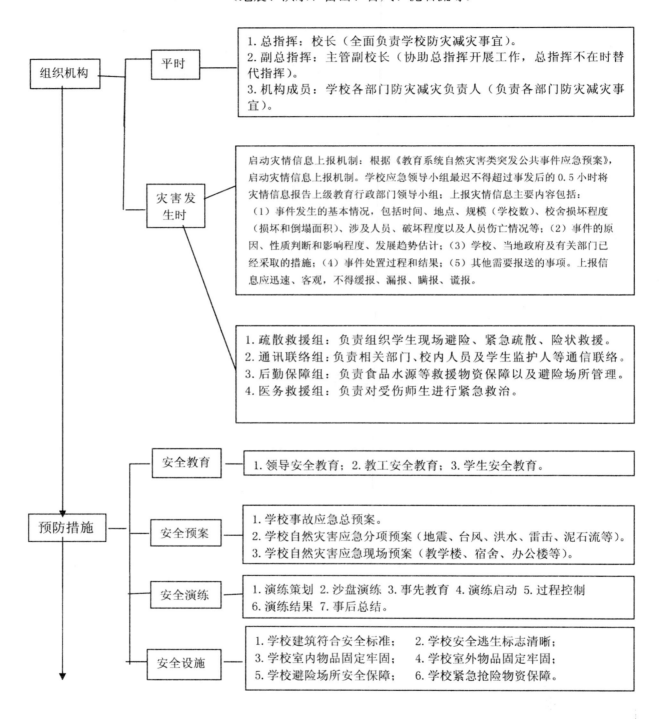

组织机构

平时
1. 总指挥：校长（全面负责学校防灾减灾事宜）。
2. 副总指挥：主管副校长（协助总指挥开展工作，总指挥不在时替代指挥）。
3. 机构成员：学校各部门防灾减灾负责人（负责各部门防灾减灾事宜）。

灾害发生时

启动灾情信息上报机制：根据《教育系统自然灾害类突发公共事件应急预案》，启动灾情信息上报机制。学校应急领导小组最迟不得超过事发后的0.5小时将灾情信息报告上级教育行政部门领导小组；上报灾情信息主要内容包括：（1）事件发生的基本情况，包括时间、地点、规模（学校数）、校舍损坏程度（损坏和倒塌面积）、涉及人员、破坏程度以及人员伤亡情况等；（2）事件的原因、性质判断和影响程度、发展趋势估计；（3）学校、当地政府及有关部门已经采取的措施；（4）事件处置过程和结果；（5）其他需要报送的事项。上报信息应迅速、客观，不得缓报、漏报、瞒报、谎报。

1. 疏散救援组：负责组织学生现场避险、紧急疏散、险状救援。
2. 通讯联络组：负责相关部门、校内人员及学生监护人等通信联络。
3. 后勤保障组：负责食品水源等救援物资保障以及避险场所管理。
4. 医务救援组：负责对受伤师生进行紧急救治。

预防措施

安全教育
1. 领导安全教育；2. 教工安全教育；3. 学生安全教育。

安全预案
1. 学校事故应急总预案。
2. 学校自然灾害应急分项预案（地震、台风、洪水、雷击、泥石流等）。
3. 学校自然灾害应急现场预案（教学楼、宿舍、办公楼等）。

安全演练
1. 演练策划 2. 沙盘演练 3. 事先教育 4. 演练启动 5. 过程控制
6. 演练结果 7. 事后总结。

安全设施
1. 学校建筑符合安全标准；　　2. 学校安全逃生标志清晰；
3. 学校室内物品固定牢固；　　4. 学校室外物品固定牢固；
5. 学校避险场所安全保障；　　6. 学校紧急抢险物资保障。

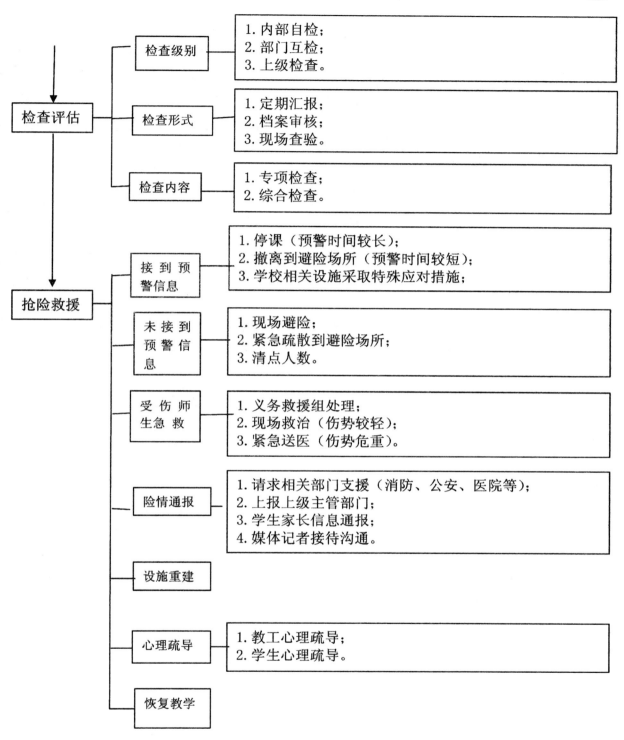

16. 特种设备日常安全工作流程

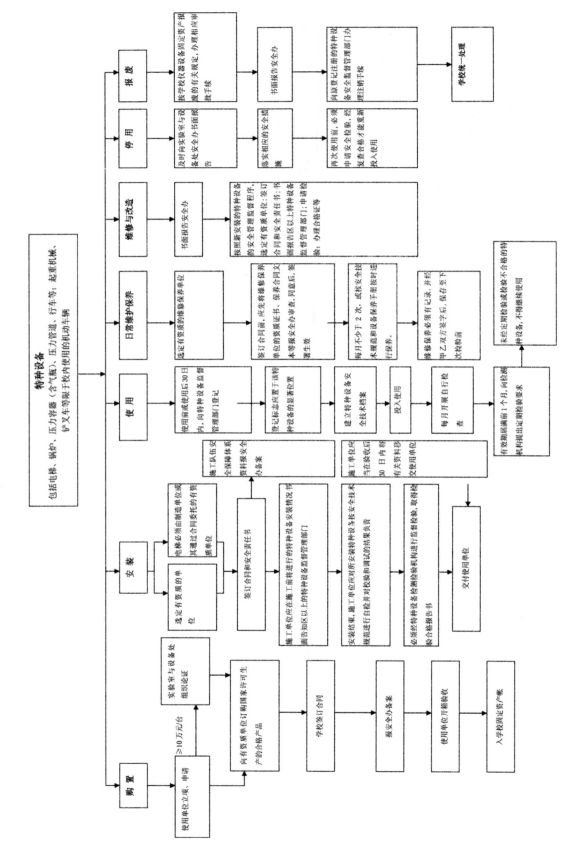

第二节　学校突发应急工作流程

1. 学生伤害事故应急处置流程

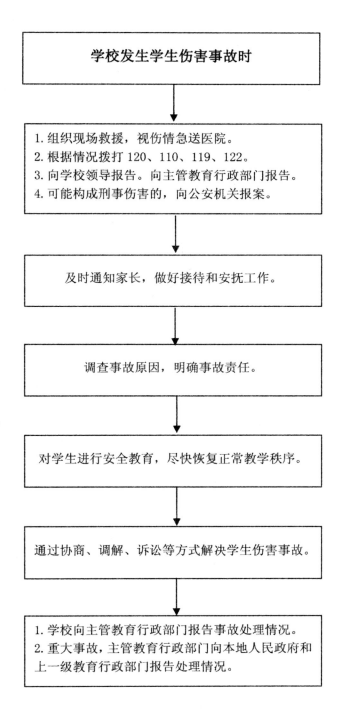

学校发生学生伤害事故时

1. 组织现场救援，视伤情急送医院。
2. 根据情况拨打 120、110、119、122。
3. 向学校领导报告。向主管教育行政部门报告。
4. 可能构成刑事伤害的，向公安机关报案。

及时通知家长，做好接待和安抚工作。

调查事故原因，明确事故责任。

对学生进行安全教育，尽快恢复正常教学秩序。

通过协商、调解、诉讼等方式解决学生伤害事故。

1. 学校向主管教育行政部门报告事故处理情况。
2. 重大事故，主管教育行政部门向本地人民政府和上一级教育行政部门报告处理情况。

2. 学生伤害事故善后处理流程

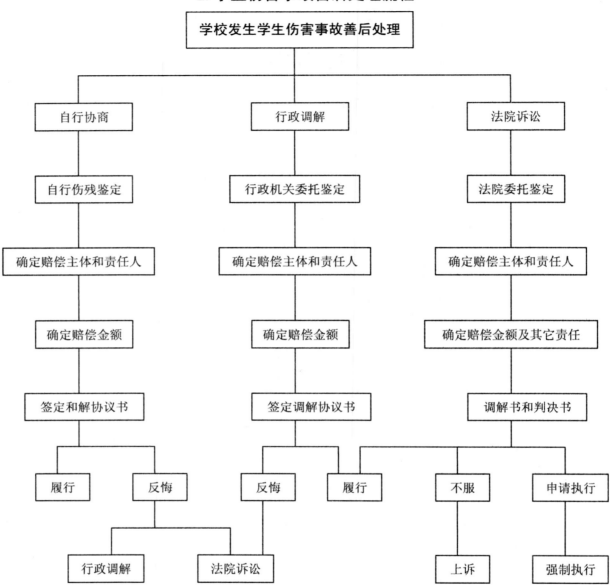

3. 学生食物中毒应急流程

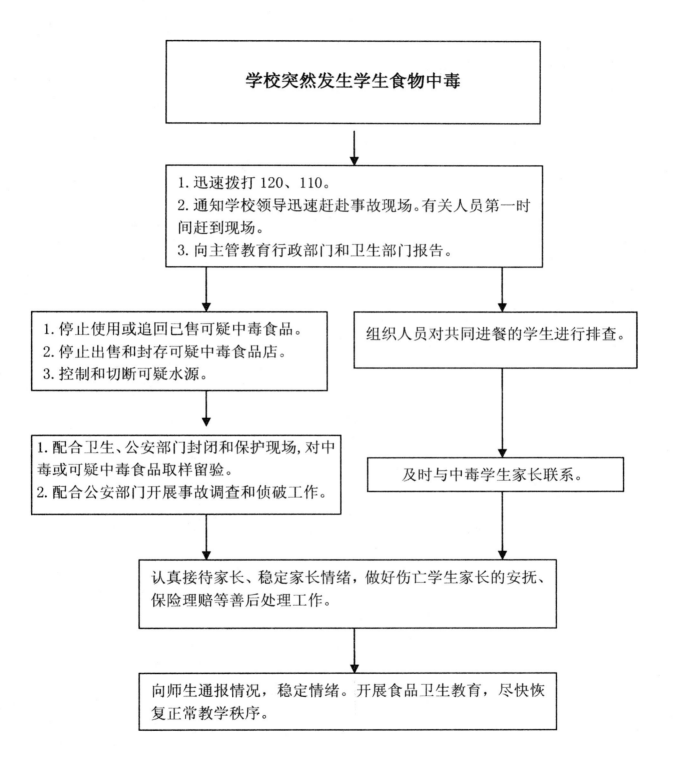

学校突然发生学生食物中毒

1. 迅速拨打 120、110。
2. 通知学校领导迅速赶赴事故现场。有关人员第一时间赶到现场。
3. 向主管教育行政部门和卫生部门报告。

1. 停止使用或追回已售可疑中毒食品。
2. 停止出售和封存可疑中毒食品店。
3. 控制和切断可疑水源。

组织人员对共同进餐的学生进行排查。

1. 配合卫生、公安部门封闭和保护现场,对中毒或可疑中毒食品取样留验。
2. 配合公安部门开展事故调查和侦破工作。

及时与中毒学生家长联系。

认真接待家长、稳定家长情绪,做好伤亡学生家长的安抚、保险理赔等善后处理工作。

向师生通报情况,稳定情绪。开展食品卫生教育,尽快恢复正常教学秩序。

4. 学校突发传染病应急流程

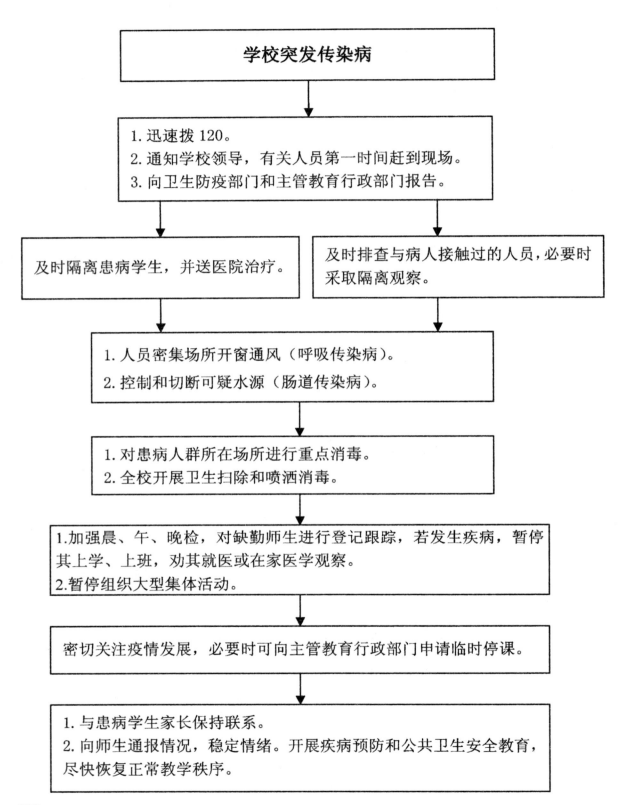

学校突发传染病

1. 迅速拨 120。
2. 通知学校领导，有关人员第一时间赶到现场。
3. 向卫生防疫部门和主管教育行政部门报告。

及时隔离患病学生，并送医院治疗。

及时排查与病人接触过的人员，必要时采取隔离观察。

1. 人员密集场所开窗通风（呼吸传染病）。
2. 控制和切断可疑水源（肠道传染病）。

1. 对患病人群所在场所进行重点消毒。
2. 全校开展卫生扫除和喷洒消毒。

1.加强晨、午、晚检，对缺勤师生进行登记跟踪，若发生疾病，暂停其上学、上班，劝其就医或在家医学观察。
2.暂停组织大型集体活动。

密切关注疫情发展，必要时可向主管教育行政部门申请临时停课。

1. 与患病学生家长保持联系。
2. 向师生通报情况，稳定情绪。开展疾病预防和公共卫生安全教育，尽快恢复正常教学秩序。

5.学校预防接种（用药）事故应急流程

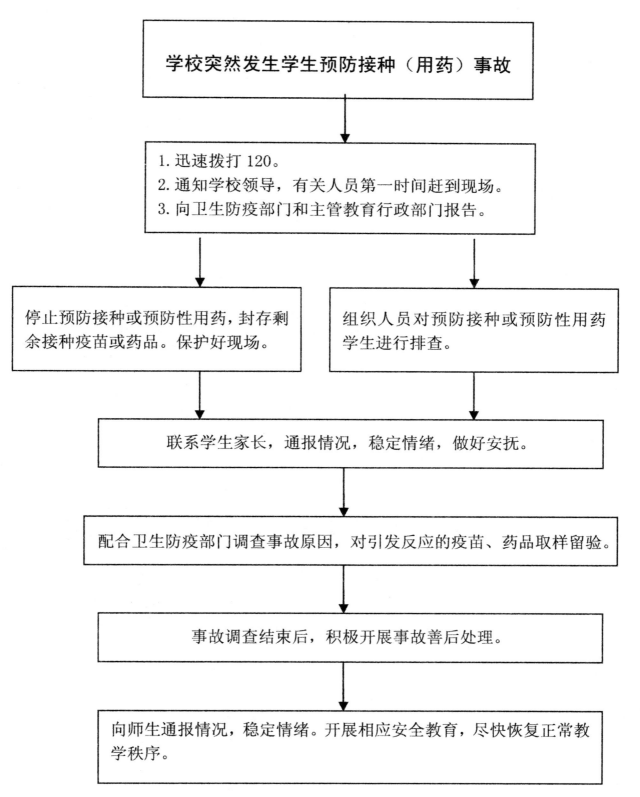

学校突然发生学生预防接种（用药）事故

1. 迅速拨打 120。
2. 通知学校领导，有关人员第一时间赶到现场。
3. 向卫生防疫部门和主管教育行政部门报告。

停止预防接种或预防性用药，封存剩余接种疫苗或药品。保护好现场。

组织人员对预防接种或预防性用药学生进行排查。

联系学生家长，通报情况，稳定情绪，做好安抚。

配合卫生防疫部门调查事故原因，对引发反应的疫苗、药品取样留验。

事故调查结束后，积极开展事故善后处理。

向师生通报情况，稳定情绪。开展相应安全教育，尽快恢复正常教学秩序。

6.学校火灾事故应急流程

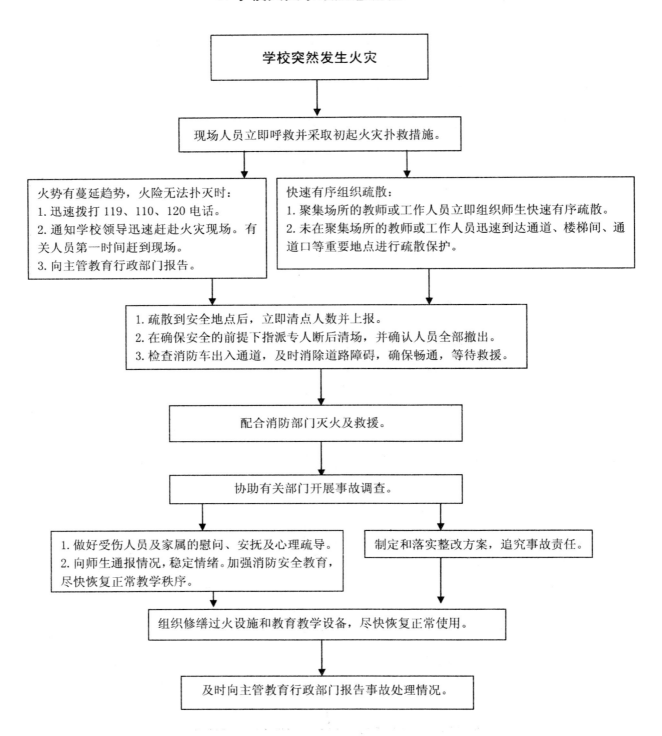

学校突然发生火灾

↓

现场人员立即呼救并采取初起火灾扑救措施。

火势有蔓延趋势，火险无法扑灭时：
1. 迅速拨打 119、110、120 电话。
2. 通知学校领导迅速赶赴火灾现场。有关人员第一时间赶到现场。
3. 向主管教育行政部门报告。

快速有序组织疏散：
1. 聚集场所的教师或工作人员立即组织师生快速有序疏散。
2. 未在聚集场所的教师或工作人员迅速到达通道、楼梯间、通道口等重要地点进行疏散保护。

1. 疏散到安全地点后，立即清点人数并上报。
2. 在确保安全的前提下指派专人断后清场，并确认人员全部撤出。
3. 检查消防车出入通道，及时消除道路障碍，确保畅通，等待救援。

配合消防部门灭火及救援。

协助有关部门开展事故调查。

1. 做好受伤人员及家属的慰问、安抚及心理疏导。
2. 向师生通报情况，稳定情绪。加强消防安全教育，尽快恢复正常教学秩序。

制定和落实整改方案，追究事故责任。

组织修缮过火设施和教育教学设备，尽快恢复正常使用。

及时向主管教育行政部门报告事故处理情况。

7. 学生交通事故应急流程

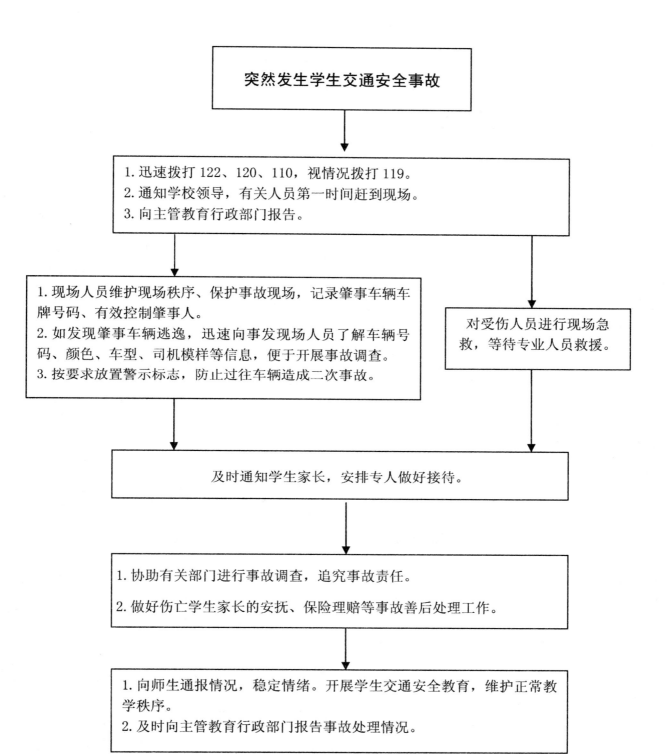

突然发生学生交通安全事故

1. 迅速拨打 122、120、110，视情况拨打 119。
2. 通知学校领导，有关人员第一时间赶到现场。
3. 向主管教育行政部门报告。

1. 现场人员维护现场秩序、保护事故现场，记录肇事车辆车牌号码、有效控制肇事人。
2. 如发现肇事车辆逃逸，迅速向事发现场人员了解车辆号码、颜色、车型、司机模样等信息，便于开展事故调查。
3. 按要求放置警示标志，防止过往车辆造成二次事故。

对受伤人员进行现场急救，等待专业人员救援。

及时通知学生家长，安排专人做好接待。

1. 协助有关部门进行事故调查，追究事故责任。
2. 做好伤亡学生家长的安抚、保险理赔等事故善后处理工作。

1. 向师生通报情况，稳定情绪。开展学生交通安全教育，维护正常教学秩序。
2. 及时向主管教育行政部门报告事故处理情况。

8. 学生溺水事故应急流程

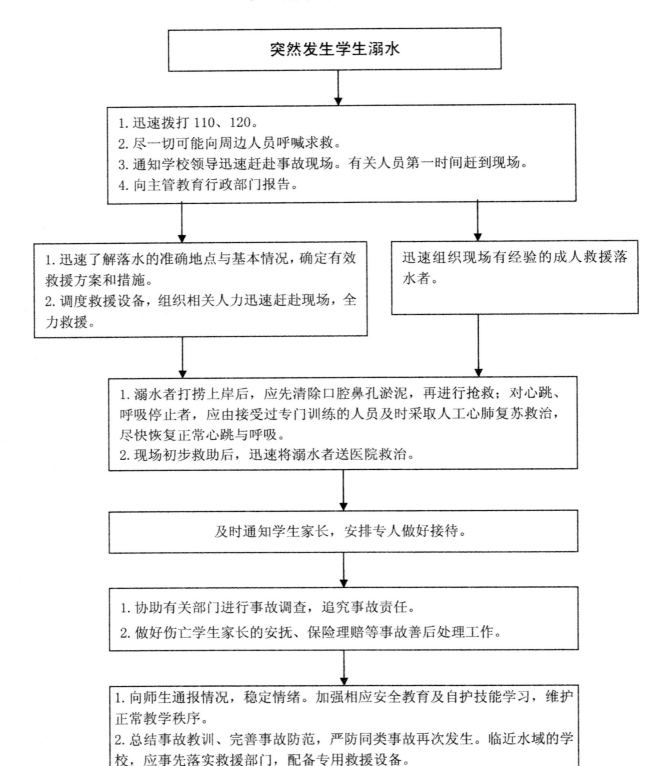

突然发生学生溺水

↓

1. 迅速拨打 110、120。
2. 尽一切可能向周边人员呼喊求救。
3. 通知学校领导迅速赶赴事故现场。有关人员第一时间赶到现场。
4. 向主管教育行政部门报告。

↓

1. 迅速了解落水的准确地点与基本情况，确定有效救援方案和措施。
2. 调度救援设备，组织相关人力迅速赶赴现场，全力救援。

迅速组织现场有经验的成人救援落水者。

↓

1. 溺水者打捞上岸后，应先清除口腔鼻孔淤泥，再进行抢救；对心跳、呼吸停止者，应由接受过专门训练的人员及时采取人工心肺复苏救治，尽快恢复正常心跳与呼吸。
2. 现场初步救助后，迅速将溺水者送医院救治。

↓

及时通知学生家长，安排专人做好接待。

↓

1. 协助有关部门进行事故调查，追究事故责任。
2. 做好伤亡学生家长的安抚、保险理赔等事故善后处理工作。

↓

1. 向师生通报情况，稳定情绪。加强相应安全教育及自护技能学习，维护正常教学秩序。
2. 总结事故教训、完善事故防范，严防同类事故再次发生。临近水域的学校，应事先落实救援部门，配备专用救援设备。
3. 及时向主管教育行政部门报告事故处理情况。

9.学校建筑物倒塌事故应急流程

突然发生学校建筑物倒塌

1.迅速拨打110、120。
2.通知学校领导迅速赶赴事故现场。有关人员第一时间赶到现场。
3.迅速组织现场人员开展救助。
4.向主管教育行政部门报告，必要时和当地政府报告。争取有关部门支援救助。

1.采取有效措施尽快组织疏散。如来不及撤离，教师应组织学生迅速躲避到安全位置，等待时机安全转移。
2.迅速切断煤气、电源等继发性危害源，防止发生继发性事故。
3.密切关注连带建筑物的安全状况。

1.争取相关部门调度救援设备和人力赶赴现场，通力配合，全力救助。
2.组织有救援能力的教职工迅速有序开展自救。
3.积极救助伤员。在专业医务人员到达之前，学校应指派专人采取必要的救助措施（如大量出血不止可采取加压包扎止血法和指压止血法；发生骨折应设法固定骨折部位；呼吸与心跳停止应由接受过专门训练人员立即采取人工呼吸、胸外心脏按压或人工心肺复苏等）
4.及时将伤员送往医院救治。

认真接待家长、稳定家长情绪，做好伤亡学生家长的安抚、保险理赔等工作。

1.向师生通报情况，稳定情绪。对学生进行心理疏导，尽快恢复正常教学秩序。
2.制定受损建筑物的修缮整改方案，将对学校教学秩序的影响缩小到最小。

1.协助有关部门进行事故调查和善后处理。
2.及时向主管教育行政部门报告事故处理情况。

10. 学生大型群体活动事故应急流程

突然发生学生大型群体活动事故

1. 迅速拨打 110、120，视情况拨打 119。
2. 通知学校领导迅速赶赴事故现场。有关人员第一时间赶到现场。
3. 向主管教育行政部门报告。争取有关部门支援救助。

稳定现场秩序，组织师生有序疏散，防止继发性事故发生。

1. 组织有救援能力的人员实施现场急救，等待专业救助。
2. 及时将伤员送医院救治。

认真接待家长、稳定家长情绪，做好伤亡学生家长的安抚、保险理赔等工作。

向师生通报情况，稳定情绪。对学生进行心理疏导和相关安全教育，尽快恢复正常教学秩序。

1. 总结事故教训、完善事故预案，严防同类事故再次发生。
2. 积极妥善开展事故调查和善后处理。
3. 及时向主管教育行政部门报告事故处理情况。

11. 学生拥挤踩踏事故应急流程

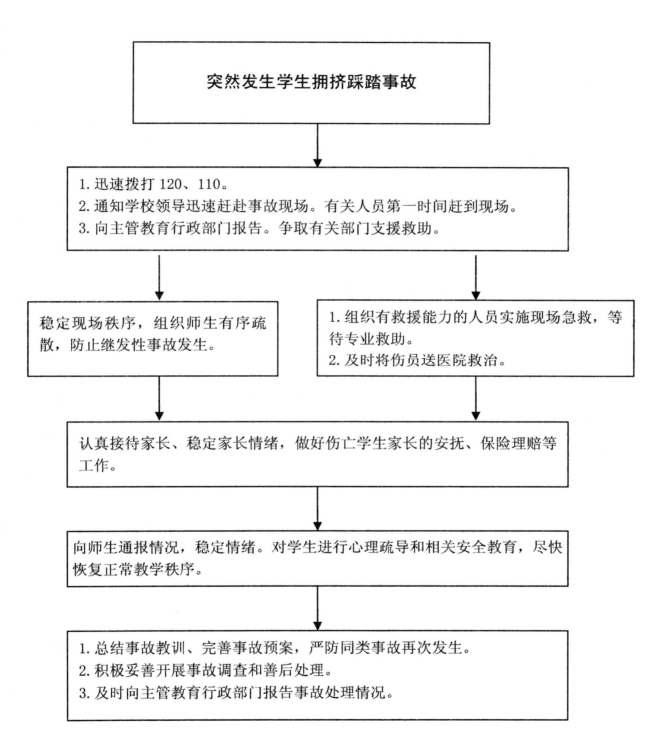

突然发生学生拥挤踩踏事故

1. 迅速拨打 120、110。
2. 通知学校领导迅速赶赴事故现场。有关人员第一时间赶到现场。
3. 向主管教育行政部门报告。争取有关部门支援救助。

稳定现场秩序，组织师生有序疏散，防止继发性事故发生。

1. 组织有救援能力的人员实施现场急救，等待专业救助。
2. 及时将伤员送医院救治。

认真接待家长、稳定家长情绪，做好伤亡学生家长的安抚、保险理赔等工作。

向师生通报情况，稳定情绪。对学生进行心理疏导和相关安全教育，尽快恢复正常教学秩序。

1. 总结事故教训、完善事故预案，严防同类事故再次发生。
2. 积极妥善开展事故调查和善后处理。
3. 及时向主管教育行政部门报告事故处理情况。

12.学校危险物品泄漏事故应急流程

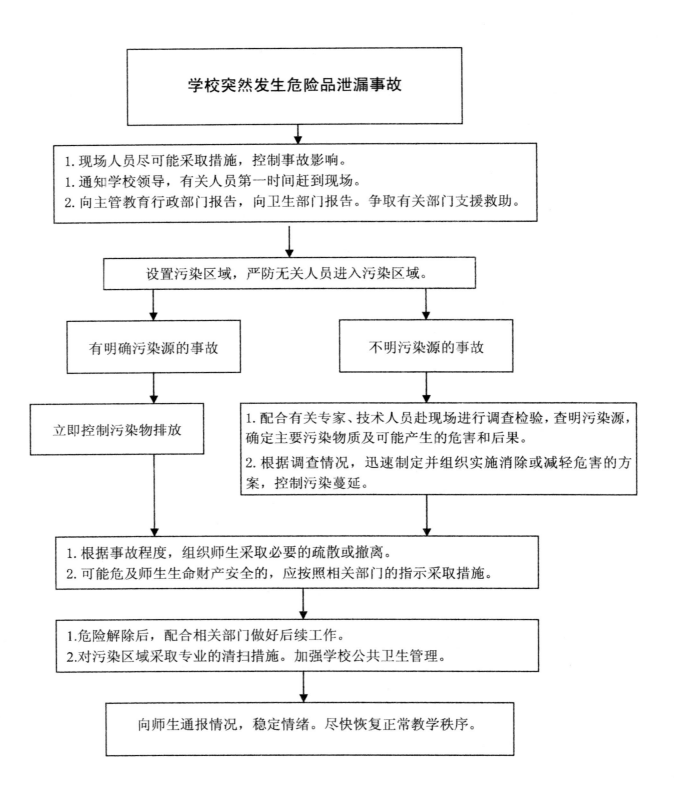

学校突然发生危险品泄漏事故

1.现场人员尽可能采取措施，控制事故影响。

1.通知学校领导，有关人员第一时间赶到现场。

2.向主管教育行政部门报告，向卫生部门报告。争取有关部门支援救助。

设置污染区域，严防无关人员进入污染区域。

有明确污染源的事故

不明污染源的事故

立即控制污染物排放

1.配合有关专家、技术人员赴现场进行调查检验，查明污染源，确定主要污染物质及可能产生的危害和后果。

2.根据调查情况，迅速制定并组织实施消除或减轻危害的方案，控制污染蔓延。

1.根据事故程度，组织师生采取必要的疏散或撤离。

2.可能危及师生生命财产安全的，应按照相关部门的指示采取措施。

1.危险解除后，配合相关部门做好后续工作。

2.对污染区域采取专业的清扫措施。加强学校公共卫生管理。

向师生通报情况，稳定情绪。尽快恢复正常教学秩序。

13.学校突发自然灾害应急流程

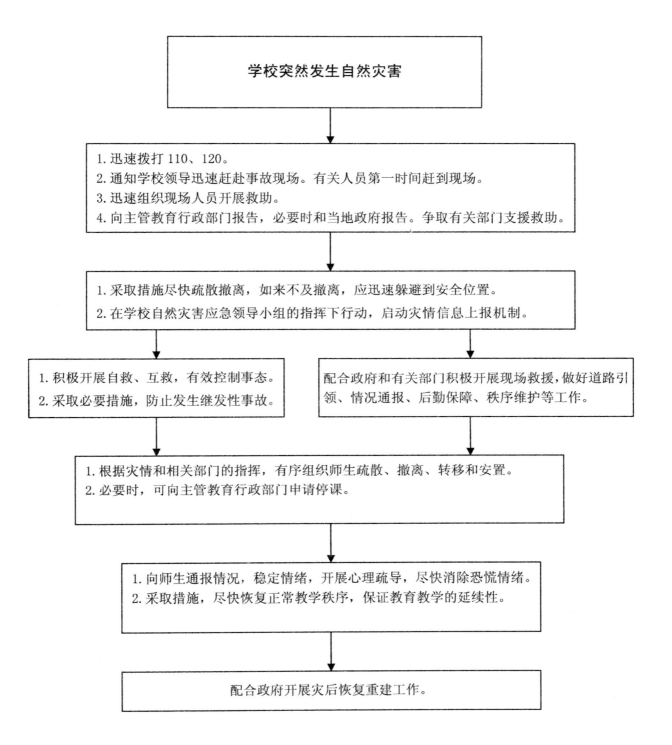

学校突然发生自然灾害

1. 迅速拨打 110、120。
2. 通知学校领导迅速赶赴事故现场。有关人员第一时间赶到现场。
3. 迅速组织现场人员开展救助。
4. 向主管教育行政部门报告，必要时和当地政府报告。争取有关部门支援救助。

1. 采取措施尽快疏散撤离，如来不及撤离，应迅速躲避到安全位置。
2. 在学校自然灾害应急领导小组的指挥下行动，启动灾情信息上报机制。

1. 积极开展自救、互救，有效控制事态。
2. 采取必要措施，防止发生继发性事故。

配合政府和有关部门积极开展现场救援，做好道路引领、情况通报、后勤保障、秩序维护等工作。

1. 根据灾情和相关部门的指挥，有序组织师生疏散、撤离、转移和安置。
2. 必要时，可向主管教育行政部门申请停课。

1. 向师生通报情况，稳定情绪，开展心理疏导，尽快消除恐慌情绪。
2. 采取措施，尽快恢复正常教学秩序，保证教育教学的延续性。

配合政府开展灾后恢复重建工作。

14. 校车安全事故应急流程

```
┌─────────────────────────────┐
│      突然发生校车安全事故       │
└─────────────────────────────┘
```

1. 立即拨打 120、122、110，视情况拨打 119。
2. 通知学校领导迅速赶赴事故现场。有关人员第一时间赶到现场。
3. 尽最快可能了解事故基本情况（事故发生的时间、地点、种类、强度、危害等），启动校车安全事故信息上报机制。
4. 迅速向主管教育行政部门报告，向公安、交通管理部门和保险公司报案。

---

1. 维护现场秩序，稳定师生情绪，迅速转运未受伤师生；
2. 配合公安部门保护事故现场、做好事故调查取证和群众疏散。

---

1. 根据伤员情况，组织有救援能力的人员实施现场急救，等待专业救助或尽快护送伤员赶往医院。
2. 救护人员到场后，立即向其报告情况采取专业措施，必要时，可派随车照管人员或班主任配合救护人员随车护理，安抚伤员情绪。
3. 根据事故实际，争取各部门力量迅速调集必须的救援设备、人员、车辆投入救援。

---

1. 及时联系家长，通报情况、稳定情绪。
2. 安排专人接待好家长，做好伤亡学生家长的安抚、保险理赔等善后处理工作。学校调解无力时，报请上级部门介入调解。
3. 做好学生心理疏导，尽快恢复正常教学秩序。

---

1. 配合有关部门进行事故调查和处理。
2. 24 小时内写出事故书面报告。报告内容包括：发生事故的时间、地点；事故简要经过、伤亡人数；事故原因、性质的初步判断；事故抢救处理的情况和采取的措施；需要有关部门和单位协助事故抢救和处理的有关事宜；事故报告部门、部门负责人和报告人。报告内容经校长审查同意后报主管教育行政部门。
3. 启动事故信息上报机制，直至事故处理完毕。

第三节　突发事件应急预案范本

1. 火灾突发事件应急预案

——北京市海淀区五一小学

根据北京市海淀区五一小学所处位置和实际情况，为应付可能发生的火灾，及时做好防火应急工作，确保师生、财产安全及社会稳定，根据上级要求和学校具体情况，特制订本防火应急预案。

一、任务

根据安保办的布置，所属保安除了担负正常警卫工作外，还应随时做好防火应急工作。

二、人员编成

所属执勤单位保安队成立十人防火应急分队，编成四组。

第一组为疏散组：二人组成

第二组为灭火组：四人组成

第三组为联络组：一人

第四组为现场保护组：三人组成

三、组织领导

在学校的统一领导下，所属执勤单位保安队成立以卢孝猛为队长，牛划庄为副队长的指挥小组，具体负责防火应急行动的组织指挥工作。

四、情况处置

1. 当发生火灾时

所属执勤单位首先按应急方案组织自救，防火分队尽最大可能减少学校的损失，保安队在接到通知后，最高负责人应带领防火队赶赴现场。第一组开始疏散人员；第二组切断电源、煤气开关、派人隔离易燃易爆品等，利用现有灭火器材、设备等，进行扑救；第三组分别通知所属领导，拨打"119"报警；第四组协助第一组疏散人员同时保护现场、做好挽留目击证人工作，协助公安机关调查取证。

五、要求

1. 加强对防火工作的组织领导。学校专职保卫干部负责，保安负责人要对防火工作高度重视，

指定专人巡逻、巡查，及时做好汇报、记录工作。防火分队人员要高度重视随时准备执行任务。

2. 深入进行防火安全教育，加强对防火知识的培训学习，克服各种麻痹思想，认真贯彻"安全第一、预防为主"的方针，要做到"早预防、早发现、早汇报、早处理"，力争把灾害降低到最小。

3. 积极做好防火准备和防火的训练、演练。安保部门要结合季节情况，适时做好研究和演练工作。认真熟悉方案，适时进行情况模拟演练，做到一声令下"拉得出、援得上"。

4. 加强请示报告。经常和主管领导沟通、联系，及时汇报需要协调解决的问题。遇有情况时要沉着冷静，果断处理。

5. 协助学校做好每天的消防巡逻工作，发现烟、明火、乱拉乱接电源或带有易燃易爆物品行为人员，应主动上前制止。视情况轻重报送有关部门处理。

6. 熟悉学校内外各个消防器材的位置以及使用方法，每天要对消防器材全方位检查，发现情况立即上报主管部门，以便妥善解决。

7. 熟记防火应急方案，如出现火情，按应急行动方案实施。

2. 应对突发恶性事件应急预案
——北京小学

为应对学校突发恶性事件，及时、有序、高效地作出相应处理，以尽最大努力减少损失和负面影响，维护学校秩序，特制定本预案。

一、本预案中"突发恶性事件"主要指危及师生健康和生命安全的突发性意外事件。如：

（1）传染性或季节性、暴发性疾病，特别是"非典型肺炎"、病毒性肝炎、麻疹、流行性感冒、流行性腮腺炎、风疹、水痘、感染性腹泻、手足口等；

（2）学校食堂供餐、外供餐或其他食品、饮品引发的群体性食物中毒事故；

（3）组织外出活动时的意外交通或其它伤害事故；

（4）集体活动中或课间大量学生的相互挤压事故；

（5）来自校内外的袭击、伤害性事故；

（6）由心理原因发生的自伤自残自虐性事件；

（7）学生在校内发生的意外性伤害事故；

（8）其它自然或人为的突发恶性事件。

二、坚持"早预防、早发现、早报告、早救治"原则。

1. 早预防

责任人：全校教工

学校全校教工应牢固确立安全第一的意识，始终保持高度的警觉性和敏锐性，精心组织、周密部署各项教育教学活动及后勤服务工作，坚持依法办事，按规范操作，排查和消除各种隐患。

2. 早发现

责任人：全校教工

严格执行轮护制度，分区域安排护导巡视人员，落实责任；严格执行晨检、午检、夕检、报出勤制度，关注每位学生的健康状况和情绪倾向，发现苗头性问题，及时采取相应措施，并要以恰当言行稳定学生情绪，不制造紧张空气；加强对学生的常规及安全教育管理，及时汇总分析情况、反馈信息、采取措施。

3. 早报告

责任人：班主任、校医

严格执行"报告"制度，一旦发现突发恶性事件，应在第一时间报告校长室，准确、及时地通报有关信息；如果班上同时发生三人以上（含三人）出现呕吐、腹泻、高烧等症状，需立即报告医务室，医务室应了解真实情况，做好准确记录，报校长室；与食堂管理员取得联系；经校长室决策后，由医务室专人向上级教育行政部门及区卫监所汇报；必要时向"110"和医疗、防疫等部门发出求助信息。

4. 早救治早隔离

责任人：全校教工

执行谁发现谁首先受理制度，应立即招呼就近人员，控制局面，尽最大努力阻止事态的进一步发展；发现伤情或病情，应立即组织人员送医院救治；相关班主任及时与学生家庭取得联系，说明基本情况，让家长到现场协同处理；如发现疑似传染性疾病的，对密切接触人群或班级，在稳定情绪、维护秩序的同时，采取一定疏散隔离、检查观察等防治措施，并及时对相关场所进行消毒处理；同时，应尽可能了解和掌握事件的第一手资料，以利于事故的正确处理。

三、一旦学校出现突发恶性事件，立即启动以下各职能小组，全力投入事故处理工作。

1. 应急指挥小组

组长：校长

组员：校行政管理人员

主要职责：

（1）尽速到达现场，了解和掌握事故情况，控制局面，阻止事态发展，并研究事故处理的具体策略；

（2）尽早向教育行政部门和地方政府汇报情况；

（3）组织力量并全程指挥其他各职能小组投入工作；

（4）密切配合医疗、防疫、公安等机构对事故的处理工作，认真执行上级教育行政部门和地方党委政府的有关指示；

（5）负责协助事故的调查、分析和处理，查找原因和责任。

应对突发事件发言人：

校长（校长不在，由常务副校长负责）。

关于媒体采访：未经学校同意，保安不得允许媒体随意进校采访、干扰工作。学校只在适当时候，接待区教委宣传部同意的采访，且由专人进行接待。

2. 医疗救援小组

组长：学校书记

组员：医务室校医、学校司机、体育教师等

主要职责：

（1）立即组织护送受伤或发病者去相关医院救治；

（2）配合医院的救治工作，追踪了解伤情或病情动态，随时与校长保持联系；

（3）接应赶到医院的家长，并说明基本情况，做好安抚工作，防止出现情绪过激情况。

3. 现场控制小组

组长：负责安全的副校长或主任

组员：各部门负责人及有关年级组长、班主任等

主要职责：

（1）控制现场，维护秩序，劝离无关人员，防止发生混乱局面；

（2）排查其他发病或受伤人员，组织力量送医院；

（3）接待家长，做好解释说明及思想工作；

（4）由班主任管好各自的学生，不围观，不拥挤，防止学生慌乱、散失，维护学校秩序。

（5）尽早向知情者、见证人调查事故起因，掌握好事故的第一手资料。

4. 后勤保障小组

组长：工会主席或后勤主任

组员：食堂、财会、后勤等相关部门负责人

主要职责：

（1）尽力做好医疗救治、现场控制等工作的联络和后勤支援工作；

（2）必要时配合医疗、防疫等机构进行现场消毒、取样分析等工作；

（3）做好上级来人和家长的接待工作，必要时为上级工作组现场办公做好后勤服务工作。

5. 信息资料小组

组长：教导处主任

成员：信息组及相关班主任等

主要职责：负责突发恶性事件全过程的各种信息资料采集，撰写书面报告，整理取证材料，作好相关数据的分类统计、分析工作，及时提供各种资料。

一、学校安全法律法规规章与规范性文件

（一）法　　律

中华人民共和国教育法（节录）

■1995 年 3 月 18 日第八届全国人民代表大会第三次会议通过
■1995 年 9 月 1 日起施行

第九章　法律责任

第七十二条　结伙斗殴、寻衅滋事，扰乱学校及其他教育机构教育教学秩序或者破坏校舍、场地及其他财产的，由公安机关给予治安管理处罚；构成犯罪的，依法追究刑事责任。

侵占学校及其他教育机构的校舍、场地及其他财产的，依法承担民事责任。

第七十三条　明知校舍或者教育教学设施有危险，而不采取措施，造成人员伤亡或者重大财产损失的，对直接负责的主管人员和其他直接责任人员，依法追究刑事责任。

一、学校安全法律法规规章
与规范性文件

（一）法　　律

中华人民共和国教育法（节录）

■1995 年 3 月 18 日第八届全国人民代表大会第三次会议通过
■1995 年 9 月 1 日起施行

第九章　法律责任

第七十二条　结伙斗殴、寻衅滋事，扰乱学校及其他教育机构教育教学秩序或者破坏校舍、场地及其他财产的，由公安机关给予治安管理处罚；构成犯罪的，依法追究刑事责任。

侵占学校及其他教育机构的校舍、场地及其他财产的，依法承担民事责任。

第七十三条　明知校舍或者教育教学设施有危险，而不采取措施，造成人员伤亡或者重大财产损失的，对直接负责的主管人员和其他直接责任人员，依法追究刑事责任。

中华人民共和国义务教育法（节录）

■第十届全国人大常委会第二十二次会议于 2006 年 6 月 29 日修订通过
■2006 年 9 月 1 日起施行

第三章　学　校

第十六条　学校建设，应当符合国家规定的办学标准，适应教育教学需要；应当符合国家规定的选址要求和建设标准，确保学生和教职工安全。

第二十三条　各级人民政府及其有关部门依法维护学校周边秩序，保护学生、教师、学校的合法权益，为学校提供安全保障。

第二十四条　学校应当建立、健全安全制度和应急机制，对学生进行安全教育，加强管理，及时消除隐患，预防发生事故。

县级以上地方人民政府定期对学校校舍安全进行检查；对需要维修、改造的，及时予以维修、改造。

学校不得聘用曾经因故意犯罪被依法剥夺政治权利或者其他不适合从事义务教育工作的人担任工作人员。

第七章　法律责任

第五十二条　县级以上地方人民政府有下列情形之一的，由上级人民政府责令限期改正；情节严重的，对直接负责的主管人员和其他直接责任人员依法给予行政处分：

（一）未按照国家有关规定制定、调整学校的设置规划的；

（二）学校建设不符合国家规定的办学标准、选址要求和建设标准的；

（三）未定期对学校校舍安全进行检查，并及时维修、改造的；

（四）未依照本法规定均衡安排义务教育经费的。

中华人民共和国教师法（节录）

■1993 年 10 月 31 日第八届全国人民代表大会常务委员会第四次会议通过

■1994 年 1 月 1 日起施行

第三十五条　侮辱、殴打教师的，根据不同情况，分别给予行政处分或者行政处罚；造成损害的，责令赔偿损失；情节严重，构成犯罪的，依法追究刑事责任。

第三十六条　对依法提出申诉、控告、检举的教师进行打击报复的，由其所在单位或者上级机关责令改正；情节严重的，可以根据具体情况给予行政处分。国家工作人员对教师打击报复构成犯罪的，依照刑法第一百四十六条的规定追究刑事责任。

第三十七条　教师有下列情形之一的，由所在学校、其他教育机构或者教育行政部门给予行政处分或者解聘：

（一）故意不完成教育教学任务给教育教学工作造成损失的；

（二）体罚学生，经教育不改的；

（三）品行不良、侮辱学生，影响恶劣的。

教师有前款第（二）项、第（三）项所列情形之一，情节严重，构成犯罪的，依法追究刑事责任。

中华人民共和国侵权责任法（节录）

■2009 年 12 月 26 日第十一届全国人民代表大会常务委员会第十二次会议通过

■2010 年 7 月 1 日起施行

第四章　关于责任主体的特殊规定

第三十八条　无民事行为能力人在幼儿园、学校或者其他教育机构学习、生活期间受到人身损害的，幼儿园、学校或者其他教育机构应当承担责任，但能够证明尽到教育、管理职责的，不承担责任。

第三十九条　限制民事行为能力人在学校或者其他教育机构学习、生活期间受到人身损害，学校或者其他教育机构未尽到教育、管理职责的，应当承担责任。

第四十条　无民事行为能力人或者限制民事行为能力人在幼儿园、学校或者其他教育机构学习、生活期间，受到幼儿园、学校或者其他教育机构以外的人员人身损害的，由侵权人承担侵权责任；幼儿园、学校或者其他教育机构未尽到管理职责的，承担相应的补充责任。

中华人民共和国突发事件应对法（节录）

■2007 年 8 月 30 日第十届全国人民代表大会常务委员会第二十九次会议通过

■2007 年 8 月 30 日中华人民共和国主席第 69 号公布

■自 2007 年 11 月 1 日起施行

第三十条 各级各类学校应当把应急知识教育纳入教学内容，对学生进行应急知识教育，培养学生的安全意识和自救与互救能力。

教育主管部门应当对学校开展应急知识教育进行指导和监督。

第六十四条 有关单位有下列情形之一的，由所在地履行统一领导职责的人民政府责令停产停业，暂扣或者吊销许可证或者营业执照，并处五万元以上二十万元以下的罚款；构成违反治安管理行为的，由公安机关依法给予处罚：

（一）未按规定采取预防措施，导致发生严重突发事件的；

（二）未及时消除已发现的可能引发突发事件的隐患，导致发生严重突发事件的；

（三）未做好应急设备、设施日常维护、检测工作，导致发生严重突发事件或者突发事件危害扩大的；

（四）突发事件发生后，不及时组织开展应急救援工作，造成严重后果的。

前款规定的行为，其他法律、行政法规规定由人民政府有关部门依法决定处罚的，从其规定。

中华人民共和国道路交通安全法（节录）

■2003 年 10 月 28 日第十届全国人民代表大会常务委员会第五次会议通过

■根据 2007 年 12 月 29 日第十届全国人民代表大会常务委员会第三十一次会议《关于修改〈中华人民共和国道路交通安全法〉的决定》第一次修正

■根据 2011 年 4 月 22 日第十一届全国人民代表大会常务委员会第二十次会议《关于修改〈中华人民共和国道路交通安全法〉的决定》第二次修正

■中华人民共和国主席令 47 号令公布

■自 2011 年 5 月 1 日起施行

第一章 总 则

第六条 各级人民政府应当经常进行道路交通安全教育，提高公民的道路交通安全意识。

公安机关交通管理部门及其交通警察执行职务时，应当加强道路交通安全法律、法规的宣传，并模范遵守道路交通安全法律、法规。

机关、部队、企业事业单位、社会团体以及其他组织，应当对本单位的人员进行道路交通安全教育。

教育行政部门、学校应当将道路交通安全教育纳入法制教育的内容。

新闻、出版、广播、电视等有关单位，有进行道路交通安全教育的义务。

第三章　道路通行条件

第三十四条　学校、幼儿园、医院、养老院门前的道路没有行人过街设施的，应当施划人行横道线，设置提示标志。

城市主要道路的人行道，应当按照规划设置盲道。盲道的设置应当符合国家标准。

第四章　道路通行规定

第四节　行人和乘车人通行规定

第六十四条　学龄前儿童以及不能辨认或者不能控制自己行为的精神疾病患者、智力障碍者在道路上通行，应当由其监护人、监护人委托的人或者对其负有管理、保护职责的人带领。

中华人民共和国传染病防治法（节录）

■1989 年 2 月 21 日第七届全国人民代表大会常务委员会第六次会议通过
■2004 年 8 月 28 日第十届全国人民代表大会常务委员会第十一次会议修订
■2004 年 8 月 28 日中华人民共和国主席令第十七号公布
■自 2004 年 12 月 1 日起施行

第十条　国家开展预防传染病的健康教育。新闻媒体应当无偿开展传染病防治和公共卫生教育的公益宣传。

各级各类学校应当对学生进行健康知识和传染病预防知识的教育。

医学院校应当加强预防医学教育和科学研究，对在校学生以及其他与传染病防治相关人员进行预防医学教育和培训，为传染病防治工作提供技术支持。

疾病预防控制机构、医疗机构应当定期对其工作人员进行传染病防治知识、技能的培训。

第十五条　国家实行有计划的预防接种制度。国务院卫生行政部门和省、自治区、直辖市人民政府卫生行政部门，根据传染病预防、控制的需要，制定传染病预防接种规划并组织实施。用于预防接种的疫苗必须符合国家质量标准。

国家对儿童实行预防接种证制度。国家免疫规划项目的预防接种实行免费。医疗机构、疾病预防控制机构与儿童的监护人应当相互配合，保证儿童及时接受预防接种。具体办法由国务院制定。

第四十二条 传染病暴发、流行时，县级以上地方人民政府应当立即组织力量，按照预防、控制预案进行防治，切断传染病的传播途径，必要时，报经上一级人民政府决定，可以采取下列紧急措施并予以公告：

（一）限制或者停止集市、影剧院演出或者其他人群聚集的活动；

（二）停工、停业、停课；

（三）封闭或者封存被传染病病原体污染的公共饮用水源、食品以及相关物品；

（四）控制或者扑杀染疫野生动物、家畜家禽；

（五）封闭可能造成传染病扩散的场所。

上级人民政府接到下级人民政府关于采取前款所列紧急措施的报告时，应当即时作出决定。

紧急措施的解除，由原决定机关决定并宣布。

中华人民共和国防震减灾法（节录）

■1997 年 12 月 29 日第八届全国人民代表大会常务委员会第二十九次会议通过
■1997 年 12 月 29 日中华人民共和国主席令第 94 号公布
■自 1998 年 3 月 1 日起施行

第三条 防震减灾工作，实行预防为主、防御与救助相结合的方针。

第六条 各级人民政府应当加强对防震减灾工作的领导，组织有关部门采取措施，做好防震减灾工作。

第七条 在国务院的领导下，国务院地震行政主管部门、经济综合主管部门、建设行政主管部门、民政部门以及其他有关部门，按照职责分工，各负其责，密切配合，共同做好防震减灾工作。

县级以上地方人民政府负责管理地震工作的部门或者机构和其他有关部门在本级人民政府的领导下，按照职责分工，各负其责，密切配合，共同做好本行政区域内的防震减灾工作。

第八条 任何单位和个人都有依法参加防震减灾活动的义务。

第十七条 新建、扩建、改建建设工程，必须达到抗震设防要求。

第十九条 建设工程必须按照抗震设防要求和抗震设计规范进行抗震设计，并按照抗震设计进行施工。

第二十条 已经建成的下列建筑物、构筑物，未采取抗震设防措施的，应当按照国家有关规定进行抗震性能鉴定，并采取必要的抗震加固措施：

（二）可能发生严重次生灾害的建筑物、构筑物；

（四）地震重点监视防御区的建筑物、构筑物。

第二十三条　各级人民政府应当组织有关部门开展防震减灾知识的宣传教育，增强公民的防震减灾意识，提高公民在地震灾害中自救、互救的能力；加强对有关专业人员的培训，提高抢险救灾能力。

第二十五条　国家鼓励单位和个人参加地震灾害保险。

中华人民共和国未成年人保护法

■1991 年 9 月 4 日第七届全国人民代表大会常务委员会第二十一次会议通过
■2006 年 12 月 29 日第十届全国人民代表大会常务委员会第二十五次会议修订
■2006 年 12 月 29 日中华人民共和国主席令第 60 号发布
■自 2007 年 6 月 1 日起施行

第一章　总　　则

第一条　为了保护未成年人的身心健康，保障未成年人的合法权益，促进未成年人在品德、智力、体质等方面全面发展，培养有理想、有道德、有文化、有纪律的社会主义建设者和接班人，根据宪法，制定本法。

第二条　本法所称未成年人是指未满十八周岁的公民。

第三条　未成年人享有生存权、发展权、受保护权、参与权等权利，国家根据未成年人身心发展特点给予特殊、优先保护，保障未成年人的合法权益不受侵犯。

未成年人享有受教育权，国家、社会、学校和家庭尊重和保障未成年人的受教育权。

未成年人不分性别、民族、种族、家庭财产状况、宗教信仰等，依法平等地享有权利。

第四条　国家、社会、学校和家庭对未成年人进行理想教育、道德教育、文化教育、纪律和法制教育，进行爱国主义、集体主义和社会主义的教育，提倡爱祖国、爱人民、爱劳动、爱科学、爱社会主义的公德，反对资本主义的、封建主义的和其他的腐朽思想的侵蚀。

第五条　保护未成年人的工作，应当遵循下列原则：

（一）尊重未成年人的人格尊严；

（二）适应未成年人身心发展的规律和特点；

（三）教育与保护相结合。

第六条　保护未成年人，是国家机关、武装力量、政党、社会团体、企业事业组织、城乡基层群众性自治组织、未成年人的监护人和其他成年公民的共同责任。

对侵犯未成年人合法权益的行为，任何组织和个人都有权予以劝阻、制止或者向有关部门提出检举或者控告。

国家、社会、学校和家庭应当教育和帮助未成年人维护自己的合法权益，增强自我保护的意识和能力，增强社会责任感。

第七条 中央和地方各级国家机关应当在各自的职责范围内做好未成年人保护工作。

国务院和地方各级人民政府领导有关部门做好未成年人保护工作；将未成年人保护工作纳入国民经济和社会发展规划以及年度计划，相关经费纳入本级政府预算。

国务院和省、自治区、直辖市人民政府采取组织措施，协调有关部门做好未成年人保护工作。具体机构由国务院和省、自治区、直辖市人民政府规定。

第八条 共产主义青年团、妇女联合会、工会、青年联合会、学生联合会、少年先锋队以及其他有关社会团体，协助各级人民政府做好未成年人保护工作，维护未成年人的合法权益。

第九条 各级人民政府和有关部门对保护未成年人有显著成绩的组织和个人，给予表彰和奖励。

第二章　家庭保护

第十条 父母或者其他监护人应当创造良好、和睦的家庭环境，依法履行对未成年人的监护职责和抚养义务。

禁止对未成年人实施家庭暴力，禁止虐待、遗弃未成年人，禁止溺婴和其他残害婴儿的行为，不得歧视女性未成年人或者有残疾的未成年人。

第十一条 父母或者其他监护人应当关注未成年人的生理、心理状况和行为习惯，以健康的思想、良好的品行和适当的方法教育和影响未成年人，引导未成年人进行有益身心健康的活动，预防和制止未成年人吸烟、酗酒、流浪、沉迷网络以及赌博、吸毒、卖淫等行为。

第十二条 父母或者其他监护人应当学习家庭教育知识，正确履行监护职责，抚养教育未成年人。

有关国家机关和社会组织应当为未成年人的父母或者其他监护人提供家庭教育指导。

第十三条 父母或者其他监护人应当尊重未成年人受教育的权利，必须使适龄未成年人依法入学接受并完成义务教育，不得使接受义务教育的未成年人辍学。

第十四条 父母或者其他监护人应当根据未成年人的年龄和智力发展状况，在作出与未成年人权益有关的决定时告知其本人，并听取他们的意见。

第十五条 父母或者其他监护人不得允许或者迫使未成年人结婚，不得为未成年人订立婚约。

第十六条 父母因外出务工或者其他原因不能履行对未成年人监护职责的，应当委托有监护能力的其他成年人代为监护。

第三章 学校保护

第十七条 学校应当全面贯彻国家的教育方针，实施素质教育，提高教育质量，注重培养未成年学生独立思考能力、创新能力和实践能力，促进未成年学生全面发展。

第十八条 学校应当尊重未成年学生受教育的权利，关心、爱护学生，对品行有缺点、学习有困难的学生，应当耐心教育、帮助，不得歧视，不得违反法律和国家规定开除未成年学生。

第十九条 学校应当根据未成年学生身心发展的特点，对他们进行社会生活指导、心理健康辅导和青春期教育。

第二十条 学校应当与未成年学生的父母或者其他监护人互相配合，保证未成年学生的睡眠、娱乐和体育锻炼时间，不得加重其学习负担。

第二十一条 学校、幼儿园、托儿所的教职员工应当尊重未成年人的人格尊严，不得对未成年人实施体罚、变相体罚或者其他侮辱人格尊严的行为。

第二十二条 学校、幼儿园、托儿所应当建立安全制度，加强对未成年人的安全教育，采取措施保障未成年人的人身安全。

学校、幼儿园、托儿所不得在危及未成年人人身安全、健康的校舍和其他设施、场所中进行教育教学活动。

学校、幼儿园安排未成年人参加集会、文化娱乐、社会实践等集体活动，应当有利于未成年人的健康成长，防止发生人身安全事故。

第二十三条 教育行政等部门和学校、幼儿园、托儿所应当根据需要，制定应对各种灾害、传染性疾病、食物中毒、意外伤害等突发事件的预案，配备相应设施并进行必要的演练，增强未成年人的自我保护意识和能力。

第二十四条 学校对未成年学生在校内或者本校组织的校外活动中发生人身伤害事故的，应当及时救护，妥善处理，并及时向有关主管部门报告。

第二十五条 对于在学校接受教育的有严重不良行为的未成年学生，学校和父母或者其他监护人应当互相配合加以管教；无力管教或者管教无效的，可以按照有关规定将其送专门学校继续接受教育。

依法设置专门学校的地方人民政府应当保障专门学校的办学条件，教育行政部门应当加强对专门学校的管理和指导，有关部门应当给予协助和配合。

专门学校应当对在校就读的未成年学生进行思想教育、文化教育、纪律和法制教育、劳动技术教育和职业教育。

专门学校的教职员工应当关心、爱护、尊重学生，不得歧视、厌弃。

第二十六条 幼儿园应当做好保育、教育工作，促进幼儿在体质、智力、品德等方面和谐发展。

第四章　社会保护

第二十七条　全社会应当树立尊重、保护、教育未成年人的良好风尚，关心、爱护未成年人。

国家鼓励社会团体、企业事业组织以及其他组织和个人，开展多种形式的有利于未成年人健康成长的社会活动。

第二十八条　各级人民政府应当保障未成年人受教育的权利，并采取措施保障家庭经济困难的、残疾的和流动人口中的未成年人等接受义务教育。

第二十九条　各级人民政府应当建立和改善适合未成年人文化生活需要的活动场所和设施，鼓励社会力量兴办适合未成年人的活动场所，并加强管理。

第三十条　爱国主义教育基地、图书馆、青少年宫、儿童活动中心应当对未成年人免费开放；博物馆、纪念馆、科技馆、展览馆、美术馆、文化馆以及影剧院、体育场馆、动物园、公园等场所，应当按照有关规定对未成年人免费或者优惠开放。

第三十一条　县级以上人民政府及其教育行政部门应当采取措施，鼓励和支持中小学校在节假日期间将文化体育设施对未成年人免费或者优惠开放。

社区中的公益性互联网上网服务设施，应当对未成年人免费或者优惠开放，为未成年人提供安全、健康的上网服务。

第三十二条　国家鼓励新闻、出版、信息产业、广播、电影、电视、文艺等单位和作家、艺术家、科学家以及其他公民，创作或者提供有利于未成年人健康成长的作品。出版、制作和传播专门以未成年人为对象的内容健康的图书、报刊、音像制品、电子出版物以及网络信息等，国家给予扶持。

国家鼓励科研机构和科技团体对未成年人开展科学知识普及活动。

第三十三条　国家采取措施，预防未成年人沉迷网络。

国家鼓励研究开发有利于未成年人健康成长的网络产品，推广用于阻止未成年人沉迷网络的新技术。

第三十四条　禁止任何组织、个人制作或者向未成年人出售、出租或者以其他方式传播淫秽、暴力、凶杀、恐怖、赌博等毒害未成年人的图书、报刊、音像制品、电子出版物以及网络信息等。

第三十五条　生产、销售用于未成年人的食品、药品、玩具、用具和游乐设施等，应当符合国家标准或者行业标准，不得有害于未成年人的安全和健康；需要标明注意事项的，应当在显著位置标明。

第三十六条　中小学校园周边不得设置营业性歌舞娱乐场所、互联网上网服务营业场所等不适宜未成年人活动的场所。

营业性歌舞娱乐场所、互联网上网服务营业场所等不适宜未成年人活动的场所，不得允许未成年人进入，经营者应当在显著位置设置未成年人禁入标志；对难以判明是否已成年的，应当要求其出示身份证件。

第三十七条 禁止向未成年人出售烟酒，经营者应当在显著位置设置不向未成年人出售烟酒的标志；对难以判明是否已成年的，应当要求其出示身份证件。

任何人不得在中小学校、幼儿园、托儿所的教室、寝室、活动室和其他未成年人集中活动的场所吸烟、饮酒。

第三十八条 任何组织或者个人不得招用未满十六周岁的未成年人，国家另有规定的除外。

任何组织或者个人按照国家有关规定招用已满十六周岁未满十八周岁的未成年人的，应当执行国家在工种、劳动时间、劳动强度和保护措施等方面的规定，不得安排其从事过重、有毒、有害等危害未成年人身心健康的劳动或者危险作业。

第三十九条 任何组织或者个人不得披露未成年人的个人隐私。

对未成年人的信件、日记、电子邮件，任何组织或者个人不得隐匿、毁弃；除因追查犯罪的需要，由公安机关或者人民检察院依法进行检查，或者对无行为能力的未成年人的信件、日记、电子邮件由其父母或者其他监护人代为开拆、查阅外，任何组织或者个人不得开拆、查阅。

第四十条 学校、幼儿园、托儿所和公共场所发生突发事件时，应当优先救护未成年人。

第四十一条 禁止拐卖、绑架、虐待未成年人，禁止对未成年人实施性侵害。

禁止胁迫、诱骗、利用未成年人乞讨或者组织未成年人进行有害其身心健康的表演等活动。

第四十二条 公安机关应当采取有力措施，依法维护校园周边的治安和交通秩序，预防和制止侵害未成年人合法权益的违法犯罪行为。

任何组织或者个人不得扰乱教学秩序，不得侵占、破坏学校、幼儿园、托儿所的场地、房屋和设施。

第四十三条 县级以上人民政府及其民政部门应当根据需要设立救助场所，对流浪乞讨等生活无着未成年人实施救助，承担临时监护责任；公安部门或者其他有关部门应当护送流浪乞讨或者离家出走的未成年人到救助场所，由救助场所予以救助和妥善照顾，并及时通知其父母或者其他监护人领回。

对孤儿、无法查明其父母或者其他监护人的以及其他生活无着的未成年人，由民政部门设立的儿童福利机构收留抚养。

未成年人救助机构、儿童福利机构及其工作人员应当依法履行职责，不得虐待、歧视未成年人；不得在办理收留抚养工作中牟取利益。

第四十四条 卫生部门和学校应当对未成年人进行卫生保健和营养指导，提供必要的卫生保健条件，做好疾病预防工作。

卫生部门应当做好对儿童的预防接种工作，国家免疫规划项目的预防接种实行免费；积极防治儿童常见病、多发病，加强对传染病防治工作的监督管理，加强对幼儿园、托儿所卫生保健的业务指导和监督检查。

第四十五条 地方各级人民政府应当积极发展托幼事业，办好托儿所、幼儿园，支持社会组织

和个人依法兴办哺乳室、托儿所、幼儿园。

各级人民政府和有关部门应当采取多种形式，培养和训练幼儿园、托儿所的保教人员，提高其职业道德素质和业务能力。

第四十六条　国家依法保护未成年人的智力成果和荣誉权不受侵犯。

第四十七条　未成年人已经完成规定年限的义务教育不再升学的，政府有关部门和社会团体、企业事业组织应当根据实际情况，对他们进行职业教育，为他们创造劳动就业条件。

第四十八条　居民委员会、村民委员会应当协助有关部门教育和挽救违法犯罪的未成年人，预防和制止侵害未成年人合法权益的违法犯罪行为。

第四十九条　未成年人的合法权益受到侵害的，被侵害人及其监护人或者其他组织和个人有权向有关部门投诉，有关部门应当依法及时处理。

第五章　司法保护

第五十条　公安机关、人民检察院、人民法院以及司法行政部门，应当依法履行职责，在司法活动中保护未成年人的合法权益。

第五十一条　未成年人的合法权益受到侵害，依法向人民法院提起诉讼的，人民法院应当依法及时审理，并适应未成年人生理、心理特点和健康成长的需要，保障未成年人的合法权益。

在司法活动中对需要法律援助或者司法救助的未成年人，法律援助机构或者人民法院应当给予帮助，依法为其提供法律援助或者司法救助。

第五十二条　人民法院审理继承案件，应当依法保护未成年人的继承权和受遗赠权。

人民法院审理离婚案件，涉及未成年子女抚养问题的，应当听取有表达意愿能力的未成年子女的意见，根据保障子女权益的原则和双方具体情况依法处理。

第五十三条　父母或者其他监护人不履行监护职责或者侵害被监护的未成年人的合法权益，经教育不改的，人民法院可以根据有关人员或者有关单位的申请，撤销其监护人的资格，依法另行指定监护人。被撤销监护资格的父母应当依法继续负担抚养费用。

第五十四条　对违法犯罪的未成年人，实行教育、感化、挽救的方针，坚持教育为主、惩罚为辅的原则。

对违法犯罪的未成年人，应当依法从轻、减轻或者免除处罚。

第五十五条　公安机关、人民检察院、人民法院办理未成年人犯罪案件和涉及未成年人权益保护案件，应当照顾未成年人身心发展特点，尊重他们的人格尊严，保障他们的合法权益，并根据需要设立专门机构或者指定专人办理。

第五十六条　公安机关、人民检察院讯问未成年犯罪嫌疑人，询问未成年证人、被害人，应当通知监护人到场。

公安机关、人民检察院、人民法院办理未成年人遭受性侵害的刑事案件，应当保护被害人的名誉。

第五十七条　对羁押、服刑的未成年人，应当与成年人分别关押。

羁押、服刑的未成年人没有完成义务教育的，应当对其进行义务教育。

解除羁押、服刑期满的未成年人的复学、升学、就业不受歧视。

第五十八条　对未成年人犯罪案件，新闻报道、影视节目、公开出版物、网络等不得披露该未成年人的姓名、住所、照片、图像以及可能推断出该未成年人的资料。

第五十九条　对未成年人严重不良行为的矫治与犯罪行为的预防，依照预防未成年人犯罪法的规定执行。

第六章　法律责任

第六十条　违反本法规定，侵害未成年人的合法权益，其他法律、法规已规定行政处罚的，从其规定；造成人身财产损失或者其他损害的，依法承担民事责任；构成犯罪的，依法追究刑事责任。

第六十一条　国家机关及其工作人员不依法履行保护未成年人合法权益的责任，或者侵害未成年人合法权益，或者对提出申诉、控告、检举的人进行打击报复的，由其所在单位或者上级机关责令改正，对直接负责的主管人员和其他直接责任人员依法给予行政处分。

第六十二条　父母或者其他监护人不依法履行监护职责，或者侵害未成年人合法权益的，由其所在单位或者居民委员会、村民委员会予以劝诫、制止；构成违反治安管理行为的，由公安机关依法给予行政处罚。

第六十三条　学校、幼儿园、托儿所侵害未成年人合法权益的，由教育行政部门或者其他有关部门责令改正；情节严重的，对直接负责的主管人员和其他直接责任人员依法给予处分。

学校、幼儿园、托儿所教职员工对未成年人实施体罚、变相体罚或者其他侮辱人格行为的，由其所在单位或者上级机关责令改正；情节严重的，依法给予处分。

第六十四条　制作或者向未成年人出售、出租或者以其他方式传播淫秽、暴力、凶杀、恐怖、赌博等图书、报刊、音像制品、电子出版物以及网络信息等的，由主管部门责令改正，依法给予行政处罚。

第六十五条　生产、销售用于未成年人的食品、药品、玩具、用具和游乐设施不符合国家标准或者行业标准，或者没有在显著位置标明注意事项的，由主管部门责令改正，依法给予行政处罚。

第六十六条　在中小学校园周边设置营业性歌舞娱乐场所、互联网上网服务营业场所等不适宜未成年人活动的场所的，由主管部门予以关闭，依法给予行政处罚。

营业性歌舞娱乐场所、互联网上网服务营业场所等不适宜未成年人活动的场所允许未成年人进入，或者没有在显著位置设置未成年人禁入标志的，由主管部门责令改正，依法给予行政处罚。

第六十七条　向未成年人出售烟酒，或者没有在显著位置设置不向未成年人出售烟酒标志的，

由主管部门责令改正，依法给予行政处罚。

第六十八条 非法招用未满十六周岁的未成年人，或者招用已满十六周岁的未成年人从事过重、有毒、有害等危害未成年人身心健康的劳动或者危险作业的，由劳动保障部门责令改正，处以罚款；情节严重的，由工商行政管理部门吊销营业执照。

第六十九条 侵犯未成年人隐私，构成违反治安管理行为的，由公安机关依法给予行政处罚。

第七十条 未成年人救助机构、儿童福利机构及其工作人员不依法履行对未成年人的救助保护职责，或者虐待、歧视未成年人，或者在办理收留抚养工作中牟取利益的，由主管部门责令改正，依法给予行政处分。

第七十一条 胁迫、诱骗、利用未成年人乞讨或者组织未成年人进行有害其身心健康的表演等活动的，由公安机关依法给予行政处罚。

第七章 附　　则

第七十二条 本法自 2007 年 6 月 1 日起施行。

中华人民共和国预防未成年人犯罪法

■1999 年 6 月 28 日第九届全国人民代表大会常务委员会第十次会议通过

第一章 总　　则

第一条 为了保障未成年人身心健康，培养未成年人良好品行，有效地预防未成年人犯罪，制定本法。

第二条 预防未成年人犯罪，立足于教育和保护，从小抓起，对未成年人的不良行为及时进行预防和矫治。

第三条 预防未成年人犯罪，在各级人民政府组织领导下，实行综合治理。

政府有关部门、司法机关、人民团体、有关社会团体、学校、家庭、城市居民委员会、农村村民委员会等各方面共同参与，各负其责，做好预防未成年人犯罪工作，为未成年人身心健康发展创造良好的社会环境。

第四条 各级人民政府在预防未成年人犯罪方面的职责是：

（一）制定预防未成年人犯罪工作的规划；

（二）组织、协调公安、教育、文化、新闻出版、广播电影电视、工商、民政、司法行政等政府有关部门和其他社会组织进行预防未成年人犯罪工作；

（三）对本法实施的情况和工作规划的执行情况进行检查；

（四）总结、推广预防未成年人犯罪工作的经验，树立、表彰先进典型。

第五条　预防未成年人犯罪，应当结合未成年人不同年龄的生理、心理特点，加强青春期教育、心理矫治和预防犯罪对策的研究。

第二章　预防未成年人犯罪的教育

第六条　对未成年人应当加强理想、道德、法制和爱国主义、集体主义、社会主义教育。对于达到义务教育年龄的未成年人，在进行上述教育的同时，应当进行预防犯罪的教育。

预防未成年人犯罪的教育的目的，是增强未成年人的法制观念，使未成年人懂得违法和犯罪行为对个人、家庭、社会造成的危害，违法和犯罪行为应当承担的法律责任，树立遵纪守法和防范违法犯罪的意识。

第七条　教育行政部门、学校应当将预防犯罪的教育作为法制教育的内容纳入学校教育教学计划，结合常见多发的未成年人犯罪，对不同年龄的未成年人进行有针对性的预防犯罪教育。

第八条　司法行政部门、教育行政部门、共产主义青年团、少年先锋队应当结合实际，组织、举办展览会、报告会、演讲会等多种形式的预防未成年人犯罪的法制宣传活动。

学校应当结合实际举办以预防未成年人犯罪的教育为主要内容的活动。教育行政部门应当将预防未成年人犯罪教育的工作效果作为考核学校工作的一项重要内容。

第九条　学校应当聘任从事法制教育的专职或者兼职教师。学校根据条件可以聘请校外法律辅导员。

第十条　未成年人的父母或者其他监护人对未成年人的法制教育负有直接责任。学校在对学生进行预防犯罪教育时，应当将教育计划告知未成年人的父母或者其他监护人，未成年人的父母或者其他监护人应当结合学校的计划，针对具体情况进行教育。

第十一条　少年宫、青少年活动中心等校外活动场所应当把预防未成年人犯罪的教育作为一项重要的工作内容，开展多种形式的宣传教育活动。

第十二条　对于已满十六周岁不满十八周岁准备就业的未成年人，职业教育培训机构、用人单位应当将法律知识和预防犯罪教育纳入职业培训的内容。

第十三条　城市居民委员会、农村村民委员会应当积极开展有针对性的预防未成年人犯罪的法制宣传活动。

第三章　对未成年人不良行为的预防

第十四条　未成年人的父母或者其他监护人和学校应当教育未成年人不得有下列不良行为：

（一）旷课、夜不归宿；

（二）携带管制刀具；

（三）打架斗殴、辱骂他人；

（四）强行向他人索要财物；

（五）偷窃、故意毁坏财物；

（六）参与赌博或者变相赌博；

（七）观看、收听色情、淫秽的音像制品、读物等；

（八）进入法律、法规规定未成年人不适宜进入的营业性歌舞厅等场所；

（九）其他严重违背社会公德的不良行为。

第十五条　未成年人的父母或者其他监护人和学校应当教育未成年人不得吸烟、酗酒。任何经营场所不得向未成年人出售烟酒。

第十六条　中小学生旷课的，学校应当及时与其父母或者其他监护人取得联系。

未成年人擅自外出夜不归宿的，其父母或者其他监护人、其所在的寄宿制学校应当及时查找，或者向公安机关请求帮助。收留夜不归宿的未成年人的，应当征得其父母或者其他监护人的同意，或者在二十四小时内及时通知其父母或者其他监护人、所在学校或者及时向公安机关报告。

第十七条　未成年人的父母或者其他监护人和学校发现未成年人组织或者参加实施不良行为的团伙的，应当及时予以制止。发现该团伙有违法犯罪行为的，应当向公安机关报告。

第十八条　未成年人的父母或者其他监护人和学校发现有人教唆、胁迫、引诱未成年人违法犯罪的，应当向公安机关报告。公安机关接到报告后，应当及时依法查处，对未成年人人身安全受到威胁的，应当及时采取有效措施，保护其人身安全。

第十九条　未成年人的父母或者其他监护人，不得让不满十六周岁的未成年人脱离监护单独居住。

第二十条　未成年人的父母或者其他监护人对未成年人不得放任不管，不得迫使其离家出走，放弃监护职责。未成年人离家出走的，其父母或者其他监护人应当及时查找，或者向公安机关请求帮助。

第二十一条　未成年人的父母离异的，离异双方对子女都有教育的义务，任何一方都不得因离异而不履行教育子女的义务。

第二十二条　继父母、养父母对受其抚养教育的未成年继子女、养子女，应当履行本法规定的父母对未成年子女在预防犯罪方面的职责。

第二十三条　学校对有不良行为的未成年人应当加强教育、管理，不得歧视。

第二十四条　教育行政部门、学校应当举办各种形式的讲座、座谈、培训等活动，针对未成年人不同时期的生理、心理特点，介绍良好有效的教育方法，指导教师、未成年人的父母和其他监护人有效地防止、矫治未成年人的不良行为。

第二十五条　对于教唆、胁迫、引诱未成年人实施不良行为或者品行不良，影响恶劣，不适宜在学校工作的教职员工，教育行政部门、学校应当予以解聘或者辞退；构成犯罪的，依法追究刑事责任。

第二十六条　禁止在中小学校附近开办营业性歌舞厅、营业性电子游戏场所以及其他未成年人不适宜进入的场所。禁止开办上述场所的具体范围由省、自治区、直辖市人民政府规定。

对本法施行前已在中小学校附近开办上述场所的，应当限期迁移或者停业。

第二十七条　公安机关应当加强中小学校周围环境的治安管理，及时制止、处理中小学校周围发生的违法犯罪行为。城市居民委员会、农村村民委员会应当协助公安机关做好维护中小学校周围治安的工作。

第二十八条　公安派出所、城市居民委员会、农村村民委员会应当掌握本辖区内暂住人口中未成年人的就学、就业情况。对于暂住人口中未成年人实施不良行为的，应当督促其父母或者其他监护人进行有效的教育、制止。

第二十九条　任何人不得教唆、胁迫、引诱未成年人实施本法规定的不良行为，或者为未成年人实施不良行为提供条件。

第三十条　以未成年人为对象的出版物，不得含有诱发未成年人违法犯罪的内容，不得含有渲染暴力、色情、赌博、恐怖活动等危害未成年人身心健康的内容。

第三十一条　任何单位和个人不得向未成年人出售、出租含有诱发未成年人违法犯罪以及渲染暴力、色情、赌博、恐怖活动等危害未成年人身心健康内容的读物、音像制品或者电子出版物。

任何单位和个人不得利用通讯、计算机网络等方式提供前款规定的危害未成年人身心健康的内容及其信息。

第三十二条　广播、电影、电视、戏剧节目，不得有渲染暴力、色情、赌博、恐怖活动等危害未成年人身心健康的内容。广播电影电视行政部门、文化行政部门必须加强对广播、电影、电视、戏剧节目以及各类演播场所的管理。

第三十三条　营业性歌舞厅以及其他未成年人不适宜进入的场所，应当设置明显的未成年人禁止进入标志，不得允许未成年人进入。营业性电子游戏场所在国家法定节假日外，不得允许未成年人进入，并应当设置明显的未成年人禁止进入标志。对于难以判明是否已成年的，上述场所的工作人员可以要求其出示身份证件。

第四章　对未成年人严重不良行为的矫治

第三十四条　本法所称"严重不良行为"，是指下列严重危害社会，尚不够刑事处罚的违法行为：

（一）纠集他人结伙滋事，扰乱治安；

（二）携带管制刀具，屡教不改；

（三）多次拦截殴打他人或者强行索要他人财物；

（四）传播淫秽的读物或者音像制品等；

（五）进行淫乱或者色情、卖淫活动；

（六）多次偷窃；

（七）参与赌博，屡教不改；

（八）吸食、注射毒品；

（九）其他严重危害社会的行为。

第三十五条 对未成年人实施本法规定的严重不良行为的，应当及时予以制止。

对有本法规定严重不良行为的未成年人，其父母或者其他监护人和学校应当相互配合，采取措施严加管教，也可以送工读学校进行矫治和接受教育。

对未成年人送工读学校进行矫治和接受教育，应当由其父母或者其他监护人，或者原所在学校提出申请，经教育行政部门批准。

第三十六条 工读学校对就读的未成年人应当严格管理和教育。工读学校除按照义务教育法的要求，在课程设置上与普通学校相同外，应当加强法制教育的内容，针对未成年人严重不良行为产生的原因以及有严重不良行为的未成年人的心理特点，开展矫治工作。

家庭、学校应当关心、爱护在工读学校就读的未成年人，尊重他们的人格尊严，不得体罚、虐待和歧视。工读学校毕业的未成年人在升学、就业等方面，同普通学校毕业的学生享有同等的权利，任何单位和个人不得歧视。

第三十七条 未成年人有本法规定严重不良行为，构成违反治安管理行为的，由公安机关依法予以治安处罚。因不满十四周岁或者情节特别轻微免予处罚的，可以予以训诫。

第三十八条 未成年人因不满十六周岁不予刑事处罚的，责令他的父母或者其他监护人严加管教；在必要的时候，也可以由政府依法收容教养。

第三十九条 未成年人在被收容教养期间，执行机关应当保证其继续接受文化知识、法律知识或者职业技术教育；对没有完成义务教育的未成年人，执行机关应当保证其继续接受义务教育。

解除收容教养、劳动教养的未成年人，在复学、升学、就业等方面与其他未成年人享有同等权利，任何单位和个人不得歧视。

第五章　未成年人对犯罪的自我防范

第四十条 未成年人应当遵守法律、法规及社会公共道德规范，树立自尊、自律、自强意识，增强辨别是非和自我保护的能力，自觉抵制各种不良行为及违法犯罪行为的引诱和侵害。

第四十一条 被父母或者其他监护人遗弃、虐待的未成年人，有权向公安机关、民政部门、共产主义青年团、妇女联合会、未成年人保护组织或者学校、城市居民委员会、农村村民委员会请求保护。被请求的上述部门和组织都应当接受，根据情况需要采取救助措施的，应当先采取救助措施。

第四十二条 未成年人发现任何人对自己或者对其他未成年人实施本法第三章规定不得实施的

行为或者犯罪行为，可以通过所在学校、其父母或者其他监护人向公安机关或者政府有关主管部门报告，也可以自己向上述机关报告。受理报告的机关应当及时依法查处。

第四十三条　对同犯罪行为作斗争以及举报犯罪行为的未成年人，司法机关、学校、社会应当加强保护，保障其不受打击报复。

第六章　对未成年人重新犯罪的预防

第四十四条　对犯罪的未成年人追究刑事责任，实行教育、感化、挽救方针，坚持教育为主、惩罚为辅的原则。

司法机关办理未成年人犯罪案件，应当保障未成年人行使其诉讼权利，保障未成年人得到法律帮助，并根据未成年人的生理、心理特点和犯罪的情况，有针对性地进行法制教育。

对于被采取刑事强制措施的未成年学生，在人民法院的判决生效以前，不得取消其学籍。

第四十五条　人民法院审判未成年人犯罪的刑事案件，应当由熟悉未成年人身心特点的审判员或者审判员和人民陪审员依法组成少年法庭进行。

对于已满十四周岁不满十六周岁未成年人犯罪的案件，一律不公开审理。已满十六周岁不满十八周岁未成年人犯罪的案件，一般也不公开审理。

对未成年人犯罪案件，新闻报道、影视节目、公开出版物不得披露该未成年人的姓名、住所、照片及可能推断出该未成年人的资料。

第四十六条　对被拘留、逮捕和执行刑罚的未成年人与成年人应当分别关押、分别管理、分别教育。未成年犯在被执行刑罚期间，执行机关应当加强对未成年犯的法制教育，对未成年犯进行职业技术教育。对没有完成义务教育的未成年犯，执行机关应当保证其继续接受义务教育。

第四十七条　未成年人的父母或者其他监护人和学校、城市居民委员会、农村村民委员会，对因不满十六周岁而不予刑事处罚、免予刑事处罚的未成年人，或者被判处非监禁刑罚、被判处刑罚宣告缓刑、被假释的未成年人，应当采取有效的帮教措施，协助司法机关做好对未成年人的教育、挽救工作。

城市居民委员会、农村村民委员会可以聘请思想品德优秀，作风正派，热心未成年人教育工作的离退休人员或者其他人员协助做好对前款规定的未成年人的教育、挽救工作。

第四十八条　依法免予刑事处罚、判处非监禁刑罚、判处刑罚宣告缓刑、假释或者刑罚执行完毕的未成年人，在复学、升学、就业等方面与其他未成年人享有同等权利，任何单位和个人不得歧视。

第七章　法律责任

第四十九条　未成年人的父母或者其他监护人不履行监护职责，放任未成年人有本法规定的不良行为或者严重不良行为的，由公安机关对未成年人的父母或者其他监护人予以训诫，责令其严加管教。

第五十条　未成年人的父母或者其他监护人违反本法第十九条的规定，让不满十六周岁的未成年人脱离监护单独居住的，由公安机关对未成年人的父母或者其他监护人予以训诫，责令其立即改正。

第五十一条　公安机关的工作人员违反本法第十八条的规定，接到报告后，不及时查处或者采取有效措施，严重不负责任的，予以行政处分；造成严重后果，构成犯罪的，依法追究刑事责任。

第五十二条　违反本法第三十条的规定，出版含有诱发未成年人违法犯罪以及渲染暴力、色情、赌博、恐怖活动等危害未成年人身心健康内容的出版物的，由出版行政部门没收出版物和违法所得，并处违法所得三倍以上十倍以下罚款；情节严重的，没收出版物和违法所得，并责令停业整顿或者吊销许可证。对直接负责的主管人员和其他直接责任人员处以罚款。

制作、复制宣扬淫秽内容的未成年人出版物，或者向未成年人出售、出租、传播宣扬淫秽内容的出版物的，依法予以治安处罚；构成犯罪的，依法追究刑事责任。

第五十三条　违反本法第三十一条的规定，向未成年人出售、出租含有诱发未成年人违法犯罪以及渲染暴力、色情、赌博、恐怖活动等危害未成年人身心健康内容的读物、音像制品、电子出版物的，或者利用通讯、计算机网络等方式提供上述危害未成年人身心健康内容及其信息的，没收读物、音像制品、电子出版物和违法所得，由政府有关主管部门处以罚款。

单位有前款行为的，没收读物、音像制品、电子出版物和违法所得，处以罚款，并对直接负责的主管人员和其他直接责任人员处以罚款。

第五十四条　影剧院、录像厅等各类演播场所，放映或者演出渲染暴力、色情、赌博、恐怖活动等危害未成年人身心健康的节目的，由政府有关主管部门没收违法播放的音像制品和违法所得，处以罚款，并对直接负责的主管人员和其他直接责任人员处以罚款；情节严重的，责令停业整顿或者由工商行政部门吊销营业执照。

第五十五条　营业性歌舞厅以及其他未成年人不适宜进入的场所、营业性电子游戏场所，违反本法第三十三条的规定，不设置明显的未成年人禁止进入标志，或者允许未成年人进入的，由文化行政部门责令改正、给予警告、责令停业整顿、没收违法所得，处以罚款，并对直接负责的主管人员和其他直接责任人员处以罚款；情节严重的，由工商行政部门吊销营业执照。

第五十六条　教唆、胁迫、引诱未成年人实施本法规定的不良行为、严重不良行为，或者为未成年人实施不良行为、严重不良行为提供条件，构成违反治安管理行为的，由公安机关依法予以治安处罚；构成犯罪的，依法追究刑事责任。

第八章　附　　则

第五十七条　本法自 1999 年 11 月 1 日起施行。

中华人民共和国食品安全法

■2009 年 2 月 28 日第十一届全国人民代表大会常务委员会第七次会议通过

■2009 年 2 月 28 日中华人民共和国主席令第 9 号发布

■自 2009 年 6 月 1 日起施行

第一章　总　　则

第一条　为保证食品安全，保障公众身体健康和生命安全，制定本法。

第二条　在中华人民共和国境内从事下列活动，应当遵守本法：

（一）食品生产和加工（以下称食品生产），食品流通和餐饮服务（以下称食品经营）；

（二）食品添加剂的生产经营；

（三）用于食品的包装材料、容器、洗涤剂、消毒剂和用于食品生产经营的工具、设备（以下称食品相关产品）的生产经营；

（四）食品生产经营者使用食品添加剂、食品相关产品；

（五）对食品、食品添加剂和食品相关产品的安全管理。

供食用的源于农业的初级产品（以下称食用农产品）的质量安全管理，遵守《中华人民共和国农产品质量安全法》的规定。但是，制定有关食用农产品的质量安全标准、公布食用农产品安全有关信息，应当遵守本法的有关规定。

第三条　食品生产经营者应当依照法律、法规和食品安全标准从事生产经营活动，对社会和公众负责，保证食品安全，接受社会监督，承担社会责任。

第四条　国务院设立食品安全委员会，其工作职责由国务院规定。

国务院卫生行政部门承担食品安全综合协调职责，负责食品安全风险评估、食品安全标准制定、食品安全信息公布、食品检验机构的资质认定条件和检验规范的制定，组织查处食品安全重大事故。

国务院质量监督、工商行政管理和国家食品药品监督管理部门依照本法和国务院规定的职责，分别对食品生产、食品流通、餐饮服务活动实施监督管理。

第五条　县级以上地方人民政府统一负责、领导、组织、协调本行政区域的食品安全监督管理工作，建立健全食品安全全程监督管理的工作机制；统一领导、指挥食品安全突发事件应对工作；完善、落实食品安全监督管理责任制，对食品安全监督管理部门进行评议、考核。

县级以上地方人民政府依照本法和国务院的规定确定本级卫生行政、农业行政、质量监督、工商行政管理、食品药品监督管理部门的食品安全监督管理职责。有关部门在各自职责范围内负责本行政区域的食品安全监督管理工作。

上级人民政府所属部门在下级行政区域设置的机构应当在所在地人民政府的统一组织、协调下，依法做好食品安全监督管理工作。

第六条 县级以上卫生行政、农业行政、质量监督、工商行政管理、食品药品监督管理部门应当加强沟通、密切配合，按照各自职责分工，依法行使职权，承担责任。

第七条 食品行业协会应当加强行业自律，引导食品生产经营者依法生产经营，推动行业诚信建设，宣传、普及食品安全知识。

第八条 国家鼓励社会团体、基层群众性自治组织开展食品安全法律、法规以及食品安全标准和知识的普及工作，倡导健康的饮食方式，增强消费者食品安全意识和自我保护能力。

新闻媒体应当开展食品安全法律、法规以及食品安全标准和知识的公益宣传，并对违反本法的行为进行舆论监督。

第九条 国家鼓励和支持开展与食品安全有关的基础研究和应用研究，鼓励和支持食品生产经营者为提高食品安全水平采用先进技术和先进管理规范。

第十条 任何组织或者个人有权举报食品生产经营中违反本法的行为，有权向有关部门了解食品安全信息，对食品安全监督管理工作提出意见和建议。

第二章 食品安全风险监测和评估

第十一条 国家建立食品安全风险监测制度，对食源性疾病、食品污染以及食品中的有害因素进行监测。

国务院卫生行政部门会同国务院有关部门制定、实施国家食品安全风险监测计划。省、自治区、直辖市人民政府卫生行政部门根据国家食品安全风险监测计划，结合本行政区域的具体情况，组织制定、实施本行政区域的食品安全风险监测方案。

第十二条 国务院农业行政、质量监督、工商行政管理和国家食品药品监督管理等有关部门获知有关食品安全风险信息后，应当立即向国务院卫生行政部门通报。国务院卫生行政部门会同有关部门对信息核实后，应当及时调整食品安全风险监测计划。

第十三条 国家建立食品安全风险评估制度，对食品、食品添加剂中生物性、化学性和物理性危害进行风险评估。

国务院卫生行政部门负责组织食品安全风险评估工作，成立由医学、农业、食品、营养等方面的专家组成的食品安全风险评估专家委员会进行食品安全风险评估。

对农药、肥料、生长调节剂、兽药、饲料和饲料添加剂等的安全性评估，应当有食品安全风险评估专家委员会的专家参加。

食品安全风险评估应当运用科学方法，根据食品安全风险监测信息、科学数据以及其他有关信息进行。

第十四条　国务院卫生行政部门通过食品安全风险监测或者接到举报发现食品可能存在安全隐患的，应当立即组织进行检验和食品安全风险评估。

第十五条　国务院农业行政、质量监督、工商行政管理和国家食品药品监督管理等有关部门应当向国务院卫生行政部门提出食品安全风险评估的建议，并提供有关信息和资料。

国务院卫生行政部门应当及时向国务院有关部门通报食品安全风险评估的结果。

第十六条　食品安全风险评估结果是制定、修订食品安全标准和对食品安全实施监督管理的科学依据。

食品安全风险评估结果得出食品不安全结论的，国务院质量监督、工商行政管理和国家食品药品监督管理部门应当依据各自职责立即采取相应措施，确保该食品停止生产经营，并告知消费者停止食用；需要制定、修订相关食品安全国家标准的，国务院卫生行政部门应当立即制定、修订。

第十七条　国务院卫生行政部门应当会同国务院有关部门，根据食品安全风险评估结果、食品安全监督管理信息，对食品安全状况进行综合分析。对经综合分析表明可能具有较高程度安全风险的食品，国务院卫生行政部门应当及时提出食品安全风险警示，并予以公布。

第三章　食品安全标准

第十八条　制定食品安全标准，应当以保障公众身体健康为宗旨，做到科学合理、安全可靠。

第十九条　食品安全标准是强制执行的标准。除食品安全标准外，不得制定其他的食品强制性标准。

第二十条　食品安全标准应当包括下列内容：

（一）食品、食品相关产品中的致病性微生物、农药残留、兽药残留、重金属、污染物质以及其他危害人体健康物质的限量规定；

（二）食品添加剂的品种、使用范围、用量；

（三）专供婴幼儿和其他特定人群的主辅食品的营养成分要求；

（四）对与食品安全、营养有关的标签、标识、说明书的要求；

（五）食品生产经营过程的卫生要求；

（六）与食品安全有关的质量要求；

（七）食品检验方法与规程；

（八）其他需要制定为食品安全标准的内容。

第二十一条　食品安全国家标准由国务院卫生行政部门负责制定、公布，国务院标准化行政部门提供国家标准编号。

食品中农药残留、兽药残留的限量规定及其检验方法与规程由国务院卫生行政部门、国务院农业行政部门制定。

屠宰畜、禽的检验规程由国务院有关主管部门会同国务院卫生行政部门制定。

有关产品国家标准涉及食品安全国家标准规定内容的，应当与食品安全国家标准相一致。

第二十二条 国务院卫生行政部门应当对现行的食用农产品质量安全标准、食品卫生标准、食品质量标准和有关食品的行业标准中强制执行的标准予以整合，统一公布为食品安全国家标准。

本法规定的食品安全国家标准公布前，食品生产经营者应当按照现行食用农产品质量安全标准、食品卫生标准、食品质量标准和有关食品的行业标准生产经营食品。

第二十三条 食品安全国家标准应当经食品安全国家标准审评委员会审查通过。食品安全国家标准审评委员会由医学、农业、食品、营养等方面的专家以及国务院有关部门的代表组成。

制定食品安全国家标准，应当依据食品安全风险评估结果并充分考虑食用农产品质量安全风险评估结果，参照相关的国际标准和国际食品安全风险评估结果，并广泛听取食品生产经营者和消费者的意见。

第二十四条 没有食品安全国家标准的，可以制定食品安全地方标准。

省、自治区、直辖市人民政府卫生行政部门组织制定食品安全地方标准，应当参照执行本法有关食品安全国家标准制定的规定，并报国务院卫生行政部门备案。

第二十五条 企业生产的食品没有食品安全国家标准或者地方标准的，应当制定企业标准，作为组织生产的依据。国家鼓励食品生产企业制定严于食品安全国家标准或者地方标准的企业标准。企业标准应当报省级卫生行政部门备案，在本企业内部适用。

第二十六条 食品安全标准应当供公众免费查阅。

第四章　食品生产经营

第二十七条 食品生产经营应当符合食品安全标准，并符合下列要求：

（一）具有与生产经营的食品品种、数量相适应的食品原料处理和食品加工、包装、贮存等场所，保持该场所环境整洁，并与有毒、有害场所以及其他污染源保持规定的距离；

（二）具有与生产经营的食品品种、数量相适应的生产经营设备或者设施，有相应的消毒、更衣、盥洗、采光、照明、通风、防腐、防尘、防蝇、防鼠、防虫、洗涤以及处理废水、存放垃圾和废弃物的设备或者设施；

（三）有食品安全专业技术人员、管理人员和保证食品安全的规章制度；

（四）具有合理的设备布局和工艺流程，防止待加工食品与直接入口食品、原料与成品交叉污染，避免食品接触有毒物、不洁物；

（五）餐具、饮具和盛放直接入口食品的容器，使用前应当洗净、消毒，炊具、用具用后应当洗净，保持清洁；

（六）贮存、运输和装卸食品的容器、工具和设备应当安全、无害，保持清洁，防止食品污染，并符合保证食品安全所需的温度等特殊要求，不得将食品与有毒、有害物品一同运输；

（七）直接入口的食品应当有小包装或者使用无毒、清洁的包装材料、餐具；

（八）食品生产经营人员应当保持个人卫生，生产经营食品时，应当将手洗净，穿戴清洁的工作衣、帽；销售无包装的直接入口食品时，应当使用无毒、清洁的售货工具；

（九）用水应当符合国家规定的生活饮用水卫生标准；

（十）使用的洗涤剂、消毒剂应当对人体安全、无害；

（十一）法律、法规规定的其他要求。

第二十八条　禁止生产经营下列食品：

（一）用非食品原料生产的食品或者添加食品添加剂以外的化学物质和其他可能危害人体健康物质的食品，或者用回收食品作为原料生产的食品；

（二）致病性微生物、农药残留、兽药残留、重金属、污染物质以及其他危害人体健康的物质含量超过食品安全标准限量的食品；

（三）营养成分不符合食品安全标准的专供婴幼儿和其他特定人群的主辅食品；

（四）腐败变质、油脂酸败、霉变生虫、污秽不洁、混有异物、掺假掺杂或者感官性状异常的食品；

（五）病死、毒死或者死因不明的禽、畜、兽、水产动物肉类及其制品；

（六）未经动物卫生监督机构检疫或者检疫不合格的肉类，或者未经检验或者检验不合格的肉类制品；

（七）被包装材料、容器、运输工具等污染的食品；

（八）超过保质期的食品；

（九）无标签的预包装食品；

（十）国家为防病等特殊需要明令禁止生产经营的食品；

（十一）其他不符合食品安全标准或者要求的食品。

第二十九条　国家对食品生产经营实行许可制度。从事食品生产、食品流通、餐饮服务，应当依法取得食品生产许可、食品流通许可、餐饮服务许可。

取得食品生产许可的食品生产者在其生产场所销售其生产的食品，不需要取得食品流通的许可；取得餐饮服务许可的餐饮服务提供者在其餐饮服务场所出售其制作加工的食品，不需要取得食品生产和流通的许可；农民个人销售其自产的食用农产品，不需要取得食品流通的许可。

食品生产加工小作坊和食品摊贩从事食品生产经营活动，应当符合本法规定的与其生产经营规模、条件相适应的食品安全要求，保证所生产经营的食品卫生、无毒、无害，有关部门应当对其加强监督管理，具体管理办法由省、自治区、直辖市人民代表大会常务委员会依照本法制定。

第三十条　县级以上地方人民政府鼓励食品生产加工小作坊改进生产条件；鼓励食品摊贩进入集中交易市场、店铺等固定场所经营。

第三十一条　县级以上质量监督、工商行政管理、食品药品监督管理部门应当依照《中华人民共和国行政许可法》的规定，审核申请人提交的本法第二十七条第一项至第四项规定要求的相关资料，必要时对申请人的生产经营场所进行现场核查；对符合规定条件的，决定准予许可；对不符合规定条件的，决定不予许可并书面说明理由。

第三十二条 食品生产经营企业应当建立健全本单位的食品安全管理制度，加强对职工食品安全知识的培训，配备专职或者兼职食品安全管理人员，做好对所生产经营食品的检验工作，依法从事食品生产经营活动。

第三十三条 国家鼓励食品生产经营企业符合良好生产规范要求，实施危害分析与关键控制点体系，提高食品安全管理水平。

对通过良好生产规范、危害分析与关键控制点体系认证的食品生产经营企业，认证机构应当依法实施跟踪调查；对不再符合认证要求的企业，应当依法撤销认证，及时向有关质量监督、工商行政管理、食品药品监督管理部门通报，并向社会公布。认证机构实施跟踪调查不收取任何费用。

第三十四条 食品生产经营者应当建立并执行从业人员健康管理制度。患有痢疾、伤寒、病毒性肝炎等消化道传染病的人员，以及患有活动性肺结核、化脓性或者渗出性皮肤病等有碍食品安全的疾病的人员，不得从事接触直接入口食品的工作。

食品生产经营人员每年应当进行健康检查，取得健康证明后方可参加工作。

第三十五条 食用农产品生产者应当依照食品安全标准和国家有关规定使用农药、肥料、生长调节剂、兽药、饲料和饲料添加剂等农业投入品。食用农产品的生产企业和农民专业合作经济组织应当建立食用农产品生产记录制度。

县级以上农业行政部门应当加强对农业投入品使用的管理和指导，建立健全农业投入品的安全使用制度。

第三十六条 食品生产者采购食品原料、食品添加剂、食品相关产品，应当查验供货者的许可证和产品合格证明文件；对无法提供合格证明文件的食品原料，应当依照食品安全标准进行检验；不得采购或者使用不符合食品安全标准的食品原料、食品添加剂、食品相关产品。

食品生产企业应当建立食品原料、食品添加剂、食品相关产品进货查验记录制度，如实记录食品原料、食品添加剂、食品相关产品的名称、规格、数量、供货者名称及联系方式、进货日期等内容。

食品原料、食品添加剂、食品相关产品进货查验记录应当真实，保存期限不得少于二年。

第三十七条 食品生产企业应当建立食品出厂检验记录制度，查验出厂食品的检验合格证和安全状况，并如实记录食品的名称、规格、数量、生产日期、生产批号、检验合格证号、购货者名称及联系方式、销售日期等内容。

食品出厂检验记录应当真实，保存期限不得少于二年。

第三十八条 食品、食品添加剂和食品相关产品的生产者，应当依照食品安全标准对所生产的食品、食品添加剂和食品相关产品进行检验，检验合格后方可出厂或者销售。

第三十九条 食品经营者采购食品，应当查验供货者的许可证和食品合格的证明文件。

食品经营企业应当建立食品进货查验记录制度，如实记录食品的名称、规格、数量、生产批号、保质期、供货者名称及联系方式、进货日期等内容。

食品进货查验记录应当真实，保存期限不得少于二年。

实行统一配送经营方式的食品经营企业，可以由企业总部统一查验供货者的许可证和食品合格的证明文件，进行食品进货查验记录。

第四十条 食品经营者应当按照保证食品安全的要求贮存食品，定期检查库存食品，及时清理变质或者超过保质期的食品。

第四十一条 食品经营者贮存散装食品，应当在贮存位置标明食品的名称、生产日期、保质期、生产者名称及联系方式等内容。

食品经营者销售散装食品，应当在散装食品的容器、外包装上标明食品的名称、生产日期、保质期、生产经营者名称及联系方式等内容。

第四十二条 预包装食品的包装上应当有标签。标签应当标明下列事项：

（一）名称、规格、净含量、生产日期；

（二）成分或者配料表；

（三）生产者的名称、地址、联系方式；

（四）保质期；

（五）产品标准代号；

（六）贮存条件；

（七）所使用的食品添加剂在国家标准中的通用名称；

（八）生产许可证编号；

（九）法律、法规或者食品安全标准规定必须标明的其他事项。

专供婴幼儿和其他特定人群的主辅食品，其标签还应当标明主要营养成分及其含量。

第四十三条 国家对食品添加剂的生产实行许可制度。申请食品添加剂生产许可的条件、程序，按照国家有关工业产品生产许可证管理的规定执行。

第四十四条 申请利用新的食品原料从事食品生产或者从事食品添加剂新品种、食品相关产品新品种生产活动的单位或者个人，应当向国务院卫生行政部门提交相关产品的安全性评估材料。国务院卫生行政部门应当自收到申请之日起六十日内组织对相关产品的安全性评估材料进行审查；对符合食品安全要求的，依法决定准予许可并予以公布；对不符合食品安全要求的，决定不予许可并书面说明理由。

第四十五条 食品添加剂应当在技术上确有必要且经过风险评估证明安全可靠，方可列入允许使用的范围。国务院卫生行政部门应当根据技术必要性和食品安全风险评估结果，及时对食品添加剂的品种、使用范围、用量的标准进行修订。

第四十六条 食品生产者应当依照食品安全标准关于食品添加剂的品种、使用范围、用量的规定使用食品添加剂；不得在食品生产中使用食品添加剂以外的化学物质和其他可能危害人体健康的物质。

第四十七条 食品添加剂应当有标签、说明书和包装。标签、说明书应当载明本法第四十二条第一款第一项至第六项、第八项、第九项规定的事项，以及食品添加剂的使用范围、用量、使用方法，并在标签上载明"食品添加剂"字样。

第四十八条 食品和食品添加剂的标签、说明书，不得含有虚假、夸大的内容，不得涉及疾病预防、治疗功能。生产者对标签、说明书上所载明的内容负责。

食品和食品添加剂的标签、说明书应当清楚、明显，容易辨识。

食品和食品添加剂与其标签、说明书所载明的内容不符的，不得上市销售。

第四十九条 食品经营者应当按照食品标签标示的警示标志、警示说明或者注意事项的要求，销售预包装食品。

第五十条 生产经营的食品中不得添加药品，但是可以添加按照传统既是食品又是中药材的物质。按照传统既是食品又是中药材的物质的目录由国务院卫生行政部门制定、公布。

第五十一条 国家对声称具有特定保健功能的食品实行严格监管。有关监督管理部门应当依法履职，承担责任。具体管理办法由国务院规定。

声称具有特定保健功能的食品不得对人体产生急性、亚急性或者慢性危害，其标签、说明书不得涉及疾病预防、治疗功能，内容必须真实，应当载明适宜人群、不适宜人群、功效成分或者标志性成分及其含量等；产品的功能和成分必须与标签、说明书相一致。

第五十二条 集中交易市场的开办者、柜台出租者和展销会举办者，应当审查入场食品经营者的许可证，明确入场食品经营者的食品安全管理责任，定期对入场食品经营者的经营环境和条件进行检查，发现食品经营者有违反本法规定的行为的，应当及时制止并立即报告所在地县级工商行政管理部门或者食品药品监督管理部门。

集中交易市场的开办者、柜台出租者和展销会举办者未履行前款规定义务，本市场发生食品安全事故的，应当承担连带责任。

第五十三条 国家建立食品召回制度。食品生产者发现其生产的食品不符合食品安全标准，应当立即停止生产，召回已经上市销售的食品，通知相关生产经营者和消费者，并记录召回和通知情况。

食品经营者发现其经营的食品不符合食品安全标准，应当立即停止经营，通知相关生产经营者和消费者，并记录停止经营和通知情况。食品生产者认为应当召回的，应当立即召回。

食品生产者应当对召回的食品采取补救、无害化处理、销毁等措施，并将食品召回和处理情况向县级以上质量监督部门报告。

食品生产经营者未依照本条规定召回或者停止经营不符合食品安全标准的食品的，县级以上质量监督、工商行政管理、食品药品监督管理部门可以责令其召回或者停止经营。

第五十四条 食品广告的内容应当真实合法，不得含有虚假、夸大的内容，不得涉及疾病预防、治疗功能。

食品安全监督管理部门或者承担食品检验职责的机构、食品行业协会、消费者协会不得以广告或者其他形式向消费者推荐食品。

第五十五条 社会团体或者其他组织、个人在虚假广告中向消费者推荐食品，使消费者的合法权益受到损害的，与食品生产经营者承担连带责任。

第五十六条 地方各级人民政府鼓励食品规模化生产和连锁经营、配送。

第五章 食品检验

第五十七条 食品检验机构按照国家有关认证认可的规定取得资质认定后，方可从事食品检验活动。但是，法律另有规定的除外。

食品检验机构的资质认定条件和检验规范，由国务院卫生行政部门规定。

本法施行前经国务院有关主管部门批准设立或者经依法认定的食品检验机构，可以依照本法继续从事食品检验活动。

第五十八条 食品检验由食品检验机构指定的检验人独立进行。

检验人应当依照有关法律、法规的规定，并依照食品安全标准和检验规范对食品进行检验，尊重科学，恪守职业道德，保证出具的检验数据和结论客观、公正，不得出具虚假的检验报告。

第五十九条 食品检验实行食品检验机构与检验人负责制。食品检验报告应当加盖食品检验机构公章，并有检验人的签名或者盖章。食品检验机构和检验人对出具的食品检验报告负责。

第六十条 食品安全监督管理部门对食品不得实施免检。

县级以上质量监督、工商行政管理、食品药品监督管理部门应当对食品进行定期或者不定期的抽样检验。进行抽样检验，应当购买抽取的样品，不收取检验费和其他任何费用。

县级以上质量监督、工商行政管理、食品药品监督管理部门在执法工作中需要对食品进行检验的，应当委托符合本法规定的食品检验机构进行，并支付相关费用。对检验结论有异议的，可以依法进行复检。

第六十一条 食品生产经营企业可以自行对所生产的食品进行检验，也可以委托符合本法规定的食品检验机构进行检验。

食品行业协会等组织、消费者需要委托食品检验机构对食品进行检验的，应当委托符合本法规定的食品检验机构进行。

第六章 食品进出口

第六十二条 进口的食品、食品添加剂以及食品相关产品应当符合我国食品安全国家标准。

进口的食品应当经出入境检验检疫机构检验合格后，海关凭出入境检验检疫机构签发的通关证明放行。

第六十三条 进口尚无食品安全国家标准的食品，或者首次进口食品添加剂新品种、食品相关产品新品种，进口商应当向国务院卫生行政部门提出申请并提交相关的安全性评估材料。国务院卫生行政部门依照本法第四十四条的规定作出是否准予许可的决定，并及时制定相应的食品安全国家标准。

第六十四条 境外发生的食品安全事件可能对我国境内造成影响，或者在进口食品中发现严重食品安全问题的，国家出入境检验检疫部门应当及时采取风险预警或者控制措施，并向国务院卫生行政、农业行政、工商行政管理和国家食品药品监督管理部门通报。接到通报的部门应当及时采取相应措施。

第六十五条 向我国境内出口食品的出口商或者代理商应当向国家出入境检验检疫部门备案。向我国境内出口食品的境外食品生产企业应当经国家出入境检验检疫部门注册。

国家出入境检验检疫部门应当定期公布已经备案的出口商、代理商和已经注册的境外食品生产企业名单。

第六十六条 进口的预包装食品应当有中文标签、中文说明书。标签、说明书应当符合本法以及我国其他有关法律、行政法规的规定和食品安全国家标准的要求，载明食品的原产地以及境内代理商的名称、地址、联系方式。预包装食品没有中文标签、中文说明书或者标签、说明书不符合本条规定的，不得进口。

第六十七条 进口商应当建立食品进口和销售记录制度，如实记录食品的名称、规格、数量、生产日期、生产或者进口批号、保质期、出口商和购货者名称及联系方式、交货日期等内容。

食品进口和销售记录应当真实，保存期限不得少于二年。

第六十八条 出口的食品由出入境检验检疫机构进行监督、抽检，海关凭出入境检验检疫机构签发的通关证明放行。

出口食品生产企业和出口食品原料种植、养殖场应当向国家出入境检验检疫部门备案。

第六十九条 国家出入境检验检疫部门应当收集、汇总进出口食品安全信息，并及时通报相关部门、机构和企业。

国家出入境检验检疫部门应当建立进出口食品的进口商、出口商和出口食品生产企业的信誉记录，并予以公布。对有不良记录的进口商、出口商和出口食品生产企业，应当加强对其进出口食品的检验检疫。

第七章 食品安全事故处置

第七十条 国务院组织制定国家食品安全事故应急预案。

县级以上地方人民政府应当根据有关法律、法规的规定和上级人民政府的食品安全事故应急预案以及本地区的实际情况，制定本行政区域的食品安全事故应急预案，并报上一级人民政府备案。

食品生产经营企业应当制定食品安全事故处置方案，定期检查本企业各项食品安全防范措施的落实情况，及时消除食品安全事故隐患。

第七十一条 发生食品安全事故的单位应当立即予以处置，防止事故扩大。事故发生单位和接收病人进行治疗的单位应当及时向事故发生地县级卫生行政部门报告。

农业行政、质量监督、工商行政管理、食品药品监督管理部门在日常监督管理中发现食品安全事故，或者接到有关食品安全事故的举报，应当立即向卫生行政部门通报。

发生重大食品安全事故的，接到报告的县级卫生行政部门应当按照规定向本级人民政府和上级人民政府卫生行政部门报告。县级人民政府和上级人民政府卫生行政部门应当按照规定上报。

任何单位或者个人不得对食品安全事故隐瞒、谎报、缓报，不得毁灭有关证据。

第七十二条　县级以上卫生行政部门接到食品安全事故的报告后，应当立即会同有关农业行政、质量监督、工商行政管理、食品药品监督管理部门进行调查处理，并采取下列措施，防止或者减轻社会危害：

（一）开展应急救援工作，对因食品安全事故导致人身伤害的人员，卫生行政部门应当立即组织救治；

（二）封存可能导致食品安全事故的食品及其原料，并立即进行检验；对确认属于被污染的食品及其原料，责令食品生产经营者依照本法第五十三条的规定予以召回、停止经营并销毁；

（三）封存被污染的食品用工具及用具，并责令进行清洗消毒；

（四）做好信息发布工作，依法对食品安全事故及其处理情况进行发布，并对可能产生的危害加以解释、说明。

发生重大食品安全事故的，县级以上人民政府应当立即成立食品安全事故处置指挥机构，启动应急预案，依照前款规定进行处置。

第七十三条　发生重大食品安全事故，设区的市级以上人民政府卫生行政部门应当立即会同有关部门进行事故责任调查，督促有关部门履行职责，向本级人民政府提出事故责任调查处理报告。

重大食品安全事故涉及两个以上省、自治区、直辖市的，由国务院卫生行政部门依照前款规定组织事故责任调查。

第七十四条　发生食品安全事故，县级以上疾病预防控制机构应当协助卫生行政部门和有关部门对事故现场进行卫生处理，并对与食品安全事故有关的因素开展流行病学调查。

第七十五条　调查食品安全事故，除了查明事故单位的责任，还应当查明负有监督管理和认证职责的监督管理部门、认证机构的工作人员失职、渎职情况。

第八章　监督管理

第七十六条　县级以上地方人民政府组织本级卫生行政、农业行政、质量监督、工商行政管理、食品药品监督管理部门制定本行政区域的食品安全年度监督管理计划，并按照年度计划组织开展工作。

第七十七条　县级以上质量监督、工商行政管理、食品药品监督管理部门履行各自食品安全监督管理职责，有权采取下列措施：

（一）进入生产经营场所实施现场检查；

（二）对生产经营的食品进行抽样检验；

（三）查阅、复制有关合同、票据、账簿以及其他有关资料；

（四）查封、扣押有证据证明不符合食品安全标准的食品，违法使用的食品原料、食品添加剂、食品相关产品，以及用于违法生产经营或者被污染的工具、设备；

（五）查封违法从事食品生产经营活动的场所。

县级以上农业行政部门应当依照《中华人民共和国农产品质量安全法》规定的职责，对食用农产品进行监督管理。

第七十八条 县级以上质量监督、工商行政管理、食品药品监督管理部门对食品生产经营者进行监督检查，应当记录监督检查的情况和处理结果。监督检查记录经监督检查人员和食品生产经营者签字后归档。

第七十九条 县级以上质量监督、工商行政管理、食品药品监督管理部门应当建立食品生产经营者食品安全信用档案，记录许可颁发、日常监督检查结果、违法行为查处等情况；根据食品安全信用档案的记录，对有不良信用记录的食品生产经营者增加监督检查频次。

第八十条 县级以上卫生行政、质量监督、工商行政管理、食品药品监督管理部门接到咨询、投诉、举报，对属于本部门职责的，应当受理，并及时进行答复、核实、处理；对不属于本部门职责的，应当书面通知并移交有权处理的部门处理。有权处理的部门应当及时处理，不得推诿；属于食品安全事故的，依照本法第七章有关规定进行处置。

第八十一条 县级以上卫生行政、质量监督、工商行政管理、食品药品监督管理部门应当按照法定权限和程序履行食品安全监督管理职责；对生产经营者的同一违法行为，不得给予二次以上罚款的行政处罚；涉嫌犯罪的，应当依法向公安机关移送。

第八十二条 国家建立食品安全信息统一公布制度。下列信息由国务院卫生行政部门统一公布：

（一）国家食品安全总体情况；

（二）食品安全风险评估信息和食品安全风险警示信息；

（三）重大食品安全事故及其处理信息；

（四）其他重要的食品安全信息和国务院确定的需要统一公布的信息。

前款第二项、第三项规定的信息，其影响限于特定区域的，也可以由有关省、自治区、直辖市人民政府卫生行政部门公布。县级以上农业行政、质量监督、工商行政管理、食品药品监督管理部门依据各自职责公布食品安全日常监督管理信息。

食品安全监督管理部门公布信息，应当做到准确、及时、客观。

第八十三条 县级以上地方卫生行政、农业行政、质量监督、工商行政管理、食品药品监督管理部门获知本法第八十二条第一款规定的需要统一公布的信息，应当向上级主管部门报告，由上级主管部门立即报告国务院卫生行政部门；必要时，可以直接向国务院卫生行政部门报告。

县级以上卫生行政、农业行政、质量监督、工商行政管理、食品药品监督管理部门应当相互通报获知的食品安全信息。

第九章　法律责任

第八十四条　违反本法规定，未经许可从事食品生产经营活动，或者未经许可生产食品添加剂的，由有关主管部门按照各自职责分工，没收违法所得、违法生产经营的食品、食品添加剂和用于违法生产经营的工具、设备、原料等物品；违法生产经营的食品、食品添加剂货值金额不足一万元的，并处二千元以上五万元以下罚款；货值金额一万元以上的，并处货值金额五倍以上十倍以下罚款。

第八十五条　违反本法规定，有下列情形之一的，由有关主管部门按照各自职责分工，没收违法所得、违法生产经营的食品和用于违法生产经营的工具、设备、原料等物品；违法生产经营的食品货值金额不足一万元的，并处二千元以上五万元以下罚款；货值金额一万元以上的，并处货值金额五倍以上十倍以下罚款；情节严重的，吊销许可证：

（一）用非食品原料生产食品或者在食品中添加食品添加剂以外的化学物质和其他可能危害人体健康的物质，或者用回收食品作为原料生产食品；

（二）生产经营致病性微生物、农药残留、兽药残留、重金属、污染物质以及其他危害人体健康的物质含量超过食品安全标准限量的食品；

（三）生产经营营养成分不符合食品安全标准的专供婴幼儿和其他特定人群的主辅食品；

（四）经营腐败变质、油脂酸败、霉变生虫、污秽不洁、混有异物、掺假掺杂或者感官性状异常的食品；

（五）经营病死、毒死或者死因不明的禽、畜、兽、水产动物肉类，或者生产经营病死、毒死或者死因不明的禽、畜、兽、水产动物肉类的制品；

（六）经营未经动物卫生监督机构检疫或者检疫不合格的肉类，或者生产经营未经检验或者检验不合格的肉类制品；

（七）经营超过保质期的食品；

（八）生产经营国家为防病等特殊需要明令禁止生产经营的食品；

（九）利用新的食品原料从事食品生产或者从事食品添加剂新品种、食品相关产品新品种生产，未经过安全性评估；

（十）食品生产经营者在有关主管部门责令其召回或者停止经营不符合食品安全标准的食品后，仍拒不召回或者停止经营的。

第八十六条　违反本法规定，有下列情形之一的，由有关主管部门按照各自职责分工，没收违法所得、违法生产经营的食品和用于违法生产经营的工具、设备、原料等物品；违法生产经营的食品货值金额不足一万元的，并处二千元以上五万元以下罚款；货值金额一万元以上的，并处货值金

额二倍以上五倍以下罚款；情节严重的，责令停产停业，直至吊销许可证：

（一）经营被包装材料、容器、运输工具等污染的食品；

（二）生产经营无标签的预包装食品、食品添加剂或者标签、说明书不符合本法规定的食品、食品添加剂；

（三）食品生产者采购、使用不符合食品安全标准的食品原料、食品添加剂、食品相关产品；

（四）食品生产经营者在食品中添加药品。

第八十七条 违反本法规定，有下列情形之一的，由有关主管部门按照各自职责分工，责令改正，给予警告；拒不改正的，处二千元以上二万元以下罚款；情节严重的，责令停产停业，直至吊销许可证：

（一）未对采购的食品原料和生产的食品、食品添加剂、食品相关产品进行检验；

（二）未建立并遵守查验记录制度、出厂检验记录制度；

（三）制定食品安全企业标准未依照本法规定备案；

（四）未按规定要求贮存、销售食品或者清理库存食品；

（五）进货时未查验许可证和相关证明文件；

（六）生产的食品、食品添加剂的标签、说明书涉及疾病预防、治疗功能；

（七）安排患有本法第三十四条所列疾病的人员从事接触直接入口食品的工作。

第八十八条 违反本法规定，事故单位在发生食品安全事故后未进行处置、报告的，由有关主管部门按照各自职责分工，责令改正，给予警告；毁灭有关证据的，责令停产停业，并处二千元以上十万元以下罚款；造成严重后果的，由原发证部门吊销许可证。

第八十九条 违反本法规定，有下列情形之一的，依照本法第八十五条的规定给予处罚：

（一）进口不符合我国食品安全国家标准的食品；

（二）进口尚无食品安全国家标准的食品，或者首次进口食品添加剂新品种、食品相关产品新品种，未经过安全性评估；

（三）出口商未遵守本法的规定出口食品。

违反本法规定，进口商未建立并遵守食品进口和销售记录制度的，依照本法第八十七条的规定给予处罚。

第九十条 违反本法规定，集中交易市场的开办者、柜台出租者、展销会的举办者允许未取得许可的食品经营者进入市场销售食品，或者未履行检查、报告等义务的，由有关主管部门按照各自职责分工，处二千元以上五万元以下罚款；造成严重后果的，责令停业，由原发证部门吊销许可证。

第九十一条 违反本法规定，未按照要求进行食品运输的，由有关主管部门按照各自职责分工，责令改正，给予警告；拒不改正的，责令停产停业，并处二千元以上五万元以下罚款；情节严重的，由原发证部门吊销许可证。

第九十二条 被吊销食品生产、流通或者餐饮服务许可证的单位，其直接负责的主管人员自处罚决定作出之日起五年内不得从事食品生产经营管理工作。

食品生产经营者聘用不得从事食品生产经营管理工作的人员从事管理工作的，由原发证部门吊销许可证。

第九十三条 违反本法规定，食品检验机构、食品检验人员出具虚假检验报告的，由授予其资质的主管部门或者机构撤销该检验机构的检验资格；依法对检验机构直接负责的主管人员和食品检验人员给予撤职或者开除的处分。

违反本法规定，受到刑事处罚或者开除处分的食品检验机构人员，自刑罚执行完毕或者处分决定作出之日起十年内不得从事食品检验工作。食品检验机构聘用不得从事食品检验工作的人员的，由授予其资质的主管部门或者机构撤销该检验机构的检验资格。

第九十四条 违反本法规定，在广告中对食品质量作虚假宣传，欺骗消费者的，依照《中华人民共和国广告法》的规定给予处罚。

违反本法规定，食品安全监督管理部门或者承担食品检验职责的机构、食品行业协会、消费者协会以广告或者其他形式向消费者推荐食品的，由有关主管部门没收违法所得，依法对直接负责的主管人员和其他直接责任人员给予记大过、降级或者撤职的处分。

第九十五条 违反本法规定，县级以上地方人民政府在食品安全监督管理中未履行职责，本行政区域出现重大食品安全事故、造成严重社会影响的，依法对直接负责的主管人员和其他直接责任人员给予记大过、降级、撤职或者开除的处分。

违反本法规定，县级以上卫生行政、农业行政、质量监督、工商行政管理、食品药品监督管理部门或者其他有关行政部门不履行本法规定的职责或者滥用职权、玩忽职守、徇私舞弊的，依法对直接负责的主管人员和其他直接责任人员给予记大过或者降级的处分；造成严重后果的，给予撤职或开除的处分；其主要负责人应当引咎辞职。

第九十六条 违反本法规定，造成人身、财产或者其他损害的，依法承担赔偿责任。

生产不符合食品安全标准的食品或者销售明知是不符合食品安全标准的食品，消费者除要求赔偿损失外，还可以向生产者或者销售者要求支付价款十倍的赔偿金。

第九十七条 违反本法规定，应当承担民事赔偿责任和缴纳罚款、罚金，其财产不足以同时支付时，先承担民事赔偿责任。

第九十八条 违反本法规定，构成犯罪的，依法追究刑事责任。

第十章 附 则

第九十九条 本法下列用语的含义：

食品，指各种供人食用或者饮用的成品和原料以及按照传统既是食品又是药品的物品，但是不包括以治疗为目的的物品。

食品安全，指食品无毒、无害，符合应当有的营养要求，对人体健康不造成任何急性、亚急性

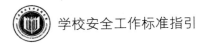

或者慢性危害。

预包装食品，指预先定量包装或者制作在包装材料和容器中的食品。

食品添加剂，指为改善食品品质和色、香、味以及为防腐、保鲜和加工工艺的需要而加入食品中的人工合成或者天然物质。

用于食品的包装材料和容器，指包装、盛放食品或者食品添加剂用的纸、竹、木、金属、搪瓷、陶瓷、塑料、橡胶、天然纤维、化学纤维、玻璃等制品和直接接触食品或者食品添加剂的涂料。

用于食品生产经营的工具、设备，指在食品或者食品添加剂生产、流通、使用过程中直接接触食品或者食品添加剂的机械、管道、传送带、容器、用具、餐具等。

用于食品的洗涤剂、消毒剂，指直接用于洗涤或者消毒食品、餐饮具以及直接接触食品的工具、设备或者食品包装材料和容器的物质。

保质期，指预包装食品在标签指明的贮存条件下保持品质的期限。

食源性疾病，指食品中致病因素进入人体引起的感染性、中毒性等疾病。

食物中毒，指食用了被有毒有害物质污染的食品或者食用了含有毒有害物质的食品后出现的急性、亚急性疾病。

食品安全事故，指食物中毒、食源性疾病、食品污染等源于食品，对人体健康有危害或者可能有危害的事故。

第一百条 食品生产经营者在本法施行前已经取得相应许可证的，该许可证继续有效。

第一百零一条 乳品、转基因食品、生猪屠宰、酒类和食盐的食品安全管理，适用本法；法律、行政法规另有规定的，依照其规定。

第一百零二条 铁路运营中食品安全的管理办法由国务院卫生行政部门会同国务院有关部门依照本法制定。

军队专用食品和自供食品的食品安全管理办法由中央军事委员会依照本法制定。

第一百零三条 国务院根据实际需要，可以对食品安全监督管理体制作出调整。

第一百零四条 本法自 2009 年 6 月 1 日起施行。《中华人民共和国食品卫生法》同时废止。

中华人民共和国消防法

■1998 年 4 月 29 日第九届全国人民代表大会常务委员会第二次会议通过
■2008 年 10 月 28 日第十一届全国人民代表大会常务委员会第五次会议修订
■2008 年 10 月 28 中华人民共和国主席令第 6 号发布
■自 2009 年 5 月 1 日起施行

第一章　总　　则

第一条　为了预防火灾和减少火灾危害，加强应急救援工作，保护人身、财产安全，维护公共安全，制定本法。

第二条　消防工作贯彻预防为主、防消结合的方针，按照政府统一领导、部门依法监管、单位全面负责、公民积极参与的原则，实行消防安全责任制，建立健全社会化的消防工作网络。

第三条　国务院领导全国的消防工作。地方各级人民政府负责本行政区域内的消防工作。

各级人民政府应当将消防工作纳入国民经济和社会发展计划，保障消防工作与经济社会发展相适应。

第四条　国务院公安部门对全国的消防工作实施监督管理。县级以上地方人民政府公安机关对本行政区域内的消防工作实施监督管理，并由本级人民政府公安机关消防机构负责实施。军事设施的消防工作，由其主管单位监督管理，公安机关消防机构协助；矿井地下部分、核电厂、海上石油天然气设施的消防工作，由其主管单位监督管理。

县级以上人民政府其他有关部门在各自的职责范围内，依照本法和其他相关法律、法规的规定做好消防工作。

法律、行政法规对森林、草原的消防工作另有规定的，从其规定。

第五条　任何单位和个人都有维护消防安全、保护消防设施、预防火灾、报告火警的义务。任何单位和成年人都有参加有组织的灭火工作的义务。

第六条　各级人民政府应当组织开展经常性的消防宣传教育，提高公民的消防安全意识。

机关、团体、企业、事业等单位，应当加强对本单位人员的消防宣传教育。

公安机关及其消防机构应当加强消防法律、法规的宣传，并督促、指导、协助有关单位做好消防宣传教育工作。

教育、人力资源行政主管部门和学校、有关职业培训机构应当将消防知识纳入教育、教学、培训的内容。

新闻、广播、电视等有关单位，应当有针对性地面向社会进行消防宣传教育。

工会、共产主义青年团、妇女联合会等团体应当结合各自工作对象的特点，组织开展消防宣传教育。

村民委员会、居民委员会应当协助人民政府以及公安机关等部门，加强消防宣传教育。

第七条 国家鼓励、支持消防科学研究和技术创新，推广使用先进的消防和应急救援技术、设备；鼓励、支持社会力量开展消防公益活动。

对在消防工作中有突出贡献的单位和个人，应当按照国家有关规定给予表彰和奖励。

第二章 火灾预防

第八条 地方各级人民政府应当将包括消防安全布局、消防站、消防供水、消防通信、消防车通道、消防装备等内容的消防规划纳入城乡规划，并负责组织实施。

城乡消防安全布局不符合消防安全要求的，应当调整、完善；公共消防设施、消防装备不足或者不适应实际需要的，应当增建、改建、配置或者进行技术改造。

第九条 建设工程的消防设计、施工必须符合国家工程建设消防技术标准。建设、设计、施工、工程监理等单位依法对建设工程的消防设计、施工质量负责。

第十条 按照国家工程建设消防技术标准需要进行消防设计的建设工程，除本法第十一条另有规定的外，建设单位应当自依法取得施工许可之日起七个工作日内，将消防设计文件报公安机关消防机构备案，公安机关消防机构应当进行抽查。

第十一条 国务院公安部门规定的大型的人员密集场所和其他特殊建设工程，建设单位应当将消防设计文件报送公安机关消防机构审核。公安机关消防机构依法对审核的结果负责。

第十二条 依法应当经公安机关消防机构进行消防设计审核的建设工程，未经依法审核或者审核不合格的，负责审批该工程施工许可的部门不得给予施工许可，建设单位、施工单位不得施工；其他建设工程取得施工许可后经依法抽查不合格的，应当停止施工。

第十三条 按照国家工程建设消防技术标准需要进行消防设计的建设工程竣工，依照下列规定进行消防验收、备案：

（一）本法第十一条规定的建设工程，建设单位应当向公安机关消防机构申请消防验收；

（二）其他建设工程，建设单位在验收后应当报公安机关消防机构备案，公安机关消防机构应当进行抽查。

依法应当进行消防验收的建设工程，未经消防验收或者消防验收不合格的，禁止投入使用；其他建设工程经依法抽查不合格的，应当停止使用。

第十四条 建设工程消防设计审核、消防验收、备案和抽查的具体办法，由国务院公安部门规定。

第十五条 公众聚集场所在投入使用、营业前，建设单位或者使用单位应当向场所所在地的县级以上地方人民政府公安机关消防机构申请消防安全检查。

公安机关消防机构应当自受理申请之日起十个工作日内，根据消防技术标准和管理规定，对该场所进行消防安全检查。未经消防安全检查或者经检查不符合消防安全要求的，不得投入使用、营业。

第十六条 机关、团体、企业、事业等单位应当履行下列消防安全职责：

（一）落实消防安全责任制，制定本单位的消防安全制度、消防安全操作规程，制定灭火和应急疏散预案；

（二）按照国家标准、行业标准配置消防设施、器材，设置消防安全标志，并定期组织检验、维修，确保完好有效；

（三）对建筑消防设施每年至少进行一次全面检测，确保完好有效，检测记录应当完整准确，存档备查；

（四）保障疏散通道、安全出口、消防车通道畅通，保证防火防烟分区、防火间距符合消防技术标准；

（五）组织防火检查，及时消除火灾隐患；

（六）组织进行有针对性的消防演练；

（七）法律、法规规定的其他消防安全职责。

单位的主要负责人是本单位的消防安全责任人。

第十七条 县级以上地方人民政府公安机关消防机构应当将发生火灾可能性较大以及发生火灾可能造成重大的人身伤亡或者财产损失的单位，确定为本行政区域内的消防安全重点单位，并由公安机关报本级人民政府备案。

消防安全重点单位除应当履行本法第十六条规定的职责外，还应当履行下列消防安全职责：

（一）确定消防安全管理人，组织实施本单位的消防安全管理工作；

（二）建立消防档案，确定消防安全重点部位，设置防火标志，实行严格管理；

（三）实行每日防火巡查，并建立巡查记录；

（四）对职工进行岗前消防安全培训，定期组织消防安全培训和消防演练。

第十八条 同一建筑物由两个以上单位管理或者使用的，应当明确各方的消防安全责任，并确定责任人对共用的疏散通道、安全出口、建筑消防设施和消防车通道进行统一管理。

住宅区的物业服务企业应当对管理区域内的共用消防设施进行维护管理，提供消防安全防范服务。

第十九条 生产、储存、经营易燃易爆危险品的场所不得与居住场所设置在同一建筑物内，并应当与居住场所保持安全距离。

生产、储存、经营其他物品的场所与居住场所设置在同一建筑物内的，应当符合国家工程建设消防技术标准。

第二十条 举办大型群众性活动，承办人应当依法向公安机关申请安全许可，制定灭火和应急疏散预案并组织演练，明确消防安全责任分工，确定消防安全管理人员，保持消防设施和消防器材配置齐全、完好有效，保证疏散通道、安全出口、疏散指示标志、应急照明和消防车通道符合消防技术标准和管理规定。

第二十一条 禁止在具有火灾、爆炸危险的场所吸烟、使用明火。因施工等特殊情况需要使用明火作业的，应当按照规定事先办理审批手续，采取相应的消防安全措施；作业人员应当遵守消防安全规定。

进行电焊、气焊等具有火灾危险作业的人员和自动消防系统的操作人员，必须持证上岗，并遵守消防安全操作规程。

第二十二条 生产、储存、装卸易燃易爆危险品的工厂、仓库和专用车站、码头的设置，应当符合消防技术标准。易燃易爆气体和液体的充装站、供应站、调压站，应当设置在符合消防安全要求的位置，并符合防火防爆要求。

已经设置的生产、储存、装卸易燃易爆危险品的工厂、仓库和专用车站、码头，易燃易爆气体和液体的充装站、供应站、调压站，不再符合前款规定的，地方人民政府应当组织、协调有关部门、单位限期解决，消除安全隐患。

第二十三条 生产、储存、运输、销售、使用、销毁易燃易爆危险品，必须执行消防技术标准和管理规定。

进入生产、储存易燃易爆危险品的场所，必须执行消防安全规定。禁止非法携带易燃易爆危险品进入公共场所或者乘坐公共交通工具。

储存可燃物资仓库的管理，必须执行消防技术标准和管理规定。

第二十四条 消防产品必须符合国家标准；没有国家标准的，必须符合行业标准。禁止生产、销售或者使用不合格的消防产品以及国家明令淘汰的消防产品。

依法实行强制性产品认证的消防产品，由具有法定资质的认证机构按照国家标准、行业标准的强制性要求认证合格后，方可生产、销售、使用。实行强制性产品认证的消防产品目录，由国务院产品质量监督部门会同国务院公安部门制定并公布。

新研制的尚未制定国家标准、行业标准的消防产品，应当按照国务院产品质量监督部门会同国务院公安部门规定的办法，经技术鉴定符合消防安全要求的，方可生产、销售、使用。

依照本条规定经强制性产品认证合格或者技术鉴定合格的消防产品，国务院公安部门消防机构应当予以公布。

第二十五条 产品质量监督部门、工商行政管理部门、公安机关消防机构应当按照各自职责加强对消防产品质量的监督检查。

第二十六条 建筑构件、建筑材料和室内装修、装饰材料的防火性能必须符合国家标准；没有国家标准的，必须符合行业标准。

人员密集场所室内装修、装饰，应当按照消防技术标准的要求，使用不燃、难燃材料。

第二十七条 电器产品、燃气用具的产品标准，应当符合消防安全的要求。

电器产品、燃气用具的安装、使用及其线路、管路的设计、敷设、维护保养、检测，必须符合消防技术标准和管理规定。

第二十八条　任何单位、个人不得损坏、挪用或者擅自拆除、停用消防设施、器材，不得埋压、圈占、遮挡消火栓或者占用防火间距，不得占用、堵塞、封闭疏散通道、安全出口、消防车通道。人员密集场所的门窗不得设置影响逃生和灭火救援的障碍物。

第二十九条　负责公共消防设施维护管理的单位，应当保持消防供水、消防通信、消防车通道等公共消防设施的完好有效。在修建道路以及停电、停水、截断通信线路时有可能影响消防队灭火救援的，有关单位必须事先通知当地公安机关消防机构。

第三十条　地方各级人民政府应当加强对农村消防工作的领导，采取措施加强公共消防设施建设，组织建立和督促落实消防安全责任制。

第三十一条　在农业收获季节、森林和草原防火期间、重大节假日期间以及火灾多发季节，地方各级人民政府应当组织开展有针对性的消防宣传教育，采取防火措施，进行消防安全检查。

第三十二条　乡镇人民政府、城市街道办事处应当指导、支持和帮助村民委员会、居民委员会开展群众性的消防工作。村民委员会、居民委员会应当确定消防安全管理人，组织制定防火安全公约，进行防火安全检查。

第三十三条　国家鼓励、引导公众聚集场所和生产、储存、运输、销售易燃易爆危险品的企业投保火灾公众责任保险；鼓励保险公司承保火灾公众责任保险。

第三十四条　消防产品质量认证、消防设施检测、消防安全监测等消防技术服务机构和执业人员，应当依法获得相应的资质、资格；依照法律、行政法规、国家标准、行业标准和执业准则，接受委托提供消防技术服务，并对服务质量负责。

第三章　消防组织

第三十五条　各级人民政府应当加强消防组织建设，根据经济社会发展的需要，建立多种形式的消防组织，加强消防技术人才培养，增强火灾预防、扑救和应急救援的能力。

第三十六条　县级以上地方人民政府应当按照国家规定建立公安消防队、专职消防队，并按照国家标准配备消防装备，承担火灾扑救工作。

乡镇人民政府应当根据当地经济发展和消防工作的需要，建立专职消防队、志愿消防队，承担火灾扑救工作。

第三十七条　公安消防队、专职消防队按照国家规定承担重大灾害事故和其他以抢救人员生命为主的应急救援工作。

第三十八条　公安消防队、专职消防队应当充分发挥火灾扑救和应急救援专业力量的骨干作用；按照国家规定，组织实施专业技能训练，配备并维护保养装备器材，提高火灾扑救和应急救援的能力。

第三十九条　下列单位应当建立单位专职消防队，承担本单位的火灾扑救工作：

（一）大型核设施单位、大型发电厂、民用机场、主要港口；

（二）生产、储存易燃易爆危险品的大型企业；

（三）储备可燃的重要物资的大型仓库、基地；

（四）第一项、第二项、第三项规定以外的火灾危险性较大、距离公安消防队较远的其他大型企业；

（五）距离公安消防队较远、被列为全国重点文物保护单位的古建筑群的管理单位。

第四十条　专职消防队的建立，应当符合国家有关规定，并报当地公安机关消防机构验收。

专职消防队的队员依法享受社会保险和福利待遇。

第四十一条　机关、团体、企业、事业等单位以及村民委员会、居民委员会根据需要，建立志愿消防队等多种形式的消防组织，开展群众性自防自救工作。

第四十二条　公安机关消防机构应当对专职消防队、志愿消防队等消防组织进行业务指导；根据扑救火灾的需要，可以调动指挥专职消防队参加火灾扑救工作。

第四章　灭火救援

第四十三条　县级以上地方人民政府应当组织有关部门针对本行政区域内的火灾特点制定应急预案，建立应急反应和处置机制，为火灾扑救和应急救援工作提供人员、装备等保障。

第四十四条　任何人发现火灾都应当立即报警。任何单位、个人都应当无偿为报警提供便利，不得阻拦报警。严禁谎报火警。

人员密集场所发生火灾，该场所的现场工作人员应当立即组织、引导在场人员疏散。

任何单位发生火灾，必须立即组织力量扑救。邻近单位应当给予支援。

消防队接到火警，必须立即赶赴火灾现场，救助遇险人员，排除险情，扑灭火灾。

第四十五条　公安机关消防机构统一组织和指挥火灾现场扑救，应当优先保障遇险人员的生命安全。

火灾现场总指挥根据扑救火灾的需要，有权决定下列事项：

（一）使用各种水源；

（二）截断电力、可燃气体和可燃液体的输送，限制用火用电；

（三）划定警戒区，实行局部交通管制；

（四）利用邻近建筑物和有关设施；

（五）为了抢救人员和重要物资，防止火势蔓延，拆除或者破损毗邻火灾现场的建筑物、构筑物或者设施等；

（六）调动供水、供电、供气、通信、医疗救护、交通运输、环境保护等有关单位协助灭火救援。

根据扑救火灾的紧急需要，有关地方人民政府应当组织人员、调集所需物资支援灭火。

第四十六条　公安消防队、专职消防队参加火灾以外的其他重大灾害事故的应急救援工作，由县级以上人民政府统一领导。

第四十七条　消防车、消防艇前往执行火灾扑救或者应急救援任务，在确保安全的前提下，不受行驶速度、行驶路线、行驶方向和指挥信号的限制，其他车辆、船舶以及行人应当让行，不得穿插超越；收费公路、桥梁免收车辆通行费。交通管理指挥人员应当保证消防车、消防艇迅速通行。

赶赴火灾现场或者应急救援现场的消防人员和调集的消防装备、物资，需要铁路、水路或者航空运输的，有关单位应当优先运输。

第四十八条　消防车、消防艇以及消防器材、装备和设施，不得用于与消防和应急救援工作无关的事项。

第四十九条　公安消防队、专职消防队扑救火灾、应急救援，不得收取任何费用。

单位专职消防队、志愿消防队参加扑救外单位火灾所损耗的燃料、灭火剂和器材、装备等，由火灾发生地的人民政府给予补偿。

第五十条　对因参加扑救火灾或者应急救援受伤、致残或者死亡的人员，按照国家有关规定给予医疗、抚恤。

第五十一条　公安机关消防机构有权根据需要封闭火灾现场，负责调查火灾原因，统计火灾损失。

火灾扑灭后，发生火灾的单位和相关人员应当按照公安机关消防机构的要求保护现场，接受事故调查，如实提供与火灾有关的情况。

公安机关消防机构根据火灾现场勘验、调查情况和有关的检验、鉴定意见，及时制作火灾事故认定书，作为处理火灾事故的证据。

第五章　监督检查

第五十二条　地方各级人民政府应当落实消防工作责任制，对本级人民政府有关部门履行消防安全职责的情况进行监督检查。

县级以上地方人民政府有关部门应当根据本系统的特点，有针对性地开展消防安全检查，及时督促整改火灾隐患。

第五十三条　公安机关消防机构应当对机关、团体、企业、事业等单位遵守消防法律、法规的情况依法进行监督检查。公安派出所可以负责日常消防监督检查、开展消防宣传教育，具体办法由国务院公安部门规定。

公安机关消防机构、公安派出所的工作人员进行消防监督检查，应当出示证件。

第五十四条　公安机关消防机构在消防监督检查中发现火灾隐患的，应当通知有关单位或者个人立即采取措施消除隐患；不及时消除隐患可能严重威胁公共安全的，公安机关消防机构应当依照规定对危险部位或者场所采取临时查封措施。

第五十五条 公安机关消防机构在消防监督检查中发现城乡消防安全布局、公共消防设施不符合消防安全要求，或者发现本地区存在影响公共安全的重大火灾隐患的，应当由公安机关书面报告本级人民政府。

接到报告的人民政府应当及时核实情况，组织或者责成有关部门、单位采取措施，予以整改。

第五十六条 公安机关消防机构及其工作人员应当按照法定的职权和程序进行消防设计审核、消防验收和消防安全检查，做到公正、严格、文明、高效。

公安机关消防机构及其工作人员进行消防设计审核、消防验收和消防安全检查等，不得收取费用，不得利用消防设计审核、消防验收和消防安全检查谋取利益。公安机关消防机构及其工作人员不得利用职务为用户、建设单位指定或者变相指定消防产品的品牌、销售单位或者消防技术服务机构、消防设施施工单位。

第五十七条 公安机关消防机构及其工作人员执行职务，应当自觉接受社会和公民的监督。

任何单位和个人都有权对公安机关消防机构及其工作人员在执法中的违法行为进行检举、控告。收到检举、控告的机关，应当按照职责及时查处。

第六章　法律责任

第五十八条 违反本法规定，有下列行为之一的，责令停止施工、停止使用或者停产停业，并处三万元以上三十万元以下罚款：

（一）依法应当经公安机关消防机构进行消防设计审核的建设工程，未经依法审核或者审核不合格，擅自施工的；

（二）消防设计经公安机关消防机构依法抽查不合格，不停止施工的；

（三）依法应当进行消防验收的建设工程，未经消防验收或者消防验收不合格，擅自投入使用的；

（四）建设工程投入使用后经公安机关消防机构依法抽查不合格，不停止使用的；

（五）公众聚集场所未经消防安全检查或者经检查不符合消防安全要求，擅自投入使用、营业的。

建设单位未依照本法规定将消防设计文件报公安机关消防机构备案，或者在竣工后未依照本法规定报公安机关消防机构备案的，责令限期改正，处五千元以下罚款。

第五十九条 违反本法规定，有下列行为之一的，责令改正或者停止施工，并处一万元以上十万元以下罚款：

（一）建设单位要求建筑设计单位或者建筑施工企业降低消防技术标准设计、施工的；

（二）建筑设计单位不按照消防技术标准强制性要求进行消防设计的；

（三）建筑施工企业不按照消防设计文件和消防技术标准施工，降低消防施工质量的；

（四）工程监理单位与建设单位或者建筑施工企业串通，弄虚作假，降低消防施工质量的。

第六十条 单位违反本法规定，有下列行为之一的，责令改正，处五千元以上五万元以下罚款：

（一）消防设施、器材或者消防安全标志的配置、设置不符合国家标准、行业标准，或者未保持完好有效的；

（二）损坏、挪用或者擅自拆除、停用消防设施、器材的；

（三）占用、堵塞、封闭疏散通道、安全出口或者有其他妨碍安全疏散行为的；

（四）埋压、圈占、遮挡消火栓或者占用防火间距的；

（五）占用、堵塞、封闭消防车通道，妨碍消防车通行的；

（六）人员密集场所在门窗上设置影响逃生和灭火救援的障碍物的；

（七）对火灾隐患经公安机关消防机构通知后不及时采取措施消除的。

个人有前款第二项、第三项、第四项、第五项行为之一的，处警告或者五百元以下罚款。

有本条第一款第三项、第四项、第五项、第六项行为，经责令改正拒不改正的，强制执行，所需费用由违法行为人承担。

第六十一条　生产、储存、经营易燃易爆危险品的场所与居住场所设置在同一建筑物内，或者未与居住场所保持安全距离的，责令停产停业，并处五千元以上五万元以下罚款。

生产、储存、经营其他物品的场所与居住场所设置在同一建筑物内，不符合消防技术标准的，依照前款规定处罚。

第六十二条　有下列行为之一的，依照《中华人民共和国治安管理处罚法》的规定处罚：

（一）违反有关消防技术标准和管理规定生产、储存、运输、销售、使用、销毁易燃易爆危险品的；

（二）非法携带易燃易爆危险品进入公共场所或者乘坐公共交通工具的；

（三）谎报火警的；

（四）阻碍消防车、消防艇执行任务的；

（五）阻碍公安机关消防机构的工作人员依法执行职务的。

第六十三条　违反本法规定，有下列行为之一的，处警告或者五百元以下罚款；情节严重的，处五日以下拘留：

（一）违反消防安全规定进入生产、储存易燃易爆危险品场所的；

（二）违反规定使用明火作业或者在具有火灾、爆炸危险的场所吸烟、使用明火的。

第六十四条　违反本法规定，有下列行为之一，尚不构成犯罪的，处十日以上十五日以下拘留，可以并处五百元以下罚款；情节较轻的，处警告或者五百元以下罚款：

（一）指使或者强令他人违反消防安全规定，冒险作业的；

（二）过失引起火灾的；

（三）在火灾发生后阻拦报警，或者负有报告职责的人员不及时报警的；

（四）扰乱火灾现场秩序，或者拒不执行火灾现场指挥员指挥，影响灭火救援的；

（五）故意破坏或者伪造火灾现场的；

（六）擅自拆封或者使用被公安机关消防机构查封的场所、部位的。

第六十五条 违反本法规定，生产、销售不合格的消防产品或者国家明令淘汰的消防产品的，由产品质量监督部门或者工商行政管理部门依照《中华人民共和国产品质量法》的规定从重处罚。

人员密集场所使用不合格的消防产品或者国家明令淘汰的消防产品的，责令限期改正；逾期不改正的，处五千元以上五万元以下罚款，并对其直接负责的主管人员和其他直接责任人员处五百元以上二千元以下罚款；情节严重的，责令停产停业。

公安机关消防机构对于本条第二款规定的情形，除依法对使用者予以处罚外，应当将发现不合格的消防产品和国家明令淘汰的消防产品的情况通报产品质量监督部门、工商行政管理部门。产品质量监督部门、工商行政管理部门应当对生产者、销售者依法及时查处。

第六十六条 电器产品、燃气用具的安装、使用及其线路、管路的设计、敷设、维护保养、检测不符合消防技术标准和管理规定的，责令限期改正；逾期不改正的，责令停止使用，可以并处一千元以上五千元以下罚款。

第六十七条 机关、团体、企业、事业等单位违反本法第十六条、第十七条、第十八条、第二十一条第二款规定的，责令限期改正；逾期不改正的，对其直接负责的主管人员和其他直接责任人员依法给予处分或者给予警告处罚。

第六十八条 人员密集场所发生火灾，该场所的现场工作人员不履行组织、引导在场人员疏散的义务，情节严重，尚不构成犯罪的，处五日以上十日以下拘留。

第六十九条 消防产品质量认证、消防设施检测等消防技术服务机构出具虚假文件的，责令改正，处五万元以上十万元以下罚款，并对直接负责的主管人员和其他直接责任人员处一万元以上五万元以下罚款；有违法所得的，并处没收违法所得；给他人造成损失的，依法承担赔偿责任；情节严重的，由原许可机关依法责令停止执业或者吊销相应资质、资格。

前款规定的机构出具失实文件，给他人造成损失的，依法承担赔偿责任；造成重大损失的，由原许可机关依法责令停止执业或者吊销相应资质、资格。

第七十条 本法规定的行政处罚，除本法另有规定的外，由公安机关消防机构决定；其中拘留处罚由县级以上公安机关依照《中华人民共和国治安管理处罚法》的有关规定决定。

公安机关消防机构需要传唤消防安全违法行为人的，依照《中华人民共和国治安管理处罚法》的有关规定执行。

被责令停止施工、停止使用、停产停业的，应当在整改后向公安机关消防机构报告，经公安机关消防机构检查合格，方可恢复施工、使用、生产、经营。

当事人逾期不执行停产停业、停止使用、停止施工决定的，由作出决定的公安机关消防机构强制执行。

责令停产停业，对经济和社会生活影响较大的，由公安机关消防机构提出意见，并由公安机关报请本级人民政府依法决定。本级人民政府组织公安机关等部门实施。

第七十一条 公安机关消防机构的工作人员滥用职权、玩忽职守、徇私舞弊，有下列行为之一，尚不构成犯罪的，依法给予处分：

（一）对不符合消防安全要求的消防设计文件、建设工程、场所准予审核合格、消防验收合格、消防安全检查合格的；

（二）无故拖延消防设计审核、消防验收、消防安全检查，不在法定期限内履行职责的；

（三）发现火灾隐患不及时通知有关单位或者个人整改的；

（四）利用职务为用户、建设单位指定或者变相指定消防产品的品牌、销售单位或者消防技术服务机构、消防设施施工单位的；

（五）将消防车、消防艇以及消防器材、装备和设施用于与消防和应急救援无关的事项的；

（六）其他滥用职权、玩忽职守、徇私舞弊的行为。

建设、产品质量监督、工商行政管理等其他有关行政主管部门的工作人员在消防工作中滥用职权、玩忽职守、徇私舞弊，尚不构成犯罪的，依法给予处分。

第七十二条　违反本法规定，构成犯罪的，依法追究刑事责任。

第七章　附　　则

第七十三条　本法下列用语的含义：

（一）消防设施，是指火灾自动报警系统、自动灭火系统、消火栓系统、防烟排烟系统以及应急广播和应急照明、安全疏散设施等。

（二）消防产品，是指专门用于火灾预防、灭火救援和火灾防护、避难、逃生的产品。

（三）公众聚集场所，是指宾馆、饭店、商场、集贸市场、客运车站候车室、客运码头候船厅、民用机场航站楼、体育场馆、会堂以及公共娱乐场所等。

（四）人员密集场所，是指公众聚集场所，医院的门诊楼、病房楼，学校的教学楼、图书馆、食堂和集体宿舍，养老院，福利院，托儿所，幼儿园，公共图书馆的阅览室，公共展览馆、博物馆的展示厅，劳动密集型企业的生产加工车间和员工集体宿舍，旅游、宗教活动场所等。

第七十四条　本法自 2009 年 5 月 1 日起施行。

中华人民共和国残疾人保障法

■1990 年 12 月 28 日第七届全国人民代表大会常务委员会第十七次会议通过

■2008 年 4 月 24 日第十一届全国人民代表大会常务委员会第二次会议修订

■2008 年 4 月 24 日中华人民共和国主席令第 3 号发布

■自 2008 年 7 月 1 日起施行

第一章　总　　则

第一条　为了维护残疾人的合法权益，发展残疾人事业，保障残疾人平等地充分参与社会生活，共享社会物质文化成果，根据宪法，制定本法。

第二条　残疾人是指在心理、生理、人体结构上，某种组织、功能丧失或者不正常，全部或者部分丧失以正常方式从事某种活动能力的人。

残疾人包括视力残疾、听力残疾、言语残疾、肢体残疾、智力残疾、精神残疾、多重残疾和其他残疾的人。

残疾标准由国务院规定。

第三条　残疾人在政治、经济、文化、社会和家庭生活等方面享有同其他公民平等的权利。

残疾人的公民权利和人格尊严受法律保护。

禁止基于残疾的歧视。禁止侮辱、侵害残疾人。禁止通过大众传播媒介或者其他方式贬低损害残疾人人格。

第四条　国家采取辅助方法和扶持措施，对残疾人给予特别扶助，减轻或者消除残疾影响和外界障碍，保障残疾人权利的实现。

第五条　县级以上人民政府应当将残疾人事业纳入国民经济和社会发展规划，加强领导，综合协调，并将残疾人事业经费列入财政预算，建立稳定的经费保障机制。

国务院制定中国残疾人事业发展纲要，县级以上地方人民政府根据中国残疾人事业发展纲要，制定本行政区域的残疾人事业发展规划和年度计划，使残疾人事业与经济、社会协调发展。

县级以上人民政府负责残疾人工作的机构，负责组织、协调、指导、督促有关部门做好残疾人事业的工作。

各级人民政府和有关部门，应当密切联系残疾人，听取残疾人的意见，按照各自的职责，做好残疾人工作。

第六条　国家采取措施，保障残疾人依照法律规定，通过各种途径和形式，管理国家事务，管理经济和文化事业，管理社会事务。

制定法律、法规、规章和公共政策，对涉及残疾人权益和残疾人事业的重大问题，应当听取残疾人和残疾人组织的意见。

残疾人和残疾人组织有权向各级国家机关提出残疾人权益保障、残疾人事业发展等方面的意见和建议。

第七条　全社会应当发扬人道主义精神，理解、尊重、关心、帮助残疾人，支持残疾人事业。

国家鼓励社会组织和个人为残疾人提供捐助和服务。

国家机关、社会团体、企业事业单位和城乡基层群众性自治组织，应当做好所属范围内的残疾人工作。

从事残疾人工作的国家工作人员和其他人员，应当依法履行职责，努力为残疾人服务。

第八条　中国残疾人联合会及其地方组织，代表残疾人的共同利益，维护残疾人的合法权益，团结教育残疾人，为残疾人服务。

中国残疾人联合会及其地方组织依照法律、法规、章程或者接受政府委托，开展残疾人工作，动员社会力量，发展残疾人事业。

第九条　残疾人的扶养人必须对残疾人履行扶养义务。

残疾人的监护人必须履行监护职责，尊重被监护人的意愿，维护被监护人的合法权益。

残疾人的亲属、监护人应当鼓励和帮助残疾人增强自立能力。

禁止对残疾人实施家庭暴力，禁止虐待、遗弃残疾人。

第十条　国家鼓励残疾人自尊、自信、自强、自立，为社会主义建设贡献力量。

残疾人应当遵守法律、法规，履行应尽的义务，遵守公共秩序，尊重社会公德。

第十一条　国家有计划地开展残疾预防工作，加强对残疾预防工作的领导，宣传、普及母婴保健和预防残疾的知识，建立健全出生缺陷预防和早期发现、早期治疗机制，针对遗传、疾病、药物、事故、灾害、环境污染和其他致残因素，组织和动员社会力量，采取措施，预防残疾的发生，减轻残疾程度。

国家建立健全残疾人统计调查制度，开展残疾人状况的统计调查和分析。

第十二条　国家和社会对残疾军人、因公致残人员以及其他为维护国家和人民利益致残的人员实行特别保障，给予抚恤和优待。

第十三条　对在社会主义建设中做出显著成绩的残疾人，对维护残疾人合法权益、发展残疾人事业、为残疾人服务做出显著成绩的单位和个人，各级人民政府和有关部门给予表彰和奖励。

第十四条　每年 5 月的第三个星期日为全国助残日。

第二章　康　　复

第十五条　国家保障残疾人享有康复服务的权利。

各级人民政府和有关部门应当采取措施，为残疾人康复创造条件，建立和完善残疾人康复服务体系，并分阶段实施重点康复项目，帮助残疾人恢复或者补偿功能，增强其参与社会生活的能力。

第十六条　康复工作应当从实际出发，将现代康复技术与我国传统康复技术相结合；以社区康复为基础，康复机构为骨干，残疾人家庭为依托；以实用、易行、受益广的康复内容为重点，优先开展残疾儿童抢救性治疗和康复；发展符合康复要求的科学技术，鼓励自主创新，加强康复新技术的研究、开发和应用，为残疾人提供有效的康复服务。

第十七条　各级人民政府鼓励和扶持社会力量兴办残疾人康复机构。

地方各级人民政府和有关部门，应当组织和指导城乡社区服务组织、医疗预防保健机构、残疾人组织、残疾人家庭和其他社会力量，开展社区康复工作。

残疾人教育机构、福利性单位和其他为残疾人服务的机构，应当创造条件，开展康复训练活动。

残疾人在专业人员的指导和有关工作人员、志愿工作者及亲属的帮助下，应当努力进行功能、自理能力和劳动技能的训练。

第十八条　地方各级人民政府和有关部门应当根据需要有计划地在医疗机构设立康复医学科室，举办残疾人康复机构，开展康复医疗与训练、人员培训、技术指导、科学研究等工作。

第十九条　医学院校和其他有关院校应当有计划地开设康复课程，设置相关专业，培养各类康复专业人才。

政府和社会采取多种形式对从事康复工作的人员进行技术培训；向残疾人、残疾人亲属、有关工作人员和志愿工作者普及康复知识，传授康复方法。

第二十条　政府有关部门应当组织和扶持残疾人康复器械、辅助器具的研制、生产、供应、维修服务。

第三章　教　　育

第二十一条　国家保障残疾人享有平等接受教育的权利。

各级人民政府应当将残疾人教育作为国家教育事业的组成部分，统一规划，加强领导，为残疾人接受教育创造条件。

政府、社会、学校应当采取有效措施，解决残疾儿童、少年就学存在的实际困难，帮助其完成义务教育。

各级人民政府对接受义务教育的残疾学生、贫困残疾人家庭的学生提供免费教科书，并给予寄宿生活费等费用补助；对接受义务教育以外其他教育的残疾学生、贫困残疾人家庭的学生按照国家有关规定给予资助。

第二十二条　残疾人教育，实行普及与提高相结合、以普及为重点的方针，保障义务教育，着重发展职业教育，积极开展学前教育，逐步发展高级中等以上教育。

第二十三条　残疾人教育应当根据残疾人的身心特性和需要，按照下列要求实施：

（一）在进行思想教育、文化教育的同时，加强身心补偿和职业教育；

（二）依据残疾类别和接受能力，采取普通教育方式或者特殊教育方式；

（三）特殊教育的课程设置、教材、教学方法、入学和在校年龄，可以有适度弹性。

第二十四条 县级以上人民政府应当根据残疾人的数量、分布状况和残疾类别等因素，合理设置残疾人教育机构，并鼓励社会力量办学、捐资助学。

第二十五条 普通教育机构对具有接受普通教育能力的残疾人实施教育，并为其学习提供便利和帮助。

普通小学、初级中等学校，必须招收能适应其学习生活的残疾儿童、少年入学；普通高级中等学校、中等职业学校和高等学校，必须招收符合国家规定的录取要求的残疾考生入学，不得因其残疾而拒绝招收；拒绝招收的，当事人或者其亲属、监护人可以要求有关部门处理，有关部门应当责令该学校招收。

普通幼儿教育机构应当接收能适应其生活的残疾幼儿。

第二十六条 残疾幼儿教育机构、普通幼儿教育机构附设的残疾儿童班、特殊教育机构的学前班、残疾儿童福利机构、残疾儿童家庭，对残疾儿童实施学前教育。

初级中等以下特殊教育机构和普通教育机构附设的特殊教育班，对不具有接受普通教育能力的残疾儿童、少年实施义务教育。

高级中等以上特殊教育机构、普通教育机构附设的特殊教育班和残疾人职业教育机构，对符合条件的残疾人实施高级中等以上文化教育、职业教育。

提供特殊教育的机构应当具备适合残疾人学习、康复、生活特点的场所和设施。

第二十七条 政府有关部门、残疾人所在单位和有关社会组织应当对残疾人开展扫除文盲、职业培训、创业培训和其他成人教育，鼓励残疾人自学成才。

第二十八条 国家有计划地举办各级各类特殊教育师范院校、专业，在普通师范院校附设特殊教育班，培养、培训特殊教育师资。普通师范院校开设特殊教育课程或者讲授有关内容，使普通教师掌握必要的特殊教育知识。

特殊教育教师和手语翻译，享受特殊教育津贴。

第二十九条 政府有关部门应当组织和扶持盲文、手语的研究和应用，特殊教育教材的编写和出版，特殊教育教学用具及其他辅助用品的研制、生产和供应。

第四章　劳动就业

第三十条 国家保障残疾人劳动的权利。

各级人民政府应当对残疾人劳动就业统筹规划，为残疾人创造劳动就业条件。

第三十一条 残疾人劳动就业，实行集中与分散相结合的方针，采取优惠政策和扶持保护措施，通过多渠道、多层次、多种形式，使残疾人劳动就业逐步普及、稳定、合理。

第三十二条 政府和社会举办残疾人福利企业、盲人按摩机构和其他福利性单位，集中安排残疾人就业。

第三十三条 国家实行按比例安排残疾人就业制度。

国家机关、社会团体、企业事业单位、民办非企业单位应当按照规定的比例安排残疾人就业，并为其选择适当的工种和岗位。达不到规定比例的，按照国家有关规定履行保障残疾人就业义务。国家鼓励用人单位超过规定比例安排残疾人就业。

残疾人就业的具体办法由国务院规定。

第三十四条 国家鼓励和扶持残疾人自主择业、自主创业。

第三十五条 地方各级人民政府和农村基层组织，应当组织和扶持农村残疾人从事种植业、养殖业、手工业和其他形式的生产劳动。

第三十六条 国家对安排残疾人就业达到、超过规定比例或者集中安排残疾人就业的用人单位和从事个体经营的残疾人，依法给予税收优惠，并在生产、经营、技术、资金、物资、场地等方面给予扶持。国家对从事个体经营的残疾人，免除行政事业性收费。

县级以上地方人民政府及其有关部门应当确定适合残疾人生产、经营的产品、项目，优先安排残疾人福利性单位生产或者经营，并根据残疾人福利性单位的生产特点确定某些产品由其专产。

政府采购，在同等条件下应当优先购买残疾人福利性单位的产品或者服务。

地方各级人民政府应当开发适合残疾人就业的公益性岗位。

对申请从事个体经营的残疾人，有关部门应当优先核发营业执照。

对从事各类生产劳动的农村残疾人，有关部门应当在生产服务、技术指导、农用物资供应、农副产品购销和信贷等方面，给予帮助。

第三十七条 政府有关部门设立的公共就业服务机构，应当为残疾人免费提供就业服务。

残疾人联合会举办的残疾人就业服务机构，应当组织开展免费的职业指导、职业介绍和职业培训，为残疾人就业和用人单位招用残疾人提供服务和帮助。

第三十八条 国家保护残疾人福利性单位的财产所有权和经营自主权，其合法权益不受侵犯。

在职工的招用、转正、晋级、职称评定、劳动报酬、生活福利、休息休假、社会保险等方面，不得歧视残疾人。

残疾职工所在单位应当根据残疾职工的特点，提供适当的劳动条件和劳动保护，并根据实际需要对劳动场所、劳动设备和生活设施进行改造。

国家采取措施，保障盲人保健和医疗按摩人员从业的合法权益。

第三十九条 残疾职工所在单位应当对残疾职工进行岗位技术培训，提高其劳动技能和技术水平。

第四十条 任何单位和个人不得以暴力、威胁或者非法限制人身自由的手段强迫残疾人劳动。

54

第五章　文化生活

第四十一条　国家保障残疾人享有平等参与文化生活的权利。

各级人民政府和有关部门鼓励、帮助残疾人参加各种文化、体育、娱乐活动，积极创造条件，丰富残疾人精神文化生活。

第四十二条　残疾人文化、体育、娱乐活动应当面向基层，融于社会公共文化生活，适应各类残疾人的不同特点和需要，使残疾人广泛参与。

第四十三条　政府和社会采取下列措施，丰富残疾人的精神文化生活：

（一）通过广播、电影、电视、报刊、图书、网络等形式，及时宣传报道残疾人的工作、生活等情况，为残疾人服务；

（二）组织和扶持盲文读物、盲人有声读物及其他残疾人读物的编写和出版，根据盲人的实际需要，在公共图书馆设立盲文读物、盲人有声读物图书室；

（三）开办电视手语节目，开办残疾人专题广播栏目，推进电视栏目、影视作品加配字幕、解说；

（四）组织和扶持残疾人开展群众性文化、体育、娱乐活动，举办特殊艺术演出和残疾人体育运动会，参加国际性比赛和交流；

（五）文化、体育、娱乐和其他公共活动场所，为残疾人提供方便和照顾。有计划地兴办残疾人活动场所。

第四十四条　政府和社会鼓励、帮助残疾人从事文学、艺术、教育、科学、技术和其他有益于人民的创造性劳动。

第四十五条　政府和社会促进残疾人与其他公民之间的相互理解和交流，宣传残疾人事业和扶助残疾人的事迹，弘扬残疾人自强不息的精神，倡导团结、友爱、互助的社会风尚。

第六章　社会保障

第四十六条　国家保障残疾人享有各项社会保障的权利。

政府和社会采取措施，完善对残疾人的社会保障，保障和改善残疾人的生活。

第四十七条　残疾人及其所在单位应当按照国家有关规定参加社会保险。

残疾人所在城乡基层群众性自治组织、残疾人家庭，应当鼓励、帮助残疾人参加社会保险。

对生活确有困难的残疾人，按照国家有关规定给予社会保险补贴。

第四十八条　各级人民政府对生活确有困难的残疾人，通过多种渠道给予生活、教育、住房和其他社会救助。

县级以上地方人民政府对享受最低生活保障待遇后生活仍有特别困难的残疾人家庭，应当采取

其他措施保障其基本生活。

各级人民政府对贫困残疾人的基本医疗、康复服务、必要的辅助器具的配置和更换，应当按照规定给予救助。

对生活不能自理的残疾人，地方各级人民政府应当根据情况给予护理补贴。

第四十九条 地方各级人民政府对无劳动能力、无扶养人或者扶养人不具有扶养能力、无生活来源的残疾人，按照规定予以供养。

国家鼓励和扶持社会力量举办残疾人供养、托养机构。

残疾人供养、托养机构及其工作人员不得侮辱、虐待、遗弃残疾人。

第五十条 县级以上人民政府对残疾人搭乘公共交通工具，应当根据实际情况给予便利和优惠。残疾人可以免费携带随身必备的辅助器具。

盲人持有效证件免费乘坐市内公共汽车、电车、地铁、渡船等公共交通工具。盲人读物邮件免费寄递。

国家鼓励和支持提供电信、广播电视服务的单位对盲人、听力残疾人、言语残疾人给予优惠。

各级人民政府应当逐步增加对残疾人的其他照顾和扶助。

第五十一条 政府有关部门和残疾人组织应当建立和完善社会各界为残疾人捐助和服务的渠道，鼓励和支持发展残疾人慈善事业，开展志愿者助残等公益活动。

第七章　无障碍环境

第五十二条 国家和社会应当采取措施，逐步完善无障碍设施，推进信息交流无障碍，为残疾人平等参与社会生活创造无障碍环境。

各级人民政府应当对无障碍环境建设进行统筹规划，综合协调，加强监督管理。

第五十三条 无障碍设施的建设和改造，应当符合残疾人的实际需要。

新建、改建和扩建建筑物、道路、交通设施等，应当符合国家有关无障碍设施工程建设标准。

各级人民政府和有关部门应当按照国家无障碍设施工程建设规定，逐步推进已建成设施的改造，优先推进与残疾人日常工作、生活密切相关的公共服务设施的改造。

对无障碍设施应当及时维修和保护。

第五十四条 国家采取措施，为残疾人信息交流无障碍创造条件。

各级人民政府和有关部门应当采取措施，为残疾人获取公共信息提供便利。

国家和社会研制、开发适合残疾人使用的信息交流技术和产品。

国家举办的各类升学考试、职业资格考试和任职考试，有盲人参加的，应当为盲人提供盲文试卷、电子试卷或者由专门的工作人员予以协助。

第五十五条 公共服务机构和公共场所应当创造条件，为残疾人提供语音和文字提示、手语、盲文等信息交流服务，并提供优先服务和辅助性服务。

公共交通工具应当逐步达到无障碍设施的要求。有条件的公共停车场应当为残疾人设置专用停车位。

第五十六条　组织选举的部门应当为残疾人参加选举提供便利；有条件的，应当为盲人提供盲文选票。

第五十七条　国家鼓励和扶持无障碍辅助设备、无障碍交通工具的研制和开发。

第五十八条　盲人携带导盲犬出入公共场所，应当遵守国家有关规定。

第八章　法律责任

第五十九条　残疾人的合法权益受到侵害的，可以向残疾人组织投诉，残疾人组织应当维护残疾人的合法权益，有权要求有关部门或者单位查处。有关部门或者单位应当依法查处，并予以答复。

残疾人组织对残疾人通过诉讼维护其合法权益需要帮助的，应当给予支持。

残疾人组织对侵害特定残疾人群体利益的行为，有权要求有关部门依法查处。

第六十条　残疾人的合法权益受到侵害的，有权要求有关部门依法处理，或者依法向仲裁机构申请仲裁，或者依法向人民法院提起诉讼。

对有经济困难或者其他原因确需法律援助或者司法救助的残疾人，当地法律援助机构或者人民法院应当给予帮助，依法为其提供法律援助或者司法救助。

第六十一条　违反本法规定，对侵害残疾人权益行为的申诉、控告、检举，推诿、拖延、压制不予查处，或者对提出申诉、控告、检举的人进行打击报复的，由其所在单位、主管部门或者上级机关责令改正，并依法对直接负责的主管人员和其他直接责任人员给予处分。

国家工作人员未依法履行职责，对侵害残疾人权益的行为未及时制止或者未给予受害残疾人必要帮助，造成严重后果的，由其所在单位或者上级机关依法对直接负责的主管人员和其他直接责任人员给予处分。

第六十二条　违反本法规定，通过大众传播媒介或者其他方式贬低损害残疾人人格的，由文化、广播电影电视、新闻出版或者其他有关主管部门依据各自的职权责令改正，并依法给予行政处罚。

第六十三条　违反本法规定，有关教育机构拒不接收残疾学生入学，或者在国家规定的录取要求以外附加条件限制残疾学生就学的，由有关主管部门责令改正，并依法对直接负责的主管人员和其他直接责任人员给予处分。

第六十四条　违反本法规定，在职工的招用等方面歧视残疾人的，由有关主管部门责令改正；残疾人劳动者可以依法向人民法院提起诉讼。

第六十五条　违反本法规定，供养、托养机构及其工作人员侮辱、虐待、遗弃残疾人的，对直接负责的主管人员和其他直接责任人员依法给予处分；构成违反治安管理行为的，依法给予行政

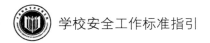

处罚。

第六十六条 违反本法规定，新建、改建和扩建建筑物、道路、交通设施，不符合国家有关无障碍设施工程建设标准，或者对无障碍设施未进行及时维修和保护造成后果的，由有关主管部门依法处理。

第六十七条 违反本法规定，侵害残疾人的合法权益，其他法律、法规规定行政处罚的，从其规定；造成财产损失或者其他损害的，依法承担民事责任；构成犯罪的，依法追究刑事责任。

第九章 附 则

第六十八条 本法自 2008 年 7 月 1 日起施行。

（二）行政法规

突发事件应急预案管理办法

■国务院办公厅关于印发突发事件应急预案管理办法的通知（国办发〔2013〕101）号
■2013 年 10 月 25 日起实施

第一章 总 则

第一条 为规范突发事件应急预案（以下简称应急预案）管理，增强应急预案的针对性、实用性和可操作性，依据《中华人民共和国突发事件应对法》等法律、行政法规，制订本办法。

第二条 本办法所称应急预案，是指各级人民政府及其部门、基层组织、企事业单位、社会团体等为依法、迅速、科学、有序应对突发事件，最大程度减少突发事件及其造成的损害而预先制定的工作方案。

第三条 应急预案的规划、编制、审批、发布、备案、演练、修订、培训、宣传教育等工作，适用本办法。

第四条 应急预案管理遵循统一规划、分类指导、分级负责、动态管理的原则。

第五条 应急预案编制要依据有关法律、行政法规和制度，紧密结合实际，合理确定内容，切实提高针对性、实用性和可操作性。

第二章　分类和内容

第六条　应急预案按照制定主体划分，分为政府及其部门应急预案、单位和基层组织应急预案两大类。

第七条　政府及其部门应急预案由各级人民政府及其部门制定，包括总体应急预案、专项应急预案、部门应急预案等。

总体应急预案是应急预案体系的总纲，是政府组织应对突发事件的总体制度安排，由县级以上各级人民政府制定。

专项应急预案是政府为应对某一类型或某几种类型突发事件，或者针对重要目标物保护、重大活动保障、应急资源保障等重要专项工作而预先制定的涉及多个部门职责的工作方案，由有关部门牵头制订，报本级人民政府批准后印发实施。

部门应急预案是政府有关部门根据总体应急预案、专项应急预案和部门职责，为应对本部门（行业、领域）突发事件，或者针对重要目标物保护、重大活动保障、应急资源保障等涉及部门工作而预先制定的工作方案，由各级政府有关部门制定。

鼓励相邻、相近的地方人民政府及其有关部门联合制定应对区域性、流域性突发事件的联合应急预案。

第八条　总体应急预案主要规定突发事件应对的基本原则、组织体系、运行机制，以及应急保障的总体安排等，明确相关各方的职责和任务。

针对突发事件应对的专项和部门应急预案，不同层级的预案内容各有所侧重。国家层面专项和部门应急预案侧重明确突发事件的应对原则、组织指挥机制、预警分级和事件分级标准、信息报告要求、分级响应及响应行动、应急保障措施等，重点规范国家层面应对行动，同时体现政策性和指导性；省级专项和部门应急预案侧重明确突发事件的组织指挥机制、信息报告要求、分级响应及响应行动、队伍物资保障及调动程序、市县级政府职责等，重点规范省级层面应对行动，同时体现指导性；市县级专项和部门应急预案侧重明确突发事件的组织指挥机制、风险评估、监测预警、信息报告、应急处置措施、队伍物资保障及调动程序等内容，重点规范市（地）级和县级层面应对行动，体现应急处置的主体职能；乡镇街道专项和部门应急预案侧重明确突发事件的预警信息传播、组织先期处置和自救互救、信息收集报告、人员临时安置等内容，重点规范乡镇层面应对行动，体现先期处置特点。

针对重要基础设施、生命线工程等重要目标物保护的专项和部门应急预案，侧重明确风险隐患及防范措施、监测预警、信息报告、应急处置和紧急恢复等内容。

针对重大活动保障制定的专项和部门应急预案，侧重明确活动安全风险隐患及防范措施、监测预警、信息报告、应急处置、人员疏散撤离组织和路线等内容。

针对为突发事件应对工作提供队伍、物资、装备、资金等资源保障的专项和部门应急预案，侧

重明确组织指挥机制、资源布局、不同种类和级别突发事件发生后的资源调用程序等内容。

联合应急预案侧重明确相邻、相近地方人民政府及其部门间信息通报、处置措施衔接、应急资源共享等应急联动机制。

第九条 单位和基层组织应急预案由机关、企业、事业单位、社会团体和居委会、村委会等法人和基层组织制定，侧重明确应急响应责任人、风险隐患监测、信息报告、预警响应、应急处置、人员疏散撤离组织和路线、可调用或可请求援助的应急资源情况及如何实施等，体现自救互救、信息报告和先期处置特点。

大型企业集团可根据相关标准规范和实际工作需要，参照国际惯例，建立本集团应急预案体系。

第十条 政府及其部门、有关单位和基层组织可根据应急预案，并针对突发事件现场处置工作灵活制定现场工作方案，侧重明确现场组织指挥机制、应急队伍分工、不同情况下的应对措施、应急装备保障和自我保障等内容。

第十一条 政府及其部门、有关单位和基层组织可结合本地区、本部门和本单位具体情况，编制应急预案操作手册，内容一般包括风险隐患分析、处置工作程序、响应措施、应急队伍和装备物资情况，以及相关单位联络人员和电话等。

第十二条 对预案应急响应是否分级、如何分级、如何界定分级响应措施等，由预案制定单位根据本地区、本部门和本单位的实际情况确定。

第三章 预案编制

第十三条 各级人民政府应当针对本行政区域多发易发突发事件、主要风险等，制定本级政府及其部门应急预案编制规划，并根据实际情况变化适时修订完善。

单位和基层组织可根据应对突发事件需要，制定本单位、本基层组织应急预案编制计划。

第十四条 应急预案编制部门和单位应组成预案编制工作小组，吸收预案涉及主要部门和单位业务相关人员、有关专家及有现场处置经验的人员参加。编制工作小组组长由应急预案编制部门或单位有关负责人担任。

第十五条 编制应急预案应当在开展风险评估和应急资源调查的基础上进行。

（一）风险评估。针对突发事件特点，识别事件的危害因素，分析事件可能产生的直接后果以及次生、衍生后果，评估各种后果的危害程度，提出控制风险、治理隐患的措施。

（二）应急资源调查。全面调查本地区、本单位第一时间可调用的应急队伍、装备、物资、场所等应急资源状况和合作区域内可请求援助的应急资源状况，必要时对本地居民应急资源情况进行调查，为制定应急响应措施提供依据。

第十六条 政府及其部门应急预案编制过程中应当广泛听取有关部门、单位和专家的意见，与相关的预案作好衔接。涉及其他单位职责的，应当书面征求相关单位意见。必要时，向社会公开征求意见。

单位和基层组织应急预案编制过程中，应根据法律、行政法规要求或实际需要，征求相关公民、法人或其他组织的意见。

第四章 审批、备案和公布

第十七条 预案编制工作小组或牵头单位应当将预案送审稿及各有关单位复函和意见采纳情况说明、编制工作说明等有关材料报送应急预案审批单位。因保密等原因需要发布应急预案简本的，应当将应急预案简本一起报送审批。

第十八条 应急预案审核内容主要包括预案是否符合有关法律、行政法规，是否与有关应急预案进行了衔接，各方面意见是否一致，主体内容是否完备，责任分工是否合理明确，应急响应级别设计是否合理，应对措施是否具体简明、管用可行等。必要时，应急预案审批单位可组织有关专家对应急预案进行评审。

第十九条 国家总体应急预案报国务院审批，以国务院名义印发；专项应急预案报国务院审批，以国务院办公厅名义印发；部门应急预案由部门有关会议审议决定，以部门名义印发，必要时，可以由国务院办公厅转发。

地方各级人民政府总体应急预案应当经本级人民政府常务会议审议，以本级人民政府名义印发；专项应急预案应当经本级人民政府审批，必要时经本级人民政府常务会议或专题会议审议，以本级人民政府办公厅（室）名义印发；部门应急预案应当经部门有关会议审议，以部门名义印发，必要时，可以由本级人民政府办公厅（室）转发。

单位和基层组织应急预案须经本单位或基层组织主要负责人或分管负责人签发，审批方式根据实际情况确定。

第二十条 应急预案审批单位应当在应急预案印发后的 20 个工作日内依照下列规定向有关单位备案：

（一）地方人民政府总体应急预案报送上一级人民政府备案。

（二）地方人民政府专项应急预案抄送上一级人民政府有关主管部门备案。

（三）部门应急预案报送本级人民政府备案。

（四）涉及需要与所在地政府联合应急处置的中央单位应急预案，应当向所在地县级人民政府备案。

法律、行政法规另有规定的从其规定。

第二十一条 自然灾害、事故灾难、公共卫生类政府及其部门应急预案，应向社会公布。对确需保密的应急预案，按有关规定执行。

第五章　应急演练

第二十二条　应急预案编制单位应当建立应急演练制度，根据实际情况采取实战演练、桌面推演等方式，组织开展人员广泛参与、处置联动性强、形式多样、节约高效的应急演练。

专项应急预案、部门应急预案至少每 3 年进行一次应急演练。

地震、台风、洪涝、滑坡、山洪泥石流等自然灾害易发区域所在地政府，重要基础设施和城市供水、供电、供气、供热等生命线工程经营管理单位，矿山、建筑施工单位和易燃易爆物品、危险化学品、放射性物品等危险物品生产、经营、储运、使用单位，公共交通工具、公共场所和医院、学校等人员密集场所的经营单位或者管理单位等，应当有针对性地经常组织开展应急演练。

第二十三条　应急演练组织单位应当组织演练评估。评估的主要内容包括：演练的执行情况，预案的合理性与可操作性，指挥协调和应急联动情况，应急人员的处置情况，演练所用设备装备的适用性，对完善预案、应急准备、应急机制、应急措施等方面的意见和建议等。

鼓励委托第三方进行演练评估。

第六章　评估和修订

第二十四条　应急预案编制单位应当建立定期评估制度，分析评价预案内容的针对性、实用性和可操作性，实现应急预案的动态优化和科学规范管理。

第二十五条　有下列情形之一的，应当及时修订应急预案：

（一）有关法律、行政法规、规章、标准、上位预案中的有关规定发生变化的；

（二）应急指挥机构及其职责发生重大调整的；

（三）面临的风险发生重大变化的；

（四）重要应急资源发生重大变化的；

（五）预案中的其他重要信息发生变化的；

（六）在突发事件实际应对和应急演练中发现问题需要作出重大调整的；

（七）应急预案制定单位认为应当修订的其他情况。

第二十六条　应急预案修订涉及组织指挥体系与职责、应急处置程序、主要处置措施、突发事件分级标准等重要内容的，修订工作应参照本办法规定的预案编制、审批、备案、公布程序组织进行。仅涉及其他内容的，修订程序可根据情况适当简化。

第二十七条　各级政府及其部门、企事业单位、社会团体、公民等，可以向有关预案编制单位提出修订建议。

第七章　培训和宣传教育

第二十八条　应急预案编制单位应当通过编发培训材料、举办培训班、开展工作研讨等方式，对与应急预案实施密切相关的管理人员和专业救援人员等组织开展应急预案培训。

各级政府及其有关部门应将应急预案培训作为应急管理培训的重要内容，纳入领导干部培训、公务员培训、应急管理干部日常培训内容。

第二十九条　对需要公众广泛参与的非涉密的应急预案，编制单位应当充分利用互联网、广播、电视、报刊等多种媒体广泛宣传，制作通俗易懂、好记管用的宣传普及材料，向公众免费发放。

第八章　组织保障

第三十条　各级政府及其有关部门应对本行政区域、本行业（领域）应急预案管理工作加强指导和监督。国务院有关部门可根据需要编写应急预案编制指南，指导本行业（领域）应急预案编制工作。

第三十一条　各级政府及其有关部门、各有关单位要指定专门机构和人员负责相关具体工作，将应急预案规划、编制、审批、发布、演练、修订、培训、宣传教育等工作所需经费纳入预算统筹安排。

第九章　附　　则

第三十二条　国务院有关部门、地方各级人民政府及其有关部门、大型企业集团等可根据实际情况，制定相关实施办法。

第三十三条　本办法由国务院办公厅负责解释。

第三十四条　本办法自印发之日起施行。

国务院关于特大安全事故行政责任追究的规定

■中华人民共和国国务院令第302号公布

■2001年4月21日起施行

第一条　为了有效地防范特大安全事故的发生，严肃追究特大安全事故的行政责任，保障人民群众生命、财产安全，制定本规定。

第二条　地方人民政府主要领导人和政府有关部门正职负责人对下列特大安全事故的防范、发生，依照法律、行政法规和本规定的规定有失职、渎职情形或者负有领导责任的，依照本规定给予行政处分；构成玩忽职守罪或者其他罪的，依法追究刑事责任：

（一）特大火灾事故；

（二）特大交通安全事故；

（三）特大建筑质量安全事故；

（四）民用爆炸物品和化学危险品特大安全事故；

（五）煤矿和其他矿山特大安全事故；

（六）锅炉、压力容器、压力管道和特种设备特大安全事故；

（七）其他特大安全事故。

地方人民政府和政府有关部门对特大安全事故的防范、发生直接负责的主管人员和其他直接责任人员，比照本规定给予行政处分；构成玩忽职守罪或者其他罪的，依法追究刑事责任。

特大安全事故肇事单位和个人的刑事处罚、行政处罚和民事责任，依照有关法律、法规和规章的规定执行。

第三条 特大安全事故的具体标准，按照国家有关规定执行。

第四条 地方各级人民政府及政府有关部门应当依照有关法律、法规和规章的规定，采取行政措施，对本地区实施安全监督管理，保障本地区人民群众生命、财产安全，对本地区或者职责范围内防范特大安全事故的发生、特大安全事故发生后的迅速和妥善处理负责。

第五条 地方各级人民政府应当每个季度至少召开一次防范特大安全事故工作会议，由政府主要领导人或者政府主要领导人委托政府分管领导人召集有关部门正职负责人参加，分析、布置、督促、检查本地区防范特大安全事故的工作。会议应当作出决定并形成纪要，会议确定的各项防范措施必须严格实施。

第六条 市（地、州）、县（市、区）人民政府应当组织有关部门按照职责分工对本地区容易发生特大安全事故的单位、设施和场所安全事故的防范明确责任、采取措施，并组织有关部门对上述单位、设施和场所进行严格检查。

第七条 市（地、州）、县（市、区）人民政府必须制定本地区特大安全事故应急处理预案。本地区特大安全事故应急处理预案经政府主要领导人签署后，报上一级人民政府备案。

第八条 市（地、州）、县（市、区）人民政府应当组织有关部门对本规定第二条所列各类特大安全事故的隐患进行查处；发现特大安全事故隐患的，责令立即排除；特大安全事故隐患排除前或者排除过程中，无法保证安全的，责令暂时停产、停业或者停止使用。法律、行政法规对查处机关另有规定的，依照其规定。

第九条 市（地、州）、县（市、区）人民政府及其有关部门对本地区存在的特大安全事故隐患，超出其管辖或者职责范围的，应当立即向有管辖权或者负有职责的上级人民政府或者政府有关部门报告；情况紧急的，可以立即采取包括责令暂时停产、停业在内的紧急措施，同时报告；有关上级人民政府或者政府有关部门接到报告后，应当立即组织查处。

第十条 中小学校对学生进行劳动技能教育以及组织学生参加公益劳动等社会实践活动，必须确保学生安全。严禁以任何形式、名义组织学生从事接触易燃、易爆、有毒、有害等危险品的劳动或者其他危险性劳动。严禁将学校场地出租作为从事易燃、易爆、有毒、有害等危险品的生产、经营场所。

中小学校违反前款规定的，按照学校隶属关系，对县（市、区）、乡（镇）人民政府主要领导人和县（市、区）人民政府教育行政部门正职负责人，根据情节轻重，给予记过、降级直至撤职的行政处分；构成玩忽职守罪或者其他罪的，依法追究刑事责任。

中小学校违反本条第一款规定的，对校长给予撤职的行政处分，对直接组织者给予开除公职的行政处分；构成非法制造爆炸物罪或者其他罪的，依法追究刑事责任。

第十一条 依法对涉及安全生产事项负责行政审批（包括批准、核准、许可、注册、认证、颁发证照、竣工验收等，下同）的政府部门或者机构，必须严格依照法律、法规和规章规定的安全条件和程序进行审查；不符合法律、法规和规章规定的安全条件的，不得批准 不符合法律、法规和规章规定的安全条件，弄虚作假，骗取批准或者勾结串通行政审批工作人员取得批准的，负责行政审批的政府部门或者机构除必须立即撤销原批准外，应当对弄虚作假骗取批准或者勾结串通行政审批工作人员的当事人依法给予行政处罚；构成行贿罪或者其他罪的，依法追究刑事责任。

负责行政审批的政府部门或者机构违反前款规定，对不符合法律、法规和规章规定的安全条件予以批准的，对部门或者机构的正职负责人，根据情节轻重，给予降级、撤职直至开除公职的行政处分；与当事人勾结串通的，应当开除公职；构成受贿罪、玩忽职守罪或者其他罪的，依法追究刑事责任。

第十二条 对依照本规定第十一条第一款的规定取得批准的单位和个人，负责行政审批的政府部门或者机构必须对其实施严格监督检查；发现其不再具备安全条件的，必须立即撤销原批准。

负责行政审批的政府部门或者机构违反前款规定，不对取得批准的单位和个人实施严格监督检查，或者发现其不再具备安全条件而不立即撤销原批准的，对部门或者机构的正职负责人，根据情节轻重，给予降级或者撤职的行政处分；构成受贿罪、玩忽职守罪或者其他罪的，依法追究刑事责任。

第十三条 对未依法取得批准，擅自从事有关活动的，负责行政审批的政府部门或者机构发现或者接到举报后，应当立即予以查封、取缔，并依法给予行政处罚；属于经营单位的，由工商行政管理部门依法相应吊销营业执照。

负责行政审批的政府部门或者机构违反前款规定，对发现或者举报的未依法取得批准而擅自从事有关活动的，不予查封、取缔、不依法给予行政处罚，工商行政管理部门不予吊销营业执照的，对部门或者机构的正职负责人，根据情节轻重，给予降级或者撤职的行政处分；构成受贿罪、玩忽职守罪或者其他罪的，依法追究刑事责任。

第十四条 市（地、州）、县（市、区）人民政府依照本规定应当履行职责而未履行，或者未按照规定的职责和程序履行，本地区发生特大安全事故的，对政府主要领导人，根据情节轻重，给予降级或者撤职的行政处分；构成玩忽职守罪的，依法追究刑事责任。

负责行政审批的政府部门或者机构、负责安全监督管理的政府有关部门，未依照本规定履行职责，发生特大安全事故的，对部门或者机构的正职负责人，根据情节轻重，给予撤职或者开除公职的行政处分；构成玩忽职守罪或者其他罪的，依法追究刑事责任。

第十五条 发生特大安全事故，社会影响特别恶劣或者性质特别严重的，由国务院对负有领导责任的省长、自治区主席、直辖市市长和国务院有关部门正职负责人给予行政处分。

第十六条 特大安全事故发生后，有关县（市、区）、市（地、州）和省、自治区、直辖市人民政府及政府有关部门应当按照国家规定的程序和时限立即上报，不得隐瞒不报、谎报或者拖延报告，并应当配合、协助事故调查，不得以任何方式阻碍、干涉事故调查。

特大安全事故发生后，有关地方人民政府及政府有关部门违反前款规定的，对政府主要领导人和政府部门正职负责人给予降级的行政处分。

第十七条 特大安全事故发生后，有关地方人民政府应当迅速组织救助，有关部门应当服从指挥、调度，参加或者配合救助，将事故损失降到最低限度。

第十八条 特大安全事故发生后，省、自治区、直辖市人民政府应当按照国家有关规定迅速、如实发布事故消息。

第十九条 特大安全事故发生后，按照国家有关规定组织调查组对事故进行调查。事故调查工作应当自事故发生之日起60日内完成，并由调查组提出调查报告；遇有特殊情况的，经调查组提出并报国家安全生产监督管理机构批准后，可以适当延长时间。调查报告应当包括依照本规定对有关责任人员追究行政责任或者其他法律责任的意见。

省、自治区、直辖市人民政府应当自调查报告提交之日起30日内，对有关责任人员作出处决定；必要时，国务院可以对特大安全事故的有关责任人员作出处理决定。

第二十条 地方人民政府或者政府部门阻挠、干涉对特大安全事故有关责任人员追究行政责任的，对该地方人民政府主要领导人或者政府部门正职负责人，根据情节轻重，给予降级或者撤职的行政处分。

第二十一条 任何单位和个人均有权向有关地方人民政府或者政府部门报告特大安全事故隐患，有权向上级人民政府或者政府部门举报地方人民政府或者政府部门不履行安全监督管理职责或者不按照规定履行职责的情况。接到报告或者举报的有关人民政府或者政府部门，应当立即组织对事故隐患进行查处，或者对举报的不履行、不按照规定履行安全监督管理职责的情况进行调查处理。

第二十二条 监察机关依照行政监察法的规定，对地方各级人民政府和政府部门及其工作人员履行安全监督管理职责实施监察。

第二十三条 对特大安全事故以外的其他安全事故的防范、发生追究行政责任的办法，由省、自治区、直辖市人民政府参照本规定制定。

第二十四条 本规定自公布之日起施行。

校车安全管理条例

■2012 年 3 月 28 日国务院第 197 次常务会议通过
■中华人民共和国国务院令第 617 号公布
■2012 年 4 月 5 日起施行

第一章 总 则

第一条 为了加强校车安全管理，保障乘坐校车学生的人身安全，制定本条例。

第二条 本条例所称校车，是指依照本条例取得使用许可，用于接送接受义务教育的学生上下学的 7 座以上的载客汽车。

接送小学生的校车应当是按照专用校车国家标准设计和制造的小学生专用校车。

第三条 县级以上地方人民政府应当根据本行政区域的学生数量和分布状况等因素，依法制定、调整学校设置规划，保障学生就近入学或者在寄宿制学校入学，减少学生上下学的交通风险。实施义务教育的学校及其教学点的设置、调整，应当充分听取学生家长等有关方面的意见。

县级以上地方人民政府应当采取措施，发展城市和农村的公共交通，合理规划、设置公共交通线路和站点，为需要乘车上下学的学生提供方便。

对确实难以保障就近入学，并且公共交通不能满足学生上下学需要的农村地区，县级以上地方人民政府应当采取措施，保障接受义务教育的学生获得校车服务。

国家建立多渠道筹措校车经费的机制，并通过财政资助、税收优惠、鼓励社会捐赠等多种方式，按照规定支持使用校车接送学生的服务。支持校车服务所需的财政资金由中央财政和地方财政分担，具体办法由国务院财政部门制定。支持校车服务的税收优惠办法，依照法律、行政法规规定的税收管理权限制定。

第四条 国务院教育、公安、交通运输以及工业和信息化、质量监督检验检疫、安全生产监督管理等部门依照法律、行政法规和国务院的规定，负责校车安全管理的有关工作。国务院教育、公安部门会同国务院有关部门建立校车安全管理工作协调机制，统筹协调校车安全管理工作中的重大事项，共同做好校车安全管理工作。

第五条 县级以上地方人民政府对本行政区域的校车安全管理工作负总责，组织有关部门制定并实施与当地经济发展水平和校车服务需求相适应的校车服务方案，统一领导、组织、协调有关部门履行校车安全管理职责。

县级以上地方人民政府教育、公安、交通运输、安全生产监督管理等有关部门依照本条例以及本级人民政府的规定，履行校车安全管理的相关职责。有关部门应当建立健全校车安全管理信息共

享机制。

第六条 国务院标准化主管部门会同国务院工业和信息化、公安、交通运输等部门，按照保障安全、经济适用的要求，制定并及时修订校车安全国家标准。

生产校车的企业应当建立健全产品质量保证体系，保证所生产（包括改装，下同）的校车符合校车安全国家标准；不符合标准的，不得出厂、销售。

第七条 保障学生上下学交通安全是政府、学校、社会和家庭的共同责任。社会各方面应当为校车通行提供便利，协助保障校车通行安全。

第八条 县级和设区的市级人民政府教育、公安、交通运输、安全生产监督管理部门应当设立并公布举报电话、举报网络平台，方便群众举报违反校车安全管理规定的行为。

接到举报的部门应当及时依法处理；对不属于本部门管理职责的举报，应当及时移送有关部门处理。

第二章　学校和校车服务提供者

第九条 学校可以配备校车。依法设立的道路旅客运输经营企业、城市公共交通企业，以及根据县级以上地方人民政府规定设立的校车运营单位，可以提供校车服务。

县级以上地方人民政府根据本地区实际情况，可以制定管理办法，组织依法取得道路旅客运输经营许可的个体经营者提供校车服务。

第十条 配备校车的学校和校车服务提供者应当建立健全校车安全管理制度，配备安全管理人员，加强校车的安全维护，定期对校车驾驶人进行安全教育，组织校车驾驶人学习道路交通安全法律法规以及安全防范、应急处置和应急救援知识，保障学生乘坐校车安全。

第十一条 由校车服务提供者提供校车服务的，学校应当与校车服务提供者签订校车安全管理责任书，明确各自的安全管理责任，落实校车运行安全管理措施。

学校应当将校车安全管理责任书报县级或者设区的市级人民政府教育行政部门备案。

第十二条 学校应当对教师、学生及其监护人进行交通安全教育，向学生讲解校车安全乘坐知识和校车安全事故应急处理技能，并定期组织校车安全事故应急处理演练。

学生的监护人应当履行监护义务，配合学校或者校车服务提供者的校车安全管理工作。学生的监护人应当拒绝使用不符合安全要求的车辆接送学生上下学。

第十三条 县级以上地方人民政府教育行政部门应当指导、监督学校建立健全校车安全管理制度，落实校车安全管理责任，组织学校开展交通安全教育。公安机关交通管理部门应当配合教育行政部门组织学校开展交通安全教育。

第三章　校车使用许可

第十四条 使用校车应当依照本条例的规定取得许可。

取得校车使用许可应当符合下列条件：

（一）车辆符合校车安全国家标准，取得机动车检验合格证明，并已经在公安机关交通管理部门办理注册登记；

（二）有取得校车驾驶资格的驾驶人；

（三）有包括行驶线路、开行时间和停靠站点的合理可行的校车运行方案；

（四）有健全的安全管理制度；

（五）已经投保机动车承运人责任保险。

第十五条 学校或者校车服务提供者申请取得校车使用许可，应当向县级或者设区的市级人民政府教育行政部门提交书面申请和证明其符合本条例第十四条规定条件的材料。教育行政部门应当自收到申请材料之日起 3 个工作日内，分别送同级公安机关交通管理部门、交通运输部门征求意见，公安机关交通管理部门和交通运输部门应当在 3 个工作日内回复意见。教育行政部门应当自收到回复意见之日起 5 个工作日内提出审查意见，报本级人民政府。本级人民政府决定批准的，由公安机关交通管理部门发给校车标牌，并在机动车行驶证上签注校车类型和核载人数；不予批准的，书面说明理由。

第十六条 校车标牌应当载明本车的号牌号码、车辆的所有人、驾驶人、行驶线路、开行时间、停靠站点以及校车标牌发牌单位、有效期等事项。

第十七条 取得校车标牌的车辆应当配备统一的校车标志灯和停车指示标志。

校车未运载学生上道路行驶的，不得使用校车标牌、校车标志灯和停车指示标志。

第十八条 禁止使用未取得校车标牌的车辆提供校车服务。

第十九条 取得校车标牌的车辆达到报废标准或者不再作为校车使用的，学校或者校车服务提供者应当将校车标牌交回公安机关交通管理部门。

第二十条 校车应当每半年进行一次机动车安全技术检验。

第二十一条 校车应当配备逃生锤、干粉灭火器、急救箱等安全设备。安全设备应当放置在便于取用的位置，并确保性能良好、有效适用。

校车应当按照规定配备具有行驶记录功能的卫星定位装置。

第二十二条 配备校车的学校和校车服务提供者应当按照国家规定做好校车的安全维护，建立安全维护档案，保证校车处于良好技术状态。不符合安全技术条件的校车，应当停运维修，消除安全隐患。

校车应当由依法取得相应资质的维修企业维修。承接校车维修业务的企业应当按照规定的维修技术规范维修校车，并按照国务院交通运输主管部门的规定对所维修的校车实行质量保证期制度，在质量保证期内对校车的维修质量负责。

第四章 校车驾驶人

第二十三条 校车驾驶人应当依照本条例的规定取得校车驾驶资格。

取得校车驾驶资格应当符合下列条件：

（一）取得相应准驾车型驾驶证并具有 3 年以上驾驶经历，年龄在 25 周岁以上、不超过 60 周岁；

（二）最近连续 3 个记分周期内没有被记满分记录；

（三）无致人死亡或者重伤的交通事故责任记录；

（四）无饮酒后驾驶或者醉酒驾驶机动车记录，最近 1 年内无驾驶客运车辆超员、超速等严重交通违法行为记录；

（五）无犯罪记录；

（六）身心健康，无传染性疾病，无癫痫、精神病等可能危及行车安全的疾病病史，无酗酒、吸毒行为记录。

第二十四条 机动车驾驶人申请取得校车驾驶资格，应当向县级或者设区的市级人民政府公安机关交通管理部门提交书面申请和证明其符合本条例第二十三条规定条件的材料。公安机关交通管理部门应当自收到申请材料之日起 5 个工作日内审查完毕，对符合条件的，在机动车驾驶证上签注准许驾驶校车；不符合条件的，书面说明理由。

第二十五条 机动车驾驶人未取得校车驾驶资格，不得驾驶校车。禁止聘用未取得校车驾驶资格的机动车驾驶人驾驶校车。

第二十六条 校车驾驶人应当每年接受公安机关交通管理部门的审验。

第二十七条 校车驾驶人应当遵守道路交通安全法律法规，严格按照机动车道路通行规则和驾驶操作规范安全驾驶、文明驾驶。

第五章　校车通行安全

第二十八条 校车行驶线路应当尽量避开急弯、陡坡、临崖、临水的危险路段；确实无法避开的，道路或者交通设施的管理、养护单位应当按照标准对上述危险路段设置安全防护设施、限速标志、警告标牌。

第二十九条 校车经过的道路出现不符合安全通行条件的状况或者存在交通安全隐患的，当地人民政府应当组织有关部门及时改善道路安全通行条件、消除安全隐患。

第三十条 校车运载学生，应当按照国务院公安部门规定的位置放置校车标牌，开启校车标志灯。

校车运载学生，应当按照经审核确定的线路行驶，遇有交通管制、道路施工以及自然灾害、恶劣气象条件或者重大交通事故等影响道路通行情形的除外。

第三十一条 公安机关交通管理部门应当加强对校车行驶线路的道路交通秩序管理。遇交通拥堵的，交通警察应当指挥疏导运载学生的校车优先通行。

校车运载学生，可以在公共交通专用车道以及其他禁止社会车辆通行但允许公共交通车辆通行的路段行驶。

第三十二条　校车上下学生，应当在校车停靠站点停靠；未设校车停靠站点的路段可以在公共交通站台停靠。

道路或者交通设施的管理、养护单位应当按照标准设置校车停靠站点预告标识和校车停靠站点标牌，施划校车停靠站点标线。

第三十三条　校车在道路上停车上下学生，应当靠道路右侧停靠，开启危险报警闪光灯，打开停车指示标志。校车在同方向只有一条机动车道的道路上停靠时，后方车辆应当停车等待，不得超越。校车在同方向有两条以上机动车道的道路上停靠时，校车停靠车道后方和相邻机动车道上的机动车应当停车等待，其他机动车道上的机动车应当减速通过。校车后方停车等待的机动车不得鸣喇叭或者使用灯光催促校车。

第三十四条　校车载人不得超过核定的人数，不得以任何理由超员。

学校和校车服务提供者不得要求校车驾驶人超员、超速驾驶校车。

第三十五条　载有学生的校车在高速公路上行驶的最高时速不得超过80公里，在其他道路上行驶的最高时速不得超过60公里。

道路交通安全法律法规规定或者道路上限速标志、标线标明的最高时速低于前款规定的，从其规定。

载有学生的校车在急弯、陡坡、窄路、窄桥以及冰雪、泥泞的道路上行驶，或者遇有雾、雨、雪、沙尘、冰雹等低能见度气象条件时，最高时速不得超过20公里。

第三十六条　交通警察对违反道路交通安全法律法规的校车，可以在消除违法行为的前提下先予放行，待校车完成接送学生任务后再对校车驾驶人进行处罚。

第三十七条　公安机关交通管理部门应当加强对校车运行情况的监督检查，依法查处校车道路交通安全违法行为，定期将校车驾驶人的道路交通安全违法行为和交通事故信息抄送其所属单位和教育行政部门。

第六章　校车乘车安全

第三十八条　配备校车的学校、校车服务提供者应当指派照管人员随校车全程照管乘车学生。校车服务提供者为学校提供校车服务的，双方可以约定由学校指派随车照管人员。

学校和校车服务提供者应当定期对随车照管人员进行安全教育，组织随车照管人员学习道路交通安全法律法规、应急处置和应急救援知识。

第三十九条　随车照管人员应当履行下列职责：

（一）学生上下车时，在车下引导、指挥，维护上下车秩序；

（二）发现驾驶人无校车驾驶资格，饮酒、醉酒后驾驶，或者身体严重不适以及校车超员等明显妨碍行车安全情形的，制止校车开行；

（三）清点乘车学生人数，帮助、指导学生安全落座、系好安全带，确认车门关闭后示意驾驶人启动校车；

（四）制止学生在校车行驶过程中离开座位等危险行为；

（五）核实学生下车人数，确认乘车学生已经全部离车后本人方可离车。

第四十条 校车的副驾驶座位不得安排学生乘坐。

校车运载学生过程中，禁止除驾驶人、随车照管人员以外的人员乘坐。

第四十一条 校车驾驶人驾驶校车上道路行驶前，应当对校车的制动、转向、外部照明、轮胎、安全门、座椅、安全带等车况是否符合安全技术要求进行检查，不得驾驶存在安全隐患的校车上道路行驶。

校车驾驶人不得在校车载有学生时给车辆加油，不得在校车发动机引擎熄灭前离开驾驶座位。

第四十二条 校车发生交通事故，驾驶人、随车照管人员应当立即报警，设置警示标志。乘车学生继续留在校车内有危险的，随车照管人员应当将学生撤离到安全区域，并及时与学校、校车服务提供者、学生的监护人联系处理后续事宜。

第七章 法律责任

第四十三条 生产、销售不符合校车安全国家标准的校车的，依照道路交通安全、产品质量管理的法律、行政法规的规定处罚。

第四十四条 使用拼装或者达到报废标准的机动车接送学生的，由公安机关交通管理部门收缴并强制报废机动车；对驾驶人处 2000 元以上 5000 元以下的罚款，吊销其机动车驾驶证；对车辆所有人处 8 万元以上 10 万元以下的罚款，有违法所得的予以没收。

第四十五条 使用未取得校车标牌的车辆提供校车服务，或者使用未取得校车驾驶资格的人员驾驶校车的，由公安机关交通管理部门扣留该机动车，处 1 万元以上 2 万元以下的罚款，有违法所得的予以没收。

取得道路运输经营许可的企业或者个体经营者有前款规定的违法行为，除依照前款规定处罚外，情节严重的，由交通运输主管部门吊销其经营许可证件。

伪造、变造或者使用伪造、变造的校车标牌的，由公安机关交通管理部门收缴伪造、变造的校车标牌，扣留该机动车，处 2000 元以上 5000 元以下的罚款。

第四十六条 不按照规定为校车配备安全设备，或者不按照规定对校车进行安全维护的，由公安机关交通管理部门责令改正，处 1000 元以上 3000 元以下的罚款。

第四十七条 机动车驾驶人未取得校车驾驶资格驾驶校车的，由公安机关交通管理部门处 1000 元以上 3000 元以下的罚款，情节严重的，可以并处吊销机动车驾驶证。

第四十八条 校车驾驶人有下列情形之一的，由公安机关交通管理部门责令改正，可以处 200 元罚款：

（一）驾驶校车运载学生，不按照规定放置校车标牌、开启校车标志灯，或者不按照经审核确定的线路行驶；

（二）校车上下学生，不按照规定在校车停靠站点停靠；

（三）校车未运载学生上道路行驶，使用校车标牌、校车标志灯和停车指示标志；

（四）驾驶校车上道路行驶前，未对校车车况是否符合安全技术要求进行检查，或者驾驶存在安全隐患的校车上道路行驶；

（五）在校车载有学生时给车辆加油，或者在校车发动机引擎熄灭前离开驾驶座位。

校车驾驶人违反道路交通安全法律法规关于道路通行规定的，由公安机关交通管理部门依法从重处罚。

第四十九条　校车驾驶人违反道路交通安全法律法规被依法处罚或者发生道路交通事故，不再符合本条例规定的校车驾驶人条件的，由公安机关交通管理部门取消校车驾驶资格，并在机动车驾驶证上签注。

第五十条　校车载人超过核定人数的，由公安机关交通管理部门扣留车辆至违法状态消除，并依照道路交通安全法律法规的规定从重处罚。

第五十一条　公安机关交通管理部门查处校车道路交通安全违法行为，依法扣留车辆的，应当通知相关学校或者校车服务提供者转运学生，并在违法状态消除后立即发还被扣留车辆。

第五十二条　机动车驾驶人违反本条例规定，不避让校车的，由公安机关交通管理部门处 200 元罚款。

第五十三条　未依照本条例规定指派照管人员随校车全程照管乘车学生的，由公安机关责令改正，可以处 500 元罚款。

随车照管人员未履行本条例规定的职责的，由学校或者校车服务提供者责令改正；拒不改正的，给予处分或者予以解聘。

第五十四条　取得校车使用许可的学校、校车服务提供者违反本条例规定，情节严重的，原作出许可决定的地方人民政府可以吊销其校车使用许可，由公安机关交通管理部门收回校车标牌。

第五十五条　学校违反本条例规定的，除依照本条例有关规定予以处罚外，由教育行政部门给予通报批评；导致发生学生伤亡事故的，对政府举办的学校的负有责任的领导人员和直接责任人员依法给予处分；对民办学校由审批机关责令暂停招生，情节严重的，吊销其办学许可证，并由教育行政部门责令负有责任的领导人员和直接责任人员 5 年内不得从事学校管理事务。

第五十六条　县级以上地方人民政府不依法履行校车安全管理职责，致使本行政区域发生校车安全重大事故的，对负有责任的领导人员和直接责任人员依法给予处分。

第五十七条　教育、公安、交通运输、工业和信息化、质量监督检验检疫、安全生产监督管理等有关部门及其工作人员不依法履行校车安全管理职责的，对负有责任的领导人员和直接责任人员依法给予处分。

第五十八条　违反本条例的规定，构成违反治安管理行为的，由公安机关依法给予治安管理处

罚；构成犯罪的，依法追究刑事责任。

第五十九条 发生校车安全事故，造成人身伤亡或者财产损失的，依法承担赔偿责任。

第八章 附 则

第六十条 县级以上地方人民政府应当合理规划幼儿园布局，方便幼儿就近入园。

入园幼儿应当由监护人或者其委托的成年人接送。对确因特殊情况不能由监护人或者其委托的成年人接送，需要使用车辆集中接送的，应当使用按照专用校车国家标准设计和制造的幼儿专用校车，遵守本条例校车安全管理的规定。

第六十一条 省、自治区、直辖市人民政府应当结合本地区实际情况，制定本条例的实施办法。

第六十二条 本条例自公布之日起施行。

本条例施行前已经配备校车的学校和校车服务提供者及其聘用的校车驾驶人应当自本条例施行之日起 90 日内，依照本条例的规定申请取得校车使用许可、校车驾驶资格。

本条例施行后，用于接送小学生、幼儿的专用校车不能满足需求的，在省、自治区、直辖市人民政府规定的过渡期限内可以使用取得校车标牌的其他载客汽车。

学校卫生工作条例

■1990 年 4 月 25 日国务院批准
■1990 年 6 月 4 日国家教育委员会令第 10 号、卫生部令第 1 号发布

第一章 总 则

第一条 为加强学校卫生工作，提高学生的健康水平，制定本条例。

第二条 学校卫生工作的主要任务是：监测学生健康状况；对学生进行健康教育，培养学生良好的卫生习惯；改善学校卫生环境和教学卫生条件；加强对传染病、学生常见病的预防和治疗。

第三条 本条例所称的学校，是指普通中小学、农业中学、职业中学、中等专业学校、技工学校、普通高等学校。

第四条 教育行政部门负责学校卫生工作的行政管理。卫生行政部门负责对学校卫生工作的监督指导。

第二章　学校卫生工作要求

第五条　学校应当合理安排学生的学习时间。学生每日学习时间（包括自习），小学不超过六小时，中学不超过八小时，大学不超过十小时。

学校或者教师不得以任何理由和方式，增加授课时间和作业量，加重学生学习负担。

第六条　学校教学建筑、环境噪声、室内微小气候、采光、照明等环境质量以及黑板、课桌椅的设置应当符合国家有关标准。

新建、改建、扩建校舍，其选址、设计应当符合国家的卫生标准，并取得当地卫生行政部门的许可。竣工验收应当有当地卫生行政部门参加。

第七条　学校应当按照有关规定为学生设置厕所和洗手设施。寄宿制学校应当为学生提供相应的洗漱、洗澡等卫生设施。

学校应当为学生提供充足的符合卫生标准的饮用水。

第八条　学校应当建立卫生制度，加强对学生个人卫生、环境卫生以及教室、宿舍卫生的管理。

第九条　学校应当认真贯彻执行食品卫生法律、法规，加强饮食卫生管理，办好学生膳食，加强营养指导。

第十条　学校体育场地和器材应当符合卫生和安全要求。运动项目和运动强度应当适合学生的生理承受能力和体质健康状况，防止发生伤害事故。

第十一条　学校应当根据学生的年龄，组织学生参加适当的劳动，并对参加劳动的学生，进行安全教育，提供必要的安全和卫生防护措施。

普通中小学校组织学生参加劳动，不得让学生接触有毒有害物质或者从事不安全工种的作业，不得让学生参加夜班劳动。

普通高等学校、中等专业学校、技工学校、农业中学、职业中学组织学生参加生产劳动，接触有毒有害物质的，按照国家有关规定，提供保健待遇。学校应当定期对他们进行体格检查，加强卫生防护。

第十二条　学校在安排体育课以及劳动等体力活动时，应当注意女学生的生理特点，给予必要的照顾。

第十三条　学校应当把健康教育纳入教学计划。普通中小学必须开设健康教育课，普通高等学校、中等专业学校、技工学校、农业中学、职业中学应当开设健康教育选修课或者讲座。

学校应当开展学生健康咨询活动。

第十四条　学校应当建立学生健康管理制度。根据条件定期对学生进行体格检查，建立学生体质健康卡片，纳入学生档案。

学校对体格检查中发现学生有器质性疾病的，应当配合学生家长做好转诊治疗。

学校对残疾、体弱学生，应当加强医学照顾和心理卫生工作。

第十五条　学校应当配备可以处理一般伤病事故的医疗用品。

第十六条　学校应当积极做好近视眼、弱视、沙眼、龋齿、寄生虫、营养不良、贫血、脊柱弯曲、神经衰弱等学生常见疾病的群体预防和矫治工作。

第十七条　学校应当认真贯彻执行传染病防治法律、法规，做好急、慢性传染病的预防和控制管理工作，同时做好地方病的预防和控制管理工作。

第三章　学校卫生工作管理

第十八条　各级教育行政部门应当把学校卫生工作纳入学校工作计划，作为考评学校工作的一项内容。

第十九条　普通高等学校、中等专业学校、技工学校和规模较大的农业中学、职业中学、普通中小学，可以设立卫生管理机构，管理学校的卫生工作。

第二十条　普通高等学校设校医院或者卫生科。校医院应当设保健科（室），负责师生的卫生保健工作。

城市普通中小学、农村中心小学和普通中学设卫生室，按学生人数六百比一的比例配备专职卫生技术人员。

中等专业学校、技工学校、农业中学、职业中学，可以根据需要，配备专职卫生技术人员。

学生人数不足六百人的学校，可以配备专职或者兼职保健教师，开展学校卫生工作。

第二十一条　经本地区卫生行政部门批准，可以成立区域性中小学卫生保健机构。

区域性的中小学生卫生保健机构的主要任务是：

（一）调查研究本地区中小学生体质健康状况；

（二）开展中小学生常见疾病的预防与矫治；

（三）开展中小学卫生技术人员的技术培训和业务指导。

第二十二条　学校卫生技术人员的专业技术职称考核、评定，按照卫生、教育行政部门制定的考核标准和办法，由教育行政部门组织实施。

学校卫生技术人员按照国家有关规定，享受卫生保健津贴。

第二十三条　教育行政部门应当将培养学校卫生技术人员的工作列入招生计划，并通过各种教育形式为学校卫生技术人员和保健教师提供进修机会。

第二十四条　各级教育行政部门和学校应当将学校卫生经费纳入核定的年度教育经费预算。

第二十五条　各级卫生行政部门应当组织医疗单位和专业防治机构对学生进行健康检查、传染病防治和常见病矫治，接受转诊治疗。

第二十六条　各级卫生防疫站，对学校卫生工作承担下列任务：

（一）实施学校卫生监测，掌握本地区学生生长发育和健康状况，掌握学生常见病、传染病、地方病动态；

（二）制定学生常见病、传染病、地方病的防治计划；

（三）对本地区学校卫生工作进行技术指导；

（四）开展学校卫生服务。

第二十七条　供学生使用的文具、娱乐器具、保健用品，必须符合国家有关卫生标准。

第四章　学校卫生工作监督

第二十八条　县以上卫生行政部门对学校卫生工作行使监督职权。其职责是：

（一）对新建、改建、扩建校舍的选址、设计实行卫生监督；

（二）对学校内影响学生健康的学习、生活、劳动、环境、食品等方面的卫生和传染病防治工作实行卫生监督；

（三）对学生使用的文具、娱乐器具、保健用品实行卫生监督。

国务院卫生行政部门可以委托国务院其他有关部门的卫生主管机构，在本系统内对前款所列第（一）、（二）项职责行使学校卫生监督职权。

第二十九条　行使学校卫生监督职权的机构设立学校卫生监督员，由省级以上卫生行政部门聘任并发给学校卫生监督员证书。

学校卫生监督员执行卫生行政部门或者其他有关部门卫生主管机构交付的学校卫生监督任务。

第三十条　学校卫生监督员在执行任务时应出示证件。学校卫生监督员在进行卫生监督时，有权查阅与卫生监督有关的资料，搜集与卫生监督有关的情况，被监督的单位或者个人应当给予配合。学校卫生监督员对所掌握的资料、情况负有保密责任。

第五章　奖励与处罚

第三十一条　对在学校卫生工作中成绩显著的单位或者个人，各级教育、卫生行政部门和学校应当给予表彰、奖励。

第三十二条　违反本条例第六条第二款规定，未经卫生行政部门许可新建、改建、扩建校舍的，由卫生行政部门对直接责任单位或者个人给予警告、责令停止施工或者限期改建。

第三十三条　违反本条例第六条第一款、第七条和第十条规定的，由卫生行政部门对直接责任单位或者个人给予警告并责令限期改进。情节严重的，可以同时建议教育行政部门给予行政处分。

第三十四条　违反本条例第十一条规定，致使学生健康受到损害的，由卫生行政部门对直接责任单位或者个人给予警告，责令限期改进。

第三十五条　违反本条例第二十七条规定的，由卫生行政部门对直接责任单位或者个人给予警告。情节严重的，可以会同工商行政部门没收其不符合国家有关卫生标准的物品，并处以非法所得两倍以下的罚款。

第三十六条 拒绝或者妨碍学校卫生监督员依照本条例实施卫生监督的，由卫生行政部门对直接责任单位或者个人给予警告。情节严重的，可以建议教育行政部门给予行政处分或者处以二百元以下的罚款。

第三十七条 当事人对没收、罚款的行政处罚不服的，可以在接到处罚决定书之日起十五日内，向作出处罚决定机关的上一级机关申请复议，也可以直接向人民法院起诉。对复议决定不服的，可以在接到复议决定之日起十五日内，向人民法院起诉。对罚款决定不履行又逾期不起诉的，由作出处罚决定的机关申请人民法院强制执行。

第六章　附　　则

第三十八条 学校卫生监督办法、学校卫生标准由卫生部会同国家教育委员会制定。

第三十九条 贫困县不能全部适用本条例第六条第一款和第七条规定的，可以由所在省、自治区的教育、卫生行政部门制定变通的规定。变通的规定，应当报送国家教育委员会、卫生部备案。

第四十条 本条例由国家教育委员会、卫生部负责解释。

第四十一条 本条例自发布之日起施行。原教育部、卫生部一九七九年十二月六日颁布的《中、小学卫生工作暂行规定（草案）》和一九八〇年八月二十六日颁布的《高等学校卫生工作暂行规定（草案）》同时废止。

（三）部门规章与规范性文件

关于印发《中小学幼儿园安全防范工作规范（试行）》的通知

公治〔2015〕168 号

各省、自治区、直辖市公安厅（局）、教育厅（教委），新疆生产建设兵团公安局、教育局：

为切实提升中小学、幼儿园安全防范水平，保障广大学生、儿童和教职员工的生命财产安全，维护良好的校园治安秩序，公安部和教育部共同研究制定了《中小学幼儿园安全防范工作规范（试行）》。现印发给你们，请结合工作实际，认真抓好贯彻落实。

公安部办公厅　教育部办公厅
2015 年 3 月 16 日

中小学幼儿园安全防范工作规范（试行）

第一章 总 则

第一条 为进一步加强中小学、幼儿园安全管理工作，有效防范各类涉校案件和暴恐袭击事件，保障师生生命财产安全，根据《中华人民共和国义务教育法》、《企业事业单位内部治安保卫条例》、中央综治办教育部公安部《关于进一步加强学校幼儿园安全防范工作建立健全长效工作机制的意见》、《中小学、幼儿园安全技术防范系统要求》和有关规定，制定本规范。

第二条 本规范适用于各类中小学、幼儿园（以下统称学校）。其他未成年人集中教育培训机构或者场所参照执行。

第二章 人防建设规范

第三条 中小学校长、幼儿园园长是学校内部安全保卫工作第一责任人。学校应当设立安全管理机构，配备专兼职安全保卫人员，聘用专职门卫和保安员，做好学校安全防范工作。安全管理机构设置、专兼职安全保卫人员配备、专职门卫和保安员的聘用、管理情况应报县（区）级教育行政部门和公安机关备案。

第四条 学校保安员应按照《保安服务管理条例》的规定择优聘用，实行由派驻的保安服务公司和学校双重管理，日常管理以学校为主。

第五条 学校保安员应当按照不低于以下标准配备：师生员工总人数少于 100 人的学校至少配 1 名专职保安员；100 人以上 1000 人以下的学校，至少配 2 名专职保安员；超过 1000 人的学校，每增加 500 名学生增配 1 名专职保安员。寄宿制学校至少配 2 名专职保安员，在上述标准的基础上每增加 300 名寄宿生增配 1 名专职保安员。

第六条 保安员、门卫、安全保卫人员应当熟悉学校安全管理、治安保卫相关法律法规、安全标准和规章制度，熟悉掌握学校及周边治安特点及校园安全防范工作重点；值勤时应按有关规定着穿保安服或佩戴学校保卫人员标识，携带橡胶警棍等相应的安全防卫器械和应急处置装备，并熟悉使用方法。

第七条 学校安全管理机构应当组织门卫和保安员加强门卫管理，确保校门口 24 小时有人值守，其他出入口开启时有人值守，做好车辆、人员进出登记，防止未经许可人员进入学校；对学校重点部位及周边巡查每日不少于 5 次。

在学校上、放学时段，凡是有人员、车辆进出的校门口应当组织门卫和保安员在岗值守，维护人员、车辆出入秩序，做好安全巡查工作；组织教师和家长志愿者在学校及校门口开展护校工作。对发现的与违法犯罪有关的可疑情况及时报警，对正在发生的侵害师生的违法犯罪行为，迅速使用防卫器械先期处置。

第八条　寄宿制学校每栋宿舍楼应当至少设 1 名专职或兼职宿舍管理员（女生宿舍楼宿舍管理员须为女性）加强住宿学生管理、开展夜间巡查应不少于 2 次。寄宿制学校放学后及夜间时段，应至少有 1 名保安员在岗值勤。

第三章　物防建设规范

第九条　学校应当设置高度不低于 2 米的围墙或其他实体屏障，实行封闭式管理；学校出入口设置门卫值班室，配备必要的防卫性器械和报警、通讯设备，并建立使用保管制度。

第十条　学校门卫值班室应当按执勤人数配备以下防卫器械：防暴头盔（1 顶/人）、防护盾牌（1 副/人）、防刺背心（1 套/人）、防割手套（1 副/人）、橡胶警棍（1 支/人）、强光电筒（1 支/人）、自卫喷雾剂（1 支/人）、安全钢叉 2 套。

第十一条　针对学校周边治安特点，设置相应的安全防控设施，强化校门及周边区域安全防范能力。

（一）按照行业标准《中小学与幼儿园校园周边道路交通设施设置规范》有关规定，在乡村以上道路学校门前两侧 50－200 米道路上设置限速和警示标志；在交通流量大的学校门前道路施划减速带、人行横道和交通信号灯。

（二）根据学校校门及周边 50 米区域治安、交通环境实际情况，因地制宜设置家长等候区域，设置隔离栏、隔离墩、减速带或升降柱等硬质防冲撞设施，确保师生出入安全，秩序井然。

第十二条　学校内部物防建设要求：

（一）学校视频监控室、财务室、实验室、计算机室等贵重物品和设备点，档案室、中考高考试卷保管室等保密资料存放点，有毒、有害、易燃等危险品存放场所的出入口应当安装防盗安全门，窗户应当安装金属防护栏等防护设施。水电气热等设备间应设置消防设施和防护设施，指定专人负责看管。

（二）校门和校内学生行进主要道路、教学楼和宿舍楼通道等部位、地段应当安装路灯，亮化率达 100%。

（三）教学楼、学生宿舍、食堂等学生集中学习和生活场所应当按国家有关消防技术规范设置消防设施、配备消防器材，并定期检测更新，保持完好有效。安全出口、疏散通道、消防通道应保持畅通，按规定设置消防疏散指示标志和应急照明装置。学生宿舍未设置火灾自动报警系统设施的，应安装点式火灾报警探测器。

（四）学校应当在校内高地、水池、楼梯、电梯、落地玻璃门、在建工地等易发生危险的地方设置警示标志或者防护设施。

（五）校内应当根据需要设置规范的安全警示牌、交通标志标牌标线、交通信号灯、人行设施、分隔设施、停车设施和减速带等。

第四章　技防建设规范

第十三条　学校安全技术防范系统的设计、评审、施工、验收、使用和维护，以及系统中所使用的产品，应当符合国家现行相关法律、法规、国家标准、行业标准、地方标准的规定。

第十四条　学校技防设施安装要求：

（一）学校大门外一定区域内应由属地公安机关设置视频图像采集装置，采集及回放视频图像应能确保特别是夜间清晰显示监视区域内人员活动和治安秩序情况。

（二）学校应在大门口设置视频图像采集装置，采集及回放视频图像应能确保特别是夜间清楚辨别进出人员的体貌特征和进出车辆的车牌号。

（三）学校门卫值班室应设置一键式紧急报警装置，并与属地接警中心联网。

（四）教学楼、学生宿舍楼主要出入口、走廊，食堂操作间、配餐间、留样间内和储藏室的出入口，操场等人员聚集集场所应安装视频图像采集装置。

（五）易燃易爆等危险化学品储存室、财务室、实验室等重要场所在安装视频图像采集装置的基础上应安装入侵报警装置。

（六）学校应设置安防监控室，对本单位的视频图像采集、报警、电子巡查及系统信息通过管理软件实现联动管理，视频图像采集系统和报警系统应接入公安机关监控和报警平台，暂不能联网的应预留接口，并符合相关信号采集与传输标准。

（七）学校重点部位和区域可根据需要设置电子巡查装置及其它技术防范措施。

第十五条　学校应当规划建设安全技术防范系统，并建立运行维护保障的长效机制。

（一）学校应设专人负责系统日常管理工作并制定应急处置预案。

（二）安防监控室应保证有人员值班，安全技术防范岗位工作人员应具备必要的安防与法律专业基础知识，并熟悉掌握系统运行维护基本技能。

（三）学校各部位的视频监控应不间断进行图像采集，保存时间应不少于30天。安全技术防范系统出现故障时，应在24小时内恢复功能，期间应采取有效应急防范措施。

第五章　督导巡查与责任追究机制建设规范

第十六条　属地教育行政部门要将学校安全防范系统纳入建设规划，加强指导、检查，协调相关部门加大安全防范投入，共同做好学校安全工作。

（一）指导学校建立健全并认真执行校园安全防范管理制度和应对突发事件的应急预案。制定学校安全工作考核目标，并纳入教育督导评估体系。

（二）定期组织专项督导，每学期至少深入学校开展 1 次全面的安全工作检查，每季度至少开展 1 次安全专项督查，对发现的问题及时督促整改。

（三）指导、监督学校贯彻落实《校车安全管理条例》，建立健全校车安全管理制度，落实校车安全管理责任，组织学校开展交通安全教育。

（四）指导学校按照《中小学公共安全教育指导纲要》、《中小学幼儿园应急疏散演练指南》开展安全教育和应急疏散演练，确保每名学生至少每月接受 1 次专题安全教育，每学期至少召开 1 次以安全为主题的家长会。

（五）加强教师队伍管理，落实《中小学校岗位安全工作指南》，将安全工作纳入新进教师入职培训内容。

（六）责任督学要对学校及周边安全情况实施经常性督导，发现危及师生安全的重大隐患，应及时督促学校和相关部门处理。

第十七条 公安机关要加强学校安全防范工作指导、检查，强化学校周边治安管理和巡逻防控工作。

（一）在城市学校设立警务室或在周边治安复杂地段设立治安岗亭，落实警务责任并认真开展巡逻守护工作，提高快速反应能力，及时应对处置学校的报警求助。

（二）完善城市学校"护学岗"、"高峰勤务"机制，上、放学时段，校门 50 米内范围内应有专门警力开展巡逻，维护校园周边治安秩序、道路交通秩序。反恐防恐形势严峻、治安复杂地区学校上、放学时段，校门 50 米内范围内应有携带武器的民警或武警开展重点守护。

（三）将城市学校纳入网格化巡逻巡查，每日每校不少于 2 次。

（四）组织学校与周边邻近单位干部、社区（村）住户、商业摊点经营人员及学生家长、志愿者开展群防群治工作。

（五）定期梳理整治学校周边治安乱点，解决突出治安问题；加强校园周边高危人员排查管控，逐一登记建档，及时掌握其动态轨迹，有针对性地做好疏导、稳控等工作。

（六）每学期至少对辖区学校安保工作进行 1 次全面督导检查，至少每月进行 1 次警情通报。兼职法制辅导员每学期到学校开展 1 次以上法制安全教育，指导学校开展 1 次以上针对校园暴力事件、个人极端事件、地震、火灾或校车事故等的防范处置或应急疏散演练。

第十八条 学校不履行安全管理和安全教育职责，对重大安全隐患未及时采取措施的，有关主管部门应当责令其限期改正。拒不改正或者发生重大安全责任事故的，教育行政部门应当对学校主要负责人和其他直接责任人员给予行政处分；公安机关要按照《企业事业单位内部治安保卫条例》规定，对学校主要负责人和其他直接责任人员予以处罚；构成犯罪的，依法追究刑事责任。

教育行政部门、公安机关各级责任人应当认真履行职责，坚决遏制学校发生学生伤亡及影响恶劣的安全事故、刑事案件；对失职渎职的，依据相关规定给予纪律、组织处理；构成犯罪的，依法追究刑事责任。

对工作不重视、组织不得力、履职不到位，导致学校发生重大恶性案件和安全事故，造成重大损失和恶劣影响的单位，按照有关规定实施社会治安综合治理"一票否决"。

教育部 公安部关于加强中小学幼儿园
消防安全管理工作的意见

教育部 公 安 部

2015 年 8 月 18 日

各省、自治区、直辖市教育厅（教委）、公安厅（局），新疆生产建设兵团教育局、公安局：

为进一步加强中小学幼儿园（以下统称学校）消防安全管理工作，全面落实各项消防安全措施，切实保障广大师生生命安全，现提出以下意见：

一、落实消防安全责任。学校应当依法建立并落实逐级消防安全责任制，明确各级、各岗位的消防安全职责。学校法定代表人或主要负责人对本单位消防安全工作负总责。属于消防安全重点单位的学校应当确定一名消防安全工作"明白人"为消防安全管理人，负责组织实施日常消防安全管理工作，主要履行制定落实年度消防工作计划和消防安全制度，组织开展防火巡查和检查、火灾隐患整改、消防安全宣传教育培训、灭火和应急疏散演练等职责。学校应当明确消防工作管理部门，配备专（兼）职消防管理人员，建立志愿消防队，具体实施消防安全工作。教育行政部门要依法履行对学校消防安全工作的管理职责，检查、指导和监督学校开展消防安全工作，督促学校建立健全消防安全责任制和消防安全管理制度。公安消防部门依法履行对学校消防安全工作的监督管理职责，加强消防监督检查，指导和监督学校做好消防安全工作。

二、开展防火检查。学校消防安全责任人或消防安全管理人员应当每月至少组织开展一次校园防火检查，并在开学、放假和重要节庆等活动期间开展有针对性的防火检查，对发现的消防安全问题，应当及时整改。重点检查以下内容：一是消防安全制度落实情况；二是日常防火检查工作落实情况；三是教职员工消防知识掌握情况；四是消防安全重点部位的管理情况；五是消防设施、器材完好有效情况；六是厨房烟道等定期清洗情况；七是电气线路、燃气管道定期检查情况；八是消防设施维护保养情况；九是火灾隐患整改和防范措施落实情况；十是消防安全宣传教育情况。防火检查应当填写检查记录，检查人员和被检查部门负责人应当在检查记录上签名，检查记录纳入校舍消防安全档案管理。

三、开展防火巡查。学校应当每日组织开展防火巡查，加强夜间巡查，并明确巡查人员、部位。食堂、体育场馆、会堂等场所在使用期间应当至少每两小时巡查一次，对巡查中发现的问题要当场处理，不能处理的要及时上报，落实整改和防范措施，并做好记录。重点巡查以下内容：一是用火、用电、用气有无违章情况；二是安全出口、疏散通道是否畅通，疏散通道及重点部位锁门处在应急疏散时能否及时打开，安全疏散指示标志、应急照明是否完好；三是消防设施、器材和消防安全标志是否在位、完整；四是常闭式防火门是否处于关闭状态、防火卷帘下是否堆放物品影响使用；五是学生宿舍、食堂、图书馆、实验室、计算机房、变配电室、体育场馆、会堂、教学实验、易燃易爆危险品库房等消防安全重点部位管理或值班人员是否在岗在位。

四、加强消防设施器材配备和管理。学校应当按照国家、行业标准配置消防设施、器材，并依照规定进行维护保养和检测，确保完好有效。设有自动消防设施的，可以委托具有相应资质的消防技术服务机构进行维护保养，每月出具维保记录，每年至少全面检测一次。

五、规范消防安全标识。学校应当规范设置消防安全标志、标识。消防设施、器材应当设置规范、醒目的标识，并用文字或图例标明操作使用方法；疏散通道、安全出口和消防安全重点部位等处应当设置消防警示、提示标识；主要消防设施设备上应当张贴记载维护保养、检测情况的卡片或者记录。

六、开展消防安全教育培训。学校应当每年至少对教职员工开展一次全员消防安全培训，教职员工新上岗、转岗前应当经过岗前消防安全培训。所有教职员工应当懂得本单位、本岗位火灾危险性和防火措施，会报警、会扑救初起火灾、会组织疏散逃生自救。学校应当将消防安全知识纳入学生课堂教学内容，确定熟悉消防安全知识的教师进行授课，并选聘消防专业人员担任学校的兼职消防辅导员。幼儿园应当采取寓教于乐的方式对儿童进行消防安全常识教育。中小学校要保证一定课时对学生开展消防安全教育，并针对各学龄阶段特点，确定不同的消防安全教育的形式和内容。

七、开展消防演练。学校应当制定本单位灭火和应急疏散预案，明确每班次、各岗位人员及其报警、疏散、扑救初起火灾的职责，并每半年至少演练一次。举办重要节庆、文体等活动时，应制定有针对性的灭火和应急疏散预案。幼儿园和小学的演练应当落实疏散引导、保护儿童的措施。

八、严格落实责任追究制度。学校应当将消防安全工作纳入校内评估考核内容，对在消防安全工作中成绩突出的单位和个人给予表彰奖励。学校违反消防安全管理规定或者发生重特大火灾的，除依据消防法的规定进行处罚外，教育行政部门应当取消其当年评优资格，并按照国家有关规定对有关主管人员和责任人员依法追究责任。

教育部办公厅关于印发
《中小学幼儿园应急疏散演练指南》的通知

教基一厅〔2014〕2 号

各省、自治区、直辖市教育厅（教委），新疆生产建设兵团教育局：

为进一步落实国家对应急疏散演练的要求，加强对中小学幼儿园应急疏散演练工作的指导，提升学校应急疏散演练的组织和管理水平，我部研究制定了《中小学幼儿园应急疏散演练指南》，现印发给你们，供各地各校在日常安全管理和集中组织应急疏散演练时参考。

教育部办公厅
2014 年 2 月 22 日

中小学幼儿园应急疏散演练指南

为加强对中小学幼儿园（以下简称学校）应急疏散演练工作的指导，提升学校应急疏散演练的组织和管理水平，强化师生安全意识和应急避险能力，培养学生终身受益的安全素养，特制定本指南。

一、编制依据

《中华人民共和国突发事件应对法》《国家突发公共事件总体应急预案》《国务院生产安全事故报告与调查处理条例》《教育系统突发公共事件应急预案》《中小学公共安全教育指导纲要》《中小学幼儿园安全管理办法》《学生伤害事故处理办法》等法律法规。

二、目的意义

本指南立足于提升应急疏散演练的实际效果，明确应急疏散演练的适用范围、基本原则，涵盖演练的准备阶段、实施阶段、总结阶段等全过程，供学校在日常安全管理和集中组织应急疏散演练时参考。通过实战型应急疏散演练，进一步增强师生安全意识，提高逃生自救能力，在发生紧急情况时，能有序、迅速地安全疏散，确保师生的生命安全。

三、适用范围

本指南对演练的各个环节、步骤提出了明确的指导性意见和规范性要求，适用于全国普通中小学幼儿园在开展针对地震、火灾、校车事故等的应急疏散演练时参考。

四、基本原则

（一）精心准备，科学组织。学校要确保参演师生的生命安全，严防拥挤踩踏事故发生。要提前谋划，提出预案及早做好相关准备工作，尽量避开雨雪等恶劣天气，在保证安全的前提下，通过科学、合理的组织，保证疏散演练既安全有序又有效快速。

（二）着眼实战，注重细节。演练要立足于模拟紧急事件发生时的真实情景，要着眼于提高学校应急指挥人员的指挥协调能力、各部门的应急处置能力和师生的应急避险、自救互救能力。学校要制定科学合理的演练方案并将其细化、落实到演练的各个环节，保障演练的整体组织及每个环节科学合理。

（三）明确目标，循序渐进。地震、火灾等灾害留给人们的逃生时间是有限的，一般是2分钟左右，应急疏散演练应明确最终的时间目标，原则上中学生2分钟以内，小学生3分钟以内完成。要从学校实际出发，设定合理的时间要求，通过经常性的演练逐步提升，最终达到设定的目标。

（四）立足实际，务求实效。演练要紧密结合学校自身实际，明确演练的主题，合理确定演练的时间、地点、参演人员、形式、内容、规模、疏散路线和保障措施等。要重视对演练效果及组织工作的评估、考核和总结，及时整改存在的问题，务求达到实效。

五、演练准备阶段

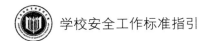

演练准备阶段应包括：制定演练方案，成立演练组织结构，演练前安全教育及其他准备工作。

（一）制定演练方案

应急疏散演练方案应根据学校自身性质、地理位置、周边环境、教职工和学生人数、校园内建（构）筑物类型和数量等实际情况，依据《国家突发公共事件总体应急预案》《教育系统突发公共事件应急预案》等相应应急预案制定。

演练方案一般应包括以下内容：演练主题、演练目的意义、演练时间和地点、参与演练人员、演练组织结构及人员分工、演练准备工作、疏散路线、演练流程、保障措施、善后处置和信息报告等。演练方案应做到：内容完整、简洁规范、责任明确、路线科学、措施具体、便于操作。

相关要求：

1. 应急疏散场所：通常利用操场、广场等设立应急疏散场所，应通风通畅，相对宽阔。应急疏散场所应远离高大建（构）筑物，与建（构）筑物的距离应大于其高度的三分之一；应避开有对人身安全可能产生影响的地段，如毒气体储放地、易燃易爆物或核放射物储放地、高压输变电线路等设施；避开陡坡等易发生地质灾害的地段；疏散场地应有方向不同的两条以上与外界相通的疏散道路。

2. 应急疏散通道：保持疏散通道、安全出口畅通，禁止占用疏散通道；禁止将安全出口和教室、实验室、宿舍等安全门上锁或堵塞；应将房间的老式内开窗户改成外开式或平移式窗户，一楼窗户的防护栏应符合消防要求，应急情况下防护栏能迅速打开。

3. 应急疏散路线：根据学生分布和建筑物结构，合理确定各班级疏散路线，合理分流。要建立规范，细化措施，保障大量学生在楼道相遇或意外情况发生等情况下不发生拥堵甚至踩踏。疏散路线要避免穿越公路、交通密集和易发生危险的路段。

4. 应急疏散用语：教职工在组织学生避险、疏散的整个过程中，应使用规范、简短、明确的疏散用语。

5. 应急警报信号：警报信号应具备很强的覆盖性、独立性和差异性，并考虑在断电等特殊情况下的备选方案。覆盖性：警报信号能有效地覆盖到学校的每个地点；独立性：在无法或不能及时采取广播等辅助手段的情况下，警报信号能独立向师生传递准确信息；差异性：与学校日常的铃声、广播声等声音要有所差异。避险信号和疏散信号也应有明显区分。

6. 疏散时间：从疏散信号发出到全体师生（除伤病师生外）疏散完成，原则上楼层较低（4 层以下）、安全出口合理、通道通畅的学校应控制在 2 分钟之内。

7. 应急演练次数：中小学校每月至少要开展一次应急疏散演练，幼儿园每季度至少要开展一次应急疏散演练。应急疏散演练可与学校升旗、课间操、集体活动等相结合。在校生较多的城镇中小学、农村寄宿制学校要适当增加应急疏散演练的次数。应急疏散演练工作基础较好的学校要加强随机性应急疏散演练。在确保安全的基础上，有住宿学生和晚自习学生的学校要重点加强就餐时间、午休时间和夜间应急疏散演练。使用校车的学校，还应定期组织学生进行校车安全事故应急处理演练。可根据演练内容，以组、班或年级为单位进行小规模应急演练。

（二）建立演练组织机构

学校应根据演练方案的要求，建立健全演练组织机构。成立由校长、有关校领导及工作人员组成的演练指挥部（领导小组），全面负责演练活动的组织领导和协调指挥工作，同时落实每位成员在演练中的具体工作。设总指挥、副总指挥及相关成员。

主要职责：

1. 全面负责应急疏散演练工作。总指挥要亲自组织，现场指挥，确保演练效果。

2. 执行上级有关指示和命令，领导小组成员按其所在部门的职能、职责各负其责，认真做好应急疏散工作。

3. 合理划定学校及周边应急疏散场地（避险场所）、疏散通道，明确应急疏散信号，设立应急疏散指示标志，教育学生熟悉和掌握应急疏散方案。

演练指挥部应下设若干小组，明确职责，落实人员。

1. 组织协调组：负责演练方案的制定；演练过程的协调指挥；信息的上传下达、对外联系等。

2. 宣传报道组：负责安排演练前的宣传教育、演练的摄影、记录、计时、总结等。

3. 疏散引导组：负责科学编制和张贴学校应急疏散路线图、班级应急疏散路线等；引导、组织师生安全有序疏散；帮助伤病学生疏散并妥善安置；疏散完成后协助其他各组工作。

4. 抢险救护组：负责第一时间组织实施自救互救，抢救遇险师生，视情况抢救重要财产、档案等；检查学生身心状况、进行临时救治和必要的心理疏导；演练中发生意外事故，负责将受伤师生尽快运送到指定安全区域，并迅速联系急救中心或拨打120，在专业医务人员到达之前，救护组应对受伤师生采取必要的救助措施，为救治伤者赢得时间。预防次生灾害发生。

5. 后勤保障组：负责治安保卫工作，布设演练场地，维护演练秩序，拉响演练警报；通讯、标识、广播、救助等演练所需物资装备的准备；检查、恢复学校水电、通讯等后勤保障设施。

各小组应设立负责人，统一协调本组工作。各小组演练前应充分了解本小组职责，并将职责落实到每位成员；演练中按照职责开展工作，在疏散完成后各小组负责人应及时向总指挥进行反馈、汇报。学校可视演练主题和学校实际情况调整演练组织结构，以保证演练质量。

（三）演练前宣传教育

学校应根据演练的主题，在演练前要依托校园网、校园广播、宣传橱窗、板报等传播载体，通过专题会议、班、校会等多种途径和方式，向全校师生宣讲疏散演练方案，让师生明确演练的必要性和基本步骤，熟悉疏散程序、疏散信号、疏散路线、疏散顺序、疏散后的集合场地和时间要求等。有针对性的组织师生学习安全知识，掌握避险、撤离、疏散和自救互救的方法、技能。

（四）演练前师生身体问询检查

演练前要对师生身体情况做一次问询检查，凡有特异体质（先天性心脏病、癫痫等）的师生，演练前发烧、腿受伤等不宜进行紧张和奔跑活动的师生，要给予特殊考虑和安排。

（五）其他准备工作

1. 加强协调宣传工作。演练前学校应向教育主管部门报告。根据不同演练主题，教育部门、中小学要加强与公安、交管、地震、消防等部门的沟通协调，邀请专业人员到校指导，帮助学校完善方案，加强过程指导。学校可视情况通报相关部门和周边单位，并通过广播、网站、横幅标语等方式，预告演练的时间、地点、内容，避免发生误解、谣传和恐慌，保证演练安全顺利进行。

2. 印制演练相关文件。包括演练方案、演练人员手册、演练脚本等；酌情配备需要的装备器材，如：胸挂式应急工作证和指挥员、安全疏导员标志，手电、应急灯、口哨、对讲机、手持扩音器、医疗急救箱、灭火器材、警戒线等。

3. 张贴疏散线路图和指示标志。在每个教室、宿舍、办公室内或门后张贴应急疏散示意图，在教学楼、宿舍楼、办公楼、实验楼等场所疏导通道的适当位置张贴应急疏散示意图和到达避险场的指示标识，避险场所应设置标有文字说明的指示标识、平面图和疏散示意图。指示标识、平面图和疏散示意图应当清晰完整、简洁规范、美观大方。

4. 准备演练器材。演练前后勤保障组要提出演练经费申请计划，根据需要购置或准备演练所需的烟雾发生器、警报器、场地标志等物品。

六、演练实施阶段

演练实施包括避险科目、疏散科目。一般情况下，防震疏散演练依次实施避险科目、疏散科目；消防疏散演练直接实施疏散科目；其他应急疏散演练应结合实际进行具体安排。学校可根据实际，酌情增加或强化医疗救护、卫生防疫、人员搜救、治安维护、火灾处置、危化品处置等科目及内容。

（一）避险科目

1. 总指挥宣布演练开始，广播响起："现在地震来袭，实施紧急避险"，同时避险警报信号（电铃声、警报声、哨声等）响起，长鸣 60 秒。

2. 听到信号后，在教室、实验室、宿舍的教职工应第一时间通知学生地震来袭，进行避震。在实验室等地点的教职工应迅速关闭火源、电源、气源等，处理好易燃、易爆、易起化学反应的物品等。

3. 师生避险要求：保持镇静，头脑清醒；就近蹲或躺在课桌、实验台、床铺的旁边或承重墙的墙根、墙角；用手或其他柔软物品等保护好头部，尽量蜷曲身体，降低身体重心，缩小面积，不要靠近窗口，避开灯扇，避免被砸；视情况就近关闭火源、电源等。避险动作原则上在 12 秒内完成。

（二）疏散科目

1. 火灾发生后或者地震暂停后，需要进行疏散时，广播响起："现在发生火灾（现在紧急避险结束），全体师生立即疏散"，同时，疏散警报信号（电铃声、警报声、哨声等）长鸣，长鸣 60 秒，停 30 秒，反复两遍为一个周期，时间共 3 分钟。

2. 在教室、实验室、宿舍等地点的教职工立即告知学生"按照疏散路线，快速疏散"，组织学生从前后门有序进行疏散，并且根据教室、实验室、宿舍等的位置，按照不同楼层，就近从疏散楼梯向下疏散。

3. 学生立即向避险场所疏散，要求：沉着冷静，服从指挥；所有学生应做到快速、猫腰、护头、掩鼻（遇到浓烟时，可利用衣服、毛巾或者其他可利用的东西捂住口鼻，并尽量降低行走姿势，以免烟气进入呼吸道。如果烟气特别浓而使人感到呼吸困难，可贴近墙边爬行，因为近地处往往残留清新空气）；不拥挤，不推搡他人，不起哄，不高声喧哗，不争先恐后，不拉手搭肩，不嬉戏打闹，不弯腰拾物，不逆流而行；在拥挤的人群中，注意双肘撑开平放胸前，形成一定空间保证呼吸；当发现自己前面有人摔倒了，马上要停下脚步，同时大声呼救，告知后面的人不要向前靠近；当自己摔倒时，应尽快爬起；当被踩踏时，要两手十指交叉相扣、护住后脑和颈部，两肘向前，护住双侧太阳穴，双膝尽量前屈，护住胸腔和腹腔的重要脏器。

4. 中高层楼房消防疏散逃生的有关要求：在 7 层以上中高层建筑物进行消防疏散时，严禁乘坐普通电梯（有条件的可以乘坐消防电梯）或跳楼逃生；处在 10 楼以下的学生可视情况利用楼梯道走廊向下逃生；12 楼以上的学生，可视情况用湿毛巾捂住口鼻后向天台奔跑或尽快寻找阳台等安全的地方躲避，等待专业人员的救援。有条件的学校可自备高空缓降器或救生绳，学生可以通过这些设施离开危险楼层，也可用身边的绳索、床单、窗帘、衣服自制简易救生绳，并用水打湿，从窗台或阳台沿绳缓滑到下面楼层，从而逃离起火层。

5. 疏散引导组在第一时间赶到指定位置（楼梯口、转角处、楼门口等）引导疏散，指挥学生保持秩序，控制速度，逐次疏散。同时视实际情况可喊"大家注意脚下，防止滑倒；保持秩序，不要拥挤；注意保护头部，小心坠物；有人摔倒了，大家小心；不要向回跑、不要捡东西"等提示语。帮助有困难的人员疏散。如出现拥挤摔倒等突发情况，负责疏散引导的老师应立即向指挥部报告，等险情排除后，再组织学生有序撤出。待学生疏散完毕后，方可撤离。

组织协调组做好演练指挥、协调等工作；宣传报道组做好演练的记录（摄像、摄影等）和计时等工作；后勤保障组做好报警等工作；抢险救护组做好伤员救治等工作。

6. 学生疏散到避险场所后，应按照班级形成队列在指定位置站好，避免混乱。班主任或负责统计的人员进行班级、年级人员统计；抢险救护组检查学生身体、心理状况，进行临时救治、心理疏导；后勤保障组检查学校各项设施、物资等。完成后，各小组负责人及时向总指挥报告，并根据总指挥的指令采取下一步行动。

7. 总指挥宣布演练结束。

七、演练总结阶段

（一）总指挥对演练进行现场总结讲评，内容主要包括演练组织情况，演练目标及效果，演练中暴露的问题及解决办法等。

（二）结合演练的主题和目的，可适当开展相应的安全教育。

（三）对演练场地进行清理恢复，回收整理演练物资装备。

（四）对演练进行总结评估，各部门和有关人员通过访谈、填写评价表、提交报告等方式，进行总结评估。有条件的学校可建立独立评价机制，聘请相关人员为整个演练进行测评。

（五）将演练文字及视频资料进行整理、保存。

教育部关于在全国各级各类学校禁烟有关事项的通知

教基一函〔2014〕1号

各省、自治区、直辖市教育厅（教委），新疆生产建设兵团教育局，部属各高等学校：

吸烟有害健康。在校园里吸烟，不利于广大青少年学生从小养成良好行为习惯，也有损于营造教书育人的清新校园环境。加强学校禁烟控烟工作，对于建立健康向上的社会风尚，整体提高国民健康水平具有极为重要意义。根据中央关于公共场所禁烟的有关要求，结合教育系统实际，现就各级各类学校禁烟有关事项通知如下：

一、禁止在中小学幼儿园内吸烟。凡进入中小学、中职学校、幼儿园，任何人、任何地点、任何时间一律不准吸烟。校长是学校禁烟第一责任人，不但要率先垂范，还要认真做好具体组织实施工作，加强学校治理，完善禁烟措施。要在校门口显眼处设立"无烟校园"或禁烟标志。学校不设置吸烟区，不摆放烟具，不出现烟草广告或以烟草品牌冠名学校、教学楼。学校小卖部不得销售烟草制品。要做好校外人员进入校园时的禁烟解释和劝导工作。

二、严格限制在高等学校内吸烟。所有高等学校建筑物内一律禁止吸烟，也不得设置吸烟室，在醒目位置要设置禁烟标识和学校禁烟监督电话。根据实际情况可在室外露天区域设置少量吸烟区，并要设置明显的引导标识和"吸烟有害健康"等提醒标识。吸烟区设置应符合消防要求，远离师生集中场地和必经通道。有条件的学校要安装烟雾报警、视频设备等装置，加强对吸烟的监控，防止有人在相对独立的办公室或实验室内吸烟。采取有效措施，鼓励引导有吸烟习惯的师生戒烟。

三、加强吸烟有害宣传教育。地方各级教育部门和学校要采取多种形式，利用世界无烟日、新生入学等重要时间节点，利用课堂、讲座、党团活动等对学生开展禁烟教育。讲透吸烟的危害性，普及基本医学知识，让远离烟草成为广大教职员工和学生的自觉行为，让吸烟者争相戒烟成为时尚，劝阻吸烟，拒绝二手烟，共同创造一个良好的无烟氛围。

四、建立禁烟工作长效机制。各地要结合实际广泛开展"无烟校园"创建活动，建立督导检查机制，加强对行政区域内学校禁烟工作的检查和指导，对禁烟工作措施落实不力的学校要进行查处通报。学校要建立健全规章制度，将履行禁烟职责纳入教职工考核和学生评价体系。设立禁烟监督员，加强禁烟日常动态监督。

教育部

2014 年 1 月 17 日

中小学教师违反职业道德行为处理办法

■教师〔2014〕1 号
■2014 年 1 月 11 日实行

　　第一条　为规范教师职业行为，保障教师、学生的合法权益，根据《中华人民共和国教育法》《中华人民共和国未成年人保护法》《中华人民共和国教师法》《教师资格条例》等法律法规，制定本办法。

　　第二条　本办法所称中小学教师是指幼儿园、特殊教育机构、普通中小学、中等职业学校、少年宫以及地方教研室、电化教育等机构的教师。

　　前款所称中小学教师包括民办学校教师。

　　第三条　本办法所称处分包括警告、记过、降低专业技术职务等级、撤销专业技术职务或者行政职务、开除或者解除聘用合同。其中，警告期限为 6 个月，记过期限为 12 个月，降低专业技术职务等级、撤销专业技术职务或者行政职务期限为 24 个月。

　　第四条　教师有下列行为之一的，视情节轻重分别给予相应处分：

　　（一）在教育教学活动中有违背党和国家方针政策言行的；

　　（二）在教育教学活动中遇突发事件时，不履行保护学生人身安全职责的；

　　（三）在教育教学活动和学生管理、评价中不公平公正对待学生，产生明显负面影响的；

　　（四）在招生、考试、考核评价、职务评审、教研科研中弄虚作假、营私舞弊的；

　　（五）体罚学生的和以侮辱、歧视等方式变相体罚学生，造成学生身心伤害的；

　　（六）对学生实施性骚扰或者与学生发生不正当关系的；

　　（七）索要或者违反规定收受家长、学生财物的；

　　（八）组织或者参与针对学生的经营性活动，或者强制学生订购教辅资料、报刊等谋取利益的；

　　（九）组织、要求学生参加校内外有偿补课，或者组织、参与校外培训机构对学生有偿补课的；

　　（十）其他严重违反职业道德的行为应当给予相应处分的。

　　第五条　学校及学校主管教育部门发现教师可能存在第四条列举行为的，应当及时组织调查，核实有关事实。作出处理决定前，应当听取教师的陈述和申辩，听取学生、其他教师、家长委员会或者家长代表意见，并告知教师有要求举行听证的权利。对于拟给予降低专业技术职务等级以上的处分，教师要求听证的，拟作出处理决定的部门应当组织听证。

　　第六条　给予教师处分，应当坚持公正、公平和教育与惩处相结合的原则；应当与其违反职业道德行为的性质、情节、危害程度相适应；应当事实清楚、证据确凿、定性准确、处理恰当、程序合法、手续完备。

　　第七条　给予教师处分按照以下权限决定：

（一）警告和记过处分，公办学校教师由所在学校提出建议，学校主管教育部门决定。民办学校教师由所在学校决定，报主管教育部门备案。

（二）降低专业技术职务等级、撤销专业技术职务或者行政职务处分，由教师所在学校提出建议，学校主管教育部门决定并报同级人事部门备案。

（三）开除处分，公办学校教师由所在学校提出建议，学校主管教育部门决定并报同级人事部门备案；民办学校教师或者未纳入人事编制管理的教师由所在学校决定并解除其聘任合同，报主管教育部门备案。

第八条 处分决定应当书面通知教师本人并载明认定的事实、理由、依据、期限及救济途径等内容。

第九条 教师有第四条列举行为受到处分的，符合《教师资格条例》第十九条规定的，由县级以上教育行政部门依法撤销其教师资格。教师受处分期间暂缓教师资格定期注册。依据《中华人民共和国教师法》第十四条规定丧失教师资格的，不能重新取得教师资格。教师受降低专业技术职务等级处分期间不能申报高一级专业技术职务。教师受撤销专业技术职务处分期间不能重新申报专业技术职务。

第十条 教师不服处分决定的，可以向学校主管教育部门申请复核。对复核结果不服的，可以向学校主管教育部门的上一级行政部门提出申诉。

第十一条 学校及主管教育部门拒不处分、拖延处分或者推诿隐瞒造成不良影响或者严重后果的，上一级行政部门应当追究有关领导责任。

第十二条 教师被依法判处刑罚的，依据《事业单位工作人员处分暂行规定》给予撤销专业技术职务或者行政职务以上处分。教师受到剥夺政治权利或者故意犯罪受到有期徒刑以上刑事处罚的，丧失教师资格。

第十三条 省级教育行政部门应当结合当地实际情况制定实施细则，并报国务院教育行政部门备案。第十四条本办法自发布之日起施行。

教育部　公安部　共青团中央　全国妇联
关于做好预防少年儿童遭受性侵工作的意见

教基－〔2013〕8 号

各省、自治区、直辖市教育厅（教委）、公安厅（局）、团委、妇联，新疆生产建设兵团教育局、公安局、团委、妇联：

近年来，在党中央、国务院的正确领导下，在各级党委政府及教育、公安、共青团、妇联等有关部门的共同努力下，少年儿童保护工作取得积极进展，少年儿童安全事故数量和非正常死亡人数逐年下降。但是，少年儿童保护工作也出现了一些新情况、新问题，亟待加以研究解决，如寄宿制学校增多导致学校日常安全管理难度加大，留守儿童由于缺乏父母监管容易出现安全问题，社会不良风气影响少年儿童身心发展，特别是今年以来媒体集中曝光的个别地方出现的少年儿童被性侵犯案件，引发社会各界高度关注。为切实预防性侵犯少年儿童案件的发生，进一步加强少年儿童保护工作，确保教育系统和谐稳定，现提出以下意见。

一、科学做好预防性侵犯教育。各地教育部门、共青团、妇联组织要通过课堂教学、讲座、班队会、主题活动、编发手册等多种形式开展性知识教育、预防性侵犯教育，提高师生、家长对性侵犯犯罪的认识。广泛宣传"家长保护儿童须知"及"儿童保护须知"，教育学生特别是女学生提高自我保护意识和能力，了解预防性侵犯的知识，知晓什么是性侵犯，遭遇性侵犯后如何寻求他人帮助。教育学生特别是女学生提高警觉，外出时尽量结伴而行，离家时一定要告诉父母返回时间、和谁在一起、联系方式等，牢记父母电话及报警电话。要运用各类媒体普及有关知识，有条件的地方可设立学生保护热线和网站。

二、定期开展隐患摸底排查。各地教育部门要定期组织力量对中小学校进行拉网式排查，全面检查学校日常安全管理制度是否存在漏洞，重点检查教职工、学生是否有异常情况，特别是要关注班级内学生尤其是女学生有无学习成绩突然下滑、精神恍惚、无故旷课等异常表现及产生的原因。要加强对边远地区、山区学校、教学点的排查，切实做到县不漏校，校不漏人。对排查中发现的安全隐患要及时整改，发现的性侵犯事件线索和苗头要认真核实，涉及违法犯罪的要及时报警并报告上级部门。

三、全面落实日常管理制度。各地教育部门要坚持"谁主管、谁负责，谁开办、谁负责"的原则，落实中小学校长作为校园内部安全管理和学生保护第一责任人的责任。要指导学校建立低年级学生上下学接送交接制度，不得将晚离校学生交与无关人员。健全学生请假、销假制度，严禁学生私自离校。加强人防、物防和技防建设，完善重点时段和关键部位的安全监管。严格落实值班、巡查制度，加强校园周边治安综合治理。严格实行外来人员、车辆登记制度和内部人员、车辆出入证制度。

四、从严管理女生宿舍。各地教育部门和寄宿制学校要对所有女生宿舍实行"封闭式"管理，尚未实现"封闭式"管理的要抓紧时间改善宿舍条件。女生宿舍原则上应聘用女性管理人员。未经宿管人员许可，所有男性，包括老师和家长，一律不得进入女生宿舍。宿舍管理人员发现有可疑人员在女生宿舍周围游荡，要立即向学校报告并采取相应防范措施。学生临时有事离校回家必须向学校请假并电话告知家长，经宿舍管理人员同意并登记后方可离校。做好学生夜间点名工作，发现有无故夜不归宿者要及时报告。

五、切实加强教职员工管理。各地教育部门要把好入口关，落实对校长、教师和职工从业资格有关规定，加强对临时聘用人员的准入资质审查，坚决清理和杜绝不合格人员进入学校工作岗位，严禁聘用受到剥夺政治权利或者故意犯罪受到刑事处罚人员、有精神病史人员担任教职员工。要将师德教育、法制教育纳入教职员工培训内容及考核范围，加强考核和评价，落实管理职责。要加强对教职员工的品行考核，对品行不良、侮辱学生、影响恶劣的，由县级以上教育行政部门撤销其教师资格。要关注教职员工队伍心理状况及工作状况，加强心理辅导，防止个别教职员工出现极端心理问题，及时预防个别教职员工出现的不良行为。

六、密切保持家校联系。各地教育部门、妇联组织要通过开展家访、召开家长会、举办家长学校等方式，提醒家长尽量多安排时间和孩子相处交流，切实履行对孩子的监护责任，特别要做好学生离校后的监管看护教育工作。要让家长了解必要的性知识和预防性侵犯知识，并通过适当方式向孩子进行讲解。学校要同家庭随时保持联系，特别要关注留守儿童家庭，及时掌握孩子情况，特别是发现孩子有异常表现时，家校双方要及时沟通，深入了解孩子表现情况，共同分析异常原因，及时采取应对措施。学校家长委员会、家长学校要与社区家长学校密切联系，构筑学校、家庭、社区有效衔接的保护网络。

七、妥善处置中小学生性侵犯事件。各地教育部门要建立中小学生性侵犯案件及时报告制度，一旦发现学生在学校内遭受性侵犯，学校或家长要立即报警并彼此告知，同时学校要及时向上级教育主管部门报告，报告时相关人员有义务保护未成年人合法权益，严格保护学生隐私，防止泄露有关学生个人及其家庭的信息，避免再次伤害。教育部门和学校要与共青团、妇联、家庭和医院等积极配合，向被性侵犯的学生及其家人提供帮助，及时开展相应的心理辅导和家庭支持，帮助他们尽快走出心理阴影。被性侵犯的学生有转学需求的，教育部门和学校应予以安排。对性侵学生者，各地要依法严惩，决不姑息。

八、努力营造良好社会环境和舆论氛围。各地教育部门、公安机关要分析学校及周边安全形势，掌握治安乱点和突出问题，大力整治学校及周边安全隐患。各地公安机关要重点排查民办学校、城乡结合部学校、寄宿制学校内部及周边的安全隐患，严厉打击对少年儿童性侵犯的违法犯罪活动。要加强校园周边巡逻防控，防止发生社会人员性侵犯在校女学生案件。各地教育部门要协调有关部门进一步加强对学生保护工作的正面宣传引导，防止媒体过度渲染报道性侵犯学生案件，营造全社会共同关心、关爱学生健康成长的良好氛围。

九、积极构建长效机制。各地教育部门要将预防性侵犯教育作为安全教育的重要内容，在开学后、放假前等重点时段集中开展，纳入对新上岗教职工和新入学学生的培训教育中。共青团组织要将预防性侵犯教育作为青少年自护教育活动的重要方面，依托各地12355青少年服务台，开设自护教育热线，组织专业社工、公益律师、志愿者开展有针对性的自护教育、心理辅导和法律咨询。妇联组织要将预防性侵犯教育纳入女童尤其是农村留守流动女童家庭教育指导服务重点内容，维护女童合法权益。要加强协同配合，努力构建教育、公安、共青团、妇联、家庭、社会六位一体的保护中小学生工作机制，做到安全监管全覆盖。

教育部　公安部　共青团中央　全国妇联

2013 年 9 月 3 日

中小学幼儿园安全管理办法

■2006 年 6 月 30 日教育部、公安部、司法部、建设部、交通部、文化部、卫生部、国家工商行政管理总局、国家质量监督检验检疫总局、新闻出版总署令第 23 号发布

■自 2006 年 9 月 1 日起施行

第一章 总 则

第一条 为加强中小学、幼儿园安全管理，保障学校及其学生和教职工的人身、财产安全，维护中小学、幼儿园正常的教育教学秩序，根据《中华人民共和国教育法》等法律法规，制定本办法。

第二条 普通中小学、中等职业学校、幼儿园（班）、特殊教育学校、工读学校（以下统称学校）的安全管理适用本办法。

第三条 学校安全管理遵循积极预防、依法管理、社会参与、各负其责的方针。

第四条 学校安全管理工作主要包括：

（一）构建学校安全工作保障体系，全面落实安全工作责任制和事故责任追究制，保障学校安全工作规范、有序进行；

（二）健全学校安全预警机制，制定突发事件应急预案，完善事故预防措施，及时排除安全隐患，不断提高学校安全工作管理水平；

（三）建立校园周边整治协调工作机制，维护校园及周边环境安全；

（四）加强安全宣传教育培训，提高师生安全意识和防护能力；

（五）事故发生后启动应急预案、对伤亡人员实施救治和责任追究等。

第五条 各级教育、公安、司法行政、建设、交通、文化、卫生、工商、质检、新闻出版等部门在本级人民政府的领导下，依法履行学校周边治理和学校安全的监督与管理职责。

学校应当按照本办法履行安全管理和安全教育职责。

社会团体、企业事业单位、其他社会组织和个人应当积极参与和支持学校安全工作，依法维护学校安全。

第二章 安全管理职责

第六条 地方各级人民政府及其教育、公安、司法行政、建设、交通、文化、卫生、工商、质检、新闻出版等部门应当按照职责分工，依法负责学校安全工作，履行学校安全管理职责。

第七条 教育行政部门对学校安全工作履行下列职责：

（一）全面掌握学校安全工作状况，制定学校安全工作考核目标，加强对学校安全工作的检查指导，督促学校建立健全并落实安全管理制度；

（二）建立安全工作责任制和事故责任追究制，及时消除安全隐患，指导学校妥善处理学生伤害事故；

（三）及时了解学校安全教育情况，组织学校有针对性地开展学生安全教育，不断提高教育实效；

（四）制定校园安全的应急预案，指导、监督下级教育行政部门和学校开展安全工作；

（五）协调政府其他相关职能部门共同做好学校安全管理工作，协助当地人民政府组织对学校安全事故的救援和调查处理。

教育督导机构应当组织学校安全工作的专项督导。

第八条 公安机关对学校安全工作履行下列职责：

（一）了解掌握学校及周边治安状况，指导学校做好校园保卫工作，及时依法查处扰乱校园秩序、侵害师生人身、财产安全的案件；

（二）指导和监督学校做好消防安全工作；

（三）协助学校处理校园突发事件。

第九条 卫生部门对学校安全工作履行下列职责：

（一）检查、指导学校卫生防疫和卫生保健工作，落实疾病预防控制措施；

（二）监督、检查学校食堂、学校饮用水和游泳池的卫生状况。

第十条 建设部门对学校安全工作履行下列职责：

（一）加强对学校建筑、燃气设施设备安全状况的监管，发现安全事故隐患的，应当依法责令立即排除；

（二）指导校舍安全检查鉴定工作；

（三）加强对学校工程建设各环节的监督管理，发现校舍、楼梯护栏及其他教学、生活设施违反工程建设强制性标准的，应责令纠正；

（四）依法督促学校定期检验、维修和更新学校相关设施设备。

第十一条 质量技术监督部门应当定期检查学校特种设备及相关设施的安全状况。

第十二条 公安、卫生、交通、建设等部门应当定期向教育行政部门和学校通报与学校安全管理相关的社会治安、疾病防治、交通等情况，提出具体预防要求。

第十三条 文化、新闻出版、工商等部门应当对校园周边的有关经营服务场所加强管理和监督，依法查处违法经营者，维护有利于青少年成长的良好环境。

司法行政、公安等部门应当按照有关规定履行学校安全教育职责。

第十四条 举办学校的地方人民政府、企业事业组织、社会团体和公民个人，应当对学校安全工作履行下列职责：

（一）保证学校符合基本办学标准，保证学校围墙、校舍、场地、教学设施、教学用具、生活设施和饮用水源等办学条件符合国家安全质量标准；

（二）配置紧急照明装置和消防设施与器材，保证学校教学楼、图书馆、实验室、师生宿舍等场所的照明、消防条件符合国家安全规定；

（三）定期对校舍安全进行检查，对需要维修的，及时予以维修；对确认的危房，及时予以改造。

举办学校的地方人民政府应当依法维护学校周边秩序，保障师生和学校的合法权益，为学校提供安全保障。

有条件的，学校举办者应当为学校购买责任保险。

第三章　校内安全管理制度

第十五条　学校应当遵守有关安全工作的法律、法规和规章，建立健全校内各项安全管理制度和安全应急机制，及时消除隐患，预防发生事故。

第十六条　学校应当建立校内安全工作领导机构，实行校长负责制；应当设立保卫机构，配备专职或者兼职安全保卫人员，明确其安全保卫职责。

第十七条　学校应当健全门卫制度，建立校外人员入校的登记或者验证制度，禁止无关人员和校外机动车入内，禁止将非教学用易燃易爆物品、有毒物品、动物和管制器具等危险物品带入校园。

学校门卫应当由专职保安或者其他能够切实履行职责的人员担任。

第十八条　学校应当建立校内安全定期检查制度和危房报告制度，按照国家有关规定安排对学校建筑物、构筑物、设备、设施进行安全检查、检验；发现存在安全隐患的，应当停止使用，及时维修或者更换；维修、更换前应当采取必要的防护措施或者设置警示标志。学校无力解决或者无法排除的重大安全隐患，应当及时书面报告主管部门和其他相关部门。

学校应当在校内高地、水池、楼梯等易发生危险的地方设置警示标志或者采取防护设施。

第十九条　学校应当落实消防安全制度和消防工作责任制，对于政府保障配备的消防设施和器材加强日常维护，保证其能够有效使用，并设置消防安全标志，保证疏散通道、安全出口和消防车通道畅通。

第二十条　学校应当建立用水、用电、用气等相关设施设备的安全管理制度，定期进行检查或者按照规定接受有关主管部门的定期检查，发现老化或者损毁的，及时进行维修或者更换。

第二十一条　学校应当严格执行《学校食堂与学生集体用餐卫生管理规定》、《餐饮业和学生集体用餐配送单位卫生规范》，严格遵守卫生操作规范。建立食堂物资定点采购和索证、登记制度与饭菜留验和记录制度，检查饮用水的卫生安全状况，保障师生饮食卫生安全。

第二十二条　学校应当建立实验室安全管理制度，并将安全管理制度和操作规程置于实验室显

著位置。

学校应当严格建立危险化学品、放射物质的购买、保管、使用、登记、注销等制度，保证将危险化学品、放射物质存放在安全地点。

第二十三条 学校应当按照国家有关规定配备具有从业资格的专职医务（保健）人员或者兼职卫生保健教师，购置必需的急救器材和药品，保障对学生常见病的治疗，并负责学校传染病疫情及其他突发公共卫生事件的报告。有条件的学校，应当设立卫生（保健）室。

新生入学应当提交体检证明。托幼机构与小学在入托、入学时应当查验预防接种证。学校应当建立学生健康档案，组织学生定期体检。

第二十四条 学校应当建立学生安全信息通报制度，将学校规定的学生到校和放学时间、学生非正常缺席或者擅自离校情况，以及学生身体和心理的异常状况等关系学生安全的信息，及时告知其监护人。

对有特异体质、特定疾病或者其他生理、心理状况异常以及有吸毒行为的学生，学校应当做好安全信息记录，妥善保管学生的健康与安全信息资料，依法保护学生的个人隐私。

第二十五条 有寄宿生的学校应当建立住宿学生安全管理制度，配备专人负责住宿学生的生活管理和安全保卫工作。

学校应当对学生宿舍实行夜间巡查、值班制度，并针对女生宿舍安全工作的特点，加强对女生宿舍的安全管理。

学校应当采取有效措施，保证学生宿舍的消防安全。

第二十六条 学校购买或者租用机动车专门用于接送学生的，应当建立车辆管理制度，并及时到公安机关交通管理部门备案。接送学生的车辆必须检验合格，并定期维护和检测。

接送学生专用校车应当粘贴统一标识。标识样式由省级公安机关交通管理部门和教育行政部门制定。

学校不得租用拼装车、报废车和个人机动车接送学生。

接送学生的机动车驾驶员应当身体健康，具备相应准驾车型 3 年以上安全驾驶经历，最近 3 年内任一记分周期没有记满 12 分记录，无致人伤亡的交通责任事故。

第二十七条 学校应当建立安全工作档案，记录日常安全工作、安全责任落实、安全检查、安全隐患消除等情况。

安全档案作为实施安全工作目标考核、责任追究和事故处理的重要依据。

第四章　日常安全管理

第二十八条 学校在日常的教育教学活动中应当遵循教学规范，落实安全管理要求，合理预见、积极防范可能发生的风险。

学校组织学生参加的集体劳动、教学实习或者社会实践活动，应当符合学生的心理、生理特点和身体健康状况。

学校以及接受学生参加教育教学活动的单位必须采取有效措施，为学生活动提供安全保障。

第二十九条　学校组织学生参加大型集体活动，应当采取下列安全措施：

（一）成立临时的安全管理组织机构；

（二）有针对性地对学生进行安全教育；

（三）安排必要的管理人员，明确所负担的安全职责；

（四）制定安全应急预案，配备相应设施。

第三十条　学校应当按照《学校体育工作条例》和教学计划组织体育教学和体育活动，并根据教学要求采取必要的保护和帮助措施。

学校组织学生开展体育活动，应当避开主要街道和交通要道；开展大型体育活动以及其他大型学生活动，必须经过主要街道和交通要道的，应当事先与公安机关交通管理部门共同研究并落实安全措施。

第三十一条　小学、幼儿园应当建立低年级学生、幼儿上下学时接送的交接制度，不得将晚离学校的低年级学生、幼儿交与无关人员。

第三十二条　学生在教学楼进行教学活动和晚自习时，学校应当合理安排学生疏散时间和楼道上下顺序，同时安排人员巡查，防止发生拥挤踩踏伤害事故。

晚自习学生没有离校之前，学校应当有负责人和教师值班、巡查。

第三十三条　学校不得组织学生参加抢险等应当由专业人员或者成人从事的活动，不得组织学生参与制作烟花爆竹、有毒化学品等具有危险性的活动，不得组织学生参加商业性活动。

第三十四条　学校不得将场地出租给他人从事易燃、易爆、有毒、有害等危险品的生产、经营活动。

学校不得出租校园内场地停放校外机动车辆；不得利用学校用地建设对社会开放的停车场。

第三十五条　学校教职工应当符合相应任职资格和条件要求。学校不得聘用因故意犯罪而受到刑事处罚的人，或者有精神病史的人担任教职工。

学校教师应当遵守职业道德规范和工作纪律，不得侮辱、殴打、体罚或者变相体罚学生；发现学生行为具有危险性的，应当及时告诫、制止，并与学生监护人沟通。

第三十六条　学生在校学习和生活期间，应当遵守学校纪律和规章制度，服从学校的安全教育和管理，不得从事危及自身或者他人安全的活动。

第三十七条　监护人发现被监护人有特异体质、特定疾病或者异常心理状况的，应当及时告知学校。

学校对已知的有特异体质、特定疾病或者异常心理状况的学生，应当给予适当关注和照顾。生理、心理状况异常不宜在校学习的学生，应当休学，由监护人安排治疗、休养。

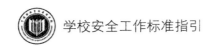

第五章　安全教育

第三十八条　学校应当按照国家课程标准和地方课程设置要求，将安全教育纳入教学内容，对学生开展安全教育，培养学生的安全意识，提高学生的自我防护能力。

第三十九条　学校应当在开学初、放假前，有针对性地对学生集中开展安全教育。新生入校后，学校应当帮助学生及时了解相关的学校安全制度和安全规定。

第四十条　学校应当针对不同课程实验课的特点与要求，对学生进行实验用品的防毒、防爆、防辐射、防污染等的安全防护教育。

学校应当对学生进行用水、用电的安全教育，对寄宿学生进行防火、防盗和人身防护等方面的安全教育。

第四十一条　学校应当对学生开展安全防范教育，使学生掌握基本的自我保护技能，应对不法侵害。

学校应当对学生开展交通安全教育，使学生掌握基本的交通规则和行为规范。

学校应当对学生开展消防安全教育，有条件的可以组织学生到当地消防站参观和体验，使学生掌握基本的消防安全知识，提高防火意识和逃生自救的能力。

学校应当根据当地实际情况，有针对性地对学生开展到江河湖海、水库等地方戏水、游泳的安全卫生教育。

第四十二条　学校可根据当地实际情况，组织师生开展多种形式的事故预防演练。

学校应当每学期至少开展一次针对洪水、地震、火灾等灾害事故的紧急疏散演练，使师生掌握避险、逃生、自救的方法。

第四十三条　教育行政部门按照有关规定，与人民法院、人民检察院和公安、司法行政等部门以及高等学校协商，选聘优秀的法律工作者担任学校的兼职法制副校长或者法制辅导员。

兼职法制副校长或者法制辅导员应当协助学校检查落实安全制度和安全事故处理、定期对师生进行法制教育等，其工作成果纳入派出单位的工作考核内容。

第四十四条　教育行政部门应当组织负责安全管理的主管人员、学校校长、幼儿园园长和学校负责安全保卫工作的人员，定期接受有关安全管理培训。

第四十五条　学校应当制定教职工安全教育培训计划，通过多种途径和方法，使教职工熟悉安全规章制度、掌握安全救护常识，学会指导学生预防事故、自救、逃生、紧急避险的方法和手段。

第四十六条　学生监护人应当与学校互相配合，在日常生活中加强对被监护人的各项安全教育。

学校鼓励和提倡监护人自愿为学生购买意外伤害保险。

第六章　校园周边安全管理

第四十七条　教育、公安、司法行政、建设、交通、文化、卫生、工商、质检、新闻出版等部门应当建立联席会议制度，定期研究部署学校安全管理工作，依法维护学校周边秩序；通过多种途径和方式，听取学校和社会各界关于学校安全管理工作的意见和建议。

第四十八条　建设、公安等部门应当加强对学校周边建设工程的执法检查，禁止任何单位或者个人违反有关法律、法规、规章、标准，在学校围墙或者建筑物边建设工程，在校园周边设立易燃易爆、剧毒、放射性、腐蚀性等危险物品的生产、经营、储存、使用场所或者设施以及其他可能影响学校安全的场所或者设施。

第四十九条　公安机关应当把学校周边地区作为重点治安巡逻区域，在治安情况复杂的学校周边地区增设治安岗亭和报警点，及时发现和消除各类安全隐患，处置扰乱学校秩序和侵害学生人身、财产安全的违法犯罪行为。

第五十条　公安、建设和交通部门应当依法在学校门前道路设置规范的交通警示标志，施划人行横线，根据需要设置交通信号灯、减速带、过街天桥等设施。

在地处交通复杂路段的学校上下学时间，公安机关应当根据需要部署警力或者交通协管人员维护道路交通秩序。

第五十一条　公安机关和交通部门应当依法加强对农村地区交通工具的监督管理，禁止没有资质的车船搭载学生。

第五十二条　文化部门依法禁止在中学、小学校园周围200米范围内设立互联网上网服务营业场所，并依法查处接纳未成年人进入的互联网上网服务营业场所。工商行政管理部门依法查处取缔擅自设立的互联网上网服务营业场所。

第五十三条　新闻出版、公安、工商行政管理等部门应当依法取缔学校周边兜售非法出版物的游商和无证照摊点，查处学校周边制售含有淫秽色情、凶杀暴力等内容的出版物的单位和个人。

第五十四条　卫生、工商行政管理部门应当对校园周边饮食单位的卫生状况进行监督，取缔非法经营的小卖部、饮食摊点。

第七章　安全事故处理

第五十五条　在发生地震、洪水、泥石流、台风等自然灾害和重大治安、公共卫生突发事件时，教育等部门应当立即启动应急预案，及时转移、疏散学生，或者采取其他必要防护措施，保障学校安全和师生人身财产安全。

第五十六条　校园内发生火灾、食物中毒、重大治安等突发安全事故以及自然灾害时，学校应当启动应急预案，及时组织教职工参与抢险、救助和防护，保障学生身体健康和人身、财产安全。

第五十七条 发生学生伤亡事故时，学校应当按照《学生伤害事故处理办法》规定的原则和程序等，及时实施救助，并进行妥善处理。

第五十八条 发生教职工和学生伤亡等安全事故的，学校应当及时报告主管教育行政部门和政府有关部门；属于重大事故的，教育行政部门应当按照有关规定及时逐级上报。

第五十九条 省级教育行政部门应当在每年1月31日前向国务院教育行政部门书面报告上一年度学校安全工作和学生伤亡事故情况。

第八章　奖励与责任

第六十条 教育、公安、司法行政、建设、交通、文化、卫生、工商、质检、新闻出版等部门，对在学校安全工作中成绩显著或者做出突出贡献的单位和个人，应当视情况联合或者分别给予表彰、奖励。

第六十一条 教育、公安、司法行政、建设、交通、文化、卫生、工商、质检、新闻出版等部门，不依法履行学校安全监督与管理职责的，由上级部门给予批评；对直接责任人员由上级部门和所在单位视情节轻重，给予批评教育或者行政处分；构成犯罪的，依法追究刑事责任。

第六十二条 学校不履行安全管理和安全教育职责，对重大安全隐患未及时采取措施的，有关主管部门应当责令其限期改正；拒不改正或者有下列情形之一的，教育行政部门应当对学校负责人和其他直接责任人员给予行政处分；构成犯罪的，依法追究刑事责任：

（一）发生重大安全事故、造成学生和教职工伤亡的；

（二）发生事故后未及时采取适当措施、造成严重后果的；

（三）瞒报、谎报或者缓报重大事故的；

（四）妨碍事故调查或者提供虚假情况的；

（五）拒绝或者不配合有关部门依法实施安全监督管理职责的。

《中华人民共和国民办教育促进法》及其实施条例另有规定的，依其规定执行。

第六十三条 校外单位或者人员违反治安管理规定、引发学校安全事故的，或者在学校安全事故处理过程中，扰乱学校正常教育教学秩序、违反治安管理规定的，由公安机关依法处理；构成犯罪的，依法追究其刑事责任；造成学校财产损失的，依法承担赔偿责任。

第六十四条 学生人身伤害事故的赔偿，依据有关法律法规、国家有关规定以及《学生伤害事故处理办法》处理。

第九章　附　　则

第六十五条 中等职业学校学生实习劳动的安全管理办法另行制定。

第六十六条 本办法自2006年9月1日起施行。

学生伤害事故处理办法

■2002 年 6 月 25 日教育部令第 12 号公布

■自 2002 年 9 月 1 日起施行

第一章　总　　则

第一条　为积极预防、妥善处理在校学生伤害事故，保护学生、学校的合法权益，根据《中华人民共和国教育法》、《中华人民共和国未成年人保护法》和其他相关法律、行政法规及有关规定，制定本办法。

第二条　在学校实施的教育教学活动或者学校组织的校外活动中，以及在学校负有管理责任的校舍、场地、其他教育教学设施、生活设施内发生的，造成在校学生人身损害后果的事故的处理，适用本办法。

第三条　学生伤害事故应当遵循依法、客观公正、合理适当的原则，及时、妥善地处理。

第四条　学校的举办者应当提供符合安全标准的校舍、场地、其他教育教学设施和生活设施。

教育行政部门应当加强学校安全工作，指导学校落实预防学生伤害事故的措施，指导、协助学校妥善处理学生伤害事故，维护学校正常的教育教学秩序。

第五条　学校应当对在校学生进行必要的安全教育和自护自救教育；应当按照规定，建立健全安全制度，采取相应的管理措施，预防和消除教育教学环境中存在的安全隐患；当发生伤害事故时，应当及时采取措施救助受伤害学生。

学校对学生进行安全教育、管理和保护，应当针对学生年龄、认知能力和法律行为能力的不同，采用相应的内容和预防措施。

第六条　学生应当遵守学校的规章制度和纪律；在不同的受教育阶段，应当根据自身的年龄、认知能力和法律行为能力，避免和消除相应的危险。

第七条　未成年学生的父母或者其他监护人（以下称为监护人）应当依法履行监护职责，配合学校对学生进行安全教育、管理和保护工作。

学校对未成年学生不承担监护职责，但法律有规定的或者学校依法接受委托承担相应监护职责的情形除外。

第二章　事故与责任

第八条　学生伤害事故的责任，应当根据相关当事人的行为与损害后果之间的因果关系依法

确定。

因学校、学生或者其他相关当事人的过错造成的学生伤害事故，相关当事人应当根据其行为过错程度的比例及其与损害后果之间的因果关系承担相应的责任。当事人的行为是损害后果发生的主要原因，应当承担主要责任；当事人的行为是损害后果发生的非主要原因，承担相应的责任。

第九条 因下列情形之一造成的学生伤害事故，学校应当依法承担相应的责任：

（一）学校的校舍、场地、其他公共设施，以及学校提供给学生使用的学具、教育教学和生活设施、设备不符合国家规定的标准，或者有明显不安全因素的；

（二）学校的安全保卫、消防、设施设备管理等安全管理制度有明显疏漏，或者管理混乱，存在重大安全隐患，而未及时采取措施的；

（三）学校向学生提供的药品、食品、饮用水等不符合国家或者行业的有关标准、要求的；

（四）学校组织学生参加教育教学活动或者校外活动，未对学生进行相应的安全教育，并未在可预见的范围内采取必要的安全措施的；

（五）学校知道教师或者其他工作人员患有不适宜担任教育教学工作的疾病，但未采取必要措施的；

（六）学校违反有关规定，组织或者安排未成年学生从事不宜未成年人参加的劳动、体育运动或者其他活动的；

（七）学生有特异体质或者特定疾病，不宜参加某种教育教学活动，学校知道或者应当知道，但未予以必要的注意的；

（八）学生在校期间突发疾病或者受到伤害，学校发现，但未根据实际情况及时采取相应措施，导致不良后果加重的；

（九）学校教师或者其他工作人员体罚或者变相体罚学生，或者在履行职责过程中违反工作要求、操作规程、职业道德或者其他有关规定的；

（十）学校教师或者其他工作人员在负有组织、管理未成年学生的职责期间，发现学生行为具有危险性，但未进行必要的管理、告诫或者制止的；

（十一）对未成年学生擅自离校等与学生人身安全直接相关的信息，学校发现或者知道，但未及时告知未成年学生的监护人，导致未成年学生因脱离监护人的保护而发生伤害的；

（十二）学校有未依法履行职责的其他情形的。

第十条 学生或者未成年学生监护人由于过错，有下列情形之一，造成学生伤害事故，应当依法承担相应的责任：

（一）学生违反法律法规的规定，违反社会公共行为准则、学校的规章制度或者纪律，实施按其年龄和认知能力应当知道具有危险或者可能危及他人的行为的；

（二）学生行为具有危险性，学校、教师已经告诫、纠正，但学生不听劝阻、拒不改正的；

（三）学生或者其监护人知道学生有特异体质，或者患有特定疾病，但未告知学校的；

（四）未成年学生的身体状况、行为、情绪等有异常情况，监护人知道或者已被学校告知，但

未履行相应监护职责的;

（五）学生或者未成年学生监护人有其他过错的。

第十一条 学校安排学生参加活动，因提供场地、设备、交通工具、食品及其他消费与服务的经营者，或者学校以外的活动组织者的过错造成的学生伤害事故，有过错的当事人应当依法承担相应的责任。

第十二条 因下列情形之一造成的学生伤害事故，学校已履行了相应职责，行为并无不当的，无法律责任：

（一）地震、雷击、台风、洪水等不可抗的自然因素造成的；

（二）来自学校外部的突发性、偶发性侵害造成的；

（三）学生有特异体质、特定疾病或者异常心理状态，学校不知道或者难于知道的；

（四）学生自杀、自伤的；

（五）在对抗性或者具有风险性的体育竞赛活动中发生意外伤害的；

（六）其他意外因素造成的。

第十三条 下列情形下发生的造成学生人身损害后果的事故，学校行为并无不当的，不承担事故责任；事故责任应当按有关法律法规或者其他有关规定认定：

（一）在学生自行上学、放学、返校、离校途中发生的；

（二）在学生自行外出或者擅自离校期间发生的；

（三）在放学后、节假日或者假期等学校工作时间以外，学生自行滞留学校或者自行到校发生的；

（四）其他在学校管理职责范围外发生的。

第十四条 因学校教师或者其他工作人员与其职务无关的个人行为，或者因学生、教师及其他个人故意实施的违法犯罪行为，造成学生人身损害的，由致害人依法承担相应的责任。

第三章 事故处理程序

第十五条 发生学生伤害事故，学校应当及时救助受伤害学生，并应当及时告知未成年学生的监护人；有条件的，应当采取紧急救援等方式救助。

第十六条 发生学生伤害事故，情形严重的，学校应当及时向主管教育行政部门及有关部门报告；属于重大伤亡事故的，教育行政部门应当按照有关规定及时向同级人民政府和上一级教育行政部门报告。

第十七条 学校的主管教育行政部门应学校要求或者认为必要，可以指导、协助学校进行事故的处理工作，尽快恢复学校正常的教育教学秩序。

第十八条 发生学生伤害事故，学校与受伤害学生或者学生家长可以通过协商方式解决；双方自愿，可以书面请求主管教育行政部门进行调解。

成年学生或者未成年学生的监护人也可以依法直接提起诉讼。

第十九条 教育行政部门收到调解申请，认为必要的，可以指定专门人员进行调解，并应当在受理申请之日起 60 日内完成调解。

第二十条 经教育行政部门调解，双方就事故处理达成一致意见的，应当在调解人员的见证下签订调解协议，结束调解；在调解期限内，双方不能达成一致意见，或者调解过程中一方提起诉讼，人民法院已经受理的，应当终止调解。

调解结束或者终止，教育行政部门应当书面通知当事人。

第二十一条 对经调解达成的协议，一方当事人不履行或者反悔的，双方可以依法提起诉讼。

第二十二条 事故处理结束，学校应当将事故处理结果书面报告主管的教育行政部门；重大伤亡事故的处理结果，学校主管的教育行政部门应当向同级人民政府和上一级教育行政部门报告。

第四章 事故损害的赔偿

第二十三条 对发生学生伤害事故负有责任的组织或者个人，应当按照法律法规的有关规定，承担相应的损害赔偿责任。

第二十四条 学生伤害事故赔偿的范围与标准，按照有关行政法规、地方性法规或者最高人民法院司法解释中的有关规定确定。

教育行政部门进行调解时，认为学校有责任的，可以依照有关法律法规及国家有关规定，提出相应的调解方案。

第二十五条 对受伤害学生的伤残程度存在争议的，可以委托当地具有相应鉴定资格的医院或者有关机构，依据国家规定的人体伤残标准进行鉴定。

第二十六条 学校对学生伤害事故负有责任的，根据责任大小，适当予以经济赔偿，但不承担解决户口、住房、就业等与救助受伤害学生、赔偿相应经济损失无直接关系的其他事项。

学校无责任的，如果有条件，可以根据实际情况，本着自愿和可能的原则，对受伤害学生给予适当的帮助。

第二十七条 因学校教师或者其他工作人员在履行职务中的故意或者重大过失造成的学生伤害事故，学校予以赔偿后，可以向有关责任人员追偿。

第二十八条 未成年学生对学生伤害事故负有责任的，由其监护人依法承担相应的赔偿责任。

学生的行为侵害学校教师及其他工作人员以及其他组织、个人的合法权益，造成损失的，成年学生或者未成年学生的监护人应当依法予以赔偿。

第二十九条 根据双方达成的协议、经调解形成的协议或者人民法院的生效判决，应当由学校负担的赔偿金，学校应当负责筹措；学校无力完全筹措的，由学校的主管部门或者举办者协助筹措。

第三十条 县级以上人民政府教育行政部门或者学校举办者有条件的，可以通过设立学生伤害赔偿准备金等多种形式，依法筹措伤害赔偿金。

第三十一条　学校有条件的，应当依据保险法的有关规定，参加学校责任保险。

教育行政部门可以根据实际情况，鼓励中小学参加学校责任保险。

提倡学生自愿参加意外伤害保险。在尊重学生意愿的前提下，学校可以为学生参加意外伤害保险创造便利条件，但不得从中收取任何费用。

第五章　事故责任者的处理

第三十二条　发生学生伤害事故，学校负有责任且情节严重的，教育行政部门应当根据有关规定，对学校的直接负责的主管人员和其他直接责任人员，分别给予相应的行政处分；有关责任人的行为触犯刑律的，应当移送司法机关依法追究刑事责任。

第三十三条　学校管理混乱，存在重大安全隐患的，主管的教育行政部门或者其他有关部门应当责令其限期整顿；对情节严重或者拒不改正的，应当依据法律法规的有关规定，给予相应的行政处罚。

第三十四条　教育行政部门未履行相应职责，对学生伤害事故的发生负有责任的，由有关部门对直接负责的主管人员和其他直接责任人员分别给予相应的行政处分；有关责任人的行为触犯刑律的，应当移送司法机关依法追究刑事责任。

第三十五条　违反学校纪律，对造成学生伤害事故负有责任的学生，学校可以给予相应的处分；触犯刑律的，由司法机关依法追究刑事责任。

第三十六条　受伤害学生的监护人、亲属或者其他有关人员，在事故处理过程中无理取闹，扰乱学校正常教育教学秩序，或者侵犯学校、学校教师或者其他工作人员的合法权益的，学校应当报告公安机关依法处理；造成损失的，可以依法要求赔偿。

第六章　附　　则

第三十七条　本办法所称学校，是指国家或者社会力量举办的全日制的中小学（含特殊教育学校）、各类中等职业学校、高等学校。

本办法所称学生是指在上述学校中全日制就读的受教育者。

第三十八条　幼儿园发生的幼儿伤害事故，应当根据幼儿为完全无行为能力人的特点，参照本办法处理。

第三十九条　其他教育机构发生的学生伤害事故，参照本办法处理。

在学校注册的其他受教育者在学校管理范围内发生的伤害事故，参照本办法处理。

第四十条　本办法自2002年9月1日起实施，原国家教委、教育部颁布的与学生人身安全事故处理有关的规定，与本办法不符的，以本办法为准。

在本办法实施之前已处理完毕的学生伤害事故不再重新处理。

中小学公共安全教育指导纲要

■教育部制定

■2007 年 2 月 7 日国务院办公厅转发

为进一步加强中小学公共安全教育，培养中小学生的公共安全意识，提高中小学生面临突发安全事件自救自护的应变能力，根据义务教育法、未成年人保护法、《国家突发公共事件总体应急预案》及《中小学幼儿园安全管理办法》、《教育系统突发公共事件应急预案》，特制定本纲要。

一、指导思想、目标和基本原则

（一）必须坚持以邓小平理论和"三个代表"重要思想为指导，树立和落实科学发展观，坚持以人为本，把中小学公共安全教育贯穿于学校教育的各个环节，使广大中小学生牢固树立"珍爱生命，安全第一，遵纪守法，和谐共处"的意识，具备自救自护的素养和能力。

（二）通过开展公共安全教育，培养学生的社会安全责任感，使学生逐步形成安全意识，掌握必要的安全行为的知识和技能，了解相关的法律法规常识，养成在日常生活和突发安全事件中正确应对的习惯，最大限度地预防安全事故发生和减少安全事件对中小学生造成的伤害，保障中小学生健康成长。

（三）中小学公共安全教育要遵循学生身心发展规律，把握学生认知特点，注重实践性、实用性和实效性。坚持专门课程与在其他学科教学中的渗透相结合；课堂教育与实践活动相结合；知识教育与强化管理、培养习惯相结合；学校教育与家庭、社会教育相结合；国家统一要求与地方结合实际积极探索相结合；自救自护与力所能及地帮助他人相结合。做到由浅入深，循序渐进，不断强化，养成习惯。

二、主要内容

（一）公共安全教育的主要内容包括预防和应对社会安全、公共卫生、意外伤害、网络、信息安全、自然灾害以及影响学生安全的其他事故或事件六个模块。重点是帮助和引导学生了解基本的保护个体生命安全和维护社会公共安全的知识和法律法规，树立和强化安全意识，正确处理个体生命与自我、他人、社会和自然之间的关系，了解保障安全的方法并掌握一定的技能。中小学心理健康教育继续遵照教育部已经规定的相关要求实施。

（二）开展公共安全教育必须因地制宜，科学规划，做到分阶段、分模块循序渐进地设置具体教育内容。要把不同学段的公共安全教育内容有机地整合起来，统筹安排。对不同学段各个模块的具体教学内容设置，各地可以根据地区和学生的实际情况加以选择。

1. 小学 1－3 年级的教育内容重点为：

模块一：预防和应对社会安全类事故。

（1）了解社会安全类突发事故的危险和危害。

（2）了解并遵守各种公共场所活动的安全常识。

（3）认识与陌生人交往中应当注意的安全问题，逐步形成基本的自我保护意识。

模块二：预防和应对公共卫生事故。

（1）了解基本公共卫生和饮食卫生常识。

（2）了解常见的肠道和呼吸道等常见疾病的预防常识，养成良好的个人卫生和健康行为及饮食习惯。

模块三：预防和应对意外伤害事故。

（1）学习道路交通法的相关内容，了解出行时道路交通安全常识。

（2）初步识别各种危险标志；学习家用电器、煤气（柴火）、刀具等日常用品的安全使用方法。

（3）初步具备使用电梯、索道、游乐设施等特种设备的安全意识。

（4）初步学会在事故灾害事件中自我保护和求助、求生的简单技能。学会正确使用和拨打110、119、120电话。

模块四：预防和应对自然灾害。

（1）了解学校所在地区和生活环境中可能发生的自然灾害及其危险性。

（2）学习躲避自然灾害引发危险的简单方法，初步学会在自然灾害发生时的自我保护和求助及逃生的简单技能。

模块五：预防和应对影响学生安全的其他事件。

（1）与同学、老师友好相处，不打架；初步形成避免在活动、游戏中造成误伤的意识。

（2）学习当发生突发事件时听从成人安排或者利用现有条件有效地保护自己的方法。

2. 小学4-6年级的教育内容重点为：

模块一：预防和应对社会安全类事故或事件。

（1）认识社会安全类突发事故或事件的危害和范围，不参与影响和危害社会安全的活动。

（2）自觉遵守社会生活中人际交往的基本规则以及公共场所的安全规范。

（3）学会应对可疑陌生人的方法，提高自我防范意识。

（4）了解应对敲诈、恐吓、性侵害的一般方法，提高自我保护能力。

模块二：预防和应对公共卫生事故。

（1）加强卫生和饮食常识学习，形成良好的个人卫生和健康的饮食习惯。

（2）了解常见病和传染病的危害、传播途径和预防措施。

（3）初步了解吸烟、酗酒等不良习惯的危害，知道吸毒是违法行为，逐步形成远离烟酒及毒品的健康生活意识。

（4）初步了解青春期发育基础知识，形成明确的性别意识和自我保护意识。

模块三：预防和应对意外伤害事故。

（1）培养遵守交通规则的良好习惯，形成主动避让车辆的意识。

（2）提高自我保护意识，了解私自到野外游泳、滑冰等活动的危害；学习预防和处理溺水、烫烧伤、动物咬伤、异物进气管等意外伤害的基本常识和方法。

（3）形成对存在危险隐患的设施与区域的防范意识，了解与学习和生活密切相关的特种设备安全知识。

（4）学会有效躲避事故灾害的常用方法和在事故灾害发生时的自我保护和求助及逃生的基本技能。

（5）使学生初步了解与学生意外伤害有关的基本保险知识，提高学生的保险意识。

模块四：预防和应对网络、信息安全事故。

（1）初步认识网络资源的积极意义和了解网络不良信息的危害。

（2）初步学会合理使用网络资源，努力增强对各种信息的辨别能力。

（3）学会控制自己的行为，防止沉迷网络游戏和其他电子游戏。

模块五：预防和应对自然灾害。

（1）了解影响家乡生态环境的常见问题，形成保护自然环境和躲避自然灾害的意识。

（2）学会躲避自然灾害引发危险的基本方法。

（3）掌握突发自然灾害预警信号级别含义及相应采取的防范措施。

模块六：预防和应对影响学生安全的其他事件。

（1）形成和解同学之间纠纷的意识。

（2）形成在遇到危及自身安全时及时向教师、家长、警察求助的意识。

3．初中年级的教育内容重点为：

模块一：预防和应对社会安全类事故或事件。

（1）增强自律意识，自觉不进入未成年人不宜进入的场所。

逐步养成自觉遵守与维护公共场所秩序的习惯。

（2）不参加影响和危害社会安全的活动，形成社会责任意识。

（3）理解社会安全的重要意义，树立正确的人生观和价值观。

（4）学会应对敲诈、恐吓、性侵害等突发事件的基本技能。

模块二：预防和应对公共卫生事故。

（1）了解重大传染病和食物中毒、生活水污染的知识及基本的预防、急救、处理常识；了解简单的用药安全知识。

（2）了解青春期常见问题的预防与处理；形成维护生殖健康的责任感。

（3）了解艾滋病的基本常识和预防措施，形成自我保护意识。

（4）学习识别毒品的知识和方法，拒绝毒品和烟酒的诱惑。

（5）了解和分析影响生命与健康的可能因素。

模块三：预防和应对意外伤害事故。

（1）增强自觉遵守交通法规的意识；主动分析出行时存在的安全隐患，寻求解决方法；防止因违章而导致交通事故的发生。

（2）正确使用各种设施，具备防火、防盗、防触电及防煤气中毒的知识技能。

（3）了解和积极预防在校园活动中可能发生的公共安全事故，提高自我保护和求助及逃生的基本技能。

模块四：预防和应对网络、信息安全事故。

（1）自觉遵守与信息活动相关的各种法律法规，抵制网络上各种不良信息的诱惑，提高自我保护和预防违法犯罪的意识。

（2）合理利用网络，学会判断和有效拒绝的技能，避免迷恋网络带来的危害。

模块五：预防和应对自然灾害。

（1）学会冷静应对自然灾害事件，提高在自然灾害事件中自我保护和求助及逃生的基本技能。

（2）了解曾经发生在我国的重大自然灾害，认识人类活动与自然灾害之间的关系，增强环境保护意识和生态意识。

模块六：预防和应对影响学生安全的其他事件。

（1）了解校园暴力造成的危害，学习应对的方法。

（2）学会克服青春期的烦恼，逐步学会调节和控制自己的情绪，抑制自己的冲动行为。

（3）学会在与人交往中有效保护自己的方法，构筑起坚固的自我心理防线。

4. 高中年级的教育内容重点为：

模块一：预防和应对社会安全类事故或事件。

（1）自觉遵守与生活紧密相关的各种行为规范。

（2）了解考试泄密、违规的相关法律常识。养成维护考试纪律和规范的良好行为习惯。

（3）自觉抵制影响和危害社会公共安全的活动，提高社会责任感和国家意识。

（4）基本理解国际政治、经济、宗教冲突现象，努力维护国家和社会的稳定与团结。

（5）继承和发扬中华民族传统优秀文化，汲取其他国家文化的精华，抵制不良文化习俗的影响。

模块二：预防和应对公共卫生事故。

（1）基本掌握和简单运用突发公共卫生事件卫生应急的相关技能，进行自救、自护。有报告事件的意识和了解报告的途径和方法。

（2）掌握亚健康的基本知识和预防措施，了解应对心理危机的方法和救助渠道，促进个体身心健康发展。

（3）掌握预防艾滋病的基本知识和措施，正确对待艾滋病毒感染者和患者。

（4）自觉抵制不良生活习惯和行为，具备洁身自好的意识和良好的卫生公德。

（5）了解有关禁毒的法律常识，拒绝毒品诱惑。

（6）学习健康的异性交往方式，学会用恰当的方法保护自己，预防性侵害。当遭到性骚扰时，要用法律保护自己。

模块三：预防和应对网络、信息安全事故。

（1）树立网络交流中的安全意识，养成良好的利用网络习惯，提高网络道德素养。

（2）树立不利用网络发送有害信息或进行反动、色情、迷信等宣传活动以及窃取国家、教育行政部门和学校保密信息的牢固意识。

模块四：预防和应对自然灾害。

（1）基本掌握在自然灾害中自救的各种技能，学习紧急救护他人的基本技能。

（2）了解有关环境保护的法律法规；能结合当地实际情况，为保护和改善自然环境做贡献。

模块五：预防和应对影响学生安全的其他事件。

（1）自觉抵制校园暴力，维护自己和同学的生命安全。

（2）树立正确的安全道德观念，在关注自身安全的同时，去关注他人的安全，并提供力所能及的援助。

三、实施途径

（一）学校要在学科教学和综合实践活动课程中渗透公共安全教育内容。各科教师在学科教学中要挖掘隐性的公共安全教育内容，与显性的公共安全教育内容一起，与学科教学有机整合，按照要求，予以贯彻落实。小学阶段主要在品德与生活、品德与社会课程中进行。

（二）对无法在其他学科中渗透的公共安全教育内容，可以利用地方课程的时间，采用多种形式，帮助学生系统掌握公共安全知识和技能。要充分利用班、团、校会、升旗仪式、专题讲座、墙报、板报、参观和演练等方式，采取多种途径和方法全方位、多角度地开展公共安全教育。

（三）公共安全教育可以针对单一主题或多个主题来设计教学活动；通过游戏、实际体验、影片欣赏、角色扮演等活动，也可以运用广播、电视、计算机、网络等现代教育手段进行教学，探索寓教于乐、寓教于丰富多彩活动的教学组织形式，增强公共安全教育的效果。公共安全教育的形式在小学以游戏和模拟为主，初中以活动和体验为主；高中以体验和辨析为主。

学校要建设符合公共安全教育要求的物质环境和人文环境，使学生在潜移默化中提高安全意识，促进学生学习并掌握必要的安全知识和生存技能，认识、感悟安全的意义和价值。

（四）学校要与公安消防、交通、治安以及卫生、地震等部门建立密切联系，聘请有关人员担任校外辅导员，根据学生特点系统协调承担公共安全教育的内容，并且协助学校制订应急疏散预案和组织疏散演习活动。

公共安全教育是学校、家庭和社会的共同责任。学校要采取积极措施帮助家长强化对孩子的公共安全教育意识，指导家长了解和掌握公共安全教育的科学方法，主动寻求家长和社会对公共安全教育的支持和帮助。

四、保障机制

（一）学校要保证公共安全教育的时间，可根据实际情况，结合不同学段的课程方案和本指导纲要的要求，采用课程渗透和利用地方课程时间相结合的方式，确保完成本纲要中规定的教学内容，并要安排必要的时间，开展自救自护和逃生实践演练活动。

（二）各地要加强教学资源建设，积极开发公共安全教育的软件、图文资料、教学课件、音像制品等教学资源。凡进入中小学校的自助读本或相关教育材料必须按有关规定，经审定后方可使用；公共安全教育自助读本或者相关教育材料的购买由各地根据本地实际情况采用多种方式解决，不得向学生收费增加学生负担。大力提倡学校使用公用图书经费统一购买，供学生循环借阅；重视和加强公共安全教育信息网络资源的建设和共享。

（三）各级教育行政部门和学校要重视教师队伍建设，把公共安全教育列入全体在职教师继续教育的培训系列和教师校本培训计划，分层次开展培训工作，不断提高教师开展公共安全教育的水平。

（四）各地要加强教研活动和课题研究，把公共安全教育研究列入当地课题研究规划，保证经费，及时总结、交流和推广研究成果。学校要充分调动教师的积极性，有针对性地开展公共安全教育的校本研究。

（五）要重视对公共安全教育活动的评价和督导。各地教育行政部门要制订科学的公共安全教育评价标准，并将其列入学校督导和校长考核的重要指标之一。评价的重点应注重学生安全意识的建立、基本知识技能的掌握和安全行为的形成，以及学校对公共安全教育活动的安排、必要的资源配置、实施情况以及实际效果。学校要把教师开展公共安全教育的情况作为教师考核的重要依据。

学生集体用餐卫生监督办法

■1996 年 8 月 27 日实行
■卫生部令第 48 号公布

第一条 为加强对学生集体用餐的管理，保证饮食卫生，改善学生营养状况，保障学生的健康成长，根据《中华人民共和国食品卫生法》，制定本办法。

第二条 学生集体用餐系指集中供应中小学校、中等专科学校、技工学校（以下统称中小学校）学生，以供学生用餐为目的而配制的膳食和食品。

学生集体用餐包括学生普通餐、学生营养餐和学生课间餐。

学生普通餐：符合食品卫生要求，适合学生需要量的膳食。

学生营养餐：以保证学生生长发育为目的，根据营养要求而配制的膳食。

学生课间餐：为补充学生课间需要而制作的食品。

第三条 凡集中供应中小学校学生集体用餐的生产经营者和组织供应学生集体用餐的中小学校，均适用本办法。

第四条 国务院卫生行政部门主管全国学生集体用餐的卫生监督管理工作。县级以上地方人民政府卫生行政部门负责本辖区内中小学校学生集体用餐的监督管理工作。

学生集体用餐的生产经营者及其主管部门负责企业或本部门的卫生管理工作。

参加学生集体用餐的学校负责学校内的组织供应中的卫生管理工作。

第五条 学生普通餐、学生营养餐、学生课间餐生产经营者应向所在地县级以上卫生行政部门领取卫生许可证。学生营养餐的生产经营者，其卫生许可证中必须有获准"学生营养餐"的许可项目。未领取卫生许可证者不得生产经营学生普通餐、学生营养餐和学生课间餐。

第六条 学生集体用餐生产经营单位的生产经营场所、内外环境、卫生设施、工艺流程、生产用水、个人卫生、生产用具以及贮存、消毒、运输等必须符合《食品卫生法》第八条有关规定。运送路程较远的膳食要有保温设备。

第七条 学生集体用餐生产经营人员应按规定经体检合格取得健康证后方可上岗。

学生营养餐生产经营单位除应符合上款要求外，还应配备专（兼）职营养师（士），或经培训合格的营养配餐员。厨师须经食品卫生和营养知识培训，取得合格证后方可上岗。

第八条 学生集体用餐必须采用新鲜洁净的原料制作，严禁使用《食品卫生法》第九条规定禁用的食品制售学生普通餐、学生营养餐和学生课间餐。食品、包装材料或容器必须符合卫生标准和规定。膳食要保持一定的温度。学生集体用餐不得直接供应未经加热的食品，制售凉拌生食菜肴要保证卫生质量。

学生营养餐每份所含的热能和营养素应达到营养要求。学生营养餐的烹调应注意减少营养素的损失。

学生课间餐的食品每份应当单独包装。

第九条 实行学生集体用餐的中小学校应设专（兼）职人员负责学生集体用餐管理工作。管理人员应掌握必要的食品卫生和营养知识，应重视学生对饭菜质量的要求，发生食物中毒时应及时向卫生行政部门报告并积极采取控制措施。学校订购集体用餐时，应当确认生产经营者有效的食品卫生许可证。订购学生营养餐时，应确认卫生许可证注有"学生营养餐"的许可项目，不得订购无卫生许可证生产经营的学生普通餐、学生营养餐和学生课间餐。

学校应当设有学生洗手、餐具清洗设备和符合卫生标准的饭菜暂存场所。

负责分发学生集体用餐食品的人员每年要进行体检。凡患有痢疾、伤寒、病毒性肝炎等消化道传染病（包括病原携带者），活动性肺结核、化脓性或者渗出性皮肤病以及其他有碍食品卫生的疾病的人员，不得进行学生集体用餐的分装、发放工作。

第十条 以简单加工学生自带粮油、蔬菜或以为学生热饭为主的规模较小的农村学校，暂不作为实行学生集体用餐的单位对待。但是，按本办法应体检的人员必须经体检合格取得合格证后方可上岗。当地卫生部门应加强对该类食堂的指导，学校应努力改善食堂卫生条件，加强食堂卫生管理，保障学生健康。

第十一条 违反本办法规定的，根据《中华人民共和国食品卫生法》及有关法规追究法律责任。

第十二条 本办法由国务院卫生行政部门负责解释。

第十三条 本办法自发布之日起实施。

食物中毒事故处理办法

■1999 年 12 月 24 日中华人民共和国卫生部令第 8 号
■自 2000 年 1 月 1 日起施行

第一章　总　　则

第一条　为了及时处理和控制食物中毒事故，保障人民身体健康，根据《中华人民共和国食品卫生法》（以下称《食品卫生法》）的规定，制定本办法。

第二条　本办法所指的食物中毒，是指食用了被生物性、化学性有毒有害物质污染的食品或者食用了含有毒有害物质的食品后出现的急性、亚急性食源性疾患。

上款规定的食源性疾患已列入《中华人民共和国传染病防治法》管理的，按照该法执行。

第三条　县级以上地方人民政府卫生行政部门主管管辖范围内 食物中毒事故的监督管理工作。

跨辖区的食物中毒事故由食物中毒发生地的人民政府卫生行政部门进行调查处理，由食物中毒肇事者所在地的人民政府卫生行政部门协助调查处理。对管辖有争议的，由共同上级人民政府卫生行政部门管辖或者指定管辖。

第四条　凡在中华人民共和国领域内从事食品生产经营活动 的，以及涉及食物中毒事故调查与处理的单位和个人均应遵守本办法。

第二章　报　　告

第五条　发生食物中毒或者疑似食物中毒事故的单位和接收食物中毒或者疑似食物中毒病人进行治疗的单位应当及时向所在地人民政府卫生行政部门报告发生食物中毒事故的单位、地址、时间、中毒人数、可疑食物等有关内容。

第六条　县级以上地方人民政府卫生行政部门接到食物中毒或者疑似食物中毒事故的报告，应当及时填写《食物中毒报告登记表》，并报告同级人民政府和上级卫生行政部门。

第七条　县级以上地方人民政府卫生行政部门对发生在管辖范 围内的下列食物中毒或者疑似食物中毒事故，实施紧急报告制度：

（一）中毒人数超过 30 人的，当于 6 小时内报告同级人民政府和上级人民政府卫生行政部门；

（二）中毒人数超过 100 人或者死亡 1 人以上的，应当于 6 小时内上报卫生部，并同时报告同级人民政府和上级人民政府卫生行政部门；

（三）中毒事故发生在学校、地区性或者全国性重要活动期 间的应当于 6 小时内上报卫生部，

并同时报告同级人民政府和上级人民政府卫生行政部门；

（四）其他需要实施紧急报告制度的食物中毒事故。任何单位和个人不得干涉食物中毒或者疑似食物中毒事故的报告。

第八条　县级以上地方各级人民政府卫生行政部门接到跨辖区的食物中毒事故报告，应当通知有关辖区的卫生行政部门，并同时向共同的上级人民政府卫生行政部门报告。

第九条　县级以上地方人民政府卫生行政部门应当在每季度末，汇总和分析本地区食物中毒事故发生情况和处理结果，并及时向社会公布。

省级人民政府卫生行政部门负责汇总分析本地区全年度食物中毒事故发生情况，并于每年11月10日前上报卫生部及其指定的机构。

第十条　地方各级人民政府卫生行政部门应当定期向有关部门通报食物中毒事故发生的情况。

第三章　调查与控制

第十一条　县级以上地方人民政府卫生行政部门在接到食物中毒或者疑似食物中毒事故报告后，应当采取下列措施：

（一）组织卫生机构对中毒人员进行救治；

（二）对可疑中毒食物及其有关工具、设备和现场采取临时控制措施；

（三）组织调查小组进行现场卫生学和流行病学调查，填写《食物中毒个案调查登记表》和《食物中毒调查报告表》，撰写调查报告，并按规定报告有关部门。

第十二条　县级以上地方人民政府卫生行政部门对造成食物中毒事故的食品或者有证据证明可能导致食物中毒事故的食品可以采取下列临时控制措施：

（一）封存造成食物中毒或者可能导致食物中毒的食品及其原料；

（二）封存被污染的食品压工具及用具，并责令进行清洗消毒。

为控制食物中毒事故扩散，责令食品生产经营者收回已售出的造成食物中毒的食品或者有证据证明可能导致食物中毒的食品。

经检验，属于被污染的食品，予以销毁或监督销毁；未被污染的食品，予以解封。

第十三条　造成食物中毒或者有证据证明可能导致食物中毒的食品生产经营单位、发生食物中毒或者疑似食物中毒事故的单位应当采取下列相应措施：

（一）立即停止其生产经营活动，并向所在地人民政府卫生行政部门报告；

（二）协助卫生机构救治病人；

（三）保留造成食物中毒或者可能导致食物中毒的食品及其原料、工具、设备和现场；

（四）配合卫生行政部门进行调查，按卫生行政部门的要求如实提供有关材料和样品；

（五）落实卫生行政部门要求采取的其他措施。

第十四条　县级以上地方人民政府卫生行政部门应当按照《食品卫生监督程序》的有关规定

对食物中毒事故进行调查处理。调查工作应当由卫生行政部门 2 名以上卫生监督员依法进行。

第十五条 食物中毒确认的内容、程序及有关技术要求，应当 执行《食物中毒诊断标准及技术处理总则》（GB14938）的规定。

第四章 罚 则

第十六条 对食物中毒或者疑似食物中毒事故隐瞒、谎报、拖 延、阻挠报告的单位和个人，由县级以上人民政府卫生行政部门责令改正，并可以通报批评。对直接负责的主管人员和其他直接责任人员由卫生行政部门和其他有关部门依法给予行政处分。

第十七条 对造成食物中毒事故的单位和个人，由县级以上地 方人民政府卫生行政部门按照《食品卫生法》和《食品卫生行政处罚办法》的有关规定，予以行政处罚。

第十八条 县级以上地方人民政府卫生行政部门在调查处理食 物中毒事故时，对造成严重食物中毒事故构成犯罪的或者有投毒等犯罪嫌疑的，移送司法机关处理。

第五章 附 则

第十九条 《食物中毒事故报告登记表》、《食物中毒事故个案调查登记表》和《食物中毒事故调查报告表》由卫生部另行制定。

第二十条 铁道、交通行政主管部门设立的食品卫生监督机 构，在其管辖范围内对食物中毒事故的监督管理，依照本办法执行。

第二十一条 本办法由卫生部解释。

第二十二条 本办法自 2000 年 1 月 1 日起施行。1981 年 12 月 1 日发布的《食物中毒调查报告办法》同时废止。以往卫生部其他有关规定与本办法不一致的，以本办法为准。

学校食堂与学生集体用餐卫生管理规定

■2002 年 9 月 20 日教育部、卫生部令第 14 号发布

第一章 总 则

第一条 为防止学校食物中毒或者其他食源性疾患事故的发生，保障师生员工身体健康，根据《食品卫生法》和《学校卫生工作条例》，制定本规定。

第二条 本规定适用于各级各类全日制学校以及幼儿园。

第三条 学校食堂与学生集体用餐的卫生管理必须坚持预防为主的工作方针，实行卫生行政部门监督指导、教育行政部门管理督查、学校具体实施的工作原则。

第二章 食堂建筑、设备与环境卫生要求

第四条 食堂应当保持内外环境整洁，采取有效措施，消除老鼠、蟑螂、苍蝇和其他有害昆虫及其滋生条件。

第五条 食堂的设施设备布局应当合理，应有相对独立的食品原料存放间、食品加工操作间、食品出售场所及用餐场所。

第六条 食堂加工操作间应当符合下列要求：

（一）最小使用面积不得小于 8 平方米；

（二）墙壁应有 1.5 米以上的瓷砖或其他防水、防潮、可清洗的材料制成的墙裙；

（三）地面应由防水、防滑、无毒、易清洗的材料建造，具有一定坡度，易于清洗与排水；

（四）配备有足够的照明、通风、排烟装置和有效的防蝇、防尘、防鼠，污水排放和符合卫生要求的存放废弃物的设施和设备；

（五）制售冷荤凉菜的普通高等学校食堂必须有凉菜间，并配有专用冷藏、洗涤消毒的设施设备。

第七条 食堂应当有用耐磨损、易清洗的无毒材料制造或建成的餐饮具专用洗刷、消毒池等清洗设施设备。采用化学消毒的，必须具备 2 个以上的水池，并不得与清洗蔬菜、肉类等的设施设备混用。

第八条 餐饮具使用前必须洗净、消毒，符合国家相关卫生标准。未经消毒的餐饮具不得使用。禁止重复使用一次性使用的餐饮具。

消毒后的餐饮具必须贮存在餐饮具专用保洁柜内备用。已消毒和未消毒的餐饮具应分开存放，并在餐饮具贮存柜上有明显标记。餐饮具保洁柜应当定期清洗、保持洁净。

第九条 餐饮具所使用的洗涤、消毒剂必须符合卫生标准或要求。洗涤、消毒剂必须有固定的存放场所（橱柜），并有明显的标记。

第十条 食堂用餐场所应设置供用餐者洗手、洗餐具的自来水装置。

第三章 食品采购、贮存及加工的卫生要求

第十一条 严格把好食品的采购关。食堂采购员必须到持有卫生许可证的经营单位采购食品，并按照国家有关规定进行索证；应相对固定食品采购的场所，以保证其质量。

禁止采购以下食品：

（一）腐败变质、油脂酸败、霉变、生虫、污秽不洁、混有异物或者其他感官性状异常，含有

毒有害物质或者被有毒、有害物质污染，可能对人体健康有害的食品；

（二）未经兽医卫生检验或者检验不合格的肉类及其制品；

（三）超过保质期限或不符合食品标签规定的定型包装食品；

（四）其他不符合食品卫生标准和要求的食品。

第十二条 学校分管学生集体用餐的订购人员在订餐时，应确认生产经营者的卫生许可证上注有"送餐"或"学生营养餐"的许可项目，不得向未经许可的生产经营者订餐。

学生集体用餐必须当餐加工，不得订购隔餐的剩余食品，不得订购冷荤凉菜食品。

严把供餐卫生质量关，要按照订餐要求对供餐单位提供的食品进行验收。

第十三条 食品贮存应当分类、分架、隔墙、离地存放，定期检查、及时处理变质或超过保质期限的食品。

食品贮存场所禁止存放有毒、有害物品及个人生活物品。

用于保存食品的冷藏设备，必须贴有标志，生食品、半成品和熟食品应分柜存放。

第十四条 用于原料、半成品、成品的刀、墩、板、桶、盆、筐、抹布以及其他工具、容器必须标志明显，做到分开使用，定位存放，用后洗净，保持清洁。

第十五条 食堂炊事员必须采用新鲜洁净的原料制作食品，不得加工或使用腐败变质和感官性状异常的食品及其原料。

第十六条 加工食品必须做到烧熟熟透，需要熟制加工的大块食品，其中心温度不低于70℃。

加工后的熟制品应当与食品原料或半成品分开存放，半成品应当与食品原料分开存放，防止交叉污染。食品不得接触有毒物、不洁物。

不得向学生出售腐败变质或者感官性状异常，可能影响学生健康的食物。

第十七条 职业学校、普通中等学校、小学、特殊教育学校、幼儿园的食堂不得制售冷荤凉菜。

普通高等学校食堂的凉菜间必须定时进行空气消毒；应有专人加工操作，非凉菜间工作人员不得擅自进入凉菜间；加工凉菜的工用具、容器必须专用，用前必须消毒，用后必须洗净并保持清洁。

每餐的各种凉菜应各取不少于250克的样品留置于冷藏设备中保存24小时以上，以备查验。

第十八条 食品在烹饪后至出售前一般不超过2个小时，若超过2个小时存放的，应当在高于60℃或低于10℃的条件下存放。

第十九条 食堂剩余食品必须冷藏，冷藏时间不得超过24小时，在确认没有变质的情况下，必须经高温彻底加热后，方可继续出售。

第四章 食堂从业人员卫生要求

第二十条 食堂从业人员、管理人员必须掌握有关食品卫生的基本要求。

第二十一条　食堂从业人员每年必须进行健康检查，新参加工作和临时参加工作的食品生产经营人员都必须进行健康检查，取得健康证明后方可参加工作。

凡患有痢疾、伤寒、病毒性肝炎等消化道疾病（包括病原携带者），活动性肺结核，化脓性或者渗出性皮肤病以及其他有碍食品卫生的疾病的，不得从事接触直接入口食品的工作。

食堂从业人员及集体餐分餐人员在出现咳嗽、腹泻、发热、呕吐等有碍于食品卫生的病症时，应立即脱离工作岗位，待查明病因、排除有碍食品卫生的病症或治愈后，方可重新上岗。

第二十二条　食堂从业人员应有良好的个人卫生习惯。必须做到：

（一）工作前、处理食品原料后、便后用肥皂及流动清水洗手；接触直接入口食品之前应洗手消毒；

（二）穿戴清洁的工作衣、帽，并把头发置于帽内；

（三）不得留长指甲、涂指甲油、戴戒指加工食品；

（四）不得在食品加工和销售场所内吸烟。

第五章　管理与监督

第二十三条　学校应建立主管校长负责制，并配备专职或者兼职的食品卫生管理人员。

第二十四条　学校应建立健全食品卫生安全管理制度。

食堂实行承包经营时，学校必须把食品卫生安全作为承包合同的重要指标。

第二十五条　学校食堂必须取得卫生行政部门发放的卫生许可证，未取得卫生许可证的学校食堂不得开办；要积极配合、主动接受当地卫生行政部门的卫生监督。

第二十六条　学校食堂应当建立卫生管理规章制度及岗位责任制度，相关的卫生管理条款应在用餐场所公示，接受用餐者的监督。

食堂应建立严格的安全保卫措施，严禁非食堂工作人员随意进入学校食堂的食品加工操作间及食品原料存放间，防止投毒事件的发生，确保学生用餐的卫生与安全。

第二十七条　学校应当对学生加强饮食卫生教育，进行科学引导，劝阻学生不买街头无照（证）商贩出售的盒饭及食品，不食用来历不明的可疑食物。

第二十八条　各级教育行政部门应根据《食品卫生法》和本规定的要求，加强所辖学校的食品卫生工作的行政管理，并将食品卫生安全管理工作作为对学校督导评估的重要内容，在考核学校工作时，应将食品卫生安全工作作为重要的考核指标。

第二十九条　各级教育行政部门应制定食堂管理人员和从业人员的培训计划，并在卫生行政部门的指导下定期组织对所属学校食堂的管理人员和从业人员进行食品卫生知识、职业道德和法制教育的培训。

第三十条　各级教育行政部门及学校所属的卫生保健机构具有对学校食堂及学生集体用餐的业务指导和检查督促的职责，应定期深入学校食堂进行业务指导和检查督促。

第三十一条 各级卫生行政部门应当根据《食品卫生法》的有关规定，加强对学校食堂与学生集体用餐的卫生监督，对食堂采购、贮存、加工、销售中容易造成食物中毒或其他食源性疾备卫生条件的学校食堂一律不予发证。对获得卫生许可证的学校食堂要加大监督的力度与频度。

第三十二条 学校应当建立食物中毒或者其他食源性疾患等突发事件的应急处理机制。发生食物中毒或疑似食物中毒事故后，应采取下列措施：

（一）立即停止生产经营活动，并向所在地人民政府、教育行政部门和卫生行政部门报告；

（二）协助卫生机构救治病人；

（三）保留造成食物中毒或者可能导致食物中毒的食品及其原料、工具、设备和现场；

（四）配合卫生行政部门进行调查，按卫生行政部门的要求如实提供有关材料和样品；

（五）落实卫生行政部门要求采取的其他措施，把事态控制在最小范围。

第三十三条 学校必须建立健全食物中毒或者其他食源性疾患的报告制度，发生食物中毒或疑似食物中毒事故应及时报告当地教育行政部门和卫生行政部门。

当地教育行政部门应逐级报告上级教育行政部门。

当地卫生行政部门应当于 6 小时内上报卫生部，并同时报告同级人民政府和上级卫生行政部门。

第三十四条 要建立学校食品卫生责任追究制度。对违反本规定，玩忽职守、疏于管理，造成学生食物中毒或者其他食源性疾患的学校和责任人，以及造成食物中毒或其他食源性疾患后，隐瞒实情不上报的学校和责任人，由教育行政部门按照有关规定给予通报批评或行政处分。

对不符合卫生许可证发放条件而发放卫生许可证造成食物中毒或其他食源性疾患的责任人，由卫生行政部门按照有关规定给予通报批评或行政处分。对违反本规定，造成重大食物中毒事件，情节特别严重的，要依法追究相应责任人的法律责任。

第六章 附 则

第三十五条 本规定下列用语含义是：

学生集体用餐：以供学生用餐为目的而配置的膳食和食品，包括学生普通餐、学生营养餐、学生课间餐（牛奶、豆奶、饮料、面点等）、学校举办各类活动时为学生提供的集体饮食等。

食堂：学校自办食堂、承包食堂和高校后勤社会化后专门为学生提供就餐服务的实体。

食堂从业人员：食堂采购员、食堂炊事员、食堂分餐员、仓库保管员等。

第三十六条 以简单加工学生自带粮食、蔬菜或以为学生热饭为主的规模小的农村学校，其食堂建筑、设备等暂不作为实行本规定的单位对待。但是，其他方面应当符合本规定要求。

第三十七条 学生集体用餐生产经营者的监督管理，按《学生集体用餐卫生监督办法》执行。

第三十八条 本规定自公布之日起 30 日后实施。

学校食物中毒事故行政责任追究暂行规定

卫监督发〔2005〕431号

第一条 为加强学校食品卫生管理，预防学校食物中毒事故发生，落实管理责任，保护学校师生身体健康和生命安全，依据《中华人民共和国食品卫生法》、《突发公共卫生事件应急条例》、《国务院关于特大安全事故行政责任追究的规定》、《国务院关于进一步加强食品安全工作的决定》、《学校食堂与学生集体用餐卫生管理规定》、《食物中毒事故处理办法》等规定，制定本办法。

第二条 对学校食品卫生负有监管责任的地方卫生行政部门、教育行政部门以及学校的主要负责人和直接管理责任人不履行或不正确履行食品卫生职责等失职行为，造成学校发生食物中毒事故的，应当追究行政责任。本规定适用于各级各类全日制学校以及幼儿园。

第三条 学校的主要负责人是学校食品卫生管理的第一责任人。

第四条 本规定中的学校食物中毒事故，是指由学校主办或管理的校内供餐单位以及学校负责组织提供的集体用餐导致的学校师生食物中毒事故。

第五条 本规定中的食物中毒事故按照严重程度划分为：

（一）重大学校食物中毒事故，是指一次中毒100人以上并出现死亡病例，或出现10例及以上死亡病例的食物中毒事故。

（二）较大学校食物中毒事故，是指一次中毒100人及以上，或出现死亡病例的食物中毒事故。

（三）一般学校食物中毒事故，是指一次中毒99人及以下，未出现死亡病例的食物中毒事故。

第六条 行政责任追究按照现行干部、职工管理权限，分别由当地政府、教育行政部门、卫生行政部门以及学校实施。应当追究刑事责任的，依照相关法律法规的规定执行。

第七条 行政责任追究应当坚持公开、公正原则，做到有错必纠、处罚适当、教育与惩戒相结合。

第八条 学校发生食物中毒事故，有下列情形之一的，应当追究学校有关责任人的行政责任：

（一）未建立学校食品卫生校长负责制的，或未设立专职或兼职食品卫生管理人员的；

（二）实行食堂承包（托管）经营的学校未建立准入制度或准入制度未落实的。

（三）未建立学校食品卫生安全管理制度或管理制度不落实的；

（四）学校食堂未取得卫生许可证的；

（五）学校食堂从业人员未取得健康证明或存在影响食品卫生病症未调离食品工作岗位的，以及未按规定安排从业人员进行食品卫生知识培训的；

（六）违反《学校食堂与学生集体用餐卫生管理规定》第十二条规定采购学生集体用餐的；

（七）对卫生行政部门或教育行政部门提出的整改意见，未按要求的时限进行整改的；

（八）瞒报、迟报食物中毒事故，或没有采取有效控制措施、组织抢救工作致使食物中毒事态扩大的；

（九）未配合卫生行政部门进行食物中毒调查或未保留现场的。

第九条　学校发生食物中毒事故需要追究学校行政责任的，应当按以下原则，分别追究学校主要领导、主管领导和直接管理责任人的行政责任。发生一般学校食物中毒事故，中毒人数少于29人的，追究直接管理责任人的责任。发生一般学校食物中毒事故，中毒人数在30人及以上的，追究直接管理责任人的责任，但直接管理责任人在事故发生前已将学校未履行食品卫生职责情况书面报告学校主管领导，而学校主管领导未采取措施的，由学校主管领导承担责任。发生较大学校食物中毒事故，追究直接管理责任人和学校主管领导的责任。发生重大学校食物中毒事故，追究直接管理责任人、学校主管领导和学校主要领导的责任。

第十条　学校发生食物中毒事故，有下列情形之一的，应当追究当地卫生行政部门有关责任人的行政责任。

（一）对不符合学校食堂或学校集体用餐单位卫生许可证发放条件的单位，发放卫生许可证的；

（二）检查发现学校食堂未达到卫生许可证发放条件要求，而未向所在地教育行政部门通报的；

（三）未按规定对学校食堂或学生集体用餐供餐单位进行监督检查或检查次数未达到要求的；

（四）未按教育行政部门或学校的请求，协助教育行政主管部门或学校对主管领导、卫生管理人员和从业人员进行食品卫生相关知识培训的；

（五）监督检查过程中，对发现的不符合卫生要求的行为未提出整改意见的；或者提出整改意见后未在要求时限内再次检查进行督促落实的；

（六）接到学校食物中毒报告后，未及时赶往现场调查处理，或者未及时采取有效控制措施导致食物中毒事故事态扩大的；

（七）未按《突发公共卫生事件应急条例》和《食物中毒事故处理办法》的规定时间进行食物中毒报告的。

第十一条　学校发生食物中毒事故，有下列情形之一的，应当追究当地教育行政部门有关人员的行政责任：

（一）未将学校食品卫生安全管理作为对学校督导评估的重要内容和重要考核指标或未按规定进行督导、检查的；

（二）督导检查过程中，对发现的问题未提出改进意见的，或对改进意见未督促落实的；

（三）未督促学校制定学校食堂管理人员和从业人员培训计划或未定期组织培训的；

（四）接到卫生行政部门的相关通报，未督促学校落实卫生行政部门提出的卫生监督意见的；

（五）接到学校食物中毒报告后，未及时赶往现场协助卫生行政部门和其他相关部门调查处理，或者未督促学校采取有效措施控制食物中毒事故事态扩大的；

（六）未按规定向上级教育行政部门报告的，或存在瞒报、迟报行为的。

第十二条　学校发生食物中毒事故需要追究当地教育行政部门、卫生行政部门有关责任人行政责任的，应当按下列原则，分别追究教育行政部门、卫生行政部门有关责任人的行政责任。发生一

般学校食物中毒，追究行政部门直接管理责任人的责任。发生较大学校食物中毒事故，追究部门管理责任人的责任。发生重大学校食物中毒事故，追究部门主管领导的责任。

第十三条 学校食物中毒事故行政责任追究情况应向上级卫生行政部门和教育行政部门报告。

第十四条 承包经营单位和集体用餐配送单位不履行或不正确履行食品卫生职责，造成学校发生食物中毒事故的，依法追究法律责任。

第十五条 本规定自 2006 年 1 月 1 日起施行。

农村义务教育学生营养改善计划食品安全保障管理暂行办法

第一章　总　　则

第一条 为贯彻落实《国务院办公厅关于实施农村义务教育学生营养改善计划的意见》（国办发〔2011〕54 号）要求，加强和规范农村义务教育学生营养改善计划（以下简称营养改善计划）实施过程中的食品安全管理，保障学生饮食安全，特制定本办法。

第二条 本办法依据《中华人民共和国食品安全法》及其实施条例、《突发公共卫生事件应急条例》、《国家食品安全事故应急预案》等相关法律法规制定。

第三条 本办法适用于实施营养改善计划的试点地区和学校，其他地区和学校可参照执行。

第二章　组织领导和职责分工

第四条 营养改善计划实施过程中的食品安全管理按照"政府负责、部门协同，分级管理、以县为主"的原则，建立各司其职、各负其责、密切配合、齐抓共管的工作机制。

（一）地方各级政府要加强食品安全工作的组织领导，建立权责一致、全程监管的食品安全保障机制。

省级政府领导和统筹管理本行政区域食品安全工作。制定食品安全保障办法。督促有关食品安全监管部门，组织制定食品安全宣传教育方案，指导开展食品安全宣传教育；组织制定食品安全事故应急预案；统一发布食品安全信息。督促各有关部门依法履行食品安全监管职责，督促试点地区建立并落实食品安全保障制度和措施。统筹制定学校食堂建设规划，改善学生就餐条件。

市级政府负责协调指导食品安全管理工作。加强监督检查，督促县级政府和各有关食品安全监管部门严格履行食品安全监管职责。

县级政府是食品安全工作的行动主体和责任主体。负责制订食品安全保障实施方案。确定不同类型学校的供餐模式，制订企业（单位）供餐、家庭（个人）托餐等校外供餐招投标办法并组织招标工作。指定专门机构、落实专门人员负责食品安全工作。加强监督检查，督促各有关部门依法履行食品安全监管职责。责成有关食品安全监管部门，组织开展食品安全事故应急预案制定及演练和学校食品安全事故调查。

（二）各监管部门要依法履行食品安全监管职责，确保生产、采购、贮存、加工、供应等关键环节安全可控。

1. 食品安全议事协调机构的办事机构负责食品安全保障工作的综合协调。

2. 农业部门负责对学校定点采购生产基地的食用农产品生产环节质量安全进行监管。

3. 工商部门负责供餐企业主体资格的登记和管理，以及食品流通环节的监督管理。

4. 质检部门负责对食品生产加工企业进行监管，查处食品生产加工中的质量问题及违法行为。

5. 卫生部门负责食品安全风险监测与评估、食品安全事故的病人救治、流行病学调查和卫生学处置。

6. 食品药品监管部门负责餐饮服务食品安全监管，会同教育、农业、质检、工商等部门制定不同供餐模式的准入办法，与学校、供餐企业和托餐家庭（个人）签订食品安全责任书，安排专人负责，加强对食品原料采购、贮存、加工、餐用具清洗消毒、设施设备维护等环节的业务指导和监督管理。组织开展餐饮服务食品安全监督检查、食品安全知识培训。协助查处餐饮服务环节食品安全事故。

7. 教育部门负责学校食品安全管理。督促学校建立健全食品安全管理制度，落实食品安全保障措施，开展食品安全宣传教育。按照规定开展学校食堂食品安全日常自查。配合食品药品监管等部门与学校、供餐企业（单位）和托餐（家庭）个人签订食品安全责任书，并进行食品安全检查。

8. 其他相关部门按照各自职责协助做好食品安全保障工作。

第五条　学校食品安全实行校长负责制。建立健全并落实食品安全管理制度。在食品安全监管部门的指导下，制定食品安全事故应急预案，定期开展演练。不具备食堂供餐条件的学校必须从县级政府纳入营养改善计划的供餐企业（单位）、托餐家庭（个人）推荐名单中选择供餐单位，并签订供餐合同（协议），明确双方的权利和义务。要充分发挥由学生、家长、教师等代表组成的膳食委员会在确定供餐模式、供餐单位、配餐食谱和食品安全监督管理等方面的作用。

第六条　供餐企业（单位）、托餐家庭（个人）必须严格自律，依法经营，建立健全食品安全管理制度，做好食品采购、贮存、加工、供应等环节的安全管理，接受社会监督。

第七条　鼓励社会参与。鼓励共青团、妇联等人民团体，居民委员会、村民委员会等有关基层组织，以及企业、基金会、慈善机构等，在地方政府统筹下，积极参与农村义务教育学生营养改善工作，在食品安全知识宣传、改善就餐条件、加强社会监督等方面发挥积极作用。

第三章　供餐准入及退出管理

第八条　实行供餐准入机制。

（一）学校食堂准入管理。

学校食堂（伙房）必须在办理餐饮服务许可证后方可为学生供餐。学校食堂建设与设施设备配备应当符合《餐饮服务许可管理办法》和《餐饮服务许可审查规范》规定的相关要求。学校食堂准入的基本要求如下：

具有与制作供应的食品品种、数量相适应的食品原料处理和食品烹饪、贮存等场所，保持该场所环境整洁，并与有毒、有害场所以及其他污染源保持规定的距离；

具有与制作供应的食品品种、数量相适应的经营设备或者设施，有相应的消毒、更衣、洗手、采光、照明、通风、冷冻冷藏、防尘、防蝇、防鼠、防虫、洗涤以及处理废水、存放垃圾和废弃物的设备或者设施；

具有合理的布局和加工流程，防止待加工食品与直接入口食品、原料与成品交叉污染，避免食品接触有毒物、不洁物；

具有经食品安全培训、符合相关条件的食品安全管理人员，以及与本单位实际相适应的保证食品安全的规章制度。

（二）供餐企业（单位）准入管理。

1. 供餐企业（单位）必须在办理餐饮服务许可证并经相关部门审核后方可为学生供餐。具体准入办法由省级食品药品监管部门会同教育部门等有关职能部门制订。

2. 供餐企业（单位）必须具有送餐资质和条件。配送条件应当符合食品操作规范的相关规定。

3. 供餐企业（单位）供餐人数不得超出其供餐能力。

（三）托餐家庭（个人）准入管理。

1. 托餐家庭（个人）必须符合准入要求并经相关部门审核后方可供餐。具体准入办法由省级食品药品监管部门会同教育部门等有关职能部门制订。

2. 托餐家庭（个人）应当具备餐饮安全的基本条件，场所应当清洁卫生，服务人员应当具有健康证明，接受食品安全培训，加工过程应做到生熟分开，严防交叉污染，具备清洗消毒条件。

3. 托餐家庭（个人）供餐人数不得超出其供餐能力。

4. 托餐家庭（个人）不得提供送餐服务。

5. 地方政府应为托餐家庭（个人）改善供餐条件提供相应支持。

（四）县级政府通过招标确定纳入营养改善计划的供餐企业（单位）、托餐家庭（个人）推荐名单，并向社会公示，供学校选择和社会监督。要严格审核供餐企业（单位）、托餐家庭（个人）的资质，不具备相应资质的，严禁从事营养改善计划的供餐、托餐服务。

（五）选择校外供餐服务的学校要将食品安全作为首要条件。不得选择未纳入营养改善计划推荐名单的供餐企业（单位）、托餐家庭（个人）提供供餐服务。

第九条 实行供餐退出机制。

对企业（单位）供餐、家庭（个人）托餐等校外供餐实行退出机制。出现下列情况之一者，由县级政府停止其供餐资格。

1. 供餐企业（单位）违反食品安全法律法规被食品药品监管部门吊销或注销餐饮服务许可证。

2. 发生食品安全事故者，包括已供餐或已纳入营养改善计划推荐名单但尚未实施供餐的供餐企业（单位）、托餐家庭（个人）。

3. 食品药品监管部门在监督检查中发现存在采购加工《食品安全法》禁止生产经营的食品、使用非食用物质及滥用食品添加剂、降低食品安全保障条件等食品安全问题，经整改仍达不到要求的。

4. 出现其他违反法律法规及有关规定的行为。

具体退出办法由省级食品药品监管部门、教育部门会同有关部门制订。

第四章　食品安全管理

第十条　制度建设与管理。

（一）学校、供餐企业（单位）、托餐家庭（个人）应当建立健全食品安全管理制度，配备专职或兼职食品安全管理员。食品安全管理制度主要包括：从业人员健康管理和培训制度，从业人员每日晨检制度，加工经营场所及设施设备清洁、消毒和维修保养制度，食品（原料）、食品添加剂、食品相关产品采购索证索票、进货查验和台账记录制度，食品贮存、加工、供应管理制度，食品安全事故应急预案以及食品药品监管部门规定的其他制度。

（二）学校食堂由学校自主经营，统一管理，封闭运营，不得对外承包。已承包的，合同期满，立即收回；合同期未满，给予一定的过渡期，由学校收回管理。由社会投资建设、管理的学校食堂，经当地政府与投资者充分协商取得一致后，可由政府购买收回，交学校管理。

第十一条　从业人员卫生管理要求

（一）餐饮服务从业人员（包括临时工作人员）每年必须进行健康检查，取得有效的健康合格证明后方可从事餐饮服务。凡患有痢疾、伤寒、甲型病毒性肝炎、戊型病毒性肝炎等消化道传染病，以及患有活动性肺结核、化脓性或者渗出性皮肤病等有碍食品安全疾病的，不得从事接触直接入口食品的工作。

（二）从业人员必须定期参加有关部门和单位组织的食品安全培训，增强食品安全意识，提高食品安全操作技能。

（三）实行每日晨检制度。发现有发热、腹泻、皮肤伤口或感染、咽部炎症等有碍食品安全病症的人员，应立即离开工作岗位，待查明原因并将有碍食品安全的病症治愈后，方可重新上岗。

（四）从业人员要有良好的个人卫生习惯。必须做到：工作前、处理食品原料后、便后用肥皂及流动清水洗手；接触直接入口食品之前应洗手消毒；穿戴清洁的工作衣、帽，并把头发置于帽内；不得留长指甲、涂指甲油、戴戒指加工食品；不得在食品加工和销售场所内吸烟。

第十二条　食品采购。

从食品生产单位、批发市场等采购的，严格执行《餐饮服务食品采购索证索票管理规定》，应

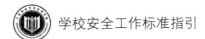

当查验、索取并留存供货者的相关许可证和产品合格证明等文件；从固定供货商或者供货基地采购的，应当查验、索取并留存供货商或者供货基地的资质证明、每笔供货清单等；从超市、农贸市场、个体工商户等采购的，应当索取并留存采购清单。

第十三条 食品贮存。

食品贮存场所应符合卫生安全标准。食品和非食品库房应分开设置，配置良好的通风、防潮、防鼠等设施，配备必要的食品储藏保鲜设施。

建立健全食品出入库管理制度和收发登记制度。遵循先进先出的原则，及时清理销毁变质和过期的食品。

食品贮存应当分类、分架，安全管理。采购的食品以及待加工的食品应按照食品标签要求进行保存，需要冷藏的要及时进行冷藏贮存；熟制品、半成品与食品原料应分开存放，并明显标识，防止交叉污染；不得接触有毒物、不洁物。

第十四条 食品加工。

加工过程应认真执行《餐饮服务食品安全操作规范》。需要熟制烹饪的食品应烧熟煮透，其烹饪时食品中心温度应不低于70℃。

不得向学生提供腐败变质或者感官性状异常，可能影响学生健康的食物；不得制售冷荤凉菜、四季豆等高风险食品。

严格按照规定使用食品添加剂。严禁超范围、超剂量使用食品添加剂，不得采购、贮存、使用亚硝酸盐。严禁使用非食用物质加工制作食品。

第十五条 食品留样。

每餐次的食品成品必须留样，并按品种分别盛放于清洗消毒后的密闭专用容器内，放置于专用冷藏设施中冷藏48小时。每个品种留样量应满足检验需要，不少于100g，并记录留样食品名称、留样量、留样时间、留样人员、审核人员等。

第十六条 餐用具清洗与消毒。

按照要求对食品容器、餐用具进行清洗消毒，并存放在专用保洁设施内备用。提倡采用热力方法进行消毒。采用化学方法消毒的必须冲洗干净。不得使用未经清洗和消毒的餐用具。

第十七条 食品配送。

送餐车辆及工用具必须保持清洁卫生。每次运输食品前应进行清洗消毒，在运输装卸过程中也应注意保持清洁，运输后进行清洗，防止食品在运输过程中受到污染。

集体用餐配送的食品不得在10℃–60℃的温度条件下贮存和运输，从烧熟至食用的间隔时间（保质期）应符合以下要求：

烧熟后2小时的食品中心温度保持在60℃以上（热藏）的，其保质期为烧熟后4小时。烧熟后2小时的食品中心温度保持在10℃以下（冷藏）的，保质期为烧熟后24小时，供餐前应加热，加热时食品中心温度不应低于70℃。

第五章　食品安全事故应急处理

第十八条　发生学生食物中毒等食品安全事故后，学校应立即采取下列措施：立即停止供餐活动；协助医疗机构救治病人；立即封存导致或者可能导致食品安全事故的食品及其原料、工用具、设备设施和现场，并按照相关监管部门的要求采取控制措施；积极配合相关部门进行食品安全事故调查处理，按照要求提供相关资料和样品；配合有关部门对共同进餐的学生进行排查；与中毒学生家长联系，通报情况，做好思想工作；根据相关部门要求，采取必要措施，把事态控制在最小范围。

学校应在 2 小时之内，向当地卫生、教育、食品药品监管等部门报告。不得擅自发布食品安全事故信息。

第十九条　卫生、教育等行政部门接到食品安全事故报告，或查明食品安全事故原因后，应当立即上报同级人民政府和上级主管部门，同时立即通报同级食品药品监督管理部门和其他有关部门。

第二十条　卫生行政部门依法组织对事故进行分析评估，核定事故级别。一般、较大、重大食品安全事故，分别由事故所在地的县、市、省级政府成立相应应急处置指挥机构，统一组织开展本行政区域事故应急处置工作。特别重大食品安全事故，由卫生部会同国务院食品安全办向国务院提出启动 I 级响应的建议，经国务院批准后，成立国家特别重大食品安全事故应急处置指挥部（以下简称指挥部），统一领导和指挥事故应急处置工作。

第二十一条　卫生行政部门应及时组织医疗机构对中毒（患病）人员进行救治，协助食品安全综合协调部门和有关部门对事故现场进行卫生学处理。卫生行政部门组织疾病预防控制机构开展流行病学调查，相关部门及时组织检验机构开展抽样检验，尽快查找食品安全事故发生的原因。

第二十二条　食品安全监管部门应当依法强制就地或异地封存事故相关食品及原料和被污染的食品工用具等，待有关部门查明导致食品安全事故的原因后，责令食品生产经营者彻底清洗消毒被污染的食品工具及用具，消除污染。

第二十三条　对确认受到有毒有害物质污染的相关食品及原料，农业、质量监督、工商、食品药品监管等部门应当依法责令生产经营者召回、停止经营并销毁。检验后确认未被污染的应当予以解封。

第六章　监督检查

第二十四条　地方各级政府和有关部门要按照职责分工，采用日常监督检查与专项监督检查相结合、内部监督检查与外部监督检查相结合等方式，进行全过程、全方位、常态化监督检查。

第二十五条　有关部门依法开展对学校食堂、供餐企业（单位）、托餐家庭（个人）的食品安

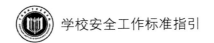

全监管和检查。有权采取下列措施：

（一）进入学生餐经营场所实施现场检查；

（二）对学生餐进行抽样检验；

（三）查阅、复制有关合同、票据、账簿以及其他有关资料；

（四）查封、扣押有证据证明不符合食品安全标准的食品、违法使用的食品和原料、食品添加剂、食品相关产品以及用于违法生产经营或者被污染的工具、设备；

（五）查封违法从事食品经营活动的场所。

第二十六条　有关部门应当建立学校食堂、供餐企业（单位）、托餐家庭（个人）食品安全信用档案，记录许可颁发、日常监督检查结果、违法行为查处等情况；根据食品安全信用档案的记录，对有不良信用记录的食品经营者增加监督检查频次。

第二十七条　在监督检查过程中，对发现的违法行为，要求责令改正，并依法进行行政处罚。

第七章　责任追究

第二十八条　建立食品安全责任追究制度。对违反法律法规、玩忽职守、疏于管理，导致发生食品安全事故，或发生食品安全事故后迟报、漏报、瞒报造成严重不良后果的，追究相应责任人责任；构成犯罪的，追究其刑事责任。

（一）县级以上地方政府在食品安全监督管理中未履行职责，本行政区域出现重大食品安全事故、造成严重社会影响的，依法对直接负责的主管人员和其他直接责任人员追究相应责任。

（二）县级以上卫生行政、农业行政、质量监督、工商行政管理、食品药品监督管理部门或者其他有关行政部门不履行食品安全监督管理法定职责、日常监督检查不到位或者滥用职权、玩忽职守、徇私舞弊的，依法对直接负责的主管人员和其他直接责任人员追究相应责任。

（三）学校、供餐企业（单位）和托餐家庭（个人）不履行或不正确履行食品安全职责，造成食品安全事故的，依法对直接负责的主管人员和其他直接责任人员追究相应责任。

第八章　附　　则

第二十九条　本办法由教育部、中宣部、国家发展改革委、监察部、财政部、农业部、卫生部、审计署、国家工商总局、国家质检总局、国家食品药品监管局、国务院食品安全委员会办公室、共青团中央、全国妇联、全国供销合作总社负责解释。

第三十条　本办法自印发之日起施行。

农村义务教育学校食堂管理暂行办法

第一章　总　　则

第一条　为贯彻落实《国务院办公厅关于实施农村义务教育学生营养改善计划的意见》（国办发〔2011〕54号），规范农村义务教育学校食堂管理，特制定本办法。

第二条　本办法依据农村义务教育学生营养改善计划（以下简称营养改善计划）的实施细则、专项资金管理办法、食品安全保障管理办法及相关法律法规制定。

第三条　地方各级政府要高度重视农村义务教育学校食堂管理工作，各有关部门要共同参与对学校食堂的管理，各司其职、各负其责。学校要把食品安全和资金安全作为食堂管理的重点，切实承担起具体组织实施和管理责任。

第四条　本办法所称学校食堂，是指为学生（含教职工）提供就餐服务，按要求具有相对独立的原料存放、食品加工操作、食品出售及就餐空间的场所。

第五条　本办法适用于实施营养改善计划的试点地区和学校，其他地区和学校可参照执行。

第二章　基本要求

第六条　学校食堂应以改善学生营养、增强学生身体素质，促进学生健康成长为宗旨，坚持"公益性"、"非营利性"的原则，尊重少数民族饮食习惯，建立健全覆盖各个环节的规章制度。

第七条　审批制。学校开办食堂须提出书面申请，经相关部门审批同意，取得餐饮服务许可证后方可供餐。

第八条　校长负责制。校长是第一责任人，对学校食堂管理工作负总责。建立由校领导、后勤管理部门负责人和食堂管理人员组成的食堂管理工作领导小组，全面负责学校食堂管理。重大开支和重要事项，由集体讨论决定。

第九条　内部控制制度。针对学校食堂管理的各个关键环节，建立健全严密有效的内部控制制度，强化内部控制，提高管理水平。

第十条　岗位责任制。学校应根据学生就餐规模，切实做好定岗、定责、定薪工作，合理配置人员。学校应按照不相容岗位分设的要求，设置采购、加工、保管、会计、出纳、食品安全管理等工作岗位，建立岗位责任制，明确岗位职责。关键岗位应定期进行轮换。规模较小的学校，部分岗位可以由符合任职要求的其他人员兼任。

第十一条　学校负责人陪餐制。学校负责人应轮流陪餐（餐费自理），做好陪餐记录，及时发现和解决食堂管理中存在的问题和困难。

第十二条 科学营养供餐。各地应参照有关营养标准，结合学生营养健康状况、当地饮食习惯和食物实际供应情况，制订成本合理、营养均衡的食谱。

第十三条 食品安全事故应急处理机制。学校应防止投毒事故，保障饮水安全，建立完善食物中毒等食品安全事故的应急预案，细化事故信息报告、人员救治、危害控制、事故调查、善后处理、舆情应对等具体方案，并定期组织演练。

第十四条 学校食堂应按照《消防法》的规定，提高消防意识，加强消防安全管理，定期组织消防演练，防止发生火灾。

第十五条 建立膳食委员会。学校应成立由学生代表、家长代表、教师代表等组成的膳食委员会，发挥其在配餐食谱、食堂管理和检查评议等方面的作用。

第十六条 学校食堂一般应由学校自主经营，统一管理，不得对外承包。已承包的，合同期满，立即收回；合同期未满的，给予一定的过渡期，由学校收回管理。由社会投资建设、管理的学校食堂，经当地政府与投资者充分协商取得一致后，可由政府购买收回，交学校管理。

第三章　人员管理

第十七条 地方政府应为学校食堂配备数量足够的合格工作人员并妥善落实人员工资及福利，组织专业培训。从业人员不足的，应优先从富余教师中转岗，也可以采取购买公益性岗位的方式从社会公开招聘。人员招聘按照"省定标准、县级聘用、学校使用"的原则进行。

第十八条 食堂从业人员基本要求。

（一）学校应在食品药品监督管理部门和营养专业人员的指导下对食堂从业人员定期组织食品安全知识、营养配餐、消防知识、职业道德和法制教育的培训。

（二）学校食堂从业人员（含临时工作人员）每年必须进行健康检查，取得有效的健康合格证明。

（三）建立食堂从业人员晨检制度。食堂管理人员应在每天早晨各项饭菜烹饪活动开始之前，对每名从业人员的健康状况进行检查，并将检查情况记录在案。发现有发热、腹泻、皮肤伤口或感染、咽部炎症等有碍食品安全病症的，应立即离开工作岗位，待查明原因并将有碍食品安全的病症治愈后，方可重新上岗。从业人员有不良思想倾向及行为、精神异常等现象的，应立即调离工作岗位。

（四）食堂从业人员应具备良好的个人卫生习惯。处理食品及分餐前、处理食品原料及使用卫生间后，必须用肥皂及流动清水洗手消毒；穿戴清洁的工作衣、帽，并把头发置于帽内；不得留长指甲、涂指甲油、戴戒指加工食品；不得在食品加工和供应场所内吸烟。

第十九条 学校食堂应配备专职或兼职食品安全管理员，食品安全管理员原则上每年应接受累计不少于40小时的餐饮服务食品安全培训。

第四章　食品采购

第二十条　建立食品采购索证索票制度。食品采购应严格执行《餐饮服务食品采购索证索票管理规定》。从食品生产单位、批发市场等采购的，应当查验、索取并留存供货者的相关许可证和产品合格证明等文件；从固定供货商或者供货基地采购的，应当查验、索取并留存供货商或者供货基地的资质证明、每笔供货清单等；从超市、农贸市场、个体工商户、农户等采购的，应当索取并留存采购清单等有关凭证，做到源头可控，有据可查。

第二十一条　规范大宗食品采购行为。建立大宗食品及原辅材料招标制度，米、面、油、蛋、奶等大宗食品及原辅材料要通过公开招标、集中采购、定点采购的方式确定供货商。偏远地区学校或教学点可通过比选质量、价格的办法确定供货对象。

第二十二条　积极推进"农校对接"。建立学校蔬菜和农副产品直供基地，在保障产品质量和安全的前提下，减少农副产品采购和流通环节，降低原材料成本。

第二十三条　建立食品查验制度。采购包装食品时应严格查验食品生产日期、保质期，确保食品安全；不得采购质量不合格、超过保质期的食品；不得采购有腐败变质或感官性状异常的食品；不得采购《食品安全法》禁止生产、经营的食品。

第二十四条　建立双人采购和定期轮换制度。学校应实行双人采购，人员不足的可由教职工陪买，每次采购应做详细的采购记录备查。原则上采购人员每学期应轮换一次。

第二十五条　建立供货商评议制度。学校应定期对食品及原辅材料供货商进行综合评议，对评议不合格、违反食品安全法律法规、发生食品安全事故的供货商应列入黑名单，终止供货合同，取消其供货资格。供货商定期与学校进行结算，采购员与供货商之间原则上不得发生现金交易。

第五章　食品贮存

第二十六条　建立出入库管理制度。食堂物品的入库、出库必须由专人负责，签字确认。规模较大的学校，应由两个以上人员签字验收。严格入库、出库检查验收，核对数量，检验质量，杜绝质次、变质、过期食品的入库与出库。出库食品做到先进先出。

第二十七条　建立库存盘点制度。食堂物品入库、验收、保管、出库应手续齐全，物、据、账、表相符，日清月结。盘点后相关人员均须在盘存单上签字。食堂应根据日常消耗确定合理库存。发现变质和过期的食品应按规定及时清理销毁，并办理监销手续。

第二十八条　食品贮存场所应根据贮存条件分别设置，食品和非食品库房应分设，并配置良好的通风、防潮、防鼠等设施。食品贮存应当分类、分架、隔墙、离地存放，遵循先进先出的原则摆放，不同区域应有明显标识。散装食品应盛装于容器内，在贮存位置标明食品的名称、生产日期、保质期、供货商及联系方式等内容。盛装食品的容器应符合安全要求。

第六章　食品加工

第二十九条　食堂加工操作间应当符合下列要求：

（一）最小使用面积不得小于 8 平方米；

（二）墙壁应有 1.5 米以上的瓷砖或其他防水、防潮、可清洗的材料制成的墙裙；

（三）地面应由防水、防滑、无毒、易清洗的材料建造，具有一定坡度，易于清洗与排水；

（四）配备有足够的照明、通风、排烟装置和有效的防蝇、防尘、防鼠，污水排放和符合卫生要求的存放废弃物的设施和设备；

（五）配备餐饮服务许可证所规定的其他设施设备。

第三十条　食品加工过程应严格执行《餐饮服务食品安全操作规范》。

第三十一条　必须采用新鲜安全的原料制作食品，不得加工或使用腐败变质和感官性状异常的食品及原料。不得向学生提供腐败变质或者感官性状异常，可能影响学生健康的食物；不得制售冷荤凉菜、四季豆等高风险食品。

第三十二条　需要熟制烹饪的食品应烧熟煮透，其烹饪时食品中心温度应不低于 70℃。烹饪后的熟制品、半成品与食品原料应分开存放，防止交叉污染。食品不得接触有毒物、不洁物。

第三十三条　建立食品留样制度。每餐次的食品成品必须留样，并按品种分别盛放于清洗消毒后的密闭专用容器内，放置于专用冷藏设施中冷藏 48 小时。每个品种留样量应满足检验需要，不少于 100g，并记录留样食品名称、留样量、留样时间、留样人员、审核人员等信息。

第三十四条　严格按照规定使用食品添加剂。严禁超范围、超剂量使用食品添加剂，不得采购、贮存、使用亚硝酸盐。严禁使用非食用物质加工制作食品。

第三十五条　加工结束后及时清理加工场所，做到地面无污物、残渣；及时清洗各种设备、容器和用具，做到定期消毒，归位摆放。

第七章　食品供应

第三十六条　学校食堂供餐包括两种方式：一是包餐制，即全体学生统一伙食费标准，由学校食堂提供统一饭菜；二是自购制，即饭菜品种、数量由学生自由选购，学校食堂凭充值卡或饭菜票结算。学校可根据实际情况从中选择。

第三十七条　学校食堂应综合考虑学生的营养需要、当地经济发展水平、物价水平等因素，合理确定伙食标准和配餐方案，并报教育、卫生、价格管理部门备案。

第三十八条　学校应制订每周带量食谱并提前公布。

第三十九条　有清真餐需求的学校应设立清真灶，灶具、炊具使用，原材料采购、贮存、加工等应符合清真饮食的规定。

第四十条　就餐场所管理。学生就餐场所应张贴均衡营养、健康饮食行为等宣传资料；应设置洗手池等设备设施，有明确的洗手、消毒及检查等规定；就餐场所及设备设施应定期维护，保持干净整洁，做好地面防滑。

第四十一条　就餐秩序管理。学生就餐时，应落实校领导带班、班主任值班制度，加强就餐秩序的管理，做到安全、文明就餐，避免浪费。

第四十二条　餐用具清洗与消毒。按照要求对食品容器、餐用具进行清洗消毒，并存放在专用保洁设施内备用。提倡采用热力方法进行消毒。采用化学方法消毒的必须冲洗干净。不得使用未经清洗和消毒的餐用具。

第八章　财务管理

第四十三条　教育、财政部门应加强对学校财务工作的指导。建立健全食堂财会制度，配备专（兼）职财会人员，定期组织业务培训。

第四十四条　学校食堂财务纳入学校财务统一管理，实行专账核算。对营养改善资金收支情况必须设立专门台账，明细核算。

第四十五条　严格区分核算主体，由财政经费保障的人员、设施设备等方面的费用不得在食堂专账中列支。

第四十六条　学校必须确保营养改善专项补助资金足额用于学生伙食，不得以现金形式直接发给学生个人和家长，不得以保健品、含乳饮料等替代。

第四十七条　教职工在食堂就餐应与学生同菜同价，伙食费据实结算，不得挤占营养改善补助资金，不得侵占学生利益。

第四十八条　学校食堂收取伙食费应开具合法票据；支出要取得合法、有效的票据，按规定办理相应报销手续。

第四十九条　食堂收入包括：财政补助收入、伙食收入、其他收入等。不得将学校的店面承包收入、房租收入、其他非食堂经营服务收入转入食堂收入。不得转移食堂收入。严禁挪用食堂资金或设立"小金库"。

第五十条　食堂支出包括原材料成本、人工成本等。不得将应在学校事业经费列支的费用等计入食堂支出。食堂成本核算应以食堂的日常经营服务活动所必需的各项料、工、费为基本内容。

第五十一条　食堂的收支结余实施月度结算，食堂的结余款要专项用于改善学生伙食，严禁用于学校教职工福利、奖金、津补贴以及非食堂经营服务方面的支出。

第五十二条　学校食堂实行财务公开，自觉接受学生、家长、学校膳食委员会的监督。学校应定期（每学期至少一次）将食堂收支情况及时向学校师生和家长公开，同时报送教育部门备案。

第九章 监督检查

第五十三条 教育部门要会同食品药品监管、卫生、物价、审计等部门，采取定期检查和随机抽查等形式，对学校食堂管理的各个环节加强监管。对发现的问题要予以通报并责令整改；情况严重的，要依法依规严肃处理，追究相应的责任。教育部门在考核学校工作时，应将食堂管理作为重要考核指标。

第五十四条 建立公示制度。学校应定期将营养改善计划受益学生名单、人数（次），学校食堂财务收支情况，物资采购情况，带量食谱、饭菜价格等情况予以公示，接受学校师生和家长的监督。

第五十五条 建立信息反馈渠道。设立校长信箱，食堂工作人员、就餐师生，可以对原材料采购、伙食质量等问题进行投诉或举报。学校应定期公布投诉或举报的处理情况。

第五十六条 建立责任追究制度。对违反规定、疏于管理、玩忽职守，导致学生发生食物中毒事故，或发生食品安全事故后迟报、漏报、瞒报造成严重不良后果的，追究相应责任人责任；构成犯罪的，追究其刑事责任。

第五十七条 有下列情形之一的，一经查实，依法依规严肃处理：

（一）在食堂经费中列支教职工伙食、奖金福利和招待费等费用；

（二）虚报、冒领、套取、挤占、挪用营养改善补助资金；

（三）克扣学生伙食、贪污受贿等。

第十章 附 则

第五十八条 本办法由教育部、中宣部、国家发展改革委、监察部、财政部、农业部、卫生部、审计署、国家工商总局、国家质检总局、国家食品药品监管局、国务院食品安全委员会办公室、共青团中央、全国妇联、全国供销合作总社负责解释。

第五十九条 各地应结合实际，制订具体实施办法。

第六十条 本办法自印发之日起施行。

托儿所幼儿园卫生保健管理办法

■2010 年 9 月 6 日卫生部 教育部令第 76 号发布

■自 2010 年 11 月 1 日起施行。

第一条 为提高托儿所、幼儿园卫生保健工作水平，预防和减少疾病发生，保障儿童身心健康，制定本办法。

第二条　本办法适用于招收 0～6 岁儿童的各级各类托儿所、幼儿园（以下简称托幼机构）。

第三条　托幼机构应当贯彻保教结合、预防为主的方针，认真做好卫生保健工作。

第四条　县级以上各级人民政府卫生行政部门应当将托幼机构的卫生保健工作作为公共卫生服务的重要内容，加强监督和指导。

县级以上各级人民政府教育行政部门协助卫生行政部门检查指导托幼机构的卫生保健工作。

第五条　县级以上妇幼保健机构负责对辖区内托幼机构卫生保健工作进行业务指导。业务指导的内容包括：膳食营养、体格锻炼、健康检查、卫生消毒、疾病预防等。

疾病预防控制机构应当定期为托幼机构提供疾病预防控制咨询服务和指导。

卫生监督执法机构应当依法对托幼机构的饮用水卫生、传染病预防和控制等工作进行监督检查。

第六条　托幼机构设有食堂提供餐饮服务的，应当按照《食品安全法》、《食品安全法实施条例》以及有关规章的要求，认真落实各项食品安全要求。

食品药品监督管理部门等负责餐饮服务监督管理的部门应当依法加强对托幼机构食品安全的指导与监督检查。

第七条　托幼机构的建筑、设施、设备、环境及提供的食品、饮用水等应当符合国家有关卫生标准、规范的要求。

第八条　新设立的托幼机构，招生前应当取得县级以上地方人民政府卫生行政部门指定的医疗卫生机构出具的符合《托儿所幼儿园卫生保健工作规范》的卫生评价报告。

各级教育行政部门应当将卫生保健工作质量纳入托幼机构的分级定类管理。

第九条　托幼机构的法定代表人或者负责人是本机构卫生保健工作的第一责任人。

第十条　托幼机构应当根据规模、接收儿童数量等设立相应的卫生室或者保健室，具体负责卫生保健工作。

卫生室应当符合医疗机构基本标准，取得卫生行政部门颁发的《医疗机构执业许可证》。

保健室不得开展诊疗活动，其配置应当符合保健室设置基本要求。

第十一条　托幼机构应当聘用符合国家规定的卫生保健人员。卫生保健人员包括医师、护士和保健员。

在卫生室工作的医师应当取得卫生行政部门颁发的《医师执业证书》，护士应当取得《护士执业证书》。

在保健室工作的保健员应当具有高中以上学历，经过卫生保健专业知识培训，具有托幼机构卫生保健基础知识，掌握卫生消毒、传染病管理和营养膳食管理等技能。

第十二条　托幼机构聘用卫生保健人员应当按照收托 150 名儿童至少设 1 名专职卫生保健人员的比例配备卫生保健人员。收托 150 名以下儿童的，应当配备专职或者兼职卫生保健人员。

第十三条　托幼机构卫生保健人员应当定期接受当地妇幼保健机构组织的卫生保健专业知识培训。

托幼机构卫生保健人员应当对机构内的工作人员进行卫生知识宣传教育、疾病预防、卫生消毒、膳食营养、食品卫生、饮用水卫生等方面的具体指导。

第十四条 托幼机构工作人员上岗前必须经县级以上人民政府卫生行政部门指定的医疗卫生机构进行健康检查，取得《托幼机构工作人员健康合格证》后方可上岗。

托幼机构应当组织在岗工作人员每年进行1次健康检查；在岗人员患有传染性疾病的，应当立即离岗治疗，治愈后方可上岗工作。

精神病患者、有精神病史者不得在托幼机构工作。

第十五条 托幼机构应当严格按照《托儿所幼儿园卫生保健工作规范》开展卫生保健工作。

托幼机构卫生保健工作包括以下内容：

（一）根据儿童不同年龄特点，建立科学、合理的一日生活制度，培养儿童良好的卫生习惯；

（二）为儿童提供合理的营养膳食，科学制订食谱，保证膳食平衡；

（三）制订与儿童生理特点相适应的体格锻炼计划，根据儿童年龄特点开展游戏及体育活动，并保证儿童户外活动时间，增进儿童身心健康；

（四）建立健康检查制度，开展儿童定期健康检查工作，建立健康档案。坚持晨检及全日健康观察，做好常见病的预防，发现问题及时处理；

（五）严格执行卫生消毒制度，做好室内外环境及个人卫生。加强饮食卫生管理，保证食品安全；

（六）协助落实国家免疫规划，在儿童入托时应当查验其预防接种证，未按规定接种的儿童要告知其监护人，督促监护人带儿童到当地规定的接种单位补种；

（七）加强日常保育护理工作，对体弱儿进行专案管理。配合妇幼保健机构定期开展儿童眼、耳、口腔保健，开展儿童心理卫生保健；

（八）建立卫生安全管理制度，落实各项卫生安全防护工作，预防伤害事故的发生；

（九）制订健康教育计划，对儿童及其家长开展多种形式的健康教育活动；

（十）做好各项卫生保健工作信息的收集、汇总和报告工作。

第十六条 托幼机构应当在疾病预防控制机构指导下，做好传染病预防和控制管理工作。

托幼机构发现传染病患儿应当及时按照法律、法规和卫生部的规定进行报告，在疾病预防控制机构的指导下，对环境进行严格消毒处理。

在传染病流行期间，托幼机构应当加强预防控制措施。

第十七条 疾病预防控制机构应当收集、分析、调查、核实托幼机构的传染病疫情，发现问题及时通报托幼机构，并向卫生行政部门和教育行政部门报告。

第十八条 儿童入托幼机构前应当经医疗卫生机构进行健康检查，合格后方可进入托幼机构。

托幼机构发现在园（所）的儿童患疑似传染病时应当及时通知其监护人离园（所）诊治。患传染病的患儿治愈后，凭医疗卫生机构出具的健康证明方可入园（所）。

儿童离开托幼机构3个月以上应当进行健康检查后方可再次入托幼机构。

医疗卫生机构应当按照规定的体检项目开展健康检查，不得违反规定擅自改变。

第十九条 托幼机构有下列情形之一的，由卫生行政部门责令限期改正，通报批评；逾期不改的，给予警告；情节严重的，由教育行政部门依法给予行政处罚：

（一）未按要求设立保健室、卫生室或者配备卫生保健人员的；

（二）聘用未进行健康检查或者健康检查不合格的工作人员的；

（三）未定期组织工作人员健康检查的；

（四）招收未经健康检查或健康检查不合格的儿童入托幼机构的；

（五）未严格按照《托儿所幼儿园卫生保健工作规范》开展卫生保健工作的。

卫生行政部门应当及时将处理结果通报教育行政部门，教育行政部门将其作为托幼机构分级定类管理和质量评估的依据。

第二十条 托幼机构未取得《医疗机构执业许可证》擅自设立卫生室，进行诊疗活动的，按照《医疗机构管理条例》的有关规定进行处罚。

第二十一条 托幼机构未按照规定履行卫生保健工作职责，造成传染病流行、食物中毒等突发公共卫生事件的，卫生行政部门、教育行政部门依据相关法律法规给予处罚。

县级以上医疗卫生机构未按照本办法规定履行职责，导致托幼机构发生突发公共卫生事件的，卫生行政部门依据相关法律法规给予处罚。

第二十二条 小学附设学前班、单独设立的学前班参照本办法执行。

第二十三条 各省、自治区、直辖市可以结合当地实际，根据本办法制定实施细则。

第二十四条 对认真执行本办法，在托幼机构卫生保健工作中做出显著成绩的单位和个人，由各级人民政府卫生行政部门和教育行政部门给予表彰和奖励。

第二十五条 《托儿所幼儿园卫生保健工作规范》由卫生部负责制定。

第二十六条 本办法自2010年11月1日起施行。1994年12月1日由卫生部、原国家教委联合发布的《托儿所、幼儿园卫生保健管理办法》同时废止。

附件： 1. 儿童入园（所）健康检查表

2. 儿童转园（所）健康证明

3. 托幼机构工作人员健康检查表

4. 托幼机构工作人员健康合格证

附件1

儿童入园（所）健康检查表

姓名		性别		年龄		出生日期		年 月 日	
既往病史		1.先天性心脏病		2.癫痫	3.高热惊厥		4.哮喘	5.其他	
过敏史						儿童家长确认签名			

体格检查	体重		kg	评价		身长（高）		cm	评价		皮肤	
	眼	左		视力	左	耳	左		口腔	牙齿数	
		右			右		右			龋齿数	
	头颅			胸廓		脊柱四肢				咽部	
	心肺			肝脾		外生殖器				其他	

辅助检查	血红蛋白(Hb)		丙氨酸氨基转移酶(ALT)	
	其他			

检查结果		医生意见	

医生签名： 　　　　　检查单位：

体检日期： 　年 月 日 　　　　　（检查单位盖章）

附件 2

儿童转园（所）健康证明

（留存单）

儿童姓名		性别　　　　　　　出生日期　　　　　　年　　月　　日		
离园日期		转入新园名称		
既往病史		目前健康状况		
家长签名				
卫生保健人员签名：　　　　　　　　　转出单位： 日　　期：　　年　　月　　日　　　　　　（转出单位盖章）				

备注：自儿童离园之日起有效期 3 个月。

儿童转园（所）健康证明

儿童姓名		性别　　　　　　　出生日期　　　　　　年　　月　　日		
离园日期		转入新园名称		
既往病史		目前健康状况		
家长签名				
卫生保健人员签名：　　　　　　　　　转出单位： 日　　期：　　年　　月　　日　　　　　　（转出单位盖章）				

备注：自儿童离园之日起有效期 3 个月。

附件 3

托幼机构工作人员健康检查表

姓名		性别		年龄		婚否		编号		照片
单位				岗位				民族		
既往史	1.肝炎　　2.结核　　3.皮肤病　　4. 性传播性疾病 5. 精神病　　6.其他　　　　　受检者确认签字：_____									
身份证号										
体格检查	血压				心肺			肝脾		
	皮肤				五官			其他		
化验检查	丙氨酸氨基转移酶(ALT)				滴　虫					
	淋球菌				梅毒螺旋体					
	外阴阴道假丝酵母菌（念珠菌）				其他					
胸片检查										
其他检查										
检查结果					医生意见					
医生签名：　　　　　　　　　　　检查单位： 体检日期：　　年　月　日　　　　　　（检查单位盖章）										

备注：1.滴虫、外阴阴道假丝酵母菌指妇科检查项目。

　　　2.胸片检查只限于上岗前及上岗后出现呼吸系统疑似症状者。

　　　3.凡体检合格者，由健康检查单位签发健康合格证。

附件 4

托幼机构工作人员健康合格证

姓名		性别		照片
年龄		婚否		
岗位		民族		

工作单位	
身份证号	

年度	年度
体检结果 医生签名 　年　月　日	体检结果 医生签名 　年　月　日
检查单位盖章	检查单位盖章
年度	年度
体检结果 医生签名 　年　月　日	体检结果 医生签名 　年　月　日
检查单位盖章	检查单位盖章

关于进一步加强学校幼儿园安全防范工作
建立健全长效工作机制的意见

■2010 年 8 月 23 日中央综治办、教育部、公安部发布

为深入贯彻落实胡锦涛总书记等中央领导同志重要指示和全国综治维稳工作电视电话会议精神，进一步加强学校、幼儿园安全防范工作，建立健全维护校园安全长效工作机制，从根本上预防涉校涉园重大恶性案件事故的发生，确保校园及周边良好的治安秩序，特制定如下意见。

一、进一步加强学校、幼儿园安全防范工作的指导思想和工作目标

1. 指导思想。牢牢把握构建社会主义和谐社会的客观要求，以落实校园安全保卫工作责任制为核心，以强化校园安全防范工作薄弱环节为重点，以推进"平安校园"建设为载体，坚持标本兼治、重在治本，多管齐下、综合施策，进一步加强学校、幼儿园安全防范工作，建立健全维护校园安全长效工作机制，为教育事业科学发展和广大学生、儿童健康成长创造良好的社会治安环境。

2. 工作目标。学校、幼儿园内部安全管理制度更加完善，人防、物防、技防设施建设有效推进，自我防范能力全面提高；学校、幼儿园及周边安全隐患得到全面整治，治安管理和安全防范措施得到有效落实，危害学生、儿童人身安全的案件和事故得到有效遏制；校园安全防范工作的组织网络、工作机制和保障机制更加健全，校园安全防范工作的法制化、规范化、信息化、社会化水平全面提升。

二、大力加强学校、幼儿园内部安全管理工作

3. 落实学校、幼儿园内部安全管理责任。坚持谁主管谁负责、谁开办谁负责的原则，落实学校校长、幼儿园园长作为校园内部安全管理第一责任人的责任；根据《企业事业单位内部治安保卫条例》的规定，将学校、幼儿园内部治安保卫工作纳入单位内部管理目标，建立健全各项安全管理制度，落实人防、物防、技防等安全措施。对公立中小学、幼儿园和经批准登记注册的民办中小学、幼儿园，要按照谁审批谁负责、谁主管谁负责的原则，由教育部门统一管理，明确监管责任；对各类校外活动场所、经批准登记注册的各类民办职业技能培训机构，教育部门要协同共青团组织、人力资源和社会保障等部门督促落实安全管理责任。对尚未批准登记注册的民办中小学、幼儿园、托儿所以及各类课外班，综治部门要协调当地乡镇、街道和有关部门担负起安全管理责任，督促主办方落实安全防范措施并抓紧按程序登记注册；凡由乡镇、街道以出租等形式提供土地、校舍支持或利用私人出租房屋举办幼儿园的，要按照谁出租谁负责的原则，由综治部门协调乡镇、街道和有关部门落实业主、房主的安全管理责任；对存在严重安全隐患，经多次整改仍不达标的，要依法予以

取缔并妥善安置学生和儿童。

4. 调整充实学校、幼儿园内部保卫力量。学校、幼儿园应设置治安保卫机构，根据需要配备一定数量的专、兼职治安保卫人员，配备专职门卫，并将治安保卫机构设置和人员配备情况报县级公安机关备案。地方政府要落实专项经费，保障学校、幼儿园聘用保安人员。学校、幼儿园要根据需要，合理确定专业保安人员数量，于 2010 年秋季开学前配齐到位。保安人员要按照《保安服务管理条例》规定，经岗前培训合格后持证上岗。学校、幼儿园要建立健全保安人员管理制度，配备必要的装备器械，保障保安人员依法有效开展工作。

5. 完善落实学校、幼儿园内部安全管理规章制度。学校、幼儿园要落实每日值班制度，安排一定数量的教职员工担任治安员，参与校园内部安全管理和治安执勤；严格实行外来人员、车辆登记制度，内部人员、车辆出入证制度，小学、幼儿园家长接送制度；严格按照食品卫生管理的流程和要求规范食堂管理，非食堂工作人员严禁进入操作间；严格实行每月安全隐患自查制度，发现问题及时整改。对寄宿制学校、幼儿园，教育部门要协调人力资源和社会保障部门合理配备专门的生活管理和安全指导教师；寄宿制学校、幼儿园要实行住宿学生请假登记、夜间巡查等制度。

6. 加快学校、幼儿园技防设施建设。城市所有学校和幼儿园、农村中心小学以及其他规模以上学校和幼儿园，要在 2010 年秋季开学前配齐重点部位视频监控和报警设施。新建、扩建、改建学校、幼儿园时，要将安全设施纳入建设规划，做到同步设计、同步建设、同步投入使用。校园监控室要确保 24 小时有人值守，并认真填写值班记录。公安机关要加强对校园技防系统的指导及检查验收，督促技防从业单位定期对校园技防设施进行维护保养。条件尚不具备的，当地教育部门要会同综治、公安等部门研究提出意见，报告党委、政府，列入政府工作规划，推动尽快解决。

7. 加强安全防范教育培训和教师队伍管理。综治部门要组织法院、检察院和公安、司法等部门进一步落实选派政法干警、法律工作者担任中小学法制辅导员制度，确保在 2010 年秋季开学前全部配齐到位。法制辅导员要定期参加家长会，听取意见建议，督促家长做好学生、儿童的安全防范和安全教育工作。学校、幼儿园要按照国家课程标准和地方课程设置要求，将安全教育纳入教学内容，每学期开展一次以上以学生自身防护等为主题的安全防范教育，每周利用课间操组织一次学生疏散演练活动。教育部门要加强教师队伍管理，做好校园内部工作人员背景审查工作，严把准入关；要定期开展排查，发现有违法犯罪嫌疑的人员及时通报公安机关，并配合做好教育管控工作；对品行不端，不适合从事教育工作的人员，要及时调离并妥善安排。

8. 健全完善警校对接联动制度。公安部门要把校园视频监控系统和报警设施接入公安监控平台，把学校、幼儿园作为重点目标，进行实时监控。属地公安派出所要充分发挥图像监控系统的"视频巡逻"功能，密切与巡警和校园安保人员的实时联动联勤，确保一旦发生涉校涉园案件事故，警校双方能够快速反应，整体联动，高效开展案事件处置、伤员救治、秩序维护和现场控制等工作。

三、着力强化学校、幼儿园周边治安管理和防范工作

9. 积极推进学校、幼儿园周边警务室或治安岗亭建设。要落实公安派出所的属地责任，在治安

情况复杂、问题较多的学校、幼儿园周边设置警务室或治安岗亭，密切与学校、幼儿园的沟通协作，整合各类安保力量，开展校园周边治安秩序维护工作。公安机关内部相关职能部门要加强协作配合，定期派民警到校园周边警务室或治安岗亭开展工作。

10. 严密学校、幼儿园周边地区巡逻防控。公安机关要把学校、幼儿园周边地区的巡逻防控工作作为社会治安防控体系建设的重要一环，统筹安排警力，加强巡逻防控和治安盘查，震慑犯罪，增强师生安全感。要加大巡逻力度，最大限度地做到在上学放学时段校园门口"见警察"，学生、儿童途经主要路段"见警车"，校园周边地区"见警灯"。要坚持公安民警执勤与群防群治力量协助维护治安相结合、着装执勤与便衣执勤相结合、车巡与步巡相结合，建立完善动态科学的校园周边地区巡逻勤务制度。

11. 依法严厉打击涉校涉园违法犯罪活动。要坚持严打方针，严厉打击侵害师生、儿童生命财产安全的违法犯罪活动。对涉校涉园案件，公安机关要实行专案专人制度，快侦快破。对正在实施犯罪的，要依法采取一切必要的手段，果断加以制止；对已破案件，要及时固定证据，提请检察、审判机关提前介入，依法快捕、快诉、快审、快判。要把集中打击与经常性打击紧密结合起来，建立学校、幼儿园周边治安形势研判预警机制，对发现的苗头性、倾向性违法犯罪问题，及时组织开展打击整治行动；对校园周边流氓恶势力团伙，要坚持露头就打，防止发展蔓延；对敲诈勒索、抢劫抢夺等涉校侵财案件，要在严厉打击的同时，选取典型案例进行宣传，以震慑犯罪、增强群众防范意识。

12. 推行校车接送制度。要在有条件的地方实行校车接送学生、儿童制度，配备校车安全员，落实校车安全责任。严格校车安全检查和驾驶人资格审查，推动建立准运资格证制度，加强驾驶人交通安全教育。公安机关要加强定期检查和随机抽查，严厉查处校车超载、超速、疲劳驾驶等问题。要严格执行《校车标识》（GB24315—2009）标准，统一、规范校车外观标识涂装、校车标牌和校车停靠站标志标线的设置。

13. 建立学校、幼儿园周边地区安全隐患经常性排查整治工作制度。综治部门要把学校、幼儿园周边作为社会治安重点地区排查整治工作的重中之重，加强组织部署和检查考核，每学期至少开展一次学校、幼儿园清查检查；对农村、城乡结合部的学校、幼儿园和民办学校、幼儿园、托儿所以及各类课外班、青少年活动中心、素质教育基地等，要定期组织开展拉网式排查，切实把各种安全隐患排查清楚，逐一登记建档，分解任务，落实责任，限期解决问题。要坚决整治学校、幼儿园周边地区的黑网吧、"黄赌毒"等治安乱点和治安隐患，着力解决突出治安问题。要重点排查校园周边个体性矛盾纠纷以及精神病人和有严重人格缺陷的人，切实落实涉校涉园高危人员管控措施。

14. 广泛开展群防群治活动。坚持专群结合、依靠群众的方针，积极发挥乡镇、街道基层政权组织和村（居）民自治组织的作用，动员社会各方面力量做好校园周边地区安全防范工作。乡镇、街道综治部门要整合基层社会管理力量，组织广大党员干部、共青团员、民兵、青年志愿者、治安积极分子、离退休干部职工开展校园周边治安巡逻。有条件的学校、幼儿园可以在家长自愿的基础上，组建志愿队伍，轮流在学校、幼儿园门口执勤。

四、建立健全维护校园安全长效工作机制

15. 认真落实维护校园安全工作的责任。各地、各部门要把维护学校、幼儿园安全作为一项重要的政治任务，层层明确责任，层层抓好落实。要把维护校园安全的责任落实到乡镇、街道和社区、村委会、治保会等基层组织，落实到每一所学校、幼儿园和工作的每一环节。要大力宣传校园安全防范工作的方针政策，动员社会各界积极参与校园安全防范工作。宣传、推广地方、部门及学校、幼儿园的先进经验、创新做法。要加强对涉校涉园案件事件的新闻报道监督，正确引导舆论，努力形成全社会关心、保护学生、儿童生命安全的良好氛围。

16. 进一步强化各部门职责。各部门要按照中央综治委《关于印发〈各有关部门在学校及周边治安综合治理工作中的职责任务〉的通知》（综治委〔2002〕17号）精神，发挥职能作用，加强协作配合，形成工作合力。各级教育部门要明确专门机构和专职人员加强对学校、幼儿园安全防范工作的指导、检查，制定学校、幼儿园安全工作考核目标，将其纳入教育督导评估体系；要积极协调地方财政，加大对校园安全防范工作的投入力度；要认真履行学校及周边治安综合治理工作领导小组办公室的职责，推动各有关部门共同维护好学校、幼儿园及周边的治安秩序。各级公安机关要明确专门机构和专职人员负责学校、幼儿园安全保卫工作，加强对学校、幼儿园安全保卫工作的指导、督促；要将学校、幼儿园纳入治安保卫重点单位，落实工作措施，切实净化校园周边环境。各级综治部门要加强组织协调，推动各有关部门落实工作责任；要深化"平安校园"创建工作，把校园安全工作纳入社会治安综合治理领导责任制，细化实化硬性考核指标；县、乡两级综治委要把辖区内各级各类学校、幼儿园吸收为成员单位；要最大限度地整合社会资源，推动形成社会各界广泛参与、共同维护校园安全的工作局面。

17. 建立健全通报会商制度。各级综治部门每季度要牵头组织教育、公安等部门召开一次联席会议，分析研判校园及周边治安形势，针对校园及周边安全防范工作中存在的问题，逐一研究整改措施。对工作中遇到的重大问题，要研究提出工作意见和建议，及时报告当地党委、政府，着力推动问题解决。乡镇街道综治办、学校和幼儿园、公安派出所三方负责人每月召开一次碰头会，及时通报校园及周边治安情况，有针对性地采取防范措施。

18. 建立健全督导考核和责任追究制度。市、县综治、教育、公安部门每学期至少开展两次校园及周边地区安全检查和督导，通过采取明察暗访、抽查与全覆盖、定期与不定期相结合的方式，开展滚动检查，并及时在市、县范围通报检查情况，督促落实整改措施。对因地方工作不重视、组织不得力、保障不到位，导致发生涉校涉园重大恶性案件事故的，综治部门要坚决实施社会治安综合治理"一票否决"，同时依法依纪追究地方相关领导的责任；对因学校、幼儿园内部安全管理责任不落实、措施不到位，导致发生涉校涉园重大恶性案件事故的，要严肃追究校长、园长和当地教育部门领导的责任；对因学校、幼儿园周边地区治安秩序长期混乱、刑事治安案件频发，导致发生涉校涉园重大恶性案件事故的，要严肃追究辖区责任民警、派出所所长和所在县（市、区）公安局（分局）领导的责任。

教育部　卫生部关于印发
《农村寄宿制学校生活卫生设施建设与管理规范》的通知

■教体艺〔2011〕5 号

■2011 年 8 月 16 日

各省、自治区、直辖市教育厅（教委）、卫生厅（局），新疆生产建设兵团教育局、卫生局：

为贯彻落实《国家中长期教育改革和发展规划纲要（2010—2020 年)》，加强和规范农村寄宿制学校生活卫生设施建设与管理，为学校师生创建安全健康的生活与学习环境，保障学校师生的身心健康，教育部、卫生部依据国家相关标准，结合学校实际，联合制定了《农村寄宿制学校生活卫生设施建设与管理规范》（以下简称《规范》)，现印发给你们，请按照本《规范》要求，加强学校生活卫生设施建设与管理，推进义务教育均衡发展。

中华人民共和国教育部　中华人民共和国卫生部

2011 年 8 月 16 日

附件：农村寄宿制学校生活卫生设施建设与管理规范

农村寄宿制学校生活卫生设施建设与管理规范

学校生活卫生设施是学校教育教学环境的重要组成部分，与学生的健康有着非常密切的关系。为贯彻落实《国家中长期教育改革和发展规划纲要（2010—2020 年)》（以下简称《教育规划纲要》)提出的"加快农村寄宿制学校建设，优先满足留守儿童住宿需求"和"推进义务教育学校标准化建设，均衡配置教师、设备、图书、校舍等资源"的要求，依据农村中小学建筑、生活卫生设施等方面的相关标准和政策规定，制定《农村寄宿制学校生活卫生设施建设与管理规范》（以下简称《规范》)。

本《规范》重点对饮用水设施、宿舍、食堂、浴室、厕所、垃圾和污水设施等学校生活卫生设施的建设与管理提出要求。各地在贯彻落实《教育规划纲要》，制定当地教育改革与发展规划以及实施中西部农村初中校舍建设工程、义务教育标准化建设等相关教育工程时，应统筹考虑和安排学校生活卫生设施的建设与改造，并加强规范管理，切实落实学校生活卫生设施卫生管理制度和要求，保障学校师生有一个安全健康的生活与学习环境。

一、饮用水

（一）饮用水设施

当地有城镇集中式供水设施的学校，应使用城镇管网集中供水；城镇没有集中式供水设施的可使用自备水源供水。

1. 供水设施

采用二次供水的学校，二次供水设施周围应保持环境整洁，有良好的排水条件；设施的材质和内壁涂料应无毒无害，不得对饮用水造成二次污染；饮用水箱或蓄水池应专用并加盖上锁，蓄水容积以不超过学校48小时用水量为宜；设施应有安装消毒器的位置，有条件的学校应设有消毒器。

采用自备水井作为饮用水水源供水的学校，自备水源的水井选址应远离牲畜圈、校园独立式厕所及贮粪池、垃圾存放站（池）及污水排放点等污染源，距离应在25米以上；水井应设有高于地面0.3米以上的井沿，井口加盖并上锁，有条件的学校可建设专用供水泵房。

2. 饮水设施

使用煤、电、燃油、燃气等各种能源的开水锅炉每学期使用前应由专业人员进行有效的排污、清洗和消毒。储存开水的容器应每天清洗1次，加盖密封上锁。饮水机（桶装水）或其他类型直接提供饮水的设施应符合国家相关标准，并有产品质量监督检验报告等相关材料。

饮水点设置密度应考虑服务半径和学生人数，宜设在教室内或教学楼的公共区域。

教学楼内应在每层设饮水处，按每40人－45人设置一个饮水水嘴。

3. 洗手设施

学校的公共区域应设置方便学生洗手的水龙头，原则上每个水龙头服务学生人数不超过50人。

学校应建立饮用水设施管理制度和维护档案，对饮用水设施的清洗、消毒、耗材更换等维护工作有详细的计划和记录。

（二）饮用水水质卫生要求

二次供水设施和自备水源供水的用水点的水质应符合《生活饮用水卫生标准》（GB5749－2006），并取得当地卫生部门水质检验合格报告。

桶装饮用水或其他类型直接供饮用的饮水应符合国家相关标准和卫生要求，并取得检验合格报告。

学校提供的饮用开水应烧至沸腾。

（三）饮用水水量要求

饮用水水量应满足学生每日在校的生活需要，原则上每人每天生活用水供应量不少于20升（不包括学校食堂用水量），每人每天饮水供应量不少于2升。

二、学生宿舍

（一）布局及建筑

学生宿舍选址应防止噪声和各种污染源的影响。宜选择有日照条件，且采光、通风良好，便于排水的地段。宿舍不得设在地下室或半地下室。

学生宿舍用房一般由居室、管理室、盥洗室、厕所、贮藏室及清洁用具室组成。

学生宿舍的消防、电气、楼梯、台阶等不能存在安全隐患，应符合国家相应的安全要求。

学生宿舍的建筑装修应使用安全无毒无害的材料，室内装修应符合国家现行标准防止由建筑装修材料造成的生物性、化学性、放射性等室内环境污染。

为保证充足的空气量，宿舍居室净高不宜过低，原则上在采用单层床时，不应低于3米；在采用双层床时，不应低于3.1米。

人均居室使用面积不宜小于3平方米。

宿舍居室窗地面积比不应低于1∶7。

学生宿舍应具有一定的储藏空间，每人储藏空间宜为0.3－0.45立方米，储藏空间的宽度和深度不宜小于0.6米。

（二）基本设施

学生宿舍应保证一人一床，床铺应牢固结实，床铺面积应适合学生的身材，原则上小学生和中学生使用的床面长度分别不小于1.8米和2米，宽度不小于0.9米。为防止学生从床上跌落，双层床的上床应设置防跌落板（或杆），防跌落板（或杆）的高度不宜低于0.25米，长度不宜低于床体长度的2/3。小学生使用双层床的上床距离地面高度不宜高于1.6米。双层床应安装有安全可靠的小梯子和抓（扶）手。床铺上方应有一定的活动空间，原则上床上空间高度不小于1.2米。

学生宿舍应设置安全、环保、节能的人工照明设施，宿舍居室0.75米水平面的平均照度不应低于75lx。宿舍楼道和楼梯处应安装应急照明和应急疏散指示灯。

学生宿舍的盥洗室应配有满足学生使用的洗手盆或盥洗槽水龙头，配置数量宜按每10人至少设置一个。学生宿舍应设有衣物晾晒空间和设施。

学生宿舍应设有附建式厕所。宿舍厕所应采用蹲式大便器，大便器和小便器数量的设置应满足学生早晚如厕高峰期的需要。原则上女生厕所应按每10－12人设一个大便器，男生厕所应按每15人设一个大便器和两个小便器（或1.2米长小便槽）。厕位之间应设隔断。宿舍厕所内应设洗手水龙头、污水池和地漏。

学生宿舍应根据当地的气候条件设置安全的通风、取暖设施，采取有效措施防止一氧化碳中毒等安全事故的发生。新建或扩建的学生宿舍原则上不再使用燃煤取暖。

学生宿舍应安装有效的防蚊、蝇、蟑螂和防鼠害的设施。

（三）卫生管理

学生宿舍应有专人管理，并建有宿舍卫生管理制度。

学生宿舍一层出入口及门窗应设置安全防护设施。

宿舍内禁止饲养宠物和家畜。

学生宿舍应每天进行卫生打扫，达到整洁、美观，地面无果皮、纸屑及痰迹等。

宿舍居室每天上、下午各进行不少于1小时的室内空气通风。

三、学校食堂

（一）建筑与布局

食堂选址应防止各种污染源的影响，食堂距牲畜圈、校园独立式厕所及贮粪池、垃圾存放站（池）及污水排放点等污染源间的最小允许距离为 25 米。

食堂不应与教学用房合并设置，宜设在教学用房和宿舍区的下风向、校内独立厕所的上风向。厨房的噪声及排放的油烟、气味不得影响教学环境。

学校食堂一般应包括工作人员更衣间、原料存放间、食品加工操作间、备餐间、食品出售场所、就餐场所等。

食品处理区的布局应按照原料进入、原料处理、半成品加工、成品供应的流程进行设置。食堂加工操作间、内部设施应符合《学校食堂与学生集体用餐卫生管理规定》（教育部、卫生部令第 14 号）的要求。

（二）卫生管理

学校食堂应持有有效的餐饮服务许可证，食堂从业人员应具有有效的健康合格证明和有效的食品安全知识培训合格证明。

食堂应当保持内外环境整洁，采取有效措施，消除老鼠、蟑螂、苍蝇和其他有害昆虫及其滋生条件。

餐饮具使用前必须洗净、消毒，未经消毒的餐饮具不得使用。禁止重复使用一次性使用的餐饮具。消毒后的餐饮具必须贮存在餐饮具专用保洁柜内备用。

用于原料、半成品、成品处理的刀、墩、盆等相关工具应分开使用，分区定位存放。

加工操作间和就餐场所应根据实际需要设置相应数量的垃圾箱（桶），垃圾箱（桶）应有盖，每餐后应及时对垃圾进行清运，并对垃圾箱（桶）进行有效的清洁。

食品原料采购、储存、加工环节应符合《学校食堂与学生集体用餐卫生管理规定》要求。应建立食品、食品添加剂和食品相关产品采购索证索票、进货查验和采购记录制度。

食堂应建立食品安全管理的各项规章制度，并张贴在食堂醒目位置。

清真食堂食品安全管理应严格执行国家及教育部的有关规定。

四、浴室

（一）建筑与布局

公共浴室应设有更衣室、浴室、厕所等房间，公寓内的浴室可不设更衣室。

更衣室、浴室、厕所的地面要防渗、防滑，浴室地面要有不小于 2% 的坡度，公共浴室屋顶应有一定弧度。

浴室应设气窗，气窗面积宜为地面面积的 5% 左右，以保持良好通风。浴室墙面应设墙裙，墙裙高度不应低于 2.1 米。

（二）浴室设施

更衣室和浴室应有保（供）暖设备，以保证寒冷季节学生洗浴时的室内温度要求，防止出现寒冷和冻伤。

更衣室和浴室应有换气设备，防止缺氧窒息和一氧化碳中毒等事故发生。

更衣室和浴室应安装人工照明设备，更衣室的平均照度应≥50lx，浴室的平均照度应≥30lx。

浴室宜使用淋浴喷头，新建、改建、扩建的浴室不得设池浴。淋浴喷头的设置数量可根据住宿学生人数及浴室开放时间等情况确定，应满足学生洗浴高峰时的需要；相邻淋浴喷头的间距不小于0.9米。

（三）卫生管理

学校的公共浴室应有专人管理，浴室内及其厕所应及时清扫、消毒，做到无积水、无异味。

浴室的热水应达到人体感觉适宜的温度。

淋浴间的热水量应满足学生洗浴的需要，以每人次40升为宜。定时开放的淋浴间应保证住宿学生至少每周一次淋浴。

浴室内不设公用洗浴毛巾。

浴室在开放后的当晚要彻底清洗，经过消毒后再行换水（消毒方法见附件）。

五、厕所

（一）建筑与布局

厕所建设应布局合理、适用、卫生、安全，防止污染水源、校园及周围环境。

独立式厕所的位置应选择在校园内，地势较高，地基排水通畅，不易被雨水淹没，学生容易到达之处，尽可能在当地主导风向的下风向。应距离自备水源、食堂25米以上，贮粪池要远离供水系统，避开教室和活动场所。

独立式厕所距离学生宿舍和教室的距离宜在200米以内，以保证学生如厕安全和方便。

教师厕所和学生厕所应分开设置。

在寒冷地区应采取保温御寒措施，贮粪池（无害化处理设施）应建在冰冻线以下。

厕所室内地坪标高应高于室外地坪0.15米以上。

新建、改建、扩建的厕所应符合表1中的建筑要求：

表1　学校厕所建筑卫生要求

序号	项目	标准	备注
1.	厕屋内净高	独立式厕所≥3.0米	附建式厕所可按建筑物室内净高设置
2.	蹲位数量	女生每13人设一个蹲位；男生每30人设一个蹲位，每20人设一个小便器或0.6米小便槽。	

序号	项目	标准	备注
3.	厕窗	窗地面积比不小于1：10 窗台距地坪最小高度1.7米	
4.	蹲位厕门	宜采用外开门，门高1.0～1.2米，下方留0.2米空隙。	
5.	墙裙处理	釉面瓷片或水泥光面	
6.	墙裙高度	≥1.2米	
7.	地面处理	水泥地面或防滑瓷砖	防渗、防滑
8.	厕室内走道	单排蹲位不低于1.30米，双排蹲位不低于1.50米	推荐单排蹲位设计
9.	厕位间面积	净尺寸应不小于0.9－1.0×1.1米	便器距后墙距离不应小于0.3米
10.	便器	首选陶瓷便器，也可使用经检测证明安全可靠的工程塑料便盆。	小学生便器可特制：宽为0.15—0.18米。
11.	贮粪池	密封、不渗漏、粪便处理符合无害化卫生要求	
12.	卫生管理间	≥1.20平方米	有专用清扫工具

学校在新建、改建、扩建厕所时应考虑到残疾学生的如厕需要，提供无障碍设计。

厕所贮粪池出口应高于地坪0.10米，出粪口应密闭加盖。

有条件的地区应建设雨水收集设施，用收集的雨水冲洗厕所。

（二）其他设施

厕所应设置有效的通风设施，厕所通风应以自然通风为主，机械通风为辅。

通往厕所的道路两侧和厕内均应设置人工照明设施，道路和厕内的平均照度应≥60lx。

厕所的前室或厕内应设置供学生使用的洗手设施。

水冲式厕所的给、排水设施必须齐全。非连续性供水的厕所内应备有贮水设施。同时应配有纸篓和清洁工具，能够维护厕内卫生。

厕所应安装防鼠和防蚊蝇设施，防止蚊蝇在厕内的滋生。

（三）卫生管理

厕所应有环境保护措施和保洁制度，有专人维护、管理，保证厕内清洁卫生，地面无积水、无

垃圾、无蝇蛆，便器内无粪迹、尿垢、杂物等。

厕所后贮粪池的粪便应及时清除，前贮粪池（三格化粪池的一、二池）应定期清掏，粪皮和粪渣必须进行无害化处理。

水冲式厕所污水应排入当地城镇规划的公共市政排水下水道管网，进行无害化处理。不具备公共污水排放系统的学校应建三格化粪池或净化沼气池，对粪便进行无害化处理。

对非卫生厕所，学校应制定专门的卫生管理制度，加强卫生维护和管理，妥善处理粪便粪水，防止造成环境污染和疾病传播，并有计划地进行卫生厕所的改造。

六、垃圾和污水

（一）垃圾收集（存放）设施

1. 设置

学校应设置使用方便的垃圾箱（桶、篓）等垃圾收集设施。

每个教室内应安放 1－2 个废纸（物）篓；每个宿舍应安放 1－2 个废纸（物）篓。

校园内道路两侧和操场周边等室外环境中应每隔 300 米设置 1 个垃圾箱（桶）；

垃圾箱（桶）应有盖。有条件的学校应设置垃圾分类收集设施，对可回收垃圾和不可回收垃圾进行分类收集。

垃圾存放站（池）应设置在校园当地主导风向的下风向处，距离食堂、自备水源、二次供水贮水池、教室、宿舍等的距离不低于 25 米；有条件的学校应使用密封式的垃圾存放设施设备。

教学区和生活区应备有卫生清洁工具。

2. 卫生管理

垃圾箱（桶、篓）内的垃圾每天至少清运一次，垃圾清运后应及时对垃圾箱（桶、篓）进行清洁；垃圾存放站（池）的垃圾应每周至少清运一次，夏季每周至少清运两次，垃圾清运后应及时对垃圾存放设备用生石灰或其他消毒剂进行消毒；校园内垃圾清运车辆应密封，防止垃圾散落。

（二）污水排放设施

1. 设置

生活污水排放应采用管道或暗沟排放，污水管道和暗沟应不渗漏；污水管道与供水管应有一定的水平间距，原则上在室外应大于 1.5 米、室内应大于 0.5 米；当污水管与供水管有交叉时，污水管应设在供水管下方，污水进口应设格栅，防止管沟堵塞。

降雨量较大的地区应有专门的雨水管渠，雨水管渠可采用明渠，雨水可单独排放也可并入污水管道。

2. 卫生管理

有城镇污水处理系统的学校，污水管道应接入城镇污水管网进行处理。

没有城镇污水处理系统的学校，生活污水排放点应不影响校内环境和校外环境，不得对水源产生污染。校园内不得有污水坑。

国家西部地区农村寄宿制学校建设工程项目学校管理暂行办法

■攻坚办〔2006〕6 号
■2006 年 9 月 28 日起实施

第一章　总　　则

第一条　为了加强农村寄宿制学校（以下简称寄宿制学校）管理，根据国家有关法律法规及《国务院关于深化农村义务教育经费保障机制改革的通知》（国发〔2005〕43 号）、《国家西部地区"两基"攻坚计划（2004—2007 年)》（国办发〔2004〕20 号）、《西部地区农村寄宿制学校建设工程实施方案》（教财〔2004〕3 号），特制定本办法。

第二条　本办法适用于纳入国家西部地区农村寄宿制学校建设工程项目的寄宿制学校。

第三条　寄宿制学校要贯彻党的教育方针，坚持社会主义办学方向，执行有关教育法律法规，推进素质教育，建立健全管理制度，提高教育教学质量和办学效益，促进农村义务教育长期稳定发展。

第二章　管理职责

第四条　按照《中华人民共和国义务教育法》关于农村义务教育管理体制的要求，寄宿制学校实行由地方政府负责，以县为主，地方教育行政部门和学校具体组织实施的管理体制。

第五条　省、地（市）级人民政府及其教育行政部门的主要职责：

按照国家有关教育法律法规和政策要求，保障对寄宿制学校的经费投入。

负责寄宿制学校校长与教师培训工作，提高寄宿制学校管理水平与教育教学水平。

建立寄宿制学校管理工作责任制，负责对寄宿制学校管理工作进行督导、检查。县级人民政府及其教育行政部门的主要职责：

按照"小学就近入学，初中相对集中"的原则合理规划寄宿制学校的布局。

做好校园规划，划分教学区、生活区、运动区，配置寄宿制学校的各项附属设施与必要设备。

建立危房的定期勘查、鉴定、动态预警工作制度。

增加本级财政对寄宿制学校的经费投入，按要求使用好上级拨付的专项资金。

负责寄宿制学校校长、教师及管理人员的选拔、任用、培养、调整、管理和考核工作。

负责寄宿制学校及周边环境综合治理工作，维护学校安全和正常教学秩序。

第七条　寄宿制学校的主要职责：

建立学校管理岗位责任制。确保寄宿制学校学生的安全。

根据国家课程设置标准完成各学科教学任务。充分利用地方课程和校本课程，组织学生开展积极健康的课外活动，促进学生全面发展。

办好学校农（牧）场等勤工俭学基地，开展勤工助学，用于补助寄宿生生活。

建立学校、家长沟通制度，引导家长参与学校管理。

建立校产档案，对所有校产进行登记，加强对校舍及附属设施的管理与维护。

搜集、整理相关信息资料，建立健全寄宿制学校档案。

第三章　安全管理

第八条　建立健全学校各项安全管理制度，落实安全工作责任制。建立安全信息通报制度，制定落实预防措施，建立安全应急机制。

第九条　按国家有关标准配备专职或兼职安全保卫人员。安全保卫人员应具有处置突发性事件的能力。

第十条　开展学生珍爱生命、积极生存、自我保护的安全教育，提高学生安全防范意识。

第十一条　加强学校校舍、设施、学生活动场所的安全保卫，设立防火防盗设施，定期检查并加强管理，及时消除隐患，预防事故发生。

切实采取措施防止汛期滑坡、塌方、泥石流等对学生的安全威胁。

第十二条　严格门卫值班、巡逻制度和学生请、销假制度，全面掌握学生请假、到校、离校等情况。

建立校外人员入校登记、验证制度，禁止社会闲杂人员或车辆进入校园，禁止学生将刀具、棍棒、有毒有害物品带入学校。

寄宿生住校期间未经准假不得擅自离校。

加强对宿舍、食堂、库房、财务室、电教室等重点区位的防护措施。

第十三条　安排专人组织路队，负责学生离校，组织学生乘坐经检验合格的交通工具。集中供暖时宿舍必须留设通风门窗。

第十四条　学校组织学生参加郊游、劳动、社会实践和校外集体活动，须指定专人带队，有针对性地对学生进行安全教育，采取必要的安全措施，做好安全应急预案。

举行大型集体活动，应当事先与公安机关共同研究并落实安全措施，防止意外事故的发生。

第四章　卫生管理

第十五条　建立卫生负责和检查制度，把学校卫生工作纳入目标管理内容。

制定突发公共卫生事件应急机制，建立重大疫情报告制度，做好学生常见病、传染病的预防和控制工作。

第十六条　开展健康教育，加强学生体育锻炼，培养学生良好卫生习惯。

做好学生心理健康教育，帮助学生排除心理困惑，增强学生学习、生活的信心。

第十七条　学校应按国家有关标准配备具有从业资格的专职医务（保健）人员或者兼职卫生保健教师，购置必需的急救器材和药品，保障对学生常见病的治疗。建立学生健康档案，定期开展健康咨询。有条件的学校，应设立卫生室。

第十八条　加强与县（乡）医院、卫生院的联系，建立与医疗机构及时沟通、救助的机制。

第十九条　配备必需的清洁卫生工具，切实做好校园环境的绿化、美化、净化工作，保持校园干净、整洁、卫生。

第五章　饮食管理

第二十条　按照《农村普通中小学校建设标准（试行）》要求，根据学校实际，营养配餐，提高质量，降低成本，办好学生食堂。

第二十一条　严格执行《学校食堂与学生集体用餐卫生管理制度》、《餐饮业和学生集体用餐配送单位卫生规范》，建立食堂物资采购登记，饭菜留验和记录等制度。

第二十二条　严格遵守卫生操作规范，聘任专门食堂管理员，食堂从业人员必须两证齐全，每学期体检一次。

有少数民族学生的学校要尊重少数民族学生的饮食习惯，办好清真灶。

第二十三条　定期足额发放贫困寄宿学生生活补助费。

第六章　住宿管理

第二十四条　建立宿舍管理制度，按标准配备生活教师，小学低年级寄宿生原则上要配备生活保育员，生活教师和保育员要严格履行工作职责，负责宿舍管理和安全保卫工作。

严格外来人员登记制度，禁止外来人员随意出入学生宿舍。

第二十五条　对学生宿舍实行夜间巡查、值班制度，督促学生遵守住宿纪律，按时作息。

针对女生宿舍安全工作特点，加强对女生宿舍的安全管理。

第二十六条　按照男、女学生相对独立的原则安排住宿，尽量做到一人一床，安全、方便。

第二十七条　教育学生讲究个人卫生，引导学生自我教育、自我管理。

指导学生整理内务，保持宿舍清洁。

第二十八条　建立寄宿生信息档案，发现异常情况要及时报告。

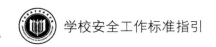

第七章 附 则

第二十九条 本办法由国家西部地区"两基"攻坚领导小组办公室负责解释。

第三十条 各省（市、自治区）可根据本办法，结合本地实际制定实施细则，并报国家西部地区"两基"攻坚领导小组办公室备案。

第三十一条 本办法自发布之日起开始实施。

教育部 财政部 中国保险监督管理委员会
关于推行校方责任保险 完善校园伤害事故风险管理机制的通知

教体艺〔2008〕2号

各省、自治区、直辖市教育厅（教委）、财政厅（局），新疆生产建设兵团教育局、财务局，各保监局：

为贯彻落实《中共中央 国务院关于加强青少年体育 增强青少年体质的意见》（中发〔2007〕7号）和《国务院关于保险业改革发展的若干意见》（国发〔2006〕23号）精神，建立和完善校园意外伤害事故风险管理机制，决定在全国各中小学校中推行意外伤害校方责任保险制度。现就有关事宜通知如下：

一、充分认识建立意外伤害校方责任保险制度的意义

当前，校园伤害事故呈现出多样性、复杂性，学校教育中面临的学生意外伤害风险对学校教育教学的影响日趋严重，学校安全管理工作的任务十分艰巨。保险是市场经济条件下进行风险管理和控制的基本手段，充分利用保险工具处理学校发生的安全责任事故，有利于防范和妥善化解各类校园安全事故责任风险，解除学校、家长的后顾之忧，有利于推动学校实施素质教育，有利于维护学校正常教育教学秩序，有利于保障广大在校学生的权益，避免或减少经济纠纷，减轻学校办学负担，维护校园和谐稳定，促进青少年健康成长。

二、推行校方责任保险制度的基本原则

1. 投保范围。由国家或社会力量举办的全日制普通中小学校（含特殊教育学校）、中等职业学校，原则上都应投保校方责任保险。

2. 责任范围。校方责任保险基本范围包括因校方责任导致学生的人身伤害，依法应由校方承担的经济赔偿责任。具体可参照《学生意外伤害事故处理办法》规定的事故责任类型，由各省、自治区、直辖市结合当地实际情况确定。

3. 赔偿范围。各省、自治区、直辖市应参照《最高人民法院关于审理人身损害赔偿案件适用法律若干问题的解释》规定的项目，结合当地实际情况确定校方责任保险赔偿范围。

4. 经费保障。九年义务教育阶段学校投保校方责任保险所需费用，由学校公用经费中支出，每年每生不超过 5 元。其他学校投保校方责任保险的费用，由省、自治区、直辖市教育行政、财政部门和保险监管机构，按照《中共中央 国务院关于加强青少年体育 增强青少年体质的意见》（中发〔2007〕7 号）的精神，制定相关办法。

5. 责任限额。各地要统筹考虑学校经济负担能力、责任范围、赔偿范围、保费水平等因素，结合当地经济、社会发展实际情况科学合理制定责任限额。

三、共同推进校方责任保险制度建设的基本要求

各省级教育行政、财政部门和保险监管机构负责本行政区域内校方责任保险投保工作，依据本通知提出的推行校方责任保险制度的基本原则，制订本行政区域实施校方责任保险制度的政策和办法。可根据保险公司提供的保险产品特点、本行政区域的网点覆盖情况、服务能力、保障条件和本地区的财政能力，经济发展状况，通过招标等形式合理选择承保机构实施统一投保。经营校方责任保险的保险机构，应具有经保险监管部门备案的校方责任保险条款，具有完备的分支机构或网点，具备完善的服务水平、雄厚的技术实力、良好的风险管理能力和充足的偿付能力。

各省级教育行政、财政部门和保险监管机构要加强协调与合作，建立数据共享、信息互报和定期沟通的制度，合力推进校方责任保险工作，尽快促使全国全日制普通中小学（含特殊教育学校）和中等职业学校全面实现应保尽保。

保险监管部门要鼓励和引导保险公司科学评估风险，不断完善校园伤害事故保险产品体系，根据校方的需求提供更加丰富和差异化的产品。要加强对经营校方责任保险业务的保险机构市场行为监管力度，依法严厉查处不依法及时理赔的保险公司。充分利用保险的经济杠杆作用奖优罚劣，利用保险公司和中介服务公司提供专业服务，督促学校科学评估校园运动安全风险、完善安全管理制度、配齐安全设施、开展学生安全教育和宣传工作，最大程度促进和保障校园运动安全体系的建设。

保险公司应根据校方责任保险的保障及赔偿要求、当地学校风险状况，设计差异化费率体系和责任范围，为学校提供合理的保险产品；要加强风险管理和控制，提供针对校方风险的事前、事中、事后的全过程跟踪管理；要提高服务水平，本着"公平、公正、高效"的原则，探索建立学生医疗救治绿色通道、校方责任保险纠纷的协调解决等机制，及时迅速处理校方责任险理赔工作，为学校提供优质的理赔服务。

学校要积极开展安全教育，完善校园安全管理制度，保险公司要在学校配合下做好风险评估工作。

各有关部门要充分利用各种公众媒体，采取多种形式，主动宣传开展校方责任保险的重大意义，提升学校对责任保险的认知度，增强其责任意识、风险意识和保险意识，努力营造安全教育与责任保险相结合的良好氛围，促进学校建立与健全风险管理服务体系。

2008 年 4 月 3 日

教育部　中国保险监督管理委员会
关于加强学校保险教育有关工作的指导意见

■教基〔2006〕24号

■2006年12月12日

各省、自治区、直辖市教育厅（教委）、保监局，新疆生产建设兵团教育局，有关部门（单位）教育司（局），教育部直属各高等学校，各保险机构：

保险是现代金融体系和社会保障体系的重要组成部分，具有经济补偿、资金融通和社会管理功能，能够发挥"促进改革、保障经济、稳定社会、造福人民"的重要作用。为构建社会主义和谐社会，适应经济社会转型需要，在全国各级各类学校加强保险教育，普及保险知识，培养造就具有较强保险意识的现代公民，具有十分重要的意义。根据《国务院关于保险业改革发展的若干意见》（国发〔2006〕23号）精神，现就加强学校保险教育有关工作，提出如下指导意见：

一、将保险教育纳入国民教育体系，增强全体学生的保险意识。鼓励高等学校以开设相关课程、讲座等多种形式，引导高校学生学习和掌握保险知识，增强保险意识，提高应对风险的能力。要将保险教育纳入中等职业学校有关课程，结合职业指导和素质教育向学生普及保险知识，增强学生运用保险的能力。中小学课程要适当渗透与保险教育有关的内容，增强中小学生的保险意识。

二、加强保险专业教育，为保险业发展提供人才支持。加强高等教育保险学科和保险教材建设，鼓励有条件的高等学校在相关专业开设保险类必修课和选修课，拓宽保险教育人才培养渠道。积极发展保险职业教育和成人教育，为保险业培养更多合格的职业技术人才。

三、加强保险创新，努力为教育发展服务。各保险机构要积极参与教育行业风险管理服务体系建设，保险行业协会要组织业内专家，免费为学校提供风险诊断、风险排查、风险化解等风险管理顾问服务，帮助学校提高安全管理水平。要加大产品创新力度，为中等职业学校学生提供实习期间的保险保障，积极开发一般性商业助学贷款的信用保证保险以及其他急需的保险产品，有效满足各教育机构对来华留学生的保险要求。各保险公司及其分支机构要不断提高保险服务水平，使广大师生切实感受保险的积极作用，增强保险意识。

四、加强保险业与教育部门的合作。保险监管部门要指导保险行业协会和保险学会研究提出保险人才需求预测和人才培养目标，积极参与制订保险类高等教育和职业教育教学指导方案，支持保险专业课程建设。各保险公司及其分支机构要积极吸纳保险专业学生实习和就业，为保险教育和保险知识普及提供教学资源支持。建立保险业与教育界合作共建的长效机制，保险监管部门和各地教育行政部门要建立协调工作机制，通过选拔派遣义务讲师和校外辅导员、帮助培训保险教育师资、提供教具和教学活动支持、组织教师学习有关保险知识等多种方式，帮助学校开展保险教育，丰富教学形式，提高保险教育效果，宣传普及保险知识。

加强保险教育，是提高学生综合素质的重要途径，是增强国民保险意识、促进保险业持续发展以更好服务和谐社会建设的重要举措。各地教育行政部门、保险监管部门要加强工作领导，做好组织协调，协同配合，扎实做好保险教育的有关工作。

2006 年 12 月 12 日

关于加强学校卫生防疫与食品卫生安全工作的意见

■教育部　卫生部

■二○○三年六月四日

做好学校卫生防疫与食品卫生安全工作，对保障青少年学生身体健康和生命安全，保持学校正常的教学秩序，维护社会的稳定意义重大。各级政府和教育、卫生等部门在学校卫生防疫与食品卫生安全方面做了大量的工作，取得了一定的成绩。但是，近期在学校发生的传染病流行和食物中毒事件数量有所增加。一些地区和学校不重视卫生防疫与食品卫生安全工作，工作机制不健全，工作措施不落实，学校特别是农村学校卫生基础设施条件落后等，是发生上述事件的重要原因。为切实保障学校师生身体健康和生命安全，现就加强学校卫生防疫与食品卫生安全工作提出如下意见：

一、提高认识，加强领导。做好学校卫生防疫和食品卫生安全工作，是各级人民政府、各有关部门和学校的共同责任。要从保障青少年学生身体健康和生命安全、保证学校正常教学秩序、维护社会稳定大局的高度，充分认识这项工作的重要性、紧迫性和长期性。要以极端负责的态度，采取切实有效措施，把这项工作扎扎实实地抓紧抓好，抓出成效。

地方各级人民政府主要领导和分管教育、卫生工作的领导要切实负起领导责任，关心学校卫生防疫和食品卫生安全工作，协调解决有关重大问题。各级教育行政部门和学校要成立由一把手负总责的学校卫生防疫与食品卫生安全工作领导小组，全面负责学校卫生防疫与食品卫生安全工作。各级卫生行政部门要把学校卫生防疫与食品卫生安全工作作为卫生部门的一项重要工作，给予密切配合和指导。

二、明确职责，健全机制。建立健全学校卫生防疫与食品卫生安全工作责任制，将学校卫生防疫与食品卫生安全工作的责任分解落实到部门和具体责任人。各级教育、卫生行政部门要逐级签订学校卫生防疫与食品卫生安全工作责任状，教育行政部门要与学校签订卫生防疫与食品卫生安全工作责任状。要借鉴非典型肺炎防治工作中形成的工作机制建立学校卫生防疫与食品卫生安全工作长效机制。各级教育、卫生行政部门和学校要结合各地区、各学校的实际，按照《突发公共卫生事件应急条例》要求，共同研究制订学校传染病流行、群体性食物中毒等突发事件的应急处理工作预案。要将学校卫生防疫与食品卫生安全应急处理工作纳入突发公共卫生事件应急处理体系之中。

三、加强预防控制，严格学校管理。各级教育、卫生行政部门要指导学校大力开展爱国卫生运动，增强师生的公共卫生和食品卫生安全意识，促使师生养成良好的卫生习惯，提高自我防范的能力。要加强安全、卫生教育，将公共卫生和食品卫生安全教育贯穿在日常教育之中，结合季节性、突发性传染病及食物中毒的预防，安排必要的课时进行相应的健康教育，使防病防疫知识深入人心。要督促师生加强体育锻炼，不断增强体质，增强防病抗病的能力。

严格学校特别是寄宿制学校的卫生防疫与食品卫生安全管理。学校要严格执行有关法律与规章，加强食堂卫生管理。坚持每天清洁扫除，保持食堂环境卫生清洁；加强安全保卫，禁止非食堂工作人员随意进入食堂加工操作间及食品原料存放间，严防发生投毒事件；加强学校生活饮用水水源的管理，防止水源污染造成疫病传播；加强厕所卫生管理，做好粪便的无害化处理，防止污染环境和水源；加强学生宿舍的卫生管理与安全保卫，改善学生宿舍卫生与通风条件。各学校要明确责任人，切实落实各项卫生防疫与食品卫生安全措施。

建立学生定期健康体检制度，及时发现传染病患者并采取相应的隔离防范措施，及时切断传染病在学校的传播途径。各级人民政府要协调有关部门，妥善解决学生健康体检费用问题。学校要按要求，联系医疗或卫生保健机构定期对学生进行健康体检。

学校发生食物中毒或者疑似食物中毒事件，应当及时报告当地卫生行政部门和教育行政部门；学校发生传染病流行，必须立即报告当地卫生疾病控制机构和教育行政部门，有关部门接报后要按照《中华人民共和国传染病防治法》和《突发公共卫生事件应急条例》的规定，立即上报。学校在食物中毒或传染病流行事件得到控制后，要将该事件的详细情况和处理结果向上级主管部门报告。

四、加强监督检查，严格责任追究。加强对学校卫生防疫与食品卫生安全工作的监督检查。各级教育督导部门要将学校卫生防疫与食品卫生安全的有关职责落实情况纳入对中小学的综合评估体系之中，并根据工作要求开展专项督导检查。省级卫生、教育行政部门每年至少安排一至两次专项检查；县级卫生、教育行政部门每学期至少安排一至两次专项检查，相关部门管理人员要经常深入学校（包括教学点）对卫生防疫与食品卫生安全措施落实情况进行巡查，对于发现的问题，要及时提出整改措施。每个学校每学期至少接受一次巡查（包括专项检查或督导检查）。学校要经常性地对食堂、教学环境与生活设施进行自查，以便及早发现问题，把不安全因素消灭在萌芽状态。专项检查或督导检查结果要及时报告上级主管部门并予以公布。对落实卫生防疫与食品卫生安全措施不力，导致学校发生传染病流行或食物中毒事件，对学生身体健康和生命安全造成严重危害；以及在发生传染病流行或食物中毒事件后不及时报告或隐瞒不报的，要依法查处直接责任人，并追究有关领导的领导责任。

五、加大投入，切实改善学校卫生设施与条件。各级人民政府要加大经费投入，切实改善学校卫生基础设施和条件，在学校规划、建设和危房改造过程中要统筹考虑食堂、宿舍、厕所设施和条件的改善，每年必须安排相应的专项经费改善学校食堂、宿舍、厕所等卫生设施条件。教育行政部门和学校也要安排相应的专项经费，改善学校卫生基础设施和条件。

地方教育行政部门每年要安排学生饮水的专项经费，学校要为学生提供足够的符合卫生标准的饮用水和必要的洗手设施。

各级教育行政部门必须将学校食堂、宿舍、厕所设施及学校卫生基础设施作为义务教育达标验收、示范高中达标验收的重要内容，予以统筹考虑。要及时对存在安全事故隐患的教学、生活设施进行整改，消除事故隐患。

学校和托幼机构传染病疫情报告工作规范（试行）

卫办疾控发〔2006〕65号

各省、自治区、直辖市卫生厅局、教育厅（教委），新疆生产建设兵团卫生局、教育局：

根据《中华人民共和国传染病防治法》、《学校卫生工作条例》的规定以及卫生部办公厅、教育部办公厅关于加强学校传染病防治工作的通知（卫办疾控发〔2005〕8号）要求，为了进一步加强学校传染病疫情等突发公共卫生事件相关信息的报告工作，卫生部会同教育部制定了《学校和托幼机构传染病疫情报告工作规范（试行）》，现予印发，请遵照执行。

二○○六年四月六日

学校和托幼机构传染病疫情报告工作规范（试行）

根据《传染病防治法》和《学校卫生工作条例》的规定，为了使全国各类中小学校（以下简称学校）和托幼机构的传染病疫情等突发公共卫生事件报告工作统一、有序，特制定本工作规范。

一、相关部门职责

（一）教育行政部门

1. 负责对学校和托幼机构传染病疫情等突发公共卫生事件报告工作的督促与检查；

2. 负责与卫生行政部门共同组织开展学校和托幼机构有关人员传染病防控及传染病疫情等突发公共卫生事件报告工作相关知识的培训；

3. 协助同级卫生行政部门制定本地区学校和托幼机构传染病疫情等突发公共卫生事件监测与报告工作相关要求或规范；

4. 加强与卫生行政部门的沟通，及时了解本地区学校和托幼机构传染病疫情等突发公共卫生事件相关信息。

（二）卫生行政部门

1. 根据本工作规范，负责制定本地区学校和托幼机构传染病疫情等突发公共卫生事件监测与报告工作相关要求或规范；

2. 配合同级教育行政部门开展对学校和托幼机构传染病疫情等突发公共卫生事件监测与报告工

作的督促与检查；

3. 与同级教育行政部门共同组织开展学校和托幼机构传染病防控及传染病疫情等突发公共卫生事件监测与报告工作相关知识的培训；

4. 负责及时向同级教育行政部门通报本地区学校和托幼机构传染病疫情等突发公共卫生事件相关信息。

（三）疾病预防控制机构 1. 负责为学校和托幼机构开展传染病疫情等突发公共卫生事件防控、疫情监测与报告工作提供技术支持，并定期到学校进行经常性的技术指导；

2. 负责对学校或托幼机构发生的传染病疫情等突发公共卫生事件开展流行病学调查工作，并提出防控措施与建议；

3. 协助学校和托幼机构对其全体师生进行传染病防控、疫情监测与报告相关知识的宣传与培训；

4. 负责及时将涉及本地区学校和托幼机构传染病疫情等突发公共卫生事件信息告知学校和托幼机构，并指导学校和托幼机构具体落实传染病防控措施。

（四）学校和托幼机构

1. 负责建立、健全本单位传染病疫情等突发公共卫生事件的发现、收集、汇总与报告管理工作制度；

2. 负责指定专人或兼职教师负责本单位内传染病疫情等突发公共卫生事件、因病缺勤等健康信息的收集、汇总与报告工作；

3. 协助疾病预防控制机构对本单位发生的传染病疫情等突发公共卫生事件进行调查和处理，接受教育行政部门与卫生行政部门对学校传染病疫情等突发公共卫生事件的督促、检查 4. 负责组织开展对本单位全体人员传染病防治知识的宣传教育；

5. 学校校长或者托幼机构主要领导是传染病疫情等突发公共卫生事件报告的第一责任人。

二、学校和托幼机构传染病疫情等突发公共卫生事件报告人（以下简称学校疫情报告人）

（一）学校疫情报告人的设置要求

1. 工作认真负责，责任心强；

2. 了解传染病防控相关知识，专（兼）职卫生保健人员优先考虑；

3. 必须为学校或者托幼机构的在编人员。

（二）学校疫情报告人职责

1. 在校长的领导下，具体负责本单位传染病疫情和疑似传染病疫情等突发公共卫生事件报告工作；

2. 协助本单位建立、健全传染病疫情等突发公共卫生事件监测、发现及报告相关工作制度及工作流程；

3. 定期对全校（托幼机构）学生的出勤、健康情况进行巡查；

4. 负责指导全校（托幼机构）学生的晨检工作。

三、学校和托幼机构传染病疫情监测与报告

各类中小学校和托幼机构应当建立由学生到教师、到学校疫情报告人、到学校（托幼机构）领导的传染病疫情发现、信息登记与报告制度。

（一）学校和托幼机构传染病疫情监测

学校和托幼机构应当建立学生晨检、因病缺勤病因追查与登记制度。学校和托幼机构的老师发现学生有传染病早期症状、疑似传染病病人以及因病缺勤等情况时，应及时报告给学校疫情报告人。学校疫情报告人应及时进行排查，并将排查情况记录在学生因病缺勤、传染病早期症状、疑似传染病病人患病及病因排查结果登记日志（见附表）上。

1. 晨检应在学校疫情报告人的指导下进行，由班主任或班级卫生员对早晨到校的每个学生进行观察、询问，了解学生出勤、健康状况。发现学生有传染病早期症状（如发热、皮疹、腹泻、呕吐、黄疸等）以及疑似传染病病人时，应当及时告知学校疫情报告人，学校疫情报告人要进行进一步排查，以确保做到对传染病病人的早发现、早报告。

2. 因病缺勤班主任应当密切关注本班学生的出勤情况，对于因病缺勤的学生，应当了解学生的患病情况和可能的病因，如有怀疑，要及时报告给学校疫情报告人。学校疫情报告人接到报告后应及时追查学生的患病情况和可能的病因，以做到对传染病病人的早发现。

（二）学校传染病疫情报告

1. 报告内容及时限

（1）在同一宿舍或者同一班级，1 天内有 3 例或者连续 3 天内有多个学生（5 例以上）患病，并有相似症状（如发热、皮疹、腹泻、呕吐、黄疸等）或者共同用餐、饮水史时，学校疫情报告人应当在 24 小时内报出相关信息。

（2）当学校和托幼机构发现传染病或疑似传染病病人时，学校疫情报告人应当立即报出相关信息。

（3）个别学生出现不明原因的高热、呼吸急促或剧烈呕吐、腹泻等症状时，学校疫情报告人应当在 24 小时内报出相关信息。

（4）学校发生群体性不明原因疾病或者其他突发公共卫生事件时，学校疫情报告人应当在 24 小时内报出相关信息。

2. 报告方式

当出现符合本工作规范规定的报告情况时，学校疫情报告人应当以最方便的通讯方式（电话、传真等）向属地疾病预防控制机构（农村学校向乡镇卫生院防保组）报告，同时，向属地教育行政部门报告。

突发公共卫生事件与传染病疫情监测信息
报告管理办法（卫生部令第37号）

■卫生部令第37号
■2003年11月7日施行
■2006年8月24日重新修改

卫生部关于修改《突发公共卫生事件与传染病
疫情监测信息报告管理办法》（卫生部第37号令）的通知

卫疾控发〔2006〕332号

各省、自治区、直辖市卫生厅局、新疆生产建设兵团卫生局：

为进一步规范传染病疫情报告管理工作，根据《中华人民共和国传染病防治法》等法律法规的规定，我部决定对2003年11月发布的《突发公共卫生事件与传染病疫情监测信息报告管理办法》（卫生部第37号令）进行如下修改。

一、将原第十六条和第十七条合并修改为："各级各类医疗机构、疾病预防控制机构、采供血机构均为责任报告单位；其执行职务的人员和乡村医生、个体开业医生均为责任疫情报告人，必须按照传染病防治法的规定进行疫情报告，履行法律规定的义务。"

二、将原第十八条调整为第十七条。

三、将原第十九条调整为第十八条，并修改为：

"责任报告单位和责任疫情报告人发现甲类传染病和乙类传染病中的肺炭疽、传染性非典型肺炎、脊髓灰质炎、人感染高致病性禽流感病人或疑似病人时，或发现其他传染病和不明原因疾病暴发时，应于2小时内将传染病报告卡通过网络报告；未实行网络直报的责任报告单位应于2小时内以最快的通讯方式（电话、传真）向当地县级疾病预防控制机构报告，并于2小时内寄送出传染病报告卡。

对其他乙、丙类传染病病人、疑似病人和规定报告的传染病病原携带者在诊断后，实行网络直报的责任报告单位应于24小时内进行网络报告；未实行网络直报的责任报告单位应于24小时内寄送出传染病报告卡。

县级疾病预防控制机构收到无网络直报条件责任报告单位报送的传染病报告卡后，应于2小时内通过网络进行直报。"

四、将原第二十条调整为第十九条，并修改为：

"获得突发公共卫生事件相关信息的责任报告单位和责任报告人，应当在2小时内以电话或传真等方式向属地卫生行政部门指定的专业机构报告，具备网络直报条件的要同时进行网络直报，直报的信息由指定的专业机构审核后进入国家数据库。不具备网络直报条件的责任报告单位和责任报告人，应采用最快的通讯方式将《突发公共卫生事件相关信息报告卡》报送属地卫生行政部门指定的专业机构，接到《突发公共卫生事件相关信息报告卡》的专业机构，应对信息进行审核，确定真实性，2小时内进行网络直报，同时以电话或传真等方式报告同级卫生行政部门。

接到突发公共卫生事件相关信息报告的卫生行政部门应当尽快组织有关专家进行现场调查，如确认为实际发生突发公共卫生事件，应根据不同的级别，及时组织采取相应的措施，并在2小时内向本级人民政府报告，同时向上一级人民政府卫生行政部门报告。如尚未达到突发公共卫生事件标准的，由专业防治机构密切跟踪事态发展，随时报告事态变化情况。"

五、在第三章中增加一条作为第二十条：

突发公共卫生事件及传染病信息报告的其他事项按照《突发公共卫生事件相关信息报告管理工作规范（试行）》及《传染病信息报告管理规范》有关规定执行。

六、将第二十四条修改为：

"疾病预防控制机构发现传染病疫情或接到传染病疫情报告时，应当及时采取下列措施：

（一）对传染病疫情进行流行病学调查，根据调查情况提出划定疫点、疫区的建议，对被污染的场所进行卫生处理，对密切接触者，在指定场所进行医学观察和采取其他必要的预防措施，并向卫生行政部门提出疫情控制方案；

（二）传染病暴发、流行时，对疫点、疫区进行卫生处理，向卫生行政部门提出疫情控制方案，并按照卫生行政部门的要求采取措施；

（三）指导下级疾病预防控制机构实施传染病预防、控制措施，组织、指导有关单位对传染病疫情的处理。"

特此通知。

二〇〇六年八月二十二日

第一章　总　　则

第一条　为加强突发公共卫生事件与传染病疫情监测信息报告管理工作，提供及时、科学的防治决策信息，有效预防、及时控制和消除突发公共卫生事件和传染病的危害，保障公众身体健康与生命安全，根据《中华人民共和国传染病防治法》（以下简称传染病防治法）和《突发公共卫生事件应急条例》（以下简称应急条例）等法律法规的规定，制定本办法。

第二条　本办法适用于传染病防治法、应急条例和国家有关法律法规中规定的突发公共卫生事件与传染病疫情监测信息报告管理工作。

第三条　突发公共卫生事件与传染病疫情监测信息报告，坚持依法管理，分级负责，快速准确，安全高效的原则。

第四条　国务院卫生行政部门对全国突发公共卫生事件与传染病疫情监测信息报告实施统一监督管理。

县级以上地方卫生行政部门对本行政区域突发公共卫生事件与传染病疫情监测信息报告实施监督管理。

第五条　国务院卫生行政部门及省、自治区、直辖市卫生行政部门鼓励、支持开展突发公共卫生事件与传染病疫情监测信息报告管理的科学技术研究和国际交流合作。

第六条　县级以上各级人民政府及其卫生行政部门，应当对在突发公共卫生事件与传染病疫情监测信息报告管理工作中做出贡献的人员，给予表彰和奖励。

第七条　任何单位和个人必须按照规定及时如实报告突发公共卫生事件与传染病疫情信息，不得瞒报、缓报、谎报或者授意他人瞒报、缓报、谎报。

第二章　组织管理

第八条　各级疾病预防控制机构按照专业分工，承担责任范围内突发公共卫生事件和传染病疫情监测、信息报告与管理工作，具体职责为：

（一）按照属地化管理原则，当地疾病预防控制机构负责，对行政辖区内的突发公共卫生事件和传染病疫情进行监测、信息报告与管理；负责收集、核实辖区内突发公共卫生事件、疫情信息和其他信息资料；设置专门的举报、咨询热线电话，接受突发公共卫生事件和疫情的报告、咨询和监督；设置专门工作人员搜集各种来源的突发公共卫生事件和疫情信息。

（二）建立流行病学调查队伍和实验室，负责开展现场流行病学调查与处理，搜索密切接触者、追踪传染源，必要时进行隔离观察；进行疫点消毒及其技术指导；标本的实验室检测检验及报告。

（三）负责公共卫生信息网络维护和管理，疫情资料的报告、分析、利用与反馈；建立监测信息数据库，开展技术指导。

（四）对重点涉外机构或单位发生的疫情，由省级以上疾病预防控制机构进行报告管理和检查指导。

（五）负责人员培训与指导，对下级疾病预防控制机构工作人员进行业务培训；对辖区内医院和下级疾病预防控制机构疫情报告和信息网络管理工作进行技术指导。

第九条　国家建立公共卫生信息监测体系，构建覆盖国家、省、市（地）、县（区）疾病预防控制机构、医疗卫生机构和卫生行政部门的信息网络系统，并向乡（镇）、村和城市社区延伸。

国家建立公共卫生信息管理平台、基础卫生资源数据库和管理应用软件，适应突发公共卫生事件、法定传染病、公共卫生和专病监测的信息采集、汇总、分析、报告等工作的需要。

第十条　各级各类医疗机构承担责任范围内突发公共卫生事件和传染病疫情监测信息报告任

务，具体职责为：

（一）建立突发公共卫生事件和传染病疫情信息监测报告制度，包括报告卡和总登记簿、疫情收报、核对、自查、奖惩。

（二）执行首诊负责制，严格门诊工作日志制度以及突发公共卫生事件和疫情报告制度，负责突发公共卫生事件和疫情监测信息报告工作。

（三）建立或指定专门的部门和人员，配备必要的设备，保证突发公共卫生事件和疫情监测信息的网络直接报告。

门诊部、诊所、卫生所（室）等应按照规定时限，以最快通讯方式向发病地疾病预防控制机构进行报告，并同时报出传染病报告卡。

报告卡片邮寄信封应当印有明显的"突发公共卫生事件或疫情"标志及写明 XX 疾病预防控制机构收的字样。

（四）对医生和实习生进行有关突发公共卫生事件和传染病疫情监测信息报告工作的培训。

（五）配合疾病预防控制机构开展流行病学调查和标本采样。

第十一条　流动人员中发生的突发公共卫生事件和传染病病人、病原携带者和疑似传染病病人的报告、处理、疫情登记、统计，由诊治地负责。

第十二条　铁路、交通、民航、厂（场）矿所属的医疗卫生机构发现突发公共卫生事件和传染病疫情，应按属地管理原则向所在地县级疾病预防控制机构报告。

第十三条　军队内的突发公共卫生事件和军人中的传染病疫情监测信息，由中国人民解放军卫生主管部门根据有关规定向国务院卫生行政部门直接报告。

军队所属医疗卫生机构发现地方就诊的传染病病人、病原携带者、疑似传染病病人时，应按属地管理原则向所在地疾病预防控制机构报告。

第十四条　医疗卫生人员未经当事人同意，不得将传染病病人及其家属的姓名、住址和个人病史以任何形式向社会公开。

第十五条　各级政府卫生行政部门对辖区内各级医疗卫生机构负责的突发公共卫生事件和传染病疫情监测信息报告情况，定期进行监督、检查和指导。

第三章　报　　告

第十六条　各级各类医疗机构、疾病预防控制机构、采供血机构均为责任报告单位；其执行职务的人员和乡村医生、个体开业医生均为责任疫情报告人，必须按照传染病防治法的规定进行疫情报告，履行法律规定的义务。

第十七条　责任报告人在首次诊断传染病病人后，应立即填写传染病报告卡。

传染病报告卡由录卡单位保留三年。

第十八条　责任报告单位和责任疫情报告人发现甲类传染病和乙类传染病中的肺炭疽、传染性

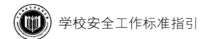

非典型肺炎、脊髓灰质炎、人感染高致病性禽流感病人或疑似病人时，或发现其他传染病和不明原因疾病暴发时，应于 2 小时内将传染病报告卡通过网络报告；未实行网络直报的责任报告单位应于 2 小时内以最快的通讯方式（电话、传真）向当地县级疾病预防控制机构报告，并于 2 小时内寄送出传染病报告卡。

对其他乙、丙类传染病病人、疑似病人和规定报告的传染病病原携带者在诊断后，实行网络直报的责任报告单位应于 24 小时内进行网络报告；未实行网络直报的责任报告单位应于 24 小时内寄送出传染病报告卡。

县级疾病预防控制机构收到无网络直报条件责任报告单位报送的传染病报告卡后，应于 2 小时内通过网络进行直报。

第十九条 获得突发公共卫生事件相关信息的责任报告单位和责任报告人，应当在 2 小时内以电话或传真等方式向属地卫生行政部门指定的专业机构报告，具备网络直报条件的要同时进行网络直报，直报的信息由指定的专业机构审核后进入国家数据库。不具备网络直报条件的责任报告单位和责任报告人，应采用最快的通讯方式将《突发公共卫生事件相关信息报告卡》报送属地卫生行政部门指定的专业机构，接到《突发公共卫生事件相关信息报告卡》的专业机构，应对信息进行审核，确定真实性，2 小时内进行网络直报，同时以电话或传真等方式报告同级卫生行政部门。

接到突发公共卫生事件相关信息报告的卫生行政部门应当尽快组织有关专家进行现场调查，如确认为实际发生突发公共卫生事件，应根据不同的级别，及时组织采取相应的措施，并在 2 小时内向本级人民政府报告，同时向上一级人民政府卫生行政部门报告。如尚未达到突发公共卫生事件标准的，由专业防治机构密切跟踪事态发展，随时报告事态变化情况。

第二十条 突发公共卫生事件及传染病信息报告的其他事项按照《突发公共卫生事件相关信息报告管理工作规范（试行)》及《传染病信息报告管理规范》有关规定执行。

第四章　调　　查

第二十一条 接到突发公共卫生事件报告的地方卫生行政部门，应当立即组织力量对报告事项调查核实、判定性质，采取必要的控制措施，并及时报告调查情况。

不同类别的突发公共卫生事件的调查应当按照《全国突发公共卫生事件应急预案》规定要求执行。

第二十二条 突发公共卫生事件与传染病疫情现场调查应包括以下工作内容：

（一）流行病学个案调查、密切接触者追踪调查和传染病发病原因、发病情况、疾病流行的可能因素等调查；

（二）相关标本或样品的采样、技术分析、检验；

（三）突发公共卫生事件的确证；

（四）卫生监测，包括生活资源受污染范围和严重程度，必要时应在突发事件发生地及相邻省市同时进行。

第二十三条　各级卫生行政部门应当组织疾病预防控制机构等有关领域的专业人员，建立流行病学调查队伍，负责突发公共卫生事件与传染病疫情的流行病学调查工作。

第二十四条　疾病预防控制机构发现传染病疫情或接到传染病疫情报告时，应当及时采取下列措施：

（一）对传染病疫情进行流行病学调查，根据调查情况提出划定疫点、疫区的建议，对被污染的场所进行卫生处理，对密切接触者，在指定场所进行医学观察和采取其他必要的预防措施，并向卫生行政部门提出疫情控制方案；

（二）传染病暴发、流行时，对疫点、疫区进行卫生处理，向卫生行政部门提出疫情控制方案，并按照卫生行政部门的要求采取措施；

（三）指导下级疾病预防控制机构实施传染病预防、控制措施，组织、指导有关单位对传染病疫情的处理。

第二十五条　各级疾病预防控制机构负责管理国家突发公共卫生事件与传染病疫情监测报告信息系统，各级责任报告单位使用统一的信息系统进行报告。

第二十六条　各级各类医疗机构应积极配合疾病预防控制机构专业人员进行突发公共卫生事件和传染病疫情调查、采样与处理。

第五章　信息管理与通报

第二十七条　各级各类医疗机构所设与诊治传染病有关的科室应当建立门诊日志、住院登记簿和传染病疫情登记簿。

第二十八条　各级各类医疗机构指定的部门和人员，负责本单位突发公共卫生事件和传染病疫情报告卡的收发和核对，设立传染病报告登记簿，统一填报有关报表。

第二十九条　县级疾病预防控制机构负责本辖区内突发公共卫生事件和传染病疫情报告卡、报表的收发、核对、疫情的报告和管理工作。

各级疾病预防控制机构应当按照国家公共卫生监测体系网络系统平台的要求，充分利用报告的信息资料，建立突发公共卫生事件和传染病疫情定期分析通报制度，常规监测时每月不少于三次疫情分析与通报，紧急情况下需每日进行疫情分析与通报。

第三十条　国境口岸所在地卫生行政部门指定的疾病预防控制机构和港口、机场、铁路等疾病预防控制机构及国境卫生检疫机构，发现国境卫生检疫法规定的检疫传染病时，应当互相通报疫情。

第三十一条　发现人畜共患传染病时，当地疾病预防控制机构和农、林部门应当互相通报疫情。

第三十二条　国务院卫生行政部门应当及时通报和公布突发公共卫生事件和传染病疫情，省

（自治区、直辖市）人民政府卫生行政部门根据国务院卫生行政部门的授权，及时通报和公布本行政区域的突发公共卫生事件和传染病疫情。

突发公共卫生事件和传染病疫情发布内容包括：

（一）突发公共卫生事件和传染病疫情性质、原因；

（二）突发公共卫生事件和传染病疫情发生地及范围；

（三）突发公共卫生事件和传染病疫情的发病、伤亡及涉及的人员范围；

（四）突发公共卫生事件和传染病疫情处理措施和控制情况；

（五）突发公共卫生事件和传染病疫情发生地的解除。与港澳台地区及有关国家和世界卫生组织之间的交流与通报办法另行制订。

第六章　监督管理

第三十三条　国务院卫生行政部门对全国突发公共卫生事件与传染病疫情监测信息报告管理工作进行监督、指导。

县级以上地方人民政府卫生行政部门对本行政区域的突发公共卫生事件与传染病疫情监测信息报告管理工作进行监督、指导。

第三十四条　各级卫生监督机构在卫生行政部门的领导下，具体负责本行政区内的突发公共卫生事件与传染病疫情监测信息报告管理工作的监督检查。

第三十五条　各级疾病预防控制机构在卫生行政部门的领导下，具体负责对本行政区域内的突发公共卫生事件与传染病疫情监测信息报告管理工作的技术指导。

第三十六条　各级各类医疗卫生机构在卫生行政部门的领导下，积极开展突发公共卫生事件与传染病疫情监测信息报告管理工作。

第三十七条　任何单位和个人发现责任报告单位或责任疫情报告人有瞒报、缓报、谎报突发公共卫生事件和传染病疫情情况时，应向当地卫生行政部门报告。

第七章　罚　　则

第三十八条　医疗机构有下列行为之一的，由县级以上地方卫生行政部门责令改正、通报批评、给予警告；情节严重的，会同有关部门对主要负责人、负有责任的主管人员和其他责任人员依法给予降级、撤职的行政处分；造成传染病传播、流行或者对社会公众健康造成其他严重危害后果，构成犯罪的，依据刑法追究刑事责任：

（一）未建立传染病疫情报告制度的；

（二）未指定相关部门和人员负责传染病疫情报告管理工作的；

（三）瞒报、缓报、谎报发现的传染病病人、病原携带者、疑似病人的。

第三十九条　疾病预防控制机构有下列行为之一的，由县级以上地方卫生行政部门责令改正、通报批评、给予警告；对主要负责人、负有责任的主管人员和其他责任人员依法给予降级、撤职的行政处分；造成传染病传播、流行或者对社会公众健康造成其他严重危害后果，构成犯罪的，依法追究刑事责任：

（一）瞒报、缓报、谎报发现的传染病病人、病原携带者、疑似病人的；

（二）未按规定建立专门的流行病学调查队伍，进行传染病疫情的流行病学调查工作；

（三）在接到传染病疫情报告后，未按规定派人进行现场调查的；

（四）未按规定上报疫情或报告突发公共卫生事件的。

第四十条　执行职务的医疗卫生人员瞒报、缓报、谎报传染病疫情的，由县级以上卫生行政部门给予警告，情节严重的，责令暂停六个月以上一年以下执业活动，或者吊销其执业证书。

责任报告单位和事件发生单位瞒报、缓报、谎报或授意他人不报告突发性公共卫生事件或传染病疫情的，对其主要领导、主管人员和直接责任人由其单位或上级主管机关给予行政处分，造成疫情播散或事态恶化等严重后果的，由司法机关追究其刑事责任。

第四十一条　个体或私营医疗保健机构瞒报、缓报、谎报传染病疫情或突发性公共卫生事件的，由县级以上卫生行政部门责令限期改正，可以处 100 元以上 500 元以下罚款；对造成突发性公共卫生事件和传染病传播流行的，责令停业整改，并可以处 200 元以上 2000 元以下罚款，触犯刑律的，对其经营者、主管人员和直接责任人移交司法机关追究刑事责任。

第四十二条　县级以上卫生行政部门未按照规定履行突发公共卫生事件和传染病疫情报告职责，瞒报、缓报、谎报或者授意他人瞒报、缓报、谎报的，对主要负责人依法给予降级或者撤职的行政处分；造成传染病传播、流行或者对社会公众造成其他严重危害后果的，给予开除处分；构成犯罪的，依法追究刑事责任。

第八章　附　　则

第四十三条　中国人民解放军、武装警察部队医疗卫生机构突发公共卫生事件与传染病疫情监测信息报告管理工作，参照本办法的规定和军队的相关规定执行。

第四十四条　本办法自发布之日起实施。

餐饮业和集体用餐配送单位卫生规范

■ 2005 年 10 月 1 日实施

第一章 总 则

第一条 为加强餐饮业和集体用餐配送单位食品安全卫生管理，规范其生产经营行为，保障消费者身体健康，根据《中华人民共和国食品卫生法》、《餐饮业食品卫生管理办法》、《学校食堂与集体用餐卫生管理规定》、《学生集体用餐卫生监督办法》等相关法律法规规章，制定本规范。

第二条 本规范适用于餐饮业经营者（包括餐馆、小吃店、快餐店、食堂等）和集体用餐配送单位，但不包括无固定加工和就餐场所的食品摊贩。

第三条 本规范下列用语的含义

（一）餐饮业：指通过即时加工制作、商业销售和服务性劳动等手段，向消费者提供食品、消费场所和设施的食品生产经营行业，包括餐馆、小吃店、快餐店、食堂等。

餐馆（又称酒家、酒楼、酒店、饭庄等）：指以饭菜（包括中餐、西餐、日餐、韩餐等）为主要经营项目的单位，包括火锅店、烧烤店等。

小吃店：指以点心、小吃、早点为主要经营项目的单位和提供简单餐饮服务的酒吧、咖啡厅、茶室等。

快餐店：指以集中加工配送、当场分餐食用并快速提供就餐服务为主要加工供应形式的单位。

食堂：指设于机关、学校、企业、工地等地点（场所），为供应内部职工、学生等就餐的单位。

（二）集体用餐配送单位：指根据集体服务对象订购要求，集中加工、分送食品但不提供就餐场所的单位。

（三）食品：指各种供人食用或者饮用的成品和原料以及按照传统既是食品又是药品的物品，但是不包括以治疗为目的的物品，在餐饮业和集体用餐配送单位中主要指原料、半成品、成品（包括下列用语中的凉菜、生食海产品、裱花蛋糕、现榨果蔬汁、自助餐等）。

原料：指供烹饪加工制作食品所用的一切可食用的物质和材料。

半成品：指食品原料经初步或部分加工后，尚需进一步加工制作的食品或原料。

成品：指经过加工制成的或待出售的可直接食用的食品。

凉菜（又称冷菜、冷荤、熟食、卤味等）：指对经过烹制成熟或者腌渍入味后的食品进行简单制作并装盘，一般无需加热即可食用的菜肴。

生食海产品：指不经过加热处理即供食用的生长于海洋的鱼类、贝壳类、头足类等水产品。

裱花蛋糕：指以粮、糖、油、蛋为主要原料经焙烤加工而成的糕点胚，在其表面裱以奶油、人造奶油、植脂奶油等而制成的糕点食品。

现榨果蔬汁：指以水果或蔬菜为主要原料，以压榨等机械方法加工所得的新鲜水果或蔬菜汁。

自助餐：指集中加工制作后放置于就餐场所，供就餐者自行选择食用的餐饮食品。

（四）加工经营场所：指与加工经营直接或间接相关的场所，包括食品处理区、非食品处理区和就餐场所。

1. 食品处理区：指食品的粗加工、切配、烹调和备餐场所、专间、食品库房、餐用具清洗消毒和保洁场所等区域，分为清洁操作区、准清洁操作区、一般操作区。

（1）清洁操作区：指为防止食品被环境污染，清洁要求较高的操作场所，包括专间、备餐场所。

专间：指处理或短时间存放直接入口食品的专用操作间，包括凉菜间、裱花间、备餐专间、集体用餐分装专间等。

备餐场所：指成品的整理、分装、分发、暂时置放的专用场所。

（2）准清洁操作区：指清洁要求次于清洁操作区的操作场所，包括烹调场所、餐用具保洁场所。

烹调场所：指对经过粗加工、切配的原料或半成品进行煎、炒、炸、焖、煮、烤、烘、蒸及其他热加工处理的操作场所。

餐用具保洁场所：指对经清洗消毒后的餐饮具和接触直接入口食品的工具、容器进行存放并保持清洁的场所。

（3）一般操作区：指其他处理食品和餐具的场所，包括粗加工操作场所、切配场所、餐用具清洗消毒场所和食品库房。

粗加工操作场所：指对食品原料进行挑拣、整理、解冻、清洗、剔除不可食部分等加工处理的操作场所。

切配场所：指把经过粗加工的食品进行洗、切、称量、拼配等加工处理成为半成品的操作场所。

餐用具清洗消毒场所：指对餐饮具和接触直接入口食品的工具、容器进行清洗、消毒的操作场所。

食品库房：指专门用于贮藏、存放食品原料的场所。

2. 非食品处理区：指办公室、厕所、更衣场所、非食品库房等非直接处理食品的区域。

3. 就餐场所：指供消费者就餐的场所，但不包括供就餐者专用的厕所、门厅、大堂休息厅、歌舞台等辅助就餐的场所。

（五）中心温度：指块状或有容器存放的液态食品或食品原料的中心部位的温度。

（六）冷藏：指为保鲜和防腐的需要，将食品或原料置于冰点以上较低温度条件下贮存的过程，冷藏温度的范围应在 0～10℃之间。

（七）冷冻：指将食品或原料置于冰点温度以下，以保持冰冻状态的贮存过程，冷冻温度的范围应在 -20℃～-1℃之间。

（八）清洗：指利用清水清除原料夹带的杂质和原料、工具表面的污物所采取的操作过程。

（九）消毒：用物理或化学方法破坏、钝化或除去有害微生物的操作，消毒不能完全杀死细菌芽孢。

（十）交叉污染：指通过生的食品、食品加工者、食品加工环境或工具把生物的、化学的污染物转移到食品的过程。

（十一）从业人员：指餐饮业和集体用餐配送单位中从事食品采购、保存、加工、供餐服务等工作的人员。

第四条　本规范中"应"的内容表示必须这样做，"不得"的内容表示禁止这样做，"宜"的内容表示以这样做为佳。

第二章　加工经营场所的卫生条件

第五条　选址卫生要求

（一）不得设在易受到污染的区域，应选择地势干燥、有给排水条件和电力供应的地区。

（二）应距离粪坑、污水池、垃圾场（站）、旱厕等污染源 25m 以上，并应设置在粉尘、有害气体、放射性物质和其他扩散性污染源的影响范围之外。

（三）应同时符合规划、环保和消防的有关要求。

第六条　建筑结构、场所设置、布局、分隔、面积卫生要求

（一）建筑结构坚固耐用、易于维修、易于保持清洁，应能避免有害动物的侵入和栖息。

（二）食品处理区均应设置在室内。

（三）食品处理区应按照原料进入、原料处理、半成品加工、成品供应的流程合理布局，食品加工处理流程宜为生进熟出的单一流向，并应防止在存放、操作中产生交叉污染。成品通道、出口与原料通道、入口，成品通道、出口与使用后的餐饮具回收通道、入口均宜分开设置。

（四）食品处理区，应设置专用的粗加工（全部使用半成品原料的可不设置）、烹调（单纯经营火锅、烧烤的可不设置）和餐用具清洗消毒的场所，并应设置原料和（或）半成品贮存、切配及备餐（酒吧、咖啡厅、茶室可不设置）的场所。制作现榨果蔬汁和水果拼盘的，应设置相应的专用操作场所。进行凉菜配制、裱花操作和集体用餐配送单位进行食品分装操作的，应分别设置相应专间。集中备餐的食堂和快餐店应设备餐专间，或符合本规范第七条第二项第五目的规定。

（五）食品处理区宜根据附件 1 的规定设置独立隔间的场所。

（六）食品处理区的面积应与就餐场所面积、供应的最大就餐人数相适应，各类餐饮业食品处理区与就餐场所面积之比、切配烹饪场所面积宜符合附件 1 规定。

（七）粗加工操作场所内应至少分别设置动物性食品和植物性食品的清洗水池，水产品的清洗水池宜独立设置，水池数量或容量应与加工食品的数量相适应。食品处理区内应设专用于拖把等清洁工具的清洗水池，其位置应不会污染食品及其加工操作过程。洗手消毒水池、餐用具清洗消毒水池的设置应分别符合本规范第七条第八项、第十一项的规定。各类水池应以明显标识标明其用途。

（八）烹调场所食品加工如使用固体燃料，炉灶应为隔墙烧火的外扒灰式，避免粉尘污染食品。

（九）拖把等清洁工具的存放场所应与食品处理区分开，集体用餐配送单位和加工经营场所面

积 500m² 以上的餐馆和食堂宜设置独立隔间。

（十）加工经营场所内不得圈养、宰杀活的禽畜类动物。在加工经营场所外设立圈养、宰杀场所的，应距离加工经营场所 25m 以上。

第七条 设施卫生要求

（一）地面与排水卫生要求。

1. 食品处理区地面应用无毒、无异味、不透水、不易积垢的材料铺设，且应平整、无裂缝。

2. 粗加工、切配、餐用具清洗消毒和烹调等需经常冲洗场所、易潮湿场所的地面应易于清洗、防滑，并应有一定的排水坡度（不小于 1.5%）及排水系统。排水沟应有坡度、保持通畅、便于清洗，沟内不应设置其他管路，侧面和底面接合处宜有一定弧度（曲率半径不小于 3cm），并设有可拆卸的盖板。排水的流向应由高清洁操作区流向低清洁操作区，并有防止污水逆流的设计。排水沟出口应有符合本条第十二项要求的防止有害动物侵入的设施。

3. 清洁操作区内不得设置明沟，地漏应能防止废弃物流入及浊气逸出（如带水封地漏）。

4. 废水应排至废水处理系统或经其他适当方式处理。

（二）墙壁与门窗卫生要求。

1. 食品处理区墙壁应采用无毒、无异味、不透水、平滑、不易积垢的浅色材料构筑。其墙角及柱角（墙壁与墙壁间、墙壁及柱与地面间、墙壁及柱与天花板）间宜有一定的弧度（曲率半径在 3cm 以上），以防止积垢和便于清洗。

2. 粗加工、切配、餐用具清洗消毒和烹调等需经常冲洗的场所、易潮湿场所应有 1.5m 以上的光滑、不吸水、浅色、耐用和易清洗的材料（例如瓷砖、合金材料等）制成的墙裙，各类专间应铺设到墙顶。

3. 食品处理区的门、窗应装配严密，与外界直接相通的门和可开启的窗应设有易于拆下清洗且不生锈的防蝇纱网或设置空气幕，与外界直接相通的门和各类专间的门应能自动关闭。窗户不宜设室内窗台，若有窗台台面应向内侧倾斜（倾斜度宜在 45 度以上）。

4. 粗加工、切配、烹调、餐用具清洗消毒等场所和各类专间的门应采用易清洗、不吸水的坚固材料制作。

5. 供应自助餐的餐饮单位或无备餐专间的快餐店和食堂，就餐场所窗户应为封闭式或装有防蝇防尘设施，门应设有防蝇防尘设施，以设空气幕为宜。

（三）屋顶与天花板卫生要求。

1. 加工经营场所天花板的设计应易于清扫，能防止害虫隐匿和灰尘积聚，避免长霉或建筑材料的脱落等情形发生。

2. 食品处理区天花板应选用无毒、无异味、不吸水、表面光洁、耐腐蚀、耐温、浅色材料涂覆或装修，天花板与横梁或墙壁结合处宜有一定弧度（曲率半径在 3cm 以上）；水蒸气较多场所的天花板应有适当坡度，在结构上减少凝结水滴落。清洁操作区、准清洁操作区及其他半成品、成品暴露场所屋顶若为不平整的结构或有管道通过，应加设平整易于清洁的吊顶。

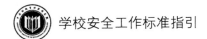

3. 烹调场所天花板离地面宜在 2.5m 以上，小于 2.5m 的应采用机械通风使换气量符合 JGJ64 《饮食建筑设计规范》要求。

（四）厕所卫生要求。

1. 厕所不得设在食品处理区。

2. 厕所应采用冲水式，地面、墙壁、便槽等应采用不透水、易清洗、不易积垢的材料。

3. 厕所内的洗手设施，应符合本规范本条第八项的规定且宜设置在出口附近。

4. 厕所应设有效排气（臭）装置，并有适当照明，与外界相通的门窗应设置严密坚固、易于清洁的纱门及纱窗，外门应能自动关闭。

5. 厕所排污管道应与加工经营场所的排水管道分设，且应有可靠的防臭气水封。

（五）更衣场所卫生要求。

1. 更衣场所与加工经营场所应处于同一建筑物内，宜为独立隔间，有适当的照明，并设有符合本规范本条第八项规定的洗手设施。

2. 更衣场所应有足够大小的空间，以供员工更衣之用。

（六）库房卫生要求。

1. 食品和非食品（不会导致食品污染的食品容器、包装材料、工具等物品除外）库房应分开设置。

2. 食品库房宜根据贮存条件的不同分别设置，必要时设冷冻（藏）库。

3. 同一库房内贮存不同性质食品和物品的应区分存放区域，不同区域应有明显的标识。

4. 库房的构造应以无毒、坚固的材料建成，应能使贮存保管中的食品品质的劣化降至最低程度，防止污染，且易于维持整洁，并应有防止动物侵入的装置（如库房门口设防鼠板）。

5. 库房内应设置数量足够的物品存放架，其结构及位置应能使储藏的食品距离墙壁、地面均在 10cm 以上，以利空气流通及物品的搬运。

6. 除冷库外的库房应有良好的通风、防潮设施。

7. 冷冻（藏）库应设可正确指示库内温度的温度计。

（七）专间卫生要求。

1. 专间应为独立隔间，专间内应设有专用工具清洗消毒设施和空气消毒设施，专间内温度应不高于25℃，宜设有独立的空调设施。加工经营场所面积500m² 以上餐馆和食堂的专间入口处应设置有洗手、消毒、更衣设施的通过式预进间。500m² 以下餐馆和食堂等其他餐饮单位，不具备设置预进间条件的，应在专间内入口处设置洗手、消毒、更衣设施。洗手消毒设施应符合本条第八项规定。

2. 以紫外线灯作为空气消毒装置的，紫外线灯（波长 200 – 275nm）应按功率不小于 1.5W/m³ 设置，紫外线灯宜安装反光罩，强度大于 70μW/cm²。专间内紫外线灯应分布均匀，距离地面 2m 以内。

3. 凉菜间、裱花间应设有专用冷藏设施，需要直接接触成品的用水，还宜通过净水设施。

4. 专间不得设置两个以上（含两个）的门，专间如有窗户应为封闭式（传递食品用的除外）。专间内外食品传送宜为可开闭的窗口形式，窗口大小宜以可通过传送食品的容器为准。

5. 专间的面积应与就餐场所面积和供应就餐人数相适应，各类餐饮业专间面积要求宜符合附件1规定。

（八）洗手消毒设施卫生要求。

1. 食品处理区内应设置足够数目的洗手设施，其位置应设置在方便从业人员的区域。

2. 洗手消毒设施附近应设有相应的清洗、消毒用品和干手设施。员工专用洗手消毒设施附近应有洗手消毒方法标示。

3. 洗手设施的排水应具有防止逆流、有害动物侵入及臭味产生的装置。

4. 洗手池的材质应为不透水材料（包括不锈钢或陶瓷等），结构应不易积垢并易于清洗。

5. 水龙头宜采用脚踏式、肘动式或感应式等非手动式开关或可自动关闭的开关，并宜提供温水。

6. 就餐场所应设有数量足够的供就餐者使用的专用洗手设施，其设置应符合本项第二目至第四目要求。

（九）供水设施卫生要求。

1. 供水应能保证加工需要，水质应符合GB5749《生活饮用水卫生标准》规定。

2. 不与食品接触的非饮用水（如冷却水，污水或废水等）的管道系统和食品加工用水的管道系统，应以不同颜色明显区分，并以完全分离的管路输送，不得有逆流或相互交接现象。

（十）通风排烟设施卫生要求。

1. 食品处理区应保持良好通风，及时排除潮湿和污浊的空气。空气流向应由高清洁区流向低清洁区，防止食品、餐饮具、加工设备设施污染。

2. 烹调场所应采用机械排风。产生油烟的设备上部，应加设附有机械排风及油烟过滤的排气装置，过滤器应便于清洗和更换。

3. 产生大量蒸汽的设备上方除应加设机械排风外，还宜分隔成小间，防止结露并做好凝结水的引泄。

4. 排气口应装有易清洗、耐腐蚀并符合本条第十二项要求的可防止有害动物侵入的网罩。

5. 采用空调设施进行通风的，就餐场所空气应符合GB16153《饭馆（餐厅）卫生标准》要求。

（十一）餐用具清洗消毒和保洁设施卫生要求。

1. 餐用具宜用热力方法进行消毒，因材质、大小等原因无法采用的除外。

2. 餐用具清洗消毒水池应专用，与食品原料、清洁用具及接触非直接入口食品的工具、容器清洗水池分开。水池应使用不锈钢或陶瓷等不透水材料、不易积垢并易于清洗。采用化学消毒的，至少设有3个专用水池。各类水池应以明显标识标明其用途。

3. 清洗消毒设备设施的大小和数量应能满足需要。

4. 采用自动清洗消毒设备的，设备上应有温度显示和清洗消毒剂自动添加装置。

5. 应设专供存放消毒后餐用具的保洁设施，其结构应密闭并易于清洁。

（十二）防尘防鼠防虫害设施卫生要求。

1. 加工经营场所门窗应按本规范本条第二项规定设置防尘防鼠防虫害设施。

2. 加工经营场所必要时可设置灭蝇设施。使用灭蝇灯的，应悬挂于距地面 2m 左右高度，且应与食品加工操作保持一定距离。

3. 排水沟出口和排气口应有网眼孔径小于 6mm 的金属隔栅或网罩，以防鼠类侵入。

（十三）采光照明设施卫生要求

1. 加工经营场所应有充足的自然采光或人工照明，食品处理区工作面不应低于 220lux，其他场所不应低于 110lux。光源应不至于改变所观察食品的天然颜色。

2. 安装在食品暴露正上方的照明设施宜使用防护罩，以防止破裂时玻璃碎片污染食品。

（十四）废弃物暂存设施卫生要求。

1. 食品处理区内可能产生废弃物或垃圾的场所均应设有废弃物容器。

2. 废弃物容器应配有盖子，以坚固及不透水的材料制造，能防止有害动物的侵入、不良气味或污水的溢出，内壁应光滑以便于清洗。

3. 在加工经营场所外适当地点宜设置废弃物临时集中存放设施，其结构应密闭，能防止害虫进入、滋生且不污染环境。

第八条 设备与工具卫生要求

（一）食品加工用设备和工具的构造应有利于保证食品卫生、易于清洗消毒、易于检查，避免因构造原因造成润滑油、金属碎屑、污水或其他可能引起污染的物质滞留于设备和工具中。

（二）食品容器、工具和设备与食品的接触面应平滑、无凹陷或裂缝，设备内部角落部位应避免有尖角，以避免食品碎屑、污垢等的聚积。

（三）设备的摆放位置应便于操作、清洁、维护和减少交叉污染。

（四）用于原料、半成品、成品的工具和容器，应分开并有明显的区分标志；原料加工中切配动物性和植物性食品的工具和容器，宜分开并有明显的区分标志。

（五）所有用于食品处理区及可能接触食品的设备与工具，应由无毒、无臭味或异味、耐腐蚀、不易发霉的，符合卫生标准的材料制造。不与食品接触的设备与工具的构造，也应易于保持清洁。

（六）食品接触面原则上不得使用木质材料（工艺要求必须使用除外），必须使用木质材料的工具，应保证不会对食品产生污染。

（七）集体用餐配送单位应配备盛装、分送集体用餐的专用密闭容器，运送集体用餐的车辆应为专用封闭式，车内宜设置温度控制设备，车辆内部的结构应平整，以便于清洁。

第三章　加工操作卫生要求

第九条 加工操作规程的制定与执行

（一）生产经营者应按本规范有关要求，根据预防食物中毒的基本原则（餐饮业和集体用餐配送单位预防食物中毒的基本原则见附件2），制定相应的加工操作规程。

（二）加工操作规程应包括对食品采购、运输和贮存、粗加工、切配、烹调、凉菜配制、现榨果蔬汁及水果拼盘制作、点心加工、裱花操作、烧烤加工、生食海产品加工、备餐及供餐、食品再加热和工具、容器、餐饮具清洗、消毒、保洁、食品配送等各道操作工序的具体规定和详细的操作方法与要求。

（三）加工操作规程应具体规定标准的加工操作程序、加工操作过程关键项目控制标准和设备操作与维护标准，明确各工序、各岗位人员的要求及职责。

（四）应教育培训员工按照加工操作规程进行操作，使其符合加工操作、卫生及品质管理要求。

集体用餐配送单位、加工经营场所面积 2000m² 以上的餐馆、就餐场所有 300 座位以上或单餐供应 300 人以上的餐馆、食堂及连锁经营的餐饮业经营者宜建立和实施 HACCP 食品安全管理体系，制定 HACCP 计划和执行文件。

第十条　原料采购卫生要求

（一）应符合国家有关卫生标准和规定的有关要求，并应进行验收，不得采购《食品卫生法》第九条规定禁止生产经营的食品。

（二）采购时应索取发票等购货凭据，并做好采购记录，便于溯源；向食品生产单位、批发市场等批量采购食品的，还应索取食品卫生许可证、检验（检疫）合格证明等。

（三）入库前应进行验收，出入库时应登记，作好记录。

第十一条　食品运输工具应当保持清洁，防止食品在运输过程中受到污染。

第十二条　贮存卫生要求

（一）贮存食品的场所、设备应当保持清洁，无霉斑、鼠迹、苍蝇、蟑螂，不得存放有毒、有害物品（如：杀鼠剂、杀虫剂、洗涤剂、消毒剂等）及个人生活用品。

（二）食品应当分类、分架存放，距离墙壁、地面均在 10cm 以上，并定期检查，使用应遵循先进先出的原则，变质和过期食品应及时清除。

（三）食品冷藏、冷冻贮藏的温度应分别符合冷藏和冷冻的温度范围要求。

1. 食品冷藏、冷冻贮藏应做到原料、半成品、成品严格分开，不得在同一冰室内存放。冷藏、冷冻柜（库）应有明显区分标志，宜设外显式温度（指示）计，以便于对冷藏、冷冻柜（库）内部温度的监测。

2. 食品在冷藏、冷冻柜（库）内贮藏时，应做到植物性食品、动物性食品和水产品分类摆放。

3. 食品在冷藏、冷冻柜（库）内贮藏时，为确保食品中心温度达到冷藏或冷冻的温度要求，不得将食品堆积、挤压存放。

4. 用于贮藏食品的冷藏、冷冻柜（库），应定期除霜、清洁和维修，以确保冷藏、冷冻温度达到要求并保持卫生。

第十三条　粗加工及切配卫生要求

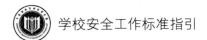

（一）加工前应认真检查待加工食品，发现有腐败变质迹象或者其他感官性状异常的，不得加工和使用。

（二）各种食品原料在使用前应洗净，动物性食品、植物性食品应分池清洗，水产品宜在专用水池清洗，禽蛋在使用前应对外壳进行清洗，必要时消毒处理。

（三）易腐食品应尽量缩短在常温下的存放时间，加工后应及时使用或冷藏。

（四）切配好的半成品应避免污染，与原料分开存放，并应根据性质分类存放。

（五）切配好的食品应按照加工操作规程，在规定时间内使用。

（六）已盛装食品的容器不得直接置于地上，以防止食品污染。

（七）加工用容器、工具应符合第二十三条规定。生熟食品的加工工具及容器应分开使用并有明显标志。

第十四条 烹调加工卫生要求

（一）烹调前应认真检查待加工食品，发现有腐败变质或者其他感官性状异常的，不得进行烹调加工。

（二）不得将回收后的食品（包括辅料）经烹调加工后再次供应。

（三）需要熟制加工的食品应当烧熟煮透，其加工时食品中心温度应不低于70℃。

（四）加工后的成品应与半成品、原料分开存放。

（五）需要冷藏的熟制品，应尽快冷却后再冷藏。

第十五条 凉菜配制卫生要求

（一）加工前应认真检查待配制的成品凉菜，发现有腐败变质或者其他感官性状异常的，不得进行加工。

（二）操作人员进入专间前应更换洁净的工作衣帽，并将手洗净、消毒，工作时宜戴口罩。

（三）专间内应当由专人加工制作，非操作人员不得擅自进入专间。不得在专间内从事与凉菜加工无关的活动。

（四）专间每餐（或每次）使用前应进行空气和操作台的消毒。使用紫外线灯消毒的，应在无人工作时开启30分钟以上。

（五）专间内应使用专用的工具、容器，用前应消毒，用后应洗净并保持清洁。

（六）供加工凉菜用的蔬菜、水果等食品原料，未经清洗处理的，不得带入凉菜间。

（七）制作好的凉菜应尽量当餐用完。剩余尚需使用的应存放于专用冰箱内冷藏或冷冻，食用前按本规范第二十二条规定进行再加热。

第十六条 现榨果蔬汁及水果拼盘制作卫生要求

（一）从事现榨果蔬汁和水果拼盘加工的人员操作前应更衣、洗手并进行手部消毒，操作时佩戴口罩。

（二）现榨果蔬汁及水果拼盘制作的设备、工用具应专用。每餐次使用前应消毒，用后应洗净并在专用保洁设施内存放。

（三）用于现榨果蔬汁和水果拼盘的瓜果应新鲜，未经清洗处理的不得使用。

（四）制作的现榨果蔬汁和水果拼盘应当餐用完。

第十七条　点心加工卫生要求

（一）加工前应认真检查各种食品原辅料，发现有腐败变质或者其他感官性状异常的，不得进行加工。

（二）需进行热加工的应按本规范第十四条要求进行操作。

（三）未用完的点心馅料、半成品点心，应在冷柜内存放，并在规定存放期限内使用。

（四）奶油类原料应低温存放。水分含量较高的含奶、蛋的点心应当在10℃以下或60℃以上的温度条件下贮存。

第十八条　裱花操作卫生要求

（一）专间内操作卫生应符合本规范第十五条第二项至第五项要求。

（二）蛋糕胚应在专用冰箱中贮存，贮存温度10℃以下。

（三）裱浆和新鲜水果（经清洗消毒）应当天加工、当天使用。

（四）植脂奶油裱花蛋糕储藏温度在3±2℃，蛋白裱花蛋糕、奶油裱花蛋糕、人造奶油裱花蛋糕贮存温度不得超过20℃。

第十九条　烧烤加工卫生要求

（一）烧烤加工前应认真检查待加工食品，发现有腐败变质或者其他感官性状异常的，不得进行加工。

（二）原料、半成品应分开放置，成品应有专用存放场所，避免受到污染。

（三）烧烤时宜避免食品直接接触火焰和食品中油脂滴落到火焰上。

第二十条　生食海产品加工卫生要求

（一）从事生食海产品加工的人员操作前应清洗、消毒手部，操作时佩戴口罩。

（二）用于生食海产品加工的工具、容器应专用。用前应消毒，用后应洗净并在专用保洁设施内存放。

（三）用于加工的生食海产品应符合相关卫生要求。

（四）加工操作时应避免生食海产品的可食部分受到污染。

（五）加工后的生食海产品应当放置在食用冰中保存并用保鲜膜分隔。

（六）加工后至食用的间隔时间不得超过1小时。

第二十一条　备餐及供餐卫生要求

（一）操作前应清洗、消毒手部，在备餐专间内操作应符合本规范第十五条第二项至第五项要求。

（二）操作人员应认真检查待供应食品，发现有感官性状异常的，不得供应。

（三）操作时要避免食品受到污染。

（四）菜肴分派、造型整理的用具应经消毒。

（五）用于菜肴装饰的原料使用前应洗净消毒，不得反复使用。

（六）在烹饪后至食用前需要较长时间（超过 2 小时）存放的食品，应当在高于 60℃ 或低于 10℃ 的条件下存放。

第二十二条　食品再加热卫生要求

（一）无适当保存条件（温度低于 60℃、高于 10℃ 条件下放置 2 小时以上的），存放时间超过 2 小时的熟食品，需再次利用的应充分加热。加热前应确认食品未变质。

（二）冷冻熟食品应彻底解冻后经充分加热方可食用。

（三）加热时中心温度应高于 70℃，未经充分加热的食品不得食用。

第二十三条　餐用具卫生要求

（一）餐用具使用后应及时洗净，定位存放，保持清洁。消毒后的餐用具应贮存在专用保洁柜内备用，保洁柜应有明显标记。餐具保洁柜应当定期清洗，保持洁净。

（二）接触直接入口食品的餐用具使用前应洗净并消毒（推荐的餐饮具清洗消毒方法见附件 3）。

（三）应定期检查消毒设备、设施是否处于良好状态。采用化学消毒的应定时测量有效消毒浓度。

（四）消毒后餐具应符合 GB14934《食（饮）具消毒卫生标准》规定。

（五）不得重复使用一次性餐饮具。

（六）已消毒和未消毒的餐用具应分开存放，保洁柜内不得存放其他物品。

第二十四条　集体用餐配送卫生要求

（一）专间内操作卫生应符合第十五条第二项至第五项要求。

（二）集体用餐配送的食品不得在 10℃−60℃ 的温度条件下贮存和运输，从烧熟至食用的间隔时间（保质期）应符合以下要求：

烧熟后 2 小时的食品中心温度保持在 60℃ 以上（热藏）的，其保质期为烧熟后 4 小时。

烧熟后 2 小时的食品中心温度保持在 10℃ 以下（冷藏）的，保质期为烧熟后 24 小时，但供餐前应按本规范第二十二条第三项要求再加热。

（三）盛装、分送集体用餐的容器表面宜标明加工单位、生产日期及时间、保质期，必要时标注保存条件和食用方法。

（四）运送集体用餐的容器和车辆应安装食品热藏和冷藏设备，在每次配送前应进行清洗消毒。

第四章　卫生管理

第二十五条　卫生管理机构与人员要求

（一）餐饮业经营者和集体用餐配送单位的法定代表人或负责人是食品卫生安全的第一责任人，对本单位的食品卫生安全负全面责任。

（二）应设置卫生管理职责部门，对本单位食品卫生负全面管理职责。

（三）应设置食品卫生管理员，集体用餐配送单位、加工经营场所面积 1500m² 以上的餐馆、食堂及连锁经营的生产经营者应设专职食品卫生管理员，其他生产经营者的食品卫生管理员可为兼职，但不得由加工经营环节的工作人员兼任。

（四）集体用餐配送单位、加工经营场所面积 3000m² 以上的餐馆、食堂及连锁经营的餐饮业经营者宜设置检验室，对食品原料、接触直接入口食品的餐用具和成品进行检验，检验结果应记录。

第二十六条　食品卫生管理员应具备高中以上学历，有从事食品卫生管理工作的经验，参加过食品卫生管理员培训并经考核合格，身体健康并具有从业人员健康合格证明。

食品卫生管理员承担本单位食品生产经营活动卫生管理的职能，主要职责包括：

（一）组织从业人员进行卫生法律和卫生知识培训；

（二）制定食品卫生管理制度及岗位责任制度，并对执行情况进行督促检查；

（三）检查食品生产经营过程的卫生状况并记录，对检查中发现的不符合卫生要求的行为及时制止并提出处理意见；

（四）对食品卫生检验工作进行管理；

（五）组织从业人员进行健康检查，督促患有有碍食品卫生疾病和病症的人员调离相关岗位；

（六）建立食品卫生管理档案；

（七）接受和配合卫生监督机构对本单位的食品卫生进行监督检查，并如实提供有关情况；

（八）与保证食品安全卫生有关的其他管理工作。

第二十七条　生产经营者应制订从业人员食品卫生教育和培训计划，组织各部门负责人和从业人员参加各种上岗前及在职培训。

食品卫生教育和培训应针对每个食品加工操作岗位分别进行，内容应包括法律、法规、规范、标准和食品卫生知识、各岗位加工操作规程等。

第二十八条　生产经营者应制定内部卫生管理制度，实行岗位责任制，制订卫生检查计划，规定检查时间、检查项目及考核标准（餐饮业和集体用餐配送单位卫生管理自查建议项目见附件4）。每次检查应有记录并存档。

第二十九条　环境卫生管理要求

（一）生产加工经营场所内环境（包括地面、排水沟、墙壁、天花板、门窗等）应保持清洁和良好状况（推荐的场所、设施、设备及工具的清洁计划见附件5）。

（二）餐厅内桌、椅、台等应保持清洁。

（三）废弃物至少应每天清除1次，清除后的容器应及时清洗，必要时进行消毒。

（四）废弃物放置场所不得有不良气味或有害（有毒）气体溢出，应防止有害昆虫的孳生，防止污染食品、食品接触面、水源及地面。

（五）食品加工过程中废弃的食用油脂应集中存放在有明显标志的容器内，定期按照《食品生产经营单位废弃食用油脂管理的规定》予以处理。

（六）污水和废气排放应符合国家环保要求和排放标准。

（七）应定期进行除虫灭害工作，防止害虫孳生。除虫灭害工作不能在食品加工操作时进行，实施时对各种食品（包括原料）应有保护措施。

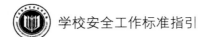

（八）使用杀虫剂进行除虫灭害，应由专人按照规定的使用方法进行；使用时不得污染食品、食品接触面及包装材料，使用后应将所有设备、工具及容器彻底清洗。

（九）场所内如发现有害动物存在，应追查和杜绝其来源。扑灭方法应以不污染食品、食品接触面及包装材料为原则。

第三十条 场所及设施卫生管理

（一）应建立加工经营场所及设施清洁制度，各岗位相关人员按规定开展清洁工作（推荐的场所、设施、设备及工具的清洁计划见附件5），使场所及其内部各项设施随时保持清洁。

（二）应建立加工经营场所及设施维修保养制度，并按规定进行维护或检修，以使其保持良好的运行状况。

（三）食品加工经营场所内不得存放与食品加工无关的物品，各项设施也不得用作与食品加工无关的用途。

第三十一条 设备及工具卫生管理

（一）应建立加工操作设备及工具清洁制度，用于食品加工的设备及工具使用后应洗净，接触直接入口食品的还应进行消毒（推荐的场所、设施、设备及工具的清洁计划见附件5）。

（二）清洗消毒时应注意防止污染食品、食品接触面。

（三）采用化学消毒的设备及工具消毒后要彻底清洗。

（四）已清洗和消毒过的设备和工具，应在保洁设施内定位存放，避免再次受到污染。

（五）用于食品加工操作的设备及工具不得用作与食品加工无关的用途。

第三十二条 清洗和消毒卫生管理

（一）应制定清洗和消毒制度，以保证所有食品加工操作场所清洁卫生，防止食品污染。

（二）使用的洗涤剂、消毒剂应符合 GB14930.1《食品工具、设备用洗涤卫生标准》和 GB14930.2《食品工具、设备用洗涤消毒剂卫生标准》等有关卫生标准和要求。

（三）用于清扫、清洗和消毒的设备、用具应放置在专用场所妥善保管。

（四）设备及工具、操作人员手部消毒按本规范第三十一条及本条有关规定执行。

第三十三条 杀虫剂、杀鼠剂、清洗剂、消毒剂及有毒有害物管理

（一）杀虫剂、杀鼠剂及其他有毒有害物品存放，均应有固定的场所（或橱柜）并上锁，包装上应有明显的警示标志，并有专人保管。

（二）各种有毒有害物的采购及使用应有详细记录，包括使用人、使用目的、使用区域、使用量、使用及购买时间、配制浓度等。使用后应进行复核，并按规定进行存放、保管。

第三十四条 食品添加剂的使用应符合 GB2760《食品添加剂使用卫生标准》的规定，并应有详细记录。

食品添加剂存放应有固定的场所（或橱柜）并上锁，包装上应标示"食品添加剂"字样，并有专人保管。

第三十五条 留样要求

（一）配送的集体用餐及重要接待活动供应的食品成品应留样。

（二）留样食品应按品种分别盛放于清洗消毒后的密闭专用容器内，在冷藏条件下存放 48 小时以上，每个品种留样量不少于 100g。

第三十六条　生产经营者应建立投诉管理制度，对消费者提出的口头或书面意见与投诉，应立即追查原因，妥善处理。

第三十七条　记录管理

（一）原料采购验收、加工操作过程关键项目、卫生检查情况、人员健康状况、教育与培训情况、食品留样、检验结果及投诉情况、处理结果、发现问题后采取的措施等均应予以记录。

（二）各项记录均应有执行人员和检查人员的签名。

（三）各岗位负责人应督促相关人员按要求进行记录，并每天检查记录的有关内容。食品卫生管理员应经常检查相关记录，记录中如发现异常情况，应立即督促有关人员采取措施。

（四）有关记录至少应保存 12 个月。

第五章　从业人员卫生要求

第三十八条　从业人员健康管理

（一）从业人员应按《中华人民共和国食品卫生法》的规定，每年至少进行一次健康检查，必要时接受临时检查。新参加或临时参加工作的人员，应经健康检查，取得健康合格证明后方可参加工作。凡患有痢疾、伤寒、病毒性肝炎等消化道传染病（包括病原携带者），活动性肺结核，化脓性或者渗出性皮肤病以及其他有碍食品卫生疾病的，不得从事接触直接入口食品的工作。

（二）从业人员有发热、腹泻、皮肤伤口或感染、咽部炎症等有碍食品卫生病症的，应立即脱离工作岗位，待查明原因、排除有碍食品卫生的病症或治愈后，方可重新上岗。

（三）应建立从业人员健康档案。

第三十九条　从业人员培训

应对新参加工作及临时参加工作的从业人员进行卫生知识培训，合格后方能上岗；在职从业人员应进行卫生培训，培训情况应记录。

第四十条　从业人员个人卫生

（一）应保持良好个人卫生，操作时应穿戴清洁的工作服、工作帽（专间操作人员还需戴口罩），头发不得外露，不得留长指甲，涂指甲油，佩戴饰物。

（二）操作时手部应保持清洁，操作前手部应洗净。接触直接入口食品时，手部还应进行消毒（推荐的洗手消毒方法见附件6）。

（三）接触直接入口食品的操作人员在有下列情形时应洗手：

1. 开始工作前。

2. 处理食物前。

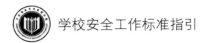

3. 上厕所后。

4. 处理生食物后。

5. 处理弄污的设备或饮食用具后。

6. 咳嗽、打喷嚏或擤鼻子后。

7. 处理动物或废物后。

8. 触摸耳朵、鼻子、头发、口腔或身体其他部位后。

9. 从事任何可能会污染双手活动（如处理货项、执行清洁任务）后。

（四）专间操作人员进入专间时宜再次更换专间内专用工作衣帽并佩戴口罩，操作前双手严格进行清洗消毒，操作中应适时地消毒双手。不得穿戴专间工作衣帽从事与专间内操作无关的工作。

（五）个人衣物及私人物品不得带入食品处理区。

（六）食品处理区内不得有抽烟、饮食及其他可能污染食品的行为。

（七）进入食品处理区的非加工操作人员，应符合现场操作人员卫生要求。

第四十一条　从业人员工作服管理

（一）工作服（包括衣、帽、口罩）宜用白色（或浅色）布料制作，也可按其工作的场所从颜色或式样上进行区分，如粗加工、烹调、仓库、清洁等。

（二）工作服应有清洗保洁制度，定期进行更换，保持清洁。接触直接入口食品人员的工作服应每天更换。

（三）从业人员上厕所前应在食品处理区内脱去工作服。

（四）待清洗的工作服应放在远离食品处理区。

（五）每名从业人员应有两套或以上工作服。

第六章　附　　则

第四十二条　本规范由卫生部负责解释。

第四十三条　本规范于 2005 年 10 月 1 日起施行。

附件 1：推荐的各类餐饮业场所布局要求

附件 2：餐饮业和集体用餐配送单位预防食物中毒的基本原则

附件 3：推荐的餐饮具清洗消毒方法

附件 4：餐饮业和集体用餐配送单位卫生管理自查建议项目

附件 5：推荐的场所、设施、设备及工具清洁计划

附件 6：推荐的从业人员洗手消毒方法

附件 7：餐饮业和集体用餐配送单位常用消毒剂及化学消毒注意事项

附件 1

推荐的各类餐饮业场所布局要求

	加工经营场所面积（m²）	食品处理区与就餐场所面积之比	切配烹饪场所累计面积	凉菜间累计面积	食品处理区为独立隔间的场所
餐馆	≤150	≥1：2.0	≥食品处理区面积 50% 且 ≥8m²	≥5m²	加工烹饪、餐用具清洗消毒
	150～500（不含 150，含 500）	≥1：2.2	≥食品处理区面积 50%	≥食品处理区面积 10%	加工、烹饪、餐用具清洗消毒
	500～3000（不含 500，含 3000）	≥1：2.5	≥食品处理区面积 50%	≥食品处理区面积 10%	粗加工、切配、烹饪、餐用具清洗消毒、清洁工具存放
	>3000	≥1：3.0	≥食品处理区面积 50%	≥食品处理区面积 10%	粗加工、切配、烹饪、餐用具清洗消毒、餐用具保洁、清洁工具存放
快餐店、小吃店	≤50	≥1：2.5	≥8m²	≥5m²	加工、（快餐店）备餐（或符合本规范第七条第二项第五目规定）
	>50	≥1：3.0	≥10m²	≥5m²	
食堂	供餐人数 100 人以下食品处理区面积不小于 30m²，100 人以上每增加 1 人增加 0.3m²，1000 人以上超过部分每增加 1 人增加 0.2m²。切配烹饪场所占食品处理区面积 50% 以上。			≥5m²	备餐（或符合本规范第七条第二项第五目规定）、其他参照餐馆相应要求设置

注：1. 上表中所示面积为实际使用面积或相对使用面积。

2. 全部使用半成品加工的餐饮业经营者以及单纯经营火锅、烧烤的餐饮业经营者，食品处理区与就餐场所面积之比在上表基础上可适当减少。

3. 表中"加工"指对食品原料进行粗加工、切配。

4. 各类专间要求必须设置为独立隔间，未在表中"食品处理区为独立隔间的场所"栏列出。

 学校安全工作标准指引

附件2

餐饮业和集体用餐配送单位预防食物中毒的基本原则

一、食物中毒的常见原因

（一）细菌性食物中毒常见原因

1. 生熟交叉污染。如熟食品被生的食品原料污染，或被与生的食品原料接触过的表面（如容器、手、操作台等）污染，或接触熟食品的容器、手、操作台等被生的食品原料污染。

2. 食品贮存不当。如熟食品被长时间存放在10℃至60℃之间的温度条件下（在此温度下的存放时间应小于2小时），或易腐原料、半成品食品在不适合温度下长时间贮存。

3. 食品未烧熟煮透。如食品烧制时间不足、烹调前未彻底解冻等原因使食品加工时中心温度未达到70℃。

4. 从业人员带菌污染食品。从业人员患有传染病或是带菌者，操作时通过手部接触等方式污染食品。

5. 经长时间贮存的食品食用前未彻底再加热至中心温度70℃以上。

6. 进食未经加热处理的生食品。

（二）化学性食物中毒常见原因

1. 作为食品原料的食用农产品在种植养殖过程或生长环境中，受到化学性有毒有害物质污染。如蔬菜中农药、猪肝中瘦肉精等。

2. 食品中含有天然有毒物质，食品加工过程未去除。如豆浆未煮透使其中的胰蛋白酶抑制物未彻底去除，四季豆加工时加热时间不够使其中的皂素等未完全破坏。

3. 食品在加工过程受到化学性有毒有害物质的污染。如误将亚硝酸盐当作食盐使用。

4. 食用有毒有害食品，如毒蕈、发芽马铃薯、河豚。

二、预防食物中毒的基本原则

（一）预防细菌性食物中毒的基本原则和关键点

预防细菌性食物中毒，应根据防止食品受到细菌污染、控制细菌的繁殖和杀灭病原菌三项基本原则采取措施，其关键点主要有：

1. 避免污染。即避免熟食品受到各种致病菌的污染。如避免生食品与熟食品接触、经常性洗手、接触直接入口食品的还应消毒手部、保持食品加工操作场所清洁，避免昆虫、鼠类等动物接触食品。

2. 控制温度。即控制适当的温度以保证杀灭食品中的微生物或防止微生物的生长繁殖。如加热食品应使中心温度达到70℃以上。贮存熟食品，要及时热藏，使食品温度保持在60℃以上，或者

及时冷藏，把温度控制在10℃以下。

3. 控制时间。即尽量缩短食品存放时间，不给微生物生长繁殖的机会。熟食品应尽快吃掉；食品原料应尽快使用完。

4. 清洗和消毒，这是防止食品污染的主要措施。对接触食品的所有物品应清洗干净，凡是接触直接入口食品的物品，还应在清洗的基础上进行消毒。一些生吃的蔬菜水果也应进行清洗消毒。

5. 控制加工量。食品的加工量应与加工条件相吻合。食品加工量超过加工场所和设备的承受能力时，难以做到按卫生要求加工，极易造成食品污染，引起食物中毒。

（二）预防常见化学性食物中毒的措施

1. 农药引起的食物中毒。蔬菜粗加工时以食品洗涤剂（洗洁精）溶液浸泡30分钟后再冲净，烹调前再经烫泡1分钟，可有效去除蔬菜表面的大部分农药。

2. 豆浆引起的食物中毒。生豆浆烧煮时将上涌泡沫除净，煮沸后再以文火维持煮沸5分钟左右，可使其中的胰蛋白酶抑制物彻底分解破坏。应注意豆浆加热至80℃时，会有许多泡沫上浮，出现"假沸"现象。

3. 四季豆引起的食物中毒。烹调时先将四季豆放入开水中烫煮10分钟以上再炒。

4. 亚硝酸盐引起的食物中毒。加强亚硝酸盐的保管，避免误作食盐使用。在腌制肉制品时，所使用的亚硝酸盐不得超过《食品添加剂使用卫生标准》（GB2760）的限量规定。

附件 3

推荐的餐饮具清洗消毒方法

一、清洗方法

（一）采用手工方法清洗的应按以下步骤进行：

1. 刮掉沾在餐饮具表面上的大部分食物残渣、污垢。

2. 用含洗涤剂溶液洗净餐饮具表面。

3. 最后用清水冲去残留的洗涤剂。

（二）洗碗机清洗按设备使用说明进行。餐具表面食物残渣、污垢较多的，应用手工方法先刮去大部分后，再进入洗碗机清洗。

二、消毒方法

（一）物理消毒。包括蒸汽、煮沸、红外线等热力消毒方法。

1. 煮沸、蒸汽消毒保持 100℃ 10 分钟以上。

2. 红外线消毒一般控制温度 120℃ 保持 10 分钟以上。

3. 洗碗机消毒一般水温控制 85℃，冲洗消毒 40 秒以上。

（二）化学消毒。主要为各种含氯消毒药物（餐饮业常用消毒剂及化学消毒注意事项见附件 7）。

1. 使用浓度应含有效氯 250mg/L（又称 250ppm）以上，餐饮具全部浸泡入液体中，作用 5 分钟以上。

2. 化学消毒后的餐饮具应用净水冲去表面的消毒剂残留。

（三）保洁方法

1. 消毒后的餐饮具要自然滤干或烘干，不应使用手巾、餐巾擦干，以避免受到再次污染。

2. 消毒后的餐饮具应及时放入餐具保洁柜内。

附件 4

餐饮业和集体用餐配送单位卫生管理自查建议项目

检查项目		结果
环境卫生	厨房内墙壁、天花板、门窗等是否有涂层脱落或破损	
	食品生产经营场所环境是否整洁	
	防蝇、防鼠、防尘设施是否有效	
	废弃物处理是否符合要求	
食品生产经营过程	加工用设施、设备工具是否清洁	
	食物热加工中心温度是否大于70℃	
	10℃~60℃存放的食物，烹调后至食用前存放时间是否未超过 2 小时；存放时间超过 2 小时的食用前是否经充分加热	
	用于原料、半成品、成品的容器、工具是否明显区分，存放场所是否分开、不混用	
	食品原料、半成品、成品存放是否存在交叉污染	
	专间操作是否符合要求	
餐饮具、直接入口食品容器	使用前是否经有效清洗消毒	
	清洗消毒水池是否与其他用途水池混用	
	消毒后餐具是否贮存在清洁专用保洁柜内	
个人卫生	从业人员操作时是否穿戴清洁工作衣帽，专间操作人员是否规范佩戴口罩	
	从业人员操作前及接触不洁物品后是否洗手，接触直接入口食品之前是否洗手、消毒	
	从业人员操作时是否有从事与食品加工无关的行为	
	从业人员是否留长指甲或涂指甲油、戴戒指	
	从业人员上厕所前是否在厨房内脱去工作服	

续表

检查项目		结果
健康管理	从业人员是否有取得有效健康培训证明而上岗操作	
	从业人员是否有有碍食品卫生的病症	
食品采购	是否索取销售发票，批量采购是否索取卫生许可证、卫生检验检疫合格证明	
	食品及原料是否符合食品卫生要求	
食品贮存	库房存放食品是否离地隔墙	
	冷冻、冷藏设施是否能正常运转，贮存温度是否符合要求	
	食品贮存是否存在生熟混放	
	食品或原料是否与有毒有害物品存放在同一场所	
违禁食品	是否生产经营超过保质期食品	
	是否生产经营腐败变质食品	
	是否生产经营其他违禁食品	

附件 5

推荐的场所、设施、设备及工具清洁计划

项目	频率	使用物品	方法
地面	每天完工或有需要时	扫帚、拖把、刷子、清洁剂及消毒剂	1. 用扫帚扫地 2. 用拖把以清洁剂、消毒剂拖地 3. 用刷子刷去余下污物 4. 用水彻底冲净 5. 用干拖把拖干地面
排水沟	每周一次或有需要时	铲子、刷子、清洁剂及消毒剂	1. 用铲子铲去沟内大部分污物 2. 用水冲洗排水沟 3. 用刷子刷去沟内余下污物 4. 用清洁剂、消毒剂洗净排水沟
墙壁、天花板（包括照明设施）及门窗	每月一次或有需要时	抹布、刷子及清洁剂	1. 用干布除去干的污物 2. 用湿布抹擦或用水冲刷 3. 用清洁剂清洗 4. 用湿布抹净或用水冲净 5. 风干
冷库	每周一次或有需要时	抹布、刷子及清洁剂	1. 清除食物残渣及污物 2. 用湿布抹擦或用水冲刷 3. 用清洁剂清洗 4. 用湿布抹净或用水冲净 5. 用清洁的抹布抹干/风干

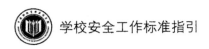

项目	频率	使用物品	方法
工作台及洗涤盆	每次使用后	抹布、清洁剂及消毒剂	1. 清除食物残渣及污物 2. 用湿布抹擦或用水冲刷 3. 用清洁剂清洗 4. 用湿布抹净或用水冲净 5. 用消毒剂消毒 6. 风干
工具及加工设备	每次使用后	抹布、刷子、清洁剂及消毒剂	1. 清除食物残渣及污物 2. 用水冲刷 3. 用清洁剂清洗 4. 用水冲净 5. 用消毒剂消毒 6. 风干
排烟设施	表面每周一次或有需要时	抹布、刷子及清洁剂	1. 用清洁剂清洗 2. 用刷子、抹布去除油污 3. 用湿布抹净或用水冲净 4. 风干
废弃物暂存容器	每天完工或有需要时	刷子、清洁剂及消毒剂	1. 清除食物残渣及污物 2. 用水冲刷 3. 用清洁剂清洗 4. 用水冲净 5. 用消毒剂消毒 6. 风干

附件 6

推荐的从业人员洗手消毒方法

一、洗手程序

（一）在水龙头下先用水（最好是温水）把双手弄湿。

（二）双手涂上洗涤剂。

（三）双手互相搓擦 20 秒（必要时，以干净卫生的指甲刷清洁指甲）。

（四）用自来水彻底冲洗双手，工作服为短袖的应洗到肘部。

（五）用清洁纸巾、卷轴式清洁抹手布或干手机弄干双手。

（六）关闭水龙头（手动式水龙头应用肘部或以纸巾包裹水龙头关闭）。

二、标准洗手方法

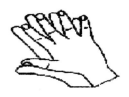

掌心对掌心搓擦　　　　手指交错掌心对手背搓擦　　　　手指交错掌心对掌心搓擦

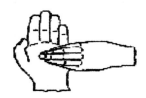

两手互握互搓指背　　　　拇指在掌中转动搓擦　　　　指尖在掌心中搓擦

三、标准的手消毒方法

清洗后的双手在消毒剂水溶液中浸泡或 20－30 秒，或涂擦消毒剂后充分揉搓 20－30 秒（餐饮业常用消毒剂及化学消毒注意事项见附件 7）。

附件7

<h1 style="text-align:center">餐饮业和集体用餐配送单位常用消毒剂
及化学消毒注意事项</h1>

一、常用消毒剂

（一）漂白粉：主要成分为次氯酸钠，还含有氢氧化钙、氧化钙、氯化钙等。配制水溶液时应先加少量水，调成糊状，再边加水边搅拌成乳液，静置沉淀，取澄清液使用。漂白粉可用于环境、操作台、设备、餐饮具、工具及手部浸泡消毒。

（二）次氯酸钙（漂粉精）：使用时充分溶解在水中，普通片剂应碾碎后加入水中充分搅拌溶解，泡腾片可直接加入溶解。使用范围同漂白粉。

（三）次氯酸钠：使用时在水中充分混匀。使用范围同漂白粉。

（四）二氯异氰尿酸钠（优氯净）：使用时充分溶解在水中，普通片剂应碾碎后加入水中充分搅拌溶解，泡腾片可直接加入溶解。使用范围同漂白粉。

（五）二氧化氯：因配制的水溶液不稳定，应在使用前加活化剂现配现用。使用范围同漂白粉。因氧化作用极强，应避免接触油脂，以防止加速其氧化。

（六）碘伏：0.3—0.5%碘伏可用于手部浸泡消毒。

（七）新洁而灭：0.1%新洁而灭可用于手部浸泡消毒。

（八）乙醇：75%乙醇可用于手部或操作台、设备、工具涂擦消毒。

二、消毒液配制方法举例

以每片含有效氯0.25g的漂粉精片配制1L的有效氯浓度为250mg/L的消毒液为例：

（一）在专用消毒容器中事先标好1L的刻度线。

（二）容器中加水至满刻度。

（三）将1片漂粉精片碾碎后加入水中。

（四）搅拌至药片充分溶解。

三、化学消毒注意事项

（一）使用的消毒剂应在保质期限内，并按规定的温度等条件贮存。

（二）严格按规定浓度进行配制，固体消毒剂应充分溶解。

（三）配好的消毒液定时更换，一般每4小时更换一次。

（四）使用时定时测量消毒液浓度，浓度低于要求立即更换。

（五）保证消毒时间，一般餐具、工具消毒应作用5分钟以上。

（六）应使消毒物品完全浸没于消毒液中。

（七）餐具消毒前应洗净，避免油垢影响消毒效果。

（八）消毒后以洁净水将消毒液冲洗干净。

餐饮服务食品安全监督管理办法

卫生部令第 71 号

■2010 年 3 月 4 日发布
■2010 年 5 月 1 日施行

第一章　总　　则

第一条　为加强餐饮服务监督管理，保障餐饮服务环节食品安全，根据《中华人民共和国食品安全法》（以下简称《食品安全法》）、《中华人民共和国食品安全法实施条例》（以下简称《食品安全法实施条例》），制定本办法。

第二条　在中华人民共和国境内从事餐饮服务的单位和个人（以下简称餐饮服务提供者）应当遵守本办法。

第三条　国家食品药品监督管理局主管全国餐饮服务监督管理工作，地方各级食品药品监督管理部门负责本行政区域内的餐饮服务监督管理工作。

第四条　餐饮服务提供者应当依照法律、法规、食品安全标准及有关要求从事餐饮服务活动，对社会和公众负责，保证食品安全，接受社会监督，承担餐饮服务食品安全责任。

第五条　鼓励社会团体、基层群众性自治组织开展餐饮服务食品安全知识和相关法律、法规的普及工作，增强餐饮服务提供者食品安全意识，提高消费者自我保护能力；鼓励开展技术服务工作，促进餐饮服务提供者提高食品安全管理水平。

餐饮服务相关行业协会应当加强行业自律，引导餐饮服务提供者依法经营，推动行业诚信建设，宣传、普及餐饮服务食品安全知识。

第六条　鼓励和支持餐饮服务提供者为提高食品安全水平而采用先进技术和先进的管理规范，实施危害分析与关键控制点体系，配备先进的食品安全检测设备，对食品进行自行检查或者向具有法定资质的机构送检。

第七条　任何组织和个人均有权对餐饮服务食品安全进行社会监督，举报餐饮服务提供者违反本办法的行为，了解有关餐饮服务食品安全信息，对餐饮服务食品安全工作提出意见和建议。

第二章 餐饮服务基本要求

第八条 餐饮服务提供者必须依法取得《餐饮服务许可证》，按照许可范围依法经营，并在就餐场所醒目位置悬挂或者摆放《餐饮服务许可证》。

第九条 餐饮服务提供者应当建立健全食品安全管理制度，配备专职或者兼职食品安全管理人员。

被吊销《餐饮服务许可证》的单位，根据《食品安全法》第九十二条的规定，其直接负责的主管人员自处罚决定作出之日起 5 年内不得从事餐饮服务管理工作。

餐饮服务提供者不得聘用本条前款规定的禁止从业人员从事管理工作。

第十条 餐饮服务提供者应当按照《食品安全法》第三十四条的规定，建立并执行从业人员健康管理制度，建立从业人员健康档案。餐饮服务从业人员应当依照《食品安全法》第三十四条第二款的规定每年进行健康检查，取得健康合格证明后方可参加工作。

从事直接入口食品工作的人员患有《食品安全法实施条例》第二十三条规定的有碍食品安全疾病的，应当将其调整到其他不影响食品安全的工作岗位。

第十一条 餐饮服务提供者应当依照《食品安全法》第三十二条的规定组织从业人员参加食品安全培训，学习食品安全法律、法规、标准和食品安全知识，明确食品安全责任，并建立培训档案；应当加强专（兼）职食品安全管理人员食品安全法律法规和相关食品安全管理知识的培训。

第十二条 餐饮服务提供者应当建立食品、食品原料、食品添加剂和食品相关产品的采购查验和索证索票制度。

餐饮服务提供者从食品生产单位、批发市场等采购的，应当查验、索取并留存供货者的相关许可证和产品合格证明等文件；从固定供货商或者供货基地采购的，应当查验、索取并留存供货商或者供货基地的资质证明、每笔供货清单等；从超市、农贸市场、个体经营商户等采购的，应当索取并留存采购清单。

餐饮服务企业应当建立食品、食品原料、食品添加剂和食品相关产品的采购记录制度。采购记录应当如实记录产品名称、规格、数量、生产批号、保质期、供货者名称及联系方式、进货日期等内容，或者保留载有上述信息的进货票据。

餐饮服务提供者应当按照产品品种、进货时间先后次序有序整理采购记录及相关资料，妥善保存备查。记录、票据的保存期限不得少于 2 年。

第十三条 实行统一配送经营方式的餐饮服务提供者，可以由企业总部统一查验供货者的许可证和产品合格的证明文件等，建立食品进货查验记录。

实行统一配送经营方式的，企业各门店应当建立总部统一配送单据台账。门店自行采购的产品，应当遵照本办法第十二条的规定。

第十四条 餐饮服务提供者禁止采购、使用和经营下列食品：

（一）《食品安全法》第二十八条规定禁止生产经营的食品；

（二）违反《食品安全法》第四十八条规定的食品；

（三）违反《食品安全法》第五十条规定的食品；

（四）违反《食品安全法》第六十六条规定的进口预包装食品。

第十五条　餐饮服务提供者应当按照国家有关规定和食品安全标准采购、保存和使用食品添加剂。应当将食品添加剂存放于专用橱柜等设施中，标示"食品添加剂"字样，妥善保管，并建立使用台账。

第十六条　餐饮服务提供者应当严格遵守国家食品药品监督管理部门制定的餐饮服务食品安全操作规范。餐饮服务应当符合下列要求：

（一）在制作加工过程中应当检查待加工的食品及食品原料，发现有腐败变质或者其他感官性状异常的，不得加工或者使用；

（二）贮存食品原料的场所、设备应当保持清洁，禁止存放有毒、有害物品及个人生活物品，应当分类、分架、隔墙、离地存放食品原料，并定期检查、处理变质或者超过保质期限的食品；

（三）应当保持食品加工经营场所的内外环境整洁，消除老鼠、蟑螂、苍蝇和其他有害昆虫及其孳生条件；

（四）应当定期维护食品加工、贮存、陈列、消毒、保洁、保温、冷藏、冷冻等设备与设施，校验计量器具，及时清理清洗，确保正常运转和使用；

（五）操作人员应当保持良好的个人卫生；

（六）需要熟制加工的食品，应当烧熟煮透；需要冷藏的熟制品，应当在冷却后及时冷藏；应当将直接入口食品与食品原料或者半成品分开存放，半成品应当与食品原料分开存放；

（七）制作凉菜应当达到专人负责、专室制作、工具专用、消毒专用和冷藏专用的要求；

（八）用于餐饮加工操作的工具、设备必须无毒无害，标志或者区分明显，并做到分开使用，定位存放，用后洗净，保持清洁；接触直接入口食品的工具、设备应当在使用前进行消毒；

（九）应当按照要求对餐具、饮具进行清洗、消毒，并在专用保洁设施内备用，不得使用未经清洗和消毒的餐具、饮具；购置、使用集中消毒企业供应的餐具、饮具，应当查验其经营资质，索取消毒合格凭证；

（十）应当保持运输食品原料的工具与设备设施的清洁，必要时应当消毒。运输保温、冷藏（冻）食品应当有必要的且与提供的食品品种、数量相适应的保温、冷藏（冻）设备设施。

第十七条　食品药品监督管理部门依法开展抽样检验时，被抽样检验的餐饮服务提供者应当配合抽样检验工作，如实提供被抽检样品的货源、数量、存货地点、存货量、销售量、相关票证等信息。

第三章　食品安全事故处理

第十八条　各级食品药品监督管理部门应当根据本级人民政府食品安全事故应急预案制定本部

门的预案实施细则，按照职能做好餐饮服务食品安全事故的应急处置工作。

第十九条 食品药品监督管理部门在日常监督管理中发现食品安全事故，或者接到有关食品安全事故的举报，应当立即核实情况，经初步核实为食品安全事故的，应当立即向同级卫生行政、农业行政、工商行政管理、质量监督等相关部门通报。

发生食品安全事故时，事发地食品药品监督管理部门应当在本级人民政府领导下，及时做出反应，采取措施控制事态发展，依法处置，并及时按照有关规定向上级食品药品监督管理部门报告。

第二十条 县级以上食品药品监督管理部门按照有关规定开展餐饮服务食品安全事故调查，有权向有关餐饮服务提供者了解与食品安全事故有关的情况，要求餐饮服务提供者提供相关资料和样品，并采取以下措施：

（一）封存造成食品安全事故或者可能导致食品安全事故的食品及其原料，并立即进行检验；

（二）封存被污染的食品工具及用具，并责令进行清洗消毒；

（三）经检验，属于被污染的食品，予以监督销毁；未被污染的食品，予以解封；

（四）依法对食品安全事故及其处理情况进行发布，并对可能产生的危害加以解释、说明。

第二十一条 餐饮服务提供者应当制定食品安全事故处置方案，定期检查各项食品安全防范措施的落实情况，及时消除食品安全事故隐患。

第二十二条 餐饮服务提供者发生食品安全事故，应当立即封存导致或者可能导致食品安全事故的食品及其原料、工具及用具、设备设施和现场，在 2 小时之内向所在地县级人民政府卫生部门和食品药品监督管理部门报告，并按照相关监管部门的要求采取控制措施。

餐饮服务提供者应当配合食品安全监督管理部门进行食品安全事故调查处理，按照要求提供相关资料和样品，不得拒绝。

第四章 监督管理

第二十三条 食品药品监督管理部门可以根据餐饮服务经营规模，建立并实施餐饮服务食品安全监督管理量化分级、分类管理制度。

食品药品监督管理部门可以聘请社会监督员，协助开展餐饮服务食品安全监督。

第二十四条 县级以上食品药品监督管理部门履行食品安全监督职责时，发现不属于本辖区管辖的，应当及时移送有管辖权的食品药品监督管理部门。接受移送的食品药品监督管理部门应当将被移送案件的处理情况及时反馈给移送案件的食品药品监督管理部门。

第二十五条 县级以上食品药品监督管理部门接到咨询、投诉、举报，对属于本部门管辖的，应当受理，并及时进行核实、处理、答复；对不属于本部门管辖的，应当书面通知并移交有管辖权的部门处理。

发现餐饮服务提供者使用不符合食品安全标准及有关要求的食品原料或者食用农产品、食品添加剂、食品相关产品，其成因属于其他环节食品生产经营者或者食用农产品生产者的，应当及时向本级卫生行政、农业行政、工商行政管理、质量监督等部门通报。

第二十六条 食品药品监督管理部门在履行职责时，有权采取《食品安全法》第七十七条规定的措施。

第二十七条 食品安全监督检查人员对餐饮服务提供者进行监督检查时，应当对下列内容进行重点检查：

（一）餐饮服务许可情况；

（二）从业人员健康证明、食品安全知识培训和建立档案情况；

（三）环境卫生、个人卫生、食品用工具及设备、食品容器及包装材料、卫生设施、工艺流程情况；

（四）餐饮加工制作、销售、服务过程的食品安全情况；

（五）食品、食品添加剂、食品相关产品进货查验和索票索证制度及执行情况、制定食品安全事故应急处置制度及执行情况；

（六）食品原料、半成品、成品、食品添加剂等的感官性状、产品标签、说明书及储存条件；

（七）餐具、饮具、食品用工具及盛放直接入口食品的容器的清洗、消毒和保洁情况；

（八）用水的卫生情况；

（九）其他需要重点检查的情况。

第二十八条 食品安全监督检查人员进行监督检查时，应当有 2 名以上人员共同参加，依法制作现场检查笔录，笔录经双方核实并签字。被监督检查者拒绝签字的，应当注明事由和相关情况，同时记录在场人员的姓名、职务等。

第二十九条 县级以上食品药品监督管理部门负责组织实施本辖区餐饮服务环节的抽样检验工作，所需经费由地方财政列支。

第三十条 食品安全监督检查人员可以使用经认定的食品安全快速检测技术进行快速检测，及时发现和筛查不符合食品安全标准及有关要求的食品、食品添加剂及食品相关产品。使用现场快速检测技术发现和筛查的结果不得直接作为执法依据。对初步筛查结果表明可能不符合食品安全标准及有关要求的食品，应当依照《食品安全法》的有关规定进行检验。

快速检测结果表明可能不符合食品安全标准及有关要求的，餐饮服务提供者应当根据实际情况采取食品安全保障措施。

第三十一条 食品安全监督检查人员抽样时必须按照抽样计划和抽样程序进行，并填写抽样记录。抽样检验应当购买产品样品，不得收取检验费和其他任何费用。

食品安全监督检查人员应当及时将样品送达有资质的检验机构。

第三十二条 食品检验机构应当根据检验目的和送检要求，按照食品安全相关标准和规定的检验方法进行检验，按时出具合法的检验报告。

第三十三条 对检验结论有异议的，异议人有权自收到检验结果告知书之日起 10 日内，向组织实施抽样检验的食品药品监督管理部门提出书面复检申请，逾期未提出申请的，视为放弃该项

权利。

复检工作应当选择有关部门共同公布的承担复检工作的食品检验机构完成。

复检机构由复检申请人自行选择；复检机构与初检机构不得为同一机构。复检机构出具的复检结论为最终检验结论。

复检费用的承担依《食品安全法实施条例》第三十五条的规定。

第三十四条　食品药品监督管理部门应当建立辖区内餐饮服务提供者食品安全信用档案，记录许可颁发及变更情况、日常监督检查结果、违法行为查处等情况。食品药品监督管理部门应当根据餐饮服务食品安全信用档案，对有不良信用记录的餐饮服务提供者实施重点监管。

食品安全信用档案的形式和内容由省级食品药品监督管理部门根据本地实际情况作出具体规定。

第三十五条　食品药品监督管理部门应当将吊销《餐饮服务许可证》的情况在 7 日内通报同级工商行政管理部门。

第三十六条　县级以上食品药品监督管理部门依法公布下列日常监督管理信息：

（一）餐饮服务行政许可情况；

（二）餐饮服务食品安全监督检查和抽检的结果；

（三）查处餐饮服务提供者违法行为的情况；

（四）餐饮服务专项检查工作情况；

（五）其他餐饮服务食品安全监督管理信息。

第五章　法律责任

第三十七条　未经许可从事餐饮服务的，由食品药品监督管理部门根据《食品安全法》第八十四条的规定予以处罚。有下列情形之一的，按未取得《餐饮服务许可证》查处：

（一）擅自改变餐饮服务经营地址、许可类别、备注项目的；

（二）《餐饮服务许可证》超过有效期限仍从事餐饮服务的；

（三）使用经转让、涂改、出借、倒卖、出租的《餐饮服务许可证》，或者使用以其他形式非法取得的《餐饮服务许可证》从事餐饮服务的。

第三十八条　餐饮服务提供者有下列情形之一的，由食品药品监督管理部门根据《食品安全法》第八十五条的规定予以处罚：

（一）用非食品原料制作加工食品或者添加食品添加剂以外的化学物质和其他可能危害人体健康的物质，或者用回收食品作为原料制作加工食品；

（二）经营致病性微生物、农药残留、兽药残留、重金属、污染物质以及其他危害人体健康的物质含量超过食品安全标准限量的食品；

（三）经营营养成分不符合食品安全标准的专供婴幼儿和其他特定人群的主辅食品；

（四）经营腐败变质、油脂酸败、霉变生虫、污秽不洁、混有异物、掺假掺杂或者感官性状异常的食品；

（五）经营病死、毒死或者死因不明的禽、畜、兽、水产动物肉类及其制品；

（六）经营未经动物卫生监督机构检疫或者检疫不合格的肉类，或者未经检验或者检验不合格的肉类制品；

（七）经营超过保质期的食品；

（八）经营国家为防病等特殊需要明令禁止经营的食品；

（九）有关部门责令召回或者停止经营不符合食品安全标准的食品后，仍拒不召回或者停止经营的；

（十）餐饮服务提供者违法改变经营条件造成严重后果的。

第三十九条 餐饮服务提供者有下列情形之一的，由食品药品监督管理部门根据《食品安全法》第八十六条的规定予以处罚：

（一）经营或者使用被包装材料、容器、运输工具等污染的食品；

（二）经营或者使用无标签及其他不符合《食品安全法》、《食品安全法实施条例》有关标签、说明书规定的预包装食品、食品添加剂；

（三）经营添加药品的食品。

第四十条 违反本办法第十条第一款、第十二条、第十三条第二款、第十六条第（二）、（三）、（四）、（八）、（九）项的有关规定，按照《食品安全法》第八十七条的规定予以处罚。

第四十一条 违反本办法第二十二条第一款的规定，由食品药品监督管理部门根据《食品安全法》第八十八条的规定予以处罚。

第四十二条 违反本办法第十六条第十项的规定，由食品药品监督管理部门根据《食品安全法》第九十一条的规定予以处罚。

第四十三条 餐饮服务提供者违反本办法第九条第三款规定，由食品药品监督管理部门依据《食品安全法》第九十二条第二款进行处罚。

第四十四条 本办法所称违法所得，指违反《食品安全法》、《食品安全法实施条例》等食品安全法律法规和规章的规定，从事餐饮服务活动所取得的相关营业性收入。

第四十五条 本办法所称货值金额，指餐饮服务提供者经营的食品的市场价格总金额。其中原料及食品添加剂按进价计算，半成品按原料计算，成品按销售价格计算。

第四十六条 餐饮服务食品安全监督管理执法中，涉及《食品安全法》第八十五条、第八十六条、第八十七条适用时，"情节严重"包括但不限于下列情形：

（一）连续12个月内已受到2次以上较大数额罚款处罚或者连续12个月内已受到一次责令停业行政处罚的；

（二）造成重大社会影响或者有死亡病例等严重后果的。

第四十七条 餐饮服务提供者主动消除或者减轻违法行为危害后果，或者有其他法定情形的，

应当依法从轻或者减轻处罚。

　　第四十八条　在同一违反《食品安全法》、《食品安全法实施条例》等食品安全法律法规的案件中，有两种以上应当给予行政处罚的违法行为时，食品药品监督管理部门应当分别裁量，合并处罚。

　　第四十九条　食品药品监督管理部门作出责令停业、吊销《餐饮服务许可证》、较大数额罚款等行政处罚决定之前，应当告知当事人有要求举行听证的权利。

　　当事人要求听证的，食品药品监督管理部门应当组织听证。

　　当事人对处罚决定不服的，可以申请行政复议或者提起行政诉讼。

　　第五十条　食品药品监督管理部门不履行有关法律法规规定的职责或者其工作人员有滥用职权、玩忽职守、徇私舞弊行为的，食品药品监督管理部门应当依法对相关负责人员或者直接责任人员给予记大过或者降级的处分；造成严重后果的，给予撤职或者开除的处分；其主要负责人应当引咎辞职。

第六章　附　　则

　　第五十一条　省、自治区、直辖市食品药品监督管理部门可以结合本地实际情况，根据本办法的规定制定实施细则。

　　第五十二条　国境口岸范围内的餐饮服务活动的监督管理由出入境检验检疫机构依照《食品安全法》和《中华人民共和国国境卫生检疫法》以及相关行政法规的规定实施。

　　水上运营的餐饮服务提供者的食品安全管理，其始发地、经停地或者到达地的食品药品监督管理部门均有权进行检查监督。

　　铁路运营中餐饮服务监督管理参照本办法。

　　第五十三条　本办法自 2010 年 5 月 1 日起施行，卫生部 2000 年 1 月 16 日发布的《餐饮业食品卫生管理办法》同时废止。

二、学校安全标准化管理文件范本

（一）学校安全工作岗位职责

1. 学校安全工作领导小组

（1）全面负责学校安全工作，校长是领导小组组长，其他成员分工负责。领导小组下设安全保卫机构（保卫处），由分管安全工作的副校长分管。配备一定数量的专（兼）职保卫人员，建立高效规范的学校安全工作网络体系。

（2）学校安全工作领导小组下设指挥组、保卫组、现场处置组、现场救护组、通讯联络组、后勤保障组、事故调查组等应急小组。各组根据事故实际情况，启动工作。

（3）切实保证学校安全工作所需人、财、物并合理配置。

（4）制定学校各项安全管理制度、预警和突发事件应急预案，完善事故防范措施，检查督导安全工作"一岗双责"制度的落实。协助有关部门对重大安全事故做出处理，并在适当范围内通报。

（5）定期召开领导小组专题会议，组织学习上级部门下发的安全工作指导文件，制定年度学校安全工作计划，拟定安全目标管理责任书。结合学校特点研究部署学校常规性安全工作。

（6）代表学校与家长签订安全协议书。由校车服务提供者提供校车服务的，学校应当与校车服务提供者签订校车安全管理责任书。

（7）强化人防、物防、技防手段，抓好校舍设备维护、消防、治安、交通、食品、传染病预防控制、自然灾害防范等基础性安全工作。定期开展自查，及时排除安全隐患。重点做好校门秩序、教育教学、学生宿舍、食堂与饮用水设施、大型集体活动、集体外出等方面的安全工作。

（8）组织开展师生安全宣传教育和培训，定期不定期开展应急演练，提高师生对各类突发事件应急处置能力和逃生自救技能。

（9）在上级部门的指导下和学校周边单位建立校园周边综合治理小组，或建立联席会议制度。注重学校安全长效机制建设；加大校园周边综合整治力度，维护校园及周边安全。

（10）发生紧急情况立即启动应急预案，全面负责突发事件的指挥、协调等工作，及时组织抢险抢救。在有关部门领导下及时、妥善、依法处置事故。对相关人员进行责任追究。

（11）严格履行事故报告制度，及时向上级有关部门报告情况，做到30分钟内电话口头报告，2小时内简要书面报告。密切配合卫生、食品药品监管、公安、消防等部门对事故的处理，认真执行上级有关指示。

（12）可设对外新闻发言人负责接待各界媒体，遇到突发事件时能冷静面对媒体采访，形成正确的舆论导向。教育师生员工共同做好稳定工作，未经同意不得随意接受采访、擅自发布信息。

（13）建立违反师德行为处罚机制，及时严肃处理教师侮辱、体罚学生等行为。

2. 校 长

（1）学校的法定代表人，学校安全工作的第一责任人。

（2）认真贯彻落实国家有关学校安全工作的法律法规和上级对学校安全工作的部署。

（3）全面负责学校安全工作，建立健全组织机构和防范体系，落实责任制，依法制定学校各项安全管理制度和应急预案。

（4）建立安全工作奖惩制度，把安全工作纳入各部门、个人履职考核，与评优推先和绩效考核挂钩，调动全体教职工共同做好学校安全工作的积极性。

（5）组织召开学校安全工作领导小组会议，分析研究学校安全工作现状及存在的问题，有针对性地制定学校安全工作计划。

（6）及时制止和处理教职工侵犯学生权益和影响学生身心健康的行为。

（7）加强与所属乡镇、街道、社区、派出所、消防、卫生、食品药品监管、城管等部门的联系，取得他们的支持和配合，共同做好校园及周边安全工作。

（8）遇到突发事件立即组织安全领导小组启动应急预案，并第一时间赶到现场指挥。

（9）学校安全职责所必需的其他行为。

3. 党（总支、支部）书记

（1）校园安全的共同责任人，对学校安全工作负主要领导责任。

（2）协助校长管好学校安全工作，校长不在校期间，履行校长岗位安全职责。

（3）通过党建工作加强安全教育，提高党员干部的安全责任意识，指导落实岗位安全职责。

（4）关心教职工的生活和思想动态，及时掌握校内不稳定因素，积极化解矛盾，维护校园安全稳定。

（5）督查学校安全管理制度落实，向学校安全工作领导小组提出整改建议。

（6）织开展反邪教工作。

4. 分管安全工作的副校长

（1）在校长的领导下，具体负责学校安全工作，对学校安全工作负直接领导责任。

（2）可代校长组织召开学校安全工作领导小组会议，传达学习上级有关安全工作的文件，研究学校安全工作存在的问题和隐患，提出解决问题的方法和整改意见，确保学校安全。

（3）根据上级要求，依据相关法律法规，不断完善、建立健全学校安全工作管理制度，组织制定各种突发事件应急预案。

（4）全面落实学校安全工作责任制，层层签订学校安全工作责任书，把学校安全工作任务分解到各处室、部门和岗位，并负责检查、督促落实。

（5）指导学校安全专职干部和各部门负责人开展工作，定期不定期检查各处室、部门、岗位的安全防范和隐患排查工作，并建立相关台账，在相关记录表上签字。

（6）定期组织培训学校安全保卫干部和员工，强化安全责任意识，提高防范和应对突发事件的能力，杜绝因思想麻痹或工作失误造成的安全责任事故。

（7）加强师生安全教育和培训工作，定期组织开展各类宣传和应急演练活动，提高师生安全意识和自护能力。

（8）定期组织检查学校各部门的安全设施及器材，保证完好有效。

（9）协助校长加强与所属乡镇、街道、社区、派出所、消防、卫生、食品药品监管、城管等部门的联系，积极开展校园及周边综合治理工作。

（10）建立健全学校安全管理各类台账和档案制度，检查指导学校各类安全资料的归档备案。

（11）督促检查放学前一分钟、每周一节课、每月一次专题讲座的安全教育。

5. 分管教学副校长

分管教学的副校长是学校教学工作的安全责任人，主要职责有：

（1）督促全校教师严格落实教学常规。特别是认真落实体育课、劳动课、实验（训）课等教学常规，防止学生意外伤害事故的发生。

（2）对必须在校外进行的教学活动要认真审批，要有严密的安全措施，确保活动安全进行。

（3）督促全校教师加强师德修养，关爱学生，不得体罚和变相体罚学生，切实减轻学生过重课业负担。要采取切实可行的措施，杜绝因体罚和精神虐待造成对学生的伤害事件，确保学生身心健康发展。

（4）督促指导教师把学生安全作为教育教学的第一要事，摆在首位，认真落实各有关法规和上级文件对教育教学工作的安全规定，依法办事，依法执教。

（5）完成上级交办的其他安全工作任务。

6. 分管后勤副校长

分管后勤的副校长是学校设施设备安全责任人，其主要职责有：

（1）制定学校设施设备安全管理工作规章制度，做好学校设备设施安全管理工作。

（2）组织对学校建筑物、设施设备的安全检查，特别是消防安全检查，及时消除安全隐患，杜绝安全事故。

（3）负责学校食品安全与卫生防疫工作；组织制定学校食品、饮用水及传染病防控规章制度；负责食堂、自备水源和二次供水设施的安全管理，确保学校食品及饮用水安全；负责督促职能部门落实食品安全管理与疾病防控措施。

（4）加强学校宿舍设施安全管理，确保师生宿舍安全。

（5）督促有关人员做好防盗工作，维护学校财产安全。

（6）加强学校的安全设施建设，确保校园安全。

（7）完成上级交办的其他安全工作任务。

7. 法制副校长

（1）协助学校按照有关法律法规制定完善校园安全管理制度，落实各项安全防范措施。

（2）协助学校加强安全工作，结合中小学学生特点，开展有针对性的交通、消防、治安等安全宣传及法制教育。

（3）协助学校做好对有不良行为学生的教育转化工作，落实具体帮教措施。

（4）协调有关部门对学校周边治安环境进行整治，严肃查处侵害师生合法权益和滋扰校园案件，建立长效机制，维护学校周边治安秩序。

（5）配合政法部门妥善处理在校师生违法案件，督促学校妥善处理校园内发生的严重违规违纪问题。

（6）协助学校与社会、家庭等方面建立联系，完善"三位一体"法制教育机制，落实各项治理措施。

（7）完成领导小组交办的其他安全工作。

8. 工会主席

（1）发挥工会组织对校园安全工作的参与和监督作用。

（2）定期召开工会委员会会议，检查各部门安全工作。

（3）协助学校摸查内部人员的不稳定因素，及时化解矛盾。

（4）关心教职工的思想动态和文化生活，帮助教职工解决生活中的困难和问题。对发生重大事情的家庭应及时慰问并家访。

（5）完成领导小组交办的其他安全工作。

9. 保卫主任

（1）在校长和分管副校长的领导下，具体负责学校日常安全管理工作。根据学校安全工作计划，制定部门实施细则，定期向分管安全工作副校长汇报学校安全工作情况。

（2）按时参加上级有关部门召开的安全会议并按相关要求，上报学校安全工作计划、总结、报表、材料、信息等。

（3）坚持每天对校园及重点部位进行巡查，发现安全隐患，立即责成有关部门进行整改并启动责任追究制度，规定完成整改的时间。问题严重的要及时向分管副校长汇报，制定详尽的整改方案。建立健全安全隐患排查整改台账，相关负责人及时在记录表上签字。

（4）结合学校安全工作实际，开展治安、消防、交通等校园安全宣传教育。

（5）履行校园日常安全管理和活动安全管理职责，检查督促各部门落实各种活动安全预案及安全措施。

（6）负责校园"三防"（人防、物防、技防）建设，管理安保人员，维护安防设施。

（7）负责学校门卫管理，夜间、节假日值班和巡逻安排，加强对值班人员的管理和检查。

（8）负责全校消防栓、灭火器、报警器、疏散通道等消防设备的日常检查和维护，保证校内消防器材的完好、有效，确保正常使用。

（9）配合学校安全工作领导小组主动与相关部门联系协调，建立密切的工作关系，搞好校园周边环境综合治理。

（10）校内发生安全事故或突发事件，要在第一时间赶到现场，及时向学校安全工作领导小组汇报，并根据应急预案配合指挥组落实报警、抢救、疏散、保护现场、调查取证、信息上报等工作，妥善处理突发事件。

（11）根据有关规定妥善保管视频监控录像资料，并建立资料档案。

（12）完成领导小组交办的其他安全工作。

10. 办公室主任

（1）会同有关处室负责学校安全宣传工作。

（2）负责本部门安全工作。

（3）负责学校安全教育和演练活动的讲话、录像等资料收集整理工作。

（4）负责全校信息沟通、信息公开、新闻发布及媒体采访等事宜。

（5）完成领导小组交办的其他安全工作。

11. 德育主任

（1）结合学校安全工作目标和任务，开展学生德育工作，维护校园教育教学秩序、稳定师生情绪。

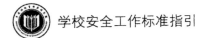

（2）组织落实学校安全工作领导小组安排部署的工作任务，依据部门安全岗位职责，对年级组长和班主任开展针对性的安全宣传教育和培训，指导年级和班级开展丰富多彩的安全教育和演练活动。

（3）定期召开年级主任和班主任安全工作会议，组织年级主任和班主任进行校园安全隐患自查互查活动，跟踪每节课学生异动情况，增强年级主任和班主任的安全意识，落实安全责任。

（4）在学生会和班委会设立安全委员，设"学生110"和班级安全员，协助做好学生安全工作。

（5）学校组织大型集体活动时，做好教育活动安全预案和活动前师生安全教育工作。

（6）利用升旗、广播操等时间，开展学生安全教育。

（7）通过板报、橱窗、广播、网络等开展对师生安全宣传教育。

（8）聘请消防、治安、交通、卫生等专家开展对师生的专题安全教育。

（9）通过家长会、家长信、短信等多种形式向家长宣传安全知识，提出安全要求，发挥家长对学生安全工作的主体作用。

（10）做好安全教育、家长接待、事故处理及相关材料的整理 归档。

（11）负责住校生的教育和管理工作。

（12）负责卫生、防疫安全工作。

（13）完成领导小组交办的其他安全工作。

12. 教务主任

（1）负责教务处所属各组（室）的安全管理工作，落实部门安全责任和各项安全管理制度，制定部门安全工作计划，并监督、检查、工作落实情况。

（2）定期召开部门安全工作会议。

（3）做好各种教具配备、保存及使用的安全管理。

（4）加强学生学籍信息的安全管理，建立信息保密制度。

（5）做好教学活动和考试安全预案及管理工作。

（6）配合校长积极稳妥做好学校招生、毕业工作，正确执行政策、有效化解矛盾，维护校园安全稳定。

（7）完成领导小组交办的其他安全工作。

13. 总务主任

（1）负责学校总务后勤的安全管理工作，落实部门安全责任和各项安全管理制度，做好部门安全工作计划，监督、检查工作落实情况。

（2）定期召开部门安全工作会议。

（3）加强总务后勤人员的安全培训，提高各工种人员的安全意识和防范技能。

（4）做好学校建筑物和水、电、气等设施设备的安全检查和维护，根据保卫主任的要求定期维护或更换消防器材和特种设备，并建立台账，及时做好相关记录。

（5）落实学校食堂及食品安全管理制度与措施，严格执行《食品安全法》等法律法规及《学校食堂与学生集体用餐卫生管理规定》等政策文件，建立严格的食堂安全管理制度，自觉接受食品药品监督管理部门监督。

（6）负责学校自备水源、二次供水设施的卫生安全管理及相关措施落实。

（7）组织相关人员按规定进行安全培训和健康体检；随时与当地卫生、食品药品监管部门联系，掌握本地区传染病流行、食品安全与饮水卫生等信息以及防控要求，采取切实措施，有效控制传染病、食品中毒等突发公共卫生事件在学校发。

（8）落实本部门不同工种安全责任。组织部门人员定期检查负责范围内的安全。

（9）完成领导小组交办的其他安全工作。

14. 少先队辅导员、团委（支部）书记

（1）贯彻执行安全法律法规、学校安全管理规定，履行部门岗位安全职责。

（2）在少先队和共青团组织中设立安全委员。经常开展对少先队员和共青团员的安全教育。

（3）制定少先队、共青团组织的各类大型集体活动预案，开展活动前的安全教育。

（4）定期组织学生活动场所的安全检查，发现隐患及时整改，并向学校有关部门汇报。

（5）熟悉学校各类安全预案及流程，协助和配合学校有关部门处置突发事件。

（6）完成领导小组交办的其他安全工作。

15. 教科（研）室主任

（1）指导学科教师结合所教学科内容渗透安全教育，引导每个教师要因地制宜、因势利导开展学生安全教育。

（2）加强课堂、特别是实验课的安全管理。

（3）督促每位任课教师安全教育教案和开展"放学前一分钟安全教育"。每天最后一节课下课前，结合实际提醒学生注意交通安全、防劫防骗、防各种伤害事故等安全事项。

（4）完成领导小组交办的其他安全工作。

16. 教研组长

（1）教研组安全第一负责人，负责建立教研组日常安全管理制度，落实学校各项安全管理要求。

（2）定期召开教研组安全工作会议，维护学校教育教学安全。

（3）制定实验室安全规章制度，督促实验员做好实验室的安全管理工作。

（4）制定实验室突发事件应急预案并组织演练。

（5）监督指导各学科教师在学科教学中渗透安全教育。

17. 年级组长

（1）所在年级的安全第一负责人，负责建立年级安全工作的各项规章制度，明确本年级每位教师的安全岗位职责。

（2）建立健全由年级组长、班主任、任课教师、学生构成的年级安全管理体系，定期排查年级存在的安全隐患，促进年级安全工作常态化、制度化。

（3）及时传达上级有关安全工作文件精神，组织年级教师定期召开安全工作会议，落实学校安全工作有关要求，做好日常安全防范。

（4）做好年级特异体质学生身体情况登记和安全管理工作。制定年级大型活动安全预案并做好活动前的安全教育工作。

（5）指导班主任和任课教师加强对学生的安全教育和管理。

（6）负责本年级学生楼层、楼梯的安全管理。

（7）完成领导小组交办的其他安全工作。

18. 班主任

（1）班级安全管理的第一责任人，对本班学生安全及教室内的设施设备安全负责。

（2）认真落实学校安全工作的各项要求，及时解决班级出现的安全问题，排除安全隐患。

（3）在班委会和团支部设立安全委员，在班级设立若干安全员。

（4）保证晨（午、晚）检专时专用，仔细查看学生精神和身体状态，认真记录，及时上报。

（5）充分利用晨（午、晚）检、班会等时间开展学生安全教育。特别注意根据季节变化提醒学生预防疾病，防范各种可能发生的自然灾害和安全事故，提高学生安全防范意识和逃生自救技能。

（6）严格执行学生考勤和请销假制度，做好学生考勤统计工作，及时了解未到校上课或中途离校学生的情况，并及时与家长取得联系，做好记录。

（7）认真做好班级内各种不安全因素的排查和登记工作，发现问题及时向年级组长和校领导汇报。

（8）对有特异体质和心理异常的学生，应在家长的配合下及时做好记录。在安排体育、劳动、大型活动等时予以照顾。

（9）协助学校与家长签订安全协议书，并做好协议书回执留存。通过家长会、家访等形式开展家长安全教育，让家长切实担负起监护人职责，做好学生安全教育监管工作，特别是保障学生校外安全。

（10）组织班级集体活动必须征得学校领导同意并报上级教育行政部门批准后方可进行，做好安全预案和活动前的安全教育工作。

（11）发现学生在校出现身体不适或危险情况时，要立即采取措施、组织抢救，并及时通知家长、报告学校。

（12）开展"放学前一分钟安全教育"。结合实际提醒学生注意交通安全、防劫防骗、防各种伤害事故等安全事项。

（13）认真准确采集学生及家庭相关信息。

（14）完成领导小组交办的其他安全工作。

19. 任课教师

（1）明确并履行岗位安全职责，落实学校安全工作的有关要求，做好安全防范工作。

（2）将安全教育有机渗透到本学科教学内容和教学过程中。

（3）课前清点学生人数，发现异常情况应立即上报班主任，课堂上发现学生行为具有危险性时应及时制止、告诫、教育，并与班主任或学生家长及时沟通。课间负责本楼层就近楼梯间、楼层的安全工作。

（4）密切配合班主任开展安全工作，及时将班内的安全问题向班主任反映，协助班主任对学生进行安全教育，妥善处理班级出现的安全问题。

（5）课堂教学中如遇突发事件或安全问题，及时将学生有序疏散到安全地带并作妥善处理，同时立即向分管领导或校长汇报。

（6）开展"放学前一分钟安全教育"。每天最后一节课下课前，结合实际提醒学生注意交通安全、防劫防骗、防各种伤害事故等安全事项。

（7）完成领导小组交办的其他安全工作。

20. 体育教师

（1）掌握教学班学生特异体质状况，在体育教学中合理安排相关学生活动，并做好记录。

（2）做好课前准备，根据教学内容，对场地、器材及教学环境进行全面安全检查，及时排除安全隐患。

（3）结合体育项目特点，讲解安全注意事项，带领学生认真做好准备活动，强化学生相互保护意识，提高学生自我保护能力。

（4）遵循体育运动规律，严格按照体育教学要求上好每节课，不违规操作。特别是教学中，要做好"保护与帮助"的示范动作，教会学生如何进行"保护与帮助"。

（5）严格教学过程管理，把握学生情绪变化。认真、及时化解体育教学过程中的各种矛盾或纠纷，（6）掌握体育教学及体育课外活动中发生伤害事故的处理方法及程序，制定学校"学生体育教学及体育课外活动伤害事故（急病）应急预案"，发生伤害事故时按程序进行处理。

21. 电教教师

（1）负责学校电教设备维护与安全运行。及时检查和报告设备隐患，配合电工检修，保障电教设备安全运行。

（2）认真执行网络有关安全规定，确保校园网络安全。杜绝不良信息在校园网页上出现。

（3）做好防火、防盗、防潮工作。掌握灭火常识，会使用消防器材，紧急时刻具有扑救初起火灾的能力。

（4）一旦发生意外事故，积极采取救护措施，及时报告有关部门并保护好现场。

（5）每天下班时检查水电门窗，关闭所有应关电源，确认无安全隐患后方可下班。

22. 心理教师或心理健康学科任课教师

（1）做好学生心理辅导工作，普及心理健康和青春期知识。

（2）建立心理健康咨询室，负责做好心理健康咨询室及心理健康教育有关设施设备的安全维护。

（3）做好全校学生心理调查工作。配合班主任、家长对有心理问题的学生进行心理疏导，并做好跟踪随访和相关记录，及时汇报。

23. 财务人员

（1）提高安全防范意识，增强责任心，确保学校财务安全。

（2）加强印章、空白支票的保管和使用安全。空白支票与财务用章分开存放，严格按照财务规定存放现金。

（3）到银行取送款时，大宗款项必须三人以上专车接送，少量款项须两人以上接送。使用安全包，取送款人员必须做到人不离款、款不离身，确保现金和人身安全。

（4）确保学校财务账目、票据保存规范，避免因存放不当受潮损坏。

（5）做好财务室防火、防盗工作，做到人离门锁。

（6）下班时关好水电门窗，确认无安全隐患后方可下班。

24. 财产管理员

（1）全面负责、统一管理学校财产，建立台账确保所保管物品的安全。

（2）管理好学校仓库，建立仓库和财产管理制度。

（3）加强仓库消防安全，严禁火种入库，严禁库内吸烟和使用各种电热器具，定期检查更换库房的消防器材。对存放物品要留出顶、灯、墙、柱、堆等防火间距。

（4）仓库物品必须分类、有序、限额存放。做好防火、防盗和防潮工作。

（5）一旦发生意外事故，积极采取救护措施，及时报告有关部门并保护好现场。

（6）每天下班前对仓库进行安全检查，并作记录。下班时关好水电门窗，确认无安全隐患后方可下班。

25. 图书管理员

（1）学校图书馆安全工作第一责任人，切实落实各项安全管理制度，确保图书馆安全。

（2）图书馆开放期间，组织学生有序出入图书馆，做好安全门的标示和开启工作，防止发生拥挤踩踏伤害事故。

（3）图书馆内不得存放易燃品和私人物品，严禁吸烟。认真做好防火、防盗、防潮、降湿、防蛀等安全工作。

（4）加强电子阅览室的管理，注意网络安全，保证电子书籍的健康。

（5）一旦发生意外事故，积极采取救护措施，及时报告有关部门并保护好现场。

（6）每天对图书室、电子阅览室进行安全检查，并作记录。下班时关好水电门窗，确认无安全隐患后方可下班。

26. 档案管理员

（1）按上级规定和学校要求妥善保管档案资料，落实保密制度，确保档案安全。

（2）按有关要求安装防火防盗门，按规定配齐灭火器材，并及时检查、维护或更换，有条件的学校配备安全报警装置，做好防火、防盗工作。

（3）按天气情况开启空调和除湿机，维护档案室的温度和湿度，做好档案的防潮、降湿、防蛀工作，确保档案资料的安全与完整。

（4）严格执行档案查阅制度。

27. 体育器材保管员

（1）坚持每天检查体育运动器械、户外运动器材和场地，并做记录。发现安全问题立即停用，并将问题器械做封存警示，及时向有关领导（部门）报告并组织维修和处理，消除安全隐患。杜绝使用存在安全隐患的器材或器械。

（2）教育学生爱护器材，指导学生安全使用、搬运器材，要求学生发现器材安全问题及时向老师报告。

（3）坚持体育器材领借制度，器材室所借出的器材须符合安全标准，并及时归还、验收。

（4）借出的运动器材不允许放置在无人看管的场所。

（5）完成领导小组交办的其他安全工作。

28. 实验室管理员

（1）实验室安全第一责任人，在学校相关部门及教研组长的指导下，认真制定实验室的安全规章制度，并贯彻落实。

（2）定期不定期检查仪器，及时保养、维修，做到实验室内仪器、药品放置整齐，使用安全。

（3）严格执行有关规定，管理好有毒、有害、易燃易爆物品，做好采购、登记、储存、使用和处置工作，及时上报需处置的过期物品，加强实验室的安全管理。

（4）按规定配置灭火器材，及时检查、维护、更换。禁止无关人员进入实验室。做好防火、防盗工作。

（5）开展学生安全教育，指导学生安全使用实验用具和药品，防止伤害事故的发生。

（6）制定突发事件应急预案并组织演练，掌握各类事故发生时的处置方法。

（7）每天严格检查实验室及药品存放安全，并作记录。下班时关好水电门窗，确认无安全隐患后方可下班。

（8）完成领导小组交办的其他安全工作。

29. 食堂管理员

（1）食堂食品安全第一负责人，在主管领导的指导下具体负责学校食品安全的全面工作。建立健全相应管理档案。

（2）定期组织食堂从业人员参加食品安全培训。

（3）定期组织食堂从业人员健康体检，确保食堂所有从业人员持证上岗、安全上岗。

严格遵守学校食堂从业人员健康管理和培训制度，从业人员每日晨检制度，加工经营场所及设施设备清洁、消毒和维修保养制度，食品（原料）、食品添加剂、食品相关产品采购索证索票制度、进货查验和台账记录制度，食品贮存、加工、供应管理制度，食品留样制度；不采购"三无"食品和腐烂变质食品，确保采购、加工、供应、贮存等关键环节安全可控。

（4）做好食堂防火、防潮、防尘、防鼠、防虫害各项工作，定期检查维护食堂设备，要重点检查燃气、灶具、油烟管道、锅炉等重要设备，聘请专业人员定期清洗管道烟道，确保各项设施设备安全运行。

6. 不用的煤气罐不得放在灶具旁，应保管在安全地方。

7. 每天严格检查食堂、库房、燃气、水电、设备安全，并作记录。下班时关好水电门窗，确认无安全隐患后方可下班。

8. 完成领导小组交办的其他安全工作。

30. 宿舍管理员

1. 宿舍安全和设施设备安全使用的第一负责人。

2. 建立住宿学生及其家长档案，建立特异体质学生档案，建立住宿生班级管理和班主任联系制度，管理好学生家长和班主任的联系电话。

3. 在学校德育处（学生处）和保卫处的指导下成立学生宿舍管理委员会，每个宿舍设宿舍长，配合宿舍管理员做好住宿生的各项管理工作。

4. 做好宿舍大门和出入人员管理，按时开关宿舍大门，严禁非住宿人员进入宿舍。认真落实宿舍管理值班制度，值夜班时不得睡觉。宿舍大门朝外开，夜间严禁上锁。

5. 定期检查维护宿舍各类设施和用品（门、窗、水、电、床、柜、暖气等），发现安全隐患及时报告相关领导或部门，配合有关部门及时消除隐患。

6. 加强宿舍区消防安全管理，严禁私拉乱接电线或使用大功率电器，严禁安全通道堆放物品，定期不定期开展宿舍区火灾等应急疏散演练，每间宿舍门后张挂疏散线路图。确保消防通道畅通。

7. 掌握消防栓、灭火器的正确使用方法和扑救初起火灾的能力，突发事件来临时，组织学生有序疏散并及时上报。

8. 严格执行学生请销假制度，学生请假回家要填写请假登记表，并告知家长和班主任，取得他们的同意方能准假。

9. 每晚熄灯前，清点各宿舍人数，发现有学生未归的，要立即查找，并及时与家长和班主任联系。

10. 每晚熄灯后，认真巡逻宿舍及周边环境并督促学生就寝，同时认真检查门、窗、水、电。巡逻时若发现学生生病，应及时与值班校医联系诊治，严重的要立即送往医院，并告知家长和班主任。

11. 学生上课后，逐个检查宿舍。发现滞留在宿舍的学生要问明情况，如有生病的学生，要及时采取救治措施，并立即通知家长和班主任。

12. 做好宿舍环境卫生和喷洒消毒管理工作，督促学生开窗通风、清扫保洁，组织指导宿舍管理委员会定期评比宿舍卫生并公布，对宿舍内务和卫生差的要及时进行教育，并限时整改。

13. 完成领导小组交办的其他安全工作。

31. 校 医

1. 学校卫生安全工作第一负责人，负责学校的卫生保健和疾病预防工作。

2. 配合德育处（学生处），成立学校红十字会。每班设立生活委员和红十字委员，协助班主任做好卫生保健工作。

3. 在德育处（学生处）的配合下，建立各班学生健康档案，为有特异体质的学生单独建档。

4. 负责学校卫生安全教育工作，积极开展师生食品卫生、疾病预防及急救常识的培训和教育。

5. 负责每日查看各班晨（午、晚）检记录，发现异常，配合班主任及时通知家长并督促学生或尽快将学生送正规医院诊治。

6. 负责学生卫生保健工作（组织学生体检、预防接种、喷洒消毒、传染病及近视眼、龋齿等学生常见病防控），为师生提供必要的医疗服务，并做好治疗登记。

7. 负责学校传染病疫情、食物中毒等突发公共卫生事件信息上报工作。

8. 制定学校传染病、食物中毒等突发公共卫生事件应急预案，发生突发事件，立即启动应急预案，及时报告相关领导和部门，做好事故处理。

9. 配合德育处（学生处）组织全校大扫除和卫生检查，做好卫生评比和成绩公布，督促全校师生做好公共卫生工作。

10. 配合总务处定期检查食堂各项安全卫生制度落实情况，并建立检查记录台账。

11. 做好卫生室常用药品采购工作，保障供给。使用、维护和管理好学校医疗器械并按有关规定做好器械消毒工作，建立消毒登记档案，加强对废弃物品的安全卫生管理。学校医疗器械必须专人使用，一律不得外借。

12. 完成领导小组交办的其他安全工作。

32. 文印室人员

1. 文印室内严禁烟火，严禁非工作人员擅自进入。

2. 定期清理废弃纸张、油墨等易燃物品，定期检查文印室各类设备线路，防止因线路老化、超负荷工作发生火灾，定期检查文印室内消防设施，保证灭火器材完好有效。

3. 定期进行文印室各类安全隐患排查。

4. 遵守文件保密制度，严防泄密。

5. 下班时关好水电门窗，确认无安全隐患后方可下班。

6. 完成领导小组交办的其他安全工作。

33. 水电工

1. 持证上岗，严格按照操作规程作业。

2. 每天检查配电室、校园照明、网络、电话、广播、供水等设施设备，确保水电安全及时供给和运行。

3. 协助宿舍管理人员检查宿舍用电情况，严禁私接线路、安装插座、使用自备大功率电器。

4. 落实水电安全隐患排查制度。严防电路漏电、短路、电线老化、超负荷，消除水路跑、冒、漏等不安全因素，建立水电安全维护台账，发现隐患及时整改和报告。

5. 完成领导小组交办的其他安全工作。

34. 门 卫

1. 执行 24 小时值班制度，不得擅自离岗、空岗，按时交接班并做好交接记录，发现问题及时报告。

2. 严格落实校门开闭制度，学生上课时间应保持校门关闭。

220

3. 严格执行大门和出入人员管理制度，来访人员需进行严格验证，并依据学校有关会客登记制度履行登记手续。严禁无关人员进入校园。上课期间，学生必须持有班主任开具的出门证，方可出校。

4. 发现可疑人、事、物或其他治安信息，及时向相关领导或部门汇报。必要时，启动报警器或向 110 报警，并配合公安机关做好处置工作。

5. 对出入人员和车辆所携带、装运的物品、物资进行严格的检验、核查，禁止私自将危险或违禁物品带入。严防学校物资流失。

6. 疏导出入车辆和行人，清理门卫责任区内的无关人员，保证进出车辆畅通，人员出入有序无阻。

7. 任何人不得在警务室从事与该室工作无关的活动，不得存放或代人存放贵重物品、现金和危险品。

8. 做好警务室的消防安全工作，确保灭火器材的充足、完好和有效，定期检查插头、电线，发现问题及时报修。

9. 妥善保管、定期检查、熟练使用技防工具，在危急时刻充分发挥技防工具的作用，确保师生安全。

10. 在岗期间不与无关人员聊天，不干私活，不饮酒。

11. 完成领导小组交办的其他安全工作。

35. 保卫人员

1. 在保卫主任的领导下开展工作，落实相关部门及学校保卫工作规章制度和要求，按时参加上级部门的保卫工作会议，并及时向领导汇报。

2. 熟悉业务，提高防范破案能力，记录并协助有关部门处理学校发生的案件，确保师生安全。

3. 做好节假日和平时的值班，及时解决值班中出现的问题。

4. 积极防范，组织和参加校内巡逻，发现安全隐患及时整改或向相关领导报告，提出整改意见。

5. 检查指导警务室等重点、要害部门人员的安全工作。

6. 保持与班主任、任课教师的联系，加强对个别不遵纪守法学生的法制安全教育，协助做好违法青少年的帮教工作。

7. 保护学校财产和师生人身安全不受侵害，发现问题及时处理。

8. 完成领导小组交办的其他安全工作。

36. 学校保安

1. 熟悉值勤岗位区域内的地形、地物，了解值勤岗位区域内的消防设施分布和使用，掌握报警方法。

2. 掌握保安业务知识，熟悉学校各项安全管理制度。

3. 严守岗位职责和工作规程，爱护通讯器材和物防设备。维护值勤岗位区域内的正常秩序、疏

导交通。

4. 及时发现值勤岗位区域的各类安全隐患并上报。

5. 果断处理值勤中发现的问题，发现可疑人、事、物或其他治安信息，应及时盘查或监控，并上报保卫主任或相关领导。必要时，启动报警器或向110报警。

6. 制止师生各种不安全或易造成伤害的行为，发生违章或不服从管理者，应婉言劝阻并妥善处理，不听劝阻的，及时上报保卫主任解决。

7. 遇有火警或其他紧急情况，应迅速扑救或采取有效措施保护现场，并及时上报保卫主任。

8. 建立执勤巡逻和交接班记录台账，做好每日值勤问题记录和交接班记录，要求清楚、准确、属实。

9. 按时参加保安人员工作例会和相关业务培训，认真听讲并做好记录。

10. 工作中遇到疑难问题，应及时上报保卫主任，不得擅作主张或隐瞒不报。

11. 在不妨碍保安日常工作的前提下，协助其他部门做好服务工作。

12. 按时完成上级交办的其他安全工作。

37. 学生安全员

1. 做好自身安全工作。模范遵守学校各项安全制度，做安全工作带头人。

2. 及时制止不安全行为。提醒同学不携带危险物品入校，不翻越围墙、栏杆，不在教室、走道和人群集中的地方追逐嬉闹。发现危险行为要及时制止，如不听劝告要及时向老师报告。

3. 配合老师做好安全宣传教育工作。开展班级安全宣传工作，组织同学参加各类安全教育活动，增强同学安全意识和自我保护能力。

4. 协助老师维持活动秩序。课间操、运动会、观看演出、外出集体活动等活动期间，协助班主任组织同学有序上下楼、进退场和上下车等。

5. 排查安全隐患并及时上报。注意发现校内、班内存在的安全隐患，及时上报班主任和学校有关部门。

38. 保洁员

1. 做卫生清洁时设置地面防滑警示标志，卫生用具放置整齐，预防师生滑倒、绊倒。

2. 清洁用品（洁厕灵、消毒液等）应放在指定工作室，禁止将此类用品放置在卫生间等师生可接触到的地方。

3. 清洁灭火器时，检查是否存在人为动用导致器材失效。如有发现应及时报告相关领导或部门。

4. 保洁工作时应及时检查相关区域内的安全隐患（尤其是卫生间），如有异常，应及时报告相关领导或部门。

5. 完成领导小组交办的其他安全工作。

39. 校车管理员

1. 建立校车安全管理制度，落实校车安全管理职责。建立乘车学生档案。

2. 定期对校车驾驶员和随车照管人员开展安全教育，督促落实各项安全管理制度。

3. 督促校车驾驶员每天出车前认真检查车辆状况，严禁车辆带病上路，制止超载行为，确保行车安全。配合公安交管部门处理校车违法行为。

4. 认真排查校车安全隐患。建立校车安全隐患排查制度和台账，定期与校车驾驶员一同对校车安全隐患进行排查，发现安全隐患及时整改。

5. 完成领导小组交办的其他安全工作。

40. 校车随车照管人员

1. 学生上下车时，在车下引导、指挥，维护上下车秩序。

2. 发现驾驶人无校车驾驶资格，饮酒、醉酒后驾驶，或者身体严重不适以及校车超员等明显妨碍行车安全情形的，制止校车开行，并及时报告校车管理员。

3. 清点乘车学生人数，帮助、指导学生安全落座、系好安全带，确认车门关闭后示意驾驶人启动校车。

4. 制止学生在校车行驶过程中离开座位等危险行为。

5. 核实学生下车人数，确认乘车学生已经全部离车后本人方可离车。

（二）学校日常安全工作流程

1. 学校安全工作管理和职能

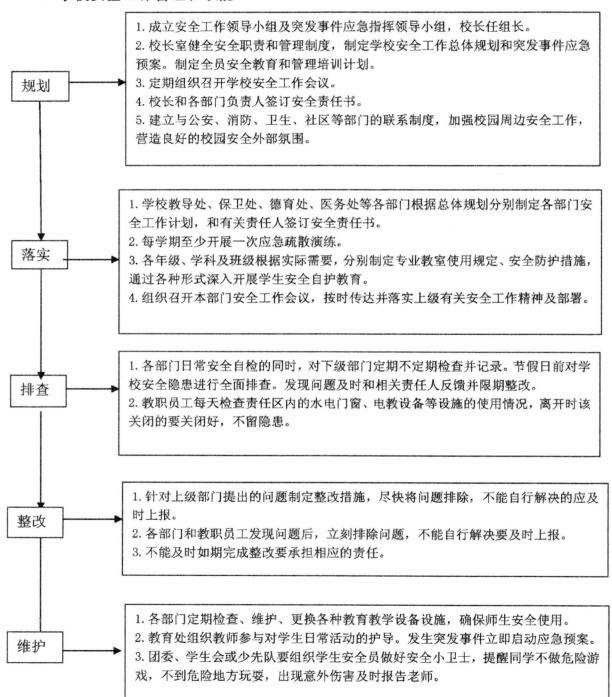

规划
1. 成立安全工作领导小组及突发事件应急指挥领导小组，校长任组长。
2. 校长室健全安全职责和管理制度，制定学校安全工作总体规划和突发事件应急预案。制定全员安全教育和管理培训计划。
3. 定期组织召开学校安全工作会议。
4. 校长和各部门负责人签订安全责任书。
5. 建立与公安、消防、卫生、社区等部门的联系制度，加强校园周边安全工作，营造良好的校园安全外部氛围。

落实
1. 学校教导处、保卫处、德育处、医务处等各部门根据总体规划分别制定各部门安全工作计划，和有关责任人签订安全责任书。
2. 每学期至少开展一次应急疏散演练。
3. 各年级、学科及班级根据实际需要，分别制定专业教室使用规定、安全防护措施，通过各种形式深入开展学生安全自护教育。
4. 组织召开本部门安全工作会议，按时传达并落实上级有关安全工作精神及部署。

排查
1. 各部门日常安全自检的同时，对下级部门定期不定期检查并记录。节假日前对学校安全隐患进行全面排查。发现问题及时和相关责任人反馈并限期整改。
2. 教职员工每天检查责任区内的水电门窗、电教设备等设施的使用情况，离开时该关闭的要关闭好，不留隐患。

整改
1. 针对上级部门提出的问题制定整改措施，尽快将问题排除，不能自行解决的应及时上报。
2. 各部门和教职员工发现问题后，立刻排除问题，不能自行解决要及时上报。
3. 不能及时如期完成整改要承担相应的责任。

维护
1. 各部门定期检查、维护、更换各种教育教学设备设施，确保师生安全使用。
2. 教育处组织教师参与对学生日常活动的护导。发生突发事件立即启动应急预案。
3. 团委、学生会或少先队要组织学生安全员做好安全小卫士，提醒同学不做危险游戏，不到危险地方玩耍，出现意外伤害及时报告老师。

2. 学校预防拥挤踩踏日常工作流程

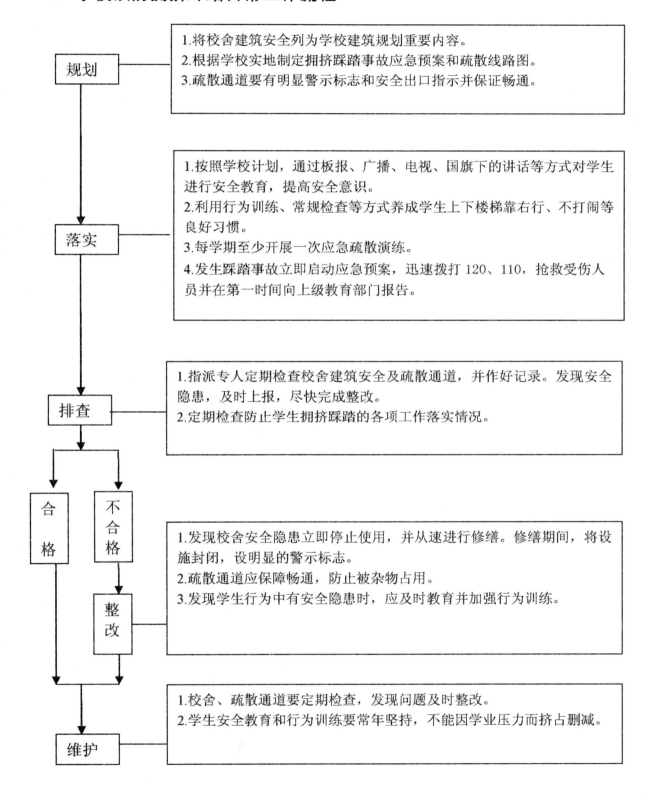

规划
1. 将校舍建筑安全列为学校建筑规划重要内容。
2. 根据学校实地制定拥挤踩踏事故应急预案和疏散线路图。
3. 疏散通道要有明显警示标志和安全出口指示并保证畅通。

落实
1. 按照学校计划，通过板报、广播、电视、国旗下的讲话等方式对学生进行安全教育，提高安全意识。
2. 利用行为训练、常规检查等方式养成学生上下楼梯靠右行、不打闹等良好习惯。
3. 每学期至少开展一次应急疏散演练。
4. 发生踩踏事故立即启动应急预案，迅速拨打 120、110，抢救受伤人员并在第一时间向上级教育部门报告。

排查
1. 指派专人定期检查校舍建筑安全及疏散通道，并作好记录。发现安全隐患，及时上报，尽快完成整改。
2. 定期检查防止学生拥挤踩踏的各项工作落实情况。

合格　**不合格**

整改
1. 发现校舍安全隐患立即停止使用，并从速进行修缮。修缮期间，将设施封闭，设明显的警示标志。
2. 疏散通道应保障畅通，防止被杂物占用。
3. 发现学生行为中有安全隐患时，应及时教育并加强行为训练。

维护
1. 校舍、疏散通道要定期检查，发现问题及时整改。
2. 学生安全教育和行为训练要常年坚持，不能因学业压力而挤占删减。

3. 学校预防游戏伤害和打架斗殴安全工作流程

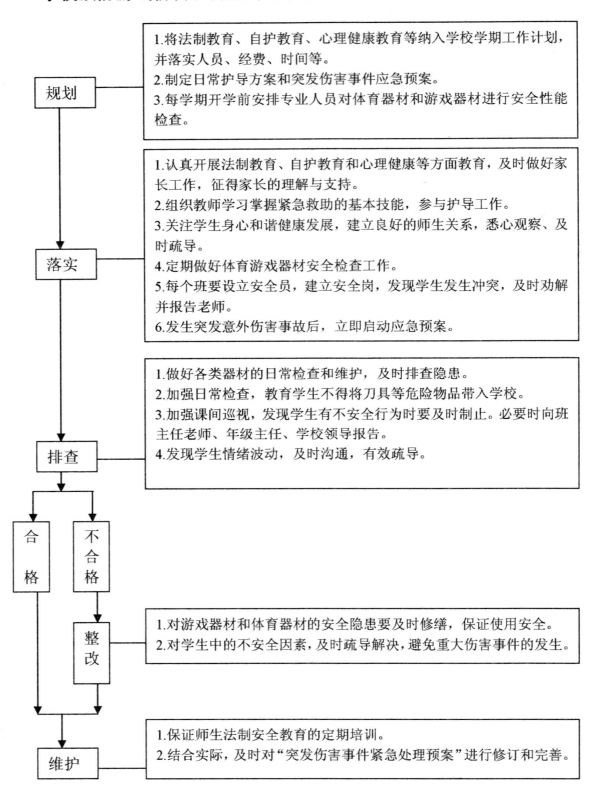

规划
1. 将法制教育、自护教育、心理健康教育等纳入学校学期工作计划，并落实人员、经费、时间等。
2. 制定日常护导方案和突发伤害事件应急预案。
3. 每学期开学前安排专业人员对体育器材和游戏器材进行安全性能检查。

落实
1. 认真开展法制教育、自护教育和心理健康等方面教育，及时做好家长工作，征得家长的理解与支持。
2. 组织教师学习掌握紧急救助的基本技能，参与护导工作。
3. 关注学生身心和谐健康发展，建立良好的师生关系，悉心观察、及时疏导。
4. 定期做好体育游戏器材安全检查工作。
5. 每个班要设立安全员，建立安全岗，发现学生发生冲突，及时劝解并报告老师。
6. 发生突发意外伤害事故后，立即启动应急预案。

排查
1. 做好各类器材的日常检查和维护，及时排查隐患。
2. 加强日常检查，教育学生不得将刀具等危险物品带入学校。
3. 加强课间巡视，发现学生有不安全行为时要及时制止。必要时向班主任老师、年级主任、学校领导报告。
4. 发现学生情绪波动，及时沟通，有效疏导。

合格 **不合格**

整改
1. 对游戏器材和体育器材的安全隐患要及时修缮，保证使用安全。
2. 对学生中的不安全因素，及时疏导解决，避免重大伤害事件的发生。

维护
1. 保证师生法制安全教育的定期培训。
2. 结合实际，及时对"突发伤害事件紧急处理预案"进行修订和完善。

4. 学校游泳池及校园内水域安全工作流程

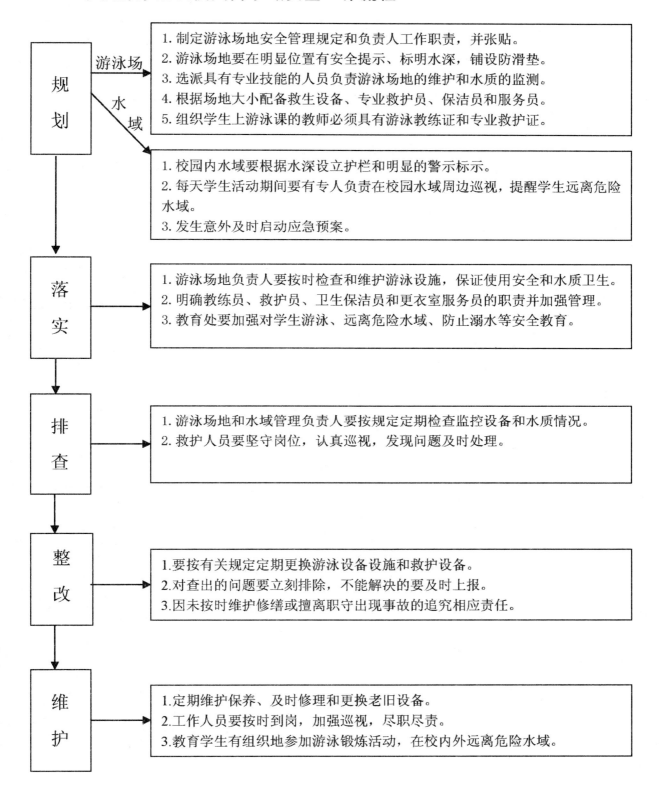

规划 — 游泳场地

1. 制定游泳场地安全管理规定和负责人工作职责，并张贴。
2. 游泳场地要在明显位置有安全提示、标明水深，铺设防滑垫。
3. 选派具有专业技能的人员负责游泳场地的维护和水质的监测。
4. 根据场地大小配备救生设备、专业救护员、保洁员和服务员。
5. 组织学生上游泳课的教师必须具有游泳教练证和专业救护证。

规划 — 水域

1. 校园内水域要根据水深设立护栏和明显的警示标示。
2. 每天学生活动期间要有专人负责在校园水域周边巡视，提醒学生远离危险水域。
3. 发生意外及时启动应急预案。

落实

1. 游泳场地负责人要按时检查和维护游泳设施，保证使用安全和水质卫生。
2. 明确教练员、救护员、卫生保洁员和更衣室服务员的职责并加强管理。
3. 教育处要加强对学生游泳、远离危险水域、防止溺水等安全教育。

排查

1. 游泳场地和水域管理负责人要按规定定期检查监控设备和水质情况。
2. 救护人员要坚守岗位，认真巡视，发现问题及时处理。

整改

1. 要按有关规定定期更换游泳设备设施和救护设备。
2. 对查出的问题要立刻排除，不能解决的要及时上报。
3. 因未按时维护修缮或擅离职守出现事故的追究相应责任。

维护

1. 定期维护保养、及时修理和更换老旧设备。
2. 工作人员要按时到岗，加强巡视，尽职尽责。
3. 教育学生有组织地参加游泳锻炼活动，在校内外远离危险水域。

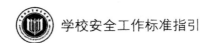

5. 学校大型活动安全工作流程

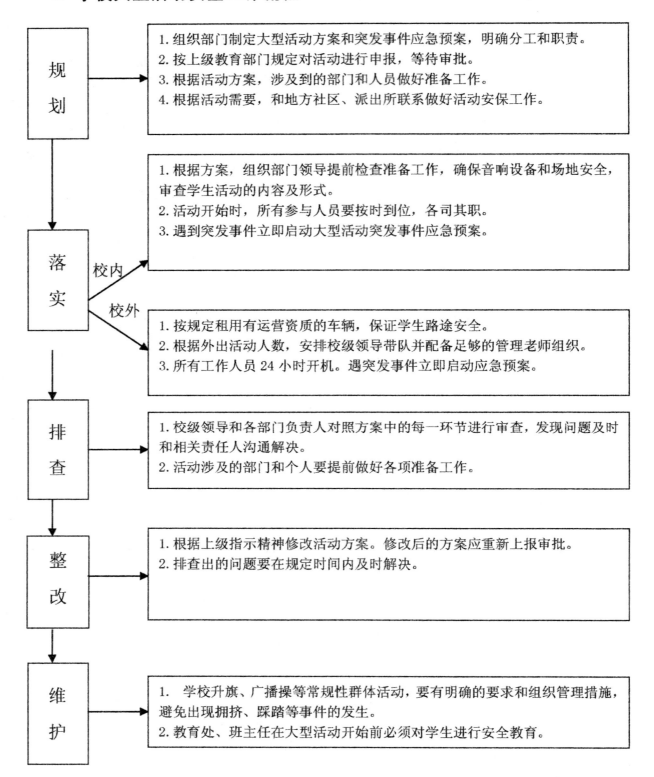

规划

1. 组织部门制定大型活动方案和突发事件应急预案，明确分工和职责。
2. 按上级教育部门规定对活动进行申报，等待审批。
3. 根据活动方案，涉及到的部门和人员做好准备工作。
4. 根据活动需要，和地方社区、派出所联系做好活动安保工作。

落实

校内
1. 根据方案，组织部门领导提前检查准备工作，确保音响设备和场地安全，审查学生活动的内容及形式。
2. 活动开始时，所有参与人员要按时到位，各司其职。
3. 遇到突发事件立即启动大型活动突发事件应急预案。

校外
1. 按规定租用有运营资质的车辆，保证学生路途安全。
2. 根据外出活动人数，安排校级领导带队并配备足够的管理老师组织。
3. 所有工作人员 24 小时开机。遇突发事件立即启动应急预案。

排查

1. 校级领导和各部门负责人对照方案中的每一环节进行审查，发现问题及时和相关责任人沟通解决。
2. 活动涉及的部门和个人要提前做好各项准备工作。

整改

1. 根据上级指示精神修改活动方案。修改后的方案应重新上报审批。
2. 排查出的问题要在规定时间内及时解决。

维护

1. 学校升旗、广播操等常规性群体活动，要有明确的要求和组织管理措施，避免出现拥挤、踩踏等事件的发生。
2. 教育处、班主任在大型活动开始前必须对学生进行安全教育。

6. 学校公共卫生（疾病预防）安全工作流程

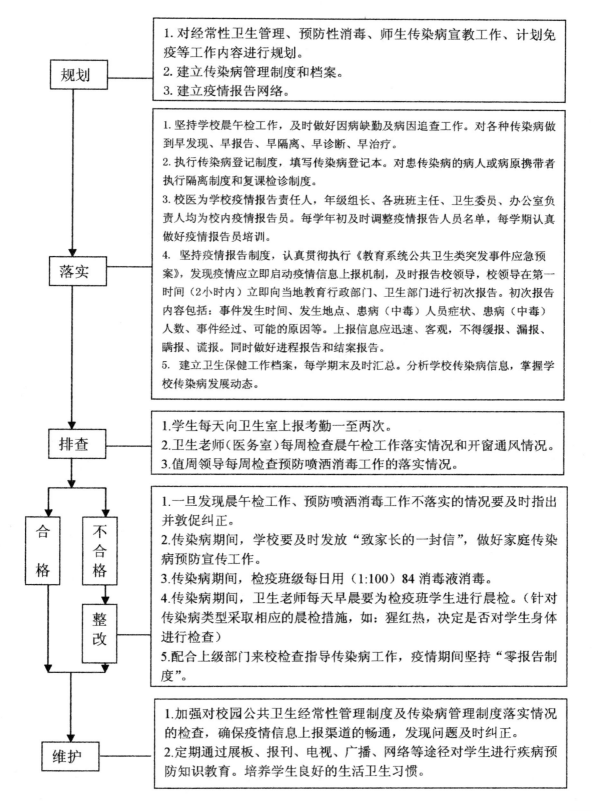

规划

1. 对经常性卫生管理、预防性消毒、师生传染病宣教工作、计划免疫等工作内容进行规划。
2. 建立传染病管理制度和档案。
3. 建立疫情报告网络。

落实

1. 坚持学校晨午检工作，及时做好因病缺勤及病因追查工作。对各种传染病做到早发现、早报告、早隔离、早诊断、早治疗。
2. 执行传染病登记制度，填写传染病登记本。对患传染病的病人或病原携带者执行隔离制度和复课检诊制度。
3. 校医为学校疫情报告责任人，年级组长、各班班主任、卫生委员、办公室负责人均为校内疫情报告员。每学年初及时调整疫情报告人员名单，每学期认真做好疫情报告员培训。
4. 坚持疫情报告制度，认真贯彻执行《教育系统公共卫生类突发事件应急预案》，发现疫情应立即启动疫情信息上报机制，及时报告校领导，校领导在第一时间（2小时内）立即向当地教育行政部门、卫生部门进行初次报告。初次报告内容包括：事件发生时间、发生地点、患病（中毒）人员症状、患病（中毒）人数、事件经过、可能的原因等。上报信息应迅速、客观，不得缓报、漏报、瞒报、谎报。同时做好进程报告和结案报告。
5. 建立卫生保健工作档案，每学期末及时汇总。分析学校传染病信息，掌握学校传染病发展动态。

排查

1. 学生每天向卫生室上报考勤一至两次。
2. 卫生老师（医务室）每周检查晨午检工作落实情况和开窗通风情况。
3. 值周领导每周检查预防喷洒消毒工作的落实情况。

合格　**不合格**

整改

1. 一旦发现晨午检工作、预防喷洒消毒工作不落实的情况要及时指出并敦促纠正。
2. 传染病期间，学校要及时发放"致家长的一封信"，做好家庭传染病预防宣传工作。
3. 传染病期间，检疫班级每日用（1:100）84消毒液消毒。
4. 传染病期间，卫生老师每天早晨要为检疫班学生进行晨检。（针对传染病类型采取相应的晨检措施，如：猩红热，决定是否对学生身体进行检查）
5. 配合上级部门来校检查指导传染病工作，疫情期间坚持"零报告制度"。

维护

1. 加强对校园公共卫生经常性管理制度及传染病管理制度落实情况的检查，确保疫情信息上报渠道的畅通，发现问题及时纠正。
2. 定期通过展板、报刊、电视、广播、网络等途径对学生进行疾病预防知识教育。培养学生良好的生活卫生习惯。

7. 学校预防体育运动伤害安全工作流程

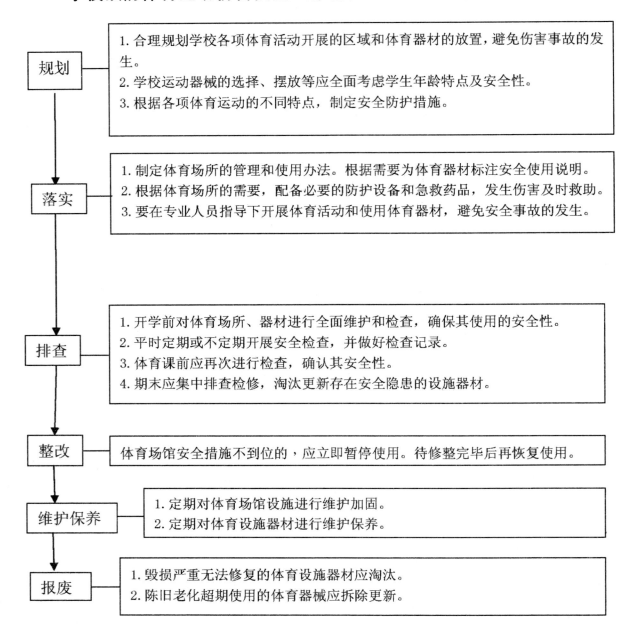

规划
1. 合理规划学校各项体育活动开展的区域和体育器材的放置，避免伤害事故的发生。
2. 学校运动器械的选择、摆放等应全面考虑学生年龄特点及安全性。
3. 根据各项体育运动的不同特点，制定安全防护措施。

落实
1. 制定体育场所的管理和使用办法。根据需要为体育器材标注安全使用说明。
2. 根据体育场所的需要，配备必要的防护设备和急救药品，发生伤害及时救助。
3. 要在专业人员指导下开展体育活动和使用体育器材，避免安全事故的发生。

排查
1. 开学前对体育场所、器材进行全面维护和检查，确保其使用的安全性。
2. 平时定期或不定期开展安全检查，并做好检查记录。
3. 体育课前应再次进行检查，确认其安全性。
4. 期末应集中排查检修，淘汰更新存在安全隐患的设施器材。

整改
体育场馆安全措施不到位的，应立即暂停使用。待修整完毕后再恢复使用。

维护保养
1. 定期对体育场馆设施进行维护加固。
2. 定期对体育设施器材进行维护保养。

报废
1. 毁损严重无法修复的体育设施器材应淘汰。
2. 陈旧老化超期使用的体育器械应拆除更新。

8. 学校实验室与实验设备安全工作流程

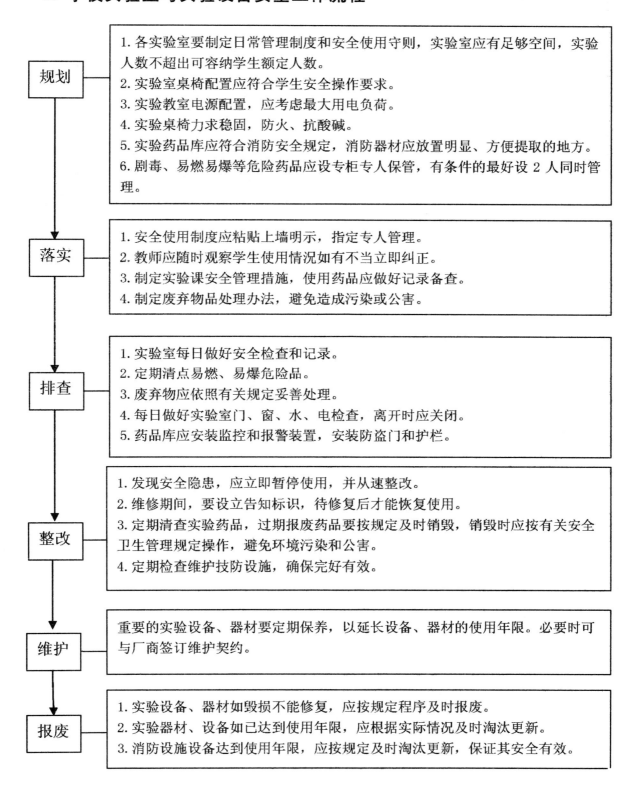

规划

1. 各实验室要制定日常管理制度和安全使用守则，实验室应有足够空间，实验人数不超出可容纳学生额定人数。
2. 实验室桌椅配置应符合学生安全操作要求。
3. 实验教室电源配置，应考虑最大用电负荷。
4. 实验桌椅力求稳固，防火、抗酸碱。
5. 实验药品库应符合消防安全规定，消防器材应放置明显、方便提取的地方。
6. 剧毒、易燃易爆等危险药品应设专柜专人保管，有条件的最好设 2 人同时管理。

落实

1. 安全使用制度应粘贴上墙明示，指定专人管理。
2. 教师应随时观察学生使用情况如有不当立即纠正。
3. 制定实验课安全管理措施，使用药品应做好记录备查。
4. 制定废弃物品处理办法，避免造成污染或公害。

排查

1. 实验室每日做好安全检查和记录。
2. 定期清点易燃、易爆危险品。
3. 废弃物应依照有关规定妥善处理。
4. 每日做好实验室门、窗、水、电检查，离开时应关闭。
5. 药品库应安装监控和报警装置，安装防盗门和护栏。

整改

1. 发现安全隐患，应立即暂停使用，并从速整改。
2. 维修期间，要设立告知标识，待修复后才能恢复使用。
3. 定期清查实验药品，过期报废药品要按规定及时销毁，销毁时应按有关安全卫生管理规定操作，避免环境污染和公害。
4. 定期检查维护技防设施，确保完好有效。

维护

重要的实验设备、器材要定期保养，以延长设备、器材的使用年限。必要时可与厂商签订维护契约。

报废

1. 实验设备、器材如毁损不能修复，应按规定程序及时报废。
2. 实验器材、设备如已达到使用年限，应根据实际情况及时淘汰更新。
3. 消防设施设备达到使用年限，应按规定及时淘汰更新，保证其安全有效。

9. 学校食品卫生安全工作流程

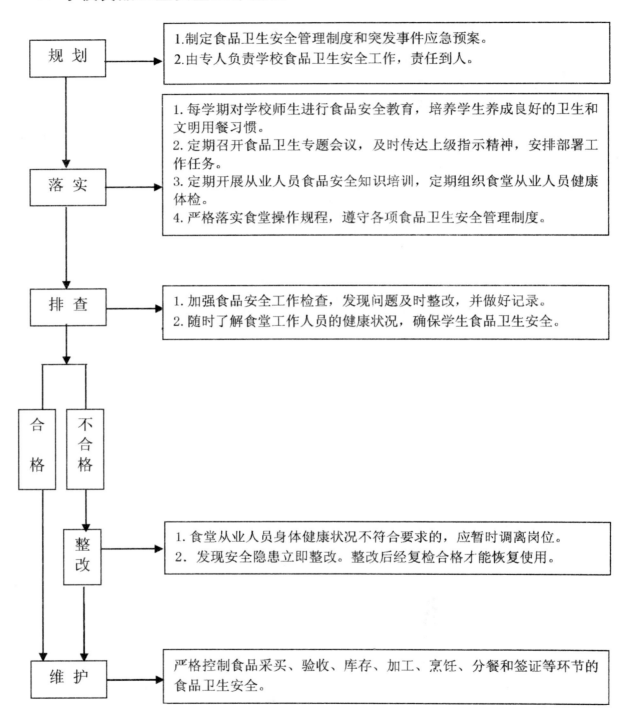

规 划
1. 制定食品卫生安全管理制度和突发事件应急预案。
2. 由专人负责学校食品卫生安全工作，责任到人。

落 实
1. 每学期对学校师生进行食品安全教育，培养学生养成良好的卫生和文明用餐习惯。
2. 定期召开食品卫生专题会议，及时传达上级指示精神，安排部署工作任务。
3. 定期开展从业人员食品安全知识培训，定期组织食堂从业人员健康体检。
4. 严格落实食堂操作规程，遵守各项食品卫生安全管理制度。

排 查
1. 加强食品安全工作检查，发现问题及时整改，并做好记录。
2. 随时了解食堂工作人员的健康状况，确保学生食品卫生安全。

合 格　**不合格**

整 改
1. 食堂从业人员身体健康状况不符合要求的，应暂时调离岗位。
2. 发现安全隐患立即整改。整改后经复检合格才能恢复使用。

维 护
严格控制食品采买、验收、库存、加工、烹饪、分餐和签证等环节的食品卫生安全。

10. 学校水电管理安全工作流程

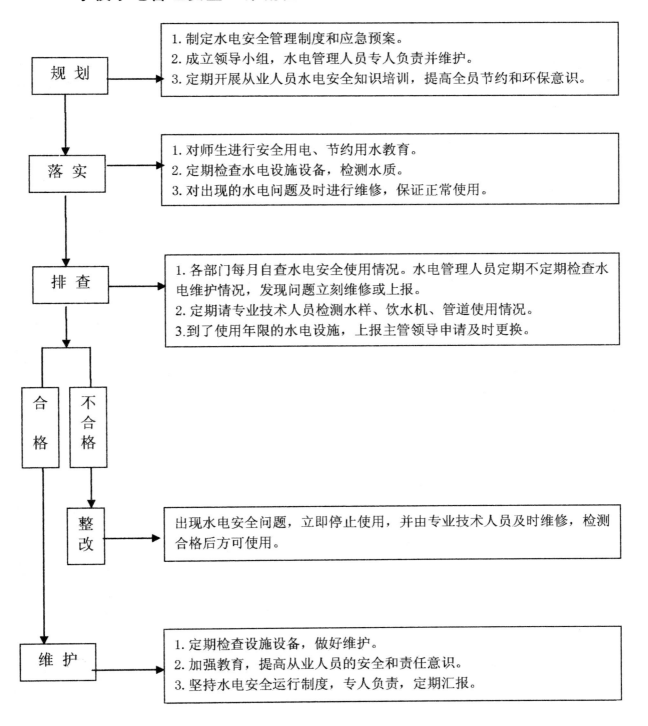

| 规 划 | 1. 制定水电安全管理制度和应急预案。
2. 成立领导小组，水电管理人员专人负责并维护。
3. 定期开展从业人员水电安全知识培训，提高全员节约和环保意识。 |

| 落 实 | 1. 对师生进行安全用电、节约用水教育。
2. 定期检查水电设施设备，检测水质。
3. 对出现的水电问题及时进行维修，保证正常使用。 |

| 排 查 | 1. 各部门每月自查水电安全使用情况。水电管理人员定期不定期检查水电维护情况，发现问题立刻维修或上报。
2. 定期请专业技术人员检测水样、饮水机、管道使用情况。
3. 到了使用年限的水电设施，上报主管领导申请及时更换。 |

合格　　不合格

| 整 改 | 出现水电安全问题，立即停止使用，并由专业技术人员及时维修，检测合格后方可使用。 |

| 维 护 | 1. 定期检查设施设备，做好维护。
2. 加强教育，提高从业人员的安全和责任意识。
3. 坚持水电安全运行制度，专人负责，定期汇报。 |

11. 学校建筑（校舍）安全工作流程

规划

1. 新建或改建校舍应符合国家建筑设计规范，建筑施工过程应严格按照国家有关建设管理规定组织施工，确保建筑安全。
2. 建设规划中充分考虑三防（人防、物防、技防）建设，疏散通道的数量、宽度等校舍建筑安全达标情况。
3. 学校新安装水、电、气、实验仪器、线路管网等设施设备应充分考虑负载，符合国家安全标准。

落实

1. 新建或改建校舍，应聘请监理公司实地监管，隔离施工现场并指派专人现场督查，防止出现安全隐患。
2. 校园施工要与施工单位签署安全协议，安排现场安全员负责日常安全管理，粘贴安全告知，确保各项安全措施到位。
3. 按照国家有关建设管理规定组织相关单位负责人做好工程各项验收工作，验收合格后方可投入使用。

排查

1. 校舍施工时，相关单位要加强施工现场的安全检查，确保施工安全。
2. 每学期开学前全面检查建筑（校舍）安全，发现安全隐患，及时修缮。
3. 加强日常和季节变化前的重点部位检查，发现隐患，及时排查。

整改

1. 建设过程中发现安全隐患，应立即停止施工，从速整改。整改合格后，方可继续施工。
2. 整改期间应贴出安全告知，提示安全事项，必要区域要设置围挡。
3. 消防设施整改后应由消防部门验收签字。

维护

1. 学校建筑应定期维护，确保其使用安全和耐用。
2. 定期委托相关专业部门对学校建筑物进行检测，出具检测报告及整改方案并存档。

报废

1. 被检测为危房的建筑物，应立即停止使用，及时申报加固或拆除。
2. 具有严重安全隐患的建筑物应设置安全标识和围挡，警告师生远离。

12. 学校消防安全工作流程

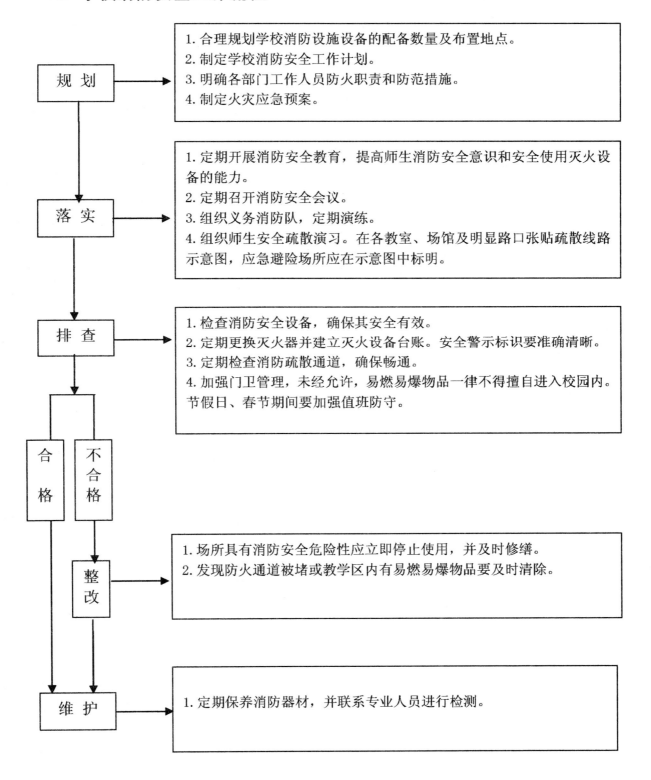

规 划
1. 合理规划学校消防设施设备的配备数量及布置地点。
2. 制定学校消防安全工作计划。
3. 明确各部门工作人员防火职责和防范措施。
4. 制定火灾应急预案。

落 实
1. 定期开展消防安全教育，提高师生消防安全意识和安全使用灭火设备的能力。
2. 定期召开消防安全会议。
3. 组织义务消防队，定期演练。
4. 组织师生安全疏散演习。在各教室、场馆及明显路口张贴疏散线路示意图，应急避险场所应在示意图中标明。

排 查
1. 检查消防安全设备，确保其安全有效。
2. 定期更换灭火器并建立灭火设备台账。安全警示标识要准确清晰。
3. 定期检查消防疏散通道，确保畅通。
4. 加强门卫管理，未经允许，易燃易爆物品一律不得擅自进入校园内。节假日、春节期间要加强值班防守。

合 格　**不合格**

整 改
1. 场所具有消防安全危险性应立即停止使用，并及时修缮。
2. 发现防火通道被堵或教学区内有易燃易爆物品要及时清除。

维 护
1. 定期保养消防器材，并联系专业人员进行检测。

13. 学校治安防范安全工作流程

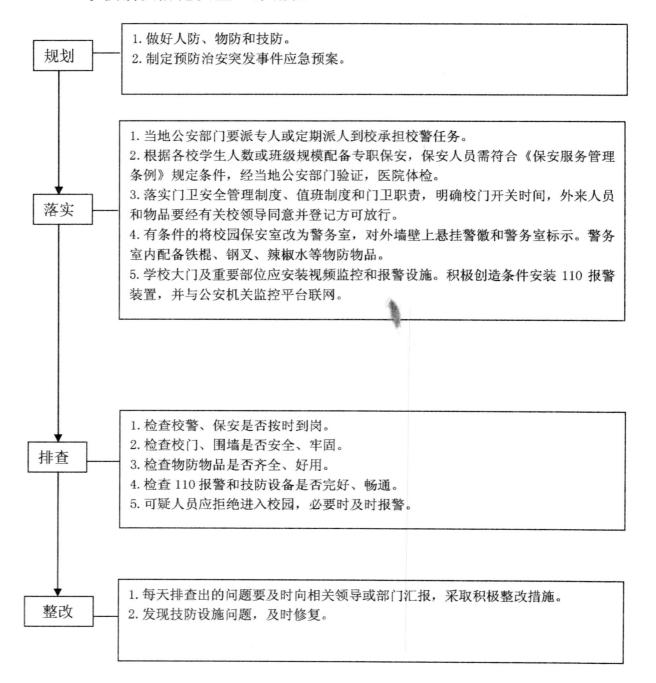

| 规划 | 1. 做好人防、物防和技防。
2. 制定预防治安突发事件应急预案。 |

| 落实 | 1. 当地公安部门要派专人或定期派人到校承担校警任务。
2. 根据各校学生人数或班级规模配备专职保安，保安人员需符合《保安服务管理条例》规定条件，经当地公安部门验证，医院体检。
3. 落实门卫安全管理制度、值班制度和门卫职责，明确校门开关时间，外来人员和物品要经有关校领导同意并登记方可放行。
4. 有条件的将校园保安室改为警务室，对外墙壁上悬挂警徽和警务室标示。警务室内配备铁棍、钢叉、辣椒水等物防物品。
5. 学校大门及重要部位应安装视频监控和报警设施。积极创造条件安装 110 报警装置，并与公安机关监控平台联网。 |

| 排查 | 1. 检查校警、保安是否按时到岗。
2. 检查校门、围墙是否安全、牢固。
3. 检查物防物品是否齐全、好用。
4. 检查 110 报警和技防设备是否完好、畅通。
5. 可疑人员应拒绝进入校园，必要时及时报警。 |

| 整改 | 1. 每天排查出的问题要及时向相关领导或部门汇报，采取积极整改措施。
2. 发现技防设施问题，及时修复。 |

14. 学校交通安全工作流程

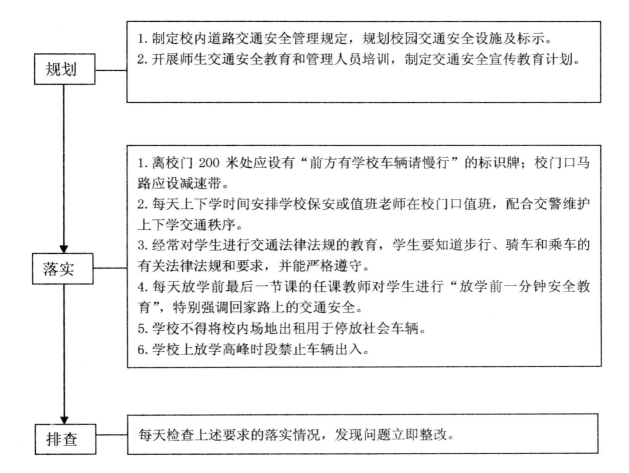

规划

1. 制定校内道路交通安全管理规定，规划校园交通安全设施及标示。
2. 开展师生交通安全教育和管理人员培训，制定交通安全宣传教育计划。

落实

1. 离校门 200 米处应设有"前方有学校车辆请慢行"的标识牌；校门口马路应设减速带。
2. 每天上下学时间安排学校保安或值班老师在校门口值班，配合交警维护上下学交通秩序。
3. 经常对学生进行交通法律法规的教育，学生要知道步行、骑车和乘车的有关法律法规和要求，并能严格遵守。
4. 每天放学前最后一节课的任课教师对学生进行"放学前一分钟安全教育"，特别强调回家路上的交通安全。
5. 学校不得将校内场地出租用于停放社会车辆。
6. 学校上放学高峰时段禁止车辆出入。

排查

每天检查上述要求的落实情况，发现问题立即整改。

15. 学校自然灾害预防与应对安全工作流程

（地震、洪水、雷击、台风、泥石流等）

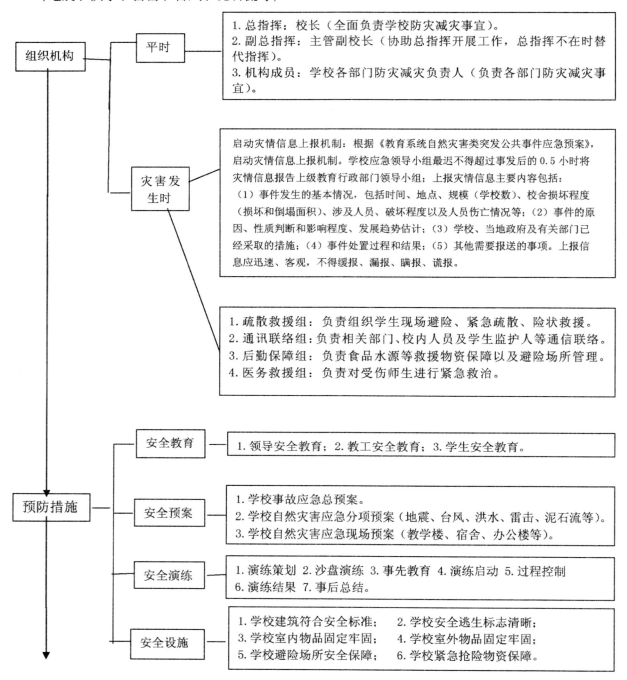

组织机构

平时
1. 总指挥：校长（全面负责学校防灾减灾事宜）。
2. 副总指挥：主管副校长（协助总指挥开展工作，总指挥不在时替代指挥）。
3. 机构成员：学校各部门防灾减灾负责人（负责各部门防灾减灾事宜）。

灾害发生时
启动灾情信息上报机制：根据《教育系统自然灾害类突发公共事件应急预案》，启动灾情信息上报机制。学校应急领导小组最迟不得超过事发后的0.5小时将灾情信息报告上级教育行政部门领导小组；上报灾情信息主要内容包括：（1）事件发生的基本情况，包括时间、地点、规模（学校数）、校舍损坏程度（损坏和倒塌面积）、涉及人员、破坏程度以及人员伤亡情况等；（2）事件的原因、性质判断和影响程度、发展趋势估计；（3）学校、当地政府及有关部门已经采取的措施；（4）事件处置过程和结果；（5）其他需要报送的事项。上报信息应迅速、客观，不得缓报、漏报、瞒报、谎报。

1. 疏散救援组：负责组织学生现场避险、紧急疏散、险状救援。
2. 通讯联络组：负责相关部门、校内人员及学生监护人等通信联络。
3. 后勤保障组：负责食品水源等救援物资保障以及避险场所管理。
4. 医务救援组：负责对受伤师生进行紧急救治。

预防措施

安全教育
1. 领导安全教育；2. 教工安全教育；3. 学生安全教育。

安全预案
1. 学校事故应急总预案。
2. 学校自然灾害应急分项预案（地震、台风、洪水、雷击、泥石流等）。
3. 学校自然灾害应急现场预案（教学楼、宿舍、办公楼等）。

安全演练
1. 演练策划 2. 沙盘演练 3. 事先教育 4. 演练启动 5. 过程控制 6. 演练结果 7. 事后总结。

安全设施
1. 学校建筑符合安全标准；　2. 学校安全逃生标志清晰；
3. 学校室内物品固定牢固；　4. 学校室外物品固定牢固；
5. 学校避险场所安全保障；　6. 学校紧急抢险物资保障。

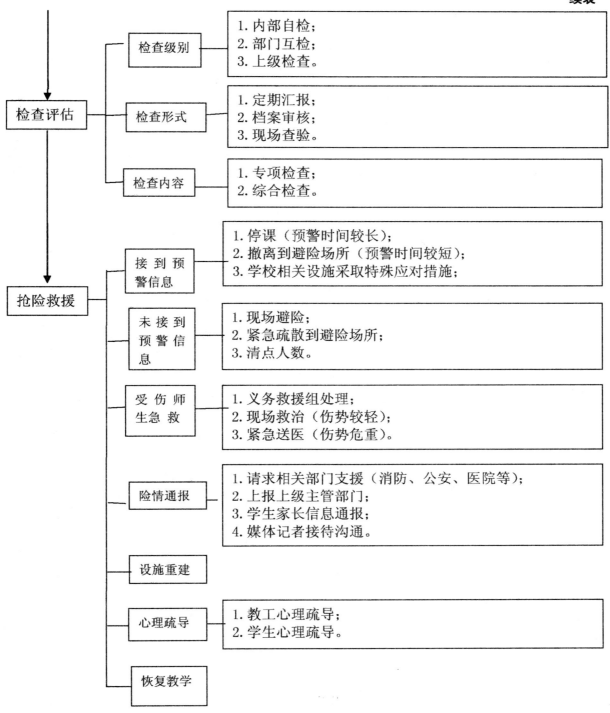

16. 特种设备日常安全工作流程

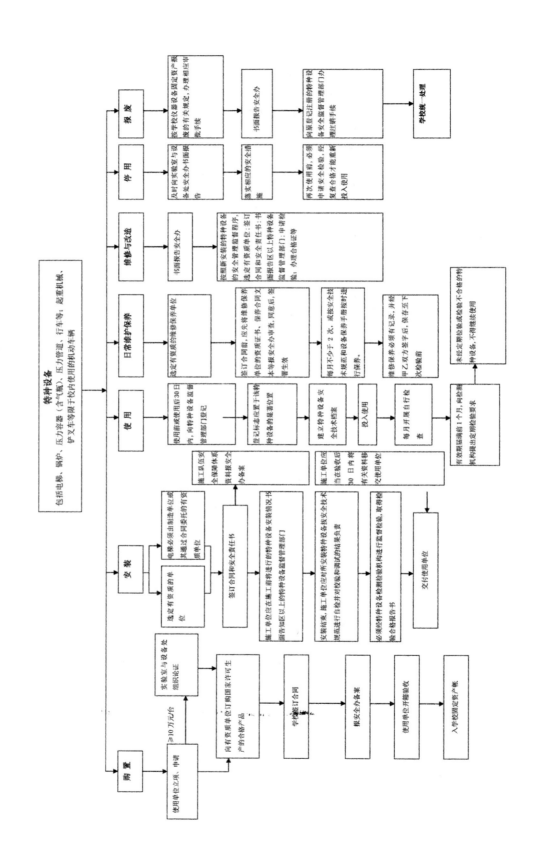

（三）学校突发事件应急流程

1. 学生伤害事故应急处置流程

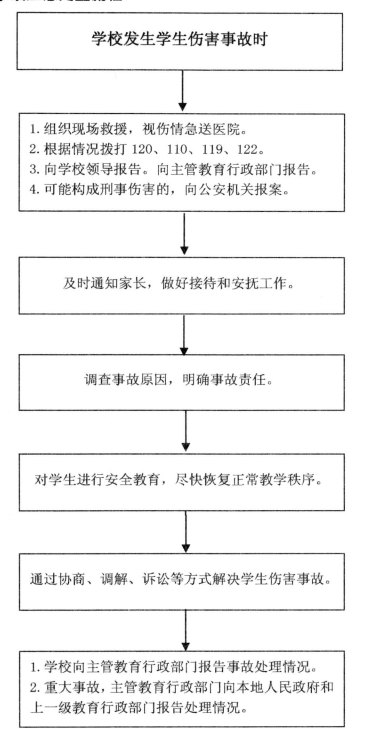

学校发生学生伤害事故时

1. 组织现场救援，视伤情急送医院。
2. 根据情况拨打 120、110、119、122。
3. 向学校领导报告。向主管教育行政部门报告。
4. 可能构成刑事伤害的，向公安机关报案。

及时通知家长，做好接待和安抚工作。

调查事故原因，明确事故责任。

对学生进行安全教育，尽快恢复正常教学秩序。

通过协商、调解、诉讼等方式解决学生伤害事故。

1. 学校向主管教育行政部门报告事故处理情况。
2. 重大事故，主管教育行政部门向本地人民政府和上一级教育行政部门报告处理情况。

2. 学生伤害事故善后处理流程

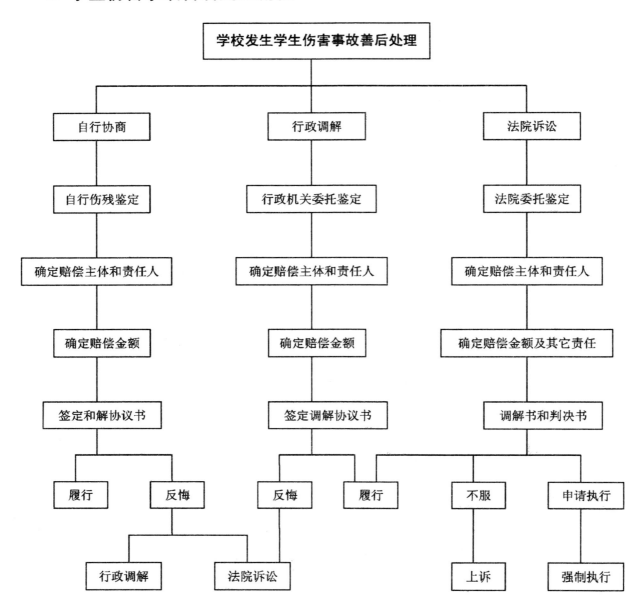

3. 学生食物中毒应急流程

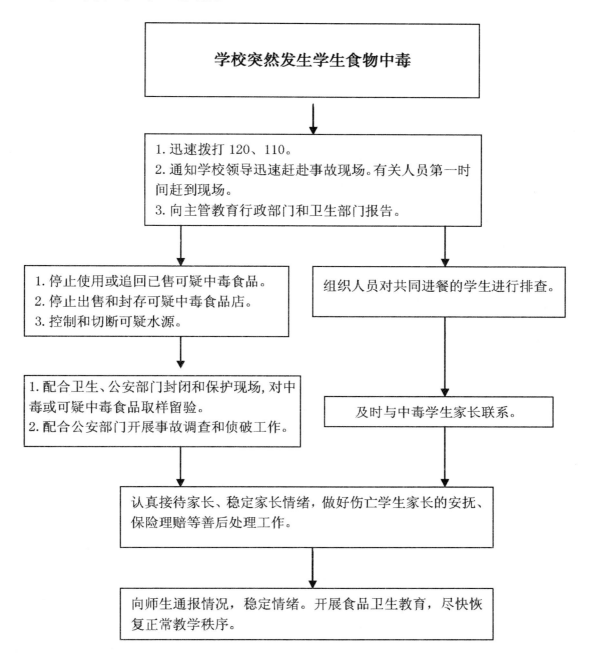

学校突然发生学生食物中毒

1. 迅速拨打 120、110。
2. 通知学校领导迅速赶赴事故现场。有关人员第一时间赶到现场。
3. 向主管教育行政部门和卫生部门报告。

1. 停止使用或追回已售可疑中毒食品。
2. 停止出售和封存可疑中毒食品店。
3. 控制和切断可疑水源。

组织人员对共同进餐的学生进行排查。

1. 配合卫生、公安部门封闭和保护现场, 对中毒或可疑中毒食品取样留验。
2. 配合公安部门开展事故调查和侦破工作。

及时与中毒学生家长联系。

认真接待家长、稳定家长情绪, 做好伤亡学生家长的安抚、保险理赔等善后处理工作。

向师生通报情况, 稳定情绪。开展食品卫生教育, 尽快恢复正常教学秩序。

4. 学校突发传染病应急流程

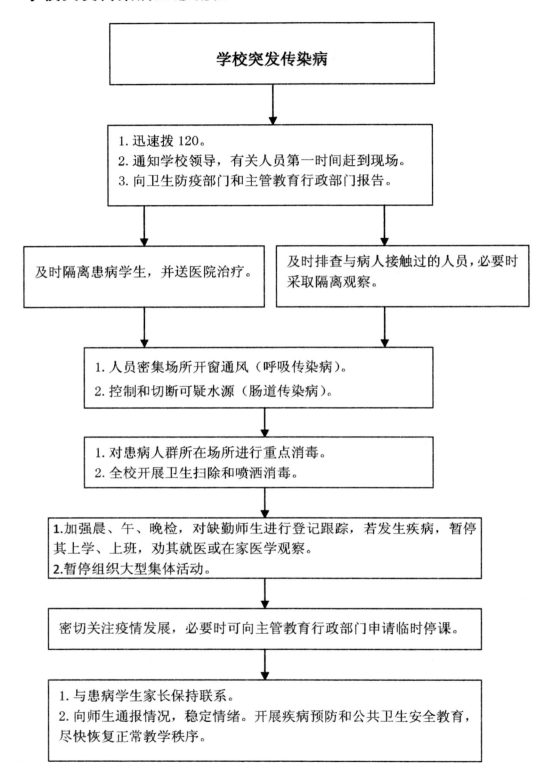

学校突发传染病

1. 迅速拨 120。
2. 通知学校领导，有关人员第一时间赶到现场。
3. 向卫生防疫部门和主管教育行政部门报告。

及时隔离患病学生，并送医院治疗。

及时排查与病人接触过的人员，必要时采取隔离观察。

1. 人员密集场所开窗通风（呼吸传染病）。
2. 控制和切断可疑水源（肠道传染病）。

1. 对患病人群所在场所进行重点消毒。
2. 全校开展卫生扫除和喷洒消毒。

1. 加强晨、午、晚检，对缺勤师生进行登记跟踪，若发生疾病，暂停其上学、上班，劝其就医或在家医学观察。
2. 暂停组织大型集体活动。

密切关注疫情发展，必要时可向主管教育行政部门申请临时停课。

1. 与患病学生家长保持联系。
2. 向师生通报情况，稳定情绪。开展疾病预防和公共卫生安全教育，尽快恢复正常教学秩序。

5. 学校预防接种（用药）事故应急流程

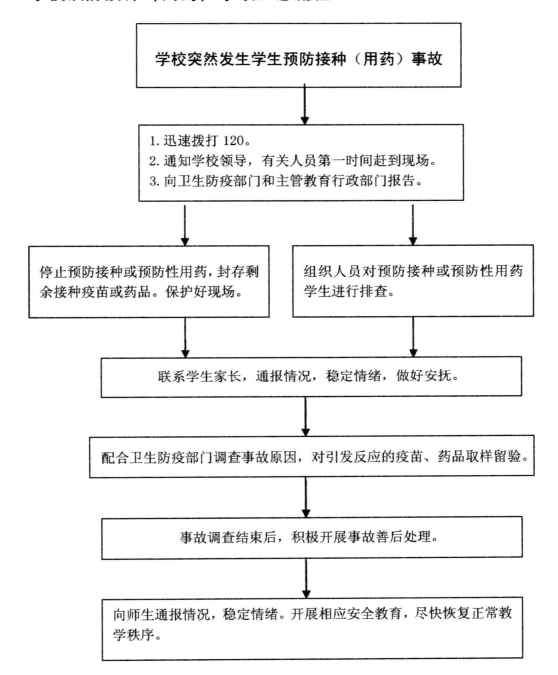

学校突然发生学生预防接种（用药）事故

1. 迅速拨打 120。
2. 通知学校领导，有关人员第一时间赶到现场。
3. 向卫生防疫部门和主管教育行政部门报告。

停止预防接种或预防性用药，封存剩余接种疫苗或药品。保护好现场。

组织人员对预防接种或预防性用药学生进行排查。

联系学生家长，通报情况，稳定情绪，做好安抚。

配合卫生防疫部门调查事故原因，对引发反应的疫苗、药品取样留验。

事故调查结束后，积极开展事故善后处理。

向师生通报情况，稳定情绪。开展相应安全教育，尽快恢复正常教学秩序。

6. 学校火灾事故应急流程

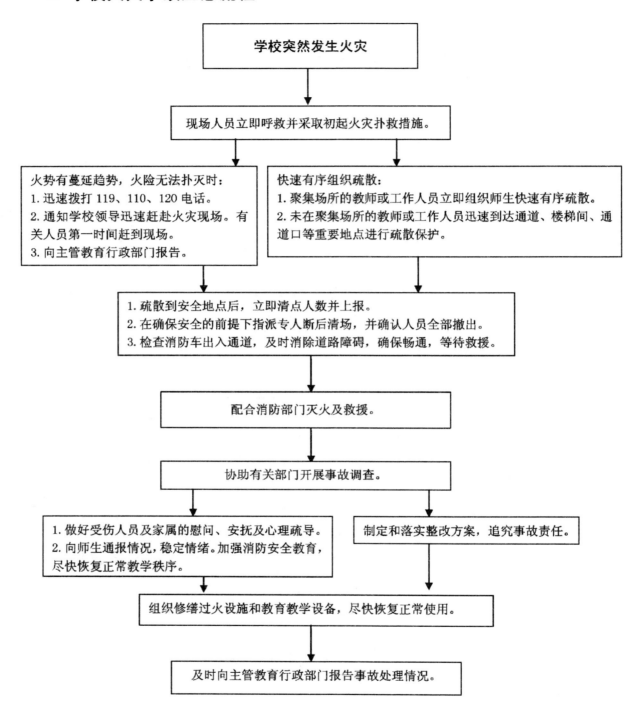

学校突然发生火灾

现场人员立即呼救并采取初起火灾扑救措施。

火势有蔓延趋势，火险无法扑灭时：
1. 迅速拨打 119、110、120 电话。
2. 通知学校领导迅速赶赴火灾现场。有关人员第一时间赶到现场。
3. 向主管教育行政部门报告。

快速有序组织疏散：
1. 聚集场所的教师或工作人员立即组织师生快速有序疏散。
2. 未在聚集场所的教师或工作人员迅速到达通道、楼梯间、通道口等重要地点进行疏散保护。

1. 疏散到安全地点后，立即清点人数并上报。
2. 在确保安全的前提下指派专人断后清场，并确认人员全部撤出。
3. 检查消防车出入通道，及时消除道路障碍，确保畅通，等待救援。

配合消防部门灭火及救援。

协助有关部门开展事故调查。

1. 做好受伤人员及家属的慰问、安抚及心理疏导。
2. 向师生通报情况，稳定情绪。加强消防安全教育，尽快恢复正常教学秩序。

制定和落实整改方案，追究事故责任。

组织修缮过火设施和教育教学设备，尽快恢复正常使用。

及时向主管教育行政部门报告事故处理情况。

7. 学生交通事故应急流程

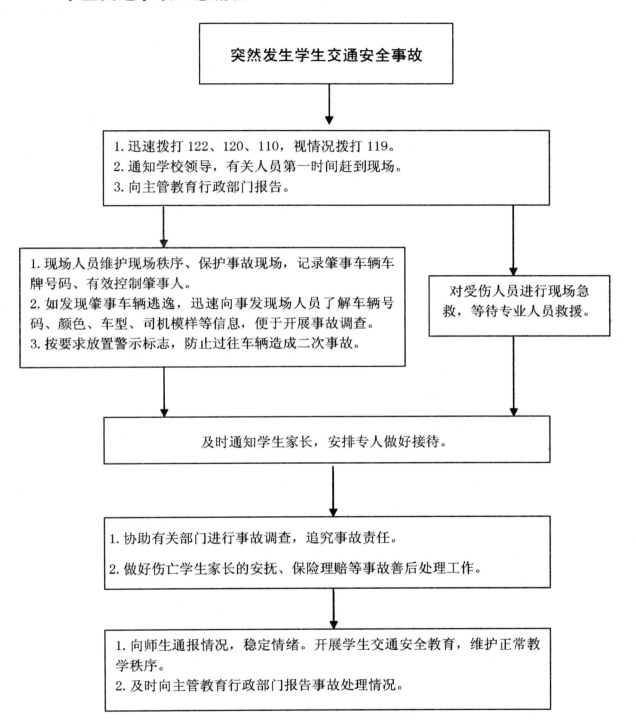

突然发生学生交通安全事故

1. 迅速拨打 122、120、110，视情况拨打 119。
2. 通知学校领导，有关人员第一时间赶到现场。
3. 向主管教育行政部门报告。

1. 现场人员维护现场秩序、保护事故现场，记录肇事车辆车牌号码、有效控制肇事人。
2. 如发现肇事车辆逃逸，迅速向事发现场人员了解车辆号码、颜色、车型、司机模样等信息，便于开展事故调查。
3. 按要求放置警示标志，防止过往车辆造成二次事故。

对受伤人员进行现场急救，等待专业人员救援。

及时通知学生家长，安排专人做好接待。

1. 协助有关部门进行事故调查，追究事故责任。
2. 做好伤亡学生家长的安抚、保险理赔等事故善后处理工作。

1. 向师生通报情况，稳定情绪。开展学生交通安全教育，维护正常教学秩序。
2. 及时向主管教育行政部门报告事故处理情况。

8. 学生溺水事故应急流程

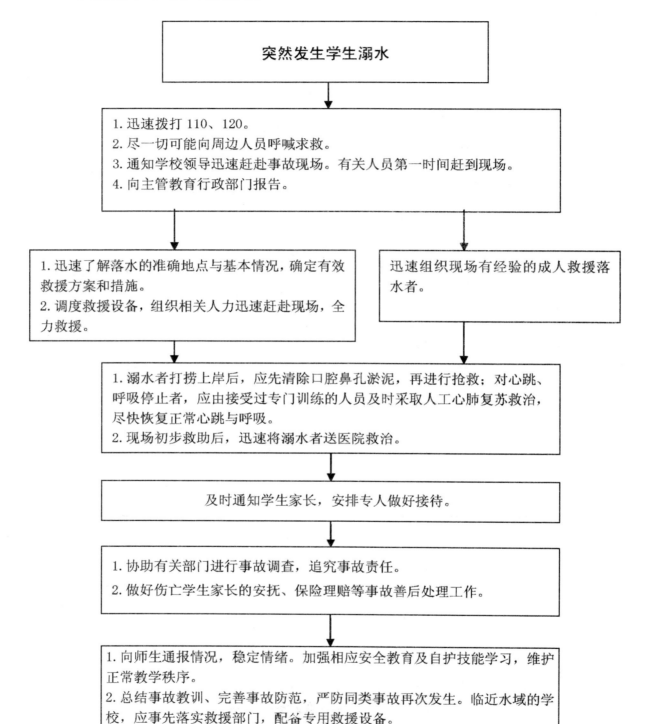

```
┌─────────────────────────────────────────────┐
│            突然发生学生溺水                      │
└─────────────────────────────────────────────┘
                      ↓
┌─────────────────────────────────────────────┐
│ 1. 迅速拨打 110、120。                          │
│ 2. 尽一切可能向周边人员呼喊求救。                  │
│ 3. 通知学校领导迅速赶赴事故现场。有关人员第一时间赶到现场。│
│ 4. 向主管教育行政部门报告。                       │
└─────────────────────────────────────────────┘
         ↓                              ↓
┌───────────────────────┐  ┌──────────────────────┐
│ 1. 迅速了解落水的准确地点与基本情况，确定有效│  │ 迅速组织现场有经验的成人救援落水者。│
│ 救援方案和措施。        │  │                      │
│ 2. 调度救援设备，组织相关人力迅速赶赴现场，全│  │                      │
│ 力救援。              │  │                      │
└───────────────────────┘  └──────────────────────┘
                      ↓
┌─────────────────────────────────────────────┐
│ 1. 溺水者打捞上岸后，应先清除口腔鼻孔淤泥，再进行抢救；对心跳、│
│ 呼吸停止者，应由接受过专门训练的人员及时采取人工心肺复苏救治，│
│ 尽快恢复正常心跳与呼吸。                          │
│ 2. 现场初步救助后，迅速将溺水者送医院救治。          │
└─────────────────────────────────────────────┘
                      ↓
┌─────────────────────────────────────────────┐
│         及时通知学生家长，安排专人做好接待。          │
└─────────────────────────────────────────────┘
                      ↓
┌─────────────────────────────────────────────┐
│ 1. 协助有关部门进行事故调查，追究事故责任。          │
│ 2. 做好伤亡学生家长的安抚、保险理赔等事故善后处理工作。  │
└─────────────────────────────────────────────┘
                      ↓
┌─────────────────────────────────────────────┐
│ 1. 向师生通报情况，稳定情绪。加强相应安全教育及自护技能学习，维护│
│ 正常教学秩序。                                 │
│ 2. 总结事故教训、完善事故防范，严防同类事故再次发生。临近水域的学│
│ 校，应事先落实救援部门，配备专用救援设备。           │
│ 3. 及时向主管教育行政部门报告事故处理情况。          │
└─────────────────────────────────────────────┘
```

9. 学校建筑物倒塌事故应急流程

突然发生学校建筑物倒塌

1. 迅速拨打 110、120。
2. 通知学校领导迅速赶赴事故现场。有关人员第一时间赶到现场。
3. 迅速组织现场人员开展救助。
4. 向主管教育行政部门报告，必要时和当地政府报告。争取有关部门支援救助。

1. 采取有效措施尽快组织疏散。如来不及撤离，教师应组织学生迅速躲避到安全位置，等待时机安全转移。
2. 迅速切断煤气、电源等继发性危害源，防止发生继发性事故。
3. 密切关注连带建筑物的安全状况。

1. 争取相关部门调度救援设备和人力赶赴现场，通力配合，全力救助。
2. 组织有救援能力的教职工迅速有序开展自救。
3. 积极救助伤员。在专业医务人员到达之前，学校应指派专人采取必要的救助措施（如大量出血不止可采取加压包扎止血法和指压止血法；发生骨折应设法固定骨折部位；呼吸与心跳停止应由接受过专门训练人员立即采取人工呼吸、胸外心脏按压或人工心肺复苏等）
4. 及时将伤员送往医院救治。

认真接待家长、稳定家长情绪，做好伤亡学生家长的安抚、保险理赔等工作。

1. 向师生通报情况，稳定情绪。对学生进行心理疏导，尽快恢复正常教学秩序。
2. 制定受损建筑物的修缮整改方案，将对学校教学秩序的影响缩小到最小。

1. 协助有关部门进行事故调查和善后处理。
2. 及时向主管教育行政部门报告事故处理情况。

10. 学生大型群体活动事故应急流程

突然发生学生大型群体活动事故

1. 迅速拨打 110、120，视情况拨打 119。
2. 通知学校领导迅速赶赴事故现场。有关人员第一时间赶到现场。
3. 向主管教育行政部门报告。争取有关部门支援救助。

稳定现场秩序，组织师生有序疏散，防止继发性事故发生。

1. 组织有救援能力的人员实施现场急救，等待专业救助。
2. 及时将伤员送医院救治。

认真接待家长、稳定家长情绪，做好伤亡学生家长的安抚、保险理赔等工作。

向师生通报情况，稳定情绪。对学生进行心理疏导和相关安全教育，尽快恢复正常教学秩序。

1. 总结事故教训、完善事故预案，严防同类事故再次发生。
2. 积极妥善开展事故调查和善后处理。
3. 及时向主管教育行政部门报告事故处理情况。

11. 学生拥挤踩踏事故应急流程

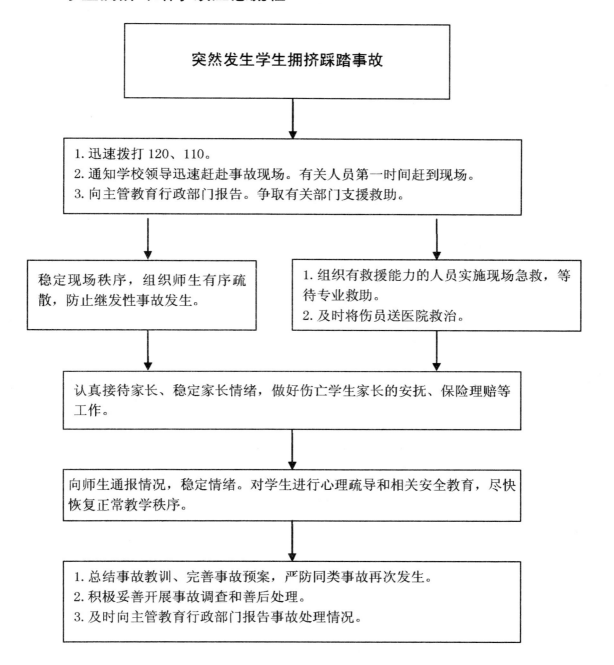

突然发生学生拥挤踩踏事故

1. 迅速拨打 120、110。
2. 通知学校领导迅速赶赴事故现场。有关人员第一时间赶到现场。
3. 向主管教育行政部门报告。争取有关部门支援救助。

稳定现场秩序，组织师生有序疏散，防止继发性事故发生。

1. 组织有救援能力的人员实施现场急救，等待专业救助。
2. 及时将伤员送医院救治。

认真接待家长、稳定家长情绪，做好伤亡学生家长的安抚、保险理赔等工作。

向师生通报情况，稳定情绪。对学生进行心理疏导和相关安全教育，尽快恢复正常教学秩序。

1. 总结事故教训、完善事故预案，严防同类事故再次发生。
2. 积极妥善开展事故调查和善后处理。
3. 及时向主管教育行政部门报告事故处理情况。

12. 学校危险物品泄漏事故应急流程

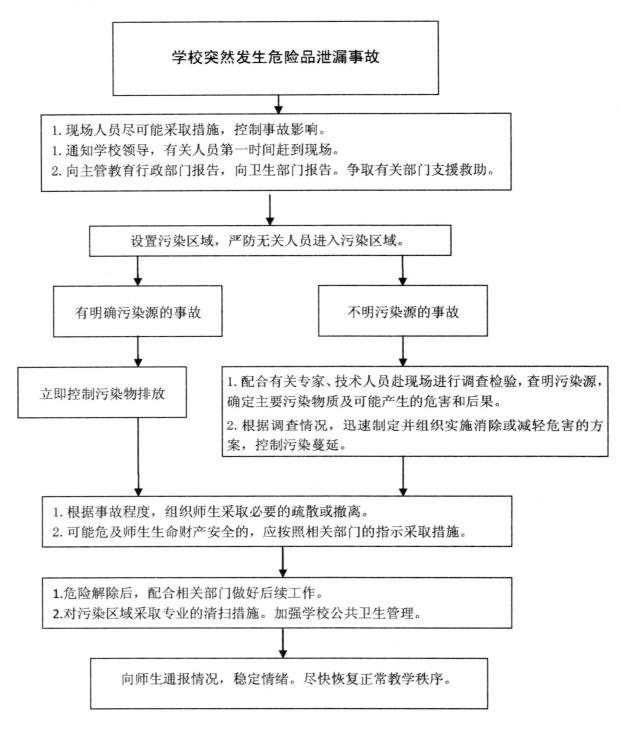

学校突然发生危险品泄漏事故

1. 现场人员尽可能采取措施，控制事故影响。
1. 通知学校领导，有关人员第一时间赶到现场。
2. 向主管教育行政部门报告，向卫生部门报告。争取有关部门支援救助。

设置污染区域，严防无关人员进入污染区域。

有明确污染源的事故

不明污染源的事故

立即控制污染物排放

1. 配合有关专家、技术人员赴现场进行调查检验，查明污染源，确定主要污染物质及可能产生的危害和后果。
2. 根据调查情况，迅速制定并组织实施消除或减轻危害的方案，控制污染蔓延。

1. 根据事故程度，组织师生采取必要的疏散或撤离。
2. 可能危及师生生命财产安全的，应按照相关部门的指示采取措施。

1. 危险解除后，配合相关部门做好后续工作。
2. 对污染区域采取专业的清扫措施。加强学校公共卫生管理。

向师生通报情况，稳定情绪。尽快恢复正常教学秩序。

13. 学校突发自然灾害应急流程

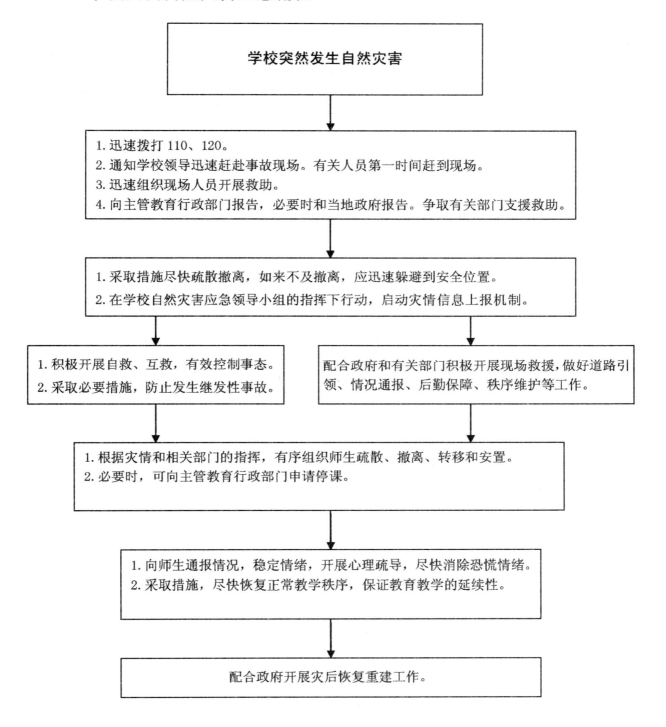

学校突然发生自然灾害

1. 迅速拨打 110、120。
2. 通知学校领导迅速赶赴事故现场。有关人员第一时间赶到现场。
3. 迅速组织现场人员开展救助。
4. 向主管教育行政部门报告，必要时和当地政府报告。争取有关部门支援救助。

1. 采取措施尽快疏散撤离，如来不及撤离，应迅速躲避到安全位置。
2. 在学校自然灾害应急领导小组的指挥下行动，启动灾情信息上报机制。

1. 积极开展自救、互救，有效控制事态。
2. 采取必要措施，防止发生继发性事故。

配合政府和有关部门积极开展现场救援，做好道路引领、情况通报、后勤保障、秩序维护等工作。

1. 根据灾情和相关部门的指挥，有序组织师生疏散、撤离、转移和安置。
2. 必要时，可向主管教育行政部门申请停课。

1. 向师生通报情况，稳定情绪，开展心理疏导，尽快消除恐慌情绪。
2. 采取措施，尽快恢复正常教学秩序，保证教育教学的延续性。

配合政府开展灾后恢复重建工作。

14. 校车安全事故应急流程

```
突然发生校车安全事故
```

1. 立即拨打 120、122、110，视情况拨打 119。
2. 通知学校领导迅速赶赴事故现场。有关人员第一时间赶到现场。
3. 尽最快可能了解事故基本情况（事故发生的时间、地点、种类、强度、危害等），启动校车安全事故信息上报机制。
4. 迅速向主管教育行政部门报告，向公安、交通管理部门和保险公司报案。

---

1. 维护现场秩序，稳定师生情绪，迅速转运未受伤师生；
2. 配合公安部门保护事故现场、做好事故调查取证和群众疏散。

---

1. 根据伤员情况，组织有救援能力的人员实施现场急救，等待专业救助或尽快护送伤员赶往医院。
2. 救护人员到场后，立即向其报告情况采取专业措施，必要时，可派随车照管人员或班主任配合救护人员随车护理，安抚伤员情绪。
3. 根据事故实际，争取各部门力量迅速调集必须的救援设备、人员、车辆投入救援。

---

1. 及时联系家长，通报情况、稳定情绪。
2. 安排专人接待好家长，做好伤亡学生家长的安抚、保险理赔等善后处理工作。学校调解无力时，报请上级部门介入调解。
3. 做好学生心理疏导，尽快恢复正常教学秩序。

---

1. 配合有关部门进行事故调查和处理。
2. 24 小时内写出事故书面报告。报告内容包括：发生事故的时间、地点；事故简要经过、伤亡人数；事故原因、性质的初步判断；事故抢救处理的情况和采取的措施；需要有关部门和单位协助事故抢救和处理的有关事宜；事故报告部门、部门负责人和报告人。报告内容经校长审查同意后报主管教育行政部门。
3. 启动事故信息上报机制，直至事故处理完毕。

（四）突发事件应急预案范本

1. 火灾突发事件应急预案——××小学

根据北京市海淀区五一小学所处位置和实际情况，为应付可能发生的火灾，及时做好防火应急工作，确保师生、财产安全及社会稳定，根据上级要求和学校具体情况，特制订本防火应急预案。

一、任务

根据安保办的布置，所属保安除了担负正常警卫工作外，还应随时做好防火应急工作。

二、人员编成

所属执勤单位保安队成立十人防火应急分队，编成四组。

第一组为疏散组：二人组成

第二组为灭火组：四人组成

第三组为联络组：一人

第四组为现场保护组：三人组成

三、组织领导

在学校的统一领导下，所属执勤单位保安队成立以卢孝猛为队长，牛划庄为副队长的指挥小组，具体负责防火应急行动的组织指挥工作。

四、情况处置

1. 当发生火灾时

所属执勤单位首先按应急方案组织自救，防火分队尽最大可能减少学校的损失，保安队在接到通知后，最高负责人应带领防火队赶赴现场。第一组开始疏散人员；第二组切断电源、煤气开关、派人隔离易燃易爆品等，利用现有灭火器材、设备等，进行扑救；第三组分别通知所属领导，拨打"119"报警；第四组协助第一组疏散人员同时保护现场、做好挽留目击证人工作，协助公安机关调查取证。

五、要求

1. 加强对防火工作的组织领导。学校专职保卫干部负责，保安负责人要对防火工作高度重视，指定专人巡逻、巡查，及时做好汇报、记录工作。防火分队人员要高度重视随时准备执行任务。

2. 深入进行防火安全教育，加强对防火知识的培训学习，克服各种麻痹思想，认真贯彻"安全第一、预防为主"的方针，要做到"早预防、早发现、早汇报、早处理"，力争把灾害降低到最小。

3. 积极做好防火准备和防火的训练、演练。安保部门要结合季节情况，适时做好研究和演练工作。认真熟悉方案，适时进行情况模拟演练，做到一声令下"拉得出、援得上"。

4. 加强请示报告。经常和主管领导沟通、联系，及时汇报需要协调解决的问题。遇有情况时要沉着冷静，果断处理。

5. 协助学校做好每天的消防巡逻工作，发现烟、明火、乱拉乱接电源或带有易燃易爆物品行为人员，应主动上前制止。视情况轻重报送有关部门处理。

6. 熟悉学校内外各个消防器材的位置以及使用方法，每天要对消防器材全方位检查，发现情况立即上报主管部门，以便妥善解决。

7. 熟记防火应急方案，如出现火情，按应急行动方案实施。

2. 应对突发恶性事件应急预案——××小学

为应对学校突发恶性事件，及时、有序、高效地作出相应处理，以尽最大努力减少损失和负面影响，维护学校秩序，特制定本预案。

一、本预案中"突发恶性事件"主要指危及师生健康和生命安全的突发性意外事件。如：

（1）传染性或季节性、暴发性疾病，特别是"非典型肺炎"、病毒性肝炎、麻疹、流行性感冒、流行性腮腺炎、风疹、水痘、感染性腹泻、手足口等；

（2）学校食堂供餐、外供餐或其他食品、饮品引发的群体性食物中毒事故；

（3）组织外出活动时的意外交通或其他伤害事故；

（4）集体活动中或课间大量学生的相互挤压事故；

（5）来自校内外的袭击、伤害性事故；

（6）由心理原因发生的自伤自残自虐性事件；

（7）学生在校内发生的意外性伤害事故；

（8）其他自然或人为的突发恶性事件。

二、坚持"早预防、早发现、早报告、早救治"原则。

1. 早预防

责任人：全校教工

学校全校教工应牢固确立安全第一的意识，始终保持高度的警觉性和敏锐性，精心组织、周密部署各项教育教学活动及后勤服务工作，坚持依法办事，按规范操作，排查和消除各种隐患。

2. 早发现

责任人：全校教工

严格执行轮护制度，分区域安排护导巡视人员，落实责任；严格执行晨检、午检、夕检、报出勤制度，关注每位学生的健康状况和情绪倾向，发现苗头性问题，及时采取相应措施，并要以恰当言行稳定学生情绪，不制造紧张空气；加强对学生的常规及安全教育管理，及时汇总分析情况、反馈信息、采取措施。

3. 早报告

责任人：班主任、校医

严格执行"报告"制度，一旦发现突发恶性事件，应在第一时间报告校长室，准确、及时地通报有关信息；如果班上同时发生三人以上（含三人）出现呕吐、腹泻、高烧等症状，需立即报告医务室，医务室应了解真实情况，做好准确记录，报校长室；与食堂管理员取得联系；经校长室决策后，由医务室专人向上级教育行政部门及区卫监所汇报；必要时向"110"和医疗、防疫等部门发出求助信息。

4. 早救治早隔离

责任人：全校教工

执行谁发现谁首先受理制度，应立即招呼就近人员，控制局面，尽最大努力阻止事态的进一步发展；发现伤情或病情，应立即组织人员送医院救治；相关班主任及时与学生家庭取得联系，说明基本情况，让家长到现场协同处理；如发现疑似传染性疾病的，对密切接触人群或班级，在稳定情绪、维护秩序的同时，采取一定疏散隔离、检查观察等防治措施，并及时对相关场所进行消毒处理；同时，应尽可能了解和掌握事件的第一手资料，以利于事故的正确处理。

三、一旦学校出现突发恶性事件，立即启动以下各职能小组，全力投入事故处理工作。

1. 应急指挥小组

组长：校长

组员：校行政管理人员

主要职责：

（1）尽速到达现场，了解和掌握事故情况，控制局面，阻止事态发展，并研究事故处理的具体策略；

（2）尽早向教育行政部门和地方政府汇报情况；

（3）组织力量并全程指挥其他各职能小组投入工作；

（4）密切配合医疗、防疫、公安等机构对事故的处理工作，认真执行上级教育行政部门和地方党委政府的有关指示；（5）负责协助事故的调查、分析和处理，查找原因和责任。

应对突发事件发言人：

校长（校长不在，由常务副校长负责）。

关于媒体采访：未经学校同意，保安不得允许媒体随意进校采访、干扰工作。学校只在适当时候，接待区教委宣传部同意的采访，且由专人进行接待。

2. 医疗救援小组

组长：学校书记

组员：医务室校医、学校司机、体育教师等

主要职责：

（1）立即组织护送受伤或发病者去相关医院救治；

（2）配合医院的救治工作，追踪了解伤情或病情动态，随时与校长保持联系；

（3）接应赶到医院的家长，并说明基本情况，做好安抚工作，防止出现情绪过激情况。

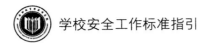

3. 现场控制小组

组长：负责安全的副校长或主任

组员：各部门负责人及有关年级组长、班主任等

主要职责：

（1）控制现场，维护秩序，劝离无关人员，防止发生混乱局面；

（2）排查其他发病或受伤人员，组织力量送医院；

（3）接待家长，做好解释说明及思想工作；

（4）由班主任管好各自的学生，不围观，不拥挤，防止学生慌乱、散失，维护学校秩序。

（5）尽早向知情者、见证人调查事故起因，掌握好事故的第一手资料。

4. 后勤保障小组

组长：工会主席或后勤主任

组员：食堂、财会、后勤等相关部门负责人

主要职责：

（1）尽力做好医疗救治、现场控制等工作的联络和后勤支援工作；

（2）必要时配合医疗、防疫等机构进行现场消毒、取样分析等工作；

（3）做好上级来人和家长的接待工作，必要时为上级工作组现场办公做好后勤服务工作。

5. 信息资料小组

组长：教导处主任

成员：信息组及相关班主任等

主要职责：负责突发恶性事件全过程的各种信息资料采集，撰写书面报告，整理取证材料，作好相关数据的分类统计、分析工作，及时提供各种资料。

××小学应对各类突发事件流程图

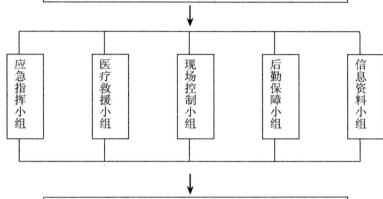

现场教职员工立即组织救援、防护工作，保护学生生命安全，并立即报告校长室（教导处或寄宿部）

校长组织指挥学校安全工作领导小组启动安全预案
1. 立即赶赴现场，组织现场救援工作，根据情况及时拨打 120、110、119、122 等急救电话。
2. 向上级主管教育行政部门报告。（教委保卫科）
3. 各职能小组履行职能。

| 应急指挥小组 | 医疗救援小组 | 现场控制小组 | 后勤保障小组 | 信息资料小组 |

校长组织召开学校安全工作领导小组会，通报相关情况，并根据上级指示研究处理方案。

各职能小组按分工，分别做好后续工作：
1. 看望伤员、安抚家长、协商赔偿问题。
2. 恢复正常教育教学工作，做好学生心理疏导。
3. 整理各种材料，撰写书面报告。
4. 查明原因，明确责任。

校长根据上级指示在一定范围内通报事件处理结果。

（五）安全责任书范本

1. 学校与班主任安全责任书

学校安全涉及千家万户，责任重大。为了确保师生的生命安全，维护学校和社会的稳定，保障学校正常的教育教学秩序，按照部门管理、分级负责的原则，学校与你签订本责任书。

班主任是本班安全工作的第一责任人，对本班的安全工作负责，依法落实各项安全措施。具体职责如下：

1. 班主任应对本班学生进行安全教育，教给学生必要的安全防范知识。督促学生认真遵守《校园安全守则》。

2. 班主任放学后应及时督促学生在规定时间内离开学校，按时回家。学生未离校前，班主任不能提前离校。班主任应教育学生自觉遵守交通规则，注意路上的安全。

3. 班主任应教育学生上下楼梯靠右行，不准在楼道上和上下楼时相互追逐、打闹，不站在楼梯口或楼梯上讲话，随时保证楼梯畅通；上下楼梯时应慢步行走，不准跑步上下楼梯。

4. 班主任应教育学生在课间文明休息，不准追逐打闹，不在教学楼内从事任何体育活动。

5. 经常巡视查看教室电器、门窗等，发现有一切不安全因素应及时报告，学生行为中存在不安全因素及时制止和教育。

6. 教育学生在校园内（除体育场外）一律不准踢足球、打篮球等。

7. 班主任应教育学生不准带任何管制刀具、火源到校，发现带有管制刀具、火源的应立即收缴，情节严重的应及时通知学校家长。

8. 班级中出现偶发事件、突发生病应及时通知校医和家长，并按校医室的要求及时送医院就医。

9. 教育学生不私自修理灯管、电器设备，以免触电。

10. 学生未到校，班主任应在第一时间通知家长，了解学生情况。出现学生出走、打架等突发安全事件，班主应及时报告学校，并一起进行妥善处理。

11. 班主任若组织学生集体外出活动，必须先上根学校同意后，制定好安全措施，方能外出。

12. 学生进行大扫除时，班主任应到现场指挥，督促学生按学校相关规定进行，提醒学生注意安全。

13. 教育学生在体育运动中听从指挥、注意安全、遵守运动规则。

14. 班主任要认真参加学校楼道安全值班，切实履行职责。

15. 教书育人，为人师表。不得歧视学生，不得讽刺挖苦学生，不得以任何理由体罚或变相体罚学生，不得停学生的课，以免各种不安全事故发生。

16. 若班学生出现安全事件，班主任、相关教师应立即赶到现场进行疏导、安排救治，处理相关事宜。若因班主任教育不当或管理不力、处理不当或造成安全事故的应依法承担相应的责任。在上班时间出现安全事故、偶发事件，而班主任不到场及时处理的，按班主任失职处理，并依法承担相应的责任。

以上各条，作为学校对班主任年度安全工作目标的考核依据。如因班主任工作疏忽，造成安全事故的，将视情节轻重严肃处理和追究责任，直至追究法律责任。

本责任书一式两份，班主任和学校各执一份。签订之日起生效，有效期壹年。

学校代表签字：　　　　　　　　　　　　　　　　　　　班主任签字：

（盖章）年　　月　　日　　　　　　　　　　　　　　年　　月　　日

2. 安保人员安全责任书

为牢固坚持"安全第一，预防为主"坚决杜绝重特大伤亡事故，尽最大努力控制，确保在校（园）学生的非正常死亡事故发生率（不含病故和身体出现特异情况面猝死），年内力争实现"零死亡"、"零事故"、"零犯罪"的目标。

现学校与安全保卫人员签订安全工作责任书。其主要内容如下：

一、工作指标

学校安保人员应负责守护好学校，保证学校公共财产不受损失，保证师生人身安全，为此特定如下职责：

1. 进一步强化安全工作责任意识，对本人的管辖范围和职责范围之内的各项安全工作责任有计划、有步骤的落实到具体工作中去。

2. 门卫必须按学校规定时间提前15分钟到位交接班。接班人员应查看执勤记录，清点保安器械和公物，待交接双方确认安全无误签名后，前班人员方可下班。

3. 上课期间，学校实行封闭式管理。外来人员（含家长）进校，要礼貌、热情接待，办理登记手续并与相关人员联系后方可进校；凡需外出的学生必须由老师带领或持有由校医、班主任、值日行政签名请假条，门卫应认真核对并做好请假条的收集、归档工作，如有老师、学生、家长违反规定应提醒或制止其行为，如不听提醒或制止应及时通知学校领导。

4. 门卫须24小时坚守校门，坚持每晚校园夜巡制度，保护校产不受损失、不被偷盗。上班时间不得中途离岗，若有特殊事情需外出向学校办公室请假，获批准后须待代班人员到岗后方可离开。

5. 门卫应保证学校公共财产不受损失，并做好校园的巡视工作。禁止衣冠不整者或穿奇装异服者进入学校，阻止一切推销人员、乞讨人员及动物等进入校内。凡携带公物出校门，必须有主管部门的证明；携带私人物品出校门，须凭本人的有效证件或有关证明。如因工作失职造成校产受损或

被盗，要根据情节轻重承担相应的赔偿责任。

6. 门卫应保护校门附近的学校公物、设施、维护学校的形象与声誉。制止学生的不良行为（如翻墙、踩花坛、吊校门、涂展板、乱扔杂物、吵闹打斗等），注意发现安全隐患和不稳定因素（如不法分子在校门附近游动，家长在校门聚众议论），要及时填写安全隐患单向领导汇报。

7. 经常检查校门的牢固程度，若发现有异常现象及时报告学校，敦促学校及时处理。

8. 节假日（含双休日）的白天及平日的晚上，不允许外来人员到校内打球或闲逛（经学校允许或安排的训练、活动例外）。

9. 保持门卫室电话畅通，门卫注意接听来电，及时记录、传达信息，如遇到紧急、突发事件，要迅速与学校领导取得联系。

10 积极配合值日行政处理当天突发事件，并负责将有关人、事向相关部门报告并同有关部门妥善处理。

11. 认真做好安全工作法律法规规定的其他工作和上级交办的有关安全工作。

12. 按规定及时报告和处理各类事故。

二、工作考核和要求

1. 门卫的安全工作履职情况将作为考察个人工作成绩的重要内容。

2. 严格落实安全工作奖惩机制。凡安全工作年度考成绩优良的予以奖励，年内没完成安全工作指标、考核不合格的，实行"一标否决制"不再聘用。

本责任书一式二份，学校和安保人员各执一份。签字日起正式生效，有效期壹年。

学校（幼儿园）盖章：　　　　　　　　　　　　　　安保人员签字：

（代表签名）：　　　　　　　　　　　　　　　　　身份证号：

年　月　日　　　　　　　　　　　　　　　　　　年　月　日

3. 校车安全管理责任书

甲方：＿＿＿＿＿＿＿＿＿＿＿＿＿＿＿＿（中小学校或幼儿园）

乙方：＿＿＿＿＿＿＿＿＿＿＿＿＿＿＿＿（校车服务提供者）

经协商，甲方与乙方就校车服务达成一致。为严格校车安全管理，确保乘车学生安全，根据《校车安全管理条例》有关规定，特签订本责任书。

一、甲方基本情况

1. 学校性质：＿＿＿①公办；②民办。

2. 学校办学类型：①小学；②初中；③九年一贯制学校；④十二年一贯制学校；⑤幼儿园。

3. 校长（园长）姓名：＿＿＿＿＿＿＿。

4. 联系电话：_____ 。

5. 地址：_____ 。

二、乙方基本情况

1. 乙方性质：_____①依法设立的道路旅客运输经营企业；②城市公共交通企业；③根据县级以上地方人民政府规定设立的校车运营单位；④依据县级以上人民政府规定依法取得道路旅客运输经营许可的个体经营者。

2. 法人代表：_____ 。

3. 联系电话：_____ 。

4. 地址：_____ 。

三、校车基本情况

1. 车牌号码：_____ 。

2. 车型：_____ 。

3. 发动机号：_____ 。

4. 核载人数_____：人。

5. 校车标牌编号：_____ 。

6. 校车标牌取得日期：_____年 _____月 ____ 日。

7. 校车标牌发放机关名称：_____ 。

8. 校车使用许可有效期：_____年 _____月 ____日。

9. 行驶线路、开行时间、停靠站点：见校车标牌。

10. 安全技术检验有效期：_____年 _____月 ____日。

11. 保险投保情况：①机动车交通事故责任强制保险责任限额 _____ 万元；②机动车承运人责任保险责任限额 万元；③机动车承运人责任保险合同期限 _____ 年 _____ 月 ____ 日；④车上人员责任保险责任限额 万元；⑤商业第三者责任保险责任限额 _____ 万元；⑥投保其他商业险险种：_____ 责任限额_____ 万元。

四、校车驾驶人由乙方指派。

1. 驾驶人：①姓名：_____；②性别：_____；③年龄：_____；④校车驾驶资格取得时间：_____年_____ 月 ____日；⑤准驾车型 _____ ；⑥驾驶证审验有效期 _____年 _____ 月 ____日；⑦联系电话：_____ 。

2. 备用驾驶人：①姓名：_____；②性别：_____；③年龄：_____；④校车驾驶资格取得时间：_____年 _____月 ____日；⑤准驾车型 _____ ；⑥驾驶证审验有效期 _____ 年 _____ 月 ____ 日；⑦联系电话：_____ 。

3. 驾驶人变更时，乙方应提前将有关信息书面通知甲方。

五、随车照管人员由 _____ 方指派。

1. 随车照管人员 1：①姓名：_____；②性别：_____；③年龄：_____；④联系电话：

_____。

2. 随车照管人员 2：①姓名：_____；②性别：_____；③年龄：_____；④联系电话：_____。

3. 派出方应当定期对随车照管人员进行安全教育，督促其严格按照《校车安全管理条例》规定履行职责。

4. 随车照管人员变更时，派出方应提前将有关信息书面通知另一方。

六、甲方责任：

1. 指派专人参与校车安全管理，负责与乙方对接。

2. 会同乙方定期对随车照管人员进行安全教育，组织随车照管人员学习道路交通安全法律法规、应急处置和应急救援知识。

3. 建立学生乘车安全管理制度，做好学生在学校校园内或校门附近上下车的组织管理工作，确保候车学生的安全。

4. 配合乙方共同做好校车交通事故的处置和处理工作。

5. 建立健全安全教育制度，对教师、学生及其监护人进行交通安全教育，向学生讲解校车安全乘坐知识和校车安全事故应急处理技能，开展应急疏散演练，要求学生遵守乘车秩序，严禁干扰校车驾驶人工作。

6. 根据乙方所提供的资料，健全完善校车安全管理档案，实现一车一档。

七、乙方责任：

1. 建立健全校车安全管理制度，加强校车出车前的安全技术条件检查，定期进行安全维护，建立安全维护档案，保证校车处于良好技术状态。对于不符合安全技术条件的校车，及时停运，并由依法取得相应资质的维修企业维修，消除安全隐患后方可继续用于接送学生。每半年进行一次安全技术检验。校车使用许可、校车标牌超出有效期前应及时重新申请取得校车使用许可。

2. 保证校车符合国家有关标准，配备校车标志灯和停车指示标志，配备逃生锤、灭火器、急救箱等安全设备和按照规定安装具有行驶记录功能的卫星定位装置。

3. 加强对校车驾驶人的管理，定期对校车驾驶人开展安全教育，督促校车驾驶人强化安全意识，遵守交通规则和校车驾驶要求，严禁超载、超速、酒后驾驶、疲劳驾驶、逆向超车等交通违法行为。督促组织校车驾驶人在每个记分周期结束后三十日内到公安机关交通管理部门接受审验。配合甲方组织开展校车应急疏散演练。保证校车驾驶人与校车标牌记载的驾驶人一致。配合相关部门定期对校车驾驶人进行资格审查和体检，确保驾驶人身体健康良好。

4. 保证提供服务的校车和校车驾驶人符合国家规定的条件，主动向甲方如实提供能够证明校车和校车驾驶人条件的有关证件、资料。乙方因提供变造、伪造证件、资料造成后果的，由乙方承担一切责任。

5. 校车运载学生，应当按照校车标牌载明的线路行驶，遇有交通管制、道路施工以及自然灾害、恶劣气象条件或者重大交通事故等影响道路通行情形时，应另选择安全的线路并告知甲方。若需变更行驶线路，应重新取得校车使用许可和校车标牌。

6. 遇校车接送学生期间发生故障或道路交通事故的，乙方应当会同甲方及时进行处置，安全转运学生，并配合公安机关交管部门做好交通事故的处理工作。

7. 严格按照有关规定使用校车标牌和校车标志灯。校车未运载学生上道路行驶的，不得使用校车标牌、校车标志灯和停车指示标志。校车达到报废标准或者不再作为校车使用的，乙方应当将校车标牌交回公安机关交通管理部门。

8. 本责任书所载校车因故不能接送学生时，乙方应调配其他符合国家标准的校车。

八、如在本责任书有效期内，乙方提供的校车或驾驶人出现不符合本责任书规定的情况时，甲方有权向公安机关交管部门报告并终止乙方接送学生服务。

九、本责任书一车一签，一式三份，甲、乙双方各执一份，由甲方报县级或者设区的市级人民政府教育行政部门备案一份，双方盖章、签字后生效。

十、校车安全管理责任书每学期签订一次。本责任书有效期为20　　年　月　日至20　　年　月　日。

甲方（公章）：　　　　　　　　　　　　　　　　乙方（公章）：

甲方代表签字：　　　　　　　　　　　　　　　　乙方代表签字：

签订日期：　年　月　日　　　　　　　　　　　　　年　月　日

4. 家校安全公约

孩子是家庭的希望，学生是民族的未来，确保孩子平安、健康成长是家校双方共同的责任，根据《中华人民共和国未成年人保护法》、《学生伤害事故处理办法》和其他相关法律法规及市、县有关规定，为强化家校联动实施齐抓共管，订立此公约。

一、学校（教师）应承担的义务和责任

学校负责学生在校学习期间的教育、管理和保护责任，由于学校（教师）未尽责任和义务，应当依法承担相应的责任：

（一）学校应当提供符合安全标准的校舍、场地、其他教育教学设施和生活设施；

（二）学校应当对在校学生进行必要的安全教育和自护自救教育；应当按照规定，建立健全安全制度，采取相应的管理措施，预防和消除教育教学环境中存在的安全隐患；当发生伤害事故时，及时采取措施救助受伤害学生；

（三）学校的安全保卫、消防、设施设备管理等安全管理制度应当没有明显疏漏，对存在的重大安全隐患，及时采取措施；

（四）学校向学生提供的药品、食品、饮用水等应当符合国家或者行业的有关标准、要求；

（五）学校组织学生参加教育教学活动或者校外活动，要学生进行相应的安全教育，并在可预见的范围内采取必要的安全措施；

（六）学校发现学生在校期间身体状况、行为、情绪等异常情况，应及时告知家长（监护人），并根据实际情况及时采取相应措施；

（七）家长（监护人）告知学生身体、行为和情绪等有异常情况，学校（教师）应给予必要的注意或建议家长（监护人）及时采取相应措施；

（八）学校应当教育教师或者其他工作人员严禁体罚或者变相体罚学生，严禁歧视、辱骂学生；

（九）学校教职员工在校内外发现学生行为具有危险性，应当进行必要的告诫或者制止；

（十）学校（教师）应告知学生在上、放学路上不得搭载三轮车、摩托车和其他无资质的车辆，尽量远离水库、池塘、滑坡地带等缺乏安全保障的地方。对学生擅自离校等与学生人身安全直接相关的信息，学校发现或者知道后，应当及时告知学生的监护人。

二、家长应承担的义务和责任

家长应承担学生在校园外的教育、管理和监护责任，由于家长未尽责任和义务，造成不良后果，应当依法承担相应的责任：

（一）家长（监护人）应当加强对学生的教育和管理，对学生自行外出、擅自离校，或在放学后、节假日等学校工作时间以外，学生自行滞留学校或者自行到校的安全负责；

（二）家长（监护人）应教育、督促学生不搭载三轮、摩托车以及无资质的车辆，学校不承担学生上、下学路上的任何安全责任；

（三）家长（监护人）应当履行学生自行上学、放学、返校、离校途中的监护职责，幼儿园和小学低年级学生的家长应按时到校接送学生上放学；

（四）非寄宿制学生，学校不得安排上晚自习，学生自愿到校上晚自习的，学生家长（监护人）要书面写出申请，并承担学生上下早晚自习路上的监管护送责任。

（五）家长（监护人）知道学生身体、行为和情绪等有异常情况，应当履行相应监护人职责，并如实及时告知学校，便于学校给予必要的注意。

（六）学校告知学生的身体、行为和情绪等有异常情况，家长（监护人）应当履行相应监护人职责。

三、学生应承担的义务和责任

学生应当遵守法律法规的规定、社会公共行为准则和学校的规章制度，履行如下学生安全公约，如有违反造成不良后果的，应承担相应的责任：

（一）对安全工作要提高认识，克服麻痹思想，增强自我保护意识。

（二）不在河沟、井边玩水，不去河塘洗澡，不在危险地带逗留嬉戏。

（三）不玩电、不玩火、不玩易燃易爆、有毒等危险物品。

（四）不爬树、不爬墙，不攀爬电线杆。

（五）遵守交通规则，听从交警指挥，不抢道、不争行，不骑快车，不爬他人车辆，学生骑自行车严禁带人。三人以上不允许并行，严禁骑摩托车及驾驶其他机动车。

（六）未满 12 岁一律不允许骑自行车；路途遵守右行规则，横过公路，铁路道口，要时刻注意交通安全；不在公路两旁玩耍、游戏或逗闹。

（七）认真学习防火、防触电、防地震知识，遇有地震等及其他重大自然危害时，要头脑冷静，随机应变，不参与抢险、救灾、灭火等危险性活动。

（八）在楼道内要保持安静，不随意乱扔杂物，不随地吐痰，在楼内不打闹、嬉戏。不得攀爬窗户或从廊道俯身向下张望，以免不慎从楼上掉下；学校不允许学生进入的区域，学生要自觉遵守，不得私自进出，以免发生意外。

（九）无论在校、在家、在社会，要时刻注意礼貌，团结同学，不打架，不骂人；不得携带管制刀具、仿真枪支等凶器，发现有打架斗殴迹象要及时报告政教处。

（十）要注意合理安排作息时间，早晨、中午到校时间不得过早，中午、下午放学后，要按时回家，结伴而行，不得在中途逗留，双休日不经班主任批准，不得以任何理由到学校学习、玩耍、逗闹、布置班报、排练节目等。

四、其他事项

学校应当履行相应职责，加强安全常识教育和安全技能培训，如学校行为并无不当，因下列情形之一造成的影响学生安全的事件，根据《学生伤害事故处理办法》的规定，学校不承担责任。

（一）地震、雷击、台风、洪水等不可抗的自然因素造成的；

（二）来自学校外部的突发性、偶发性侵害造成的；

（三）学生有特异体质、特定疾病或者异常心理状态，学校不知道或者难于知道的；

（四）学生自杀、自伤的；

（五）在对抗性或者具有风险性的体育竞赛活动中发生意外的；（六）其他意外因素造成后果的。

以上公约一式三份，学校、家长和学生各执一份，签字生效，共同遵守。

年级　　　　班

学生签字：　　　　　　　　　　　　　　　　　　　　班主任签字：

家长签字：　　　　　　　　　　　　　　　　　　　　学校（幼儿园）公章

　　年　月　日　　　　　　　　　　　　　　　　　　　年　月　日

5. 食堂卫生安全责任书

为确保师生人身安全，根据有关食品卫生安全要求，本关服务师生、安全第一的原则，现学校与食堂负责人签订安全责任书。

严格遵守《中华人民国共和国食品卫生法》、《突发公共卫生事件应急条例》。一切以预防为主，切实做好食品卫生、设施卫生、个人卫生、环境卫生，确保师生就餐安全。

1. 牢固树立"优质服务，安全第一"的思想意识，强化安全防范措施，排除一切不安全因素。

2. 采购粮油、蔬菜必须渠道正常，票证等手续齐全并造册存档，且保证在运输、储藏方面无污染。

3. 饭、菜熟透，不向师生供应生冷、霉变食品，严防食物中毒事件发生。认真落实食品留样制度。

4. 食堂所有从业人员必须进行健康检查，执证上岗。各食堂必须办理卫生许可证。

5. 协助值日教师维护好饭场秩序，严防拥挤、烫伤等安全事故发生。

6. 严禁闲杂人员进入操作间。加强水源、电源管理，使用电器必须规范操作，经常检查线路，防止火灾发生，保证用水卫生。

7. 要定时对食堂灶具进行消毒，定期打扫环境卫生，定期进行灭蝇、灭鼠工作，认真做好防疫工作。

8. 保障瓶装煤气、锅炉、高压锅安全正常工作。

9. 安全工作实行责任追究制，如发生食物中毒等安全事故，视具体情况进行严肃处理，重大问题交由上级机关甚至司法机关处理。

10. 本责任书每学年度签订一次，一式两份，自签订之日起生效。

学校（盖章）：　　　　　　　　　　　　　　　　　食堂负责人：

　年　月　日　　　　　　　　　　　　　　　　　　　年　　月　　日

（六）安全工作检查样表

1.学校门、窗、墙等安全检查表

项目	定期检查	时间：	时间：	时间：	时间：	时间：	备注
门	校门、锁						1、校（园）在每学期开学前要成立安全检查组，每月至少对以下各项目检查一次。校（园）建筑包括教学楼、宿舍、食堂、室内体育馆、实验室、厕所、围墙等建筑物； 2、检查组人员在检查全校（园）范围内有隐患的相关项目栏请打"×"并在隐患登记表中登记上报安全副校长，直至追踪整改完毕； 3、因各地实际不同，在此没有的项目请在该部分最后提供的表格中自行增加。
	楼梯门、锁						
	教室门、锁						
	电动门（铁卷门）						
窗	窗框						
	玻璃						
	防盗网						
墙	围墙						
	外墙						
	内墙						
	有无伤害锐利角						
天花板	梁						
	楼板						
	油漆						
检查人员（签名）							

2. 学校教室、实验室等安全检查表

项目	定期检查	时间:	时间:	时间:	时间:	时间:	备注
教室	桌、椅						1、校（园）在每学期开学前要成立安全检查组，每月至少对以下各项目检查一次； 2、检查组人员在检查全校（园）范围内有隐患的相关项目栏中登记上"×"并在隐患登记表中登记"×"并报安全副校长，直至追踪整改完毕； 3、特种设备处检合格证张贴在 A4 纸装订于此手册相应位置。
	教学器材						
实验室	设有专人管理						
	制定使用规则						
	备有安全护目镜供学生使用						
	实验前充分说明安全规则，正确指导						
	设置借用记录						
	电源开关完整						
	供水管道畅通						
	水龙头完整						
	仪器药品完整						
	仪器药品加帽标示，分类存放						
	危险药品定期检查，妥善储存						
	易燃品低温放置						
	有毒、腐蚀、易爆物品妥善收藏						

续表

适当设置洗眼、冲水设备					
指导学生简易急救常识					
特种设备	锅炉年检是否合格				
	电梯是否定期维护，年检是否合格				
检查人员（签名）					

3. 学校安全隐患检查处理记录表
（建筑和教学设施、设备）

项目 （如：教学楼、食堂、宿舍、室内体育馆等）	隐患描述	整改措施 （由检查组提出措施）	整改期限	整改责任人	整改情况	验收人签字及日期
		检查人签字： 日期：				
		检查人签字： 日期：				
		检查人签字： 日期：				

注：检查组提出整改措施上交安全副校长落实；整改负责人务必跟进落实直至整改完毕。

4. 学校每日安全检查记表

安全值班人员：　　　　　　　　　　　　　年　月　日

上午时段	检查项目	检查情况	中午时段	下午时段	检查项目	检查情况
学生入学	值班领导、值日老师，门卫是否到位；校内通道通道是否顺畅。		值班人员是否在岗，校内有无打闹现象。	学生入学	值班领导、值日老师，门卫是否到位；校内通道通道是否顺畅。	
早读（晨会）	学生人数是否到齐，有无群体疾病；未到校学生是否各联系家长了解情况。			课前	学生人数是否到齐，未到校学生是否联系家长了解情况。	
上课	任老师是否到位。			上课	任课老师是否到位。	
课间	有无学生哄闹、聚众，走廊是否畅通，前一节课任课教师是否在位监护学生课间活动。			课间操	有无学生哄闹、聚众、走廊是否畅通、前一节课任课教师是否在位监护学生课间活动。	
课间操	楼梯等疏散点责任人是否在岗疏导学生有序下楼参加课间操；制止学生拥挤、推搡、打闹现象。			课外活动	楼梯等疏散点责任人是否在岗疏导学生有序安全下楼参加课间操；制止学生拥挤、推搡、打闹现象。	
上午放学	楼梯口等疏散点责任人是否到岗疏导学生安全下楼放学；制止学生拥挤、推搡、打闹现象。值班领导、值日老师，门卫是否在岗。			放学	楼梯口等疏散点责任人是否到岗疏导学生安全下楼放学；制止学生拥挤、推搡、打闹现象。值班领导、值日老师，门卫是否在岗。	

注：由于各校实际情况不同，检查项目中未能体现的，请自行增加。检查出安全隐患，请填写安全隐患报告单，上报安全副校长落实整改。

第三卷　学校安全国家标准

◎建筑采光设计标准　GB 50033—2013
◎学校卫生综合评价　GB/T 18205—2012
◎学生心理健康教育指南　GB/T 29433—2012
◎中小学、幼儿园安全技术防范系统要求　GB/T 29315—2012
◎中小学校传染病预防控制工作管理规范　GB 28932—2012
◎中小学生一日学习时间卫生要求　GB/T 17223—2012
◎无障碍设计规范（节选）　GB 50763—2012
◎书写板安全卫生要求　GB 28231—2011
◎中小学校教室采光和照明卫生标准　GB 7793—2010
◎中小学健康教育规范　GB/T 18206—2011
◎中小学生健康检查表规范　GB 16134—2011
◎电视教室座位布置范围和照度卫生标准　GB 8772—2011
◎中小学校设计规范　GB 50099—2011
◎民用建筑隔声设计规范（节选）　GB 50118—2010
◎学生健康检查技术规范　GB/T 26343—2010
◎建筑抗震设计规范（节选）　GB 50011—2010
◎民用建筑工程室内环境污染控制规范　GB 50325—2010
◎电子信息系统机房设计规范（节选）　GB 50174—2008
◎建筑灭火器配置验收及检查规范　GB 50444—2008
◎教学仪器设备安全要求总则　GB 21746—2008

◎学生用品的安全通用要求 GB 21027—2007
◎生活饮用水卫生标准 GB 5749—2006
◎建筑设计防火规范 GB 50016—2014
◎学校课桌椅功能尺寸 GB /T3976—2002
◎盲学校建筑设计卫生标准 GB /T18741—2002
◎建筑内部装修设计防火规范 GB 50222—1995
◎建筑照明设计标准(节选) GB 50034—2013
◎教学仪器设备安全要求玻璃仪器及连接部件 GB 21749—2008
◎教学仪器设备安全要求仪器和零部件的基本要求 GB 21748—2008
◎室内空气质量标准 GB/T 18883—2002
◎体育场馆公共安全通用要求 GB 22185—2008
◎学生宿舍卫生要求及管理规范 GB 31177—2014
◎学校安全与健康设计通用规范 GB 30533—2014
◎中小学生校服 GB/T 31888—2015
◎中小学校教室采暖温度标准 GB/T 17225—1998
◎建筑物电子信息系统防雷技术规范 GB 50343—2012
◎消防安全标志设置要求 GB 15630—1995
◎专用校车安全技术条件 GB 24407—2012

建筑采光设计标准

GB 50033—2013

4　采光标准值

4.0.1　住宅建筑的卧室、起居室（厅）、厨房应有直接采光。

4.0.2　住宅建筑的卧室、起居室（厅）的采光不应低于采光等级Ⅳ级的采光标准值，侧面采光的采光系数不应低于2.0%，室内天然光照度不应低于300lx。

4.0.3　住宅建筑的采光标准值不应低于表4.0.3的规定。

表4.0.3　住宅建筑的采光标准值

采光等级	场所名称	侧面采光	
		采光系数标准值（%）	室内天然光照度标准值（lx）
Ⅳ	厨房	2.0	300
Ⅴ	卫生间、过道、餐厅、楼梯间	1.0	150

4.0.4　教育建筑的普通教室的采光不应低于采光等级Ⅲ级的采光标准值，侧面采光的采光系数不应低于3.0%，室内天然光照度不应低于450lx。

4.0.5　教育建筑的采光标准值不应低于表4.0.5的规定。

表4.0.5　教育建筑的采光标准值

采光等级	场所名称	侧面采光	
		采光系数标准值（%）	室内天然光照度标准值（lx）
Ⅲ	专用教室、实验室、阶梯教室、教师办公室	3.0	450
Ⅴ	走道、楼梯间、卫生间	1.0	150

5.0.4　办公、图书馆、学校等建筑的房间，其室内各表面的反射比宜符合表5.0.4的规定。

表5.0.4　反射比

表面名称	反射比
顶棚	0.60～0.90
墙面	0.30～0.80
地面	0.10～0.50
桌面、工作台面、设备表面	0.20～0.60

5.0.5 采光设计时，应注意光的方向性，应避免对工作产生遮挡和不利的阴影。

5.0.6 需补充人工照明的场所，照明光源宜选择接近天然光色温的光源。

5.0.7 需识别颜色的场所，应采用不改变天然光光色的采光材料。

5.0.8 博物馆建筑的天然采光设计，对光有特殊要求的场所，宜消除紫外辐射、限制天然光照度值和减少曝光时间。陈列室不应有直射阳光进入。

5.0.9 当选用导光管采光系统进行采光设计时，采光系统应有合理的光分布。

学校卫生综合评价

GB/T 18205—2012

代替 GB/T 18205—2000

1　范围

本标准规定了学校卫生综合评价项目、评价方法以及综合评价判定。

本标准适用于全日制小学（含民办小学）、初级中学、高级中学（含中等职业学校、民办中学）和普通高等学校（含民办高等学校、独立院校）各项卫生状况的综合评价。

2　规范性引用文件

下列文件对于本文件的应用是必不可少的。凡是注日期的引用文件，仅注日期的版本适用于本文件。凡是不注日期的引用文件，其最新版本（包括所有的修改单）适用于本文件。

GB/T 3976 学校课桌椅功能尺寸

GB 4789（所有部分）食品微生物学检验

GB/T 5699 采光测量方法

GB/T 5700 照明测量方法

GB 5749 生活饮用水卫生标准

OB/T 5750 生活饮用水标准检验方法

GB 7793 中小学校教室采光和照明卫生标准

GB 9665 公共浴室卫生标准

GB 9667 游泳场所卫生标准

GB 9668 体育馆卫生标准

GB 9669 图书馆、博物馆、美术馆、展览馆卫生标准

GB 14934 食（饮）具消毒卫生标准

GB/T 17225 中小学校教室采暖温度标准

GB/T 17226 中小学校教室换气卫生标准

GB/T 18204 （所有部分）公共场所卫生标准检验方法

GB 28231 书写板安全卫生要求

GB 50034 建筑照明设计标准

GB 50099 中小学校设计规范

3　综合评价项目

3.1 管理

突发公共卫生事件、传染病预防控制、常见病与多发病、学校食品安全、生活饮用水卫生、教室环境卫生、生活环境卫生和公共场所卫生。

3.2 监测

学校食品安全（食饮具消毒）、生活饮用水卫生、教室环境卫生、生活环境卫生和公共场所卫生。

4　评价方法

4.1 管理

4.1.1 突发公共卫生事件

以学校为单位，检查学校突发公共卫生事件防控工作情况。

4.1.2 传染病预防控制

对学校传染病预防控制管理的评价宜遵循以下方法：

a）以学校为单位，检查学校传染病预防管理、疫情报告、传染病控制以及预防接种等工作情况。

b）以学校设置的校医院、卫生所、卫生室、保健室为对象，对其执行《中华人民共和国传染病防治法》的相关工作进行检查。

4.1.3 常见病与多发病

以学校为单位，检查学校常见病与多发病管理工作情况。

4.1.4 学校食品安全

对学校食品安全管理的评价宜遵循以下方法：

a）以每个食堂、外供快餐单位和超市（食杂店）为评价单位。

b）如学校没有食堂，而有外供快餐，则以加工外供快餐的单位和学校分餐环节为评价单位。

c）学校设有多个食堂，应先评出每个单位得分，将各单位得分相加，取平均分数为该项目的

得分。

4.1.5 生活饮用水卫生

对学校集中式供水、二次供水、小型集中式供水及分散式供水，进行卫生管理情况检查。

4.1.6 教室环境卫生

以学校教室为单位，检查教室人均面积、课桌椅、黑板、教室采光、教室照明、微小气候、噪声等项目符合要求情况。

4.1.7 生活环境卫生

以学校内厕所、学生宿舍为单位，检查其符合要求情况

4.1.8 公共场所卫生

以学校内公共浴池、游泳场所、体育馆和图书馆为单位，检查其符合要求情况。

4.2 监测

4，2.1 学校食品安全［食（饮）具消毒监测］

4.2.1.1 评价指标

按照 GB 14934 规定，对食（饮）具消毒的感官指标、理化指标、细菌指标进行监测。

4.2.1.2 评价方法

对学校食堂的食（饮）具消毒监测评价宜遵循以下方法：

a）以每个食堂为单位抽检食（饮）具，进行监测评价。

b）监测方法执行 GB 4789（所有部分）。

4.2.2 生活饮用水卫生

4.2.2.1 评价指标

根据 GB 5749 的规定对细菌总数、总大肠菌群、消毒剂余量、色度、浑浊度、臭和味、肉眼可见物、pH 进行监测。其他项目根据当地水源水质实际情况增加。

4.2.2.2 评价方法

对学校内生活饮用水卫生监测宜遵循以下方法：

a）选取 1 个以上末梢取水点。

b）监测方法执行 GB/T 5750。

4.2.3 教室环境卫生

4.2.3.1 抽样

凡对学校教室环境的评价项目，应根据学校教室设置状况进行抽样。按学校教室的结构、层次、朝向、单侧采光、双侧采光的不同类型确定监测教室数，抽取有代表性的教室作为样本。不少于 6 问教室。

4.2.3.2 教室监测评价记分方法

累积计分：将评价项目各档得分值，分别乘以该档得分的教室数，然后累加得分，得分再除以教室样本数，得数为该项目得分。

4.2.3.3 教室人均面积

4.2.3.3.1 评价依据

普通教室人均面积按照 GB 50099 的规定进行评价。

4.2.3.3.2 评分方法

对教室人均面积监测的评价宜遵循以下方法：

a）在抽样教室中测量教室面积及学生人数，分别计算各教室的人均面积。

b）按式（1）计算。

$$S_1 = \frac{S_2}{a} \cdots\cdots\cdots\cdots\cdots\cdots\cdots\cdots\cdots\cdots\cdots\cdots\cdots\cdots\cdots\cdots\cdots (1)$$

式中　S_1——人均面积；

　　　S_1——被测教室面积；

　　　a——该教室学生人数。

4.2.3.4 课桌椅

4.2.3.4.1 评价依据

按照 GB/T 3976 的规定，判定课桌椅分配符合情况。

4.2.3.4.2 评价指标

分别计算课桌椅分配符合率，实际达到的百分率，分为 ≥80%、79%~40%、<40% 三等。

4.2.3.4.3 使用器材

学生身高及课桌椅型号测量尺：该尺按课桌和课椅的高度（cm），标有相应的号数，测量时可直接读出被测桌椅号，同时也可测量学生身高（cm）。也可用普通测量尺测量学生身高及课桌椅的高度。

4.2.3.4.4 评价方法

对课桌椅分配符合率监测的评价宜遵循以下方法：

a）在抽样教室中，测量教室内在座学生身高及相应课桌椅高度，按照 GB/T 3976 规定的课桌椅

各型号的身高范围进行评价，被测课桌椅号数在使用者身高范围内，则分配符合。

b）按式（2）计算。

$$M = \frac{c}{b} \times 100\% \cdots\cdots\cdots\cdots\cdots\cdots\cdots\cdots\cdots\cdots\cdots\cdots\cdots (2)$$

式中　M——课桌或课椅分配符合率；

　　　c——课桌与课椅号与就座学生身高相符合的人数；

　　　b——被测学生人数。

4.2.3.4.5 记分方法

按课桌椅分配符合率的标准，给出每个被评价教室分值，然后累加各教室得分，再除以教室样本数，得数为该项目得分。

4.2.3.5 黑板

4.2.3.5.1 评价依据

按照 GB 28231、GB 7793 及 GB 50099 中有关规定评价。

4.2.3.5.2 评价方法

对黑板监测的评价宜遵循以下方法：

a）用测量尺，测量黑板高度与宽度，黑板下缘与讲台地面的垂直距离。

b）反射比的测量：黑板垂直分成四等份，取三条等分线的中点为测定点，以三个测定点的反射比的平均值为代表值。

4.2.3.6 教室采光

4.2.3。6.1 评价依据

按照 GB 7793 及 GB 50099 中有关的规定评价。

4.2.3.6.2 评价指标

采光系数、后墙壁反射比、窗地面积比。

4.2.3.6.3 使用器材

照度计（指针式或数字式）。

4.2.3.6.4 评价方法

按 GB/T 5699 的规定进行测量。

室内照度测量：选择教室内光线最差的课桌面测量照度，测得数为室内照度值。

室外照度测量：选择周围无遮挡的空地，避免直射阳光，在测量室内照度前后各测一次室外照度，取两次测得数的平均值作为室外照度值。

采光系数计算公式见式（3）：

$$X_1 = \frac{E_{室内}}{E_{室外}} \times 100\% \quad\cdots\cdots\cdots\cdots\cdots\cdots\cdots\cdots\cdots\cdots\cdots\cdots\quad （3）$$

式中　X_1——采光系数；

　　　$E_{室内}$——室内照度；

　　　$E_{室外}$——室外照度。

后墙壁反射比测量：将后墙壁分为左、中、右，取 3 个测点，左、右测点应离相邻墙面相接处 10cm～20 cm，然后求出反射比的平均值，作为代表值。每个测点的反射比宜遵循以下方法得出：

a）入射照度测量：将照度计接收器感光面朝上，置于被测表面某一位置，读取入射照度值。

b）反射照度测量：将照度计接收器感光面对准同一被测表面的原来位置，逐渐平移离开，待照度稳定后，读取反射照度值。

c）反射比计算公式见式（4）。

$$X_2 = \frac{E_{反射}}{E_{入射}} \times 100\% \quad\cdots\cdots\cdots\cdots\cdots\cdots\cdots\cdots\cdots\cdots\cdots\cdots\quad （4）$$

式中　X_2——反射比；

　　　$E_{反射}$——反射照度；

　　　$E_{入射}$——入射照度。

窗地面积比测量：测量教室采光窗洞口总面积及教室地板面积。

窗地比计算：计算教室窗洞口总面积为1，求出与地板面积的比例，以1比多少来表示。

测量时间：选择10时至14时。

4.2.3.7 教室照明

4.2.3.7.1 评价依据

按照 GB 7793 的规定评价。

4.2.3.7.2 使用器材

照度计（指针式或数字式）。

4.2.3.7.3 评价方法

按 GB/T 5700 的规定进行测量。

4.2.3.8. 教室微小气候

4.2.3.8.1 评价依据

应按照 GB/T 17226 和 GB/T 17225 的规定评价。

4.2.3.8.2 使用器材

便携式红外线二氧化碳分析器，干湿球温度计。

4.2.3.8.3 评价方法

对教室微小气候监测的评价宜遵循以下方法：

a）在抽样教室中进行教室二氧化碳浓度和温度的测量。

b）测量方法：

二氧化碳浓度测量：按 GB/T 18204.24 公共场所空气中二氧化碳测定方法进行测量。

温度测量：按 GB/T17225 的规定方法进行测定。

测定时间：为每年冬季，一般在当年11月至下一年1月，10时和14时各测一次，取平均值作为代表值。

4.2.3.9 噪声

4.2.3.9.1 评价依据

按照 GB 9669 图书馆噪声的规定评价。

4.2.3.9.2 使用器材

普通声级计。

4.2.3.9.3 评价方法

对教室噪声监测的评价宜遵循以下方法：

a）在抽样教室内进行噪声测量。

b）测量方法：按 *GB/T* 18204.22 公共场所噪声测量方法执行。

——教室内噪声测量：把测定点选在教室（小于 100 m^2）中央一点。

——外来声源噪声测量：在开窗的条件下测定的数值。

——背景噪声（或本底噪声）测量：学生全部在教室入座，限制活动产生的噪声，在闭窗的条件下测定的数值，或者在空教室中测定的数值。

4.2.4 生活环境卫生

4.2.4.1 学校厕所

4.2.4.1.1 评价依据

按照 *GB* 50099 有关规定评价，高等学校可参照此规定。

4.2.4.1.2 评价方法

学校厕所监测的评价宜遵循以下方法：

a）厕所蹲位与小便槽评价（教工专用厕所除外）。

蹲位：查看学校男、女厕所蹲位数，按全校男、女学生人数，分别计算男、女厕所平均每一个蹲位所容纳的学生人数。按式（5）计算：

$$i = \frac{j}{k} \quad\text{……………………………………}（5）$$

式中 i——每蹲位学生人数（男或女）；

　　　j——学生人数（男或女）；

　　　k——厕所蹲位数（男或女）。

男厕小便槽：测量小便槽长度米数，按全校男学生人数计算平均每米小便槽容纳学生数。按式（6）计算：

$$n = \frac{m}{n} \quad\text{……………………………………}（6）$$

式中 n——每米小便槽男学生人数；

　　　m——男学生人数；

　　　l——小便槽长度，单位为米（m）。

b）凡设有多个厕所学校可混合计算。

c）无论室内外厕所均以每一个厕所为单位进行卫生状况评价。

4.2.4.2 学生宿舍

4.2.4.2.1 评价依据

按照 GB 50099 有关规定评价。

4.2.4.2.2 评价方法

对学生宿舍监测的评价宜遵循以下方法：

a）以每栋学生宿舍为单位进行评价。

b）根据宿舍的不同面积、层次、朝向等，抽取不同类型的寝室作为评价样本。每栋宿舍抽取

的寝室不少于 3 间。

4.2.4.2.3 记分方法

首先评出每个寝室的得分，将各得分相加，取平均数为该项目的得分。

4.2.5 公共场所卫生

4.2.5.1 公共浴池

按照 GB 9665 中的规定对学校公共浴池监测，监测评价宜遵循以下方法：

a）以每个公共浴池为单位进行评价。

b）监测方法执行 GB/T 18204（所有部分）等有关规定。

4.2.5.2 游泳场所

按照 GB 9667 中的规定对学校游泳馆、池监测，监测评价宜遵循以下方法：

a）以每个游泳馆、池为单位进行评价。

b）监测方法执行 GB/T 18204（所有部分）等有关规定。

4.2.5.3 体育馆

按照 GB 9668 中的规定对学校体育馆监测，监测评价宜遵循以下方法：

a）以每个体育馆为单位进行评价。

b）监测方法执行 GB/T 1 8204（所有部分）等有关规定。

4.2.5.4 图书馆

按照 GB 9669 及 GB 50034 中的规定对学校图书馆监测，监测的评价宜遵循以下方法：

a）以图书馆为单位进行评价。

b）根据图书馆、阅览室的不同面积、层次、抽取有代表性的房间进行监测。

c）监测方法执行 GB/T 18204（所有部分）等有关规定。

5 综合评价判定

5.1 管理

见表 A.1。

5.2 监测

见表 A.2。

5.3 综合评价得分及判定

学校卫生管理评价得分与监测评价得分的总和为综合评价实际得分。

凡综合评价实际得分达到管理与监测标准总分的 85% 及以上者为学校卫生优秀学校，定为 A 级；60%～85% 为学校卫生合格学校（不含 85%），定为 B 级；60% 以下者（不含 60%），为学校卫生不合格学校，定为 C 级。

表 A.3 给出了学校卫生综合评价判定结果和等级。

附 录 A

（规范性附录）

管理、监测评价及综合判定

表 A.1 给出了学校卫生管理评价项目、评价指标、各项分值和实际得分。

表 A.2 给出了学校卫生监测评价项目、评价指标、评分标准、各项分值和实际得分。

表 A.3 给出了学校卫生综合评价判定结果和等级。

表 A.1　学校卫生管理评价记分表

学校名称：			负责人：		
地址：		联系电话：	评价日期：　年　月　日		
项目（100分）	评价指标		分值	实际得分	
				单项	合计
突发公共卫生事件管理（10分）	建立校长为第一责任人制度		2		
	建立突发公共卫生事件应急处理领导小组		2		
	利定学校突发公共卫生事件应急处理预案		2		
	建立突发公共卫生事件报告制度		1		
	有专职或兼职报告人		1		
	定期（每学期1次）开展防控突发公共卫生事件宣传教育活动		1		
	每学年开展一次突发公共事件应对演练		1		
	因校方责任发生的其他突发公共卫生事件		＊＊		
传染病预防控制管理（15分）	有校长为第一责任人的传染病预防控制工作小组		2		
	有传染病疫情报告制度		2		
	有专人负责疫情报告		2		
	有晨检制度		2		
	有学生因病缺勤登记、追踪制度和复课证明查验制度		1		
	有新生入学接种卡、证查验制度		1		
	定期（每学期1次）开展预防传染病知识的宣传活动		1		
	寄宿制或600名学生以上非寄宿学校配备卫生专业技术人员；600名以下非寄宿学校配备保健教师或卫生专业技术人员		2		
	寄宿学校应设立卫生室，非寄宿学校视规模设卫生室或保健室		2		
	因校方责任发生传染病暴发流行		＊＊		

常见病与 多发病管理 （10分）		建立学生健康体检档案	2		
		建立体检异常学生登记记录	1		
		建立体检结果向家长反馈制度	1		
		制定学生常见病与多发病防治计划、措施	2		
		开展癫防近视专题宣传活动	1		
		每年实施1次学生健康体检	2		
		定期（每学期1次）开展健康生活方式、营养和慢性病预防知识教育和宣传活动	1		
		校医院、卫生所、卫生室、医务室有《医疗机构执业许可证》	*		
学校 食品 安全 管理 （20分）	学生食堂 （13分）	餐饮服务许可证有效			
		从业人员持健康证明			
		从业人员有食品安全知识培训证明			
		有各项食品安全管理制度			
		食品生产加工条件符合要求			
		食（饮）具实施消毒			
		食（饮）具消毒情况监测频率符合规定要求（至少1次/月）			
		从业人员个人卫生符合要求			
		烹饪加工要烧熟煮透（中心温度在70℃以上）			
		原料采购、运输和储藏条件符合要求			
		有索证索票制度，建立台账			
	外供快餐 （2分）	供餐单位食品生产或餐饮服务许可证有效			
		包装、运输和分发条件应符合要求			
		一次性餐盒符合要求			
	超市 （食杂店） （5分）	食品流通许可证有效			
		从业人员持健康证明			
		从业人员有食品安全知识培训证明			
		有食品进货查验记录制度			
		按照保证食品安全的要求贮存食品			
		不得有变质或超过保质期的食品			
		因校方责任发生集体性食品安全事故			

学校名称：			负责人：		
地址：		联系电话：	评价日期：　年　月　日		

项目（100 分）		评价指标	分值	实际得分	
				单项	合计
生活饮用水卫生管理（16 分）		集中式供水依法取得卫生许可证	*		
		二次供水蓄水设拖定期（每年 1 次）清洗、消毒	1		
		分散式供水有卫生安全防护设施并对水质进行消毒	1		
		建立供水卫生管理制度	2		
		涉水产品符合相关卫生要求	2		
		配备专（兼）职供水人员	2		
		水质监测频率符合当地规定要求	1		
		供水人员持健康证明上岗	1		
		供应饮用水水质符合卫生要求	*		
		因校方责任发生校内生活饮用水污染事故	* *		
教室环境管理（15 分）	课桌椅（3 分）	每间教室内最少设 2 种不同型号的课桌椅	2		
		每人 1 席	1		
	黑板（2 分）	无破损	1		
		无眩光	1		
	教室采光（2 分）	教室墙壁和顶棚为白色或浅色，窗户为元色透明玻璃	1		
		单侧采光光线应从座位左侧入，双采光主采光窗应设在左侧	1		
	教室照明（4 分）	灯管垂直黑板	2		
		控照式灯具，不宜用裸灯	2		
	微小气候（2 分）	教室应设通气窗，寒冷地区应有采暖设备	2		
	噪声（1 分）	教室不受音乐室等外界环境干扰	1		
		监泓报告有效	* *		
		监测频率符合规定（1 次以上/2 年）（1 分）	1		
生活环境卫生管理（9）	厕所（3 分）	教学楼每层设厕所，室内厕所有洗手设备	2		
		独立设置的厕所与生活饮甩水水源和食堂相距 30 米以上	* *		
		无蝇、蛆	1		
	学生宿舍（6 分）	男、女生宿舍分区或分单元布置	1		
		不设在地下室或半地下室	1		

学校名称：				负责人：		
地址：			联系电话：	评价日期： 年 月 日		
项目（100分）		评价指标	分值	实际得分		
				单项	合计	
生活环境卫生管理（9）	学生宿舍（6分）	保证学生一人一床	1			
		保证通风良好（寒冷地区宿舍应设有换气窗）	1			
		宿舍内设有厕所、盥洗设施	1			
		有卫生管理制度	1			
公共场所卫生管理（11分）	公共浴池（4分）	依法取得卫生许可证	*			
		从业人员有健康证明	1			
		有浴室卫生消毒制度	1			
		监测报告有效	1			
		监测频率（1次以上/年）	1			
	游泳馆（3分）	依法取得卫生许可证	*			
		建立健全卫生管理制度	1			
		游泳场所的通道及卫生设施应定期消毒、保持清洁、无异味	1			
		监测频率符合规定（1次以上/年）	1			
	体育馆（2分）	馆内环境清洁卫生、禁止吸烟	1			
		监测频率符合规定（1次以上/年）	1			
	图书馆（2分）	馆内采用湿式清扫，保持馆内整洁，禁止吸烟	1			
		监测频率符合规定（1次以上/年）	1			

合理缺项项目总分_____分　　管理应得分_____分　　管理实得分_____分　　标化后得分_____分

注1：*为重要指标，若该指标不合格，本项目不得分

注2：**为关键指标，若该指标不合格，直接评价该校为学校卫生不合格。

注3：教室环境卫生管理项目中各指标得分应为抽样检查教室敦的平均分，普通高等院校不参加此项评价。

注4：有合理缺项时，总分中减掉该项目分值后，为应得分，即：管理应得分＝100－合理缺项项目总分。如缺少学生宿舍，总分值中应减掉学生宿舍的单项分值。标化后得分＝（各项实际得分的总合/应得分）×100。

表 A.2　学校卫生监测评价记分表

学校名称：			负责人：			
地址：		联系电话：				
抽样监测教室数：			评价日期：　年　月　日			
项目（100分）		评价指标	评价标准	分值	实际得分	
					单项	合计
学校食品安全监测（食饮具消毒）（10分）		感官指标、理化指标、细菌指标	其中一项指标不合格整项不得分	8		
		监测频率达到至少1次/月		2		
生活饮用水监测（10分）		细菌总数、总大肠菌群、消毒剂余量、色度、浑浊度、臭和味、肉眼可见物、pH 及当地根据水源水质实际情况增加的其他项目	其中一项指标不合格整项不得分	8		
		监测频率符合当地规定要求		2		
教室环境卫生监测（60分）	人均面积（10分）	小学 ≥1.36m²、1.15m² ~ 136m²、<1.15 m²	≥1.36m²　　　得满分 1.15m² ~ 1.36m²　得5分 <1.15m²　　　不得分	10		
		中学 ≥1.39m²、1.22m² ~ 1.39m²、<1.22 m²	≥1.39m²　　　得满分 1.22m² ~ 1.39m²　得5分 <1.22m²不　　　得分			
	课桌椅分配符合率（10分）	≥80%、79% ~ 40%、<40%	≥80%　　　得满分 79% ~ 40%　得5分 <40%　　　不得分	10		
	黑板（10分）	尺寸≥1 m×3.6m（小学） ≥1 m×4.0m（中学）	弧形黑板的长度按照玄长测量	5		
		下缘与讲台地面的垂直距离 0.8 m ~ 0.9m（小学） 1.0 m ~ 1.1 m（中学）	不在此范围不得分	3		
		反射比 0.15 ~ 0.2	≥0.2　　　不得分	2		
	教室采光（10分）	采光系数≥2.0%	<2.0%　　　不得分	4		
		窗地面积比≥1:5	<1:5　　　不得分	4		
		后（侧）墙壁反射比 0.7 ~ 0.8	<0.7　　　不得分	2		
	教室照明（10分）	课桌面照度≥300lx、课桌面照度 201lx ~ 300lx、课桌面照度 <200lx	≥300lx　　　得满分 201lx ~ 300lx　得3分 <200lx　　　得分	5		
		灯桌间距≥1.7 m	<1.7m　　　不得分	2		
		黑板面照度≥500lx	<500 lx　　　不得分	3		

学校名称：			负责人：			
地址：		联系电话：				
抽样监测教室数：			评价日期： 年 月 日			

项目（100分）		评价指标	评价标准		分值	实际得分	
						单项	合计
教室环境卫生监测（60分）	微小气候（4分）	二氧化碳≤0.15%	>0.15%	不得分	2		
		室温16℃以上（冬季采暖地区）	<16℃	不得分	2		
	噪声（4分）	外环境对普通教室产生的噪声≤50 dB	>50dB	不得分	2		
		两排教室相对长边距≥25 m	<25 m	不得分	2		
	监测频率为每2年1次（2）		一项未测	不得分2			
生活环境卫生监测（8分）	厕所（4分）	每蹲位≤40人 （男生）	>40人	不得分	1		
		每蹲位≤13人 （女生）	>13人	不得分	1		
		0.6m长小便槽≤20人（或20人设1个小便斗）	>20人	不得分	1		
		小学厕所蹲位宽度≤18cm	>18cm	不得分	1		
	学生宿舍（4分）	人均使用面积≥3.0m²	<3.0 m²	不得分	2		
		盥洗室门与居室门间距离≤20 m	>20m	不得分	2		
公共场所卫生监测（12分）	公共浴池（4分）	池水浊度≤30度、室温25℃、照度≥50lx、二氧化碳≤0.15%	其中一项指标不合格整项不得分		3		
		监测频率1次以上/年			1		
	游泳馆（4分）	池水细菌总数≤1 000个/mL、大肠菌群≤18个/L、混浊度≤5度、余氯0.3 mg/L～0.5 mg/L、空气细菌数（撞击法）≤4 000 CFU/m³、二氧化碳≤0.15%	其中一项指标不合格整项不得分		3		
		监测频率1次以上/年			1		
	体育馆（2分）	可吸入颗粒物≤0.25mg/m³、室内温度≥16℃、空气细菌数（撞击法）≤4 000CFU/m³、二氧化碳≤0.15%	其中一项指标不合格整项不得分		1		
		监测频率1次以上/年			1		
	图书馆（2分）	室内温度≥20℃、照度≥300 lx、噪声≤50dB、空气纽菌数（撞击法）≤2 500CFU/m³、二氧化碳≤0.10%	其中一项指标不合格整项不得分		1		
		监测频串1次以上/年			1		

合理缺项项目总分＿＿＿分　监测应得分＿＿＿分　监测实得分＿＿＿分　标化后得分＿＿＿分

注1：普通高等学校不参加教室环境卫生监测评价。

注2：有合理缺项时，总分中减掉该项目分值后，为应得分。即：监澜应得分＝100－合理缺项项目总分．如缺少学生宿舍，总分值中应减掉学生宿舍的单项分值。标化后得分＝（各项实际得分的总合/应得分）×100。

表 A.3　学校卫生综合评价判定

学校名称		日期	年　　月　　日
综合评价判定	100×（管理实得分＋监测实得分）／（管理应得分＋监测应得分）＝	等级	

学生心理健康教育指南

GB/T 29433—2012

1　范围

本标准规定了在大、中、小学校开展心理健康教育的目标、原则、实施途径、教育师资要求和教育内容。

本标准适用于普通大、中、小学在校学生，中等职业学校可参照使用。本标准不适用于学龄前儿童心理健康教育。

2　教育目标

提高学生心理健康素养，培养学生健全的心理素质，使其形成完善的人格和良好的社会适应能力，为促进学生整体素质的全面发展奠定基础。

3　教育原则

3.1　总体原则

根据不同年级学生生理、心理发展特点，实施心理健康教育的规范化操作，以保障教育总体目标的实现。

3.2　主体性原则

在心理健康教育中，充分尊重学生的主体地位，发挥学生主体作用，调动学生参与心理健康教育的积极性、主动性。

3.3　互动性原则

心理健康教育应通过创设互动式活动情境，促进学生将活动内容与心理体验相结合，激活或唤醒学生心理活动，诱发行动愿望，在学生与教师、学生与学生、学生与家长之间相互作用的心理环境中提升心理素质。

4 教育实施途径

4.1 心理健康教育课程

开设满足学生需要的心理健康教育课程，并纳入日常教学计划。

4.2 学科教学渗透

教师在进行常规的学科教学时，自觉地、有意识地运用心理学的理论、方法和技术，将学科知识的传播与心理品质的培养有机结合。

4.3 心理健康专题训练

4.3.1 识别

通过多种形式的心理检测和评估，让学生了解自己心理素质不同方面的发展状况，以此引起学生的认同感或者缺失感，唤起情感共鸣或者震撼，激活心理能量，思考问题根源，进而体会、感受该种心理素质对自己学习、生活、交往及成长的意义，激发接受训练的积极动机。识别的过程强调情境化、生活化，把学生置于具体、生动的情境之中，与学生的生活紧密联系。

4.3.2 训练

针对某一心理健康教育主题和在识别中所发现的问题，提出若干解决该问题的具体而有效的方法和技巧，通过组织学生参与讨论和操作活动来感受、理解，进而选择促进心理健康的行动。

4.3.3 感悟对训练中的心理感受、情感体验、行为变化、活动过程及效果等进行反思，强化训练效果，促进自我认知与评价能力的提高。

4.4 其他途径以"多渠道、多形式、多媒介"为中心，创建学生心理健康教育的社团组织，开展多种形式、内容丰富的心理健康宣传教育活动。

5 教育师资要求

5.1 师资来源

学校要逐步建立在校长的领导下，以班主任（辅导员）和专职或者兼职心理辅导教师骨干，全体教师共同参与的心理分健康教育工作体制。

5.2 师资培训

心理健康教育师资培训要有层次、有计划地进行，每年至少接受3学明心理健康教育理论基础和实践技能的专业培训。

6 教育内容

6.1 总体要求 按照学生心理发展特点和身心发育的规律，制定教育内容，体现各年级学生心理健康教育内容的层次性和阶段性。

6.2 小学生心理健康教育内容

6.2.1 总体要求

6.2.1.1 小学低年级心理健康教育内容主要包括：帮助学生适应新的环境、新的集体、新的学习生活，感受学习知识的乐趣；乐与老师、同学交往，在谦让、友善的交往中体验友情。

6.2.1.2 小学中、高年级心理健康教育内容主要包括：帮助学生在学习生活中体会解决困难的快乐，调整学习心态，提高学习兴趣与自信心，正确对待自己的学习成绩，克服厌学心理，体验学习成功的快乐；培养集体意识，在班级活动中，善于与更多的同学交往，主动参与集体活动；塑造开朗、合群、乐学、自立的健康人格。悦纳自己的性别，正确面对生理变化引起的心理反应，正确对待性意识，了解调节和控制情绪的方法。

6.2.2 自我认识教育

认识自己的基本特征，逐步发展主体与自主意识；了解关心自己身体的变化，能以自然、良好的心态适应和处理身体发生的变化；学会客观地评价自己和他人，认识到自己和他人优点、不足和独特性，悦纳自己，包容他人；逐步发现、了解和体验自己情绪、情感的变化，提高初步控制与调节情绪的能力；增强对行为的判断力，能初步约束自己的言行，有一定的自控力。

6.2.3 学习能力教育

明确学习的重要性，培养积极的学习态度，克服厌学心理；主动完成学习任务，养成自觉、认真的学习习惯，按计划初步安排自己的学习时间；掌握基本的学习方法，听课时能集中注意力，学会预习、复习，形成初步的自学能力；有探索事物的欲望，乐于表达与表现自己的想法、意见和观点；能正确地对待考试及学习成绩，培养对毕业升学的向往和进取态度。

6.2.4 人际交往教育

乐于与身边的同学、老师沟通、交往，不胆怯，不封闭，能倾听别人的谈话，能在活动中与人合作，尊重伙伴，初步掌握与人交往的基本规则；学会从他人角度想问题，能对他人同情、谅解；学会自己处理与同学交往中的矛盾与挫折；建立集体意识，有初步的集体归属感。

6.2.5 社会适应教育

能发现、了自己身边学习、生活环境的主要与明显变化，关心自然环境的变化；能较快地熟悉周围的人和事，容易融入新的集体，熟悉新的生活；适应班级与学校环境，与同学、老师建立自然、正常的适应关系；懂得和遵守基本的社会生活规则，新近社会生活；对自己解决不了的困难有向师长求助的意识，形成初步的自我保护能力。

6.2.6 性心理教育

了解其成长阶段性心理特点和自我调适方法悦纳自己身体和心理的变化；了解男孩女孩两性的心理差异，加强男女生之间的理解、沟通、合作与互助的意识；认识本年龄阶段正确的性角色内容和性角色的行为规范；学习适合本年龄段与异性交往的方法与礼仪。初步理解性器官在人生中的意义；识别性骚扰与性侵犯行为，提高预防意识，初步掌握防范性骚扰及保护自己的方法。

6.3 中学生心理健康教育内容

6.3.1 总体要求

6.3.1.1 初中年级心理健康教育内容主要包括：正确认识青春期，培养自重、自爱、自尊、自信的独立人格；培养正确的学习观念，发展其学习能力，改善学习方法；学会调节和控制自己的情绪，抑制自己的冲动行为；提高情感自我调节和人际交往的能力，建立良好的人际关系；正确认识自我意识，逐步提高社会责任感；能以积极心态面对学习、生活压力和自我身心所出现的变化，提高应对挫折的能力。

6.3.1.2 高中年级心理健康教育内容主要包括：发展创造性思维，充分开发学习的潜能；了解自己的能力、特长、兴趣和社会就业条件的基础上，确立自己的职业志向，进行职业的选择和准备；认识自己的人际关系的状况，正确对待和异性伙伴的交往，建立对他人的积极情感反应和体验；提高承受挫折和应对挫折的能力，形成良好的意志品质。

6.3.2 坚强意志教育

培养良好的意志品质，提高学生耐受挫折的能力。

6.3.3 学习能力教育

了解学习心理特征，对自我的体力、智力、性格特长有所认识，掌握适合自身的学习方法和目标；养成有规律的学习习惯，科学地安排、组织学习时间。

6.3.4 人际交往教育

培养良好的自我意识，悦纳自己；认识到人际关系对人生的重要意义，了解成功的人际交往应遵循的基本原则，掌握建立和保持良好人际关系的途径与方法，排除社交恐惧等心理问题。

6.3.5 社会适应教育

正视现实，正确对待生活中的人和事；认识挫折的双重性；增强自制力；树立乐观向上，不断进取的积极人生态度。

6.3.6 青春期性心理健康教育

了解青春期性生理的变化过程，认识性成熟和性心理活动的生物学和社会学意义，掌握与异性交往的方式，理解性别角色和性别差异。初步了解性伦理、性道德。

6.3.7 健康情感教育

培养丰富多彩的生活情趣，形成稳定平衡的心境；了解情感活动产生、发展、形成、表达的规律，初步培养健康的高尚情感。

6.3.8 健全人格教育

认识自己的气质类型与性格倾向，培养自我发展的意识，增强自我发展的主动性；培养积极进取的人生观和世界观，能客观地认识和评价自己，客观地分析、评价社会，正确处理与社会和他人的关系；平衡自身与环境的关系。

6.4 大学生心理健康教育内容

6.4.1 总体要求

根据大学生的心理特点，有针对性地讲授心理健康知识，开展辅导或咨询活动，帮助大学生树立心理健康意识，优化心理品质，增强心理调适能力和社会生活的适应能力，预防心理问题。促进大学生学会适应环境、人际交往、交友恋爱、求职择业、人格发展和情绪调节等方面的技能，提高心理健康水平。

6.4.2 情绪管理教育

认识情绪的功能，了解情绪变化特点，学会体察自己和他人的情绪/情感，形成良好的情绪控制能力；能对自己的情绪进行检测、评估、调整；学会用积极的心态去面对困难和挫折，克服自卑、焦虑、抑郁、恐惧等不良情绪；掌握科学地调控情绪能力，合理疏泄消极情绪，避免心理失衡；培养积极的情绪状态，适应自身、环境及社会的各种变化。

6.4.3 学习能力教育

了解自己的学习潜能，改进学习方法，形成良好的学习习惯，掌握科学、有效的学习方法，提高自学能力；自觉地开发智力潜能，培养创新精神和实践能力。

6.4.4 人际交往教育

掌握人际交往的特点、基本规范和技巧；善于在群体中发挥自己的才干，达到自我价值的实现；能够正确认识自己，客观评价他人和社会。

6.4.5 择业与就业心理教育

全面客观分析就业形势，掌握职业生涯规划的方法；客观分析自身的优势和不足，选择适合社会需要及个人身心特点的职业；正确处理择业中的挫折。

6.4.6 恋爱心理教育

加强性道德、性审美教育，指导恋爱心理适应，掌握异性交往的有关知识与技巧，正确处理好异性矛盾与挫折。

中小学、幼儿园安全技术防范系统要求

GB/T 29315—2012

1 范围

本标准规定了中小学校和幼儿园安全技术防范系统基本要求、重点部位和区域及其防护要求、系统技术要求、保障措施等。

本标准适用于各类中小学、幼儿园（以下统称学校），其他未成年人集中教育培训机构或场所参照执行。

2 规范性引用文件

下列文件对于本文件的应用是必不可少的。凡是注日期的引用文件，仅注日期的版本适用于本文件。凡是不注日期的引用文件，其最新版本（包括所有的修改单）适用于本文件。

GB/T 7401 彩色电视图像质量主观评价方法

GB/T 15408—2011 安全防范系统供电技术要求

GB 50348 安全防范工程技术规范

GB 50394 入侵报警系统工程设计规范

GR 50395 视频安防监控系统工程设计规范

GB50396 出入口控制系统工程设计规范

GA/T 644 电子巡查系统技术要求

GA/T678 联网型可视对讲系统技术要求

3 术语和定义

GB 50348、GB 50394、GB 50395、GB50396 界定的术语和定义适用于本文件。

4 基本要求

4.1 学校安全技术防范系统建设，应符合国家现行相关法律、法规的规定。

4.2 安全技术防范系统建设应统筹规划，坚持人防、物防、技防相结合的原则，以保障学生和教职员工的人身安全为重点。

4.3 学校安全技术防范系统中使用的产品应符合国家现行相关标准的要求，经检验或认证台格，并防止造成对人员的伤害。

4.4 学校安全技术防范系统应留有联网接口。

5 防护要求

5.1 重点部位和区域

下列部位和区域确定为学校安全技术防范系统的重点部位和区域：

A）学校大门外一定区域；

GB/T 29315—2012

B）学校周界；

C）门卫室（传达室）；

D）教学区域主要通道和出入口；

E）室外人员集中活动区域；

F）教学区域主要通道和出入口；

G）学生宿舍楼（区）主要出入品和值班室；

H）食堂操作间和储藏室及其出入品、就餐区域；

I）易燃易爆等危险品储存室、实验室；

J）贵重物品存放处；

K）水电气热等设备间；

L）安防监控室。

注：学校大门外一定区域是指学生上下学时段，校门外人员室集中的区域。

5.2 防护要求

5.2.1 学校大门外一定区域应设置视频监控装置，监视及回放图像应能清晰显示监视区域内学生出入校园、人员活动和治安秩序情况。

5.2.2 学校周界应设置实体屏障，宜设置周界入侵报警装置。

5.2.3 学校大门口应设置视频监控装置，监视及回放图像应能清楚辨别进出人员的体貌特征和进出车辆的车型及车牌号。

5.2.4 学校大门口宜配置隔离装置，用于在学生上学、放学的人流高峰时段，大门内外一定区域内通过隔离装置设备临时隔离区，作为学生接送区。

5.2.5 学校大门口宜设置对学生、教职员工、访客等人员进行身份识别的出入口控制通道装置。

5.2.6 幼儿园大门口宜安装访客可视对讲装置。

5.2.7 学校门卫室（传达室）应设置紧急报警装置。

5.2.8 室外人员集中活动区域（操场等）宜设置视频监控装置，监视及回放图像应能清晰显示监视区域内人员活动情况。

5.2.9 教学区域内中出入的主要通道和出入口宜设置视频监控装置。

5.2.10 学生宿舍楼（区）的出入品应设置视频监控装置，监控及回放图像应清楚辨别出入人员的体貌特征，可设置出入口控制装置。

5.2.11 学生宿舍楼（区）的值班室应设置紧急报警装置。

5.2.12 食堂操作间和储藏室的出入品应设置视频监控装置、操作间、储藏室和就餐区域宜设置视频监控装置，监视及回放图像应能辨别人员活动情况。

5.2.13 易燃易爆等危险品储存室、实验室应有实体防护措施，应设置入侵报警装置，宜设置视频监控装置。

5.2.14 贵重物品存放处（财务室等）应有实体防护措施，应设置入侵报警装置，宜设置视频监控装置。

5.2.15 水电气热等设备间（配电室、锅炉室、水泵房等）就有实体防护措施，宜设置视频入侵报警装置。

5.2.16 安防监控室有实体防护措施，应设置紧急报警装置，并配置通讯工具；应设置广播装置接入校园广播系统，用于突发事件时的人员疏散及应急指控；宜设置视频监控装置。

5.2.17 重点部位和区域宜设置电子巡查装置。

5.2.18 其他部位和区域根据实际需要设置相应防范措施。

5.3 设施配置要求

学校重点部位和区域安全技术防范设施配置要求见附录 A。

6 系统技术要求

6.1 计时校时要求

学校安全技术防范系统中具有计时功能的设备与北京时间的偏差应保持不大于 20s。

6.2 入侵报警系统

6.2.1 入侵报警系统应满足 GB50394 的相关要求。

6.2.2 入侵探测器、紧急报警装置发出的报警信号应传送至安防监控室，紧急报警装置应与属地接警中心联网。

6.2.3 入侵报警系统布防、撤防、报警、故障等信息的保存时间应不少于 30d。

6.2.4 入侵报警系统宜与视频监控系统联动。

6.3 视频监控系统

6.3.1 视频监控系统应满足 GB50395 的相关要求。

6.3.2 视频图像应传送至安防监控室，宜与上级监控中心联网。

6.3.3 视频监视图像分辨率应不低于 380TVL，回放图像分辨率应不低于 240TVL 数字视频格式分辨率就不低于 352＊288 像素。

6.3.4 视频图像质量按照 GB/T7401 按主观评价，采用五级损伤制评价，评价结果应不低于 4 级。回放图像应保证人员和物体的标志性特征可辨识。

6.3.5 视频图像应实时记录，保存时间应不少于 30d。

6.4 出入品控制系统

6.4.1 出入口控制系统应符合 GB50396 的相关要求。

6.4.2 出入口控制事件记录保存时间应不少于 180d。

6.4.3 出入口控制系统宜与视频监控系统联动，在事件查询的同时，能回放与该出入口相关联的视频图像。

6.4.4 出入口控制系统应满足人员逃生时的相关要求，当需要紧急疏散时，各闭锁通道应开启，保障人员迅速安全通过。6.5 访客可视对讲系统

访客可视对讲系统应满足 GA/T678 的相关要求。

6.6 电子巡查系统

电子巡查系统应符合 GA/T644 的相关要求。

6.7 供电、防雷和接地

6.7.1 安全技术防范系统的供电应符合 GB/T15408—2011 的相关要求。

6.7.2 安全技术防范系统主要电源应从学校主配电室通过独立回路直接接入。

6.7.3 入侵报警系统和视频监控系统宜采用集中供电方式，并根据实际情况配置备用电源。主备电源应能不间断切换。

6.7.4 备用电源应在断电后保证入侵报警系统正常工作不少于 8h，保证视频监控系统的摄像机、录像设备和主要控制显示设备正常工作不少于 1h，保证出入口控制系统在主要出入口电控装置正常开启不少于 24h。

6.7.5 安全技术防范系统的防雷接地符合 GB50348 的相关要求。

6.8 安防监控者

学校宜设置独立的安防监控室，对安全技术防范系统进行统一管理。

7 保障措施

7.1 学校安全技术防范系统建设完工后应进行验收，并建立运行维护保障的长效机制，应设专人负责系统日常管理工作并制定应急处置预案。

7.2 安防监控室应保证有人员值班，值班人员应培训上岗，掌握系统运行维护的基本技能。

7.3 学校安全技术防范系统出现故障时，应在 24h 内恢复功能，在系统恢复前应采取有效的应急防范措施。

中小学校传染病预防控制工作管理规范

GB 28932—2012

1 范围

本标准规定了中小学校法定传染病及其他可能导致学生群体流行或暴发的非法定传染病的预防控制工作要求和内容。

本标准适用于各级各类中小学校，托幼机构可参照执行。

2 规范性引用文件

下列文件对于本文件的应用是必不可少的。凡是注日期的引用文件，仅注日期的版本适用于本文件。凡是不注日期的引用文件，其最新版本（包括所有的修改单）适用于于本文件。

3 术语和定义

下列术语和定义适用于本文件

3.1 学校卫生专业技术人员 school health professionals

医学院校毕业或已获得医士（护士）以上职称者，以医药卫生专业技术为主要职责，在各级各类学校从事卫生保健工作人员。

3.2 保健教师 health – care teachers

非医学院结业的教师，因工作需要，经培训考核合格后而从事专职或兼职学校卫生保健工作的人员。

3.3 学校传染病疫情报告人 school epidemic information reporters

负责传染病疫情报告的学校专职或者兼职卫生专业技术人员、保健教师，或经培训合格的学校其他在编人员。

4 组织保障与制度

4.1 学校在教育主管部门的领导和管理下开展本校传染病预防控制工作，并接受卫生部门的监督和技术指导。

4.2 学校成立由校长作为第一责任人的传染病预防控制工作小组，全面负责学校的各项传染病预防控制管理工作。小组成员应该包括学校各相关部门的负责人，职责明确，责任到人，并随着学校人事变动，小组成员应及时调整。

4.3 学校每年应制定传染病预防控制工作计划并予以落实，同时将其纳入学校年度工作考评。

4.4 学校每年应拨出一定比例的专项经费用于传染病的预防控制，以保证各项传染病预防控制工作的落实。

4.5 寄宿制学校和600人以上的学校应设立医务室或者卫生室，并按不低于学生人数600：1的比例配备专职学校卫生专业技术人员。

4.6 学生人数不足600人的非寄宿制学校，可以配备专职或者兼职卫生专业技术人员或者保健教师，开展学校传染病预防控制工作。

4.7 学校应明确传染病疫情报告人。学校传染病疫情报告人的设置优先考虑专职或者兼职卫生专业技术人员。

4.8 学校应在卫生部门的技术指导下，制定传染病预防控制的应急预案和相关制度：

——传染病疫情及相关突发公共卫生事件的应急预案；

——传染病疫情及相关突发公共卫生事件的报告制度；

——学生晨检制度；

——因病缺课登记、追踪制度；

——复课证明查验制度；

——学生健康管理制度；

——学生免疫规划的管理制度；

——传染病预防控制的健康教育制度；

——通风、消毒等制度。

4.9 学校应严格落实各项传染病预防控制制度，并根据传染病预防控制形势及时调整和完善。

5　预防

5.1 健康教育

5.1.1 学校每学期都应安排日常的传染病预防控制健康教育，利用课堂、讲座、板报、广播等多种形式对学生进行有针对性的传染病预防控制知识教育，内容包括常见传染病的基本知识、传播途径和预防措施，提高学生对传染病的预防控制意识和应对能力。

5.1.2 学校应积极开展对教职员工的传染病预防控制健康教育，提高其对传染病的应对能力。

5.1.3 学校可根据传染病预防的需要对学生家长开展传染病预防控制健康教育，告知其配合学校传染病预防控制工作。

5.2 晨检

5.2.1 班主任每日早自习或早晨第一节课前对学生进行晨检，了解学生的出勤和健康状况。

5.2.2 晨检内容包括：观察学生的精神状态、询问学生健康状况、登记因病缺勤情况。教师应通过观察、询问等手段，重点检查学生中有无发热、皮疹、腹泻、黄疸、结膜充血等症状发生；调查了解学生缺勤原因、所患何种疾病或症状等信息。

5.2.3 晨检中发现学生有发热、皮疹、腹泻、黄疸、结膜充血等症状或其他异常时，应及时告知学校疫情报告人，并做好记录。

5.2.4 学校疫情报告人负责指导各班开展学生晨检工作，对各班晨检结果进行核实、排查和处理，做到传染病病人的早发现、早报告。

5.2.5 传染病流行时期宜在下午第一节课前增加午检，住宿制学校宜对住校学生进行晚检。

5.3 因病缺课的登记、追踪

5.3.1 班主任每日登记因病缺课学生的患病情况，包括发病时间、症状、就诊情况等信息，协

助学校疫情报告人对其病情和转归进行追踪。

5.3.2 学校疫情报告人负责指导各班开展因病缺课登记追踪工作，对各班登记结果进行核实、汇总，做到传染病病人的早发现、早报告。

5.4 健康管理

5.4.1 学校应落实学生健康管理制度，认真做好学生体检和健康筛查的组织工作。

5.4.2 学校教职员工中的传染病病人、病原携带者和疑似传染病病人，在传染期内或者在排除传染病前，不得从事法律、行政法规和国务院卫生行政部门规定禁止的易使该传染病扩散的工作。

5.5 预防接种

5.5.1 学校应在学生入学时查验预防接种证，发现未依照国家免疫规划受种的学生，应当向所在地的县级疾病预防控制机构或者学生居住地承担预防接种工作的接种单位报告，并配合疾病预防控制机构或者接种单位督促监护人在学生入学后及时到接种单位补种。

5.5.2 学校应按照县级以上人民政府或国务院卫生主管部门的决定，积极配合卫生部门组织学生进行疫苗接种。

5.6 卫生条件

5.6.1 学校应按照 GB 5749、WS/T 100 和 GB/T 17226 等有关标准的规定保障学生的饮食、饮用水安全，提供安全、卫生的环境设施，消除鼠害和蚊、蝇、蟑等病媒生物的危害。

5.6.2 学校应按照 GB 50099 和建标 109 的要求为学生设置厕所和洗手设施。寄宿制学校应为学生提供相应的洗漱等卫生设施。

5.7 物资储备

学校根据可能发生的传染病疫情，按照学校规模、学生数量以及传染病预防控制要求储备一定数量的物资，并严格掌握使用期限。

6 控 制

6.1 报告

6.1.1 发生法定传染病疫情或突发公共卫生事件时，学校疫情报告人应在传染病防治法规定的时限内向属地疾病预防控制机构和教育行政部门报告。

6.1.2 出现以下任一情况时，学校传染病疫情报告人应在 24 h 内向属地疾病预防控制机构和教育行政部门报告：

——在同一宿舍或者同一班级，1 d 内有 3 例或者连续 3 d 内有多个学生（5 例以上）患病，并有相似症状（如发热、皮疹、腹泻、呕吐、黄疸等）或者有共同用餐、饮水史；

——个别学生出现不明原因的高热、呼吸急促或剧烈呕吐、腹泻等症状；

——学校发生群体性不明原因疾病或者其他突发公共卫生事件。

6.2 控制措施

6.2.1 教育行政部门与卫生等部门配合，共同制定符合本地区实际的学校应对传染病疫情的对策、措施及应急预案；督促学校落实各项传染病预防控制措施；配合卫生行政部门严密监测学校疫情动态和调查处理工作，并适时做出预警；指导下级教育行政部门及学校紧急应对和处置疫情；协调解决学校应对疫情所需的物资和经费等保障。

6.2.2 卫生行政部门指导学校开展疫情预防控制工作，帮助教育行政部门和学校完善预防控制预案；组织协调和督促医疗卫生机构对学校疫情预防控制工作进行指导；及时通报疫情动态，并根据疫情变化情况，指导教育行政部门和学校及时调整和完善预防控制措施。

6.2.3 各级各类医疗及疾病预防控制机构负责指导学校传染病预防控制工作；负责辖区内学校疫情分析报告、病例诊治以及流行病学调查和疫情处理工作；协调和指导学校落实密切接触者的管理；指导学校根据疫情变化及时调整和完善预防控制措施。

6.2.4 学校在教育、卫生行政部门及疾病预防控制机构的监督和指导下，做好以下疫情控制工作：

a）对确诊患有法定传染病的学生、疑似病人或传染病密切接触者，学校应配合卫生部门依法对确

诊学生进行隔离或者医学观察，并安排其及时就诊，做好检疫期相关记录。

b）配合属地疾病预防控制机构对疫点开展消毒、疫情调查和宣传教育等工作。

c）学生病愈且隔离期满时，应持复课证明到学校医务室或者卫生室查验后方可进班复课。

d）在传染病暴发、流行时，学校应根据当地人民政府的决定，停止举办大型师生集会和会议，采取临时停课或暂时关闭措施，并配合属地疾病控制机构对学校人群进行预防性服药和应急预防接种工作。

6.3 个人防护

教职员工在照顾患病学生、接触可能受到污染的物品或排泄物对．应根据实际情况采取必要的个人防护措施，如佩戴手套、口罩、帽子等。

中小学生一日学习时间卫生要求

GB/T 17223—2012

代替 GB/T 17223—1998、GB/T 17224—1998

1　范围

本标准规定了中小学生一日学习时间、睡眠与体育活动时间、课间休息与排课要求。

本标准适用于全日制普通中小学，其他类型中小学可参照使用。

2　术语和定义

下列术语和定义适用于本文件。

2.1 早读时间 early morning learning time

上午课前由学校统一安排的自习时间。

2.2 上课时间 time in class

课程表安排的早读、上课、实验实习、课内自习时间。

2.3 课外自习时间 time out of school hours

预习、复习及完成学校教师指定的课外作业时间（含晚自习、家庭作业）。

2.4 一日学习时间 daily learning time

一天中上课和课外自习时间（不含课间休息时间）。

3　一日学习安排

3.1 一日学习时间

小学一、二年级一日学习时间不应超过 4h。

小学三、四年级一日学习时间不应超过 5h。

小学五、六年级一日学习时间不应超过 6h。

初中各级一日学习时间不应超过 7h。

高中各级一日学习时间不应超过 8h。

3.2 课时安排

小学生每节课时间不应超过 40 min，上午 4 节，下午 1~2 节。

中学生每节课时间不应超过 45 min，上午 4 节，下午 2~3 节。

3.3 早读、课外自习

小学一、二年级：不宜安排早读，不留书面家庭作业。

小学三至六年级：早读不宜超过 20 min，课外自习时间不应超过 60 min。

中学各年级：早读不宜超过 30 rain，课外自习时间不应超过 90 min。

4　睡眠与体育活动时间

4.1 每日睡眠时间

小学生不应少于 10 h。

初中生不应少于 9 h。

高中生不应少于 8 h。

4.2 体育活动时间

确保中小学生每天锻炼 1 h。没有体育课的当天，下午课后应组织学生进行 1 h 集体体育锻炼。

5　课间休息与排课要求

5.1 课间休息

在两节课之间，课间休息时间不应少于 10 min。

第 2 节与第 3 节课之间，课间休息时间不宜少于 20 min ~ 30 min。

5.2 排课要求

一日内不连排两节相同的课程（除作文、实验等特殊需要外），各种文化课间宜插入体育、手工、画图等课程。

小学一、二年级周总课时不应超过 26 节。

小学三至六年级周总课时不应超过 30 节。

中学各年级周总课时不应超过 34 节。

无障碍设计规范（节选）

GB 50763—2012

8.3 教育建筑

8.3.1 教育建筑进行无障碍设计的范围应包括托儿所、幼儿园建筑、中小学建筑、高等院校建筑、职业教育建筑、特殊教育建筑等。

8.3.2 教育建筑的无障碍设施应符合下列规定：

1 凡教师、学生和婴幼儿使用的建筑物主要出入口应为无障碍出入口，宜设置为平坡出入口；

2 主要教学用房应至少设置 1 部无障碍楼梯；

3 公共厕所至少有 1 处应满足本规范第 3.9.1 条的有关规定。

8.3.3 接收残疾生源的教育建筑的无障碍设施应符合下列规定：

1 主要教学用房每层至少有 1 处公共厕所应满足本规范第 3.9.1 条的有关规定；

2 合班教室、报告厅以及剧场等应设置不少于 2 个轮椅坐席，服务报告厅的公共厕所应满足本规范第 3.9.1 条的有关规定或设置无障碍厕所；

3 有固定座位的教室、阅览室、实验教室等教学用房，应在靠近出入口处预留轮椅回转空间。

8.3.4 视力、听力、言语、智力残障学校设计应符合现行行业标准《特殊教育学校建筑设计规范》JGJ 76 的有关要求。

8.4 医疗康复建筑

8.4.1 医疗康复建筑进行无障碍设计的范围应包括综合医院、专科医院、疗养院、康复中心、急救中心和其他所有与医疗、康复有关的建筑物。

8.4.2 医疗康复建筑中，凡病人、康复人员使用的建筑的无障碍设施应符合下列规定：

1 室外通行的步行道应满足本规范第3.5节有关规定的要求；

2 院区室外的休息座椅旁，应留有轮椅停留空间；

3 主要出入口应为无障碍出入口，宜设置为平坡出入口；

4 室内通道应设置无障碍通道，净宽不应小于1.80m，并按照本规范第3.8节的要求设置扶手；

5 门应符合本规范第3.5节的要求；

6 同一建筑内应至少设置1部无障碍楼梯；

7 建筑内设有电梯时，每组电梯应至少设置1部无障碍电梯；

8 首层应至少设置1处无障碍厕所；各楼层至少有1处公共厕所应满足本规范第3.9.1条的有关规定或设置无障碍厕所；病房内的厕所应设置安全抓杆，并符合本规范第3.9.4条的有关规定；

9 儿童医院的门、急诊部和医技部，每层宜设置至少1处母婴室，并靠近公共厕所；

10 诊区、病区的护士站、公共电话台、查询处、饮水器、自助售货处、服务台等应设置低位服务设施；

11 无障碍设施应设符合我国国家标准的无障碍标志，在康复建筑的院区主要出入口处宜设置盲文地图或供视觉障碍者使用的语音导医系统和提示系统、供听力障碍者需要的手语服务及文字提示导医系统。

8.4.3 门、急诊部的无障碍设施还应符合下列规定：

1 挂号、收费、取药处应设置文字显示器以及语言广播装置和低位服务台或窗口；

2 候诊区应设轮椅停留空间。

8.4.4 医技部的无障碍设施应符合下列规定：

1 病人更衣室内应留有直径不小于1.50m的轮椅回转空间，部分更衣箱高度应小于1.40m；

2 等候区应留有轮椅停留空间，取报告处宜设文字显示器和语音提示装置。

8.4.5 住院部病人活动室墙面四周扶手的设置应满足本规范第3.8节的有关规定。

8.4.6 理疗用房应根据治疗要求设置扶手，并满足本规范第3.8节的有关规定。

8.4.7 办公、科研、餐厅、食堂、太平间用房的主要出入口应为无障碍出入口。

书写板安全卫生要求

GB 28231—2011

1　范　　围

本标准规定了教学用书写板（粉笔板和白板）的安全卫生要求、书写板外观质量、结构、分类、安装、标志、说明书和试验方法等。

本标准适用于各级各类学校在普通教室、实验室和其他专用教室中使用的书写板。其他教学活动

和交流、记事、宣传等使用的书写板可参照使用。

本标准不适用于告示及电子记忆传输显示书写板。

本标准不涉及书写板的电器控制部分，相关内容可参照相应的电器安全要求。

2　规范性引用文件

下列文件对于本文件的应用是必不可少的。凡是注日期的引用文件，仅注日期的版本适用于本文件。凡是不注日期的引用文件，其最新版本（包括所有的修改单）适用于本文件。

GB/T 250 纺织品 色牢度试验 评定变色用灰色样卡

GB/T 730 纺织品 色牢度试验 蓝色羊毛标样（1~7）级的品质控制

GB/T 1710—2008 同类着色颜料耐光性比较

GB/T 3979—2008 物体色的测量方法

GB 5296.1 消费品使用说明 总则

GB/T 5698 颜色术语

GB/T 6749—1997 漆膜颜色表示方法

GB/T 9761—2008 色漆和清漆 色漆的目视比色

GB/T 15608 中国颜色体系

GB/T 16422.2—1999 塑料实验室光源暴露试验方法 第2部分：氙弧灯

GB/T 17657—1999 人造板及饰面人造板理化性能试验方法

QB/T 2859 白板用记号笔

3 术语和定义

GB/T 5698 界定的以及下列术语和定义适用于本文件。

3.1 粉笔板 chalkboard

用粉笔书写后，能够擦拭的板面，并用衬板、框架等支撑物固定的结构物。

3.2 白板 whiteboard

用白板笔书写后，能够擦拭的浅颜色板面，并用衬板、框架等支撑物固定的结构物。

3.3 书写面 writing surface

可供书写、观看的表面，该表面可以擦拭并反复使用。

3.4 书写面板 writing panel

在书写板中，具有书写功能的部分。

3.5 衬板 lining board

紧贴在书写面板的背面，起衬托、支撑、消音、防震作用的板材。

3.6 背板 rear board

在单面书写板中使用，保护衬板的板。

3.7 书写板框架 boardframe

直接与书写面板及衬板的四边相连接并与支撑物组合在一起时结构物。

3.8 固定式书写板 fixed board

将书写板或书写板的主体（滑道等）固定在墙上的书写板。（见附录 A）

3.9 移动式书写板，mobile board

可以从地面的一处移动到另一处的书写板。（见附录 A）

3.10 滑动式书写板 sliding board

能在水平或竖直方向进行平行滑动的书写板。（见附录 A）

3.11 转动式书写板 pivoting board

安装在水平或垂直转轴上，可以绕轴转动的书写板。（见附录 A）

3.12 扇式书写板 winged board

由一个主书写板和一个或多个扇板装配而成的书写板。（见附录 A）

3.13 扇板 wing

具有正反两个书写面的书写板，通过铰链连接，可以绕竖直方向转动。

3.14 眩光 glare

由于视野中的亮度分布或亮度范围不适宜，或存在极端的对比，以至引起不舒适感觉或降低观察细部或目标的能力的视觉现象。

　3.15 白板笔 white board marker

可在搪瓷、烘漆、贴塑等白板表面书写，字迹容易擦去的记号笔。

3.16 甲醛释放量——干燥器法测定值 the desiccator test value（For Formaldehyde emission）

用干燥器法测定的试件释放于吸收液（蒸馏水）中甲醛量。

4　要求

4.1　颜色

4.1.1　粉笔板的颜色

粉笔板的颜色按 B.1 的方法测定应为：书写面为无彩色者，明度（V）应在 N3/以下；书写面为有彩色者，其色调（H）为 GB/T 15608 中的 7.5GY～5.BG，明度（V）为 2.5～4.0，彩度（C）为 1.0～4.0。

4.1.2　白板的颜色

白板的颜色按附录 B.1 的方法测定明度（V）应为 N 8.5/以上。

4.2　光泽度

4.2.1　按 B.2 的方法测定粉笔板书写面的光泽度应在 12 光泽单位以下，不应有因粉笔板本身的原因产生眩光。

4.2.2　按 B.2 的方法测定白板书写面的光泽度应为 35 光泽单位以上。

4.3　附着性

4.3.1　按 B.3.1 的方法测定，用熟石膏或碳酸钙制白色粉笔在粉笔板上书写，应手感流畅，充实，笔道均匀，线条鲜明。

4.3.2　按 B.3.2 的方法测定，用白板笔在白板上书写，应线迹流畅，笔道均匀、无断线现象。

4.4　擦拭性

4.4.1　对 B.3.1 所画线分别用干式粉笔板擦往复擦拭两次，应没有清楚的残留字迹；用湿式粉笔板擦在粉笔板上擦拭，距 1 m 处观察，应没有淤积的粉笔残迹。

4.4.2　将 B.3.2 所画线，放置 1 min 后用干式或湿式白板擦往复擦拭两次，距 1 m 处观察，不应留有残留字迹；放置 50 min 后用干式或湿式白板擦往复擦拭两次，距 1 m 处观察，不应留有残留字迹。

4.5　粉笔板表面粗糙度

使用表面粗糙度轮廓仪测量，任意取 5 个点，取样长度 2.5 mm，五点的平均值 Ra 应为 1.6 μm ～3.2μm。

4.6　粉笔板耐磨性

对粉笔板擦垂直加 4.9 N 力，在粉笔板书写面上往复擦拭 10 000 次，磨耗后表面粗糙度应不小于 Ra1.6μm。

4.7　耐光性

按 B.4 的方法测定，曝晒后对比度应大于 GB/T 250 的四级。

4.8 耐腐蚀性

使用含有日常家用洗涤剂或消毒剂的温水（40℃），擦拭书写板的书写面后，书写面应不变色，无表皮脱落。

4.9 甲醛释放限量

按 GB/T 17657—1999，4.12.1～4.12.6 规定进行测量，甲醛释放限量应不大于 1.5 mg/L。

4.10 书写板的标称尺寸

书写板的标称尺寸应符合附录 C 的规定。

5　书写板外观质量

5.1 书写面应表面平整，没有波纹、龟裂、针孔、斑痕及凹凸不平等缺陷。

5.2 拼接而成的平面书写面板，用游标卡尺测量，接缝的间隙应小于 1 mm，接缝两侧的高度差不应超过 1 mm。

5.3 书写面的颜色应均匀。

5.4 所有用于书写板正面的框架、配件、附件等都应具有装饰性的保护层。保护层的色调应与书写板有明显区别，不产生眩光。

6　书写板结构

6.1 书写面板与衬板、背板应贴实，黏合或压实牢固，不宜使用铁钉加固，不宜有任何金属物露出书写面。

6.2 书写板框应起到夹紧压实书写面板、衬板及背板的作用，不松脱。

6.3 书写面板本体应具有防潮性能，不因空气湿度变化而翘曲变形、发霉、结露、生锈。

6.4 除手提式粉笔板外，其他各种粉笔板都应有粉笔槽。粉笔槽的宽度应能使粉笔灰不向外溢散，可拆装的粉笔槽应有可靠的固定方式。

6.5 安装在书写板本体上的配件、附件如吊钩、挂图夹、照明灯座、笔槽等都不应遮挡书写面及妨碍在书写面上作业。

6.6 书写板暴露在外部的边缘和角应为圆形或有倒角，无毛刺，用游标卡尺测量其边缘均应有不小于 R5 mm 的圆角。金属焊缝应打磨平滑。空心的端面应该有保护件或封闭。

6.7 在没有工具的条件下，可拆卸部分包括端面的保护件以及装饰件均不能被拆除。

6.8 滑动式书写板轨道上任何部件都不能无故地被拆掉，传动连接件应保证书写板的可靠定位；保证滑动过程中的顺畅和可靠连接。

6.9 滑动式书写板滑动过程中任何相对运动的活动部件之间的距离用游标卡尺测量应是小于 8

mm 或大于 25 mm 的安全距离。

6.10 在正常使用过程中，书写板的配重装置不能轻易地被碰到，不应导致无意识的误操作。应有防配重脱落措施以及安全防护装置。

6.11 在环境噪声低于 45 dB 的条件下，用声级计 A 计权、距离书写板 1 m 测试，滑动过程中噪声不得超过 65 dB。

6.12 移动式书写板移动时不应松动滑脱，就位后保证平稳。在使用中不应晃动，不应出现尖锐的摩擦声。装有移动用小滚轮的书写板，应有滚轮锁紧装置。

6.13 转动式书写板转轴应牢固，确保书写板与支架的可靠连接。

6.14 扇式书写板合页的强度应满足扇板重力的要求，保证扇板与主板的可靠连接。

6.15 转动式书写板和扇式书写板应有锁紧和固定装置，锁紧、固定可靠。

6.16 玻璃粉笔板使用的平板玻璃，用游标卡尺测量其厚度不应小于 4 mm，本身不得有明显的气泡、条纹、结石及磕边。玻璃粉笔板应具有足够强度的衬板，其大小应与玻璃平面尺寸相当，不应把玻璃本身当作支撑使用。

6.17 在使用期间，书写板的任何部分都不应该有结构上对使用者造成伤害的危险。

7　书写板的分类

书写板的分类参见附录 D 的规定。

8　书写板的安装

8.1 固定式书写板应严格按照产品使用说明书进行安装，其框架应与墙壁贴实，无明显缝隙。安装书写板的墙体应在结构上满足安装的强度。

8.2 垂直方向滑动的书写板，用钢直尺或卷尺测量，其顶端离室内房屋顶部应不小于 120 mm。

8.3 用钢直尺或卷尺测量，固定式书写板下沿与讲台面的垂直距离应是：小学 850 mm ~ 1 000mm；中学 1 000 mm ~ 1 100 mm。

9　标志、使用说明书

9.1 在有可能造成人员危险的部位应设有安全标志，标志应醒目、易于理解。

9.2 使用说明书中应详细说明书写板的安装及安全注意事项。

9.3 若书写板需要组装或安装，说明书中应提供组装或安装的说明。至少应包含以下信息：

a）不正确的组装/安装，可能造成的后果。

b）应由何种资质的人员组装或安装。

c）安装书写板的墙体应该具备的承受能力。

9.4 其他按 GB 5296.1 规定的有关要求。

10　试验方法

书写板的试验方法应按附录 B 的规定。

中小学校教室采光和照明卫生标准

GB 7793—2010

1　范围

本标准规定了学校教室采光和照明要求。本标准适用于城市、县镇的新建、改建和扩建的普通中小学校、中等师范学校和幼儿师范学校。

2　规范性引用文件

下列文件中的条款通过本标准的引用而成为本标准的条款。凡是注日期的引用文件，其随后所有的修改单（不包括勘误的内容）或修订版均不适用于本标准，然而，鼓励根据本标准达成协议的各方研究是否可使用这些文件的域新版本。凡是不注日期的引用文件，其最新版本适合于本标准。

GB/T 5699 采光测量方法

GB/T 5700 照明测量方法

GB/T 50033 建筑采光设计标准

JGJ/T 119 建筑照明术语标准

3　术语和定义

JGJ/T 119 中确立的以及下列术语和定义适用于本标准。

3.1 采光系数 daylight factor

在室内给定平面上的某一点的采光系数为该点的照度与同一时间的室外无遮拦水平面上产生的天空漫射光照度之比，以％表示之。

3.2 窗地面积比 ratio of glazing to floor area

窗洞口面积与室内地面面积之比。

3.3 直接眩光 direct glare

在视野中，特别是在靠近视线方向存在的发光体所产生的眩光。

3.4 反射比 reflectance

某物体表面上反射的光通量与入射该物体表面上的光通量之比，以 ρ 表示。

3.5 照度均匀度 uniformity ratio of illuminance

在规定表面上的最小照度与平均照度之比。

3.6 维护系数 maintenance factor

照明装置在使用一定周期后，在规定表面上的平均照度或平均亮度与该装置在相同条件下新装时在规定表面上所得到的平均照度或平均亮度之比。

3.7 反射眩光 glare by reflection

由视野中的反射引起的眩光，特别是在靠近视线方向看见反射像所产生的眩光。

3.8 维持平均照度 maintained average illuminance

规定表面上的平均照度不得低于此数值。它是在照明装置必须进行维护的时刻，在规定表面上的平均照度。

3.9 显色指数 colour rendering index

在具有合理允差的色适应状态下，被测光源照明物体的心理物理色与参比光源照明同一色样的心理物理色符合程度的度量。

3.10 统一眩光值 unified glare rating UGR

度量处于视觉环境中的照明装置发出的光对人眼睛引起不舒适感主观反应的心理参量，其值可按 CIE 统一眩光值公式计算。

4 教室的采光要求

4.1 学校教室的朝向宜按各地区的地理和气候条件决定，不宜采用东西朝向，宜采用南北向的双侧采光。教室采用单侧采光时，光线应自学生座位的左侧射入。南外廊北教室时，应以北向窗为主要采光面。

4.2 Ⅲ类光气候区教室课桌面上的采光系数最低值不应低于2%，其他光气候区的采光系数应乘以相应的光气候系数。光气候系数应按表1采用，所在光气候区应按 GB/T 50033 中国光气候分区图查出。

表1 光气候系数 K

光气候区	I	II	III	IV	V
K 值	0.85	0.90	1.00	1.10	1.20
室外天然光临界照度值 E_1 1x	6 000	5 500	5 000	4 500	4 000

4.3 教室窗地面积比不应低于 1:5。

4.4 为防止窗的直接眩光，教室应设窗帘以避免阳光直接射入教室内。为防止黑板的反射眩光，其表面应以耐磨无光泽的材料制成。

4.5 为提高教室的采光效果，室内各表面应采用高亮度低彩度的装修，房间各表面的反射比应按表 2 的规定选取。

表2 室内各表面的反射比

表面名称	反射比	表面名称	反射比
顶棚	0.70 ~ 0.80	侧墙、后墙	0.70 ~ 0.80
前墙	0.50 ~ 0.60	课桌面	0.25 ~ 0.45
地面	0.20 ~ 0.40	黑板	0.15 ~ 0.20

4.6 采光测量方法按 GB/T 5699 执行。

5 教室的照明要求

5.1 凡教室均应装设人工照明。

5.2 教室课桌面上的维持平均照度值不应低于 300 1x，其照度均匀度不应低于 0.7。

5.3 教室黑板应设局部照明灯，其维持平均照度不应低于 500 lx，照度均匀度不应低于 0.8。

5.4 教室宜采用 3 300 K ~ 5 500 K 色温的光源，光源的显色指数不宜小于 80。

5.5 教室采用小于 26 mm 细管径直管形稀土三基色荧光灯。

5.6 教室照明荧光灯宜采用节能电感镇流器或电子镇流器。

5.7 为了减少照明光源引起的直接眩光，教室不宜采用裸灯照明。灯具距课桌面的最低悬挂高度不应低于 1.7 m。灯管排列宜采用其长轴垂直于黑板面布置。对于阶梯教室，前排灯不应对后排学生产生直接眩光。

5.8 教室的统一眩光值（UGR）不宜小于 19。

5.9 在维持平均照度值 300 lx 的条件下，教室照明功率密度现行值不应大于 11 W/m²，目标值应为 9 W/m²。

5.10 照明设计计算照度时，其维护系数应取 0.8。

5.11 教室照明测量方法按 GB/T 5700 执行。

中小学健康教育规范

GB/T 18206—2011

1　范围

本标准规定了在中小学校开展健康教育的一般要求、实施目标、教育内容、实施途径和评价建议。

本标准适用于中小学（包括九年义务教育、高中阶段）在校学生。

2　一般要求

本标准提供了中小学发展健康教育课程内容的基本框架。学校负责依据此标准进行课程计划、教学组织、课堂活动及实践安排。

3　实施目标

培养儿童青少年良好的健康意识与公共卫生意识，提高学生的健康素养，培养学生保持和增进健康的态度与实践能力，为一生的健康打下坚实的基础。

4　教育内容

4.1 中小学健康教育内容包括五个领域：

——健康行为与生活方式；

——疾病预防；

——安全应急与避险；

——心理健康；

——生长发育与青春期保健。

4.2 根据儿童青少年生长发育的不同阶段，依照小学低年级、小学中年级、小学高年级、初中年级、高中年级划分为五级水平，即：

——水平一（小学 1 年级～2 年级）；

——水平二（小学 3 年级～4 年级）；

——水平三（小学 5 年级～6 年级）；

——水平四（初中阶段）；

——水平五（高中阶段）。

4.3 将健康教育内容的五个领域合理分配到各级水平中，五个不同的水平互相衔接，完成学校健康教育的目标。各级健康教育内容基本要求如下：

a）水平一（小学1年级～2年级）健康教育内容基本要求；见附录 A。

b）水平二（小学3年级～4年级）健康教育内容基本要求：见附录 B。

c）水平三（小学5年级～6年级）健康教育内容基本要求：见附录 c。

d）水平四（初中阶段）健康教育内容基本要求：见附录 D。

e）水平五（高中阶段）健康教育内容基本要求：见附录 E。

4.4 各地、各类学校在制定发展中小学学生健康教育课程内容时，应以本标准（附录 A～附录 E）为依据，反映各水平健康教育的总体内容。遵循学校健康教育实施的基本理念，即健康知识传授与健康技能传授并重、健康知识与健康信念、健康行为形成相统一，循序渐进，适时适度，学生参与的基本原则。

4.5 在保证本标准教育内容基本要求的前提下，尊重不同地区、学校和学生之间的差异，各地学校可根据学制设置的实际情况，合理选择相关水平的健康教育内容，有效运用教学方法，使每个学生获得基本的健康教育。

5 实施途径

5.1 健康教育可采用正式课堂或者多种形式向学生传授。鼓励健康教育与学校各类课程教育的相互结合、相互渗透。学校健康教育要通过学科教学和学校各种活动以及多种宣传教育形式开展。

5.2 学科教学每学期应安排6课时～7课时，小学、中学阶段主要以《体育与健康》作为载体课程进行。对无法在《体育与健康》课程中渗透的健康教育内容，可以利用综合实践活动和地方课程的时间，采用多种形式，向学生传授健康知识和技能。

5.3 学校健康教育体现在教育过程的各个环节，各地学校在组织实施过程中，要注意健康教育与其他相关教育，如安全教育、心理健康教育有机结合，把课堂内教学与课堂外教学活动结合起来，发挥整体教育效应。

6 评价建议

6.1 重视健康教育的评价和督导。把健康教育实施过程与健康教育实施效果作为评价重点。主要包括学生健康意识的建立、基本知识和技能的掌握、卫生习惯和健康行为的形成，以及学校对健康教育课程（活动）的安排、必要的资源配置、实施情况以及实际效果。

6.2 学校健康教育是学校教育的一部分，学校应将健康教学、健康环境的创设、健康服务的提供有机结合，以大健康观为指导，全面、统筹思考学校的健康教育，为学生践行健康行为提供支持，以实现促进学生健康发展的目标。

附　录　A
（规范性附录）
水平一（小学1年级~2年级）健康教育内容基本要求

A.1 目标

知道个人卫生习惯对健康的影响，初步掌握正确的个人卫生知识；了解保护眼睛和牙齿的知识，学

会保护眼睛和牙齿；知道偏食、挑食对健康的影响，养成良好的饮水、饮食习惯；了解自己的身体，学会自

我保护；学会加入同伴群体的技能，能够与人友好相处；了解道路交通和玩耍中的安全常识，掌握一些简

单的紧急求助方法；了解环境卫生对个人健康的影响，初步树立维护环境卫生意识。

A.2 基本内容

A.2.1 健康行为习惯与生活方式

A.2.1.1 养成良好的个人卫生习惯

A.2.1.1.1 不随地吐痰，不乱丢果皮纸屑等垃圾。

A.2.1.1.2 咳嗽、打喷嚏时遮掩口鼻。

A.2.1.1.3 勤洗澡、勤换衣、勤洗头、勤剪指甲（包含头虱的预防）。

A.2.1.1.4 不共用毛巾和牙刷等洗漱用品（包含沙眼的预防）。

A.2.1.1.5 不随地大小便，饭前便后要洗手。

A.2.1.1.6 学会正确洗手的方法。

A.2.1.1.7 养成正确的坐、立、行姿势，预防脊柱弯曲异常。

A.2.1.2 爱护眼睛

A.2.1.2.1 养成正确的读写姿势。

A.2.1.2.2 正确做眼保健操。

A.2.1.3 口腔卫生

A.2.1.3.1 每天早晚刷牙，饭后漱口。

A.2.1.3.2 学会正确的刷牙方法以及选择适宜的牙刷和牙膏。

A.2.1.3.3 预防龋齿和牙龈炎（认识龋齿的成因、注意口腔卫生、定期检查）。

A.2.1.4 饮水卫生

注意饮水卫生，适量饮水有益健康。

A.2.1.5 合理营养

A.2.1.5.1 吃好早餐，一日三餐有规律。

A.2.1.5.2 了解偏食、挑食危害健康。

A.2.1.5.3 了解喝牛奶、经常食用豆类及豆制品有利于生长发育，有益于健康。

A.2.1.6 环境与健康

A.2.1.6.1 了解经常开窗通气有利健康。

A.2.1.6.2 文明如厕，自觉维护厕所卫生。

A.2.1.6.3 了解蚊子、苍蝇、老鼠、蟑螂等会传播疾病。

A.2.2 预防疾病

了解接种疫苗可以预防一些传染病。

A.2.3 安全应急与避险

A.2.3.1 交通安全

A.2.3.1.1 认识常见的交通安全标志。

A.2.3.1.2 遵守交通规则，行人过马路要走人行横道、不要闯红灯。

A.2.3.1.3 注意乘车安全。

A.2.3.2 游戏与运动安全

A.2.3.2.1 不玩危险游戏，注意游戏安全。

A.2.3.2.2 燃放鞭炮要注意安全。

A.2.3.3 学习、生活中的安全

A.2.3.3.1 不玩火、使用电源要注意安全。

A，2.3.3.2 使用文具、玩具要注意卫生安全。

A.2.3.3.3 了解学校紧急疏散的要求和方式，学会应对校园突发事件。

A.2.3.4 动物咬伤的预防和处理

A.2.3.4.1 远离野生动物，不与宠物打闹。

A.2.3.4.2 了解家养犬要注射疫苗。

A.2.3.5 自救互救的知识和技能

学会自救互救，发生紧急情况会拨打求助电话（医疗求助电话：120，火警电话：119，匪警电话：110）。

A.2.4 心理健康

培养沟通能力，学会使用基本的礼貌用语，与同学和睦相处。

A.2.5 生长发育和青春期保健

A.2.5.1 认识生命，珍爱生命。

A.2.5.2 初：步了解生命孕育常识，知道"我从哪里来"。

附录 B

（规范性附录）

水平二（小学 3 年级～4 年级）健康教育内容基本要求

B.1 目标

进一步了解保护眼睛、预防近视眼知识，学会合理用眼；了解食品安全基本知识，初步树立食品安全

意识；了解体育锻炼对健康的作用，初步学会合理安排课外作息时间；初步了解烟草对健康的危害；了解

肠道寄生虫病、常见呼吸道传染病和营养不良等疾病的基本知识及预防方法；了解容易导致意外伤害的

危险因素，熟悉常见的意外伤害的预防与简单处理方法；了解日常生活中的安全常识，掌握简单的避险

与逃生技能；初步了解生命的意义和价值，树立保护生命的意识。

B.2 基本内容

B.2.1 健康行为习惯与生活方式

B.2.1.1 爱护眼睛

B.2.1.1.1 注意读书写字、看电视、用电脑的卫生要求。

B.2.1.1.2 预防近视（认识影响近视发生的因素、学会合理用眼、注意用眼卫生、定期检查）。

B.2.1.1.3 预防眼外伤。

B.2.1.2 饮食（饮水）卫生

B.2.1.2.1 不吃不洁、腐败变质、超过保质期的食品。

B.2.1.2.2 饭菜要做熟；生吃蔬菜水果要洗净。

B.2.1.2.3 认识人体所需的营养素。

B.2.1.3 健康生活方式

B.2.1.3.1 认识体育锻炼有利于促进生长发育和预防疾病。

B.2.1.3.2 注意睡眠卫生要求（小学生每天睡眠时间应该保证 10 h）。

B.2.1.3.3 生活垃圾应该分类放置。

B.2.1.3.4 不吸烟不酗酒远离毒品。

B.2.2 预防疾病

B.2.2.1 学生常见病的预防

B.2.2.1.1 认识蛔虫、蛲虫等肠道传染病对健康的危害与预防。

B.2.2.1.2 认识营养不良，肥胖对健康的危害与预防。

B.2.2.1.3 了解冻疮的预防（可根据地方实际选择）。

B.2.2.2 预防接种

了解学生应接种的疫苗。

B.2.2.3 常见呼吸道、消化道传染病的预防

B.2.2.3.1 认识传染病（重点为传播链）。

B.2.2.3.2 了解常见呼吸道传染病（流感、水痘、腮腺炎、麻疹、流脑等）的预防。

B.2.3 安全应急与避险

B.2.3.1 游戏与运动安全

注意游戏与运动安全，到正规的游泳、滑冰场所游泳和滑冰。

B.2.3.2 学习、生活中的安全

注意学习、生活中的安全，不乱服药物，不乱用化妆品。

B.2.3.3 伤害的预防与处理

B.2.3.3.1 了解火灾发生时的逃生与求助。

B.2.3.3.2 了解地震发生时的逃生与求助。

B.2.3.4 动物咬伤的处理

一旦被动物咬伤后，应立即冲洗伤口，及时就医，及时注射狂犬疫苗。

B.2.3.5 自救互救的基本知识和技能

B.2.3.5.1 了解鼻出血的简单处理。

B.2.3.5.2 了解简便止血方法（指压法、加压包扎法）。

B.2.4 心理健康

B.2.4.1 关心尊重他人。

B.2.4.2 正确对待残疾同伴。

B.2.5 生长发育和青春期保健

B.2.5.1 了解人的生命周期包括诞生、发育、成熟、衰老、死亡。

B.2.5.2 认识自己的身体，关注自己的身体发育情况。

附录 C

（规范性附录）

水平三（小学 5 年级~6 年级）健康教育内容基本要求

C.1 目标

了解健康的含义与健康的生活方式，初步形成健康意识；了解营养对促进儿童少年生长发育的意义，树立正确的营养观；了解食品安全知识，养成良好的饮食卫生习惯；了解烟草对健康的危害，树立吸烟有害健康的意识；了解毒品危害的简单知识，远离毒品危害；掌握常见肠道传染病、

病媒生物传播疾病的基本知识和预防方法，树立卫生防病意识；了解常见地方病（如碘缺乏病）、血吸虫病对健康的危害，掌握预防方法；了解青春期生理发育基本知识，初步掌握相关的卫生保健知识；了解日常生活中的安全常识，学会体育锻炼中的自我监护，提高自我保护的能力。

C. 2 基本内容

C. 2.1 健康行为习惯与生活方式

C. 2.1.1 健康生活方式

C. 2.1.1.1 了解健康不仅仅是没有疾病或虚弱，而是身体、心理、社会适应的完好状态。

C. 2.1.1.2 了解健康生活方式主要包括合理膳食、适量运动、戒烟限酒、心理平衡 4 个方面，健康的生活方式有利于健康。

C. 2.1.1.3 了解体育锻炼时自我监护的主要内容（主观感觉和客观检查的指标）。

C. 2.1.2 爱护眼睛

发现视力异常，应到正规医院眼科进行视力检查、验光，注意配戴眼镜的卫生要求。

C. 2.1.3 饮食（饮水）卫生

C. 2.1.3.1 购买包装食品应注意查看生产日期、保质期、包装有无涨包或破损，不购买无证摊贩食品。

C. 2.1.3.2 了解容易引起食物中毒的常见食品（发芽土豆、不熟扁豆和豆浆、毒蘑菇、新鲜黄花菜、河豚等）。

C. 2.1.3.3 不采摘、不食用野果、野菜。

C. 2.1.4 合理营养

C. 2.1.4.1 膳食应以谷类为主，多吃蔬菜水果和薯类，注意荤素搭配。

C. 2.1.4.2 日常生活饮食应适度，不暴饮暴食，不盲目节食，适当零食。

C. 2.1.5 不吸烟不酗酒远离毒品

C. 2.1.5.1 认识吸烟和被动吸烟会导致癌症、心血管疾病、呼吸系统疾病等多种疾病。

C. 2.1.5.2 中小学生应做到不吸烟、不饮酒。

C. 2.1.5.3 了解常见毒品的名称。

C. 2.1.5.4 认识毒品对个人和家庭的危害，自我保护的常识和简单方法，能够远离毒品。

C. 2.2 预防疾病

C. 2.2.1 贫血的预防

认识贫血对健康的危害与预防。

C. 2.2.2 肠道传染病的预防

了解常见肠道传染病（细菌性痢疾、伤寒与副伤寒、甲型肝炎等）的预防。

C. 2.2.3 疟疾的预防

了解疟疾疾病的预防。

C. 2.2.4 血吸虫病的预防

了解血吸虫病的预防（可根据地方实际选择）。

C.2.2.5 出血性结膜炎的预防

了解流行性出血性结膜炎（红眼病）的预防。

C.2.2.6 碘缺乏病及其他地方病的预防

C.2.2.6.1 认识碘缺乏病对人体健康的危害。

C.2.2.6.2 食用碘盐可以预防碘缺乏病。

C.2.3 安全应急与避险

C.2.3.1 交通安全

注意骑自行车安全与道路交通安全。

C.2.3.2 危险标识的识别

识别常见的危险标识（如高压、易燃、易爆、剧毒、放射性、生物安全），远离危险物。

C.2.3.3 伤害的预防和处理

C.2.3.3.1 了解煤气中毒的发生原因和预防。

C.2.3.3.2 了解触电、雷击的预防。

C.2.3.4 自救互救的基本知识和技能

C.2.3.4.1 了解中暑的预防和处理。

C.2.3.4.2 了解轻微烫烧伤、割、刺、擦、挫伤等的自我处理。

C.2.3.5 网络的合理利用

合理利用网络，提高网络安全防范意识。

C.2.4 心理健康

保持自信，自己的事情自己做。

C.2.5 生长发育和青春期保健

C.2.5.1 体温、脉搏的测量

掌握体温、脉搏测量方法及其测量的意义。

C.2.5.2 青春期心身发育特点

C.2.5.2.1 了解青春期的生长发育特点。

C.2.5.2.2 了解男女少年在青春发育期的差异（男性、女性第二性征的具体表现）。

C.2.5.2.3 了解女生月经初潮及意义（月经形成以及周期计算）。

C.2.5.2.4 了解男生首次遗精及意义。

C.2.5.3 青春期卫生保健

C.2.5.3.1 注意变声期的保健。

C.2.5.3.2 注意青春期的个人卫生。

附录 D

（规范性附录）

水平四（初中阶段）健康教育内容基本要求

D.1 目标

了解生活方式与健康的关系，建立文明、健康的生活方式；进一步了解平衡膳食、合理营养意义，养成科学、营养的饮食习惯；了解充足睡眠对儿童少年生长发育的重要意义；了解预防食物中毒的基本知识；进一步了解常见传染病预防知识，增强卫生防病能力；了解艾滋病基本知识和预防方法，熟悉毒品预防基本知识，增强抵御毒品和艾滋病的能力；了解青春期心理变化特点，学会保持愉快情绪和增进心理健康；进一步了解青春期发育的基本知识，掌握青春期卫生保健知识和青春期常见生理问题的预防和处理方法；了解什么是性侵害，掌握预防方法和技能；掌握简单的用药安全常识；学会自救互救的基本技能，提高应对突发事件的能力；了解网络使用的利弊，合理利用网络。

D.2 基本内容

D.2.1 健康行为习惯与生活方式

D.2.1.1 不良生活方式的危害

了解不良生活方式有害健康，慢性非传染性疾病（恶性肿瘤、冠心病、糖尿病、脑卒中）的发生与不健康的生活方式有关。

D.2.1.2 饮食（饮水）卫生

D.2.1.2.1 了解食物中毒的常见原因（细菌性、化学性、有毒动植物等）避免发生食物中毒。

D.2.1.2.2 发现病死禽畜要报告，不吃病死禽畜肉。

D.2.1.2.3 适宜保存食品，腐败变质食品会引起食物中毒。

D.2.1.3 合理营养

D.2.1.3.1 学会膳食平衡；平衡膳食有利于促进健康。

D.2.1.3.2 认识青春期需要补充充足的营养素，保证生长发育的需要。

D.2.1.4 睡眠卫生

合理安排作息时间，保证充足的睡眠有利于生长发育和健康（初中生每天睡眠时间应该保证 9 h，高中生每天睡眠时间应该保证 8 h）。

D.2.1.5 不吸烟不酗酒远离毒品

D.2.1.5.1 学会拒绝吸烟、饮酒。

D.2.1.5.2 认识毒品对个人、家庭和社会的危害。

D.2.1.5.3 认识吸毒违法，拒绝毒品。

D.2.2 预防疾病

D.2.2.1 乙型脑炎的预防

了解乙型脑炎防治的基本知识。

D.2.2.2 疥疮等传染性皮肤病的预防

了解疥疮等传染性皮肤病防治的基本知识。

D.2.2.3 结核病防治基本知识

D.2.2.3.1 出现咳嗽、咳痰2周以上，或痰中带血，应及时检查是否得了肺结核。

D.2.2.3.2 肺结核主要通过病人咳嗽、打喷嚏、大声说话等产生的飞沫传播。

D.2.2.3.3 肺结核病应该到医院接受正规治疗。

D.2.2.4 肝炎防治基本知识

D.2.2.4.1 认识肝炎。

D.2.2.4.2 了解甲型肝炎的预防。

D.2.2.4.3 了解乙（丙）型肝炎的预防。

D.2.2.4.4 不歧视乙型肝炎病人及感染者。

D.2.2.5 艾滋病防治基本知识

D.2.2.5.1 掌握艾滋病的基本知识。

D.2.2.5.2 认识艾滋病的危害。

D.2.2.5.3 掌握艾滋病的预防方法。

D.2.2.5.4 判断安全行为与不安全行为。

D.2.2.5.5 拒绝不安全行为的技巧。

D.2.2.5.6 学会寻求帮助的途径和方法。

D.2.2.5.7 了解与预防艾滋病相关的青春期生理和心理知识。

D.2.2.5.8 了解吸毒与艾滋病。

D.2.2.5.9 不歧视艾滋病病毒感染者与患者。

D.2.3 安全应急与避险

D.2.3.1 中毒的处理

了解毒物中毒的应急处理。

D.2.3.2 自救互救的知识和技能

D.2.3.2.1 了解溺水的应急处理。

D.2.3.2.2 了解骨折简易应急处理知识（固定、搬运）。

D.2.3.3 用药安全

D.2.3.3.1 有病应及时就医。

D.2.3.3.2 服药要遵从医嘱，不乱服药物。

D.2.3.3.3 不擅自服用、不滥用镇静催眠等成瘾性药物。

D.2.3.3.4 不擅自服用止痛药。

D.2.3.3.5 了解保健品不能代替药品。

D.2.3.4 性侵害的预防

D.2.3.4.1 识别容易发生性侵害的危险因素。

D.2.3.4.2 保护自己不受性侵害。

D.2.3.5 网络的合理利用

合理利用网络资源，预防网络成瘾。

D.2.4 心理健康

D.2.4.1 培养调节情绪能力

D.2.4.1.1 认识不良情绪影响健康。

D.2.4.1.2 学会调控情绪的基本方法。

D.2.4.2 认识自我

建立自我认同，客观认识和对待自己。

D.2.4.3 合理制定目标

培养制定目标的能力，根据自己的学习能力和状况确定合理的学习目标。

D.2.4.4 人际交往

了解异性交往的原则。

D.2.5 生长发育和青春期保健

D.2.5.1 生长发育

了解青春期心理发育，正确对待青春期心理变化。

D.2.5.2 青春期卫生保健

D.2.5.2.1 了解痤疮发生的原因、预防方法。

D.2.5.2.2 注意月经期间的卫生保健，痛经的症状及处理。

D.2.5.2.3 学会选择和佩戴适宜的胸罩。

附 录 E

（规范性附录）

水平五（高中阶段）健康教育内容基本要求

E.1 目标

了解中国居民膳食指南，了解常见食物的选购知识，进一步了解预防艾滋病基本知识，正确对待艾

滋病病毒感染者和患者；学会正确处理人际关系，培养有效的交流能力，掌握缓解压力等基本的心理调

适技能；进一步了解青春期保健知识，认识婚前性行为对身心健康的危害，树立健康文明的性

观念和性

道德。

E.2 基本内容

E.2.1 健康行为习惯与生活方式

E.2.1.1 饮食卫生

了解食品选购基本知识，注意饮食卫生。

E.2.1.2 合理营养

了解中国居民膳食指南，合理营养。

E.2.2 预防疾病

E.2.2.1 艾滋病防治基本知识

E.2.2.1.1 掌握艾滋病的预防方法。

E.2.2.1.2 认识艾滋病的流行趋势及对社会经济带来的危害。

E.2.2.1.3 了解 HIV 感染者与艾滋病病人的区别。

E.2.2.1.4 了解艾滋病的窗口期和潜伏期。

E.2.2.1.5 了解无偿献血知识。

E.2.2.1.6 不歧视艾滋病病毒感染者与患者。

E.2.3 安全应急与避险

认识网络交友的危险性，培养网络信息的辨别能力。

E.2.4 心理健康

E.2.4.1 培养沟通能力

E.2.4.1.1 学会宣泄，学会倾诉，学会站在他人的角度客观的看待事件。

E.2.4.1.2 正确处理人际交往中的冲突，做到主动、诚恳、公平、谦虚、宽厚地与人交往。

E.2.4.2 培养缓解压力能力

E.2.4.2.1 学会有效环节压力的技巧。

E.2.4.2.2 认识竞争的积极意义。

E.2.4.2.3 正确应对失败和挫折。

E.2.4.3 情绪调节

了解考试等特殊时期常见的心理问题与应对方法，培养调节情绪能力。

E.2.5 生长发育和青春期保健

E.2.5.1 生长发育

E.2.5.1.1 热爱生活，珍爱生命。

E.2.5.1.2 了解青春期常见的发育异常，发现不正常要及时就医。

E.2.5.2 树立责任意识，遵守性道德

E.2.5.2.1 婚前性行为严重影响青少年身心健康。

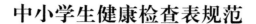

E.2.5.2.2 避免婚前性行为。

中小学生健康检查表规范

GB 16134—2011

1 范围

本标准规定了中小学生健康检查表要求及健康检查管理。

本标准适用于普通中小学生健康检查，职业高中、技校亦可参照使用。

本标准不适用于学龄前儿童健康检查。

2 中小学生健康检查表要求

2.1 《中小学生健康检查表》纸张规格和式样

使用 B5、80 g 洁白纸张印刷。健康检查表应装订成册，以便于保存和管理。检查表式样参见附录 A。

2.2 健康检查项目

2.2.1 检查项目分类及要求

中小学生健康检查项目分为必测项目和选测项目。各地在组织学生进行健康检查时，所有必测项目均应列入检查表，并按要求进行检查。有条件的地区应积极开展选测项目的检查。

2.2.2 必测项目

查验或询问项目：小学入学预防接种证查验、入学后预防接种史、既往病史、月经初潮/首次遗精年龄

身体形态：身高、体重

生理功能：血压

五官：裸眼视力、沙眼、结膜炎、色觉、龋齿、牙周、耳、鼻、扁桃体

外科：头部、颈部、胸廓、脊柱、四肢、皮肤、淋巴结

内科：心、肺、肝、脾

实验室检查：结核菌素试验

小学入学预防接种证查验可在现场健康检查结束后 1 周内完成。月经初潮从小学四年级开始询问，首次遗精从五年级开始询问，应安排与学生同性别的检查人员进行询问。色觉在初中一年级和高中一年级时进行检查。结核菌素试验在小学、初中入学时应检查。

2.2.3 选测项目

身体形态：腰围、臀围

生理功能：肺活量

五官：串镜检查、听力

外科：男性外生殖器

实验室检查：血红蛋白、蠕虫卵、肝功能

2.3《中小学生健康检查表》填写要求

2.3.1 封面

封面各项目应如实填写。小学入学建表时可由家长或老师代填。

2.3.2 查验和询问项目

"小学入学前预防接种史"可在相应的选项前"口"内画"√"，若已全程进行预防接种，在"建议"项中可填"／"；若未接种或有漏种，则应给出具体建议。"其他疫苗"应填写疫苗名称。"入学后预防接种史"应填写2次健康检查间隔期间所接受预防接种的疫苗名称。"既往病史"第1次填写应仔细询问出生至本次健康检查期间的病史，随后的检查可询问2次健康检查间隔期间的病史，记录病名和诊断时间。

2.3.3 检查项目

"身体形态和生理功能检查"应记录具体数据。"五官检查"中裸眼视力、龋齿、听力应记录具体数据；进行串镜检查的在相应的选项前"口"内画"√"。"外科检查"与"内科检查"中检查结果无阳性发现者可填"／"，发现阳性结果者应填写病名或阳性体征。"实验室检查"中血红蛋白、肝功能和结核菌素试验应记录具体检查结果；蠕虫卵在相应的选项前"口"内画"√"。

2.3.4 签字

检查医师检查完毕应签字，并注明检日期。

3 中小学生健康检查管理

3.1《中小学生健康检查表》的建表、存表和转表

3.1.1 建表

新生入学时应进行健康检查并建表。

3.1.2 存表

建表后，本表应存放在学校卫生室，由学校保健人员负责。无卫生室的学校由负责健康检查的单位指导校方保存，并由专人负责保存。

3.1.3 转表

学生转学及升学时，应将表转入新校。

3.2 中小学生健康检查频率

学校负责学生健康检查的组织与管理。中小学生在校期间每学年应进行 1 次常规健康检查。

3.3 开展中小学生健康检查的机构与人员资质

3.3.1 开展中小学生健康检查的卫生保健、医疗机构应具有法人资格、持有有效的《医疗机构执业许可证》、由政府举办的公立性医疗机构（包括教育行政部门所属的区域性中小学卫生保健机构）；应报经学校主管教育行政部门备案；能独立开展学生健康检查工作；能对学生健康检查状况进行个体和群体评价、分析、反馈，并提出健康指导建议。

3.3.2 参与中小学生健康检查的人员应是医疗卫生保健专业人员，具有与学生健康检查工作和学生常见病防治有关的知识和经验，并有相应的专业技术证书；主检人员应由主治（管）医（技）师以上或相应职称的专业人员担任。

3.3.3 学生健康体检所需的医疗检查设备与检验仪器的种类、数量、性能、量程、精度能满足工作需要，并能良好运行，定期校验；仪器设备有完整的操作规程。

3.4 中小学生健康检查的场所

中小学生健康检查的场所应设置在校内或特定的健康人群体检场所，应能满足健康检查对环境的要求。健康检查机构负责组织专业技术人员和必要的检查设备进入体检场所开展健康检查。

3.5 生物标本的收集

粪便采集瓶应提前发放给学生，学生在检查的前一天收集自己的粪便，在检查当天将采集瓶交给健康检查人员。血液标本应由专业技术人员收集。

3.6 中小学生健康检查结果评价与反馈

3.6.1 健康检查结果的反馈形式

健康体检机构以个体报告单形式向学生反馈健康体检结果；以学校汇总报告单形式向学校反馈学生体检结果；将所负责的体检学校的学生体检结果统计汇总，以区域学校汇总报告单形式上报当地教育行政部门，当地教育行政部门再逐级上报。

3.6.2 健康检查报告单内容

3.6.2.1 健康检查机构在结束检查后，应进行个体健康评价和群体健康评价。

3.6.2.2 个体报告单内容应包括学生个体体检项目的客观结果，身高等级评价、体重等级评价及建议，基于人体测量的营养状况评价及建议；肺活量指数、五官科检查结果及建议、外科检查结果及建议、内科检查结果及建议、实验室检查结果及建议。

3.6.2.3 学校汇总报告单内容应包括学校不同年级男女生的生长发育水平，营养不良、超重、肥胖检出率，视力不良、近视、沙眼、结膜炎、龋齿、牙周疾病、贫血检出率，蛲虫感染率，肝功能异常检出率，结核菌素试验阳性率，对学校学生健康的综合性评价和建议。

3.6.2.4 区域学校汇总报告单内容应包括所检查学校学生的总体健康状况分析，包括不同年级男女生的生长发育水平，营养不良、超重、肥胖检出率，视力不良、近视、沙眼、结膜炎、龋齿、牙周疾病、贫血检出率，蛲虫感染率，肝功能异常检出率，结核菌素试验阳性率，对学生健康的综合性评价和建议。

3.6.3 健康检查表和报告单的反馈时限

个体报告单应于健康检查后 2 周内反馈给学生或家长；学校汇总报告单应于检查后 1 个月内反馈给学校；区域学校汇总报告单应于检查后 2 个月内反馈当地教育行政部门。

电视教室座位布置范围和照度卫生标准

GB 8772—2011

1 范围

本标准规定了电视教室座位布置范围、照度及普通教室电视教学要求。

本标准适用于各类学校中以电视为主要教学手段的教室。其他装备有电视机的各种类型教室亦应参照使用。

2 规范性引用文件

下列文件对于本文件的应用是必不可少的。凡是注日期的引用文件，仅注日期的版本适用于本文件。凡是不注日期的引用文件，其最新版本（包括所有的修改单）适用于本文件。

GB/T 5699 采光测量方法

GB/T 5700 照明测量方法

GB 7793 中小学校教室采光和照明卫生标准

GBJ 99 中小学校建筑设计规范

3 术语和定义

GB 7793 中确立的以及下列术语和定义适用于本文件。

3.1 观看电视的水平斜视角 horizontal bias angle of view

观看者在水平方向上偏离电视屏幕中轴线的角度，以符号 α 表示（如图 1 中的 α 角）。

3.2 观看电视的仰角 vertical positive angle of view

观看者水平视线与电视屏幕中心所成的夹角，以符号 β 表示（如图 2 中 β 角）。

3.3 有效视距范围 acceptable range for TV – watching

进行电视教学时，观看者能获得连续清晰图像的最大观看距离范围。

3.4 最佳视距范围 ideal range for TV – watching

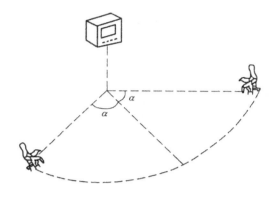

图1　观看电视的水平斜视角

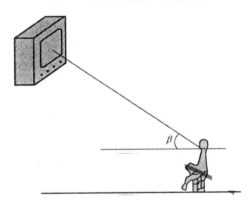

图2　观看电视的仰角

在有效视距离，观看者较长时间看电视，视疲劳发生相对较少的观看距离范围。

3.5 转暗设施 dimmer facility

进行电视教学时遮挡天然光射入教室内的设施。如电动或手动的遮光窗帘（需有窗帘箱）或遮光通风百叶窗等。

4　座位布置范围

4.1 座椅前缘至电视屏幕垂直的水平距离，应在观看电视的有效视距范围内。对 PAL 制（帕尔制，Phase Alteration Line；PAL 电视标准为 625 条扫描线，每秒 25 帧，隔行扫描）电视机，以电视机屏幕对角线尺寸的倍数计算，有效视距范围为 3 倍~12 倍。对观看图像的细节分辨要求较高的电视教学任务，座位布置应在最佳视距围内，以电视机屏幕对角线尺寸的倍数计算，最佳视距范围为 5 倍~10 倍。

4.2 观看电视的水平斜视角不应超过 45°。

4.3 观看电视的仰角不应超过 30°。

59

5　照度

5.1 电视教室课桌面上的采光系数最低值应符合 GB 7793 要求。

5.2 电视教室利用电视机进行教学时，课桌面人工照明的维持平均照度应为 60lx ±6 lx，其照度均匀度不应低于 0.7。

5.3 电视教室照明宜采用小于 26 mm 细管径直管形稀土三基色荧光灯，不应采用裸灯。灯具距课桌面的最低悬挂高度不应低于 1.7 m。灯管排列宜采用其长轴垂直于黑板面布置。对于阶梯教室，前排灯不应对后排学生产生直接眩光。

5.4 照明设计计算照度时，其维护系数应取 0.8。

5.5 电视教室照明灯的控制开关应根据不同功能需要分组设置。

5.6 电视教室应有防止灯的光源在屏幕上产生反射眩光的措施，参见附录 A。

5.7 电视教室应设有转暗设施和加强通风的设施。

5.8 电视教室采光测量方法按 GB/T 5699 执行，照明测量方法按 GB/T 5700 执行。

6　普通教室电视教学要求

6.1 电视机规格不宜小于 74 cm（29in）。普通教育各种规格电视机教学时的有效视距范围、最佳视距范围和可容座位数参见附录 B。普通教育观看 74 cm（29 in）教学电视的座位布置范围参见附录 C。

6.2 采用吊装形式安置电视机时，吊架底部至地面的距离小学宜在 1.7 m～1.8 m 之间，中学宜在 1.8 m～2.0 m 之间，吊架在水平方向上应可以调节。

6.3 教室内照明灯的控制开关应至少设置三组，可采用黑板灯、窗侧灯和门侧三组布控形式，或采用黑板灯、前排灯和后排灯三组布控形式。

6.4 教室前排窗宜加设遮光窗帘或厚窗帘。

6.5 教室环境微小气候应符合 GBJ 99 要求。

中小学校设计规范

GB 50099—2011

1　总　　则

1.0.1 为使中小学校建设满足国家规定的办学标准，适应建筑安全、适用、经济、绿色、美观的需要，制定本规范。

1.0.2 本规范适用于城镇和农村中小学校（含非完全小学）的新建、改建和扩建项目的规划和工程设计。

1.0.3 中小学校设计应遵守下列原则：

1.0.3.1 满足教学功能要求；

1.0.3.2 有益于学生身心健康成长；

1.0.3.3 校园本质安全，师生在学校内全过程安全。校园具备国家规定的防灾避难能力；

1.0.3.4 坚持以人为本、精心设计、科技创新和可持续发展的目标，满足保护环境、节地、节能、节水、节材的基本方针；并应满足有利于节约建设投资，降低运行成本的原则。

1.0.4 中小学校的设计除应符合本规范的规定外，尚应符合国家现行有关标准的规定。

2　术　　语

2.0.1 完全小学 elementary school

对儿童、少年实施初等教育的场所，共有 6 个年级，属义务教育。

2.0.2 非完全小学 lower elementary school

对儿童实施初等教育基础教育阶段的场所，设 1 年级~4 年级，属义务教育。

2.0.3 初级中学 junior secondary school

对青、少年实施初级中等教育的场所，共有 3 个年级，属义务教育。

2.0.4 高级中学 senior secondary school

对青年实施高级中等教育的场所，共有 3 个年级。

2.0.5 完全中学 secondary school

对青、少年实施中等教育的场所，共有 6 个年级，含初级中学和高级中学教育的学校。其中，1 年级~3 年级属义务教育。

2.0.6 九年制学校 9 – year school

对儿童、青少年连续实施初等教育和初级中等教育的学校，共有 9 个年级，其中完全小学 6 个年级，初级中学 3 个年级。属义务教育。

2.0.7 中小学校 school

泛指对青、少年实施初等教育和中等教育的学校，包括完全小学、非完全小学、初级中学、高级中学、完全中学、九年制学校等各种学校。

2.0.8 安全设计 safety design

安全设计应包括教学活动的安全保障、自然与人为灾害侵袭下的防御备灾条件、救援疏散时师生的避难条件等。

2.0.9 本质安全 intrinsic safety

本质安全是从内在赋予系统安全的属性，由于去除各种早期危险及潜在隐患，从而能保证系统与设施可靠运行。

2.0.10 避难疏散场所 disaster shelter for evacuation

用作发生意外灾害时受灾人员疏散的场地和建筑。

2.0.11 学校可比总用地 comparable floor area for school

校园中除环形跑道外的用地，与学生总人数成比例增减。

2.0.12 学校可比容积率 comparable floor area ratio for school

校园中各类建筑地上总建筑面积与学校可比总用地面积的比值。

2.0.13 风雨操场 sports ground with roof

有顶盖的体育场地，包括有顶无围护墙的场地和有顶有围护墙的场馆。

3 基本规定

3.0.1 各类中小学校建设应确定班额人数，并应符合下列规定：

3.0.1.1 完全小学应为每班 45 人，非完全小学应为每班 30 人；

3.0.1.2 完全中学、初级中学、高级中学应为每班 50 人；

3.0.1.3 九年制学校中 1 年级～6 年级应与完全小学相同，7 年级～9 年级应与初级中学相同。

3.0.2 中小学校建设应为学生身心健康发育和学习创造良好环境。

3.0.3 接受残疾生源的中小学校，除应符合本规范的规定外，还应按照现行行业标准《城市道路和建筑物无障碍设计规范》JGJ 50 的有关规定设置无障碍设施。

3.0.4 校园内给水排水、电力、通信及供热等基础设施应与中小学校主体建筑同步建设，并宜先行施工。

3.0.5 中小学校设计应满足国家有关校园安全的规定，并应与校园应急策略相结合。安全设计应包括校园内防火、防灾、安防设施、通行安全、餐饮设施安全、环境安全等方面的设计。

3.0.6 由当地政府确定为避难疏散场所的学校应按国家和地方相关规定进行设计。

3.0.7 多个学校校址集中或组成学区时，各校宜合建可共用的建筑和场地。分设多个校址的学校可依教学及其他条件的需要，分散设置或在适中的校园内集中建设可共用的建筑和场地。

3.0.8 中小学校建设应符合环境保护的要求，宜按绿色校园、绿色建筑的有关要求进行设计。

3.0.9 在改建、扩建项目中宜充分利用原有的场地、设施及建筑。

3.0.10 中小学校设计应与当地气候、地理环境、社会、经济、技术的发展水平、民族习俗及传统相适应。

3.0.11 环境设计、建筑的造型及装饰设计应朴素、安全、实用。

4　场地和总平面

4.1 场　地

4.1.1 中小学校应建设在阳光充足、空气流动、场地干燥、排水通畅、地势较高的宜建地段。校内应有布置运动场地和提供设置基础市政设施的条件。

4.1.2 中小学校严禁建设在地震、地质塌裂、暗河、洪涝等自然灾害及人为风险高的地段和污染超标的地段。校园及校内建筑与污染源的距离应符合对各类污染源实施控制的国家现行有关标准的规定。

4.1.3 中小学校建设应远离殡仪馆、医院的太平间、传染病院等建筑。与易燃易爆场所间的距离应符合现行国家标准《建筑设计防火规范》GB 50016 的有关规定。

4.1.4 城镇完全小学的服务半径宜为 500m，城镇初级中学的服务半径宜为 1 000m。

4.1.5 学校周边应有良好的交通条件，有条件时宜设置临时停车场地。学校的规划布局应与生源分布及周边交通相协调。与学校毗邻的城市主干道应设置适当的安全设施，以保障学生安全跨越。

4.1.6 学校教学区的声环境质量应符合现行国家标准《民用建筑隔声设计规范》GB 50118 的有关规定。学校主要教学用房设置窗户的外墙与铁路路轨的距离不应小于 300m，与高速路、地上轨道交通线或城市主干道的距离不应小于 80m。当距离不足时，应采取有效的隔声措施。

4.1.7 学校周界外 25m 范围内已有邻里建筑处的噪声级不应超过现行国家标准《民用建筑隔声设计规范》GB 50118 有关规定的限值。

4.1.8 高压电线、长输天然气管道、输油管道严禁穿越或跨越学校校园；当在学校周边敷设时，安全防护距离及防护措施应符合相关规定。

4.2 用　地

4.2.1 中小学校用地应包括建筑用地、体育用地、绿化用地、道路及广场、停车场用地。有条件时宜预留发展用地。

4.2.2 中小学校的规划设计应合理布局，合理确定容积率，合理利用地下空间，节约用地。

4.2.3 中小学校的规划设计应提高土地利用率，宜以学校可比容积率判断并提高土地利用效率。

4.2.4 中小学校建筑用地应包括以下内容：

4.2.4.1 教学及教学辅助用房、行政办公和生活服务用房等全部建筑的用地；有住宿生学校的建筑用地应包括宿舍的用地；建筑用地应计算至台阶、坡道及散水外缘；

4.2.4.2 自行车库及机动车停车库用地；

4.2.4.3 设备与设施用房的用地。

4.2.5 中小学校的体育用地应包括体操项目及武术项目用地、田径项目用地、球类用地和场地间的专用甬路等。设 400m 环形跑道时，宜设 8 条直跑道。

4.2.6 中小学校的绿化用地宜包括集中绿地、零星绿地、水面和供教学实践的种植园及小动物饲养园。

4.2.6.1 中小学校应设置集中绿地。集中绿地的宽度不应小于 8m。

4.2.6.2 集中绿地、零星绿地、水面、种植园、小动物饲养园的用地应按各自的外缘围合的面积计算。

4.2.6.3 各种绿地内的步行甬路应计入绿化用地。

4.2.6.4 铺栽植被达标的绿地停车场用地应计入绿化用地。

4.2.6.5 未铺栽植被或铺栽植被不达标的体育场地不宜计入绿化用地。

4.2.6.6 绿地的日照及种植环境宜结合教学、植物多样化等要求综合布置。

4.2.7 中小学校校园内的道路及广场、停车场用地应包括消防车道、机动车道、步行道、无顶盖且无植被或植被不达标的广场及地上停车场。用地面积计量范围应界定至路面或广场、停车场的外缘。校门外的缓冲场地在学校用地红线以内的面积应计量为学校的道路及广场、停车场用地。

4.3 总平面

4.3.1 中小学校的总平面设计应包括总平面布置、竖向设计及管网综合设计。总平面布置应包括建筑布置、体育场地布置、绿地布置、道路及广场、停车场布置等。

4.3.2 各类小学的主要教学用房不应设在四层以上，各类中学的主要教学用房不应设在五层以上。

4.3.3 普通教室冬至日满窗日照不应少于 2h。

4.3.4 中小学校至少应有 1 间科学教室或生物实验室的室内能在冬季获得直射阳光。

4.3.5 中小学校的总平面设计应根据学校所在地的冬夏主导风向合理布置建筑物及构筑物，有效组织校园气流，实现低能耗通风换气。

4.3.6 中小学校体育用地的设置应符合下列规定：

4.3.6.1 各类运动场地应平整，在其周边的同一高程上应有相应的安全防护空间。

4.3.6.2 室外田径场及足球、篮球、排球等各种球类场地的长轴宜南北向布置。长轴南偏东宜小于 20°，南偏西宜小于 10°。

4.3.6.3 相邻布置的各体育场地间应预留安全分隔设施的安装条件。

4.3.6.4 中小学校设置的室外田径场、足球场应进行排水设计。室外体育场地应排水通畅。

4.3.6.5 中小学校体育场地应采用满足主要运动项目对地面要求的材料及构造做法。

4.3.6.6 气候适宜地区的中小学校宜在体育场地周边的适当位置设置洗手池、洗脚池等附属设施。

4.3.7 各类教室的外窗与相对的教学用房或室外运动场地边缘间的距离不应小于25m。

4.3.8 中小学校的广场、操场等室外场地应设置供水、供电、广播、通信等设施的接口。

4.3.9 中小学校应在校园的显要位置设置国旗升旗场地。

5 教学用房及教学辅助用房

5.1 一般规定

5.1.1 中小学校的教学及教学辅助用房应包括普通教室、专用教室、公共教学用房及其各自的辅助用房。

5.1.2 中小学校专用教室应包括下列用房：

1 小学的专用教室应包括科学教室、计算机教室、语言教室、美术教室、书法教室、音乐教室、舞蹈教室、体育建筑设施及劳动教室等，宜设置史地教室；

2 中学的专用教室应包括实验室、史地教室、计算机教室、语言教室、美术教室、书法教室、音乐教室、舞蹈教室、体育建筑设施及技术教室等。

5.1.3 中小学校的公共教学用房应包括合班教室、图书室、学生活动室、体质测试室、心理咨询室、德育展览室等及任课教师办公室。

5.1.4 中小学校的普通教室与专用教室、公共教学用房间应联系方便。教师休息室宜与普通教室同层设置。各专用教室宜与其教学辅助用房成组布置。教研组教师办公室宜设在其专用教室附近或与其专用教室成组布置。

5.1.5 中小学校的教学用房及教学辅助用房应设置的给水排水、供配电及智能化等设施除符合本章规定外，还应符合本规范第10章的规定。

5.1.6 中小学校的教学用房及教学辅助用房宜多学科共用。

5.1.7 中小学校教学用房及教学辅助用房中，隔墙的设置及水、暖、气、电、通信等各种设施的管网布线宜适应教学空间调整的需求。

5.1.8 各教室前端侧窗窗端墙的长度不应小于1.00m。窗间墙宽度不应大于1.20m。

5.1.9 教学用房的窗应符合下列规定：

5.1.9.1 教学用房中，窗的采光应符合现行国家标准《建筑采光设计标准》GB/T 50033的有关规定，并应符合本规范第9.2节的规定；

5.1.9.2 教学用房及教学辅助用房的窗玻璃应满足教学要求，不得采用彩色玻璃；

5.1.9.3 教学用房及教学辅助用房中，外窗的可开启窗扇面积应符合本规范第9.1节及第10.1节通风换气的规定；

5.1.9.4 教学用房及教学辅助用房的外窗在采光、保温、隔热、散热和遮阳等方面的要求应符合国家现行有关建筑节能标准的规定。

5.1.10 炎热地区的教学用房及教学辅助用房中，可在内外墙设置可开闭的通风窗。通风窗下沿宜设在距室内楼地面以上 0.10m~0.15m 高度处。

5.1.11 教学用房的门应符合下列规定：

5.1.11.1 除音乐教室外，各类教室的门均宜设置上亮窗；

5.1.11.2 除心理咨询室外，教学用房的门扇均宜附设观察窗。

5.1.12 教学用房的地面应有防潮处理。在严寒地区、寒冷地区及夏热冬冷地区，教学用房的地面应设保温措施。

5.1.13 教学用房的楼层间及隔墙应进行隔声处理；走道的顶棚宜进行吸声处理。隔声、吸声的要求应符合现行国家标准《民用建筑隔声设计规范》GB 50118 的有关规定。

5.1.14 教学用房及学生公共活动区的墙面宜设置墙裙，墙裙高度应符合下列规定：

5.1.14.1 各类小学的墙裙高度不宜低于 1.20m；

5.1.14.2 各类中学的墙裙高度不宜低于 1.40m；

5.1.14.3 舞蹈教室、风雨操场墙裙高度不应低于 2.10m。

5.1.15 教学用房内设置黑板或书写白板及讲台时，其材质及构造应符合下列规定：

5.1.15.1 黑板的宽度应符合下列规定：

（1）小学不宜小于 3.60m；

（2）中学不宜小于 4.00m；

5.1.15.2 黑板的高度不应小于 1.00m；

5.1.15.3 黑板下边缘与讲台面的垂直距离应符合下列规定：

（1）小学宜为 0.80m~0.90m；

（2）中学宜为 1.00m~1.10m；

5.1.15.4 黑板表面应采用耐磨且光泽度低的材料；

5.1.15.5 讲台长度应大于黑板长度，宽度不应小于 0.80m，高度宜为 0.20m。其两端边缘与黑板两端边缘的水平距离分别不应小于 0.40m。

5.1.16 主要教学用房应配置的教学基本设备及设施应符合表 5.1.16 的规定。

5.1.17 安装视听教学设备的教室应设置转暗设施。

5.2 普通教室

5.2.1 普通教室内单人课桌的平面尺寸应为 0.60m×0.40m。

5.2.2 普通教室内的课桌椅布置应符合下列规定：

5.2.2.1 中小学校普通教室课桌椅的排距不宜小于 0.90m，独立的非完全小学可为 0.85m；

5.2.2.2 最前排课桌的前沿与前方黑板的水平距离不宜小于 2.20m；

5.2.2.3 最后排课桌的后沿与前方黑板的水平距离符合下列规定：

（1）小学不宜大于 8.00m；

（2）中学不宜大于 9.00m；

5.2.2.4 教室最后排座椅之后应设横向疏散走道；自最后排课桌后沿至后墙面或固定家具的净距不应小于 1.10m；

5.2.2.5 中小学校普通教室内纵向走道宽度不应小于 0.60m，独立的非完全小学可为 0.55m；

5.2.2.6 沿墙布置的课桌端部与墙面或壁柱、管道等墙面突出物的净距不宜小于 0.15m；

5.2.2.7 前排边座座椅与黑板远端的水平视角不应小于 30°。

5.2.3 普通教室内应为每个学生设置一个专用的小型储物柜。

表 5.1.16　主要教学用房的教学基本设备及设施

房间名称	黑板	书写白板	讲台	投影仪接口	投影屏幕	显示屏	展示园地	挂镜线	广播音箱	储物柜	教具柜	清洁柜	通信外网接口
普通教室	●	—	●	●	●	—	●	—	●	●	○	◎	○
科学教室	●	—	●	●	●	—	●	—	●	—	◎	—	—
化学、物理实验室	●	—	●	◎	◎	—	—	—	●	—	◎	—	—
解剖实验室	●	—	●	●	●	—	◎	◎	●	—	◎	◎	—
显微镜观察实验室	—	●	●	◎	◎	—	◎	◎	●	—	◎	—	—
综合实验室	●	—	●	◎	◎	—	—	—	●	—	—	—	—
演示实验室	●	—	●	●	●	◎	—	—	●	—	—	—	—
史地教室	●	—	●	●	●	—	◎	●	●	—	◎	—	—
计算机教室	—	●	●	●	●	—	—	—	●	—	—	—	◎
语言教室	●	●	●	●	●	—	—	—	●	—	—	—	◎
美术教室	—	●	●	●	●	—	◎	●	○	●	—	—	—
书法教室	●	—	●	●	●	—	—	◎	●	○	○	◎	—
现代艺术课教室	—	●	●	●	●	—	—	—	●	—	—	—	—
音乐教室	●	—	●	●	●	—	—	—	◎	—	○	—	○
舞蹈教室	—	—	—	—	—	—	—	○	●	◎	—	—	—
风雨操场	—	—	—	—	—	—	—	—	●	◎	—	—	—
合班教室（容2个班）	●	—	●	●	●	●	—	—	●	—	—	—	◎
阶梯教室	●	◎	●	●	●	●	◎	◎	●	—	—	—	◎
阅览室	—	—	—	●	●	—	◎	◎	●	—	—	—	—

房间名称	黑板	书写白板	讲台	投影仪接口	投影屏幕	显示屏	展示园地	挂镜线	广播音箱	储物柜	教具柜	清洁柜	通信外网接口
视听阅览室	—	●	—	—	—	—	◎	—	●	—	—	—	◎
体质测试室	—	—	—	—	—	—	○	◎	●	—	◎	—	—
心理咨询室	—	—	—	—	—	—	◎	◎	—	—	●	—	○
德育展览室	—	—	—	—	—	—	●	●	◎	—	—	—	—
教师办公室	—	—	—	—	—	—	—	◎	●	◎	—	◎	◎

注：● 为应设置 ◎ 为宜设置 ○ 为可设置 — 为可不设置

5.3 科学教室、实验室

5.3.1 科学教室和实验室均应附设仪器室、实验员室、准备室。

5.3.2 科学教室和实验室的桌椅类型和排列布置应根据实验内容及教学模式确定，并应符合下列规定：

5.3.2.1 实验桌平面尺寸应符合表 5.3.2 的规定；

表 5.3.2　实验桌平面尺寸

类　别	长度（m）	宽度（m）
双人单侧实验桌	1.20	0.60
四人双侧实验桌	1.50	0.90
岛式实验桌（6 人）	1.80	1.25
气垫导轨实验桌	1.50	0.60
教师演示桌	2.40	0.70

5.3.2.2 实验桌的布置应符合下列规定：

（1）双人单侧操作时，两实验桌长边之间的净距不应小于0.60m；四人双侧操作时，两实验桌长边之间的净距不应小于1.30m；超过四人双侧操作时，两实验桌长边之间的净距不应小于1.50m；

（2）最前排实验桌的前沿与前方黑板的水平距离不宜小于2.50m；

（3）最后排实验桌的后沿与前方黑板之间的水平距离不宜大于11.00m；

（4）最后排座椅之后应设横向疏散走道；自最后排实验桌后沿至后墙面或固定家具的净距不应小于1.20m；

（5）双人单侧操作时，中间纵向走道的宽度不应小于0.70m；四人或多于四人双向操作时，中间纵向走道的宽度不应小于0.90m；

（6）沿墙布置的实验桌端部与墙面或壁柱、管道等墙面突出物间宜留出疏散走道，净宽不宜小于 0.60m；另一侧有纵向走道的实验桌端部与墙面或壁柱、管道等墙面突出物间可不留走道，但净距不宜小于 0.15m；

（7）前排边座座椅与黑板远端的最小水平视角不应小于 30°。

Ⅰ 科学教室

5.3.3 除符合本规范第 5.3.1 条规定外，科学教室并宜在附近附设植物培养室，在校园下风方向附设种植园及小动物饲养园。

5.3.4 冬季获得直射阳光的科学教室应在阳光直射的位置设置摆放盆栽植物的设施。

5.3.5 科学教室内实验桌椅的布置可采用双人单侧的实验桌平行于黑板布置，或采用多人双侧实验桌成组布置。

5.3.6 科学教室内应设置密闭地漏。

Ⅱ 化学实验室

5.3.7 化学实验室宜设在建筑物首层。除符合本规范第 5.3.1 条规定外，化学实验室并应附设药品室。化学实验室、化学药品室的朝向不宜朝西或西南。

5.3.8 每一化学实验桌的端部应设洗涤池；岛式实验桌可在桌面中间设通长洗涤槽。每一间化学实验室内应至少设置一个急救冲洗水嘴，急救冲洗水嘴的工作压力不得大于 0·01MPa。

5.3.9 化学实验室的外墙至少应设置 2 个机械排风扇，排风扇下沿应在距楼地面以上 0.10m～0.15m 高度处。在排风扇的室内一侧应设置保护罩，采暖地区应为保温的保护罩。在排风扇的室外一侧应设置挡风罩。实验桌应有通风排气装置，排风口宜设在桌面以上。药品室的药品柜内应设通风装置。

5.3.10 化学实验室、药品室、准备室宜采用易冲洗、耐酸碱、耐腐蚀的楼地面做法，并装设密闭地漏。

Ⅲ 物理实验室

5.3.11 当学校配置 2 个及以上物理实验室时，其中 1 个应为力学实验室。光学、热学、声学、电学等实验可共用同一实验室，并应配置各实验所需的设备和设施。

5.3.12 力学实验室需设置气垫导轨实验桌，在实验桌一端应设置气泵电源插座；另一端与相邻桌椅、墙壁或橱柜的间距不应小于 0.90m。

5.3.13 光学实验室的门窗宜设遮光措施。内墙面宜采用深色。实验桌上宜设置局部照明。特色教学需要时可附设暗室。

5.3.14 热学实验室应在每一实验桌旁设置给水排水装置，并设置热源。

5.3.15 电学实验室应在每一个实验桌上设置一组包括不同电压的电源插座，插座上每一电源宜设分开关，电源的总控制开关应设在教师演示桌处。

5.3.16 物理实验员室宜具有设置钳台等小型机修装备的条件。

Ⅳ 生物实验室

5.3.17 除符合本规范第 5.3.1 条规定外，生物实验室还应附设药品室、标本陈列室、标本储藏室，宜附设模型室，并宜在附近附设植物培养室，在校园下风方向附设种植园及小动物饲养园。标本陈列室与标本储藏室宜合并设置，实验员室、仪器室、模型室可合并设置。

5.3.18 当学校有 2 个生物实验室时，生物显微镜观察实验室和解剖实验室宜分别设置。

5.3.19 冬季获得直射阳光的生物实验室应在阳光直射的位置设置摆放盆栽植物的设施。

5.3.20 生物显微镜观察实验室内的实验桌旁宜设置显微镜储藏柜。实验桌上宜设置局部照明设施。

5.3.21 生物解剖实验室的给水排水设施可集中设置，也可在每个实验桌旁分别设置。

5.3.22 生物标本陈列室和标本储藏室应采取通风、降温、隔热、防潮、防虫、防鼠等措施，其采光窗应避免直射阳光。

5.3.23 植物培养室宜独立设置，也可以建在平屋顶上或其他能充分得到日照的地方。种植园的肥料及小动物饲养园的粪便均不得污染水源和周边环境。

Ⅴ 综合实验室

5.3.24 当中学设有跨学科的综合研习课时，宜配置综合实验室。综合实验室应附设仪器室、准备室；当化学、物理、生物实验室均在邻近布置时，综合实验室可不设仪器室、准备室。

5.3.25 综合实验室内宜沿侧墙及后墙设置固定实验桌，其上装设给水排水、通风、热源、电源插座及网络接口等设施。实验室中部宜设 $100m^2$ 开敞空间。

Ⅵ 演示实验室

5.3.26 演示实验室宜按容纳 1 个班或 2 个班设置。

5.3.27 演示实验室课桌椅的布置应符合下列规定：

1 宜设置有书写功能的座椅，每个座椅的最小宽度宜为 0.55m；

2 演示实验室中，桌椅排距不应小于 0.90m；

3 演示实验室纵向走道宽度不应小于 0.70m；

4 边演示边实验的阶梯式实验室中，阶梯的宽度不宜小于 1.35m；

5 边演示边实验的阶梯式实验室的纵向走道应有便于仪器药品车通行的坡道，宽度不应小于 0.70m。

5.3.28 演示实验室宜设计为阶梯教室，设计视点应定位于教师演示实验台桌面的中心，每排座位宜错位布置，隔排视线升高值宜为 0.12m。

5.3.29 演示实验室内最后排座位之后，应设横向疏散走道，疏散走道宽度不应小于 0.60m，净高不应小于2.20m。

5.4 史地教室

5.4.1 史地教室应附设历史教学资料储藏室、地理教学资料储藏室和陈列室或陈列廊。

5.4.2 史地教室的课桌椅布置方式宜与普通教室相同。并宜在课桌旁附设存放小地球仪等教具的小柜。教室内可设标本展示柜。在地质灾害多发地区附近的学校，史地教室标本展示柜应与墙体或楼板有可靠的固定措施。

5.4.3 史地教室设置简易天象仪时，宜设置课桌局部照明设施。

5.4.4 史地教室内应配置挂镜线。

5.5 计算机教室

5.5.1 计算机教室应附设一间辅助用房供管理员工作及存放资料。

5.5.2 计算机教室的课桌椅布置应符合下列规定：

1 单人计算机桌平面尺寸不应小于0.75m×0.65m。前后桌间距离不应小于0.70m；

2 学生计算机桌椅可平行于黑板排列；也可顺侧墙及后墙向黑板成半围合式排列；

3 课桌椅排距不应小于1.35m；

4 纵向走道净宽不应小于0.70m；

5 沿墙布置计算机时，桌端部与墙面或壁柱、管道等墙面突出物间的净距不宜小于0.15m。

5.5.3 计算机教室应设置书写白板。

5.5.4 计算机教室宜设通信外网接口，并宜配置空调设施。

5.5.5 计算机教室的室内装修应采取防潮、防静电措施，并宜采用防静电架空地板，不得采用无导出静电功能的木地板或塑料地板。当采用地板采暖系统时，楼地面需采用与之相适应的材料及构造做法。

5.6 语言教室

5.6.1 语言教室应附设视听教学资料储藏室。

5.6.2 中小学校设置进行情景对话表演训练的语言教室时，可采用普通教室的课桌椅，也可采用有书写功能的座椅。并应设置不小于20m²的表演区。

5.6.3 语言教室宜采用架空地板。不架空时，应铺设可敷设电缆槽的地面垫层。

5.7 美术教室、书法教室

Ⅰ 美术教室

5.7.1 美术教室应附设教具储藏室，宜设美术作品及学生作品陈列室或展览廊。

5.7.2 中学美术教室空间宜满足一个班的学生用画架写生的要求。学生写生时的座椅为画凳时，所占面积宜为2.15m²/生；用画架写生时所占面积宜为2.50m²/生。

5.7.3 美术教室应有良好的北向天然采光。当采用人工照明时，应避免眩光。

5.7.4 美术教室应设置书写白板，宜设存放石膏像等教具的储藏柜。在地质灾害多发地区附近

的学校，教具储藏柜应与墙体或楼板有可靠的固定措施。

5.7.5 美术教室内应配置挂镜线，挂镜线宜设高低两组。

5.7.6 美术教室的墙面及顶棚应为白色。

5.7.7 当设置现代艺术课教室时，其墙面及顶棚应采取吸声措施。

Ⅱ 书法教室

5.7.8 小学书法教室可兼作美术教室。

5.7.9 书法教室可附设书画储藏室。

5.7.10 书法条案的布置应符合下列规定：

1 条案的平面尺寸宜为 1.50m×0.60m，可供 2 名学生合用；

2 条案宜平行于黑板布置；条案排距不应小于 1.20m；

3 纵向走道宽度不应小于 0.70m。

5.7.11 书法教室内应配置挂镜线，挂镜线宜设高低两组。

5.8 音乐教室

5.8.1 音乐教室应附设乐器存放室。

5.8.2 各类小学的音乐教室中，应有 1 间能容纳 1 个班的唱游课，每生边唱边舞所占面积不应小于 2.40m²。

5.8.3 音乐教室讲台上应布置教师用琴的位置。

5.8.4 中小学校应有 1 间音乐教室能满足合唱课教学的要求，宜在紧接后墙处设置 2 排～3 排阶梯式合唱台，每级高度宜为 0.20m，宽度宜为 0.60m。

5.8.5 音乐教室应设置五线谱黑板。

5.8.6 音乐教室的门窗应隔声。墙面及顶棚应采取吸声措施。

5.9 舞蹈教室

5.9.1 舞蹈教室宜满足舞蹈艺术课、体操课、技巧课、武术课的教学要求，并可开展形体训练活动。每个学生的使用面积不宜小于 6m²。

5.9.2 舞蹈教室应附设更衣室，宜附设卫生间、浴室和器材储藏室。5.9.3 舞蹈教室应按男女学生分班上课的需要设置。5.9.4 舞蹈教室内应在与采光窗相垂直的一面墙上设通长镜面，镜面含镜座总高度不宜小于 2.10m，镜座高度不宜大于 0.30m。镜面两侧的墙上及后墙上应装设可升降的把杆，镜面上宜装设固定把杆。把杆升高时的高度应为 0.90m；把杆与墙间的净距不应小于 0.40m。

5.9.5 舞蹈教室宜设置带防护网的吸顶灯。采暖等各种设施应暗装。

5.9.6 舞蹈教室宜采用木地板。

5.9.7 当学校有地方或民族舞蹈课时，舞蹈教室设计宜满足其特殊需要。

5.10 体育建筑设施

5.10.1 体育建筑设施包括风雨操场、游泳池或游泳馆。体育建筑设施的位置应邻近室外体育场，并宜便于向社会开放。

Ⅰ 风雨操场

5.10.2 风雨操场应附设体育器材室，也可与操场共用一个体育器材室，并宜附设更衣室、卫生间、浴室。教职工与学生的更衣室、卫生间、淋浴室应分设。

5.10.3 当风雨操场无围护墙时，应避免眩光影响。有围护墙的风雨操场外窗无避免眩光的设施时，窗台距室内地面高度不宜低于 2.10m。窗台高度以下的墙面宜为深色。

5.10.4 根据运动占用空间的要求，应在风雨操场内预留各项目之间设置安全分隔的设施。

5.10.5 风雨操场内，运动场地的灯具等应设护罩。悬吊物应有可靠的固定措施。有围护墙时，在窗的室内一侧应设护网。

5.10.6 风雨操场的楼、地面构造应根据主要运动项目的要求确定，不宜采用刚性地面。固定运动器械的预埋件应暗设。

5.10.7 当风雨操场兼作集会场所时，宜进行声学处理。

5.10.8 风雨操场通风设计应符合本规范第 9.1.3 条的规定，应采用自然通风；当自然通风不满足要求时，宜设机械通风或空调。

5.10.9 体育器材室的门窗及通道应满足搬运体育器材的需要。

5.10.10 体育器材室的室内应采取防虫、防潮措施。

Ⅱ 游泳池、游泳馆

5.10.11 中小学校的游泳池、游泳馆均应附设卫生间、更衣室，宜附设浴室。

5.10.12 中小学校泳池宜为 8 泳道，泳道长宜为 50m 或 25m。

5.10.13 中小学校游泳池、游泳馆内不得设置跳水池，且不宜设置深水区。

5.10.14 中小学校泳池入口处应设置强制通过式浸脚消毒池，池长不应小于 2.00m，宽度应与通道相同，深度不宜小于 0.20m。

5.10.15 泳池设计应符合国家现行标准《建筑给水排水设计规范》GB 50015 及《游泳池给水排水工程技术规程》CJJ 122 的有关规定。

5.11 劳动教室、技术教室

5.11.1 小学的劳动教室和中学的技术教室应根据国家或地方教育行政主管部门规定的教学内容进行设计，并应设置教学内容所需要的辅助用房、工位装备及水、电、气、热等设施。

5.11.2 中小学校内有油烟或气味发散的劳动教室、技术教室应设置有效的排气设施。

5.11.3 中小学校内有振动或发出噪声的劳动教室、技术教室应采取减振减噪、隔振隔噪声措施。

5.11.4 部分劳动课程、技术课程可以利用普通教室或其他专用教室。高中信息技术课可以在计算机教室进行，但其附属用房宜加大，以配置扫描仪、打印机等相应的设备。

5.12 合班教室

5.12.1 各类小学宜配置能容纳 2 个班的合班教室。当合班教室兼用于唱游课时，室内不应设置固定课桌椅，并应附设课桌椅存放空间。兼作唱游课教室的合班教室应对室内空间进行声学处理。

5.12.2 各类中学宜配置能容纳一个年级或半个年级的合班教室。

5.12.3 容纳 3 个班及以上的合班教室应设计为阶梯教室。

5.12.4 阶梯教室梯级高度依据视线升高值确定。阶梯教室的设计视点应定位于黑板底边缘的中点处。前后排座位错位布置时，视线的隔排升高值宜为 0.12m。

5.12.5 合班教室宜附设 1 间辅助用房，储存常用教学器材。

5.12.6 合班教室课桌椅的布置应符合下列规定：

1 每个座位的宽度不应小于 0.55m，小学座位排距不应小于 0.85m，中学座位排距不应小于 0.90m；

2 教室最前排座椅前沿与前方黑板间的水平距离不应小于 2.50m，最后排座椅的前沿与前方黑板间的水平距离不应大于 18.00m；

3 纵向、横向走道宽度均不应小于 0.90m，当座位区内有贯通的纵向走道时，若设置靠墙纵向走道，靠墙走道宽度可小于 0.90m，但不应小于 0.60m；

4 最后排座位之后应设宽度不小于 0.60m 的横向疏散走道；

5 前排边座座椅与黑板远端间的水平视角不应小于 30°。

5.12.7 当合班教室内设置视听教学器材时，宜在前墙安装推拉黑板和投影屏幕（或数字化智能屏幕），并应符合下列规定：

1 当小学教室长度超过 9.00m，中学教室长度超过 10.00m 时，宜在顶棚上或墙、柱上加设显示屏；学生的视线在水平方向上偏离屏幕中轴线的角度不应大于 45。，垂直方向上的仰角不应大于 30°；

2 当教室内，自前向后每 6.00m～8.00m 设 1 个显示屏时，最后排座位与黑板间的距离不应大于 24.00m；学生座椅前缘与显示屏的水平距离不应小于显示屏对角线尺寸的 4 倍～5 倍，并不应大于显示屏对角线尺寸的 10 倍～11 倍；

3 显示屏宜加设遮光板。

5.12.8 教室内设置视听器材时，宜设置转暗设备，并宜设置座位局部照明设施。

5.12.9 合班教室墙面及顶棚应采取吸声措施。

5.13 图 书 室

5.13.1 中小学校图书室应包括学生阅览室、教师阅览室、图书杂志及报刊阅览室、视听阅览室、检录及借书空间、书库、登录、编目及整修工作室。并可附设会议室和交流空间。

5.13.2 图书室应位于学生出入方便、环境安静的区域。

5.13.3 图书室的设置应符合下列规定：

1 教师与学生的阅览室宜分开设置，使用面积应符合本规范表 7.1.1 的规定；

2 中小学校的报刊阅览室可以独立设置，也可以在图书室内的公共交流空间设报刊架，开架阅览；

3 视听阅览室的设置应符合下列规定：

1）使用面积应符合本规范表 7.1.1 的规定；

2）视听阅览室宜附设资料储藏室，使用面积不宜小于 12.00m²；

3）当视听阅览室兼作计算机教室、语言教室使用时，阅览桌椅的排列应符合本规范第 5.5 节及第 5.6 节的规定；

4）视听阅览室宜采用防静电架空地板，不得采用无导出静电功能的木地板或塑料地板；当采用地板采暖系统时，楼地面需采用与之相适应的构造做法；

4 书库使用面积宜按以下规定计算后确定：

1）开架藏书量约为 400 册/m² ~ 500 册/m²；

2）闭架藏书量约为 500 册/m² ~ 600 册/m²；

3）密集书架藏书量约为 800 册/m² ~ 1200 册/m²；

5 书库应采取防火、降温、隔热、通风、防潮、防虫及防鼠的措施；

6 借书空间除设置师生个人借阅空间外，还应设置检录及班级集体借书的空间。借书空间的使用面积不宜小于 10.00m²。

5.14 学生活动室

5.14.1 学生活动室供学生兴趣小组使用。各小组宜在相关的专用教室中开展活动，各活动室仅作为服务、管理工作和储藏用。

5.14.2 学生活动室的数量及面积宜依据学校的规模、办学特色和建设条件设置。面积应依据活动项目的特点确定。

5.14.3 学生活动室的水、电、气、冷、热源及设备、设施应根据活动内容的需要设置。

5.15 体质测试室

5.15.1 体质测试室宜设在风雨操场或医务室附近。并宜设为相通的 2 间。体质测试室宜附设可容纳一个班的等候空间。

5.15.2 体质测试室应有良好的天然采光和自然通风。

5.16 心理咨询室

5.16.1 心理咨询室宜分设为相连通的 2 间，其中有一间宜能容纳沙盘测试，其平面尺寸不宜小于 4.00m×3.40m。心理咨询室可附设能容纳 1 个班的心理活动室。

5.16.2 心理咨询室宜安静、明亮。

5.17 德育展览室

5.17.1 德育展览室的位置宜设在校门附近或主要教学楼入口处，也可设在会议室、合班教室附近，或在学生经常经过的走道处附设展览廊。

5.17.2 德育展览室可与其他展览空间合并或连通。

5.17.3 德育展览室的面积不宜小于 60.00m²。

5.18 任课教师办公室

5.18.1 任课教师的办公室应包括年级组教师办公室和各课程教研组办公室。

5.18.2 年级组教师办公室宜设置在该年级普通教室附近。课程有专用教室时，该课程教研组办公室宜与专用教室成组设置。其他课程教研组可集中设置于行政办公室或图书室附近。

5.18.3 任课教师办公室内宜设洗手盆。

6 行政办公用房和生活服务用房

6.1 行政办公用房

6.1.1 行政办公用房应包括校务、教务等行政办公室、档案室、会议室、学生组织及学生社团办公室、文印室、广播室、值班室、安防监控室、网络控制室、卫生室（保健室）、传达室、总务仓库及维修工作间等。

6.1.2 主要行政办公用房的位置应符合下列规定：

1 校务办公室宜设置在与全校师生易于联系的位置，并宜靠近校门；

2 教务办公室宜设置在任课教师办公室附近；

3 总务办公室宜设置在学校的次要出入口或食堂、维修工作间附近；

4 会议室宜设在便于教师、学生、来客使用的适中位置；

5 广播室的窗应面向全校学生做课间操的操场；

6 值班室宜设置在靠近校门、主要建筑物出入口或行政办公室附近；

7 总务仓库及维修工作间宜设在校园的次要出入口附近，其运输及噪声不得影响教学环境的质量和安全。

6.1.3 中小学校设计应依据使用和管理的需要设安防监控中心。安防工程的设置应符合现行国家标准《安全防范工程技术规范》GB 50348 的有关规定。

6.1.4 网络控制室宜设空调。

6.1.5 网络控制室内宜采用防静电架空地板，不得采用无导出静电功能的木地板或塑料地板。当采用地板采暖时，楼地面需采用相适应的构造。

6.1.6 卫生室（保健室）的设置应符合下列规定：

1 卫生室（保健室）应设在首层，宜临近体育场地，并方便急救车辆就近停靠；

2 小学卫生室可只设 1 间，中学宜分设相通的 2 间，分别为接诊室和检查室，并可设观察室；

3 卫生室的面积和形状应能容纳常用诊疗设备，并能满足视力检查的要求；每间房间的面积不宜小于 15m²；

4 卫生室宜附设候诊空间，候诊空间的面积不宜小于 20m²；

5 卫生室（保健室）内应设洗手盆、洗涤池和电源插座；

6 卫生室（保健室）宜朝南。

6.2 生活服务用房

6.2.1 中小学校生活服务用房应包括饮水处、卫生间、配餐室、发餐室、设备用房，宜包括食堂、淋浴室、停车库（棚）。寄宿制学校应包括学生宿舍、食堂、浴室。

Ⅰ 饮 水 处

6.2.2 中小学校的饮用水管线与室外公厕、垃圾站等污染源间的距离应大于 25.00m。

6.2.3 教学用建筑内应在每层设饮水处，每处应按每 40 人～45 人设置一个饮水水嘴计算水嘴的数量。

6.2.4 教学用建筑每层的饮水处前应设置等候空间，等候空间不得挤占走道等疏散空间。

Ⅱ 卫 生 间

6.2.5 教学用建筑每层均应分设男、女学生卫生间及男、女教师卫生间。学校食堂宜设工作人员专用卫生间。当教学用建筑中每层学生少于 3 个班时，男、女生卫生间可隔层设置。

6.2.6 卫生间位置应方便使用且不影响其周边教学环境卫生。

6.2.7 在中小学校内，当体育场地中心与最近的卫生间的距离超过 90.00m 时，可设室外厕所。所建室外厕所的服务人数可依学生总人数的 15 9/5 计算。室外厕所宜预留扩建的条件。

6.2.8 学生卫生间卫生洁具的数量应按下列规定计算：

1 男生应至少为每 40 人设 1 个大便器或 1.20m 长大便槽；每 20 人设 1 个小便斗或 0.60m 长小便槽；

女生应至少为每 13 人设 1 个大便器或 1.20m 长大便槽；

2 每 40 人～45 人设 1 个洗手盆或 0.60m 长盥洗槽；

3 卫生间内或卫生间附近应设污水池。

6.2.9 中小学校的卫生间内，厕位蹲位距后墙不应小于 0.30m。

6.2.10 各类小学大便槽的蹲位宽度不应大于 0.18m。

6.2.11 厕位间宜设隔板，隔板高度不应低于 1.20m。

6.2.12 中小学校的卫生间应设前室。男、女生卫生间不得共用一个前室。

6.2.13 学生卫生间应具有天然采光、自然通风的条件，并应安置排气管道。

6.2.14 中小学校的卫生间外窗距室内楼地面 1.70m 以下部分应设视线遮挡措施。

6.2.15 中小学校应采用水冲式卫生间。当设置旱厕时，应按学校专用无害化卫生厕所设计。

Ⅲ 浴 室

6.2.16 宜在舞蹈教室、风雨操场、游泳池（馆）附设淋浴室。教师浴室与学生浴室应分设。

6.2.17 淋浴室墙面应设墙裙，墙裙高度不应低于 2.10m。

IV 食 堂

6.2.18 食堂与室外公厕、垃圾站等污染源间的距离应大于25.00m。

6.2.19 食堂不应与教学用房合并设置，宜设在校园的下风向。厨房的噪声及排放的油烟、气味不得影响教学环境。

6.2.20 寄宿制学校的食堂应包括学生餐厅、教工餐厅、配餐室及厨房。走读制学校应设置配餐室、发餐室和教工餐厅。

6.2.21 配餐室内应设洗手盆和洗涤池，宜设食物加热设施。

6.2.22 食堂的厨房应附设蔬菜粗加工和杂物、燃料、灰渣等存放空间。各空间应避免污染食物，并宜靠近校园的次要出入口。

6.2.23 厨房和配餐室的墙面应设墙裙，墙裙高度不应低于2.10m。

V 学生宿舍

6.2.24 学生宿舍不得设在地下室或半地下室。

6.2.25 宿舍与教学用房不宜在同一栋建筑中分层合建，可在同一栋建筑中以防火墙分隔贴建。学生宿舍应便于自行封闭管理，不得与教学用房合用建筑的同一个出入口。

6.2.26 学生宿舍必须男女分区设置，分别设出入口，满足各自封闭管理的要求。

6.2.27 学生宿舍应包括居室、管理室、储藏室、清洁用具室、公共盥洗室和公共卫生间，宜附设浴室、洗衣房和公共活动室。

6.2.28 学生宿舍宜分层设置公共盥洗室、卫生间和浴室。盥洗室门、卫生间门与居室门间的距离不得大于20.00m。当每层寄宿学生较多时可分组设置。

6.2.29 学生宿舍每室居住学生不宜超过6人。居室每生占用使用面积不宜小于3.00m^2。当采用单层床时，居室净高不宜低于3.00m；当采用双层床时，居室净高不宜低于3.10m；当采用高架床时，居室净高不宜低于3.35m。

注：居室面积指标内未计入储藏空间所占面积。

6.2.30 学生宿舍的居室内应设储藏空间，每人储藏空间宜为0.30m^3～0.45m^3，储藏空间的宽度和深度均不宜小于0.60m。

6.2.31 学生宿舍应设置衣物晾晒空间。当采用阳台、外走道或屋顶晾晒衣物时，应采取防坠落措施。

VI 设 备 用 房

6.2.32 设备用房包括变电室、配电室、锅炉房、通风机房、燃气调压箱、网络机房、消防水池等。中小学校建设应充分利用社会协作条件设置，减少设备用房的建设。

7　主要教学用房及教学辅助用房面积指标和净高

7.1 面积指标

7.1.1 主要教学用房的使用面积指标应符合表 7.1.1 的规定。

表 7.1.1　主要教学用房的使用面积指标（m²／每座）

房间名称	小学	中学	备注
普通教室	1.36	1.39	—
科学教室	1.78	—	
实验室	—	1.92	
综合实验室	—	2.88	
演示实验室	—	1.44	若容纳 2 个班，则指标为 1.20
史地教室	—	1.92	—
计算机教室	2.00	1.92	
语言教室	2.00	1.92	—
美术教室	2.00	1.92	—
书法教室	2.00	1.92	—
音乐教室	1.70	1.64	
舞蹈教室	2.14	3.15	宜和体操教室共用
合班教室	0.89	0.90	
学生阅览室	1.80	1.90	—
教师阅览室	2.30	2.30	
视听阅览室	1.80	2.00	
报刊阅览室	1.80	2.30	可不集中设置

注：1. 表中指标是按完全小学每班45人、各类中学每班50人排布测定的每个学生所需使用面积；如果班级人数定额不同时需进行调整，但学生的全部座位均必须在"黑板可视线"范围以内；

2. 体育建筑设施、劳动教室、技术教室、心理咨询室未列入此表，另行规定；

3. 任课教师办公室未列入此表，应按每位教师使用面积不小于 5.0m² 计算。

7.1.2 体育建筑设施的使用面积应按选定的体育项目确定。

7.1.3 劳动教室和技术教室的使用面积应按课程内容的工艺要求、工位要求、安全条件等因素确定。

7.1.4 心理咨询室的使用面积要求应符合本规范第5.16节的规定。

7.1.5 主要教学辅助用房的使用面积不宜低于表7.1.5的规定。

表7.1.5 主要教学辅助用房的使用面积指标（m^2／每间）

房间名称	小学	中学	备 注
实验员室	12.00	12.00	
仪器室	18.00	24.00	—
药品室	18.00	24.00	—
准备室	18.00	24.00	—
标本陈列室	42.00	42.00	可陈列在能封闭管理的走道内
历史资料室	12.00	12.00	—
地理资料室	12.00	12.00	—
计算机教室资料室	24.00	24.00	—
语言教室资料室	24.00	24.00	—
美术教室教具室	24.00	24.00	可将部分教具置于美术教室内
乐器室	24.00	24.00	—
舞蹈教室更衣室	12.00	12.00	—

注：除注明者外，指标为每室最小面积。当部分功能移入走道或教室时．指标作相应调整。

7.2 净 高

7.2.1 中小学校主要教学用房的最小净高应符合表7.2.1的规定。

表7.2.1 主要教学用房的最小净高（m）

教室	小学	初中	高中
普通教室、史地、美术、音乐教室	3.00	3.05	3.10
舞蹈教室	4.50		
科学教室、实验室、计算机教室、劳动教室、技术教室、合班教室	3.10		
阶梯教室	最后一排（楼地面最高处）距顶棚或上方突出物最小距离为2.20m		

7.2.2 风雨操场的净高应取决于场地的运动内容。各类体育场地最小净高应符合表7.2.2的规定。

表7.2.2 各类体育场地的最小净高（m）

体育场地	田径	篮球	排球	羽毛球	乒乓球	体操	
最小净高	9	7	7	9	4	6	

注：田径场地可减少部分项目降低净高。

8 安全、通行与疏散

8.1 建筑环境安全

8.1.1 中小学校应装设周界视频监控、报警系统。有条件的学校应接人当地的公安机关监控平台。中小学校安防设施的设置应符合现行国家标准《安全防范工程技术规范》GB 50348 的有关规定。

8.1.2 中小学校建筑设计应符合现行国家标准《建筑抗震设计规范》GB 50011、《建筑设计防火规范》GB 50016 的有关规定。

8.1.3 学校设计所采用的装修材料、产品、部品应符合现行国家标准《建筑内部装修设计防火规范》GB 50222、《民用建筑工程室内环境污染控制规范》GB 50325 的有关规定及国家有关材料、产品、部品的标准规定。

8.1.4 体育场地采用的地面材料应满足环境卫生健康的要求。

8.1.5 临空窗台的高度不应低于 0.90m。8.1.6 上人屋面、外廊、楼梯、平台、阳台等临空部位必须设防护栏杆，防护栏杆必须牢固、安全，高度不应低于 1.10m。防护栏杆最薄弱处承受的最小水平推力应不小于 1.5kN/m。

8.1.7 以下路面、楼地面应采用防滑构造做法，室内应装设密闭地漏：

1 疏散通道；

2 教学用房的走道；

3 科学教室、化学实验室、热学实验室、生物实验室、美术教室、书法教室、游泳池（馆）等有给水设施的教学用房及教学辅助用房；

4 卫生室（保健室）、饮水处、卫生间、盥洗室、浴室等有给水设施的房间。

8.1.8 教学用房的门窗设置应符合下列规定：

1 疏散通道上的门不得使用弹簧门、旋转门、推拉门、大玻璃门等不利于疏散通畅、安全的门；

2 各教学用房的门均应向疏散方向开启，开启的门扇不得挤占走道的疏散通道；

3 靠外廊及单内廊一侧教室内隔墙的窗开启后，不得挤占走道的疏散通道，不得影响安全疏散；

4 二层及二层以上的临空外窗的开启扇不得外开。

8.1.9 在抗震设防烈度为 6 度或 6 度以上地区建设的实验室不宜采用管道燃气作为实验用的热源。

8.2 疏散通行宽度

8.2.1 中小学校内，每股人流的宽度应按 0.60m 计算。

8.2.2 中小学校建筑的疏散通道宽度最少应为 2 股人流，并应按 0.60m 的整数倍增加疏散通道宽度。

8.2.3 中小学校建筑的安全出口、疏散走道、疏散楼梯和房间疏散门等处每 100 人的净宽度应按表8.2.3计算。同时，教学用房的内走道净宽度不应小于2.40m，单侧走道及外廊的净宽度不应小于1.80m。

表8.2.3　安全出口、疏散走道、疏散楼梯和房间疏散门每100人的净宽度（m）

所在楼层位置	耐火等级		
	一、二级	三级	四级
地上一、二层	0.70	0.80	1.05
地上三层	0.80	1.05	—
地上四、五层	1.05	1.30	—
地下一、二层	0.80	—	

8.2.4 房间疏散门开启后，每樘门净通行宽度不应小于0.90m。

8.3 校园出入口

8.3.1 中小学校的校园应设置2个出入口。出入口的位置应符合教学、安全、管理的需要，出入口的布置应避免人流、车流交叉。有条件的学校宜设置机动车专用出入口。

8.3.2 中小学校校园出入口应与市政交通衔接，但不应直接与城市主干道连接。校园主要出入口应设置缓冲场地。

8.4 校园道路

8.4.1 校园内道路应与各建筑的出入口及走道衔接，构成安全、方便、明确、通畅的路网。

8.4.2 中小学校校园应设消防车道。消防车道的设置应符合现行国家标准《建筑设计防火规范》GB 50016的有关规定。

8.4.3 校园道路每通行100人道路净宽为0.70m，每一路段的宽度应按该段道路通达的建筑物容纳人数之和计算，每一路段的宽度不宜小于3.00m。

8.4.4 校园道路及广场设计应符合国家现行标准的有关规定。

8.4.5 校园内人流集中的道路不宜设置台阶。设置台阶时，不得少于3级。

8.4.6 校园道路设计应符合现行国家标准《建筑设计防火规范》GB 50016的有关规定。

8.5 建筑物出入口

8.5.1 校园内除建筑面积不大于200m²，人数不超过50人的单层建筑外，每栋建筑应设置2个出入口。非完全小学内，单栋建筑面积不超过500m²，且耐火等级为一、二级的低层建筑可只设1个出入口。

8.5.2 教学用房在建筑的主要出入口处宜设门厅。

8.5.3 教学用建筑物出入口净通行宽度不得小于1.40m，门内与门外各1.50m范围内不宜设置台阶。

8.5.4 在寒冷或风沙大的地区，教学用建筑物出入口应设挡风间或双道门。

8.5.5 教学用建筑物的出入口应设置无障碍设施，并应采取防止上部物体坠落和地面防滑的措施。

8.5.6 停车场地及地下车库的出入口不应直接通向师生人流集中的道路。

8.6 走　道

8.6.1 教学用建筑的走道宽度应符合下列规定：

1. 应根据在该走道上各教学用房疏散的总人数，按照本规范表8.2.3 的规定计算走道的疏散宽度；

2. 走道疏散宽度内不得有壁柱、消火栓、教室开启的门窗扇等设施。

8.6.2 中小学校的建筑物内，当走道有高差变化应设置台阶时，台阶处应有天然采光或照明，踏步级数不得少于3 级，并不得采用扇形踏步。当高差不足3 级踏步时，应设置坡道。坡道的坡度不应大于1∶8，不宜大于1∶12。

8.7 楼　梯

8.7.1 中小学校建筑中疏散楼梯的设置应符合现行国家标准《民用建筑设计通则》GB 50352、《建筑设计防火规范》GB 50016 和《建筑抗震设计规范》GB 500ll 的有关规定。

8.7.2 中小学校教学用房的楼梯梯段宽度应为人流股数的整数倍。梯段宽度不应小于1.20m，并应按0.60m 的整数倍增加梯段宽度。每个梯段可增加不超过0.15m 的摆幅宽度。8.7.3 中小学校楼梯每个梯段的踏步级数不应少于3 级，且不应多于18 级，并应符合下列规定：

1. 各类小学楼梯踏步的宽度不得小于0.26m，高度不得大于0.15m；

2. 各类中学楼梯踏步的宽度不得小于0.28m，高度不得大于0.16m；

3. 楼梯的坡度不得大于30°。

8.7.4 疏散楼梯不得采用螺旋楼梯和扇形踏步。

8.7.5 楼梯两梯段间楼梯井净宽不得大于0.11m，大于0.11m 时，应采取有效的安全防护措施。两梯段扶手间的水平净距宜为0.10m～0.20m。

8.7.6 中小学校的楼梯扶手的设置应符合下列规定：

1. 楼梯宽度为2 股人流时，应至少在一侧设置扶手；

2. 楼梯宽度达3 股人流时，两侧均应设置扶手；

3. 楼梯宽度达4 股人流时，应加设中间扶手，中间扶手两侧的净宽均应满足本规范第8.7.2 条的规定；

4. 中小学校室内楼梯扶手高度不应低于0.90m，室外楼梯扶手高度不应低于1.10m；水平扶手高度不应低于1.10m；

5. 中小学校的楼梯栏杆不得采用易于攀登的构造和花饰；杆件或花饰的镂空处净距不得大于0.11m；

6. 中小学校的楼梯扶手上应加装防止学生溜滑的设施。

8.7.7 除首层及顶层外，教学楼疏散楼梯在中间层的楼层平台与梯段接口处宜设置缓冲空间，缓冲空间的宽度不宜小于梯段宽度。

8.7.8 中小学校的楼梯两相邻梯段间不得设置遮挡视线的隔墙。

8.7.9 教学用房的楼梯间应有天然采光和自然通风。

8.8 教室疏散

8.8.1 每间教学用房的疏散门均不应少于2个，疏散门的宽度应通过计算；同时，每樘疏散门的通行净宽度不应小于0.90m。当教室处于袋形走道尽端时，若教室内任一处距教室门不超过15.00m，且门的通行净宽度不小于1.50m时，可设1个门。

8.8.2 普通教室及不同课程的专用教室对教室内桌椅间的疏散走道宽度要求不同，教室内疏散走道的设置应符合本规范第5章对各教室设计的规定。

9 室内环境

9.1 空气质量

9.1.1 中小学校建筑的室内空气质量应符合现行国家标准《室内空气质量标准》GB/T 18883及《民用建筑工程室内环境污染控制规范》GB 50325的有关规定。

9.1.2 中小学校教学用房的新风量应符合现行国家标准《公共建筑节能设计标准》GB 50189的有关规定。

9.1.3 当采用换气次数确定室内通风量时，各主要房间的最小换气次数应符合表9.1.3的规定。

表9.1.3　各主要房间的最小换气次数标准

房间名称		换气次数（次/h）
普通教室	小学	2.5
	初中	3.5
	高中	4.5
实验室		3.0
风雨操场		3.0
厕所		10.0
保健室		2.0
学生宿舍		2.5

9.1.4 中小学校设计中必须对建筑及室内装修所采用的建材、产品、部品进行严格择定，避免对校内空气造成污染。

9.2 采光

9.2.1 教学用房工作面或地面上的采光系数不得低于表9.2.1的规定和现行国家标准《建筑采光设计标准》GB/T 50033的有关规定。在建筑方案设计时，其采光窗洞口面积应按不低于表9.2.1窗地面积比的规定估算。

表9.2.1　教学用房工作面或地面上的采光系数标准和窗地面积比

房间名称	规定采光系数的平面	采光系数最低值（%）	窗地面积比
普通教室、史地教室、美术教室、书法教室、语言教室、音乐教室、合班教室、阅览室课桌面	2.0	1：5.0	
科学教室、实验室	实验桌面	2.0	1：5.0
计算机教室	机台面	2.0	1：5.0
舞蹈教室、风雨操场	地面	2.0	1：5.0
办公室、保健室	地面	2.0	1：5.0
饮水处、厕所、淋浴	地面	0.5	1：10.0
走道、楼梯间	地面	1.0	—

注：表中所列采光系数值适用于我国Ⅲ类光气候区，其他光气候区应将表中的采光系数值乘以相应的光气候系数。光气候系数应符合现行国家标准《建筑采光设计标准》GB/T 50033 的有关规定。

9.2.2 普通教室、科学教室、实验室、史地、计算机、语言、美术、书法等专用教室及合班教室、图书室均应以自学生座位左侧射入的光为主。教室为南向外廊式布局时，应以北向窗为主要采光面。

9.2.3 除舞蹈教室、体育建筑设施外，其他教学用房室内各表面的反射比值应符合表9.2.3 的规定，会议室、卫生室（保健室）的室内各表面的反射比值宜符合表9.2.3 的规定。

表9.2.3　教学用房室内各表面的反射比值

表面部位	反射比
顶棚	0.70 ~ 0.80
前墙	0.50 ~ 0.60
表面部位	反射比
地面	0.20 ~ 0.40
侧墙、后墙	0.70 ~ 0.80
课桌面	0.25 ~ 0.45
黑板	0.10 ~ 0.20

9.3 照　明

9.3.1 主要用房桌面或地面的照明设计值不应低于表9.3.1 的规定，其照度均匀度不应低于0.7，且不应产生眩光。

表 9.3.1　教学用房的照明标准

房间名称	规定照度的平面	维持平均照度 （lx）	统一眩光值 UGR	显色指数 Ra
普通教室、史地教室、书法教室、音乐教室、语言教室、合班教室、阅览室课桌面	300	19	80	
科学教室、实验室	实验桌面	300	19	80
计算机教室	机台面	300	19	80
舞蹈教室	地面	300	19	80
美术教室	课桌面	500	19	90
风雨操场	地面	300	—	65
办公室、保健室	桌面	300	19	80
走道、楼梯间	地面	100	—	—

9.3.2 主要用房的照明功率密度值及对应照度值应符合表

9.3.2 的规定及现行国家标准《建筑照明设计标准》GB 50034 的有关规定。

表 9.3.2　教学用房的照明功率密度值及对应照度值

房间名称	照明功率密度（W/m^2）		对应照度值 （lx）
	现行值	目标值	
普通教室、史地教室、书法教室、音乐教室、语言教室、合班教室、阅览室	11	9	300
科学教室、实验室、舞蹈教室	11	9	300
有多媒体设施的教室	11	9	300
美术教室	18	15	500
办公室、保健室	11	9	300

9.4 噪声控制

9.4.1 教学用房的环境噪声控制值应符合现行国家标准《民用建筑隔声设计规范》GB 50118 的有关规定。

9.4.2 主要教学用房的隔声标准应符合表 9.4.2 的规定。

表 9.4.2　主要教学用房的隔声标准

房间名称	空气声隔声标准 （dB）	顶部楼板撞击声隔声单值评价量 （dB）
语言教室、阅览室	≥50	≤65
普通教室、实验室等与 不产生噪声的房间之间	≥45	≤75
普通教室、实验室等与 产生噪声的房间之间	≥50	≤65
音乐教室等 产生噪声的房间之间	≥45	≤65

9.4.3 教学用房的混响时间应符合现行国家标准《民用建筑隔声设计规范》GB 50118 的有关规定。

10　建筑设备

10.1 采暖通风与空气调节

10.1.1 中小学校建筑的采暖通风与空气调节系统的设计应满足舒适度的要求，并符合节约能源的原则。

10.1.2 中小学校的采暖与空调冷热源形式应根据所在地的气候特征、能源资源条件及其利用成本，经技术经济比较确定。

10.1.3 采暖地区学校的采暖系统热源宜纳入区域集中供热管网。无条件时宜设置校内集中采暖系统。非采暖地区，当舞蹈教室、浴室、游泳馆等有较高温度要求的房间在冬季室温达不到规定温度时，应设置采暖设施。

10.1.4 中小学校热环境设计中，当具备条件时，应进行技术经济比较，优先利用可再生能源作为冷热源。

10.1.5 中小学校的集中采暖系统应以热水为供热介质，其采暖设计供水温度不宜高于85℃。

10.1.6 中小学校的采暖系统应实现分室控温；宜有分区或分层控制手段。

10.1.7 中小学校内各种房间的采暖设计温度不应低于表

10.1.7 的规定。

表 10.1.7　采暖设计温度

房间名称		室内设计温度（℃）
教学及教学辅助用房	普通教室、科学教室、实验室、史地教室、美术教室、书法教室、音乐教室、语言教室、学生活动室、心理咨询室、任课教师办公室	18
	舞蹈教室	22
	体育馆、体质测试室	12～15
	计算机教室、合班教室、德育展览室、仪器室	16
	图书室	20
行政办公用房	办公室、会议室、值班室、安防监控室、传达室	18
	网络控制室、总务仓库及维修工作间	16
	卫生室（保健室）	22
生活服务用房	食堂、卫生间、走道、楼梯间	16
	浴室	25
	学生宿舍	18

10.1.8 中小学校的通风设计应符合下列规定：

1 应采取有效的通风措施，保证教学、行政办公用房及服务用房的室内空气中 CO_2 的浓度不超过 0.15%；

2 当采用换气次数确定室内通风量时，其换气次数不应低于本规范表 9.1.3 的规定；

3 在各种有效通风设施选择中，应优先采用有组织的自然通风设施；

4 采用机械通风时，人员所需新风量不应低于表 10.1.8 的规定。

表 10.1.8　主要房间人员所需新风量

房间名称	人均新风量（m^3/（h·人））
普通教室	19
化学、物理、生物实验室	20
语言、计算机教室、艺术类教室	20
合班教室	16
保健室	38
学生宿舍	10

注：人均新风量是指人均生理所需新风量与排除建筑污染所需新风量之和，其中单位面积排除建筑污染所需新风量按 1.1 m^3/（h·m^3）计算。

10.1.9 除化学、生物实验室外的其他教学用房及教学辅助用房的通风应符合下列规定：

1 非严寒与非寒冷地区全年，严寒与寒冷地区除冬季外，应优先采用开启外窗的自然通风方式；

2 严寒与寒冷地区于冬季，条件允许时，应采用排风热回收型机械通风方式；其新风量不应低于本规范表 10.1.8 的规定；

3 严寒与寒冷地区于冬季采用自然通风方式时，应符合下列规定：

1) 宜在外围护结构的下部设置进风口；

2) 在内走道墙上部设置排风口或在室内设附墙排风道，此时排风口应贴近各层顶棚设置，并应可调节；

3) 进风口面积不应小于房间面积的 1/60；当房间采用散热器采暖时，进风口宜设在进风能被散热器直接加热的部位；

4) 当排风口设于内走道时，其面积不应小于房间面积的 1/30；当设置附墙垂直排风道时，其面积应通过计算确定；

5) 进、排风口面积与位置宜结合建筑布局经自然通风分

析计算确定。

10.1.10 化学与生物实验室、药品储藏室、准备室的通风设计应符合下列规定：

1 应采用机械排风通风方式。排风量应按本规范表 10.1.8 确定；最小通风效率应为 75%。各教室排风系统及通风柜排风系统均应单独设置。

2 补风方式应优先采用自然补风，条件不允许时，可采用机械补风。

3 室内气流组织应根据实验室性质确定，化学实验室宜采用下排风。

4 强制排风系统的室外排风口宜高于建筑主体，其最低点应高于人员逗留地面 2.50m 以上。

5 进、排风口应设防尘及防虫鼠装置，排风口应采用防雨雪进入、抗风向干扰的风口形式。

10.1.11 在夏热冬暖、夏热冬冷等气候区中的中小学校，当教学用房、学生宿舍不设空调且在夏季通过开窗通风不能达到基本热舒适度时，应按下列规定设置电风扇：

1 教室应采用吊式电风扇。各类小学中，风扇叶片距地面高度不应低于 2.80m；各类中学中，风扇叶片距地面高度不应低于 3.00m。

2 学生宿舍的电风扇应有防护网。

10.1.12 计算机教室、视听阅览室及相关辅助用房宜设空调系统。

10.1.13 中小学校的网络控制室应单独设置空调设施，其温、湿度应符合现行国家标准《电子信息系统机房设计规范》GB 50174 的有关规定。

10.2 给水排水

10.2.1 中小学校应设置给水排水系统，并选择与其等级和规模相适应的器具设备。

10.2.2 中小学校的用水定额、给水排水系统的选择，应符合现行国家标准《建筑给水排水设计规范》GB 50015 的有关规定。

10.2.3 中小学校的生活用水水质应符合现行国家标准《生活饮用水卫生标准》GB 5749 的有关规定。

10.2.4 在寒冷及严寒地区的中小学校中，教学用房的给水引入管上应设泄水装置。有可能产生

冰冻部位的给水管道应有防冻措施。

10.2.5 当化学实验室给水水嘴的工作压力大于 0.02MPa，急救冲洗水嘴的工作压力大于 0.01MPa 时，应采取减压措施。

10.2.6 中小学校的二次供水系统及自备水源应遵循安全卫生、节能环保的原则，并应符合国家现行标准的有关规定。

10.2.7 中小学校的用水器具和配件应采用节水性能良好、坚固耐用，且便于管理维修的产品。室内消火栓箱不宜采用普通玻璃门。

10.2.8 实验室化验盆排水口应装设耐腐蚀的挡污箅，排水管道应采用耐腐蚀管材。

10.2.9 中小学校的植物栽培园、小动物饲养园和体育场地应设洒水栓及排水设施。

10.2.10 中小学校建筑应根据所在地区的生活习惯，供应开水或饮用净水。当采用管道直饮水时，应符合现行行业标准《管道直饮水系统技术规程》CJJ 110 的有关规定。

10.2.11 中小学校应根据所在地的自然条件、水资源情况及经济技术发展水平，合理设置雨水收集利用系统。雨水利用工程应符合现行国家标准《建筑与小区雨水利用工程技术规范》GB 50400 的有关规定。

10.2.12 中小学校应按当地有关规定配套建设中水设施。当采用中水时，应符合现行国家标准《建筑中水设计规范》GB 50336 的有关规定。

10.2.13 化学实验室的废水应经过处理后再排入污水管道。食堂等房间排出的含油污水应经除油处理后再排入污水管道。

10.3 建筑电气

10.3.1 中小学校应设置安全的供电设施和线路。

10.3.2 中小学校的供、配电设计应符合下列规定：

1 中小学校内建筑的照明用电和动力用电应设总配电装置和总电能计量装置。总配电装置的位置宜深入或接近负荷中心，且便于进出线。

2 中小学校内建筑的电梯、水泵、风机、空调等设备应设电能计量装置并采取节电措施。

3 各幢建筑的电源引入处应设置电源总切断装置和可靠的接地装置，各楼层应分别设置电源切断装置。

4 中小学校的建筑应预留配电系统的竖向贯通井道及配电设备位置。

5 室内线路应采用暗线敷设。

6 配电系统支路的划分应符合以下原则：

1）教学用房和非教学用房的照明线路应分设不同支路；

2）门厅、走道、楼梯照明线路应设置单独支路；

3）教室内电源插座与照明用电应分设不同支路；

4）空调用电应设专用线路。

7 教学用房照明线路支路的控制范围不宜过大，以 2 个～3 个教室为宜。

8 门厅、走道、楼梯照明线路宜集中控制。

9 采用视听教学器材的教学用房，照明灯具宜分组控制。

10.3.3 学校建筑应设置人工照明装置，并应符合下列规定：

1 疏散走道及楼梯应设置应急照明灯具及灯光疏散指示标志。

2 教室黑板应设专用黑板照明灯具，其最低维持平均照度应为5001x，黑板面上的照度最低均匀度宜为0.7。黑板灯具不得对学生和教师产生直接眩光。

3 教室应采用高效率灯具，不得采用裸灯。灯具悬挂高度距桌面的距离不应低于1.70m。灯管应采用长轴垂直于黑板的方向布置。

4 坡地面或阶梯地面的合班教室，前排灯不应遮挡后排学生视线，并不应产生直接眩光。

10.3.4 教室照明光源宜采用显色指数Ra大于80的细管径稀土三基色荧光灯。对识别颜色有较高要求的教室，宜采用显色指数Ra大于90的高显色性光源；有条件的学校，教室宜选用无眩光灯具。

10.3.5 中小学校照明在计算照度时，维护系数宜取0.8。

10.3.6 教学及教学辅助用房电源设置应符合下列规定：

1 各教室的前后墙应各设置一组电源插座；每组电源插座均应为220V二孔、三孔安全型插座。

2 教室内设置视听教学器材时，应配置接线电源。

3 各实验室内，教学用电应设置专用线路，并应有可靠的接地措施。电源侧应设置短路保护、过载保护措施的配电装置。

4 科学教室、化学实验室、物理实验室应设置直流电源线路和交流电源线路。

5 物理实验室内，教师演示桌处应设置三相380V电源插座。

6 电学实验室的实验桌及计算机教室的微机操作台应设置电源插座。综合实验室的电源插座宜设在靠墙的固定实验桌上。总用电控制开关均应设置在教师演示桌内。

7 化学实验室内，当实验桌上设置机械排风设施时，排风机应设专用动力电源，其控制开关宜设置在教师实验桌内。

10.3.7 行政和生活服务用房的电气设计应符合下列规定：

1 保健室、食堂的餐厅、厨房及配餐空间应设置电源插座及专用杀菌消毒装置。

2 教学楼内饮水器处宜设置专用供电电源装置。

3 学生宿舍居室用电宜设置电能计量装置。电能计量装置宜设置在居室外，并应设置可同时断开相线和中性线的电器装置。

4 盥洗室、淋浴室应设置局部等电位联结装置。

10.3.8 中小学校的电源插座回路、电开水器电源、室外照明电源均应设置剩余电流动作保护器。

10.4 建筑智能化

10.4.1 中小学校的智能化系统应包括计算机网络控制室、视听教学系统、安全防范监控系统、通信网络系统、卫星接收及有线电视系统、有线广播及扩声系统等。

10.4.2 中小学校智能化系统的机房设置应符合下列规定：

1 智能化系统的机房不应设在卫生间、浴室或其他经常可能积水场所的正下方，且不宜与上述场所相贴邻；

2 应预留智能化系统的设备用房及线路敷设通道。

10.4.3 智能化系统的机房宜铺设架空地板、网络地板，机房净高不宜小于2.50m。

10.4.4 中小学校应根据使用需要设置视听教学系统。

10.4.5 中小学校视听教学系统应包括控制中心机房设备和各教室内视听教学设备。

10.4.6 中小学校视听教学系统组网宜采用专业的线缆。

10.4.7 中小学校广播系统的设计应符合下列规定：

1 教学用房、教学辅助用房和操场应根据使用需要，分别设置广播支路和扬声器。室内扬声器安装高度不应低于2.40m。

2 播音系统中兼作播送作息音响信号的扬声器应设置在走道及其他场所。

3 广播线路敷设宜暗敷设。

4 广播室内应设置广播线路接线箱，接线箱宜暗装，并预留与广播扩音设备控制盘连接线的穿线暗管。

5 广播扩音设备的电源侧，应设置电源切断装置。

10.4.8 学校建筑智能化设计应符合现行国家标准《智能建筑设计标准》GB/T 50314的有关规定。

本规范用词说明

1 为便于在执行本规范条文时区别对待，对要求严格程度不同的用词说明如下：

1）表示很严格，非这样做不可的用词：

正面词采用"必须"，反面词采用"严禁"；

2）表示严格，在正常情况均应这样做的用词：正面词采用"应"，反面词采用"不应"或"不得"；

3）表示允许稍有选择，在条件许可时首先应这样做的用词：

正面词采用"宜"，反面词采用"不宜"；

4）表示有选择，在一定条件下可以这样做的用词，采用"可"。

2 本规范中指明应按其他有关标准、规范执行的写法为：

"应符合……的规定"或"应按……执行"。

引用标准名录

1《建筑抗震设计规范》GB 50011

2《建筑给水排水设计规范》GB 50015

3《建筑设计防火规范》GB 50016

4《建筑采光设计标准》GB/T 50033

5《建筑照明设计标准》GB 50034

6《民用建筑隔声设计规范》GB 501 18

7《电子信息系统机房设计规范》GB 50174

8《公共建筑节能设计标准》GB 50189

9《建筑内部装修设计防火规范》GB 50222

10《智能建筑设计标准》GB/T 50314

11《民用建筑工程室内环境污染控制规范》GB 50325

12《建筑中水设计规范》GB 50336

13《安全防范工程技术规范》GB 50348

14《民用建筑设计通则》GB 50352

15《建筑与小区雨水利用工程技术规范》GB 50400

16《生活饮用水卫生标准》GB 5749

17《室内空气质量标准》GB/T 18883

18《城市道路和建筑物无障碍设计规范》JGJ 50

19《管道直饮水系统技术规程》CJJ 110

20《游泳池给水排水工程技术规程》CJJ 122

民用建筑隔声设计规范（节选）

GB 50118—2010

5　学校建筑

5.1 允许噪声级

5.1.1 学校建筑中各种教学用房内的噪声级，应符合表5.1.1 的规定。

表 5.1.1　室内允许噪声级

房间名称	允许噪声级（A 声级，dB）
语言教室、阅览室	≤40
普通教室、实验宣，计算机房	≤45
音乐教室、琴房	≤45
舞蹈教室	≤50

5.1.2 学校建筑中教学辅助用房内的噪声级，应符合表 5.1.2 的规定。

表 5.1.2　室内允许噪声级

房闻名称	允许噪声级（A 声级，dB）
教师办公室、休息室、会议室	≤45
健身房	≤50
教学楼中封闭的走廊、楼梯间	≤50

5.2 隔声标准

5.2.1 教学用房隔墙、楼板的空气声隔声性能，应符合表

5.2.1 的规定。

表 5.2.1　教学用房隔墙、楼板的空气声隔声标准

构件名称	空气声隔声单值评价量 + 频谱修正量（dB）	
语言教室、阅览室的 隔墙与楼板	计权隔声量 + 粉红噪声频谱修正量 $R_w + C$	>50
普通教室与各种产生噪声 的房间之间的隔墙、楼板	计权隔声量 + 粉红噪声频谱修正量 $R_w + C$	>50
普通教室之间的 隔墙与楼板	计权隔声量 + 粉红噪声频谱修正量 $R_w + C$	>4 5
音乐教室、琴房之间 的隔墙与楼板	计权隔声量 + 粉红噪声频谱修正量 $R_w + C$	>45

注：产生噪声的房间系指音乐教室、舞蹈教室、琴房、健身房，以下相同。

5.2.2 教学用房与相邻房间之间的空气声隔声性能，应符合表 5.2.2 的规定。

表 5.2.2　教学用房与相邻房间之间的空气声隔声标准

房间名称	空气声隔声单值评价量 + 频谱修正量（dB）	
语言教室、阅览室 与相邻房间之间	计权标准化声压级差 + 粉红噪声频谱修正量 $D_nT_w + C$	≥50
普通教室与各种产 生噪声的房间之间	计权标准化声压级差 + 粉红噪声频谱修正量 $D_{nT.w} + C$	≥50
普通教室之间	计权标准化声压级差 + 粉红噪声频谱修正量 $D_{nT.w} + C$	≥45
音乐教室、琴房之间	计权标准化声压级差 + 粉红噪声频谱修正量 $D_{nT.w} + C$	≥45

5.2.3 教学用房的外墙、外窗和门的空气声隔声性能，应符合表 5.2.3 的规定。

表 5.2.3　外墙、外窗和门的空气声隔声标准

构件名称	空气声隔声单值评价量 + 频谱修正量（dB）	
外墙	计权隔声量 + 交通噪声频谱修正量 $R_w + C_u$	≥45
临交通干线的外窗	计权隔声量 + 交通噪声频谱修正量 $R_w + C_u$	≥30
其他外窗	计权隔声盘 + 交通噪声频谱修正量 $R_w + C_u$	≥25
产生噪声房间的门	计权隔声量 + 粉红噪声频谱修正量 $R_w + C$	≥25
其他门	计权隔声盘 + 粉红噪声频谱修正量 $R_w + C$	≥20

5.2.4 教学用房楼板的撞击声隔声性能，应符合表 5.2.4 的规定。

表 5.2.4　教学用房楼板的撞击声隔声标准

构件名称	撞击声隔声单值评价量（dB）	
	计权规范化撞击声压级 $L_{n.w}$ （实验室测量）	计权标准化撞击声压级 L'_{nT_w} （现场测量）
语言教室、阅览室与上层房间之间的楼板	<65	≤65
普通教室、实验室、计算机房与上层产生 噪声的房间之间的楼板	<65	≤65
琴房、音乐教室之间的楼板	<65	≤65
普通教室之间的楼板	<75	≤75

注：当确有困难时，可允许普道教室之间楼板的撞击声隔声单值评价量小于或等于85dB，但在楼板结构上应预留改善的可能条件

5.3 隔声减噪设计

5.3.1 位于交通干线旁的学校建筑，宜将运动场沿干道布置，作为噪声隔离带。产生噪声的固定设施与教学楼之间，应设足够距离的噪声隔离带。当教室有门窗面对运动场时，教室外墙至运动场的距离不应小于25m。

5.3.2 教学楼内不应设置发出强烈噪声或振动的机械设备，其他可能产生噪声和振动的设备应尽量远离教学用房，并采取有效的隔声、隔振措施。

5.3.3 教学楼内的封闭走廊，门厅及楼梯间的顶棚，在条件允许时宜设置降噪系数（NRC）不低于0.40的吸声材料。

5.3.4 各类教室内宜控制混响时间，避免不利反射声，提高语言清晰度。各类教室空场500Hz～1000Hz的混响时间应符合表5.3.4的规定。

表5.3.4　各类教室空场500Hz～1000Hz的混响时间

房间名称	房间容积 （m³）	空场500Hz～1000Hz混响时间 （s）
普通教室	≤200	≤0.8
	>200	≤1.0
语言及多媒体教室	≤300	≤0.6
	>300	≤0.8
音乐教室	≤250	≤0.6
	>250	≤0.8
琴房	≤50	≤0.4
	>50	≤0.6
健身房	≤2000	≤1.2
	>2000	≤1.5
舞蹈教室	≤1 000	≤1.2
	>1000	≤1.5

5.3.5 产生噪声的房间（音乐教室、舞蹈教室、琴房、健身房）与其他教学用房设于同一教学楼内时，应分区布置，并应采取有效的隔声和隔振措施。

学生健康检查技术规范

GB/T 26343—2010

1　范围

本标准规定了学生形态、生理功能、五官科、外科、内科与实验室检查指标的技术要求。

本标准适用于普通中小学校、职业高中与技校学生健康检查，普通高等学校学生健康检查亦可参照执行。

2　规范性引用文件

下列文件中的条款通过本标准的引用而成为本标准的条款。凡是注日期的引用文件，其随后所有的修改单（不包括勘误的内容）或修订版均不适用于本标准，然而，鼓励根据本标准达成协议的各方研究是否可使用这些文件的最新版本。凡是不注日期的引用文件，其最新版本适用于本标准。

GB 11533　标准对数视力表

GB/T 16133　儿童少年脊柱弯曲异常的初筛

WS/T 202　儿童少年屈光检测要求

WS 288　肺结核诊断标准

3　形态指标测量

3.1 身高

3.1.1 器材

人体测高计。

使用前应校对零点，并用标准钢卷尺校正人体测高计刻度尺，每米误差不得大于 0.1 cm。同时，应检查立柱与底板、立柱与滑测板是否垂直，连接处是否紧密，零件有无松动等情况，应及时加以校正。

3.1.2 方法

选择平坦靠墙的地面水平放置人体测高计，立柱的刻度尺面向光源。被检者赤足，立正姿势站立在人体测高计的底板上，两上肢自然下垂，足跟并拢，足尖分开成60°，挺胸收腹，头部正直，两眼平视前方，眼眶下缘与耳屏上缘呈水平位，足跟、骶骨部及两肩胛间区三点与立柱相接触。检测人员站立于被检者的右侧，将滑测板轻轻沿立柱下滑，直到与颅顶点接触。检测人员双眼应与滑

测板等高时读数。测量误差不应超过±0.5 cm。

3.1.3 结果记录

以厘米为单位记录，读数至小数点后一位。

3.1.4 注意事项

a）滑测板与颅顶点相接触，松紧适度。头顶的发辫、发结应解开，饰物应取下。

b）完成测量后，应立即将滑测板推到最高处，避免其他被检者发生意外创伤。

3.2 体重

3.2.1 器材

杠杆秤或便携式电子体重测量仪。

使用前应检验其准确度和灵敏度，用50 kg及0.1 kg标准砝码进行校正，准确度要求误差不超过0.1%，灵敏度应能测出0.1 kg，达不到要求应及时更换。

3.2.2 方法

将体重秤放置在平坦的硬地面上。男学生穿短裤，女学生穿短裤、背心，站立秤台面中央。使用杠杆秤时，检测人员应站立于秤台正前方，先调整零点至刻度尺呈水平位，测量时，添加砝码，移动游码至刻度尺平衡，双眼正视刻度尺读数。测量误差不应超过±0.1 kg。

3.2.3 结果记录

以千克为单位记录，读数至小数点后一位。

3.2.4 超重、肥胖的判断

超重、肥胖的判断应按照附录A的规定。

3.2.5 注意事项

a）被检者上、下秤台动作要轻。

b）每天使用体重秤前均需校正。

3.3 腰围

3.3.1 器材

长度为1.5 m，宽度为1cm，最小刻度为0.1 cm尼龙带尺。

3.3.2 方法

被检者自然站立，双臂适当张开下垂，两足分开30cm～40cm，露出腹部。测量时平缓呼吸，带尺下缘距肚脐上缘1cm处、并经两侧十二肋骨下缘与髂上缘之间的中点，水平环绕一周测量。测量误差不应超过±1.0cm。

3.3.3 结果记录'

以厘米为单位记录，读数至小数点后一位。

3.3.4 注意事项

a）尼龙带尺在使用前用钢卷尺校正，每米误差不超过±0.2cm。

b）测量时应使尼龙带尺贴近皮肤但避免紧压而陷入皮肤。

3.4 臀围

3.4.1 器材

与3.3.1相同。

3.4.2 方法

被检者穿单裤，测量前取出裤袋内物品，自然站立，目视前方，双臂适当张开下垂，两足并拢。尼龙带尺水平环绕臀部一周，测定臀部向外最突出部位间的横向水平距离（此处读数值最大）。带尺上下移动，比较不同部位读数大小。测量误差不应超过±1.0cm。

3.4.3 结果记录取最大值记录，以厘米为单位，读数至小数点后一位。

4　生理功能指标测量

4.1 血压

4.1.1 器材

使用汞柱式血压计。根据不同年龄儿童上臂的长度，分别选用6 cm、8 cm、10 cm、12 cm宽的袖带或成人血压测量的袖带，袖带宽度以覆盖被检者上臂长的1/2～2/3为宜。

4.1.2 方法

被检者取坐位，裸露右上臂至肩部，伸直肘部，平放在桌面上，手掌向上，使血压计零点与肱动脉、心脏处于同一水平。

排尽袖带内空气，将袖带平整无折地缚在被检者右上臂，袖带下缘距肘窝2 cm，松紧适宜。在肘部扪及肱动脉搏动，戴上听诊器，将听诊器体件贴肱动脉处，不可压得太重，不得塞在袖带下。关闭加压气球气门，打气至肱动脉搏动音消失再使水银柱升高30 mmHg，然后以每秒2 mmHg～6 mmHg的速度放气，当听到至少连续两次搏动音时，将第一声搏动音所处水银柱刻度数值记录为收缩压，搏动音消失时为舒张压，当搏动音不消失时采用变音为舒张压。每人连续测量3次，两次间隔时间不得少于30 s。

4.1.3 结果记录

取两次测量结果相近的数据，以毫米汞柱为单位进行记录。

4.1.4 注意事项

a）测量场地应安静。

b）被检者在测量前1 h内不得从事任何剧烈运动。排空膀胱，静坐10min以上才开始测量血压。

c）测量前检查水银柱是否在零点，不在零点时应进行校正，并排除水银柱的气泡。

d）在下一次测量前，应使血压计水银柱下降至零位后进行测量。

4.2 肺活量

4.2.1 器材

电子肺活量计或回旋式肺活量计，一次性肺活量口嘴。

肺活量口嘴应一人一用，不得重复使用。

4.2.2 方法

被检者取站立位，测量前做两次扩胸动作。然后尽力深吸气，吸满气后立即向肺活量计的口嘴内以中等速度尽力深呼气，直到不能再呼气为止。每人测量 2 次。

4.2.3 结果记录

以毫升为单位记录读数结果，选最大测量值作为被检者肺活量值。

4.2.4 注意事项

测量前应向被检者说明测量方法；被检者在测量过程中不能有第二次吸气。

5 五官检查

5.1 视力

5.1.1 器材

标准对数视力表。

视力表印制规格、视力表灯箱放置距离、放置高度、照明应符合 GB 11533 的规定。

5.1.2 方法

5.1.2.1 裸眼远视力检查

检查距离为 5 m。被检者取坐位。检查顺序：用遮眼板先将左眼轻轻遮上，检查右眼视力，后遮右眼检查左眼视力。视标辨认：嘱被检者先辨认 5.0 行视标，如辨认正确视标数未达到要求则逐行上查，如辨认无误应逐行下查。每个视标的辨认时间不宜超过 5 s。

5.1.2.2 低视力检查

使用视力表变距检查低视力（远视力＜4.0），应符合 GB 11533 的规定。采用远视力表走近法测定，走近至能辨认 4.0 行视标为止，按表 1 记录实际视力值。

表 1　远视力表 4.0 行视标变距检查的实际视力

走近后的检查距离 m	4.0	3.0	2.5	2.0	1.5	1.2	1.0
实际视力	3.9	3.8	3.7	3.6	3.5	3.4	3.3

若走近视力表至 1 m 处仍不能辨认 4.0 行视标时，进行指数检查。检查距离从 1 m 开始，逐渐移近，直到能正确辨认为止。记录指数检查距离，例如"指数/50 cm"。

如果在 5 cm 处仍不能辨认指数，进行手动检查，将手在被检者眼前摆动，如果能看清手动，则记录手动检查距离，例如"手动/20 cm"。

如果眼前手动不能辨认，进行光感检查，在暗室中用蜡烛光放在被检眼前，问被检者能否看到光亮。此时，另一眼须严密遮盖不让透光。一般测量由近而远直到 5 m 为止。记录看到光亮的距离，例如"光感/3 m"。对不能分辨光感者记录为"无光感"。

5.1.2.3 视力检查结果判断

结果判断应符合 GB 11533 的规定。测出被检眼能辨认的最小行视标，当辨认正确的视标数超过该行视标总数的一半时，该行视标的视力值为被检眼的视力。对于指数检查或手动检查、光感检查者，应分别对右眼、左眼视力进行判断。

5.1.2.4 正常视力与视力低下分度　裸眼远视力为 5.0 及其以上者为正常视力。裸眼远视力低于 5.0 者为视力低下。视力低下分为三度：视力在 4.9 的为轻度视力低下，4.6～4.8 之间为中度视力低下，≤4.5 者为重度视力低下。

5.1.3 结果记录采用 5 分记录，分别记录右眼、左眼视力检查结果。对于远视力低于 3.3 者，记录指数检查或手动检查或光感检查结果。

5.1.4 注意事项

a) 配戴眼镜者（含角膜接触镜）应摘下眼镜检查裸眼远视力。

b) 检查时不要揉眼、眯眼或斜着看。提醒被检者不要用遮眼板压迫眼球以免影响视力。

c) 不宜在紧张视近工作、剧烈运动或体力劳动后即刻检查视力，应休息 10min 后再行检查。

5.2 屈光检测

5.2.1 器材

标准对数视力表灯箱，串镜，检眼镜片箱。

视力表印制规格，视力表灯箱放置距离、放置高度、照明应符合 GB11533 的规定。

5.2.2 方法

对于视力低下者，用串镜进行眼屈光筛查。被检者取坐位，眼与视力表灯箱距离为 5m，用遮眼板盖住一眼，先查右眼后查左眼。先用 ±0.5D 的球镜片检查，当用凹透镜片检查视力改善，继续增凹透镜度数，视力继续提高，矫正视提高 2 行及以上且达到 1.0 及以上者，可判断为近视。若用凸透镜片视力有改善，调高凸透镜度数后视力继续提高，可初步诊断为远视。两种镜片皆不能提高视力者为其他眼病，应建议去医院眼科作进一步检查。

有条件者应按照 WS/T202 的规定进行眼屈光检测。

5.2.3 诊断

根据串镜检查或屈光检测结果，作出是否近视眼、远视眼的诊断。

5.2.4 结果记录

分别记录右眼、左眼的诊断粳

5.3 沙眼

5.3.1 器材

2.5 倍放大镜，或裂隙灯生物显微镜。常用快速手消毒剂：醇类与胍类（醋酸氯己定等）复配的手消毒液；75% 乙醇溶液；有效碘含量为 5 000 mg/L 的碘伏溶液，氧化电位水等。

5.3.2 方法

选择晴天良好自然光线下进行检查，必要时增加人工照明。先检查右眼后检查左眼。重点检查睑缘、上睑结膜与角膜。

检查睑缘时，将上睑轻轻上推，暴露睑缘，检查有无倒睫。

检查上睑结膜时，嘱被检者向下看，用拇指和食指捏住上睑缘皮肤，使上眼睑离开眼球，然后向下向前用轻柔的力翻转，并将翻转后的上睑用拇指固定于眼眶上缘，检查上睑结膜有无滤泡、炎症及瘢痕。检查完毕后轻轻将上睑复位。

检查角膜时，一手以拇指和食指将上下睑分开，另一手持放大镜检查角膜，或用裂隙灯生物显微镜检查，观察是否有角膜血管翳、角膜缘滤泡或 Herbert 小凹，有无角膜浑浊。

5.3.3 诊断标准

至少符合下述 2 条体征者可诊断为沙眼。只符合下述：

（a）项体征时诊断为疑似沙眼。

ⓐ上睑结膜有 5 个以上滤泡，滤泡直径不小于 0.5 mm；

ⓑ典型的睑结膜瘢痕；

ⓒ角膜缘滤泡或 Herbert 小凹；

ⓓ较明显的角膜血管翳。

5.3.4 结果记录

按右、左眼分别记录有无沙眼或疑似沙眼。

5.3.5 注意事项

a）为避免交叉感染引起结膜病，检查者在检查前应使用皂液与流动水洗净双手，在接触有眼部疾

患的病人后，应使用快速手消毒剂搓擦双手 2 min。

b）沙眼患病率的统计不包括疑似沙眼。

5.4 结膜炎

5.4.1 方法

询问是否有眼异物感、烧灼感、痒、畏光、流泪等症状以及发病过程和过敏史，检查结膜是否有充血、水肿、渗出液、乳头增生、滤泡形成、伪膜和真膜、结膜下出血，眼睑是否肿胀，有无分泌物增多，以及耳前淋巴结肿大等。

5.4.2 诊断

根据病史、症状与体征，作出急、慢性结膜炎的临床诊断。必要时应提出去医院作病原学检查的建议，以明确诊断。

5.4.3 结果记录

记录诊断结果。

5.5 色觉

5.5.1 器材

假同色表。

5.5.2 方法

在自然光线下，将假同色表放在距被检者 0.5 m 处，让其在 5 s 内读出表内数字或图案。如果辨认困难、读错或读不出，应按假同色表所附的说明书进行判断。

5.5.3 结果记录

记录色觉是否正常，有无色弱、色盲。色盲可分红色盲、绿色盲和红绿色盲三种进行记录。

5.6 龋齿

5.6.1 器材

平面口镜，CPI 探针，手套，照明灯。

检查器材应严格进行灭菌处理。也可选用一次性器材。

可采用下列方法对器材进行灭菌处理：每查完一个被检者后，所用的器材应先清洗擦干，再用 2% 戊二醛溶液浸泡 10 h 以上，然后用蒸馏水冲洗备用。

5.6.2 方法

在人工光源下，以视诊结合探诊的方式进行，对牙的点、隙、裂、沟作重点检查，必须在探诊后作出诊断。检查顺序从右上象限最后一个牙开始至左上象限最后一个牙，再从左下象限最后一个牙至右下象限最后一个牙。

5.6.3 诊断标准及记录符号

无龋牙（乳牙记 A，恒牙记 0）：牙冠健康，无因龋所做的充填物（含冠套），也无龋坏迹象的完整牙冠为无龋牙。下列情况均不诊断为龋齿：白垩色斑点；牙冠上变色或粗糙的斑点，探诊未感觉软化；釉质表面点隙裂沟染色，但无肉眼可见的釉质下潜行破坏，探诊未探到洞底或沟壁软化；中到重度氟牙症所造成釉质上硬的、色暗的凹状缺损；牙釉质表面的磨损；未发生龋坏的楔状缺损。

龋齿（乳牙记 B，恒牙记 1）：牙的窝沟点隙或光滑面有明显的龋洞或明显的釉质下破坏或明确的可探及软化洞底或沟壁的病损即诊断为龋齿。牙冠因龋已被完全破坏只剩残根或牙上有暂时充填物（如氧化锌）也记为龋齿。应使用探针来证实所判断的龋坏。

已充填牙有龋（乳牙记 C，恒牙记 2）：牙冠上有一个或多个因龋的永久充填物且伴有一个或多个部位龋坏记为已充填牙有龋。无须区分原发或继发龋（即不管龋损是否与充填体有关）。

已充填牙无龋（乳牙记 D，恒牙记 3）：牙冠有一个或多个因龋的永久充填物。且无任何部位龋坏，或因龋坏而做冠修复的牙记为充填无龋。

龋失牙（乳牙记 E，恒牙记 4）：因龋拔除的恒牙，未到替换年龄因龋失去的乳牙，并排除因外伤失去的前牙情况下，按龋失牙计。

因其他原因缺牙（乳牙记 X，恒牙记 5）：因先天缺失，或因正畸、牙周病、外伤等丧失的乳、恒牙。

窝沟封闭（乳牙记 F，恒牙记 6）：牙冠的咬合面已做窝沟封闭。如果已做窝沟封闭的牙齿有

龋，用龋齿符号（乳牙记 B，恒牙记 1）进行记录。

5.6.4 结果记录

按照 4 个象限（见图 1），使用记录符号在相应的牙位上记录检查结果。

未萌出牙不做记录。同一牙位如存在乳牙滞留，恒牙萌出情况，记录恒牙，不记录乳牙。

				55	54	53	52	51	61	62	63	64	65			
18	17	16	15	14	13	12	11		21	22	23	24	25	26	27	28
□	□	□	□	□	□	□	□		□	□	□	□	□	□	□	□
□	□	□	□	□	□	□	□		□	□	□	□	□	□	□	□
48	47	46	45	44	43	42	41		31	32	33	34	35	36	37	38
				85	84	83	82	81	71	72	73	74	75			

图 1　龋齿检查结果记录图

5.7 牙周

5.7.1 器材

平面口镜，CPI 探针，手套，照明灯。

器材的消毒与 5.6.1 相同。

5.7.2 方法

检查口腔 6 个区段指数牙的牙龈炎、牙石与牙周袋深度，用社区牙周指数（CPI）评价牙龈健康情况。6 个区段划分见表 2。每个区段有 1 颗指数牙，共 6 颗指数牙，分别为 4 颗第 1 磨牙和右上、左下中切牙。

表 2　牙周检查的 6 个区段

17—14	13—23	24—27
47—44	43—33	34—37

15 岁以下者只检查牙龈炎和牙石情况，不检查牙周袋深度。牙龈炎与牙石以视诊为主，必要时作探诊。探针与牙面成 45°角，沿着龈缘轻轻地从牙齿舌面或颊面的远中探查到近中，避免深探。

牙周病检查需要探牙周袋的深度，每颗指数牙均作 6 个位点的探诊，即颊、舌侧的近中、中央、远中点进行探诊。探针应与牙长轴平行、紧贴牙面上下提插式探查。

5.7.3 诊断与记分

0：牙龈健康。

1：牙龈炎，探诊后出血。

2：牙石，肉眼可见有牙石或探诊后发现有龈下石。

3：浅牙周袋，牙周袋深度在 4 mm ~ 5 mm。

4：深牙周袋，牙周袋深度在 6 mm 或以上。

5.7.4 结果记录

按区段记录检查结果，每颗指数牙以最重情况记分。

以 6 个区段中最高记分作为个人 CPI 分值。

示例：某学生右、左上区段指数牙有浅牙周袋，上、下中区段指数牙有牙石，右下区段指数牙牙龈健康，左下区段指数牙患牙龈炎，记录如图 2。个人 CPI 记分为 3。

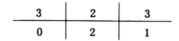

图 2　牙周检查结果记录方法

5.7.5 注意事项

探诊时支点要稳，用力要轻柔，探诊的力度不大于 20 g，即将探针轻轻插入拇指甲沟内，轻轻压迫显示指盖发白且不造成疼痛或不舒服的感觉为适宜力量。

5.8 耳

5.8.1 听力筛查

5.8.1.1 方法

在静室内嘱被检者闭目坐于椅子上，并用手指堵塞一侧耳道，检查者以拇指与食指互相摩擦，自 1 m 远以外逐渐移近耳部，直到被检者听到捻指声为止，测量距离，并与正常人（检查者）比较。

5.8.1.2 结果判断

在 1 m 远处听到捻指声为听力正常。否则为听力减退。

5.8.1.3 结果记录与听力减退的处理

分左、右耳记录是否听力正常或听力减退。对于听力减退者，有条件的可做听力试验，不能在健康检查现场做听力试验的应提出去医院作进一步检查的建议。

5.8.2 听力试验（气骨导比较试验）

5.8.2.1 器材

频率为 256 Hz 的音叉。

5.8.2.2 方法

通过比较同侧耳气导与骨导听力时间，判断耳聋的性质。检查者手持音叉柄，轻击音叉臂的前 1/3 处使其振动，测气导听力时，把振动的音叉置于距外耳道口 1 cm 处，使振动的音叉双臂平面与外耳道纵轴一致。测骨导听力时，将振动的音叉柄置于被检者的乳突部。分别记录气导听力与骨导听力的时间。

5.8.2.3 结果判断

气导听力时间长于骨导听力时间，为阳性（＋），表示正常或感音神经性耳聋。听力正常者，气导听力时间较骨导长约 2 倍。气导时间短于骨导时间为阴性（－），为传导性耳聋。气导时间与骨导相等（±），为中度传导性耳聋或混合性耳聋。

5.8.2.4 结果记录

分左、右耳记录是否听力正常或是否传导性耳聋、感音神经性耳聋。

5.8.3 外耳道、鼓膜与乳突部检查

5.8.3.1 器材

耳镜，额镜，照明灯。或电耳镜。

5.8.3.2 方法

5.8.3.2.1 外耳道检查

采用双手检查法，检查者一手将耳廓向后、向上、向外牵拉，另一手食指将耳屏向前推移，使外耳道拉直，可观察外耳道与鼓膜。此法适用于外耳道较宽、耳毛较少者。否则，用耳镜检查外耳道，检查者一手将被检者的耳廓向上牵拉，另一手将大小合适的耳镜轻轻插入外耳道，注意不可超过外耳道软骨部和骨部交界处，以免引起疼痛。观察外耳道有无充血、肿胀、耵聍栓塞、异物、分泌物、肿物、瘘管以及有无先天性外耳道闭锁等。

5.8.3.2.2 鼓膜检查

用耳镜检查鼓膜，操作方法同 5.8.3.2.1。观察鼓膜有无充血、肿胀、混浊、增厚、穿孔、萎缩、疤痕、钙斑，有无鼓膜积液影。

5.8.3.2.3 乳突部检查

检查乳突部位有无压痛，皮肤有无红肿、漏管及疤痕。

5.8.3.3 结果记录

分别记录左、右外耳道、鼓膜和乳突部检查的阳性结果。

5.9 鼻

5.9.1 器材

额镜，照明灯，鼻镜，1% 麻黄素生理盐水；用于嗅觉检查的醋、酒精和水。

5.9.2 方法

5.9.2.1 外鼻检查

有无畸形、炎症及损伤，检查鼻翼有无压痛。

5.9.2.2 鼻腔鼻窦检查

各鼻窦相应表面皮肤有无红肿压痛、变形，鼻前庭有无红肿与分泌物。用鼻镜伸入鼻前庭，切勿超过鼻阈，以免引起疼痛或损伤鼻中隔黏膜导致出血。由下而上，检查鼻腔下鼻道、下鼻甲、鼻中隔、中鼻道、中鼻甲及嗅裂，注意中下鼻甲有无肿胀、中下鼻道有无脓液、息肉及肿瘤。如鼻黏膜肿胀，用 1% 麻黄素生理盐水喷雾 1～2 次，收缩后再检查。

5.9.2.3 嗅觉检查

用醋、酒精、水三种材料进行嗅觉检查，全能辨别为嗅觉正常，能辨别 1～2 种为嗅觉迟钝，三种全不辨别者为嗅觉丧失（体检时患感冒者，约定一周后复查）。

5.9.3 结果记录

有无急性或慢性鼻炎、萎缩性鼻炎、急性或慢性鼻窦炎，嗅觉是否正常。

5.10 扁桃体

5.10.1 器材

消毒备用的压舌板，额镜，照明灯。

5.10.2 方法

被检者取坐位，头略后仰，口张大并发"啊"音，检查者用压舌板轻压被检者舌前2/3处，使舌背低下、软腭上抬，在照明的配合下，检查扁桃体大小、有无充血、陷窝口分泌物、假膜、溃疡等病变。

扁桃体大小分度：扁桃体未超过咽腭弓为Ⅰ度，超过咽腭弓者为Ⅱ度，达到或超过咽后壁中线者为Ⅲ度。

5.10.3 结果记录

扁桃体是否肥大及程度。有无急性或慢性扁桃体炎。

6　外科检查

6.1 头部

6.1.1 方法

被检者取坐位。运用视诊检查头颅大小、外形的变化，是否有方颅、巨颅，是否有头部运动异常。

6.1.2 结果记录

记录阳性检查结果。

6.2 颈部

6.2.1 方法

被检者取坐位。重点做以下检查：

a）一般内容检查：检查静坐时颈部有无静脉怒张、动脉搏动，颈部能否直立伸屈、运转自如，颈部有无包块。

b）甲状腺检查：用双手触诊法，检查者站立于被检者背面，触诊时嘱被检者配合吞咽动作，随吞咽而上下移动者即为甲状腺。检查左叶时，右手食指及中指在甲状腺软骨下气管右侧向左轻推甲状腺右叶，左手食指、中指和无名指3指触摸甲状腺的轮廓大小及表面情况，检查有无压痛及震颤。用同样的方法检查右侧。甲状腺肿大分为3度：不能看出肿大但能触及者为Ⅰ度；能看到肿大又能触及，但在胸锁乳突肌以内者为Ⅱ度；超过胸锁乳突肌外缘者为Ⅲ度。

c）气管检查：检查者站立于被检者前面，将食指与无名指分别置于两侧胸锁关节上，然后将中指置于气管之上，观察中指是否在食指与无名指之间，若两侧距离不等则提示有气管移位，根据气管的偏移方向判定病变的位置。

6.2.2 结果记录

记录阳性体征。

6.3 胸廓

6.3.1 方法

被检者取坐位。检查胸廓的形态。检查有无桶状胸、扁平胸、佝偻病胸、胸廓一侧膨隆或凹陷、胸廓局部隆起和脊柱畸形致胸廓变形。

6.3.2 结果记录

记录胸廓检查的阳性体征。

6.4 脊柱

6.4.1 检查内容与方法

6.4.1.1 脊柱侧弯检查方法

脊柱侧弯的一般检查、前屈试验、运动试验与俯卧试验方法应符合 GB/T 16133 的规定。

6.4.1.2 脊柱前后弯曲检查方法

脊柱前后弯曲检查方法应符合 GB/T 16133 的规定。

6.4.2 结果记录

姿势性脊柱侧弯的部位、方向与分度记录方法，姿势性驼背的分度记录方法均应符合 GB/T 16133 的规定。

6.4.3 注意事项

对于需要排除姿势性脊柱侧弯或姿势性驼背时，应提出进一步检查与处理的建议。

6.5 四肢

6.5.1 方法

被检者取站立位。观察有无特殊畸形（如神经损伤后的特殊畸形、先天性畸形、脊髓灰质炎后遗症的特殊畸形、佝偻病的下肢畸形），有无肌萎缩、关节肿胀，皮肤色泽有无改变。

6.5.2 结果记录

记录四肢阳性体征。

6.6 皮肤

6.6.1 方法

采用视诊与触诊进行检查。检查有无皮疹，以及皮疹的性质、大小、数目、颜色、形状、内容物。检查皮肤色泽，有无脱屑、紫癜、蜘蛛痣、水肿、皮下节结、瘢痕。

6.6.2 结果记录

记录皮肤阳性体征。

6.7 淋巴结

6.7.1 方法

用手指滑动触诊由浅入深触摸皮下淋巴结。检查淋巴结是否肿大，以及肿大的部位、大小、数目、硬度、压痛、活动度、有无粘连、局部皮肤有无红肿、瘢痕及瘘管。

6.7.2 结果记录

记录阳性体征。

6.8 男性外生殖器

6.8.1 方法

采取视诊与触诊方法，重点做以下检查：

a）阴茎：检查有无包茎或包皮过长。

b）阴囊：触诊阴囊，检查有无隐睾症。对可疑鞘膜积液或阴囊疝者采用透光试验进行检查。

6.8.2 结果记录

记录阳性检查结果。

7　内科检查

7.1 心脏

7.1.1 方法

a）视诊

检查有无紫绀、杵状指、呼吸急促、心前区隆起，以筛查出先天性心脏病、慢性风湿性心脏病。检查心尖搏动的部位、范围和强弱。

b）触诊

对视诊发现的异常体征进行证实。检查有无震颤，检查者用右手全手掌触诊，以手掌平贴于心前区，检查震颤及其部位与时期（收缩期、舒张期、连续性）。用食指、中指、无名指并拢以指腹检查心尖搏动的位置、强弱、范围、节律和频率。嘱被检者取坐位前倾位，在心前区检查有无心包摩擦感。

c）叩诊

检查心脏浊音界大小、形态与位置。被检者取仰卧位，检查者站立于被检者右侧，左手叩诊板指与心缘垂直（与肋骨平行），叩时力度适中。测量心脏左右浊音界距胸骨中线的垂直距离，测量左锁骨中线至胸骨中线的垂直距离，以判断心脏大小是否正常。

d）听诊

听诊体位：被检者取仰卧位，保持环境安静。检查者站立于右侧。

听诊部位：二尖瓣听诊区位于心尖搏动最强点，肺动脉瓣听诊区在胸骨左缘第2肋间，主动脉瓣听诊区在胸骨右缘第2肋间，主动脉瓣第二听诊区在胸骨左缘第3肋间，三尖瓣听诊区在胸骨左缘第4、5肋间。

听诊顺序：二尖瓣听诊区—肺动脉瓣听诊区—主动脉瓣听诊区—主动脉瓣第二听诊区—三尖瓣听诊区。

听诊内容：心率、心律、心音、额外心音、杂音与心包摩擦音（性质粗糙、搔抓样，与心跳一

致，与

呼吸无关）。注意杂音的部位、时期（收缩期、舒张期）、性质（吹风样、隆隆样、叹气样、机器声样、乐声样）、传导（帮助判断杂音的来源与病理性质）、强度、与体位变化。对于期前收缩每分钟 6 次以上者，应建议作心电图检查。

心脏收缩期杂音强度分级：

1 级：杂音很弱，占时很短，需仔细听诊或运动或改变体位方能听到；

2 级：较容易听到的弱杂音；

3 级：中等响亮的杂音；

4 级：较响亮的杂音；

5 级：很响亮的杂音、震耳，但听诊器体件稍离开胸壁即听不到；

6 级：最响亮的杂音，以至将听诊器体件稍离开胸壁仍能听到。

杂音记录方法与结论：如 3 级杂音记为 3/6 级。被检者杂音≤2/6 级、性质柔和、吹风样、时限短、较局限属功能性，可作"正常"结论。

7.1.2 结果记录

记录视诊、触诊、叩诊、听诊检查发现的阳性体征。其中，心脏杂音分部位、时期、响度、性质与传导进行记录。

7.2 肺

7.2.1 方法

a）视诊

呼吸运动两侧是否对称，有无呼吸运动增强及减弱，有无呼吸困难及三凹征。检查每分钟呼吸频率、呼吸节律是否均匀整齐。

b）触诊

胸廓扩张度检查：检查者双手置于胸廓下面的前侧部，左右拇指分别沿两侧肋缘指向剑突，拇指尖在前正中线两侧对称部位，两手掌和伸展的手指置于前侧胸壁，嘱被检者做深呼吸运动，比较两手的扩张度是否一致，前正中线两侧拇指向外移动的距离是否相等。

语音震颤检查：两手掌平贴在被检者胸廓两侧对称部位，嘱被检者重复发"一"长音，比较两侧对称部位的震动感是否相同，从上至下，分别检查前胸、侧胸、后胸。

胸膜摩擦感检查：两手掌平贴在被检者胸壁的下前侧部，嘱被检者做深呼吸运动，以触查有无摩擦感。

c）叩诊

在左右两侧胸部对称部位进行对比叩诊，前胸叩诊板指平贴肋间隙与肋骨平行，背部叩诊时，在肩胛间区板指与脊柱平行，肩胛下区板指平贴于肋间隙与肋骨平行。叩出肺上界，叩出左右锁骨中线、腋中线、肩胛下角线肺下界以及肺下界移动度。

d）听诊

检查有无啰音，罗音的性质及所在部位。必要时做语音传导与胸膜摩擦音检查。

7.2.2 结果记录

记录检查发现的阳性体征。

7.3 肝

7.3.1 方法

用触诊法检查肝的大小、软硬度、有无压痛。被检者取仰卧位，两腿屈起，放松腹壁肌肉，缓缓作腹式呼吸运动。检查者用右手掌面平放在肋缘下部自下而上进行触诊，触诊的手应与呼吸运动密切配合，随着被检者呼气时腹壁下陷而下按，随着吸气时腹壁隆起而上抬，有利于触诊肿大的肝下缘。对肝脏肿大者应叩诊检查肝上界有无移位。

7.3.2 结果记录

a）肝脏肿大：剑突下大小测量前正中线上剑突至肝下缘距离，肋下大小测定右锁骨中线上肋弓缘至肝下缘距离，以厘米为单位进行记录。

b）肝脏硬度分为 3 度：肝脏柔软，如手指按口唇为 I 度；肝脏质韧，如按鼻尖的硬度为 II 度；肝脏质硬，如按前额的硬度为 III 度。

c）肝脏表面及边缘：表面是否光滑，有无结节，边缘是否整齐。

7.4 脾

7.4.1 方法

被检者取右侧卧位，右下肢伸直，左下肢屈髋、屈膝，检查者左手掌置于被检者左腰部第七至第十肋处，将其脾脏从后向前托起，右手掌平放腹部与左侧肋弓垂直，当被检者作腹式深呼吸时进行触诊检查。测定左锁骨中线与左肋缘交点至脾脏最远点的距离。

7.4.2 结果记录

脾脏肿大分度记录：脾下缘不超过肋下 2 cm 为轻度肿大；超过肋下 2 cm 至脐水平线者为中度肿大；超过脐水平线者为高度肿大。

8　实验室检查

8.1 血红蛋白测定

8.1.1 方法

氰化高铁血红蛋白（HiCN）法。

8.1.2 原理

血红蛋白（Hb）中的亚铁离子（Fe^{2+}）被高铁氰化钾氧化成高铁离子（Fe^{3+}），血红蛋白转化成高铁血红蛋白。高铁血红蛋白与氰离子（CN^-）结合，生成稳定的氰化高铁血红蛋白，在 540 nm 波长处有一个较宽的吸收峰，在该波长处测得的吸光度（A）与溶液中浓度成正比。以测得的样品吸光度值与氰化高铁血红蛋白标准液吸光度值比较，得出样品血红蛋白含量。

8.1.3 器材

75% 酒精，酒精棉球，消毒的于棉球，一次性无菌采血针，经标定合格的一次性微量血红蛋白吸管，一次性 10 mL 塑料试管，可见光分光光度比色计，光径 1.0 cm 比色杯。

采血针与微量血红蛋白吸管应一人一换，不得重复使用。医疗废物应按照卫生部颁布的《医疗卫生机构医疗废物管理办法》进行处理。

8.1.4 试剂

a）四种浓度的氰化高铁血红蛋白标准液：50 g/L、100 g/L、150 g/L、200 g/L。

b）市售氰化高铁血红蛋白试剂，用蒸馏水按比例要求稀释，贮存于棕色玻璃瓶中备用。

或配制氰化高铁血红蛋白试剂（HiCN 试剂）：

氰化钾（KCN）	0.050 g
高铁氰化钾［$K_3Fe(CN)_5$］	0.200 g
无水磷酸二氢钾（KH_2PO_4）	0.140 g
非离子表面活性剂（Triton X – 100，Saponic218 等）	1.0 mL

上述成分分别溶于蒸馏水中，混合，置 1 L 容量瓶内，再加蒸馏水至 1 000 mL 混匀，储存于棕色玻璃瓶中，置 4℃～10℃保存不超过 1 个月。试剂应为淡黄色透明溶液，pH 值在 7.0～7.4。若试剂出现混浊则不能使用。本试剂不吸收 480nm 以上的光波，因此读数与蒸馏水空白一致。

8.1.5 操作步骤

a）血红蛋白测定仪器的校正：以 HiCN 试剂调零，以 50 g/L、100 g/L、150 g/L、200 g/L 四种浓度的氰化高铁血红蛋白标准液校正仪器，分别测定在 540 nm 波长的吸光度。在标准仪器条件下，波长 540nm 各浓度吸光度值恒定。若四种浓度标准液吸光度读数误差在允许范围内（表 3），血红蛋白含量与吸光度符合式（1）：

$$Hb（g/L）= A \times K = A \times 367.7 \quad\cdots\cdots\cdots\cdots\cdots\cdots\cdots（1）$$

式中　Hb——血红蛋白值，单位为克每升（g/L）；

　　　A——吸光度；

　　　K——常数，为 367.7。

氰化高铁血红蛋白标准液吸光度读数若超出表 3 误差范围，式（1）中的 K 需要按式（2）校正：

$$K_{校正} =（\sum 吸光度真值/\sum 吸光度读数）\times 367.71$$
$$=（1.360/\sum 吸光度读数）\times 367.7 \quad\cdots\cdots\cdots\cdots\cdots（2）$$

b）于 10mL 试管中加入 5mL HiCN 试剂。

c）用酒精消毒左手无名指，待干后用一次性无菌采血针向指尖垂直方向穿刺，深约 2 mm～3 mm。用一次性微量血红蛋白吸管吸取 20μL 血样，管内不得有气泡，擦去管外血液。

d）置吸管于 HiCN 试剂中，使管尖在液面下，轻轻自管中推出血液，反复吸取 HiCN 试剂（3 次以上），将管内血液洗净，混匀，静置 10min 以上。

e）于 54nm 波长处，以 HiCN 试剂为空白，测定样品吸光度。

f）计算结果

样品血红蛋白值（g/L）＝样品吸光度值×367.7（或 K$_{校正}$ ················ （3）

表3　可见光分光光度计波长 540nm 光径 1.0 cm 标准液允许误差

误差允许范围		g/L	
A 真值 A	相应 Hb 真值 Hb/（g/L）		
0.136	10	0.133～0.139	49～51
0.272	100	0.267～0.277	98～102
0.408	100	400～0.416	147～153
0.544	200	0.533～0.554	196～204

8.1.6 结果判断

遵照附录 B 的规定是否贫血的诊断。

8.1.7 结果记录

记录血红蛋白测定值与贫血诊断结果。

8.1.8 注意事项

a）氰化钾是剧毒品，配置试剂与比色后应严格按剧毒品管理程序操作。

b）用其他方法测定血红蛋白，应溯源至 HiCN 的结果。

8.2 肠道蠕虫卵

8.2.1 方法

改良加藤厚涂片透明法，检查蛔虫、鞭虫、钩虫卵。

8.2.2 器材

尼龙绢片筛孔内径 150mm（100 目），大小 8 cm×8 cm。椭圆孔容积为 38.75 mm。的定量板。透明液：用 3%孔雀绿水溶液（或亚甲基蓝）1 mL、纯甘油 100 mL、蒸馏水 100 mL 配制，彻底混匀。亲水性玻璃纸，厚 40μm，大小为 25 mm×30 mm，置透明液浸泡 24 h 以上。

8.2.3 操作步骤

a）将尼龙绢片放在待检粪样上加压，用塑料刮片从尼龙绢片上方刮取粪便标本。

b）将定量板放置载玻片中央部位，通过尼龙绢片刮取的粪便标本填满定量板中央孔，并用刮片边缘横刮定量板面，以去除孔边过多的粪便。

c）移去定量板，使粪便标本留在载玻片上。

d）取一张经透明液浸泡的亲水玻璃纸，抖掉多余的透明液后覆盖在粪便上。用另一玻片轻压粪便标本使之均匀展开至玻璃纸边缘。

e）待粪便透明后及时镜检，应以上下或横向移动方式检查涂片。

8.2.4 结果记录

定性记录：未检出虫卵记为阴性，对于阳性者应注明虫卵种类。

虫卵的感染分度记录应遵照附录 C 的规定。

8.2.5 注意事项

粪便涂片应放置一段时间使其透明。在室温25℃、75%湿度下透明0.5 h～1 h即可镜检，一般不宜超过2 h。若气温低、空气湿度大，放置时间可适当延长。检查钩虫卵透明时间宜在30 min以内。

8.3 肝功能

8.3.1 方法

a）丙氨酸氨基转移酶：偶联NADH酶触法，速率比色测定，波长340 nm。

b）血清总蛋白：双缩脲比色法，波长540 nm比色。

c）血清白蛋白：溴甲酚绿比色法，波长628 nm比色。

d）血清胆红素：钒酸盐氧化法，主波长450 nm、次波长546 nm比色。

8.3.2 原理

由光源灯发出的光经平行处理后，透过样品，通过光栅分光，由于部分光已经过被测物质吸收，剩余的光由检测器接收，检测相应项目吸光度的增加或减少值，与标准比较，计算机将读取的吸光度转变成电信号，进行自动计算处理，打印测定结果。

8.3.3 器材

全自动生化分析仪，离心机（4 000 r/min），样品杯（试管），移液器，37℃水浴箱，试管架，消毒用品。一次性真空负压采血管。相应检测项目的试剂，校准品，质控品。

医疗废物应按照卫生部颁布的《医疗卫生机构医疗废物管理办法》进行处理。

8.3.4 样品要求

a）被检者采血前一天禁饮酒、禁食高脂肪类食物、禁服色素类药物。采血当天不得剧烈运动。

b）血样无溶血现象。血清样品一般应在2 h内检验。丙氨酸氨基转移酶在25℃稳定1 d，在2℃～8℃冷藏稳定7 d，在－20℃稳定30 d。胆红素的检验要求避光保存样品。

8.3.5 操作步骤

全自动生化分析仪比色测定，后分光法，自动程序控制，以样品为顺序，逐项进行分析。各检测项目以标准作对照，进行校准检测，质控品用于质量控制批内使用。具体步骤如下：

a）空腹抽取静脉血3 mL于生化检测试管中（真空负压采血管）。

b）按顺序放置试管架上。

c）置37℃水浴箱保温30 min，以便于离心析出血清进行检测。

d）已温浴样品，编号，4 000 r/min离心15 min。

e）移取血清1 mL～2 mL至样品杯（试管）内。

f）将装有血清的试管放入样品支架上，样品架按顺序排列置于仪器轨道槽上。

g）根据所用检测分析仪和相应试剂确认实验参数。根据样品检测要求在仪器上依指令输入检测项目，按空白，标准，质控，样品上机进行测定。

h）根据质控的检测情况确定是否可以发出报告。

8.3.6 正常值范围

丙氨酸氨基转移酶（ALT）：男 5 U/L～40 U/L

女 5 U/L～35 U/L

血清总蛋白（TP）：64 g/L～83 g/L

血清白蛋白（ALB）：4 岁～14 岁 38 g/L～54 g/a

成人 34 g/L～48 g/L

血清总胆红素（STB）：3.4 μmol/L～17.1 μmol/L

血清结合胆红素（SCB，直接胆红素）：0 μmol/L～3.4 μmol/L

8.4 结核菌素试验（PPD 皮肤试验）

8.4.1 试验方法

按照 WS 288 的规定进行试验。

8.4.2 器材

结核菌纯蛋白衍生物（PPD），一次性注射器。

皮肤试验注射器具应一人一换，不得重复使用。医疗废物应按照卫生部颁布的《医疗卫生机构医疗废物管理办法》进行处理。

8.4.3 结果判断

按照 WS 288 的规定判断。

8.4.4 结果记录

定性记录试验结果。

8.4.5 注意事项

a）若前臂内侧皮肤有损伤，需重新安排皮试时间。

b）若被检者结核变态反应强烈，如患疱疹性结膜炎、结节性红斑或一过性多发性结核过敏性关节炎等，宜用 1 个结核菌素单位的 PPD 试验，以防局部的过度反应及可能的病灶反应。

建筑抗震设计规范（节选）

GB 50011—2010

3　基本规定

3.1 建筑抗震设防分类和设防标准

3.1.1 抗震设防的所有建筑应按现行国家标准《建筑工程抗震设防分类标准》GB 50223 确定其抗震设防类别及其抗震设防标准。

3.1.2 抗震设防烈度为6度时，除本规范有具体规定外，对乙、丙、丁类的建筑可不进行地震作用计算。

3.2 地震影响

3.2.1 建筑所在地区遭受的地震影响，应采用相应于抗震设防烈度的设计基本地震加速度和特征周期表征。

3.2.2 抗震设防烈度和设计基本地震加速度取值的对应关系，应符合表3.2.2的规定。设计基本地震加速度为0.15g和0.30g地区内的建筑，除本规范另有规定外，应分别按抗震设防烈度7度和8度的要求进行抗震设计。

表 3.2.2　抗震设防烈度和设计基本地震加速度值的对应关系

抗震设防烈度	6	7	8	9
设计基本地震加速度值	0 05g	0.0（0.15）g	0.20（0.30）g	0.40g

注：g为重力加速度。

3.2.3 地震影响的特征周期应根据建筑所在地的设计地震分组和场地类别确定。本规范的设计地震共分为三组，其特征周期应按本规范第5章有关规定采用。

3.2.4 我国主要城镇（县级及县级以上城镇）中心地区的抗震设防烈度、设计基本地震加速度值和所属的设计地震分组，可按本规范附录A采用。

3.3 场地和地基

3.3.1 选择建筑场地时，应根据工程需要和地震活动情况、工程地质和地震地质的有关资料，对抗震有利、不利和危险地段做出综合评价。对不利地段，应提出避开要求；当无法避开时应采取有效的措施。对危险地段，严禁建造甲、乙类的建筑，不应建造丙类的建筑。

3.3.2 建筑场地为I类时，对甲、乙类的建筑应允许仍按本地区抗震设防烈度的要求采取抗震构造措施；对丙类的建筑应允许按本地区抗震设防烈度降低一度的要求采取抗震构造措施，但抗震设防烈度为6度时仍应按本地区抗震设防烈度的要求采取抗震构造措施。

3.3.3 建筑场地为Ⅲ、Ⅳ类时，对设计基本地震加速度为0.15g和0.30g的地区，除本规范另有规定外，宜分别按抗震设防烈度8度（0.20g）和9度（0.40g）时各抗震设防类别建筑的要求采取抗震构造措施。

3.3.4 地基和基础设计应符合下列要求：

1 同一结构单元的基础不宜设置在性质截然不同的地基上。

2 同一结构单元不宜部分采用天然地基部分采用桩基；当采用不同基础类型或基础埋深显著不同时，应根据地震时两部分地基基础的沉降差异，在基础、上部结构的相关部位采取相应措施。

3 地基为软弱黏性土、液化土、新近填土或严重不均匀土时，应根据地震时地基不均匀沉降和其他不利影响，采取相应的措施。

3.3.5 山区建筑的场地和地基基础应符合下列要求：

1 山区建筑场地勘察应有边坡稳定性评价和防治方案建议；应根据地质、地形条件和使用要求，因地制宜设置符合抗震设防要求的边坡工程。

2 边坡设计应符合现行国家标准《建筑边坡工程技术规范》GB 50330 的要求；其稳定性验算时，有关的摩擦角应按设防烈度的高低相应修正。

3 边坡附近的建筑基础应进行抗震稳定性设计。建筑基础与土质、强风化岩质边坡的边缘应留有足够的距离，其值应根据设防烈度的高低确定，并采取措施避免地震时地基基础破坏。

3.4 建筑形体及其构件布置的规则性

3.4.1 建筑设计应根据抗震概念设计的要求明确 形体的规则性。不规则的建筑应按规定采取加强措施；特别不规则的建筑应进行专门研究和论证，采取特别的加强措施；严重不规则的建筑不应采用。

注：形体指建筑平面形状和立面、竖向剖面的变化。

3.4.2 建筑设计应重视其平面、立面和竖向剖面的规则性对抗震性能及经济合理性的影响，宜择优选用规则的形体，其抗侧力构件的平面布置宜规则对称、侧向刚度沿竖向宜均匀变化、竖向抗侧力构件的截面尺寸和材料强度宜自下而上逐渐减小、避免侧向刚度和承载力突变。

不规则建筑的抗震设计应符合本规范第 3.4.4 条的有关规定。

3.4.3 建筑形体及其构件布置的平面、竖向不规则性，应按下列要求划分：

1 混凝土房屋、钢结构房屋和钢 . 混凝土混合结构房屋存在表 3.4.3.1 所列举的某项平面不规则类型或表 3.4.3.2 所列举的某项竖向不规则类型以及类似的不规则类型，应属于不规则的建筑：

表 3.4.3.1　平面不规则的主要类型

不规则类型	定义和参考指标
扭转不规则	在规定的水平力作用下，楼层的最大弹性水平位移或（层间位移），大于该楼层两端弹性水平位移（或层间位移）平均值的 1.2 倍
凹凸不规则	平面凹进的尺寸，大于相应投影方向总尺寸的 30%
楼板局部不连续	楼板的尺寸和平面刚度急剧变化，例如，有效楼板宽度小于该层楼板典型宽度的 50%，或开洞面积大于该层楼面面积的 30%，或较大的楼层错层

表 3.4.3.2　竖向不规则的主要类型

不规则类型	定义和参考指标
侧向刚度不规则	该层的侧向刚度小于相邻上一层的 70%，或小于其上相邻三个楼层侧向刚度平均值的 80%；除顶层或出屋面小建筑外，局部收进的水平向尺寸大于相邻下一层的 25%
竖向抗侧力构件不连续	竖向抗侧力构件（柱、抗震墙、抗震支撑）的内力由水平转换构件（梁、桁架等）向下传递
楼层承载力突变	抗侧力结构的层间受剪承载力小于相邻上一楼层的 80%

2 砌体房屋、单层工业厂房、单层空旷房屋、大跨屋盖建筑和地下建筑的平面和竖向不规则性的划分，应符合本规范有关章节的规定。

3 当存在多项不规则或某项不规则超过规定的参考指标较多时，应属于特别不规则的建筑。

3.4.4 建筑形体及其构件布置不规则时，应按下列要求进行地震作用计算和内力调整，并应对薄弱部位采取有效的抗震构造措施：

1 平面不规则而竖向规则的建筑，应采用空间结构计算模型，并应符合下列要求：

1）扭转不规则时，应计入扭转影响，且楼层竖向构件最大的弹性水平位移和层间位移分别不宜大于楼层两端弹性水平位移和层间位移平均值的 1.5 倍，当最大层间位移远小于规范限值时，可适当放宽；

2）凹凸不规则或楼板局部不连续时，应采用符合楼板平面内实际刚度变化的计算模型；高烈度或不规则程度较大时，宜计入楼板局部变形的影响；

3）平面不对称且凹凸不规则或局部不连续，可根据实际情况分块计算扭转位移比，对扭转较大的部位应采用局部的内力增大系数。

2 平面规则而竖向不规则的建筑，应采用空间结构计算模型，刚度小的楼层的地震剪力应乘以不小于 1.15 的增大系数，其薄弱层应按本规范有关规定进行弹塑性变形分析，并应符合下列要求：

1）竖向抗侧力构件不连续时，该构件传递给水平转换构件的地震内力应根据烈度高低和水平转换构件的类型、受力情况、几何尺寸等，乘以 1.25~2.0 的增大系数；

2）侧向刚度不规则时，相邻层的侧向刚度比应依据其结构类型符合本规范相关章节的规定；

3）楼层承载力突变时，薄弱层抗侧力结构的受剪承载力不应小于相邻上一楼层的 65%。

3 平面不规则且竖向不规则的建筑，应根据不规则类型的数量和程度，有针对性地采取不低于本条 1、2 款要求的各项抗震措施。特别不规则的建筑，应经专门研究，采取更有效的加强措施或对薄弱部位采用相应的抗震性能化设计方法。

3.4.5 体型复杂、平立面不规则的建筑，应根据不规则程度、地基基础条件和技术经济等因素的比较分析，确定是否设置防震缝，并分别符合下列要求：

1 当不设置防震缝时，应采用符合实际的计算模型，分析判明其应力集中、变形集中或地震扭转效应等导致的易损部位，采取相应的加强措施。

2 当在适当部位设置防震缝时，宜形成多个较规则的抗侧力结构单元。防震缝应根据抗震设防烈度、结构材料种类、结构类型、结构单元的高度和高差以及可能的地震扭转效应的情况，留有足够的宽度，其两侧的上部结构应完全分开。

3 当设置伸缩缝和沉降缝时，其宽度应符合防震缝的要求。

3.5 结构体系

3.5.1 结构体系应根据建筑的抗震设防类别、抗震设防烈度、建筑高度、场地条件、地基、结构材料和施工等因素，经技术、经济和使用条件综合比较确定。

3.5.2 结构体系应符合下列各项要求：

1 应具有明确的计算简图和合理的地震作用传递途径。

2 应避免因部分结构或构件破坏而导致整个结构丧失抗震能力或对重力荷载的承载能力。

3 应具备必要的抗震承载力，良好的变形能力和消耗地震能量的能力。

4 对可能出现的薄弱部位，应采取措施提高其抗震能力。

3.5.3 结构体系尚宜符合下列各项要求：

1 宜有多道抗震防线。

2 宜具有合理的刚度和承载力分布，避免因局部削弱或突变形成薄弱部位，产生过大的应力集中或塑性变形集中。

3 结构在两个主轴方向的动力特性宜相近。

3.5.4 结构构件应符合下列要求：

1 砌体结构应按规定设置钢筋混凝土圈梁和构造柱、芯柱，或采用约束砌体、配筋砌体等。

2 混凝土结构构件应控制截面尺寸和受力钢筋、箍筋的设置，防止剪切破坏先于弯曲破坏、混凝土的压溃先于钢筋的屈服、钢筋的锚固黏结破坏先于钢筋破坏。

3 预应力混凝土的构件，应配有足够的非预应力钢筋。

4 钢结构构件的尺寸应合理控制，避免局部失稳或整个构件失稳。

5 多、高层的混凝土楼、屋盖宜优先采用现浇混凝土板。当采用预制装配式混凝土楼、屋盖时，应从楼盖体系和构造上采取措施确保各预制板之间连接的整体性。

3.5.5 结构各构件之间的连接，应符合下列要求：

1 构件节点的破坏，不应先于其连接的构件。

2 预埋件的锚固破坏，不应先于连接件。

3 装配式结构构件的连接，应能保证结构的整体性。

4 预应力混凝土构件的预应力钢筋，宜在节点核心区以外锚固。

3.5.6 装配式单层厂房的各种抗震支撑系统，应保证地震时厂房的整体性和稳定性。

3.6 结构分析

3.6.1 除本规范特别规定者外，建筑结构应进行多遇地震作用下的内力和变形分析，此时，可假定结构与构件处于弹性工作状态，内力和变形分析可采用线性静力方法或线性动力方法。

3.6.2 不规则且具有明显薄弱部位可能导致重大地震破坏的建筑结构，应按本规范有关规定进行罕遇地震作用下的弹塑性变形分析。此时，可根据结构特点采用静力弹塑性分析或弹塑性时程分析方法。

当本规范有具体规定时，尚可采用简化方法计算结构的弹塑性变形。

3.6.3 当结构在地震作用下的重力附加弯矩大于初始弯矩的10%时，应计入重力二阶效应的影响。

注：重力附加弯矩指任一楼层以上全部重力荷载与该楼层地震平均层间位移的乘积；初始弯矩指该楼层地震剪力与楼层层高的乘积。

3.6.4 结构抗震分析时，应按照楼、屋盖的平面形状和平面内变形情况确定为刚性、分块刚性、半刚性、局部弹性和柔性等的横隔板，再按抗侧力系统的布置确定抗侧力构件间的共同工作并进行各构件间的地震内力分析。

3.6.5 质量和侧向刚度分布接近对称且楼、屋盖可视为刚性横隔板的结构，以及本规范有关章节有具体规定的结构，可采用平面结构模型进行抗震分析。其他情况，应采用空间结构模型进行抗震分析。

3.6.6 利用计算机进行结构抗震分析，应符合下列要求：

1 计算模型的建立、必要的简化计算与处理，应符合结构的实际工作状况，计算中应考虑楼梯构件的影响。

2 计算软件的技术条件应符合本规范及有关标准的规定，并应阐明其特殊处理的内容和依据。

3 复杂结构在多遇地震作用下的内力和变形分析时，应采用不少于两个合适的不同力学模型，并对其计算结果进行分析比较。

4 所有计算机计算结果，应经分析判断确认其合理、有效后方可用于工程设计。

3.7 非结构构件

3.7.1 非结构构件，包括建筑非结构构件和建筑附属机电设备，自身及其与结构主体的连接，应进行抗震设计。

3.7.2 非结构构件的抗震设计，应由相关专业人员分别负责进行。

3.7.3 附着于楼、屋面结构上的非结构构件，以及楼梯间的非承重墙体，应与主体结构有可靠的连接或锚固，避免地震时倒塌伤人或砸坏重要设备。

3.7.4. 框架结构的围护墙和隔墙，应估计其设置对结构抗震的不利影响，避免不合理设置而导致主体结构的破坏。

3.7.5 幕墙、装饰贴面与主体结构应有可靠连接，避免地震时脱落伤人。

3.7.6 安装在建筑上的附属机械、电气设备系统的支座和连接，应符合地震时使用功能的要求，且不应导致相关部件的损坏。

3.8 隔震与消能减震设计

3.8.1 隔震与消能减震设计，可用于对抗震安全性和使用功能有较高要求或专门要求的建筑。

3.8.2 采用隔震或消能减震设计的建筑，当遭遇到本地区的多遇地震影响、设防地震影响和罕遇地震影响时，可按高于本规范 1.0.1 条的基本设防目标进行设计。

3.9 结构材料与施工

3.9.1 抗震结构对材料和施工质量的特别要求，应在设计文件上注明。

3.9.2 结构材料性能指标，应符合下列最低要求：

1 砌体结构材料应符合下列规定：

1）普通砖和多孔砖的强度等级不应低于 Mu10，其砌筑砂浆强度等级不应低于 M5；

2）混凝土小型空心砌块的强度等级不应低于 MU7.5，其砌筑砂浆强度等级不应低于 Mb7.5。

2 混凝土结构材料应符合下列规定：

1）混凝土的强度等级，框支梁、框支柱及抗震等级为一级的框架梁、柱、节点核芯区，不应低于 C30；构造柱、芯柱、圈梁及其他各类构件不应低于 C20；

2）抗震等级为一、二、三级的框架和斜撑构件（含梯段），其纵向受力钢筋采用普通钢筋时，钢筋的抗拉强度实测值与屈服强度实测值的比值不应小于 1.25；钢筋的屈服强度实测值与屈服强度标准值的比值不应大于 1.3，且钢筋在最大拉力下的总伸长率实测值不应小于 9%。

3 钢结构的钢材应符合下列规定：

1）钢材的屈服强度实测值与抗拉强度实测值的比值不应大于 0.85；

2）钢材应有明显的屈服台阶，且伸长率不应小于 20%；

3）钢材应有良好的焊接性和合格的冲击韧性。

3.9.3 结构材料性能指标，尚宜符合下列要求：

1. 普通钢筋宜优先采用延性、韧性和焊接性较好的钢筋；普通钢筋的强度等级，纵向受力钢筋宜选用符合抗震性能指标的不低于 HRB400 级的热轧钢筋，也可采用符合抗震性能指标的 HRB335 级热轧钢筋；箍筋宜选用符合抗震性能指标的不低于 HRB335 级的热轧钢筋，也可选用 HPB300 级热轧钢筋。

注：钢筋的检验方法应符合现行国家标准《混凝土结构工程施工质量验收规范》GB50204 的规定。

2. 混凝土结构的混凝土强度等级，抗震墙不宜超过 C60，其他构件，9 度时不宜超过 C60，8 度时不宜超过 C70。

3. 钢结构的钢材宜采用 Q235 等级 B、C、D 的碳素结构钢及 Q345 等级 B、C、D、E 的低合金高强度结构钢；当有可靠依据时，尚可采用其他钢种和钢号。

3.9.4 在施工中，当需要以强度等级较高的钢筋替代原设计中的纵向受力钢筋时，应按照钢筋受拉承载力设计值相等的原则换算，并应满足最小配筋率要求。

3.9.5 采用焊接连接的钢结构，当接头的焊接拘束度较大、钢板厚度不小于 40mm 且承受沿板厚方向的拉力时，钢板厚度方向截面收缩率不应小于国家标准《厚度方向性能钢板》GB/T 5313 关于 Z15 级规定的容许值。

3.9.6 钢筋混凝土构造柱和底部框架—抗震墙房屋中的砌体抗震墙，其施工应先砌墙后浇构造柱和框架梁柱。

3.9.7 混凝土墙体、框架柱的水平施工缝，应采取措施加强混凝土的结合性能。对于抗震等级一级的墙体和转换层楼板与落地混凝土墙体的交接处，宜验算水平施工缝截面的受剪承载力。

3.10 建筑抗震性能化设计

3.10.1 当建筑结构采用抗震性能化设计时，应根据其抗震设防类别、设防烈度、场地条件、结构类型和不规则性，建筑使用功能和附属设施功能的要求、投资大小、震后损失和修复难易程度等，对选定的抗震性能目标提出技术和经济可行性综合分析和论证。

3.10.2 建筑结构的抗震性能化设计，应根据实际需要和可能，具有针对性：可分别选定针对整个结构、结构的局部部位或关键部位、结构的关键部件、重要构件、次要构件以及建筑构件和机电设备支座的性能目标。

3.10.3 建筑结构的抗震性能化设计应符合下列要求：

1. 选定地震动水准。对设计使用年限50年的结构，可选用本规范的多遇地震、设防地震和罕遇地震的地震作用，其中，设防地震的加速度应按本规范表3.2.2的设计基本地震加速度采用，设防地震的地震影响系数最大值，6度、7度（0.10g）、7 JY（0.15g）、8度（0.20g）、8度（0.30g）、9度可分别采用0.12、0.23、0.34、0.45、0.68和0.90。对设计使用年限超过50年的结构，宜考虑实际需要和可能，经专门研究后对地震作用做适当调整。对处于发震断裂两侧10km以内的结构，地震动参数应计入近场影响，5km以内宜乘以增大系数1.5，5km以外宜乘以不小于1.25的增大系数。

2. 选定性能目标，即对应于不同地震动水准的预期损坏状态或使用功能，应不低于本规范1.0.1条对基本设防目标的规定。

3. 选定性能设计指标。设计应选定分别提高结构或其关键部位的抗震承载力、变形能力或同时提高抗震承载力和变形能力的具体指标，尚应计及不同水准地震作用取值的不确定性而留有余地。设计宜确定在不同地震动水准下结构不同部位的水平和竖向构件承载力的要求（不发生脆性剪切破坏、形成塑性铰、达到屈服值或保持弹性等）；宜选择在不同地震动水准下结构不同部位的预期弹性或弹塑性变形状态，以及相应的构件延性构造的高、中或低要求。当构件的承载力明显提高时，相应的延性构造可适当降低。

3.10.4 建筑结构的抗震性能化设计的计算应符合下列要求：

1. 分析模型应正确、合理地反映地震作用的传递途径、楼盖在不同地震动水准下是否整体或分块处于弹性工作状态。

2. 弹性分析可采用线性方法，弹塑性分析可根据性能目标所预期的结构弹塑性状态，分别采用增加阻尼的等效线性化方法以及静力或动力非线性分析方法。

3. 结构非线性分析模型相对于弹性分析模型可有所简化，但二者在多遇地震下的线性分析结果应基本一致；应计入重力二阶效应、合理确定弹塑性参数，应依据构件的实际截面、配筋等计算承载力，可通过与理想弹性假定计算结果的对比分析，着重发现构件可能破坏的部位及其弹塑性变形程度。

3.10.5 结构及其构件抗震性能化设计的参考目标和计算方法，可按本规范 M.1 的规定采用。

3.11 建筑物地震反应观测系统

3.11.1 抗震设防烈度为7、8、9度时，高度分别超过160m，120m，80m的大型公共建筑，应按规定设置建筑结构的地震反应观测系统，建筑设计应留有观测仪器和线路的位置。

民用建筑工程室内环境污染控制规范

GB 50325—2010

1　总则

1.0.1 为了预防和控制民用建筑工程中建筑材料和装修材料产生的室内环境污染，保障公众健康，维护公共利益，做到技术先进、经济合理，制定本规范。

1.0.2 本规范适用于新建、扩建和改建的民用建筑工程室内环境污染控制，不适用于工业生产建筑工程、仓储性建筑工程、构筑物和有特殊净化卫生要求的室内环境污染控制，也不适用于民用建筑工程交付使用后，非建筑装修产生的室内环境污染控制。

1.0.3 本规范控制的室内环境污染物有氡（简称 Rn－222）、甲醛、氨、苯和总挥发性有机化合物（简称 TVOC）。

1.0.4 民用建筑工程根据控制室内环境污染的不同要求，划分为以下两类：

1 Ⅰ类民用建筑工程：住宅、医院、老年建筑、幼儿园、学校教室等民用建筑工程；

2 Ⅱ类民用建筑工程：办公楼、商店、旅馆、文化娱乐场所、书店、图书馆、展览馆、体育馆、公共交通等候室、餐厅、理发店等民用建筑工程。

1.0.5 民用建筑工程所选用的建筑材料和装修材料必须符合本规范的有关规定。

1.0.6 民用建筑工程室内环境污染控制除应符合本规范的规定外，尚应符合国家现行的有关标准的规定。

2　术语和符号

2.1 术　语

2.1.1 民用建筑工程 civil building engineering

指民用建筑工程是新建、扩建和改建的民用建筑结构工程和装修工程的统称。

2.1.2 环境测试舱 environmental test chamber

模拟室内环境测试建筑材料和装修材料的污染物释放量的设备。

2.1.3 表面氡析出率 radon exhalation rate from the surface

单位面积、单位时间土壤或材料表面析出的氡的放射性活度。

2.1.4 内照射指数（I_{Ra}）internal exposure index

建筑材料中天然放射性核素镭－226 的放射性比活度，除以比活度限量值 200 而得的商。

2.1.5 外照射指数（I_r）external exposure index

建筑材料中天然放射性核素镭-226、钍-232 和钾-40 的放射性比活度，分别除以比活度限量值 370、260、4200 而得的商之和。

2.1.6 氡浓度 radon concentration

单位体积空气中氡的放射性活度。

2.1.7 人造木板 wood_ based panels

以植物纤维为原料，经机械加工分离成各种形状的单元材料，再经组合并加入胶粘剂压制而成的板材，包括胶合板、纤维板、刨花板等。

2.1.8 饰面人造木板 decorated wood - based panels

以人造木板为基材，经涂饰或复合装饰材料面层后的板材。

2.1.9 水性涂料 water - based coatings

以水为稀释剂的涂料。

2.1.10 水性胶粘剂 water based adhesives

以水为稀释剂的胶粘剂。

2.1.11 水性处理剂 water based treatment agents

以水作为稀释剂，能浸入建筑材料和装修材料内部，提高其阻燃、防水、防腐等性能的液体。

2.1.12 溶剂型涂料 solvent - thinned coatings

以有机溶剂作为稀释剂的涂料。

2.1.13 溶剂型胶粘剂 solvent - thinned adhesives

以有机溶剂作为稀释剂的胶粘剂。

2.1.14 游离甲醛释放量 content of released for maldehyde

在环境测试舱法或干燥器法的测试条件下，材料释放游离甲醛的量。

2.1.15 游离甲醛含量 content of free for maldehyde

在穿孔法的测试条件下，材料单位质量中含有游离甲醛的量。

2.1.16 总挥发性有机化合物 total volatile organic compounds

在本规范规定的检测条件下，所测得空气中挥发性有机化合物的总量。简称 TVOC。

2.1.17 挥发性有机化合物 volatile organic compound

在本规范规定的检测条件下，所测得材料中挥发性有机化合物的总量。简称 VOC。

2.2 符 号

I_{Ra}——内照射指数；

I_r——外照射指数；

C_{Ra}——建筑材料中天然放射性核素镭-226 的放射性比活度；

C_{Th}——建筑材料中天然放射性核素钍-232 的放射性比活度；

C_K——建筑材料中天然放射性核素钾-40 的放射性比活度，贝可/千克（Bq/kg）；

f_i——第 i 种材料在材料总用量中所占的质量百分比（%）；

I_{Rai}——第 i 种材料的内照射指数；

I_{ri}——第 i 种材料的外照射指数。

3　材　料

3.1　无机非金属建筑主体材料和装修材料

3.1.1　民用建筑工程所使用的砂、石、砖、砌块、水泥、混凝土、混凝土预制构件等无机非金属建筑主体材料的放射性限量。应符合表3.1.1的规定。

表3.1.1　无机非金属建筑主体材料的放射性限量

测定项目	限　量
内照射指数 I_{Ra}	≤1.0
外照射指数 I_r	≤1.0

3.1.2　民用建筑工程所使用的无机非金属装修材料。包括石材、建筑卫生陶瓷、石膏板、吊顶材料、无机瓷质砖黏结材料等，进行分类时，其放射性限量应符合表3.1.2的规定。

表3.1.2　无机非金属装修材料放射性限量

测定项目	限　量	
	A	B
内照射指数 I_{Ra}	≤1.0 ≤1.3	
外照射指数 I_γ	≤1.3 ≤1.9	

3.1.3　民用建筑工程所使用的加气混凝土和空心率（孔洞率）大于25%的空心砖、空心砌块等建筑主体材料，其放射性限量应符合表3.1.3的规定。

表3.1.3　加气混凝土和空心率（孔洞率）大于25%
的建筑主体材料放射性限量

测定项目	限　量
表面氡析出率［Bq/（$m^2 \cdot s$）］	≤0.015
内照射指数 I_{Ra}	≤1.0
外照射指数 I_γ	≤1.3

3.1.4　建筑主体材料和装修材料放射性核素的检测方法应符合现行国家标准《建筑材料放射性核素限量》GB 6566 的有关规定，表面氡析出率的检测方法应符合本规范附录 A 的规定。

3.2　人造木板及饰面人造木板

3.2.1　民用建筑工程室内用人造木板及饰面人造木板。必须测定游离甲醛含量或游离甲醛释

放量。

3.2.2 当采用环境测试舱法测定游离甲醛释放量，并依此对人造木板进行分级时，其限量应符合现行国家标准《室内装饰装修材料人造板及其制品中甲醛释放限量》GB 18580 的规定，见表3.2.2。

表 3.2.2　环境测试舱法测定游离甲醛释放量限量

级　别	限量（mg/m^3）
E$_1$	≤0.12

3.2.3 当采用穿孔法测定游离甲醛含量，并依此对人造木板进行分级时，其限量应符合现行国家标准《室内装饰装修材料人造板及其制品中甲醛释放限量》GB 18580 的规定。

3.2.4 当采用干燥器法测定游离甲醛释放量，并依此对人造木板进行分级时，其限量应符合现行国家标准《室内装饰装修材料人造板及其制品中甲醛释放限量》GB 18580 的规定。

3.2.5 饰面人造木板可采用环境测试舱法或干燥器法测定游离甲醛释放量，当发生争议时应以环境测试舱法的测定结果为准；胶合板、细木工板宜采用干燥器法测定游离甲醛释放量；刨花板、纤维板等宜采用穿孔法测定游离甲醛含量。

3.2.6 环境测试舱法测定游离甲醛释放量，宜按本规范附录 B 进行。

3.2.7 采用穿孔法及干燥器法进行检测时，应符合现行国家标准《室内装饰装修材料人造板及其制品中甲醛释放限量》GB 18580 的规定。

3.3 涂　料

3.3.1 民用建筑工程室内用水性涂料和水性腻子，应测定游离甲醛的含量，其限量应符合表3.3.1 的规定。

表 3.3.1　室内用水性涂料和水性腻子中游离甲醛限量

测定项目	限　量	
	水性涂料	水性腻子
游离甲醛（mg/kg）	≤100	

3.3.2 民用建筑工程室内用溶剂型涂料和木器用溶剂型腻子，应按其规定的最大稀释比例混合后，测定 VOC 和苯、甲苯＋二甲苯＋乙苯的含量，其限量应符合表3.3.2 的规定。

表 3.3.2　室内用溶剂型涂料和木器用溶剂型腻子中
VOC、苯、甲苯＋二甲苯＋乙苯限量

涂料类别	VOC（g/L）	苯（%）	甲苯＋二甲苯＋乙苯（%）
醇酸类涂料	≤500	≤0.3	≤5
硝基类涂料	≤720	≤0.3	≤30
聚氨酯类涂料	≤670	≤0.3	≤30

涂料类别	VOC（g/L）	苯（%）	甲苯＋二甲苯＋乙苯（%）
酚醛防锈漆	≤270	≤0.3	
其他溶剂型涂料	≤600	≤0.3	≤30
木器用溶剂型腻子	≤550	≤0.3	≤30

3.3.3 聚氨酯漆测定固化剂中游离二异氰酸酯（TDI、HDI）的含量后，应按其规定的最小稀释比例计算出聚氨酯漆中游离二异氰酸酯（TDI、HDI）含量，且不应大于4g/kg。测定方法宜符合现行国家标准《色漆和清漆用漆基异氰酸酯树脂中二异氰酸酯（TDI）单体的测定》GB/T 18446 的有关规定。

3.3.4 水性涂料和水性腻子中游离甲醛含量的测定方法，宜符合现行国家标准《室内装饰装修材料内墙涂料中有害物质限量》GB18582 有关的规定。

3.3.5 溶剂型涂料中挥发性有机化合物（VOC）、苯、甲苯＋二甲苯＋乙苯含量测定方法，宜符合本规范附录 C 的规定。

3.4 胶粘剂

3.4.1 民用建筑工程室内用水性胶粘剂，应测定挥发性有机化合物（VOC）和游离甲醛的含量，其限量应符合表 3.4.1 的规定。

表 3.4.1 室内用水性胶粘剂中 VOC 和游离甲醛限量

测定项目	限量			
	聚乙酸乙烯酯胶粘剂	橡胶类胶粘剂	聚氨酯类胶粘剂	其他胶粘剂
挥发性有机化合物（VOc）（g/L）	≤110	≤250	≤100	≤350
游离甲醛（g/kg）	≤1.0	≤1.0		≤1.0

3.4.2 民用建筑工程室内用溶剂型胶粘剂，应测定挥发性有机化合物（VOC）、苯、甲苯＋二甲苯的含量，其限量应符合表 3.4.2 的规定。

表 3.4.2 室内用溶剂型胶粘剂中 VOC、苯、甲苯＋二甲苯限量

项 目	限 量			
	氯丁橡胶胶粘剂	SBS胶粘剂	聚氨酯类胶粘剂	其他胶粘剂
苯（g/kg）	≤5.0			
甲苯＋二甲苯（g/kg）	≤200	≤150	≤150	≤150
挥发性有机物（g/L）	≤700	≤650	≤700	≤700

3.4.3 聚氨酯胶粘剂应测定游离甲苯二异氰酸酯（TDI）的含量，按产品推荐的最小稀释量计算出聚氨酯漆中游离甲苯二异氰酸酯（TDI）含量，且不应大于4g/kg。测定方法宜符合现行国家标准《室内装饰装修材料胶粘剂中有害物质限量》GB 18583—2008 附录 D 的规定。

3.4.4 水性缩甲醛胶粘剂中游离甲醛、挥发性有机化合物（VOC）含量的测定方法，宜符合现行国家标准《室内装饰装修材料胶粘剂中有害物质限量》GB 18583—2008 附录 A 和附录 F 的规定。

3.4.5 溶剂型胶粘剂中挥发性有机化合物（VOC）、苯、甲苯＋二甲苯含量测定方法，宜符合本规范附录 C 的规定。

3.5 水性处理剂

3.5.1 民用建筑工程室内用水性阻燃剂（包括防火涂料）、防水剂、防腐剂等水性处理剂，应测定游离甲醛的含量，其限量应符合表 3.5.1 的规定。

表 3.5.1　室内用水性处理剂中游离甲醛限量

测定项目	限　量
游离甲醛（mg/kg）	≤100

3.5.2 水性处理剂中游离甲醛含量的测定方法，宜按现行国家标准《室内装饰装修材料内墙涂料中有害物质限量》GB 18582 的方法进行。

3.6 其他材料

3.6.1 民用建筑工程中所使用的能释放氨的阻燃剂、混凝土外加剂，氨的释放量不应大于 0.10%，测定方法应符合现行国家标准《混凝土外加剂中释放氨的限量》GB 18588 的有关规定。

3.6.2 能释放甲醛的混凝土外加剂，其游离甲醛含量不应大于 500mg/kg，测定方法应符合现行国家标准《室内装饰装修材料内墙涂料中有害物质限量》GB 18582 的有关规定。

3.6.3 民用建筑工程中使用的黏合木结构材料，游离甲醛释放量不应大于 $0.12mg/m^3$，其测定方法应符合本规范附录 B 的有关规定。

3.6.4 民用建筑工程室内装修时，所使用的壁布、帷幕等游离甲醛释放量不应大于 $0.12mg/m^3$，其测定方法应符合本规范附录 B 的有关规定。

3.6.5 民用建筑工程室内用壁纸中甲醛含量不应大于 120mg/kg，测定方法应符合现行国家标准《室内装饰装修材料壁纸中有害物质限量》GB 18585 的有关规定。

3.6.6 民用建筑工程室内用聚氯乙烯卷材地板中挥发物含量测定方法应符合现行国家标准《室内装饰装修材料聚氯乙烯卷材地板中有害物质限量》GB 18586 的规定，其限量应符合表 3.6.6 的有关规定。

表 3.6.6　聚氯乙烯卷材地板中挥发物限量

名　　　称		限量（g/m²）
发泡类卷材地板	玻璃纤维基材	≤75
	其他基材	≤35
非发泡类卷材地板	玻璃纤维基材	≤40
	其他基材	≤10

3.6.7 民用建筑工程室内用地毯、地毯衬垫中总挥发性有机化合物和游离甲醛的释放量测定方法应符合本规范附录 B 的规定，其限量应符合表 3.6.7 的有关规定。

表 3.6.7　地毯、地毯衬垫中有害物质释放限量

名　　　称	有害物质项目	限量（mg/m² · h）	
		A 级	B 级
地毯	总挥发性有机化合物	≤0.500	≤0.600
	游离甲醛	≤0.050	≤0.050
地毯衬垫	总挥发性有机化合物	≤1.000	≤1.200
	游离甲醛	≤0.050	≤0.050

4　工程勘察设计

4.1　一般规定

4.1.1　新建、扩建的民用建筑工程设计前，应进行建筑工程所在城市区域土壤中氡浓度或土壤表面氡析出率调查。并提交相应的调查报告。未进行过区域土壤中氡浓度或土壤表面氡析出率测定的，应进行建筑场地土壤中氡浓度或土壤氡析出率测定，并提供相应的检测报告。

4.1.2　民用建筑工程设计应根据建筑物的类型和用途控制装修材料的使用量。

4.1.3　民用建筑工程的室内通风设计，应符合现行国家标准《民用建筑设计通则》GB 50352 的有关规定，对于采用中央空调的民用建筑工程，新风量应符合现行国家标准《公共建筑节能设计标准》GB 50189 的有关规定。

4.1.4　采用自然通风的民用建筑工程，自然间的通风开口有效面积不应小于该房间地板面积的1/20。夏热冬冷地区、寒冷地区、严寒地区等 I 类民用建筑工程需要长时间关闭门窗使用时，房间应采取通风换气措施。

4.2　工程地点土壤中氡浓度调查及防氡

4.2.1　新建、扩建的民用建筑工程的工程地质勘察资料，应包括工程所在城市区域土壤氡浓度或土壤表面氡析出率测定历史资料及土壤氡浓度或土壤表面氡析出率平均值数据。

4.2.2　已进行过土壤中氡浓度或土壤表面氡析出率区域性测定的民用建筑工程，当土壤氡浓度测定结果平均值不大于 $10000Bq/m^3$ 或土壤表面氡析出率测定结果平均值不大于 $0.02Bq/（m^2 · s）$，且工程场地所在地点不存在地质断裂构造时，可不再进行土壤氡浓度测定；其他情况均应进行工程场地土壤氡浓度或土壤表面氡析出率测定。

4.2.3　当民用建筑工程场地土壤氡浓度不大于 $20000Bq/m$。或土壤表面氡析出率不大于 $0.05Bq/（m^2 · s）$ 时，可不采取防氡工程措施。

4.2.4　当民用建筑工程场地土壤氡浓度测定结果大于 $20000Bq/m^3$。且小于 $30000Bq/m^3$，或土壤表面氡析出率大于 $0.05Bq/（m^2 · s）$ 且小于 $0.1Bq/（m^2 · s）$ 时。应采取建筑物底层地面抗开裂措施。

4.2.5　当民用建筑工程场地土壤氡浓度测定结果大于或等于 $30000Bq/m^3$，且小于 $50000Bq/m^3$，

或土壤表面氡析出率大于或等于 0.1Bq/（m² · s）且小于 0.3Bq/（m² · s）时，除采取建筑物底层地面抗开裂措施外。还必须按现行国家标准《地下工程防水技术规范》GB 50108 中的一级防水要求。对基础进行处理。

4.2.6 当民用建筑工程场地土壤氡浓度大干或等于 50000Bq/m³ 或土壤表面氡析出率平均值大于或等于 0.3Bq/（m² · s）时，应采取建筑物综合防氡措施。

4.2.7 当 I 类民用建筑工程场地土壤中氡浓度大于或等于 50000Bq/m。或土壤表面氡析出率大于或等于 0.3Bq/（m² · s）时，应进行工程场地土壤中的镭 - 266、钍 - 232、钾 - 40 比活度测定。当内照射指数（I_{Ra}）大于 1.0 或外照射指数（I_r）大于 1.3 时，工程场地土壤不得作为工程回填土使用。

4.2.8 民用建筑工程场地土壤中氡浓度测定方法及土壤表面氡析出率测定方法应符合本规范附录 E 的规定。

4.3 材料选择

4.3.1 民用建筑工程室内不得使用国家禁止使用、限制使用的建筑材料。

4.3.2 I 类民用建筑工程室内装修采用的无机非金属装修材料必须为 A 类。

4.3.3 II 类民用建筑工程宜采用 A 类无机非金属装修材料；当 A 类和 B 类无机非金属装修材料混合使用时，每种材料的使用量应按下式计算：

$$\sum f_i \cdot I_{Rai} \leqslant 1.0 \tag{4.3.3-1}$$
$$\sum f_i \cdot I_{\gamma i} \leqslant 1.3 \tag{4.3.3-2}$$

式中：f_i——第 i 种材料在材料总用量中所占的质量百分比（%）；

I_{Rai}——第 i 种材料的内照射指数；

$I_{\gamma i}$——第 i 种材料的外照射指数。

4.3.4 I 类民用建筑工程的室内装修，采用的人造木板及饰面人造木板必须达到 E_1 级要求。

4.3.5 II 类民用建筑工程的室内装修，采用的人造木板及饰面人造木板宜达到 E_1 级要求；当采用 E_2 级人造木板时，直接暴露于空气的部位应进行表面涂覆密封处理。

4.3.6 民用建筑工程的室内装修，所采用的涂料、胶粘剂、水性处理剂，其苯、甲苯和二甲苯、游离甲醛、游离甲苯二异氰酸酯（TDI）、挥发性有机化合物（VOC）的含量，应符合本规范的规定。

4.3.7 民用建筑工程室内装修时，不应采用聚乙烯醇水玻璃内墙涂料、聚乙烯醇缩甲醛内墙涂料和树脂以硝化纤维素为主、溶剂以二甲苯为主的水包油型（O/W）多彩内墙涂料。

4.3.8 民用建筑工程室内装修时，不应采用聚乙烯醇缩甲醛类胶粘剂。

4.3.9 民用建筑工程室内装修中所使用的木地板及其他木质材料。严禁采用沥青、煤焦油类防腐、防潮处理剂。

4.3.10 I 类民用建筑工程室内装修粘贴塑料地板时，不应采用溶剂型胶粘剂。

4.3.11 II 类民用建筑工程中地下室及不与室外直接自然通风的房间粘贴塑料地板时，不宜采用溶剂型胶粘剂。

4.3.12 民用建筑工程中，不应在室内采用脲醛树脂泡沫塑料作为保温、隔热和吸声材料。

5 工程施工

5.1 一般规定

5.1.1 建设、施工单位应按设计要求及本规范的有关规定，对所用建筑材料和装修材料进行进场抽查复验。

5.1.2 当建筑材料和装修材料进场检验，发现不符合设计要求及本规范的有关规定时。严禁使用。

5.1.3 施工单位应按设计要求及本规范的有关规定进行施工，不得擅自更改设计文件要求。当需要更改时，应按规定程序进行设计变更。

5.1.4 民用建筑工程室内装修，当多次重复使用同一设计时，宜先做样板间，并对其室内环境污染物浓度进行检测。

5.1.5 样板间室内环境污染物浓度的检测方法，应符合本规范第6章的有关规定。当检测结果不符合本规范的规定时，应查找原因并采取相应措施进行处理。

5.2 材料进场检验

5.2.1 民用建筑工程中所采用的无机非金属建筑材料和装修材料必须有放射性指标检测报告，并应符合设计要求和本规范的有关规定。

5.2.2 民用建筑工程室内饰面采用的天然花岗岩石材或瓷质砖使用面积大于200m² 时，应对不同产品、不同批次材料分别进行放射性指标的抽查复验。

5.2.3 民用建筑工程室内装修中所采用的人造木板及饰面人造木板，必须有游离甲醛含量或游离甲醛释放量检测报告。并应符合设计要求和本规范的有关规定。

5.2.4 民用建筑工程室内装修中采用的人造木板或饰面人造木板面积大于500m² 时，应对不同产品、不同批次材料的游离甲醛含量或游离甲醛释放量分别进行抽查复验。

5.2.5 民用建筑工程室内装修中所采用的水性涂料、水性胶粘剂、水性处理剂必须有同批次产品的挥发性有机化合物（VOC）和游离甲醛含量检测报告；溶剂型涂料、溶剂型胶粘剂必须有同批次产品的挥发性有机化合物（VOC）、苯、甲苯十二甲苯、游离甲苯二异氰酸酯（TDI）含量检测报告，并应符合设计要求和本规范的有关规定。

5.2.6 建筑材料和装修材料的检测项目不全或对检测结果有疑问时，必须将材料送有资格的检测机构进行检验，检验合格后方可使用。

5.3 施工要求

5.3.1 采取防氡设计措施的民用建筑工程，其地下工程的变形缝、施工缝、穿墙管（盒）、埋设件、预留孔洞等特殊部位的施工工艺，应符合现行国家标准《地下工程防水技术规范》GB 50108

的有关规定。

5.3.2 工类民用建筑工程当采用异地土作为回填土时，该回填土应进行镭 –226、钍 –232、钾 –40 的比活度测定。当内照射指数（I_{Ra}）不大于 1.0 和外照射指数（I_r）不大于 1.3 时，方可使用。

5.3.3 民用建筑工程室内装修时，严禁使用苯、工业苯、石油苯、重质苯及混苯作为稀释剂和溶剂。

5.3.4 民用建筑工程室内装修施工时，不应使用苯、甲苯、二甲苯和汽油进行除油和清除旧油漆作业。

5.3.5 涂料、胶粘剂、水性处理剂、稀释剂和溶剂等使用后，应及时封闭存放，废料应及时清出。

5.3.6 民用建筑工程室内严禁使用有机溶剂清洗施工用具。

5.3.7 采暖地区的民用建筑工程，室内装修施工不宜在采暖期内进行。

5.3.8 民用建筑工程室内装修中，进行饰面人造木板拼接施工时，对达不到 E_1 级的芯板，应对其断面及无饰面部位进行密封处理。

5.3.9 壁纸（布）、地毯、装饰板、吊顶等施工时，应注意防潮，避免覆盖局部潮湿区域。空调冷凝水导排应符合现行国家标准《采暖通风与空气调节设计规范》GB 50019 的有关规定。

6 验收

6.0.1 民用建筑工程及室内装修工程的室内环境质量验收，应在工程完工至少 7d 以后、工程交付使用前进行。

6.0.2 民用建筑工程及其室内装修工程验收时，应检查下列资料：

1 工程地质勘察报告、工程地点土壤中氡浓度或氡析出率检测报告、工程地点土壤天然放射性核素镭 –226、钍 –232、钾 –40 含量检测报告；

2 涉及室内新风量的设计、施工文件，以及新风量的检测报告；

3 涉及室内环境污染控制的施工图设计文件及工程设计变更文件；

4 建筑材料和装修材料的污染物检测报告、材料进场检验记录、复验报告；

5 与室内环境污染控制有关的隐蔽工程验收记录、施工记录；

6 样板间室内环境污染物浓度检测报告（不做样板间的除外）。

6.0.3 民用建筑工程所用建筑材料和装修材料的类别、数量和施工工艺等。应符合设计要求和本规范的有关规定。

6.0.4 民用建筑工程验收时，必须进行室内环境污染物浓度检测。其限量应符合表 6.0.4 的规定。

表 6.0.4　民用建筑工程室内环境污染物浓度限量

污染物	I 类民用建筑工程	II 类民用建筑工程
氡（Bq/m³）	≤200	≤400
甲醛（mg/m³）	≤0.08	≤0.1
苯（mg/m³）	≤0.09	≤0.09
氨（mg/m³）	≤0.2	≤0.2
TVOC（mg/m³）	≤0.5	≤0.6

注：1　表中污染物浓度测量值，除氡外均指室内测量值扣除同步测足的室外上风向空气测量值（本底值）后的测量值。

　　2　表中污染物浓度测量值的极限值判定。采用全数值比较法。

6.0.5　民用建筑工程验收时，采用集中中央空调的工程，应进行室内新风量的检测，检测结果应符合设计要求和现行国家标准《公共建筑节能设计标准》GB 50189 的有关规定。

6.0.6　民用建筑工程室内空气中氡的检测，所选用方法的测量结果不确定度不应大于 25%，方法的探测下限不应大于 10Bq/m³。

6.0.7　民用建筑工程室内空气中甲醛的检测方法，应符合现行国家标准《公共场所空气中甲醛测定方法》GB/T 18204.26 中酚试剂分光光度法的规定。

6.0.8　民用建筑工程室内空气中甲醛检测，也可采用简便取样仪器检测方法，甲醛简便取样仪器应定期进行校准，测量结果在 0.01mg/m³~0.60mg/m³ 测定范围内的不确定度应小于 20%。当发生争议时，应以现行国家标准《公共场所空气中甲醛测定方法》GB/T 18204.26 中酚试剂分光光度法的测定结果为准。

6.0.9　民用建筑工程室内空气中苯的检测方法，应符合本规范附录 F 的规定。

6.0.10　民用建筑工程室内空气中氨的检测方法，应符合现行国家标准《公共场所空气中氨测定方法》GB/T 18204.25 中靛酚蓝分光光度法的规定。

6.0.11　民用建筑工程室内空气中总挥发性有机化合物（TVOC）的检测方法，应符合本规范附录 G 的规定。

6.0.12　民用建筑工程验收时，应抽检每个建筑单体有代表性的房间室内环境污染物浓度，氡、甲醛、氨、苯、TVOC 的抽检量不得少于房间总数的 5%，每个建筑单体不得少于 3 间，当房间总数少于 3 间时，应全数检测。

6.0.13　民用建筑工程验收时，凡进行了样板间室内环境污染物浓度检测且检测结果合格的，抽检量减半，并不得少于 3 间。

6.0.14　民用建筑工程验收时，室内环境污染物浓度检测点数应按表 6.0.14 设置。

表 6.0.14　室内环境污染物浓度检测点数设置

房间使用面积（m²）	检测点数（个）
＜50	1
≥50，＜100	2
≥100，＜500	不少于 3
≥500，＜1000	不少于 5
≥1000，＜3000	不少于 6
≥3000	每 1000m² 不少于 3

6.0.15 当房间内有 2 个及以上检测点时，应采用对角线、斜线、梅花状均衡布点，并取各点检测结果的平均值作为该房间的检测值。

6.0.16 民用建筑工程验收时，环境污染物浓度现场检测点应距内墙面不小于 0.5m、距楼地面高度 0.8m～1.5m。检测点应均匀分布，避开通风道和通风口。

6.0.17 民用建筑工程室内环境中甲醛、苯、氨、总挥发性有机化合物（TVOC）浓度检测时，对采用集中空调的民用建筑工程，应在空调正常运转的条件下进行；对采用自然通风的民用建筑工程，检测应在对外门窗关闭 1h 后进行。对甲醛、氨、苯、TVOC 取样检测时，装饰装修工程中完成的固定式家具，应保持正常使用状态。

6.0.18 民用建筑工程室内环境中氡浓度检测时，对采用集中空调的民用建筑工程，应在空调正常运转的条件下进行；对采用自然通风的民用建筑工程，应在房间的对外门窗关闭 24h 以后进行。

6.0.19 当室内环境污染物浓度的全部检测结果符合本规范表 6.0.4 的规定时，应判定该工程室内环境质量合格。

6.0.20 当室内环境污染物浓度检测结果不符合本规范的规定时，应查找原因并采取措施进行处理。采取措施进行处理后的工程，可对不合格项进行再次检测。再次检测时，抽检量应增加 1 倍，并应包含同类型房间及原不合格房间。再次检测结果全部符合本规范的规定时，应判定为室内环境质量合格。

6.0.21 室内环境质量验收不合格的民用建筑工程，严禁投入使用。

电子信息系统机房设计规范（节选）

GB 50174—2008

11　机房监控与安全防范

11.1 一般规定

11.1.1 电子信息系统机房应设置环境监控和设备监控系统及安全防范系统，各系统的设计应根据机房的等级，按照国家现行标准《安全防范工程技术规范 GB50348》和《智能建筑设计标准》GB/T50314 以及本规范附录 A 的要求执行。

11.1.2 环境和设备监控系统宜采用集散或分布式网络结构，系统应易于扩展和维护，并应具备显示、记录、控制、报警、分析和提示功能。11.1.3 环境和设备监控系统、安全防范系统可设置在同一个监控中心内，各系统供电电源应可靠，宜采用独立不间断电源系统电源供电，当采用集中不间断电源系统供电时，应单独回路配电。

11.2 环境和设备监控系统

11.2.1 环境和设备监控系统宜符合下列要求：

1 监测和控制主机房和辅助区的空气质量，应确保环境满足电子信息设备的运行要求。

2 主机房和辅助区内有可能发生水患的部位应设置漏水检测和报警装置；强制排水设备的运行状态应纳入监控系统；进入主机房的水管应分别加装电动和手动阀门。

11.2.2 机房专用空调、柴油发电机、不间断电源系统等设备自身应配带监控系统，监控的主要参数宜纳入设备监控系统，通信协议应满足设备监控系统的要求。

11.2.3 A 级和 B 级电子信息系统机房宜采用 KVM 切换系统对主机进行集中控制和管理。

11.3 安全防范系统

11.3.1 安全防范系统宜由视频安防监控系统、入侵报警系统和出入口控制系统组成，各系统之间应具备联动控制功能。

11.3.2 紧急情况时，出入口控制系统应能受相关系统的联动控制而自动释放电子锁。

11.3.3 室外安装的安全防范系统设备应采取有防雷电保护措施，电源线、信号线应屏蔽电缆，避雷装置和电缆屏蔽应接地，且接地电阻不应大于 10Ω。

12 给水排水

12.1 一般规定

12.1.1 给水排水系统应根据电子信息系统机房的等级，按照附录 A 的标准执行。

12.1.2 电子信息系统机房内安装有自动喷水灭火系统、空调机和加湿器的房间，地面应设置挡水和排水设施。

12.2 管道敷设

12.2.1 电子信息系统机房内的给水排水管道应采取的防渗漏和防结露措施。

12.2.2 穿越主机房的给水排水管道应暗敷或采取防漏保护的套管。管道穿过主机房墙壁和楼板处应设置套管，管道与套管之间应采取密封措施。

12.2.3 主机房和辅助区设有地漏时，应采用洁净室专用地漏或自闭式地漏，地漏下应加设水封装置，并应采取防止水封损坏和反溢措施。

12.2.4 电子信息机房内的给排水管道及其保温材料均应采用难燃材料。

13 消 防

13.1 一般规定

13.1.1 电子信息系统机房应根据机房的等级设置相应的灭火系统，并应按照现行国家标准《建筑设计防火规范》GB50016、《高层民用建筑设计防火规范》GB50045 和《气体灭火系统设计规范》GB50370，以及本规范附录 A 的要求执行。

13.1.2 A 级电子信息系统机房的主机房应设置洁净气体灭火系统。B 级电子信息系统机房的主机房，以及 A 级和 B 级机房中的变配电、不间断电源系统和电池室，宜设置洁净气体灭火系统，也可设置高压细水雾灭火系统。

13.1.3 C 级电子信息系统机房以及本规范第 13.1.2 和第 13.1.3 条中规定区域以外的其他区域，可设置高压细水雾灭火系统或自动喷水灭火系统。自动喷水灭火系统宜采用预作用系统。

13.1.4 电子信息系统机房应设置火灾自动报警系统，并应符合现行国家标准《火灾自动报警系统设计规范》GB50116 的有关规定。

13.2 消防设施

13.2.1 采用管网式洁净气体灭火系统或高压细水雾灭火系统的主机房，应同时设置两种火灾灭火探测器，且火灾报警系统应与灭火系统联动。

13.2.2 灭火系统控制器应在灭火设备动作之前，联动控制关闭机房内的风门、风阀，并应停止空调机和排风机、切断非消防电源等。

13.2.3 机房内应设置警笛，机房门口上方应设置灭火显示灯，灭火系统的控制箱（柜）应设置在机房外便于操作的地方，且应有防止误操作的保护装置。

13.2.4 气体灭火系统的灭火剂及设施应采用经消防检测部门检测合格的产品。

13.2.5 自动喷水灭火系统的喷水强度、作用面积等设计参数应按照现行国家标准《自动喷水灭火系统设计规范》（GB50084）的有关规定执行。

13.2.6 电子信息系统机房的自动喷水灭火系统，应设置单独的报警阀组。

13.2.7 电子信息系统机房内，手提灭火器的设置应符合现行国家标准《建筑灭火器配置设计规范》（GB50140）的有关规定。灭火剂不应对电子信息设备造成污渍损害。

13.3 安全措施

13.3.1 凡设置洁净气体灭火系统的主机房，应配置专用空气呼吸器或氧气呼吸器。

13.3.2 电子信息系统机房应采取防鼠害和防虫害措施。

建筑灭火器配置验收及检查规范

GB50444—2008

1　总　则

1.0.1　为保障建筑灭火器（以下简称灭火器）的合理安装配置和安全使用，及时有效地扑灭初起火灾，减少火灾危害，保护人身和财产安全，制定本规范。

1.0.2　本规范适用于工业与民用建筑中灭火器的安装设置、验收、检查和维护。本规范不适用于生产或储存炸药、弹药、火工品、花炮的厂房或库房。

1.0.3　灭火器的安装设置、验收、检查和维护，除执行本规范的规定外，尚应符合国家现行有关标准的规定。

2　基本规定

2.1　质量管理

2.1.1　灭火器安装设置前应具备下列条件：

1　建筑灭火器配置设计图、设计说明、材料表应齐全；

2　设计单位应向建设、施工、监理单位进行技术交底；

3　施工现场应满足灭火器安装设置的要求。

2.1.2　灭火器的配置类型、规格、数量及其设置位置应符合批准的工程设计文件和施工技术标准。修改设计应由设计单位出具设计变更通知单。

2.1.3　安装设置前应对灭火器、灭火器箱及其附件等进行进场质量检查，检查不合格不得进行安装设置。

2.2　材料、器材

2.2.1　灭火器的进场检查应符合下列要求：

1　灭火器应符合市场准入的规定，并应有出厂合格证和相关证书；

2　灭火器的铭牌、生产日期和维修日期等标志应齐全；

3　灭火器的类型、规格、灭火级别和数量应符合配置设计要求；

4　灭火器筒体应无明显缺陷和机械损伤；

5　灭火器的保险装置应完好；

6　灭火器压力指示器的指针应在绿区范围内；

7 推车式灭火器的行驶机构应完好。

检查数量：全数检查。

检查办法：观察检查，资料检查。

2.2.2 灭火器箱的进场检查应符合下列要求：

1 灭火器箱应有出厂合格证和型式检验报告；

2 灭火器箱外观应无明显缺陷和机械损伤；

3 灭火器箱应开启灵活。

检查数量：全数检查。

检查办法：观察检查，资料检查。

2.2.3 设置灭火器的挂钩、托架应符合配置设计要求，无明显缺陷和机械损伤，并应有出厂合格证。

检查数量：全数检查。

检查办法：观察检查，资料检查。

2.2.4 发光指示标志应无明显缺陷和损伤，并应有出厂合格证和型式检验报告。

检查数量：全数检查。

检查办法：观察检查，资料检查。

3 安装设置

3.1 一般规定

3.1.1 灭火器的安装设置应包括灭火器、灭火器箱、挂钩、托架和发光指示标志等的安装。

3.1.2 灭火器的安装设置应按照建筑灭火器配置设计图和安装说明进行，安装设置单位应按照本规范附录 A 的规定编制建筑灭火器配置定位编码表。

3.1.3 灭火器的安装设置应便于取用，且不得影响安全疏散。

3.1.4 灭火器的安装设置应稳固，灭火器的铭牌应朝外，灭火器的器头宜向上。

3.1.5 灭火器设置点的环境温度不得超出灭火器的使用温度范围。

3.2 手提式灭火器的安装设置

3.2.1 手提式灭火器宜设置在灭火器箱内或挂钩、托架上。对于环境干燥、洁净的场所，手提式灭火器可直接放置在地面上。

检查数量：全数检查。

检查方法：观察检查。3.2.2 灭火器箱不应被遮挡、上锁或拴系。

检查数量：全数检查。

检查方法：观察检查。

3.2.3 灭火器箱的箱门开启应方便灵活，其箱门开启后不得阻挡人员安全疏散。除不影响灭火器取用和人员疏散的场合外，开门型灭火器箱的箱门开启角度不应小于175°，翻盖型灭火器箱的翻盖开启角度不应小于100°。

检查数量：全数检查。

检查方法：观察检查与实测。

3.2.4 挂钩、托架安装后应能承受一定的静载荷，不应出现松动、脱落、断裂和明显变形。

检查数量：随机抽查20%，但不少于3个；总数少于3个时，全数检查。

检查方法：以5倍的手提式灭火器的载荷悬挂于挂钩、托架上，作用5min，观察是否出现松动、脱落、断裂和明显变形等现象；当5倍的手提式灭火器质量小于45kg时，应按45kg进行检查。

3.2.5 挂钩、托架安装应符合下列要求：

1 应保证可用徒手的方式便捷地取用设置在挂钩、托架上的手提式灭火器；

2 当两具及两具以上的手提式灭火器相邻设置在挂钩、托架上时，应可任意地取用其中一具。

检查数量：随机抽查20%，但不少于3个；总数少于3个时，全数检查。

检查方法：观察检查和实际操作。

3.2.6 设有夹持带的挂钩、托架，夹持带的打开方式应从正面可以看到。当夹持带打开时，灭火器不应掉落。

检查数量：随机抽查20%，但不少于3个；总数少于3个时，全数检查。

检查方法：观察检查与实际操作。

3.2.7 嵌墙式灭火器箱及挂钩、托架的安装高度应满足手提式灭火器顶部离地面距离不大于1.50 m，底部离地面距离不小于0.08 m的规定。

检查数量：随机抽查20%，但不少于3个；总数少于3个时，全数检查。

检查方法：观察检查与实测。

3.3 推车式灭火器的设置

3.3.1 推车式灭火器宜设置在平坦场地，不得设置在台阶上。在没有外力作用下，推车式灭火器不得自行滑动。

检查数量：全数检查。

检查方法：观察检查。3.3.2 推车式灭火器的设置和防止自行滑动的固定措施等均不得影响其操作使用和正常行驶移动。

检查数量：全数检查。

检查方法：观察检查。

3.4 其他

3.4.1 在有视线障碍的设置点安装设置灭火器时，应在醒目的地方设置指示灭火器位置的发光标志。

检查数量：全数检查。

检查方法：观察检查。3.4.2 在灭火器箱的箱体正面和灭火器设置点附近的墙面上应设置指示

灭火器位置的标志，并宜选用发光标志。

检查数量：全数检查。

检查方法：观察检查。3.4.3 设置在室外的灭火器应采取防湿、防寒、防晒等相应保护措施。

检查数量：全数检查。

检查方法：观察检查。3.4.4 当灭火器设置在潮湿性或腐蚀性的场所时，应采取防湿或防腐蚀措施。

检查数量：全数检查。

检查方法：观察检查。

4 配置验收

4.1 一般规定

4.1.1 灭火器安装设置后，必须进行配置验收，验收不合格不得投入使用。

4.1.2 灭火器配置验收应由建设单位组织设计、安装、监理等单位按照建筑灭火器配置设计文件进行。

4.1.3 灭火器配置验收时，安装单位应提交下列技术资料：

1 建筑灭火器配置工程竣工图、建筑灭火器配置定位编码表；

2 灭火器配置设计说明、建筑设计防火审核意见书；

3 灭火器的有关质量证书、出厂合格证、使用维护说明书等。

4.1.4 灭火器配置验收应按本规范附录 B 的要求填写建筑灭火器配置验收报告。

4.2 配置验收

4.2.1 灭火器的类型、规格、灭火级别和配置数量应符合建筑灭火器配置设计要求。

检查数量：按照灭火器配置单元的总数，随机抽查 20%，并不得少于 3 个；少于 3 个配置单元的，全数检查。歌舞娱乐放映游艺场所、甲乙类火灾危险性场所、文物保护单位，全数检查。

验收方法：对照建筑灭火器配置设计图进行。

4.2.2 灭火器的产品质量必须符合国家有关产品标准的要求。

检查数量：随机抽查 20%，查看灭火器的外观质量。全数检查灭火器的合格手续。

验收方法：现场直观检查，查验产品有关质量证书。

4.2.3 在同一灭火器配置单元内，采用不同类型灭火器时，其灭火剂应能相容。

检查数量：随机抽查 20%。

验收方法：对照建筑灭火器配置设计文件和灭火器铭牌，现场核实。

4.2.4 灭火器的保护距离应符合现行国家标准《建筑灭火器配置设计规范》GB 50140 的有关规定，灭火器的设置应保证配置场所的任一点都在灭火器设置点的保护范围内。

检查数量：按照灭火器配置单元的总数，随机抽查 20%；少于 3 个配置单元的，全数检查。

验收方法：用尺丈量。

4.2.5 灭火器设置点附近应无障碍物，取用灭火器方便，且不得影响人员安全疏散。检查数量：全数检查。

验收方法：观察检查。

4.2.6 灭火器箱应符合本规范第3.2.2、3.2.3条的规定。

检查数量：随机抽查20%，但不少于3个；少于3个全数检查。

验收方法：观察检查与实测。

4.2.7 灭火器的挂钩、托架应符合本规范第3.2.4～3.2.6条的规定。

检查数量：随机抽查5%，但不少于3个；少于3个全数检查。

验收方法：观察检查与实测。

4.2.8 灭火器采用挂钩、托架或嵌墙式灭火器箱安装设置时，灭火器的设置高度应符合现行国家标准《建筑灭火器配置设计规范》GB 50140 的要求，其设置点与设计点的垂直偏差不应大于0.01m。

检查数量：随机抽查20%，但不少于3个；少于3个全数检查。

验收方法：观察检查与实测。

4.2.9 推车式灭火器的设置，应符合本规范第3.3.1、3.3.2条的规定。

检查数量：全数检查。

验收方法：观察检查。

4.2.10 灭火器的位置标识，应符合本规范第3.4.1、3.4.2条的规定。

检查数量：全数检查。

验收方法：观察检查。

4.2.11 灭火器的摆放应稳固。灭火器的设置点应通风、干燥、洁净，其环境温度不得超出灭火器的使用温度范围。设置在室外和特殊场所的灭火器应采取相应的保护措施。

检查数量：全数检查。

验收方法：观察检查。

4.3 配置验收判定规则

4.3.1 灭火器配置验收应按独立建筑进行，局部验收可按申报的范围进行。4.3.2 灭火器配置验收的判定规则应符合下列要求：

1 缺陷项目应按本规范附录B的规定划分为：严重缺陷项（A）、重缺陷项（B）和轻缺陷项（C）。

2 合格判定条件应为：A=0，且B≤1，且B+C≤4，否则为不合格。

5 检查与维护

5.1 一般规定

5.1.1 灭火器的检查与维护应由相关技术人员承担。

5.1.2 每次送修的灭火器数量不得超过计算单元配置灭火器总数量的1/4。超出时，应选择相同类型和操作方法的灭火器替代，替代灭火器的灭火级别不应小于原配置灭火器的灭火级别。

5.1.3 检查或维修后的灭火器均应按原设置点位置摆放。

5.1.4 需维修、报废的灭火器应由灭火器生产企业或专业维修单位进行。

5.2 检查

5.2.1 灭火器的配置、外观等应按附录 C 的要求每月进行一次检查。

5.2.2 下列场所配置的灭火器，应按附录 C 的要求每半月进行一次检查。

1 候车（机、船）室、歌舞娱乐放映游艺等人员密集的公共场所；

2 堆场、罐区、石油化工装置区、加油站、锅炉房、地下室等场所。

5.2.3 日常巡检发现灭火器被挪动，缺少零部件，或灭火器配置场所的使用性质发生变化等情况时，应及时处置。

5.2.4 灭火器的检查记录应予保留。

5.3 送修

5.3.1 存在机械损伤、明显锈蚀、灭火剂泄露、被开启使用过或符合其他维修条件的灭火器应及时进行维修。

5.3.2 灭火器的维修期限应符合表5.3.2的规定。

表5.3.2 灭火器的维修期限

灭火器类型		维修期限
水基型灭火器	手提式水基型灭火器	出厂期满 3 年； 首次维修以后每满 1 年
	推车式水基型灭火器	
干粉灭火器	手提式（贮压式）干粉灭火器	出厂期满 5 年； 首次维修以后每满 2 年
	手提式（储气瓶式）干粉灭火器	
	推车式（贮压式）干粉灭火器	
	推车式（储气瓶式）干粉灭火器	
洁净气体灭火器	手提式洁净气体灭火器	
	推车式洁净气体灭火器	
二氧化碳灭火器	手提式二氧化碳灭火器	
	推车式二氧化碳灭火器	

5.4 报废

5.4.1 下列类型的灭火器应报废：

1. 酸碱型灭火器；

2. 化学泡沫型灭火器；

3. 倒置使用型灭火器；

4. 氯溴甲烷、四氯化碳灭火器；

5. 国家政策明令淘汰的其他类型灭火器。

5.4.2 有下列情况之一的灭火器应报废：

1. 筒体严重锈蚀，（锈蚀面积大于、等于筒体总面积的 1/3，表面有凹坑；

2. 筒体明显变形，机械损伤严重；

3. 器头存在裂纹，无泄压机构；

4. 筒体为平底等结构不合理；

5. 没有间歇喷射机构的手提式；

6. 没有生产厂名称和出厂年月，包括铭牌脱落，或虽有铭牌，但已看不清生产厂名称，或出厂年月钢印无法识别；

7. 筒体有锡焊、铜焊或补缀等修补痕迹；

8. 被火烧过。

5.4.3 灭火器出厂时间达到或超过表 5.4.3 规定的报废期限时应报废。

表 5.4.3　灭火器的报废期限

灭火器类型		报废期限（年）
水基型灭火器	手提式水基型灭火器	6
	推车式水基型灭火器	
干粉灭火器	手提式（贮压式）干粉灭火器	10
	手提式（储气瓶式）干粉灭火器	
	推车式（贮压式）干粉灭火器	
	推车式（储气瓶式）干粉灭火器	
洁净气体灭火器	手提式洁净气体灭火器	
	推车式洁净气体灭火器	
二氧化碳灭火器	手提式二氧化碳灭火器	12
	推车式二氧化碳灭火器	

5.4.4 灭火器报废后，应按照等效替代的原则进行更换。

教学仪器设备安全要求总则

GB 21746—2008

1　范围

本标准规定了教学仪器设备的安全原则、设计的一般要求、安全标志、说明书和标志的要求、

安全性评定及用户要求。

本标准适用于一般各类学校用的教学仪器设备，以及儿童用室内运动器材和特殊情况下室外使用，由学校装备的器材。各类职业培训机构和特殊教育学校使用的教学仪器设备可参照使用。

2　规范性引用文件

下列文件中的条款通过本标准的引用而成为本标准的条款。凡是注日期的引用文件 + 其随后所有的修改单（不包括勘误的内容）或修订版均不适用于本标准，然而，鼓励根据本标准达成协议的各方研究是否可使用这些文件的最新版本。凡是不注日期的引用文件，其最新版本适用于本标准。

GB 2893 安全色（GB 2893 2001，neq ISO 3864：1984）

GB/T 2893.1 图形符号 安全色和安全标志 第 1 部分：工作场所和公共区域中安全标志的设计原则

GB 2894 安全标志（GB 2894—1996，neq ISO 3864：1984）

GB 4075 密封放射源 一般要求和分级

GB 4208 外壳防护等级（IP 代码）

GB 4706 家用和类似用途电器的安全（有关部分）（eqv IEC 60335：1991）

GB 1943 信息技术设备的安全（GB 4943—2001，eqv IEC 60950：1999）

GB 5083 – 1999 生产设备安全卫生设计总则

GB 6675 – 2003 国家玩具安全技术规范（idt ISO 8124 – 1 – 2000）

GB 7247.1 – 2001 激光产品的安全 第 1 部分：设备分类、要求和用户指南（idt IEC 60825 – 1 – 1993）

GB 8408 游艺机和游乐设施安全

GB 8702 电磁辐射防护规定

GB 8898 – 2001 音频、视频及其类似电子设备 安全要求（eqv IEC 60965：1998）

GB 11806 放射性物质安全运输规程

GB/T 13433……1992 产品标准中有关儿童安全的要求（deq ISO/IEC 第 50 号 – 1987）

GB/T 13861 生产过程危险和有害因素分类与代码

GB/T 14775 操纵器一般人类工效学要求

GB 14778 安全色光通用规则

GB 15219 放射性物质运输包装质量保证

GB 16179 安全标志使用导则

GB 16359 – 1996 放射性发光涂料的放射卫生防护标准

GB 17498 健身器材的安全 通用要求

GB 18217 激光安全标志

GB 18580 室内装饰装修材料 人造板及其制品中甲醛释放限量

GB 18581. 室内装饰装修材料 溶剂型木器涂料中有害物质限量

GB 18583 室内装饰装修材料 胶粘剂中有害物质限量

3　术语和定义

下列术语和定义适用于本标准。

3.1 教学仪器设备 teaching instrument and equipment

具有教学特点，体现教学思想，在教学和培训中使用的器具和装置。

注："教学"可以是学前、学龄和成人培训各阶段。

3.2 危险带电件 hazardous live part

危险带电的零部件。

注：危险带电的术语见 GB 88 98 - 2001 的 2.6.10。

3.3 放射性发光涂料 radioactive luminescent paint

由放射性物质射线激发发光物质的涂料。

3.4 被动运动 passiveness sport

非儿童控制的运动。被动运动分为四种情况：用于跳、滑、摆的设备、爬的构件，但包括小于 10mm ~ 36mm 夹握部件者除外。

4　安全原则

4.1 教学仪器设备的设计和制造总则

4.1.1 设计教学仪器设备，所有教学仪器设备，装置和部件均应符合安全要求。当安全卫生技术措施与设备性能发生矛盾时，应优先考虑安全卫生技术上的要求，并应按下列等级顺序选择安全卫生指标：

a）直接安全卫生措施。教学仪器设备本身应具备本质安全卫生性能，保证设备即使在异常情况下，也不会出现任何危险和产生有害作用；

b）间接安全卫生措施。若直接安全卫生技术措施不能实现或不能完全实现时，则应在教学仪器设备的设计阶段，设计出效果与主体先进性相当的安全卫生防护装置。安全卫生防护措施的设计、制造任务不应留给用户去承担。

c）提示性安全卫生措施。若直接和间接安全卫生措施不能实现或不能完全实现时，则应以说明书并在设备上相应部位设置标志等方式说明安全使用设备的条件和注意事项。

4.1.2 设计教学仪器设备，应通过下列途径保证其安全卫生：

a）按照儿童或初学者的特点和使用者为非专业人员的要求考虑安全措施；

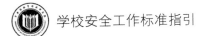

b）设计教学仪器设备应体现人类工效学原则，最大限度地减轻教学仪器设备对操作者造成的体力、脑力消耗和心理紧张状况；

c）选择最佳设计方案并进行安全卫生评价；

d）对可能产生的危险因素和有害因素采取有效防护措施；

e）在运输、贮存、安装、使用和维修等技术文件中写明安全卫生要求；

f）幼儿园教学玩具应便于清洗，保持清洁。

4.1.3 保护和安全装置的要求

保护和安全装置应达到以下要求：

a）应在一切条件下都是安全的，如它们有故障或者断开，则设备应立即自动停机；

b）安全防护装置应能保证万一安全装置内部发生故障时，仍能对人员提供保护；

c）在设备运行时保护和安全装置应能阻止操作人员进入危险区，或提出警告；

d）不应给人强加限制，使操作人员活动不便或困难；

e）应是能固定在位或自动移动就位；

f）应是专为某种设备、某种工作形式和现有的危险而设计的；

g）不应要求在使用时需要精心调整或容易失调；

h）安全防护装置应能经得住使用中可能遇到的错误操作，并在设备的整个寿命期间连续有效；

i）应是不可能在未停用设备时就被操作人员旁路或停用（对要求在设备连续运转情况下的送料、加油（气）或试验设备是例外）；

j）作为安全防护系统组成的所有部件应便于检查和维护。应尽量只需要较小维修量；

k）用手动不应使安全防护装置失去保护作用；

l）本身不应构成危险。

4.1.4 教学仪器设备及其零部件应有足够的强度、刚度、稳定性和可靠性，在按规定条件运输、贮存、安装和使用时，不应对人员造成危险。

4.1.5 控制、调节部件应牢固、可靠，在其工作状态下，不应对使用者带来伤害。

4.1.6 教学仪器设备在规定的整个使用期限内，均应满足安全卫生要求。对可能影响安全操作、控制的零部件、装置等应规定符合产品标准要求的可靠性指标。可能存在危险因素或产品使用后期可能产生安全卫生危害的设备，应规定设备正常使用期限，其安全使用期限应小于其材料在使用条件下的老化或疲劳期限。

4.1.7 发现存在不安全因素以后，应查找产生问题的根本原因，研究解决问题的措施。注：例如处理下列故障：某低压电源采用了高频信号用旋转开关，某种旋转开关旋转时开关的刀将相邻两掷瞬间短接→电源变压器二次部分绕组瞬间短路→电源变压器一次侧熔断器断，不是简单地换一个熔断器，更不允许任意加大熔断器的熔断电流，而应从根本上查找原因，更换为功率型的转换开关。

4.1.8 确定教学仪器设备的安全要求时如果已有同类标准，则应在这些标准中根据教学仪器设备的特点，选择严于公众的要求，当使用对象是未成年人时，还应选用适用于他们的安全要求。

教学仪器设备对于凡是已有同类安全标准的，只要适用（指涉及的设备在工作原理、结构、元器件、材料、功能、性能基本相同，使用者在年龄和知识结构水平上基本相同，但是设备的名称或使用者的社会身份不同），都应尽可能全部或部分采用技术内容相同的部分。

4.1.9　学校用的体育运动器材和健身器材的安全应符合 GB 17498。

4.1.10　幼儿园使用的各种教学玩具应符合 GB 6675 的有关规定，幼儿园用的室外大型游玩设施的安全应符合 GB 8408。

4.1.11　GB 6675 中无年龄规定的条文，也适用于小学、中学用教学仪器设备。

4.1.12　教学用电子类仪器设备在原理和结构适用的情况下，安全要求应采用 GB 8898。

4.1.13　仪器设备的安全应符合 GB/T 13433 – 1992 第 6 章。

4.1.14　教学仪器设备在使用过程中不应向环境排放超过国家标准规定的有害物质，不应产生超过国家标准规定的噪声、振动、辐射和其他污染。对可能产生的有害因素，应在设计上采取有效措施加以预防。

4.2　教学仪器设备的使用

4.2.1　凡使用对人员安全健康可能造成危害和对财产可能造成损失的教学仪器设备，都应制订安全、卫生标准。这些设备一般包括下列危险因素：

a）机械（高速、锋利物、破损、切伤、撕裂、擦伤等）；

b）高温（烧伤或烫伤）；

c）低温；

d）高压力（或压强）；

e）高电压；

f）电击；

g）强光；

h）电离辐射；

i）放射性；

j）可能接触有毒有害物质（气体、液体或固体）；

k）可能接触有害微生物；

l）易燃易爆物；

m）咽（吞）入、吸入；

n）部件飞出；

o）窒息；

p）勒死；

q）跌落；

r）强噪声和听觉伤害；

s）其他。

4.2.2 安全卫生标准中应对下列因素明确规定具体内容：

a）使用过程中的危险和有害因素；

b）对人员的要求；

c）使用过程的组织和实施；

d）仪器设备的安装调试；

e）使用过程的操作程序；

f）防护技术措施；

g）管理措施；

h）根据危险和有害源的特点，明确规定相应的安全、卫生防护距离或防护带；

i）其他。

5 仪器设备的设计一般要求

5.1 适应性

5.1.1 教学仪器设备应充分满足使用性能要求，做到操作简单方便，性能稳定，工作可靠。对仪器设备的使用要求不应超出一般操作人员的能力。

5.1.2 在规定的期限内，仪器设备应满足环境要求，特别是应满足防腐蚀、耐磨损、抗疲劳、抗老化和抵御失效的要求。

5.1.3 教学仪器设备应满足相互配套使用要求，不因配合不当而产生不安全因素。

5.1.4 供儿童使用的仪器设备应充分考虑相应年龄段儿童的心理、生理特点，充分消除不安全因素。这些不安全因素可参照 GB/T 13433。

5.1.5 应避免易造成人为差错设计缺陷：

a）未考虑大众行为的习惯；

b）要求超出人的生理和心理承受能力极限；

注：例如某项设计也许要求有关人员具有超出人体感官能力的音调或视觉能力。

c）设计不应要求使用人员付出比正常水平更大的努力；

注：例如照明不足会造成眼睛疲劳从而使人感到疲乏，工作环境中过高的噪声则会增加疲劳的程度。

d）因设施或者信号不足，要求操作人员应在缺乏工具和有关信息或监控设备不完善的情况下凭主观感觉操作设备；

e）操作程序设计让人不愿去做或过于复杂；

注：例如若产品中的两个调整机构相互关联，则需要进行精确地反复调整方能得到正确的值—比两个相互独立的调整装置更不易调到所需要的正确值。

f）使得使用者处在有危险性的操作环境中。

5.2 材料

5.2.1 使用期限

可能存在危险因素的仪器设备及其零部件，其安全使用期限应小于其材料在使用条件下的老化或疲劳期限；易被腐蚀或空蚀的设备及其零部件应选用耐腐蚀或耐空蚀的材料制造，并应采取防护措施，并应规定检查和更换周期。

5.2.2 稳定性

5.2.2.1 制造教学仪器设备的材料，只允许选用在规定期限内应能承受在规定条件下可能出现的各种物理的、化学的和生物的作用的材料。

5.2.2.2 在正常使用环境下，制造仪器设备不宜使用日久老化后会对人体有害的材料。若必须采用，则应采取可靠的安全卫生技术措施。教学仪器设备产品中凡是由于材料老化可能使设备性能降低而影响安全的部位，应选用有足够耐老化能力的材料。

5.2.2.3 不应使用能与工作介质发生反应而造成危害的材料制造仪器设备。

注：例如爆炸或生成有害物质等。

5.2.2.4 处理可燃气体、易燃和可燃液体（或固体）的设备，其基础和本体应使用非燃烧材料制造。

5.2.3 强度

5.2.3.1 材料承受力的部位的强度，安全系数应高于同类工业产品的相应部位。

5.2.3.2 在设计仪器设备时应根据仪器设备的性能要求和使用环境选择材料，采取措施消除或减弱使材料变质的因素，延长仪器设备和零部件的使用寿命，或合理确定仪器设备和零部件的使用寿命及更换周期。

需要考虑的主要因素例如有：

——金属因腐蚀而慢慢不具备设计时所要求的强度；

——摩擦使材料磨损；

注：例如阳光、紫外线和红外线辐射会引起聚合物和其他合成材料分解。

——温度梯度会引起破裂或永久性变形的内应力。高温能永久地或暂时地改变材料的物理性能，加热使电镀层扩散进入晶体界面，金属中会产生应力合金化，改变基体金属的物理特性。金属材料由于蠕变和松弛现象，使材料强度改变；有机材料内部将发生化学变化，如分子重新排列、聚合反应、裂解和高温分解。一些非金属材料长期处在高温下，会出现软化、流动、变得有胶质性或失去其黏附性；

——低温下金属、橡胶和塑料等都会受到机械损坏；

——湿度变化使木材、纸张、纺织品、纤维板和亲水性塑料产生膨胀和收缩。过多的含水量引起材料很快变质，并丧失物理强度；

——干燥使某些材料变得易碎和不耐用或易燃；

——辐射也会使材料变质；

——吸附使黑色金属发生锈蚀，或在不同金属的接触点之间形成电池，导致腐蚀；

——微生物破坏或蚀变；

注：例如包括对混凝土、方木、电器材料、玻璃、光学仪器、摄影制品、脂肪、石油、蜡、矿物质、金属、油漆、石油燃料、油、油脂、沥青、塑料、橡胶、树脂、处理残渣的污水、羊毛、亚麻布、棉织品、人造纺织品、纸浆原料、纸和软木。

——烟雾能加速橡胶制品的变质；

——含盐的空气能加速某些金属材料腐蚀；

——空气污染物破坏材料：擦伤（足够大的固体颗粒以高速运动碰撞在物体上时，会引起破坏性的擦伤）、沉积和清理污染造成材料磨损、直接的化学腐蚀作用（某些空气污染是化学活性物质与材料起直接的反应）、间接的化学腐蚀作用（某些材料能够吸收污染物，当污染物经受化学变化时，材料受到破坏）、电化学腐蚀；

——昆虫、啮齿类动物、鸟及其他类型动物对材料的影响。注：例如由此造成起火、爆炸等严重事故。

5.2.3.3 设备的材料还应符合 GB 5083—1999 中的 5.2。

5.2.4 绝缘用材料

5.2.4.1 教学仪器设备绝缘材料的选择和应用应考虑电气、温度和机械强度、工作电压、频率和工作环境（温度、压力、湿度和污染）的要求。

5.2.4.2 天然橡胶、吸湿性材料和含石棉的材料不应作为绝缘材料使用。

5.2.5 材料中的有害物

5.2.5.1 教学仪器设备产品不应使用易燃、易爆或高能粒子轰击后可能具有放射性的材料，若出于功能原因使用此种材料时，应采取相应的安全防范措施，并应有使用、存放、保管的危险警告标志。

5.2.5.2 以人造板为原材料的教学仪器设备，人造板的甲醛释放量应符合 GB 18580。

5.2.5.3 教学仪器设备用胶黏剂中有害物质限量应符合 GB 18583。

5.2.5.4 教学仪器设备的涂料中重金属限量应符合 GB 18581。

5.2.5.5 供儿童用的器材及教学用的材料，不应采用含有毒材料、颜料、溶剂及胶合剂。禁止使用高过敏反应和潜在致癌物质的材料。儿童及小学生使用的教学器材中可迁移元素的最大限量按 GB 6675—2003 的 4.3.1 和附录 C。

5.2.5.6 选用教学仪器设备的材料，应充分考虑粉末状物质对人体的危害。

5.2.5.7 教学器材中不应混入食品（如用于品尝）。

5.3 机械性安全

5.3.1 机械稳定性

5.3.1.1 非固定设备应考虑以下方面：

a）没有机械运动的仪器设备，当以任何方向放置在倾斜10°的斜面上时都不应倾倒；

b）有机械运动的仪器设备，在最大负荷时以任何方向放置在倾斜10°的斜面上，并在顶端以垂直于放置面方向施加二倍可能达到的最大外力，不应倾倒。

5.3.1.2 临时固定设备应考虑以下方面

a）在设备顶端施加三倍可能达到的最大外力，不应松动；

b）在可能产生的最大振动条件下工作于二倍正常一次实验的时间，不应松动。

5.3.2 外表棱、角和锐利尖端

5.3.2.1 教学仪器设备外壳易于接触到的边缘、凸出物、拐角、开孔、挡板等不应有锐角、毛刺、粗糙的表面和飞边。如果不可避免，应加以防护；外露的外表棱应倒钝，角应倒圆（包括金属和木材、塑料等非金属）。

5.3.2.2 使用脆性材料的露在仪器设备外表的受力部位，材料破碎后可能产生快口、尖端而伤人的，应有防护措施，或者不使用脆性材料。

5.3.2.3 体育器材、健身器材和大型玩具上不可避免的凸出物，应使凸出物为圆角或者用软性材料包覆等措施加以防护。不可避免的凸出物，除了倒圆以外，还应在色泽上使视觉明显。

5.3.3 活动部件

5.3.3.1 易造成使用人员伤害的活动部件（如：齿轮、风扇、皮带、支承架或运动中的其他组件），应加以充分防护。如出于功能原因不能做到，应在仪器上有警示标识，在使用说明中标明危险因素。

5.3.3.2 高速旋转零部件应配置具有足够强度、刚度和合适形状、尺寸的防护罩。防护罩的密度应能使飞甩物不能通过。并在使用说明中说明此类零部件的检查周期和更换标准。如出于功能原因不能做到，应采用其他安全防护措施，并在仪器上有警示标识，在使用说明中标明危险因素。

5.3.4 噪声和振动

5.3.4.1 教学仪器设备产品要防止和尽量避免使用中产生高于60dB噪声和剧烈震动，因产品使用需要而不可避免的，产品上应有明显的安全标志和防护措施。对固有强噪声、强振动设备，应尽量减弱或设置隔离。

5.3.4.2 教学仪器设备在运转过程中的振动不应达到使人产生不舒适感觉的程度。应通过适当的设计避开共振频率。

5.4 高温、低温、高电压

教学仪器的高温、低温、高电压部位应有可靠的安全防护屏蔽，若出于功能原因无法设置时，应在该部位标注明显的危险标志及工作状态指示。

5.5 控制系统

5.5.1 教学仪器设备的操纵器应简单、有效、方便。其控制作用和运动方式的关系应符合GB/T 14775。

5.5.2 操纵器上的紧急操纵件应设在既能够方便、快速到达，又不与正常操纵件混淆，正常时

不会误触紧急操纵件的位置。

5.5.3 关键部位的操纵器，一般应设电气或机械联锁装置。对可能出现误动作或被误操作的操纵器，应采取必要的保护措施。

5.5.4 控制系统应保证当电源发生异常时不致发生危险，或者应自动切换到备用电源。

5.5.5 自动或半自动的控制系统，应有防止控制指令紊乱时的保护装置，并有单独手控的辅助装置。

5.5.6 复杂的仪器设备应有自动监控装置。

5.5.7 控制装置应安装在使操作人员能看到整个设备动作的位置上。在起动时不能看到整个设备时，应配置开车预警信号，预警信号应有足够的报警时间。

5.5.8 控制系统应有足够的可靠性，在设备损坏时控制系统也不致损坏。如果不能做到，则当控制系统失效时，设备应能立即自动停止运行。

5.5.9 调试装置应有自动联锁，当调试设备时，应能切换到手动，并能可靠防止误操作和启动自动调节。

5.5.10 采用电子线路控制有机械运动的设备时，应有在电子控制器失效时的非电子辅助控制。

5.5.11 控制系统应采用独立于被控设备的电源。

5.5.12 操纵器上应有相应的状态指示信号。状态指示信号的设置位置不应易被操纵者所遮挡。

5.6 信号和显示

5.6.1 信号和显示器应清晰易辨、准确无误，并应消除眩光和频闪，与操作者的距离和角度适宜。

5.6.2 当多种视觉信号和显示器放在一起时，各信号与背景和相互间的颜色、亮度以及对比度应适当。

5.6.3 易发生故障或危险性较大的区域，应有声、光组合报警。当可能存在一种以上事故时，事故信号应能显示事故种类和位置口危险信号应有与其他信号有明显区别，并应有足够的强度。

5.6.4 面板指示灯应使用安全电压。

5.6.5 当设备主电源断电后，至少还应有指示设备状态和危险信号的显示在起作用。

5.7 工作位置

5.7.1 仪器设备中供人员操作的工作位置应安全可靠。操作位置应保证操作人员的头、手、臂、腿、足在正常的实验操作中有充分的活动余地。

5.7.2 危险操作点应留有足够的退避空间。

5.8 意外事故预防

5.8.1 教学仪器设备的设计要充分考虑防止使用时发生意外事故。

——设备正常时存在的不安全因素引起的事故；

注：例如存在 4.2.1 的某些危险因素，这些因素可以是因为设计缺陷而存在，也可以是因为设备超过使用年限而存在。

152

——设备有故障时存在的不安全因素引起的事故;

——材料老化变质引起的事故;

——可预见的合理拓展使用功能而引起的事故;

——几台设备联用时引起的事故;

——调试、维修设备时引起的事故;

——设备发生事故时产生次生事故。

注:例如发生燃烧时因损坏供电线路,造成电气火灾和人员触电。

——因信号错误、紊乱和因某种原因看不清信号而造成的事故;

——因标志不正确、缺失而造成的事故;

——控制系统失效、失灵、失步而造成的事故;

——环境不安全因素造成的事故;

注:环境不安全因素例如供电异常、噪声超标对人员的影响、环境温度使设备发生故障、振动对人员和设备的影响、环境光和电磁辐射、电离辐射对设备的影响等。

——人的操作不当或误操作造成的事故。

5.8.2 教学仪器设备的设计应按可能出现的最不利的情况考虑各种危险因素。这些最不利因素可以是:

——由于仪器设备操作者操作不规范;

——仪器设备使用环境偏离设计要求;

——由于扩充实验、自由设计实验,使仪器设备工作在非原设计状态下,甚至超负荷、超时使用;

——使用环境存在危害仪器设备安全运行可能,例如在电气设备周围可能会有水;

——配套设备发生故障带来的影响,例如使仪器设备过载、空载、配接阻抗改变;

——操作者的错误操作,例如人为造成短路、断路、设备冲突。

5.8.3 多种用途或综合性仪器设备在设计时应考虑使用每一种用途时的安全。——不因综合性而降低安全性和可靠性。共用的部件功能完善,能适用于每一种用途;

——只用于某一用途的部件,应不妨碍整台设备用于其他用途时的使用方便,不能因该部件的存在而降低安全性;

注:这种安全性降低例如因该部件的存在而使进行其他操作时空间狭小,或者因该部件的存在而可能发生各种意外事故。

——综合性仪器设备上暂时不用但不能退出使用现场的部件,应能承受其他方面的使用中可能发生的各种影响,按严酷度最高情况进行试验;

——各种部件联合使用时不会出现不安全因素。

5.8.4 仪器设备在贮存期间不会产生因老化或变质而自发产生危险,如漏电、起火、自燃、自运行等。

5.8.5 机械设备不应因振动或其他可预见的外来负荷作用下倾覆或产生允许范围以外的运动。当振动环境超过规定的极限值时，应给操作人员的座椅加装有阻尼的隔振安装架。

5.8.6 在操作人员密集的场所可能有飞甩物存在的情况下，每个人员位置均应有相互间的防护罩。防护罩应符合5.3.3.2。

5.9 在故障状态下的安全

5.9.1 紧急开关

5.9.1.1 若存在下列可能性之一时，仪器设备应配置紧急开关：

——发生事故或出现设备功能混乱时，不能迅速通过停车开关来终止危险的运行；

——不能通过一个开关迅速中断若干个能造成危险的工作单元；

——只切断某个单元或某台设备会导致其他危险；

——在操作台处不能看到所控制的全部；

——实验室中发生危险时。

5.9.1.2 紧急开关应安装在所有控制点都能方便操作，又不会容易在无意中碰到的位置。紧急开关的形状应与其他开关不同，颜色一般为鲜明的红色。

5.9.1.3 机械设备上的紧急开关，在由紧急开关停车后，应设有迅速制动和防逆转装置。

5.9.2 检查维修

教学仪器设备的设计应考虑检查、维修和更换部件的安全性、方便性。必要时，应随设备配备专用检查、维修工具或装置口

5.10 适用于特定使用者的要求

5.10.1 产品设计时应考虑主要使用对象的人体数据，如年龄、性别、体重、力量、身体各部位的高度和可及范围以及可以预料的那个年龄儿童或其他儿童的误用。

5.10.2 教学仪器设备的设计应考虑不同年龄的心理特点和行为、反应方式、智利水平和接受能力，采取各种安全措施或安装各种安全装置。

必要时，产品标准中应规定适用的年龄和使用限制。儿童和小学生用器材及教学仪器设备不应因设计、结构和材料方面的缺陷而使产品变为不安全。

注：例如，开口应设计得不能小得夹住孩子的手指或大得使孩子容易接近物体的可活动部分。由部件装配而成的器材，插入部件，儿童的手不可抠下，牙不可咬到。

5.10.3 供教师使用的演示用仪器设备，应考虑到使用教师并不一定是该技术领域的专业人员，以及使用场所是面向学生，并且学生也可能对其操作等因素，充分考虑仪器设备的安全性。

5.10.4 如果某一仪器设备不适合学生操作，则应明确规定，并给出警告标志。

5.11 电气设备安全

5.11.1 教学仪器设备的电气安全要求应按照一般非专业技术人员（消费者）的情况，选用相关的安全标准。

5.11.2 选用教学仪器设备的电气安全标准时应从最不利的情况出发，采用相应的严酷度等级。

5.11.3 教学仪器设备的电气安全要求，只要适用，可根据产品情况采用 GB 8898 或 GB 4706。教学用信息技术设备的安全要求，可按 GB 4943。

注："适用"指具备产品类型适用、产品结构和采用的安全措施符合或产品的使用要求符合等条件之一。

5.11.4 借助外壳防护的电气设备，按 GB 4208。

5.11.5 教学仪器设备应防止因漏电、保护装置失效、裸导线未加屏蔽等造成触电。

5.11.6 教学中一般不应采用电网电压的敞开式实验设备（例如实验室不应使用敞开式电炉）因教学需要必须使用（例如须要测量设备通电时的状态等）时，应使用隔离变压器（单相或三相），并且设备的危险带电件应尽可能屏蔽（例如只保留手指不能伸入的测量孔）。

5.11.7 由学生操作的电学仪器，宜采用不大于 24 V 的安全电压。最高不应超过 36V。教学仪器设备内部需要经常观察的部位，应备有照明装置或符合安全电压要求的电源插座。

5.11.8 供学生操作的可能触及电网电源的设备，应设隔离变压器或安装剩余电流保护装置。

5.12 辐射和放射性防护

5.12.1 电离辐射和电磁辐射

5.12.1.1 产生电离辐射的教学仪器设备按 GB 18871，产生电磁辐射的教学仪器设备 GB 8702 有关规定。

5.12.1.2 可产生危害射线的教学仪器（如 X 射线、紫外线、高亮度可见光和大功率红外线）应有相应屏障保护，出于功能原因不可施加保护时，则应尽可能限制射线强度，并有危害警示标志和说明。

5.12.2 放射性

5.12.2.1 因实验需要，应使用放射源的教学仪器设备，应按 G B 4075、GB 11806 和 GB 15219 的规定。

5.12.2.2 当必须采用放射性涂料时，日最大操作量应在 G B 16359—1996 第 5.1 表 3 的丙级。

5.12.3 激光辐射

5.12.3.1 供学校教学等使用的演示激光产品应满足 GB 7247.1—2001 关于 1 类或 2 类激光产品的所有相应要求。教学仪器设备中使用的激光发射功率，一般应小于 2mW。

注：上述"一般"指用于物理光学和几何光学实验，以及用激光传输信息等场合。

5.12.3.2 激光器上应有激光安全标志，按 GB 18217。

5.13 有毒或有害气体、液体的防护

5.13.1 实验室应设有毒有害气体的防护措施。通风罩的安装位置不应影响实验操作。实验室内由通风系统产生的噪声不应超过 55dB。有毒或有害液体的排放应经过处理，符合国家规定的排放要求。

5.13.2 化学实验用的实验箱或容器应有相应的耐腐蚀性能，不应有裂缝和渗漏现象。

5.13.3 精密仪器室应远离腐蚀性气体源。

5.14 教学用体育运动器材及游乐设施

5.14.1 教学用体育运动器材应根据使用者的年龄特点和人体数据设计，并应规定适合使用者的年龄段。

5.14.2 儿童运动器材

5.14.2.1 设施建造应避免头、手指等人体部位被夹卡、拉伤或划伤的危险，应能避免运动时挂卡衣服（如：孔、V型开口、凸出部分，轴销和转动部分）。

5.14.2.2 结构各部分设计应方便成人对儿童实施救援。

5.14.2.3 设施的各部分应有较好的可见性，周围不应有影响视线的物品。

5.14.2.4 幼儿园结构的平台、跳板和高度等于或超过600mm的类似装置，应有防护装置。此防护装置应使人不能攀爬。

5.14.2.5 运动器材不应使儿童产生不安全的被动运动。

5.14.2.6 教学用体育器材的安全应符合GB 17498。

5.14.2.7 游乐设施的安全应符合GB 8408。

6 安全标志

6.1 设置原则

6.1.1 采用间接安全措施和提示性安全措施的教学仪器设备，均应设置安全标志。安全标志应设在产品的相应部位。

6.1.2 当存在危险因素而仪器设备并未采取直接或间接的安全卫生措施时，应在每一个危险因素部件附近就相应的提示性安全卫生要求设置警告标志。警告标志应设在有相应的危险因素的部位附近，当不能设在该危险因素部位附近时，也可设在设备的操作位置明显处。

电气设备上的危险带电件周围应使用红色标出区域。当使用警告标志时，如果危险因素集中来自某部位，则应将该部位周围用红色标出区域。

6.1.3 当存在操作仪器设备前防护用品的穿戴应符合操作规程的要求，应在相应设备的合适、明显的位置设置指令标志。

6.1.4 当需要提示安全方面的某种信息（例如标明安全设施或到达安全场所的方向等）时，可以设置提示标志，提示标志应设在明显处。提示标志应有应急照明，在电网停止供电后，能自动开启应急照明，并至少维持所有人员正常安全撤离所需的时间。

6.1.5 安全标记的文字应采用规范中文。应用大号的或不同的印刷体，用特别的符号强调。供儿童用的器材及小学低年级使用的教学仪器产品，安全标志应为不同年龄组的儿童能理解。

6.1.6 安全标志的尺寸应符合GB 2894，并采用GB 2893的安全色。安全标志应采用耐久性材料制作，并不易褪色。在易被污染的环境中，安全标志可设透明保护层。安全标记应在仪器设备整个寿命期间，保持字迹清晰、易于辨认。安全标志用材用永久性结构。

注：耐久性指满足不同使用环境的要求，例如用耐用、防水的材料，避免使用光照后易脱色和易燃的材料。

6.1.7 安全标志应明显醒目。

6.1.8 灯光安全标志应符合 GB 14778。

6.2 教学仪器设备安全标志的编制

6.2.1 教学仪器设备的安全标志应首先采用 GB 2894 中的标志。当按照 GB 2894 不能满足要求时 + 可以编制新的安全标志。

6.2.2 新的安全标志应由行业强制性标准编制，并应严格控制。

6.2.3 编制安全标志要求：

——图案形象、简单、明了，不需要经过专业或职业训练就可理解；

——不应易与已有的安全标志混淆。

6.2.4 编制新的安全标志还应符合 GB/T 2893.1，并采用符合 GB 2893 的安全色。

6.2.5 安全标志的使用还应符合 GB 16179。

7　说明书和标志的要求

7.1 基本要求

7.1.1 产品使用说明除了应符合国家其他有关标准规定外，凡是存在危险因素的产品，说明书中应该有关于危险因素的种类、产生原因、安全措施以及警告事项、安全使用指南等详细内容。

7.1.2 使用说明应按下列等级和警告用语提醒用户：

——"危险"表示对高度危险要警惕；

——"警告"表示对中度危险要警惕；

——"注意"表示对轻度危险要关注。

7.1.3 安全警告的内容应用较大的字号或不同的字体表示，或用特殊符号或颜色来强调。

7.2 关于安全方面的必备内容

7.2.1 凡是存在危险因素（不论是已经采取了直接性安全卫生措施或是间接性安全卫生措施，或是提示性安全卫生措施）的产品，都应在说明书中详细说明：

——产生危险因素的原因；

——可能产生的危险因素；

——安全使用的条件（或技术指标的极限值）、注意事项、防护措施以及避免危险的操作程序和方法；

——在对儿童可能产生危险的场合应给出发生后的处理方法。

7.2.2 采用直接安全卫生措施设计的产品，在说明书中应详细说明产品设计时已采用的，使产品具备本质安全卫生性能，保证设备即使在异常情况下，也不会出现任何危险和产生有害作用的原理和实施过程，对此类仪器设备在异常时不会出现危险的时间期限，以及维修时可能产生危险和如何避免作详细说明。

7.2.3 采用间接安全卫生措施设计的产品，除了应详细说明 7.2.1 的内容外，还应详细说明防护装置的原理、结构、性能和正常工作的条件和寿命，以及防护装置失效的判断和在防护装置失效时的应急措施，以及维修时的注意事项。

7.2.4 采用提示性安全卫生措施的产品，除应详细说明 7.2.1 的内容外，还应详细说明使用时的防护措施和注意事项，以及维修时的注意事项。

7.2.5 产品说明书上涉及产品存在危险因素的部位应该用图表示，图示应完整、清晰、准确，应明确注明适用型号。

7.2.6 当选用易损配件不当可能会产生危险因素时，产品说明书中应详细说明配件规格、应有的性能和判别方法，以及允许代用的配件型号。

7.2.7 对部件损坏后可能产生危险的易损件 + 产品说明书中应说明易损部件的使用期限或更换周期。

7.2.8 供儿童使用的仪器设备，应规定适用年龄和使用限制，在说明书中应明确注明。

7.2.9 产品说明书应符合产品的情况，产品改型后说明书应及时更换新的版本。

7.2.10 对安全限制有要求或存在有效年限的产品应提供产品的生产日期和有效期、储存期。

7.2.11 对涉及环境的产品，使用说明应规定必要的保护环境方面的内容。

7.2.12 产品使用说明还应包括搬运、贮存、安装、调试、维修、保养该教学仪器设备的专项安全要求内容。

8 安全性评定

8.1 危险因素

8.1.1 安全性评定至少应包含 GB/T 13861 和 GB/T 13433 中的危险因素。

8.1.2 安全性评定还需根据教学特点，增加虽然上述标准中未涉及，但已发现或已考虑到的危险因素。

8.2 危险鉴别

鉴别和评价危险，至少应考虑下列各项：

a）危险的组分（因素组成）；

注：例如燃料、激光、爆炸物、毒物、危险的结构材料、压力系统和其他能源。

b）产品总系统各部分之间与安全有关的接口（协调解决保障安全的控制）；

注：例如材料兼容性、电磁干扰、无意的起动、着火，爆炸的开始和扩展、软硬件控制。

c）环境约束（限制）条件，包括使用环境；

注：例如坠落、冲击、振动、极端温度、噪声、接触毒物、健康危险、着火，静电、雷击、电磁环境影响、电离和非电离辐射。

（1）使用、试验、维修与应急程序（预案）；

注：例如人机工程、操作者功能、工作和要求的人为差错分析、设备布局、照明要求、接触毒物可能性、噪声或辐射因素对人的行为的影响，生命保障要求及其在载人系统、坠毁安全性、应急出口、营救、求生和抢救中的安全关系。

e)（保障安全的）设施、保障设备；

注：例如可能包含毒物、可燃物、爆炸物、腐蚀性或深冷液体部件的贮存、组装、检验、试验用装置，辐射或噪声、发射器、电源和训练（例如：有关安全使用与维修的训练和考核）。

f) 与安全有关的设备、安全措施和可能的备（用）选（择）方法。

注：例如连锁、系统余度、软硬件故障安全考虑、分系统防护、灭火系统、人员防护设备、工业通风和噪声或辐射载体。

8.3 危险严重程度和可能性

8.3.1 危险严重程度等级分类及评估

8.3.1.1 根据危险可能会对人员、设备、设施及环境造成的伤害和损失，将其严重程度划分为四个等级。

Ⅰ类：灾难性的。后果是造成人员死亡或严重伤害＋或整个系统损失。

Ⅱ类：危险的。后果是造成人员伤害或严重的设备破坏，需要立即采取措施来控制。

Ⅲ类：临界的。后果是使系统性能降低，或设备出现故障，但能控制住严重危险的产生，或者说还没有产生有效的破坏。

Ⅳ类：无危险的。由于人为差错、设备缺陷、设备故障，不会导致人员伤害和设备损坏。

注：例如使用安全电压即使接触到也不至于发生危险。

8.3.1.2 按最后可能导致人员伤害、职业病，资产损失或设备、设施损坏的程度，对最坏后果的定性评估。

8.3.2 危险可能性分类

根据教学特点，按照危险特性和使用情况，定性划分为四个等级。

a) A级（频繁的）。仪器设备的在使用中发生危险的概率很高。

注：工作期间单个故障模式的概率大于总体故障的20%。

b) B级（很可能的）口仪器设备存在的很大隐患。虽然危险还未发生，但很可能发生。

注：工作期间单个故障模式的概率在总体故障的10%～20%内。

c) C级（可能的）。仪器设备的设计存在缺陷，因使用或环境原因，可能造成事故。

注：工作期间单个故障模式的概率在总体故障的1%～10%内。

d) D级（极少发生的）。仪器设备的设计存在缺陷，使得在极少的情况下会造成事故。

注：工作期间单个故障模式的概率在总体故障的0.1%～1%内。

c）E 级（极不可能发生的）。仪器设备已经采取了严密的安全措施情况下发生的危险。

注：工作期间单个故障模式的概率小于总体故障的 0.1%。

8.3.3 危险严重程度和可能性评定见表 1。

表 1　危险严重程度和可能性评定用表

可能性等级		严重程度等级				
		A 级	B 级	C 级	D 级	E 级
		必然的	很可能的	可能的	极少发生的	极不可能发生的
I 类	灾难性的	×	×	×	×	○
II 类	危险的	×	×	×	×	○
III 类	临界的	×	×	×	×	○
IV 类	安全的	○	○	○	○	○
注：表中符号×表示不能接受，○表示可以接受。						

8.4 消除危险和安全控制措施

消除危险的安全控制措施参见附录 B（资料性附录）。

8.5 安全性评定的实施

8.5.1 安全性评定的时机

8.5.1.1 在产品设计定型、制定标准和组织鉴定和批量投产以前，应进行安全性评定。

8.5.1.2 在产品发展的相同阶段，安全性评定可以合并。

注：例如设计定型和设计鉴定的安全型评定可合并；制定产品企业标准和批量投产的安全型评定可合并。

8.5.1.3 用户在购买重要产品以前，可以要求安全性评定。

8.5.2 安全性评定的机构

8.5.2.1 安全性评定可以委托专门机构进行，或者组织有关专家进行。

8.5.2.2 安全性评定也可委托专业标准化技术委员会进行。

8.5.3 组织有关专家进行安全性评定的要求

8.5.3.1 专家人选应具有各专业的代表性：

a）该产品可能涉及的各专业；

b）产品设计和工艺、制造；

c）产品使用。

8.5.3.2 参加安全性评定的专家对评定结论负责。

9　用户要求

9.1 安全、卫生防护措施

9.1.1 用户在使用仪器设备前应仔细阅读使用说明书，了解仪器设备的结构、工作原理、工作程序和是否存在不安全因素，及采取了哪些措施（包括直接、间接还是提示性的措施）。熟悉操作规程和有关注意事项。

9.1.2 充分了解仪器设备所需的工作环境、正常运行条件和所需配套设施。在工作环境和配套设施未全部满足时不应使用仪器设备。

9.1.3 充分重视使用仪器设备可能因人为差错造成事故。

注：人为差错指任何与公认的正常行为方式不一致的人员活动，或任何与规定的程序不同的活动，即代表人类本质

反应与弱点的差错。人为差错包括：忘了做某项工作，做工作不正确，做了某项不需要做的工作，未按规定的顺

序完成一项工作，未在规定的时间内做好一项工作和对意外事件的不适当反应等。

9.1.4 充分了解造成人为差错的原因。

注：造成人为差错的原因有：设计缺陷、设备、操作人员或维护人员选择不当、操作和维护人员缺乏足够的培训、疏忽、心理因素、缺乏管理或管理不当、检查或监督不够充分等。

9.1.5 操作仪器设备时应根据可能存在的不安全因素，穿戴（或不穿戴）相应的个人防护用品，例如：

——进行可能产生固体或液体飞溅、强光或激光实验时，实验操作者应戴相应的防护眼镜或面罩；

——操作电网电源时操作人员应穿绝缘鞋；

——进行化学、生物实验时实验者应根据情况戴防护镜或防护面罩、防毒面罩，穿防护服、防护鞋等；

——操作机床时操作者不应戴手套叠

9.2 安全、卫生管理措施

9.2.1 管理制度

9.2.1.1 需要在一定条件下保存才能保证安全贮存的仪器设备（或化学药品），应制定严格的管理制度并落实责任到专人，定期检查维护。

9.2.1.2 用户需要落实专人，对各仪器设备定期进行检查，确保设备正常使用。发现可能存在安全隐患的问题时应先停用，再进行维修，禁止设备带病运行。

9.2.1.3 维修有危险因素并采取了直接或间接安全措施的设备，应由生产单位技术人员进行，生产单位对维修的设备的安全、卫生承担全部责任。

9.2.1.4 维修有危险因素并采取了提示性安全措施的设备，应由有相应资质的人员进行。

9.2.1.5 维修不带危险因素的设备，可由学校内能胜任的人员进行。

9.2.2 用户应制定安全、卫生制度：

9.2.3 人员

9.2.3.1 专业操作人员应经过培训考核，方能进行操作。

9.2.3.2 实验室操作人员应经过操作仪器设备的培训考核，方能进行操作。

9.2.3.3 学生在操作有危险因素的仪器设备以前十应接受相关的教育。

9.2.3.4 危险范围内人员应严格按照操作规程和工作指导书去进行工作，以免出现违章现象和工作失误。

9.2.3.5 管理人员应努力提高危险范围内人员对操作规程和工作指导书的理解能力，不断提高操作人员的技能水平，培养和促使工作人员养成一个健康的心理状态和建立一个良好的工作环境等。

9.3 对影响使用过程安全、卫生各因素的要求

要充分重视影响使用过程安全、卫生的人的各种因素。影响使用过程安全、卫生各因素参见附录A（资料性附录）。

附 录 A

（资料性附录）

心理因素与不安全的关系

A.1 应重视心理因素与不安全的关系。

A.1.1 几种不安全行动

a）有意违反安全规程；

b）无意违反安全规程；

c）破坏或错误地调整安全设备；

d）放纵的喧闹、玩笑，分散了他人的注意力；

e）安全操作能力低，工作缺乏技巧；

f）与人争吵，心境下降；

g）匆忙的行动、行动草率过速或行动缓慢；

h）无人道感，不警告别人；

i）超负荷的工作、力不胜任；

j）承担超心理能力的工作。

A.1.2 可能成为直接的人为事故原因

a）没有经验，不能察知事故危险；

b）缓慢的心理反应和生理上的缺陷；

c）各器官缺乏协调；

d）疲倦、身体不适；

e）找工作窍门，导致不安全的方法；

f）注意力不集中，心不在焉；

g）职业、工种选择不利；

h）夸耀心，贪大求全。

A.1.3 心理上的原因

a）激情、冲动、喜冒险；

b）训练、教育不够，无上进心；

c）智能低，无耐心，缺乏自卫心，无安全感；

d）涉及家庭原因，心境不好；

e）恐惧、顽固、报复或身心有缺陷；

f）工作单调，或单调的业余生活；

g）轻率、嫉妒；

h）未受重用、身受挫折，情绪不佳；

i）自卑感，或冒险逞能，渴望超群。

A.1.4 重视生理-心理因素与不安全的关系

A.1.4.1 行动时因视力不佳而发生事故。

A.1.4.2 因对某些对象物的形状、尺寸及质的错误感觉而导致错误的判断，从而发生事故。

注：例如运动的错觉、定位的错觉、用积累的经验来判断客观存在的危险事实。

A.1.4.3 因意识上的问题而发生事故，包括：

A.1.4.3.1 意识方向

a）意识领域；

b）意识深度；

c）意识的持续程度。

A.1.4.3.2 精神溜号，使动作的目的逐渐模糊

注视点移动频繁，或者意识从面对的视野中溜号，就导致意识的不连续，往往容易发生事故。

因课题指定方向而有目的，意识也就有了方向，为完成这一目的，对作业程序和工作方法等是精神贯注的，而对目的外的事物自然不加理会。此时纵然作业条件出现了危险，却引不起精神上的关注，促成事故的发生。

对经常反复操作有经验的行动，认为几乎下意识地去干也超不出范围。当发生某一突然变化（外来某种刺激时。），意识突然集中不起来，导致事故的发生。

A.1.4.3.3 注意力的分配与事故的关系

意识过分集中，注意力的分配过剩也蕴藏着危险。

A.1.4.3.4 疲劳时行动存在的危险

a）精神上的疲劳

往往当出现上下级之间、同志之间的人事关系以及家庭纠纷等情况时，最易引起精神疲劳，这

都会促使产生不安全行动。

b）体力疲劳，主要表现为动作紊乱而不稳定

当发现熟练工做出像不熟练工人那样的动作时，就应协助其找出疲劳原因，特别应在劳动环境上及时加以改善，以防止不安全动作导致事故的发生。

附 录 B
（资料性附录）
消除危险的安全控制措施

B.1 安全状态

B.1.1 可以接受的安全主要状态

设计应在至少发生两个独立的故障、两个独立的差错或相互独立的一个故障和一个差错才可能导致事故。应通过分析确保是独立的。对于可能导致重大灾难性事故的极为安全关键的项目，还要求发生多于两个的独立故障或差错才可能导致事故的发生。

安全关键点是解决分析已指出的差错口需要通过设计防止组装、安装、连接或操作中的任何差错（例如采用非对称配件避免不正确组装）。

设计确实防止了一个元件或组件的一种故障导致可能产生伤害或损伤的其他故障，这样的设计可认为是安全的（例如熔断器在发生可能导致设备故障的过载时·它会发生熔断）。

——设计会限制或控制可能导致事故的系统中未经验证的功能的使用、相互作用或操作顺序的功能或活动（例如若在"A"操作前作了"B"操作，这时可能导致人员伤害或设备损伤，则防止"B"首先操作的联锁可安全地限制这种操作）。

——设计能安全地承受大于正常要求的意外释放的能量（例如气瓶内的全部压力都将加在通常是低压的管路上，只有在该低压管路能够承受不正常的高压时才是可以接受的，或者管路自身的强度能够承受，或者已在管路中设了减压装置）。

——设计可确实防止能量积聚到可能导致事故的程度（例如，可用安全阀、安全隔膜、易熔连接来防止能量的积聚）。

B.1.2 不可接受的不安全状态

除非其导致事故的概率极低，否则任何产品中的下列状态都应认为是不安全的：

——除非某种危险特性（例如放射性）是功能要求或产品特性所必须的，而且已采取了有效的防护措施和规程上的安全措施，材料不具有能通过良好的设计而消除或控制其危险的特性。

——单个人为差错或元件故障的出现可能导致人员伤害和设备或设施的严重损伤。

B.2 内在安全

B.2.1 常用方法：

——没有粗糙的毛边、锐角、尖角和形成缺口、破裂表面的可能性，以防止皮肤割破、擦伤或刺破。

——在垫料、液压油、溶剂和电绝缘体等这些类型的产品中使用不易燃的材料，以防止火灾。

——可能情况下采用气动或液压系统替代电系统，以避免电气失火或过热。

——采用液压系统替代气动系统，以避免可能产生冲击波的压力容器剧烈破裂。

——用连续的整体管线取代有多个接头的管线，以消除漏电。

——消除凸出部分，以避免人员的伤害。

B.2.2 完全消除危险可能并不总是可能的或实际的。但是可以限制潜在危险的等级，使得不至于导致伤害或损伤。

注：例如，电钻采用低压蓄电池作为动力避免可能的触电·但这样的系统在某些方面可能不是完全安全的，例如电池可能爆炸。也许本来并没有发生触电。

B.2.3 限制危险等级的设计：

——可能存在哪些危险。

——每种危险的危险等级。

——应规定的最终限制。

——自动保持这些限制的方法。

注：降低危险等级例：

——在一种材料上采用镀层或喷涂其他导电的物质，以限制可能积累的静电荷量。

——在电容器或电容性电路中应用旁路电阻，以在电源切断后将电荷减少到可接受水平。这种旁路电阻应保证在再次启用电容器之前，将电荷减少到可接受水平。另一种方法是，在拆除电容电路的外罩时，就接通电容接地的继电器。

——应用防止液体水平过高或溢出的溢流装置。

——在可能存在易燃易爆气体的地方采用固态电子装置，由于工作转换时不需要机械装置，故可消除电气开关因机械部件的切换而出现跳火花的问题。

由于机械系统通常包含有可能使人员受到伤害和设备、器材受到损坏的运动部件，内在的安全性较难达到，所以内在安全性原理的大部分应用是在电气系统。

B.3 隔离

采用物理分离，用隔挡板和栅栏等将已确定的危险同人员和设备隔离，以防止危险或将危险降低到最低水平，并控制危险的影响。

注；这些方法和装置是最常用的安全措施。

B.4 闭锁、锁定和联锁

特别是在电气设备上，它们将确保事故不会在下列情况下发生：

——意外；

——存在危险状况时；

——在预定的操作步骤前。

注：联锁是最希望用的安全性装置之一。

B.5 故障——安全设计

B.5.1 确保一个故障不会影响系统或使系统处于可能导致伤害或损伤的工作模式。

B.5.2 在大多数应用中，故障—安全设计的基本原则依次是：

——保护人员；

——保护环境避免灾难事件，如爆炸或火灾；

——防止设备损伤；

——防止降低等级使用或功能丧失。

B.5.3 故障–安全设计的类型

B.5.3.1 故障–安全消极设计（或"故障–消极设计"）。使系统停止工作且将其降低到最低的能量等级；系统在采取纠正措施前不会运行，且不会由于导致不工作的危险产生更大的损伤。例如保护电路和设备的电路断路器或保险就是"故障–消极"装置。

B.5.3.2 故障—安全积极设计（或"故障–积极设计"）。在采取纠正或补偿措施前或起动备用系统前，使系统保护在带有能量而又安全的工作状态，以消除事故发生的可能性。采用储备设备的冗余设计通常是故障—积极设计的组成部分。

B.5.3.3 故障—安全可工作设计（或"故障–可工作设计"）。使系统在采取纠正措施前继续安全的工作，它是故障—安全设计中最可取的类型。例如，锅炉的缺水补水设计。

B.6 故障最小化

B.6.1 在故障—安全设计不可行的情况下，故障最少化可作为设计的目标。

B.6.2 尽量减少导致事故的设备故障或人为差错的主要方法

B.6.2.1 降低故障率。例如用高可靠的元件和设计降低使用中的故障概率，降低等级、各种类型的冗余和各种筛选方法，有计划地更换零部件，这样它们的使用时间将总是短于估计的故障前工作时间。

B.6.2.2 监控口对关键参数，例如温度、噪声、有毒气体的浓度、振动、压力或辐射进行持续的监控，以确保其保持在规定的限度内。如果表现出不正常的特征，则可立即采取纠正措施。

B.6.2.3 报废和修复，这种技术是针对意外事故的。在一个故障、错误或其他不利的状况已发展成危险的状态，但还未导致伤害或损伤时，就采取纠正措施，以限制状态的恶化。

B.6.2.4 安全系数和余量。某个元件的强度设计得大于正常所要求的强度，以考虑到强度和压力的偏差、不可预料的瞬态、材料的退化及其他偶然因素。

B.6.2.5 告警。向有关人员报告危险、设备的问题或其他值得注意的状态。

B.7 安全系数

B.7.1 使结构或材料的强度远大于可能承受的应力计算值。

B.7.2 不同安全系数值的选用根据对安全、重量、费用以及质量、载荷、工作条件和其他因素上的不确定性的综合权衡。

B.8 告警装置

B.8.1 向危险范围内人员通告危险、设备问题和其他值得注意的状态，以使有关人员采取纠正措施，避免事故的发生。

说明书、细则、手册、表中的告警或注意事项应与设备上的告警或注意事项的标志相一致，并且要求有标志的任何危险都应在说明书中说明。

B.8.2 告警方式

B.8.2.1 视觉告警

a）发光。使存在危险的地点周围比无危险的区域更为明亮，以使人们把注意力集中在该地点。

b）辨别。在建筑物、移动的设备或可能被车辆碰撞的固定物体上涂成鲜明的、易辨别的颜色，或者是亮、暗交替的颜色。

注：例如在螺旋桨上涂上交替颜色带；有毒，易燃，腐蚀性气体、液体的管路和容器上应有相应的颜色的标识，以表示所含的危险。在含铅汽油中掺有红色染料。由于在汽油挥发后染料仍将遗留下来，所以在燃油系统管道的连接处，积有红色染料时，说明在该片部位存在着泄漏问题。

c）信号灯。有色的信号灯可以是固定的或移动的，连续发光的或闪光的。

另一种有效的非闪光信号器是用在障碍物上使用反光板，当受到光照时有明显的反光，指示障碍物的存在。

注：例如道路标志指示用的反光板。

d）旗子和飘带。旗子常用作告警装置，飘带用于提醒注意。

注：例如仪表插上小旗时表示该仪表已有故障，不能使用。红色的旗子或飘带标志出在车子外部货物的尾端，旗子也可安装在导线、钢索和缆索上，以引起人员和车辆的注意。

标签安在元件上以表示它们需要修理，不采取特殊措施就不应使用，或者它们已有错误功能。但是标签不能应用在指示系统已停止工作且不应使用等情况上。

e）标志。标志可以连接在或涂在含有危险的设备上。

注：例如可以指出电子设备的高电压、相位和电源要求，给出载荷、速度、温度的限制。

f）符号。最常用的符号为固定符号。

注；例如指出弯道、交叉路口、陡坡、狭窄桥或其他危险的路标，指示特定危险的符号为统一的，有特殊形状和颜色，

使不熟悉当地语言的人们也能理解。

g）规程的注释。注释包括操作和维修规程，说明书、细则和检查表中的告警和注意事项。

B.8.2.2 听觉告警

B.8.2.2.1 当危险范围内人员不能注意到即使是在视觉范围内的视觉信号，或也可能常常看不见视觉告警的位置时，听觉信号在其作用距离内可能更为有效。

注：例如警报器。

B.8.2.2.2 在下面的情况下宜采用听觉信号：

a）需传递的信息是简短的、简单的、瞬时的，并要求马上响应。

b）由于操作人员还有其他目视要求、光线易变或受到限制、操作人员要走动、其他环境考虑或预期操作人员可能的疏忽等因素而使常用的视觉告警受限制的场合。

c）因响应的关键性而最好有作补充的或冗余的告警信号。

d）最好要告警、提醒或提示操作人员注意后续的附加信息或作后续的附加响应。

e）习惯或惯例采用听觉信号。

f）声音通讯是必要的或希望有的。

B.8.2.3 嗅觉告警

在某些场合，气味可成功地用作下列场合的告警：

a）本身无味的易燃和易爆气体中可能加有有气味的气体。

注：例如在除去了硫化物的无味天然气中是加入微量气味很强的气体，使得任何泄漏都可被迅速地发觉。

b）设备过热通常会产生告警性的气味。其气味可向维护人员定位问题的所在。

c）利用塑料和橡胶这类材料燃烧时的特殊的气味可探测失火。

B.8.2.4 触觉告警

感知振动是触觉告警的主要方法，温度感知是另一种通过触觉提供告警的方法。维修人员可以通过手的感觉确定设备是否工作正常。温度的上升可以警告设备已有故障，需要维修。

B.8.2.5 味觉告警

味觉作为一种告警的手段。

注：例如在对于孩子可能是危险的药品中可添加些苦味，那么无意吃了这种药品的孩子就会做出反应。

B.9 标记和告警词语

B.9.1 标记

B.9.1.1 标记是一种很特殊的目视告警和指示手段。标记的正确设计应考虑许多因素，最重要的是标记所要告警、指示危险范围内人员的类型，不能提供"充分的"告警是一种设计缺陷。

注：例如操作人员、维修人员或过路人员。

B.9.1.2 标记设计要求提供的信息如下：

a）能引起可能处于特定危险及其风险中的操作人员、维修人员或其他人员注意的关键词。

b）对所防护的危险的说明口

c）对为避免伤害或损伤所需采取措施的说明。

d）对不采取指定措施的后果的简要说明。

e）在某些情况下也要说明对忽视告警造成损伤后的补救或纠正措施。

注：例如电击事件中的急救说明。

B. 9. 2 告警词语

B. 9. 2. 1 需要用通俗易懂、醒目，容易引起的注意手段提醒人们注意时，可用告警词语。

B. 9. 2. 2 告警词不能滥用，否则将导致人们轻视所有的信号。极为重要的是仔细地分析危险，以确保所选择的告警等级适应于可能出现的后果。

注：例如"警告"不应作为对可能的后果是严重伤害或死亡的告警词，"危险"不应用于可能的后果只是轻伤的情况。

B. 9. 2. 3 当标准或规范没有作规定时，可采用如下的告警词：

a）注意。"注意"用于需要正确的操作或维修程序、做法，以防止设备损坏或人员轻伤的告警。

注：例如告警在设备起动前应先起动冷却系统，以避免设备过热或损坏的标记。

b）警告。"警告"用于需要正确的操作或维修程序、做法，以防止可能的（但非临近的）危险造成人员伤害或死亡的告警。

注：例如标在可能使人员触电的电气设备口盖上的标记。

c）危险。"危险"用于对可能导致人员伤害或死亡的立即危险的告警。

注：例如标在可能使人触电的电气设备附近的标记。

d）色条码。在有效的标记系统中适当地采用色条码很重要。红色宜用于"危险"，橘黄色用于"警告"，黄色用于"注意"。

e）其他信息。包括关键告警词，危险的性质，要采取的措施、忽视告警的后果，以及对在忽视告警时所造成的伤害的救护措施等。

注：例如在有电磁辐射的场所，应把下列告警信息传递给危险范围内人员："电源接通时请勿站在天线的直接通路上！"，"电源接通时请勿在波导管上工作！"，"高频电磁辐射会造成毁灭性的身体内部烧伤，它会烧伤内部器官和肌肉。如果您在靠近该设备时感到哪怕是最轻微的热效应，请迅速离开。"等。

f）位置。告警标记应设置在对于被警告的人来说是明显的和易于读到的地方，并尽可能靠近危险的部位或设置在挡板上。设置标高时也应考虑防止油污和机械擦伤的问题。

g）设备和细则。设备上的标记应与使用和维修细则中的告警相一致。包括所有的一般预防措施，告警和注意事项。

h）标志语和符号。标志语和符号（或图案）对于告警人员危险和提醒人们想到要使用的设备以及要采取或避免什么行动，是非常有效的。

i）易懂性。标记应该简明、易懂、不会产生误解，并尽可能用最少的词组成。为了易懂，其措词应与被告警人员的教育水平相适应。

B. 10 尽量减少和遏制伤害和损伤

B. 10. 1 实物隔离

——距离。这是一种常用的实物隔离方法，将可能事故的地点设置得远离人员、建筑物和

设备。

——偏向装置。

注：例如用偏向装置作为炸药与需防护建筑物之间的隔离墙，可吸收部分爆炸能量，并将其余的能量导向上方，因而不会造成伤害。

——遏制。遏制技术是用于控制损伤的另一种常用的隔离方法。

注：例如遏制由于事故而造成的更多的危险。

B.10.2 人员防护设备

注：例如用耳塞把人员与噪声隔离。

B.10.2.1 人员防护设备有三种情况：

a）用于计划的危险性操作。操作可能要在某种环境下进行，并在这种环境中，由于危险不能被消

除。但是不能用人员防护设备来代替良好的设计、消除或控制危险和安全操作规程；

b）用于调查和纠正。当危险状态不确定时，人员防护设备应能提供对多种潜在危险的防护；

注：例如需要有人进入怀疑有危险的区域、确定污染源或其他的危险状态源·并采取纠正措施。

c）用于应急情况。

注：例如当意外事故即将发生或已发生时必须进行的排除或抢修。B.10.2.2 排除或控制危险和尽量减少伤害和损伤的反应时间是极为重要的 6 这时，应急防护设备应具备：

——简单且穿戴迅速。

——对多种危险的可靠性和有效性高。

——不会过多地降低使用人员的灵活性和能见度。

——自身不会产生危险。

——在贮存中或在应该防护的危险环境中不会迅速的退化。

——不会由于在正常移动、极限温度、阳光或其他辐射，或其他有害环境下的弯曲而变脆、开裂。

——易于清洗和净化。

——为防护有毒或腐蚀性气体或液体而设计的服装应是密封的。

——可能遇到火的外套应是不可燃的或可自动熄灭的。

——贮存应急防护设备的设施应尽可能地靠近可能需要用到该设备的地方，但又不能靠近到在导

致应急情况的条件下，会影响该设备或使人不能去拿设备的程度。贮存区应易于达到并标注有能迅速辨识的标记，其位置应在操作规程中明显地标明。

——应有简练、清晰的说明书，说明装配、测试和维修人员防护设备的正确方法。

B.10.2.3 应急设备只是作为一种备用的方案，即仅在无更好的事故预防措施或控制方法时才

采用的一种冗余方案。

B. 10. 3　能量缓冲装置

用于保护人员、材料和灵敏设备免受冲击的影响。

注：例如座椅安全带、缓冲器和车内衬垫可降低事故中车内人员的伤害。

B. 10. 4　薄弱环节

利用有些元件或器材比其他元件或器材更易于出故障。这些薄弱环节的元器件出故障后可以限制设备发生故障、紧急情况或事故时的损伤，避免造成严重得多的设备损伤和人员伤害。

注：例如电器的熔断器、蒸汽清洗器的蒸发器的易熔塞、压力灭火器中的安全隔膜等。

B. 10. 5　逃逸和营救

当意外事件影响人的生命安全时使人员能迅速脱离所在区域和放弃设备或设施。

注：例如飞机、车辆的紧急出口、安全门，公共场所的安全门等。

B. 11　安全试验

B. 11. 1　为了验证仪器设备的安全性和已采取措施的有效性或者是试验发生故障的条件，或者是为了确定某个环境因素的不利影响时，往往需要做安全试验。

B. 11. 2　安全试验的要素

B. 11. 2. 1　在样机试验时要考虑的与危险有关的不定因素：

——在样机试验期间可能出现的危险是否已在产品的设计或分析时考虑了。

——是否考虑了可能丧失危险控制的方法。

——设备或试验设施中包括的危险或损伤控制措施是否充分。

——事故或试验故障的后果是否会比预计的更严重，以至于对损伤或伤害的防护手段不够有效。

——第一次故障是否会比预期发生的快或故障频率是否比预期的大。

B. 11. 2. 2　试验的安全要素

——在试验开始前，应准备好所有可预见的防护设备和方案（例如在许多情况下，设备和设施装有充足的仪表，以便在进行试验时可立即检测到所计划的状态或事件，并在形成意外事故前中断。试验）。

——如果样品要试验到发生故障，则该试验应在最小的事故可能性和事故后损伤最小的情况下进行，并进行规程和意外事故分析口试验中每逢可能丧失对危险或损伤的控制时，都应使用最优的事故预防和降低损失的措施。

B. 12. 1　安全管理应以防止人为的差错和消除设备、设施或环境的危险中心口应有一整套有效的规章制度和实施细则。

B. 12. 2　产生事故的根源是管理上的缺陷。例如：

——技术上的缺陷；

——组织不合理；

——人们的安全技术知识培训不够或规章制度不健全造成的漏洞。

安全的好坏受各种因素的制约：

——来自设备的；

——来自工艺条件和人员操作水平的；

——来自各职能部门或基层管理方面的。

学生用品的安全通用要求

GB 21027—2007

1 范围

本标准规定了学生用品的安全要求、试验方法、检验规则、标识和使用说明等。

本标准适用于未成年学生使用的水彩画颜料、蜡笔、油画棒、指画颜料、橡皮泥、橡皮擦、涂改制品（修正液、修正带、修正笔）、胶粘剂、水彩笔、书写笔、记号笔、绘图用尺、本册、书包、笔袋、手工剪刀、文具盒、卷笔刀等学生用品。

2 规范性引用文件

下列文件中的条款通过本标准的引用而成为本标准的条款。凡是注日期的引用文件，其随后所有的修改单（不包括勘误的内容）或修订版均不适用于本标准，然而，鼓励根据本标准达成协议的各方研究是否可使用这些文件的最新版本。凡是不注日期的引用文件，其最新版本适用于本标准。

GB/T 601－2002 化学试剂标准滴定溶液的制备

GB/T 606－2003 化学试剂水分测定通用方法 卡尔·费休法 （neq ISO 6353—1：1982）

GB/T 2793－1995 胶粘剂不挥发物含量的测定

GB/T 2912.1－1998 纺织品 甲醛的测定 第 1 部分：游离水解的甲醛（水萃取法） （ISO/FDIS14184－1：1997，EQV）

GB 5296.5－2006 消费者使用说明第 5 部分：玩具

GB 6675－2003 国家玩具安全技术规范

GB/T 7974－2002 纸、纸板和纸浆亮度（白度）的测定漫射/垂直法 （ISO 2470：1999，NEQ）

GB/T 9722－2006 化学试剂气相色谱法通则

GB/T 13354－1992 液态胶粘剂密度的测定方法 重量杯法

GB 19601－2004 染料产品中 23 种有害芳香胺的限量及测定

3　要求

3.1　可迁移元素的最大限量应符合表 1 规定。

表 1

学生用品	元素/（mg/kg）							
	锑 Sb	砷 As	钡 Ba	镉 cd	铬 Cr	铅 Pb	汞 Hg	硒 Se
油画棒、蜡笔、水彩画颜料、水彩笔、橡皮擦、涂改制品（修正液、修正带、修正笔）、学生用品的印刷部分、书写笔、记号笔	60	25	1 000	75	60	90	60	500
指画颜料，橡皮泥	60	25	250	50	25	90	25	500

3.2　涂改制品（修正液、修正带、修正笔）中有机溶剂苯含量应不超过 10 mg/kg，不应含有氯代烃。

3.3　胶粘剂中有害物质限量值应符合表 2 的规定。

表 2

指　　标	游离甲醛/（g/kg）	苯/（g/kg）	甲苯十二甲苯/（g/kg）	总挥发性有机物/（g/L）
限量值	≤1	≤0.2	≤10	≤50
注：苯不能作为溶剂使用，作为杂质其最高含量应不大于表中规定。				

3.4　书包、笔袋所使用的面料和辅料中甲醛含量不得超过 300 mg/kg。

3.5　学生用品所使用的染料应符合 GB 19601—2004 要求。

3.6　本册亮度（白度）应不大于 85%。

3.7　笔的上帽安全

书写笔、记号笔、修正笔、水彩笔的笔帽应至少符合 3.7.1、3.7.2 或 3.7.3 中之一。

3.7.1　笔帽尺寸

当笔帽沿轴线垂直进入直径为 $16^{0.05}_{-0}$ mm 的环形量规时，笔帽不通过部分应大于 5mm。

3.7.2　笔帽通气面积

笔帽体上需要有一条连续的至少 6.8 mm^2 的空气通道。如果笔夹或其他突起可以提供空气通道，在这个位置上笔夹或其他突起需要安全地安装，并且两端的长度应不短于笔帽两端长度 2 mm。

3.7.3　笔帽空气流通

笔帽应在室温最大压力差 1.33 kPa 下最小通气量为 8 L/min。

3.8　边缘、尖端

3.8.1　手工剪刀、刀片顶端应为圆弧顶端，不应为锐利尖端。

3.8.2 手工剪刀、卷笔刀等如因功能性必不可少而存在功能性锐利边缘和锐利尖端时，则应设提示说明，且不应存在其他非功能性锐利边缘和锐利尖端。注；铅笔及类似绘图工具的书写尖不认为是危险锐利尖端。

3.8.3 绘图用尺、文具盒等的可触及边缘、边角、分蘖线，不应有锐利毛边、尖端或溢边，或加以保护使之不可触及。

3.8.4 学生用品可触及金属边缘，包括孔和槽，不应含有危险的毛刺或斜薄边，或将其作为折边、卷边或形成曲边，或用永久保护件或涂层予以保护。

3.8.5 外露螺栓或螺纹杆可触及的末端不应有外露的锐利边缘或毛刺，或其端部应有光滑的螺帽覆盖，使锐利的边缘和毛刺不可触及。

4 试验方法

4.1 可迁移元素的最大限量测定按 GB 6675—2003 附录 C 的规定进行。各元素分析校正系数按 GB 6675—2003 中表 C.2，将 1.1.1 - 三氯乙烷改为正庚烷。

4.2 涂改制品中有机溶剂苯含量和氯代烃含量的测定按 GB/T 9722—2006 中规定的方法进行。

4.3 胶粘剂中的有害物质限量的测定。

4.3.1 胶粘剂中游离甲醛含量的测定按附录 A 进行。

4.3.2 胶粘剂中苯含量的测定按附录 B 进行。

4.3.3 胶粘剂中甲苯及二甲苯含量的测定按附录 C 进行。

4.3.4 胶粘剂中总挥发性有机物含量的测定按附录 D 进行。

4.4 书包、笔袋所使用的面料和辅料中甲醛含量的测定按 GB/T 2912.1—1998 的规定进行。

4.5 本册亮度（白度）的测定按 GB/T 7974—2002 的规定进行。

4.6 笔的上幅安全

4.6.1 笔帽尺寸

用直径为 $16^{+0.05}_{-0}$ mm 的环形量规测量。

4.6.2 笔帽通气面积

如果没有被完全封闭，用一条细棉线紧紧缠绕在垂直于主轴或最大尺寸的横面的一圈就是通风面

积（见图1），用示值误差 0.02 mm 的游标卡尺或相应量具测量并计算。

4.6.3 笔帽空气流通的测定按附录 E 进行。

4.7 边缘、尖端

4.7.1 锐利边缘测试按 GB 6675—2003 中 A.5.8 规定进行。

4.7.2 锐利尖端测试按 GB 6675—2003 中 A.5.9 规定进行。

单位为毫米

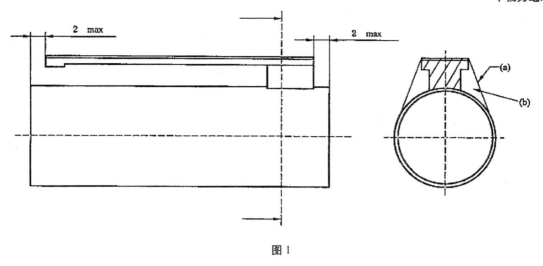

图1

5　检验规则

5.1 本标准中第3章所列的全部技术要求内容均为型式检验项目。

5.1.1 在正常生产情况下，应进行周期性型式检验。周期一般应不超过2年。

5.1.2 有下列情况之一时，应进行型式检验：

——新产品的试验定型时；

——生产的工艺及其原材料有较大改变时；

——产品长期停产后，恢复生产时。

5.2 取样方法

在同一批产品中随机抽取两份样本，可迁移元素的最大限量样本量每份不低于1 g，其余每份样本量不低于10 g或5件。

5.3 判定规则

在抽取的两份样本中，取一份样本按本标准的规定进行测定。如果所有项目的检验结果符合本标准规定的要求，则判定为合格。如果有一项检验结果未达到本标准要求时，应对保存的另一份样本进行复验，如果结果达到本标准要求时，则判定为合格，否则为不合格。

6　标识和使用说明

学生用品标识和使用说明应同时：

a）符合本标准相关要求；

b）符合 GB 5296.5—2006 的要求。

生活饮用水卫生标准

GB 5749—2006   代替 GB 5749—1985

1 范围

本标准规定了生活饮用水水质卫生要求、生活饮用水水源水质卫生要求、集中式供水单位卫生要求、二次供水卫生要求、涉及生活饮用水卫生安全产品卫生要求、水质监测和水质检验方法。

本标准适用于城乡各类集中式供水的生活饮用水，也适用于分散式供水的生活饮用水。

2 规范性引用文件

下列文件中的条款通过本标准的引用而成为本标准的条款。凡是标注日期的引用文件，其随后所有的修改单（不包括勘误内容）或修订版均不适用于本标准，然而，鼓励根据本标准达成协议的各方研究是否可使用这些文件的最新版本。凡是不注日期的引用文件，其最新版本适用于本标准。

GB 3838 地表水环境质量标准

GB/T 5750（所有部分）生活饮用水标准检验方法

GB/T 14848 地下水质量标准

GB/L705 1 二次供水设施卫生规范

GBJ/T 17218 饮用水化学处理剂卫生安全性评价

GB/T 17219 生活饮用水输配水设备及防护材料的安全性评价标准

CJ/T 206 城市供水水质标准

SL308 村镇供水单位资质标准

生活饮用水集中式供水单位卫生规范卫生部

3 术语和定义

下列术语和定义适用于本标准。

3.1 生活饮用水 drinking water

供人生活的饮水和生活用水。

3.2 供水方式 type 0f water supply

3.2.1 集中式供水 central water supply

自水源集中取水，通过输配水管网送到用户或者公共取水点的供水方式，包括自建设施供水。

为用户提供日常饮用水的供水站和为公共场所、居民社区提供的分质供水也属于集中式供水。

3.2.2 二次供水 secondary water supply

集中式供水在入户之前经再度储存、加压和消毒或深度处理，通过管道或容器输送给用户的供水方式。

3.2.3 小型集中式供水 small central water supply

农村日供水在 1 000 m³ 以下（或供水人口在 1 万人以下）的集中式供水。

3.2.4 分散式供水 non – central water supply

分散居户直接从水源取水，无任何设施或仅有简易设施的供水方式。

3.3 常规指标 regular indices

能反映生活饮用水水质基本状况的水质指标。

3.4 非常规指标 non – regular indices

根据地区、时间或特殊情况需要实施的生活饮用水水质指标。

4　生活饮用水水质卫生要求

4.1 生活饮用水水质应符合下列基本要求，保证用户饮用安全。

4.1.1 生活饮用水中不得含有病原微生物。

4.1.2 生活饮用水中化学物质下的危害人体健康。

4.1.3 生活饮用水中放射性物质不得危害人体健康。

4.1.4 生活饮用水的感官性状良好。

4.1.5 生活饮用水应经消毒处理。

4.1.6 生活饮用水水质应符合表1和表3卫生要求。集中式供水出厂水中消毒剂限值、出厂水和管网末梢水中消毒剂余量均应符合表2要求。

4.1.7 小型集中式供水和分散式供水因条件限制，水质部分指标可暂按照表4执行，其余指标仍按表1、表2和表3执行。

4.1.8 当发生影响水质的突发性公共事件时，经市级以上人民政府批准，感官性状和一般化学指标可适当放宽。

4.1.9 当饮用水中含有附录A表A.1所列指标时，可参考此表限值评价。

表1　水质常规指标及限值

指　标	限　值
1. 微生物指标[a]	
总大肠菌群/（MPN/100mL 或 CFU/100mL）	不得检出
耐热大肠菌群/（MPN/100mL 或 CFU/100mL）	不得检出

大肠埃希氏菌/（MPN/100mL 或 CFu/100 mL）	不得检出
菌落总数/（CFU/mL）	100
2. 毒理指标	
砷/（mg/L）	0.01
镉/（mg/L）	0.005
铬（六价）/（mg/L）	0.05
铅/（mg/L）	0.01
汞/（mg/L）	0.001
硒/（mg/L）	0.01
氰化物/（mg/L）	0.05
氟化物/（mg/L）	1.0
硝酸盐（以 N 计）/（mg/L）	10 地下水源限制时为 20
三氯甲烷/（mg/L）	0.06
四氯化碳/（mg/L）	0.002
溴酸盐（使用臭氧时）/（mg/L）	0.01
甲醛（使用臭氧时）/（mg/L）	0.9
亚氯酸盐（使用二氧化氯消毒时）/（mg/L）	0.7
氯酸盐（使用复合二氧化氯消毒时）/（mg/L）	0.7
3. 感官性状和一般化学指标	
色度（铂钴色度单位）	15
浑浊度（散射浑浊度单位）/NTU	1 净水技术条件限制时为 3
臭和味	无异臭、异味
肉眼可见物	无
pH	不小于 6.5 且不大于 8.5
铝/（mg/L）	0.2
铁/（mg/L）	0.3
锰/（mg/L）	0.1
铜/（mg/L）	1.0

续表

锌/（mg/L）	1.0
氯化物/（mg/L）	250
硫酸盐/（mg/L）	250
溶解性总固体/（mg/L）	1000
总硬度（以 CaCO₃ 计）/（mg/L）	450
耗氧量（COD$_{Mn}$法，以 O₂ 计）/（mg/L）	3 水源限制，原水耗氧量 >6 mg/L 时为 5
挥发酚类（以苯酚计）/（mg/L）	0.002
阴离子合成洗涤剂/（mg/L）	0.3
4. 放射性指标[b]	指导值
总 α 放射性/（Bq/L）	0.5
总 β 放射性/（Bq/L）	1

[a]　MPN 表示最可能数；CFU 表示菌落形成单位。当水样检出总大肠菌群时，应进一步检验大肠埃希氏菌或耐热大肠菌群；水样未检出总大肠菌群，不必检验大肠埃希氏菌或耐热大肠菌群。

[b]　放射性指标超过指导值，应进行核素分析和评价，判定能否饮用。

表 2　饮用水中消毒剂常规指标及要求

消毒剂名称	与水接触时间	出厂水中限值/ （mg/L）	出厂水中余量/ （mg/L）	管网末梢水中余量/ （mg/L）
氯气及游离氯制剂（游离氯）	≥30 min	4	≥0.3	≥0.05
一氯胺（总氯）	≥120 min	3	≥0.5	≥0.05
臭氧（O₃）	≥12 min	0.3	—	≥0.02 如加氯，总氯≥0.05
二氧化氯（ClO₂）	≥30 min	0.8	≥0.1	≥0.02

表 3　水质非常规指标及限值

指　标	限　值
1. 微生物指标	
贾第鞭毛虫/（个/10L）	<1
隐孢子虫/（个/10 L）	<1
2. 毒理指标	
锑/（mg/L）	0.005

续表

钡／（mg/L）	0.7
铍／（mg/L）	0.002
硼／（mg/L）	0.5
钼／（mg/L）	0.07
镍／（mg/L）	0.02
银／（mg/L）	0.05
铊／（mg/L）	0.000 1
氯化氰（以 CN^- 计）／（mg/L）	0.07
一氯二溴甲烷／（mg/L）	0.1
二氯一溴甲烷／（mg/L）	0.06
二氯乙酸／（mg/L）	0.05
1，2－二氯乙烷／（mg/L）	0.03
二氯甲烷／（mg/L）	0.02
三卤甲烷（三氯甲烷、一氯二溴甲烷、二氯一溴甲烷、三溴甲烷的总和）	该类化合物中各种化合物的实测浓度与其各自限值的比值之和不超过1
1，1，1－三氯乙烷／（mg/L）	2
三氯乙酸／（mg/L）	0.1
三氯乙醛／（mg/L）	0.01
2，4，6－三氯酚／（mg/L）	0.2
三溴甲烷／（mg/L）	0.1
七氯／（mg/L）	0.000 4
马拉硫磷／（mg/L）	0.25
五氯酚／（mg/L）	0.009
六六六（总量）／（mg/L）	0.005
六氯苯／（mg/L）	0.001
乐果／（mg/L）	0.08
对硫磷／（mg/L）	0.003

灭草松/（mg/L）	0.3
甲基对硫磷/（mg/L）	0.02
百菌清/（mg/L）	0.01
呋喃丹/（mg/L）	0.007
林丹/（mg/L）	0.002
毒死蜱/（mg/L）	0.03
草甘膦/（mg/L）	0.7
敌敌畏/（mg/L）	0.001
莠去津/（mg/L）	0.002
溴氰菊酯/（mg/L）	0.02
2，4-滴/（mg/L）	0.03
滴滴涕/（mg/L）	0.001
乙苯/（mg/L）	0.3
二甲苯（总量）/（mg/L）	0.5
1，1-二氯乙烯/（mg/L）	0.03
1，2-二氯乙烯/（mg/L）	0.05
1，2-二氯苯/（mg/L）	1
1，4-二氯苯/（mg/L）	0.3
三氯乙烯/（mg/L）	0.07
三氯苯（总量）/（mg/L）	0.02
六氯丁二烯/（mg/L）	0.000 6
丙烯酰胺/（mg/L）	0.000 5
四氯乙烯/（mg/L）	0.04
甲苯/（mg/L）	0.7
邻苯二甲酸二（2-乙基己基）酯/（mg/L）	0.008
环氧氯丙烷/（mg/L）	0.000 4
苯/（mg/L）	0.01

续表

苯乙烯／（mg/L）	0.02
苯并（a）芘／（mg/L）	0.000 01
氯乙烯／（mg/L）	0.005
氯苯／（mg/L）	0.3
微囊藻毒素－LR／（mg/L）	0.001
3. 感官性状和一般化学指标	
氨氮（以 N 计）／（mg/L）	－ 0.5
硫化物／（mg/L）	0.02
钠／（mg/L）	200

表4　小型集中式供水和分散式供水部分水质指标及限值

指　　标	限　　值
1. 微生物指标	
菌落总数／（CFU/mL）	500
2. 毒理指标	
砷／（mg/L）	0.05
氟化物／（mg/L）	1.2
硝酸盐（以 N 计）／（mg/L）	20
3. 感官性状和一般化学指标	
色度（铂钴色度单位）	20
浑浊度（散射浑浊度单位）／NTU	3 水源与净水技术条件限制时为 5
pH	不小于 6.5 且不大于 9.5
溶解性总固体／（mg/L）	1 500
总硬度（以 $CaCO_3$ 计）／（mg/L）	550
耗氧量（COD_{Mn}法，以 O_2 计）／（mg/L）	5
铁／（mg/L）	0.5
锰／（mg/L）	0.3
氯化物／（mg/L）	300
硫酸盐／（mg/L）	300

5 生活饮用水水源水质卫生要求

5.1 采用地表水为生活饮用水水源时应符合 GB 3838 要求。

5.2 采用地下水为生活饮用水水源时应符合 GB/T 14848 要求。

6 集中式供水单位卫生要求

集中式供水单位的卫生要求应按照卫生部《生活饮用水集中式供水单位卫生规范》执行。

7 二次供水卫生要求

二次供水的设施和处理要求应按照 GB 17051 执行。

8 涉及生活饮用水卫生安全产品卫生要求

8.1 处理生活饮用水采用的絮凝、助凝、消毒、氧化、吸附、pH 调节、防锈、阻垢等化学处理剂不应污染生活饮用水，应符合 GB/T 17218 要求。

8.2 生活饮用水的输配水设备、防护材料和水处理材料不应污染生活饮用水，应符合 GB/T 17219 要求。

9 水质监测

9.1 供水单位的水质检测

9.1.1 供水单位的水质非常规指标选择由当地县级以上供水行政主管部门和卫生行政部门协商确定。

9.1.2 城市集中式供水单位水质检测的采样点选择、检验项目和频率、合格率计算按照 CJ/T 206 执行。

9.1.3 村镇集中式供水单位水质检测的采样点选择、检验项目和频率、合格率计算按照 SL 308 执行。

9.1.4 供水单位水质检测结果应定期报送当地卫生行政部门，报送水质检测结果的内容和办法由当地供水行政主管部门和卫生行政部门商定。

9.1.5 当饮用水水质发生异常时应及时报告当地供水行政主管部门。

9.2 卫生监督的水质监测

9.2.1 各级卫生行政部门应根据实际需要定期对各类供水单位的供水水质进行卫生监督、监测。

9.2.2 当发生影响水质的突发性公共事件时，由县级以上卫生行政部门根据需要确定饮用水监督、监测方案。

9.2.3 卫生监督的水质监测范围、项目、频率由当地市级以上卫生行政部门确定。

10 水质检验方法生活饮用水水质检验应按照 GB/T 5750（所有部门）执行、

附 录 A
（资料性附录）
生活饮用水水质参考指标及限值

表 A.1　生活饮用水水质参考指标及限值

指　　标	限　　值
肠球菌/（CFU/100 mL）	0
产气荚膜梭状芽孢杆菌/（CFU/100 mL）	0
二（2－乙基己基）己二酸酯/（mg/L）	0.4
二溴乙烯/（mg/L）	0.000 05
二恶英（2，3，7，8－TCDD）/（mg/L）	0.000 000 03
土臭素（二甲基萘烷醇）/（mg/L）	0.000 01
五氯丙烷/（mg/L）	0.03
双酚A/（mg/L）	0.01
丙烯腈/（mg/L）	0.1
丙烯酸/（mg/L）	0.5
丙烯醛/（mg/L）	0.1
四乙基铅/（mg/L）	0.000 1
戊二醛/（mg/L）	0.07
甲基异莰醇－2/（mg/L）	0.000 01
石油类（总量）/（mg/L）	0.3
石棉（＞10 tim）/（万个/L）	700
亚硝酸盐/（mg/L）	1
多环芳烃（总量）/（mg/L）	0.002
多氯联苯（总量）/（mg/L）	0.000 5
邻苯二甲酸二乙酯/（mg/L）	0.3
邻苯二甲酸二丁酯/（mg/L）	0.003
环烷酸/（mg/L）	1.0

苯甲醚/（mg/L）	0.05
总有机碳（TOC）/（mg/L）	5
β-萘酚/（mg/L）	0.4
丁基黄原酸/（mg/L）	0.001
氯化乙基汞/（mg/L）	0.000 1
硝基苯/（mg/L）	0.017

建筑设计防火规范

GB 50016—2014

3.4　厂房的防火间距

3.4.1　除本规范另有规定外，厂房之间及与乙、丙、丁、戊类仓库、民用建筑等的防火间距不应小于表 3.4.1 的规定，与甲类仓库的防火间距应符合本规范第 3.5.1 条的规定。

表 3.4.1　厂房之间及与乙、丙、丁、戊类仓库、民用建筑等的防火间距（m）

名　　称			甲类厂房	乙类厂房（仓库）			丙、丁、戊类厂房（仓库）				民用建筑				
			单、多层	单、多层		高层	单、多层			高层	裙房，单、多层			高层	
			一、二级	一、二级	三级	一、二级	一、二级	三级	四级	一、二级	一、二级	三级	四级	一类	二类
甲类厂房	单、多层	一、二级	12	12	14	13	12	14	16	13	25			50	
乙类	单、多层	一、二级	12	10	12	13	10	14		13	25			50	
		三级	14	12	14	15	12	14	16	15	25			50	
	高层	一、二级	13	13	15	13	13	15	17	13	25			50	
丙类厂房	单、多层	一、二级	12	10	12	13	10	12	14	13	10	12	14	20	15
		三级	14	12	14	15	12	14	16	15	12	14	16	25	20
		四级	16	14	16	17	14	16	18	17	14	16	18	25	20
	高层	一、二级	13	13	15	13	13	15	17	13	13	15	17	20	15

名称			甲类厂房	乙类厂房（仓库）			丙、丁、戊类厂房（仓库）				民用建筑				
			单、多层	单、多层		高层	单、多层			高层	裙房，单、多层			高层	
			一、二级	一、二级	三级	一、二级	一、二级	三级	四级	一、二级	一、二级	三级	四级	一类	二类
丁、戊类厂房	单、多层	一、二级	12	10	12	13	10	12	14	13	10	12	14	15	13
		三级	14	12	14	15	12	14	16	15	12	14	16	185	15
		四级	16	14	16	17	14	16	18	17	14	16	18		15
	高层	一、二级	13	13	15	13	13	15	17	13	13	15	17	15	13
室外变、配电站	变压器总油量（t）	≥5，≤10					12	15	20	12	15	20	25	20	
		>10，≤50	25	25	25	25	15	20	25	15	20	25	3	25	
		>50					20	25	30	20	25	30	35	30	

5　民用建筑

5.1　建筑分类和耐火等级

5.1.1　民用建筑根据其建筑高度和层数可分为单、多层民用建筑和高层民用建筑。高层民用建筑根据其建筑高度、使用功能和楼层的建筑面积可分为一类和二类。民用建筑的分类应符合表5.1.1的规定。

表5.1.1　民用建筑的分类

名称	高层民用建筑		单、多层民用建筑
	一类	二类	
住宅建筑	建筑高度大于54m的住宅建筑（包括设置商业服务网点的住宅建筑）	建筑高度大于27m，但不大于54m的住宅建筑（包括设置商业服务网点的住宅建筑）	建筑高度不大于27m的住宅建筑（包括设置商业服务网点的住宅建筑）

名称	高层民用建筑		单、多层民用建筑
	一类	二类	
公共建筑	1. 建筑高度大于 50m 的公共建筑； 2. 建筑高度 24m 以上部分任一楼层建筑面积大于 1000m² 的商店、展览、电信、邮政、财贸金融建筑和其他多种功能组合的建筑； 3. 医疗建筑、重要公共建筑； 4. 省级及以上的广播电视和防灾指挥调度建筑、网局级和省级电力调度建筑； 5. 藏书超过 100 万册的图书馆、书库	除一类高层公共建筑外的其他高层公共建筑	1. 建筑高度大于 24m 的单层公共建筑；2. 建筑高度不大于 24m 的其他公共建筑

注：1 表中未列入的建筑，其类别应根据本表类比确定。

　　2 除本规范另有规定外，宿舍、公寓等非住宅类居住建筑的防火要求，应符合本规范有关公共建筑的规定。

　　3 除本规范另有规定外，裙房的防火要求应符合本规范有关高层民用建筑的规定。

5.1.2　民用建筑的耐火等级可分为一、二、三、四级。除本规范另有规定外，不同耐火等级建筑相应构件的燃烧性能和耐火极限不应低于表 5.1.2 的规定。

表 5.1.2　不同耐火等级建筑相应构件的燃烧性能和耐火极限（h）

构件名称		耐火等级			
		一级	二级	三级	四级
墙	防火墙	不燃性 3.00	不燃性 3.00	不燃性 3.00	不燃性 3.00
	承重墙	不燃性 3.00	不燃性 2.50	不燃性 2.00	难燃性 0.50
	非承重外墙	不燃性 1.00	不燃性 1.00	不燃性 0.50	可燃性
	楼梯间和前室的墙 电梯井的墙住宅建筑 单元之间的墙和分户墙	不燃性 2.00	不燃性 2.00	不燃性 1.50	难燃性 0.50
	疏散走道两侧的隔墙	不燃性 1.00	不燃性 1.00	不燃性 0.50	难燃性 0.25
	房间隔墙	不燃性 0.75	不燃性 0.50	难燃性 0.50	难燃性 0.25

构件名称	耐火等级			
	一级	二级	三级	四级
柱	不燃性 3.00	不燃性 2.50	不燃性 2.00	难燃性 0.50
梁	不燃性 2.00	不燃性 1.50	不燃性 1.00	难燃性 0.50
楼板	不燃性 1.50	不燃性 1.00	不燃性 0.50	可燃性
屋顶承重构件	不燃性 1.50	不燃性 1.00	可燃性 0.50	可燃性
疏散楼梯	不燃性 1.50	不燃性 1.00	不燃性 0.50	可燃性
吊顶（包括吊顶搁栅）	不燃性 0.25	难燃性 0.25	难燃性 0.15	可燃性

注：1 除本规范另有规定外，以木柱承重且墙体采用不燃材料的建筑，其耐火等级应按四级确定。

2 住宅建筑构件的耐火极限和燃烧性能可按现行国家标准《住宅建筑规范》GB 50368 的规定执行。

5.1.3 民用建筑的耐火等级应根据其建筑高度、使用功能、重要性和火灾扑救难度等确定。并应符合下列规定：

1 地下或半地下建筑（室）和一类高层建筑的耐火等级不应低于一级；

2 单、多层重要公共建筑和二类高层建筑的耐火等级不应低于二级。

5.1.4 建筑高度大于100m 的民用建筑，其楼板的耐火极限不应低于2.00h。

一、二级耐火等级建筑的上人平屋顶，其屋面板的耐火极限分别不应低于1.50h 和1.00h。

5.1.5 一、二级耐火等级建筑的屋面板应采用不燃材料。

屋面防水层宜采用不燃、难燃材料，当采用可燃防水材料且铺设在可燃、难燃保温材料上时，防水材料或可燃、难燃保温材料应采用不燃材料作防护层。

5.1.6 二级耐火等级建筑内采用难燃性墙体的房间隔墙，其耐火极限不应低于0.75h；当房间的建筑面积不大于100m。时，房间隔墙可采用耐火极限不低于0.50h 的难燃性墙体或耐火极限不低于0.30h 的不燃性墙体。

二级耐火等级多层住宅建筑内采用预应力钢筋混凝土的楼板，其耐火极限不应低于0.75h。

5.1.7 建筑中的非承重外墙、房间隔墙和屋面板，当确需采用金属夹芯板材时，其芯材应为不燃材料，且耐火极限应符合本规范有关规定。

5.1.8 二级耐火等级建筑内采用不燃材料的吊顶，其耐火极限不限。

三级耐火等级的医疗建筑、中小学校的教学建筑、老年人建筑及托儿所、幼儿园的儿童用房和儿童游乐厅等儿童活动场所的吊顶，应采用不燃材料；当采用难燃材料时，其耐火极限不应低

于 0.25h。

二、三级耐火等级建筑内门厅、走道的吊顶应采用不燃材料。

5.1.9　建筑内预制钢筋混凝土构件的节点外露部位，应采取防火保护措施，且节点的耐火极限不应低于相应构件的耐火极限。

5.2　总平面布局

5.2.1　在总平面布局中，应合理确定建筑的位置、防火间距、消防车道和消防水源等，不宜将民用建筑布置在甲、乙类厂（库）房，甲、乙、丙类液体储罐，可燃气体储罐和可燃材料堆场的附近。

5.2.2　民用建筑之间的防火间距不应小于表 5.2.2 的规定，与其他建筑的防火间距，除应符合本节规定外。尚应符合本规范其他章的有关规定。

表 5.2.2　民用建筑之间的防火间距（m）

建筑类别		高层民用建筑	裙房和其他民用建筑		
		一、二级	一、二级	三级	四级
高层民用建筑	一、二级	13	9	11	14
裙房和其他民用建筑	一、二级	9	6	7	9
	三级	11	7	8	10
	四级	14	9	10	12

注：1　相邻两座单、多层建筑。当相邻外墙为不燃性墙体且无外露的可燃性屋檐。每面外墙上无防火保护的门、窗、洞口不正对开设且该门、窗、洞口的面积之和不大于外墙面积的 5% 时．其防火间距可按本表的规定减少 25%。

2　两座建筑相邻较高一面外墙为防火墙。或高出相邻较低一座一、二级耐火等级建筑的屋面 15m 及以下范围内的外墙为防火墙时，其防火间距不限。

3　相邻两座高度相同的一、二级耐火等级建筑中相邻任一侧外墙为防火墙，屋顶的耐火极限不低于 1.00h 时，其防火间距不限。

4　相邻两座建筑中较低一座建筑的耐火等级不低于二级，相邻较低一面外墙为防火墙且屋顶无天窗．屋顶的耐火极限不低于 1.00h 时，其防火间距不应小于 3.5m；对于高屡建筑。不应小于 4m。

5　相邻两座建筑中较低一座建筑的耐火等级不低于二级且屋顶无天窗，相邻较高一面外墙高出较低一座建筑的屋面 15m 以下范围内的开口部位设置甲级防火门、窗．或设置符合现行国家标准《自动喷水灭火系统设计规范》GB 50084 规定的防火分隔水幕或本规范第 6.5.3 条规定的防火卷帘时，其防火间距不应小于 3.5m；对于高层建筑，不应小于 4m。

6　相邻建筑通过连廊、天桥或底部的建筑物等连接时，其间距不应小于本表的规定。

7　耐火等级低于四级的既有建筑，其耐火等级可按四级确定。

5.2.3　民用建筑与单独建造的变电站的防火间距应符合本规范第 3.4.1 条有关室外变、配电站的规定，但与单独建造的终端变电站的防火间距，可根据变电站的耐火等级按本规范第

5.2.2 条有关民用建筑的规定确定。

民用建筑与 10kV 及以下的预装式变电站的防火间距不应小于 3m。

民用建筑与燃油、燃气或燃煤锅炉房的防火间距应符合本规范第 3.4.1 条有关丁类厂房的规定，但与单台蒸汽锅炉的蒸发量不大于 4t/h 或单台热水锅炉的额定热功率不大于 2.8MW 的燃煤锅炉房的防火间距，可根据锅炉房的耐火等级按本规范第 5.2.2 条有关民用建筑的规定确定。

5.2.4 除高层民用建筑外，数座一、二级耐火等级的住宅建筑或办公建筑，当建筑物的占地面积总和不大于 2500m² 时，可成组布置，但组内建筑物之间的间距不宜小于 4m。组与组或组与相邻建筑物的防火间距不应小于本规范第 5.2.2 条的规定。

5.2.5 民用建筑与燃气调压站、液化石油气气化站或混气站、城市液化石油气供应站瓶库等的防火间距，应符合现行国家标准《城镇燃气设计规范》GB 50028 的规定。

5.2.6 建筑高度大于 100m 的民用建筑与相邻建筑的防火间距，当符合本规范第 3.4.5 条、第 3.5.3 条、第 4.2.1 条和第 5.2.2 条允许减小的条件时，仍不应减小。

5.3 防火分区和层数

5.3.1 除本规范另有规定外。不同耐火等级建筑的允许建筑高度或层数、防火分区最大允许建筑面积应符合表 5.3.1 的规定。

表 5.3.1 不同耐火等级建筑的允许建筑高度或层数、防火分区最大允许建筑面积

名称	耐火等级	允许建筑高度或层数	防火分区的最大允许建筑面积（m²）	备注
高层民用建筑	一、二级	按本规范第 5.1.1 条确定	1500	对于体育馆、剧场的观众厅．防火分区的最大允许建筑面积可适当增加
单、多层民用建筑	一、二级	按本规范第 5.1.1 条确定	2500	
	三级	5 层	1200	
	四级	2 层	600	
地下或半地下建筑（室）	一级	—	500	设备用房的防火分区最大允许建筑面积不应大于 1000m²

注：1 表中规定的防火分区最大允许建筑面积，当建筑内设置自动灭火系统时．可按本表的规定增加 1.0 倍；局部设置时，防火分区的增加面积可按该局部面积的 1.0 倍计算。

　　2 裙房与高层建筑主体之间设置防火墙时．裙房的防火分区可按单、多层建筑的要求确定。

5.3.2 建筑内设置自动扶梯、敞开楼梯等上、下层相连通的开口时，其防火分区的建筑面积应按上、下层相连通的建筑面积叠加计算；当叠加计算后的建筑面积大于本规范第 5.3.1 条的规定时，应划分防火分区。

建筑内设置中庭时，其防火分区的建筑面积应按上、下层相连通的建筑面积叠加计算；当叠加计算后的建筑面积大于本规范第 5.3.1 条的规定时。应符合下列规定：

　　1　与周围连通空间应进行防火分隔：采用防火隔墙时，其耐火极限不应低于 1.00h；采用防火玻璃墙时，其耐火隔热性和耐火完整性不应低于 1.00h，采用耐火完整性不低于 1.00h 的非隔热性防火玻璃墙时，应设置自动喷水灭火系统进行保护；采用防火卷帘时。其耐火极限不应低于 3.00h，并应符合本规范第 6.5.3 条的规定；与中庭相连通的门、窗，应采用火灾时能自行关闭的甲级防火门、窗；

　　2　高层建筑内的中庭回廊应设置自动喷水灭火系统和火灾自动报警系统；

　　3　中庭应设置排烟设施；

　　4　中庭内不应布置可燃物。

5.3.3　防火分区之间应采用防火墙分隔，确有困难时，可采用防火卷帘等防火分隔设施分隔。采用防火卷帘分隔时，应符合本规范第 6.5.3 条的规定。

5.3.4　一、二级耐火等级建筑内的商店营业厅、展览厅，当设置自动灭火系统和火灾自动报警系统并采用不燃或难燃装修材料时，其每个防火分区的最大允许建筑面积应符合下列规定：

　　1　设置在高层建筑内时，不应大于 4000m²；

　　2　设置在单层建筑或仅设置在多层建筑的首层内时。不应大于 10000m²；

　　3　设置在地下或半地下时。不应大于 2000m²。

5.3.5　总建筑面积大于 20000m² 的地下或半地下商店。应采用无门、窗、洞口的防火墙、耐火极限不低于 2.00h 的楼板分隔为多个建筑面积不大于 20000m² 的区域。相邻区域确需局部连通时。应采用下沉式广场等室外开敞空间、防火隔间、避难走道、防烟楼梯间等方式进行连通，并应符合下列规定：

　　1　下沉式广场等室外开敞空间应能防止相邻区域的火灾蔓延和便于安全疏散，并应符合本规范第 6.4.12 条的规定；

　　2　防火隔间的墙应为耐火极限不低于 3.00h 的防火隔墙。并应符合本规范第 6.4.13 条的规定；

　　3　避难走道应符合本规范第 6.4.14 条的规定；

　　4　防烟楼梯间的门应采用甲级防火门。

5.3.6　餐饮、商店等商业设施通过有顶棚的步行街连接，且步行街两侧的建筑需利用步行街进行安全疏散时，应符合下列规定：

　　1　步行街两侧建筑的耐火等级不应低于二级。

　　2　步行街两侧建筑相对面的最近距离均不应小于本规范对相应高度建筑的防火间距要求且不应小于 9m。步行街的端部在各层均不宜封闭，确需封闭时，应在外墙上设置可开启的门窗，且可开启门窗的面积不应小于该部位外墙面积的一半。步行街的长度不宜大于 300m。

　　3　步行街两侧建筑的商铺之间应设置耐火极限不低于 2.00h 的防火隔墙，每间商铺的建筑面

积不宜大于300m²。

4 步行街两侧建筑的商铺，其面向步行街一侧的围护构件的耐火极限不应低于1.00h，并宜采用实体墙，其门、窗应采用乙级防火门、窗；当采用防火玻璃墙（包括门、窗）时，其耐火隔热性和耐火完整性不应低于1.00h；当采用耐火完整性不低于1.00h的非隔热性防火玻璃墙（包括门、窗）时，应设置闭式自动喷水灭火系统进行保护。相邻商铺之间面向步行街一侧应设置宽度不小于1.0m、耐火极限不低于1.00h的实体墙。

当步行街两侧的建筑为多个楼层时，每层面向步行街一侧的商铺均应设置防止火灾竖向蔓延的措施，并应符合本规范第6.2.5条的规定；设置回廊或挑檐时，其出挑宽度不应小于1.2m；步行街两侧的商铺在上部各层需设置回廊和连接天桥时，应保证步行街上部各层楼板的开口面积不应小于步行街地面面积的37%，且开口宜均匀布置。

5 步行街两侧建筑内的疏散楼梯应靠外墙设置并宜直通室外，确有困难时，可在首层直接通至步行街；首层商铺的疏散门可直接通至步行街，步行街内任一点到达最近室外安全地点的步行距离不应大于60m。步行街两侧建筑二层及以上各层商铺的疏散门至该层最近疏散楼梯口或其他安全出口的直线距离不应大于37.5m。

6 步行街的顶棚材料应采用不燃或难燃材料，其承重结构的耐火极限不应低于1.00h。步行街内不应布置可燃物。

7 步行街的顶棚下檐距地面的高度不应小于6.0m，顶棚应设置自然排烟设施并宜采用常开式的排烟口，且自然排烟口的有效面积不应小于步行街地面面积的25%。常闭式自然排烟设施应能在火灾时手动和自动开启。

8 步行街两侧建筑的商铺外应每隔30m设置DN65的消火栓，并应配备消防软管卷盘或消防水龙，商铺内应设置自动喷水灭火系统和火灾自动报警系统；每层回廊均应设置自动喷水灭火系统。步行街内宜设置自动跟踪定位射流灭火系统。

9 步行街两侧建筑的商铺内外均应设置疏散照明、灯光疏散指示标志和消防应急广播系统。

5.4 平面布置

5.4.1 民用建筑的平面布置应结合建筑的耐火等级、火灾危险性、使用功能和安全疏散等因素合理布置。

5.4.2 除为满足民用建筑使用功能所设置的附属库房外。民用建筑内不应设置生产车间和其他库房。

经营、存放和使用甲、乙类火灾危险性物品的商店、作坊和储藏间，严禁附设在民用建筑内。

5.4.3 商店建筑、展览建筑采用三级耐火等级建筑时，不应超过2层；采用四级耐火等级建筑时。应为单层。营业厅、展览厅设置在三级耐火等级的建筑内时，应布置在首层或二层；设置在四级耐火等级的建筑内时，应布置在首层。

营业厅、展览厅不应设置在地下三层及以下楼层。地下或半地下营业厅、展览厅不应经营、储存和展示甲、乙类火灾危险性物品。

5.4.4　托儿所、幼儿园的儿童用房，老年人活动场所和儿童游乐厅等儿童活动场所宜设置在独立的建筑内，且不应设置在地下或半地下；当采用一、二级耐火等级的建筑时，不应超过 3 层；采用三级耐火等级的建筑时，不应超过 2 层；采用四级耐火等级的建筑时，应为单层；确需设置在其他民用建筑内时，应符合下列规定：

　　1　设置在一、二级耐火等级的建筑内时，应布置在首层、二层或三层；

　　2　设置在三级耐火等级的建筑内时，应布置在首层或二层；

　　3　设置在四级耐火等级的建筑内时，应布置在首层；

　　4　设置在高层建筑内时，应设置独立的安全出口和疏散楼梯；

　　5　设置在单、多层建筑内时，宜设置独立的安全出口和疏散楼梯。

5.4.5　医院和疗养院的住院部分不应设置在地下或半地下。

　　医院和疗养院的住院部分采用三级耐火等级建筑时，不应超过 2 层；采用四级耐火等级建筑时，应为单层；设置在三级耐火等级的建筑内时，应布置在首层或二层；设置在四级耐火等级的建筑内时。应布置在首层。

　　医院和疗养院的病房楼内相邻护理单元之间应采用耐火极限不低于 2.00h 的防火隔墙分隔，隔墙上的门应采用乙级防火门。设置在走道上的防火门应采用常开防火门。

5.4.6　教学建筑、食堂、菜市场采用三级耐火等级建筑时，不应超过 2 层；采用四级耐火等级建筑时，应为单层；设置在三级耐火等级的建筑内时，应布置在首层或二层；设置在四级耐火等级的建筑内时，应布置在首层。

5.4.7　剧场、电影院、礼堂宜设置在独立的建筑内；采用二三级耐火等级建筑时，不应超过 2 层；确需设置在其他民用建筑内时，至少应设置 1 个独立的安全出口和疏散楼梯，并应符合下列规定：

　　1　应采用耐火极限不低于 2.00h 的防火隔墙和甲级防火门与其他区域分隔。

　　2　设置在一、二级耐火等级的建筑内时，观众厅宜布置在首层、二层或三层；确需布置在四层及以上楼层时，一个厅、室的疏散门不应少于 2 个，且每个观众厅的建筑面积不宜大于 $400m^2$。

　　3　设置在三级耐火等级的建筑内时，不应布置在三层及以上楼层。

　　4　设置在地下或半地下时，宜设置在地下一层，不应设置在地下三层及以下楼层。

　　5　设置在高层建筑内时，应设置火灾自动报警系统及自动喷水灭火系统等自动灭火系统。

5.4.8　建筑内的会议厅、多功能厅等人员密集的场所，宜布置在首层、二层或三层。设置在三级耐火等级的建筑内时，不应布置在三层及以上楼层。确需布置在一、二级耐火等级建筑的其他楼层时，应符合下列规定：

　　1一个厅、室的疏散门不应少于 2 个，且建筑面积不宜大于 $400m^2$；

　　2　设置在地下或半地下时，宜设置在地下一层，不应设置在地下三层及以下楼层；

　　3　设置在高层建筑内时，应设置火灾自动报警系统和自动喷水灭火系统等自动灭火系统。

5.4.9　歌舞厅、录像厅、夜总会、卡拉 OK 厅（含具有卡拉 OK 功能的餐厅）、游艺厅（含电子游艺厅）、桑拿浴室（不包括洗浴部分）、网吧等歌舞娱乐放映游艺场所（不含剧场、电影院）的布置应符合下列规定：

　　1　不应布置在地下二层及以下楼层；

　　2　宜布置在一、二级耐火等级建筑内的首层、二层或三层的靠外墙部位；

　　3　不宜布置在袋形走道的两侧或尽端；

　　4　确需布置在地下一层时，地下一层的地面与室外出入口地坪的高差不应大于10m；

　　5　确需布置在地下或四层及以上楼层时，一个厅、室的建筑面积不应大于200m²；

　　6　厅、室之间及与建筑的其他部位之间，应采用耐火极限不低于2.00h的防火隔墙和1.00h的不燃性楼板分隔，设置在厅、室墙上的门和该场所与建筑内其他部位相通的门均应采用乙级防火门。

5.4.10　除商业服务网点外，住宅建筑与其他使用功能的建筑合建时，应符合下列规定：

　　1　住宅部分与非住宅部分之间。应采用耐火极限不低于2.00h且无门、窗、洞口的防火隔墙和1.50h的不燃性楼板完全分隔；当为高层建筑时，应采用无门、窗、洞口的防火墙和耐火极限不低于2.00h的不燃性楼板完全分隔。建筑外墙上、下层开口之间的防火措施应符合本规范第6.2.5条的规定。

　　2　住宅部分与非住宅部分的安全出口和疏散楼梯应分别独立设置；为住宅部分服务的地上车库应设置独立的疏散楼梯或安全出口。地下车库的疏散楼梯应按本规范第6.4.4条的规定进行分隔。

　　3　住宅部分和非住宅部分的安全疏散、防火分区和室内消防设施配置，可根据各自的建筑高度分别按照本规范有关住宅建筑和公共建筑的规定执行；该建筑的其他防火设计应根据建筑的总高度和建筑规模按本规范有关公共建筑的规定执行。

5.4.11　设置商业服务网点的住宅建筑，其居住部分与商业服务网点之间应采用耐火极限不低于2.00h且无门、窗、洞口的防火隔墙和1.50h的不燃性楼板完全分隔，住宅部分和商业服务网点部分的安全出口和疏散楼梯应分别独立设置。

　　商业服务网点中每个分隔单元之间应采用耐火极限不低于2.00h且无门、窗、洞口的防火隔墙相互分隔，当每个分隔单元任一层建筑面积大于200m²时。该层应设置2个安全出口或疏散门。每个分隔单元内的任一点至最近直通室外的出口的直线距离不应大于本规范表5.5.17中有关多层其他建筑位于袋形走道两侧或尽端的疏散门至最近安全出口的最大直线距离。

　　注：室内楼梯的距离可按其水平投影长度的1.50倍计算。

5.4.12　燃油或燃气锅炉、油浸变压器、充有可燃油的高压电容器和多油开关等。宜设置在建筑外的专用房间内；确需贴邻民用建筑布置时。应采用防火墙与所贴邻的建筑分隔，且不应贴邻人员密集场所。该专用房间的耐火等级不应低于二级；确需布置在民用建筑内时。不应布置在人员密集场所的上一层、下一层或贴邻，并应符合下列规定：

　　1　燃油或燃气锅炉房、变压器室应设置在首层或地下一层的靠外墙部位，但常（负）压燃油或燃气锅炉可设置在地下二层或屋顶上。设置在屋顶上的常（负）压燃气锅炉。距离通向屋面的安全出口不应小于6m。

采用相对密度（与空气密度的比值）不小于0.75的可燃气体为燃料的锅炉。不得设置在地下或半地下。

2 锅炉房、变压器室的疏散门均应直通室外或安全出口。

3 锅炉房、变压器室等与其他部位之间应采用耐火极限不低于2.00h的防火隔墙和1.50h的不燃性楼板分隔。在隔墙和楼板上不应开设洞口，确需在隔墙上设置门、窗时，应采用甲级防火门、窗。

4 锅炉房内设置储油间时，其总储存量不应大于1m³。且储油间应采用耐火极限不低于3.00h的防火隔墙与锅炉闻分隔；确需在防火隔墙上设置门时，应采用甲级防火门。

5 变压器室之间、变压器室与配电室之间，应设置耐火极限不低于2.00h的防火隔墙。

6 油浸变压器、多油开关室、高压电容器室，应设置防止油品流散的设施。油浸变压器下面应设置能储存变压器全部油量的事故储油设施。

7 应设置火灾报警装置。

8 应设置与锅炉、变压器、电容器和多油开关等的容量及建筑规模相适应的灭火设施。当建筑内其他部位设置自动喷水灭火系统时，应设置自动喷水灭火系统。

9 锅炉的容量应符合现行国家标准《锅炉房设计规范》GB 50041的规定。油浸变压器的总容量不应大于1260kV·A，单台容量不应大于630kV·A。

10 燃气锅炉房应设置爆炸泄压设施。燃油或燃气锅炉房应设置独立的通风系统，并应符合本规范第9章的规定。

5.4.13 布置在民用建筑内的柴油发电机房应符合下列规定：

1 宜布置在首层或地下一、二层。

2 不应布置在人员密集场所的上一层、下一层或贴邻。

3 应采用耐火极限不低于2.00h的防火隔墙和1.50h的不燃性楼板与其他部位分隔。门应采用甲级防火门。

4 机房内设置储油间时，其总储存量不应大于1m³，储油间应采用耐火极限不低于3.00h的防火隔墙与发电机间分隔；确需在防火隔墙上开门时，应设置甲级防火门。

5 应设置火灾报警装置。

6 应设置与柴油发电机容量和建筑规模相适应的灭火设施。当建筑内其他部位设置自动喷水灭火系统时，机房内应设置自动喷水灭火系统。

5.4.14 供建筑内使用的丙类液体燃料，其储罐应布置在建筑外，并应符合下列规定：

1 当总容量不大于15 m³。且直埋于建筑附近、面向油罐一面4.0 m范围内的建筑外墙为防火墙时．储罐与建筑的防火间距不限；

2 当总容量大于15m³时，储罐的布置应符合本规范第4.2 节的规定；

3 当设置中间罐时，中间罐的容量不应大于 $1m^3$，并应设置在一、二级耐火等级的单独房间内，房间门应采用甲级防火门。

5.4.15 设置在建筑内的锅炉、柴油发电机，其燃料供给管道应符合下列规定：

1 在进入建筑物前和设备间内的管道上均应设置自动和手动切断阀：

2 储油间的油箱应密闭且应设置通向室外的通气管。通气管应设置带阻火器的呼吸阀。油箱的下部应设置防止油品流散的设施；

3 燃气供给管道的敷设应符合现行国家标准《城镇燃气设计规范》GB 50028 的规定。

5.4.16 高层民用建筑内使用可燃气体燃料时，应采用管道供气。使用可燃气体的房间或部位宜靠外墙设置，并应符合现行国家标准《城镇燃气设计规范》GB 50028 的规定。

5.4.17 建筑采用瓶装液化石油气瓶组供气时，应符合下列规定：

1 应设置独立的瓶组间；

2 瓶组间不应与住宅建筑、重要公共建筑和其他高层公共建筑贴邻，液化石油气气瓶的总容积不大于 $1m^3$ 的瓶组间与所服务的其他建筑贴邻时，应采用自然气化方式供气；

3 液化石油气气瓶的总容积大于 $1m^3$、不大于 $4m^3$ 的独立瓶组间，与所服务建筑的防火间距应符合本规范表 5.4.17 的规定；

表 5.4.17　液化石油气气瓶的独立瓶组间与所服务建筑的防火间距（m）

名　称		液化石油气气瓶的独立瓶组间的总容积 V（m^3）	
		$V \leqslant 2$	$2 < V \leqslant 4$
明火或散发火花地点		25	30
重要公共建筑、一类高层民用建筑		15	20
裙房和其他民用建筑		8	10
道路（路边）	主要	10	
	次要	5	

注：气瓶总容积应按配置气瓶个数与单瓶几何容积的乘积计算。

4 在瓶组间的总出气管道上应设置紧急事故自动切断阀：

5 瓶组间应设置可燃气体浓度报警装置；

6 其他防火要求应符合现行国家标准《城镇燃气设计规范》GB 50028 的规定。

5.5　安全疏散和避难

I　一般要求

5.5.1 民用建筑应根据其建筑高度、规模、使用功能和耐火等级等因素合理设置安全疏散和避难设施。安全出口和疏散门的位置、数量、宽度及疏散楼梯间的形式，应满足人员安全疏散的要求。

5.5.2 建筑内的安全出口和疏散门应分散布置，且建筑内每个防火分区或一个防火分区的每个楼层、每个住宅单元每层相邻两个安全出口以及每个房间相邻两个疏散门最近边缘之间的水平距离不应小于5m。

5.5.3　建筑的楼梯间宜通至屋面，通向屋面的门或窗应向外开启。

5.5.4　自动扶梯和电梯不应计作安全疏散设施。

5.5.5　除人员密集场所外，建筑面积不大于500m²、使用人数不超过30人且埋深不大于10m的地下或半地下建筑（室），当需要设置2个安全出口时，其中一个安全出口可利用直通室外的金属竖向梯。

除歌舞娱乐放映游艺场所外，防火分区建筑面积不大于200m²的地下或半地下设备间、防火分区建筑面积不大于50m²且经常停留人数不超过15人的其他地下或半地下建筑（室），可设置1个安全出口或1部疏散楼梯。

除本规范另有规定外，建筑面积不大于200m²的地下或半地下设备间、建筑面积不大于50m。且经常停留人数不超过15人的其他地下或半地下房间，可设置1个疏散门。

5.5.6　直通建筑内附设汽车库的电梯，应在汽车库部分设置电梯候梯厅，并应采用耐火极限不低于2.00h的防火隔墙和乙级防火门与汽车库分隔。

5.5.7　高层建筑直通室外的安全出口上方，应设置挑出宽度不小于1.0m的防护挑檐。

Ⅱ　公共建筑

5.5.8　公共建筑内每个防火分区或一个防火分区的每个楼层，其安全出口的数量应经计算确定，且不应少于2个。符合下列条件之一的公共建筑。可设置1个安全出口或1部疏散楼梯：

1　除托儿所、幼儿园外，建筑面积不大于200m²且人数不超过50人的单层公共建筑或多层公共建筑的首层：

2　除医疗建筑。老年人建筑，托儿所、幼儿园的儿童用房。儿童游乐厅等儿童活动场所和歌舞娱乐放映游艺场所等外，符合表5.5.8规定的公共建筑。

表5.5.8　可设置1部疏散楼梯的公共建筑

耐火等级	最多层数	每层最大建筑面积（m²）	人　数
一、二级	3层	200	第二、三层的人数之和不超过50人
三级	3层	200	第二、三层的人数之和不超过25人
四级	2层	200	第二层人数不超过15人

5.5.9　一、二级耐火等级公共建筑内的安全出口全部直通室外确有困难的防火分区，可利用通向相邻防火分区的甲级防火门作为安全出口，但应符合下列要求：

1　利用通向相邻防火分区的甲级防火门作为安全出口时，应采用防火墙与相邻防火分区进行分隔；

2　建筑面积大于1000m²的防火分区，直通室外的安全出口不应少于2个；建筑面积不大于1000m²的防火分区，直通室外的安全出口不应少于1个；

3 该防火分区通向相邻防火分区的疏散净宽度不应大于其按本规范第5.5.21条规定计算所需疏散总净宽度的30%。建筑各层直通室外的安全出口总净宽度不应小于按照本规范第5.5.21条规定计算所需疏散总净宽度。

5.5.10 高层公共建筑的疏散楼梯，当分散设置确有困难且从任一疏散门至最近疏散楼梯间人口的距离不大于10m时，可采用剪刀楼梯间，但应符合下列规定：

1 楼梯间应为防烟楼梯间；

2 梯段之间应设置耐火极限不低于1.00h的防火隔墙；

3 楼梯间的前室应分别设置。

5.5.11 设置不少于2部疏散楼梯的一、二级耐火等级多层公共建筑，如顶层局部升高，当高出部分的层数不超过2层、人数之和不超过50人且每层建筑面积不大于200m²时，高出部分可设置1部疏散楼梯，但至少应另外设置1个直通建筑主体上人平屋面的安全出口，且上人屋面应符合人员安全疏散的要求。

5.5.12 一类高层公共建筑和建筑高度大于32m的二类高层公共建筑。其疏散楼梯应采用防烟楼梯间。

裙房和建筑高度不大于32m的二类高层公共建筑，其疏散楼梯应采用封闭楼梯间。

注：当裙房与高层建筑主体之间设置防火墙时．裙房的疏散楼梯可按本规范有关单、多层建筑的要求确定。

5.5.13 下列多层公共建筑的疏散楼梯。除与敞开式外廊直接相连的楼梯间外，均应采用封闭楼梯间：

1 医疗建筑、旅馆、老年人建筑及类似使用功能的建筑；

2 设置歌舞娱乐放映游艺场所的建筑；

3 商店、图书馆、展览建筑、会议中心及类似使用功能的建筑：

4 6层及以上的其他建筑。

5.5.14 公共建筑内的客、货电梯宜设置电梯候梯厅，不宜直接设置在营业厅、展览厅、多功能厅等场所内。

5.5.15 公共建筑内房间的疏散门数量应经计算确定且不应少于2个。除托儿所、幼儿园、老年人建筑、医疗建筑、教学建筑内位于走道尽端的房间外。符合下列条件之一的房间可设置1个疏散门：

1 位于两个安全出口之间或袋形走道两侧的房间，对于托儿所、幼儿园、老年人建筑，建筑面积不大于50m²；对于医疗建筑、教学建筑，建筑面积不大于75m²；对于其他建筑或场所。建筑面积不大于120m²。

2 位于走道尽端的房间。建筑面积小于50m²且疏散门的净宽度不小于0.90m。或由房间内任一点至疏散门的直线距离不大于15m、建筑面积不大于200m²且疏散门的净宽度不小于1.40m。

3 歌舞娱乐放映游艺场所内建筑面积不大于50m²且经常停留人数不超过15人的厅、室。

5.5.16 剧场、电影院、礼堂和体育馆的观众厅或多功能厅，其疏散门的数量应经计算确定且不应少于2个，并应符合下列规定：

1 对于剧场、电影院、礼堂的观众厅或多功能厅，每个疏散门的平均疏散人数不应超过250人；当容纳人数超过2000人时，其超过2000人的部分。每个疏散门的平均疏散人数不应超过400人。

2 对于体育馆的观众厅，每个疏散门的平均疏散人数不宜超过400人~700人。

5.5.17 公共建筑的安全疏散距离应符合下列规定：

1 直通疏散走道的房间疏散门至最近安全出口的直线距离不应大于表5.5.17的规定。

表5.5.17 直通疏散走道的房间疏散门至最近安全出口的直线距离（m）

名称			位于两个安全出口之间的疏散门			位于袋形走道两侧或尽端的疏散门		
			一、二级	三级	四级	一、二级	三级	四级
托儿所、幼儿园老年人建筑			25	20	15	20	15	10
歌舞娱乐放映游艺场所			25	20	15	9	—	—
医疗建筑	单、多层		35	30	25	20	1S	10
	高层	病房部分	24	—	—	12	—	—
		其他部分	30	—	—	15	—	—
教学建筑	单、多层		35	30	25	22	20	10
	高层		30	—	—	15	—	—
高层旅馆、展览建筑			30	—	—	15	—	—
其他建筑	单、多层		40	35	25	22	20	15
	高层		40	—	—	20	—	—

注：1 建筑内开向敞开式外廊的房间疏散门至最近安全出口的直线距离可按本表的规定增加5m。

2 直通疏散走道的房间疏散门至最近敞开楼梯间的直线距离，当房间位于两个楼梯间之间时。应按本表的规定减少5m；当房间位于袋形走道两侧或尽端时。应按本表的规定减少2m。

3 建筑物内全部设置自动喷水灭火系统时．其安全疏散距离可按本表的规定增加25%。

2 楼梯间应在首层直通室外。确有困难时。可在首层采用扩大的封闭楼梯间或防烟楼梯间前室。当层数不超过4层且未采用扩大的封闭楼梯间或防烟楼梯间前室时，可将直通室外的门设置在离楼梯间不大于15m处。

3 房间内任一点至房间直通疏散走道的疏散门的直线距离，不应大于表5.5.17规定的袋形走道两侧或尽端的疏散门至最近安全出口的直线距离。

4 一、二级耐火等级建筑内疏散门或安全出口不少于2个的观众厅、展览厅、多功能厅、餐厅、营业厅等，其室内任一点至最近疏散门或安全出口的直线距离不应大于30m；当疏散门不能直通室外地面或疏散楼梯间时，应采用长度不大于10m的疏散走道通至最近的安全出口。当该场所设置自动喷水灭火系统时，室内任一点至最近安全出口的安全疏散距离可分别增加25%。

5.5.18 除本规范另有规定外，公共建筑内疏散门和安全出口的净宽度不应小于0.90m。疏散走道和疏散楼梯的净宽度不应小于1.10m。

高层公共建筑内楼梯间的首层疏散门、首层疏散外门、疏散走道和疏散楼梯的最小净宽度应符合表5.5.18的规定。

表5.5.18 高层公共建筑内楼梯间的首层疏散门、首层疏散外门、疏散走道和疏散楼梯的最小净宽度（m）

建筑类别	楼梯间的首层疏散门、首层疏散外门	走道		疏散楼梯
		单面布房	双面布房	
高层医疗建筑	1.30	1.40	1.50	1.30
其他高层公共建筑	1.20	1.30	1.40	1.20

5.5.19 人员密集的公共场所、观众厅的疏散门不应设置门槛，其净宽度不应小于1.40m，且紧靠门口内外各1.40m范围内不应设置踏步。

人员密集的公共场所的室外疏散通道的净宽度不应小于3.00m，并应直接通向宽敞地带。

5.5.20 剧场、电影院、礼堂、体育馆等场所的疏散走道、疏散楼梯、疏散门、安全出口的各自总净宽度，应符合下列规定：

1 观众厅内疏散走道的净宽度应按每100人不小于0.60m计算，且不应小于1.00m；边走道的净宽度不宜小于0.80m。

布置疏散走道时，横走道之间的座位排数不宜超过20排；纵走道之间的座位数：剧场、电影院、礼堂等，每排不宜超过22个；体育馆，每排不宜超过26个；前后排座椅的排距不小于0.90m时，可增加1.0倍，但不得超过50个；仅一侧有纵走道时，座位数应减少一半。

2 剧场、电影院、礼堂等场所供观众疏散的所有内门、外门、楼梯和走道的各自总净宽度，应根据疏散人数按每100人的最小疏散净宽度不小于表5.5.20-1的规定计算确定。

表5.5.20-1 剧场、电影院、礼堂等场所每100人所需最小疏散净宽度（m/百人）

观众厅座位数（座）			≤2500	≤1200
耐火等级			一、二级	三级
疏散部位	门和走道	平坡地面	0.65	0.85
		阶梯地面	0.75	1.00
	楼梯		0.75	1.00

3 体育馆供观众疏散的所有内门、外门、楼梯和走道的各自总净宽度，应根据疏散人数按每100人的最小疏散净宽度不小于表5.5.20-2的规定计算确定。

表5.5.20－2　体育馆每100人所需最小疏散净宽度（m／百人）

观众厅座位数范围（座）			3000～5000	5001～10000	10001～20000
疏散部位	门和走道	平坡地面	0.43	0.37	0.32
		阶梯地面	0.50	0.43	0.37
	楼梯		0.50	0.43	0.37

注：本表中对应较大座位数范围按规定计算的疏散总净宽度，不应小于对应相邻较小座位数范围按其最多座位数计算的疏散总净宽度。对于观众厅座位数少于3000个的体育馆，计算供观众疏散的所有内门、外门、楼梯和走道的各自总净宽度时，每100人的最小疏散净宽度不应小于表5.5.20－1的规定。

　　4　有等场需要的入场门不应作为观众厅的疏散门。

5.5.21　除剧场、电影院、礼堂、体育馆外的其他公共建筑，其房间疏散门、安全出口、疏散走道和疏散楼梯的各自总净宽度，应符合下列规定：

　　1　每层的房间疏散门、安全出口、疏散走道和疏散楼梯的各自总净宽度。应根据疏散人数按每100人的最小疏散净宽度不小于表5.5.21－1的规定计算确定。当每层疏散人数不等时。疏散楼梯的总净宽度可分层计算，地上建筑内下层楼梯的总净宽度应按该层及以上疏散人数最多一层的人数计算；地下建筑内上层楼梯的总净宽度应按该层及以下疏散人数最多一层的人数计算。

表5.5.21－1　每层的房间疏散门、安全出口、疏散走道和疏散楼梯的每100人最小疏散净宽度（m／百人）

建筑层数		建筑的耐火等级		
		一、二级	三级	四级
地上楼层	1～2层	0.65	0.75	1.00
	3层	0.75	1.00	—
	≥4层	1.00	1.25	—
地下楼层	与地面出入口地面的高差 $\Delta H \leqslant 10m$	0.75	—	—
	与地面出入口地面的高差 $\Delta H > 10m$	1.00	—	—

　　2　地下或半地下人员密集的厅、室和歌舞娱乐放映游艺场所，其房间疏散门、安全出口、疏散走道和疏散楼梯的各自总净宽度，应根据疏散人数按每100人不小于1.00m计算确定。

　　3　首层外门的总净宽度应按该建筑疏散人数最多一层的人数计算确定，不供其他楼层人员疏散的外门。可按本层的疏散人数计算确定。

　　4　歌舞娱乐放映游艺场所中录像厅的疏散人数。应根据厅、室的建筑面积按不小于1.0人／m² 计算；其他歌舞娱乐放映游艺场所的疏散人数。应根据厅、室的建筑面积按不小于0.5人／m² 计算。

　　5　有固定座位的场所，其疏散人数可按实际座位数的1.1倍计算。

　　6　展览厅的疏散人数应根据展览厅的建筑面积和人员密度计算，展览厅内的人员密度不宜小于0.75人／m²。

7 商店的疏散人数应按每层营业厅的建筑面积乘以表 5.5.21-2 规定的人员密度计算。对于建材商店、家具和灯饰展示建筑，其人员密度可按表 5.5.21-2 规定值的 30% 确定。

表 5.5.21-2 商店营业厅内的人员密度（人/m²）

楼层位置	地下第二层	地下第一层	地上第一、二层	地上第三层	地上第四层及以上各层
人员密度	0.56	0.60	0.43~0.60	0.39~0.54	0.30~0.42

5.5.22 人员密集的公共建筑不宜在窗口、阳台等部位设置封闭的金属栅栏，确需设置时，应能从内部易于开启；窗口、阳台等部位宜根据其高度设置适用的辅助疏散逃生设施。

5.5.23 建筑高度大于 100m 的公共建筑，应设置避难层（间）。避难层（间）应符合下列规定：

1 第一个避难层（间）的楼地面至灭火救援场地地面的高度不应大于 50m，两个避难层（间）之间的高度不宜大于 50m。

2 通向避难层（间）的疏散楼梯应在避难层分隔、同层错位或上下层断开。

3 避难层（间）的净面积应能满足设计避难人数避难的要求，并宜按 5.0 人/m² 计算。

4 避难层可兼作设备层。设备管道宜集中布置，其中的易燃、可燃液体或气体管道应集中布置。设备管道区应采用耐火极限不低于 3.00h 的防火隔墙与避难区分隔。管道井和设备间应采用耐火极限不低于 2.00h 的防火隔墙与避难区分隔。管道井和设备间的门不应直接开向避难区：确需直接开向避难区时，与避难层区出入口的距离不应小于 5m，且应采用甲级防火门。

避难间内不应设置易燃、可燃液体或气体管道，不应开设除外窗、疏散门之外的其他开口。

5 避难层应设置消防电梯出口。

6 应设置消火栓和消防软管卷盘。

7 应设置消防专线电话和应急广播。

8 在避难层（间）进入楼梯间的入口处和疏散楼梯通向避难层（间）的出口处，应设置明显的指示标志。

9 应设置直接对外的可开启窗口或独立的机械防烟设施，外窗应采用乙级防火窗。

5.5.24 高层病房楼应在二层及以上的病房楼层和洁净手术部设置避难间。避难间应符合下列规定：

1 避难间服务的护理单元不应超过 2 个。其净面积应按每个护理单元不小于 25.0m² 确定。

2 避难间兼作其他用途时，应保证人员的避难安全，且不得减少可供避难的净面积。

3 应靠近楼梯间。并应采用耐火极限不低于 2.00h 的防火隔墙和甲级防火门与其他部位分隔。

4 应设置消防专线电话和消防应急广播。

5 避难间的入口处应设置明显的指示标志。

6 应设置直接对外的可开启窗口或独立的机械防烟设施，外窗应采用乙级防火窗。

Ⅲ 住宅建筑

5.5.25 住宅建筑安全出口的设置应符合下列规定：

202

1　建筑高度不大于27m的建筑。当每个单元任一层的建筑面积大于650m²。或任一户门至最近安全出口的距离大于15m时，每个单元每层的安全出口不应少于2个；

2　建筑高度大于27m、不大于54m的建筑，当每个单元任一层的建筑面积大于650m²，或任一户门至最近安全出口的距离大于10m时，每个单元每层的安全出口不应少于2个；

3　建筑高度大于54m的建筑。每个单元每层的安全出口不应少于2个。

5.5.26　建筑高度大于27m。但不大于54m的住宅建筑。每个单元设置一座疏散楼梯时。疏散楼梯应通至屋面，且单元之间的疏散楼梯应能通过屋面连通。户门应采用乙级防火门。当不能通至屋面或不能通过屋面连通时，应设置2个安全出口。

5.5.27　住宅建筑的疏散楼梯设置应符合下列规定：

1　建筑高度不大于21m的住宅建筑可采用敞开楼梯间；与电梯井相邻布置的疏散楼梯应采用封闭楼梯间，当户门采用乙级防火门时，仍可采用敞开楼梯间。

2　建筑高度大于21m、不大于33m的住宅建筑应采用封闭楼梯间；当户门采用乙级防火门时，可采用敞开楼梯间。

3　建筑高度大于33m的住宅建筑应采用防烟楼梯间。户门不宜直接开向前室，确有困难时，每层开向同一前室的户门不应大于3樘且应采用乙级防火门。

5.5.28　住宅单元的疏散楼梯，当分散设置确有困难且任一户门至最近疏散楼梯间入口的距离不大于10m时，可采用剪刀楼梯间，但应符合下列规定：

1　应采用防烟楼梯间。

2　梯段之间应设置耐火极限不低于1.00h的防火隔墙。

3　楼梯间的前室不宜共用；共用时，前室的使用面积不应小于6.0m²。

4　楼梯间的前室或共用前室不宜与消防电梯的前室合用；楼梯间的共用前室与消防电梯的前室合用时，合用前室的使用面积不应小于12.0m²，且短边不应小于2.4m。

5.5.29　住宅建筑的安全疏散距离应符合下列规定：

1　直通疏散走道的户门至最近安全出口的直线距离不应大于表5.5.29的规定。

表5.5.29　住宅建筑直通疏散走道的户门至最近安全出口的直线距离 Im)

住宅建筑类别	位于两个安全出口之间的户门			位于袋形走道两侧或尽端的户门		
	一、二级	三级	四级	一、二级	三级	四级
单、多层	40	35	25	22	20	15
高层	40	—	—	20	—	—

注：1　开向敞开式外廊的户门至最近安全出口的最大直线距离可按本表的规定增加5m。

2　直通疏散走道的户门至最近敞开楼梯间的直线距离。当户门位于两个楼梯间之间时。应按本表的规定减少5m；当户门位于袋形走道两侧或尽端时。应按本表的规定减少2m。

3　住宅建筑内全部设置自动喷水灭火系统时。其安全疏散距离可按本表的规定增加25%。

4　跃廊式住宅的户门至最近安全出口的距离。应从户门算起。小楼梯的一段距离可按其水平投影长度的1.50

倍计算。

 2 楼梯间应在首层直通室外，或在首层采用扩大的封闭楼梯间或防烟楼梯间前室。层数不超过4层时，可将直通室外的门设置在离楼梯间不大于15m处。

 3 户内任一点至直通疏散走道的户门的直线距离不应大于表5.5.29规定的袋形走道两侧或尽端的疏散门至最近安全出口的最大直线距离。

 注：跃层式住宅．户内楼梯的距离可按其梯段水平投影长度的1.50倍计算。

5.5.30 住宅建筑的户门、安全出口、疏散走道和疏散楼梯的各自总净宽度应经计算确定。且户门和安全出口的净宽度不应小于0.90m，疏散走道、疏散楼梯和首层疏散外门的净宽度不应小于1.10m。建筑高度不大于18m的住宅中一边设置栏杆的疏散楼梯。其净宽度不应小于1.0m。

5.5.31 建筑高度大于100m的住宅建筑应设置避难层。避难层的设置应符合本规范第5.5.23条有关避难层的要求。

5.5.32 建筑高度大于54m的住宅建筑，每户应有一间房间符合下列规定：

 1 应靠外墙设置，并应设置可开启外窗；

 2 内、外墙体的耐火极限不应低于1.00h，该房间的门宜采用乙级防火门，外窗的耐火完整性不宜低于1.00h。

6 建筑构造

6.1 防火墙

6.1.1 防火墙应直接设置在建筑的基础或框架、梁等承重结构上，框架、梁等承重结构的耐火极限不应低于防火墙的耐火极限。

 防火墙应从楼地面基层隔断至梁、楼板或屋面板的底面基层。当高层厂房（仓库）屋顶承重结构和屋面板的耐火极限低于1.00h，其他建筑屋顶承重结构和屋面板的耐火极限低于0.50h时，防火墙应高出屋面0.5m以上。

6.1.2 防火墙横截面中心线水平距离天窗端面小于4.0m，且天窗端面为可燃性墙体时。应采取防止火势蔓延的措施。

6.1.3 建筑外墙为难燃性或可燃性墙体时，防火墙应凸出墙的外表面0.4m以上，且防火墙两侧的外墙均应为宽度均不小于2.0m的不燃性墙体，其耐火极限不应低于外墙的耐火极限。

 建筑外墙为不燃性墙体时，防火墙可不凸出墙的外表面，紧靠防火墙两侧的门、窗、洞口之间最近边缘的水平距离不应小于2.0m；采取设置乙级防火窗等防止火灾水平蔓延的措施时，该距离不限。

6.1.4 建筑内的防火墙不宜设置在转角处，确需设置时，内转角两侧墙上的门、窗、洞口之间最近边缘的水平距离不应小于4.0m；采取设置乙级防火窗等防止火灾水平蔓延的措施时，该距离不限。

6.1.5　防火墙上不应开设门、窗、洞口。确需开设时。应设置不可开启或火灾时能自动关闭的甲级防火门、窗。

可燃气体和甲、乙、丙类液体的管道严禁穿过防火墙。防火墙内不应设置排气道。

6.1.6　除本规范第6.1.5条规定外的其他管道不宜穿过防火墙，确需穿过时，应采用防火封堵材料将墙与管道之间的空隙紧密填实，穿过防火墙处的管道保温材料，应采用不燃材料；当管道为难燃及可燃材料时，应在防火墙两侧的管道上采取防火措施。

6.1.7　防火墙的构造应能在防火墙任意一侧的屋架、梁、楼板等受到火灾的影响而破坏时，不会导致防火墙倒塌。

6.2　建筑构件和管道井

6.2.1　剧场等建筑的舞台与观众厅之间的隔墙应采用耐火极限不低于3.00h的防火隔墙。

舞台上部与观众厅闷顶之间的隔墙可采用耐火极限不低于1.50h的防火隔墙，隔墙上的门应采用乙级防火门。

舞台下部的灯光操作室和可燃物储藏室应采用耐火极限不低于2.00h的防火隔墙与其他部位分隔。

电影放映室、卷片室应采用耐火极限不低于1.50h的防火隔墙与其他部位分隔，观察孔和放映孔应采取防火分隔措施。

6.2.2　医疗建筑内的手术室或手术部、产房、重症监护室、贵重精密医疗装备用房、储藏间、实验室、胶片室等，附设在建筑内的托儿所、幼儿园的儿童用房和儿童游乐厅等儿童活动场所、老年人活动场所。应采用耐火极限不低于2.00h的防火隔墙和1.00h的楼板与其他场所或部位分隔，墙上必须设置的门、窗应采用乙级防火门、窗。

6.2.3　建筑内的下列部位应采用耐火极限不低于2.00h的防火隔墙与其他部位分隔，墙上的门、窗应采用乙级防火门、窗，确有困难时，可采用防火卷帘，但应符合本规范第6.5.3条的规定：

　　1　甲、乙类生产部位和建筑内使用丙类液体的部位；

　　2　厂房内有明火和高温的部位；

　　3　甲、乙、丙类厂房（仓库）内布置有不同火灾危险性类别的房间；

　　4　民用建筑内的附属库房，剧场后台的辅助用房；

　　5　除居住建筑中套内的厨房外，宿舍、公寓建筑中的公共厨房和其他建筑中的厨房；

　　6　附设在住宅建筑内的机动车库。

6.2.4　建筑内的防火隔墙应从楼地面基层隔断至梁、楼板或屋面板的底面基层。住宅分户墙和单元之间的墙应隔断至梁、楼板或屋面板的底面基层。屋面板的耐火极限不应低于0.50h。

6.2.5　除本规范另有规定外。建筑外墙上、下层开口之间应设置高度不小于1.2m的实体墙或挑出宽度不小于1.0m、长度不小于开口宽度的防火挑檐；当室内设置自动喷水灭火系统时。上、下层开口之间的实体墙高度不应小于0.8m。当上、下层开口之间设置实体墙确有困难时。可设置防火玻璃墙，但高层建筑的防火玻璃墙的耐火完整性不应低于1.00h，多层建筑的防火玻璃墙的耐火完整性不应低于0.50h。外窗的耐火完整性不应低于防火玻璃墙的耐火完整性要求。

住宅建筑外墙上相邻户开口之间的墙体宽度不应小于1.0m；小于1.0m时，应在开口之间设置突出外墙不小于0.6m的隔板。

实体墙、防火挑檐和隔板的耐火极限和燃烧性能。均不应低于相应耐火等级建筑外墙的要求。

6.2.6 建筑幕墙应在每层楼板外沿处采取符合本规范第6.2.5条规定的防火措施，幕墙与每层楼板、隔墙处的缝隙应采用防火封堵材料封堵。

6.2.7 附设在建筑内的消防控制室、灭火设备室、消防水泵房和通风空气调节机房、变配电室等，应采用耐火极限不低于2.00h的防火隔墙和1.50h的楼板与其他部位分隔。

设置在丁、戊类厂房内的通风机房，应采用耐火极限不低于1.00h的防火隔墙和0.50h的楼板与其他部位分隔。

通风、空气调节机房和变配电室开向建筑内的门应采用甲级防火门，消防控制室和其他设备房开向建筑内的门应采用乙级防火门。

6.2.8 冷库、低温环境生产场所采用泡沫塑料等可燃材料作墙体内的绝热层时，宜采用不燃绝热材料在每层楼板处做水平防火分隔。防火分隔部位的耐火极限不应低于楼板的耐火极限。冷库阁楼层和墙体的可燃绝热层宜采用不燃性墙体分隔。

冷库、低温环境生产场所采用泡沫塑料作内绝热层时，绝热层的燃烧性能不应低于B_1级，且绝热层的表面应采用不燃材料做防护层。

冷库的库房与加工车间贴邻建造时，应采用防火墙分隔，当确需开设相互连通的开口时，应采取防火隔间等措施进行分隔，隔间两侧的门应为甲级防火门。当冷库的氨压缩机房与加工车间贴邻时，应采用不开门窗洞口的防火墙分隔。

6.2.9 建筑内的电梯井等竖井应符合下列规定：

1 电梯井应独立设置，井内严禁敷设可燃气体和甲、乙、丙类液体管道，不应敷设与电梯无关的电缆、电线等。电梯井的井壁除设置电梯门、安全逃生门和通气孔洞外，不应设置其他开口。

2 电缆井、管道井、排烟道、排气道、垃圾道等竖向井道。应分别独立设置。井壁的耐火极限不应低于1.00h。井壁上的检查门应采用丙级防火门。

3 建筑内的电缆井、管道井应在每层楼板处采用不低于楼板耐火极限的不燃材料或防火封堵材料封堵。

建筑内的电缆井、管道井与房间、走道等相连通的孔隙应采用防火封堵材料封堵。

4 建筑内的垃圾道宜靠外墙设置，垃圾道的排气口应直接开向室外，垃圾斗应采用不燃材料制作，并应能自行关闭。

5 电梯层门的耐火极限不应低于1.00h，并应符合现行国家标准《电梯层门耐火试验 完整性、隔热性和热通量测定法》GB/T 27903规定的完整性和隔热性要求。

6.2.10　户外电致发光广告牌不应直接设置在有可燃、难燃材料的墙体上。

户外广告牌的设置不应遮挡建筑的外窗，不应影响外部灭火救援行动。

6.3　屋顶、闷顶和建筑缝隙

6.3.1　在三、四级耐火等级建筑的闷顶内采用可燃材料作绝热层时，屋顶不应采用冷摊瓦。

闷顶内的非金属烟囱周围0.5m、金属烟囱0.7m范围内，应采用不燃材料作绝热层。

6.3.2　层数超过2层的三级耐火等级建筑内的闷顶，应在每个防火隔断范围内设置老虎窗，且老虎窗的间距不宜大于50m。

6.3.3　内有可燃物的闷顶，应在每个防火隔断范围内设置净宽度和净高度均不小于0.7m的闷顶人口；对于公共建筑，每个防火隔断范围内的闷顶入口不宜少于2个。闷顶入口宜布置在走廊中靠近楼梯间的部位。

6.3.4　变形缝内的填充材料和变形缝的构造基层应采用不燃材料。

电线、电缆、可燃气体和甲、乙、丙类液体的管道不宜穿过建筑内的变形缝，确需穿过时，应在穿过处加设不燃材料制作的套管或采取其他防变形措施，并应采用防火封堵材料封堵。

6.3.5　防烟、排烟、供暖、通风和空气调节系统中的管道及建筑内的其他管道。在穿越防火隔墙、楼板和防火墙处的孔隙应采用防火封堵材料封堵。

风管穿过防火隔墙、楼板和防火墙时。穿越处风管上的防火阀、排烟防火阀两侧各2.0m范围内的风管应采用耐火风管或风管外壁应采取防火保护措施，且耐火极限不应低于该防火分隔体的耐火极限。

6.3.6　建筑内受高温或火焰作用易变形的管道，在贯穿楼板部位和穿越防火隔墙的两侧宜采取阻火措施。

6.3.7　建筑屋顶上的开口与邻近建筑或设施之间，应采取防止火灾蔓延的措施。

6.4　疏散楼梯间和疏散楼梯等

6.4.1　疏散楼梯间应符合下列规定：

1　楼梯间应能天然采光和自然通风，并宜靠外墙设置。靠外墙设置时，楼梯间、前室及合用前室外墙上的窗口与两侧门、窗、洞口最近边缘的水平距离不应小于1.0m。

2　楼梯间内不应设置烧水间、可燃材料储藏室、垃圾道。

3　楼梯间内不应有影响疏散的凸出物或其他障碍物。

4　封闭楼梯间、防烟楼梯间及其前室，不应设置卷帘。

5　楼梯间内不应设置甲、乙、丙类液体管道。

6　封闭楼梯间、防烟楼梯间及其前室内禁止穿过或设置可燃气体管道。敞开楼梯间内不应设置可燃气体管道，当住宅建筑的敞开楼梯间内确需设置可燃气体管道和可燃气体计量表时。应采用金属管和设置切断气源的阀门。

6.4.2 封闭楼梯间除应符合本规范第 6.4.1 条的规定外，尚应符合下列规定：

1 不能自然通风或自然通风不能满足要求时，应设置机械加压送风系统或采用防烟楼梯间。

2 除楼梯间的出入口和外窗外，楼梯间的墙上不应开设其他门、窗、洞口。

3 高层建筑、人员密集的公共建筑、人员密集的多层丙类厂房、甲、乙类厂房。其封闭楼梯间的门应采用乙级防火门，并应向疏散方向开启；其他建筑，可采用双向弹簧门。

4 楼梯间的首层可将走道和门厅等包括在楼梯间内形成扩大的封闭楼梯间。但应采用乙级防火门等与其他走道和房间分隔。

6.4.3 防烟楼梯间除应符合本规范第 6.4.1 条的规定外，尚应符合下列规定：

1 应设置防烟设施。

2 前室可与消防电梯间前室合用。

3 前室的使用面积：公共建筑、高层厂房（仓库），不应小于 6.0m²；住宅建筑，不应小于 4.5m²。

与消防电梯间前室合用时，合用前室的使用面积：公共建筑、高层厂房（仓库），不应小于 10.0m²；住宅建筑，不应小于 6.0m²。

4 疏散走道通向前室以及前室通向楼梯间的门应采用乙级防火门。

5 除住宅建筑的楼梯间前室外，防烟楼梯间和前室内的墙上不应开设除疏散门和送风口外的其他门、窗、洞口。

6 楼梯间的首层可将走道和门厅等包括在楼梯间前室内形成扩大的前室，但应采用乙级防火门等与其他走道和房间分隔。

6.4.4 除通向避难层错位的疏散楼梯外，建筑内的疏散楼梯间在各层的平面位置不应改变。

除住宅建筑套内的自用楼梯外，地下或半地下建筑（室）的疏散楼梯间。应符合下列规定：

1 室内地面与室外出入口地坪高差大于 10m 或 3 层及以上的地下、半地下建筑（室），其疏散楼梯应采用防烟楼梯间：其他地下或半地下建筑（室），其疏散楼梯应采用封闭楼梯间。

2 应在首层采用耐火极限不低于 2.00h 的防火隔墙与其他部位分隔并应直通室外，确需在隔墙上开门时，应采用乙级防火门。

3 建筑的地下或半地下部分与地上部分不应共用楼梯间。确需共用楼梯间时，应在首层采用耐火极限不低于 2.00h 的防火隔墙和乙级防火门将地下或半地下部分与地上部分的连通部位完全分隔，并应设置明显的标志。

6.4.5 室外疏散楼梯应符合下列规定：

1 栏杆扶手的高度不应小于 1.10m。楼梯的净宽度不应小于 0.90m。

2 倾斜角度不应大于 45°。

3 梯段和平台均应采用不燃材料制作。平台的耐火极限不应低于 1.00h，梯段的耐火极限不应低于 0.25h。

4 通向室外楼梯的门应采用乙级防火门，并应向外开启。

5 除疏散门外，楼梯周围 2m 内的墙面上不应设置门、窗、洞口。疏散门不应正对梯段。

6.4.6 用作丁、戊类厂房内第二安全出口的楼梯可采用金属梯，但其净宽度不应小于 0.90m，倾斜角度不应大于 45°。

丁、戊类高层厂房，当每层工作平台上的人数不超过 2 人且各层工作平台上同时工作的人数总和不超过 10 人时，其疏散楼梯可采用敞开楼梯或利用净宽度不小于 0.90m、倾斜角度不大于 60°的金属梯。

6.4.7 疏散用楼梯和疏散通道上的阶梯不宜采用螺旋楼梯和扇形踏步；确需采用时，踏步上、下两级所形成的平面角度不应大于 10°，且每级离扶手 250mm 处的踏步深度不应小于 220mm。

6.4.8 建筑内的公共疏散楼梯，其两梯段及扶手间的水平净距不宜小于 150mm。

6.4.9 高度大于 10m 的三级耐火等级建筑应设置通至屋顶的室外消防梯。室外消防梯不应面对老虎窗，宽度不应小于 0.6m，且宜从离地面 3.0m 高处设置。

6.4.10 疏散走道在防火分区处应设置常开甲级防火门。

6.4.11 建筑内的疏散门应符合下列规定：

1 民用建筑和厂房的疏散门，应采用向疏散方向开启的平开门。不应采用推拉门、卷帘门、吊门、转门和折叠门。除甲、乙类生产车间外，人数不超过 60 人且每樘门的平均疏散人数不超过 30 人的房间，其疏散门的开启方向不限。

2 仓库的疏散门应采用向疏散方向开启的平开门，但丙、丁、戊类仓库首层靠墙的外侧可采用推拉门或卷帘门。

3 开向疏散楼梯或疏散楼梯间的门，当其完全开启时，不应减少楼梯平台的有效宽度。

4 人员密集场所内平时需要控制人员随意出入的疏散门和设置门禁系统的住宅、宿舍、公寓建筑的外门。应保证火灾时不需使用钥匙等任何工具即能从内部易于打开，并应在显著位置设置具有使用提示的标识。

6.4.12 用于防火分隔的下沉式广场等室外开敞空间，应符合下列规定：

1 分隔后的不同区域通向下沉式广场等室外开敞空间的开口最近边缘之间的水平距离不应小于 13m。室外开敞空间除用于人员疏散外不得用于其他商业或可能导致火灾蔓延的用途，其中用于疏散的净面积不应小于 $169m^2$。

2 下沉式广场等室外开敞空间内应设置不少于 1 部直通地面的疏散楼梯。当连接下沉广场的防火分区需利用下沉广场进行疏散时，疏散楼梯的总净宽度不应小于任一防火分区通向室外开敞空间的设计疏散总净宽度。

3 确需设置防风雨篷时，防风雨篷不应完全封闭，四周开口部位应均匀布置，开口的面积不应小于该空间地面面积的 25%，开口高度不应小于 1.0m；开口设置百叶时，百叶的有效排烟面积可按百叶通风口面积的 60% 计算。

6.4.13 防火隔间的设置应符合下列规定：

1 防火隔间的建筑面积不应小于 $6.0m^2$；

2 防火隔间的门应采用甲级防火门；

3 不同防火分区通向防火隔间的门不应计入安全出口，门的最小间距不应小于 4m；

4 防火隔间内部装修材料的燃烧性能应为 A 级；

5 不应用于除人员通行外的其他用途。

6.4.14 避难走道的设置应符合下列规定：

1 避难走道防火隔墙的耐火极限不应低于 3.00h，楼板的耐火极限不应低于 1.50h。

2 避难走道直通地面的出口不应少于 2 个，并应设置在不同方向；当避难走道仅与一个防火分区相通且该防火分区至少有 1 个直通室外的安全出口时，可设置 1 个直通地面的出口。任一防火分区通向避难走道的门至该避难走道最近直通地面的出口的距离不应大于 60m。

3 避难走道的净宽度不应小于任一防火分区通向该避难走道的设计疏散总净宽度。

4 避难走道内部装修材料的燃烧性能应为 A 级。

5 防火分区至避难走道入口处应设置防烟前室，前室的使用面积不应小于 $6.0m^2$，开向前室的门应采用甲级防火门，前室开向避难走道的门应采用乙级防火门。

6 避难走道内应设置消火栓、消防应急照明、应急广播和消防专线电话。

6.5 防火门、窗和防火卷帘

6.5.1 防火门的设置应符合下列规定：

1 设置在建筑内经常有人通行处的防火门宜采用常开防火门。常开防火门应能在火灾时自行关闭，并应具有信号反馈的功能。

2 除允许设置常开防火门的位置外，其他位置的防火门均应采用常闭防火门。常闭防火门应在其明显位置设置"保持防火门关闭"等提示标识。

3 除管井检修门和住宅的户门外，防火门应具有自行关闭功能。双扇防火门应具有按顺序自行关闭的功能。

4 除本规范第 6.4.11 条第 4 款的规定外，防火门应能在其内外两侧手动开启。

5 设置在建筑变形缝附近时，防火门应设置在楼层较多的一侧，并应保证防火门开启时门扇不跨越变形缝。

6 防火门关闭后应具有防烟性能。

7 甲、乙、丙级防火门应符合现行国家标准《防火门》GB 12955 的规定。

6.5.2 设置在防火墙、防火隔墙上的防火窗，应采用不可开启的窗扇或具有火灾时能自行关闭的功能。

防火窗应符合现行国家标准《防火窗》GB 16809 的有关规定。

6.5.3 防火分隔部位设置防火卷帘时，应符合下列规定：

1 除中庭外，当防火分隔部位的宽度不大于 30m 时，防火卷帘的宽度不应大于 10m；当防火分隔部位的宽度大于 30m 时，防火卷帘的宽度不应大于该部位宽度的 1/3，且不应大于 20m。

2　防火卷帘应具有火灾时靠自重自动关闭功能。

3　除本规范另有规定外，防火卷帘的耐火极限不应低于本规范对所设置部位墙体的耐火极限要求。

当防火卷帘的耐火极限符合现行国家标准《门和卷帘的耐火试验方法》GB/T 7633 有关耐火完整性和耐火隔热性的判定条件时，可不设置自动喷水灭火系统保护。

当防火卷帘的耐火极限仅符合现行国家标准《门和卷帘的耐火试验方法》GB/T 7633 有关耐火完整性的判定条件时，应设置自动喷水灭火系统保护。自动喷水灭火系统的设计应符合现行国家标准《自动喷水灭火系统设计规范》GB50084 的规定，但火灾延续时间不应小于该防火卷帘的耐火极限。

4　防火卷帘应具有防烟性能，与楼板、梁、墙、柱之间的空隙应采用防火封堵材料封堵。

5　需在火灾时自动降落的防火卷帘，应具有信号反馈的功能。

6　其他要求，应符合现行国家标准《防火卷帘》GB 14102 的规定。

6.6　天桥、栈桥和管沟

6.6.1　天桥、跨越房屋的栈桥以及供输送可燃材料、可燃气体和甲、乙、丙类液体的栈桥，均应采用不燃材料。

6.6.2　输送有火灾、爆炸危险物质的栈桥不应兼作疏散通道。

6.6.3　封闭天桥、栈桥与建筑物连接处的门洞以及敷设甲、乙、丙类液体管道的封闭管沟（廊），均宜采取防止火灾蔓延的措施。

6.6.4　连接两座建筑物的天桥、连廊，应采取防止火灾在两座建筑间蔓延的措施。当仅供通行的天桥、连廊采用不燃材料，且建筑物通向天桥、连廊的出口符合安全出口的要求时，该出口可作为安全出口。

6.7　建筑保温和外墙装饰

6.7.1　建筑的内、外保温系统，宜采用燃烧性能为 A 级的保温材料，不宜采用 B_2 级保温材料，严禁采用 B_3 级保温材料；设置保温系统的基层墙体或屋面板的耐火极限应符合本规范的有关规定。

6.7.2　建筑外墙采用内保温系统时，保温系统应符合下列规定：

1　对于人员密集场所，用火、燃油、燃气等具有火灾危险性的场所以及各类建筑内的疏散楼梯间、避难走道、避难间、避难层等场所或部位。应采用燃烧性能为 A 级的保温材料。

2　对于其他场所，应采用低烟、低毒且燃烧性能不低于 B_1 级的保温材料。

3保温系统应采用不燃材料做防护层。采用燃烧性能为 B_1 级的保温材料时，防护层的厚度不应小于 10mm。

6.7.3　建筑外墙采用保温材料与两侧墙体构成无空腔复合保温结构体时，该结构体的耐火极限应符合本规范的有关规定；当保温材料的燃烧性能为 B_1、B_2 级时，保温材料两侧的墙体应采用不燃材料且厚度均不应小于 50mm。

6.7.4 设置人员密集场所的建筑，其外墙外保温材料的燃烧性能应为 A 级。

6.7.5 与基层墙体、装饰层之间无空腔的建筑外墙外保温系统，其保温材料应符合下列规定：

 1 住宅建筑：

 1）建筑高度大于 100m 时，保温材料的燃烧性能应为 A 级；

 2）建筑高度大于 27m，但不大于 100m 时。保温材料的燃烧性能不应低于 B_1 级；

 3）建筑高度不大于 27m 时，保温材料的燃烧性能不应低于 B_2 级。

 2 除住宅建筑和设置人员密集场所的建筑外，其他建筑：

 1）建筑高度大于 50m 时，保温材料的燃烧性能应为 A 级：

 2）建筑高度大于 24m，但不大于 50m 时，保温材料的燃烧性能不应低于 B_1 级；

 3）建筑高度不大于 24m 时，保温材料的燃烧性能不应低于 B_2 级。

6.7.6 除设置人员密集场所的建筑外。与基层墙体、装饰层之间有空腔的建筑外墙外保温系统，其保温材料应符合下列规定：

 1 建筑高度大于 24m 时，保温材料的燃烧性能应为 A 级；

 2 建筑高度不大于 24m 时，保温材料的燃烧性能不应低于 B_1 级。

6.7.7 除本规范第 6.7.3 条规定的情况外，当建筑的外墙外保温系统按本节规定采用燃烧性能为 B_1、B_2 级的保温材料时，应符合下列规定：

 1 除采用 B_1 级保温材料且建筑高度不大于 24m 的公共建筑或采用 B_1 级保温材料且建筑高度不大于 27m 的住宅建筑外，建筑外墙上门、窗的耐火完整性不应低于 0.50h。

 2 应在保温系统中每层设置水平防火隔离带。防火隔离带应采用燃烧性能为 A 级的材料，防火隔离带的高度不应小于 300mm。

6.7.8 建筑的外墙外保温系统应采用不燃材料在其表面设置防护层，防护层应将保温材料完全包覆。除本规范第 6.7.3 条规定的情况外，当按本节规定采用 B_1、B_2 级保温材料时，防护层厚度首层不应小于 15mm，其他层不应小于 5mm。6.7.9 建筑外墙外保温系统与基层墙体、装饰层之间的空腔，应在每层楼板处采用防火封堵材料封堵。

6.7.10 建筑的屋面外保温系统，当屋面板的耐火极限不低于 1.00h 时，保温材料的燃烧性能不应低于 B_2 级；当屋面板的耐火极限低于 1.00h 时，不应低于 B_1 级。采用 B_1、B_2 级保温材料的外保温系统应采用不燃材料作防护层，防护层的厚度不应小于 10mm。

 当建筑的屋面和外墙外保温系统均采用 B_1、B_2 级保温材料时，屋面与外墙之间应采用宽度不小于 500mm 的不燃材料设置防火隔离带进行分隔。

6.7.11 电气线路不应穿越或敷设在燃烧性能为 B_1 或 B_2 级的保温材料中；确需穿越或敷设时，应采取穿金属管并在金属管周围采用不燃隔热材料进行防火隔离等防火保护措施。设置开关、插座等电器配件的部位周围应采取不燃隔热材料进行防火隔离等防火保护措施。

6.7.12 建筑外墙的装饰层应采用燃烧性能为 A 级的材料，但建筑高度不大于 50m 时，可采用 B_1 级材料。

7　灭火救援设施

7.1　消防车道

7.1.1　街区内的道路应考虑消防车的通行，道路中心线问的距离不宜大于 160m。

当建筑物沿街道部分的长度大于 150m 或总长度大于 220m 时，应设置穿过建筑物的消防车道。确有困难时，应设置环形消防车道。

7.1.2　高层民用建筑，超过 3000 个座位的体育馆，超过 2000 个座位的会堂，占地面积大于 3000m² 的商店建筑、展览建筑等单、多层公共建筑应设置环形消防车道。确有困难时，可沿建筑的两个长边设置消防车道；对于高层住宅建筑和山坡地或河道边临空建造的高层民用建筑，可沿建筑的一个长边设置消防车道。但该长边所在建筑立面应为消防车登高操作面。

7.1.3　工厂、仓库区内应设置消防车道。

高层厂房，占地面积大于 3000m² 的甲、乙、丙类厂房和占地面积大于 1500m² 的乙、丙类仓库，应设置环形消防车道，确有困难时，应沿建筑物的两个长边设置消防车道。

7.1.4　有封闭内院或天井的建筑物，当内院或天井的短边长度大于 24m 时，宜设置进入内院或天井的消防车道；当该建筑物沿街时，应设置连通街道和内院的人行通道（可利用楼梯间），其间距不宜大于 80m。

7.1.5　在穿过建筑物或进入建筑物内院的消防车道两侧，不应设置影响消防车通行或人员安全疏散的设施。

7.1.6　可燃材料露天堆场区，液化石油气储罐区，甲、乙、丙类液体储罐区和可燃气体储罐区，应设置消防车道。消防车道的设置应符合下列规定：

1　储量大于表 7.1.6 规定的堆场、储罐区，宜设置环形消防车道。

表 7.1.6　堆场或储罐区的储量

名称	棉、麻、毛、化纤（t）	秸秆、芦苇（t）	木材（m³）	甲、乙、丙类液体储罐（m³）	液化石油气储罐（m³）	可燃气体储罐（m³）
储量	1000	5000	5000	1500	500	30000

2　占地面积大于 30000m³ 的可燃材料堆场，应设置与环形消防车道相通的中间消防车道，消防车道的间距不宜大于 1 50。液化石油气储罐区，甲、乙、丙类液体储罐区和可燃气体储罐区内的环形消防车道之间宜设置连通的消防车道。

3　消防车道的边缘距离可燃材料堆垛不应小于 5m。

7.1.7　供消防车取水的天然水源和消防水池应设置消防车道。消防车道的边缘距离取水点不宜大于 2m。

7.1.8　消防车道应符合下列要求：

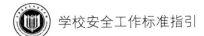

1 车道的净宽度和净空高度均不应小于 4.0m；

2 转弯半径应满足消防车转弯的要求；

3 消防车道与建筑之间不应设置妨碍消防车操作的树木、架空管线等障碍物；

4 消防车道靠建筑外墙一侧的边缘距离建筑外墙不宜小于 5m；

5 消防车道的坡度不宜大于 8%。

7.1.9 环形消防车道至少应有两处与其他车道连通。尽头式消防车道应设置回车道或回车场，回车场的面积不应小于 12m×1 2m；对于高层建筑，不宜小于 15m×15m；供重型消防车使用时，不宜小于 18m×18m。

消防车道的路面、救援操作场地、消防车道和救援操作场地下面的管道和暗沟等，应能承受重型消防车的压力。

消防车道可利用城乡、厂区道路等，但该道路应满足消防车通行、转弯和停靠的要求。

7.1.10 消防车道不宜与铁路正线平交，确需平交时，应设置备用车道，且两车道的间距不应小于一列火车的长度。

7.2 救援场地和入口

7.2.1 高层建筑应至少沿一个长边或周边长度的 1/4 且不小于一个长边长度的底边连续布置消防车登高操作场地，该范围内的裙房进深不应大于 4m。

建筑高度不大于 50m 的建筑，连续布置消防车登高操作场地确有困难时，可间隔布置，但间隔距离不宜大于 30m，且消防车登高操作场地的总长度仍应符合上述规定。

7.2.2 消防车登高操作场地应符合下列规定：

1 场地与厂房、仓库、民用建筑之间不应设置妨碍消防车操作的树木、架空管线等障碍物和车库出入口。

2 场地的长度和宽度分别不应小于 15m 和 10m。对于建筑高度大于 50m 的建筑，场地的长度和宽度分别不应小于 20m 和 10m。

3 场地及其下面的建筑结构、管道和暗沟等，应能承受重型消防车的压力。

4 场地应与消防车道连通，场地靠建筑外墙一侧的边缘距离建筑外墙不宜小于 5m，且不应大于 10m，场地的坡度不宜大于 3%。

7.2.3 建筑物与消防车登高操作场地相对应的范围内，应设置直通室外的楼梯或直通楼梯间的入口。

7.2.4 厂房、仓库、公共建筑的外墙应在每层的适当位置设置可供消防救援人员进入的窗口。

7.2.5 供消防救援人员进入的窗口的净高度和净宽度均不应小于 1.0m，下沿距室内地面不宜大于 1.2m，间距不宜大于 20m 且每个防火分区不应少于 2 个，设置位置应与消防车登高操作场地相对应。窗口的玻璃应易于破碎，并应设置可在室外易于识别的明显标志。

7.3　消防电梯

7.3.1　下列建筑应设置消防电梯：

1　建筑高度大于 33m 的住宅建筑；

2　一类高层公共建筑和建筑高度大于 32m 的二类高层公共建筑；

3　设置消防电梯的建筑的地下或半地下室，埋深大于 10m 且总建筑面积大于 3000m² 的其他地下或半地下建筑（室）。

7.3.2　消防电梯应分别设置在不同防火分区内。且每个防火分区不应少于 1 台。

7.3.3　建筑高度大于 32m 且设置电梯的高层厂房（仓库），每个防火分区内宜设置 1 台消防电梯，但符合下列条件的建筑可不设置消防电梯：

1　建筑高度大于 32m 且设置电梯，任一层工作平台上的人数不超过 2 人的高层塔架；

2　局部建筑高度大于 32m，且局部高出部分的每层建筑面积不大于 50m² 的丁、戊类厂房。

7.3.4　符合消防电梯要求的客梯或货梯可兼作消防电梯。

7.3.5　除设置在仓库连廊、冷库穿堂或谷物筒仓工作塔内的消防电梯外，消防电梯应设置前室。并应符合下列规定：

1　前室宜靠外墙设置，并应在首层直通室外或经过长度不大于 30m 的通道通向室外；

2　前室的使用面积不应小于 6.0m²；与防烟楼梯间合用的前室，应符合本规范第 5.5.28 条和第 6.4.3 条的规定；

3　除前室的出入口、前室内设置的正压送风口和本规范第 5.5.27 条规定的户门外。前室内不应开设其他门、窗、洞口；

4　前室或合用前室的门应采用乙级防火门，不应设置卷帘。

7.3.6　消防电梯井、机房与相邻电梯井、机房之间应设置耐火极限不低于 2.00h 的防火隔墙。隔墙上的门应采用甲级防火门。

7.3.7　消防电梯的井底应设置排水设施，排水井的容量不应小于 2m³。排水泵的排水量不应小于 10L/s。消防电梯间前室的门口宜设置挡水设施。

7.3.8　消防电梯应符合下列规定：

1　应能每层停靠；

2　电梯的载重量不应小于 800kg；

3　电梯从首层至顶层的运行时间不宜大于 60s；

4　电梯的动力与控制电缆、电线、控制面板应采取防水措施；

5　在首层的消防电梯入口处应设置供消防队员专用的操作按钮；

6　电梯轿厢的内部装修应采用不燃材料；

7　电梯轿厢内部应设置专用消防对讲电话。

7.4 直升机停机坪

7.4.1 建筑高度大于100m且标准层建筑面积大于2000m² 的公共建筑，宜在屋顶设置直升机停机坪或供直升机救助的设施。

7.4.2 直升机停机坪应符合下列规定：

1 设置在屋顶平台上时，距离设备机房、电梯机房、水箱间、共用天线等突出物不应小于5m；

2 建筑通向停机坪的出口不应少于2个，每个出口的宽度不宜小于0.90m；

3 四周应设置航空障碍灯，并应设置应急照明；

4 在停机坪的适当位置应设置消火栓；

5 其他要求应符合国家现行航空管理有关标准的规定。

8 消防设施的设置

8.1 一般规定

8.1.1 消防给水和消防设施的设置应根据建筑的用途及其重要性、火灾危险性、火灾特性和环境条件等因素综合确定。

8.1.2 城镇（包括居住区、商业区、开发区、工业区等）应沿可通行消防车的街道设置市政消火栓系统。

民用建筑、厂房、仓库、储罐（区）和堆场周围应设置室外消火栓系统。

用于消防救援和消防车停靠的屋面上，应设置室外消火栓系统。

注：耐火等级不低于二级且建筑体积不大于3000m³ 的戊类厂房。居住区人数不超过500人且建筑层数不超过两层的居住区。可不设置室外消火栓系统。

8.1.3 自动喷水灭火系统、水喷雾灭火系统、泡沫灭火系统和固定消防炮灭火系统等系统以及下列建筑的室内消火栓给水系统应设置消防水泵接合器：

1 超过5层的公共建筑；

2 超过4层的厂房或仓库；

3 其他高层建筑；

4 超过2层或建筑面积大于10000m² 的地下建筑（室）。

8.1.4 甲、乙、丙类液体储罐（区）内的储罐应设置移动水枪或固定水冷却设施。高度大于15m或单罐容积大于2000m³ 。的甲、乙、丙类液体地上储罐，宜采用固定水冷却设施。

8.1.5 总容积大于50m³ 或单罐容积大于20m³ 的液化石油气储罐（区）应设置固定水冷却设施，埋地的液化石油气储罐可不设置固定喷水冷却装置。总容积不大于50m³ 或单罐容积不大于20m³ 的液化石油气储罐（区），应设置移动式水枪。

8.1.6 消防水泵房的设置应符合下列规定：

1 单独建造的消防水泵房。其耐火等级不应低于二级；

2 附设在建筑内的消防水泵房，不应设置在地下三层及以下或室内地面与室外出入口地坪高差大于 10m 的地下楼层；

3 疏散门应直通室外或安全出口。

8.1.7 设置火灾自动报警系统和需要联动控制的消防设备的建筑（群）应设置消防控制室。消防控制室的设置应符合下列规定：

1 单独建造的消防控制室，其耐火等级不应低于二级；

2 附设在建筑内的消防控制室，宜设置在建筑内首层或地下一层，并宜布置在靠外墙部位；

3 不应设置在电磁场干扰较强及其他可能影响消防控制设备正常工作的房间附近；

4 疏散门应直通室外或安全出口。

5 消防控制室内的设备构成及其对建筑消防设施的控制与显示功能以及向远程监控系统传输相关信息的功能，应符合现行国家标准《火灾自动报警系统设计规范》GB 50116 和《消防控制室通用技术要求》GB 25506 的规定。

8.1.8 消防水泵房和消防控制室应采取防水淹的技术措施。

8.1.9 设置在建筑内的防排烟风机应设置在不同的专用机房内，有关防火分隔措施应符合本规范第6.2.7 条的规定。

8.1.10 高层住宅建筑的公共部位和公共建筑内应设置灭火器，其他住宅建筑的公共部位宜设置灭火器。

厂房、仓库、储罐（区）和堆场，应设置灭火器。

8.1.11 建筑外墙设置有玻璃幕墙或采用火灾时可能脱落的墙体装饰材料或构造时，供灭火救援用的水泵接合器、室外消火栓等室外消防设施，应设置在距离建筑外墙相对安全的位置或采取安全防护措施。

8.1.12 设置在建筑室内外供人员操作或使用的消防设施，均应设置区别于环境的明显标志。

8.1.13 有关消防系统及设施的设计，应符合现行国家标准《消防给水及消火栓系统技术规范》GB 50974、《自动喷水灭火系统设计规范》GB 50084、《火灾自动报警系统设计规范》GB50116 等标准的规定。

8.2 室内消火栓系统

8.2.1 下列建筑或场所应设置室内消火栓系统：

1 建筑占地面积大于 300m² 的厂房和仓库；

2 高层公共建筑和建筑高度大于 21m 的住宅建筑；

注：建筑高度不大于 27n1 的住宅建筑，设置室内消火栓系统确有困难时，可只设置

干式消防竖管和不带消火栓箱的 DN65 的室内消火栓。

3 体积大于 5000m³ 的车站、码头、机场的候车（船、机）建筑、展览建筑、商店建筑、旅馆建筑、医疗建筑和图书馆建筑等单、多层建筑；

4 特等、甲等剧场。超过 800 个座位的其他等级的剧场和电影院等以及超过 1200 个座位的礼堂、体育馆等单、多层建筑；

5 建筑高度大于 15m 或体积大于 10000m³ 的办公建筑、教学建筑和其他单、多层民用建筑。

8.2.2 本规范第 8.2.1 条未规定的建筑或场所和符合本规范第 8.2.1 条规定的下列建筑或场所，可不设置室内消火栓系统，但宜设置消防软管卷盘或轻便消防水龙：

1 耐火等级为一、二级且可燃物较少的单、多层丁、戊类厂房（仓库）。

2 耐火等级为三、四级且建筑体积不大于 3000m³ 的丁类厂房；耐火等级为三、四级且建筑体积不大于 5000m³ 的戊类厂房（仓库）。

3 粮食仓库、金库、远离城镇且无人值班的独立建筑。

4 存有与水接触能引起燃烧爆炸的物品的建筑。

5 室内无生产、生活给水管道，室外消防用水取自储水池且建筑体积不大于 5000m³ 的其他建筑。

8.2.3 国家级文物保护单位的重点砖木或木结构的古建筑，宜设置室内消火栓系统。

8.2.4 人员密集的公共建筑、建筑高度大于 100m 的建筑和建筑面积大于 200m² 的商业服务网点内应设置消防软管卷盘或轻便消防水龙。高层住宅建筑的户内宜配置轻便消防水龙。

8.3 自动灭火系统

8.3.1 除本规范另有规定和不宜用水保护或灭火的场所外，下列厂房或生产部位应设置自动灭火系统，并宜采用自动喷水灭火系统：

1 不小于 50000 纱锭的棉纺厂的开包、清花车间，不小于 5000 锭的麻纺厂的分级、梳麻车间。火柴厂的烤梗、筛选部位：

2 占地面积大于 1500m² 或总建筑面积大于 3000m² 的单、多层制鞋、制衣、玩具及电子等类似生产的厂房；

3 占地面积大于 1500m² 的木器厂房：

4 泡沫塑料厂的预发、成型、切片、压花部位；

5 高层乙、丙类厂房；

6 建筑面积大于 500m² 的地下或半地下丙类厂房。

8.3.2 除本规范另有规定和不宜用水保护或灭火的仓库外，下列仓库应设置自动灭火系统，并宜采用自动喷水灭火系统：

1 每座占地面积大于 1000m² 的棉、毛、丝、麻、化纤、毛皮及其制品的仓库：

注：单层占地面积不大于 2000m² 的棉花库房．可不设置自动喷水灭火系统。

2 每座占地面积大于 600m² 的火柴仓库;

3 邮政建筑内建筑面积大于 500m² 的空邮袋库;

4 可燃、难燃物品的高架仓库和高层仓库;

5 设计温度高于 0℃ 的高架冷库,设计温度高于 0℃;且每个防火分区建筑面积大于 1500m² 的非高架冷库;

6 总建筑面积大于 500m² 的可燃物品地下仓库;

7 每座占地面积大于 1500m² 或总建筑面积大于 3000m² 的其他单层或多层丙类物品仓库。

8.3.3 除本规范另有规定和不宜用水保护或灭火的场所外,下列高层民用建筑或场所应设置自动灭火系统。并宜采用自动喷水灭火系统:

1 一类高层公共建筑(除游泳池、溜冰场外)及其地下、半地下室;

2 二类高层公共建筑及其地下、半地下室的公共活动用房、走道、办公室和旅馆的客房、可燃物品库房、自动扶梯底部;

3 高层民用建筑内的歌舞娱乐放映游艺场所;

4 建筑高度大于 100m 的住宅建筑。

8.3.4 除本规范另有规定和不宜用水保护或灭火的场所外,下列单、多层民用建筑或场所应设置自动灭火系统,并宜采用自动喷水灭火系统:

1 特等、甲等剧场,超过 1500 个座位的其他等级的剧场,超过 2000 个座位的会堂或礼堂,超过 3000 个座位的体育馆。超过 5000 人的体育场的室内人员休息室与器材间等;

2 任一层建筑面积大于 1500m² 或总建筑面积大于 3000m² 的展览、商店、餐饮和旅馆建筑以及医院中同样建筑规模的病房楼、门诊楼和手术部;

3 设置送回风道(管)的集中空气调节系统且总建筑面积大于 3000m² 的办公建筑等;

4 藏书量超过 50 万册的图书馆;

5 大、中型幼儿园。总建筑面积大于 500m² 的老年人建筑;

6 总建筑面积大于 500m² 的地下或半地下商店;

7 设置在地下或半地下或地上四层及以上楼层的歌舞娱乐放映游艺场所(除游泳场所外),设置在首层、二层和三层且任一层建筑面积大于 300m² 的地上歌舞娱乐放映游艺场所(除游泳场所外)。

8.3.5 根据本规范要求难以设置自动喷水灭火系统的展览厅、观众厅等人员密集的场所和丙类生产车间、库房等高大空间场所,应设置其他自动灭火系统,并宜采用固定消防炮等灭火系统。

8.3.6 下列部位宜设置水幕系统:

1 特等、甲等剧场、超过 1500 个座位的其他等级的剧场、超过 2000 个座位的会堂或礼堂和高层民用建筑内超过 800)个座位的剧场或礼堂的舞台口及上述场所内与舞台相连的侧台、后台的洞口;

2 应设置防火墙等防火分隔物而无法设置的局部开口部位;

3 需要防护冷却的防火卷帘或防火幕的上部。

注：舞台口也可采用防火幕进行分隔，侧台、后台的较小洞口宜设置乙级防火门、窗。

8.3.7 下列建筑或部位应设置雨淋自动喷水灭火系统：

1 火柴厂的氯酸钾压碾厂房，建筑面积大于100m²且生产或使用硝化棉、喷漆棉、火胶棉、赛璐珞胶片、硝化纤维的厂房：

2 乒乓球厂的轧坯、切片、磨球、分球检验部位；

3 建筑面积大于60m²或储存量大于2t的硝化棉、喷漆棉、火胶棉、赛璐珞胶片、硝化纤维的仓库；

4 日装瓶数量大于3000瓶的液化石油气储配站的灌瓶间、实瓶库；

5 特等、甲等剧场、超过1500个座位的其他等级剧场和超过2000个座位的会堂或礼堂的舞台葡萄架下部；

6 建筑面积不小于400m²的演播室，建筑面积不小于500m²的电影摄影棚。

8.3.8 下列场所应设置自动灭火系统，并宜采用水喷雾灭火系统：

1 单台容量在40MV·A及以上的厂矿企业油浸变压器。单台容量在90MV·A及以上的电厂油浸变压器，单台容量在125MV·A及以上的独立变电站油浸变压器；

2 飞机发动机试验台的试车部位；

3 充可燃油并设置在高层民用建筑内的高压电容器和多油开关室。

注：设置在室内的油浸变压器、充可燃油的高压电容器和多油开关室．可采用细水雾灭火系统。

8.3.9 下列场所应设置自动灭火系统，并宜采用气体灭火系统：

1 国家、省级或人口超过100万的城市广播电视发射塔内的微波机房、分米波机房、米波机房、变配电室和不间断电源（UPS）室；

2 国际电信局、大区中心、省中心和一万路以上的地区中心内的长途程控交换机房、控制室和信令转接点室；

3 两万线以上的市话汇接局和六万门以上的市话端局内的程控交换机房、控制室和信令转接点室；

4 中央及省级公安、防灾和网局级及以上的电力等调度指挥中心内的通信机房和控制室；

5 A、B级电子信息系统机房内的主机房和基本工作间的已记录磁（纸）介质库；

6 中央和省级广播电视中心内建筑面积不小于120m²的音像制品库房；

7 国家、省级或藏书量超过100万册的图书馆内的特藏库；中央和省级档案馆内的珍藏库和非纸质档案库；大、中型博物馆内的珍品库房；一级纸绢质文物的陈列室；

8 其他特殊重要设备室。

注：1 本条第1、4、5、8款规定的部位，可采用细水雾灭火系统。

2 当有备用主机和备用已记录磁（纸）介质，且设置在不同建筑内或同一建筑内的不同防火分区内时，本条第 5 款规定的部位可采用预作用自动喷水灭火系统。

8.3.10　甲、乙、丙类液体储罐的灭火系统设置应符合下列规定：

1　单罐容量大于 1000m³ 的固定顶罐应设置固定式泡沫灭火系统；

2　罐壁高度小于 7m 或容量不大于 200m³ 的储罐可采用移动式泡沫灭火系统；

3　其他储罐宜采用半固定式泡沫灭火系统；

4　石油库、石油化工、石油天然气工程中甲、乙、丙类液体储罐的灭火系统设置。应符合现行国家标准《石油库设计规范》GB 50074 等标准的规定。

8.3.11　餐厅建筑面积大于 1000m² 的餐馆或食堂，其烹饪操作间的排油烟罩及烹饪部位应设置自动灭火装置，并应在燃气或燃油管道上设置与自动灭火装置联动的自动切断装置。

食品工业加工场所内有明火作业或高温食用油的食品加工部位宜设置自动灭火装置。

8.4　火灾自动报警系统

8.4.1　下列建筑或场所应设置火灾自动报警系统：

1　任一层建筑面积大于 1500m² 或总建筑面积大于 3000m² 的制鞋、制衣、玩具、电子等类似用途的厂房；

2　每座占地面积大于 1000m² 的棉、毛、丝、麻、化纤及其制品的仓库，占地面积大于 500m² 或总建筑面积大于 1000m² 的卷烟仓库；

3　任一层建筑面积大于 1500m² 或总建筑面积大于 3000m² 的商店、展览、财贸金融、客运和货运等类似用途的建筑，总建筑面积大于 500m² 的地下或半地下商店；

4　图书或文物的珍藏库。每座藏书超过 50 万册的图书馆。重要的档案馆；

5　地市级及以上广播电视建筑、邮政建筑、电信建筑，城市或区域性电力、交通和防灾等指挥调度建筑；

6　特等、甲等剧场。座位数超过 1500 个的其他等级的剧场或电影院，座位数超过 2000 个的会堂或礼堂，座位数超过 3000 个的体育馆；

7　大、中型幼儿园的儿童用房等场所，老年人建筑，任一层建筑面积大于 1500m² 或总建筑面积大于 3000m² 的疗养院的病房楼、旅馆建筑和其他儿童活动场所，不少于 200 床位的医院门诊楼、病房楼和手术部等；

8　歌舞娱乐放映游艺场所；

9　净高大于 2.6m 且可燃物较多的技术夹层，净高大于 0.8m 且有可燃物的闷顶或吊顶内；

10电子信息系统的主机房及其控制室、记录介质库，特殊贵重或火灾危险性大的机器、仪表、仪器设备室、贵重物品库房：

11　二类高层公共建筑内建筑面积大于 50m² 的可燃物品库房和建筑面积大于 500m² 的营业厅；

12　其他一类高层公共建筑；

13　设置机械排烟、防烟系统，雨淋或预作用自动喷水灭火系统，固定消防水炮灭火系统、气

体灭火系统等需与火灾自动报警系统联锁动作的场所或部位。

8.4.2 建筑高度大于100m的住宅建筑，应设置火灾自动报警系统。

建筑高度大于54m但不大于100m的住宅建筑，其公共部位应设置火灾自动报警系统，套内宜设置火灾探测器。

建筑高度不大于54m的高层住宅建筑，其公共部位宜设置火灾自动报警系统。当设置需联动控制的消防设施时，公共部位应设置火灾自动报警系统。

高层住宅建筑的公共部位应设置具有语音功能的火灾声警报装置或应急广播。

8.4.3 建筑内可能散发可燃气体、可燃蒸气的场所应设置可燃气体报警装置。

8.5 防烟和排烟设施

8.5.1 建筑的下列场所或部位应设置防烟设施：

1 防烟楼梯间及其前室；

2 消防电梯间前室或合用前室；

3 避难走道的前室、避难层（间）。

建筑高度不大于50m的公共建筑、厂房、仓库和建筑高度不大于100m的住宅建筑，当其防烟楼梯间的前室或合用前室符合下列条件之一时，楼梯间可不设置防烟系统：

1 前室或合用前室采用敞开的阳台、凹廊；

2 前室或合用前室具有不同朝向的可开启外窗，且可开启外窗的面积满足自然排烟口的面积要求。

8.5.2 厂房或仓库的下列场所或部位应设置排烟设施：

1 人员或可燃物较多的丙类生产场所，丙类厂房内建筑面积大于300m²且经常有人停留或可燃物较多的地上房间；

2 建筑面积大于5000m²的丁类生产车间；

3 占地面积大于1000m²的丙类仓库；

4 高度大于32m的高层厂房（仓库）内长度大于20m的疏散走道，其他厂房（仓库）内长度大于40m的疏散走道。

8.5.3 民用建筑的下列场所或部位应设置排烟设施：

1 设置在一、二、三层且房间建筑面积大于100m²的歌舞娱乐放映游艺场所，设置在四层及以上楼层、地下或半地下的歌舞娱乐放映游艺场所；

2 中庭；

3 公共建筑内建筑面积大于100m²且经常有人停留的地上房间；

4 公共建筑内建筑面积大于300m²且可燃物较多的地上房间；

5 建筑内长度大于20m的疏散走道。

8.5.4 地下或半地下建筑（室）、地上建筑内的无窗房间。当总建筑面积大于200m²或一个房间建筑面积大于 50m²，且经常有人停留或可燃物较多时，应设置排烟设施。

9　供暖、通风和空气调节

9.1　一般规定

9.1.1　供暖、通风和空气调节系统应采取防火措施。

9.1.2　甲、乙类厂房内的空气不应循环使用。

　　丙类厂房内含有燃烧或爆炸危险粉尘、纤维的空气，在循环使用前应经净化处理，并应使空气中的含尘浓度低于其爆炸下限的 25%。

9.1.3　为甲、乙类厂房服务的送风设备与排风设备应分别布置在不同通风机房内。且排风设备不应和其他房间的送、排风设备布置在同一通风机房内。

9.1.4　民用建筑内空气中含有容易起火或爆炸危险物质的房间。应设置自然通风或独立的机械通风设施，且其空气不应循环使用。

9.1.5　当空气中含有比空气轻的可燃气体时，水平排风管全长应顺气流方向向上坡度敷设。

9.1.6　可燃气体管道和甲、乙、丙类液体管道不应穿过通风机房和通风管道，且不应紧贴通风管道的外壁敷设。

9.2　供　　暖

9.2.1　在散发可燃粉尘、纤维的厂房内，散热器表面平均温度不应超过 82.5℃。输煤廊的散热器表面平均温度不应超过 130℃。

9.2.2　甲、乙类厂房（仓库）内严禁采用明火和电热散热器供暖。

9.2.3　下列厂房应采用不循环使用的热风供暖：

　　1　生产过程中散发的可燃气体、蒸气、粉尘或纤维与供暖管道、散热器表面接触能引起燃烧的厂房；

　　2　生产过程中散发的粉尘受到水、水蒸气的作用能引起自燃、爆炸或产生爆炸性气体的厂房。

9.2.4　供暖管道不应穿过存在与供暖管道接触能引起燃烧或爆炸的气体、蒸气或粉尘的房间，确需穿过时，应采用不燃材料隔热。

9.2.5　供暖管道与可燃物之间应保持一定距离，并应符合下列规定：

　　1　当供暖管道的表面温度大于 100℃时，不应小于 100mm 或采用不燃材料隔热；

　　2　当供暖管道的表面温度不大于 100℃时，不应小于 50mm 或采用不燃材料隔热。

9.2.6　建筑内供暖管道和设备的绝热材料应符合下列规定：

　　1　对于甲、乙类厂房（仓库），应采用不燃材料；

　　2　对于其他建筑，宜采用不燃材料，不得采用可燃材料。

9.3 通风和空气调节

9.3.1 通风和空气调节系统，横向宜按防火分区设置，竖向不宜超过5层。当管道设置防止回流设施或防火阀时，管道布置可不受此限制。竖向风管应设置在管井内。

9.3.2 厂房内有爆炸危险场所的排风管道，严禁穿过防火墙和有爆炸危险的房间隔墙。

9.3.3 甲、乙、丙类厂房内的送、排风管道宜分层设置。当水平或竖向送风管在进入生产车间处设置防火阀时，各层的水平或竖向送风管可合用一个送风系统。

9.3.4 空气中含有易燃、易爆危险物质的房间，其送、排风系统应采用防爆型的通风设备。当送风机布置在单独分隔的通风机房内且送风干管上设置防止回流设施时，可采用普通型的通风设备。

9.3.5 含有燃烧和爆炸危险粉尘的空气，在进入排风机前应采用不产生火花的除尘器进行处理。对于遇水可能形成爆炸的粉尘，严禁采用湿式除尘器。

9.3.6 处理有爆炸危险粉尘的除尘器、排风机的设置应与其他普通型的风机、除尘器分开设置，并宜按单一粉尘分组布置。

9.3.7 净化有爆炸危险粉尘的干式除尘器和过滤器宜布置在厂房外的独立建筑内，建筑外墙与所属厂房的防火间距不应小于10m。

具备连续清灰功能，或具有定期清灰功能且风量不大于15000m^3/h、集尘斗的储尘量小于60kg的干式除尘器和过滤器，可布置在厂房内的单独房间内，但应采用耐火极限不低于3.00h的防火隔墙和1.50h的楼板与其他部位分隔。

9.3.8 净化或输送有爆炸危险粉尘和碎屑的除尘器、过滤器或管道，均应设置泄压装置。

净化有爆炸危险粉尘的干式除尘器和过滤器应布置在系统的负压段上。

9.3.9 排除有燃烧或爆炸危险气体、蒸气和粉尘的排风系统，应符合下列规定：

1 排风系统应设置导除静电的接地装置；

2 排风设备不应布置在地下或半地下建筑（室）内；

3 排风管应采用金属管道。并应直接通向室外安全地点，不应暗设。

9.3.10 排除和输送温度超过80℃的空气或其他气体以及易燃碎屑的管道，与可燃或难燃物体之间的间隙不应小于150mm，或采用厚度不小于50mm的不燃材料隔热；当管道上下布置时，表面温度较高者应布置在上面。

9.3.11 通风、空气调节系统的风管在下列部位应设置公称动作温度为70℃的防火阀：

1 穿越防火分区处；

2 穿越通风、空气调节机房的房间隔墙和楼板处；

3 穿越重要或火灾危险性大的场所的房间隔墙和楼板处；

4 穿越防火分隔处的变形缝两侧；

5 竖向风管与每层水平风管交接处的水平管段上。

注：当建筑内每个防火分区的通风、空气调节系统均独立设置时，水平风管与竖向

总管的交接处可不设置防火阀。

9.3.12　公共建筑的浴室、卫生间和厨房的竖向排风管，应采取防止回流措施并宜在支管上设置公称动作温度为 70℃ 的防火阀。

公共建筑内厨房的排油烟管道宜按防火分区设置，且在与竖向排风管连接的支管处应设置公称动作温度为 150℃ 的防火阀。

9.3.13　防火阀的设置应符合下列规定：

1　防火阀宜靠近防火分隔处设置；

2　防火阀暗装时，应在安装部位设置方便维护的检修口；

3　在防火阀两侧各 2.0m 范围内的风管及其绝热材料应采用不燃材料；

4　防火阀应符合现行国家标准《建筑通风和排烟系统用防火阀门》GB 15930 的规定。

9.3.14　除下列情况外，通风、空气调节系统的风管应采用不燃材料：

1　接触腐蚀性介质的风管和柔性接头可采用难燃材料；

2　体育馆、展览馆、候机（车、船）建筑（厅）等大空间建筑，单、多层办公建筑和丙、丁、戊类厂房内通风、空气调节系统的风管，当不跨越防火分区且在穿越房间隔墙处设置防火阀时，可采用难燃材料。

9.3.15　设备和风管的绝热材料、用于加湿器的加湿材料、消声材料及其粘结剂，宜采用不燃材料，确有困难时，可采用难燃材料。

风管内设置电加热器时，电加热器的开关应与风机的启停联锁控制。电加热器前后各 0.8m 范围内的风管和穿过有高温、火源等容易起火房间的风管，均应采用不燃材料。

9.3.16　燃油或燃气锅炉房应设置自然通风或机械通风设施。燃气锅炉房应选用防爆型的事故排风机。当采取机械通风时。机械通风设施应设置导除静电的接地装置，通风量应符合下列规定：

1　燃油锅炉房的正常通风量应按换气次数不少于 3 次/h 确定。事故排风量应按换气次数不少于 6 次/h 确定；

2　燃气锅炉房的正常通风量应按换气次数不少于 6 次/h 确定，事故排风量应按换气次数不少于 12 次/h 确定。

10　电　　气

10.1　消防电源及其配电

10.1.1　下列建筑物的消防用电应按一级负荷供电：

1　建筑高度大于 50m 的乙、丙类厂房和丙类仓库；

2　一类高层民用建筑。

10.1.2　下列建筑物、储罐（区）和堆场的消防用电应按二级负荷供电：

    1 室外消防用水量大于 30L/s 的厂房（仓库）；

    2 室外消防用水量大于 35L/s 的可燃材料堆场、可燃气体储罐（区）和甲、乙类液体储罐（区）；

    3 粮食仓库及粮食筒仓；

    4 二类高层民用建筑；

    5 座位数超过 1500 个的电影院、剧场，座位数超过 3000 个的体育馆，任一层建筑面积大于 3000m² 的商店和展览建筑，省（市）级及以上的广播电视、电信和财贸金融建筑，室外消防用水量大于 25L/s 的其他公共建筑。

10.1.3 除本规范第 10.1.1 条和第 10.1.2 条外的建筑物、储罐（区）和堆场等的消防用电，可按三级负荷供电。

10.1.4 消防用电按一、二级负荷供电的建筑，当采用自备发电设备作备用电源时，自备发电设备应设置自动和手动启动装置。当采用自动启动方式时，应能保证在 30s 内供电。

    不同级别负荷的供电电源应符合现行国家标准《供配电系统设计规范》GB 50052 的规定。

10.1.5 建筑内消防应急照明和灯光疏散指示标志的备用电源的连续供电时间应符合下列规定：

    1 建筑高度大于 100m 的民用建筑，不应小于 1.5h；

    2 医疗建筑、老年人建筑、总建筑面积大于 100000m² 的公共建筑和总建筑面积大于 20000m² 的地下、半地下建筑，不应少于 1.0h；

    3 其他建筑，不应少于 0.5h。

10.1.6 消防用电设备应采用专用的供电回路。当建筑内的生产、生活用电被切断时。应仍能保证消防用电。

    备用消防电源的供电时间和容量，应满足该建筑火灾延续时间内各消防用电设备的要求。

10.1.7 消防配电干线宜按防火分区划分，消防配电支线不宜穿越防火分区。

10.1.8 消防控制室、消防水泵房、防烟和排烟风机房的消防用电设备及消防电梯等的供电，应在其配电线路的最末一级配电箱处设置自动切换装置。

10.1.9 按一、二级负荷供电的消防设备，其配电箱应独立设置；按二级负荷供电的消防设备，其配电箱宜独立设置。

    消防配电设备应设置明显标志。

10.1.10 消防配电线路应满足火灾时连续供电的需要，其敷设应符合下列规定：

    1 明敷时（包括敷设在吊顶内）。应穿金属导管或采用封闭式金属槽盒保护，金属导管或封闭式金属槽盒应采取防火保护措施；当采用阻燃或耐火电缆并敷设在电缆井、沟内时，可不穿金属导管或采用封闭式金属槽盒保护；当采用矿物绝缘类不燃性电缆时。可直接明敷。

    2 暗敷时。应穿管并应敷设在不燃性结构内且保护层厚度不应小于 30mm。

    3 消防配电线路宜与其他配电线路分开敷设在不同的电缆井、沟内；确有困难需敷设在同一电缆井、沟内时，应分别布置在电缆井、沟的两侧，且消防配电线路应采用矿物绝缘类不燃性电缆。

10.2　电力线路及电器装置

10.2.1　架空电力线与甲、乙类厂房（仓库），可燃材料堆垛，甲、乙、丙类液体储罐，液化石油气储罐，可燃、助燃气体储罐的最近水平距离应符合表 10.2.1 的规定。

35kV 及以上架空电力线与单罐容积大于 200m³ 或总容积大于 1000m³ 液化石油气储罐（区）的最近水平距离不应小于 40m。

表 10.2.1　架空电力线与甲、乙类厂房（仓库）、可燃材料堆垛等的最近水平距离（m）

名　　称	架空电力线
甲、乙类厂房（仓库）。可燃材料堆垛，甲、乙类液体储罐，液化石油气储罐，可燃、助燃气体储罐	电杆（塔）高度的 1.5 倍
直埋地下的甲、乙类液体储罐和可燃气体储罐	电杆（塔）高度的 0.75 倍
丙类液体储罐	电杆（塔）高度的 1.2 倍
直埋地下的丙类液体储罐	电杆（塔）高度的 0.6 倍

10.2.2　电力电缆不应和输送甲、乙、丙类液体管道、可燃气体管道、热力管道敷设在同一管沟内。

10.2.3　配电线路不得穿越通风管道内腔或直接敷设在通风管道外壁上，穿金属导管保护的配电线路可紧贴通风管道外壁敷设。

配电线路敷设在有可燃物的闷顶、吊顶内时，应采取穿金属导管、采用封闭式金属槽盒等防火保护措施。

10.2.4　开关、插座和照明灯具靠近可燃物时。应采取隔热、散热等防火措施。

卤钨灯和额定功率不小于 100W 的白炽灯泡的吸顶灯、槽灯、嵌入式灯，其引入线应采用瓷管、矿棉等不燃材料作隔热保护。

额定功率不小于 60W 的白炽灯、卤钨灯、高压钠灯、金属卤化物灯、荧光高压汞灯（包括电感镇流器）等，不应直接安装在可燃物体上或采取其他防火措施。

10.2.5　可燃材料仓库内宜使用低温照明灯具，并应对灯具的发热部件采取隔热等防火措施，不应使用卤钨灯等高温照明灯具。

配电箱及开关应设置在仓库外。

10.2.6　爆炸危险环境电力装置的设计应符合现行国家标准《爆炸危险环境电力装置设计规范》GB 50058 的规定。

10.2.7　下列建筑或场所的非消防用电负荷宜设置电气火灾监控系统：

1　建筑高度大于 50m 的乙、丙类厂房和丙类仓库，室外消防用水量大于 30L/s 的厂房（仓库）；

2　一类高层民用建筑；

3　座位数超过 1500 个的电影院、剧场，座位数超过 3000 个的体育馆，任一层建筑面积大于

3000m² 的商店和展览建筑，省（市）级及以上的广播电视、电信和财贸金融建筑，室外消防用水量大于 25L/s 的其他公共建筑；

4 国家级文物保护单位的重点砖木或木结构的古建筑。

10.3 消防应急照明和疏散指示标志

10.3.1 除建筑高度小于 27m 的住宅建筑外，民用建筑、厂房和丙类仓库的下列部位应设置疏散照明：

1 封闭楼梯间、防烟楼梯间及其前室、消防电梯间的前室或合用前室、避难走道、避难层（间）；

2 观众厅、展览厅、多功能厅和建筑面积大于 200m² 的营业厅、餐厅、演播室等人员密集的场所；

3 建筑面积大于 100m² 的地下或半地下公共活动场所；

4 公共建筑内的疏散走道：

5 人员密集的厂房内的生产场所及疏散走道。

10.3.2 建筑内疏散照明的地面最低水平照度应符合下列规定：

1 对于疏散走道，不应低于 1.0lx。

2 对于人员密集场所、避难层（间），不应低于 3.0lx；对于病房楼或手术部的避难间，不应低于 10.0lx。

3 对于楼梯间、前室或合用前室、避难走道。不应低于 5.0lx。

10.3.3 消防控制室、消防水泵房、自备发电机房、配电室、防排烟机房以及发生火灾时仍需正常工作的消防设备房应设置备用照明。其作业面的最低照度不应低于正常照明的照度。

10.3.4 疏散照明灯具应设置在出口的顶部、墙面的上部或顶棚上；备用照明灯具应设置在墙面的上部或顶棚上。

10.3.5 公共建筑、建筑高度大于 54m 的住宅建筑、高层厂房（库房）和甲、乙、丙类单、多层厂房，应设置灯光疏散指示标志，并应符合下列规定：

1 应设置在安全出口和人员密集的场所的疏散门的正上方。

2 应设置在疏散走道及其转角处距地面高度 1.0m 以下的墙面或地面上。灯光疏散指示标志的间距不应大于 20m；对于袋形走道，不应大于 10m；在走道转角区，不应大于 1.0m。

10.3.6 下列建筑或场所应在疏散走道和主要疏散路径的地面上增设能保持视觉连续的灯光疏散指示标志或蓄光疏散指示标志：

1 总建筑面积大于 8000m² 的展览建筑；

2 总建筑面积大于 5000m² 的地上商店；

3 总建筑面积大于 500m² 的地下或半地下商店；

4 歌舞娱乐放映游艺场所；

5　座位数超过 1500 个的电影院、剧场，座位数超过 3000 个的体育馆、会堂或礼堂；

6　车站、码头建筑和民用机场航站楼中建筑面积大于 3000m。的候车、候船厅和航站楼的公共区。

10.3.7　建筑内设置的消防疏散指示标志和消防应急照明灯具，除应符合本规范的规定外，还应符合现行国家标准《消防安全标志》GB 13495 和《消防应急照明和疏散指示系统》GB17945 的规定。

11　木结构建筑

11.0.1　木结构建筑的防火设计可按本章的规定执行。建筑构件的燃烧性能和耐火极限应符合表 11.0.1 的规定。

表 11.0.1　木结构建筑构件的燃烧性能和耐火极限

构件名称	燃烧性能和耐火极限（h）	
防火墙	不燃性	3.00
承重墙，住宅建筑单元之间的墙和分		
户墙，楼梯间的墙	难燃性	1.00
电梯井的墙	不燃性	1.00
非承重外墙，疏散走道两侧的隔墙	难燃性	0.75
房间隔墙	难燃性	0.50
承重柱	可燃性	1.00
梁	可燃性	1.00
楼板	难燃性	0.75
屋顶承重构件	可燃性	0.50
疏散楼梯	难燃性	0.50
吊顶	难燃性	0.15

注：1　除本规范另有规定外，当同一座木结构建筑存在不同高度的屋顶时，较低部分的屋顶承重构件和屋面不应采用可燃性构件，采用难燃性屋顶承重构件时，其耐火极限不应低于 0.75h。

2　轻型木结构建筑的屋顶，除防水层、保温层及屋面板外，其他部分均应视为屋顶承重构件，且不应采用可燃性构件，耐火极限不应低于 0.50h。

3　当建筑的层数不超过 2 层、防火墙间的建筑面积小于 600m。且防火墙间的建筑长度小于 60m 时，建筑构件的燃烧性能和耐火极限可按本规范有关四级耐火等级建筑的要求确定。

11.0.2　建筑采用木骨架组合墙体时，应符合下列规定：

1　建筑高度不大于 18m 的住宅建筑、建筑高度不大于 24m 的办公建筑和丁、戊类厂房（库房）的房间隔墙和非承重外墙可采用木骨架组合墙体，其他建筑的非承重外墙不得采用木骨架组合墙体；

2　墙体填充材料的燃烧性能应为 A 级；

3 木骨架组合墙体的燃烧性能和耐火极限应符合表

11.0.2 的规定，其他要求应符合现行国家标准《木骨架组合墙体技术规范》GB/T 50361 的规定。

表 11.0.2 木骨架组合墙体的燃烧性能和耐火极限（h）

构件名称	建筑物的耐火等级或类型				
	一级	二级	三级	木结构建筑	四级
非承重外墙	不允许	难燃性 1.25	难燃性 0.75	难燃性 0.75	无要求
房间隔墙	难燃性 1.00	难燃性 0.75	难燃性 0.50	难燃性 0.50	难燃性 0.25

11.0.3 甲、乙、丙类厂房（库房）不应采用木结构建筑或木结构组合建筑。丁、戊类厂房（库房）和民用建筑，当采用木结构建筑或木结构组合建筑时。其允许层数和允许建筑高度应符合表 11.0.3-1 的规定，木结构建筑中防火墙间的允许建筑长度和每层最大允许建筑面积应符合表 11.0.3-2 的规定。

表 11.0.3-1 木结构建筑或木结构组合建筑的允许层数和允许建筑高度

木结构建筑的形式	普通木结构建筑	轻型木结构建筑	胶合木结构建筑		木结构组合建筑
允许层数（层）	2	3	1	3	7
允许建筑高度（m）	10	10	不限	15	24

表 11.0.3-2 木结构建筑中防火墙间的允许建筑长度和每层最大允许建筑面积

层数（层）	防火墙间的允许建筑长度（m）	防火墙间的每层最大允许建筑面积（m²）
1	100	1800
2	80	900
3	60	600

注：1 当设置自动喷水灭火系统时.防火墙间的允许建筑长度和每层最大允许建筑面积可按本表的规定增加 1.0 倍。对于丁、戊类地上厂房，防火墙间的每层最大允许建筑面积不限。

2 体育场馆等高大空间建筑，其建筑高度和建筑面积可适当增加。

11.0.4 老年人建筑的住宿部分。托儿所、幼儿园的儿童用房和活动场所设置在木结构建筑内时，应布置在首层或二层。

商店、体育馆和丁、戊类厂房（库房）应采用单层木结构建筑。

11.0.5 除住宅建筑外，建筑内发电机间、配电间、锅炉间的设置及其防火要求，应符合本规范第 5.4.12 条～第 5.4.15 条和第 6.2.3 条～第 6.2.6 条的规定。

11.0.6 设置在木结构住宅建筑内的机动车库、发电机间、配电间、锅炉间，应采用耐火极限不低于 2.00h 的防火隔墙和 1.00h 的不燃性楼板与其他部位分隔，不宜开设与室内相通的门、窗、洞口，确需开设时，可开设一樘不直通卧室的单扇乙级防火门。机动车库的建筑面积不宜大于 $60m^2$。

11.0.7 民用木结构建筑的安全疏散设计应符合下列规定：

1 建筑的安全出口和房间疏散门的设置，应符合本规范第 5.5 节的规定。当木结构建筑的每层建筑面积小于 $200m^2$ 且第二层和第三层的人数之和不超过 25 人时，可设置 1 部疏散楼梯。

2 房间直通疏散走道的疏散门至最近安全出口的直线距离不应大于表 11.0.7－1 的规定。

表 11.0.7－1 房间直通疏散走道的疏散门至最近安全出口的直线距离（m）

名　称	位于两个安全出口之间的疏散门	位于袋形走道两侧或尽端的疏散门
托儿所、幼儿园、老年人建筑	15	10
歌舞娱乐放映游艺场所	15	6
医院和疗养院建筑、教学建筑	25	12
其他民用建筑	30	15

3 房间内任一点至该房间直通疏散走道的疏散门的直线距离，不应大于表 11.0.7－1 中有关袋形走道两侧或尽端的疏散门至最近安全出口的直线距离。

4 建筑内疏散走道、安全出口、疏散楼梯和房间疏散门的净宽度，应根据疏散人数按每 100 人的最小疏散净宽度不小于表 11.0.7－2 的规定计算确定。

表 11.0.7－2 疏散走道、安全出口、疏散楼梯和房间疏散门每 100 人的最小疏散净宽度（m/百人）

层　数	地上 1～2 层	地上 3 层
每 100 人的疏散净宽度	0.75	1.00

11.0.8 丁、戊类木结构厂房内任意一点至最近安全出口的疏散距离分别不应大于 50m 和 60m，其他安全疏散要求应符合本规范第 3.7 节的规定。

11.0.9 管道、电气线路敷设在墙体内或穿过楼板、墙体时。应采取防火保护措施，与墙体、楼板之间的缝隙应采用防火封堵材料填塞密实。

住宅建筑内厨房的明火或高温部位及排油烟管道等，应采用防火隔热措施。

11.0.10 民用木结构建筑之间及其与其他民用建筑的防火间距不应小于表 11.0.10 的规定。

民用木结构建筑与厂房（仓库）等建筑的防火间距、木结构厂房（仓库）之间及其与其他民用建筑的防火间距。应符合本规范第 3、4 章有关四级耐火等级建筑的规定。

表 11.0.10 民用木结构建筑之间及其与其他民用建筑的防火间距（m）

建筑耐火等级或类别	一、二级	三级	木结构建筑	四级
木结构建筑	8	9	10	11

注：1 两座木结构建筑之间或木结构建筑与其他民用建筑之间。外墙均无任何门、窗、洞口时。防火间距可为 4m；外墙上的门、窗、洞口不正对且开口面积之和不大于外墙面积的 10% 时，防火间距可按本表的规定减少 25%。

2 当相邻建筑外墙有一面为防火墙。或建筑物之间设置防火墙且墙体截断不燃性屋面或高出难燃性、可燃性屋面不低于 0.5m 时，防火间距不限。

11.0.11　木结构墙体、楼板及封闭吊顶或屋顶下的密闭空间内应采取防火分隔措施，且水平分隔长度或宽度均不应大于 20m，建筑面积不应大于 300m²，墙体的竖向分隔高度不应大于 3m。

轻型木结构建筑的每层楼梯梁处应采取防火分隔措施。

11.0.12　木结构建筑与钢结构、钢筋混凝土结构或砌体结构等其他结构类型组合建造时，应符合下列规定：

1　竖向组合建造时，木结构部分的层数不应超过 3 层并应设置在建筑的上部，木结构部分与其他结构部分宜采用耐火极限不低于 1.00h 的不燃性楼板分隔。

水平组合建造时，木结构部分与其他结构部分宜采用防火墙分隔。

2　当木结构部分与其他结构部分之间按上款规定进行了防火分隔时，木结构部分和其他部分的防火设计，可分别执行本规范对木结构建筑和其他结构建筑的规定；其他情况，建筑的防火设计应执行本规范有关木结构建筑的规定。

3　室内消防给水应根据建筑的总高度、体积或层数和用途按本规范第 8 章和国家现行有关标准的规定确定，室外消防给水应按本规范有关四级耐火等级建筑的规定确定。

11.0.13　总建筑面积大于 1500m² 的木结构公共建筑应设置火灾自动报警系统，木结构住宅建筑内应设置火灾探测与报警装置。

11.0.14　木结构建筑的其他防火设计应执行本规范有关四级耐火等级建筑的规定，防火构造要求除应符合本规范的规定外，尚应符合现行国家标准《木结构设计规范》GB 50005 等标准的规定。

学校课桌椅功能尺寸

GB/T 3976—2002

1　范围

本标准规定了学生用木制和钢木课桌椅以及木制学前儿童桌椅的大小型号、功能尺寸、分配使用及其他卫生要求。

本标准适用于生产加工大、中、小学校及托幼机构课桌椅的各类生产企业，大、中、小学校及托幼机构参照执行。

2　引用标准

下列标准所包含的条文，通过在本标准中引用而构成为本标准的条文。本标准出版时，所示版本均为有效。所有标准都会被修订，使用本标准的各方应探讨使用下列标准最新版本的可能性。

GB 6675 1986 玩具安全

QB/T 391 6 1999 课桌椅

3　品种与型号

课桌和课椅各分为 10 种大小型号，如表 1。

表 1　中小学校课桌椅的品种与型号

课　桌	课　椅
1 号	1 号
2 号	2 号
3 号	3 号
4 号	4 号
5 号	5 号
6 号	6 号
7 号	7 号
8 号	8 号
9 号	9 号
10 号	10 号

4　课桌

4.1 课桌的尺寸

见图 1、图 2 及表 2 的规定。

表 2　中小学校课桌的尺寸　　　　　　　　　　　　　　　　　　　　　mm

尺寸名称	1 号	2 号	3 号	4 号	5 号	6 号	7 号	8 号	9 号	10 号
桌面高（h_1）	760	730	700	670	640	610	580	550	520	490
桌下净空高 1（h_2）	≥630	≥600	≥570	≥550	≥520	≥490	≥460	≥430	≥400	≥370
桌下净空高 2（h_3）	≥490	≥460	≥430	≥400	≥370	≥340	≥310	≥280	≥250	≥220
桌面深、桌下净空深 1（t_1）	400									
桌下净空深 2（t_2）	≥250									
桌下净空深 3（t_3）	≥330									
桌面宽（b_1）	单人用 600，双人用 1 200									
桌下净空宽（b_2）	单人用≥440，双人用≥1 040									

4.2 桌面

桌面可为平面，也可为坡面；可为固定式，也可为向上翻转式。坐人侧向下倾斜 0°～12°角，

233

该侧桌缘高度与平面桌 h₁ 相同。

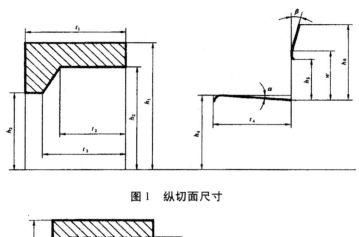

图 1　纵切面尺寸

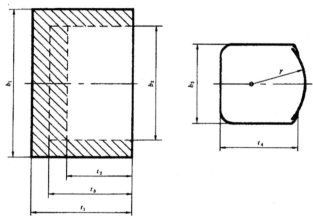

图 2　平面尺寸

4.3 桌下净空和桌下构件

桌面下可设搁板或屉箱，$h_1 \sim h_2$ 之间开口的高度不小于 80 mm。桌下方，在 $t_1 \sim t_3$ 之间，可设不高于 125 mm 的横向构件，也可不设。桌侧方设挂钩时，钩端不超出桌侧缘之外。

5　课椅

5.1 课椅的尺寸

见图 1、图 2 及表 3 的规定。

表 3　中小学校课椅的尺寸　　　　　　　　　　　　　mm

尺寸名称	1 号	2 号	3 号	4 号	5 号	6 号	7 号	8 号	9 号	10 号
座面高（h_4）	440	420	400	380	360	340	320	300	290	270
靠背上缘距座面高（h_6）	340	330	320	310	290	280	270	260	240	230
靠背点距座面高（w）	220	220	210	210	200	200	190	180	170	160
靠背下缘距座面高（h_5）	180	180	170	170	160	160	150	140	130	120

尺寸名称	1号	2号	3号	4号	5号	6号	7号	8号	9号	10号
座面有效深（t_4）	380	380	380	340	340	340	290	290	290	260
座面宽（b_3）	≥360	≥360	≥360	≥320	≥320	≥320	≥280	≥280	≥270	≥270

5.2 椅座面

椅座面向后下倾斜 0°～2°角（图1，α）。座面沿正中线如呈凹面时，其曲率半径在 500 mm 以上。座面前缘及两角钝圆。

5.3 椅靠背

靠背点以上向后倾斜，与垂直面之间呈 6°～12°角（图1，β）。靠背面的前凸呈漫圆（图1），上、下缘加工成弧形。靠背凹面的曲率半径（图2，γ）在 500 mm 以上。靠背下缘与座面后缘之间留有净空。

注：靠背点是在椅正中线上，靠背向前最凸的点。它是计算靠背上、下缘高度的基础，使靠背支承在肩胛下角下的腰

背部位。

6　产品技术要求及试验方法

6.1 桌面高、座面高的允许误差范围为±2 mm，靠背点距座面高的允许误差范围为±15mm，其他尺寸误差见 QB/T 3916 的规定。

6.2 材料要求、工艺要求、漆膜理化性能要求、力学性能要求及试验方法见 QB/T 391 6 的规定。钢木课桌椅的桌面、座面及靠背三个部位为木制件。漆膜色调浅淡、均匀，接近天然木色。

7 产品标志

按本标准生产的课桌和课椅，附着永久性标牌，按表4标明型号及学生身高范围。标牌的颜色也符合表4的规定。

表4　课桌椅各型号的标准身高、身高范围及颜色标志　　　　　　　　　　mm

课桌椅型号	桌面高	座面高	标准身高	学生身高范围	颜色标志
1号	76	44	180.0	173～	蓝
2号	73	42	172.5	165～179	白
3号	70	40	165.0	158～172	绿
4号	67	38	157.5	150～164	白
5号	64	36	150.0	143～157	红

课桌椅型号	桌面高	座面高	标准身高	学生身高范围	颜色标志
6 号	61	34	142.5	135~149	白
7 号	58	32	135.0	128~142	黄
8 号	55	30	127.5	120~134	白
9 号	52	29	120.0	113~127	紫
10 号	49	27	112.5	~119	白

注 1 标准身高系指各型号课桌椅最具代表性的身高。对正在生长发育的儿童青少年而言，常取各身高段的中值。

    2 学生身高范围厘米以下四舍五入。

    3 颜色标志即标牌的颜色。

8　分配使用

8.1 学校预置课桌椅时，要根据当地学生学年中期乃至末期的身高组成比例状况，参照表5及附录A（提示的附录），确定各种大小型号的数量。

表5　学校预置课桌椅的参考型号

学　校	选用范围	选用型号数量
高　中	1、2、3.4 号	一或两种型号，不超过三种
初　中	2、3、4、5、6 号	至少两种型号（四年制至少三种）
小　学	4、5、6、7、8、9、10 号	至少三种型号

按表4规定的身高范围，计算现用课桌椅对学生身高的符合率（符合人数占被调查人数的百分比）。

8.2 课桌椅在教室里的排列，最前排课桌前缘与黑板的水平距离不小于2 m，最后排课桌后缘与黑板的水平距离：小学不大于8m，中学不大于8.5m。教室最后设不小于60 cm的横向走道。纵向走道宽度均不小于55 cm。课桌端部与墙面的距离不小于12 cm。

8.3 一个教室可预置1~3种型号的课桌椅（见附录A），矮的在前，高的在后。同号课桌与课椅相匹配，这是普遍原则，只有极少数有特殊情况的学生可例外。

第二篇　学前儿童桌椅

9　品种与型号

儿童桌和儿童椅各分为6种大小型号，见表6。

表 6　儿童桌椅的品种与型号

幼 1 号	幼 1 号
幼 2 号	幼 2 号
幼 3 号	幼 3 号
幼 4 号	幼 4 号
幼 5 号	幼 5 号
幼 6 号	幼 6 号

10　儿童桌

10.1 儿童桌的主要尺寸，见表 7。

10.2 桌面不要倾斜角度。桌面可为方形、长方形、圆形、梯形、扇形，等等。

10.3 桌面下不设放置书物用的搁板、抽屉等，桌下净空内也不设踏板及其他构件。

表 7　儿童桌椅的主要尺寸　　　　　　　　　　　　　　　　mm

尺寸名称	幼 1 号	幼 2 号	幼 3 号	幼 4 号	幼 5 号	幼 6 号
桌面高（h_1）	520	490	460	430	400	370
桌下净空高（h_2）	≥450	≥420	≥390	≥360	≥330	≥300
座面高（h_4）	290	270	250	230	210	190
座面有效深（h_4）	290	260	260	240	220	220
座面宽（b_3）	270	270	250	250	230	230
靠背上缘距座面高（h_6）	240	230	220	210	200	190
靠背下缘距座面高（h_5）	130	120	120	110	100	90

注：参见图 1、图 2。

11　儿童椅

11.1 儿童椅的主要尺寸，见表 7。

11.2 座面平，或向后下倾斜 2°角以内。

11.3 靠背从垂直面向后倾斜 6°角以内。靠背曲率半径在 500 mm 以上（参见图 2）。

12 产品技术要求及试验方法

12.1 桌面高、座面高的允许误差范围为±2 mm，其他尺寸误差见 QB/T 3916 的规定。

12.2 儿童桌椅为木制品，产品技术要求及试验方法见 GB/T 3916 的规定。

12.3 座面和靠背面不加装软垫。

12.4 幼儿园、托儿所不采用钢木结构桌椅，也不采用折叠式或翻板式桌椅。

12.5 儿童桌椅的外表和内表以及儿童手指可触及的隐蔽处，均不得有锐利的棱角、毛刺以及小五金部件露出的锐利尖端。

12.6 儿童桌椅的涂层、漆膜，同对玩具的要求一样，不含有过量的有毒物质，符合 GB 6675 的规定。色调浅谈，柔和。

12.7 一把儿童椅的质量，在幼儿园不超过 2.5 kg，在托儿所不超过 2.0 kg。

13 产品标志

按本标准生产的儿童桌和儿童椅，附着永久性标牌，按表 8 标明型号和儿童身高范围。标牌颜色也符合表 8 的规定。

表8 儿童桌椅各型号的标准身高、身高范围及颜色标志   cm

幼1号	52	29	120.0	113~	紫
幼2号	49	27	112.5	105~119	白
幼3号	46	25	105.0	98~112	橙
幼4号	43	23	97.5	90~104	白
幼5号	40	21	90.0	83~97	白
幼6号	37	19	82.5	75~89	白
注 1 标准身高系指各型号课桌椅最具代表性的身高。对正在生长发育的儿童青少年而言，常取各身高段的中值。					
2 儿童身高范围厘米以下四舍五入。					
3 颜色标志即标牌的颜色。					

14 分配使用

14.1 根据当地儿童身高组成状况预置儿童桌椅。亦可只选用单号或只选用双号。

14.2 托儿所、幼儿园里的儿童椅，个人专用，附贴儿童可辨认的图片或名签。

第三篇高等院校课桌椅

15 品种

在高等院校中只设一种高度的课桌椅，男女通用，品种如下：

a）固定式课桌椅；

b）非固定式课桌和课椅。

16 高校固定式课桌椅

适用于阶梯教室，也适用于坡面或平面教室。课桌椅固定于教室地面。多人用。主要尺寸，见表9。

表 9　高校固定式课桌椅的主要尺寸　　　　　　　　　　　　　mm

尺寸名称	尺寸	说　明
桌面高（h_1）	730 ± 10	
桌面深（t_1）	350	
每个席位桌面宽（b_1）	600	
桌下净空高（h_2）	≥620	
桌下净空深（t_2、t_3）	≥300	
座面高（h_4）	410 ± 10	使 $h_1 - h_4 ≤ 320$ mm
座面有效深（t_4）	360	
靠背上缘距座面高（h_6）	≥340	或与后排桌前侧一体化
靠背点距座面高（$ω$）	210	靠背点以上向后倾斜6°～10°角。
靠背下缘距座面高（h_5）	170	
坐人侧桌缘与靠背点之间的水平距离	420	
每套课桌椅前后长	810～850	

注：参见图1、图2。

17　高校非固定式课桌和课椅

适用于平面教室。课桌单人用或双人用。课椅单人用。主要尺寸，见表10。

表 10　高校课桌和课椅的主要尺寸　　　　　　　　　　　　　mm

尺寸名称	尺寸
桌面高（h_1）	730 ± 10
桌下净空高1（h_2）	≥600
桌下净空高2（h_3）	≥460
桌面深、桌下净空深1（t_1）	400
桌下净空深2（t_2）	≥050
桌下净空深3（t_3）	≥330

尺寸名称	尺寸
桌面宽（b_1）	单人用600，双人用1 200
桌下净空宽（b_2）	单人用≥440，双人用≥1 040
座面高（h_4）	410±10
靠背上缘距座面高（h_6）	340
靠背点距座面高（ω）	210
靠背下缘距座面高（h_5）	170
座面有效深（t_4）	380
座面宽（b_3）	≥360

注 1 h_1 和 h_4 的具体选用，使 $h_1 - h_4 \leq 320$ mm。

2 参见图1、图2。

18 产品技术要求及试验方法

同本标准第一篇第6章。

附录 A
（提示的附录）
中小学校选用课桌椅型号示例

A1 北方某大城市城区某些中小学校预置课桌椅时，各年级教室配备的型号，见表 A1。

表 A1

学 校	教 室	课桌椅型号	
		第一种办法	第二种办法
高 中	一、二、三各年级教室	2 号	1、2、3 号
初 中	三年级教室	2 号	2、3 号
	二年级教室	2 号	2、3 号
	一年级教室	3 号	3、4 号

学　校	教　室	课桌椅型号	
		第一种办法	第二种办法
小　学	六年级教室	4 号	4 号
	五年级教室	5 号	5 号
	四年级教室	6 号	6 号
	三年级教室	7 号	7 号
	二年级教室	8 号	8 号
	一年级教室	8 号	8 号

注

1　第一种办法是每个教室预置一种型号，易于管理。

2　第二种办法是在第一种办法的基础上，有些教室调换进少量相邻的一、二种型号，课桌椅对学生身高的符合率可有所上升。但在管理上应避免桌与椅不同型号匹配的混乱。

3　此外，小学也可简化为 4、6、8 三种型号，但符合率相对较低。

A2 西南某省乡村某些中小学校预置课桌椅时，各年级教室配备的型号，见表 A2。

表 A2

学　校	教　室	课桌椅型号	
		第一种办法	第二种办法
高　中	一、二、三各年级教室	3 号	2、3、4 号
初　中	三年级教室	3 号	3、4 号
	二年级教室	4 号	4 号
	一年级教室	4 号	4 号
小　学	六年级教室	5 号	5 号
	五年级教室	6 号	6 号
	四年级教室	7 号	7 号
	三年级教室	8 号	8 号
	二年级教室	9 号	9 号
	一年级教室	9 号	9 号

注：此外，小学也可简化为 5、7、9 三种型号。

盲学校建筑设计卫生标准

GB/T 18741—2002

1 范围

本标准确定了盲学校建筑设计的基本原则和应满足的具体要求。

本标准适用于城市、农村，新建、改建和扩建的盲学校建筑设计。附设于其他特教学校的盲生特殊教育班的设计可参照使用。

2 引用标准

下列标准所包含的条文，通过在本标准中引用而构成为本标准的条文。本标准出版时，所示版本均为有效。所有标准都会被修订，使用本标准的各方应探讨使用下列标准最新版本的可能性。

GBJ 99—1986 中小学校建筑设计规范

JGJ 50 1988 方便残疾人使用的城市道路和建筑物设计规范

特殊教育学校建设标准（试行）（教计〔1994〕162 号）

3 定义

本标准采用下列定义。

3.1 视力残疾 visual handicapped

由于各种原因导致双眼视力障碍或视野缩小，而难做到一般人所从事的工作、学习或其他活动。视力残疾包括盲与低视力两类。

盲分一级盲及二级盲。一级盲为好眼的最佳矫正视力低于 0.02；或视野半径小于 5 度。二级盲为好眼的最佳视力等于或优于 0.02 而低于 0.05；或视野半径小于 10 度。

低视力 一级低视力为好眼的最佳矫正视力等于或优于 0.05 而低于 0.1。二级低视力为好眼的最佳矫正视力等于或优于 0.1 而低于 0.3。

3.2 盲学校 school for the blind

为视力残疾儿童、青少年举办的由学前班、小学、初中及高中组成的进行文化教育和职业技能训练的教育机构。

3.3 点字（盲字或盲文）braille

专供盲人使用的拼音文字，字母由 6 个各种排列的凸点组成，用手摸读，是一种触读文字。

3.4 触感标志 tactitle sign（s）

利用盲人触觉敏感的特点，以脚或手的触觉来辨别所触物体表面所提示的信息，如在盲生通行的道路、建筑物内外的地面、墙面、栏杆、扶手、门边、柱等处设置传达给盲人信息的标志性符号、点字或特殊构件等。

3.5 触感地砖 tactile floor tile（s）

铺设在通道上的具有凸起的直线或点的地砖（见附录 A），即盲人在导盲路上用脚的触感可感知前进、停步、转换方向等信息的标志物。

3.6 建筑容积率 building volume rate

建筑容积率是总建筑面积与总用地面积之比；它是控制建筑用地和环境质量的重要技术经济指标。

4　盲学校建筑设计卫生标准

4.1 选址与总平面设计

4.1.1 选址

4.1.1.1 参见《特殊教育学校建设标准》（教计［1 994］162 号）第一条的规定。

4.1.1.2 学校用地范围内不应有无防护的渠道穿越校区；学校用地周边，不应有无防护设施的河流、明渠、池塘或地势高差变化复杂的地段。

4.1.1.3 校址应选择在远离噪声源的安静地区。

4.1.2 学校用地

4.1.2.1 参见《特殊教育学校建设标准》（教计［1994］162 号）第三条的规定。

4.1.2.2 在有条件的学校，应设置体育活动室及游泳池、康复训练场地及定向行走训练场地等。

4.1.3 学校总平面设计

4.1.3.1 新建、改建和扩建的学校，必须先进行学校总平面规划，经有关部门批准后可一次或分期建设。

4.1.3.2 学校总平面布置应按教学区、生活区、体育活动区等进行布局，做到：功能明确、布局合理、流线清楚、联系方便、易于辨识、利于疏散。

4.1.3.3 学校主要教学用房，必须安排在校内静区，该区并为日照、采光、通风、防噪声等最佳区域。

4.1.3.4 教学用房的组合应紧凑、集中，教学楼应临近校园前庭广场；校园内各栋建筑或一栋建筑几个体部间的距离、校内建筑与相邻校外建筑的距离，应符合规划、消防及卫生部门的有关规定。

4.1.3.5 校园规划必须对人、车流线系统进行合理安排；道路系统应简明便捷、车辆活动范围应有所限制，以保障盲生日常的安全活动与通行、紧急时的安全疏散。

4.1.3.6 校园内道路应创造无障碍通行环境，路面应铺设导盲触感地砖；道路两侧种植的树丛应为软性无刺无毒灌木。

4.1.3.7 教学用房分散布置时，各主要建筑之间应设廊相连，道路高差处应设不陡于 1：1 2 坡度的坡道。

4.1.3.8 最大限地创造良好校园环境，使盲生更多地接触自然、认识自然；尽量利用建筑小品、庭园绿化等手段美化校园，丰富校园空间。

4.1.3.9 当学校的某些组成部分向社会开放或学校安排职业教育、实习等设施时，其位置应便于来校人员、车辆的通行而不影响学校正常活动与学习。

4.2 主要教学用房的设计

4.2.1 主要教学用房的组成与平面组合

4.2.1.1 盲校教学用房的组成，应根据学校规模、教学要求及条件，设置下列各种教学用房的全部或一部；普通教室、语言教室、地理教室、计算机教室、直观教室、直观教具室、音乐教室、实验室、手工教室、资源教室、生活及劳动教室、劳技教室、体育康复训练室等。

4.2.1.2 普通教室应设于教学楼内最安静部位，并保证有良好的日照、采光及当地最佳朝向；各专用及公用教学用房的位置，应布置在经常利用的年级附近。

4.2.1.3 教学用房的平面组合应分区明确、组合简单、流线顺畅、使用方便、易于辨识和利于疏散。

4.2.2 盲校教学用房的设计应满足的要求

4.2.2.1 各房间名称标牌应统一设置在门的中部或开启一侧墙面上。

4.2.2.2 各教学用房应采用推拉门、下腰窗、不得设置门槛和弹簧门。

4.2.2.3 各教学用房如设置阳台其室内外高差，应采用斜坡连接，阳台栏杆高度不得低于 1 100 mm。

4.2.2.4 各教学用房应设置黑板、讲台、清洁用具柜、窗帘盒、银幕挂钩、广播音箱、教室前后墙设电源插座；有条件的学校应在室内某一部位设洗手盆或水池。沿普通教室后墙尚应设置存放学生携带品格架及盲文书柜。

4.2.2.5 各教学用房的电源开关应一律设于房间门开启一侧的内墙墙壁上，采用按键式（垂直设置）开关；其高度及与门的距离应全校一致；教室墙面设置的电源插座，应一律设置在某一固定位置并选用安全插座。

4.2.2.6 各教学用房课桌椅的布置均应能直接就座，不应采用跨座就位的布置形式。

4.2.2.7 严寒及寒冷地区的各种教学用房内设置散热器时，应加设利于散热的防护罩，附有防护罩散热器的外边缘距墙面按 200mm 计算。

4.2.2.8 室内外设置的独立柱、突出的壁柱、墙角等所形成的方角，应做成圆角，其表面材料应采用光滑易清洗材料饰面。

4.2.3 盲校各种教室的课桌尺寸及座位布置形式

4.2.3.1 普通教室单人课桌的尺寸为 500 mm×800 mm，各专用教室（除计算机教室及语言教室）的单人课桌为 600 mm×800 mm，实验桌与手工课桌前缘及左右两侧缘均应设置高度不大于 50 mm 的挡板。

4.2.3.2 课桌成行成排面向黑板布置的形式 如普通教室、语言教室等，各纵向走道宽度不应小于 600 mm，前后排课桌（或学习桌）之间的净距离不应小于 500 mm，各种教室第一排课桌（或学习桌）的前缘距前墙面均不应小于 2 000 mm，后排学生座椅靠背距后墙面不宜小于 1 000 mm，当沿后墙面布置各种橱柜或水池时，后排学生座椅靠背距橱柜或水池等外边缘的距离不应小于 1 400 mm。

4.2.3.3 课桌呈 U 形的布置形式如实验室、手工教室等（见附录 B）。学生就座应沿墙通行及就位，墙面与课桌间的距离不应小于 1 000 mm；如沿墙设有仪器柜、教材教具柜、范品展示柜或水池时，则橱柜或水池等外边缘与课桌的距离不应小于 1 600 mm；距黑板最近的课桌侧缘，距教室前墙面不应小于 2 000mm。

4.2.4 普通教室

4.2.4.1 盲生的普通教室的座位布置应符合附录 B 中 B1。

4.2.4.2 小学低年级及接纳有重复残疾学生的教室应设于底层。

4.2.4.3 低视力生的普通教室应设置能调整桌面角度的课桌，每桌应配备可调亮度、角度的曲臂台灯。

4.2.4.4 低视力生普通教室应设置较完备的电教设施、放大阅读器、计算机、暗窗帘、黑板灯等。台灯的电源线，应埋入地板下不得在地面上敷线。

4.2.5 实验室

4.2.5.1 化学实验室的设计应符合以下要求：

1）实验室应设于底层。

2）实验桌一侧应设两人共用或一人独用（见附录 B 中 B2）的水池，但不应采用集中设置的水池。

3）教师用实验桌的规格，不应小于 2 400 mm×600 mm，并应设水池。

4）实验室应在窗顶部及窗底部各设一组排气风扇或设置桌式通风装置。

4.2.5.2 物理实验室的设计，应符合以下要求：

1）室内应设集中式水池，水池周边地面应铺设宽度为 600 mm ~ 800 mm 具有吸水性能的踏垫。

2）实验室除设一般遮挡直射阳光的窗帘外，尚应设置遮光的厚窗帘。

3）不同电压的电源线，应在楼地板内连通到各实验桌。

4.2.5.3 生物实验室的设计，应符合以下要求：

1）实验桌旁宜设置双人用水池。

2）实验室内除设于顶棚的照明灯外，尚应在实验桌上设置不产生直接眩光的局部照明灯。

3）实验室向阳面应设置不小于 250 mm 宽的窗台及阳台。

4）沿室内后墙应设置生物标本陈列柜及实验器材柜。

4.2.6 手工教室

4.2.6.1 手工教室课桌布置形式可按需要灵活组合。

4.2.6.2 手工教室设计应符合以下要求：

1) 沿后墙应设置存放展示范品、学生作业及存放半成品等玻璃柜橱。

2) 教室内应设置集中式水池。

3) 低视力生用的手工教室，应在课桌上配备局部照明灯具。

4) 教室内配备有机械加工的电动设备时，其位置不应影响通行及操作的安全，对易于发生安全事故的电动加工机具在其周边应设有防护设施。

5) 准备室应设置存放范品、精密加工机具的存储空间，并设水池及工作台等。如有泥工作业时应设泥库、搅拌和泥机、压制机及配有动力电源。

4.2.7 地理教室

4.2.7.1 室内座位布置，可单桌排列，亦可四桌合并呈小组学习形式等排列方式（见附录 B 中 B2）。

4.2.7.2 地理教室的设计，应符合以下要求：

1) 沿内墙及后墙应留有较大陈列空间、陈列上课时可摸读的地球仪及多种立体地图等，并应设置存放模型、标本等展示台、柜橱或格架。

2) 室内应严密门窗缝隙及采取有效措施，防止灰尘侵入。

3) 准备室内应设有大工作台，存放加工机具、教材、制作及修补用材料的空间与设施。

4.3 办公和生活服务用房的设计

4.3.1 办公用房的设计

a) 办公用房的设计，参见《特殊教育学校建设标准》（教计〔1994〕162 号）第 11 条的规定。

b) 卫生保健室的设计，参见 GBJ 99 的规定。

c) 卫生保健室除按规定设置间数外，根据条件可另设一间观察室。

4.3.2 生活服务用房的设计

4.3.2.1 生活服务用房有厕所、饮水处、学生宿舍、食堂、淋浴室等。

4.3.2.2 盲校厕所的设计应符合下列规定：

1) 学校各教学用房中每层均需设置厕所，当男女厕所相邻布置时，其左右位置的安排应全校统一，内部布置形式及规格全校应统一。

2) 厕所应位于有良好通风及天然采光条件之位置。

3) 在一、二年级教室相邻处设专用卫生间，内设大、小便器，小浴盆（或池），水池，拖布池等。

4) 厕所内便器数量：教学楼及宿舍内厕所厕位计算按男女生各占二分之一比例设置，女生每 20 人设一个大便器，男生每 40 人设一个大便器及一个小便器（或 1 000 mm 长小便池），但男女厕所厕位数量均不得少于 2 个大便器。

5) 男女厕所均应设置前室，前室内设洗手池、拖布池、地漏等；当教室内未设置洗手池时，应设独立洗手间（或扩大厕所前室）男女厕所各设置不少于 2 个水龙头的洗手池或洗手盆。

6) 厕所内大便器隔间应采用低隔断、内开门，大便隔间尺寸不应小于 900mm × 1400 mm；大便器两侧应设不高于 15 mm 的足形踏板；各隔间外门处应设触感标志；大便器冲水装置，宜采用固定位置的手动控制器。

7）厕所内地面应采用防滑面层。

4.3.2.3 饮水处的设计应符合以下要求：

1）饮水处的设计，参见 GBJ 99 的规定；

2）饮水处周边地面应有吸水防滑设施，并应设有地漏。

4.3.2.4 学生宿舍的设计应符合以下要求：

1）学生宿舍的设计参见 G BJ 99 的规定。

2）学生宿舍的居室，应以单层床 4 人间为主要布置形式，室内应安排存放学生学习及生活用品的设施或空间。

4.3.2.5 学生食堂的设计应符合以下要求：

1）学生食堂的设计，参见 GBJ 99 的规定。

2）学生食堂应采用学生固定餐桌，食堂工作人员送饭菜至各餐桌的就餐形式。

3）食堂应按学校规模设置足够的就餐位置，餐桌之间通道应能满足送饭菜推车通行的宽度。

4）食堂地面应采用防滑面层。

4.3.2.6 淋浴间的设计应符合以下要求：

1）更衣间的存衣柜，应设有点字触感标志。

2）淋浴间地面应设防滑面层。

3）供水方式，宜采用适于淋浴的温水单管供水系统，不宜采用自调冷热水的供水方式。

4.4 各类用房的面积指标、层数与层高

4.4.1 学校主要用房的面积指标，应符合表 1 的规定。

4.4.2 层数

有条件的地区应建楼房。教学楼、办公楼及学生宿舍的层数不宜超过四层，其他食堂、多功能活动室等可建平房。

4.4.3 建筑物耐火等级及结构

盲校楼房的耐火等级不应低于二级、平房不低于三级；

建筑结构体系，一般应以混合结构与钢筋混凝土结构为主，建筑物必须保证坚固、安全。

4.4.4 建筑物层高

学校各种用房的层高，应符合表 2 的规定。

表1　学校主要用房的使用面积

用房名称	使用面积/m²		房间数量/个		房间参考尺寸（轴线）/（mm×mm）
	9班	18班	9班	18班	
普通教室	54	54	9	18	6 900×8 400
音乐教室	61	61	1	2	7 200×9 000
	40	40	1	1	7 200×600
地理教室、计算机教室	61	61	1	1	7 200×9 000
语言教室、直观教室	61	61	1	1	7 200×9 000
手工教室、实验室、直观教具室	6l	61	2	3	7 200×9 000
生活与劳动教室	77	77	2	2	7 500×10 800
劳技教室	77	77	2	2	7 500×10 800
体育康复训练室	77	77	1	1	7 500×10 800
多功能活动室	120	180	1	1	
盲文阅览室	61	61	1	1	7 200×9 000
低视视听阅览室	61	61	1	2	7 200×9 000
资源教室	77	77	1	1	7 500×10 800

注：1　表中所列面积为一个教室的面积。

　　2　表中所列面积不包括辅助用房面积。

表2　建筑物层高

普通教室、专用教室、图书阅览室	≥3.4
多功能活动室	≥3.9
行政办公用房	≥3.0
学生宿舍	≥2.8
食堂厨房	≥3.6

4.5 交通空间与疏散

4.5.1 交通空间的设计应符合以下规定：

a）各种教学及生活用房的布局、水平与垂直交通联系空间的组织，应易于辨别、利于记忆。

b）各交通空间的流线、宽度、面积、形状及位置，应有利于正常顺利通行，紧急时的安全疏散。

c）在通行道路上如有高差变化时，应设置不陡于 1：12 坡度的坡道；在室外考虑轮椅使用的坡道应设置 1：15～1：20 坡度的坡道，当必须设置踏步且其踏步数量超过三步时，应在踏步两侧设不低于 900mm 高的扶手。

d）各教学楼入口处的高差，除设置踏步外，尚应设置坡道；建筑物与联廊、联廊与道路，各联结处的高差均应以斜坡连接。

4.5.2 门厅、过厅、走廊

4.5.2.1 门厅、过厅、走廊内不应设置踏步。

4.5.2.2 走廊两侧的墙面上应设连续的靠墙扶手；门厅、过厅应设有通向楼梯、走廊或房间的导盲路见附录 A 中 A2。

4.5.2.3 走廊、过厅、门厅、建筑物出入口均应设置疏散标志，在紧急情况下沿疏散道路应设有诱导疏散方向的音响设施。

4.5.2.4 走廊、楼梯梯段应设有触感标志及醒目色彩的中心线。

4.5.2.5 设置在走廊，卫生间等处的垃圾管道，宜采用脚踏式开关；垃圾管道不得占用走道的宽度。

4.5.3 楼梯及坡道

4.5.3.1 楼梯间设置的位置、数量、宽度等，应符合《建筑设计防火规范》的有关规定。

4.5.3.2 楼梯间应有直接采光，不应采用弧形及旋转楼梯。

4.5.3.3 楼梯踏步不得采用无踢面板的踏步及有突缘的踏面板，楼梯段净宽度不应小于 1 200 mm（见附录 A 中 A3）。

4.5.3.4 楼梯两个梯段间的楼梯井净宽度不应超过 200 mm。

4.5.3.5 楼梯扶手应在踏步两侧连续设置，并与走廊两侧设置的扶手相接；楼梯扶手下部应设栏板；扶手端部应向墙转 90°角。

4.5.4 通行道路上的触感标志

4.5.4.1 在校园各通道上敷设的导盲触感地砖，分停步地砖及导向地砖，地砖图案尺寸见标准 JGJ 50，具体的组合形式见附录 A 中的 A1。

4.5.4.2 在建筑物出入口、房间门设置的触感标志见附录 A 中的 A2。

4.5.4.3 在楼梯间、坡道设置的触感地砖及在楼梯扶手设置的触摸点字标志，其具体位置见附录 A 中的 A3。

4.6 室内环境

4.6.1 采光

盲校各种教学用房的采光，应来自学生座位的左侧，课桌面的天然采光系数为 3%，玻地比不应小于 1：4。

4.6.2 照明

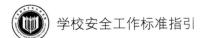

学校各教学用房工作面上平均照度不应低于 300 1x，黑板面上的垂直照度不应低于 500 1x，照度的均匀度不应低于 0.7，照明设计计算照度时，照度补偿系数应为 1.3。

4.6.3 采暖

学校各教学用房的冬季室内应采用热水采暖，其设计温度不得低于 18℃。

4.6.4 换气

学校各年级教学用房的室内换气次数为每节课可换气一次。

4.6.5 室内允许噪声级

学校各种教学用房的室内允许噪声级不应大于 40 dB（A）。

建筑内部装修设计防火规范

GB 50222—1995

1 总则

1.0.1 为保障建筑内部装修的消防安全，贯彻"预防为主、防消结合"的消防工作方针，防止和减少建筑物火灾的危害，特制定本规范。

1.0.2 本规范适用于民用建筑和工业厂房的内部装修设计。本规范不适用于古建筑和木结构建筑的内部装修设计。

1.0.3 建筑内部装修设计应妥善处理装修效果和使用安全的矛盾，积极采用不燃性材料和难燃性材料，尽量避免采用在燃烧时产生大量浓烟或有毒气体的材料，做到安全适用，技术先进，经济合理。

1.0.4 本规范规定的建筑内部装修设计，在民用建筑中包括顶棚、墙面、地面、隔断的装修，以及固定家具、窗帘、帷幕、床罩、家具包布、固定饰物等；在工业厂房中包括顶棚、墙面、地面和隔断的装修。

注：（1）隔断系指不到顶的隔断。到顶的固定隔断装修应与墙面规定相同；

（2）柱面的装修应与墙面的规定相同。

（3）兼有空间分隔功能的到顶橱柜应认定为固定家具。

1.0.5 建筑内部装修设计，除执行本规范的规定外，尚应符合现行的有关国家标准、规范的规定。

2 装修材料的分类和分级

2.0.1 装修材料按其使用部位和功能，可划分为顶棚装修材料、墙面装修材料、地面装修材料、隔断装修材料、固定家具、装饰织物、其他装饰材料七类。

注：（1）装饰织物系指窗帘、帷幕、床罩、家具包布等；

（2）其他装饰材料系指楼梯扶手、挂镜线、踢脚板、窗帘盒、暖气罩等。

2.0.2 装修材料按其燃烧性能应划分为四级，并应符合表 2.0.2 的规定：

表 2.0.2　装修材料燃烧性能等级

等级	装修材料燃烧性能
A	不燃性
B1	难燃性
B2	可燃性
B3	易燃性

2.0.3 装修材料的燃烧性能等级，应按本规范附录 A 的规定，由专业检测机构检测确定。B3 级装修材料可不进行检测。

2.0.4 安装在钢龙骨上燃烧性能达到 B1 级的纸面石膏板，矿棉吸声板，可作为 A 级装修材料使用。

2.0.5 当胶合板表面涂覆一级饰面型防火涂料时，可做为 B1 级装修材料使用。当胶合板用于顶棚和墙面装修并且不内含电器、电线等物体时，宜仅在胶合板外表面涂覆防火涂料；当胶合板用于顶棚和墙面装修并且内含有电器、电线等物体时，胶合板的内、外表面以及相应的木龙骨应涂覆防火涂料，或采用阻燃浸渍处理达到 B1 级。

注：饰面型防火涂料的等级应符合现行国家标准《防火涂料防火性能试验方法及分级标准》的有关规定。

2.0.6 单位重量小于 300G/m^2 的纸质、布质壁纸，当直接粘贴在 A 级基材上时，可做为 B1 级装修材料使用。

2.0.7 施涂于 A 级基材上的无机装饰涂料，可做为 A 级装修材料使用；施涂于 A 级基材上，湿涂覆比小于 1.5kg/m^2 的有机装饰涂料，可做为 B1 级装修材料使用。涂料施涂于 B1、B2 级基材上时，应将涂料连同基材一起按本规范附录 A 的规定确定其燃烧性能等级。

2.0.8 当采用不同装修材料进行分层装修时，各层装修材料的燃烧性能等级均应符合本规范的规定。复合型装修材料应由专业检测机构进行整体测试并划分其燃烧性能等级。

2.0.9 常用建筑内部装修材料燃烧性能等级划分，可按本规范附录 B 的举例确定。

3　民用建筑

3.1 一般规定

3.1.1 当顶棚或墙面表面局部采用多孔或泡沫状塑料时，其厚度不应大于

15mm，且面积不得超过该房间顶棚或墙面积的 10%。

3.1.2 除地下建筑外，无窗房间的内部装修材料的燃烧性能等级，除 A 级外，应在本章规定的基础上提高一级。3.1.3 图书室、资料室、档案室和存放文物的房间，其顶棚、墙面应采用 A 级装修材料，地面应采用不低于 B1 级的装修材料。

3.1.4 大中型电子计算机房、中央控制室、电话总机房等放置特殊贵重设备的房间，其顶棚和墙面应采用 A 级装修材料，地面及其他装修应采用不低于 B1 级的装修材料。

3.1.5 消防水泵房、排烟机房、固定灭火系统钢瓶间、配电室、变压器室、

通风和空调机房等，其内部所有装修均应采用 A 级装修材料。

3.1.6 无自然采光楼梯间、封闭楼梯间、防烟楼梯间及其前室的顶棚、墙面和地面均应采用 A 级装修材料。

3.1.7 建筑物内设有上下层相连通的中庭、走马廊、开敞楼梯、自动扶梯时，其连通部位的顶棚、墙面应采用 A 级装修材料，其他部位应采用不低于 B1 级的装修材料。

3.1.8 防烟分区的挡烟垂壁，其装修材料应采用 A 级装修材料。

3.1.9 建筑内部的变形缝（包括沉降缝、伸缩缝、抗震缝等）两侧的基层应采用 A 级材料，表面装修应采用不低于 B1 级的装修材料。

3.1.10 建筑内部的配电箱不应直接安装在低于 B1 级的装修材料上。

3.1.11 照明灯具的高温部位，当靠近非 A 级装修材料时，应采取隔热、散热等防火保护措施．灯饰所用材料的燃烧性能等级不应低于 B1 级．

3.1.12 公共建筑内部不宜设置采用 B3 级装饰材料制成的壁挂、雕塑、模型、标本，当需要设置时，不应靠近火源或热源。

3.1.13 地上建筑的水平疏散走道和安全出口的门厅，其顶棚装饰材料应采用 A 级装修材料，其他部位应采用不低于 B1 级的装修材料。

3.1.14 建筑内部消火栓的门不应被装饰物遮掩，消火栓门四周的装修材料颜色应与消火栓门的颜色有明显区别。

3.1.15 建筑内部装修不应遮挡消防设施、疏散指示标志及安全出口，并不应妨碍消防设施和疏散走道的正常使用。因特殊要求做改动时，应符合国家有关消防规范和法规的规定。

3.1.15．A 建筑内部装修不应减少安全出口、疏散出口和疏散走道的设计所需的净宽度和数量。

3.1.16 建筑物内的厨房，其顶棚、墙面、地面均应采用 A 级装修材料。

3.1.17 经常使用明火器具的餐厅、科研试验室，装修材料的燃烧性能等级，除 A 级外，应在本章规定的基础上提高一级。

3.1.18 当歌舞厅、卡拉 OK 厅（含具有卡拉 OK 功能的餐厅）、夜总会、录像厅、放映厅、桑拿浴室（除洗浴部分外）、游艺厅（含电子游艺厅）、网吧等歌舞娱乐放映游艺场所（以下简称歌舞娱乐放映游艺场所）设置在一、二级耐火等级建筑的四层及四层以上时，室内装修的顶棚材料应采用 A 级装修材料，其他部位应采用不低于 B1 级的装修材料；当设置在地下一层时，室内装修的顶棚、墙面材料应采用 A 级装修材料，其他部位应采用不低于 B1 级的装修材料。

建筑照明设计标准（节选）

GB 50034—2013

5.3.7　教育建筑照明标准值应符合表5.3.7的规定。

表5.3.7　教育建筑照明标准值

房间或场所	参考平面及其高度	照度标准值（1x）	UGR	U_0	R_a
教室、阅览室	课桌面	300	19	0.60	80
实验室	实验桌面	300	19	0.60	80
美术教室	桌面	500	19	0.60	90
多媒体教室	0.75m 水平面	300	19	0.60	80
电子信息机房	0.75m 水平面	500	19	0.60	80
计算机教室、电子阅览室	0.75m 水平面	500	19	0.60	80
楼梯间	地面	100	22	0.40	80
教室黑板	黑板面	500 *		0.70	80
学生宿舍	地面	150	22	0.40	80

注：＊指混合照明照度。

教学仪器设备安全要求玻璃仪器及连接部件

GB 21749—2008

1　范围

本标准规定了以玻璃为主要材料的教学仪器设备和连接部件的安全要求和使用安全要求。

本标准适用于学校用的以玻璃为主要材料的教学仪器设备和连接部件。本标准仅涉及玻璃仪器及连接部件的安全而不涉及其他特性，如式样和安全以外的其他特性。

本标准不适用于医疗机构的玻璃医疗仪器。

2　规范性引用文件

下列文件中的条款通过在本标准的引用而成为本标准的条款。凡是注明日期的引用文件，其随后所有的修改单（不包括勘误的内容）或修订版均不适用于本标准，然而，鼓励根据本标准达成协议的各方研究是否可使用这些文件的最新版本。凡是不注明日期的引用文件，其最新版本适用于本标准。

GB/T 601　化学试剂　标准滴定溶液的制备

GB/T 603　化学试剂　试验方法中所用制剂及制品的制备

GB/T 1408.1　绝缘材料电气强度试验方法第1部分：工频下的试验

GB/T 4545　玻璃瓶罐内应力检验方法

GB/T 4547　玻璃容器　抗热震性和热震耐久性试验方法

GB/T 5137.1—2002　汽车安全玻璃试验方法　第1部分：力学性能试验

GB/T 6552—1986 玻璃瓶罐抗机械冲击试验方法

GB/T 6580—1997　玻璃耐沸腾混合碱水溶液　浸蚀性的试验方法和分级

GB/T 6582—1997　玻璃在98～C耐水性的颗粒试验方法和分级

GB/T 10701　石英玻璃热稳定性检验方法（neq ISO718：1982）

GB/T 12806—1991　实验室玻璃仪器　单标线容量瓶

GB/T 15726　玻璃仪器内应力检验方法

GB/T 15728　1995　玻璃耐沸腾盐酸浸蚀性的重量试验方法和分级

GB/T 16920　玻璃　平均线热膨胀系数的测定（eqv ISO 7991：1987）

GB/T 18144—2000　玻璃应力测试方法

3　术语和定义

下列术语和定义适用于本标准。

3.1　击穿距离　breakdown distance
绝缘材料中连接两带电件的直线距离。

3.2　实验室玻璃仪器　laboratory vitreous equipment
主要在教学实验中使用的常用玻璃仪器和精细玻璃仪器。

3.3　教学仪器设备上的玻璃零部件　vitreous parts for teaching instrument
在机械、电子等其他教学仪器设备上的以玻璃为材质的零部件。

3.4　连接部件　attachments
用于连接玻璃仪器和作为玻璃仪器接口，以玻璃为材质的零部件（附属件）。

4　机械性安全要求

4.1　机械强度

4.1.1　在使用中可能受到机械冲击的玻璃瓶罐类容器和教学仪器设备上玻璃零部件，应能抗不小于 0.6J 的机械冲击，试验方法按 GB/T 6552—1986 的有关规定。

4.1.2　应对教学仪器上的玻璃零部件所受荷载进行综合分析，得出玻璃所受的总应力值，与该种玻璃的设计应力和机械强度进行比较，对长期负荷，应使设计应力为实际应力的 6 倍～10 倍。

玻璃材料的抗张强度、抗弯强度、抗压强度和抗冲击强度（钢化玻璃）试验方法按附录 A（规范性附录）。

4.1.3　教学仪器上的玻璃零部件安装固定时应采用面接触，并应使玻璃零部件均匀受力，避免点接触，避免对玻璃零部件施加超过设计的应力。安装时需密封的部位应使用软性密封材料，保护玻璃的边缘不受损。

4.1.4　承受压力的玻璃仪器应规定使用环境条件，避免潮湿。在使用时无法避免潮湿时，设计的强度应提高 3 倍～4 倍。

4.1.5　承受压力的玻璃仪器的应规定复用次数。

4.2　玻璃容器的最小壁厚

制造具有内压力容器和真空器件时，玻璃容器壁厚应符合式（1）：

$$S = \frac{PD_n}{2E} \tag{1}$$

式中：S——玻璃容器壁厚，单位为毫米（mm）；

P——允许使用最大压强，单位为帕（Pa）；

D_n——玻璃容器内径，单位为毫米（mm）；

E——长期负荷的抗张强度，取（6～10）×E_0，E_0 为抗张强度试验的值，按式 A.1。

4.3　内应力

4.3.1　实验室玻璃仪器的内应力的双折射光程差，一般不应大于 120nm/cm，最大不应大于 180nm/cm。

4.3.2　教学仪器上玻璃零部件的内应力，承受压力部件的最大不应大于 80 nm/cm（双折射光程差，下同），非承受压力的部件，最大不应大于 120 nm/cm，量器（滴定管除外）不应大于 100 nm/cm。

教学仪器中各种玻璃的允许应力见表 1。

表1　教学仪器中各种玻璃的允许应力

玻璃种类	允许应力（以光程差表示）/nm/cm
精密退火的光学玻璃	2～5
粗退火的光学玻璃	10～30
反光镜玻璃	20
平板玻璃	20～95
镜玻璃	30～40
玻璃管	120
瓶灌玻璃	50～180

注：表中光学玻璃不是指光学仪器。

4.3.3　退火玻璃仪器内应力测试方法按 GB/T 15726，玻璃瓶罐内应力试验按 GB 4545。

4.3.4　钢化玻璃、半钢化玻璃和化学钢化玻璃的内应力测试按 GB/T 18144—2000 中的 4.1（表面应力测试）。

4.3.5　对两种膨胀系数相差较大（一般在 $6.0\times10^{-6}/℃$ 以上时）的玻璃进行封接时，应考虑采用一种或几种过渡封接玻璃，最后使两种膨胀系数接近的玻璃管封接在一起。

4.3.6　玻璃制品在加工完了以后，应及时进行退火。壁薄与壁厚的大直径玻璃管（毛细管）对接后，应马上进行简单的退火。

4.3.7　面积大的夹层接头（包括环形接头）封接部位应充分烧熔。大直径平底上封接多种单接头，或距离靠近的多种环形接头的玻璃制品，一接头完成后应及时作退火处理，然后再封接第二头。

4.4　玻璃仪器的线热膨胀系数

4.4.1　需用明火加热的玻璃仪器及零部件的线热膨胀系数，在 20℃～300℃ 范围内应小于 $3.4\times10^{6}/℃$。

4.4.2　线热膨胀系数大于 $6.0\times10^{-6}/℃$ 的玻璃器皿不能加热。

4.4.3　玻璃仪器的线热膨胀系数测定按 GB/T 16920。

4.5　玻璃仪器的表面缺陷

4.5.1　玻璃仪器或零部件不应有以下缺陷：

a）有裂纹（有折光），表面有崩损缺口、擦毛、严重擦伤的；

b）有气泡（直径大于 6 mm 为 1 个或直径为 1 mm～6 mm 的超过 3 个、直径 1 mm 以下能看见的每平方厘米多于 5 个）、薄皮、密集气线、结石、节瘤、积水条纹、直棱线、铁屑的；

c）有缩颈、歪颈、塌肩、凸底、折皱、兜口、玻滴、飞边、白印、玻璃丝、铁屑、粘痕、粘料印、模子印、碰模印、水斑印、剪刀印、铁锈等缺陷的；

d）磨砂器件有光斑和粗砂印缺陷的；

e）表面风化（小斑点、变松、发毛、失透）的。

4.5.2　承受压力或需直接在火焰上加热的玻璃仪器应单独包装，有柔软材料衬垫，运输时要轻拿轻放。

注：承受压力的玻璃仪器指在实验时需充气、抽气或承受其他压力的玻璃仪器，或仪器上的玻璃零部件。

4.6　机械性伤害防护

4.6.1　教学仪器上的玻璃面板、线尺寸在 200 mm 以上的窗口玻璃、玻璃管等零部件，应考虑破裂对人体造成的伤害，并采取安全措施。

4.6.2　玻璃导管的端部应经过圆口处理。

4.7　玻璃与金属封接

4.7.1　封接时，玻璃与金属的热膨胀系数相差一般不应大于 10%。

4.7.2　玻璃与金属封接时应尽量采用匹配封接（例如钨与钨组玻璃，钼与钼组玻璃等）。

4.7.3　当玻璃与金属的热膨胀系数相差很大时，金属应有良好的塑性和延展性（例如采用软的金属或把金属做成薄的形状），可采用机械封接。当封接后的零件不需耐高温时，可以采用金属焊料封接。

4.7.4　封接时，金属应经过清洁处理，或烧氢除气处理。

4.7.5　封接后，封接件应进行退火处理。

4.8　儿童玩教具中使用玻璃为材料的器件

4.8.1　儿童单独使用的玩教具中应尽量不使用玻璃材料。

4.8.2　当功能需要，必须使用以玻璃为材料的器件时，应有可靠的防护措施（例如外加塑料保护罩、玻璃器件有柔软材料作缓冲等）。防护措施应能增大强度，防止玻璃破碎，以及万一玻璃破碎后，将碎玻璃封在防护罩内，并且其结构应是儿童不易拆卸的。

4.8.3　当玩教具中有玻璃器件时，应在说明书中说明玻璃器件的位置、防护措施、使用注意事项和损坏后允许的更换件规格。

4.9　热稳定性

4.9.1　以钠钙玻璃和低硼硅玻璃为材料的玻璃仪器，应按 GB/T 4547 作抗热震性试验，直至破裂数达到预定百分数。预定百分数由产品标准确定。

4.9.2　石英玻璃及其制品应按 GB/T 10701 作热稳定性试验。

5　化学稳定性

5.1　一般玻璃瓶、小玻璃瓶、安瓿、烧瓶、烧杯、试管等玻璃容器的内表面耐水性能应达到 GB/T 6582—1997 的 HGB1 级，采用钠钙玻璃时不大于 HGB2 级。测试方法按 GB/T 6582。

5.2　电子玻璃耐水性按附录 B（规范性附录）。

5.3　玻璃仪器的耐酸性应不低于 GB/T 15728—1995 的 H2 级，测试方法按 GB/T 15728。

5.4　玻璃仪器的耐碱性应不低于 GB/T 6580—1997 的 A1 级，测试方法按 GB/T 6580。

6 电极安全距离

6.1 承受 10 kV 以上高压的玻璃仪器或部件，两电极间的距离 D_d 不小于

$$D_d \geqslant kd \tag{2}$$

$$d = \frac{U}{E_D} \tag{3}$$

式中：d——击穿距离，单位为毫米（mm）；

U——承受电压，单位为千伏（kV）；

E_d——玻璃的击穿强度，单位为千伏每毫米（kV/mm）；

k——系数。

当玻璃承受均匀电场（实际很难达到）时，k 可取 1.5~2.0，当玻璃承受非均匀电场时，k 可取 4.0~5.0。以上 k 的取值范围，一般应取上限或中间值，只有当尺寸所限时可取下限。如果在取下限后仍不能满足设计要求时，则应改换玻璃材料，选取较高 E_d 的材料。

6.2 击穿强度试验按附录 C（规范性附录），测试设备按 GB/T 1408.1。

7 连接部件

7.1 接口

7.1.1 规格

教学用玻璃仪器连接应使用标准磨砂接口。

锥形和球形标准磨砂接头的系列和数据按附录 D（规范性附录）。

7.1.2 锥形标准磨砂接头

7.1.2.1 锥形标准磨砂接头的大端直径系列见表 D1。

7.1.2.2 磨砂锥体的锥度为 1：10，相应的圆锥角 α = 5°43′29″ ±122″，斜度为 2°51′45″ ±62″，如图 1。小端直径按公式（4）计算：

$$d_1 = D - \frac{H}{10} \tag{4}$$

式中：d_1——磨砂接头锥体小端直径，单位为毫米（mm）；

D——磨砂接头锥体大端直径，单位为毫米（mm）；

H——锥体轴向长度，见公式（5），单位为毫米（mm）。

$$H = K_c \sqrt{D_1} \tag{5}$$

式中：H——锥体轴向长度，单位为 mm；

D——磨砂接头锥体大端直径，单位为 mm；

258

K_c——常数，分别组成表 D.1 中的四种系列（HP K_2、K_4、K_6、K_8）。

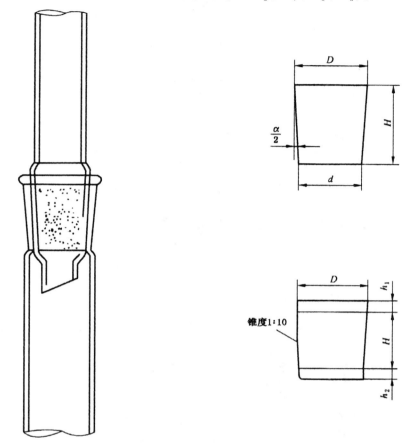

图 1　锥形标准磨砂接头

7.1.2.3　磨砂表面粗糙度（Rn）应不大于 1μm。

7.1.2.4　不涂油脂时的密合性

试验装置见图 2。当装置内压强为 50 kPa 时关闭抽气活塞，1 min 后记录第一次压力表读数，再过 5 min 后记录第二次压力表读数，使装置恢复大气压，取出接头，旋转 90°后重做上述试验。二次记录的压强差应不大于 1.3 kPa。

7.1.3　球形标准磨砂接头

7.1.3.1　球形标准磨砂接头的标称直径为 7、13、19、29、35、41、51、64、76、102（单位为 mm），结构如图 D.1。

7.1.3.2　磨砂表面粗糙度（Ra）应不大于 1μm。

7.1.3.3　不涂油脂时的密合性

试验装置见图 2。当装置内压强为 50 kPa 时关闭抽气活塞，1 min 后记录第一次压力表读数，再过 1 min 后记录第二次压力表读数，然后使装置恢复大气压，取出接头，旋转 90°后重做上述试

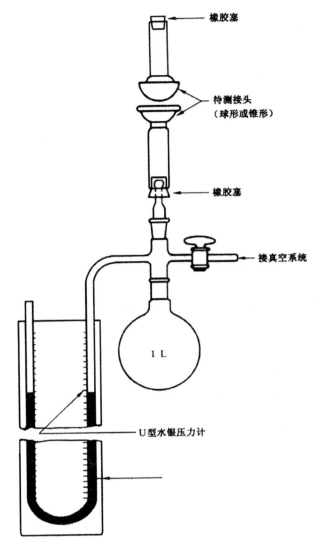

橡胶塞

待测接头
（球形或锥形）

橡胶塞

接真空系统

1 L

U型水银压力计

图 2　磨砂接头的密合性试验装置

验。二次记录的压强差：对 S13 及小于 S13 规格应不大于 0.93 kPa，对 S19 及大于 S19 规格不应大于 2.0 kPa。

7.2　连接部件

7.2.1　玻璃阀

7.2.1.1　玻璃阀的活塞均采用标准磨砂锥形塞，锥度为 1：10，要求按 7.1。

7.2.1.2　制造玻璃阀的材料（含单独使用的玻璃阀和含有玻璃阀的实验室玻璃仪器）应选用硼硅酸盐玻璃 3.3。

7.2.1.3　不涂油脂时的密合性

　　试验装置见图 3。当装置内压强为 50 kPa 时关闭阀门，1min 后记录第一次压力表读数，再过 1 min 后记录第二次压力表读数，然后使装置恢复大气压，取出接头，旋转 180°后重做上述试验。二次记录的压强差应不大于 0.93 kPa。

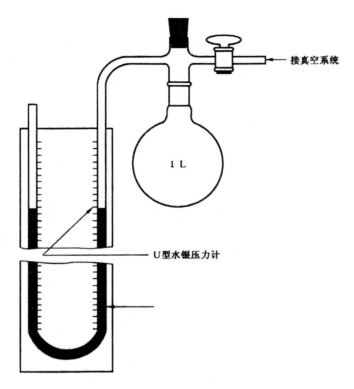

图3 阀门密封性试验装置

7.2.1.4 玻璃阀的形式参见附录E（资料性附录）。

7.2.2 管路部件

7.2.2.1 制造尺寸

制造玻璃阀的支管、变径接头、联接器和玻璃导管，外径应按照下列数系要求的尺寸，单位为毫米。数系为：5、6、7.1、8、9、10、11.2、12.5、14、16、18、20、22.4、25、28、31.5、35.5、40。

管壁厚度：外径为 8 mm 以下时，壁厚为 1 mm，外径为 8mm 以上时，管壁厚度不小于1.5 mm。

7.2.2.2 连接尺寸的选用

玻璃阀的支管、变径接头、联接器和玻璃导管与橡胶管的配接尺寸，应使玻璃阀的支管、变径接头、玻璃导管的外径比橡胶管的内径约大1mm。

7.2.2.3 与橡胶塞的连接

7.2.2.3.1 玻璃导管或其他玻璃部件与橡胶塞连接时，橡胶塞上的孔直径应比玻璃管外径小1 mm。

7.2.2.3.2 连接要求：

——橡胶塞上的孔应与橡胶塞的轴线平行，橡胶塞上孔的边缘应能将玻璃管围住；

——当玻璃管插入橡胶塞后，橡胶塞塞上玻璃仪器时进入玻璃仪器口的部分应在橡胶塞的1/3

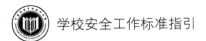

~2/3 范围内。

8　使用安全事项

8.1　实验室玻璃仪器一般使用安全事项按附录 F（规范性附录）。

8.2　实验室某些玻璃仪器使用安全事项按附录 G（规范性附录）。

教学仪器设备安全要求仪器和零部件的基本要求

GB 21748—2008

1　范围

本标准规定了学校和培训机构课堂教学和实验室用的仪器和零部件的安全质量要求以及机械性能、高温和低温、噪声和振动、电离辐射、非电离辐射和电气安全的附加要求。本标准仅涉及教学仪器零部件的安全而不涉及其他特性，如式样和特性。

本标准适用于学校和培训机构课堂教学和实验室用的仪器和零部件。

2　规范性引用文件

下列文件中的条款通过本标准的引用而成为本标准的条款。凡是注日期的引用文件，其随后所有的修改单（不包括勘误的内容）或修订版均不适用于本标准，然而，鼓励根据本标准达成协议的各方研究是否可使用这些文件的最新版本。凡是不注日期的引用文件，其最新版本适用于本标准。

GB 1002—1996　家用和类似用途单相插头插座型式、基本参数和尺寸

GB 2099.1　家用和类似用途插头插座　第一部分：通用要求（GB 2099.1—1996，eqv IEC60884－1：1994）

GB 2099.2　家用和类似用途插头插座　第二部分：器具插座的特殊要求（GB 2099.2—1997，eqv IEC 60884－2－2：1989）

GB/T 2887—2000　电子计算机场地通用规范

GB 2893—2001　安全色（neq ISO3864：1984）

GB 2894—1996 安全标志（neq ISO3864：1984）

GB 4208—1993 外壳防护等级（IP 代码）

GB 4343.2　电磁兼容家用电器、电动工具和类似器具的要求第 2 部分：抗扰度　产品类标准

（idt CISPR 14 - 2 - 97）

GB 4706.1　家用和类似用途电器的安全　第一部分：通用要求（GB 4706.1—2005，idt IEC 60335 - 1：2004）

GB 4706.19　家用和类似用途电器的安全　液体加热器的特殊要求（GB 4706.19—2004，idt IEC 60335—2—15：2000）

GB 4706.52　家用和类似用途电器的安全商用电炉灶、烤箱、灶和灶单元的特殊要求（GB 4706.52—2001，idt IEC 60335—2—36：1993）

GB/T 4723　印制电路用覆铜箔酚醛纸层压板（GB/T 4723—1992，neq IEC 249—2：1985）

GB/T 4724　印制电路用覆铜箔环氧纸层压板（GB/T 4724—1992，neq IEC 249—2：1987）

GB/T 4725—1992　印制电路用覆铜箔环氧玻璃布层压板（neq IEC 249—2：1987）

GB 4943—2001　信息技术设备的安全（eqv IEC 60950：1999）

GB 5083—1999　生产设备安全卫生设计总则

GB 6566　建筑材料放射性核索限量

GB 6675　2003　国家玩具安全技术规范

GB 6829　剩余电流动作保护器的一般要求

GB 7000.1—2002　灯具一般安全要求与试验（idt IEC 60598—1：1999）

GB 7000.10　固定式通用灯具安全要求（GB 7000.10 - 1999，idt IEC 60598 - 2 - 1：1979）

GB 7247.1—2001　激光产品的安全第 1 部分：设备分类、要求和用户指南（idt IEC 60825—1：1993）

GB/T 7261　继电器及装置基本试验方法

GB 7450　电子设备雷击保护导则

GB 8898—2001　音频、视频及其类似电子设备安全要求（eqv IEC 60065：1998）

GB 9175—1988　环境电磁波卫生标准

GB/T 9239.1　机械振动恒态（刚性）转子平衡品质要求　第 1 部分：规范与平衡允差的检验（GB/T 9239.1—2006，idt ISO 1940 - 1：2003）

GB 9254　信息技术设备的无线电骚扰限值和测量方法（GB 9254—1998，idt CISPR 22：1997）

GB 9364.6　小型熔断器第 6 部分：小型管状熔断体的熔断器座（GB 9364.6—2001，idt IEC 60127—6：1994）

GB 9816　热熔断体的要求和应用导则（GB 9816—1998，idt IEC 691：1993）

GB 10320　激光设备和设施的电气安全

GB 10434　作业场所局部振动卫生标准

GB 11 806　放射性物质安全运输规定

GB/T 11918 2001　工业用插头插座和耦合器第 1 部分：通用要求（idt IEC 60309 - 1：1999）

GB 12158　防止静电事故通用导则

GB 13028　隔离变压器和安全变压器技术要求

GB 13539.1　低压熔断器　第 1 部分：基本要求（GB 13539.1—2002，idt IEC 60269—1：1998）

GB 13539.3　低压熔断器第 3 部分：非熟炼人员使用的熔断器的补充要求（主要用于家用和类似用途的熔断器）（GB 13539.3—1999，idt IEC 60269－3：1987）

GB 14050　系统接地的型式及安全技术要求

GB 14196.1　家庭和类似场合普通照明用钨丝灯安全要求

GB 14196.2　家庭和类似场合普通照明用卤钨灯安全要求

GB/T 14472　电子设备用固定电容器　第 14 部分：分规范　抑制电源电磁干扰用固定电容器（GB/T 14472—1998，idt IEC 60384—14：1993）

GB/T 14623　城市区域环境噪声测量方法

GB 15092.1　2003 器具开关第 1 部分：通用要求（idt IEC 61058—1：2000）

GB 15219　放射性物质运输包装质量保证

GB 16179　安全标志使用导则

GB 17285　电气设备电源额定值的标记安全要求（GB 17285—1998，idt IEC 1293：1994）

GB 17465.1—1998　家用和类似用途的器具耦合器第一部分：通用要求

GB 17465.2—1998　家用和类似用途的器具耦合器第二部分：家用和类似设备用互连耦合器

GB/T 17618　信息技术设备抗扰度限值和测量方法（GB/T 17618　1998，idt CISPR 24：1997）

GB 17743　电气照明和类似设备的无线电骚扰特性的限值和测量方法

GB/T 18153—2000　机械安全可接触表面温度　确定热表面温度限值的工效学数据

GB 18217—2000　激光安全标志

GB/T 18268　测量、控制和实验室用的电设备电磁兼容性要求（GB/T 18268 2000，idt IEC 61326－1：1997）

GB 18528 2001　作业场所紫外辐射职业接触限值

GB 18581　室内装饰装修材料溶剂型木器涂料中有害物质限量

GB 19652　放电灯（荧光灯除外）安全要求（GB 19652—2005，idt IEC 62035：1999）

GB 21746—2008　教学仪器设备安全要求总则

GB 50222—1995　建筑内部装修设计防火规范3　术语和定义

下列术语和定义适用于本标准。

3.1　保护接地　protective earthing connection

为了防止因电器设备漏电，使人体接触金属外壳或框架时发生触电事故而进行的接地。

注：保护接地线的英文名称为　protective earthing conductor，通常用其缩写 PE 线。"接地"指通过专门的装置接大

地。保护接地适用于中性点不接地的低压电网。

264

3.2　保护接零　protective neutral connecting

中性点接地的电网中，为了防止由于单相对地电流较大，保护接地不能完全避免人体触电的危险，将电气设备的金属外壳或构架与电网的零线相连接。

注："零线"又称"中性线"。

4　安全质量要求

4.1　基本要求

4.1.1　课堂教学、培训中使用的教学仪器和零部件（以下简称"教学仪器"）在已有同类标准情况下确定安全要求的宽严度，对相应的安全标准的采用，在安全要求和经济利益发生矛盾时的优先考虑安全要求等方面按 GB 21746—2008。

4.1.2　教学仪器和零部件产品的设计对结构和使用的原材料应考虑使用者的不同年龄行为、反应方式、智力水平和接受能力；还应考虑使用对象的人体数据可及范围以及可以预料的那个年龄的使用者或其他使用者的误用。必要时，产品标准中应规定适用的年龄和使用限制。要充分考虑学生不同年龄段的心理、生理特点，做到安全、卫生、适用、美观。

4.1.3　教学使用的仪器和零部件应考虑在可能出现的各种最不利情况下能最大限度地保障安全，其结构设计应避免危险情况的发生或将危险程度降至最低，应采用直接、间接或指示性安全技术，其中直接安全技术具有最大的优先性。如果出于教学需要等技术原因不能实现有效的安全保护，就必须提供避免危险使用的操作说明和警示。

4.1.4　在确定采用何种设计方案时，应遵循4.1.5的优先次序。其中消除、预防和减弱是直接安全技术，隔离和联锁是间接安全技术，警告是提示性安全技术。

不应未考虑4.1.5.1~4.1.5.5各项技术措施而只使用提示性安全技术措施。

4.1.5　安全技术

4.1.5.1　消除

通过合理规划、设计和科学管理尽可能从根本上消除危害源。如采用无害原材料和无害实验方法等。

4.1.5.2　预防

当消除危害源有困难或不能完全消除危害源时，应采用预防性技术措施，防止危害发生。如采用熔断器、安全阀等。

4.1.5.3　减弱

在无法消除危害源且难以预防的情况下，应采用减小危害的措施，如采用低毒性物质代替高毒性物质，限制照射剂量等。

4.1.5.4　隔离

在无法消除、预防和减弱的情况下，应采用将人员与危害源隔离的措施，如使用防护罩、防护

屏等。

4.1.5.5 联锁

在可能的情况下，应采用联锁装置，使一旦操作者失误或仪器运行达到危险状态时，通过联锁装置终止危险运行。

4.1.5.6 警告

易发生故障和危险性较大的地方，或者在采取以上各种措施后仍存在残留的危险时，应配置醒目的识别安全警示标志，必要时可使用声、光或声光组合信号。

4.1.6 考虑教学仪器的安全性能，分析各种可能的产生危险的起因时不仅要考虑到按照预期使用和正常使用，而且还应考虑到可预见的合理滥用。

注："预期使用"、"正常使用"和"可预见的合理滥用"的定义见 GB 6675—2003 中的 A.3。

4.1.7 教学使用的仪器和零部件应按照相应的严酷度等级，规定仪器应有的安全性能并进行相应的试验。

4.1.8 教学仪器用的信号应避免下列缺陷：

　　a）缺乏应有的信号设施（例如指示电源接通、仪器正常工作和故障等）；

　　b）信号选用不当；

　　c）信号位置不当；

　　d）信号不清；

　　e）信号显示不准（不能正确、及时反映仪器的状态）。

4.1.9 显示部件

课堂教学演示仪器的显示屏和刻度显示部件，可分辨观测距离不小于 9 m；学生实验仪器的显示屏和刻度显示部件，可分辨观测距离不小于 0.3 m。

4.2 原材料

4.2.1 一般要求

产品所需的原材料，其物理性能和化学性能应满足设计和使用要求，并与制造商原材料的质量性能相一致。

4.2.2 有害材料

所使用的材料不能对人体生理上产生任何有害影响。如达不到这一要求，就应按 4.1.5 中的顺序采取安全技术措施。有害材料包括：

　　a）被污染的材料：

　　1）教学仪器的填充材料不应使用废料、受化学或生物污染的材料、含有害化学物或重金属超标的材料、破损后能产生粉尘或有害纤维的材料、易燃材料、含有虫卵等有害物的材料；

　　2）教学仪器应避免细菌、病毒、其他致病微生物或传染病媒介物的污染，并应避免选用致害动物或致害植物；

　　3）用医疗器材作为教学实验用时，不应使用医院使用过废弃的器材。应使用全新的器材，有器材的完好原包装。

b）教学仪器的涂料中重金属限量应符合 GB 18581。

c）绘画器具、颜料、化学玩具以及铅笔（含活动铅笔的铅芯）、蜡笔、粉笔中重金属限量应符合

GB 6675—2003 附录 C（规范性附录）。按 GB 6675—2003 附录 C 的方法试验。

4.2.3　耐老化材料

凡是由于材料老化可能使仪器性能降低而影响安全的部位，应选用有足够耐老化能力的材料。

4.2.4　耐高温、低温和非燃烧材料

4.2.4.1　工作时产生高温的仪器使用的材料不应因高温热源而熔化、弯曲、丧失强度或者着火，或者使用在高温下会炭化的有机材料；在工作温度下不应造成涂料和保护层损坏。

不应使用低温下易变质、易破碎的材料。

4.2.4.2　教学仪器应使用非燃烧材料或阻燃材料，除功能需要，易燃材料不应用作教学仪器的结构材料。不宜使用以下材料：

a）硝酸纤维或在火中具有同样特性的材料；

注：上述"同样特性"不包括色漆和清漆。

b）接近火源时会瞬时引燃的绒毛材料；

c）易燃气体不能用于充气；

d）燃烧后火焰蔓延速度大于 50 mm/s，或者燃烧时间大于 10 s 的材料。

4.2.5　抗腐蚀材料

凡是由于腐蚀可能影响仪器安全的部位，应选用有足够抗腐蚀能力的材料，或以其他方式采取足够的抗腐蚀措施。

4.2.6　材料强度

教学仪器用材（包括金属材料和非金属材料）的安全系数应不低于生产设备。

4.2.7　不适合使用的材料

a）老化、破损后能产生有害物质的材料（例如：玻璃纤维—环氧树脂复合材料）；

b）供小学生独立使用的器材，除十分必要，应尽量不用玻璃作材料。必须使用以玻璃作材料的器材时，应该有柔性包装，在可能的情况下应该用其他材料对玻璃加强，防止破碎或断裂，并在说明书中须有防止玻璃器材破碎伤人的警告说明；

c）当采用玻璃为材料时，应尽量采用不耀眼的和不易碎的玻璃；

d）供儿童用的器材、玩具或仪器，不应与食品（包括品尝的食品）混装。

注：以上"尽量"指只要有可能，就应这样做，下同。

4.2.8　消除或减弱材料变质的因素

根据材料的变质原因，在设计仪器时应进行选择和控制。选择指根据仪器的性能要求和使用环境选择材料，控制指采取措施消除或减弱使材料变质的因素，延长仪器和零部件的使用寿命，或合

理确定仪器和零部件的使用寿命及更换周期，以及确定所需的维护保养项目。

4.2.9 其他

教学仪器的材料还应符合 GB 5083—1999 中的 5.2。

5 教学仪器的机械性能附加要求

5.1 控制和调节件

5.1.1 控制调节部件在工作状态下不应对使用者带来伤害，调节功能应在产品上明确标出。

5.1.2 各种控制操作件及开关应耐用可靠，转换开关及旋钮应转动灵活、跳步清晰、定位准确。

5.2 结构

5.2.1 仪器上各种可展开及可伸缩的结构不应有对人员和有关仪器有危险影响的各种凸出的板块、锐角、边缘。

5.2.2 仪器和零部件的紧固方法应可靠。

5.2.3 在危险场合下使用的需移动产品，把手应做成埋入式的而不是拉伸式的。把手设置的位置应不会卡住其他装置、导线或凸出部位。凡是在可能的情况下，把手应设置在重心的上方。

5.2.4 质量的分布应易于仪器的搬运、装卸或定位。

5.2.5 各种安全阀、减压阀或其他的安全装置应调整到其规定值。

5.2.6 高速旋转部件的许用不平衡应符合 GB/T 9239。

5.2.7 在不妨碍使用性能时，宜限制运动部件的质量和速度，将操纵力限制在最低值。

5.2.8 仪器应避免在使用时或不使用时因故障造成穿透伤的危险因素，例如：

 a）因部件材料突然破裂；

 b）因截面积小的零部件突然弹出；

 c）在人员操作范围内，在其他部位有尖端，操作时不慎受到伤害；

 d）因故障，操作时其他部位有零部件弹出或飞出。

在教学仪器的设计定型和检测时，应充分考虑各种可能的情况，分析和试验是否存在危险因素。

5.2.9 预定置入口中的教玩具或元件，若能放入 $\varphi 31.75\ mm \times 57.15\ mm$ 的斜截正圆筒内，其结构应使在吹口上施加 $1 \times 10^4 Pa$ 的吸力时上述元件即使脱开，也不能脱离玩具。

5.2.10 操纵器、信号、显示器和控制系统按 GB 5083—1999 中的 5.5 和 5.6。

5.3 振动和冲击

5.3.1 仪器应能毫无损坏地经受住自身的振动或冲击，以及运输过程中所遇到的振动、冲击或可能遇到的其他条件。

5.3.2 仪器在运转过程中产生的振动不应达到使人产生不舒适感觉的程度。应通过适当的设计避开共振频率（避开共振频率的要求不含共振仪器）。

5.3.3　防冲击和隔振装置只能用在仪器的设计或制造难以满足规定的冲击和振动要求，或在冲击、振动可能是非惯性或破坏性的地方。

5.3.4　减振仪器不应以任何除了用专门设计的减振器以外的其他方式来安装。

5.3.5　冷却装置或其他任何附属装置（例如电缆、软管和其他）不应妨碍减振支架的良好工作。

5.3.6　支承件、固定夹具、导轨、电缆卡和安装螺钉等，应设计成能在最大加速度（例如预期运输条件下可能产生的最大加速度）条件下支撑住安装在其上的机件，并经得住偶然发生的误用情况。

5.4　旋转仪器

5.4.1　旋转仪器的安装架应具有足够的刚度和稳度。

5.4.2　与其他装置的机械连接运转的旋转仪器应安装适当，能防止损坏所连接的仪器、联轴器、安装它的结构或其他有关装置。

5.4.3　在运转过程中可能因冲击而受损坏或会造成人、物损伤的旋转仪器应装备有至少两套安全装置（例如硬式制动器、减振器、减压或气压缓冲器和流量限制器）。仪器应自动检测即将来临的损坏，并起动备用安全装置。所装的安全装置应通过试验，确保满足要求。

5.4.4　避免零部件在可变应力（主要是周期性应力）下产生疲劳，旋转件应校正静平衡和动平衡。

5.4.5　零部件

5.4.5.1　在仪器正常工作状态下，零部件不应脱落。

5.4.5.2　系统中的可能跌落或松动的物件、维修工具、碎片或移动的仪器，凡可能打坏或压坏关键的活动部组件时，应该用适当的板、网、罩或者其他防护装置进行防护。

5.4.5.3　应按照实际情况对活动机件采取多种形式的防护措施。

注：以上"实际情况"指为了防止由于各种因素可能产生的损坏，例如：水或液体渗漏；仪器上或仪器内的凝结水、过

热液体、易燃气体或液体；磨损；操作人员的失误动作；装卸或类似的危险。

5.4.5.4　应尽量采用沿任何方向安装都能正常工作的零件，在不容许零件错位或反安装的地方，应采用非对称性的安装设计（包括键和销）。

5.4.5.5　仪器的可动零部件按 GB 5083—1999 中的 6.1。

5.5　紧固件

5.5.1　在振动条件下，对安全有影响的零部件应采用防松措施，并应防止在振动或冲击时失去其接头的完整性或引起分离。

5.5.2　部件的紧固方法应使紧固件失效后不至于完全离开部件（设计是用一个紧固件连接的那些零件除外）。

5.5.3　在配合表面之间不应使用摩擦作为防止固定零件转动或移动的惟一方法。

5.5.4　活动连接部位应考虑材料的磨损，受力的活动连接部位应使用轴承。

5.5.5　非功能需要灵活更换的部件，应尽量使用螺钉、铆钉等方式固定。采用固定夹固定时，夹

持力最小应能承受仪器非正常使用时可能出现最大作用力。

5.5.6 要防止由于偶然使用太长的螺栓或螺钉而使机件损坏。

5.5.7 在下列情况下，不应使用防漏剂、密封胶或非金属的保持装置。

　　a）材料失效会危及人的健康或损坏设备；

　　b）保养或工艺条件会使材料变质；

　　c）要做拆卸并有可能超出紧固件的强度。

5.5.8 紧固的实施应根据材料和使用要求选择适当的方法。

5.5.8.1 螺栓、螺钉防松

5.5.8.1.1 在预期不会经常拆卸的地方应该用锁紧螺母代替弹簧垫圈。但是，如果螺丝材料与所用螺母的强度或材料不一致时，则应避免在螺丝装配件上使用锁紧螺母。

5.5.8.1.2 可以采用带开口销的开槽螺母。

5.5.8.1.3 在有螺栓或螺钉而不用螺母的地方，螺栓或螺钉应是锁紧式的，或用下列形式之一紧固：

　　a）螺栓或螺钉头之下用弹簧垫圈；

　　b）用锁紧垫圈或制动垫圈；

　　c）用螺纹密封胶；

　　d）用保险丝（最小直径为 0.8 mm）穿过带有小孔的螺栓头部。

5.5.8.2 螺栓和螺钉的紧固

　　在一般应用中，螺钉或螺栓的最少带入量要等于螺杆上部带螺纹部分的名义直径。当组件不经常拆卸时和在不要求有最大强度的地方，如果已采取了特别的措施保证符合所要求的条件，则可规定较少的螺纹带入量。

　　在高应力状态下应用时，螺钉或螺栓的最少带人量，应等于螺杆上部带螺纹部分的名义直径的1.5 倍。

　　在受力状态苛刻的情况下，应规定对螺纹组件用的合适扭矩值，并用扭矩测试或控制装置紧固带有螺纹的零件。

5.5.8.3 脆性材料的紧固

　　由脆性材料制成的铸件或零件在拧紧时，应有软材料垫子，以防破裂。在脆性零件和其他脆性零件或金属零件的其他端面之间应采用适当材料的和具有可压缩性的垫圈或密封垫片，以防在装配或转动过程中破裂或损坏，不应使用铅密封垫圈。

5.5.8.4 采用系留螺栓和螺母

　　在下列情况下应使用系留螺栓和螺帽。如螺栓、螺帽的掉落可能会损坏设备、产生困难的或危险的拆卸问题，或产生任何其他不安全情况，即：控制装置或其他可动装置有可能短路或卡住。

5.5.8.5 非金属材料的螺纹连接

　　非金属材料间或金属—非金属材料间用螺纹连接时，在非金属材料中应有金属螺母嵌件，并且应使嵌件不会脱出。一般不应使用金属和非金属相接触作为受力部位或活动部位的连接的结构件，如果需要这样连接，应对所用材料的强度、耐磨性、脆性和耐久性作充分的论证。

5.5.8.6　其他紧固方法

鼓励使用安全可靠，性能更好的其他紧固方法。

5.6

质量限值

5.6.1　操作及维修工作应不要求大的劳动强度。

5.6.2　背负仪器的质量及配置应不会降低操作人员的工作效能。

5.6.3　对质量大于表 1 中限值的仪器或零部，应在显著位置标以质量值和举起方法。所注的数据应清晰可见，而且应使人能识别出所注数据是指可拆卸部件还是整个仪器的重量。

表 1　由一人举起仪器或零部件质量的极限表

距地升高高度/m	1.5	1.2	0.9	0.6	0.3
产品最大质量/kg	16	23	29	36	38

5.7　锐角、飞边

5.7.1　在人员可能接近的金属制件、控制柜、抽屉、结构和组件上不应有锐角、凸出部位、锐角边、刺、粗糙的表面和飞边等。如果不能避免，则应加以防护。锐角的试验方法：按 GB 6675—2003 中试验锐利边缘的方法。

5.7.2　仪器上外露的锐角边应打钝。使用者在日常工作中所碰到或使用的大型仪器的外露拐角，应打磨到最小半径为 12.7 mm。

5.7.3　仪器零部件上特别是在操作区域内应尽量减少凸出物。必要的凸出物应在色泽上使视觉明显。螺钉应尽量用沉头。凸出物的边缘和棱角不应是锐利的。

5.8　标志和说明

5.8.1　仪器上应有表示仪器或部件状态的标志。例如，如果从检查口盖上打开口盖的方法不是显而易见的，则应在口盖的外边设永久性的说明标牌；当口盖放在检查口而未固定时，应有显而易见的警告标志。

5.8.2　在采取消除、减弱和防护的各项措施后，对仪器仍潜在的危险应设有警告标志。警告信号及颜色应符合 GB 16179。

5.8.3　在仪器使用和维修中必须注意某些规则时，则应提供通俗易懂使用和操作说明书，在指导性手册中应对各种潜在的机械危险作详尽的说明。

5.8.4　高速转动部件附近应有"禁止触摸"的禁止标志。

5.9　防护装置

5.9.1　安全防护装置的装设

仪器上存在不可能消除危险的区域时，应根据情况装设可靠的保护和安全装置，避免使用者触及到。

a）机械产品上高速运转的传动机构，应使用使人体不能直接进入危险区的防护罩；

b）作业场所需防止人体任何部位进入危险区域（例如机械伤害、灼烫、腐蚀、触电致伤危险等）应使用机械性隔离防护屏，这样的防护屏不适用于对辐射、噪声、毒性等危险因素的防护；

c）在仪器运转时外露的齿轮、风扇、皮带、支承架或其他往复运动的、旋转的、传动和活动的部件都应设有充分的安全防护罩；

d）在易产生碎片或尘埃和可能有飞甩物存在的情况下，应设有防护罩（网）、吸尘装置及回跳保险，防护罩的密度应能使飞甩物不能通过，对高速旋转及易飞出物的防护应符合 GB 50831999 中的 6.2；

e）防护罩不应挡住操作者观察仪器上的操作件和运动部件的视线；

f）在不能使用防护罩或防护屏的场合，应使用避免操作人员进入危险区域的联锁装置（例如：限位开关、急停开关、脚踏开关、超载限制器、力矩限制器、提醒预警装置和光线式联锁装置、感应式联锁装置、故障自动保险联锁装置等）。

5.9.2　教学仪器上如果有物体弹射出来，则应有相应的保护措施，例如使弹射物在某一封闭系统内，或者有防护罩，或者有接收弹射物的装置。发射子弹类的仪器不适合作为教玩具。

5.9.3　防护装置不应该妨碍在出故障后对会引起危险的机构进行检查。

5.9.4　当由于维修、调整、校准或其他理由需要接触到仪器的内部时，或需拆除和旁路任何安全装置时，应有可靠的锁定装置、联锁装置或停止装置，防止有危险的机组运转。此外应采取的措施是：

a）可靠的防误动作的锁定装置；

b）联锁装置应能在当作通道用的防护门、盖、面板或挡板打开时，使有危险的机组暂停使用。只

有经充分的分析表明不会带来严重伤害时，才能使用旁路的联锁装置。

5.9.5　仪器外壳上的铰接防护罩应装有可在打开位置上固定住的装置。

5.9.6　设计安全防护装置应符合 GB 5083—1999 中的 6.1.5 和 6.1.6。

5.9.7　若出于功能原因无法设置防护装置时，应在该部位标注明显的危险警告标志及工作状态指示。

5.10　非正常运转模式

当仪器进入设定、示教、过程转换、查找故障、清理或维修控制模式工作时，应采用能同时满足下列要求的手动控制模式保证安全：

a）使自动控制模式不起作用；

b）只有通过触发起动装置或手动操纵装置，才允许危险元件运转；

c）只有在加强安全的条件下（如降低转速、减小动力、点动及有限运动或其他适当措施）才允许危险元件运转；

d）应尽量限制接近危险区；

e）应使急停操纵器位于操作者可立即达到的范围内；

f）在控制位置应能看见携带式操纵装置或局部控制装置。

5.11 检查和维修

应符合 GB 5083—1999 中的 5.10。

6 高温和低温附加要求

6.1 高温

6.1.1 加热器

教学中用的加热器应符合以下要求：

a）使用时本身温度会升高的加热器，应有与桌面的绝热垫，绝热垫应选用非燃烧材料，或者桌面使用非燃烧材料制造，周围清理干净，与可燃物保持安全距离，安放牢固，避免倾斜和翻倒。

b）电加热器应使用橡胶绝缘导线电缆，不应使用聚氯乙烯绝缘导线电缆。

c）电加热器使用的插头、插座应符合 GB 2099.1 和 GB 2099.2，插头插座的额定电流应大于加热器的工作电流的 1.5 倍~2 倍。

6.1.2 热源和热表面

6.1.2.1 对热源应进行必要的防护。对周围设备的影响一般应考虑：

a）高温使仪器失准、性能改变、不能正常工作；

b）高温使控制系统失灵、仪器失控；

c）温度变化可能使零件产生不希望有的松动和黏连；

d）温度升高使电子设备缩短寿命、增加故障、绝缘损坏；

e）温度升高使压力容器内的压力增高而发生危险；

f）周围有因高温而熔化、弯曲、丧失强度或者着火的材料，有机材料的部件炭化；

g）温度升高使涂料和保护层损坏。

6.1.2.2 人员可能接触的，足以伤人的热表面外露时应有防护，当不可能设防护时应有"当心高温"的安全警告标志。

可接触表面温度应不高于 GB/T 18153—2000 接触时间在 10 s ~ 1 min 之间的烧伤阀（电炉、火炉、酒精灯等热源除外）。

6.2 低温

6.2.1 对仪器的低温部件应进行防护。

a）低温使仪器失准、性能改变，或不能正常工作；

b）低温使零件产生松动或断裂；

c）低温使供水系统被破坏，甚至引发事故；

d）燃油、冷却剂或润滑剂不适和在低温下工作；

e）因受低温影响，金属材料组织易变质和易破裂。

6.2.2 对能使人员接触时冻伤、组织坏死，或者可能使皮肤黏连和冻结的低温部件金属表面进行保护，当不可能保护时应有"当心低温"的安全警告标志。

6.3 高温和低温下的电气设备

应采取预防电气设备高温、低温和燃烧的措施。布置电线应规矩、合理、便于使用，电气及电气设备无污物及油脂，与灯火、易燃材料分开，使用最安全的清洁剂，电路中保险丝符合规格，保险丝盒及控制箱清洁密闭，电气设备合格、好用、无故障。接地牢固、清洁。易燃电缆应按有关规定采取阻火措施。应使电子设备工作时降低温度。

7 噪声和振动安全附加要求

7.1 噪声

7.1.1 产生噪声的各类教学仪器，都应在其产品标准中明确规定噪声的指标限值，并在设计中采取有效防治措施。

教学仪器产品要防止和尽量避免使用中产生高于 60 dB 噪声，因产品使用需要而不可避免的，产品上应有明显的安全标志和采取防护措施。

7.1.2 各类教学仪器发出的噪声限值如表2。表中 A、B、C 项指使用这些仪器时室内噪声。

表2 各类教学仪器发出的噪声限值

类别	主要特征	噪声限值/dB	其他要求
A	一般有机械运动的仪器	50	短时 60 dB
B	实验室内气源、气泵以及有声响的教学仪器	55	
C	电声类	70	邻近室内≤60 dB
D	接在音响设备上的配套耳机（音量开到最大时）	70	耳机为设备的附件时

7.1.3 噪声测量方法按 GB/T 14623。

7.2 振动

7.2.1 一般要求

教学仪器产品要防止和尽量避免使用中产生剧烈振动，首先应在振动源头处防止、控制或减小振动，当振动不可避免并超过允许的极限值时，应对人员和其他部件采取隔振措施。

7.2.2 振动源与人员的隔离

振动可能传递到操作人员手上的动力工具的把手，或者操作员必须长时间（每次超过几分钟）握住有振动的控制器，则应给控制器加装隔振设施。控制器应能在预期的振动环境下满意地完成各项功能。

7.2.3 局部振动的限值应符合 GB 10434。

7.3 降低噪声和振动的要求

见附录 E（规范性附录）。

8 电离辐射安全附加要求

8.1 电离辐射防护

8.1.1 操作人员的防护

操作人员的基本防护方法是减少外照射和防止内照射。

8.1.2 减少外照射应尽量缩短受照射的时间，要尽可能远离放射性物质，采用适当的防护屏障。

8.1.3 应防止放射性物质进入人体内形成内照射：

a）在操作放射性物质时，要防止放射性物质散发到空气中而被吸入体内；

b）在操作挥发性强的放射性物质或进行煮沸、烘干、蒸发操作时要在通风柜、手套箱中完成，室内要

有良好的通风，并调节气流使新鲜空气先经过操作人员的位置，而后把放射性物质携带走；

c）排出的空气要进行处理后才能排放到环境；

d）必要时操作人员可戴过滤口罩、防护衣，并且应定期对工作服、鞋子等保护用品进行净化处理；

e）操作时不应用口吸取放射性溶液，不在现场吃东西、喝水、吸烟。操作时要戴手套．皮肤有伤口时不应操作放射性物质；

f）工作结束时应对皮肤进行检查，对污染的部位进行清洗，达到容许水平时才能离开；

g）操作人员在维护和操作时，必须检查辐射源的屏蔽是否完整，以防出现任何微小裂隙使辐射泄漏；

h）在维修时，如果必须移动辐射源的屏蔽，只能由对有关危险有深刻了解的人员进行，工作结束

后，必须把屏蔽恢复原位。

8.1.4 材料屏蔽

含有 X 射线源和（或）γ 射线源的教学仪器，应对初级射线、漏出的射线、散射射线和缝隙泄漏进行屏蔽。

应注意在局部地方，例如在辐照室的沟、槽出口处，屏蔽层有裂缝或孔道的地方及利用阴影屏蔽的区域，往往可能会出现过高的辐射水平。必须注意阴影屏蔽、屋顶厚度、门窗（辐照室需要设计门窗时，不但应考虑门窗的位置和大小，而且应考虑射线从顶棚散射后，穿过窗户对附近环境的危害。屏蔽计算时，应对这些散射辐射在附近地区所产生的辐射水平进行验算）和不允许有直通缝隙。

应根据射线的活度和屏蔽材料的铅当量计算。观察窗应使用含铅玻璃或含铅有机玻璃屏蔽。

8.2 教学仪器中使用放射性材料

8.2.1 除非教学仪器的功能需要，不应因工艺需要而将放射性物质作为原材料使用。因功能需要使用含放射性物质的原材料时（例如放射性发光涂料），正常使用时个人受到的有效辐射剂量不应大于 $5.7 \times 10^{-2} \mu Sv/h$，并严禁摄入人体。含放射性原材料的部分应使用透明材料密封，应有如下警告：

本品含有放射性物质，严禁摄入，不要长时间使用，严禁拆开密封。

8.2.2 教学仪器用的无机非金属材料中的放射性物质限量应符合 GB 6566。

注：这里的无机非金属材料如花岗石、建筑陶瓷、石膏制品及其他新型材料等。

8.2.3 含放射性物质的教学仪器的运输应按 GB 11806 和 GB 15219。

8.3 放射性剂量限值

教师和学生照射的剂量限值应不超过表3。非教学和科研涉及辐射的教师和学习中不需接触到辐射的学生按公众照射剂量。

表3 教师和学生照射的剂量限值

照射情况		教师的剂量限值	学生的剂量限值	公众的剂量限值
连续 5 年	年平均有效剂量	20 mSv	—	特殊情况下，如果连续 5 年的年平均剂量不超过 1 mSv，则某一单一年份的有效剂量可高到 5 mSv
	任何 1 年中的有效剂量	50 mSv	—	
年有效剂量		–	6 mSv	1 mSv
眼晶体的年当量剂量		150 mSv	50 mSv	15 mSv
四肢（手和足）或皮肤的年当量剂量		500 mSv	150 mSv	50 mSv

8.4 电离辐射监测

8.4.1 使用无豁免权的辐射源的教学仪器，在使用环境中应配备电离辐射环境监测仪器。要经常测量外照射剂量和空气中、工作面上的放射性强度。若超过允许标准，则应立即停止工作并采取有效措施进行清理，直到符合标准规定。使用者应佩带电离辐射监测的个人用剂量计。

8.4.2 应定期对危险范围内人员进行体格检查，有不适应症者，不应参加此项工作。

8.4.3 教师在实验准备时允许剂量当量不应超过表4的值。超过表6职业性辐照极限最大容许剂量当量10%的场所应限制学生和未成年人进入的时间。

表4 辐射辐照极限

年限或部位	辐照极限/$10^{-2}Sv$
预期的年极限	—年 5

年限或部位	辐照极限/10^{-2}Sv
连续几周	十二周 3
回顾的年极限	一年内 10～15
N 岁年龄的长期累积	（N－18）×5
皮肤	一年 15
手	一年 75（25/季度）
前臂	一年 30（10/季度）
其他器官、组织和器官系统	一年 15（5/季度）
孕妇（考虑到胎儿）	妊娠期内 0.5
注 1：本表数据为职业性辐射当量综合的全身的最大容许剂量。	
注 2：非职业性辐射，包括学生和未成年人，都要限制在职业性辐射最大容许剂量当量的 10% 以内。	

8.5　若干实例

8.5.1　对仪器的要求

计算机用 CRT 显示器的 X 射线辐射量率：在距仪器外表面 50 mm 处用有效面积为 1 000 mm² 的辐射监测器测定仪器外任意一点的辐射量率，不应超过 5μSv/h。

8.5.2　计算机教室、AACV 型语言学习系统等仪器中使用的 CRT 显示器，宜按图 1a）方式安放。当用图 1b）方式安放时应使用含铅有机玻璃防护材料隔离。

注：图中表不教室中计算机或语百学习系统学生机排列的一部分，a）中的显不器是背对背排列的，b）中的显不器是按前后排排列的。

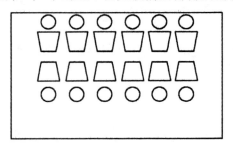
a)

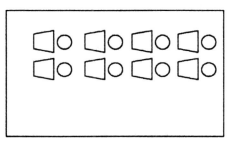
b)

注：图中表示教室中计算机或语言学习系统学生机排列的一部分，a)中的显示器是背对背排列的，b)中的显示器是按前后排排列的。

图 1　CRT 显示器的排列方式

8.5.3　X 射线演示仪器、冷阴极射线管、光谱管组、X 射线衍射仪和荧光分析仪等泄漏的 X 射线辐射量率：在距离仪器外表面 50 mm 处用有效面积为 1 000 mm。的辐射监测器测定仪器外任意一点的辐射量率，不应超过 50μSv/h，此连接使用时间一般不应超过 10 min。

8.6　电离辐射安全警告标志

电离辐射的辐射源，应标有"当心电离辐射"的安全警告标志；天然放射源应标有"当心裂变物质"的安全警告标志。"当心电离辐射"的标志见图2、"当心裂变物质"的标志见图3。

图2 "当心电离辐射"的标志   图3 "当心裂变物质"的标志

9   电磁辐射安全附加要求

9.1   基本要求

能产生电磁辐射的产品（如强紫外线、强红外线、可见强光等），周围应有可靠的屏蔽防护，若出于功能原因无法防护的，应有明显的危险警告标志。

9.2   激光光源

9.2.1   对激光器的安全要求

9.2.1.1   激光器的分类按 GB 7247.1–2001，并按 GB 7247.1—2001 中的 8.2 进行确定激光辐射类别的测量。在无监视区域内使用的教学用激光器（含演示、显示、教学或娱乐之用）只允许用 1 类和 2 类。

9.2.1.2   室外使用的 2 类激光器，应尽可能在激光有效光路的末端予以终止，且激光不应指向人员。

9.2.1.3   实验室的 3A 类、3B 类和 4 类激光器应遵守的准则和防护措施和激光器的使用按附录 A（规范性附录）。

9.2.2   对 3 类、4 类激光器的设计安全要求

a）脉冲激光器的点火线路防止因贮存的电荷偶然点火；

b）电容器组开始充电时就应起动音响和视觉警告系统；

c）室内照度高；

d）很高能量的激光器应该用遥控点火，或完全封闭激光器及其光束；

e）应采用耐火砖一类耐火材料作为射束的靶屏障壁；

f）当眼睛有可能偶然处于危险的激光束照射范围时，应在使用说明中指出佩戴具有适当衰减光
密度的护目镜的说明；

g）激光仪器和设施的电气安全按 GB 10320。

9.2.3   激光允许照射量

眼直视激光束的最大容许照射量按 GB 7247.1—2001 中的表 6，激光照射皮肤的最大容许照射量按 GB 7247.1—2001. 中的表 8。

9.2.4　激光安全警告标志

9.2.4.1 在使用 2 类、3 类、4 类激光器时，应在作业场所和仪器上及激光作业场所的通道和入口处配置警告标志。

在作业场所和仪器上的警告标志应设置在激光器操纵盘附近的显著位置。

9.2.4.2 1 类激光器应具有永久性说明标志，按 GB 7247.1—2001 中的图 15，注明：

1　类激光产品

2　类激光器应有永久性警告标志，按 GB 18217，注明：

激光辐射

勿直视激光束

2 类激光产品

9.2.4.3 永久性标志应不致因遇到溶剂而被擦掉，或日久脱落。

在激光辐射窗口应该用符合 GB 2893 2001 荧光材料的红色，在激光器所在位置周围标出，并应有按 GB 18217—2001 规定的激光辐射窗口标志。

9.2.4.4 内含激光器的仪器，如果在教学中需要拆开演示，则应标有"当心激光"的安全警告的永久性标志，并且应该用符合 GB 2893—2001 荧光材料的红色，在激光器所在位置周围标出，并应有按 GB 18217 规定的激光辐射窗口标志。

激光产品应在使用说明书中说明人体被激光照射的危害和使用注意事项。

9.3　非激光光源

9.3.1　紫外辐射

9.3.1.1 紫外光源和金属卤素灯而向人体方向应该安装防护屏，防护屏的透射率和试验方法按 GB 7000.1—2002 附录 P（规范性附录）。

9.3.1.2 应防止紫外辐射引起聚合物（如天然橡胶、合成橡胶、氯乙烯和氯乙烯的共聚物等）分解，降低性能或材料被破坏（如龟裂和裂纹），并降低预期的物理性能和电性能。应对照射到紫外辐射的聚合物进行充分屏蔽。

9.3.1.3　紫外辐射允许最大照射量

允许的紫外辐射最大照射量应符合附录 B（规范性附录）。

监测方法按 GB 18528—2001 第 4 章。

9.3.1.4　紫外辐射安全标志

含有紫外光源的教学仪器，在紫外辐射窗口或光源附近应有"当心紫外辐射"的安全警告标志，并注明：

波长 ×××Hm

9.3.2　红外和可见光辐射

9.3.2.1 红外辐射和可见光照射限值

红外辐射和可见光照射限值见附录 C（规范性附录）。

9.3.2.2 防护

9.3.2.2.1 装有卤素灯、氙灯、高压汞灯等功率大于 500 W 的高强度光源仪器在非光源出射方向应有保护外壳，并有安全警告标志。需要在光源工作时打开外壳应戴强光护目镜。

9.3.2.2.2 安全标志

功率大于 250 W 的高强度光源应有"当心强光"和"当心烫伤"的安全警告标志，功率大于 500 W 的高强度光源应注明：

强光辐射

勿直视光源

使用颜色应符合 GB 2893。

9.3.3 射频辐射

9.3.3.1 射频辐射限值

教学仪器容许的电磁场辐射应符合表 5。表中的容许场强指容许在使用仪器仪器时短时达到的场强。而不是容许长期处于这样的场强下。在周围没有发射电磁波的仪器时，学校环境应达到安全场强。

表 5　教学仪器容许的电磁场辐射

波段	频率（波长）范围	场强单位	容许场强	安全场强
长波	100 kHz～300 kHz（3 km～1 kin）	V/m	< 25	< 10
中波	300 kHz～3 MHz（1 km～100 m）	V/m	< 25	< 10
短波	3 MHz～30 MHz（100 m～10 m）	V/m	< 25	< 10
超短波	30 MHz～300 MHz（10 m～1 m）	V/m	< 12	< 5
微波	300 MHz～300 GHz（1 m～1 mm）	$\mu W/cm^2$	< 40	< 10
混合波段		V/m	按主要波段场强，若各波段场强分散，按复合场强加权确定	

9.3.3.2 射频辐射的监测

应按 GB 9175—1988 附录 A（补充件）。

9.3.3.3 射频辐射安全标志

当辐射场强超过 9.3.3.2 的限值时，辐射体应有"当心电磁辐射"的安全警告标志，并注明辐射体能工作频率及辐射功率。

9.3.4 非激光光源的防护见附录 D（规范性附录）。

10 电气安全的附加要求

10.1 电气绝缘、电气间隙、爬电距离和保护接地

10.1.1 一般要求

10.1.1.1 电气仪器应有良好的电气绝缘。各类绝缘件应有足够的耐热性。支承、覆盖或包裹带电部分或导电部分（特别是在按规定使用时出现高温的受热件）的绝缘件，不应由于受热而危及其安全性。支承带电部分的绝缘件，应有足够的耐受潮湿、污秽或类似影响而不致使其安全性降低的能力。

10.1.1.2 在所有可能由于电压、故障电流、泄漏电流或类似作用而发生危险的地方，应留有足够的电气间隙和爬电距离。在特殊情况下（如由于使用化学腐蚀液体或在按规定使用时出现粉尘，使电气间隙和爬电距离可能受到损害时），应通过设计结构、选材和适当的防污、防潮或防其他有害作用的措施，对其加以保护。

10.1.1.3 教学仪器的电气绝缘、电气间隙和爬电距离应考虑到使用者是非专业人员或学生的情况，采用在最不利情况下能最大限度保证安全的措施（例如采用家用电器或消费品的有关标准）。

10.1.1.4 教学仪器的电气绝缘部件应有良好的机械强度，不应在使用中因机械损伤（如磨损、破碎）而发生触电危险。

10.1.1.5 电气接线和连接

10.1.1.5.1 仪器应有能可靠连接电源的装置。

10.1.1.5.2 所需的连接手段（如接插件、连接线、接线端子等），应能承受所规定的电（电压、电流和功率）、热（内部或外部受热）和机械（拉、压、弯、扭等）负载。特别容易造成危害的部位应通过位置排列、结构设计或附加装置来保护。

10.1.1.5.3 母线和导电或带电的连接件在按规定使用时不应发生过热、松动或造成可能发生其他危险的变动。

10.1.1.5.4 移动式插座的额定电流不应小于所接用电器的最大电流的 2 倍，并不应大于插头的额定电流；额定电压不应低于插头的额定电压。

10.1.2 具体要求

10.1.2.1 教学用视音频仪器

电网电源或电源设备供电的用来分别接收、产生、录制或重放音频、视频和有关信号的电子仪器，以及专门与上述仪器组合使用的设备，按 GB 8898。非电网电源或由电源设备供电的上述涉及的教学仪器，以及内含激光系统或内部供作电压大于 4 000 V（峰值）的仪器，只要适用，都应采用 GB 8898。不适用的，可采用 GB 4.706.1。

10.1.2.2 其他教学仪器

10.1.2.2.1 使用工频电源变压器仪器的绝缘要求

按 GB 4706.1—1998 第 16 章和第 29 章。试验部位为变压器初级与铁芯间，以及变压器初级与次级间。

未使用符合 GB 1002—1996 的两极带接地的插座的电网供电仪器，应按 Ⅱ 类防触电保护设备试验。

凡变压器次级与可触及零部件电气连通的仪器，初级绕组与次级绕组间如果没有接地的隔离层，则变压器初级绕组与次级绕组间应按Ⅱ类防触电保护设备试验。当初级绕组与次级绕组间有接地的隔离层，则设备本身应接有保护地线，并且隔离层的接地端已与连接保护地线的部位可靠连接（焊接或按10.2.2.1）。

10.1.2.2.2 使用开关电源的仪器的安全要求

使用开关电源的仪器的安全要求应符合 GB 4943—2001 中的 5.1 和 5.2。

10.1.2.2.3 电器间隙和爬电距离

各类设备：Ⅰ类防触电保护设备为 3 mm，Ⅱ类防触电保护设备为 6 mm；最小电气间隙和爬电距离按 GB 8898。

10.1.3 电气安全试验

教学仪器应按 GB 8898 的正常工作条件和故障条件试验。故障条件试验应按使用中可能出现的最不利的条件进行。

10.1.4 保护接地措施

10.1.4.1 电力系统接地和按 GB 14050 和有关工程建设规范。

10.1.4.2 学校用电系统应采用 TN—S 系统。不应采用 TN—C 系统。

10.1.4.3 实验室中与电网永久连接的固定教学仪器，必须根据电力系统的接地形式确定设备接地方式。在同一供电系统中，接地和接零禁止混用。

10.1.4.4 Ⅰ类防触电保护教学仪器应使用单相三极插头，单相-二极插头只能用于Ⅱ类防触电保护的教学仪器。教学仪器使用的连接电网的电源插头都应符合 GB 1002。

10.1.4.5 仪器中所有保护接地线应接到电源插头的接地极。

10.1.4.6 保护接地导线应为黄绿双色，并且黄绿双色导线只允许接保护接地。

10.1.4.7 仪器内的保护接地线和需要与之相连的零件间的接触电阻应小于 0.1Ω，并有机械性非常可靠的连接。"非常可靠的连接"指使用有弹簧垫圈的螺栓螺母固定；

10.1.4.8 保护接地端子应耐腐蚀。保护接地电路内不允许装有开关或熔断器。

10.1.4.9 在具有非危险带电输出电压的Ⅰ类电源设备中，输出电路不应与保护接地导体连接。

10.2 对接触电能的防护

10.2.1 直接接触防护

10.2.1.1 通电仪器应确保有对其导电部件不可预见的直接接触的保护措施。对其接触保护措施按 GB 8898 2001 中的第 9 章，并按相应的检验。

10.2.1.2 防触电结构要求按 GB 8898—2001 第 8 章。

10.2.1.3 对于可更换或不使用任何工具即可取下的保护盖，在更换和拆卸时应确保无触电危险；使用中需进行维护（例如需要更换照明灯泡）时，在外罩上要注明"维护前先必须拔去电源插头"（当仪器与电网的连接方式为临时连接时），或"维护前必须先确保切断设备与电网的连接"（当仪器为固定安装在实验室中，与电网有永久性连接时）。

10.2.1.4　应使仪器的使用人员不通过辅助手段或工具就不能触及到带电部分，或者不能接触到使人体（使用者和观看者）遭受危险电压。通风散热罩的通风口缝的宽度或孔的直径不应大于 3 mm。

10.2.1.5　当无法使仪器的带电部分断电，而同时又允许拆卸、打开仪器直接接触防护的部件时，则只能允许使用适当绝缘的工具拆卸或打开。这样的仪器应在外壳上注明"非专业人员请勿打开设备"。

10.2.1.6　如果不满足下列条件之一时，则应采用 10.2.1.4 和 10.2.1.5 中的防护：

a）无论在正常或故障情况下，带电部分的电压不超过所规定的安全电压值；

b）在直接接触时，只可能有不超过安全值的电流流过人体；

c）不独立使用的仪器，可通过将它装在一台较大的、有足够直接接触防护的电气设备中；

d）将电气设备装设在锁闭的电气操作场所中来实现必要的保护。

注："锁闭的电气操作场所"指只有授权的有关专业人员可以开锁进入的场所。

10.2.1.7　危险带电件外露，并且必须带电使用的教学仪器（如教学用电气控制仪器等）应配有橡胶绝缘垫，只允许经过安全知识培训的人员，并且应站在橡胶绝缘垫上操作。这样的教学仪器（如教学用电气控制仪器、电机实验仪器等），应尽可能经过隔离变压器（单相或三相），并应在带电区域用红色划出，并注明：

使用时危险带电

标出带电区的红色应采用 GB 2893—2001 的安全色。

10.2.2　间接接触防护

10.2.2.1　教学仪器应该有下列防护措施。

a）教学仪器上可间接接触的外露带电件的电压一般应在 24 V（空载极限为 29 V）以下。

b）Ⅰ类绝缘保护电器的外露导电部分应有与接地线连接的装置，接地线应符合 10.1.4.4。或采用双重绝缘结构，并且不应接地。

c）教学仪器不应发生当某个电阻器、电容器、阻容单元、光电耦合器或电感器等的短路或开路，使外露导电件带 36 V（空载极限为 43 V）以上电压的情况，如有可能发生时，应采用附加的保护措施，如自动且断电源，或在电气连接上考虑可靠绝缘，使外露导电件的接触电压不超过安全电压值。

10.2.2.2　仪器内部或周围所出现的高温（例如由于过负载或短路），不应对仪器及其周围环境产生有损于安全的影响。

10.2.3　故意把电能施加到人体上的防护

故意地将电能施加到人体上（例如以导电、电场或其他形式），只允许使用专用的、为了防止危险经过特殊考虑的仪器（例如利用有限的、无危险的电流流经人体的器件如单相验电笔等），并且应告知使用者必须的操作规程和安全警告。

10.2.4　防触电措施

10.2.4.1　可移动器具的连接电源的导线截面积不小于 0.75 mm²。所有工类电器的接地线的最小横截面直径应与相线一致。接地线的颜色按 10.1.4.6。

10.2.4.2　电器设备的外壳防护按 GB 4208。因使用环境决定的，使用中可能进水或可能因事故进水的仪器仪器，外壳应达到 IPX6/IPX7 的要求，并应按 GB 4208—1993 中的 13.2.6 或 13.2.7 进行试验。

10.2.4.3　剩余电流保护器的安装

10.2.4.3.1　实验室中与电网永久连接的固定教学仪器上安装剩余电流保护器和过电流保护器时应与实验室统一设计。

10.2.4.3.2　在 TT 系统中应安装总保护和末级保护剩余电流保护器，装设漏电保护器和不装设漏电保护器的电气设备不能共用一个接地装置，而应采用各自独立的接地体。

10.2.4.3.3　在 TN 系统中，重复接地宜设在 PE 保护线上。

10.2.4.3.4　在 TT 系统或 TN – C.S 系统中应安装剩余电流保护器。

10.2.4.3.5 TN – S 系统中安装漏电保护器时要明确区分 N 线和 PE 线，PE 线不能穿过零序电流互感器。

　　IT 系统中针对第二次接地故障应采取自动切断供电的防护措施。

10.2.4.3.6 剩余电流保护器应符合 GB 6829 和其他相应国家标准。

10.2.4.3.7 装了剩余电流保护器后仍需接地线。

10.2.5　教学用高压电源

10.2.5.1　用逆变器产生高压的教学用高压（10 kV 以上）电源或装有高压电源的教学仪器，抗电强度（含高压导线的芯线与绝缘物外表面的抗电强度）应符合 GB 8898—2001 中的 10.3，电气间隙和爬电距离应符合 GB 8898—2001 中的 13.3，操作部件与高压带电件之间的距离不应小于电气间隙。

10.2.5.2　教学用高压电源上应有"当心触电"的安全警告标志，高压带电区用红色划出，并有禁止标志，注明：

高压禁止触摸

10.3　开关、控制和调节装置

10.3.1　控制和调节装置

10.3.1.1　电能的接通、分断和控制应保证有最大限度的安全性。调节部分应能防止造成误接通、误分断。手动控制标志要使操作件运动的作用清楚明了，必要时应辅以容易理解的图形符号和文字说明。

10.3.1.2　自动或部分自动仪器的开关和控制过程，应保证排除由于过程重叠或交叉可能造成的危险。要有相应的联锁或限位装置。控制系统要保证即使在导线损坏的情况下也不致造成危害。复杂的安全技术系统要应装设自动监控装置。

10.3.1.3　如果在仪器上装有控制装置和作为特殊安全技术措施的离合器或联锁机构，则这些机构应具有强制性作用。需要采取下列措施：

a）应使特殊安全技术措施起作用之后，工作过程和运行过程才有可能开始；

b）在工作人员接近出现危险的区域时，先强制性地停止工作过程和运行过程。

10.3.2 紧急开关

10.3.2.1 当存在下列可能时，仪器应装设紧急开关。

a）在可能发生危险的区域内，工作人员不能快速地操纵操作开关以终止可能造成的危险；

b）有几个可能造成危险的部分存在，工作人员不能快速地操纵一个共用的操作开关来终止可能造成的危险；

c）由于切断某个部分，可能引起危险；

d）在控制台处不能看到所控制的全套仪器。

10.3.2.2 应把足够数量的紧急开关装设在从各个控制位置上人手都能迅速地摸得着的地方，并用醒目的红色标记。

10.3.2.3 无论是被接通还是被分断电源的仪器，都不允许由于起动紧急开关而造成危险，如果存在缓慢停下来的危险运动，则需要刹住。

10.3.2.4 紧急开关应该用手动复位。

10.3.3 防止误起动措施

应通过下列措施来防止在安装、维护、检验时，需要查看危险区域或人体部分（例如手或臂）需要伸进危险区域的仪器的误起动。

a）先强制分断仪器的电能输入；

b）在"断开"位置用多重闭锁的总开关；

c）控制或联锁元件位于危险区域，并只能在此处闭锁或起动；

d）具有可拔出的开关钥匙；

e）闸刀开关的安装方向不允许合闸位置为向下。电源端应接在闸刀开关上触头，不允许接到刀上。

10.3.4 开关和操作部件的控制方向

开关和操作部件的控制方向应符合表6。

表6 开关和操作部件的控制方向

操作件运动方式	通、启、增大、向上	断、停止、减小、向下
旋转式	顺时针	逆时针
直线往复式	向上、向右	向下、向左
双用按钮式	按下	弹起
专用按钮式	按下（根据功能定义）	按下（根据功能定义）
闸刀式	合上	拉下

10.4 主要零部件

10.4.1 插头和插座

10.4.1.1　操作连接件应端正牢固，便于接插并锁紧，正常使用应不松脱。接线柱螺帽应转动灵活，有效行程不小于 4 mm。电插孔内径为 4 mm，插头要有足够的弹性，接触电阻不大于 0.05Ω。

10.4.1.2　仪器与电网电源连接的插头、插座均应符合 GB 1002，仪器间耦合的有关插头插座，应符合有关国家标准、行业标准或 IEC 标准。

10.4.1.3　安装在 II 类设备上的电网电源用插头或设备间耦合插头插座，只允许与其他 II 类设备连接。对安装在 I 类设备上的电网电源用插头或仪器间耦合插头插座，或仅允许连接 II 类设备，用于连接其他工类设备时，应有可靠的保护接地连接件，并可靠接保护地线。

10.4.1.4　插头插座的额定电流容量应大于仪器最大功率时的电流一倍以上。对向其他设备耦合供电的设备，如果其输入电源插头插座的额定电流小于 16A，则应采取措施，确保将设备连接到电网电源时输入插头不会过载。

10.4.1.5　不与电网电源连接的仪器，不应使用电源用插头插座。

10.4.1.6　设备应装有电源开关，不应只用插头插座来接通或切断电源。

10.4.2　开关

10.4.2.1　教学仪器上的开关按 GB 15092.1，并按 GB 15092.1 进行试验。

10.4.2.2　一般情况下，用于电网电源供电的 II 类设备的开关，应选用附加绝缘或加强绝缘的开关。用于 I 类设备的开关，至少应具有基本绝缘。功能绝缘的开关只允许用在 36 V 以下的线路上。

10.4.2.3　用于 II 类设备的开关不应有将开关或其零件接地的装置，但允许有保持接地电路连续性的过渡连接装置。对用于 I 类设备的开关，若绝缘损坏就可能带电的易触及金属零件（如开关的金属外壳）应有接地装置。

接地的其他要求按 GB 15092.1－2003 第 10 章。

10.4.2.4　教学仪器内的开关的载流件与线路之间应该使用焊接连接。

10.4.3　继电器

10.4.3.1　应按触点容量选用教学仪器中用继电器，不应使电路最大电流大于继电器的触点容量。

10.4.3.2　继电器试验按 GB/T 7261。

10.4.4　耦合器

10.4.4.1　教学仪器上用的 250 V 以下的耦合器应符合 GB 17465.1—1998 和 GB 17465.2—1998，超过 250 V 的耦合器应符合 GB/T 11918—2001。

10.4.4.2　使用耦合插头插座时，插头必须连接在受电设备一方，供电设备方只能连接插座。

10.4.4.3　仪器设备间耦合器不应用电网电源的插头插座代替。

10.4.5　低压熔断器

10.4.5.1　一般教学仪器 t 用的小型熔断器座均应选用 PC2 类或 PC3 类。PCI 类熔断器座仅适用于提供了相应的附加措施防止电击的场合。

10.4.5.2　预定用于 II 类设备的熔断器座，在带电零部件与可触及零部件之间应有双重绝缘或加强绝缘。预定用于 I 类设备的熔断器座，在带电零部件与可触及零部件之间至少应有基本绝缘。这些金属零部件应配有能与使用这种熔断器座的设备的保护接地电路可靠连接的装置（按 10.1.4。4）。

10.4.5.3 小型熔断器座应符合 GB 9364.6。热熔断器应符合 GB 9816。电工类教学仪器用的熔断器应符合 GB 13539.1 和 GB 13539.3。

10.4.5.4 除了小型的电子仪器以外，电网电源供电的教学仪器上的过电流保护宜优选使用低压断路器。

10.4.6 电阻器、电容器

10.4.6.1 教学仪器用的电阻器额定功率应大于该电阻器上可能的最大耗散功率的 2 倍。

10.4.6.2 教学仪器用的电容器额定电压应大于该电容器在电路上工作时电路额定电压的 1.7 倍。电解质电容器的耐压宜选用电路额定电压的 1.7 倍～2 倍，取相应的电压等级。

抑制电源电磁干扰用固定电容器应符合 GB/T 14472。

10.4.7 覆铜箔板

电子仪器用的覆铜箔板应符合 GB/T 4723、GB/T 4724 和 GB/T 4725。

用于电网电源及以上电压部分的仪器印制电路板，应选用符合 GB/T 4725—1992 的覆铜箔环氧玻璃布层压板。

10.4.8 变压器

教学用电子中的变压器要求应符合 GB 13028。

10.4.9 有源电子器件

10.4.9.1 直流电路中有源电子器件规定的最高使用电压应不低于电源电压，最大允许耗散功率应不小于实际消耗功率的 2 倍。交流电路中有源电子器件规定的最高使用电压应不低于交流电压峰值的 2.5 倍，最大允许耗散功率应不小于实际消耗功率的 3 倍。开关元件的最高频率不低于工作频率的 3 倍。

10.4.9.2 高输入阻抗的器件，在输入端应有防止静电高压的保护措施。

10.4.9.3 在使用中有可能输入高于输入端额定电压的仪器（例如接到示波器的 X、Y 输入端电压高于额定电压），输入端应有防止误输入高电压损坏仪器的保护措施。

10.5 电光源和电加热器

10.5.1 教学仪器上用的电光源应符合 GB 7000.1、GB 7000.10、GB 14196.1、GB 14196.2 和 GB 19652。

10.5.2 电加热器应符合 GB 4706.19、GB 4706.52。教学使用的电加热器不应选用敞开式。

10.6 环境影响

10.6.1 仪器安全保护

仪器应具有足够的防止由于环境影响（例如：冲击、压力、潮湿、异物侵入等）而危及安全的保护。

10.6.2 过载

仪器应有能承受一定的过负载而又不危及安全的能力。必要时要装设自动切断电流或限制电流

增长的装置。

10.6.3　液体

10.6.3.1　带有液体的仪器，在正常使用中，当液体逸出时不得损害电气绝缘，在发生故障和事故时，不致使液体流到工作间或喷溅到工作人员身上。如果采取措施有困难或者采取了措施还不能保证安全，则应在使用说明书中指出必须采取的其他措施。

10.6.3.2　本身不带液体的仪器，如果正常使用时工作环境有液体并不可避免将影响到电气设备，则设备应具有相应的防护性能。当液体为水时，应按 GB 8898 2001 附录 A 要求。

10.6.3.3　如果在运行中出现有害的液体则必须将其密闭起来，或者使其变为无害而再排出。

10.6.4　电子仪器的防雷

输入端与室外导线相连的电子仪器应按 GB 7450 采取相应的防雷措施。

10.6.5　静电

10.6.5.1　一般要求

防静电要求应按 GB 12158。

10.6.5.2　计算机防静电

10.6.5.2.1　机房地板基体（或全部）应为金属材料并接地。

10.6.5.2.2　服务器机房内应敷设防静电活动地板。计算机房防静电活动地板应符合以下规定：

　　a）活动地板电性能

　　在室内温度为（23±2）℃，相对湿度为 45% RH～55% RH 时，活动地板系统电阻为：导静电型 $R < 1.0 \times 10^{6}\Omega$，静电耗散型 R：$1.0 \times 10^{6}\Omega \sim 1.0 \times 10^{10}\Omega$；

　　b）地板防火性能

　　按 GB 50222—1995 中 2.0.2 的规定，地板防火性能应达到 B1 级。

10.6.5.3　主机房内的导体与大地应有可靠的连接。在空气的相对湿度小于 40% 的环境中，机房进门处有用于泄放人体所带静电的金属扶手，金属扶手应接地。主机房内工作台面及坐椅垫套材料应是导静电的，体电阻小于 $1.0 \times 10^{6}\Omega$。

10.6.5.4　工作人员的着装和鞋宜用低阻值材料制成。

10.6.5.5　机房空气的相对湿度宜保持 GB/T 2887—2000 中 4.3.1.3 规定的范围内。

10.6.6　电磁兼容性

教学仪器的电磁兼容性应符合相应的国家标准。

　　a）电子测量仪器：GB/T 18268；

　　b）测量、控制和实验室用的电仪器：GB/T 18268；

　　c）信息技术仪器：GB 9254 和 GB/T 17618；

　　d）电气照明和类似仪器：GB 17743；

　　e）类似于家用电器、电动工具等器具：GB 4343.2。

10.7　仪器的额定运行状态

仪器在额定参数下按规定使用时，不应对人造成危害。

只要安全上有要求，额定参数应有适当容差。

11　颜色和标志附加要求

11.1　指示灯、按钮、导线、电极和磁极

仪器或零部件中指示灯、按钮、导线、电极和磁极的颜色标志应按表 7 的规定。表 7 中未声明的标志颜色按国家有关标准。

表 7　仪器输出口或零部件功能的颜色标志

颜色	仪器输出口或零部件功能名称					
	指示灯	按钮	灯光按钮	导线	电极	磁极
红色	危险、告急（过载、过热、因保护而停机、高压接通、操作错误、故障）	处理事故、停止、断电	最好不用红色作灯光按钮，急停按钮禁止用红色	三相交流母线 C 相；低电压正极	直流：正极（＋）交流：高压	北极（N 极）
黑色	—	无特定用意（除单功能"停止"、"断电"外的任何功能）	—	接地线（明敷部分）；零电位线	直流：负极（－）交流：低压	—
白色	无特定用意（任意用意，不能确切地用红、黄、绿时，以及执行时）	同黑色	证明电路已接通、操作或运动已开始，已预选好了	信号线	南极（S 极）	
灰色	—	同黑色	—	—	—	—
蓝色	按需要指定用意（除红、黄、绿之外的任意指定用意）	红、黄、绿未包括的任意指定用意红、黄、绿、白未包括的任何含义	直流高压负极；低电压负极	—南极（S 极）		
淡蓝色	—	—	—中性线	—	—	

颜　色	仪器输出口或零部件功能名称					
	指示灯	按钮	灯光按钮	导线	电极	磁极
绿色	安全、王常、允许进行	起动、通电	已准备好，可以开机	三相交流母线B相；电子管灯丝	—	—
黄色	注意（情况有变化或即将发生变化——温度异常、压力异常、仅允许短时过载）	参与（防止意外情况、参与抑制反常状态、避免事故）	注意或警告	三相交流母线A相		
赭色	—	—	—	直流高压正极	—	—
黄/绿双色	—	—	保护接地线	—		

11.2　安全警告标志

11.2.1　教学、培训用仪器和零部件常用安全警示标志应按表8的规定。

表8　常用警示标志

标准条文号	警示标志	GB 2894—1996中的编号
5.8.4	禁止触摸	GB 2894—1996表2第1~9项
6.1.4	当心高温	GB 2894—1996表2第2~16项
6.2	当心低温	见图4
8.6	当心电离辐射	GB 2894—1996表2第2~21项
	当心裂变物质	GB 2894—1996表2第2~22项
9.2.4.2	激光辐射 勿直视激光束 2类激光产品	GB 2894—1996表2第2~23项，说明文字按GB 18217。
9.2.4.4	当心激光	GB 2894 1996表2第2~23项
9.3.1.4	当心紫外辐射	见图5
9.3.2.2.2	强光辐射 勿直视光源	GB 2894—1996表2第2~17页
9.3.3.4	当心电磁辐射	GB 2894—1996表2第2~17项
10.2.5.2	当心触电	GB 2894—1996表2第2~7项

11.2.2　用于警告的说明性文字

　　说明性文字印在长方形边框内，见图6，当与标志同时使用时，紧贴在标志下方。长方形边框

图4 "当心低温"警示标志

图5 "当心紫外辐射"警示标志

的常用尺寸按 GB 18217—2000 中 4.1.5 的表 2。

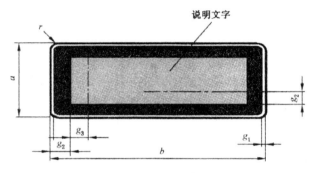

图6 说明文字标志的图形和尺寸

11.2.3 图4、图5和图6的颜色应符合 GB 2893—2001 的黄色和黑色。

11.2.4 有关说明性文字见表9。

表9 用于警告的说明性文字

标准条文号	文 字
8.2.1	本品含有放射性物质，严禁摄入，不要长时间使用，严禁拆开密封。
9.3.1.4	波长 ××× nm
9.3.2.2.2	勿直视光源
9.3.3.4	辐射体的工作频率及辐射功率
10.2.1.3	维护前先必须拔去电源插头、维护前必须先确保切断仪器与电网的连接
10.2.1.5	非专业人员请勿打开仪器
10.2.1.7	使用时危险带电
10.2.5.2	高压禁止触摸
10.8.3	使用前应首先详细阅读说明书

11.2.5 警告标志应标注在仪器表面，且醒目、牢固，若不能标注于仪器表面，则需在使用说明中明确标出。

11.3 标志和标牌

11.3.1 教学仪器上应该有能保持长久、容易辨认而且清晰的，安全使用仪器所必需的主要特征标

志或标牌（例如仪器额定参数、接线方式、接地标记、危险标记）。如有特殊操作类型和运行条件的要求，也需标明。

11.3.2 当仪器可选择不同的运行或功能（例如有可供选择的几个额定电压）状态，应具有能够清楚表明所选择状态的相关装置和相应的标识。为此设置的装置（例如测量仪器、功能选择开关等）的定量或定性指示值应有足够的准确度。

11.3.3 教学仪器的标志应规整清洁，字迹清晰，正确表述，文字、字母、符号应规范简明，醒目且不易脱落。标志应位于不影响操作的明显处。安全警告标志应符合国家标准规定。标明各操作控制件和各输入输出端子功能、用途的标志应位置正确恰当，便于辨认。

11.3.4 各种标志除了应符合相关标准外，当仪器存在危险因素时，一般应包括以下内容：

　　a）安全使用条件；

　　b）操作注意事项；

　　c）安全警告内容。

11.3.5 当由于仪器本身的条件所限，不能在仪器上标注时，则应以操作说明书或安装说明书等其他形式，清楚、可靠和有效地说明，并应在仪器或包装的显著位置标明：

　　使用前应首先详细阅读说明书

11.3.6 教学用电气仪器上的常用标志

11.3.6.1 教学用电气仪器上应有符合 GB 8898—2001 的标记和使用说明。

11.3.6.2 教学用电气仪器上关于电源额定值的标记应符合 GB 17285—1998。

室内空气质量标准

GB/T 18883—2002

1　范围

本标准规定了室内空气质量参数及检验方法。

本标准适用于住宅和办公建筑物，其它室内环境可参照本标准执行。

2　规范性引用文件

下列文件中的条款通过本标准的引用而成为本标准的条款。凡是注日期的引用文件，其随后所有的修改单（不包括勘误的内容）或修订版均不适用于本标准，然而，鼓励根据本标准达成协议的各方研究是否可使用这些文件的最新版本。凡是不注日期的引用文件，其最新版本适用于本标准。

GB/T 9801　空气质量—氧化碳的测定非分散红外法

GB/T 11737　居住区大气中苯、甲苯和二甲苯卫生检验标准方法气相色谱法

GB/T 12372　居住区大气中二氧化氮检验标准方法改进的 Saltzman 法

GB/T 14582　环境空气中氡的标准测量方法

GB/T 14668　空气质量　氨的测定　纳氏试剂比色法

GB/T 14669　空气质量　氨的测定　离子选择电极法

GB 14677　空气质量　甲苯、二甲苯、苯乙烯的测定气相色谱法

GB/T 14679　空气质量　氨的测定　次氯酸钠—水杨酸分光光度法

GB/T 15262　环境空气　二氧化硫的测定　甲醛吸收—副玫瑰苯胺分光光度法

GB/T 15435　环境空气　二氧化氮的测定　Saltzman 法

GB/T 15437　环境空气　臭氧的测定　靛蓝二磺酸钠分光光度法

GB/T 15438　环境空气　臭氧的测定　紫外光度法

GB/T 15439　环境空气　苯并［a］芘测定　高效液相色谱法

GB/T 15516　空气质量　甲醛的测定　乙酰丙酮分光光度法

GR/T 16128　居住区大气中二氧化硫卫生检验标准方法　甲醛溶液吸收—盐酸副玫瑰苯胺分光光度法

GB/T 16129　居住区大气中甲醛卫生检验标准方法分光光度法

GB/T 16147　空气中氡浓度的闪烁瓶测量方法

GB/T 17095　室内空气中可吸入颗粒物卫生标准

GB/T 18204.13　公共场所空气温度测定方法

GB/T 18204.14　公共场所空气湿度测定方法

GB/T 18204.15　公共场所风速测定方法

GB/T 1 8204.18　公共场所室内新风量测定方法

GB/T 18204.23　公共场所空气中一氧化碳测定方法

GB/T 18204.24　公共场所空气中二氧化碳测定方法

GB/T 18204.25　公共场所空气中氨测定方法

GB/T 18204.26　公共场所空气中甲醛测定方法

GB/T 18204.27　公共场所空气中臭氧测定方法

3　术语和定义

3.1　室内空气质量参数　indoor air quality parameter

　　指室内空气中与人体健康有关的物理、化学、生物和放射性参数。

3.2　可吸入颗粒物　particles with diameters of 10 um or less，PM10

指悬浮在空气中，空气动力学当量直径小于等于 10μm 的颗粒物。

3.3 总挥发性有机化合物 total volatile organic compounds，TVOC

利用 Tenax GC 或 Tenax TA 采样，非极性色谱柱（极性指数小于 10）进行分析，保留时间在正己烷和正十六烷之间的挥发性有机化合物。

3.4 标准状态 normal state

指温度为 273 K，压力为 101.325 kPa 时的干物质状态。

4 室内空气质量

4.1 室内空气应无毒、无害、无异常嗅味。

4.2 室内空气质量标准见表1。

5 室内空气质量检验

5.1 室内空气中各种参数的监测技术见附录 A。

5.2 室内空气中苯的检验方法见附录 B。

5.3 室内空气中总挥发性有机物（TVOC）的检验方法见附录 C。

5.4 室内空气中菌落总数检验方法见附录 D。

体育场馆公共安全通用要求

GB 22185—2008

1 范围

本标准规定了体育场馆公共安全的基本要求、体育场馆及其内部部位目标的风险等级和相应防护措施，以及与安全防护有关的各子系统的基本要求。

本标准适用于新建、改建、扩建的体育场馆。

2 规范性引用文件

下列文件中的条款通过本标准的引用而成为本标准的条款。凡是注日期的引用文件，其随后所有的修改单（不包括勘误的内容）或修订版均不适用于本标准，然而，鼓励根据本标准达成协议的各方研究是否可使用这些文件的最新版本。凡是不注日期的引用文件，其最新版本适用于本标准。

GB/T 2887—2000 电子计算机场地通用规范

GB/T 9361—1988 计算机场地安全要求

GB 9664—1996 文化娱乐场所卫生标准

GB 9667—1996 游泳场所卫生标准

GB 9668—1996 体育馆卫生标准

GB 17945—2000 消防应急灯具

GB/T 18020—1999 信息技术应用级防火墙安全技术要求

GB 19085—2003 商业、服务业经营场所传染性疾病预防措施

GB 50016—2006 建筑设计防火规范

GB 50034 建筑照明设计标准

GB 50057 建筑物防雷设计规范

GB 50084—2001 自动喷水灭火系统设计规范

GB 50116—1998 火灾自动报警系统设计规范

GB 50140—2005 建筑灭火器配置设计规范

GB 50198—1994 民用闭路监视电视系统工程技术规范

GB 50338—2003 固定消防炮灭火系统设计规范

GB 50343 建筑物电子信息系统防雷技术规范

GB 50348—2004 安全防范工程技术规范

GB 50394—2007 入侵报警系统工程设计规范

GB 50395—2007 视频安防监控系统工程设计规范

GB 50396—2007 出入口控制系统工程设计规范

GA/T 644 2006 电子巡查系统技术要求

JGJ 31—2003 体育建筑设计规范

3 术语和定义

GB 50016—2006、GB 17945 2000、GB 50116—1998、GB 50338—2003、GB 50348—2004、JGJ31—2003确立的及下列术语和定义适用于本标准。

3.1 体育场馆公共安全 public safety and security for stadium and sports hall

通过预防、控制、处理各种治安灾害事故和社会违法犯罪活动、突发性事件，从而使体育场馆中人员、财产、信息尽可能处于没有危险、不受侵害、不出事故的状态。

3.2 体育场馆公共安全防护系统 protection system of public safety and security for stadium and sports-hall

为保证体育场馆中人员、财产、信息的安全而设置的包括建筑物安全、消防、安防、疏散、信息安全、安全管理/应急指挥中心等组成的综合性防护设备和设施。

3.3　监控中心（室）　monitoring center（room）

具有对体育场馆各监控点进行集中监视，并有效控制、管理安全信息的功能，能够配合相关部门实施应急指挥的管理场所。

3.4　应急预案　emergency response plan

根据体育场馆的安全风险，为保证迅速、有序、正确、有效地开展应急与救援行动、降低事故损失而预先制定的有关计划或方案。

3.5　洁净气体灭火剂　clean gaseou–agent

具有良好电绝缘性、易挥发的或气态的灭火材料，其在挥发后不留残余物。

3.6　疏散指示标志　evacuation indicator sign

用于指示疏散方向和（或）位置、引导人员疏散的标识物，一般由疏散通道方向标志和/或疏散出口标志组成。

3.7　疏散导流标志　evacuation guiding strip

疏散指示标志的一种，能保持疏散人员视觉连续并引导人员通向疏散出口和安全出口的疏散指示标识物。

3.8　蓄光型消防安全疏散标志　light–cumulating fire evacuation indicator sign

通过光源照射，并在光源消失后仍能在规定时间内自发光的消防安全疏散标识物。

3.9　体育场馆突发公共事件应急平台　emergency response platform for stadium and sports hall

具备日常与应急情况下相关安全信息的获取、应急智能、以及应急指挥的功能，软硬件相结合的突发公共事件应急保障技术系统，是实施体育场馆突发公共事件应急预案的工具。

4　体育场馆公共安全的基本内容及公共安全防护系统的基本构成

4.1　公共安全的基本内容

4.1.1　选址

4.1.1.1　体育场馆选址应远离危险源。与污染源、高压输电线路及油库、化学品仓库、油气管线等易燃易爆物品场所之间的距离应符合有关规定，同时应防止洪涝、滑坡等自然灾害的严重后果，并注意体育设施使用时对周围环境的影响。

4.1.1.2　体育场馆选址应交通方便。根据体育场馆规模大小，至少应有一面或两面临接城市道路。道路应有足够的通行宽度，以保证疏散和交通。

4.1.2　建筑物设计

4.1.2.1　应考虑体育运动的特点（如足球）和观众情绪激动带来的危险（如共振引起的破坏）；考虑体育场馆的使用特点提高其安全度；考虑建筑物防雷和用电的具体要求；考虑建筑装修材料对

安全的影响。

4.1.2.2 应采取必要的措施，如适当的分区隔离设施，以保障观众、运动员、裁判员、工作人员的人身安全，以及内部设施设备的安全。临时增加设施（包括看台、疏散等）的安全要求，对和观众直接接触的建筑构件（如栏杆）应经过结构验算，保证观众的安全。

4.1.3 运动场地

运动场地应符合 JGJ 31 和有关体育场地标准的要求。如：根据不同的运动项目，对场地使用的材料（阻燃、有毒有害物质剂量、放射性物质剂量等）、设施（牢固度、结构）、设备应按相关标准提出相应的技术要求。

4.1.4 工作地点（用房）

工作地点（用房）应符合 JGJ 31 - 2003 有关条款的要求。如：对用房的面积、位置、供电接口及通讯接口的位置、数量、规格等应根据使用目的提出具体要求。

4.1.5 卫生要求

体育场馆卫生要求应符合 GB 9664 - 1996、GB 9667 1996、GB 9668—1996、GB 19085—2003 等的有关规定。

4.2 公共安全防护系统的基本构成

体育场馆公共安全防护系统主要由建筑物安全系统、消防、安防、疏散、通讯和信息传输防护，以及与安全有关的其他系统、安全管理/应急指挥中心等构成。

5 体育场馆风险等级、防护级别及安全防护系统的配置

5.1 风险等级的划分

5.1.1 风险可分为单位风险、部位风险、目标风险。

5.1.2 单位风险等级应按体育场馆的规模及举办活动的级别、可能产生的危害程度等进行划分，由高到低分为三个级别：一级风险，二级风险，三级风险。具体见表1。

表1 体育场馆风险等级划分

风险等级	体育场馆规模	备注
一级风险（单位）	a）能容纳观众六万人以上（含六万人）的体育场； b）能容纳观众六千人以上（含六千人）的体育馆； c）能容纳观众三千人以上（含三千人）的游泳馆。	具备第二列条件，并在举办国家级或亚运会、奥运会、世界单项体育比赛及相应活动，或举办危险程度很大的体育比赛期间。

风险等级	体育场馆规模	备注
二级风险 （单位）	a）能容纳观众两万人以上（含两万人）不足六万人的体育场； b）能容纳观众三千人以上（含三千人）不足六千人的体育馆； c）能容纳观众一千五百人以上（含一千五百人）不足三千人的游泳馆。	具备第二列条件，并在举办省、直辖市级体育比赛或全国性、国际单项体育比赛及相应活动期间，或举办危险程度较大的体育比赛期间。
三级风险 （单位）	a）容纳观众两万人以下的体育场； b）容纳观众三千人以下的体育馆； c）容纳观众一千五百人以下的游泳馆。	具备第二列条件，并在举办县、市级地方性、群众性运动会或相应活动期间，或举办有一定危险程度的体育比赛期间。

5.1.3 体育场馆的部位（目标）风险等级可根据其重要性及可能产生的危害程度进行划分。

一级、二级风险单位的主席台（要人）、贵宾室（要人）、各系统用房、裁判员区、运动员区、竞赛管理区、新闻媒体区、供电设施、信息处理设备、封闭式体育馆的主进风口、要人避难区等要害部位（目标）为一级风险部位（目标）；

一级、二级风险单位的备勤用房、观众席区、观众出入口、空调和供水设备等重点部位（目标）为二级风险部位（目标）；

其他为三级风险部位（目标）。

5.2 防护级别

5.2.1 体育场馆防护级别的确定，应与风险等级相对应。也可根据体育赛事的重要程度和安全防护的需要，结合体育场馆的特殊需求、周边治安环境、公安机关应急能力等因素对防护级别进行高配，即对风险等级低的体育场馆配备高于其对应防护级别的防护措施。

5.2.2 体育场馆安全防护的级别由高到低分为三级：一级防护、二级防护、三级防护。一级风险单位或一级风险部位（目标）应采取一级防护措施；二级风险单位或二级风险部位（目标）应采取二级防护措施；三级风险单位或三级风险部位（目标）应采取三级防护措施。

5.2.3 体育场馆举行体育赛事外的多功能使用时，应满足相关使用时的安全要求。

5.2.4 防护级别与风险等级的对应关系见表2。

表2 防护级别与风险等级的对应关系

风险等级	防护级别	备 注
一级风险	一级防护	防护设施可分为两部分：常备的和举行重要体育赛事或其他重要活动期间临时增设的防护设施。
二级风险	二级或一级防护	
三级风险	三级或二级防护	

5.3　各防护级别安全防护系统的配置

各防护级别应按要求配置安全防护系统，具体见表3。

表3　各防护级别安全防护系统的配置

防护系统名称	子系统名称	一级防护的配置		二级防护的配置		三级防护的配置	
		应设置	宜设置	应设置	宜设置	应设置	宜设置
管理系统	安全管理/应急指挥中心	√		√			√
消防系统	火灾自动报警	√		√		√	
	自动灭火	√		√			√
	消火栓及附属设施	√		√			√
	紧急广播	√		√		√	
	其他消防设施	√		√		√	
安防系统	入侵报警	√		√			
	视频安防监控	√		√			√
	停车库（场）及场馆道路智能管理	√		√			√
	实体防护设施	√		√			
	出入口控制		√		√		√
	电子巡查		√		√		
	防爆安全检查		√		√		
	声音复核		√		√		
其他系统	疏散引导	√		√		√	
	有线和无线通讯	√		和/或		或	
	竞赛信息处理	√		√			
	防雷及接地	√		√		√	
	电子售检票		√		√		

注：配置项中的选项分为"应设置"、"宜设置"，其中打"√"的为应选项，对于三级防护配置中两选项为空白的，是自由选项，即可选其中之一或两项都不选。

5.4　风险部位（目标）的防护

风险部位（目标）的防护应根据具体情况采用切实有效的防护措施，如：实体防护设施、技术防护系统、人力防护措施等；

一级风险部位（目标）应有两种或两种以上的防护措施，二级风险部位（目标）应有一种或一种以上的防护措施，三级风险部位（目标）可根据实际情况自行确定防护措施。

6　体育场馆公共安全防护系统的基本要求

6.1　消防安全系统

6.1.1 消防安全系统包括火灾自动报警子系统、自动灭火子系统、消火栓及附属设施、紧急广播子系统、防火封堵及其他消防设施。

6.1.2 消防安全系统的设计和建设除应符合现行国家消防法规及 GB 50016—2006 和 JGJ 31—2003 的要求外（见附录 A），还应符合以下要求：

　　a）观众厅、比赛厅或训练厅等区域内各种墙体和楼板上的孔洞应做防火封堵处理，防火封堵处理系统墙体的耐火极限应不低于 3.0 h，楼板的耐火极限应不低于 1.5 h。

　　b）比赛和训练建筑的照明控制室、声控室、配电室、发电机房、空调机房、重要库房、控制中心等部位，应采用耐火墙体、耐火楼板、耐火孔洞、耐火门窗和/或设自动水喷淋、自动气体等灭火系统作为防火保护措施。自动水喷淋灭火系统应符合 GB 50084—2001（2005 年版）的有关要求。

6.2　安全防范系统

6.2.1　体育场馆的安全防范系统应参照 GB 50348 2004 的有关要求。

6.2.2　入侵报警子系统包括入侵报警、紧急报警、周界报警。

6.2.2.1　体育场馆的奖牌仓库、枪械仓库等重要库房，贵宾室、财务室、灯控室、声控室、变配电机房、发电机房、大屏控制室等重点部位应安装入侵报警装置，并宜能与相应的照明、视频安防监控及声音复核等设备联动。有必要时，可设置现场声、光报警指示。

6.2.2.2　入侵报警装置应能准确、及时报告入侵异常事件，即应在向安防监控中心（室）值班人员发出声光报警信号的同时，清楚显示事件发生的部位、性质（抢劫、盗窃、故障等），准确记录报警时间、位置等信息，并能够详细查询、打印以上内容。

6.2.2.3　体育场馆的监控中心（室）等重要部位应安装紧急报警装置，并应预留能与公安 110 报警服务台联网的接口。紧急报警装置应安装在隐蔽位置，且便于操作和维修。

6.2.2.4　紧急报警线路上一一般不宜挂接电话机、传真机或其他通讯设备。如挂接此类设备，系统应具有抢线发送报警信号功能。

6.2.2.5　对重点防护部位宜设置多种探测功能的报警设备，并宜有声音复核装置。

6.2.2.6　体育场馆的周界宜设置防止爬越的障碍物或周界报警装置。

6.2.2.7　系统主要技术指标及要求应符合 GB 50394—2007 的有关条款。

6.2.3　出入口控制子系统

6.2.3.1　体育场馆的金牌仓库、枪械仓库等重要库房，监控中心（室）、贵宾室、财务室、灯控室、声控室、配电室、发电机房等重点部位应装出入口控制装置，只允许授权人员在规定时间内进出并记录所有出入人员、出入时间等信息。6.2.3.2　不同的出入口，应能设置不同的出入权限，包括出入时间权限、出入口权限、出入次数权限、出入方向权限、出入目标标识信息及载体权限等。6.2.3.3　设置的控制点及控制不应与消防法规相抵触，应确保在发生火警紧急情况下不妨碍逃生并应开放紧急通道。

6.2.3.4　不设置公用码。授权人员应设置个人识别码，并设置定期更换个人识别码措施。

6.2.3.5 系统主要技术指标及要求应符合 GB 50396—2007 的有关条款。

6.2.4 视频安防监控子系统

6.2.4.1 体育场馆与外界相通的出入口应安装视频安防监控装置，能够监视出入体育场馆人员情况。回放图像应能清晰分辨出入人员的脸部及体貌特征。

6.2.4.2 体育场馆内外重要通道及部位应安装视频安防监控装置，应能实时监视、记录重要事件的全过程，回放图像应能清晰显示人员脸部特征。视频安防监控装置还应能够实时监视体育场馆内人员的活动情况。回放图像应能清晰辨别进出人员的体貌特征。

6.2.4.3 视频安防监控子系统宜采用数字录像设备。记录资料的保存期一般不应少于 7 d，有重要赛事时应对比赛期间的有关视频安防监控子系统的重要记录资料采用备份方式长期保存。

6.2.4.4 有条件的可设置人像识别功能，并可与防爆安检和视频安防监控子系统配合使用。

6.2.4.5 系统主要技术指标及要求可参照 GB 50198—1994 及 GB 50395—2007 的有关条款。

6.2.5 电子巡查子系统

6.2.5.1 体育场馆可设置离线式或在线式电子巡查子系统。

6.2.5.2 在线式电子巡查子系统可独立设置，或与在线式出入口控制子系统统一设置。

6.2.5.3 系统主要技术指标及要求可参照 GA/T 644—2006 的有关条款。

6.2.6 停车库（场）及场馆道路智能管理子系统

6.2.6.1 应根据建筑物的使用功能和安全技术防范管理的需要，对停车库（场）的车辆通行道口实施出入控制、监视、行车信号引导指示、停车管理及车辆防盗报警等子系统的综合设置。

6.2.6.2 宜采用先进的无线数据通讯技术、光电子显示技术、远程监控技术建立完善、有效的交通疏导管理子系统。

6.2.6.3 系统宜有较强的兼容性，宜能与出入口控制、电子巡查等其他安全防范子系统联网，方便实现一卡通管理或数据共享。

6.2.7 防爆安全检查子系统

6.2.7.1 应根据体育场馆的主要使用功能和安全技术防范管理的需要，在重要活动期间，对进入实施一级、二级防护的体育场馆主要入口应设置防爆安全检查设备，以防止易燃、易爆等危险品或其他违禁物品的进入。

6.2.7.2 防爆安全检查装置的设置不应影响消防及紧急疏散。

7 体育场馆中与安全防护有关的其他子系统的基本要求

7.1 有线/无线通讯子系统

7.1.1 一级、二级防护的体育场馆在举行赛事或活动期间，应设置为现场安全系统提供通信服务的专用有线和/或无线通信系统，保证安全防护系统各个工作点和安保人员的通信需要。

7.1.2 安全防护系统专用有线/无线通信子系统应具备数据、语音的传输能力，并和当地的公安、

交通和赛事或活动组委会专电和专网连通。

7.1.3 应保证安全防护系统专用有线/无线通信子系统的安全、便捷、可靠、防泄密。

7.2 电子售检票子系统

7.2.1 系统应能通过对进出验票通道人员所持门票进行有效性验证，防止持非有效票观众的进入。

7.2.2 系统应为场馆举行赛事或活动时的人流实时监控提供有效的决策数据和资料。

7.2.3 系统应满足公安消防通道的要求，可通过网络，对每个通道实行远程控制，实施开启或关闭通道，在紧急告警时有应急开、关通道的功能。

7.2.4 系统应保证在场馆出现紧急事件（如火警）时，所有的进出通道的闸机能全部自动打开，形成无障碍通道，方便人员的疏散。

7.3 竞赛信息处理子系统

7.3.1 一级、二级防护级别的体育场馆应设置竞赛信息处理子系统。竞赛信息处理子系统应采用相应的计算机网络安全技术，保证竞赛信息在计算机网络上传输的安全性和可靠性，防止非法入侵。

7.3.2 系统应保证场馆内各系统的运行控制信息、举行赛事时的竞赛信息、以及场馆对外发布的公共信息的安全。

7.3.3 系统应保证场馆运行的各系统的中央控制主机可以防止非授权用户的非法登录，系统安全通过多级用户密码保证不同的用户有不同的授权。

7.3.4 系统安全要求可参照 GB/T 9361—1988 的有关条款。防火墙安全技术可参照 GB/T 18020—1999 的有关条款。

7.4 电源、防雷与接地子系统

7.4.1 建筑物防雷接地要求应符合 GB 50057 的规定。

7.4.2 电子信息系统防雷接地要求应符合 GB 50343 的规定。

7.4.3 具体要求可参照 GB 50348 2004，中3.9 和3.12 的有关规定。

8 疏散引导及标志子系统

8.1 疏散引导子系统

8.1.1 疏散引导子系统应能适应现代体育场馆规模性和复杂性的要求，疏散引导标志应在观众进场与出场时均能起到醒目引导作用。

8.1.2 观众席的安全出口上二方和疏散走道出口、转折处应设疏散标志灯。疏散走道内应设疏散指示标志。疏散路线的疏散指示、导向标志灯、疏散标志灯，必须满足疏散时视觉连续的需要。

8.1.3 疏散引导子系统，包括标识，如：文字、颜色、图形、走道、楼梯、疏散门等的要求以及缓冲区的确定应符合 JGJ 31—2003 中8.2 等有关条款的要求。

8.1.4 疏散引导子系统应与视频安防监控、紧急广播、应急照明、停车库（场）及场馆道路智能管理等子系统有机配合使用。

8.2 标志的设置

8.2.1 消防安全疏散标志应设在醒目位置。不应设置在经常被遮挡的位置，疏散出口、安全出口等疏散指示标志不应设置在可开启的门、窗扇上或其他可移动的物体上。

8.2.2 疏散走道上的消防安全疏散指示标志（不含设置在地面上的消防安全疏散指示标志或疏散导流带）宜设置在疏散走道及其转角处距地面高度 1.0 m 以下的墙面或地面上，且应符合下列要求：

    a）当设置在墙面上时，其间距不应大于 10 m；

    b）当设置在地面上时，其间距不应大于 5 m；

    c）当与疏散导流标志联合设置时，其底边应高于疏散导流标志上边缘 5 cm；

    d）当联合设置电光源型和蓄光型标志时，电光源型标志的间距应符合本标准 8.3.2 中 d）项的规定，蓄光型标志的间距应符合视觉连续的要求。

8.2.3 设置在顶棚下的疏散指示标志，应采用电光源型消防安全疏散指示标志，其下边缘距地面的高度不应小于 2 m，且不宜大于 2.5 m，间距不应大于 20 m，设置在地下的疏散标志间距不应大于 10 m。

    疏散指示标志的正面或其邻近不宜有妨碍公众视读/视觉的障碍物，若无法避免时，应在障碍物上增设标记。

8.2.4 安全出口或疏散通道中的门窗应设置"禁止锁闭"标志，并宜设"推开"标志。室内疏散走道或室外通道的醒目处应设置"禁止阻塞"的标志。

8.3 标志要求

8.3.1 电源

当正常照明电源中断时，应能在 5 s 内自动切换成应急照明电源，且标志表面的最低平均照度和照度均匀度应符合 GB 50034 的要求。

8.3.2 消防安全疏散标志

体育场馆应设置消防安全疏散标志；并应在其安全出口上设置电光源型安全出口标志。设置电光源型消防安全疏散标志时，应符合下列要求：

    a）电光源型消防安全疏散标志应采用不间断电源供电，并宜采用相对集中的供电方式（可按楼层、防火分区等划分供电区域），当数量较少，布置分散时可采用自带电源供电；

    b）大型、中型体育场馆每层建筑面积大于 3 000 m² 的区域及地下建筑，应急电源的连续供电时间不应小于 30 min；

    c）标志表面的平均亮度宜为 17 cd/m² ~ 34 cd/m²，最大亮度与最小亮度之比不应大于 5：1，但任何小区域内的亮度不应大于 300 cd/m² 且不应小于 15 cd/m²。

    d）设置间距不应大于 20 m，地下不应大于 10 m。

8.3.3 蓄光型消防安全疏散标志

设置蓄光型消防安全疏散标志时，应符合下列要求：

a）设置场所和部位的正常电光或日光照度，对于荧光灯，不应低于 25 lx；对于白炽灯，不应低于 40 lx：

b）消防安全疏散标志表面的最低照度不应小于 5 lx；

c）应满足正常电源中断 30 min 后其表面任一发光面积的亮度不小于 0.1 cd/m² 。

8.3.4 消防安全疏散标志的尺寸

消防安全疏散标志的尺寸应与疏散人员的观察距离相适应，并应符合表 4 的规定。

表 4 消防安全疏散标志最小尺寸　　　　　　　　　　　　　单位为米

观察距离 L	正方形标志的边长或长方形标志的短边	圆环标志的内径	三角形标志的内边
L≤2.5	0.063	0.070	0.088
2.5<L≤4.0	0.100	0.110	0.140
4.0<L≤6.3	0.160	0.175	0.220
6.3<L≤10.0	0.250	0.280	0.350
10.0<L≤16.0	0.400	0.450	0.560
16.0<L≤25.0	0.630	0.700	0.880
L>25.0	1.000	1.110	1.400

注：观察距离是从最远疏点至最近标志的距离。

8.3.5 导流标志

体育场馆的疏散走道为长度超过 20 m 的内走道时，除应设置疏散指示标志外，还应设置疏散导流标志。在疏散走道或主要疏散路线的墙面或地面上设置的疏散导流标志，应符合下列要求：

a）设置在地面上时，宜沿疏散走道或主要疏散路线的中心线布置；

b）设置在墙上时，其中心线距地面高度不应大于 50 cm；

c）疏散导流标志宜连续布置，标志的宽度不宜小于 8 cm，长度不宜小于 30 cm；

d）当间断布置时，蓄光型疏散导流标志间距不应超过 1 m；电光源型疏散导流标志间距不宜大于

2 m，不应超过 3 m；

e）当疏散导流标志遇到的门不是疏散出口或安全出口时，宜在该处的地面连续指示。

8.4 其他要求

体育场馆的疏散与交通应符合 JGJ 31—2003 的有关规定。疏散引导系统应与视频安防监控、紧急广播、应急照明、停车库（场）安全管理等子系统有机配合使用。

9　安全管理/应急指挥中心

9.1　设置

安全管理/应急指挥中心是体育场馆日常安全管理以及处理突发公共事件的管理与指挥中心。

一级、二级风险单位应设置安全管理/应急指挥中心，中心应具备处理突发公共事件的能力。并应设置体育场馆突发公共事件应急平台及监控中心（室）。

9.2　应急预案

应根据国家有关法律法规、规章并结合体育场馆的实际情况编制应急预案。

9.3　信息获取子系统

信息获取子系统的信息来源于安全防范系统、消防系统和其他系统的状态数据、监测监控数据以及报警数据。

9.4　应急智能子系统

应急智能子系统是突发公共事件预测模拟和辅助决策的核心部分，具备灾害事故发展过程的模拟预测、危险性分析和评估、预警分级以及在此基础上进行预案优化、指挥决策、处置建议等。

应急智能子系统主要包括数据库系统、模型库系统、预案库系统和决策技术库系统。应急智能系统是以数据库为基础的数据、模型软件、预案、决策软件的集合。

9.5　应急指挥子系统

应急指挥子系统通过紧急广播、有线无线通讯和电视监控以及疏散引导及标志子系统实施人员疏散的指挥与管理，组织实施救援方案，对外发布事故预警、事故处置状态等信息。

9.6　其他要求

9.6.1　安全管理与应急指挥中心应设在安全和远离强磁场的部位。

9.6.2　安全管理与应急指挥中心入口应安装防盗安全门和可视/对讲装置。对窗及通风口也应采取防护措施。

9.6.3　安全管理与应急指挥中心内应安装视频安防监控装置，对值勤人员的活动情况进行记录。

9.6.4　安全管理与应急指挥中心内应安装安全管理子系统，并应配备有线和/或无线两种通信联络方式。

9.6.5　安全管理与应急指挥中心应配置消防器材和自动应急照明设备。

9.6.6　其他主要技术指标及要求可参照 GB/T 2887—2000、GB 50198—1994、GB 50348—2004 的有关条款。

附　录　A
（规范性附录）
体育场馆的防火设计要求

A.1　体育建筑主体结构设计使用年限和建筑物耐火等级

体育建筑等级应根据其使用要求分级，不同等级体育建筑结构设计使用年限和耐火等级应符合表 A.1 的规定。

表 A.1　体育建筑结构设计使用年限和建筑物耐火等级

等级	主要使用要求	主体结构设计使用年限	耐火等级
特级	举办亚运会、奥运会及世界级比赛主场	＞100 年	不低于一级
甲级	举办全国性和国际单项比赛	50 年～100 年	不低于二级
乙级	举办地区性和全国单项比赛	50 年～100 年	不低于二级
丙级	举办地方性，群众性运动会	25 年～50 年	不低于二级

[JGJ 31—2003 中 1.0.8]

建筑物的耐火等级分为四级，其构件的燃烧性能和耐火极限应不低于表 A.2 的规定。

表 A.2　建筑物构件的燃烧性能和耐火极限　　　　　　　　　　　单位为小时

构件名称		耐火等级			
		一级	二级	三级	四级
墙	防火墙	不燃烧体 3.00	不燃烧体 3.00	不燃烧体 3.00	不燃烧体 3.00
	承重墙	不燃烧体 3.00	不燃烧体 2.50	不燃烧体 23.00	不燃烧体 0.50
	非承重外墙	不燃烧体 1.00	不燃烧体 1.00	不燃烧体 0.50	燃烧体
	楼梯间的墙、电梯井的墙	不燃烧体 2.00	不燃烧体 2.00	不燃烧体 1.50	难燃烧体
	疏散走道两侧的隔墙	不燃烧体 1.00	不燃烧体 1.00	不燃烧体 0.50	难燃烧体 0.25
	房间隔墙	不燃烧体 0.75	不燃烧体 0.50	不燃烧体 0.50	不燃烧体 0.25
柱		不燃烧体 3.00	不燃烧体 2.50	不燃烧体 2.00	难燃烧体 0.50

构件名称	耐火等级			
	一级	二级	三级	四级
梁	不燃烧体 2.00	不燃烧体 1.50	不燃烧体 1.00	不燃烧体 0.50
楼板	不燃烧体 1.50	不燃烧体 1.00	不燃烧体 0.50	燃烧体
屋顶承重构件	不燃烧体 10.50	不燃烧体 1.00	燃烧体	燃烧体
疏散楼梯	不燃烧体 1.50	不燃烧体 1.00	不燃烧体 0.50	燃烧体
吊顶（包括吊顶搁栅）	不燃烧体 0.25	不燃烧体 0.25	燃烧体 0.15	燃烧体

注 1. 以木柱承重且以非燃烧材料作为墙体的建筑物，其耐火等级按四级确定。

2. 二级耐火等级的建筑吊顶采用不燃烧体时，其耐火极限不限。

3. 在二级耐火等级的建筑中，面积不超过 100 m² 的房间隔墙，如执行本表的规定有困难时，可采用耐火极限不低于 0.3 h 的不燃烧体。

4. 一、二级耐火等级民用建筑疏散走道两侧的隔墙，按本表规定执行有困难时，可采用 0.75 h 不燃烧体。

［LGB 50016—2006 中表 5.1.1］

A.2 体育建筑的防火设计"

A.2.1 消防安全设计

消防安全除应按照现行国家消防法规及 GB 50016—2006 执行外，还应符合以下规定：

a）体育建筑防火分区尤其是比赛大厅、训练厅和观众休息厅等大空间处应结合建筑布局、功能分区和使用要求加以划分，并应报当地公安消防部门认定；

b）观众厅、比赛厅或训练厅的安全出口应设置乙级防火门；

c）位于地下室的训练用房应按规定设置足够的安全出口；

d）比赛和训练建筑的照明控制室、声控室、配电室、发电机房、空调机房、重要库房、控制中心等部位，应采用耐火墙体、耐火楼板、耐火孔洞、耐火门窗和/或设自动水喷淋、自动气体等灭火系统作为防火保护措施。自动水喷淋灭火系统应符合 GB 50084—2001（2005 年版）的有关要求；

e）比赛、训练大厅设有直接对外开口时，应满足自然排烟的条件；没有直接对外开口的或无外窗的地下训练室、贵宾室、裁判员室、重要库房、设备用房等应设机械排烟系统；

f）有特殊消防需要的体育场馆应按照现行国家消防法规执行。

A.2.2 看台结构的耐火要求

室内、外观众看台结构的耐火等级，应与表1规定的建筑等级和耐久年限相一致，室外观众看台上面的罩棚结构的金属构件可无防火保护，其屋面板可采用经阻燃处理的燃烧材料。

A.2.3 墙面装修和顶棚的耐火要求

用于比赛、训练大厅的室内墙面装修和顶棚（包括吸声、隔热和保温处理）应采用不燃烧材料，当此场所内设有火灾自动灭火系统和火灾自动报警系统时，室内墙面和顶棚装修可采用难燃烧材料。

固定座位应采用烟密度指数50以下的难燃烧材料制作，地面可采用不低于难燃等级的材料制作。

A.2.4 房盖承重钢结构的防火要求比赛、训练大厅的屋盖承重钢结构是下列情况中的一种时，承重钢结构可不做防火保护：

a）比赛或训练大厅的墙面（含装修）用不燃烧材料；

b）比赛或训练大厅设有耐火极限不低于0.5 h的燃烧材料的吊顶；

c）游泳馆的比赛或训练大厅。

1）该内容来自JGJ 31—2003中第8章。

A.2.5 马道的设置与防火要求

比赛、训练大厅的顶棚内可根据顶棚结构、检修要求、顶棚高度等因素设置马道，其宽度不应小于0.65 m，马道应采用不燃烧材料，其垂直交通可采用钢质梯。

A.2.6 重要机房、监控中心（室）的防火要求

比赛和训练建筑的照明控制室、声控室、配电室、发电机房、空调机房、重要库房、消防控制室（中心）等部位，按不同的防护级别采取不同的防护措施。

对于一级防护级别的场所，应同时采取下列措施作为防火保护：

a）应采用耐火极限不低于3.0 h的墙体和耐火极限不小于1.5 h的楼板，同其他部位分隔的门、窗耐火极限不应低于1.2 h。

b）应做防火封堵处理，防火封堵处理后的墙体和楼板的耐火极限应分别不低于3.0 h和1.5 h；

c）设自动喷水灭火系统。当不宜设水系统时，可设气体自动灭火系统，但不应采用卤代烷1211和1301灭火系统。应采用洁净气体或二氧化碳灭火系统。对于二级防护级别和三级防护级别的场所，应采取下列措施中的一种作为防火保护：

a）采用耐火极限不低于2.0 h的墙体和耐火极限不小于1.5 h的楼板，同其他部位分隔的门、窗耐火极限不应低于1.2 h。

b）设自动喷水灭火系统。当不宜设水系统时，可设气体自动灭火系统，但不得采用卤代烷1211和卤代烷1301灭火系统。应采用洁净气体或二氧化碳灭火系统。

A.3 消防设施要求

A.3.1 消火栓的设置

消火栓应按 GB 50016—2006 的规定设置。消火栓宜设在门厅、休息厅、观众厅的主要入口及靠近楼梯的明显位置。

A.3.2 自动喷水灭火系统的设置

贵宾室、器材库、运动员休息室等应按 GB 50016—2006 中对体育馆的规定设置自动喷水灭火系统，可按 GB 50084—2001（2005 版）的中危险级 I 级设计；

赛后用做其他用途的房间，应按平时使用功能确定设置自动喷水灭火系统。

A.4 其他消防要求

甲级以上体育馆中当消火栓、自动喷水灭火系统还不能满足消防要求时，应设其他可行的自动灭火设施。消防设施的设置可参照 GB 50140—2005 及 GB 50338—2003 的相关要求执行。

有特殊消防需要的体育场馆应按现行国家消防规范执行，并应报当地消防监督部门认定。

A.2.5 马道的设置与防火要求

比赛、训练大厅的顶棚内可根据顶棚结构、检修要求、顶棚高度等因素设置马道，其宽度不应小于 0.65 m，马道应采用不燃烧材料，其垂直交通可采用钢质梯。

A.2.6 重要机房、监控中心（室）的防火要求

比赛和训练建筑的照明控制室、声控室、配电室、发电机房、空调机房、重要库房、消防控制室（中心）等部位，按不同的防护级别采取不同的防护措施。

对于一级防护级别的场所，应同时采取下列措施作为防火保护：

a）应采用耐火极限不低于 3.0 h 的墙体和耐火极限不小于 1.5 h 的楼板，同其他部位分隔的门、窗耐火极限不应低于 1.2 h。

b）应做防火封堵处理，防火封堵处理后的墙体和楼板的耐火极限应分别不低于 3.0 h 和 1.5 h；

c）设自动喷水灭火系统。当不宜设水系统时，可设气体自动灭火系统，但不应采用卤代烷 1211 和 1301 灭火系统。应采用洁净气体或二氧化碳灭火系统。对于二级防护级别和三级防护级别的场所，应采取下列措施中的一种作为防火保护：

a）采用耐火极限不低于 2.0 h 的墙体和耐火极限不小于 1.5 h 的楼板，同其他部位分隔的门、窗耐火极限不应低于 1.2 h。

b）设自动喷水灭火系统。当不宜设水系统时，可设气体自动灭火系统，但不得采用卤代烷 1211 和卤代烷 1301 灭火系统。应采用洁净气体或二氧化碳灭火系统。

A.3 消防设施要求

A.3.1 消火栓的设置

消火栓应按 GB 50016—2006 的规定设置。消火栓宜设在门厅、休息厅、观众厅的主要入口及靠近楼梯的明显位置。

A.3.2 自动喷水灭火系统的设置

贵宾室、器材库、运动员休息室等应按 GB 50016—2006 中对体育馆的规定设置自动喷水灭火

系统，可按 GB 50084—2001（2005 版）的中危险级 I 级设计；

赛后用做其他用途的房间，应按平时使用功能确定设置自动喷水灭火系统。

A.4　其他消防要求

甲级以上体育馆中当消火栓、自动喷水灭火系统还不能满足消防要求时，应设其他可行的自动灭火设施。消防设施的设置可参照 GB 50140—2005 及 GB 50338—2003 的相关要求执行。

有特殊消防需要的体育场馆应按现行国家消防规范执行，并应报当地消防监督部门认定。

学生宿舍卫生要求及管理规范

GB 31177—2014

1　范围

本标准规定了学生宿舍建筑、基本设施、室内空气质量的卫生要求及管理规范。

本标准适用各级各类学校。

2　规范性引用文件

下列文件对于本文件的应用是必不可少的。凡是注日期的引用文件，仅注日期的版本适用于本文件。凡是不注日期的引用文件，其最新版本（包括所有的修改单）适用于本文件。

GB/T 3976　学校课桌椅功能尺寸

GB/T 18203 室内空气中溶血性链球菌卫生标准

GB 18383　絮用纤维制品通用技术要求

GB/T 18883　室内空气质量标准

GB 50099　中小学校设计规范

JGJ 36　宿舍建筑设计规范

全爱卫发（1997）第 5 号灭鼠、蚊、蝇、蟑螂标准

3　术语和定义

下列术语和定义适用于本文件。

3.1　室内空气质量参数　indoor air quality parameter

室内空气中与人体健康有关的物理、化学、生物和放射性参数。

3.2　窗地面积比　glazing floor area ratio

室内采光窗洞口总面积与室内地面积之比。

3.3　总挥发性有机化合物　total volatile organic compounds；TVOC

利用 Tenax GC 或 Tenax TA 采样，非极性色谱柱（极性指数小于 10）进行分析，保留时间在正己烷和正十六烷之间的挥发性有机化合物。

4　宿舍建筑要求

4.1　学生宿舍宜由居室、管理室、盥洗室、厕所、贮藏室及清洁用具室组成。

4.2　学生宿舍选址应防止噪声和各种污染源的影响，并应符合 JGJ 36 中有关卫生防护标准的规定。

4.3　学生宿舍与教学用房不宜在同一栋建筑中分层合建，可在同一栋建筑中以防火墙分隔贴建。学生宿舍应便于自行封闭管理，不得与教学用房合用建筑的同一个出入口。

4.4　学生宿舍建筑的房屋间距应满足 JGJ 36 中有关防火及日照的要求。

4.5　学生宿舍楼应设置消防安全疏散指示图、火警报警装置，以及明显的安全疏散标志。

4.6　学生宿舍的电气设施应符合 JGJ 36 中有关电气安全的要求，中、小学生的宿舍应采用安全型电源插座。

4.7　学生宿舍的楼梯、电梯和安全出口应符合 JGJ 36 中有关的要求。

4.8　宿舍居室在采用单层床时，房间净高不应低于 2.60 m；在采用双层床时，房间净高不应低于 3.10 m；在采用高架床时，房间净高不应低于 3.35 m。

4.9　人均居室内面积不宜小于 3.00 m^2/人。

4.10　学生宿舍应具有一定的储藏空间，储藏空间的大小、宽度和深度应符合 GB 50099 的要求。

4.11　宿舍不得设在地下室或半地下室。

5　基本设施要求

5.1　床铺

5.1.1　学生宿舍应保证学生一人一床。

5.1.2　学生使用的床铺应牢固结实，高架床和双层床的上床应设置防跌落板（或杆），防跌落板（或杆）的高度不应低于 0.25 m，长度不应小于床体长度的 2/3。

5.1.3　小学生的床铺长度不应小于 1.80 m，宽度不应小于 0.90 m，床位面积不应小于 1.60 m^2/人；中学及以上学生的床铺长度不应小于 2.00 m，宽度不应小于 1.00 m，床铺面积不应小于 2.00 m^2/人。

5.1.4　床上空间高度不应小于 1.20 m。

5.1.5　小学生使用的高架床和双层床的上床距离地面高度不应高于 1.60 m。

5.1.6 床单、棉被、床垫等床上卧具应符合 GB 18383 中的要求。

5.2 书桌椅

5.2.1 高等院校学生宿舍应每人配备一套书桌椅。

5.2.2 宿舍的书桌椅应符合 GB/T 3976 中提出的要求。

5.3 采光照明

5.3.1 宿舍居室采光系数不应低于 1%，窗地面积比不应低于 1：7。

5.3.2 学生宿舍应设置人工照明设施，学生宿舍的人工照明设施应安全、环保、节能。

5.3.3 宿舍居室离地 0.75 m 高度水平面的平均照度不应低于 75 lx，配备书桌椅的宿舍桌面照度不应低于 300 lx。

5.4 盥洗设施

5.4.1 学生宿舍的盥洗室应配有洗手盆或盥洗槽水龙头，配置数量宜达到如下要求：5 人以下设一个，超过 5 人时，每 10 人或不足 10 人增设一个。

5.4.2 学生宿舍应设晒衣设施。

5.5 厕所

5.5.1 宿舍的女生厕所应按每 12 人设一个大便器；男生厕所应按每 20 人设一个大便器和一个小便器；小学厕所大便器的蹲位最大允许宽度为 0.18 m。

5.5.2 有独立卫生间的宿舍每 8 人应设置一个大便器，学生宿舍厕所的大便器宜采用蹲式大便器。

5.5.3 厕所内应设洗手盆、污水池和地漏。

5.6 采暖、通风设施

5.6.1 学生宿舍应根据当地的气候条件设置通风、取暖设施。

5.6.2 学生宿舍的通风、取暖设施应安全、环保。

5.7 防鼠、防蚊蝇设施

5.7.1 学生宿舍应安装有效的防蚊、蝇和防鼠害的设施。

5.7.2 蚊、蝇、蟑螂等病媒昆虫密度及鼠密度符合全国爱国卫生运动委员会《灭鼠、蚊、蝇、蟑螂标准》〔全爱卫发（1997）第 5 号〕中提出的考核要求。

6 室内空气质量要求

6.1 室内空气应无毒、无害、无异常嗅味。

6.2 室内空气中二氧化硫、一氧化碳、二氧化碳、氨、甲醛、苯、甲苯、二甲苯、总挥发性有机化合物、菌落总数、氡等室内空气质量参数指标应符合 GB/T 18883 中的要求，溶血性链球菌落数应符合 GB/T 18203 中的要求。

7　宿舍管理要求

7.1　学生宿舍应有专人管理。

7.2　学生宿舍应男女分区设置，分别设出入口，满足各自封闭管理的要求。

7.3　学生宿舍一层出入口及门窗应设置安全防护设施。

7.4　学生宿舍噪声昼间不宜超过 50 dB，夜间不宜超过 40 dB。

7.5　学生宿舍应达到整洁、美观，地面无果皮、痰迹及垃圾；定期进行室内空气及卧具等用具消毒，并做好消毒记录。

7.6　学生宿舍来访人员应做好审查和登记工作。

7.7　学生宿舍内的消防、电源线路、门窗防护网罩等应定期进行检查，并做好检查记录。

学校安全与健康设计通用规范

GB 30533—2014

1　范　　围

本标准规定了学校健康安全的管理、计划和设计、教学工作环境、服务、教学区域设备、工具和加工有关健康安全的通用要求。

本标准适用于普通中小学校、中等职业学校。大学和相关机构可参照执行。

2　规范性引用文件

下列文件对于本文件的应用是必不可少的。凡是注日期的引用文件，仅注日期的版本适用于本文件。凡是不注日期的引用文件，其最新版本（包括所有的修改单）适用于本文件。

GB/T 156　标准电压

GB 1002　家用和类似用途单相插头插座　型式、基本参数和尺寸

GB 2099.1　家用和类似用途插头插座　第 1 部分：通用要求

GB 2811　安全帽

GB/T 2887　计算机场地通用规范

GB 2893　安全色

GB 2894　安全标志及其使用导则

GB/T 3609.1　职业眼面部防护　焊接防护　第1部分：焊接防护具

GB.3883.1　手持式电动工具的安全　第一部分：通用要求

GB 3883.3　手持式电动工具的安全　第二部分：砂轮机、抛光机和盘式砂光机的专用要求

GB 3883.6　予持式电动工具的安全　第2部分：电钻和冲击电钻的专用要求

GB 3883.10　手持式电动工具的安全　第二部分：电刨的专用要求

GB：3883.11　手持式电动上具的安全　第2部分：往复锯（曲线锯、刀锯）的专用要求

GB 3883.17　手持式电动工具的安全　第2部分：木铣和修边机的专用要求

GB 3883.22　手持式也动工具的安拿　第二部分：开槽机的专用要求

GB 4208　外壳防护等级（IP代码）

GB 4706.1　家用和类似用途电器的安全　第1部分：通用要求

GB 5226.1　机械电气安全　机械电气设备　第1部分：通用技术条件

GB 5226.2　机械安全　机械电气设备　第32部分：起重机械技术条件

GB 5749　生活饮用水卫生标准

GB 5959.1　电热装置的安全　第1部分；通用要求

GB 6944—2012　危险货物分类和品名编号

GB 7793　中小学校教室采光和照明卫生标准

GB 7947　人机界面标志标识的基本和安全规则　导体的颜色或数亨标识

GB/T 8196　机械安全　防护装置　固定式和活动式防护装置设计与制造一般要求

GB 8702—1988　电磁辐射防护规定

GB 9175　环境电磁波卫生标准

GB 12557　木工机床　安全通则

GB 13539.1　低压熔断器　第1部分：基本要求

GB 13623　铝压力锅安全及性能要求

GB 13955 剩余电流动作保护装置安装和运行

GB 13960.1　可移式电动工具的安全　第一部分：通用要求

GB 13960.2　可移式电动工具的安全　第二部分：圆锯的专用要求

GB 13960.5　可移式电动工具的安全　第二部分：台式砂轮机的专用要求

GB 13960.6　可移式电动工具的安全　带锯的专用要求

GB 14048.1　低压开关设备和控制设备　第1部分：总则

GB 14050　系统接地的型式及安全技术要求

GB 15066　不锈钢压力锅

GB 15606　木工（材）车间安全生产通则

GB 1 5630　消防安全标志设置要求

GB/T 15706　机械安全　设计通则　风险评估与风险减小

GB 15760　金属切削机床　安全防护通用技术条件

GB/T 16507　固定式锅炉建造规程

GB 16798　食品机械安全卫生

GB 16914　燃气燃烧器具安全技术条件

GB 16917.1　家用和类似用途的带过电流保护的剩余电流动作断路器（RCBO）　第 1 部分：
一般规则

GB/T 17225　中小学校教室采暖温度标准

GB/T 17226　中小学校教室换气卫生标准

GB 18568　加工中心　安全防护技术条件

GB/T 18664　呼吸防护用品的选择、使用与维护

GB/T 18831　机械安全　带防护装置的联锁装置　设计和选择原则

GB 20905　铸造机械　安全要求

GB 21147　个体防护装备　防护鞋

GB 21746　教学仪器设备安全要求　总则

GB 21748　教学仪器设备安全要求　仪器和零部件的基本要求

GB 24385　卧轴矩台平面磨床　安全防护技术条件

GB 24541　手部防护　机械危害防护手套

GB/T 28001　职业健康管理体系　规范

GB/T 28002　职业健康管理体系　指南

GB 50033　建筑采光设计标准

GB 50034—2004　建筑照明设计规范

GB 50052　供配电系统设计规范

GR 50054　低压配电设计规范

GB 50057　建筑物防雷设计规范

GB 50169　接地装置施工及验收规范

GB 50174　电子信息系统机房设计规范

GB 50303　建筑电气工程施工质量验收规范

GB 50325—2010　民用建筑工程室内环境污染控制规范

GBJ 99　中小学建筑设计规范

GBZ1—2010　工业企业设计卫生标准

GBZ 2.2—2007　工作场所有害因素职业接触限值　第 2 部分：物理因素

GB/Z 6829　剩余电流动作保护器的一般要求

GB/T 6696　电站式锅炉技术条件

3 术语和定义

下列术语和定义适用于本文件。

3.1 风险 risk

在危险状态下，可能损伤或危害健康的概率和程度的综合。

3.2 风险评估 risk assessment

在风险事件发生之前或之后（但还没有结束），对该事件给人们的生活、生命、财产等各个方面造成

的影响和损失的呵能性进行量化评估的工作。

3.3 危害 hazard

任何包括潜在的可以引起对人有害的事物。

3.4 窗地面积比 ratio of glazing to floor area

窗洞口面积与地面面积之比。

［GB/T 50033—2001，术语2.1.10］

3.5 照度均匀度 uniformity radio of illuminance

规定表面上最小照度与平均照度之比。

［GB 50034—2004，术语2.0.29］

3.6 统一眩光值（UGR） unified glare rating

度量处于视觉环境中的照明装置发出的光对人眼引起的不舒适感主观反应的心理参量，其值可按 CIE 统一眩光值公式计算。

［GB 50034—2004，术语2.0.33］

3.7 显色指数 colour rendering index

在具有合理允许差的色适应状态下，被测光源照明物体的心理物理色与参比光源照明同一色样的心理物理色符合程度的度量。

［GB 50034—2004，术语2.0.39］

3.8 一般显色指数 general colour rendering index

八个一组色试样的 CIE1974 特殊显色指数的平均值，通称显色指数。符号为 Ra。

［GB 50034—2004，术语2.0.41］

3.9 眩光 glare

由于视野中的亮度分布或亮度范围的不适宜，或存在极端的对比，以致引起不舒适的感觉或降低观察细部或目标的能力的视觉现象。

［GB 50034—2004，术语2.0.30］

4　健康安全的管理

4.1　风险评估

按照《中华人民共和国未成年人保护法》要求，并考虑到未成年人缺少经验，缺少风险意识，而且不成熟．要求学校应正确地评估未成年人面临的风险程度，然后采取措施保护他们的健康和安全。

注：《中华人民共和国未成年人保护法》指出：

——学校、幼儿园、托儿所应当建立安全制度，加强对未成年人的安全教育，采取措施保障未成年人的人身安全；

——学校、幼儿园、托儿所不得在危及未成年人人身安全、健康的校舍和其他设施、场所中进行教育教学活动；

——学校、幼儿园安排未成年人参加集会、文化娱乐、社会实践等集体活动，应当有利于未成年人的健康成长，防止发生人身安全事故；

——教育行政等部门和学校、幼儿园、托儿所应当根据需要，制定应对各种灾害、传染性疾病、食物中毒、意外伤害等突发事件的预案，配备相应设施并进行必要的演练，增强未成年人的自我保护意识和能力。

4.2　危害、风险和风险控制措施

4.2.1　危害

开展风险评估的第一个步骤应是判定危害。当所有危害被判定后，首先应考虑这些危害是含可以消除．如果可以，就不存在风险了，那么风险评估的过程就完成了（例如使用电池供电的电钻就消除了用电网的电钻可能带来的触电危险）。

4.2.2　风险

如果风险不可以消除，那么风险就需要评估。风险包括受伤的口『能性、毁损的发生和严重的后果、主要的情况以及适当的风险控制措施。风险受教学区域中学生数量、经验、责任感程度的影响。

4.2.3　风险控制措施

风险控制措施可以是管理控制（如警卫）或是程序控制措施，如指导、监督和个人保护装置组合的工作系统。风险控制措施应该按以下顺序执行：

a）如果可能．消除危害；

b）如果不可能，选择更安全的取代；

c）如果不可能消除危害或选择更安全的取代，应从根源上减少风险，如使用管理控制；

d）具有联合指导和监督中的司法程序和工作系统；

c）使用个人防护用具。

4.3 开展风险评估

4.3.1　应成立由教育、行业管理、企业及技术等多方面人员组成的风险评估专家组。

4.3.2 开展风险评估的时候应记住不要认为绝对的安全或是零风险。

4.3.3 风险评估包含：明确危害、提供合理的风险控制、满足法律的要求和构建风险控制建议等。

4.3.4 风险评估应按照以下步骤开展：

a）第一步：寻找危害；

b）第二步：讨论谁有可能被伤害以及会怎样被伤害；

c）第三步：评估风险并决定已存在的预防措施是否足够或是否需要采取更多的措施；

d）第四步：记录重大发现；

e）第五步：评审评估。如果需要进行修订。

4.4 健康和安全的要求

4.4.1 学校应参照 GB/T 28001、GB/T 28002 建立学校健康安全管理体系，并予以贯彻实施。

4.4.2 学校应就有关活动的性质及进行的规模进行适当地安排，并有效地计划、组织、控制、监测、评审保护健康和安全的措施，且应予以记录。

4.4.3 设计技术部门的负责人应明白他们在健康安全中承担的责任，以及如何在学校或相关机构中将这些与健康安全责任人的任务联系在一起。

4.4.4 健康安全管理员应不断地监督现有的预防保护措施的有效性。健康安全管理员应至少每半年开展一次正式评审，以确保措施继续有效。

4.4.5 为了保证学校健康安全管理体系的持续有效，教育管理部门每年应至少进行一次检查，同时应确保教职工对健康安全法规和良好的实践方法的熟悉和了解。

4.4.6 应建立对受伤及小事故的报告进行评审制度，并把它作为有效的监督健康安全计划实施的有效措施之一。

4.4.7 健康安全管理员

学校应指定或安排一个或多个健康安全管理员协助实施这项标准并遵从健康安全法规。应对健康安全管理员进行足够的培训，结合他们自身的经验或知识使其能够实施风险评估的标准。

4.5 健康安全培训

4.5.1 学校应提供所有的必要信息、指示、培训和监督，以确保教职工在上作中的健康和安全。应考虑所有教职工在应对健康与安全方面的能力。

4.5.2 对进入学校或类似机构的工作人员，当他们暴露在任何风险的时候，应为他们提供适当的健康安全培训。

4.5.3 所有的教职工在最初的培训中都应接受安全使用仪器、机器设备和加工工序的培训。如果不能脱产培训，应进行在职培训。存食品教学管理的各个方面任教的教师和相关工作人员至少要有健康证明。

4.6 报告事故和危险的事情

发生重大事故（有关疾病、健康和危险的工作）后，事故现场有关人员应当立即报告本单位负责人。单位负责人接到事故报告后，应当迅速采取有效措施，组织抢救，防止事故扩大，减少人员伤亡和财产损失。所有的重大事故都应该报告和记录，报告既可以以学校完整报告的形式也可在安全手册中记录详情，在每一种情况中，都应考虑事故发生的情况和防止事故再次发生所采取的措施。

4.7　急救

4.7.1　学校应根据需要，制定应对各种灾害、传染性疾病、食物中毒、意外伤害等突发事件的应急预案，配备相应设施并进行必要的演练。

4.7.2　学校应根据可能发生或存在的有害因素及危害特点，在现场就近设置应急处理设施及防护装备，包括：淋浴设施、洗眼设施、急救箱、急救通讯设备及个体防护装备（如防护服、呼吸防护用品、防护面罩或眼镜、防护手套、防护鞋）等。

4.7.3　应急处理设施应有清晰的标识，并进行定期维护保养，以确保正常运行。

4.7.4　呼吸防护用品的选择、使用及维护应符合 GB/T 18664。

4.7.5　机械伤害防护手套应符合 GB 24541。

4.7.6　防护鞋应符合 GB 21147。

4.7.7　急救箱

4.7.7.1　急救箱应设置在易于发生伤害、易于急救人员取用的地方。

4.7.7.2　急救箱的配备应按照 GBZ 1—2010 的附录 A 表 4 的要求。

4.7.7.3　所提供的急救材料应符合相应卫生标准，并应由专人负责定期检查更新。

4.7.8　应由经培训、胜任的人员对危害进行急救。

4.7.9　当急救不能及时进行时．应立即就医或拨打急救电话。

5　计划和设计

5.1　一般要求

5.1.1　中小学校的建筑设计应符合 GBJ 99。

5.1.2　认真考虑每个学习区域的学生数量，以确保安全地学习和有效地监督。

5.1.3　应开展风险评估，以决定每个学习区的合适的人数。风险评估应考虑以下因素：

　　a）各区域的大小和布局；

　　b）各区域中各种家具和仪器的尺寸和数量；

　　c）各区域中的工作性质；

　　d）学生的年龄和能力；

　　e）教师的资力和经验；

　　f）实验教师员工的能力程度和其他的一些必要的支持；

　　g）是否存在有特殊需要（残疾）的学生；

　　h）是否有汉语为非母语的学生；

　i）学生的行为举止。

5.1.4 各区域中的设计应围绕安全工作区域的范围，每个新的或翻新的仪器、家具和设备及各部尺寸大小和占地面积均应予以考虑。

5.2 储存

5.2.1 一般要求

5.2.1.1 应有为学生的实验批量供应的材料和实验用品进行储存的地方。

5.2.1.2 材料和实验用品应安全地储藏。

5.2.1.3 要购买的数量及教学标准要求的任何储藏物品的数量都应尽可能的少。

5.2.1.4 每个学期末要对存货清单做一次检查，对存放时间过长的物品，要根据制造商的说明和环境保护法规做适当的处置。

5.2.1.5 对储存在高处的物品应提供适当的梯子。

5.2.1.6 高处存放的物品应摆放稳固且不外伸以保障教职工和学生眼、头和身体的安全。

5.2.1.7 图书室的书架应有足够的强度和稳度，摆放书籍时应考虑书架的承重能力，过高的书架应加以固定，避免倾倒。

5.2.1.8 应给化学物品、液化石油气、乙炔、氧气等提供适当的储存空间。危险物品〔如易燃物（液体或气体）、有毒物、有腐蚀性的物体〕应和其他危险性质不同的物体分开放置。应粘贴显著的安全警示标志。危险物质的贮存和使用还应符合 GB/T 28920—2012。

5.2.2 材料

5.2.2.1 大量储存的材料如木材、金属等应与教学区分开储存并明确标示。

5.2.2.2 储藏物应接近工作地点，便于输送。

5.2.2.3 应有足够的储物架子。

5.2.2.4 储存球状金属、厚木板、木头、金属以及塑料板材，材料的端部不应超出储物架子。如果垂直堆放，应有保护栏杆或链子。

5.2.2.5 为了保注材料总是处于良好的状态并且易于管理，木材和塑料应放在温暖干燥的地方，金属应放到在阴凉的地方。

5.2.3 食品

5.2.3.1 应正确分离和贮存食物。应为以下四个种类的食品提供独立的储藏空间：

　a）干果和坚果；

　h）新鲜的蔬菜水果；

　c）冷冻食品；

　d）易坏的食品。

应按照食品的类别，对照储物清单定期对其进行检查。

5.2.3.2 干制存放的食品（面包、瓶装、罐装食品）应保存在干燥、通风良好的房间，温度范围为10℃～15℃，这些食品不应放在地板上，应放到空气流通循环好的地方。同时按照厂商的保存说

320

明做。

5.2.3.3　生的、未经处理的蔬菜水果应和其他食物分开保存在阴凉、干燥、通风良好的地方，不应暴露在阳光下，保存的温度范围为10℃～15℃。

5.2.3.4　冷冻食品保存的温度至少为－18℃。所有的冷冻室都应定期地检查，保证温度保持合适。

5.2.3.5　易腐烂食品（如鱼、肉、家禽、乳制品、加工过的蔬菜水果、打开过的罐头或瓶装食品、生的或半生的糕点、生面食品）应保存在1℃～4℃之间，冷冻的油炸食品应保存在1℃～3℃之间。

5.2.3.6　保存在冰箱或冰柜中的食物应包装好或放在适当的容器中，并标明日期。

5.2.3.7　生食品和熟食品应完全分开保存并用不同的操作用具。如果只有一个冰箱可供使用，应把生食品放到熟食品下方的架子上。防止待加工食品与直接入口食品、原料与成品交叉污染。

5.2.3.8　不应把热的食物直接放进冰箱或冰柜。应先让食物尽可能的冷却，如果有条件可使用冷却器。

5.2.3.9　应有足够的冰箱和制冷设备用来保存易坏的原料和已加工好的提供给在校学生一天饮食的食品。

5.2.3.10　重新加热的食物至少应在70℃以上高温加热2 min，热的食物的保持温度应不低于63℃。

5.2.3.11　盛放直接入口食品的容器，使用前必须洗净、消毒。

5.2.3.12　贮存、运输和装卸食品的容器包装、工具、设备应安全、无害、保持清洁，防止食品污染。

5.2.3.13　食品不应接触有毒物、不洁物。

5.2.3.14　食品加工的地点不应靠近风扇加热的装置，这样易使空气中的灰尘沾染到食物上。

5.2.4　危险物质

5.2.4.1　危险物质按其具有的危险性或最主要的危险性依据 GB 6944 2012 分为 9 个类别。包括：

　　a）爆炸品；

　　b）气体；

　　c）易燃液体；

　　d）易燃固体、易于自燃的物质、遇水放出易燃气体的物质；

　　e）氧化性物质和有机过氧化物；

　　f）毒性物质和感染性物质；

　　g）放射性物质；

　　h）腐蚀性物质；

　　i）杂项危险物质和物品，包括危害环境物质。

5.2.4.2　如果可能，学校应杜绝危险物质的使用。应优先选择无毒、无害或危险性小的物质。

5.2.4.3　应在厂商使用说明的指导下储藏和使用危险物品。

5.2.4.4　如果不可避免地要使用危险物品，应进行评估。基本的危险控制措施包括：

　　a）确保安全的贮存，防止未经批准的人接近或取用；

b）危险物质应分开保存，防止性质不同的物质互相接触〔如酸和次氯酸钠（漂白粉）〕；

c）应提供足够的排气和一般通风；

d）应提供与使用危险物品有关的说明及相关的培训；

e）应提供个人保护设备，包括防护服、防护手套、护目镜和防护鞋等；

f）当危险物品泄漏或意外事故发生的时候应有紧急措施，提供紧急对眼睛和身体的冲洗设备；

g）如果可能，应预先装备好防止泄漏的设备。

5.2.4.5　危险物品应保存在上锁的储藏室或危险品柜中，储藏室或危险品柜应上双锁，并由两个人分别保管钥匙。其中在储藏室外墙的高、低处应各有一个向外的通风设备，危险品柜的通风应与储藏室的对外通风相联。

5.2.4.6　应预防储藏室内的泄漏。容积在一升或超过一升的瓶装的危险品应放在低处、不会被撞倒的地方。

5.2.4.7　应只保存在紧急工作中需要用的危险物品数量，不应过量存放危险物质。

5.2.4.8　存放或使用酸性物质的时候应靠近水源。

5.2.4.9　局域性的排气排风系统应定期检查，每年至少一次。

5.2.5　液化石油气（LPG）

5.2.5.1　使用液化石油气时应考虑以下因素：

a）在建筑物中液化石油气的管道、配件的泄露及引起的爆炸；

b）液化石油气罐在火中会猛烈的爆炸；

c）液化石油气罐很重，使用及存放中的移动、处理或倾倒都是危险的；

d）从气罐中释放出的蒸气液体可以猛烈地燃烧；

e）皮肤和眼睛由于快速蒸发的LPG会受到灼伤；

f）LPG是窒息剂；

g）燃烧的LPG会产生有毒气体。

h）LPG气体比空气重，易积聚在地下室、地洞、排水道、坑、沟或其他的低处。

5.2.5.2　在设设安装阶段，应采取防护措施，防止对LPG设施恶意地损坏和搞破坏。

5.2.5.3　LPG储存区应明显标明"高度易燃液化石油气""禁止吸烟"标志。

5.2.5.4　LPG的气罐不应放在阻碍通道及建筑的任何逃生的出口或临近区域。

5.2.5.5　在LPG储存区应备有可携带的灭火设备。

注：关于消防设备的配备和消防设备使用的建议可以从当地消防部门获得。

5.2.5.6　在装有LPG设备的房屋应防火并且有很好的通风设备，应避免其他物品阻隔、限制了储存区的自然通风，并符合消防部门的要求。

5.2.5.7　LPG存放或使用应在通风良好的地方，这样如小面积的泄露，可以分散稀释，降低可燃的浓度。

5.2.5.8　LPG罐应存放在户外，远离可燃材料、有腐蚀性的材料和氧气罐。

5.2.5.9　LPG 蒸气的密度比空气大，不应把液化石油气的气罐放在地下室或是离排水道、地窖、地下室很近的地方。

5.2.5.10　LPG 气罐不应遭受机械损坏，不应放在高温环境中，应避免坠落或倾倒。气罐应放在专用的小车上或正确安全的地方，避免被撞倒。应特别留意气罐阀门是否关好，以免发生泄露，与空气产生可引发爆炸的混合气体。

5.2.5.11　LPG 气罐的数量要保持在最少。除必须在用的以外，至多保留一个备用的气罐。

5.2.6　氧气瓶和乙炔气瓶

5.2.6.1　使用氧气和乙炔气瓶时应考虑以下因素：

　　a）如果氧气瓶中的氧气是压缩气体，遭受损坏或在高温中会猛烈爆炸。若阀门被损坏，氧气瓶可能会变成个一枚炸弹；

　　b）氧气泄露可以使火更迅猛的燃烧；

　　c）乙炔气瓶如果遇到火会剧烈爆炸；

　　d）乙炔泄露会形成可以爆炸的混合物；

　　e）气瓶很重，使用和存放中的移动、倾倒都很危险。

5.2.6.2　氧气和乙炔气瓶的保存数量应控制在最少。

5.2.6.3　气瓶应保存在通风良好的地方，不应在高温的地方存放气瓶，严禁曝晒，远离热源、电器设备和可燃材料。存放处应有明显的"压缩气体"和"可燃气体"的警告标志。

5.2.6.4　气瓶不心放在地下室，不应靠近排水道、地下室或其他地势低的地方。

5-2.6.5　气瓶应直立绑缚固定在专用小车或安全的地方，防止气瓶跌落或被撞倒。

5.2.6.6　不应使气瓶遭受机械损伤。

5.2.6.7　乙炔气瓶含有液体，所以阀门应设在高处。

5.2.6.8　氧气瓶应每 3 年检验一次。

5.2.6.9　氧气瓶嘴、吸入器、压力表及接口螺纹严禁沾有（染）油脂。

5.2.6.10　使用经检验合格的乙炔气瓶。

5.2.6.11　乙炔气瓶与氧气瓶的安全距离为 5 m。

5.2.7　玻璃纤维增强塑料（俗称玻璃钢）

5.2.7.1　在使用玻璃纤维增强塑料材料时应考虑以下因素：

　　a）树脂和催化剂可以被归类为有害物质；

　　b）一些塑料制品如果过度加热或在火中燃烧会释放有毒气体；

　　c）吸入这种气体或蒸气是有害的，气体可能会损伤呼吸道，且在一定情况下的损伤是不可逆的；

　　d）树脂容器会裂开，造成泄漏；

　　e）玻璃纤维增强塑料中的化学成分会引发火情；

　　f）塑料薄片的折断可引起材料的破裂。

5.2.7.2 玻璃纤维增强塑料应存放在阴凉干燥的地方，远离直接受热的环境。

5.2.7.3 用于玻璃纤维增强塑料的催化剂（有机的氧化物）和触媒剂（钴类石油化物）要保存在隔离的（最好金属）器皿柜中，这样泄露可以控制。

5.2.7.4 氧化物要存放在有排气口的容器中，远离可燃物质，不应放在阳光下或靠近任何热源。

5.2.7.5 数量很多的树脂、催化剂、溶剂是很危险的火源，应禁止存放。

5.2.8 铸造和锻造材料

应为锻造燃料和铸造沙提供足够的储存区域，铸造和锻造设备周围区域应保持清洁。

5.2.9 便携设备

5.2.9.1 应给便携设备（手持工具、动力工具、机器零件等）提供适用的储藏室。便携设备应存放在特别设计的搁物架上，应及时检查返还的工具。

5.2.9.2 手持动力工具应安全保管，防止未经允许的使用。

5.2.10 个人衣物的保管

实验室、实训室应提供适当足够的存放衣物、书包的房间，应远离主要的实验工作区。所有进入实验室的工作人员及学生应穿上专门的防护服。

5.3 防火

5.3.1 应具有以下防火措施：

a）火警探测器和火警警报器；

b）火警逃生路线；

c）消防设备和合理的统筹安排。包括：一旦失火情况下的使用，发生火情的通讯、检验程序；

d）火警警报器的保养和消防设备的检验；

e）设置消防安全标志，消防安全标志设置应符合 GB 15630。

5.3.2 一些灰尘中纯净的微粒（木头、塑料、一些金属）是可燃的．应有防止其在浓度达到一定程度的时候会点燃甚至引发爆炸或火灾的措施。

5.3.3 可燃灰尘的局域排气通风系统应是单独的，避免起动和运转时产生的火花点燃可燃灰尘进而引起爆炸。

5.3.4 应经常清理电器或其他设备中积累的尘土，以免引起仪器设备过热或短路。

5.3.5 应向地方消防部门咨询必要的安全防火的指导和建议。

6 教学工作环境

6.1 采光

6.1.1 应保证教室、图书室和实验室等主要教学用房的最佳建筑朝向，避免室内直射阳光。

6.1.2 教学用房宜双侧采光，主要采光面应位于学生坐位左侧，主要采光窗窗台高度宜为 900 mm。

6.1.3　教室、实验室及办公用房的窗地面积比不应低于 1∶6，并应防止窗眩光。

6.1.4　学校建筑的采光设计应符合 GB 50033，学校教室的采光应符合 GB 7793 有关规定。

6.2　照明

6.2.1　学校各区域应有足够的照明设备，各区域照明应符合表 1 要求，学校教室照明的其他要求应符合 GB 7793 的有关规定。

表 1　学校建筑照明标准值

房间或场所名称	参考平面及其高度	照度标准值 1x	统一眩光值（UGR）	显色指数（Ra）	照度均匀度
普通教室、各学科功能教室、图书阅览室、会议室、办公室	课桌面	300	19	80	低于 0.7
实验室	实验桌面	300	19	80	不低于 0.7
美术教室	桌面	500	19	90	不低于 0.7
教室黑板	黑板面	500	—	80	不低于 0.7
体育活动场所	地面	300	19	80	不低于 0.7
厕所	地面	100	—	60	不低于 0.7
楼道或流动区域	地面	150	—	60	—
楼梯间	地面	150	—	60	—
注："—"表示不要求。					

6.2.2　当白天天然光线不足而需要补充人工照明的场所，补充的人工照明光源宜选择接近天然光色温的高色温光源。

6.2.3　职业学校各专业实训室的建筑照明可根据专业性质，执行 GB 50034—2004 中 5.3 工业建筑一般照明标准值的规定。

6.2.4　普通工作台和仪器设备的照度应不低于 500 lx。精密仪器设备操作（工作）台的照度应不低于 1 000 lx。

6.2.5　纺织品工作间的照度应不低于 500 lx，显色指数为 80 Ra。

6.2.6　食品加工间的照度应不低于 500 lx，显色指数为 80 Ra。

6.2.7　禁止在工作区和进出通道的照明强度的突然改变。如果可能，宜使用自然光，若配备人工照明设备，灯光不应闪烁不定。

6.2.8　在锻造、制铜和焊接区应根据场所的要求，选用相应显色指数的光源，一般冠色指数 80 Ra，便于观察到加热金属颜色的变化。

6.2.9　储藏室的照明装置应有人工监视。

6.2.10　计算机显示屏应放在远离灯光闪烁、反射以及有窗子的地方，在需要的地方装上窗帘。如果可能，计算机房最好长期固定配置防闪的灯。

6.2.11　补充的照明设备

在主要工作实验室照明不足的时候应为机械工具和机器设备提供补充的照明。补充的照明应符合 GB 50034。如果补充照明不够，应有另外的设备及时补上，同时应注意由光滑表面引起的光线反射而造成的影响。

6.3 采暖

中小学校各教学区的采暖应执行 GBJ 99 有关规定，中小学教室的采暖温度应符合 GB/T 17225。

6.4 换气及通风

6.4.1 换气

6.4.1.1 学校教室、各学科功能教室、实验室、实训室的换气应按照 GB/T 17226 的要求。

6.4.1.2 各学科功能教室、实验室、实训室的换气次数应小低于表 2 的规定。

表 2 功能教室、实验室、实训室换气次数

名　称	换气次数 次/h
各学科功能教室（包括地理教室、美术教室、音乐教室等）	5
物理实验室	5
化学、生物实验室	5
通用技术实验室	5
实训室	5

6.4.1.3 各学科功能教室、实验室、实训室的二氧化碳浓度应不大于 0.15%。

6.4.1.4 空气中二氧化碳检验方法应按照 GB/T 17226 的规定。

6.4.2 通风

6.4.2.1 为了确保在具有以下机器运转区域中的工作人员及学生的健康舒适，应在以下区域配备局域通风设备：

　　a）散发蒸气、油烟、油脂、气味、热气的烹饪用具；

　　b）加热仪器，包括用于冶铜、锻造、焊接的仪器；

　　c）木工月机器，包括锯、打磨机、刨床；

　　d）化学加工设备，包括酸洗、塑料、喷染（彩喷）、发动机排气；

　　e）金属加工机器（磨床、抛光机等）。

6.4.2.2 烹饪区域的通风系统应包括足够容量的抽油烟机，保证大量的气体被排放出去。

6.4.2.3 通风口要尽可能地靠近污染源。

6.4.2.4 如果排气口向外，设计时应考虑不应伤害到外面的人。

6.4.2.5 利用抽、排风设备时不应使室内产生负压，应确保抽进的空气和排除的废气相抵消。

6.4.2.6 通风系统至少每 12 个月应接受一次严格的检查，保养维护记录最少保持 5 年。

6.4.2.7 使用计算机的地方应有额外的通风设备，计算机房应符合 GB/T 2887。

6.5 地面、天花板、墙面和工作台面

6.5.1　地面

6.5.1.1　普通教室和各种专用教室、门厅、走道、楼梯应采用防滑、耐磨、防全易清洁的地面，在同一教学区域的地面应是统一标准的。各室与走廊连接处不应设台阶，不应放置妨碍人们行走的物品。

6.5.1.2　化学、生物实验室应采用耐酸碱腐蚀、易于清洗的地面，并应设有排水设施。

6.5.1.3　舞蹈教室、多功能教室、体育活动室等应采用软性地面（如木地板等）。

6.5.1.4　计算机教室地面应采用防静电材料，其设计应有利于管线的维护与维修。

6.5.1.5　厕所和洗手间等应采用防滑易清洗的地面，并有可靠的排水设施。

6.5.1.6　存进行加热工作区域的地面应耐热、防火。

6.5.1.7　食品加工区的地面应耐滑、易冲洗。

6.5.1.8　地面上的油、水或化学药品应及时清理，每天应清理地板表面的污物和垃圾。

6.5.2　天花板、墙面和工作台表面

6.5.2.1　进行加热焊接的实验区的天花板、墙面和工作台表面应提供防反射表面。

6.5.2.2　实验区域的天花板、墙面和工作台表面应是平滑、干净、反射光线好的。

6.5.2.3　靠近加热区附近的墙面、天花板应是防火材料。

6.5.2.4　化学、生物实验台（桌）的工作表面应耐酸碱腐蚀。

6.5.2.5　物理、通用技术实验室的实验台应耐磨、绝缘、防火。

6.5.2.6　安装存天花板上的吊扇及投影机应安装牢固，并应由专人定期检查。吊扇应安装在灯的上面，避免吊扇旋转时遮挡灯光。

6.5.2.7　食品操作区

食品操作区应做到：

a）食品操作区的工作表面应是平滑、易于清理的不锈钢，具有木材或塑料镶边的表面不应是锋利的；

b）天花板和墙面的材料应适宜定期清洗；

c）不同食物（如生食和熟食，肉食和素食）使用的桉板和水池应明确地分开并有牢同的标志。

6.6　噪声

6.6.1　学校应从声源上控制噪声，应尽可能选择低噪声设备。

6.6.2　实验、实训场所噪声应不大于 GBZ 2.2—2007 中 11.2 规定的限值。

6.6.3　如果实验、实训场所噪声超过 85 dB（A），学校应提供关于听力风险评估、降低风险的措施、如何获得耳朵保护的信息、说明和训练。

6.6.4　当噪声达到 85 dB（A）时，应建议暴露在噪声中的人带上耳朵保护罩。

6.6.5　当噪声达到 90 dB（A）及以上时，学校应采用尽可能合理可行的办法降低损害，并应要求暴露在噪声中的人必须带上耳朵保护罩。

6.6.6　学校应用适当的标志标记出噪声区域，并应保证教职工及学生在危险的噪声区域用上耳朵

保护罩。教职工及学生在这些地方应使用耳朵保护罩。

6.6.7 产生噪声的实验、实践场所与无噪声或低噪声场所在设计上应分开布局。

6.6.8 对噪声区域，存建筑设计上应采取隔声、吸声等减轻噪声影响的措施。

注1：高强度的噪声能引起长久的失去听力。虽然严重后果的形成是一个长期的过程，但是，这种后果足不可逆转的。总地来说，如果间隔2m的两个人互相大声说话，而在理解上有困难的话，就有可能存在噪声。

注2：听力损坏取决于声音的强度和暴露在噪声中的时间。有些声音可以引起瞬间的损坏（如射击、重锤敲击的共鸣等）。

6.7 电磁辐射

6.7.1 学校区域内的电磁辐射应符合GB 9175中的一级标准（安全区）。

6.7.2 学校中应用的电磁辐射设备出厂时应具有由专业检测机构出具的满足"无线电干扰限值"的检测报告，运行时应定期检查泄能水平，不应在高泄能下使用。

6.7.3 当局域电磁辐射防护限值超过GB 8702—1988中的2.1.2限值时，应配备必要的职业防护设备，并应对在其区域内上作和学习的教职T和学生进行培训，培训内容应包括：

　　a）电磁辐射的危害；

　　b）电磁辐射防护规定；

　　c）常用防护措施、用具及使用方法；

　　d）个人防护用具的使用方法。

6.8 室内环境

普通教室、实验室、实训室、计算机房、功能教室等的室内环境污染物——氡（－222）、甲醛、氨、苯、总挥发性有机物（TVOC）和放射性指标限量应符合GB 50325—2010中的Ⅰ类民用建筑工程要求。

7 服务

7.1 总则

服务包括由管道或电缆提供的水、电、天然气、压缩气体。当用其他方法（口头说明、警告）不能控制危险时，危险区域应具有安全标志，安全标志应符合GB 2894和GB 2893。

7.2 电器安装

7.2.1 一般要求

7.2.1.1 供电系统

7.2.1.1.1 有条件时，学校供电系统宜用TN－S系统。也可用TT或TN－C－S系统。

7.2.1.1.2 当供电系统为TN－C系统时，应改造成TN－C－S系统。

7.2.1.2.3 学校供电系统的接地型式和安全技术要求应符合GB 14050，接地装置的施工及验收应符合GB 50169。

7.2.1.2　学校配电系统的设计根据实际情况应符合 GB 50054 或 GB 50052。学校的电气工程质量应符合 GB 50303。学校的建筑防雷设计应符合 GB 50057。

7.2.1.3　学校使用的插头、插座应符合 GB 2099.1 或 GB 1002。电源插座应配备电流不大于 30 mA 跳闸的剩余电流动作断路器，安装在潮湿场所的剩余电流动作断路器的动作电流宜不大于 20 mA。

7.2.1.4　学校用电气系统和电器设备都应符合相应的国家标准或行业标准，仪器设备应符合 GB 21746、GB 21748。至少每年应检查测试电器设备和仪器的安装和使用。

注：检查测试的频率取决于机器的设计和使用情况。

7.2.1.5　学校配电箱和电器安装电缆的颜色或数字标识应符合 GB 7947。

7.2.1.6　为防止电击事故、电气设备损害事故及电气火灾的发生，学校应安装剩余电流动作保护装置，学校安装的剩余电流动作保护器应符合 GB/Z 6829。并应按照 GB 13955 的要求进行安装及运行。

7.2.1.7　电气仪器设备只能应用在预计的环境中。

7.2.1.8　应考虑计算机电源线路中的接地线泄漏保护，在有剩余电流装置时防止不知道的跳闸。应考虑接地线泄露断电，减小由于断电给相关仪器带来的危险。

7.2.1.9　要特别注意在高电流仪器上安装接地漏电保护装置（如信息技术设备、电气办公设备、制造加工设备）。

7.2.1.10　如果存在水或固体进入的危险，在这些环境中使用的仪器至少应有 IP44 的 IP 评估。关于说明和证明仪器外壳保护等级的测试的详细内容按照 GB 4208。

7.2.2　设计准则

设计时，应选用最佳安全技术。除了尽可能彻底和准确地分析每个危险外，还应遵守一些设计准则。初步设计完成后，危险检核是防止事故，改进设计的重要手段，危险检核内容参见附录 A。

7.2.2.1　防护措施的选用

根据使用环境，选用能适应最不利使用环境的防护措施。

7.2.2.2　屏护和间距

7.2.2.2.1　学校配电间应有永久性屏护，开关设备应有屏护罩。

7.2.2.2.2　在低压操作中，人体或所携带的工具等与带电体的距离不应小于 0.1 m；在 10 kV 及以下高压无遮拦操作中，人体或其所携带工具与带电体之间的最小距离不应小于 0.7 m。

7.2.2.2.3　各种屏护装置都应有足够的机械强度和良好的耐火性能。并应满足以下要求：

a）用金属材料制成的屏护装置，为了防止屏护装置意外带电造成触电事故，应将屏护装置接地或接零。

b）屏护装置一般不宜随便打开、拆卸或挪移，其上宜装有连锁装置，连锁装置可使打开屏护装置时自动切断电源。

c）屏护装置应有足够的尺寸，并与带电体之间保持安全的距离。被屏护的带电部分应有明显的警告标志。

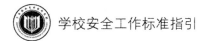

d）配合屏护采用信号装置和连锁装置。信号装置一般用灯光或仪表指示有电；连锁装置为当人体越过屏护装置可能接近带电体时，所屏护的装置自动断电。

7.2.2.3　超越开关

为便于检修。可给供电不能中断的电路控制柜的面板上配备瞬时接触开关，以便能人工超越连锁装置。其附加规定：

a）当被防护的检修门、盖或者板关闭时，超越开关应自动脱开；

b）当超越开关正被起动或者脱开时，对设备的供电不应中断。

7.2.2.4　应急短路开关

应急短路开关应符合：

a）在主操作台或者组件上安装的使所有安全连锁装置都能被短路的应急短路开关，该开关还应符合：

1）指示应急短路开关处于"接通"（ON）状态的指示灯应容易看到；

2）当应急短路开关处于"接通"（ON）状态时，可照明全部连锁装置的指示灯。

b）如果使用应急短路开关会对系统造成过载和损坏，则应做出评估，以确定可能损坏的产品和首次损坏会出现的时间间隔。指示此时间限度和损坏原因警告标志置于应急短路开关的附近。

c）如果在单个设备的技术规范中有规定，则应在各个单独的控制室或控制台上设置接线端，供连接一个或几个外部应急短路开关。附加规定：

1）测试装置应是简单的、有安全装置的和故障安全的；

2）该接线端不应使其产品降低性能或者产生损坏。

d）应设置过载防护装置，以防止产品可能产生超过容许限度的信号或者特征而损坏测试设备。

7.2.2.5　测试点、测量仪表

a）应对测试点电路提供防护，以防止因测试点外部接地而可能引起设备故障。

b）除非在设备使用说明中另有规定，否则测量仪表应采取过载旁路或其他防护措施，以便在测量仪表失效时消除终端上的高电压或大电流。

7.2.2.6　传输线终端电位

天线和传输线的终端应处于接地电位的状态（其外表面 L 的射频能除外）。7.2.2.7　安装、更换或互换设备

a）当安装、更换或互换整套设备、分系统或其中任一产品时，应规定切断电源的方法；

b）控制器的设计和定位应能防止可能造成伤害的设备意外起动。

7.2.3　注意事项

7.2.3.1　一般管理要求

应遵循以下要求：

a）电气操作人员应经过专业培训，熟练掌握电气设备的危险因素（参见附录B），未经培训人员不准许从事电气作业。

b）电气线路应根据实际需要，采用屏护、遮拦、自动切断装置、告警信号装置和安全距离等措施。

c）任何保险装置都不应随便拆卸和更换不合格的熔断器，更不应用铜丝或其他金属材料代替。

d）不应随意在架设好的线路上增加负荷。

e）不应随便乱拉临时线。

f）局部照明应用 36 V 以下的安全电压，手持式灯应用 12 V 以下电压。

g）手持电动工具（如手电钻、便携式砂轮机等）要定期进行耐压绝缘试验检查，确保其绝缘性能良好。

h）一切靠电力驱动的设备金属或可导电外壳应有良好的接地线。

i）电气设备使用完毕或作业中遇有停电时，应立即切断电源，并将操作部位恢复在开始位置。由零位上升调节的设备，在使用前应进行检查及校正使其处于零位，然后上升调节，在使用完毕后退回零位。

j）电气作业应使用电气安全用具。电气安全用具应定期进行安全检查和耐压绝缘试验，不应使用不合格的电气安全用具。

k）电气产品的更改设计和修理，应符合相关标准。

l）应要求教职工严格遵守电气告警标牌的规定。如"高压危险请勿接近"、"有人作业、禁止合闸"等。

m）当断开闸刀开关进行作业时，除粘贴"有人作业、禁止合闸"告警标牌外，应有人值守闸刀开关，避免发生意外。

n）应经常检查避雷设备和设施，并对其接地电阻进行定期测量，每年至少两次，记录应存档。

7.2.3.2　带电操作要求

带电操作时应做到：

a）除非万不得已，学校中电气设备的检修不应带电操作。

b）带电操作时，应根据不同的作业场所，悬挂或粘贴不同的告警标志牌。告警标志牌应符合表3。

c）低压带电操作应设专人监护，使用有绝缘柄的工具，操作时站在干燥的绝缘物上，并戴手套和安全帽，应穿长袖工作服，不应使用锉刀、量具等金属工具。

d）在低压带电导线未采取绝缘措施时，操作人员不得穿越。在带电的低压配电装置上操作时，应采用防止相间短路和单相接地的隔离措施。

e）操作时应分清相线、中性线，选好工作位置。断开导线时，应先断开相线，后断开中线。搭接导线时，顺序应相反。一般不应带负荷接线或断开线路。

f）人体不应同时接触两根线头。

g）带电部分只允许位于操作人员的一侧。

表3　告警标志牌种类

名　称	悬挂位置	式样和要求	
		底色	字色
禁止合闸 有人作业	一经合闸即可送电到施工设备或线路的开关和刀闸操作手柄上	白底	红字
在此作业	室外室内作业场所或施工设备上	绿底色中有白圆圈	黑字，写于白圆圈中
止步 高压危险	作业场所临近带电设备的遮护栏上 室外作业场所临近带电设备的构架横梁上 禁止通行的过道上高压试验地点	白底红边	黑字，有红箭头
从此上下	作业人员上下的梯子上	绿底色中有白圆圈	黑字，写于白圆圈中
禁止攀登 高压危险	邻近作业场所，人员可能上下的铁架上	白底红边	黑字
已接地	看不到接地线的设备上	绿底	黑字

7.2.3.3　防静电要求

应做到：

a）在一些特殊的场所（如仓库、半导体电子实验室等），应特别注意防静电危害。应使用防静电地面。防静电地面的电阻率应为每米小于 $1M\Omega$。盛有易燃液体的容器应接地。

b）防静电场所的人员应穿着特殊的导电衣物及接地器。接地金属带应与工作台的地线连接。并应避免穿着合成纤维、羊毛和丝绸制的内衣和外衣，应该穿着棉或亚麻制衣物。

c）使用金属氧化物半导体场效应器件注意事项：

1）装设恰当接地的导电台面，导电地毯和导电椅子面；

2）应使用接地金属带和鞋上装有接地器等措施；使操作人员和产品的接触部位充分接地；

3）在使用这种器件之前，使用者和设备都应瞬时接触一下处于地电位的金属物体；

4）器件引线的短路和器件的包装材料应同样处于地电位；

5）在焊接直接或间接与器件相连的导线或金属物之前，烙铁头应接地；

6）建议在器件插放与组装设备之前，不要把引线短路器去掉。在运输或贮存这种器件时，器件的引线必须连接在一起。

7.2.3.4　操作人员基本守则

操作人员应做到：

a）在带电作业时，应把一只手放入衣袋中。若不能把手放入衣袋中，当一只手拿着工具时，另一只手不应触及任何金属物件。

b）检修设备时，不仅应断开电源开关，还应把设备的电源插头从插座中拔下。

c）未经测量．不应设想线路开电，应进行检查后确认。

d）接近带电线路时，不应穿着松散的衣服、佩带金属框架的眼镜、戒指、手表或其他饰物。

e）若在精神或体力上感觉到疲劳，应避免在带电线路上作业。

f）除非可以确定连锁装置能切断电源，不应完全依赖连锁装置。

g）检修设备时，应有足够的照明，以便看清楚所修理设备的最细微部分。

h）检修设备时，应先对所有能够存贮电荷的部位进行放电。

i）如将连锁开关短路，则是非常危险的。

j）测量高压时，应首先使设备断电，将有关的电容器放电，再将电表引线接好，人员退至安全距离外加电，读取读数。不应手拿着测量引线进行测量。

k）如果设备底盘有可能带电，检修时要通过隔离变压器接通电源。

l）宜采取安全措施使设备具有自动防止故障的能力。

m）不应使用普通灯泡做故障照明。

n）使用电气设备前应仔细阅读设备使用说明书，并严格遵照使用说明书操作。

注：意外引起的低压大电流电弧可使眼睛近于失明。在易燃易爆气体中，应使用防爆电器。

o）若有人在高压线路上作业，作业时旁边应有助手。

注：助手应经过电击施救方面的培训，知道如何切断电源将人救下，如何实施人工呼吸和人体心脏部位按压。

p）为了防止雷电电击对操作人员的伤害，除了采取防护和控制雷电的技术措施之外，还应采取下述安全措施：

1）应留在室内，避免冒险外出。

2）离开敞开的窗户、壁炉、暖气、炉子、金属管道、洗碗池和插在电源插座上的电气器具。

3）在雷雨时不应使用接入电网的头发干燥器、电梳子或电剃刀等电器。

4）在雷雨时不应使用电话。

5）不应在围墙上、电话线路或电源线路上、管道上或其他金属构架上进行作业。

6）不应使用如钓鱼杆和高尔夫球棒等金属物体。穿着钉鞋的人员是极易引起电击的目标。

7）不应在敞开的容器中处理易燃材料。

8）不应驾驶拖拉机进行作业，特别是当拖拉机牵引金属设备时尤应注意。

9）不应留在水中及小船上。

10）乘车外出时应留在汽车内。

11）应躲避在建筑物内。若无建筑物可寻，则最好的防护物就是洞穴、沟渠、峡谷或者林间空地里的比人矮的树丛。

12）如果找不到任何防护物，则应远离该地域内的最高物体。若在附近有孤立的树木，最好的方法是蹲在开阔地上，离开孤立树木的距离应大于两倍的树高。

13）远离山顶、开阔地、铁丝栅栏、金属晒衣绳、暴露的棚子以及任何架高的导电物体。

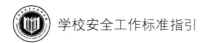

14）感觉到电荷存在时（如毛发竖立、皮肤刺痛），应立即伏卧在地上。

15）看见闪电出现时，应立即寻找躲避处。

7.2.4　食品技术领域

7.2.4.1　在食品领域的电气设备应配备剩余电流不大于 30 mA 电源插座。在可能有水的地方应有最大电流为 10 mA 的跳闸装置。

注：因为冰箱和计时烹调器可以由房间线路供电，所以不推荐整间房间用一个整体控制开关。电气炊具应使用单独的正确等级的线路以配合电器设备。

7.2.4.2　所有的电器应远离水池放置。

7.2.4.3　应注意确保工作区的电插座安放好，电线不应通过蒸煮机和其他热的表面。

7.2.4.4　应在各种类型的烤盘附近设警告标志，标明在机器运行时不应进行观看。

7.2.4.5　固定的电器设备（如蒸煮机、清洗机、烘干机）要安装好，并应由专业人定期检查（通常是每 12 个月检查一次）。

7.2.4.6　便携设备的电源线不应过长，并经常检查确保其保持在良好的状态。所有的设备在不使用时、调试前或清理时，其电源插头不应插在插座上。不应用潮湿的手接触机器。

7.2.5　计算机房

7.2.5.1　计算机房的设计及要求应符合 GB 50174。

7.2.5.2　服务器都应通过不间断电源独立供电，这样就不会因系统突然断电而影响系统供电。

7.2.5.3　应在机房安装足够的插座，避免过多接头和分机的使用影响计算机和周围的设备（如打印机、扫描仪、控制箱、监视器）。

7.2.6　主要工作区开关设备

7.2.6.1　工作区供电应符合 GB/T 156。

7.2.6.2　在工作区应使用符合 GB 14048.1 的独立开关，该开关能够切断给所有设备和插座的供电。该开关应很容易操作，并清楚地标明"主开关"，在"断"的位置时是可锁的。这个开关装置不应控制照明、采暖、专用清洁设备用的插座线路。

7.2.6.3　设备上的土电源开关应设在容易接近的位置上，并应清楚地标明其功能。

7.2.6.4　没有电控装置和电压只有 220 V 交流电的工作间．如果有旋转的机器或其他设备（非便携机器）。应安装一个独立的开关和一个紧急关闭系统。

7.2.7　工作区紧急开关系统

7.2.7.1　工作区紧急开关系统应符合 GB 5226.1。

7.2.7.2　各个工作区都应有独立的紧急开关系统。当发生紧急情况时，系统通过对应的紧急开关切断供电。

7.2.7.3　紧急开关系统不应控制专门为应付危险设计的线路（如排烟扇、照明、报警器等）。

7.2.7.4　紧急开关装置应是可遥控操作的电流检测器或是电路开关．当线圈被激活时，系统打开。开关装置应由一组易操作的按钮控制，安装在工作区周围大约 1.5 m 高的地方，使在工作台和机器周围的人能够清楚看到。若可能用单键操作的弹簧复位控制遥控连接器或电闸开关，应有电工负责维护此电闸。按钮应醒目，在黄色的表面上有红色的标识。

7.2.8　固定机器工具的电器设备

7.2.8.1　固定机器工具的电器设备应符合 GB 5226.1。

7.2.8.2　固定机器工具的电起动器、开关和控制及其安装应符合 GB 5226.1。他们的安装应使操作者容易控制，且不应接触任何运转的部位。所有的固定机器应装有紧急停止电闸（可以是普通的关闭电闸），且容易操作。

7.2.8.3　设备的供电应通过符合 GB 13539.1 或 GB 16917.1 要求的熔断器。

7.2.8.4　任何没有连接在设备上的控制器或隔离器要放置在 2 m 以外的地方，以便机器开动时可以安全控制。每个开关应标上使用方式和适用的机器。

7.2.8.5　应提供防止机器在一定形式的停机后（如供电失败、低压）自动重启的措施。

7.2.9　食品技术设备的供电

通过永久电缆安装的蒸煮机、洗涤机、洗碗机等食品技术设备的安装说明应清楚地标明随机供应的绝缘体附件，这样清洗时设备可以利用绝缘体附件达到绝缘目的。

通过插头和插座供电的电器应清楚地标明随机供应附件，这样清洗时设备可以绝缘。

7.2.10　便携式设备的供电

7.2.10.1　如果可能使用电池供电的便携式设备。

7.2.10.2　便携式设备的插头应与插座相配，不能以任何方式改换插头，需接地的便携式设备其插头不应使用任何转换插头。

7.2.10.3　使用时应避免人体接触接地物体，如管道、暖气片、冰箱等。

7.2.10.4　不应用电线拉动、搬运便携式设备及拔出插头。

7.2.10.5　不应使便携式设备暴露在雨中或潮湿环境中，如果不可避免在潮湿环境中使用，应使用剩余电路动作保护器。

7.2.10.6　便携式设备应符合 GB 13960.1。

7.2.10.7　户外使用的插头、插座应符合 GB 2099.1。

7.3　燃气设备

7.3.1　燃气燃烧设备应符合 GB 16914。

7.3.2　有燃气的区域应有切断装置，切断装置应在容易接近的位置并标示清楚。

7.3.3　燃气设备应当委托燃气供应单位实施安装、改装、迁移、拆除室内燃气设施等作业。

7.3.4　使用燃气设备应安装专用的安全保护装置（如灭火器，紧急切断开关），并有明显牢固标志。

7.3.5　燃气设备应由专业人员进行维护和维修。

7.3.6　应对室内燃气设施进行定期检查，发现设备异常、燃气泄漏应关闭阀门、开窗通风，禁止在现场动用明火、开关电器、拨打电话，并及时向燃气供应单位报修。

7.3.7 应严禁以下行为：

  a）擅自拆除、改装、迁移、安装燃气设施和用具；

  b）在安装燃气计量表、阀门、燃气蒸发器等燃气设施的房间内堆放易燃易爆物品、居住和办公，在燃气设施的专用房间内使用明火；

  c）使用明火检查燃气泄漏；

  d）将燃气管道作为负重支架或者电器设备的接地导线；

  e）加热和摔、砸、倒卧液化石油气钢瓶；

  f）自行倒罐、排残和拆修瓶阀等附件，改换检验标记或瓶体漆色。

7.3.8 发现燃气事故（包括中毒、火灾、爆炸）后，应立即切断气源，采取通风等防火措施，迅速隔离和警戒事故现场，并及时报警。

7.4 水设备

7.4.1 每一工作区域均应提供自来水，自来水应符合 GB 5749 的要求。应安装水盆，下水管应耐腐蚀。

7.4.2 学校安装饮水设备后，在使用前应由卫生防疫部门对经饮水设备处理后的水质进行检测，检测合格后方可投入使用。

7.4.3 饮水设备的电气安全要求应符合 GB 4706.1。

7.5 机器设备

7.5.1 实验仪器设备安放的地方应把对健康和安全的风险控制到最小。设备安装的位置应在考虑了其他设备的位置、设备的作用、操作的地点后选择。

7.5.2 机器设备应是稳固的，不应滑动或滑倒。

7.5.3 地面应平整，防止机器变形，并应检查地面是否有地基，以便固定机器。固定机器的装置（螺栓、木块、瓦片、乙烯基材料、沥青）应足够长，以便可以打透地基。如果机器有可能摇晃，应使用弹性圈垫。

7.5.4 质量很重的机器不应安置在柔软的表面或胶毡上。

7.5.5 胶毡和橡胶的混合物不应粘在已经打好的地基表面上。

7.5.6 如果要求机器安全地固定在工作台上，支撑机器的工作台应水平、安全、坚固，并有适合工作的高度。

7.5.7 不要求固定的设备（如食品加工器、缝纫机）应包上橡胶垫以便防滑。

7.5.8 机器设备应注意使用防护装置，以使危险减至最小。防护装置应符合 GB/T 8196，防护装置中带制动联锁装置的应符合 GB/T 18831。

7.6 起重设备

7.6.1 对于任何用来升、降的设备（包括升降机、升降杠杆、滑轮、机动起重机、千斤顶、铁链、挂索、有眼螺母）要求如下：

  a）所有起重设备的操作应有操作规程，并应有经过培训、胜任的人临督执行；

b）起重机设备应牢固、稳定，适合于负载，放置正确，防止损伤；

　　c）安全工作负载量应明确地标在机器上；

　　d）设备供应商应提供设备的检测合格证书；

　　e）应定期检查机器（正常的是 12 个月检修一次起重机，6 个月检修一次铁链、挂索、有眼螺母等易松动设备）；

　　f）应填写并保存维修记录，以便作为采取相应的措施的依据。

7.6.2　起重机设备的电气设备应符合 GB 5226.2。

7.7　锅炉

学校用锅炉的设计、使用材料、安全、性能特性等应符合 GB/T 16507 和 JB/T 6696 的要求，应定期进行检修。

8　教学区域设备、工具和加工

8.1　总则

8.1.1　学校需要与教学相适应的专业教学环境，包括：计算机教室、通用技术实验室、工程实验室、食品技术实验室、电控实验室、纺织品实验室等。使用工具和设备对所有使用者来说有不同程度的危险，设计和技术部门有必要提供关于健康安全使用教学资源和环境的指导。指导应包括对教师、专业人员、学生安全使用专业仪器和安全设计教学区域的建议。教师、专业人员应经过培训，了解他们使用的设备。明确可能发生的危险以及知道如何去应付。所有健康与安全培训应做记录并保存。

8.1.2　学生使用设备前应接受全面的指导，同时接受关于操作中可能发生的危险以及应对措施的指导。

8.1.3　监督力度应适应风险程度。提高对高风险操作的密切监督。

8.1.4　工具和设备应很好地维护和保管，包括定期对工具进行检修，保持工具的完好。便携式电动工具的使用应严格控制，特别是用电网电源供电的设备。

8.1.5　任何有残疾学生的工作，应有附加的风险评估。这需要密切地临督和使用辅助工具等。

8.1.6　应特别注重对母语为非汉语的学生的指导与监督。

8.1.7　应保证在如下情况下，电动设备和工具与电源隔离，开关设定在"断"的位置：

　　a）没人在场的时候；

　　b）当专业指导人员不在工作区时；

　　c）清理任何阻塞物前；

　　d）执行清理工作前；

　　e）调试保护装置或重新调试前；

f）执行测量或评估前；

g）工具调试或更换前；

h）调试或重新调试冷却剂管道前；

i）清理碎片或碎屑前。

8.1.8 不宜使用多功能机器，除非符合代替单一功能机器的要求。

8.1.9 应在额定参数范围内使用电动设备和仪器。

8.2 风险评估

8.2.1 学校应保证实行了如下风险评估；

a）教学区域适合课堂规模；

b）课堂有秩序或适当地被管理；

c）实行了基本的须知说明和维持课堂的规范；

d）不断教授安全检查。

8.2.2 应关注是否开展了风险评估以确保有特殊需要的学生得到帮助。学生应在高风险被有能力的专业人员控制，并执行了风险评估的区域学习。

8.2.3 如果风险评估认为有必要带个人保护装备，该区域应有明显的标志，标志应符合 GB 2894。

8.2.4 机械安全的风险评价应按 GB/T 15706。

8.3 维修保养

8.3.1 管理者应保证各类仪器设备的安全而且危险被控制在最小。应南专业人员对仪器设备进行维修保养，维修煤气设备应由特殊专业人员进行。应定期地执行保养项目并保存维修数据。

8.3.2 应保证所有仪器设备确实在使用前被检查过，保证电源线没有损坏．开关没有松动，电线没有暴露。应由专业的人员定期的程序化的检查测试机器，以明确是否有需要修理的地方。

8.3.3 检查测试机器的周期由机器的设计和使用情况决定。

8.3.4 手动工具应做定期的检查，如果需要，应定期加工使其锋利。

8.4 健康和安全监控

8.4.1 应定期执行健康安全监控措施，确保：

a）紧急停止系统应有效地运行；

b）房间煤气关闭阀门和控制器标志应清楚，易接触，保持工作程序；

c）只有经过培训的专业人士使用专用设备；

d）没有监控的房间的电力供应应关闭；

e）设备的保护装置和内部锁定（自锁装置）装置应安装好并经过适当的调试；

f）健康安全标志应明确醒目；

g）在学生操作设备前或处理任何重物前应接受专门的关于健康安全的指导，并保存记录；

h）在危险不能用其他方法控制的地方，应提供合适的个人保护装备（包括护目镜、防护衣、呼吸防护用品等）；

i）应提供符合 GBZ 1 要求的急救箱；

j）地面、门和通道应保持清洁及通畅，不应堆放杂物；

k）地面不应光滑；

l）安全门应随时可使用并有明显的标志，开启容易，门口无杂物堆放；

m）消防设备应随时可用；

n）材料、工具、附属设备存放储藏应安全；

o）存放危险物品的储藏柜应带锁，保存安全可靠；

p）食品应保存在适宜的温度中；

q）电源插座、开关和绝缘电线应保持良好的状态，并安全地固定；

r）排烟除尘系统应保持良好工作状态，并应由胜任的人至少每 12 个月严格地检查一次，保存检查结果；

s）应定期检测电气设备；

t）应定期执行维修保养并保存记录结果。

8.5　食品加工器具和设备

8.5.1　一般要求

食品加工器具和设备的安全卫生应符合 GB 16798。

8.5.1.1　危险

教职工和学生应明确以下危险：

a）电器设备有触电危险；

b）拖地电缆可能引起绊倒；

c）煤气会引起爆炸；

d）接触刀具和刀刃可能割伤；

e）错误安装的刀具和刀片在切割操作时有可能会猛烈飞出损毁物；

f）粗心的开机可能带来危险；

g）电器和设备可能存在噪音危害；

h）错误使用电池可能会自燃或爆炸。

8.5.1.2　危险控制措施

应采取以下危险控制措施：

a）电器设备应是坚固的、单一用途的。电器设备应根据厂商的说明，按其设计意图使用。设备应符合专门的标准。

b）学生应被警告电器设备的危险以及使用时应注意的事项。使用前应对学生做能力评估，在整个操作过程中应有经过培训、胜任的人监督指导。如需要应提供个人保护装备。

c）如果电器的运转部分是暴露的，那么长发和宽松的衣服应加以保护（应戴工作帽，穿工作服），悬挂首饰应摘掉。

d) 如需要应戴保护耳套。

e) 便携式电器和设备不用时应保存好。

f) 煤气设备在用后应关闭房间总阀门，打开前要检查各阀门和管道。

g) 便携式电器设备的电源线在使用前要认真检查。

h) 应由一位专业人员每12个月做定期的专业检查，并保存好检查记录。

8.5.2 便携式食物加工机、榨汁机、食物混合机

8.5.2.1 危险

教师和学生应明确以下危险：

a) 电源存在触电和跳闸的危险；

b) 便携式食物加工机、榨汁机等的旋转部分有危险；

c) 便携式食物加工机、榨汁机等有锋利的刀刃；

d) 热的原料可引起烫伤。

8.5.2.2 危险控制措施

应采取以下危险控制措施：

a) 便携式食物加工机应放在使用者的地方；

b) 应注意保证延长的导线不应缠绕操作者；

c) 应检查机器保证内部锁定功能正常；

d) 拆卸机器前，开关应断开，切断电源；

e) 学生使用便携式食物加工机前应接受能力的评估，应对其进行正确使用食物加工机的指导；

f) 长发和宽松的衣服应束紧；

g) 在机器运作中，食物加工期间应带安全帽；

h) 使用前应检查食物加工机安装是否正确；

i) 如果可能应使用电池供电的便携式电器设备。宜使用充电电池，应根据厂商说明安装和保管电池。

8.5.3 固定的电器设备

同定的电器设备应采取以下措施：

a) 应由专业人员安装电冰箱、冰柜、清洗机、甩干筒和洗碗机；

b) 应定期检查开关和电线；

c) 应按照厂商说明进行使用；

d) 应为设备的使用者提供风险评估；

e) 蒸煮机应由专业人员永久地安装在房间的电器设备上，应安装链子，这样蒸煮机就不会被拉动，连接处也不会扭曲变形。设备应定期检查并保存记录。

8.5.4 固定的煤气设备

固定的煤气设备应采取以下措施：

a）应南专业人员完成固定的煤气设备的安装和保养；

b）应按照厂商说明进行使用固定的煤气设备；

c）应对使用设备是否对使用者存在重大危险进行风险评估。

8.5.5　微波炉

8.5.5.1　危险

教师和学生应明确以下危险：

a）电源（导线）有触电和跳闸的危险；

b）接触热的食物或表面可能引起烫伤和着火；

c）使用错误的盛装材料会引起微波炉过热或爆炸；

d）密封物体不应在微波炉中加热。

8.5.5.2　危险控制措施

应采取以下危险控制措施：

a）电源线应从工作区清理出去，和使用者保持距离；

b）应注意保证烹饪原料和盛装容器适合在微波炉加热；

c）处理热食物时应使用专用手套和衣服；

d）不应长时间存微波炉前工作，开启微波后，人与微波炉的距离应保持在1m以外；

e）应提供正确使用微波炉及处理紧急事故的方法，并进行培训。

8.5.6　油炸锅和其他餐桌炊具

8.5.6.1　危险

教师和学生应明确以下危险：

a）电源（导线）有触电和跳闸的危险；

b）接触热的食物或表面可能引起烫伤和灼烧；

c）错误地使用油炸锅和其他餐桌炊具易引起过度加热。

8.5.6.2　危险控制措施

应采取以下危险控制措施：

a）电源线应从工作区域清理出去，和使用者保持距离；

b）应注意保证烹饪原料适合在油炸锅和其他餐桌炊具加热；

c）烹调食物前应去除原料上过度的水分；

d）处理热食物时应使用专用手套和衣服；

e）应给出正确使用油炸锅和其他餐桌炊具的方法，并进行培训。

8.5.7　压力锅

8.5.7.1　危险

教师和学生应明确以下危险：

a）电源（导线）有触电和跳闸的危险；

b）接触热食物可引起烫伤和灼烧；

c）错误使用压力锅可引起过热；

d）压力锅可能引起爆炸。

8.5.7.2 危险控制措施

应采取以下危险控制措施：

a）应注意保证烹饪原料适合在压力锅中加热；

b）应保证压力锅中有足够的水；

c）处理热食物时应使用专用手套和衣服；

d）给出正确使用压力锅的方法，并进行培训；

e）压力锅根据所用材质应符合 GB 15066 或 GB 13623 的要求。

8.6 纺织品加工器具和设备

8.6.1 蜡染壶

8.6.1.1 危险

教师和学生应明确以下危险：

a）电源（导线）存在触电和跳闸的危险；

b）接触热的液体或表面可能烫伤或灼烧；

c）错误使用蜡壶可引起过热。

8.6.1.2 危险控制措施

应采取以下危险控制措施：

a）制作蜡染制品时应注意力集中；

b）应保证导线不缠绕操作者、周围设备和蜡壶；

c）蜡壶电源线应是防热的；

d）应注意保证原料适合在所用的加热器中加热；

e）处理热蜡染壶时应使用专用手套；

f）提供正确使用蜡染壶的方法。并进行培训。

8.6.2 便携式电熨斗

8.6.2.1 危险

教师和学生应明确以下危险：

a）电源（导线）存在触电和跳闸的危险；

b）热熨斗可引起火灾；

c）掉下的熨斗可能伤人。

8.6.2.2 危险控制措施

应采取以下危险控制措施：

a）使用电熨斗应注意力集中；

b）应保证导线不缠绕操作者、周围设备和熨斗；

c）熨斗电源线应是防热的；

d）应在电熨斗不易掉下的地方存放和使用电熨斗；

e）提供正确使用电熨斗的方法，并进行培训。

8.6.3　便携式缝纫机

8.6.3.1　危险

教师和学生应明确以下危险：

a）电源存在触电和跳闸的危险；

b）便携式缝纫机的旋转部分有危险；

c）便携式缝纫机有锋利的针头。

8.6.3.2　危险控制措施

应采取以下危险控制措施：

a）使用缝纫机应注意力集中；

b）应保证导线不得缠绕操作者、周围设备和缝纫机；

c）学生使用便携式缝纫机前应进行培训，并接受能力的评估；

d）长发和宽松的衣服应束紧；

e）提供正确使用缝纫机的方法，并进行培训。

8.7　便携式加工工具和设备

8.7.1　一般要求

8.7.1.1　危险

教师和学生应明确以下危险：

a）便携式工具有触电的危险；

b）接触刀具、刀刃、研磨轮和砂轮会引起割伤；

c）崩裂的刀具、刀片、研磨轮、砂轮和切割时产生的微粒会猛烈射出；

d）拖拉的电缆和压缩空气管会引起绊倒的危险；

e）接触空气压缩管线敞开的一端可能会使空气通过皮肤进入血液；

f）没有控制的空气压缩管可能会猛烈地甩动；

g）粗心大意的操作会引起危险；

h）可能吸入加工时产品的粉尘；

i）便携式工具有噪音危害；

j）错误地使用电池会引起自燃或爆炸。

8.7.1.2　危险控制措施

应采取以下危险控制措施：

a）便携式工具应坚固且单一用途。

b）便携式工具应根据厂商建议，用于设计用途。

c）便携式工具应符合相关国家或行业标准。

d）应警告学生电器设备的危险以及使用时应注意的地方。

e）使用前应对学生做能力评估。

f）在整个操作过程中应有经过培训、胜任的人监督指导。

g）如需要应提供个人保护装备。

h）如果电器的运转部分是暴露的，那么长发和宽松的衣服应加以保护，悬挂的首饰要摘掉。不应戴手套，应提供护目镜。

i）实施有关粉尘的风险评估，如需要应提供局部通风设备和呼吸保护装备。

j）实施有关噪音的风险评估，如需要应提供护耳罩。

k）便携式工具不使用时应保存在安全的地方。

l）便携式工具和导线或软管在使用前应仔细检查。

m）应由一个经过培训、胜任的人每12个月定期做专业检测并保存结果。

8.7.2 便携式气动工具和设备

应做到以下要求：

a）气动工具应在额定的压力下操控；

b）在设备和固定供应设备之间应安装调压器和压力表；

c）空气软管的长度要控制在最短；

d）空气软管应能耐受安全工作压力；

e）当没有接通时，压缩空气软管配件应自动切断空气供应；

f）应定期检查配件以保证它们和软管可靠连接；

g）带有空气活塞的工具和设备应在调节的工具旁放置润滑剂；

h）带有喷射装置的压缩空气管应安装非铁的喉管型的喷嘴；

i）应定期检查软压缩空气管的连接情况；

j）压缩空气设备不应用于清洁，除非有特殊的设计功能。

警告：由于压缩空气意外地进入血液会引起生命危险，使用喷射装置时应小心，并应戴护目镜，以防止碎屑射入眼睛。非喷射装置操作者不应靠近设备。

8.7.3 便携式电动工具

便携式电动工具的电器应符合 GB 13960.1 或 GB 3883.1 的规定。

如果可能．应使用超低安全工作电压的电烙铁和手提灯。

8.7.3.1 便携式电钻

8.7.3.1.1 危险

教师和学生应明确以下危险：

a）长发和宽松的衣服可能卷入钻头；

b）夹头钥匙、坏的钻头、削屑、材料等可能被猛烈射出；

c）钻头锋利的边沿和材料削屑可能引起割伤；

d）电源存在触电危险；

c）人为干扰钻头可引起钻头反弹；

f）灰尘和其他材料可能会使钻头弹出。

8.7.3.1.2　危险控制措施

应采取以下危险控制措施：

a）保证电钻的导线不会缠绕操作者和周围设备；

b）长发和宽松衣服应束紧否则会缠绕机器；

c）操作者应戴防机械冲击的护目镜；

d）指导说明中应警示操作者不要接触运转部分，并在培训时强调；

e）无关附件不用时应远离钻头；

f）应对在转头转过的材料上去除锋利的边缘进行培训；

g）应遵照厂商的说明正确使用电钻；

h）电钻的安全应符合 GB 3883.6 的要求。

8.7.3.2　砂轮机

8.7.3.2.1　危险

教师和学生应明确以下危险：

a）电源可引起触电和跳闸的危险；

b）过速、损害或错误安装砂轮，轮子可能损坏，当机器运转时，轮子还可能被猛烈射出；

c）接触砂轮可能引起割伤；

d）长发、宽松衣服可能被卷入砂轮；

e）工作件可能从机器中弹出；

f）热上作件可能会烫伤；

g）砂轮机可能引起电击；

h）被锋利地边缘割伤；

i）不正确地启动机器会带来危险；

j）灰尘可被吸入。

8.7.3.2.2　危险控制措施

应采取以下危险控制措施：

a）注意保证砂轮的导线和皮带不会缠绕操作者和周围设备。

b）长发和宽松衣服应束紧远离转动部分。

c）应佩戴护目镜。

d）操作者应戴手套避免被热材料烫伤。

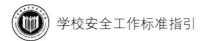

e）砂轮的安全工作速度应超出机器的额定速度。

f）每次使用前应检查砂轮是否损坏，并适时地更换。

g）轮子应安全地安装在机器上。

h）警示操作者不要接触运转部分。

i）物品和没有操作砂轮机的人易被飞射的削屑和火花损害，应远离正在运转的砂轮机。

j）应安装具有足够强度的固定保护装置，以阻止意外损坏的砂轮的某个部分飞出。保护装置应便于装拆。

k）应遵照厂商的说明正确使用砂轮机。

l）台式砂轮机应符合 GB 13960.5。

8.7.3.3　便携式电动锯

8.7.3.3.1　危险

教师和学生应明确以 F 危险：

a）电源（导线）存在触电危险；

b）和旋转部分接触可能引起割伤或被机器卷入的危险；

e）灰尘和其他颗粒可能射出；

d）电动锯的锯片可能会反弹射出。

8.7.3.3.2　危险控制措施

应采取以下危险控制措施：

a）对粉尘进行风险评估，如果可能应提供局部通风设备。如果需要，应带呼吸保护装置。

b）注意导线和皮带，避免缠绕操作者及附近的设备或电动锯。

c）锯刃的旋转速度应和机器的速度匹配。

d）锯片应安全、正确地安装在机器上。

e）每次使用之前应检查锯的损坏情况，适时更换锯片，不应使用坏的锯片。

f）学生使用便携式电动锯之前应接受能力考核，只有在一个经过专业培训的人的监督下才可以使用。

g）长发和宽松的衣服应该束紧，以免被机器缠绕。应戴防机械冲击护目镜。

h）应说明不要让使用者接触旋转部分。

i）锯应有适当的保护装置。

j）如果操作者的精力被分散时，不应使用电动锯。

k）非使用者和与使用无关的物体有可能被射出的材料或火花毁坏，应远离机器。

l）带锯应符合 GB 1 3960.6，圆锯应符合 GB 13960.2。

8.7.3.4　便携式往复运动锯

8.7.3.4.1　危险

教师和学生应明确以下危险：

a）电源（导线）存在触电危险，电源线有跌绊危险；

b）往复运动部分可能有危险；

c）粉尘和其他微粒可能射出；

d）旋转的锯可能会卡住或反弹射出。

8.7.3.4.2 危险控制措施

应采取以下危险控制措施：

a）应执行有关粉尘的风险评估，如果可能，应提供局部通风设备。如果需要，应带上呼吸保护装置。

b）应注意拖拽的导线和皮带，不得缠绕操作者、附近的设备或便携往复运动锯。

c）锯片应安全正确地安装在机器上。

d）应加工制造商明确指明的材料。

e）每次使用之前要检查锯的损坏情况，应适时更换锯片，不应使用坏的锯片。

f）学生使用便携式往复运动锯之前应接受能力考核，只有在经过专业培训的人的监督下才可以使用锯。

g）长发和宽松的衣服应该束紧，以免缠绕机器。

h）应戴护目镜。

i）应说明不要让使用者接触旋转部分。

j）锯应有适当的保护装置。

k）如果操作者的精力分散时，不应使用往复式运动锯。

l）非使用者和与使用无关的物体应远离机器，以免被射出的材料或火花伤害或毁坏。

m）操作者应有足够的力量抵挡锯运行时的反冲力。

n）往复锯应符合 GB 3883.11。

8.7.3.5 便携式砂磨机（轨道式、圆盘式、带式）

8.7.3.5.1 危险

教师和学生应明确以下危险：

a）电源（导线）存在触电危险；

b）便携式砂磨机的运动部分可能有危险；

c）可能吸入加工时产生的粉尘。

8.7.3.5.2 危险控制措施

应采取以下危险控制措施：

a）应执行有关粉尘的风险评估，如果可能，应提供局部通风设备。如果需要，应带上呼吸保护装置。

b）应注意导线不得缠绕操作者、附近的设备或便携式砂磨机。

c）长发和宽松的衣服应该束紧，以免缠绕机器。

d）应带护目镜。

e）应说明不要让操作者接触旋转部分，并保证砂磨工具和机器牢固的连接好。

f）皮带（如果有）安装在机器上时，应使背面的箭头记号可以和机器运转的方向相吻合。

g）如果砂轮受到阻力，操作者应具有足够的力量去抵挡由于砂轮旋转而产生的反作用力。

h）砂磨机应符合 GB 3883.3。

8.7.3.6　便携式刨床

8.7.3.6.1　危险

教师和学生应明确以下危险：

a）电源（导线）存在触电危险；

b）便携式刨床的运动部分可能有危险；

c）灰尘可能被吸入；

d）便携式刨床可能受阻塞或回弹。

8.7.3.6.2　危险控制措施

应采取以下危险控制措施：

a）应执行有关粉尘的风险评估，如果可能，应提供局部通风设备。如果需要，戴上呼吸保护装置。

b）应注意拖拽导线和皮带，不应缠绕操作者、附近的设备或便携式刨床。

c）刨刀片应按照使用说明安全地安装在机器上。每次使用之前应检查刀片的损坏情况，适时更换，不应使用坏的刀片。

d）学生使用便携式刨床之前应接受能力考核，只有在经过专业培洲的人的监督下才可以使用。

e）长发和宽松的衣服虚该束紧，以免缠绕机器。

f）应戴护目镜。

g）应警示使用者，不应接触刨床旋转部分。

h）刀片应有适当的保护装置。

i）如果操作者的精力分散，不应使用机器。

j）非使用者及物体有可能被射出的材料毁坏，应放置在远离机器的地方。

k）使用者应足够强壮以抵挡可能的反弹力。

l）便携式刨床不应被翻转或被同定在使用者不易够着的台子上。

m）便携式电刨应符合 GB 3883.10。

8.7.3.7　便携式开榫机

8.7.3.7.1　危险

教师和学生应明确以下危险：

a）电源（导线）存在触电危险；

b）便携式开榫机的转动部分可能有危险；

c）木屑和其他颗粒可能反弹射出；

d）便携式开榫机可能受阻、回弹或穿入物体。

8.7.3.7.2　危险控制措施

应采取以下危险控制措施：

a）应执行有关粉尘的的风险评估，如果可能，应提供局部通风设备。如果需要，应戴上呼吸保护装置。

b）便携式开榫机不应被反转或被固定在台子上当作固定开榫机使用。

c）应注意连接导线和皮带不得缠绕操作者、附近的设备或便携开榫机。

d）调试时，机器的速度应与加工的材料匹配。

e）开榫机的刀片每次使用之前要检查它的损坏情况，适时更换，坏的刀片不要使用。

f）机器的速度应与切刀切割材料的旋转速度相匹配。

g）学生使用便携式开榫机之前应接受能力考核，只有在经过专业培训的人的监督下才可以使用。

h）长发和宽松的衣服应束紧，以免缠绕机器。

i）应带护目镜。

j）应说明小要让使用者接触旋转部分。

k）刀片应有适当的保护装置。

l）应按照使用说明安全地将切刀安装在机器上。

m）如果操作者的精力分散，不应使用机器。

n）非使用者及物体有可能被射出的材料损伤或毁坏，应远离机器。

o）开槽机应符合 GB 3883.22。

8.7.3.8　电烙铁

8.7.3.8.1　危险

教师和学生应明确以下危险：

a）电源（导线）存在触电危险；

b）作为助熔作用的松香产生的烟是有害的；

c）热的烙铁顶部有烫伤危险。

8.7.3.8.2　危险控制措施

应采取以下危险控制措施：

a）如果可能最好使用低电压烙铁；

b）如果可能使用无松香熔接剂；

c）如果不得不使用松香，那么应执行有关吸入气体的风险评估，并提供局部通风设备；

d）烙铁的电源线应是防热的；

e）应注意连接导线不得缠绕操作者、附近的设备或烙铁；

f）应提供正确使用方法；

g）使用烙铁时，使用者应集中精力。

8.7.3.9 手动工具

8.7.3.9.1 危险

教师和学生应明确以下危险：

a）锋利的工具可引起割伤；

b）工具掉落可带来危险；

c）使用时工具可能损坏或裂开；

d）对工具施加压力时工具可能滑落。

8.7.3.9.2 危险控制措施

应采取以下危险控制措施：

a）手动工具应保存在适合学生取放的高度。不应放在正在工作的工作台上。

b）铁锤头和铁锤柄应定期检查，应及时更换坏的头和柄。

c）应合适并牢固安装铁锤柄。应保持锤柄上的楔形物紧固不松动。

d）金属凿子上的蘑菇状尾部应定期清除。

c）有刀刃的工具应保持锋利和良好状态。

f）锯应保持在良好的状态。

g）应提供正确使用手动上具的方法。

h）应小心使用锋利、尖锐的工具。

i）工具不应放在口袋里或别在腰带里。

j）使用扳于的型号应与螺母和螺钉匹配。

8.8 木工设备

8.8.1 总则

8.8.1.1 学校应防止和控制人员对木屑的吸入。管理者有责任尽量减少空气中各种类型木材（硬木、软木等）和合成材料（如中等密度纤维板）产生的灰尘的含量，平均含量应不高于 3 mg/m³。

8.8.1.2 应对木工机器进行有关健康安全的风险评估，并制定控制或阻止危险的措施。制定措施时应考虑：

a）灰尘的浓度和暴露存其中的时间；

b）机器工作时产生粗大的碎屑落到地面上，清理地面时产生细小的灰尘漂浮在空气中很容易被人体吸入。

8.8.1.3 在可能的时候，除了使用呼吸保护装置，应用其他方法达到控制暴露时间的目的（如工作过程中使用局部排风系统和整体的良好通风）。

8.8.1.4 局部排风系统应南经培训胜任的人每 12 个月彻底检查一次。除了严格检查，每周应进行常规检查，以确保基本操作部件功能正常。

8.8.1.5　当减小吸入灰尘的措施不够充分时，应使用呼吸保护装置。呼吸保护装置的类型要根据厌尘的聚积情况来选择。应进行正确使用口罩的培训。免洗口罩应适时地更换。

注：由于木材本身不均匀的内压力，可能导致使用木材时不可预计的弯曲和损坏。

8.8.1.6　教职上应接受培训，以便有能力应付危险。培训要在遇到新的或加剧的危险前执行。如果需要深化能力，培训应重复进行。

8.8.1.7　指导教师应经有关健康安全的培训。

8.8.1.8　学校及相关机构在选择机器时应考虑是否适合学生使用。选择时应根据学生的成熟情况和能力、教师指导监督的能力及课程标准的要求，并做到：

　　a）学生应南一个有能力的接受过训练课程的老师培训和指导安全的操作方法；

　　b）操作机器前，学生应被证明是成熟的、有能力的，并应不断地进行监督；

　　c）学生不应使用高危险机器，除非他们被证明足够成熟和有能力，并接受了足够的训练。同时执

行了保护他们的健康和安全的措施，使用高危险木工机器的培训应有合适的监督。

8.8.1.9　木工机器的电器应符合 GB 5226.1 的要求，以便把木工机器电的危险控制在最小。

8.8.1.10　木工机床的安全应符合 GB 12557。

8.8.1.11　学校木工实训室（实验室）的工作环境、平面布置、防火防爆、设备和安全装置、加工系统、操作系统和吸尘系统、安全操作、管理及教育应符合 GB 15606；

8.8.1.12　使用木工机器前应确保具有以下措施：

　　a）正确安装防护装置并应是本机器专用的；

　　b）使用的工具应是正确的类型、规格、锋利度、切割方向和被安全地紧固；

　　c）使用木工机器的正确速度；

　　d）不应穿宽松的衣服，不应带首饰；

　　e）适时检修通风、抽风设备，保证其工作正常；

　　f）应遵照厂商的使用说明使用机器，材料尺寸和类型不应超过机器的容量限制。

8.8.2　开榫眼机（空凿子型）

8.8.2.1　危险

教师和学生应明确以下危险：

　　a）开榫眼机的零件可能松动或弹出；

　　b）机器的运转部分可能缠绕衣服和头发；

　　c）粗心地开动机器有危险；

　　d）可能吸入木屑。

8.8.2.2　危险控制措施

应采取以下危险控制措施：

　　a）机器需要的最基本的配置：

1）使用熔断闸的断电方式，该闸置于机器上或附近；

2）操作方便的紧急停机钮，或其他能在紧急情况下迅速停机的装置；

3）固定的保护装置（用工具才可以移动）。

b）实行有关吸入木屑危害健康的风险评估及控制防止措施；

c）应确保木材加工件被夹紧，锁住夹头的钥匙应在开机前取走，完工后放回；

d）应有包括供电安全检测在内的维修计划。

8.8.3 成型机器（开榫）

学校及相关机构中不应使用一次成型机器。

8.8.4 平刨和刨床

8.8.4.1 危险

教师和学生应明确以下危险：

a）在平刨和刨床中加工的工件可能弹出；

b）旋转的切削刀具可能缠绕衣服和头发；

c）粗心的开动机器有危险；

d）噪音可引起永久性的听力损害；

e）可能吸入木屑。

8.8.4.2 危险控制措施

应采取以下危险控制措施：

a）平刨和刨床应配有下列装置：

1）使用熔断器的断电方式，该熔断器置于机器上或附近；

2）操作方便的紧急停机钮，或其他能在紧急情况下迅速停机的装置；

3）固定的保护装置（用工具才可以移动）；

警告：如果停止时间超过 10 s，应安装内部锁保护装置和时间延迟栓。

4）机器上面的部分应安装保护装置，以免对刀具和流入轴的意外的破坏；

5）防回弹装置要安装在整个机器的工作面上面。宽 3 mm～8 mm 的防回弹装置用于工作宽度低于 260 mm 的机器，宽 8 mm～15 mm 的防回弹装置用于工作宽度高于 260 mm 的机器。

注：在加工薄工件开始接触刀具时弹出的危险可以用一个截面填料滚筒来减小。填料滚筒的截面宽度不超过 50 mm。

b）机器不使用时应上锁。

c）平刨和刨床产生的噪音可能高于 100 dB，操作者应带听力保护装置。

d）只有有能力的经过训练的员工可以使用平刨和刨床。

e）使用者的精力如果分散，不应使用平刨和刨床。

f）不应让工具的放射状刀具边沿突出被切物体大于 1.1 mm。

g）应注意刀片被安全正确地安装。

h）工具应清楚、长期地用以下信息标明：

1）厂商或供应商的名字或商标；

2）如果是手动操作应表明"man"；

3）最小的夹子长度和相配的边沿厚度。

i）应使用"推动棒"推动短工件进入机器。

j）对于甲刨，应提供一个可调试保护装置，该装置应在不使用工具的情况下任意锁紧，其高度应在出料桌上 0 mm～75 mm 之间任意调整（高度连续可调，不是分段的）；对于接近（包括）350 mm 的砧板，该保护装置的宽度应是 100 mm。对于超过 350 mm 的砧板，装置的宽度应是 120mm；装置应尽可能地靠近桌子内侧零件的上部。桌子外侧不多于 3 mm。

k）对于刨床，应安装不阻碍排除废物的保护装置，防止接近障切刀的砧板。

l）平刨和刨床应有包括供电安全检测的维修计划。

警告：平刨和刨床是高危险机器，学生不应使用平刨和刨床。

8.8.5　带式砂轮机、盘式砂轮机

8.8.5.1　带式砂轮机

8.8.5.1.1　危险

教师和学生应明确以下危险：

a）工件可能阻塞机器；

b）手或衣服可能被卷入皮带中；

c）可能会吸入木屑；

d）粗心地开动机器有危险；

e）皮带可能破裂甩出；

f）手可能接触到砂轮表面。

g）砂轮机是高危险机器。

8.8.5.1.2　危险控制措施

应采取以下危险控制措施：

a）机器需要的最基本的配置：

1）使用熔断器的断电方式，该熔断器置于机上或附近；

2）操作方便的紧急停机钮或其他能在紧急情况下迅速停机的装置；

3）固定的保护装置（用工具才可以移动）。

b）皮带应比支撑盘和滑轮窄，保护使用者不受皮带边沿的伤害。应以正确的运转方向安装皮带。

c）垂直带式砂轮机的机座应是坚固的金属结构。

d）机座和带子之间的缝隙应能够清理木屑，但是应足够支撑木材。对于有角度的砂处理机，只可能向下倾斜机座，防止木材在机座和带子间阻塞。

e）水平带式砂轮机应正确地安装保护栅栏，并靠近机器的砂轮表面。首先应用手旋转机器检查轨道。

f）应实行有关吸入木屑危害健康的风险评估及控制和防止的措施。

g）如果风险评估认为有危险，应戴护目镜。

h）应戴工作帽，防止长发被机器缠绕。

i）使用前应检查砂轮带，破裂的带子应适时更换。

j）机器应有包括供电安全检测在内的维修计划。

8.8.5.2　盘式砂轮机

8.8.5.2.1　危险

教师和学生应明确以下危险：

a）工作件可能阻塞机器；

b）手或衣服可能卷入砂轮中或被卡在砂轮和工件之间；

c）木屑可能被吸入；

d）粗心地开动机器有危险；

e）砂轮在使用中可能裂开甩出。

8.8.5.2.2　危险控制措施

应采取以下危险控制措施：

a）机器需要的最基本的配置：

1）使用熔断闸的断电方式，该闸置于机上或附近；

2）位于方便位置的蘑菇头停机钮，或其他能在紧急情况下迅速停机的装置；

3）同定的保护装罩（用工具才可以移动）或内置的围绕驱动轮的保护装置（应只暴露砂轮下面的1/4）。

b）砂轮机的机座应是坚固的金属结构；

c）机座和皮带之间的缝隙应能够清理岩屑，但应足够支撑木材；

d）应确定机座的位置保证砂粒的流向会一直顺着砂轮的表面；

e）不应使用砂轮处理小块木头；

f）机器使用前应由教师或负责人检查；

g）实行有关吸入木屑危害健康的风险评估及控制和防止的措施；

h）如果风险评估认为有危险，应戴护目镜；

i）应戴工作帽，防止长发缠绕机器；

j）应有包括供电安全测试的维修计划。

8.8.6　锯床（带锯和圆盘锯）

8.8.6.1　带锯机

8.8.6.1.1　危险

教师和学生应明确以下危险：

a）工作件可能阻碍机器运转；

b）机器运转部分可能缠绕衣服；

c）粗心地开动机器有危险；

d）手和手指可能接触锯刃；

e）噪音可引起永久性的听力损害；

f）安装在工作台上的带锯可能会与台面分开。

g）带锯机是高危险木工机器。

8.8.6.1.2　危险控制措施

应采取以下危险控制措施：

a）机器需要的最基本的配置：

1）使用熔断闸的断电方式，该闸置于机上或附近，由超负荷保护及无电压释放的启动器控制；

2）操作方便的蘑菇头停机钮，或其他能在紧急情况下迅速停机的装置。

b）如果机器无内部锁定装置，当不使用机器时应将机器锁住。

c）应检查机器确保安全，应保证机器牢固地安装在台子上。

d）机器的滑轮和边沿（除了通过桌子向下运动的部分）应有机器框架和固定保护装置完全同绕，或者选择内部锁定装置。应有可根据大小调节高度的保护装置以保护锯刃。

e）只有经过训练的学生才可以使用带锯机。

f）实行有关吸入木屑危害健康的风险评估及控制防止的措施。

g）带锯机应有正确的类型、锋利并防变形（钝的或变形的锯使用时可能会坏）。

h）带锯机应符合 GB 13960.6。

i）带锯机应有完整的锯齿，缺少锯齿可能引起木材回弹。

j）使用前应检查带锯的正确拉紧度和轨道，不用时放松带锯的拉力。

k）如果机器安装了急停装置应小心操作。

l）顶部和底部的引导器应调到一条线上，否则会引起边沿损坏。顶部引导器应调节到最低的位置，应保护其上面的边沿部分。

m）引导器和工作台应保持在良好状态。

n）手指远离锯，待停机后再做调整。

o）机器正在运转时撤同加工件应小心（如长时间的曲线切割后，锯边沿和加工件的摩擦可能把加工件推向引导器和滑轮）。

p）根据边沿的宽度和锯齿的大小，不应加工太小半径的曲线切割。

q）使用前应检查带锯的安装，确保带锯安全正确地固定在机器上。

r）应有包括供电安全测试的维修计划。

s）锯床应有停止速度小于 10s 的急停装置。

8.8.6.2 圆盘锯

8.8.6.2.1 危险

教职工应明确以下危险：

a）加工件可能阻碍圆锯工作甚至使锯片弹出；

b）手或手指可能会接触到锯刃；

c）可能会吸入木屑；

d）噪音可能会引起永久性的听力损伤；

e）粗心地启动机器可能会有危险。

f）圆锯是"高危险性机械"，学生不应使用。

8.8.6.2.2 危险控制措施

应采取以下危险控制措施：

a）机器需要的最基本的配置：

1）使用熔断闸的断电方式，该闸置于机上或附近；

2）位于方便位置的蘑菇头停机钮，或其他能在紧急情况下迅速停机的装置；

3）固定的保护装置（用工具才可以移动）或内置的围绕驱动轮的装置，如果该装置没有安装到机器上，要在没有开机的情况下把开关调到"断"的位置。

b）锯周围应有足够的空间。以便木材能被安全处理。

c）工作区的地面应水平。

d）地面应保持没有松散的材料并应防滑。

e）低于机器桌子的叶片部分应有大型保护装置，或者有通过需要工具移动的固定保护装置。

f）松开的刀应该在桌了的表面下面修理并且固定，以便使刀和锯片之间的缝隙能在桌子水平面上进行最低限度的操作，缝隙不应超过 8mm 或小于 3mm。裂开的刀应比锯盘厚，比锯片薄。裂开的刀从桌面向上延伸不要超过圆锯顶端以下 25 mm，或者如果圆锯的锯刃的直径是 600 mm 或更大，那么最大可以延伸到 225 mm。

g）锯片暴露部分应有严格的保护装置，并且容易调整，但不应偏斜。如果裂开的刀很接近运转部分，那么保护装置应延伸到顶端，向下要延伸到保护锯的每一边．并且调整保证锯齿的根部始终被盖住，如果使用裂开的栅栏，应准确地调整延长至锯齿以外的顺着放入方向不超 50 mm。

h）不应使用超出设计最高速度的转速。

i）不应加工超出设计最大工作直径的工件。使用的最大、最小锯片的直径应清楚标示在机器上。

j）只有经过培训的胜任的人员才可以操作圆锯。

k）应对吸入木材粉尘引起的健康危险进行风险评估，并制定防止或者控制那些危险的措施。

l）圆锯机可能产生高于 100 dB 的噪声，使用者应带听力保护装置。

m）如果风险评估认为保护眼睛是必要的，应戴护目镜。

n）长头发应束起，并戴工作帽以免缠绕。

o）一根推动棍（或者正确设计的滑轮）用于加工任何大于 300 mm 的切割 T 件，或者更长长度的切割。长木材加工应该有适当的支撑，支撑应在切割尺寸的恰当位置。如果助手协助切割一段从锯刃到工作桌外伸出距离为 1 200 mm 长度的加工件，应有一张合适的伸缩桌支撑。

p）锯片应保持锋利、不变形，安装正确固定。已经受加热影响的锯片应被换掉。锯片的锯齿应完整，不应有蹦缺，锯齿有损伤能引起木材在切割时弹出。钨化物的锯刃应做定期的检查，如果顶端和锯刃之间有小裂缝就应换掉或适当地修理。

q）应有包括供电安全检测在内的维修计划。

8.8.6.3　动力线锯（线锯）

8.8.6.3.1　危险

教师和学生应该知道以下的危险；

a）手或者手指可能会接触到动力线锯；

b）动力线锯可能从工作台分开；

c）可能吸入木屑；

d）粗心地启动机器可能带来危险。

8.8.6.3.2　危险控制措施

应采取以下危险控制措施：

a）机器需要的最基本的配置：

1）使用熔断闸的断电方式，该闸置于机上或附近，由超负荷保护及无电压释放的肩动器控制；

2）操作方便的蘑菇头停机钮，或其他能在紧急情况下迅速停机的装置；

3）固定的保护装置（用工具才可以移动）或内置的围绕驱动轮的装置，如果该装置没有安装到机器上，要在没有开机的情况下把开关调到"断"的位置。锯应该固定在工作台上。安装高度应适合于工作。

b）应开展吸入木屑对健康的危害的风险评估，并应采取防止或者控制这些危险的措施；

c）如果风险评估认为保护眼睛是必要的，应戴护目镜；

d）长发应束起，戴工作帽，以免被缠绕；

e）动力线（锯刃）应锋利且保持良好状态并应防变形；

f）扭曲或生锈的锯刃在工作时可能损坏；

g）应有包括供电安全测试的维修计划。

8.8.6.4　悬臂锯

8.8.6.4.1　危险

教师应该知道以下的危险：

a）手或者手指可能接触到锯刃；

b）锯刃可能破损；

c）木屑可能被吸入；

d）粗心启动机器可能引起危险。

e）学生不应使用悬臂锯。

8.8.6.4.2　危险控制措施

应采取以下危险控制措施：

a）机器需要的最基本的配置：

1）使用熔断闸的断电方式，该闸置于机上或附近．由一个包含过载保护和断路器的起动装置控制；

2）操作方便的蘑菇头停机钮，或其他能在紧急情况下迅速停机的装置；

3）固定的保护装置（用工具才可以移动）或内置的围绕驱动轮的装置。如果该装置没有安装到机器上，应在没有开机的情况下把开关调到"断"的位置。

b）锯应固定到台子上，机器的高度应适合于操作；

c）存操作者容易控制的地方安装一个可以在发生紧急事件时停止机器的装置：

d）机器应装有同定保护装置围绕在没有切割的部分；

e）不应在关机情况下使用锯，自动关闭保护装置应靠近接触到这部分；

f）在桌面 12 mm 内应安装探测防护装置；

g）用弹簧线连接锯，以便运动停止时，锯可以返回安全的静止位置；

h）分开操作不适合悬臂锯（但是适合圆锯）；

i）应实施吸入木屑对健康的危害风险评估，如需要应采取防止或控制危害的措施；

j）如果风险评估认为应该保护眼睛，应戴护目镜；

k）长头发应束起，戴丁作帽以免被缠绕；

l）锯刃应锋利、无变形，扭曲或生锈的锯刃易在工作时坏掉；

m）应有包括供电安全测试的维修计划。

8.8.7　木工车床

8.8.7.1　危险

教师和学生应知道以下危险：

a）长发、宽松的衣服等可能缠绕在车床的运转部件；

b）手提式工具可能在支持物和运转部分之间卡住；

c）如果没有安装好，刀具和工件可能弹出；

d）木屑颗粒可能飞出；

e）粗心地开机可能带来危险；

f）机器周围的狭窄空间可能导致操作者被经过者无意推向运转的机器；

g）机器周围光滑的地面或者杂物能引起滑倒从而接触运转部分；

h）可能吸入木屑。

8.8.7.2　危险控制措施

应采取以下危险控制措施：

a）机器需要的最基本配置：

1）使用熔断闸的断电方式，该闸置于机上或附近；

2）操作方便的蘑菇头停机钮，或其他能在紧急情况下迅速停机的装置；

3）同定的保护装置（用工具才可以移动）或内置的围绕驱动轮的装置。

b）木丁车床应符合 GB 12557。

c）机器周围应有足够的空间。

d）地面应防滑，不应乱放物品，木屑应及时清理。

e）只应由一个人操作机器。

f）当操作机器时，应戴护目镜，穿结实的防护鞋。

g）应束起长发，戴工作帽，穿上作服，以防止长发和宽松的衣服接触运转部分。

h）应摘去首饰，不应戴手会。

i）应仔细检查木材有无缺陷后方可开始加工操作，粗略地判断材料是圆形或者多边形。段状的材料不应该被加工。如果使用有接缝的材料（如在制作造型时）应在严密的监督下加工。

j）应保证加工物被安全、稳定地装卡在面板或中心上，应防止过度的振荡。

k）在启动机器以前，应检查旋转部位是否清洁。

l）只有一种主轴变速时，在改变速度以前，主轴上的各种物件要远离机器。

m）安伞的转速很重要，应根据以下因素调整：

1）材料；

2）材料的直径；

3）被加工物的表面的状态。

n）工具支架应该被固定在正确的高度并且接近待处理物。要用安全和正确的角度使用木加工工具。上具应该保持锋利并安全的安装在手柄内。

o）不应使用临时准备的工具（如锉刀）。在测量、调整工具支架前不应开机。

p）应进行吸入木屑对健康的危害的风险评估，并采取防止或者控制危险的措施。

q）应有包括供电安全检查测试在内的维修计划。

8.8.8　切边修整器

8.8.8.1　危险

教师和学生该知道以下的危险：

a）接触刀刃会引起严重的伤害；

b）粗心的肩动机器可能会有危险；

c）机器未牢同地同定存工作台上会带来危险。

8.8.8.2　危险控制措施

应采取以下危险控制措施：

a）应安全、牢固地安装机器；

b）在斜边修整器不使用的时候，应把刀刃固定，不应让机器保持在开机状态，如果可能，拿掉操纵杆；

c）斜边修整器会引起不能有效控制的严重的伤害。只有胜任的人才可以使用斜边修整器；

d）刀刃应该保持锋利；

e）机械装置和机器应保持平滑清洁，不应沾有金属屑或塑料屑等；

f）切边修理器应符合 GB 3883.17。

8.9 金属加工设备

8.9.1 总则

8.9.1.1 学校和相关机构应有包括供电安全检测在内的维修计划。

8.9.1.2 任何在机器领域从事监督、教学、工作的人都应接受充分的培训。

8.9.1.3 学校和相关机构应选择适合学生使用的机器，选择时应根据学生的成熟情况和能力、教师指导监督的能力及课程标准的要求，并做到：

a）学生也在指导下使用一套安全的操作方法或操作规程，由经过专业培训的人员指导监督；

b）在开始操作前应就成熟情况和能力层次对学生进行评估，并应持续进行监督；

c）应遵照厂商的建议，材料的型号和种类不应超出机床的加工能力（应注意在学校和相关机构

里，金属加工机器也常用来加工除了金属以外的其他材料）。

8.9.1.4 金属切削机床的安全防护应符合 GB 15760。

8.9.2 数控机床

8.9.2.1 危险

教师和学生应该知道以下的危险：

a）机器运转时可能缠绕长发和宽松的衣服；

b）加工件、卡盘钥匙、损坏的刀具可能会被弹出；

c）机床有触电危险；

d）关机时手指在零件之间运动会使手指卡住；

e）锋利的刀刃、切割物、金属屑可能引起割伤；

f）接触切削冷却液、润滑剂、油等对皮肤有害；

g）粗心的开机可能带来危险；

h）机器周围的狭窄空间可能导致操作者被经过者无意推向运转的机器；

i）光滑的地面或者散乱堆放的物品可能绊倒人从而接触到机器；

j）手动操作重型仪器设备（如卡盘或平台等）可能有危险。

8.9.2.2 危险控制措施

应采取以下危险控制措施：

a）机器应具有以下必要配备：

1）断电闸置于机上或附近，由一个超负荷保护及无电压释放的启动器控制；

2）操作方便的蘑菇头紧急停机钮，或其他能在紧急情况下迅速停机的装置；

3）固定的保护装置（用工具才可以移动）或内置的围绕驱动轮、皮带和齿轮的装置；

4）机器应安装固定保护装置．保护心轴。

b）机器周围应有足够的空间。防止操作者被经过者无意推向运转的机器；

c）地面不应太滑或者散乱堆放物品，防止人被绊倒接触机器；

d）有保护眼睛的措施；

e）穿结实的绝缘保护鞋；

f）应防止长发和宽松的衣服接触运转部分，首饰应该被除去，不应戴手套；

g）手工操作的工作或需要取放重物如老虎钳、平台、指针装置的工作可能超出了某些人的体力承受范围，这时需要开展评估并实行措施减小重物带来的危险（如使用装卸机、装卸人员、正确的装卸技术）；

h）调整任何内部零件时应先断电；

i）发条栓和弹簧在使用完或开机前应立即移开；

j）应确保加工物被安全、稳定地装卡在面板或中心上，以防止过度的振荡；

k）开机前应亲自检查旋转部位的清洁，还应仔细检查切割工具；

l）托盘柄不应凸出在主轴箱外，如果不可避免，凸出的部分应加以保护以免缠绕；

m）机器运转时不应调试冷却剂喷口；

n）当测量或放置切割工具的时候，机器应停止运转，同时使之与机器的接触减到最小；

o）如果可能不应使用锉刀和研磨胶带；

p）加工中心应符合 GB 18568。

8.9.3 铣床（卧式和立式）

8.9.3.1 危险

教师和学生应该知道以下的危险：

a）与旋转的刀片接触会有危险；

b）长发和宽松的衣服可能会在机器运转时缠绕进去；

c）坏的刀片、切屑、被加工物可能会被弹出；

d）关机时手指在零件之间运动会使手指卡住；

e）在机器和桌子之间的运动可能会让身体被挤压；

f）重物如老虎钳、平台、指针装置可能从桌子上掉落；

g）铣床有触电危险；

h）锋利的刀刃、切割物、金属屑可能引起割伤；

i）接触金属流体、润滑剂会刺激皮肤；

j）粗心的开机可能带来危险；

k）机器周围狭窄的空间可能使操作者被经过者推向机器；

l）光滑的地面或者散乱堆放的物品可能绊倒人从而触碰到机器；

m）重型仪器如老虎钳指针装置等手动操作可能有危险。

8.9.3.2 危险控制措施

应采取以下危险控制措施：

a）机器的必要配备：

1）使用熔断闸的断电方式。该闸置于机上或附近；

2）操作方便的蘑菇头紧急停机钮，或其他能在紧急情况下迅速停机的装置；

3）同定的保护装置（用工具才可以移动）或内置的围绕驱动轮、皮带和齿轮的装置。

b）应防止可能发生在运转的滑轮和大齿轮上的危险。

c）在加上过程中应防止缠绕。

d）在安装铣床的时候应注意桌子和机器的边缘以及和任何部件间的距离不应小于 500mm。

e）应有一个手柄或手动轮，这样当驱动器忙的时候仍可以计机器停止旋转。

f）机器周围应有足够的空间，防止操作者被经过者无意推向运转的机器。

g）地面不应太滑或散乱堆放物品。防止人被绊倒接触机器。

h）应戴护目镜。

i）应穿结实的绝缘保护鞋。

j）应防止长发和宽松的衣服接触运转部分。

k）不应佩戴首饰及手套。

l）手工操作工作和一些需要取放重物如老虎钳、平台、指针装置的上作可能超出了某些人的体力承受范围，这时需要开展评估并实行措施减小重物带来的危险（如使用装卸机、装卸人员、正确的装卸技术）。

m）调整任何内部零件时应断电。当放置待加工物、清理碎屑、调整冷却剂喷口，或测量时应保注刀片停止运转。

n）应用合适的工具来避免手指和刀刃的接触。

o）如果使用金属流体。应该根据供应者的指示混合调整，与皮肤的接触应该被控制到最少，应在

使用后彻底地洗手。

p）应有包括供电安全检测在内的维修计划。

8.9.4 钻床

8.9.4.1 危险

教师和学生应该明确以下危险：

a）长发、宽松的衣服可能被卷入钻床的转动部分；

b）卡盘的钥匙、破损的钻头、金属切屑、工件等会被猛烈射出；

c）握材料的手意外扭转会使手受伤；

d）钻台会滑落或重物可能从加工台上脱落；

e）钻床有触电危险；

f）在部件间活动会被卡住；

g）钻床上的钻头刃、工件及金属屑会造成刮伤；

h）与金属流体及润滑剂接触会刺激皮肤；

i）粗心开机会造成危险；

j）机器周围空间不足会造成操作者被路过者意外推向机器；

k）机器周围散乱物体或光滑地面会造成滑倒而接触机器。

8.9.4.2　风险控制措施

应采取以下危险控制措施：

a）机器必须有如下配置：

1）使用熔断闸的断电方式，该闸置于机上或附近；

2）脚控紧急停止装置，以便没有其他控制员协助加工的情况下机器也能迅速停止；

3）固定的保护装置（用工具才可移动），或内置的围绕驱动轮和皮带的保护装置（这些装置应

防止运转过程中滑轮卡住）。

b）机器周围应有足够空间。防止操作者被经过者无意推向运转的机器。

c）地面不应过滑，应没有散乱物品。

d）操作机器时提供眼睛保护。

e）穿结实的绝缘保护鞋。

f）长头发和宽松的衣服应加以保护以免卷入运转部分。

g）悬挂首饰应摘掉。操作机器时不可戴手套，扎绷带。

h）更换或移动钻床面板装置等有关的手工劳动可能是某些人力所不及的，应采取措施减小搬运中的危险（例如使用搬运工、装卸队、改进搬运技术）。

i）更换驱动带之前断电，夹头（最好是弹簧的）钥匙，用后开机之前立即拿开。

注1：由于很多钻床事故发生在加工材料已装好，钻头位于最高位置时，此钻床宜有一个合适的保护装置，保护装置处于钻头底部，且通过调节台面可使钻头脱离保护装置进入加上材料中。

注2：当使用小直径钻头时，台钳或手钳不必要。这种情况下可用手握材料，但要有危险防范措施。

j）如果没有齿条和齿轮升降装置用来调试面板，面板下的安全停机装置应使用。如果顶部合适，确保整个停机装置的安全性。应以合适的方法移动切屑，避免手的接触。

k）如果使用金属流体，应根据供应商的说明混合调配，尽量减少皮肤接触，用后仔细洗手。

l）冷却剂喷口在操作中不应调试。

m）应有包括供电安全检测在内的维修计划。

8.9.5　磨床

8.9.5.1　台式磨床

8.9.5.1.1　危险

教师及学生应明确如下危险：

a）运转过速、损坏或安装不当的砂轮转动时可断裂并被猛烈射出；

b）接触砂轮会被磨伤；

c）长发、宽松的衣服等会卷入机器；

d）工件会被射出；

e）手或手指在轮与支座间会被压扁；

f）热材料会引起燃烧；

g）磨床带有触电危险；

h）锋利的边沿会引起刮伤；

i）粗心的开机会造成危险；

j）灰尘会被吸入；

k）机器周围没有足够空间可能导致操作者意外触动机器开关；

l）机器周围散放物体或光滑地面会造成滑倒而接触运转部分。

8.9.5.1.2　风险控制措施

应采取以下危险控制措施：

a）机器的必要配置：

1）使用熔断闸的断电方式，该闸置于机上或附近；

2）操作方便的蘑菇头停机扭，或其他能在紧急情况下迅速停机的装置；

3）有围绕轮子和主轴安全保护器，保护器应能罩住运转过程中轮子破裂形成的碎片（应在顶端留空隙以便取放材料）。

b）机器周围应有足够窄间，防止操作者被经过者无意推向运转的机器；

c）地面不应过滑，应没有散乱物品；

d）实行有关吸入灰尘的风险评估；

注：一般的房间通过通风足以让灰尘远离磨床，但根据材料和应用范围，也许需要其他措施（如局部排气通风或呼吸保护设备）。

e）操作机器时应戴护目镜；

f）长发和宽松衣服应扎紧以免卷入运转部分；

g）悬挂首饰应摘掉，操作时不应戴手套；

h）磨床应与加工材料相适应；

i）依照厂家说明由专业人员正确安装；

j）砂轮转速不应超过机器标示的最高速度；

k）应将主轴转速标示在机器上；

l）支座应与轮子尽量接近以免手指和工件被压，支座和轮子之间的空隙不得超过 3 mm；

m）应有包括供电安全检测在内的维修计划。

8.9.5.2　平面磨床

8.9.5.2.1　危险

教师和学生应明确如下危险：

a）运转过速、损坏或安装不当的砂轮，转动时可能裂开并被猛烈射出；

b）接触砂轮会被磨伤；

c）长发、宽松衣服等会卷入主轴砂轮；

d）工件会被射出；

e）手指和工件在砂轮与支座间会被挤压；

f）热材料会引起燃烧；

g）磨床有触电危险；

h）锋利的边沿会引起划伤；

i）粗心的开机会造成危险；

j）会吸入灰尘；

k）机器周围没有足够空间会造成操作者被路过者推向机器；

l）机器周围散放物体或光滑地面会造成滑倒而接触运转部分；

m）通电情况下手指在零件间运动会被搅；

n）在面板与固定结构间活动会导致挤压出血；

o）没有扣紧的工件会猛烈地从面板一端被射出；

p）接触金属加工润滑液会灼伤皮肤。

8.9.5.2.2　危险控制措施

应采取以下危险控制措施：

a）平面磨床要求面板在运行时应至少与其他固定物体相距 500 mm，面板的一端应装有一个大的保护装置或对着一面墙，因为未夹紧工件可能从那里被射出。

b）驱动装置应配有用工具才能移动的固定的保护或内置保护器以防运转中的接触。

c）操作机器时戴护目镜，穿结实的绝缘鞋，在调试任何内部装置前断电。如果必要应将砂轮先平衡以减小振动。

d）开机前应检查工件被夹紧（使用磁力面板时应特别注意）。

e）放材料及测量之前应停机。

r）运转时手应远离面板以免压伤手指。

g）如果使用冷却液或润滑剂，应根据供应商的说明混合调配。尽量减少皮肤接触，用后应仔细洗手。

h）卧轴矩台平面磨床应符合 GB 24385。

8.9.5.3　抛光机

8.9.5.3.1　危险

教师和学生应明确如下危险：

a）长发和宽松衣物等可能卷入主轴或刷子；

b）工件与刷子相连的电线及抛光过程中的微粒可能被射出；

c）热材料会引起燃烧；

d）抛光机带有触电危险；

e）锋利的边沿会引起刮伤；

f）粗心的开机会造成危险；

g）会吸入灰尘；

h）机器周围没有足够空间，会造成操作者被路过者推向机器；

i）机器周围散放物体或光滑地面会造成滑倒而接触运转部分。

8.9.5.3.2　危险控制措施

应采取以下危险控制措施：

a）机器必须有如下配置：

1）使用熔断闸的断电方式，该闸置于机上或附近；

2）操作方便的蘑菇头停机扭，或其他能在紧急情况下迅速停机的装置；

3）同定的保护装置（用工具才可移动），或内置的围绕驱动器的保护装置；

4）围绕刷子的保护装置（只能在顶端留空隙以便取放工件，这个保护器应能防止与主轴两端及连线轴的缠绕）。

b）操作机器时戴护目镜；

c）长发和宽松衣服扎紧以免卷入运转部分；

d）悬挂首饰应摘掉，操作时不应戴手套；

e）机器周围应有足够空间，防止操作者被经过者无意推向运转的机器；

f）地面不应过滑，应没有散乱物品；

g）实行有关吸入灰尘的风险评估；

注：一般的房间通过通风足以让灰尘远离抛光机，但根据材料和应用范围，也许需要其他措施（如局部排气通风或呼吸保护设备）。

h）电刷应与工件适应且夹紧以免运转中变松；

i）应有包括供电安全检测在内的维修计划。

8.9.5.4　带式抛光机

8.9.5.4.1 危险

教师和学生应明确如下危险：

a) 长发和宽松衣物等可能卷入皮带或驱动轮；

b) 手指或工件会卡入驱动轮或运转中的皮带；

c) 接触皮带边会被刮伤；

d) 热材料会引起燃烧；

e) 带式抛光机有触电危险；

f) 锋利的边沿会引起刮伤；

g) 粗心的开机会造成危险；

h) 会吸入灰尘；

i) 机器周围没有足够空间会造成操作者被路过者推向机器；

j) 机器周围散放物体或光滑地而会造成滑倒而接触运转部分。

8.9.5.4.2 危险控制措施

应采取以下危险控制措施：

a) 机器必须有如下配置：

1) 使用熔断闸的断电方式，该闸置于机上或附近；

2) 操作方便的蘑菇头停机扭或其他能在紧急情况下迅速停机的装置；

3) 固定的保护装置（用工具才可移动），或内置的围绕驱动器的保护装置。

b) 对皮带及皮带轮造成的夹卡的监控（这个装置应尽量靠近皮带表面以防止夹卡）；

c) 操作机器时应戴护目镜；

d) 长发和宽松衣服应扎紧以免卷入运转部分；

e) 应摘掉悬挂首饰，操作时不应戴手套；

f) 机器周围应有足够空间，防昌操作者被经过者无意推向运转的机器；

g) 地面不应过滑，应没有散乱物品；

h) 实行有关口发入灰尘的风险评估；

注：一般的房间通过通风足以让灰尘远离抛光机，但根据材料和应用范围，电许需要其他措施（如局部排气通风或呼吸保护设备）。

i) 安装任何内部装置前应断电；

j) 用之前应检测皮带，不应使用破旧磨损的皮带，皮带应比皮带轮窄（以保护皮带边缘并减小刮伤危险），皮带应与工件相适应，应调试皮带使其按正确方向运转，并且不会在运转过程中断裂或变松；

k) 应有包括供电安全检测在内的维修计划。

8.9.6 电锯（锯床）

8.9.6.1 危险

教师和学生应明确如下危险：

a）长发和宽松衣物等可能卷入运转部分；

b）通电后接触零件间部位会被卡停；

c）触摸锯柄前部会被卡住或刮伤；

d）卸下的锯条会绊倒人；

e）电锯带有触电危险；

f）电锯锋利的边沿、工件及碎屑会造成刮伤；

g）接触切割液、润滑油会灼伤皮肤；

h）粗心的开机会造成危险；

i）机器周围没有足够空间会造成操作者被路过者推向机器；

j）机器周围散放物体或光滑地面会造成滑倒而触到运转部分；

k）手工装卸锯条会有危险。

8.9.6.2 危险控制措施

应采取以下危险控制措施：

a）机器必须有如下配置：

1）使用熔断闸的断电方式，该闸置于机上或附近；

2）操作方便的蘑菇头停机扭或其他能在紧急情况下迅速停机的装置；

3）同定的保护装置（用工具才可移动），或内置的围绕驱动轮、皮带和齿轮的保护装置（该装置应防止运转过程中驱动轮和齿轮卡住）。

b）机器周围应有足够空间以免操作者被经过者无意推向机器；

c）地面不应过滑，应没有散乱物品；

d）锯条在运行端点时至少应与其他固定物体相距 500 mm；

e）操作机器时应戴护目镜；

f）应穿结实的绝缘鞋；

g）长发和宽松衣服应扎紧以免卷入运转部分，悬挂首饰应摘除；

h）应合理安放工件和锯条以免绊倒行人；

i）换锯条等手工劳动应正确估算且应采取措施减少危险（如用装卸队，改进装卸技术，保护经过者）；

j）工件应装正夹紧（如果需要灾持两边），长且重的横加工件应支好以免当台钳松开时被锯部分脱落；

k）使用时手应远离锯柄和驱动柄；

l）安装任何内部装置前应断电；

m）冷却剂喷头开机不应进行调试，小心冷却剂撒出；

n）如果使用冷却剂，应根据供应商的说明混合调配，应尽量减少皮肤接触，用后仔细洗手；

o）应有自动关机开关，此开关应随时可用且定期检查保证其状态良好；

p）水压冲槽应保持状态良好；

q）应有包括供电安全检测在内的维修计划。

8.9.7 切板机和剪刀（剪床或冲床）

8.9.7.1 危险

教师和学生应明确如下危险：

a）在剪切面和其他部分间活动可能被卡住或受伤；

b）工件的利边会造成刮伤；

c）切板机周围空间不足会造成操作者被路过者无意间推向机器；

d）切板机周围散放物体或光滑地面会造成滑倒而接触运转部分；

e）人工处理工件和操作者可能触动脚踏板造成危险。

8.9.7.2 危险控制措施

应采取以下危险控制措施：

a）具有使用熔断闸的断电方式，该闸置于机上或附近；

b）具有操作方便的蘑菇头停机扭或其他能在紧急情况下迅速停机的装置；

c）固定的保护装置（用工具才可移动），或内置的围绕驱动轮、皮带和齿轮的保护装置（该装置应防止接触旋转的轮和齿轮）；

d）应有能够从各个方向防止接触剪切点的保护器并配有工作台；

e）机器周围应有足够空间，防止操作者被经过者无意推向运转的机器；

f）地面不应过滑，应没有散乱物品；

g）机器不用时应上锁或卸下操纵杆以确保安全；

h）任何时候只能一人操作机器，装卸工件时应带工作手套；

i）只能剪切机器允许的材料，防止损坏机器；

j）剪切片状材料（板材）应适当支撑；

k）移动材料等手工劳动应正确估算，且应采取措施减少危险（如用装卸队，改进装卸技术，保护经过者等）；

l）剪刀刃应保持完好，不扭曲且恰当安装。剪板机和剪刀应有维修计划。

8.9.8 石头加工机

8.9.8.1 危险

教师和学生应明确如下危险：

a）磨合和抛光石头会产生损害呼吸系统的粉尘；

b）石头可能从机器射出；

c）工作区域可能湿且滑，机器可能漏油。

8.9.8.2 危险控制措施

8.9.8.2.1 研磨装置

应采取以下危险控制措施：

a）研磨机的砂轮应在水中工作以确保粉尘微粒被安全冲走；

b）小心处理研磨产生的泥浆，因为泥浆会阻塞排水系统；

c）废物应恰当处理、沉淀，废水排走，固体清理掉；

d）不使用时应将水从水槽排出；

e）应做风险评估并穿适当的防护衣；

f）应戴护目镜；

g）应用镊子夹石头，不能用手拿。

8.9.8.2.2 切割装置

应采取以下危险控制措施：

a）仔细确保该部分金刚石锯刃结实可靠；

b）做风险评估并穿适当的防护衣；

c）戴护目镜；

d）用切割油或切割水冷却锯刃；

e）确保粉尘被安全清除；

f）立即清理溅在台面或地板上的切割油。

8.10 汽修车间、器械和设备

8.10.1 危险

教师和学生应明确以下危险：

a）开动的机车会碰人；

b）机动车或掉下的部件，起重过程中的设备或起重机会卡住或碰撞；

c）移动部分会卡住或缠绕；

d）粗心移动机动车，开发动机或拆装零件会造成危险；

e）汽油蒸气会失火或爆炸；

f）可能吸入废气；

g）检测沟可能会积存易燃蒸气或废气；

h）检测沟可能让人跌倒；

i）高压点火设备会造成触电；

j）电池释放爆炸性氢氧气体；

k）由损坏电池接头处电路造成的弯曲会让电池爆炸；

l）电池接头或其他接头短路可能造成燃烧或点燃易燃气体；

m）油或冷却剂的溅撒或不稳定工作的区域会让人滑倒；

n）来自制动器和离合器隔板的灰尘（可能含有石棉）会被吸入；

o）热气处理系统的表面及制动器的圆盘或鼓轮会引起燃烧；

p）热冷却系统，发动机油和自动传送和驱动系统流体可造成烫伤，引起燃烧；

q）发动机或传送装置润滑油和水压流体会灼伤皮肤；

r）过热或燃烧人造橡胶密封圈、O形环产生的氟、氢、酸等气体会引起燃烧；

s）无意碰到气囊会造成危险；

t）来自高压引擎或汽油注射系统的燃料可能溅入眼睛和皮肤引起灼伤；

u）手工处理（或搬动）重的部件、材料和工具会造成危险。

8.10.2　危险控制措施

8.10.2.1　危险控制措施总要求

应采取以下危险控制措施：

a）开动汽车的钥匙应由一个称职的人保管；

b）在开动汽车前应确定司机称职且有能力；

c）将汽车停放在指定区域应小心谨慎；

d）工作区域应保持整洁以减小滑倒的危险；

e）设备用过后应妥善保管；

f）应合理安排工作系统，减少类似油和流体溅在地板上，溅出的应用吸收性微粒或锯末清理；

g）发动机不应在室内运行除非机动车尾气对环境是无污染，或可通过抽气管排除；

h）长发和宽松的衣服应扎紧以免卷入运转部分，悬挂首饰应摘掉，应穿紧身外套；

j）在升起的汽车下工作应戴安全帽，安全帽应符合 GB 2811；

j）应尽量少接触发动机或传动装置的润滑油和水压流体并戴合适的防护手套（例如一次性的乙烯树脂或天然橡胶手套），工作后应用清洁剂洗手，应提供指甲刷和保护霜；

k）在发动机安装调整或故障检查时应小心开启，以免手指、衣服、头发、抹布被滑轮和皮带打住或缠住；

l）移动重的设备和部件等手工劳动可能是某些人力所不及的，应做风险评估且采取措施减小危险（如用助手、集体装卸或改进技术）；

m）高压点火的电压极其危险，特别是对于有心脏病或带心脏起搏器的人，当发动机运转时不应在点火装置或周围工作；

n）使用燃料注射器及管道工作时应小心，确保人不被燃料溅到；

o）应小心燃烧或过热的人造橡胶部件，如密封圈、O形环、燃料管（它们呈碳状且粘，含有氟、氢、酸，有很大的腐蚀性，极难从皮肤上清除），如果有任何可疑的碳状橡胶部件被认为是人造的，应戴防护手套，如果弄到皮肤上，应当立即清洗且就医治疗；

p）散热器或油箱盖在发动机热时不应打开，应小心不接触热的发动机油、尾气及破碎的圆盘或鼓轮；

q）当靠近或移动方向盘及车牌时应严格执行厂家说明。

8.10.2.2　电池及充电器

应采取以下危险控制措施：

a）电池充电区应通风良好，以防止积存氢氧混合气体；

b）应按如下方法避免电池正负极的变形：

1）跨接电缆应按厂家要求的顺序连接，最后一连接点（电路闭合极容易发生变形的地方）虚在接地线的车体上且离电池至少 500 mm；

2）充电器在与极点连接前应关闭；

3）电池地极应按厂家说明连接，以免工具在连接点处变形；

4）戒指及手链在工作前应摘掉。

8.10.2.3　演示发动机及辅助设备

应采取以下危险控制措施：

a）静态演示应防止车倒且将任何可能夹手或手指的部分保护或锁起来，以防意外；

b）锁设备及发动机点火的钥匙应由一个负责的人保管。

8.10.2.4　油箱

应采取以下危险控制措施：

a）只有专业人士才能修理油箱，不应在油箱上或附近进行高温工作；

b）汽油的虹吸应用虹吸泵（而不能用嘴吸），汽油应排入合适的容器，在拆卸例如燃料测量输出系统的部件前应确保油箱排空；

c）点火源头应与能出现汽油蒸气的区域隔离，如果手提灯的灯泡破裂就会点燃汽油蒸气，如果需要照明，应用防爆照明电器；

d）建筑物内不应存放超过 5L 的汽油，汽油应存放在检测过的容器中，置于锁着的仓库中。

8.10.2.5　机动车的升起

应采取以下危险控制措施：

a）按起重机厂家的说明和建议执行操作；

b）机动车重量的分布和拆装部件时力的分布应做多次估算；

c）起重机车上标有安全承重。承重不应超过安全标准；

d）只有有能力的人员才能操作起重机；

e）为防止摔伤，人不能站在起重机平台上，升起的平台不能用做工作台；

f）升降开关应是弹簧的以便开关松开运动停止，开关应放在操作者能清楚看到起重机各个角度的位置；

g）有四柱的起重机，应有垫木防止机动车滑落；

h）应具有由专业人员负责的维修计划。

8.10.2.6　起重器和轮轴架

应采取以下危险控制措施：

a）轮轴架应由专人定期检查；

b）所有的起重器和轮轴架都应标有最大承重且不应被超过；

c）货车、瓶子及螺旋式起重器只能用来升起机动车，在机动车下面工作之前应有轮轴架和其他的支撑；

d）起重器和轮轴架只能在平的无损坏的地面上使用，应用垫木防止起重过程中机动车的移动，小心防止起重器和轮轴架滑动；

e）起重器和轮轴架应保持良好的状态且用前应检查。

8.11　塑料成型加工和设备

8.11.1　注塑机（注射成型）

8.11.1.1　危险

教师和学生应明确以下危险：

a）注塑机射出的热的或熔化的塑料可能引起燃烧；

b）可能吸入有害气体；

c）该机不稳定会造成危险；

d）用吸水材料吸收水分（尼龙）防止放电爆炸。

8.11.1.2　危险控制措施

应采取以下危险控制措施：

a）具有使用熔断闸的断电方式，该闸置于机上或附近。

b）在喷口区周围应有保护装置，以便在各个方向防止热材料的喷射。

c）打开的模具在注射塑料前应夹紧，并应有保护装置。

d）某些塑料材料（特别是尼龙）吸收潮气。这些材料应储存在不透气的筒里，并在使用前根据厂家说明烘干。

警告：塑料材料吸入过多的潮气，会使从成型机中喷射出来的蒸气增多。

e）根据风险评估，应配备适当的个人保护装置（如防热手套或长手套），应注意保护眼睛。

f）应有包括供电安全检测在内的维修计划。

8.11.2　成型切边机　8.11.2.1　危险

教师和学生应明确以下危险：

a）切割刃或铁盘及驱动装置可能伤人；

b）不牢固的设备可能造成伤害；

c）切边后的材料可能造成伤害。

8.11.2.2　危险控制措施

应采取以下危险控制措施：

a）应有使用熔断闸的断电方式，该闸置于机上或附近；

b）驱动器应有只具用工具才能移动的固定保护装置；

c）在可能情况下应提供连锁保护及切割保护；

d）如果有夹卡的危险，应有可调整的隔板或导引；

e）手持或移动工件时应保持手远离刀刃；

f）根据风险评估，应具备适当的个人保护装置（如防热手套或长手套），并注意保护眼睛；

g）应有包括供电安全检测在内的维修计划。

8.11.3 真空成型机

8.11.3.1 危险

教师和学生应明确以下危险：

a）可能吸入气体；

b）过热的塑料可引起燃烧失火；

c）压力箱可能落下伤人。

8.11.3.2 风险控制措施

应采取以下危险控制措施：

a）应具有使用熔断闸的断电方式，该闸置于机上或附近。

b）便携式抽真空机应由电源插座控制，且应有剩余电流保护装置。设备不用时应拔下插头。

c）加热系统应有隔离保护，以免触碰到高温表面，移动加热系统应由机械完成。应能控制加热器输出量，如果使用陶瓷加热器，应有附加金属板装置的机械连锁系统以防模具落入加热器。

d）如使用 ABS 材料，当达到成型温度时会产生一些烟，应配备局部通风设备。

注：多数普通材料抽真空时不会产生过多烟。一般的室内通风就可以。

e）加热材料时应有人监控机器，如果加热的材料冒烟，应关机，必要时撤离，应使房间通风，为防止加热过度应配备报警的定时器。

f）应有包括供电安全检测在内的维修计划。

8.11.4 热金属丝切割机

8.11.4.1 危险

教师和学生应明确以下危险：

a）可能吸入气体；

b）与热导线接触可灼伤皮肤。

8.11.4.2 风险控制措施

应采取以下危险控制措施：

a）只能用于切割发泡聚苯乙烯材料。

b）便携式热金属丝切割机应由电源插座控制，且应具有剩余电流保护装置。设备不用时应拔下插头。

c）电线供电不应超过 25V，且应由独立的超低压电源供应。电压应调至正常切割速度且不产生烟气的水平。如果可能．应有脚闸控制剪切线的供电。

d）发泡聚苯乙烯被热线切割时会产生危险气体，应做危害气体危险评估。必要时保持通风。

e）应有包括供电安全检测在内的维修计划。

8.11.5　片式和曲线式加热器

8.11.5.1　危险

教师和学生应明确以下危险：

a）可能吸入气体；

b）热塑料及表面可能引起燃烧；

c）片式加热器有触电危险。

8.11.5.2　风险控制措施

应采取以下危险控制措施：

a）该机使用熔断闸的断电方式，该闸置于机上或附近。

b）片式和曲线式加热器应有一个电源插座控制，且具有剩余电流保护装置。设备不用时应拔下插头。

c）带有耐高温高压电线的曲线加热器应是超低压型的，且有防止电源电压在二次供电出现故障的变压器。

d）应具有简单的热输出控制，且应有控制热源与材料之间距离的可调试装置。应提供有关火灾危险的警示。

8.11.6　烘箱

8.11.6.1　危险

教师和学生应明确以下危险：

a）可能吸入气体；

b）热塑料及表面可能引起燃烧。

8.11.6.1　危险控制措施

应采取以下危险控制措施：

a）该机使用熔断闸的断电方式，该闸置于机上或附近；

b）只有温控电炉才能用来加热塑料，温控计应包含一个最高温设置在150℃～300℃的控制器，温控计应可以防止过热；

c）如果可能应使用扇形电路炉子，不应超过外罩温度；

d）炉室内应保持干净；

e）应进行风险评估，应有个人保护装置，应戴防热长手套；

f）应有包括供电安全检测在内的维修计划。

8.12　金属热加工车间和设备

8.12.1　锻造加工

8.12.1.1　危险

教师和学生应明确以下危险：

a）搬热材料时应小心（特别是看起来不烫的金属）；

b）瓷砖不应加热，因为容易炸裂；

c）热源挪开以后瓷片在一段时间内仍然很烫；

d）冷却热材料，特别是管状部件，会造成烫伤；

e）燃料燃烧可能产生危险气体。

8.12.1.2 危险控制措施

应采取以下危险控制措施：

a）防火砖及其他防火材料应用于焊接底座，铁砧应固定在一个在合适高度的牢固基座上，铁砧及冷却箱应尽量与锻铁炉靠近；

b）应通风排炯；

c）应有个人防护设备，包括：结实的防火围裙、手套、面罩及防火鞋；

d）热金属冷却的地方应有警示牌；

e）应用特殊形状的钳子拿热金属，工具应合适且规格正确，使用后应冷却且安全保存；

f）地面应没有任何松散材料及工具。

8.12.2 焊接及焊接设备

8.12.2.1 危险

教师和学生应明确以下危险：

a）压缩氧气瓶如果损坏会失火或爆炸；

b）氧气泄露会使火燃烧更快更剧烈；

c）乙炔乙烷如果失火会爆炸；

d）乙炔泄漏会在建筑物内形成爆炸性气体；

e）焊接设备有触电危险；

f）热金属会失火；

g）火星会灼伤皮肤、眼睛及衣物；

h）切开或清理焊接点会弄伤眼睛；

i）焊接有失火危险；

j）在盛放易燃液体的容器内易形成爆炸性气体；

k）可能产生危险烟气。

8.12.2.2 一般性危险控制措施

应采取以下危险控制措施：

a）在焊接区域内的工作人员应接受过培训及具有相应的专业能力；

b）焊接区必须用固定或便携的屏风与其他工作区分离以保护没有戴护目镜的人员；

c）焊接区不应有易燃材料和液体，应配备灭火器和灭火毯；

d）焊接工作不应在稠混凝土或不防火的水泥基座上进行，因为这些材料遇到热会爆炸；

e）焊接区应有良好的通风，应避免焊接烟气的集中，需进行风险评估，如果需要应有可靠的控制及局部废气排放措施；

f）使用焊接设备的人员及旁观者应戴护目镜，或面具以防止强光和火星，护目镜或面具在切割或清理焊接点时也应使用，防护面具应符合 GB/T 3609.1；

g）有适当的保护服装（手套、围裙、防火保护鞋），以防火星引起失火或损伤衣物，防护衣应远离润滑油；

h）在教学区域，不应进行焊接切割或其他热加工；

i）焊接后材料应放在一个安全的地方冷却，以减小着火的危险；

j）焊接设备应有包括供电安全检测在内的维修计划。

8.12.2.3　金属电弧焊接

应采取以下危险控制措施：

a）焊接应在干燥环境下用干燥设备进行；

b）焊接前使用者应摘掉所有首饰（特别是戒指、手镯和金属表链）。避免熔化这些物品；

c）打开焊条时应小心，因为可能带电，不要接触其他接地线的物品（特别是接地线的电器设备），应有一个绝缘容器或绝缘钩；

d）当焊接结束时，应断电且卸下焊条。

8.12.2.4　氧乙炔焊接

氧气瓶和乙炔气瓶的使用应符合 5.2.6，并注意：

a）应配备合适的灭火器具；

b）氧气瓶使用时必须距明火 10 m 以外，贮存时严禁和乙炔瓶同室存放；

c）应按照焊接设备供应商的建议，润滑油不应接触氧气调节器阀门或附近；

注：润滑油与氧气调节器的阀门或附近接触会引起失火。

d）严禁手持点燃的焊割工具开闭乙炔气瓶；

e）崩后汽瓶阀门应关闭；

f）使用专门的泄露检查液检查连接点是否泄露，如发现泄露，应及时处理。

注：乙炔泄漏处理方法：喷雾状水稀释、溶解。构筑围堤或挖坑收容产生的大量废水。如有可能，将漏出气用排风机送至空旷地方或装设适当喷头烧掉。漏气容器要妥善处理，修复、检验后再用。

8.12.3　铸造

8.12.3.1　危险

教师和学生应明确以下危险：

a）熔化的金属及设备上的水气会引起爆炸；

b）熔化的铝和其他金属氧化物［如铁氧化物（铁锈）］间会发生剧烈反应；

c）排气片产生的烟如被吸入可能有害；

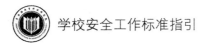

d) 一些熔化的金属会冒有毒的烟;

e) 膨胀的聚苯乙烯模型接触熔化的金属会产生大量有毒的气体。

8.12.3.2 危险控制措施

应采取以下危险控制措施:

a) 只有特殊设计的金属铸造设备才能用作热源;

b) 铸造应在干燥区进行;

c) 应排走烟气以确保符合现行的规定;

d) 铸造设备应由经训练的专业技师监控;

e) 所有参与熔化金属工作的人员都应穿个人保护用品（包括:防火保护鞋、护目镜、绝热手套、短绑腿、长筒橡胶鞋、皮围裙）;

f) 任何不直接参与熔化金属工作的人员应在安全距离以外;

g) 不应在铝或锌合金上进行大规模的铸造工作,铝合金不能用一般的铁炉熔化;

h) 如果使用绿沙,和沙子的水应尽可能控制在最少,如果可能,应使用油和沙子;

i) 坩埚用前要预热以免炸裂且应去除水分;

i) 与金属接触的设备应用铁丝擦拭,且最好用石灰石防火材料包裹并烘干;

k) 铸造机械应符合 GB 20905。

8.12.3.3 离心铸造机

8.12.3.3.1 危险

教师和学生要明确以下危险:

a) 离心铸造机要求相当的专业技术和指导;

b) 如果坩埚或铸造砂箱安装不牢或坩埚炸裂,熔化的金属会滴溅。

8.12.3.3.2 风险控制措施

应采取以下危险控制措施:

a) 离心铸造机应有足够容量,设备应有强大的防火容器以减小熔化的金属滴溅的危险,应特别注意坩埚的安全固定、附近的砂箱和它们之间任何连接处;

b) 只有特别设计的离心铸造机才可使用;

c) 只有经过训练的专业人员及对工作过程及相关危险有足够了解的人才能操作离心铸造机;

d) 使用前,操作者应仔细检查坩埚是否有裂缝或表皮破裂,如果使用熔蜡过程,应保证所有的蜡都熔尽;

e) 根据风险评估应有适当的对人保护措施,包括对操作者及旁观者的脸和手的保护。

8.12.4 熔炉

8.12.4.1 危险

教师和学生应明确以下危险:

a) 当热金属注入模其时,膨胀的聚苯乙烯会产生大量有言气体;

378

b）电炉有触电危险；

c）从炉子或管道中泄露的气体会与空气形成爆炸性混合物。

8.12.4.1 危险控制措施

应采取以下危险控制措施：

a）电熔炉应有一种断电方式位于设备上或其附近，且符合 GB 5959.1；

b）电熔炉输气管上应有一个单向阀门；

c）电熔炉应由受过训练的专业人员使用；

d）炉温应南高温温度计测量；

e）用作热处理的盒子应是钢的；

f）应时刻保持良好通风，烟气应排出屋子；

g）应使用个人保护装置；

h）应有合适的起重和传输设备将物体从电熔炉中取出并放在安全位置；

i）电熔炉应有包括安全检测在内的维修计划。

8.13 金属及纺织品的化学处理

8.13.1 总则

教师和学生应明确：

a）与化学药品相关的危险如有刺激性、有毒、有腐蚀性、易燃或极易燃等；

b）使用毒品及代用品应用近期的；

c）应仔细阅读药品瓶上的警告标牌、供应商的说明书，并根据危害程度进行风险评估；

d）当化学药品在学校和相关机构使用时应有适当控制措施以减少危险，应为教师和学生提供个

人保护用品，只有现用的少量化学药品才能放在工作区。

8.13.2 电子电路板的侵蚀（印刷电路板）

8.13.2.1 危险

教师和学生应明确以下危险：

a）三氯化铁有刺激性且有害；

b）高硫酸钠是一种氧化剂且有刺激性。

8.13.2.2 三氯化铁危险控制措施

应采取以下危险控制措施：

a）在制备三氯化铁溶液或清空容器时应带护目镜和防护手套；

b）如果皮肤接触到溶解液要用大量清水清洗；

c）如果侵蚀在半透明网罩中进行，盖子应能遮住所有雾气；

d）应按照国家环保要求处理使用过的溶解剂。

8.13.2.3 高硫酸钠的危险控制措施

应采取以下危险控制措施：

a）准备和处理高硫酸钠溶液时应带护目镜和防护手套；

b）应让晶体远离易燃材料和热源；

c）当有氧气释放时溶液不应放在密封的容器中；

d）清空容器时应带护目镜和防护手套，防止皮肤接触，如果皮肤接触了溶液，应用大量清水冲洗；

e）如果在半透明圆罩容器中进行腐蚀，罩子应能遮住所有雾气；

f）应按照国家环保要求处理使用过的溶解剂。

8.13.3 焊锡

8.13.3.1 危险

教师和学生应明确用于助熔的松香产生的烟有害、有刺激性且会引起过敏。

8.13.3.2 危险控制措施

应尽量降低松香助焊剂的浓度，可通过使用不含松香的焊接剂达到目的。如果不能达到，应提供局部通风设备。

8.13.4 涂透明釉

8.13.4.1 危险

教师和学生应明确以下危险：

a）细微的磨碎的硼硅酸盐玻璃（微量金属化合物染色）对皮肤、眼睛有毒且有刺激性；

b）如果涂釉表面重复加热太快可能粉碎或射出微粒。

8.13.4.2 危险控制措施

应采取以下危险控制措施：

a）釉不应含铅；

b）加热和表面冷却时应戴符合标准的护目镜；

c）工作后应彻底洗手。

8.13.5 酸洗

8.13.5.1 危险

教师和学生应明确浓度较高的酸性物有腐蚀性和氧化性。

8.1 3.5.2 危险控制措施

应采取以下危险控制措施：

a）应由专业技术人员制备溶液，稀释酸时，应把酸加入水中；

b）使用酸洗溶液时应戴围裙、而罩、防护鞋、防护衣；

c）根据风险评估的要求，应有烟控措施；

d）溶解物溅到皮肤上应立即用大量清水冲洗；

e）酸性物不应该储存在敞开的水盆中；

f）不使用时溶解物应放在人接触不到的地方；

g）热金属不应在酸性物中冷却；

h）应准备吸收和中和酸液的材料；

i）如果只是偶尔或小规模进行酸洗，应在具有相应的危险控制措施的实验室中进行。

8.13.6 染色

8.13.6.1 危险

教师和学生应明确以下危险：

a）某些染色剂可致癌；

b）某些染色剂对皮肤、眼睛有害且有刺激性；

c）某些活性染色剂会引起过敏。

8.13.6.2 危险控制措施

应采取以下危险控制措施：

a）应小心处理所有染色剂（尽管许多染色剂对大多数使用者不构成大危害）。

b）处理有害或有刺激性的染色剂应加倍小心，防止吸入且应保护皮肤和眼睛。

c）使用这些染色剂时，应有常规实验室处理化学药品的安全措施，应对人体健康没有长期危害。

d）人体可能会对染色剂过敏，即使少量接触（包括吸入、摄入及皮肤吸收）也可能会有过敏反应。

注：溶解的染料比崮体的安全。

e）当溶解固体染料时，应防止任何可能被吸入的灰尘。应戴手套和护目镜以防皮肤接触。如果使用高活性染色剂，应在通风柜中进行溶解。

f）学生应只使用溶解的染色剂而不能使用固体的染色剂。

g）初中以下学生不应使用粉末染料。高中以下学生只能在严密监督下使用。

警告：学生不应使用高活性的粉末染料。

8.13.7 媒染剂

8.13.7.1 危险

教师和学生应明确以下危险：

a）硫酸亚铁盐、重铬酸钾和氯氧化锡是有害的；

b）某些防褪色的染色剂（如含硅酸钠的）及含大于0.5%的重铬酸钾的媒染剂溶解物对皮肤和眼睛有害，有刺激性。

8.13.7.2 危险控制措施

应小心防止摄入和皮肤接触有害或有刺激性的媒染剂（特别在溶解时）。任何时候使用媒染剂和定色剂都应戴手套和护目镜。

8.13.8 测试纤维和织物

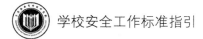

8.13.8.1　危险

教师和学生应明确以下危险：

a）下列溶解物有腐蚀性：浓度超过 25% 的盐酸物、超过 5% 的硝酸物、超过 10% 的氯酸钠、超过 2% 的氢氧化钠、趄过 15% 的硫酸盐、氯化锌；

b）以下溶解物有害：氨水、碘、醋酸铅、丙酮、洗甲液；

c）以下溶解物对皮肤和眼睛有刺激：氨水、碘、熟石灰、氯酸钠（5%~10%）。

8.13.8.2　危险控制措施

应采取以下危险控制措施：

a）对纤维和纺织品的许多测试有很高的危险，除非有处理化学药品的合适设备否则不应进行检测，所有进行纤维和纺织品测试的人员都必须明确危险和安全措施及事故发生时应采取的措施；

b）为测试准备溶解物应小心，准备酸化物溶解液时，应在酸性物中加入水，佩带有保护镜的面罩；

c）当研究纤维和纺织品样品时，只能用少量材料和化学药品。纺织品易燃，测试应在通风条件良好的地方进行且只用少量材料；

d）除非测试方法要求，否则不同药剂不能同时使用；

e）除非用试管测试少量纺织品，否则处理和分配腐蚀性、刺激性溶解物时应戴手套，皮肤敏感或有伤口或皮肤脱落应总戴手套；

f）初中以下学牛不应做纤维和纺织品测试，高中以下学生不应用腐蚀性药品做测试。

警告：皮肤吸收三氯甲烷很危险，其蒸气刺激眼睛，短时暴露在高浓度物中会造成严重不适甚至致命的中毒。三氯甲烷不应用于纤维和纺织品测试。

8.13.9　清洗纤维和织物

8.13.9.1　危险

教师和学生应明确以下危险：

a）四氯化碳和三氯甲烷有毒，不应作为清洁药剂；

b）氨水、混入甲醇的酒精、丙酮、松节油及三氯甲烷有害；

c）氨水和氯酸钠（5%~10%）（漂白剂）对眼睛和皮肤有刺激性；

d）酒精、加入甲醇的酒精和丙酮极易燃；

e）洗衣粉和洗衣液中的酶素会引起过敏，洗衣粉和洗衣液水会刺激皮肤。

8.13.9.2　危险控制措施

应采取以下危险控制措施：

a）易燃溶剂不应靠近裸露的火焰或其他火源和热源；

b）纯酒精如果被食有害，酒精气体会被吸入；

c）甲醇和混入甲醇的酒精［特别足矿化的（蓝色）混入甲醇的酒精］有毒不能被食入；

d）氯酸钠（漂白剂）根据浓度不同可能会有刺激性、腐蚀性。应戴护目镜，并防止手接触溶液。

8.14　材料

8.14.1　石棉及含石棉的产品

8.14.1.1　危险

教师和学生应明确石棉粉尘和纤维可被吸入。

8.14.1.2　危险控制措施

应采取以下危险控制措施：

a）不使用含石棉的材料。耐火毯、垫子、手套、绳索、毛纺品、填充物、胶合剂、刹车或离合器套有些是石棉制品。

b）正确评估可能发生的与石棉接触的危险，空气中石棉浓度应严格控制在限定范围内。

c）在学校及相关场所（如烟橱隔板、工作界面、炉盖）使用的一些材料可能含有石棉。如果认为有石棉存在，应考虑是否除去。

d）应标明任何石棉制品。

e）应有石棉问题的管理计划，该计划应有保证石棉材料密封的措施，应确保石棉材料不被锯、钻或研磨，以免纤维飞到空中。

f）应从地方环境保护机构获取处理石棉材料的建议。

8.14.2　胶粘剂

8.14.2.1　危险

教师和学生应明确以下危险：

a）眼睛接触胶黏剂会引起长期危害；

b）胶黏剂接触皮肤会刺激皮肤，一些胶黏剂被皮肤吸入有毒；

c）吸入溶剂，烟和蒸气会造成危险，发生呼吸系统过敏；

d）胶黏剂会从容器中溅出或泄露；

e）胶黏剂蒸气极易燃。

8.14.2.2　危险控制措施

应采取以下危险控制措施：

a）应按照厂家说明使用胶黏剂；

b）根据厂家建议应有足够通风，并应进行风险评估，如果需要应有局部通风；

c）用无危险或危险较小的替代品更适合呼吸过敏者。

8.14.2.3　甲醛树脂

8.14.2.3.1　危险

教师和学生应明确以下危险：

a）甲醛树脂会放出有毒的烟，但浓度很低；

b）吸入未混合的粉末有危险；

c）甲醛树脂会刺激眼睛和皮肤；

d）有些甲醛树脂极易燃；

e）甲醛树脂会刺激皮肤；

f）液体同化剂有腐蚀性。

8.14.2.3.2 危险控制措施

应采取以下危险控制措施：

a）如果有可能的话使用更安全的替代品；

b）应按照厂家说明使用甲醛树脂；

c）应有良好通风；

d）应使用防护手套和防护霜；

c）当混合粉末时，应把飞扬的粉尘减到最少；

f）甲醛树脂应在合适的容器中盛放，不使用时容器应加盖。

8.14.2.4　环氧树脂及聚酯树脂

8.14.2.4.1　危险

教师和学生应明确以下危险：

a）如果食入或皮肤摄入环氧树脂及聚酯树脂是有危险的；

b）蒸气和粉尘会刺激眼睛和皮肤，树脂会引成皮肤炎；

c）完全晒干的树脂产生的粉末会刺激眼睛、鼻子、喉咙和肺；

d）环氧树脂会产生极易燃蒸气。

8.14.2.4.2　危险控制措施

应采取以下危险控制措施：

a）环氧基树脂及多元脂应放在安全密闭的容器中，应小心防止泄露；

b）环氧基树脂及多元脂不应与皮肤接触，应戴防护手套；

c）用机器切割干树脂时应戴跟睛保护和呼吸保护用品。

8.14.2.5　氰基丙烯酸盐胶黏剂（超强胶黏剂）

8.14.2.5.1　危险

教师和学生应明确以下危险：

a）氰基丙烯酸盐胶黏剂蒸气会刺激皮肤和鼻腔；

b）氰基丙烯酸盐胶黏剂很容易粘在皮肤上。

8.14.2.5.2　危险控制措施

应采取以下危险控制措施：

a）如果可能应使用更安全的物质；

b）应提供关于使用氰基丙烯酸酯胶黏剂的说明；

c）应有足够的通风；

d) 戴护目镜，手上涂防护霜。

8.14.2.6 溶剂橡胶溶液及聚合物胶黏剂

8.14.2.6.1 危险

教师和学生应明确以下危险：

a) 溶剂橡胶溶液及聚合物胶黏剂会产生易燃蒸气；

b) 吸入蒸气有害；

c) 溶剂刺激皮肤和眼睛。

8.14.2.6.2 风险控制措施

应采取以下危险控制措施：

a) 如果可能使用更安全的物质；

b) 应提供足够的通风；

c) 应移开所有的火源；

d) 应戴护目镜。

8.14.2.7 橡胶及水胶黏合剂

8.14.2.7.1 危险

教师和学生应明确橡胶及水胶黏合剂会引起过敏。

8.14.2.7.2 风险控制措施

橡胶及水胶黏合剂不应接触眼睛和皮肤。

8.14.2.8 丙烯酸胶黏剂

8.14.2.8.1 危险

教师和学生应明确以下危险：

a) 吸入丙烯酸胶黏剂蒸气有危险，蒸气会刺激眼睛、皮肤和呼吸道；

b) 甲基丙烯酸酯可引起呼吸过敏；

c) 丙烯酸胶黏剂蒸气极易燃且在空气中具有潜在爆炸性。

8.14.2.8.2 风险控制措施

应采取以下危险控制措施：

a) 如果可能使用更安全的物质；

b) 甲基丙烯酸酯使用前应冷藏；

c) 应戴眼睛保护用品，皮肤过敏的同学应戴手套；

d) 甲基_丙烯酸酯使用时应由通风状况决定，每次只能使用适量的甲基丙烯酸酯；

e) 工作时应远离火源。

8.14.3 塑料 8.14.3.1 一般要求

a) 塑料材料使用之前应进行风险评估；

b) 应强制执行厂家说明的与塑料材料和设备部件有关的警告；

c）不明塑料材料不应使用；

d）在脆塑料片上工作应小心，捆扎或其他安全徒手处置以防破碎；

e）许多塑料当用机器切割或研磨时会产生粉尘及其他微粒，哮喘病症患者更有被来自研磨塑料产生的危险侵害健康的可能；

f）手上研磨比机器切割更好，必要时用水润滑；

g）来自溶剂及胶黏剂的蒸气浓度应控制在最小；

h）应有风险评估和局部通风，通风速度应保持在每小时 6 ~ 8 次换气；

注：许多情况下在工作区域吸入有毒气体后过一段才会有反应。

i）塑料应储存在冷且干燥的环境中，储备塑料不应超过 3 个月。

8.14.3.2　丙烯酸和其他热塑性塑料

8.14.3.2.1　危险

教师和学生应明确以下危险：

a）用工具或机器切割成型丙烯酸类及其他热塑性塑料时产生的粉尘会刺激皮肤、鼻子和喉咙，吸入粉尘会有危险；

b）加热软化了的塑料会粘在皮肤上；

c）用机器切割时材料会粉碎。

8.14.3.2.2　危险控制措施

应采取以下风险控制措施：

a）通风良好；

b）如果可能用水润滑减少灰尘；

c）切割时应戴护目镜和呼吸保护装置；

d）如果材料是热软化的应戴手套；

e）切割时材料应夹紧。

8.14.3.3　聚苯乙烯泡沫塑料

8.14.3.3.1　危险

教师和学生应明确以下危险：

a）加热过度而膨胀的聚苯乙烯会产生烟气；

b）烟尘或同体材料会刺激眼睛；

c）吸入烟尘会刺激上呼吸道。

8.14.3.3.2　危险控制措施

应采取以下风险控制措施：

a）如果可能应使用更安全的物质；

b）热金属切割应在可能的最低温度下进行；

c）应进行有关通风需求的风险评估，并保证通风良好。

8.14.3.4　稳定的聚氨酯泡沫材料

8.14.3.4.1　危险

教师和学生应明确以下危险：

a）加热的稳定聚氨酯泡沫材料会产生有害的烟；

b）研磨产生的粉尘会造成危害。

8.14.3.4.2　危险控制措施

应采取以下风险控制措施：

a）热金属切割不能用来剪稳定的聚氨酯泡沫材料；

b）应有足够的通风；

c）研磨或剪切稳定的聚氨酯泡沫材料应戴护目镜。

8.14.3.5　玻璃增强树脂（GRP）

8.14.3.5.1　危险

教师和学生应明确以下危险：

a）除非完全晒干聚合树脂和玻璃增强树脂，否则会产生气体，气体极易燃且刺激眼睛和呼吸系统；

b）在封闭空间内会产生很高浓度的蒸气；

c）树脂会使皮肤脱脂，更多的接触会引起皮炎；

d）树脂中的催化剂会刺激眼睛、喉咙及上呼吸系统，与眼睛的更多接触会造成损伤；

e）催化剂和触媒剂混合会剧烈反应或爆炸。

8.14.3.5.2　危险控制措施

应采取以下风险控制措施：

a）高中以下学生或孕妇不应使用树脂；

b）应有足够通风，如果需要，应安装局部排风设备；

c）工作区应远离火源；

d）任何时候工作区域内不应储存多于 $1\ m^2$ 的材料；

e）每次不得使用多于 0.25 kg 的熔化树脂；

f）不应在地面上储存材料；

g）树脂不应是预先激活的；

h）催化剂和触媒剂不应直接混合，应用一个标准调试分配器盛催化剂，只有由戴护目镜及手套的教师才能进行配制。

8.14.4　木材

8.14.4.1　危险

教师和学生应明确以下危险：

a）木屑刺激眼睛和呼吸道；

b）长期暴露在木屑中会造成皮肤、肺及鼻腔疾病甚至癌症；

c）空气中高浓度木屑会形成爆炸性混合物；

d）表面上聚积的木屑有失火危险；

e）工作区域地面上的木屑会造成地面光滑；

f）清扫会造成空中粉尘；

g）搬动重的木材是危险的。

8.14.4.2　危险控制措施

应采取以下危险控制措施：

a）应有关于木屑的风险评估，并采取有效措施加强控制；

b）经常使用木材的人更有损伤鼻腔和上呼吸道的危险，危险程度取决于灰尘的浓度与接触时间；

c）空气中所有木质粉尘的含量不应超过 3 mg/m³，应采取措施将与粉尘的接触时间降到最小；

d）应有足够的一般性通风，并进行风险评估，如果需要应装配局部通风或者戴呼吸保护用品；

e）机器产生的木屑应减到最小；

f）手工和机器磨砂应戴呼吸防护用品和护目镜；

g）工作区（包括地面）应保持清洁，但不应用笤帚扫。

8.14.5　金属

8.14.5.1　危险

教师和学生应明确以下危险：

a）加工金属产生的废屑会损伤眼睛和皮肤；

b）冷却剂和润滑油会刺激眼睛且会引起皮炎；

c）材料脱落会造成危险。

8.14.5.2　危险控制措施

应采取以下危险控制措施：

a）应有关于安全处理金属及金属废品的说明；

b）用机器切割金属时应戴护目镜；

c）接触金属和冷却剂后应彻底洗手。

8.14.6　食品及食品成分 8.14.6.1　危险

教师和学生应明确以下危险：

a）菌类及细菌会引起食物中毒；

b）较差的个人卫生会造成健康危险；

c）不合适的加工区域或温度会造成健康危险；

d）不卫生的食品准备区域会造成健康危险；

e）不合适的衣物会造成危险；

f) 种类繁杂的污染物会造成健康危险;

g) 清理工作不足会造成健康危险;

h) 较差的卫生管理控制会造成危险。

8.14.6.2 危险控制措施

应采取以下危险控制措施:

a) 处理食品之前应洗手;

b) 生病的学生不应接触食品或食品成分;

c) 应穿合适、干净和卫生的衣服;

d) 伤口应包扎好;

e) 应确保处理食物的区域总是干净的;

f) 应确保所有工具和设备使用前是干净的;

g) 应合适地使用危险分析及严格的控制措施。

8.14.7 纺织品和纤维

8.14.7.1 危险

教师和学生应明确以下危险:

a) 纺织品及纤维具有着火危险;

b) 针、人头针和橡皮膏会造成危险;

c) 织物试验会产生有害烟气;

d) 一些材料有刺激性。

8.14.7.2 危险控制措施

应采取以下危险控制措施:

a) 生产及设计产品应符合相应规定;

b) 确保所有的纤维和纺织品远离火源且所有的垃圾桶应定时清空;

c) 使用染料、媒染剂、颜料、墨水之前应进行适当的风险评估;

d) 应小心使用针、大头针、卷尺、橡皮膏。

附 录 A

（资料性附录）

电器安全危险检核

A.1 接地线

应检查:

a) 从设备到接地是否有连续的永久性通路。接地系统是否具有足够的机械强度以防偶然的接

地中断。

b）地线与地板或者机座的连接是否采用下列方法之一进行机械固定：

1）固定在点焊接线片上；

2）固定在底板或者机座的接线柱上；

3）用螺钉或螺母和锁紧垫片固定到地线上的接线端。

c）接地系统所用导线是否具有足够的载流能力，可安全地流过可能的任何电流。接地系统的阻抗是否符合标准要求，以使电路中的过流保护装置易动作。

d）接地与屏蔽及其他机械部件的连接线是否与电路相独立（底板与机座除外）。

e）和手提式工具及设备配套使用的插头及电源插座是否具有自动接地措施。所有金属件，操纵杆、套筒及护罩是否总处在地电位。

f）设备的接地导体是否在电气上与系统或设备内的交流电源零线（中线）绝缘。

A.2　工作电压

应检查：

a）各种电压是否已正确标出；

b）工作电压在 70 V～500V 交流电（有效值）或直流电的设备是否带有保护罩和警告标志；

c）在电位测量值大于或等于 300 V 峰值的地方是否设有机内测试点；

d）高压电路及电容器能否在 2 s 内通过自动保护装置放电到 30V；

e）当设备工作要求两种以上的输入电源时，是否已采取了充分的措施防止电源线接错；

f）直流电源的接线是否已清晰标明了电压极性。

A.3　高电压

应检查：

a）各种调整螺钉或其他的共同零件是否位于远离无保护的高压处；

b）在靠近高压处使用的工具是否有良好的电绝缘；

c）测量仪表在接线端子处是否对高电压或大电流进行了保护；

d）如果在调整设备时要求进入工作电压高于 500 V（有效值）交流电或直流电的设备舱时，是否安装了有旁路电路的连锁装置，以便切断所有超过 30 V（有效值）交流电或直流电的电源；

e）内部操纵装置是否处在离升危险电压的安全距离内。

A.4　进入设备仓

应检查：

a）在进入要求调整的设备舱内，而且设备舱内无连锁装置时，电压超过 70V（有效值）交流电或直流电的设备是否已用隔板式防护罩隔离开；

b）机械或电气连锁装置是否设计成当打开防护门、盖、面板或挡板，使人处在可能的危险位置上时出使设备断电。

A.5　零部件

应检查：

a）结构上相似但电气上不能互换的部件是否已固定，以防止接错；

b）在设计考虑要求配置相似的插头及插座的地方，配对的插头及插座是否已进行了适当的编号及标志。

A.6　绝缘

应检查：

a）屏蔽套管与裸露导体是否已有良好的绝缘以防短路打火；

b）导线和电缆是否有适当支撑，以防产生触电及着火；

c）电缆和导线在穿过金属隔板的地方是否有保护措施；

d）能否带屏蔽套进行维修；

e）地板表面是否具有足够的绝缘特性。

A.7　应急操纵装置和断路器

应检查：

a）应急操纵装置是否放在易接近的地方；

b）主电源断路器是否处在易接近的地方；

c）断开装置（断路器）是否做了适当的标记；

d）主电源断路是否能切断接到整个设备或系统的所有电源；

e）在更换、互换或安装设备中的一个组件或部件时，能否切断电源；

f）是否装有仅使有关的机械传动装置不工作，而不会断开其他设备部件的安全开关；

g）远距安装的组件是否装有安全开关以便可使设备独立断开。

A.8　可能的危险

在工作指导书中对可能产生的电气危险是否作了充分陈述与警示。

附　录　B

（资料性附录）

电气设备的危险因素

B.1　触电触电可能产生的原因有：

a）人体触及正常运行的设备和线路的带电体造成的触电。

b）人体触及正常情况下不带电，因设备或线路发生故障而意外带电。造成触电。触电造成的伤害包括：电击和电伤（电弧烧伤、电烧伤、电标志、皮肤金属化、机械损伤、电光眼）。

c）设备接地装置流过接地电流时所呈现的电位被人接触而触电。造成这种触电的电压分为接触电压和跨步电压。接触电压是人触及故障设备的手与踩在地面的脚之间的电压，跨步电压是人踩在地面的两脚之间的电压。一般情况，接触电压大于10 V，跨步电压大于20 V就可能有危险。

d）缺乏电气安全知识。如带电拉高压隔离开关；用手触摸破的胶盖刀闸；儿童玩弄带电导线等。

e）违反操作规程。如在高低压共杆架设的线路电杆上检修低压线或广播线；剪修高压线附近树木而接触高压线；带电接临时明线及临时电源；在带电下拆装电缆等；相线误接在电动上具外壳上；用湿手拧灯泡；带式照明灯使用的电压不符合安全电压等。

f）电气设备不合格。如闸刀开关或磁力启动器缺少护壳而触电；电气设备漏电；电炉的热元件没有隐蔽；电器设备外壳没有接地而带电；配电盘设计和制造上的缺陷，使配电盘前后带电部分易于触及人体；电线或电缆因绝缘磨损或腐蚀而损坏。

g）维修不善。如大风刮断的低压线路未能及时修理；胶盖开关破损长期不修；瓷瓶破裂后火线与拉线长期相碰等。

h）偶然因素。如大风刮断的电线恰巧落在人体上等。

i）每年二、三季度（集中在6至9月），因夏秋季多雨、天气潮湿，降低了电气设备的绝缘性能。

j）低压电网分布广泛．与人接触的机会多，低压设备管理不严，思想麻痹等。如：低压系统触电事故大多数是电击造成的，电击方式可以分为三种电击：单线电击、双线电击和跨步电压电击。

k）误认为使用200Hz、400 Hz、500 Hz频率工作的电气设备已经没有触电的危险，因而在这种频率下，没有必要采取防护措施；或者36 V以下没有触电的危险。

注1：实验证明，在同一电压的情况下，频率为200 Hz、400H和500 Hz时，穿过老鼠的电流值比50 Hz时要低些。但在100V以下的范围内，与50 Hz比较起来，频率200 Hz、400 Hz和500 Hz电流作用的危险性甚至更大些。

注2：几乎全部的电气设备都会有电击危险，当皮肤湿时，甚至在低至24 V的交流电压下，也发生过不幸事

故。若处在不利的环境中（例如全身被汗湿透或站在水中），几乎没有什么电压可视为安全的。

l）绝缘老化或击穿使绝缘材料被破坏。主要有：

1）气体绝缘因含有杂质（导电性蒸气、导电性杂质）而使击穿电压降低；

2）液体绝缘因纯净度降低（纯度降低、含水、含气等）而击穿电压降低；

3）固体电介质因电、热及化学因素击穿。

固体绝缘不良或击穿的原因有以下几种：

1）高温。能使某些聚合物缓慢地恶化而击穿。电流总是使导体及其绝缘层产生温升。

2）低温。如果天气很冷，绝缘体通常更易于损坏，因为绝缘体在低温下会变脆，更易开裂而破损。

3）湿度。绝缘体吸入湿气会直接引起绝缘体质量恶化，降低其绝缘性能。

4）氧化。氧物质能对绝缘体产生影响。由于臭氧具有更强的活性，因而它会引起绝缘体质量更快的恶化。在电动机、发电机或其他电气设备上产生的电弧或电晕可造成大量臭氧。

5）辐射。辐射会使绝缘体性能降低。实际上绝缘体会由于紫外线辐射或核辐射所产生的反应产物而逐渐降低性能。别的化工品电能直接损害和降低绝缘体性能。

6）机械损伤。绝缘体会由磨损、擦伤、切割、振动、弯曲、挤压或被其他物体碾压、碰撞而产生损伤。

7）高电压。高电压可产生电火花或电晕效应，其结果会在绝缘体上穿出小孔，产生活性产物和总的降低绝缘体的耐电压性。

8）生物因素。一些生物会给绝缘体带来麻烦。一些动物和昆虫能蛀或吃掉绝缘体，使其削弱或完全毁坏。

9）压力。压力变化会影响绝缘体。真空会引起绝缘体中挥发性组分的丧失，释放出气体、改变尺寸、降低抗挠曲性和耐机械损伤能力。

m）看似运行正常的设备其实并不安全，但却不显出任何危险征兆。

n）显而易见的电击危险。表现为：

1）用湿手指去检验电路是否带电；

2）不经检查确定电路是否带电，而只是假设其"不带电"就开始上作，并且没有采取防止其他人合闸而使该电路带电的措施；

3）当接触任何电路时出现"刺激"的情况；

4）电气设备及电线上没有告警标志；

5）导线和接插件错落、乱接、破损、擦伤和碎裂；

6）无变压器的设备的底板可能带电；

7）敷设在地板上的电线由于人们的来往走动而磨损或者破裂；

8）插座或电路过载；

9）在可能碰上或跌落电力线的地方使用金属梯子；

10）在未查明情况时于墙上或天花板上钻孔，很可能触及内部或另一侧带电的线路。

o）隐蔽的电击危险。表现为：

1）没有告警标志的设备，由于环境变化或滥用的结果，也可能具有危险性；

2）虽然关掉电源，设备仍可能带电；

3）不熟悉的电路元件的无法预见的击穿；

4）带电的控制柜——没有更换底板和控制柜之间的失效绝缘物而造成的点击；

5）带电的电视天线——由于元件损坏而构成通过阻抗变换器和馈线达到天线的电击路径；

6）用带金属螺钉的按钮置换原有按钮，可能使按钮带电；

7）电视机底板上的零件可能带电；

8）设备置于塑料壳中，但暴露在外的金属螺钉或控制手柄可能带电；

9）掉落的电力线员未打火或爆裂，似乎是无害的，但其每一瞬间都可能致人于死地；

10）连锁装置和释放电阻失效；

11）能释放人于 50 J 能量的电容器。

B.2　电弧引燃易燃物品

在电路断开时产生电弧。当存在可燃气体和空气混合气时，电弧或电火花点燃可燃气体。或者电弧附近存在易燃固体或液体时被电弧或电火花点燃。

B.3　加热与过热

导体上电流过大，产生的高温使绝缘物和设备中的可燃物被点燃，严重的发生火灾或猛烈的爆燃。

B.4　疏忽大意造成的起动事故

设备在调整、维护或检修之前未做适当锁定. 由于自动起动的设备在温度或压力变化到阀值时电动机自动起动，造成严重的伤害或死亡事故。

B.5　未按要求操作

在某些情况下（例如当操作人员无意走进危险区时，因装有传感器的电子报警装置失效。不能对险情报警，致使机械传动失去控制）造成伤害或者死亡事故。

在某种情况下一系列事件应按预定的顺序发生. 以完成最后的动作，操作顺序是重要的或必要的，错误的顺序将导致事故的发生，任何一步的故障都将会给下一步带来危险情况。

注：如起动发热系统前未先接通散热系统；全自动可编程机器的动作顺序不对或完成不完全，而且由于线路故障未 检测出某些误动作，则系统的继续工作就可能有危险。

B.6　电气爆炸

过大的电流流过电气装置而引起迅速的升温和升压，发生膨胀、龟裂或者爆裂等现象，使电气装置损坏，从而导致整个系统的失效。

注：如充足了电的电池，如有短路而电流变大引起快速加热，发生电气爆炸。大型变压器（和某些电容器）装有绝缘油，在过热时（特别是油中含有水的污染物质时）发生爆炸。

B.7　静电

应注意：

a）静电使半导体器件（特别是某些类型的金属氧化物场效应晶体管）毁坏。这不仅影响半导体器件，也影响用半导体器件的电子仪器；

b）静电可使人受惊而发生事故（例如站在梯子上，或处在危险的不加防护的运转着的机器包围之中，由于静电惊吓而造成严重的事故。心脏衰弱者因为微弱的电击引起或加剧心脏病的发作；

c）静电能使易燃气体、有机溶剂、燃料甚至粉尘突然发生毁灭性的火灾和爆炸。

中小学生校服

GB/T 31888—2015

1　范围

本标准规定了中小学生校服的技术要求、试验方法、检验规则以及包装、贮运和标志。

本标准适用于以纺织织物为主要材料生产的、中小学生在学校日常统一穿着的服装及其配饰。其他学生校服可参照执行。

2　规范性引用文件

下列文件对于本文件的应用是必不可少的。凡是注日期的引用文件，仅注日期的版本适用于本文件。凡是不注日期的引用文件，其最新版本（包括所有的修改单）适用于本文件。

GB/T 250　纺织品　色牢度试验　评定变色用灰色样卡

GB/T 1335　（所有部分）服装号型

GB/T 2910（所有部分）纺织品　定量化学分析

GB/T 2912.1　纺织品　甲醛的测定第1部分：游离和水解的甲醛（水萃取法）

GB/T 3920　纺织品　色牢度试验　耐摩擦色牢度

GB/T 3921—2008　纺织品　色牢度试验耐皂洗色牢度

GB/T 3922　纺织品　色牢度试验　耐汗渍色牢度

GB/T 3923.1　纺织品　织物拉伸性能第 1 部分：断裂强力和断裂伸长率的测定（条样法）

GB/T 4802.1—2008　纺织品　织物起毛起球性能的测定第 1 部分：圆轨迹法

GB/T 4802.3　纺织品织物起毛起球性能的测定第 3 部分：起球箱法

GB 5296.4　消费品使用说明　第 4 部分：纺织品和服装

GB/T 5713　纺织品　色牢度试验耐水色牢度

GB/T 6411　针织内衣规格尺寸系列

GB/T 7573　纺织品　水萃取液 pH 值的测定

GB/T 7742.1　纺织品　织物胀破性能第 1 部分：胀破强力和胀破扩张度的测定液压法

GB/T 8427—2008　纺织品　色牢度试验　耐人造光色牢度：氙弧

GB/T 8628　纺织品　测定尺寸变化的试验中织物试样和服装的准备、标记及测量

GB/T 8629—2001　纺织品　试验用家庭洗涤和干燥程序

GB/T 8630　纺织品　洗涤和干燥后尺寸变化的测定

GB/T 13772.2 纺织品　机织物接缝处纱线抗滑移的测定　第 2 部分：定负荷法

GB/T 13773.1　纺织品　织物及其制品的接缝拉伸性能第 1 部分：条样法接缝强力的测定

GB/T 14272　羽绒服装

GB/T 14576　纺织品　色牢度试验耐光、汗复合色牢度

GB/T 14644　纺织品　燃烧性能　45°方向燃烧速率的测定

GB/T 17592　纺织品　禁用偶氮染料的测定

GB 18383　絮用纤维制品通用技术要求

GB 18401　国家纺织产品基本安全技术规范

GB/T 19976　纺织品　顶破强力的测定钢球法

GB/T 23319.3　纺织品　洗涤后扭斜的测定　第 3 部分：机织服装和针织服装

GB/T 23344　纺织品　4 - 氨基偶氮苯的测定

GB/T 24121　纺织制品　断针类残留物的检测方法

GB/T 284.68　中小学生交通安全反光校服

GB/T 29862　纺织品　纤维含量的标识

GB 31701　婴幼儿及儿童纺织产品安全技术规范

GB/T 31702　纺织制品附件锐利性试验方法

3　术语和定义

下列术语和定义适用于本文件。

3.1　校服　school uniforms

学生在学校日常统一穿着的服装，穿着时形成学校的着装标志。

3.2　配饰　accessories

与校服搭配的小件纺织产品，例如领带、领结和领花等。

4　要求

4.1　号型

校服号型的设置应按 GB/T 1335 或 GB/T 6411 规定执行，超出标准范围的号型按标准规定的分档数值扩展。

4.2　安全要求与内在质量

4.2.1　一般安全要求与内在质量

应符合表 1 的规定。

表 1

项目		要求
纤维含量		符合 GB 18401 的 B 类要求
甲醛含量		
可分解致癌芳香胺染料		
pH 值		
异味		
燃烧性能		按 GB 31701 执行
附件锐利性		
绳带		
残留金属针		
染色牢度/级　≥	耐水（变色、沾色）	3－4
	耐汗渍（变色、沾色）	3－4
	耐摩擦（干摩）	3－4
	耐摩擦（湿摩）	3
	耐皂洗（变色、沾色）	3－4
	耐光汗复合[a]	3 4
	耐光[b]	4
起球[b]/级　≥		3－4
顶破强力（针织类）[b]/N　≥		250
断裂强力（机织类）[b]/N　≥		200

项目		要求
胀破强力（毛针织类）[b]/kPa ≥		245
接缝强力/N ≥	面料	140
	里料	80
接缝处纱线滑移（机织类）/mm ≤		6
水洗尺寸变化率[b]/%	针织类（长度、宽度）	-4.0～+2.0
	机织类（长度、胸宽）	-2.5～+1.5
	机织类（腰宽、领大）	-1.5～+1.5
	毛针织类（长度、宽度）	-5～+3.0
水洗后扭曲率[b]/% ≤	上衣、筒裙	5
	裤子	2.5
水洗后外观	绣花和接缝部位处不平整	允许轻微
	面里料缩率不一，不平服	允许轻微
	涂层部位脱落、起泡、裂纹	不允许
	覆粘合衬部位起泡、脱胶	不允许
	破洞、缝口脱散	不允许
	附件损坏、明显变色、脱落	不允许
	变色	不低于4级
	其他严重影响服用的外观变化	不允许
注：轻微是指直观上不明显，目测距离60 cm观察时，仔细辨认才可看出的外观变化。		
[a]仅考核夏装。 [b]仅考核校服的面料。 [c]松紧下摆和裤口等产品不考核。		

4.2.2 织物纤维成分及含量

校服直接接触皮肤的部分，其棉纤维含量标称值应不低于35%。

4.2.3 填充物

防寒校服的填充物应符合GB 18401 B类要求，以及GB 18383或GB/T 14272的要求。

4.2.4 配饰

配饰应符合GB 18401 B类要求和GB 31701的锐利性要求。领带、领结和领花等宜采用容易解开的方式。

4.2.5 高可视警示性

如果需要配置高可视警示性标志，应符合GB/T 28468的要求。

4.3 外观质量

应符合表 2 的要求。

表 2

项 目		要 求
色差	单件	面料不低于 4 级，里料不低于 3 - 4 级
	套装，同批	不低于 3 4 级
布面疵点		主要部位不允许，次要部位允许轻微
对称部位互差	<20 cm	5 mm
	≥20 cm	8 mm
对条对格（≥10 mm 的条格）		主要部位互差不大于 3 mm，次要部位互差不大于 6 mm
门里襟		允许轻微的不平直；门里襟长度互差不大于 4 mm；里襟不可长于门襟
拉链		允许轻微的不平服和不顺直
烫黄、烫焦		不允许
扣、扣眼		锁眼、钉扣封结牢固；眼位距离均匀，互差不大于 4 mm；扣位与眼位互差不大于 3 mm
缝线		无漏缝和开线。主要部位不允许有明显的不顺直、不平服、缉明线宽窄不一
绱袖		圆顺，前后基本一致
领了		平服，不反翘；领尖长短或驳头宽窄互差不大于 3 mm
口袋		袋与袋盖方正、圆顺，前后、高低一致
覆粘合衬部位		不允许起泡、脱胶和渗胶

注 1：布面疵点的名称及定义见 GB/T 24250 和 GB/T 24117。

注 2：轻微是指直观上不明显，目测距离 60 cm 观察时，仔细辨认才可看出的外观变化。

注 3：对称部位包括裤长、袖长、裤口宽、袖口宽、肩缝长等。

注 4：主要部位指 E 衣上部 2/3，裤子和长裙前身中部 1/3，短裤和短裙前身下部 1/2。

5 试验方法

5.1 纤维含量的测定按 GB/T 2910 或相关方法执行。

5.2 甲醛含量的测定按 GB/T 2912.1 执行。

5.3 可分解致癌芳香胺染料的测定按 GB/T 17592 及 GB/T 23344 执行。

5.4 pH 值的测定按 GB/T 7573 执行。

5.5 异味的测定按 GB 18401 中异味检测方法执行。

5.6 燃烧性能的测定按 GB/T 14644 执行。

5.7 附件尖端和边缘的锐利性测定按 GB/T 31702 执行。

5.8　绳带长度采用钢直尺或钢卷尺测定其自然状态下的伸直长度，记录至 1 mm。

5.9　残留金属针的测定按 GB/T 24121 执行。

5.10　耐水色牢度的测定按 GB/T 5713 执行。

5.11　耐汗渍色牢度的测定按 GB/T 3922 执行。

5.12　耐摩擦色牢度的测定按 GB/T 3920 执行。

5.13　耐皂洗色牢度的测定按 GB/T 3921—2008 的试验条件 A（1）执行。

5.14　耐光汗复合色牢度的测定按 GB/T 14576 执行。

5.15　耐光色牢度的测定按 GB/Z、842 7—2008 方法 3 执行。

5.16　机织类和针织类校服起球的测定按 GB/T 4802.1～2008 的方法 E 执行，毛针织类校服起球的测定按 GB/T 4802.3 执行，精梳产品翻动 14 400r，粗梳产品翻动 7 200 r。

5.17　顶破强力的测定按 GB/T 19976 执行，钢球直径为 38 mm。

5.18　断裂强力的测定按 GB/T 3923.1 执行。

5.19　胀破强力的测定按 GB/T 7742.1 执行，试验面积为 7.3cm²。

5.20　接缝强力的测定按 GB/T 13773.1 执行。拉伸试验仪隔距长度为 100mm。以试样断裂强力为试验结果（不论何种破坏原因）。从每件产品上的以下部位各取 1 个试样，试样长度为 200 mm，接缝与试样长度垂直并处于试样中部（参见附录 A 图 A.1）；面里料缝合在一起的取组合试样：

　　——裤后裆缝：在紧靠臀围线下方；

　　——后袖窿缝：以背宽线与袖窿缝交点为中心。

5.21　接缝处纱线滑移的试样准备参照 GB/T 13773.1 的规定，从每件产品上的以下部位各取 2 个试样（参见附录 A 图 A.2），测定程序按 GB/T 13772.2 执行，分别计算每个部位 2 个试样的平均值：

　　a）面料

　　——后背缝：以背宽线为中心；

　　——袖　缝：袖窿缝与袖缝交点处向下 10 cm（两片袖时取后袖缝）；

　　——下裆缝：下裆缝上三分之一点为中心；

　　——裙缝：以臀围线为中心，或紧靠拉链下方。

　　b）里料

　　——后背缝：以背宽线为中心；

　　——裙缝：以臀围线为中心，或紧靠拉链下方。

5.22　水洗尺寸变化率的测定按 GB/T 8628、GB/T 8629—2001 和 GB/T 8630 执行。机织类校服和针织类校服采用 GB/T 8629—2001 中 5A 程序洗涤和悬挂晾干，毛针织类校服采用 GB/T 8629—2001 中 7A 程序洗涤（试验总负荷 1 kg）和烘箱烘燥。测量部位长度为衣长、裤长和裙长，宽度为胸宽、腰宽和横裆，领大为立领的领圈长度。

5.23　水洗后扭曲率的测定按 GB/T 23319.3 的侧面标记法（裤子以内侧缝与裤口边，裙子以侧缝与底边）执行。

5.24 水洗后外观试验方法：将完成水洗的产品平铺在平滑的台面上，依次观察和记录外观变化。其中，变色按 GB/T 250 评定。

5.25 外观质量一般采用灯光检验，用 40 W 青光或白光灯一支，上面加灯罩，灯罩与检验台面中心垂直距离为 80 cm ± 5 cm。如果在室内采用自然光，光源射人方向为北向左（或右）上角，不能使阳光直射产品。将产品平放在检验台上，检验人员的视线应正视产品的表面，眼睛与产品的中间距离约 60 cm。

5.26 色差的测定按 GB/T 250 执行。

5.27 对称部位尺寸的测量按 GB/T 8628 执行。

6 检验规则

6.1 抽样

6.1.1 按同一品种、同一色别的产品作为检验批。

6.1.2 安全要求与内在质量按批随机抽取 4 个单元样本，其中 3 个用于水洗尺寸变化率、水洗后扭曲率、水洗后外观、接缝强力和接缝处纱线滑移的测定，1 个用于 4.2 中的其他项目试验（该样本抽取后密封放置，不应进行任何处理）。配饰的取样数量应满足试验需要。

注：接缝强力和接缝处纱线滑移的试样从完成水洗后试验的样本上取样。

6.1.3 外观质量的检验抽样方案见表 3。

表 3 单位为套或件

批量 N	样本量 n	接收数 Ae	拒收数 Re
≤15	2	0	1
16～25	3	0	1
26～90	5	0	1
91～150	8	0	1
151～280	13	0	1
281～500	20	1	2
501～1 200	32	2	3
≥1 201	50	3	4

6.2 安全要求与内在质量的判定

6.2.1 所有色牢度检验结果符合表 1 要求的判定该项批产品合格，否则为批不合格。

6.2.2 水洗尺寸变化率以 3 个样本的平均值作为检验结果，符合表 1 要求的判定该项批产品合格，否则为批不合格。若 3 个样本中存在收缩与倒涨时，以收缩（或倒涨）的两个样本的平均值作为检验结果。

6.2.3 水洗后扭曲率以 3 个样本的平均值作为检验结果，符合表 1 要求的判定该项批产品合格，否则为批不合格。

6.2.4 水洗后外观质量检验，分别对 3 个样本按表 1 要求进行评定，2 个及以上符合表 1 要求时判定该项批产品合格，否则为批不合格。

6.2.5 接缝强力和接缝处纱线滑移以 3 个样本的平均值作为检验结果，符合表 1 要求的判定该项批产品合格，否则为批不合格。接缝处纱线滑移试验出现织物断裂、滑脱、缝线断裂的现象，判定为不合格。

6.2.6 除 6.2.1 ~ 6.2.5 外，其他项目检验结果符合表 1 以及 4.2.2 ~ 4.2.5 要求的判定这些项目的批产品合格，否则为批不合格。

6.3 外观质量的判定

按表 2 对批样的每个样本进行外观质量评定，符合表 2 要求的为外观质量合格，否则为不合格。如果外观质量不合格样本数不超过表 3 的接收数 Ac，则该批产品外观质量合格。如果不合格样本数达到了表 3 的拒收数 Re，则该批产品不合格。

6.4 结果判定

按 6.2 和 6.3 判定均为合格，则该批产品合格。

7 包装、贮运和标志

7.1 产品按件（或套）包装，每箱件数（或套数）根据协议或合同规定。

7.2 应保证在贮运中包装不破损，产品不沾污、不受潮。包装中不应使用金属针等锐利物。

7.3 产品应存放在阴凉、通风、干燥的库房内，注意防蛀、防霉。

7.4 每个包装单元应附使用说明，使用说明应符合 GB 5296.4 的要求，至少包含下列内容：

    a）服装号型、配饰规格（产品主体的最大标称尺寸，以 cm 为单位）；

    b）纤维成分及含量；

    c）维护方法；

    d）产品名称；

    e）本标准编号；

    f）安全技术要求类别；

    g）制造商名称和地址；

    h）如果需要，产品的贮存方法。

    其中，每件校服上应有包括 a）、b）和 c）项内容的耐久性标签，并放在侧缝处，不允许在衣领处缝制任何标签。d）~h）项内容应采用吊牌、资料或包装袋等形式提供。

中小学校教室采暖温度标准

GB/T 17225—1998

1　范围

本标准规定了采暖地区冬季中小学校教室温度、湿度、风速标准及测定方法。

本标准适用于采暖地区有集中采暖设施的普通中小学校、中等专业学校和技工学校的教室，其他类型的中小学校教室也应参照执行。

本标准不适用于无集中采暖设施的中小学校教室。

2　定义

本标准采用下列定义。

2.1　集中采暖 central heating

由统一的热源经管道把热（如热水、热蒸气）送到采暖场所的采暖方式。

2.2　水平温差 horizontal temperature difference

教室四角处气温与中部气温的水平温差。

2.3　垂直温差 vertical temperature difference

学生足部气温与头部气温的垂直温差。

3　教室温度

3.1　在学习（授课和自习）时间内，教室中部（距地面1m处）的气温应为16℃~18℃，不宜超过20℃，相对湿度应为30%~80%，风速应在0.3m/s以下。

3.2　教室水平温差和垂直温差均不宜超过2℃。

3.3　教室宜采用集中式热水采暖。

4　教室温度、湿度和风速测定方法

4.1　使用仪器

4.1.1　温度和相对湿度测定宜采用干湿球温度计，温度测定的准确度为±0.5℃。

4.1.2　风速测定宜采用热球式电风速计。

4.2　测试方法

4.2.1 温度计感温部分挂在教室中部距地面1m和0.05m处，以测定室内中部气温和垂直温差，另在四角距地面1m，距邻近两侧墙壁各1m处挂置温度计，以测定水平温差。

温度计的感温部分与人体的距离不宜小于0.5m，并应避开直射阳光及其他热辐射源。

4.2.2 从放置温度计开始，经过5min后进行读数，测试者眼与水银或酒精液柱的顶点凹面底部在同一水平线上。

4.2.3 在教室中部距地面1m处测定相对湿度和风速。

相对湿度值可通过相对湿度计算表查出，风速值可根据电表的读数，查校正曲线得出。

建筑物电子信息系统防雷技术规范

GB 50343—2012

1 总 则

1.0.1 为防止和减少雷电对建筑物电子信息系统造成的危害，保护人民的生命和财产安全，制定本规范。

1.0.2 本规范适用于新建、改建和扩建的建筑物电子信息系统防雷的设计、施工、验收、维护和管理。本规范不适用于爆炸和火灾危险场所的建筑物电子信息系统防雷。

1.0.3 建筑物电子信息系统的防雷应坚持预防为主、安全第一的原则。

1.0.4 在进行建筑物电子信息系统防雷设计时，应根据建筑物电子信息系统的特点，按工程整体要求，进行全面规划，协调统一外部防雷措施和内部防雷措施，做到安全可靠、技术先进、经济合理。

1.0.5 建筑物电子信息系统应采用外部防雷和内部防雷措施进行综合防护。

1.0.6 建筑物电子信息系统应根据环境因素、雷电活动规律、设备所在雷电防护区和系统对雷电电磁脉冲的抗扰度、雷击事故受损程度以及系统设备的重要性，采取相应的防护措施。

1.0.7 建筑物电子信息系统防雷除应符合本规范外，尚应符合国家现行有关标准的规定。

2 术 语

2.0.1 电子信息系统 electronic information system

由计算机、通信设备、处理设备、控制设备、电力电子装置及其相关的配套设备、设施（含网络）等的电子设备构成的，按照一定应用目的和规则对信息进行采集、加工、存储、传输、检索等处理的人机系统。

2.0.2　雷电防护区（LPZ）　lightning protect。ion zone

规定雷电电磁环境的区域，又称防雷区。

2.0.3　雷电电磁脉冲（LEMP）　lightning electromagnetic impulse

雷电流的电磁效应。

2.0.4　雷电电磁脉冲防护系统（LPMS）　LEMP protection measures system

用于防御雷电电磁脉冲的措施构成的整个系统。

2.0.5　综合防雷系统　synthetic lightning protection system

外部和内部雷电防护系统的总称。外部防雷由接闪器、引下线和接地装置等组成，用于直击雷的防护。内部防雷由等电位连接、共用接地装置、屏蔽、合理布线、浪涌保护器等组成，用于减小和防止雷电流在需防护空间内所产生的电磁效应。

2.0.6　共用接地系统　common earthing system

将防雷系统的接地装置、建筑物金属构件、低压配电保护线（PE）、等电位连接端子板或连接带、设备保护地、屏蔽体接地、防静电接地、功能性接地等连接在一起构成共用的接地系统。

2.0.7　自然接地体　natural earthing electrode

兼有接地功能、但不是为此目的而专门设置的与大地有良好接触的各种金属构件、金属井管、混凝土中的钢筋等的统称。

2.0.8　接地端子　earthing terminal

将保护导体、等电位连接导体和工作接地导体与接地装置连接的端子或接地排。

2.0.9　总等电位接地端子板　main equipotential earthing terminal board

将多个接地端子连接在一起并直接与接地装置连接的金属板。

2.0.10　楼层等电位接地端子板　floor equipotential earthing terminal board

建筑物内楼层设置的接地端子板，供局部等电位接地端子板作等电位连接用。

2.0.11　局部等电位接地端子板（排）　local equipotential earthing terminal board

电子信息系统机房内局部等电位连接网络接地的端子板。

2.0.12　等电位连接　equipotential bonding

直接用连接导体或通过浪涌保护器将分离的金属部件、外来导电物、电力线路、通信线路及其他电缆连接起来以减小雷电流在它们之间产生电位差的措施。

2.0.13　等电位连接带　equipotential bonding bar

用作等电位连接的金属导体。

2.0.14　等电位连接网络　equipotential bonding network

建筑物内用作等电位连接的所有导体和浪涌保护器组成的网络。

2.0.15　电磁屏蔽　electromagnetic shielding

用导电材料减少交变电磁场向指定区域穿透的措施。

2.0.16　浪涌保护器（SPD）　surge protective device

用于限制瞬态过电压和泄放浪涌电流的电器，它至少包含一个非线性元件，又称电涌保护器。

2.0.17 电压开关型浪涌保护器 voltage switching type SPD

这种浪涌保护器在无浪涌时呈现高阻抗，当出现电压浪涌时突变为低阻抗。通常采用放电间隙、气体放电管、晶闸管和三端双向可控硅元件作这类浪涌保护器的组件。

2.0.18 电压限制型浪涌保护器 voltage limiting type SPD

这种浪涌保护器在无浪涌时呈现高阻抗，但随浪涌电流和电压的增加其阻抗会不断减小，又称限压型浪涌保护器。用作这类非线性装置的常见器件有压敏电阻和抑制二极管。

2.0.19 标称放电电流 nominal discharge current（I_n）

流过浪涌保护器，具有8/20μs波形的电流峰值，用于浪涌保护器的Ⅱ类试验以及Ⅰ类、Ⅱ类试验的预处理试验。

2.0.20 最大放电电流 maximum discharge current（I_{max}）

流过浪涌保护器，具有8/20μS波形的电流峰值，其值按Ⅱ类动作负载试验的程序确定。I_{max}大于I_n。

2.0.21 冲击电流 impulse current（I_{imp}）

由电流峰值I_{peak}、电荷量Q和比能量W/R三个参数定义的电流，用于浪涌保护器的Ⅰ类试验，典型波形为10/350μs。

2.0.22 最大持续工作电压 maximum continuous operating voltage（U_c）

可连续施加在浪涌保护器上的最大交流电压有效值或直流电压。

2.0.23 残压 residual voltage（U_{res}）

放电电流流过浪涌保护器时，在其端子间的电压峰值。

2.0.24 限制电压 measured limiting voltage

施加规定波形和幅值的冲击时，在浪涌保护器接线端子间测得的最大电压峰值。

2.0.25 电压保护水平 voltage protect ion level（U_p）

表征浪涌保护器限制接线端子间电压的性能参数，该值应大于限制电压的最高值。

2.0.26 有效保护水平 effective protection level（$U_{p/f}$）

浪涌保护器连接导线的感应电压降与浪涌保护器电压保护水平U_p之和。

2.0.27 1.2/50μs冲击电压 1.2/50μs voltage impulse

视在波前时间为1.2μs，半峰值时间为50μs的冲击电压。

2.0.28 8/20μs冲击电流 8/20μs current impulse

视在波前时间为8μs，半峰值时间为20μs的冲击电流。

2.0.29 复合波 combination wave

复合波由冲击发生器产生，开路时输出1.2/50μs冲击电压，短路时输出8/20μs冲击电流。提供给浪涌保护器的电压、电流幅值及其波形由冲击发生器和受冲击作用的浪涌保护器的阻抗而定。开路电压峰值和短路电流峰值之比为2Q，该比值定义为虚拟输出阻抗Z_f。短路电流用符号I_{sc}表示，

开路电压用符号 U_{oc} 表示。

2.0.30 I 类试验 class I test

按本规范第 2.0.19 条定义的标称放电电流 I_n，第 2.0.27 条定义的 1.2/50μs 冲击电压和第 2.0.21 条定义的冲击电流 I_{imp} 进行的试验。I 类试验也可用 T1 外加方框表示，即 ⊤1。

2.0.31 II 类试验 class II test

按本规范第 2.0.19 条定义的标称放电电流 I_n，第 2.0.27 条定义的 1.2/50μs 冲击电压和第 2.0.20 条定义的最大放电电流 I_{max} 进行的试验。II 类试验也可用 T2 外加方框表示，即 ⊤2。

2.0.32 III 类试验 class III test

按本规范第 2.0.29 条定义的复合波进行的试验。III 类试验也可用 T3 外加方框表示，即 ⊤3。

2.0.33 插入损耗 insertion loss

传输系统中插入一个浪涌保护器所引起的损耗，其值等于浪涌保护器插入前后的功率比。插入损耗常用分贝（dB）来表示。

2.0.34 劣化 degradation

由于浪涌、使用或不利环境的影响造成浪涌保护器原始性能参数的变化。

2.0.35 热熔焊 exothermic welding

利用放热化学反应时快速产生超高热量，使两导体熔化成一体的连接方法。

2.0.36 雷击损害风险 risk 0f lightning damage（R）

雷击导致的年平均可能损失（人和物）与受保护对象的总价值（人和物）之比。

3 雷电防护分区

3.1 地区雷暴日等级划分

3.1.1 地区雷暴日等级应根据年平均雷暴日数划分。

3.1.2 地区雷暴日数应以国家公布的当地年平均雷暴日数为准。

3.1.3 按年平均雷暴日数，地区雷暴日等级宜划分为少雷区、中雷区、多雷区、强雷区：

    1 少雷区：年平均雷暴日在 25d 及以下的地区；

    2 中雷区：年平均雷暴日大于 25d，不超过 40d 的地区；

    3 多雷区：年平均雷暴日大于 40d，不超过 90d 的地区；

    4 强雷区：年平均雷暴日超过 90d 的地区。

3.2 雷电防护区划分

3.2.1 需要保护和控制雷电电磁脉冲环境的建筑物应按本规范第 3.2.2 条的规定划分为不同的雷电防护区。

3.2.2 雷电防护区应符合下列规定：

1 LPZ0$_A$区：受直接雷击和全部雷电电磁场威胁的区域。该区域的内部系统可能受到全部或部分雷电浪涌电流的影响；

2 LPZ0$_B$区：直接雷击的防护区域，但该区域的威胁仍是全部雷电电磁场。该区域的内部系统可能受到部分雷电浪涌电流的影响；

3 LPZ1区：由于边界处分流和浪涌保护器的作用使浪涌电流受到限制的区域。该区域的空间屏蔽可以衰减雷电电磁场；

4 LPZ2～n后续防雷区：由于边界处分流和浪涌保护器的作用使浪涌电流受到进一步限制的区域。该区域的空间屏蔽可以进一步衰减雷电电磁场。

3.2.3 保护对象应置于电磁特性与该对象耐受能力相兼容的雷电防护区内。

4 雷电防护等级划分和雷击风险评估

4.1 一般规定

4.1.1 建筑物电子信息系统可按本规范第4.2节、第4.3节或第4.4节规定的方法进行雷击风险评估。

4.1.2 建筑物电子信息系统可按本规范第4.2节防雷装置的拦截效率或本规范第4.3节电子信息系统的重要性、使用性质和价值确定雷电防护等级。

4.1.3 对于重要的建筑物电子信息系统，宜分别采用本规范第4.2节和4.3节规定的两种方法进行评估，按其中较高防护等级确定。

4.1.4 重点工程或用户提出要求时，可按本规范第4.4节雷电防护风险管理方法确定雷电防护措施。

4.2 按防雷装置的拦截效率确定雷电防护等级

4.2.1 建筑物及入户设施年预计雷击次数N值可按下式确定：

$$N = N_1 + N_2 \qquad (4.2.1)$$

式中：N_1——建筑物年预计雷击次数（次/a），按本规范附录A的规定计算；

N_2——建筑物入户设施年预计雷击次数（次/a），按本规范附录A的规定计算。

4.2.2 建筑物电子信息系统设备因直接雷击和雷电电磁脉冲可能造成损坏，可接受的年平均最大雷击次数N$_c$可按下式计算：

$$N_c = 5.8 \times 10^{-1} \rfloor / C \qquad (4.2.2)$$

式中：C——各类因子，按本规范附录A的规定取值。

4.2.3 确定电子信息系统设备是否需要安装雷电防护装置时，应将N和N$_c$进行比较：

1　当 N 小于或等于 N_c 时，可不安装雷电防护装置；

2　当 N 大于 N_c 时，应安装雷电防护装置。

4.2.4　安装雷电防护装置时，可按下式计算防雷装置拦截效率 E：

$$E = 1 - N_c / N$$
(4.2.4)

4.2.5　电子信息系统雷电防护等级应按防雷装置拦截效率 E 确定，并应符合下列规定：

1　当 E 大于 0.98 时，定为 A 级；

2　当 E 大于 0.90 小于或等于 0.98 时，定为 B 级；

3　当 E 大于 0.80 小于或等于 0.90 时，定为 C 级；

4　当 E 小于或等于 0.80 时，定为 D 级。

4.3　按电子信息系统的重要性、使用性质和价值确定雷电防护等级

4.3.1　建筑物电子信息系统可根据其重要性、使用性质和价值，按表 4.3.1 选择确定雷电防护等级。

表 4.3.1　建筑物电子信息系统雷电防护等级

雷电防护等级	建筑物电子信息系统
A 级	1. 国家级计算中心、国家级通信枢纽、特级和一级金融设施、大中型机场、国家级和省级广播电视中心、枢纽港口、火车枢纽站、省级城市水、电、气、热等城市重要公用设施的电子信息系统； 2. 一级安全防范单位，如国家文物、档案库的闭路电视监控和报警系统； 3. 三级医院电子医疗设备
B 级	1. 中型计算中心、二级金融设施、中型通信枢纽、移动通信基站、大型体育场（馆）、小型机场、大型港口、大型火车站的电子信息系统； 2. 二级安全防范单位，如省级文物、档案库的闭路电视监控和报警系统； 3. 雷达站、微波站电子信息系统。高速公路监控和收费系统； 4. 二级医院电子医疗设备； 5. 五星及更高星级宾馆电子信息系统
C 级	1. 三级金融设施、小型通信枢纽电子信息系统； 2. 大中型有线电视系统； 3. 四星及以下级宾馆电子信息系统
D 级	除上述 A、B、C 级以外的一般用途的需防护电子信息设备

注：表中未列举的电子信息系统也可参照本表选择防护等级。

4.4　按风险管理要求进行雷击风险评估

4.4.1　因雷击导致建筑物的各种损失对应的风险分量 R_X 可按下式估算：

$$R_X = N_X \times P_X \times L_X$$
(4.4.1)

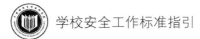
式中：N_X——年平均雷击危险事件次数；

  P_X——每次雷击损害概率；

  L_X——每次雷击损失率。

4.4.2 建筑物的雷击损害风险 R 可按下式估算：

$$R = \sum R_X \tag{4.4.2}$$

式中：R_X——建筑物的雷击损害风险涉及的风险分量 $R_A \sim R_Z$，按本规范附录 B 表 B.2.6 的规定确定。

4.4.3 根据风险管理的要求，应计算建筑物雷击损害风险 R，并与风险容许值比较。当所有风险均小于或等于风险容许值，可不增加防雷措施；当某风险大于风险容许值，应增加防雷措施减小该风险，使其小于或等于风险容许值，并宜评估雷电防护措施的经济合理性。详细评估和计算方法应符合本规范附录 B 的规定。

5 防雷设计

5.1 一般规定

5.1.1 建筑物电子信息系统宜进行雷击风险评估并采取相应的防护措施。

5.1.2 需要保护的电子信息系统必须采取等电位连接与接地保护措施。

5.1.3 建筑物电子信息系统应根据需要保护的设备数量、类型、重要性、耐冲击电压额定值及所要求的电磁场环境等情况选择下列雷电电磁脉冲的防护措施：

  1 等电位连接和接地；

  2 电磁屏蔽；

  3 合理布线；

  4 能量配合的浪涌保护器防护。

5.1.4 新建工程的防雷设计应收集以下相关资料：

  1 建筑物所在地区的地形、地物状况、气象条件和地质条件；

  2 建筑物或建筑物群的长、宽、高度及位置分布，相邻建筑物的高度、接地等情况；

  3 建筑物内各楼层及楼顶需保护的电子信息系统设备的分布状况；

  4 配置于各楼层工作间或设备机房内需保护设备的类型、功能及性能参数；

  5 电子信息系统的网络结构；

  6 电源线路、信号线路进入建筑物的方式；

  7 供、配电情况及其配电系统接地方式等。

5.1.5 扩、改建工程除应具备上述资料外，还应收集下列相关资料：

  1 防直击雷接闪装置的现状；

2　引下线的现状及其与电子信息系统设备接地引入线间的距离；

3　高层建筑物防侧击雷的措施；

4　电气竖井内线路敷设情况；

5　电子信息系统设备的安装情况及耐受冲击电压水平；

6　总等电位连接及各局部等电位连接状况，共用接地装置状况；

7　电子信息系统的功能j生接地导体与等电位连接网络互连情况；

8　地下管线、隐蔽工程分布情况；

9　曾经遭受过的雷击灾害的记录等资料。

5.2　等电位连接与共用接地系统设计

5.2.1　机房内电子信息设备应作等电位连接。等电位连接的结构形式应采用 S 型、M 型或它们的组合（图 5.2.1）。电气和电子设备的金属外壳、机柜、机架、金属管、槽、屏蔽线缆金属外层、电子设备防静电接地、安全保护接地、功能性接地、浪涌保护器接地端等均应以最短的距离与 S 型结构的接地基准点或 M 型结构的网格连接。机房等电位连接网络应与共用接地系统连接。

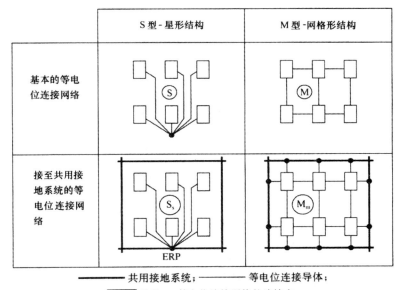

图 5.2.1　电子信息系统等电位连接网络的基本方法

5.2.2　在 LPZ0$_A$ 或 LPZ0$_B$ 区与 LPZ1 区交界处应设置总等电位接地端子板，总等电位接地端子板与接地装置的连接不应少于两处；每层楼宜设置楼层等电位接地端子板；电子信息系统设备机房应设置局部等电位接地端子板。各类等电位接地端子板之间的连接导体宜采用多股铜芯导线或铜带。连接导体最小截面积应符合表 5.2.2 − 1 的规定。各类等电位接地端子板宜采用铜带，其导体最小截面积应符合表 5.2.2 − 2 的规定。

表 5.2.2-1 各类等电位连接导体最小截面积

名称	材料	最小截面积（mm²）
垂直接地干线	多股铜芯导线或铜带	50
楼层端子板与机房局部端子板之间的连接导体	多股铜芯导线或铜带	25
机房局部端子板之间的连接导体	多股铜芯导线	16
设备与机房等电位连接网络之间的连接导体	多股铜芯导线	6
机房网格	铜箔或多股铜芯导体	25

表 5.2.2-2 各类等电位接地端子板最小截面积

名称	材料	最小截面积（mm²）
总等电位接地端子板	铜带	150
楼层等电位接地端子板	铜带	100
机房局部等电位接地端子板（排）	铜带	50

5.2.3 等电位连接网络应利用建筑物内部或其上的金属部件多重互连，组成网格状低阻抗等电位连接网络，并与接地装置构成一个接地系统（图5.2.3）。电子信息设备机房的等电位连接网络可直接利用机房内墙结构柱主钢筋引出的预留接地端子接地。

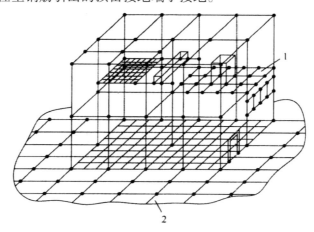

图 5.2.3 由等电位连接网络与接地装置组合构成的三维接地系统示例

1-等电位连接网络；2-接地装置

5.2.4 某些特殊重要的建筑物电子信息系统可设专用垂直接地干线。垂直接地干线由总等电位接地端子板引出，同时与建筑物各层钢筋或均压带连通。各楼层设置的接地端子板应与垂直接地干线连接。垂直接地干线宜在竖井内敷设，通过连接导体引入设备机房与机房局部等电位接地端子板连接。音、视频等专用设备工艺接地干线应通过专用等电位接地端子板独立引至设备机房。

5.2.5 防雷接地与交流工作接地、直流工作接地、安全保护接地共用一组接地装置时。接地装置的接地电阻值必须按接入设备中要求的最小值确定。

5.2.6 接地装置应优先利用建筑物的自然接地体，当自然接地体的接地电阻达不到要求时应增加人工接地体。

5.2.7　机房设备接地线不应从接闪带、铁塔、防雷引下线直接引入。

5.2.8　进入建筑物的金属管线（含金属管、电力线、信号线）应在入口处就近连接到等电位连接端子板上。在 LPZ1 入口处应分别设置适配的电源和信号浪涌保护器，使电子信息系统的带电导体实现等电位连接。

5.2.9　电子信息系统涉及多个相邻建筑物时，宜采用两根水平接地体将各建筑物的接地装置相互连通。

5.2.10　新建建筑物的电子信息系统在设计、施工时，宜在各楼层、机房内墙结构柱主钢筋处引出和预留等电位接地端子。

5.3　屏蔽及布线

5.3.1　为减小雷电电磁脉冲在电子信息系统内产生的浪涌，宜采用建筑物屏蔽、机房屏蔽、设备屏蔽、线缆屏蔽和线缆合理布设措施，这些措施应综合使用。

5.3.2　电子信息系统设备机房的屏蔽应符合下列规定：

　　1　建筑物的屏蔽宜利用建筑物的金属框架、混凝土中的钢筋、金属墙面、金属屋顶等自然金属部件与防雷装置连接构成格栅型大空间屏蔽；

　　2　当建筑物自然金属部件构成的大空间屏蔽不能满足机房内电子信息系统电磁环境要求时，应增加机房屏蔽措施；

　　3　电子信息系统设备主机房宜选择在建筑物低层中心部位，其设备应配置在 LPZ1 区之后的后续防雷区内，并与相应的雷电防护区屏蔽体及结构柱留有一定的安全距离（图 5.3.2）。

　　4　屏蔽效果及安全距离可按本规范附录 D 规定的计算方法确定。

5.3.3　线缆屏蔽应符合下列规定：

　　1　与电子信息系统连接的金属信号线缆采用屏蔽电缆时，应在屏蔽层两端并宜在雷电防护区交界处做等电位连接并接地。当系统要求单端接地时，宜采用两层屏蔽或穿钢管敷设，外层屏蔽或钢管按前述要求处理；

　　2　当户外采用非屏蔽电缆时，从人孔井或手孔井到机房的引入线应穿钢管埋地引入，埋地长度 l 可按公式（5.3.3）计算，但不宜小于 15m；电缆屏蔽槽或金属管道应在入户处进行等电位连接；

$$l \geq 2\sqrt{\rho} \quad (\text{m}) \tag{5.3.3}$$

式中：ρ——埋地电缆处的土壤电阻率（$\Omega \cdot \text{m}$）。

　　3　当相邻建筑物的电子信息系统之间采用电缆互联时，宜采用屏蔽电缆，非屏蔽电缆应敷设在金属电缆管道内；屏蔽电缆屏蔽层两端或金属管道两端应分别连接到独立建筑物各自的等电位连接带上。采用屏蔽电缆互联时，电缆屏蔽层应能承载可预见的雷电流；

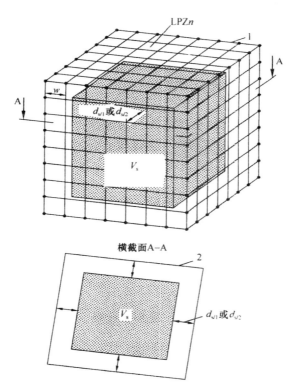

图 5.3.2　LPZn 内用于安装电子信息系统的空间

1 - 屏蔽网格；2 - 屏蔽体；

V_s - 安装电子信息系统的空间；$d_{s/1}$、$d_{s/2}$ - 空间 V_s 与

LPZn 的屏蔽体间应保持的安全距离；ω - 空间屏蔽网格宽度

4　光缆的所有金属接头、金属护层、金属挡潮层、金属加强芯等，应在进入建筑物处直接接地。5.3.4　线缆敷设应符合下列规定：

1　电子信息系统线缆宜敷设在金属线槽或金属管道内。电子信息系统线路宜靠近等电位连接网络的金属部件敷设，不宜贴近雷电防护区的屏蔽层；

2　布置电子信息系统线缆路由走向时，应尽量减小由线缆自身形成的电磁感应环路面积（图 5.3.4）。

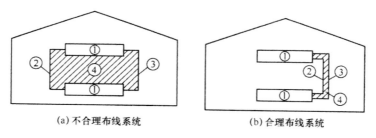

(a) 不合理布线系统　　　　　(b) 合理布线系统

图 5.3.4　合理布线减少感应环路面积

①—设备；②—a 线（电源线）；③—b 线（信号线）；④—感应环路面积

3　电子信息系统线缆与其他管线的间距应符合表 5.3.4 – 1 的规定。

表 5.3.4 – 1 电子信息系统线缆与其他管线的间距

其他管线类别	电子信息系统线缆与其他管线的净距	
	最小平行净距（mm）	最小交叉净距（mm）
防雷引下线	1000	300
保护地线	50	20
给水管	150	20
压缩空气管	150	20
热力管（不包封）	500	500
热力管（包封）	300	300
燃气管	300	20

注：当线缆敷设高度超过 6000mm 时，与防雷引下线的交叉净距应大于或等于

0.05H（H 为交叉处防雷引下线距地面的高度）。

4 电子信息系统信号电缆与电力电缆的间距应符合表 5.3.4 – 2 的规定。

表 5.3.4 – 2 电子信息系统信号电缆与电力电缆的间距

类别	与电子信息系统信号线缆接近状况	最小间距（mm）
380V 电力电缆容量 小于 2kV·A	与信号线缆平行敷设	130
	有一方在接地的金属线槽或钢管中	70
	双方都在接地的金属线槽或钢管中	10
380V 电力电缆容量 （2~5）kV·A	与信号线缆平行敷设	300
	有一方在接地的金属线槽或钢管中	150
	双方都在接地的金属线槽或钢管中	80
380V 电力电缆容量 大于 5kV·A	与信号线缆平行敷设	600
	有一方在接地的金属线槽或钢管中	300
	双方都在接地的金属线槽或钢管中	150

注：1 当 380V 电力电缆的容量小于 2kV·A，双方都在接地的线槽中，且平行长度小于或等于 10m 时，最小间距

可为 10mm。

2 双方都在接地的线槽中，系指两个不同的线槽，也可在同一线槽中用金属板隔开。

5.4 浪涌保护器的选择

5.4.1 室外进、出电子信息系统机房的电源线路不宜采用架空线路。

5.4.2 电子信息系统设备由 1N 交流配电系统供电时，从建筑物内总配电柜（箱）开始引出的配电线路必须采用 TN – S 系统的接地形式。

5.4.3 电源线路浪涌保护器的选择应符合下列规定：

1 配电系统中设备的耐冲击电压额定值 U_w 可按表5.4.3-1规定选用。

表5.4.3-1 220V/380V 三相配电系统中各种设备耐冲击电压额定值 U_w

设备位置	电源进线端设备	配电分支线路设备	用电设备	需要保护的电子信息设备
耐冲击电压类别	IV 类	III 类	II 类	I 类
U_w (kV)	6	4	2.5	1.5

2 浪涌保护器的最大持续工作电压 U_c 不应低于表5.4.3-2规定的值。

表5.4.3-2 浪涌保护器的最小 U_c 值

浪涌保护器安装位置	配电网络的系统特征				
	TT 系统	TN-C 系统	TN-S 系统	引出中性线的 IT 系统	无中性线引出的 IT 系统
每一相线与中性线间	$1.15U_0$	不适用	$1.15U_0$	$1.15U_0$	不适用
每一相线与 PE 线间	$1.15U_0$	不适用	$1.15U_0$	$\sqrt{3}U_0$	线电压*
中性线与 PE 线间	U_0	不适用	U_0	U_0	不适用
每一相线与 PEN 线间	不适用	$1.15U_0$	不适用	不适用	不适用

注: 1 标有*的值是故障下最坏的情况,所以不需计及15%的允许误差;

2 U_0 是低压系统相线对中性线的标称电压,即相电压220V;

3 此表适用于符合现行国家标准《低压电涌保护器(SPD)第1部分:低压配电系统的电涌保护器性能要求和试验方法》GB 18802.1 的浪涌保护器产品。

3 进入建筑物的交流供电线路,在线路的总配电箱等 $LPZ0_A$ 或 $LPZ0_B$ 与LPZ1区交界处,应设置I类试验的浪涌保护器或II类试验的浪涌保护器作为第一级保护;在配电线路分配电箱、电子设备机房配电箱等后续防护区交界处,可设置II类或III类试验的浪涌保护器作为后级保护;特殊重要的电子信息设备电源端口可安装II类或III类试验的浪涌保护器作为精细保护(图5.4.3-1)。使用直流电源的信息设备,视其工作电压要求,宜安装适配的直流电源线路浪涌保护器。

4 浪涌保护器设置级数应综合考虑保护距离、浪涌保护器连接导线长度、被保护设备耐冲击电压额定值 U_w 等因素。各级浪涌保护器应能承受在安装点上预计的放电电流,其有效保护水平 $U_{p/f}$ 应小于相应类别设备的 U_w。

5 LPZ0 和 LPZ1 界面处每条电源线路的浪涌保护器的冲击电流 I_{imp} 当采用非屏蔽线缆时按公式(5.4.3-1)估算确定;当采用屏蔽线缆时按公式(5.4.3-2)估算确定;当无法计算确定时应取 I_{imp} 大于或等于12.5kA。

$$I_{imp} = \frac{0.5I}{(n_1 + n_2)\,m} \quad (kA) \tag{5.4.3-1}$$

$$I_{imp} = \frac{0.5IR_s}{(n_1 + n_2) \times (mR_s + R_c)} \quad (kA) \tag{5.4.3-2}$$

式中: I——雷电流,按本规范附录C确定(kA);

n_1——埋地金属管、电源及信号线缆的总数目;

n_2——架空金属管、电源及信号线缆的总数目;

m——每一线缆内导线的总数目;

R_s——屏蔽层每千米的电阻（Ω/km）；

R_c——芯线每千米的电阻（Ω/km）。

6　当电压开关型浪涌保护器至限压型浪涌保护器之间的线路长度小于10m、限压型浪涌保护器之间的线路长度小于5m时，在两级浪涌保护器之间应加装退耦装置。当浪涌保护器具有能量自动配合功能时，浪涌保护器之间的线路长度不受限制。浪涌保护器应有过电流保护装置和劣化显示功能。

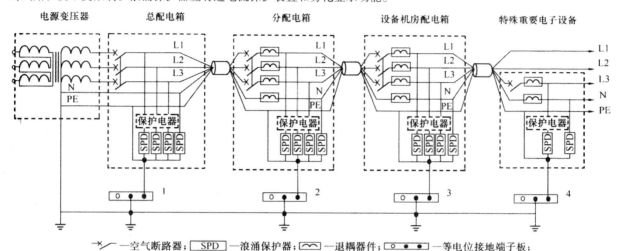

—X—一空气断路器；　SPD 一浪涌保护器；　一退耦器件；　一等电位接地端子板；

1—总等电位接地端子板；2—楼层等电位接地端子板；3、4—局部等电位接地端子板

图 5.4.3 - 1　TN - S 系统的配电线路浪涌保护器安装位置示意图

7　按本规范第4.2节或4.3节确定雷电防护等级时，用于电源线路的浪涌保护器的冲击电流和标称放电电流参数推荐值宜符合表5.4.3 - 3规定。

表 5.4.3 - 3　电源线路浪涌保护器冲击电流和标称放电电流参数推荐值

雷电防护等级	总配电箱		分配电箱	设备机房配电箱和需要特殊保护的电子信息设备端口处	
	LPZ0 与 LPZ1 边界		LPZ1 与 LPZ2 边界	后续防护区的边界	
	$10/350\mu s$ Ⅰ类试验	$8/20\mu s$ Ⅱ类试验	$8/20\mu s$ Ⅱ类试验	$8/20\mu s$ Ⅱ类试验	$1.2/50\mu s$ 和 $8/20\mu s$ 复合波Ⅲ类试验
	I_{imp}（kA）	I_n（kA）	I_n（kA）	I_n（kA）	U_{oc}（kV）/I_{sc}（kA）
A	≥20	≥80	≥40	≥5	≥10/≥5
B	≥15	≥60	≥30	≥5	≥10/≥5
C	≥12.5	≥50	≥20	≥3	≥6/≥3
D	≥12.5	≥50	≥10	≥3	≥6/≥3

注：SPD分级应根据保护距离、SPD连接导线长度、被保护设备耐冲击电压额定值 U_w 等因素确定。

8电源线路浪涌保护器在各个位置安装时，浪涌保护器的连接导线应短直，其总长度不宜大于0.5m。有效保护水平 $U_{p/f}$ 应小于设备耐冲击电压额定值 U_w（图5.4.3 - 2）。

9　电源线路浪涌保护器安装位置与被保护设备间的线路长度大于10m且有效保护水平大于$U_w/2$ 时，应按公式（5.4.3 - 3）和公式（5.4.3 - 4）估算振荡保护距离 L_{po}；当建筑物位于多雷区

或强雷区且没有线路屏蔽措施时，应按公式（5.4.3－5）和公式（5.4.3＊6）估算感应保护距离 L_{pi}。

$$L_{po} = (U_w - U_{P/f})/k \quad (m) \tag{5.4.3-3}$$

$$k = 25 \quad (V/m) \tag{5.4.3-4}$$

$$L_{pi} = (U_w - U_{p/f})/h \quad (m) \tag{5.4.3-5}$$

$$h = 30000 \times K_{s1} \times K_{s2} \times K_{s3} \quad (V/m) \tag{5.4.3-6}$$

式中：U_w——设备耐冲击电压额定值；

$U_{p/f}$——有效保护水平，即连接导线的感应电压降与浪涌保护器的 U_p 之和；

K_{s1}、K_{s2}、K_{s3}——本规范附录 B 第 B.5.14 条中给出的因子。

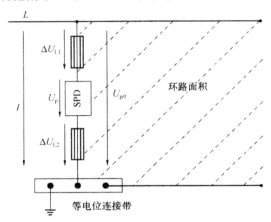

图 5.4.3－2　相线与等电位连接带之间的电压

I – 局部雷电流；$U_{p/f} = U_p + \triangle U$ —有效保护水平；

U_p – SPD 的电压保护水平；

$\triangle U = \triangle U_{L1} + \triangle U_{L2}$—连接导线上的感应电压

10　入户处第一级电源浪涌保护器与被保护设备间的线路长度大于 L_{po} 或 L_{pi} 值时，应在配电线路的分配电箱处或在被保护设备处增设浪涌保护器。当分配电箱处电源浪涌保护器与被保护设备间的线路长度大于 L_{po} 或 L_{pi} 值时，应在被保护设备处增设浪涌保护器。被保护的电子信息设备处增设浪涌保护器时，U_p 应小于设备耐冲击电压额定值 U_w，宜留有 20% 裕量。在一条线路上设置多级浪涌保护器时应考虑他们之间的能量协调配合。

5.4.4　信号线路浪涌保护器的选择应符合下列规定：

1　电子信息系统信号线路浪涌保护器应根据线路的工作频率、传输速率、传输带宽、工作电压、接口形式和特性阻抗等参数，选择插入损耗小、分布电容小、并与纵向平衡、近端串扰指标适配的浪涌保护器。U_c 应大于线路上的最大工作电压 1.2 倍，U_p 应低于被保护设备的耐冲击电压额定值 U_w。

2　电子信息系统信号线路浪涌保护器宜设置在雷电防护区界面处（图 5.4.4）。根据雷电过电压、过电流幅值和设备端口耐冲击电压额定值，可设单级浪涌保护器，也可设能量配合的多级浪涌保护器。

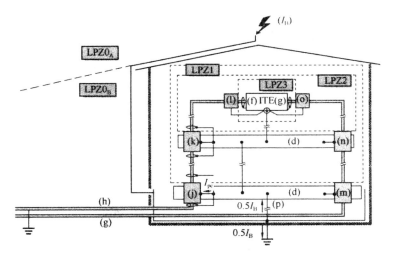

图 5.4.4　信号线路浪涌保护器的设置

（d）雷电防护区边界的等电位连接端子板；（m、n、o）符合Ⅰ、Ⅱ或Ⅲ类
试验要求的电源浪涌保护器；（f）—信号接口；（p）—接地线；
（g）—电源接口；LPZ 雷电防护区；（h）信号线路或网络；
I_{pc}—一部分雷电流；（j、k、l）—不同防雷区边界的信号
线路浪涌保护器；I_B—直击雷电流

3　信号线路浪涌保护器的参数宜符合表 5.4.4 的规定。

表 5.4.4　信号线路浪涌保护器的参数推荐值

雷电防护区		LPZ0/1	LPZ1/2	LPZ2/3
浪涌范围	10/350μs	0.5kV～2.5kV	—	—
	1.2/50μs、8/20μs	—	0.5kV～10kV 0.25kA～5kA	0.5kV～1kV 0.25kA～0.5kA
	10/700μs、5/300μs	4kV 100A	0.5kV～4kV 25A～10A	—
浪涌保护器的要求	SPD（j）	D_1、B_2	—	—
	SPD（k）	—	C_2、B_2	—
	SPD（l）	—	—	C_1

注：1　SPD（j、k、l）见本规范图 5.4.4；

　　2　浪涌范围为最小的耐受要求，可能设备本身具备 LPZ2/3 栏标注的耐受能力；

　　3　B_2、C_1、C_2、D_1 等是本规范附录 E 规定的信号线路浪涌保护器冲击试验类型。

5.4.5　天馈线路浪涌保护器的选择应符合下列规定：

1　天线应置于直击雷防护区（$LPZ0_B$）内。

2　应根据被保护设备的工作频率、平均输出功率、连接器形式及特性阻抗等参数选用插入损

耗小，电压驻波比小，适配的天馈线路浪涌保护器。

3 天馈线路浪涌保护器应安装在收/发通信设备的射频出、入端口处。其参数应符合表5.4.5规定。

表5.4.5 天馈线路浪涌保护器的主要技术参数推荐表

工作频率 （MHz）	传输功率 （W）	电压驻波比	插入损耗 （dB）	接口方式	特性阻抗 （Ω）	U_c（V）	I_{ipm} （kA）	U_p （V）
1.5～6000	≥1.5倍系统平均功率	≤1.3	≤0.3	应满足系统接口要求	50/75	大于线路上最大运行电压	≥2 kA 或按用户要求确定	小于设备端口 U_w

4 具有多副天线的天馈传输系统，每副天线应安装适配的天馈线路浪涌保护器。当天馈传输系统采用波导管传输时，波导管的金属外壁应与天线架、波导管支撑架及天线反射器电气连通，其接地端应就近接在等电位接地端子板上。

5 天馈线路浪涌保护器接地端应采用能承载预期雷电流的多股绝缘铜导线连接到 LPZ0$_A$ 或 LPZ0B 与 LPZ1 边界处的等电位接地端子板上，导线截面积不应小于6mm²。同轴电缆的前、后端及进机房前应将金属屏蔽层就近接地。

5.5 电子信息系统的防雷与接地

5.5.1 通信接入网和电话交换系统的防雷与接地应符合下列规定：

1 有线电话通信用户交换机设备金属芯信号线路，应根据总配线架所连接的中继线及用户线的接口形式选择适配的信号线路浪涌保护器；

2 浪涌保护器的接地端应与配线架接地端相连，配线架的接地线应采用截面积不小于16mm²的多股铜线接至等电位接地端子板上；

3 通信设备机柜、机房电源配电箱等的接地线应就近接至机房的局部等电位接地端子板上；

4 引入建筑物的室外铜缆宜穿钢管敷设，钢管两端应接地。

5.5.2 信息网络系统的防雷与接地应符合下列规定：

1 进、出建筑物的传输线路上，在 LPZ0$_A$ 或 LPZ0$_B$ 与 LPZ1 的边界处应设置适配的信号线路浪涌保护器。被保护设备的端口处宜设置适配的信号浪涌保护器。网络交换机、集线器、光电端机的配电箱内，应加装电源浪涌保护器。

2 入户处浪涌保护器的接地线应就近接至等电位接地端子板；设备处信号浪涌保护器的接地线宜采用截面积不小于1.5mm²的多股绝缘铜导线连接到机架或机房等电位连接网络上。计算机网络的安全保护接地、信号工作地、屏蔽接地、防静电接地和浪涌保护器的接地等均应与局部等电位连接网络连接。

5.5.3 安全防范系统的防雷与接地应符合下列规定：

1 置于户外摄像机的输出视频接口应设置视频信号线路浪涌保护器。摄像机控制信号线接口处（如 RS485、RS424 等）应设置信号线路浪涌保护器。解码箱处供电线路应设置电源线路浪涌保护器。

2 主控机、分控机的信号控制线、通信线、各监控器的报警信号线，宜在线路进出建筑物 LPZ0$_A$ 或 LPZ0$_B$ 与 LPZ1 边界处设置适配的线路浪涌保护器。

3 系统视频、控制信号线路及供电线路的浪涌保护器，应分别根据视频信号线路、解码控制信号线路及摄像机供电线路的性能参数来选择，信号浪涌保护器应满足设备传输速率、带宽要求，并与被保护设备接口兼容。

4 系统的户外供电线路、视频信号线路、控制信号线路应有金属屏蔽层并穿钢管埋地敷设，屏蔽层及钢管两端应接地。视频信号线屏蔽层应单端接地，钢管应两端接地。信号线与供电线路应分开敷设。

5 系统的接地宜采用共用接地系统。主机房宜设置等电位连接网络，系统接地干线宜采用多股铜芯绝缘导线，其截面积应符合表 5.2.2 - 1 的规定。

5.5.4 火灾自动报警及消防联动控制系统的防雷与接地应符合下列规定：

1 火灾报警控制系统的报警主机、联动控制盘、火警广播、对讲通信等系统的信号传输线缆宜在线路进出建筑物 LPZ0$_A$ 或 LPZ0$_B$ 与 LPZ1 边界处设置适配的信号线路浪涌保护器。

2 消防控制中心与本地区或城市"119"报警指挥中心之间联网的进出线路端口应装设适配的信号线路浪涌保护器。

3 消防控制室内所有的机架（壳）、金属线槽、安全保护接地、浪涌保护器接地端均应就近接至等电位连接网络。

4 区域报警控制器的金属机架（壳）、金属线槽（或钢管）、电气竖井内的接地干线、接线箱的保护接地端等，应就近接至等电位接地端子板。

5 火灾自动报警及联动控制系统的接地应采用共用接地系统。接地干线应采用铜芯绝缘线，并宜穿管敷设接至本楼层或就近的等电位接地端子板。

5.5.5 建筑设备管理系统的防雷与接地应符合下列规定：

1 系统的各种线路在建筑物 LPZ0$_A$ 或 LPZ0$_B$ 与 LPZ1 边界处应安装适配的浪涌保护器。

2 系统中央控制室宜在机柜附近设等电位连接网络。室内所有设备金属机架（壳）、金属线槽、保护接地和浪涌保护器的接地端等均应做等电位连接并接地。

3 系统的接地应采用共用接地系统，其接地干线宜采用铜芯绝缘导线穿管敷设，并就近接至等电位接地端子板，其截面积应符合表 5.2.2 - 1 的规定。

5.5.6 有线电视系统的防雷与接地应符合下列规定：

1 进、出有线电视系统前端机房的金属芯信号传输线宜在人、出口处安装适配的浪涌保护器。

2 有线电视网络前端机房内应设置局部等电位接地端子板，并采用截面积不小于 25mm² 的铜芯导线与楼层接地端子板相连。机房内电子设备的金属外壳、线缆金属屏蔽层、浪涌保护器的接地

以及 PE 线都应接至局部等电位接地端子板上。

3　有线电视信号传输线路宜根据其干线放大器的工作频率范围、接口形式以及是否需要供电电源等要求，选用电压驻波比和插入损耗小的适配的浪涌保护器。地处多雷区、强雷区的用户端的终端放大器应设置浪涌保护器。

4　有线电视信号传输网络的光缆、同轴电缆的承重钢绞线在建筑物入户处应进行等电位连接并接地。光缆内的金属加强芯及金属护层均应良好接地。

5.5.7　移动通信基站的防雷与接地应符合下列规定：

1　移动通信基站的雷电防护宜进行雷电风险评估后采取防护措施。

2　基站的天线应设置于直击雷防护区（LPZ0$_B$）内。

3　基站天馈线应从铁塔中心部位引下，同轴电缆在其上部、下部和经走线桥架进入机房前，屏蔽层应就近接地。当铁塔高度大于或等于 60m 时，同轴电缆金属屏蔽层还应在铁塔中间部位增加一处接地。

4　机房天馈线入户处应设室外接地端子板作为馈线和走线桥架入户处的接地点，室外接地端子板应直接与地网连接。馈线入户下端接地点不应接在室内设备接地端子板上，亦不应接在铁塔一角上或接闪带上。

5　当采用光缆传输信号时，应符合本规范第 5.3.3 条第 4 款的规定。

6　移动基站的地网应由机房地网、铁塔地网和变压器地网相互连接组成。机房地网由机房建筑基础和周围环形接地体组成，环形接地体应与机房建筑物四角主钢筋焊接连通。

5.5.8　卫星通信系统防雷与接地应符合下列规定：

1　在卫星通信系统的接地装置设计中，应将卫星天线基础接地体、电力变压器接地装置及站内各建筑物接地装置互相连通组成共用接地装置。

2　设备通信和信号端口应设置浪涌保护器保护，并采用等电位连接和电磁屏蔽措施，必要时可改用光纤连接。站外引入的信号电缆屏蔽层应在入户处接地。

3　卫星天线的波导管应在天线架和机房人口外侧接地。

4　卫星天线伺服控制系统的控制线及电源线，应采用屏蔽电缆，屏蔽层应在天线处和机房人口外接地，并应设置适配的浪涌保护器保护。

5　卫星通信天线应设置防直击雷的接闪装置，使天线处于 LPZ0$_B$ 防护区内。

6　当卫星通信系统具有双向（收/发）通信功能且天线架设在高层建筑物的屋面时，天线架应通过专引接地线（截面积大于或等于 25mm^2 绝缘铜芯导线）与卫星通信机房等电位接地端子板连接，不应与接闪器直接连接。

6　防雷施工

6.1　一般规定

6.1.1　建筑物电子信息系统防雷工程施工应按本规范的规定和已批准的设计施工文件进行。

6.1.2　建筑物电子信息系统防雷工程中采用的器材应符合国家现行有关标准的规定，并应有合格证书。

6.1.3　防雷工程施工人员应持证上岗。

6.1.4　测试仪表、量具应鉴定合格，并在有效期内使用。

6.2　接地装置

6.2.1　人工接地体宜在建筑物四周散水坡外大于1m处埋设，在土壤中的埋设深度不应小于0.5m。冻土地带人工接地体应埋设在冻土层以下。水平接地体应挖沟埋设，钢质垂直接地体宜直接打入地沟内，其间距不宜小于其长度的2倍并均匀布置。铜质材料、石墨或其他非金属导电材料接地体宜挖坑埋设或参照生产厂家的安装要求埋设。

6.2.2　垂直接地体坑内、水平接地体沟内宜用低电阻率土壤回填并分层夯实。

6.2.3　接地装置宜采用热镀锌钢质材料。在高土壤电阻率地区，宜采用换土法、长效降阻剂法或其他新技术、新材料降低接地装置的接地电阻。

6.2.4　钢质接地体应采用焊接连接。其搭接长度应符合下列规定：

　　1　扁钢与扁钢（角钢）搭接长度为扁钢宽度的2倍，不少于三面施焊；

　　2　圆钢与圆钢搭接长度为圆钢直径的6倍，双面施焊；

　　3　圆钢与扁钢搭接长度为圆钢直径的6倍，双面施焊；

　　4　扁钢和圆钢与钢管、角钢互相焊接时，除应在接触部位双面施焊外，还应增加圆钢搭接件；圆钢搭接件在水平、垂直方向的焊接长度各为圆钢直径的6倍，双面施焊；

　　5　焊接部位应除去焊渣后作防腐处理。

6.2.5　铜质接地装置应采用焊接或热熔焊，钢质和铜质接地装置之间连接应采用热熔焊，连接部位应作防腐处理。

6.2.6　接地装置连接应可靠，连接处不应松动、脱焊、接触不良。

6.2.7　接地装置施工结束后，接地电阻值必须符合设计要求，隐蔽工程部分应有随工检查验收合格的文字记录档案。

6.3　接地线

6.3.1　接地装置应在不同位置至少引出两根连接导体与室内总等电位接地端子板相连接。接地引出线与接地装置连接处应焊接或热熔焊。连接点应有防腐措施。

6.3.2　接地装置与室内总等电位接地端子板的连接导体截面积，铜质接地线不应小于50mm²，当采用扁铜时，厚度不应小于2mm；钢质接地线不应小于100mm²，当采用扁钢时，厚度不小

于4mm。

6.3.3　等电位接地端子板之间应采用截面积符合表5.2.2-1要求的多股铜芯导线连接，等电位接地端子板与连接导线之间宜采用螺栓连接或压接。当有抗电磁干扰要求时，连接导线宜穿钢管敷设。

6.3.4　接地线采用螺栓连接时，应连接可靠，连接处应有防松动和防腐蚀措施。接地线穿过有机械应力的地方时，应采取防机械损伤措施。

6.3.5　接地线与金属管道等自然接地体的连接应根据其工艺特点采用可靠的电气连接方法。

6.4　等电位接地端子板（等电位连接带）

6.4.1　在雷电防护区的界面处应安装等电位接地端子板，材料规格应符合设计要求，并应与接地装置连接。

6.4.2　钢筋混凝土建筑物宜在电子信息系统机房内预埋与房屋内墙结构柱主钢筋相连的等电位接地端子板，并宜符合下列规定：

　　1　机房采用S型等电位连接时，宜使用不小于25mm×3mm的铜排作为单点连接的等电位接地基准点；

　　2　机房采用M型等电位连接时，宜使用截面积不小于25mm^{2}的铜箔或多股铜芯导体在防静电活动地板下做成等电位接地网格。

6.4.3　砖木结构建筑物宜在其四周埋设环形接地装置。电子信息设备机房宜采用截面积不小于50mm^{2}铜带安装局部等电位连接带，并采用截面积不小于25mm^{2}的绝缘铜芯导线穿管与环形接地装置相连。

6.4.4　等电位连接网格的连接宜采用焊接、熔接或压接。连接导体与等电位接地端子板之间应采用螺栓连接，连接处应进行热搪锡处理。

6.4.5　等电位连接导线应使用具有黄绿相间色标的铜质绝缘导线。

6.4.6　对于暗敷的等电位连接线及其连接处，应做隐蔽工程记录，并在竣工图上注明其实际部位、走向。

6.4.7　等电位连接带表面应无毛刺、明显伤痕、残余焊渣，安装平整、连接牢固，绝缘导线的绝缘层无老化龟裂现象。

6.5　浪涌保护器

6.5.1　电源线路浪涌保护器的安装应符合下列规定：

　　1　电源线路的各级浪涌保护器应分别安装在线路进入建筑物的入口、防雷区的界面和靠近被保护设备处。各级浪涌保护器连接导线应短直，其长度不宜超过0.5m，并固定牢靠。浪涌保护器各接线端应在本级开关、熔断器的下桩头分别与配电箱内线路的同名端相线连接，浪涌保护器的接地端应以最短距离与所处防雷区的等电位接地端子板连接。配电箱的保护接地线（PE）应与等电位接地端子板直接连接。

2 带有接线端子的电源线路浪涌保护器应采用压接；带有接线柱的浪涌保护器宜采用接线端子与接线柱连接。

3 浪涌保护器的连接导线最小截面积宜符合表 6.5.1 的规定。

表 6.5.1 浪涌保护器连接导线最小截面积

SPD 级数	SPD 的类型	导线截面积（mm²）	
		SPD 连接相线铜导线	SPD 接地端连接铜导线
第一级	开关型或限压型	6	10
第二级	限压型	4	6
第三级	限压型	2.5	4
第四级	限压型	2.5	4

注：组合型 SPD 参照相应级数的截面积选择。

6.5.2 天馈线路浪涌保护器的安装应符合下列规定：

1 天馈线路浪涌保护器应安装在天馈线与被保护设备之间，宜安装在机房内设备附近或机架上，也可以直接安装在设备射频端口上；

2 天馈线路浪涌保护器的接地端应采用截面积不小于 6mm² 的铜芯导线就近连接到 LPZ0$_A$ 或 LPZ0$_B$ 与 LPZ1 交界处的等电位接地端子板上，接地线应短直。

6.5.3 信号线路浪涌保护器的安装应符合下列规定：

1 信号线路浪涌保护器应连接在被保护设备的信号端口上。浪涌保护器可以安装在机柜内，也可以固定在设备机架或附近的支撑物上。

2 信号线路浪涌保护器接地端宜采用截面积不小于 1.5mm² 的铜芯导线与设备机房等电位连接网络连接，接地线应短直。

6.6 线缆敷设

6.6.1 接地线在穿越墙壁、楼板和地坪处宜套钢管或其他非金属的保护套管，钢管应与接地线做电气连通。

6.6.2 线槽或线架上的线缆绑扎间距应均匀合理，绑扎线扣应整齐，松紧适宜；绑扎线头宜隐藏不外露。

6.6.3 接地线、浪涌保护器连接线的敷设宜短直、整齐。

6.6.4 接地线、浪涌保护器连接线转弯时弯角应大于 90 度，弯曲半径应大于导线直径的 10 倍。

7 检测与验收

7.1 检 测

7.1.1 防雷装置检测应按现行有关标准执行。

7.1.2 检测仪表、量具应鉴定合格，并在有效期内使用。

7.2 验收项目

7.2.1 接地装置验收应包括下列项目：

1 接地装置的结构和安装位置；

2 接地体的埋设间距、深度、安装方法；

3 接地装置的接地电阻；

4 接地装置的材质、连接方法、防腐处理；

5 随工检测及隐蔽工程记录。

7.2.2 接地线验收应包括下列项目：

1 接地装置与总等电位接地端子板连接导体规格和连接方法；

2 接地干线的规格、敷设方式、与楼层等电位接地端子板的连接方法；

3 楼层等电位接地端子板与机房局部等电位接地端子板连线的规格、敷设方式、连接方法；

4 接地线与接地体、金属管道之间的连接方法；

5 接地线在穿越墙体、伸缩缝、楼板和地坪时加装的保护管是否满足设计要求。

7.2.3 等电位接地端子板（等电位连接带）验收应包括下列项目：

1 等电位接地端子板（等电位连接带）的安装位置、材料规格和连接方法；

2 等电位连接网络的安装位置、材料规格和连接方法；

3 电子信息系统的外露导电物体、各种线路、金属管道以及信息设备等电位连接的材料规格和连接方法。

7.2.4 屏蔽设施验收应包括下列项目：

1 电子信息系统机房和设备屏蔽设施的安装方法；

2 进出建筑物线缆的路由布置、屏蔽方式；

3 进出建筑物线缆屏蔽设施的等电位连接。

7.2.5 浪涌保护器验收应包括下列项目：

1 浪涌保护器的安装位置、连接方法、工作状态指示；

2 浪涌保护器连接导线的长度、截面积；

3 电源线路各级浪涌保护器的参数选择及能量配合。

7.2.6 线缆敷设验收应包括下列项目：

1 电源线缆、信号线缆的敷设路由；

2 电源线缆、信号线缆的敷设间距；

3 电子信息系统线缆与电气设备的间距。

7.3 竣工验收

7.3.1 防雷工程竣工后，应由相关单位代表进行验收。

7.3.2　防雷工程竣工验收时，凡经随工检测验收合格的项目，不再重复检验。如果验收组认为有必要时，可进行复检。

7.3.3　检验不合格的项目不得交付使用。

7.3.4　防雷工程竣工后，应由施工单位提出竣工验收报告，并由工程监理单位对施工安装质量作出评价。竣工验收报告宜包括以下内容：

　　1　项目概述；

　　2　施工与安装；

　　3　防雷装置的性能、被保护对象及范围；

　　4　接地装置的形式和敷设；

　　5　防雷装置的防腐蚀措施；

　　6　接地电阻以及有关参数的测试数据和测试仪器；

　　7　等电位连接带及屏蔽设施；

　　8　其他应予说明的事项；

　　9　结论和评价。

7.3.5　防雷工程竣工，应由施工单位提供下列技术文件和资料：

　　1　竣工图：

　　1）防雷装置安装竣工图；

　　2）接地线敷设竣工图；

　　3）接地装置安装竣工图；

　　4）等电位连接带安装竣工图；

　　5）屏蔽设施安装竣工图。

　　2　被保护设备一览表。

　　3　变更设计的说明书或施工洽谈单。

　　4　安装工程记录（包括隐蔽工程记录）。

　　5　重要会议及相关事宜记录。

　　8　维护与管理

8.1　维　　护

8.1.1　防雷装置的维护应分为定期维护和日常维护两类。

8.1.2　每年在雷雨季节到来之前，应进行一次定期全面检测维护。

8.1.3　日常维护应在每次雷击之后进行。在雷电活动强烈的地区，对防雷装置应随时进行目测检查。

8.1.4　检测外部防雷装置的电气连续性，若发现有脱焊、松动和锈蚀等，应进行相应的处理，特别是在断接卡或接地测试点处，应经常进行电气连续性测量。

8.1.5 检查接闪器、杆塔和引下线的腐蚀情况及机械损伤，包括由雷击放电所造成的损伤情况。若有损伤，应及时修复；当锈蚀部位超过截面的三分之一时，应更换。

8.1.6 测试接地装置的接地电阻值，若测试值大于规定值，应检查接地装置和土壤条件，找出变化原因，采取有效的整改措施。

8.1.7 检测内部防雷装置和设备金属外壳、机架等电位连接的电气连续性，若发现连接处松动或断路，应及时更换或修复。

8.1.8 检查各类浪涌保护器的运行情况：有无接触不良、漏电流是否过大、发热、绝缘是否良好、积尘是否过多等。出现故障，应及时排除或更换。

8.2 管 理

8.2.1 防雷装置应由熟悉雷电防护技术的专职或兼职人员负责维护管理。

8.2.2 防雷装置投入使用后，应建立管理制度。对防雷装置的设计、安装、隐蔽工程图纸资料、年检测试记录等，均应及时归档，妥善保管。

8.2.3 雷击事故发生后，应及时调查雷害损失，分析致害原因，提出改进措施，并上报主管部门。

消防安全标志设置要求

GB 15630—1995

1 主题内容与适用范围

1.1 本标准规定了消防安全标志的设置场所、原则、要求和方法等。

1.2 本标准适用于使用消防安全标志作为传递消防安全信息的场所。

2 引用标准

GB 13495 消防安全标志

GB J16 建筑设计防火规范

GB J45 高层民用建筑设计防火规范

3 术语

3.1 观察距离 viewing distance

观察者眼睛至标志中心点的距离。

在本标准中，观察距离用字母 D 表示，如图 1 所示。

3.2 观察角 viewing angle

观察者的眼睛和标志中心点的连线与标志所在平面的夹角。

在本标准中，观察角用字母 α 表示，如图 1 所示。

3.3 偏移距离 displacement

标志的中心点至眼睛正视标志所在平面时的视轴的距离。

在本标准中，偏移距离用字母 X 表示，如图 1 所示。

3.4 偏移角 angle of displacement

标志的中心点和眼睛的连线与眼睛正视标志所在平面时的视轴之间的夹角。

在本标准中，偏移角用字母 θ 表示，如图 1 所示。

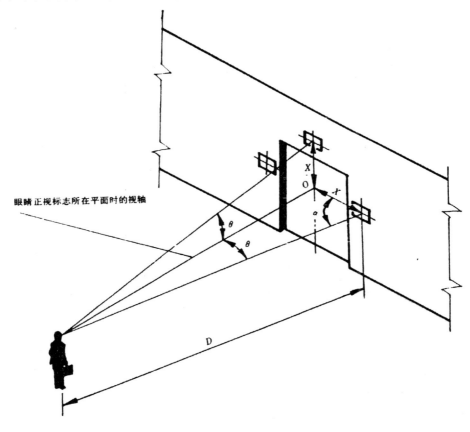

图 1

4 设置场所

4.1 旅游景点、露天娱乐场、市区街道、广场、停车场和集贸市场等。

4.2 GB J16 和 GB J45 中规定的建筑物。

4.3 车站、机场、港口、码头、桥梁、隧道、加油站、交通工具和地下工程等。

4.4 林区、矿区、油田和海上钻井平台等。

4.5 其它设置消防安全标志的场所。

5 设置原则

5.1 商场（店）、影剧院、娱乐厅、体育馆、医院、饭店、旅馆、高层公寓和候车（船、机）室大厅等人员密集的公共场所的紧急出口、疏散通道处、层间异位的楼梯间（如避难层的楼梯间）、大型公共建筑常用的光电感应自动门或360°旋转门旁设置的一般平开疏散门，必须相应地设置"紧急出口"标志。在远离紧急出口的地方，应将"紧急出口"标志与"疏散通道方向"标志联合设置，箭头必须指向通往紧急出口的方向。

5.2 紧急出口或疏散通道中的单向门必须在门上设置"推开"标志，在其反面应设置"拉开"标志。

5.3 紧急出口或疏散通道中的门上应设置"禁止锁闭"标志。

5.4 疏散通道或消防车道的醒目处应设置"禁止阻塞"标志。

5.5 滑动门上应设置"滑动开门"标志，标志中的箭头方向必须与门的开启方向一致。

5.6 需要击碎玻璃板才能拿到钥匙或开门工具的地方或疏散中需要打开板面才能制造一个出口的地方必须设置"击碎板面"标志。

5.7 各类建筑中的隐蔽式消防设备存放地点应相应地设置"灭火设备"、"灭火器"和"消防水带"等标志。室外消防梯和自行保管的消防梯存放点应设置"消防梯"标志。远离消防设备存放地点的地方应将灭火设备标志与方向辅助标志联合设置。

5.8 手动火灾报警按钮和固定灭火系统的手动启动器等装置附近必须设置"消防手动启动器"标志。在远离该装置的地方，应与方向辅助标志联合设置。

5.9 设有火灾报警器或火灾事故广播喇叭的地方应相应地设置"发声警报器"标志。

5.10 设有火灾报警电话的地方应设置"火警电话"标志。对于设有公用电话的地方（如电话亭），也可设置"火警电话"标志。

5.11 设有地下消火栓、消防水泵接合器和不易被看到的地上消火栓等消防器具的地方，应设置"地下消火栓"、"地上消火栓"和"消防水泵接合器"等标志。

5.12 在下列区域应相应地设置"禁止烟火"、"禁止吸烟"、"禁止放易燃物"、"禁止带火种"、"禁止燃放鞭炮"、"当心火灾——易燃物"、"当心火灾——氧化物"和"当心爆炸——爆炸性物质"等标志：

    a. 具有甲、乙、丙类火灾危险的生产厂区、厂房等的入口处或防火区内；

    b. 具有甲、乙、丙类火灾危险的仓库的入口处或防火区内；

    c. 具有甲、乙、丙类液体储罐、堆场等的防火区内；

d. 可燃、助燃气体储罐或罐区与建筑物、堆场的防火区内；

e. 民用建筑中燃油、燃气锅炉房，油浸变压器室，存放、使用化学易燃、易爆物品的商店、作坊、储藏间内及其附近；

f. 甲、乙、丙类液体及其它化学危险物品的运输工具上；

g. 森林和矿山等防火区内。

5.13　存放遇水爆炸的物质或用水灭火会对周围环境产生危险的地方应设置"禁止用水灭火"标志。

5.14　在旅馆、饭店、商场（店）、影剧院、医院、图书馆、档案馆（室）、候车（船、机）室大厅、车、船、飞机和其它公共场所，有关部门规定禁止吸烟，应设置"禁止吸烟"等标志。

5.15　其它有必要设置消防安全标志的地方。

6　设置要求

6.1　消防安全标志应设在与消防安全有关的醒目的位置。标志的正面或其邻近不得有妨碍公共视读的障碍物。

6.2　除必须外，标志一般不应设置在门、窗、架等可移动的物体上，也不应设置在经常被其它物体遮挡的地方。

6.3　设置消防安全标志时，应避免出现标志内容相互矛盾、重复的现象。尽量用最少的标志把必需的信息表达清楚。

6.4　方向辅助标志应设置在公众选择方向的通道处，并按通向目标的最短路线设置。

6.5　设置的消防安全标志，应使大多数观察者的观察角接近90°。

6.6　消防安全标志的尺寸由最大观察距离上）确定。测出所需的最大观察距离以后，根据 GB 13495 附录 A 确定所需标志的大小。

观察距离 D 的确定参照本标准附录 A（参考件）。

6.7　标志的偏移距离 X 应尽量缩小。对于最大观察距离 D 的观察者，偏移角 θ 一般不宜大于5°，最大不应大于15°。如果受条件限制，无法满足该要求，应适当加大标志的尺寸以满足醒目度的要求。

6.8　在所有有关照明下，标志的颜色应保持不变。

6.9　消防安全标志牌的制作材料

6.9.1　疏散标志牌应用不燃材料制作，否则应在其外面加设玻璃或其它不燃透明材料制成的保护罩。

6.9.2　其它用途的标志牌其制作材料的燃烧性能应符合使用场所的防火要求；对室内所用的非疏散标志牌。其制作材料的氧指数不得低于32。

6.10　室内及其出入口的消防安全标志设置要求

6.10.1　疏散标志的设置要求

6.10.1.1 疏散通道中。"紧急出口"标志宜设置在通道两侧部及拐弯处的墙面上，标志牌的上边缘距地面不应大于 1 m，如图 2 所示。也可以把标志直接设置在地面上，上面加盖不燃透明牢固的保护板，如图 3 所示。标志的间距不应大于 20 m，袋形走道的尽头离标志的距离不应大于 10 m。

6.10.1.2 疏散通道出口处，"紧急出口"标志应设置在门框边缘或门的上部，如图 4 所示 A 或 B 的位置。标志牌的上边缘距天花板高 h_1 不应小于 0.5 m。位置 A 处的标志牌下边缘距地面的高度 h_2 不应小于 2.0 m。

6.10.1.3 如果天花板的高度较小，也可以在图 4 中 c、D 的位置设置标志，标志的中心点距地面高度 h_3 应在 1.3 m ~ 1.5 m 之间。

6.10.1.4 悬挂在室内大厅处的疏散标志牌的下边缘距地面的高度不应小于 2.0 m，如图 5 所示。

6.10.2 附着在室内墙面等地方的其它标志牌，其中心点距地面高度应在 1.3 m ~ 1.5 m 之间。

6.10.3 悬挂在室内大厅处的其它标志牌下边缘距地面高度不应小于 2.0 m。

6.10.4 在室内及其出入口处，消防安全标志应设置在明亮的地方。消防安全标志中的禁止标志（圆环加斜线）和警告标志（三角形）在日常情况下其表面的最低平均照度不应小于 5lx，最低照度和平均照度之比（照度均匀度）不应小于 0.7。提示标志（正方形）及其辅助标志应满足以下要求：

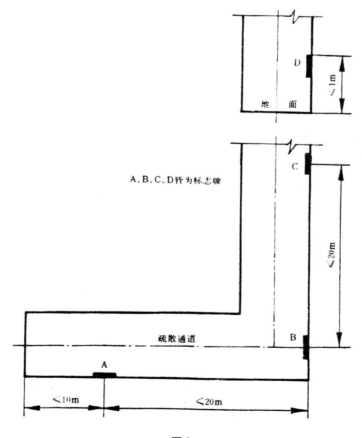

图 2

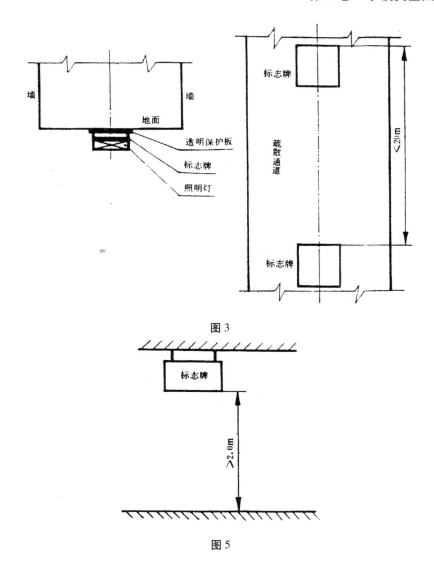

图3

图5

6.10.4.1　需要外部照明的提示标志及其辅助标志，日常情况下其表面的最低平均照度和照度均匀度也应满足上述要求。当发生火灾，正常照明电源中断的情况下，应在5 s内自动切换成应急照明电源，由应急照明灯具照明，标志表面的最低平均照度和照度均匀度仍应满足上述要求。

6.10.4.2　具有内部照明的提示标志及其辅助标志，当标志表面外部照明的照度小于5 lx时，应能在5 s内自动启动内部照明灯具进行照明。当发生火灾，内部照明灯具的正常照明电源中断的情况下，应在5 s内自动切换成应急照明电源。无论在哪种电源供电进行内部照明的情况下，标志表面的平均亮度宜为17～34 cd/m2，但任何小区域内的最大亮度不应大于80 cd/m²，最小亮度不应小于15 cd/m²，最大亮度和最小亮度之比不应大于5：1。

6.10.4.3　用自发光材料制成的提示标志牌及其辅助标志牌，其表面任一发光面积的亮度不应小于0.51 cd/m²。文字辅助标志牌表面的最大亮度和最小亮度之比不应超过3：2，图形标志的最大亮度和最小亮度之比不应超过5：2。

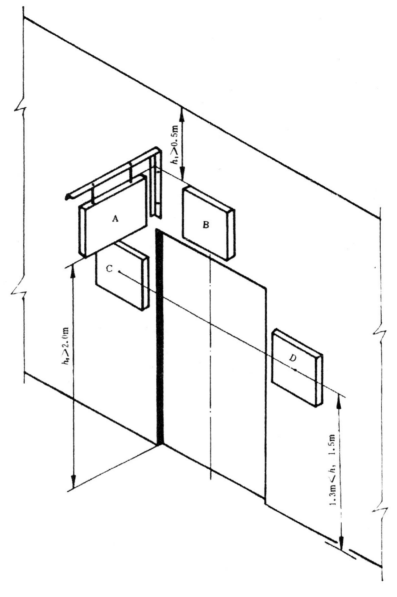

图 4

6.11 室外设置的消防安全标志应满足以下要求：

6.11.1 室外附着在建筑物上的标志牌，其中心点距地面的高度不应小于 1.3 m。

6.11.2 室外用标志杆固定的标志牌的下边缘距地面高度应大于 1.2 m。

6.11.2.1 设置在道路边缘的标志牌，其内边缘距路面（或路肩）边缘不应小于 0.25 m。标志牌下边缘距路面的高度应在 1.8～2.5 m 之间。如图 6 所示。

6.11.2.2 设置在道路边缘的标志牌，在装设时，标志牌所在平面应与行驶方向垂直或成 80°～90° 角，如图 7 所示。

6.11.2.3 设置在道路边缘的警告标志到危险地点的距离，根据道路的计算行车速度，按表 1 选取。

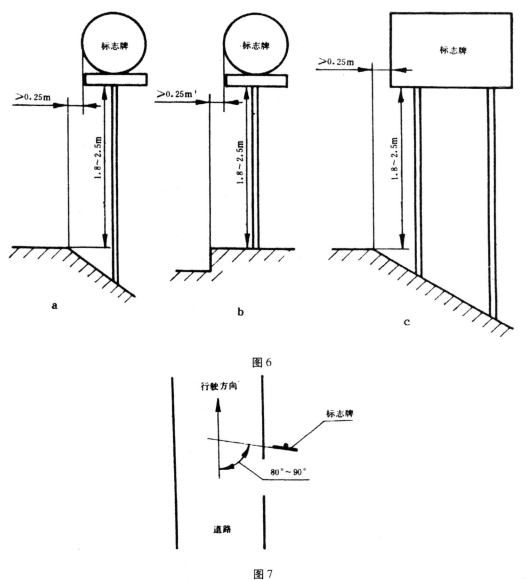

图 6

图 7

表1　警告标志到危险地点的距离

计算行车速度，km/h	>60	≤60
标志到危险地点距离，m	100~250	20~100

6.11.3　消防安全标志牌应设置在室外明亮的环境中。日常情况下使用的各种标志牌的表面最低平均照度不应小于5 lx，照度均匀度不应小于0.7。夜间或较暗环境下使用的消防安全标志牌应采用灯光照明以满足其最低平均照度要求，也可采取自发光材料制作。设置在道路边缘供车辆使用的消防安全标志牌也可采用逆向反射材料制作，反光方式参考附录B（参考件）。

6.12　对于地下工程，"紧急出口"标志宜设置在通道的两侧部及拐弯处的墙面上，标志的中心点距地面高度应在1.0m~1.2m之间，也可设置在地面上（如图3所示）。标志的间距不应大于10 m。

标志的照明应满足 6.10.4 条和 6.13 条的要求。

6.13 给标志提供应急照明的电源，其连续供电时间应满足所处环境的相应标准或规范要求，但不应小于 20 min；

7 设置方法

7.1 方式

7.1.1 附着式：消防安全标志牌可以采用钉挂、粘贴、镶嵌等方式直接附着在建筑物等设施上，如图 3 和图 4 中 B、C、D 所示。

7.1.2 悬挂式：用吊杆、拉链等将标志牌悬挂在相应位置上。适用于宾馆、饭店、候车（船、机）室大厅及出入口等处。如图 5 所示。

7.1.3 柱式：把标志牌固定在标志杆上，竖立于其指示物附近。如图 6 所示。

7.2 间隙

7.2.1 两个或更多的正方形消防安全标志一起设置时，各标志之间至少应留有标志公称尺寸 0.2 倍的间隙，如图 8 所示。

7.2.2 两个相反方向的正方形标志并列设置时，为避免混淆，在两个标志之间至少应留有一个标志的间隙，如图 9 所示。

7.2.3 当疏散标志与灭火设备标志并列设置并且二者方向相同时，应将灭火设备标志放在上面，疏散标志放在下面。两个标志之间的间隙不应小于标志公称尺寸的 0.2 倍。如图 10 所示。

7.2.4 两个以上标志牌可以设置在一根标志杆上。但最多不能超过 4 个。

7.2.4.1 应按照警告标志（三角形）、禁止标志（圆环加斜线）、提示标志（正方形）的顺序先上后下，先左后右地排列，如图 11 所示。

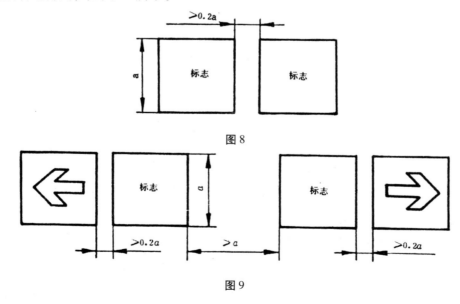

图 8

图 9

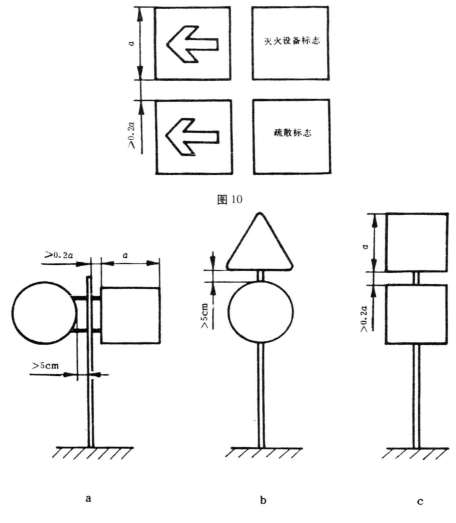

图10

图11

7.2.4.2 根据设置地点，标志的设置应符合本标准第6.11.2条的要求。

7.2.4.3 正方形和其它形状的标志牌共同设置时，正方形标志牌与标志杆之间的间隙不应小于标志公称尺寸的0.2倍，其它形状的标志牌与标志杆之间的间隙应不小于5 cm，如图11a所示。

7.2.4.4 两个或多个三角形（圆形）标志牌或三角形、圆形、正方形标志牌共同设置在同一标志杆时，各标志牌之间的间隙不应小于5 cm，如图11b所示。

7.2.4.5 两个正方形的标志牌设置在一个标志杆上时，两者之间的间隙不应小于标志公称尺寸的0.2倍，如图11c所示。

7.3 固定方法

7.3.1 附着设置的消防安全标志牌如用钉子固定，一般情况下圆形和三角形标志牌至少固定三点，正方形和长方形标志牌至少固定四点。固定点宜选在边缘衬底色部位。用胶粘贴的标志牌应将其背面涂满胶或将其边缘、中心点涂上胶固定。

7.3.2 悬挂设置的消防安全标志牌至少用两根悬挂杆（线），悬挂后不得倾斜。较轻的标志牌应配备较牢固的支架再悬挂。

7.3.3 柱式设置的消防安全标志牌应用螺栓、管箍等牢固地固定在标志杆上。固定方法可参照图12进行。

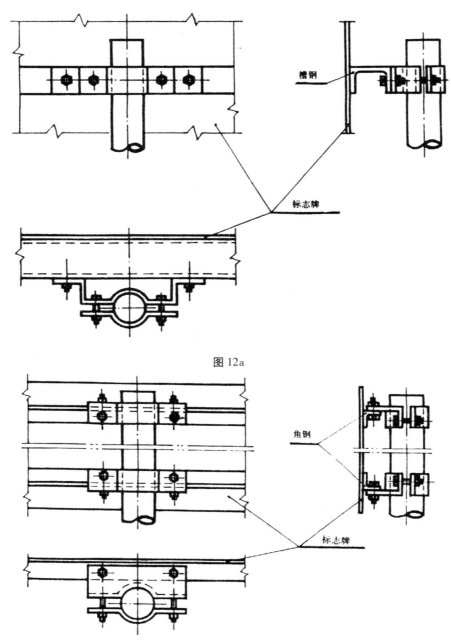

图 12a

图 12b

7.3.3.1 室外设置的消防安全标志牌应考虑风压力的作用，风压力可按下式计算：

$$P = \frac{1}{2}\rho c v^2$$

式中：P——单位面积上的风压力，Pa；

438

ρ——空气密度，一般取 1. 225 8 kg/m³；

c——风力系数（标志牌 $c = 1.2$，标志杆 $c = 0.7$）；

v——风速，m/s（一般为 30 ~ 50 m/s）。

求出外力后，根据标志牌的不同支撑方式进行标志牌、标志杆、横梁、联接螺栓及基础稳定验算，求得各部位断面尺寸等。

7. 3. 3. 2　如果标志牌的强度不够，可以采用加厚、背面加筋或卷边加固等方式提高强度。

7. 3. 4　以其它方式设置的消防安全标志牌都应牢固，以保证其发挥应有的作用。

8　检查与维修

设置的消防安全标志牌及其照明灯具等应至少半年检查一次，出现下列情况之一应及时修整、更换或重新设置：

a. 破坏或丢失；

b. 标志的色度坐标及亮度因数超出其适用范围（参见附录 C 中表 CI）；

c. 逆向反射标志的逆向反射系数小于最小反射系数的 50%（参见附录 C 中表 C2）；

d. 无法满足本标准第 6. 10. 4、6. 11. 3、6. 12 和 6. 13 条要求。

专用校车安全技术条件

GB 24407—2012

1　范围

本标准规定了专用校车术语和定义、类型划分、要求及试验方法。本标准适用于幼儿园阶段 3 周岁以上及九年制义务教育阶段受教育的群体所乘坐的专用校车。

2　规范性引用文件

下列文件对于本文件的应用是必不可少的。凡是注日期的引用文件，仅所注日期的版本适用于本文件。凡是不注日期的引用文件，其最新版本（包括所有的修改单）适用于本文件。

GB/T 2406. 2　塑料用氧指数法测定燃烧行为第 2 部分：室温试验

GB/T 2408 – 2008　塑料燃烧性能的测定水平法和垂直法

GB 4351. 1　手提式灭火器第 1 部分：性能和结构要求

GB/T 5454 纺织品燃烧性能试验氧指数法

GB 5768.2 – 2009 道路交通标志和标线第 2 部分：道路交通标志

GB 8410 – 2006 汽车内饰材料的燃烧特性

GB/T 8627 – 2007 建筑材料燃烧或分解的烟密度试验方法

GB/T 12428 客车装载质量计算方法

GB 12676 汽车制动系统结构、性能和试验方法

GB 13057 客车座椅及其车辆固定件的强度

GB 13094 客车结构安全要求

GB/T 13594 机动车和挂车防抱制动性能和试验方法

GB 13954 – 2009 警车、消防车、救护车、工程救险车标志灯具

GB 14166 机动车乘员用安全带、约束系统、儿童约束系统和 ISOFIX 儿童约束系统

GB 14167 汽车安全带安装固定点、ISOFIX 固定点及上固定点系统

GB/T 14172 汽车静侧翻稳定性台架试验方法

GB 15083 汽车座椅、座椅固定装置及头枕强度要求和试验方法

GB 15084 机动车辆后视镜的性能和安装要求

GB 17578 客车上部结构强度的规定

GB/T 17729 长途客车内空气质量要求

GB/T 18833 公路交通标志反光膜

GB 18986 轻型客车结构安全要求

GB/T 19056 汽车行驶记录仪

GB/T 19596 – 2004 电动汽车术语

GB 24315 校车标识

GB 24406 专用校车学生座椅系统及其车辆固定件的强度

GB/T 24545 车辆车速限制系统技术要求

GB/T 28370 长途客车内空气质量检测方法 JT/T 782 营运客车爆胎应急安全装置技术要求

3　术语和定义

GB/T12428 和 GB13094 中界定的以及下列术语和定义适用于本文件。为了便于使用，以下重复列出了 GB/T 12428 和 GB 13094 中的某些术语和定义。

3.1 专用校车 special school buses

设计和制造上专门用于运送幼儿或学生的校车。

3.2 幼儿专用校车 special school buses for infants

运送 3 周岁以上学龄前幼儿上下学的专用校车。

3.3 小学生专用校车 special school buses for primary school students

运送小学生上下学的专用校车。

3.4 中小学生专用校车 special school buses for primary and junior middle school students

运送九年制义务教育阶段学生（小学生和初中生）上下学的专用校车。

3.5 停车指示牌 stopping signal plate

用于警示其他车辆不得超越已停驻、待学生上下车的校车的标牌。

3.6 出口 exit

乘客门或应急出口。

［GB 13094 – 2007，定义 3.6］

3.7 应急出口 emergency exit

应急门、应急窗或撤离舱口。

［GB 13094 – 2007，定义 3.7］

3.8 应急门 emergency door

仅在异常、紧急情况下作为乘客出口的车门。

［GB 13094 – 2007，定义 3.8］

3.9 应急窗 emergency window GB 24407—2012

仅在紧急情况下作为乘员出口的车窗，该车窗可以不装玻璃。

［GB 13094 – 2007，定义 3.9］

3.10 撤离舱口 escape hatch

仅在紧急情况下供乘客作为应急出口的车顶或地板上的开口，即安全顶窗和地板出口。

［GB 13094 – 2007，定义 3.9］

3.11 "前"和"后" "front" and "rear"

按正常行驶方向的车辆的前或后，"向前"、"最前"、"向后"、"最后"等应作相应解释。

［GB 13094 – 2007，定义 3.26］

3.12 乘员 passengers and crew

客车上乘客、驾驶员和车组人员的总称。

［GB /T 12428 – 2005，定义 3.1］

4　专用校车类型划分

专用校车按车辆结构和用途划分的分类见表 1。

表 1　专用校车分类及基本特征

结构类型	用途	基本特征
轻型专用校车	幼儿专用校车	车长大于5m且小于等于6m
	小学生专用校车	
	中小学生专用校车	
大中型专用校车	幼儿专用校车	车长大于6m且小于等于12m
	小学生专用校车	
	中小学生专用校车	

5　要求和试验方法

5.1　外观标识和主要结构尺寸

5.1.1　专用校车应喷涂符合 GB 24315 要求的专用校车外观标识。

5.1.2　专用校车前部应设置碰撞安全结构。若为前横置发动机，则发动机曲轴中心线应位于前风窗玻璃最前点以前；若为前纵置发动机，则发动机第一缸和第二缸的中心线应位于前风窗玻璃最前点以前；若大中型专用校车其前部碰撞性能不低于前两种结构，可以不限定发动机布置形式。

注：发动机第一缸和第二缸的中心线指发动机第一缸和第二缸缸心距的中心线。

5.1.3　铰接客车和双层客车不应作为专用校车。

5.1.4　专用校车车高不得大于 3.7m。

5.1.5　如果有侧围行李舱体，则行李舱体顶部离地面高度应小于 1.0m。

5.1.6　专用校车不得设置车外行李架。

5.1.7　车内外不得有容易卡住幼儿和小学生手指的孔洞，并不应存在可能致人员受伤的突起、凹陷、尖角等缺陷。

5.2　动力性

专用校车（电动专用校车除外）的比功率应不小于 9.0kW/t。

注1：电动专用校车指 GB/T 19596-2004 中所定义的电动汽车种类：纯电动汽车、混合动力（电动）汽车、燃料电池电动汽车。

注2：比功率为发动机最大净功率（或 0.9 倍的发动机额定功率或 0.9 倍的发动机标定功率）与机动车最大允许总质量之比。

5.3　乘员质量和最大乘员数

5.3.1　幼儿专用校车的每个幼儿的质量按30kg计算，小学生专用校车的每个学生的质量按48kg计算，中小学生专用校车的每个学生的质量按53kg计算，每个照管人员的质量按68kg计算，驾驶员的质量按75kg计算。

5.3.2　幼儿专用校车的最大乘员数应不超过45人；小学生专用校车和中小学生专用校车的最大乘员数应不超过56人。

5.4　转向系统

专用校车应采用助力转向装置。

5.5 制动系统

5.5.1 专用校车应安装符合 GB/T 13594 规定的防抱制动装置。

5.5.2 前轮应安装盘式制动器。

5.5.3 长度大于 8m 的专用校车应安装缓速器或其他辅助制动装置，辅助制动装置性能应符合 GB12676 规定的 IIA 型试验要求。

5.6 传动系统

5.6.1 专用校车应安装符合 GB/T 24545 规定的限速装置，出厂时调定的最高车速应不大于 80km/h。

5.6.2 传动轴应有防止传动轴滑动连接（花键或其他类似装置）脱离或断裂等故障而引起危险的防护装置。

5.7 行驶系统

5.7.1 专用校车应使用无内胎子午线轮胎。

5.7.2 总质量大于 4.5t 的专用校车，后轮应安装双轮胎。

5.7.3 若安装轮胎爆胎应急安全装置，应符合 JT/T 782 的要求。

5.8 前后保险杠

5.8.1 专用校车应安装前、后保险杠。

5.8.2 保险杠应连接到车架或车身骨架上。前保险杠向前伸出到散热器格栅、前照灯、引擎盖部分等的前面，向外延伸到轮罩的外缘，以提供最大的保护；后保险杠应包住车身后角。

5.8.3 保险杠上不应存在可能致人员受伤的突起、凹陷、尖角。

5.9 侧倾稳定性

按 GB/T 14172 规定的方法测试，在每个座椅的座垫上平面按 5.3.1 规定的乘员质量加载（舱，行李舱不应加载），且载荷要牢固固定到座椅上，测得的侧倾稳定角应不小于 32°；同时在空载状态下测量，测得的侧倾稳定角应不小于 35°。

5.10 车身结构、强度、出口及车内布置

5.10.1 车身结构

5.10.1.1 大中型专用校车应为车身骨架结构，同一横截面上的顶梁、立柱和底架主横梁应形成封闭环（轮罩与顶风窗处除外），从侧窗上纵梁到底横梁之间的车身立柱应采用整体结构，中间不得通过拼焊连接。若轻型专用校车车身结构未采用上述结构，则应采用覆盖件与加强梁共同承载的结构。

5.10.1.2 幼儿专用校车乘客区应采用平地板结构，除轮罩、检修口盖等的局部结构凸起外，地板上不得有台阶。

5.10.1.3 乘坐区、过道区和引道区域的地板覆盖层应防滑、耐磨。

5.10.2 顶部结构强度

按附录 A 进行试验，应满足以下要求：a）试验中，车身结构应能够承受规定的载荷，车门没有开启，车身与底架没有分离；b）试验中和试验后，每一坐垫上方应有不小于 900mm 的净高度（从未下坐座垫的最高点所在平面向上测量）；就座乘客搁脚的地板处向上应有不小于 1350mm 的净高度（对于轮罩处和质量小于等于 3.5t 和座椅数小于等于 12 的专用校车，地板处向上应有不小于 1200mm 的净高度）；轻型专用校车的通道高度应不小于 1440mm，大中型专用校车的通道净高度应不小于 1670mm；乘客门、应急门、应急窗和撤离舱口应能正常打开，位于车顶的撤离舱口不要求在试验过程中打开。

5.10.3 上部结构强度在每个乘员座椅上按 5.3.1 规定的乘员质量加载，并按 GB 17578 的规定进行测试，侧翻过程中和侧翻后的乘员生存空间均应符合 GB 17578 的规定。

5.10.4 出口、踏步、引道、通道

5.10.4.1 出口

5.10.4.1.1 出口的种类、位置、数量和尺寸

5.10.4.1.1.1 专用校车应只有一个乘客门并位于右侧前后轮之间。轻型专用校车的乘客门尺寸应符合 GB 18986 的规定。大中型专用校车的乘客门尺寸应符合 GB 13094 的规定。

5.10.4.1.1.2 车辆的左侧、右侧应至少各有一个出口。乘客区的前半部和后半部应至少各设一个出口。后围应至少有一个出口。

5.10.4.1.1.3 为满足紧急情况下的乘员撤离和车外救助，应急出口的种类、位置、最少数量应符合表 2 的规定。若车顶或地板上设有一个撤离舱口，应位于车辆中部范围内（该范围的长度等于车长的 1/2）；若设有两个撤离舱口，二者相邻两边之间的距离（平行于车辆纵轴线测量）至少 2m。应急门和应急窗不应位于排气管出口的上方，应急窗也不应位于停车指示牌的上方。应急门、应急窗和撤离舱口的最小尺寸应符合 GB 13094 的规定。

表 2　应急出口的种类、位置和最少数量

车长(L)m	基本应急出口	基本应急出口对应的附加应急出口
L<6	"后围应急门"，或者"左侧应急门＋后围应急窗"	1 个左侧应急窗＋1 个右侧应急窗
6≤L<9	"后围应急门"，或者"左侧应急门＋后围应急窗"	1 个左侧应急窗＋1 个右侧应急窗＋1 个顶部撤离舱口
9≤L<12	"后围应急门"，或者"左侧应急门＋后围应急窗"	2 个左侧应急窗＋2 个右侧应急窗＋2 个顶部撤离舱口

5.10.4.1.2 侧窗的结构

专用校车乘客区侧窗的结构应为高度方向上至少下部 1/2 封闭。所有车窗玻璃的可见光透射比均应不小于 50％，且不得张贴有不透明和带任何镜面反光材料的色纸或隔热纸。

5.10.4.1.3 出口的技术要求

5.10.4.1.3.1 车辆后围上的应急门应铰接于侧面并向外开启。

5.10.4.1.3.2 乘客门和应急门上应装玻璃窗，玻璃窗应采用安全玻璃。

5.10.4.1.3.3 乘客门和应急门的高度小于 1700mm 时，门洞顶部内侧整个宽度范围内应安装宽度不小于 75mm 、厚度不小于 20mm 、邵氏硬度不大于 50 的防撞垫。

5.10.4.1.3.4 应急出口的锁止装置应能从车内和车外手动解锁开启，解锁力和开启力应不超过 178N 。

5.10.4.1.3.5 出口的其他技术要求，对轻型专用校车应符合 GB18986 的相关规定，对大中型专用校车应符合 GB13094 的相关规定。

5.10.4.2 踏步

5.10.4.2.1 乘客门踏步

在车辆整备质量状态下，从地面至乘客门的第一级踏步高度 D（图1）应不大于 350mm，允许使用伸缩踏步达到要求。其他各级踏步的高度 E 应不大于 250mm。一级踏步深度 F，对轻型专用校车应不小于 230mm，对大中型专用校车应不小于 300mm。踏步的其他要求应符合 GB 13094 的规定。

单位为毫米

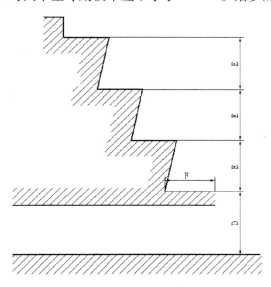

图1　乘客门踏步尺寸

5.10.4.2.2 伸缩踏步的技术要求

轻型专用校车的伸缩踏步的技术要求应符合 GB18986 的规定；大中型专用校车的伸缩踏步的技术要求应符合 GB 13094 的规定。

5.10.4.3 引道

5.10.4.3.1 乘客门引道

5.10.4.3.1.1 从乘客门向车内的延伸空间应允许厚度 20mm 的垂直平板 1（见图2）自由通过。垂直平板 1 在起始位置时，靠近车辆内侧的板面应切于车门开口的最外边缘，移动时板面应保持与乘客的出入方向垂直，移动方向与乘客的出入方向一致。

5.10.4.3.1.2 当垂直平板 1 的中心线从起始位置移过 300mm，将平板底部接触踏步表面并保持在此位置。

5.10.4.3.1.3 用来检查通道空间的圆柱体（见图5 和表3）从通道开始沿乘客离开车辆的运动

单位为毫米

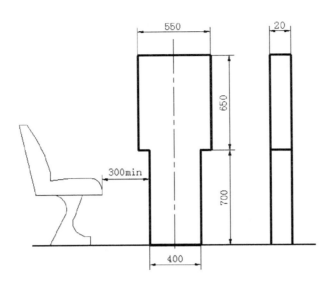

图 2　乘客门引道和垂直平板 1 图示

方向移动，直到其中心线达到最上一级踏步外边缘所在的垂直平面或上圆柱接触垂直平板 1 并保持在此位置（见图 3）。

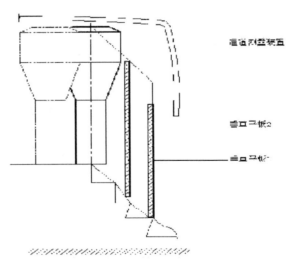

图 3　乘客门引道图示

5.10.4.3.1.4 在上述位置的圆柱体同 5.10.4.3.1.1 所述位置的垂直平板 1 之间应允许垂直平板 2 自由通过（见图 3）。垂直平板 2 的形状和尺寸与 5.10.4.4.1 所述的圆柱体的中心截面相同，其厚度不大于 20mm。垂直平板 2 从与圆柱体相切的位置移动到其外侧板面与垂直平板 1 接触，其底部触及由踏步外边缘形成的平面，移动方向与乘客出入乘客门的方向一致。

5.10.4.3.1.5 上述测量装置自由通过的净空间，不应包括前向坐椅未压缩座垫前 300mm 的范围内，高度从地板至坐垫最高点的空间。

5.10.4.3.1.6 对照管人员专用的折叠座椅，若符合下列要求，则允许在其折叠位置测量：a）在车上清楚地标示，此座椅仅供照管人员使用；b）座椅不使用时应能自动折叠，以便满足 5.10.4.3.1.1

446

~5.10.4.3.1.5 的要求；c）无论该座椅处于使用位置或折叠状态，其任何部位均不得位于驾驶员座椅（处于最后位置时）座垫上表面中心与车外右后视镜中心连线所在的垂直平面的前方。

5.10.4.3.1.7 当车辆处于整车运行状态质量且车身降低系统不工作时，引道处地板的坡度不应超过5%。

5.10.4.3.2 应急门引道

5.10.4.3.2.1 在通道和应急门之间的自由空间应允许叠加圆柱（见图4）自由通过。

单位为毫米

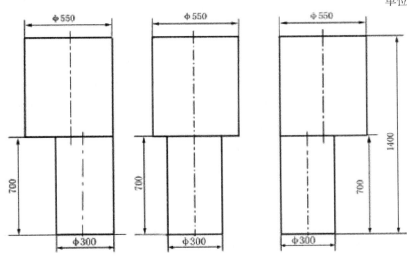

上圆柱直径可在顶部减为400mm，其过渡斜面与水平面夹角不超过30°。

图4　应急门引道测量装置

5.10.4.3.2.2 下圆柱体的底部应在上圆柱体的投影内，二者可以相对位移。

5.10.4.3.2.3 沿引道侧面设有折叠座椅时，叠加圆柱通过的自由空间应在该座椅打开位置时测量。如该座椅在不使用时能自动折叠，则允许在其折叠位置测量。

5.10.4.3.2.4 可用5.10.4.4.1规定的圆柱体（见图5）替代叠加圆柱。

5.10.4.3.3 应急窗的通过性

5.10.4.3.3.1 每个应急窗应能使相应的测试量具从通道经应急窗移到车外。

5.10.4.3.3.2 测试量具的运动方向应与乘客从车内撤出的方向一致，其正面（最大端面）应与运动方向保持垂直。

5.10.4.3.3.3 测试量具是尺寸为600mm×400mm、圆角半径200mm的薄板，但若应急窗在车辆后围，其尺寸可改为1400mm×350mm、圆角半径175mm。

5.10.4.3.4 撤离舱口的通过性

大中型专用校车撤离舱口的通过性应符合GB 13094的规定。

5.10.4.4 通道

5.10.4.4.1 对于轻型专用校车，通道应允许Ⅰ型通道测量装置自由通过；对于长度小于8m的大中型专用校车，通道应允许Ⅱ型通道测量装置自由通过；对于长度大于等于8m的专用校车，通道应允许Ⅲ型通道测量装置自由通过（通道测量装置见图5和表3）。通道内不应有台阶，通道应防滑，通道内的盖板高出通道表面应不大于8mm。

单位为毫米

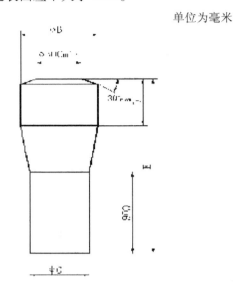

图5　通道测量装置

表3　通道测量装置尺寸

项　　目	Ⅰ型通道测量装置	Ⅱ型通道测量装置	Ⅲ型通道测量装置
下圆柱直径(C) mm	300	300	350
上圆柱直径(B) mm	450	450	550
上圆柱高度(D) mm	300	300	300
总高(E) mm	1500	1800	1800

5.10.4.4.2 当车辆处于整车运行状态质量且车身降低系统不工作时，通道纵向坡度不应大于8%，横向坡度（垂直于车辆纵向轴线的平面上）不应大于5%。

5.10.5 车内布置

5.10.5.1 座椅

5.10.5.1.1 驾驶员座椅

5.10.5.1.1.1 驾驶员座椅应配备3点式安全带。

5.10.5.1.1.2 驾驶员座椅及其车辆固定件的强度应符合GB 15083的规定。

5.10.5.1.1.3 驾驶员座椅的安全带及其固定点应分别符合GB 14166和GB 14167的规定。

5.10.5.1.2 照管人员座椅

5.10.5.1.2.1 专用校车应至少安装一个照管人员座椅。当幼儿专用校车上的幼儿座椅数大于等于20个小于40个时应安装两个或三个照管人员座椅，大于等于40个时应安装三个或四个照管人员座椅。当小学生专用校车、中小学生专用校车上的学生座椅数大于等于40个时应安装两个或三个照管人员座椅。当只有一个照管人员座椅时，照管人员座椅应位于车辆通道前端并靠近乘客门；当照管人员座椅超过一个时，至少有一个照管人员座椅靠近应急门。

5.10.5.1.2.2 照管人员座椅应有标识。

5.10.5.1.2.3 照管人员座椅应配备安全带。

5.10.5.1.2.4 前向安装的照管人员座椅及其车辆固定件的强度应符合 GB 13057 的规定。

5.10.5.1.2.5 照管人员座椅的安全带及其固定点应分别符合 GB 14166 和 GB 14167 的规定。

5.10.5.1.3 幼儿及学生座椅

5.10.5.1.3.1 幼儿及学生座椅应前向布置。幼儿及学生座椅不应是折叠座椅，驾驶员座椅 R 点所处的横向垂直平面以前不得设置幼儿及学生座椅。幼儿及学生座椅在车辆横向上最多采用"2 +3"布置。

5.10.5.1.3.2 幼儿及学生座椅及其车辆固定件的强度应符合 GB 24406 的要求。

5.10.5.1.3.3 每个幼儿及学生座椅应配备满足 GB 14166 规定的两点式安全带。

5.10.5.1.3.4 单人幼儿及学生座椅的坐垫宽度应不小于380mm。若为长条幼儿及学生座椅，应符合表4 的规定。

表4 幼儿及学生座椅的尺寸

车型	幼儿专用校车	小学生专用校车	中小学生专用校车
每人座垫宽 mm	≥330	≥350	≥380
座垫深 mm	≥300	≥350	≥350
座垫高 mm	220~300	280~380	300~450
靠背厚度 mm	≥40	≥40	≥40
靠背高度(H) mm	600≤H≤710	710≤H≤860	710≤H≤860

5.10.5.1.3.5 每个幼儿及学生座椅应带有靠背，靠背高度和厚度按表4 的规定，靠背宽不应小于座垫宽度，座椅靠背在座垫上平面与座垫上方510mm 处的水平面之间的部分在车身横向垂直平面内的投影面积，不应小于 $0.9 \times 510mm \times$ 座垫宽。幼儿及学生座椅应软化。

5.10.5.1.3.6 靠近通道的幼儿及学生座椅应在通道一侧设置平行于椅垫面的座椅扶手，扶手距离座垫上平面150mm~230mm，并应软化处理，扶手应有足够的强度，并应使乘坐幼儿及学生易于抓握，且每个扶手的表面应防滑。幼儿及学生座椅靠背后不应有扶手等硬质物品。

5.10.5.1.4 就坐乘客空间

5.10.5.1.4.1 座间距

座间距为座椅靠背的前面与前排座椅靠背后面之间的距离（H），在座垫上表面最高点所处水平面与其上方200mm 高度范围内水平测量（见图6），幼儿专用校车座椅的座间距应不小于500mm，小学生专用校车座椅的座间距应不小于550mm，中小学生专用校车座椅的座间距应不小于650mm，照管人员的座间距应不小于650mm。所有数据均在通过（单人）座椅中心线的垂直平面内测量，且座垫和靠背都未被压陷。

5.10.5.1.4.2 就坐乘客的前方空间

单位为毫米

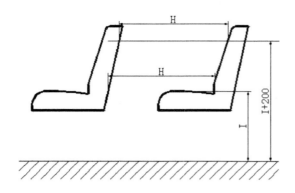

注：I为座垫上平面最高点距离地板的高度

图6　座间距的测量方法示意图

位于隔离物或其他非座椅的刚性结构后面的乘客座椅坐垫前沿到前部障碍物的水平距离 L（见图7），幼儿专用校车就坐乘客的前方空间不小于 220mm，小学生专用校车就坐乘客的前方空间不小于 250mm，中小学生专用校车就坐乘客的前方空间不小于 280mm。

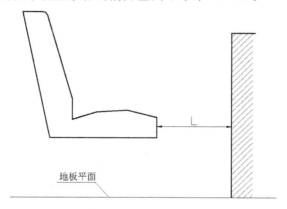

地板平面

图7　就坐乘客前方的自由空间

5.10.5.1.4.3 座椅上方的自由空间

每个座位上方的自由空间：

a）每个座椅均应有一垂直净空间，从未压陷坐垫的最高点所处平面向上应不小于 900mm，从就坐乘客搁脚的地板处向上不小于 1350mm（见图8），对于轮罩处和后排座椅处，可减小为 1250mm。

b）这个净空间应包括下述的全部水平区域：

1）横向区域：幼儿专用校车学生座椅中心垂直平面两侧各 165mm 处的纵向垂直平面之间；小学生专用校车学生座椅中心垂直平面两侧各 175mm 处的纵向垂直平面之间；中小学生专用校车 GB 24407—2012 学生座椅中心垂直平面两侧各 190mm 处的纵向垂直平面之间；照管人员座椅中心垂直平面两侧各 200mm 处的纵向垂直平面之间；

2）纵向区域：幼儿专用校车通过座椅靠背上部最后点的横向垂直平面和通过未压缩坐垫前端向前 200mm 的横向垂直平面之间，小学生专用校车通过座椅靠背上部最后点的横向垂直平面和通过未压缩坐垫前端向前 200mm 的横向垂直平面之间，中小学生专用校车通过座椅靠背上部最后点的横向垂直平面和通过未压缩坐垫前端向前 280mm 的横向垂直平面之间。通过照管人员座椅靠背上部最后点的横向垂直平面和通过未压缩坐垫前端向前 280mm 的横向垂直平面之间。测量在座椅中心垂直平面进行。

　　c) 该净空间可以不包括下列区域：

　　1）靠窗座椅上方邻靠侧围的横截面为一个倒置直角三角形的区域，三角形顶点位于地板上方 650mm，底边宽 100mm（见图 8）。

　　2）靠窗座椅上方邻靠侧围的横截面为 150mm 高、100mm 宽的矩形区域（见图 9）。

　　3）靠窗座椅的椅脚靠近侧围处，横截面积不超过 3×104 mm²、最大宽度不超过 150mm 的区域（见图 9）。

　　d) 该净空间应允许另一座椅靠背的侵入。

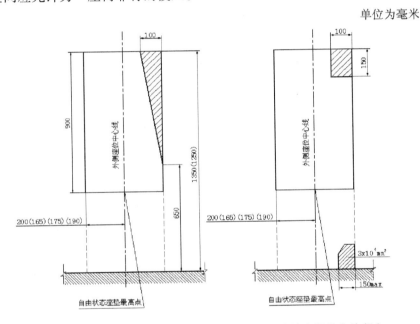

单位为毫米

　　图8　座椅上方的自由空间　　图9　外侧座椅空间的允许侵入

5.10.5.2 座椅前方约束隔板

5.10.5.2.1 从座椅 G 点沿纵向水平方向向前一定距离（该距离对幼儿专用校车和小学生专用校车座椅为 710mm，对中小学生专用校车座椅为 800mm，对照管人员座椅为 850mm）内没有另一座椅的后表面时，应在该座椅前安装约束隔板，约束隔板应外敷厚度不小于 20mm 且邵氏硬度不大于 50 的软化材料。

5.10.5.2.2 约束隔板上缘距地板高度应不小于其后座椅高度，幼儿专用校车下缘应紧贴地板，小学生专用校车和中小学生专用校车下缘距离地板高度应不大于 200mm 并避免卡住脚部，宽度应不小于前排此类座椅靠背对应的宽度。

5.10.5.2.3 按 GB 24406 规定的试验方法进行试验后，约束隔板应满足：a）隔板的变形不应影响车门正常开关；b）隔板的任何安装固定点不得脱开；c）隔板的任何部件不得分离。

5.10.5.3 乘客门扶手

专用校车乘客门处应安装高、低扶手，扶手上不应存在可能致伤的凸起、毛刺。大中型专用校车高扶手应符合 GB 13094 的规定，轻型专用校车高扶手应符合 GB 18986 的规定。

低扶手应符合图 10 的规定，要求：

a）在垂直方向：位于地面或每一级踏步（不包括伸缩踏步）上方 600mm～800mm 之间；

b）在水平方向：

1）对地面上的乘客：由第一级踏步板（不包括伸缩踏步）向里不超过 250mm；

2）对任一级踏步板（不包括伸缩踏步）上的乘客：由踏步板外缘向里不超过 450mm。

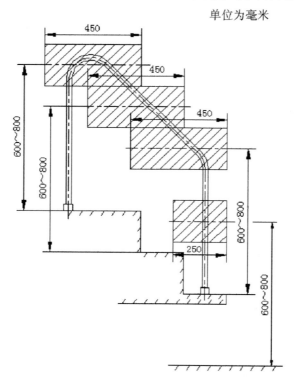

图 10　低扶手位置示意图

5.10.5.4 地板上的活动盖板

车辆地板上如果设置活动盖板（如用于检修的口盖），但不是作为撤离舱口的地板出口，应安装紧固，需借助工具或钥匙方能移动或开启，提升或关闭装置凸出于地板平面以上不应超过 8mm（若处于乘客不使用的位置，可不满足此项要求），突出的边缘应圆角过渡。

5.10.5.5 急救箱

专用校车内应设计至少一个急救箱的安装位置和安装支架。急救箱外形尺寸应不小于 240 mm ×200 mm×200 mm，其安装位置处应清晰标示"急救箱"或国际通用符号，安装支架应保证医药箱安装牢靠，且便于取用。安装支架上不应存在可能使人致伤的尖角、锐边、毛刺。

5.10.5.6 车内照明

5.10.5.6.1　车内照明应覆盖如下区域，——全部乘客区、车组人员区；——所有踏步；——所有出口的引道和靠近乘客门的区域；——所有出口的内部标志和内部控制件；——所有存在障碍物之处。

5.10.5.6.2　至少应有两条内部照明线路，当一条线路出故障时不应影响另一条线路的照明。用于进出口处常规照明的线路可作为其中之一。

5.10.5.6.3　应采取防护措施，避免驾驶员受车内照明和反射光的影响。

5.10.5.7　内装饰件

内装饰件应牢固固定在车辆上，并不应存在可能使人致伤的尖角、锐边、毛刺。

5.11　信号系统

5.11.1　停车指示牌

专用校车应按附录 B 的规定安装停车指示牌，当上、下学生时，停车指示牌应伸出以提醒后方车辆停车等候。

5.11.2　专用校车标志灯

5.11.2.1　安装位置和数量

专用校车应在车外顶部前后各安装 2 个黄色专用校车标志灯，前标志灯与车顶前部最边缘的距离应不大于 400mm；后标志灯与车顶后部最边缘的距离应不大于 400mm。左右两个标志灯应尽量靠近车身左右侧外缘，并与车辆纵向中心线对称。

专用校车标志灯安装后不应高出车顶蒙皮上表面 200mm。

5.11.2.2　技术要求

5.11.2.2.1　灯具应有一个圆形透明灯罩且绕其垂直轴线 360° 发光。

5.11.2.2.2　发光强度应符合 GB 13954－2009 中 5.7 中规定的二级发光强度要求。

5.11.2.2.3　外观、光源、电气性能、色度特性、闪烁特性、电源适应性、防水性能、防尘性能、耐高温性能、耐低温性能、耐盐雾腐蚀性能、耐碰撞性能、耐振动性能、机械强度、表面硬度、耐人工加速老化性能应符合 GB 13954－2009 的要求。

5.11.2.3　电路控制

5.11.3　倒车信号

5.12　火灾预防和火灾控制措施

5.12.1　燃油箱及燃油供给系统

专用校车标志灯由驾驶员通过手动或脚动进行控制，当处于开启状态时应通过声觉或视觉对驾驶员进行报警，以提示标志灯处于工作状态。

专用校车应有倒车语音提示系统。燃油箱及燃油供给系统应符合 GB 13094 的规定。

5.12.2　电器系统

5.12.2.1　电器及导线

电器设备及导线应能耐受其环境温度和湿度，尤其能耐受发动机舱内的温度和各种污染物可能带来的损害。导线应满足负荷要求、绝缘良好并具有阻燃性能，发动机舱内和其他热源附近的线束应采用耐温不低于 125 ℃ 的阻燃导线，其他部位应采用耐温不低于 105 ℃ 的阻燃导线，波纹管应达到 GB/T 2408 - 2008 的表 1 规定的 V - O 级，所有电器导线均应捆扎成束、布置整齐、固定卡紧、接头牢固并在接头处有绝缘套，在导线穿越孔洞时应装设阻燃耐磨绝缘套管，电器元件应连接可靠，乘员舱外部的接插件应有防水要求。导线应妥善防护，安全地固定在不会被划伤、磨损、腐蚀的位置，除非提供专门的绝缘和保护（例如对控制排气阀的电磁线圈），否则不应与油管、排气系统接触或承受过高温度。蓄电池安装应符合 GB 13094 的规定。

5.12.2.2 电路保护

除起动机、点火线圈（强制点火）、电热塞、发动机停机装置、充电线路和蓄电池地线外，每个电气设备的供电线路都应有熔断器或断路器。但对于低耗电设备的供电线路，若额定电流总和不超过 16A，可设置公共熔断器或公共断路器来保护。

5.12.2.3 电源总开关

专用校车应设置电源总开关，但如在蓄电池端对所有供电线路均设置了保险装置，或车辆用电设备由电子控制单元直接驱动且具有负载监控功能、电子控制单元供电线路和个别直接供电的线路均设置有保险装置时，可不设电磁式电源总开关。车长不小于 6m 的专用校车，还应设置能切断蓄电池和所有电路连接的手动机械断电开关。

5.12.2.4 应急开关

为降低火灾发生后造成的损失，应在驾驶员座椅附近安装有安全应急开关，可使驾驶员在其座椅上进行操作，并应采用保护盖或其他方式避免误操作，将操作方法清晰标示在应急开关处，例如"移开罩盖，打开开关！仅当车辆停稳后操作"。

启动应急开关后，应能同时实现以下功能：

——发动机迅速停止工作；

——加热器的冷却风扇能够延时关闭；

——乘客门开启和关闭的控制系统能够正常工作；

——起动车内应急照明（部分厢灯和乘客门踏步灯）；

——接通车辆危险警告信号；

——切断电磁式电源总开关，如果没有电磁式电源总开关，在满足 5.12.2.4 要求的功能外所有电路都应该切断；

——以上功能的实现不仅可以通过应急开关实现，而且还可以通过独立的操作来完成，但在紧急状态下这些操作不能影响应急开关功能的实现。

5.12.3 电涡流缓速器

若安装电涡流缓速器，则电涡流缓速器与车辆其他部分之间应安装隔热材料，使用的隔热材料、用于连接隔热材料的固定夹、垫圈等的燃烧特性应达到 GB8410 - 2006 的 4.6 规定的 A 级的要求；安装部位应设置温度报警系统或自动灭火装置。

5.12.4 排气系统

在排气系统周围 100mm 内不应有可燃材料，除非将其有效屏蔽。排气系统不应布置在燃油系统下方，且排气系统和燃油系统之间应适当屏蔽。排气尾管不应从加油口下面伸出。

5.12.5　发动机舱

5.12.5.1　发动机舱油路

应合理布置发动机舱并采取设置泄油孔等预防措施，尽可能避免燃料、润滑油或其他易燃物积聚在发动机舱内。

5.12.5.2　发动机舱隔热材料

发动机舱应安装隔热材料，并不应使用易浸吸燃料、润滑油或其他易燃物而又无防渗透覆盖层的材料；使用的隔热材料、用于连接隔热材料的固定夹、垫圈等的燃烧特性应达到 GB 8410 - 2006 的 4.6 规定的 A 级要求。

5.12.5.3　发动机舱灭火装备

发动机舱应安装自动灭火装置，其灭火剂喷射范围应包括发动机舱至少两处具有着火隐患的热源（如增压器、排气管等），启动工作时应能通过视觉或声觉信号向驾驶员报警。

5.12.6　乘员舱内饰材料及灭火器

5.12.6.1　内饰材料

5.12.6.1.1　按 GB 8410 - 2006 规定的方法进行试验时，材料的最大水平燃烧速度应不大于 70mm/min。

5.12.6.1.2　内饰材料的氧指数 OI≥22%，对于不同材料的试验方法按以下执行：a）针对纺织品及塑料、橡胶类涂附织物，试样应从距离布边 1/10 幅宽的部位剪取，每个试样的尺寸为 150mm ×58mm。对因尺寸太小无法按照规定尺寸制样的产品不做此条要求。试验方法按 GB/T 5454 的规定执行。b）其他塑料材料，试样应按照表 5 规定取样。对因尺寸太小无法按照规定尺寸制样的产品不做此要求。试验方法按 GB/T 2406.2 的规定执行。

5.12.6.1.3　塑料类内饰材料烟密度等级（SDR）≤75，试验方法按 GB/T 8627 -2007 的规定执行。

5.12.6.2　灭火器

乘员舱内应配备灭火器，应保证至少一个照管人员座椅附近和驾驶员座椅附近各有一只至少 2kg 重的 ABC 型干粉灭火器，其要求应符合 GB4351.1 的规定。灭火器的安装位置应清晰或清楚标识，在紧急情况易于取用。灭火器的压力表应在不移动灭火器的条件下能观察到压力情况。

表 5　其他塑料材料取样要求

类型	型式	长 mm		宽 mm	
		基本尺寸	极限偏差	基本尺寸	极限偏差
自撑材料	I	80～150	—	10	±0.5
	II				
	III				
	IV	70～150		6.5	
非自撑材料	V	140	—5	52	

5.13 驾驶员视野

5.13.1 车外视野装置

按 GB 15084 的规定确定驾驶员视野的眼点位置。驾驶员视野应满足附录 C 的要求。不应设置影响驾驶员车外视野的装置；乘客门关闭后，驾驶员应能观察到乘客门车外附近的情况。

5.13.2 辅助倒车装置

专用校车应安装后视系统，以保证驾驶员在正常驾驶状态下能看清后风窗玻璃后缘正下方地面上长 3.6m、宽 2.5m 范围内的情况。

5.13.3 车内视野装置

驾驶员在正常驾驶状态下，应能通过内视镜观察到所有乘客区。内视镜边缘无尖角、锐边。

5.13.4 前风窗除霜雾装置

专用校车应安装前风窗除霜雾装置。

5.14 车内空气质量

如果不能自然通风则应安装强制通风装置。车内空气中的成分应符合 GB/T17729 的规定，测试方法按 GB/T 28370 的规定。允许采用具有杀菌、消除有害气体功能的空气净化装置达到空气质量的要求。

5.15 行车信息记录及处理系统

专用校车应安装具有卫星定位功能并符合 GB/T19056 规定的行驶记录仪；行驶记录仪的显示部分应易于观察，数据接口应便于移动存储介质的插拔。

专用校车应安装车内和车外录像监控系统。车内监控系统应能监控到驾驶员行为和车内通道的状况；车外监控系统应能监控到车辆前方和乘客门外的状况。

5.16 专用校车后围板上的停车提醒标示

专用校车应在车后围板外表面、后方车辆接近时可以看到的区域，清晰标示"请停车等候"及"当停车指示牌伸出时"红色字样。

"当停车指示牌伸出时"字样应在"请停车等候"字样的下方；"请停车等候"字样高度至少应为 200mm。"当停车指示牌伸出时"字样高度至少为 130mm，见图 11。

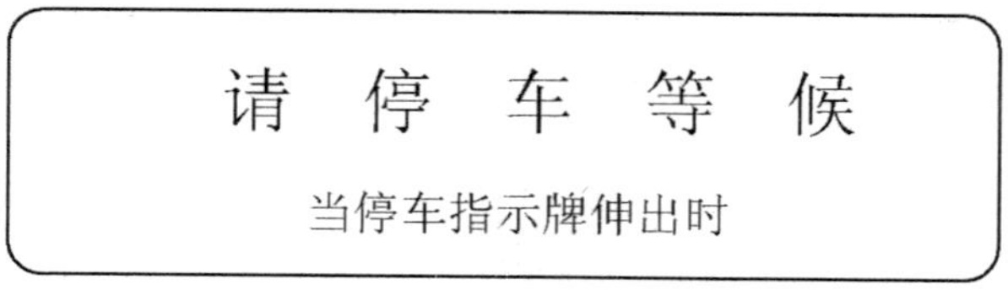

请 停 车 等 候

当停车指示牌伸出时

图 11 后围板上的停车提醒标示示意图

6 标准实施的过渡期要求

已获得许可或通过认证的产品自本标准实施之日起第 13 个月开始执行。

第四卷　学校安全行业标准

城市普通中小学校校舍建设标准

建标〔2002〕102 号

第一章　总　　则

第一条　为适应城市普通中小学教育现代化、教育改革与发展，以及推进素质教育对校园、校舍条件与环境的需要，加强学校建设的科学化、规范化管理，合理确定并正确掌握建设标准，不断提高中小学校的规划设计和建设水平，促进技术进步，提高投资效益，制定本建设标准。

第二条　本建设标准适用于城市（包括建制镇）新建普通中小学校建设项目的规划设计和建设。改建、扩建项目可参照执行。

第三条　城市普通中小学校的建设，必须贯彻安全、适用、经济、美观的原则，应结合本地区的实际情况，根据需要与可能，正确处理好近期与远期结合的关系。

第四条　城市普通中小学校的建设，必须坚持先规划设计后建设的原则。学校的规划设计要便于分期实施。改建、扩建项目应充分利用已有设施和设备。

第五条　城市普通中小学校的建设除执行本建设标准外，尚应符合国家现行有关建设标准和建筑设计规范的规定。

第二章　学校建设规模与校舍用房的组成

第六条　学校建设规模

一、城市普通中小学校的建设规模应根据批准的学校规模、城市建设规划的要求确定。

二、学校规模和班额人数

1. 完全小学：12 班、18 班、24 班、30 班，每班 45 人。

2. 九年制学校：18 班、27 班、36 班、45 班，小学每班 45 人、初中每班 50 人。

3. 初级中学：12 班、18 班、24 班、30 班，每班 50 人。

4. 完全中学：18 班、24 班、30 班、36 班，每班 50 人。

5. 高级中学：18 班、24 班、30 班、36 班，每班 50 人。

第七条　校舍用房的组成

一、城市普通中小学校校舍由教学及教学辅助用房、办公用房、生活服务用房三部分组成。

二、教学及教学辅助用房

1. 完全小学：设置普通教室；自然教室、音乐教室、美术教室、书法教室、语言教室、计算机教室、劳动教室等专用教室和辅助用房；多功能教室、图书室、科技活动室、心理咨询室、体育活

3

动室等公共教学用房及辅助用房。

2. 九年制学校：设置普通教室；自然教室、实验室、音乐教室、美术教室、书法教室、地理教室、语言教室、计算机教室、劳动技术教室等专用教室和辅助用房；多功能教室、图书室、科技活动室、心理咨询室、体育活动室等公共教学用房及辅助用房。

3. 初级中学：设置普通教室；实验室、音乐教室、美术教室、书法教室、地理教室、语言教室、计算机教室、劳动技术教室等专用教室和辅助用房；合班教室、图书室、科技活动室、心理咨询室、体育活动室等公共教学用房及辅助用房。

4. 完全中学：设置普通教室；实验室、音乐教室、美术教室、书法教室、地理教室、语言教室、计算机教室、劳动技术教室等专用教室和辅助用房；合班教室、图书室、科技活动室、心理咨询室、体育活动室等公共教学用房及辅助用房。

5. 高级中学：设置普通教室；实验室、音乐教室、美术教室、书法教室、地理教室、语言教室、计算机教室、劳动技术教室等专用教室和辅助用房；合班教室、图书室、科技活动室、心理咨询室、体育活动室等公共教学用房及辅助用房。

三、办公用房

城市普通中小学校设置教学办公室、行政办公室、社团办公室及广播室，会议接待室、德育展览室、卫生保健室等管理用房。

四、生活服务用房

城市普通中小学校，应根据办学的实际需要设置教职工单身宿舍、教职工与学生食堂、开水房、汽车库、配电室、教职工与学生厕所等用房；可设置学生宿舍、锅炉房、浴室、自行车库等用房。

五、重点学校、示范性学校、民族学校以及有特殊要求的学校，经主管部门批准可增设本条未列出的其他用房。

第三章　学校网点布局、选址与规划设计

第八条　学校网点布局

一、城市普通中小学校网点布局，应根据城市建设总体规划的要求，结合人口分布，尤其是学龄人口数量及其增减的发展趋势，以及城市交通、环境等因素综合考虑，合理布点。新建住宅区内，要根据规划的居住人口及实际人口出生率，建设规模适宜的中小学校。城市普通中小学校网点布局应符合下列原则：1. 学生能就近走读入学；2. 学校应具有较好的规模效益和社会效益；3. 特殊情况特殊处理。

二、学校服务半径要根据学校规模、交通及学生住宿条件、方便学生就学等原则确定。中小学生不应跨越铁路干线、高速公路及车流量大、无立交设施的城市主干道上学。

第九条　校址选择

一、城市新建的普通中小学校，校址应选在交通方便、地势平坦开阔、空气清新、阳光充足、排水通畅、环境适宜、公用设施比较完善、远离污染源的地段。应避开高层建筑的阴影区、地震断裂带、山丘地区的滑坡段、悬崖边及崖底、河湾及泥石流地区、水坝泄洪区等不安全地带。架空高压输电线、高压电缆及通航河道等不得穿越校区。

二、学校不应与集贸市场、公共娱乐场所、医院传染病房、太平间、公安看守所等不利于学生学习和身心健康，以及危及学生安全的场所毗邻。

第十条　校园规划设计

一、校园的总体规划设计应因地制宜，合理利用地形、地貌，并根据需要适当预留发展余地。教职工住宅应纳入城市建设规划统筹安排，不应建在校园内。

二、校园总平面设计宜按教学、体育运动、生活、勤工俭学等不同功能进行分区，合理布局。各区之间要联系方便、互不干扰。教学楼应布置在校园的静区，并保证良好的建筑朝向。校园内各建筑之间、校内建筑与校外相邻建筑之间的间距应符合城市规划、卫生防护、日照、防火等有关规定。

三、校园、校舍应整体性强。建筑组合应紧凑、集中，建筑形式和建筑风格要力求体现教育建筑的文化内涵和时代特色。具有优秀历史文化重大价值的校园及校舍应依法保护，并合理保持其特色。校园绿化、美化应结合建筑景观统一规划设计和建设，以形成优美的校园环境和人文景观。

四、体育活动场地与教学楼应有合理的间隔，并应联系便利。设有环形跑道的田径场地、球类场地，其长轴宜为南北方向。

五、校园内的主要交通道路应根据学校人流、车流、消防要求布置。路线要通畅便捷，道路的高差处宜设坡道。路上的地下管线井盖，应与路面标高一致。

六、室外上下水、煤气、热力、电力、通讯等地下管线，应根据校园总体规划的要求合理布置，并按防火规范要求在适当位置设置室外消防栓供水接口。变配电系统应独立设置，规划设计用电负荷应当留有余量。室外多种管线的敷设应用地下管沟暗设。

七、学校主要出入口的位置，应便于学生就学，有利于人流迅速疏散，不宜紧靠城市主干道。校门外侧应留有缓冲地带和设置警示标志。

八、旗杆、旗台应设置在校园中心广场或主要运动场区等显要位置。

九、校园应有围墙，沿主要街道的围墙宜有良好通透性。

第四章　校舍建筑面积指标

第十一条　校舍建筑面积指标

一、城市普通中小学校，校舍建筑面积指标分规划指标和基本指标两部分。学校若分期建设，首期建成校舍的建筑面积不应低于基本指标的规定。

重点学校、示范性学校、民族学校以及有特殊要求的学校，经主管部门批准增列的校舍用房，可另行增加面积指标。

二、城市普通中小学校校舍建筑面积和生均建筑面积指标如表1-1、1-2。

表1-1　城市普通中小学校校舍建筑面积指标表　　　　　单位：m²

项目名称		基 本 指 标						
		12班	18班	24班	27班	30班	36班	45班
完全小学	面积合计	3 670	4 773	5 903	—	7 002	—	—
	生均面积	6.8	5.9	5.5	—	5.2	—	—
九年制学校	面积合计	—	5 485	—	7 310	—	9 403	11 582
	生均面积	—	6.5	—	5.8	—	5.6	5.5
初级中学	面积合计	4 772	6 379	7 972	—	9 572	—	—
	生均面积	7.9	7.1	6.7	—	6.4	—	—
完全中学	面积合计	—	6 495	8 120	—	9 734	11 387	—
	生均面积	—	7.3	6.8	—	6.5	6.3	—
高级中学	面积合计	—	6 604	8 249	—	9 892	11 539	—
	生均面积	—	7.4	6.9	—	6.6	6.4	—

表1-2　城市普通中小学校校舍建筑面积指标表　　　　　单位：m²

项目名称		规 划 指 标						
		12班	18班	24班	27班	30班	36班	45班
完全小学	面积合计	5 394	6 714	8 465	—	9 689	—	—
	生均面积	10.0	8.3	7.9	—	7.2	—	—
九年制学校	面积合计	—	7 774	—	9 848	—	13 312	16 190
	生均面积	—	9.3	—	7.9	—	8.0	7.8
初级中学	面积合计	6 802	9 084	11 734	—	13 508	—	—
	生均面积	11.4	10.1	9.8	—	9.0	—	—
完全中学	面积合计	—	9 207	11 865	—	13 654	15 764	—
	生均面积	—	10.3	9.9	—	9.1	8.8	—
高级中学	面积合计	—	9 292	11 970	—	13 789	15 915	—
	生均面积	—	10.4	10.0	—	9.2	8.9	—

注：①上表建筑面积以墙厚240 mm计算，寒冷和严寒地区学校的校舍建筑面积指标，可根据实际墙厚增加。

②表中不含自行车存放面积。自行车的存放面积应按1 m²/辆计，学校应根据实际情况报经主管部门审批后另行增加，并宜在建筑物内设半地下室解决。

第十二条　教学用房的配置标准

一、完全小学教学及教学辅助用房的使用面积

（一）普通教室。每班设 1 间，每间使用面积不得小于 61m²。

（二）专用教室。应配置自然教室、音乐教室等专用教室及辅助用房。城市普通完全小学专用教室的使用面积不宜小于表 2 的规定。

表 2　城市普通完全小学专用教室使用面积表　　　　　　　　单位：m²

用房名称	基本指标				规划指标			
	12~18 班		24~30 班		12~18 班		24~30 班	
	套数	面积	套数	面积	套数	面积	套数	面积
自然教室	1	147	1	147	1	147	2	258
音乐教室	1	96	1	96	1~2	96~169	2	169
美术教室	—	—	—	—	1	109	1	109
书法教室	—	—	—	—	1	86	1	86
语言教室	1	109	1	109	1	109	1	109
计算机教室	1	109	1	109	1	109	1	195
劳动教室	1	109	1	109	1	109	2	218

注：每套用房面积中包括辅助用房面积。

（三）公共教学用房。应配置多功能教室、图书室等公共教学用房及辅助用房。城市普通完全小学公共教学用房的使用面积不宜小于表 3 的规定。

表 3　城市普通完全小学公共教学用房使用面积表　　　　　　单位：m²

用房名称	基本指标				规划指标			
	12 班	18 班	24 班	30 班	12 班	18 班	24 班	30 班
多功能教室	123	153	183	213	123	153	183	213
图书室	120	170	220	270	120	170	220	270
科技活动室	—	—	—	—	36	36	54	72
心理咨询室	—	—	—	—	18	18	18	18
体育活动室（器材室）	(40)	(40)	(61)	(61)	670	670	670	670

注：各种用房面积中包括辅助用房面积；括号内数字系器材室。

二、九年制学校教学及教学辅助用房的使用面积

（一）普通教室。每班设 1 间。小学与初中的普通教室，每间使用面积均不得小于 67m²。

（二）专用教室。应配置实验室、地理教室等专用教室及辅助用房，以及小学专用的自然教室。城市普通九年制学校专用教室的使用面积不宜小于表 4 的规定。

表4 城市普通九年制学校专用教室使用面积表 单位：m²

用房名称	基本指标				规划指标			
	18~27班		36~45班		18~27班		36~45班	
	套数	面积	套数	面积	套数	面积	套数	面积
自然教室	1	86	1	86	1	86	2	172
实验室（理、化、生）	1	142	2~3	284~403	1	142	2~3	284~403
音乐教室	1	96	1~2	96~169	2	169	2~3	169~242
美术教室	—	—	—	—	1	119	1	119
书法教室	—	—	—	—	1	96	1	96
地理教室	—	—	—	—	1	96	1	96
语言教室	1	119	1	119	1	119	2	215
计算机教室	1	119	1	119	1	119	2	215
劳动技术教室	1	119	1	119	1	119	2	238

注：每套用房面积中包括辅助用房面积。

（三）公共教学用房。应配置多功能教室、图书室等公共教学用房及辅助用房。城市普通九年制学校公共教学用房的使用面积不宜小于表5的规定。

表5 城市普通九年制学校公共教学用房使用面积表 单位：m²

用房名称	基本指标				规划指标			
	18班	27班	36班	45班	18班	27班	36班	45班
多功能教室	173	213	253	293	173	213	253	293
图书室	202	289	381	468	202	289	381	468
科技活动室	—	—	—	—	36	54	72	90
心理咨询室	—	—	—	—	18	18	18	18
体育活动室（器材室）	(48)	(48)	(48)	(48)	710	740	1 040	1 340

注：各种用房面积中包括辅助用房面积；括号内数字系器材室。

三、初级中学、完全中学、高级中学教学及教学辅助用房的使用面积。

（一）普通教室。每班设1间，每间使用面积均不得小于67m²。

（二）专用教室。均应配置实验室、音乐教室等专用教室及辅助用房。城市普通初级中学、完全中学、高级中学专用教室的使用面积，分别不宜小于表6-1、6-2、6-3的规定。

表6-1 城市普通初级中学专用教室使用面积表 单位：m²

用房名称	基本指标				规划指标			
	12~18班		24~30班		12~18班		24~30班	
	套数	面积	套数	面积	套数	面积	套数	面积
实验室（理、化、生）	2~3	284~403	4~5	522~641	2~3	284~403	4~5	522~641
音乐教室	1	96	1	96	1	96	1	96
美术教室	—	—	—	—	1	119	1	119
书法教室	—	—	—	—	1	96	1	96
地理教室	—	—	—	—	1	96	1	96
语言教室	1	119	1	119	1	119	2	215
计算机教室	1	119	1	119	1	119	1	119
劳动技术教室	1	119	1	119	1	119	2	238

注：每套用房面积中包括辅助用房面积。

表6-2 城市普通完全中学专用教室使用面积表 单位：m²

用房名称	基本指标				规划指标			
	18~24班		30~36班		18~24班		30~36班	
	套数	面积	套数	面积	套数	面积	套数	面积
实验室（理、化、生）	3~4	403~522	5~6	641~760	3~4	403~522	5~6	641~760
音乐教室	1	96	1	96	1	96	1~2	96~169
美术教室	—	—	—	—	1	119	1	119
书法教室	—	—	—	—	1	96	1	96
地理教室	—	—	—	—	1	96	1	96
语言教室	1	119	1	119	1~2	119~215	2	215
计算机教室	1	119	1	119	1	119	1~2	119~215
劳动技术教室	1	119	1	119	1~2	119~238	2	238

注：每套用房面积中包括辅助用房面积。

表6-3 城市普通高级中学专用教室使用面积表 单位：m²

用房名称	基本指标				规划指标			
	18~24班		30~36班		18~24班		30~36班	
	套数	面积	套数	面积	套数	面积	套数	面积
实验室（理、化、生）	3~4	403~522	5~6	641~760	3~4	403~522	5~6	641~760
音乐教室	1	96	1	96	1	96	1~2	96~169
美术教室	—	—	—	—	1	119	1	119
书法教室	—	—	—	—	1	96	1	96
地理教室	—	—	—	—	1	96	1	96
语言教室	1	119	1	119	1~2	119~215	2	215
计算机教室	1	119	1	119	1	119	1~2	119~215
劳动技术教室	1	119	1	119	1~2	119~238	2	238

注：每套用房面积中包括辅助用房面积。

（三）公共教学用房。均应配置合班教室、图书室等公共教学用房及辅助用房。城市普通初级中学、完全中学、高级中学公共教学用房的使用面积，分别不宜小于表7-1、7-2、7-3的规定。

表7-1　城市普通初级中学公共教学用房使用面积表　　　　单位：m²

用房名称	基本指标				规划指标			
	12班	18班	24班	30班	12班	18班	24班	30班
合班教室	133	173	213	253	133	173	213	253
图书室	181	261	340	420	181	261	340	420
科技活动室	—	—	—	—	36	54	72	90
心理咨询室	—	—	—	—	18	18	18	18
体育活动室（器材室）	(63)	(63)	(63)	(63)	740	1 040	1 340	1 340

注：各种用房面积中包括辅助用房面积；括号内数字系器材室。

表7-2　城市普通完全中学公共教学用房使用面积表　　　　单位：m²

用房名称	基本指标				规划指标			
	18班	24班	30班	36班	18班	24班	30班	36班
合班教室	173	213	253	293	173	213	253	293
图书室	283	367	450	534	283	367	450	534
科技活动室	—	—	—	—	54	72	90	108
心理咨询室	—	—	—	—	18	18	18	18
体育活动室（器材室）	(63)	(63)	(63)	(63)	1 040	1 340	1 340	1 340

注：各种用房面积中包括辅助用房面积；括号内数字系器材室。

表7-3　城市普通高级中学公共教学用房使用面积表　　　　单位：m²

用房名称	基本指标				规划指标			
	18班	24班	30班	36班	18班	24班	30班	36班
合班教室	173	213	253	293	173	213	253	293
图书室	293	381	468	556	293	381	468	556
科技活动室	—	—	—	—	54	72	90	108
心理咨询室	—	—	—	—	18	18	18	18
体育活动室（器材室）	(63)	(63)	(63)	(63)	1 040	1 340	1 340	1 340

注：每套用房面积中包括辅助用房面积；括号内数字系器材室。

第十三条　办公用房的配置标准

中小学校应配置教学办公用房与行政办公用房。教学办公室使用面积不得小于4m²/人。其他办公用房和管理用房的配置，可在办公用房面积内根据实际需要进行安排。城市普通中小学校办公用房的使用面积不宜小于表 8 – 1、8 – 2 的规定。

表 8 – 1　城市普通中小学校办公用房使用面积表　　　　单位：m²

学校类别	基本指标						
	12 班	18 班	24 班	27 班	30 班	36 班	45 班
完全小学	244	314	380	—	446	—	—
九年制学校	—	376	—	494	—	604	722
初级中学	414	500	586	—	672	—	—
完全中学	—	530	624	—	718	826	—
高级中学	—	574	672	—	770	868	—

表 8 – 2　城市普通中小学校办公用房使用面积表　　　　单位：m²

学校类别	规划指标						
	12 班	18 班	24 班	27 班	30 班	36 班	45 班
完全小学	306	386	476	—	552	—	—
九年制学校	—	453	—	595	—	735	877
初级中学	424	534	658	—	768	—	—
完全中学	—	568	686	—	804	936	—
高级中学	—	598	720	—	842	978	—

第十四条　生活服务用房的配置标准

城市普通中小学校，教职工及学生生活服务用房的建设与管理应逐步实现社会化。近阶段，城市普通中小学校生活服务用房应按下列标准配置：

一、教职工单身宿舍、教职工与学生食堂等部分生活用房的使用面积，不宜小于表 9 – 1、9 – 2 的规定。

表 9 – 1　城市普通中小学校部分生活服务用房使用面积表　　　　单位：m²

学校类别	基本指标						
	12 班	18 班	24 班	27 班	30 班	36 班	45 班
完全小学	373	519	664	—	811	—	—
九年制学校	—	605	—	852	—	1 121	1 388
初级中学	531	768	998	—	1 231	—	—
完全中学	—	786	1 022	—	1 252	1 491	—
高级中学	—	797	1 037	—	1 277	1 518	—

表 9 - 2　城市普通中小学校部分生活服务用房使用面积表　　　　　　单位：m²

学校类别	规划指标						
	12 班	18 班	24 班	27 班	30 班	36 班	45 班
完全小学	466	659	850	—	1 044	—	—
九年制学校	—	801	—	1 126	—	1 472	1 817
初级中学	697	997	1 290	—	1 586	—	—
完全中学	—	1 015	1 314	—	1 607	1 909	—
高级中学	—	1 026	1 329	—	1 632	1 936	—

二、学生宿舍，按实有住校学生人数配置。住校学生的居住标准不宜低于表 10 的规定。

表 10　城市普通中小学校学生宿舍生均使用面积表　　　　　　单位：m²

学校类别	完全小学	九年制学校	初级中学	完全中学	高级中学
使用面积	3.0	3.0	3.0	3.0	3.0

注：K = 0.60

三、锅炉房的配置。采暖地区的学校，如需自行提供采暖热力时，应按国家有关采暖标准的规定和实际需要采暖用房的面积配置锅炉房。

四、浴室的配置。按实际需要合理配置。

第五章　校舍主要建筑标准

第十五条　城市普通中小学校的建筑标准，必须贯彻安全、适用、经济、美观的原则，应根据各地经济条件、学校使用功能和城市建设规划要求确定，并要因地制宜，充分利用地方建筑材料。校舍应精心设计、精心施工，建造符合办学要求和适合青少年生理、心理特点的校舍。

第十六条　建筑层数。中小学校的教学、办公用房宜设计成多层建筑。小学的普通教室宜在四层以下，不宜超过四层；中学的普通教室宜在五层以下，不宜超过五层。其他教学、办公用房可根据使用要求设计。

第十七条　层高。系指上下两层楼面之间的距离。坡屋顶，系指楼面或地面至屋架下弦的距离。

一、普通教室的层高，小学不宜低于 3 600 mm；中学不宜低于 3 800 mm。

二、专用教室、公共教学用房，进深若大于 7 200 mm，层高不宜低于 3 900 mm。

三、行政办公用房的层高不宜低于 3 000 mm。

四、多功能教室、合班教室、体育活动室等公共教学用房的层高，可根据使用要求确定。阶梯教室，最后一排的地面到棚顶的净高不应小于 2 200 mm。

第十八条　耐火等级。楼房不低于二级，平房不低于三级。

第十九条　建筑结构。应根据校舍的使用功能、平面和空间可以改变的要求，以及保障安全和抗御较大自然灾害的要求，采用混合结构或钢筋混凝土承重结构。其中，教学用房宜采用钢筋混凝土框架结构。校舍不得采用空斗砖墙、空心砖墙和生土墙体作为承重结构。易发生地震、台风等自然灾害的地区，应按当地的地震烈度、抗风或抗洪要求进行设防。建筑材料和建筑构件的品种、规格、型号、标号、质量等必须符合设计要求。

第二十条　屋面。应根据各地雨雪量等气象条件和建材供应情况，采用钢筋混凝土平屋面或坡屋面。上述屋面均应有可靠的防水、隔热、保温措施。上人屋面，应设置安全防护栏，其净高不应低于 1 100 mm。

第二十一条　楼地面。普通教室和各种专用教室、门厅、走道、楼梯，均宜采用防尘易清洁、耐磨的楼地面。化学实验室宜采用耐酸碱腐蚀的楼地面。音乐教室、多功能教室、体育活动室等宜采用软性（如木地板等）楼地面。语言教室、计算机教室等需要埋设管线的部位，楼地面的做法要有利于管线维修。计算机教室地面还宜采用能导出静电的材料。厕所等用房宜做防滑易清洁的楼地面，应有可靠的防水和排水设施。

第二十二条　门厅、走廊

一、教学楼的门厅宜适度宽敞，有利于人流集散通行和短暂停留。

二、教学楼宜采用外廊或单内廊，廊净宽不应小于 2 100 mm；中内廊净宽不应小于 3 000 mm。办公用房的廊宽不应小于 1 500 mm。

三、门厅和走廊的楼地面不宜设台阶。走廊楼地面、走廊与房间楼地面略有高差时，应采用防滑坡道，高差较大必须设置台阶时，踏步不得少于三级。

四、外廊栏板或栏杆净高度不应低于 1 100 mm。

五、教学楼内，应在走廊、过厅旁边的合适位置设置饮水处。

第二十三条　楼梯。楼梯的数量、宽度、位置和形式应满足使用要求，符合交通疏散和防火规范的规定。楼梯间应有直接天然采光。楼梯的踏步高度不应大于 150 mm。楼梯井的净宽度不宜大于 200 mm。室内楼梯栏板或栏杆的净高度不应小于 900 mm；室外楼梯栏板或栏杆的净高度不应小于 1100 mm。

第二十四条　门窗。门窗应便于开启、清洁、耐用。门窗开启后不得影响室内空间的使用和走廊通行的便利与安全。教学用房的门窗要有利采光通风。普通教室、各种专用教室和部分公共教学用房应根据人流安全疏散的要求设置前后门。教室安全出入口门洞宽度不应小于 1000 mm。多功能教室、合班教室的门洞宽度不应小于 1 500 mm。阶梯教室安全出入口的门洞宽度不应小于 2 000 mm。门扇上宜设观察窗。教学用房及教学辅助用房均不宜设置门槛。门框上部设采光通风窗。位于楼梯平台处的采光窗，窗下墙高度小于 1 100 mm 的应设安全护栏。

第二十五条　建筑装修

一、建筑内装修。墙面、顶棚一般宜做普通装修，门厅可做中级装修。音乐、语言、计算机、视听等专用教室可根据需要及经济条件做普通或中级装修。所有内墙的阳角和方柱均宜做成圆角。走廊、门厅、楼梯间均宜做高度不低于 1 200 mm，易清洗、不易污损的墙裙；饮水间、浴室、厕所宜做高度不低于 1500mm，便于冲洗的墙裙。

二、建筑外装修。应根据城市建设规划和校园景观的整体要求，因地制宜地进行装修。装修材料应能防止雨水渗透，其色彩应与周围建筑环境协调。

第二十六条　厕所。师生厕所应分设。凡有给排水系统公用设施的地方，学校应设室内水冲式厕所。室内厕所及前室应分别设污水池、地漏、洗手盆和镜台。校园较大的学校，宜同时设置适量厕位的室外厕所，其位置应在教学、办公区的下风方向，并保持适宜的距离。厕所宜采用瓷质的大小便槽，大便厕位宜设隔板。要妥善解决厕所的排气问题。

第二十七条　室内环境

一、采光。应保证教室、图书阅览室及实验室等主要教学用房的最佳建筑朝向，避免室内直射阳光。教学用房宜双侧采光，主要采光面应位于学生座位左侧，主要采光窗窗台高度宜为 900 mm。教学及办公用房的采光玻地比（窗户的透光面积与室内楼地面面积之比）不得低于 1/6，并应防止眩光。

二、照明。教学、办公用房应采用配有保护角灯罩的荧光灯具，不得用裸灯。教学用房照明灯具的数量、功率、布置方式和悬挂高度必须满足照度均匀度的要求，达到规定的照度标准。灯具悬挂高度距桌面不应低于 1700 mm。生物实验室的实验桌上宜设局部照明。教学用房的照明要能够分楼、分层、分部位控制。各类用房的平均照度不应低于表 11 的规定。

教学、办公楼等应设置适应教学、办公手段现代化的电器插座和分楼、分层或分部位控制的广播线路。劳动教室、劳动技术教室、科技活动室、厨房等用房，宜根据设备运行需要设置动力电源插座。

三、通风换气。教学、办公用房应有良好的自然通风，必须保持室内有良好的空气质量。教学用房应有换气设施，确保室内空气中 CO_2 的浓度低于 1.5%。炎热地区可采用开窗换气；温暖地区宜采用开窗与开启小气窗相结合的方式换气；寒冷和严寒地区应在外墙（或采光窗上部）和内走廊墙上设置小气窗（或门头采光通风窗），或在室内设附墙竖向排气道换气。外墙上的换气口面积不应小于房间面积的 1.67%，设于走廊墙上的换气口面积不应小于房间面积的 3.34%。当采用附墙竖向排气道时，排气口应设在每层排气道的顶部（临近天棚处）位置，排气口大小可视具体情况确定，并设调节风门。化学实验室、药品贮藏室及贮藏柜、合班教室、多功能教室、体育活动室等应根据使用要求设置有效的排气装置。

四、室内温度。必须保持教学和办公用房有适宜的室内温度。寒冷和严寒地区，有条件的城市普通中小学校宜采用热水供暖系统，供暖管道宜纳入地区集中供热管网。过渡地区、非集中采暖地区应因地制宜进行采暖。年日照时数大的地区可利用太阳能采暖。炎热地区应因地制宜地设置降温设施。

第二十八条　主要用房固定设施配置

一、普通教室。室内前部应设置书写板、电视机架、投影幕挂钩、讲台；后墙宜设置展示板；适当位置宜设置清洁柜、贮物柜和音箱等。

二、教师办公室。宜设洗手盆、存衣柜、嵌墙式或悬挂式书柜。

第二十九条 教学、办公楼内应有归集垃圾的位置，垃圾宜分类收集和处理。

第三十条 综合布线系统。教学、办公楼应设置综合布线系统，或预留综合布线系统的设备位置及贯通的管线井道。

表11 各类用房平均照度表

用 房 名 称	平均照度（LX）	规定照度的平面	照度均匀度
普通教室、音乐教室、实验室、自然教室、劳动教室、劳动技术教室、语言教室、合班教室、多功能教室、地理教室、科技活动室、心理咨询室、办公室、会议室、卫生保健室	150	桌面	不低于0.7
教室前方黑板	200	黑板垂直面	
计算机教室、图书阅览室、美术教室、书法教室、德育展览室	200	桌面	
体育活动室	100	地面	
厕所、走道、楼梯间	20	地面	

学生营养餐生产企业卫生规范

WS 103—1999

1 范围

本标准规定了学生营养餐的生产单位生产、运输、销售的卫生要求。

本标准适用于以学生为主要供应对象的学生营养餐生产单位（包括生产营养餐的生产企业，机关食堂和学校食堂）。

2 引用标准

下列标准所包含的条文，通过在本标准中引用而构成为本标准的条文。本标准出版时，所示版本均为有效。所有标准都会被修订，使用本标准的各方应探讨使用下列标准最新版本的可能性。

GB 2711 – 1998 非发酵性豆制品及面筋卫生标准

GB 2712 – 1998 发酵性豆制品卫生标准

GB 2748 – 1996 蛋卫生标准

GB 5749 – 1985 生活饮用水卫生标准

GB 13271 – 1991 锅炉大气污染物排放标准

3 定义

本标准采用下列定义。

3.1 学生营养餐

以保证学生生长发育和健康为目的，生产单位根据平衡膳食的要求，在严格卫生消毒条件下向学生提供安全卫生，符合营养标准的色、香、味俱佳的配餐。

3.2 学生课间餐

为适量补充学生热量和各种营养素而制作的食品。

4 工厂设计与设施的卫生要求

4.1 选址

学生营养餐生产厂必须建在无有害气体、烟尘、灰沙及其他危害食品安全卫生的地区。30 m 内不得有粪坑、垃圾站（场）、污水池或厕所等，1500m 内不得有大粪场。

4.2 厂区与道路

厂区应绿化，厂区主要道路应用水泥、沥青或石块铺砌，防止尘土飞扬，路面平坦，无积水，并有良好的排水系统。

4.3 厂区的卫生设施

4.3.1 应在远离营养餐加工车间处设置垃圾和废物临时存放设施，垃圾和废物须当天清理出厂。车间存放垃圾的设施应采用便于清洗、消毒的材料制成，能防止虫害侵入，避免废弃物污染食品、生产用水、设备和道路。

4.3.2 锅炉（包括茶炉）应设在厂区常年主风向的下风侧，并有消烟除尘措施，烟尘排放必须符合 GB 13271 的规定。

4.3.3 厂区厕所应有冲水、洗手设施和防蝇，防虫设施，墙裙应砌浅色瓷砖或相当的材料。地面应平整，易于清洗、消毒，并经常保持清洁，厕所应远离车间 25 m 以上。

4.3.4 工厂应有足够的生产用水，水质必须符合 GB 5749 的规定。

4.4 厂房与设施
4.4.1 厂房的车间应按工艺流程合理布局，须设有与产品种类、产量相适应的原辅料处理、生产加工、成品包装车间。

4.4.2 必须设有与生产人员相适应的通风良好、灯光明亮、清洁卫生并与车间相连接的更衣室、厕所、工间休息室和淋浴室，这些场所应布局合理，厕所门窗不得直接开向生产车间。

4.4.3 车间墙壁、地面应采用不透水、不吸潮、易冲洗材料建成，下有 1.5m 的墙裙（白色瓷砖或相当的材料），地面稍向下水口处倾斜，利于清洗、冲刷。下水口应有翻碗或蓖盖。

4.4.4 生产车间应有充足的光线，门窗必须有防蝇、防虫及防鼠防尘措施。做到车间无蝇、无虫、无鼠。

4.4.5 车间出入口应配备与生产人员相适应的不用手开关的洗手和消毒设施、并备有干手设施。

4.4.6 车间内水、气管道须避开操作场地的上方，灯具应有防护罩，以免破碎后混入食品中。

4.4.7 生产用的操作台（案子）和直接接触食品的工具、容器等所选用的材质应符合有关卫生标准，表面应光滑，无凹陷及裂痕。

5　原料采购、运输、储藏的卫生要求

5.1 采购

采购的原料必须符合国家有关的食品卫生标准或规定。

5.1.1 肉禽类原料必须采用来自非疫区健康良好的畜肉；必须有兽医卫生检验合格证书。

5.1.2 水产类原料必须采用新鲜的或冷冻的，组织有弹性、骨肉紧密连接的水产品；不得使用变质及被有害物质污染的水产类原料。

5.1.3 蔬菜必须新鲜，无腐败变质。

5.1.4 蛋类应符合 GB 2748 的规定。

5.1.5 大豆制品：外观气味正常，表面无粘液，其产品质量应符合 GB 2711 及 GB 2712 的规定。

5.1.6 采购原料、辅料时须向售方索取该批原、辅料检验合格证书或化验单。外地产品应索取县以上食品监督机构卫生检验合格证明。

5.2 运输

5.2.1 工厂应做到运输车辆（密闭货车、冷藏车）专用，保持清洁、防尘、防蝇，生熟食品分车运输，易腐食品（肉禽及其制品、水产品、豆制品、蛋制品）冷藏运输。

5.2.2 运送营养餐的车辆和容器用前须洗刷消毒，容器上盖下垫。运生肉、生禽水产品、蔬菜的车辆和容器用后彻底洗刷干净。

5.2.3 装卸人员装卸营养餐前必须洗手消毒，不能用手抓直接入口的食品，不得将衣物放在食品上，更不能踩坐食品。

5.3 储藏

5.3.1 原辅料进库前必须严格检验，发现不合格或无检验合格证书又无化验单者，拒绝入库，验收之后进行登记，登记内容包括品名、供货单位、数量、进货日期、感官检查情况、索证情况等。

5.3.2 食物储藏应做到各类食物分库存放，隔墙离地，分类上架。一般要设主食库、副食库、干货库、调料库，还要有足够的冷藏库。肉、禽、水产、蛋、豆制品必须冷藏。

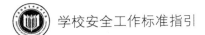

5.3.3 常温库要通风、防潮,保持库内干燥。环境相对湿度低于70%,地面、货架、容器保持清洁。设有防鼠、防蝇措施,并避免阳光直晒食品,容器应加盖防尘。

5.3.4 冷库要加强温度管理,设温度计,每天检查记录温度。高温冷库应在0℃~10℃之间,低温冷库应在-18℃以下。冷库要及时清扫保持无霜、无血水、无冰碴。

5.3.5 储存货品应遵循先进先出的原则,储存期限不超过保存期限,各种货品应挂牌,标出进货日期,尽量缩短储存期。

6 食品初加工

6.1 荤素分开,即动物性食品要有专用的加工间和刀、墩、案、盆、洗涤池等用具。蔬菜的初加工也要设有专用的房间和加工用具容器。

6.2 工具、用具、容器和各种机械保持清洁性,用后洗刷干净,定位存放。

6.3 初加工肉、禽、鱼要洗净、掏净内脏,去净毛、血块、鳞;菜要择洗干净,无杂物,无泥沙。初加工后的半成品放在清洁容器内,并上架码放整齐。

6.4 初加工的量要有计划,做到当天进原料当天加工,并及时冷藏,当天用完。

6.5 初加工的废弃物要及时清理,做到地面、地沟无油泥、无积水、无异味。

7 烹调熟加工

7.1 生熟分开。生、熟食品不能放在同一容器里,接触生食品的工具、用具、容器、抹布、机械等与接触熟食品的工具要分开,两者不能交叉使用。

7.2 彻底加热。动物性食品须防止里生外熟,植物性食品如扁豆含有天然毒素,需要高温加热破坏毒素。

7.3 学生营养餐不得使用剩菜剩饭。

7.4 厨师品尝味道要有专用的工具,食物品尝后须废弃,不准用炒菜勺或用手抓取品尝味道。

7.5 各种炊具、用具、容器用后洗利于净,定位存放,如盛熟食前还必须消毒。

7.6 保持环境清洁。台面、地面每餐打扫一次,废弃物桶及时清理。排烟罩应经常清洗。

7.7 盛调料的容器要保持清洁卫生,调料内无异物,用后加盖防尘。每次用后要将容器洗刷一次,再倒入新的调料。

7.8 厨房内不得存放私人物品、杂物。未经初加工的食品不得进入厨房。废弃物应放在有盖的容器内,一餐一清。

8 营养餐的包装、运输与分发

8.1 学生营养餐要设专门的配餐间,内设空调、紫外线灭菌灯、缓冲间及清洗、消毒池等设施。

8.2 上饭菜的推车、托盘要每餐清洗，接触食品的工具、用具、容器要每餐清洗后再消毒，保洁存放。

8.3 学生用的餐具必须每餐做到彻底清洗与消毒，使用一次性餐盒应符合有关塑料成形品国家卫生标准。

8.4 营养餐的盒饭或保温桶的运输必须有专用车辆，运输工具必须做到清洁、无毒、专用。

8.5 营养餐制作成品到学生食用其间隔不得超过 3 小时。

8.6 供应的食品均应在专用的冰箱内留样 48 小时，留样量为两人份，每份不少于 150g。留样时无菌操作，防止采样时污染食品，留样的容器、取样的工具必须消毒；一种食品一个容器，并由管理人员负责登记。

8.7 参与分餐的人员每年必须进行健康检查，持有健康合格证方能上岗。分餐人员应保持良好的个人卫生，如突患传染性疾病应立即停止分餐工作。

8.8 学生在食用营养餐之前必须用流水洗手。

9　生产企业的卫生管理

9.1 企业应根据本标准的要求，制定生产营养餐的卫生管理制度。

9.2 企业应配备经培训合格的专业卫生管理人员，负责监督全体工作人员执行本标准的有关规定。

9.3 新参加或临时参加工作的人员必须经过营养卫生安全培训，取得合格证后方可上岗参加工作。

9.4 生产车间的设备应经常检修，符合卫生要求。

9.5 除害灭虫。

9.5.1 厂区周围及厂区内应定期或在必要时进行除害灭虫，防止虫害孳生。

9.5.2 车间内使用杀虫剂时，应按卫生部门规定采取妥善措施，不得污染食品、设备、器具和容器。

9.6 凡直接参与营养餐生产加工人员，每人必须有两套（或一次性）工作服、帽、雨鞋，并应经常洗换，保持清洁。

9.7 车间应有营养专职人员，每周应根据平衡膳食原则，制定出符合儿童少年年龄特点的配餐食谱，并建立营养配餐管理与技术档案。

10　营养餐加工人员的健康要求及个人卫生

10.1 健康要求

10.1.1 营养餐加工人员及有关管理人员，每年至少进行一次健康检查，必要时接受临时检查。

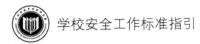

新参加或临时参加工作的人员，必须经健康检查合格后方可上岗。工厂应建立职工健康档案。

10.1.2 凡患有传染性肝炎、活动性肺结核、肠道传染病及传染病带菌者、化脓性或渗出性皮肤病及其他有碍食品卫生的疾病，均不得在营养餐加工车间工作。

10.2 个人卫生

10.2.1 营养餐生产加工车间的工人应保持良好的个人卫生，勤洗澡、勤理发、勤换衣，不得留长指甲、涂指甲油及使用其他化妆品。

10.2.2 车间工人进车间必须穿戴本厂统一的工作服、工作鞋、工作帽，头发不得外露，不得将与生产无关的个人用品或饰物带入车间。

10.2.3 车间工人不得穿工作服、工作鞋、工作帽进入与生产无关的场所。

中小学生体育锻炼运动负荷卫生标准

（WS/T 101—1998）

1　范围

本标准规定了普通中小学校身体健康学生的体育课和课外体育活动运动负荷的适宜范围。

本标准适用于普通中小学校身体健康学生的体育课和课外体育活动。农业中学、职业中学、中等专业学校也应参照执行。

2　定义

本标准采用下列定义。

2.1 靶心率 target heart rate（THR）

达到最大运动强度时的心率称为最大心率（HRmax），通常达到最大功能的 60%～70% 时的心率称为靶心率。

2.2 健康学生

是指能按体育课教学大纲要求上体育课，并经常进行体育锻炼的学生。

2.3 课外体育活动

学生在课余时间进行体育锻炼，或从事具有一定运动负荷的体育活动和集体游戏。

3　中小学生体育锻炼运动负荷的卫生标准

3.1 健康中小学生体育课和课外体育活动的基本部分的靶心率不应低于 120 次/分钟，也不得超过 200 次/分钟。

3.2 健康中小学生体育课和课外体育活动时间，每天不得少于 1 小时。

3.3 健康中小学生体育课和课外体育活动每周不得少于五次。每次锻炼基本部分的运动时间应为 20～30 分钟。

3.4 对月经正常的女生，月经期间要减少运动量，应避免增加腹部压力和全身剧烈震动的运动，停止游泳等水下运动。对月经异常的女生，月经期间应停止体育活动。

4　中小学生体育锻炼运动负荷的监测方法

4.1 指标

以运动负荷、每周锻炼次数和每次锻炼时间为监测指标。

4.2 对象

根据人力，每学时体育课或课外体育活动，对身体发育、健康状况和体育成绩上、中、下等的学生分别随机抽取 1，3，1 名，即共 5 名学生为对象。

4.3 方法

4.3.1 个体评价

4.3.1.1 运动负荷的测定：测定每一个学生的一学时体育课或课外体育活动基本部分每项运动后的即刻 10 秒心率，换算成一分钟心率，并进行评价；其实测心率平均数在 120～200 次/分钟的卫生要求范围内为运动负荷适宜，低于 120 次/分钟为运动负荷过小，高于 200 次/分钟为运动负荷过大。

4.3.1.2 问卷法：用事先设计好的问卷，要求受检学生认真、如实填写。了解受检学生前一周（在校的五天内）体育锻炼次数（包括体育课和课外体育活动），每次体育锻炼的时间（准备活动和整理活动除外）。一周内锻炼五次，每次锻炼 20～30 分钟为适宜。

4.3.2 集体评价

在上述个体评价的基础上，统计运动负荷、每周锻炼次数和每次锻炼时间三项指标达到卫生标准的人数。受检学生有 4 名上述三项指标达到卫生标准要求，即该次体育课或课外体育活动符合卫生要求。

本标准由华西医科大学、哈尔滨市卫生防疫站等单位起草，经中华人民共和国卫生部批准，从 1998 年 10 月 1 日起实施。

黑板安全卫生要求

WS 99—1998

1　范围

本标准规定了教学用黑板安全卫生要求。

本标准适用于各级各类学校在普通教室、实验室和其他专用教室中使用的黑板。其他教学活动和交流、记事、宣传等非教学活动使用的黑板亦应参照使用。

本标准不适用于白板、告示板、电子记忆传输显示板。

2　引用标准

下列标准所包含的条文，通过在本标准中引用而构成为本标准的条文。本标准出版时，所示版本均为有效。所有标准都会被修订，使用本标准的各方应探讨使用下列标准最新版本的可能性。

GBJ99－86　中小学校建筑设计规范

GB250－82　色牢度褪色样卡

GB/T1743－79　漆膜光泽度测定法

GB/T3505－83　表面粗糙度术语表面及其参数

GB7793－87　中小学校教室采光和照明卫生标准

3　定义

本标准采用下列定义。

3.1 黑板

用粉笔书写后，能够擦拭的板面，并用衬板、框架、支撑固定的结构物。

3.2 书写面、书写面板

黑板中可供书写、观看的有效板面为书写面。具有书写表面的板称为书写面板。

3.3 衬板

紧巾在黑板书写面板的背面，起衬托、支撑、消音、防震作用的板材。

3.4 框架

直接与黑板书写面板及衬板的四边相连接并与支撑物组合在一起的结构物。

3.5 光泽度 表面的镜面反射光与总反射光的比例。

3.6 眩光

在视野内因看见亮度不适当的点和面所引起的障碍，称为眩光。

4　要求

4.1 黑板的色彩

4.1.1 书写面为无彩色者，黑色的明度（V）在 N3 以下；书写面为彩色者，其色调（H）为 7.5GY－5BG，明度（V）为 1.0－3.0，彩度（C）为 1.0－4.0。

4.2 黑板书写面的光泽度应在职2%以下，不应有因黑板本身的原因产生眩光。

4.3 书写面的粉笔附着性和易擦拭性，应符合下列规定。

4.3.1 附着性

用熟石膏或碳酸钙制粉笔书写，手感流畅、充实，笔道均匀，线条明显。

4.3.2 擦拭性用干式黑板擦往复擦拭两次，没有清楚的残留字迹；用湿式黑板擦擦拭，没有淤积的粉笔残迹。

4.4 书写面的表面粗糙度和耐磨性应符合下列要求。

4.4.1 书写面按 GB/T3505 中的规定，表面粗糙度为 Ra1.6～3.2μm，取样长度 2.5mm。

4.4.2 书写面经过一万次擦拭磨耗后，表面粗糙度不小于 Ra.6μm。

4.5 书写面的颜色应均匀，有良发的耐光性，应符合 GB250 中的规定的 4 级。

4.6 黑板书写面应在使用用含有洗涤剂和消毒剂的温水（40℃）擦洗时不变色，无表皮脱落。

托儿所、幼儿园建筑设计规范

JGJ 39—2016

1　总　　则

1.0.1　为保证托儿所、幼儿园建筑设计质量，使建筑设计满足适用、安全、卫生、经济、美观等方面的基本要求，制定本规范。

1.0.2　本规范适用于新建、扩建、改建托儿所、幼儿园的建筑设计。

1.0.3　幼儿园的规模应符合表 1.0.3—1 的规定，托儿所、幼儿园的每班人数宜符合表 1.0.3—2 的规定。

表 1.0.3—1　幼儿园的规模

规模	班数（班）
小型	1～4
中型	5～9
大型	10～12

表 1.0.3—2　托儿所、幼儿园的每班人数

名称	班别		人数（人）
托儿所	乳儿班		10～15
	托儿班	小、中班	15～20
		大班	21～25
幼儿园	小班		20～25
	中班		26～30
	大班		31～35

1.0.4　托儿所、幼儿园的建筑设计应遵循下列原则：

1　满足使用功能要求，有益于幼儿健康成长；

2　保证幼儿、教师及工作人员的环境安全，并具备防灾能力；

3　符合节约土地、能源，环境保护的基本方针。

1.0.5 托儿所、幼儿园建筑设计除应符合本规范外，尚应符合国家现行有关标准的规定。

2　术　　语

2.0.1　托儿所 nursery

用于哺育和培育 3 周岁以下婴幼儿使用的场所。

2.0.2　幼儿园 kindergarten

对 3 周岁～6 周岁的幼儿进行集中保育、教育的学前使用场所。

2.0.3　全日制幼儿园 full—time kindergarten

幼儿仅白天在园内生活的幼儿园。

2.0.4　寄宿制幼儿园 boarding kindergarten

幼儿昼夜均在园内生活的幼儿园。

2.0.5　幼儿生活用房 living room

供幼儿班级活动及公共活动的空间。

2.0.6　幼儿生活单元 unit of living room

供幼儿班级独立生活的空间。

2.0.7　活动室 play chamber；activity room

幼儿生活单元中供幼儿进行各种室内日常活动的空间。

2.0.8　寝室 bedroom

幼儿生活单元中供幼儿睡眠的空间。

2.0.9　多功能活动室 multi – functional room

供全园幼儿进行文艺、体育等多功能活动的空间。

2.0.10　乳儿室 suckling room

供乳儿班婴儿玩耍、睡眠等日常生活的空间。

2.0.11　喂奶室 nursing room

供乳儿哺乳的空间。

2.0.12　配奶室 mix – the – milk room

供配制乳用乳汁的空间。

2.0.13　晨检室（厅）morning inspection room

供幼儿入园时进行健康检查的空间。

2.0.14　保健观察室 health – care and observation room

供病儿进行临时隔离、观察、治疗的空间。

2.0.15　服务管理用房 service room

供对外联系，对内为幼儿保健和教育服务管理的空间。

2.0.16　供应用房 supply room

供托儿所、幼儿园人员饮食、饮水、洗衣等后勤服务使用的空间。

3　基地和总平面

3.1　基　地

3.1.1　托儿所、幼儿园建设基地的选择应符合当地总体规划和国家现行有关标准的要求。

3.1.2　托儿所、幼儿园的基地应符合下列规定：

1　应建设在日照充足、交通方便、场地平整、干燥、排水通畅、环境优美、基础设施完善的地段；

2　不应置于易发生自然地质灾害的地段；

3　与易发生危险的建筑物、仓库、储罐、可燃物品和材料堆场等之间的距离应符合国家现行有关标准的规定；

4　不应与大型公共娱乐场所、商场、批发市场等人流密集的场所相毗邻；

5　应远离各种污染源，并应符合国家现行有关卫生、防护标准的要求；

6　园内不应有高压输电线、燃气、输油管道主干道等穿过。

3.1.3 托儿所、幼儿园的服务半径宜为300m～500m。

3.2 总平面

3.2.1 托儿所、幼儿园的总平面设计应包括总平面布置、竖向设计和管网综合等设计。总平面布置应包括建筑物、室外活动场地、绿化、道路布置等内容，设计应功能分区合理、方便管理、朝向适宜、日照充足，创造符合幼儿生理、心理特点的环境空间。

3.2.2 三个班及以上的托儿所、幼儿园建筑应独立设置。两个班及以下时，可与居住建筑合建，但应符合下列规定：

1 幼儿生活用房应设在居住建筑的底层；

2 应设独立出入口，并应与其他建筑部分采取隔离措施；

3 出入口处应设置人员安全集散和车辆停靠的空间；

4 应设独立的室外活动场地，场地周围应采取隔离措施；

5 室外活动场地范围内应采取防止物体坠落措施。

3.2.3 托儿所、幼儿同应设室外活动场地，并应符合下列规定：

1 每班应设专用室外活动场地，面积不宜小于60m²，各班活动场地之间宜采取分隔措施；

2 应设全园共用活动场地，人均面积不应小于2m²；

3 地面应平整、防滑、无障碍、无尖锐突出物，并宜采用软质地坪；

4 共用活动场地应设置游戏器具、沙坑、30m跑道、洗手池等，宜设戏水池，储水深度不应超过0.30m；游戏器具下面及周围应设软质铺装；

5 室外活动场地应有1/2以上的面积在标准建筑日照阴影线之外。

3.2.4 托儿所、幼儿园场地内绿地率不应小于30%，宜设置集中绿化用地。绿地内不应种植有毒、带刺、有飞絮、病虫害多、有激性的植物。

3.2.5 托儿所、幼儿同在供应区内宜设杂物院，并应与其他部分相隔离。杂物院应有单独的对外出入口。

3.2.6 托儿所、幼儿园基地周围应设围护设施，围护设施应安全、美观，并应防止幼儿穿过和攀爬。在出入口处应设大门和警卫室，警卫室对外应有良好的视野。

3.2.7 托儿所、幼儿园出入口不应直接设置在城市干道一侧；其出入口应设置供车辆和人员停留的场地，且不应影响城市道路交通。

3.2.8 托儿所、幼儿园的幼儿生活用房应布置在当地最好朝向，冬至日底层满窗日照不应小于3h。

3.2.9 夏热冬冷、夏热冬暖地区的幼儿生活用房不宜朝西向；当不可避免时，应采取遮阳措施。

4 建筑设计

4.1 一般规定

4.1.1 托儿所、幼儿园建筑应由幼儿生活用房、服务管理用房和供应用房等部分组成。

4.1.2 托儿所、幼儿园建筑宜按幼儿生活单元组合方法进行设计，各班幼儿生活单元应保持使用的相对独立性。

4.1.3 托儿所、幼儿园中的幼儿生活用房不应设置在地下室或半地下室，且不应布置在四层及以上；托儿所部分应布置在一层。

4.1.4 托儿所、幼儿园的建筑造型和室内设计应符合幼儿的心理和生理特点。

4.1.5 托儿所、幼儿园建筑窗的设计应符合下列规定：

1 活动室、多功能活动室的窗台面距地面高度不宜大于0.60m；

2 当窗台面距楼地面高度低于0.90m时，应采取防护措施，防护高度应由楼地面起计算，不应低于0.90m；

3 窗距离楼地面的高度小于或等于1.80in的部分，不应设内悬窗和内平开窗扇；

4 外窗开启扇均应设纱窗。

4.1.6 活动室、寝室、多功能活动室等幼儿使用的房间应设双扇平开门，门净宽不应小于1.20m。

4.1.7 严寒和寒冷地区托儿所、幼儿园建筑的外门应设门斗。

4.1.8 幼儿出入的门应符合下列规定：

1 距离地面1.20m以下部分，当使用玻璃材料时，应采用安全玻璃；

2 距离地面0.60m处宜加设幼儿专用拉手；

3 门的双面均应平滑、无棱角；

4 门下不应设门槛；

5 不应设置旋转门、弹簧门、推拉门，不宜设金属门；

6 活动室、寝室、多功能活动室的门均应向人员疏散方向开启，开启的门扇不应妨碍走道疏散通行；

7 门上应设观察窗，观察窗应安装安全玻璃。

4.1.9 托儿所、幼儿园的外廊、室内回廊、内天井、阳台、上人屋面、平台、看台及室外楼梯等临空处应设置防护栏杆，栏杆应以坚固、耐久的材料制作，防护栏杆水平承载能力应符合《建筑结构荷载规范》GB 50009的规定。防护栏杆的高度应从地面计算，且净高不应小于1.10m。防护栏杆必须采用防止幼儿攀登和穿过的构造，当采用垂直杆件做栏杆时，其杆件净距离不应大于0.11m。

4.1.10 距离地面高度 1.30m 以下，幼儿经常接触的室内外墙面，宜采用光滑易清洁的材料；墙角、窗台、暖气罩、窗口竖边等阳角处应做成圆角。

4.1.11 楼梯、扶手和踏步等应符合下列规定：

1 楼梯间应有直接的天然采光和自然通风；

2 楼梯除设成人扶手外，应在梯段两侧设幼儿扶手，其高度宜为 0.60m；

3 供幼儿使用的楼梯踏步高度宜为 0.13m，宽度宜为 26m；

4 严寒地区不应设置室外楼梯；

5 幼儿使用的楼梯不应采用扇形、螺旋形踏步；

6 楼梯踏步面应采用防滑材料；

7 楼梯间在首层应直通室外。

4.1.12 幼儿使用的楼梯，当楼梯井净宽度大于 0.11m 时，必须采取防止幼儿攀滑措施。楼梯栏杆应采取不易攀爬的构造，当采用垂直杆件做栏杆时，其杆件净距不应大于 0.11m。

4.1.13 幼儿经常通行和安全疏散的走道不应设有台阶，当有高差时，应设置防滑坡道，其坡度不应大于 1：12。疏散走道的墙面距地面 2m 以下不应设有壁柱、管道、消火栓箱、灭火器、广告牌等突出物。

4.1.14 托儿所、幼儿园建筑走廊最小净宽不应小于表 4.1.14 的规定。

表 4.1.14　走廊最小净宽度（m）

房间名称	走廊布置	
	中间走廊	单面走廊或外廊
生活用房	2.4	1.8
服务、供应用房	1.5	1.3

4.1.15 建筑室外出入口应设雨篷，雨篷挑出长度宜超过首级踏步 0.50m 以上。

4.1.16 出入口台阶高度超过 0.30m，并侧面临空时，应设置防护设施，防护设施净高不应低于 1.05m。

4.1.17 活动室、寝室、乳儿室、多功能活动室的室内最小净高不应低于表 4.1.17 的规定。

表 4.1.17　室内最小净高（m）

房间名称	净高
活动室、寝室、乳儿室	3.0
多功能活动室	3.9

4.1.18 托儿所、幼儿园建筑防火设计应符合现行国家标准《建筑设计防火规范》GB 50016 的规定。

4.2 托儿所生活用房

4.2.1 托儿所应包括托儿班和乳儿班，托儿班宜接纳 2 周岁 ~3 周岁的幼儿，乳儿班宜接纳 2

周岁以下幼儿。

4.2.2　托儿班生活用房的使用面积及要求应与幼儿园生活用房相同。

4.2.3　乳儿班房间的设置和最小使用面积应符合表4.2.3的规定。

表4.2.3　乳儿班每班房间最小使用面积（m²）

房间名称	使用面积
乳儿室	50
喂奶室	15
配乳室	8
卫生间	10
储藏室	8

4.2.4　每个托儿班和乳儿班的生活用房均应为每班独立使用的生活单元。当托儿所和幼儿园合建时，托儿所生活部分应单独分区，并应设单独出入口。

4.2.5　喂奶室、配乳室应符合下列规定：

1　喂奶室、配乳室应临近乳儿室，喂奶室应靠近对外出入口；2　喂奶室、配乳室应设洗涤盆，配乳室应有加热设施，当使用有污染性燃料时，应有独立的通风、排烟系统。

4.2.6　乳儿班卫生间至少应设洗涤池2个、污水池1个、保育人员厕位1个。

4.3　幼儿园生活用房

4.3.1　幼儿园的生活用房应由幼儿生活单元和公共活动用房组成。

4.3.2　幼儿生活单元应设置活动室、寝室、卫生间、衣帽储藏间等基本空间。

4.3.3　幼儿园生活单元房间的最小使用面积不应小于表4.3.3的规定，当活动室与寝室合用时，其房间最小使用面积不应小于120m²。

表4.3.3　幼儿生活单元房间的最小使用面积（一）

房间名称		房间最小使用面积
活动室		70
寝室		60
卫生间	厕所	12
	盥洗室	8
衣帽储藏间		9

4.3.4　单侧采光的活动室进深不宜大于6.60m。

4.3.5　活动室宜设阳台或室外活动平台，且不应影响幼儿生活用房的日照。

4.3.6　同一个班的活动室与寝室应设置在同一楼层内。

4.3.7　活动室、寝室、多功能活动室等幼儿使用的房间应做暖性、有弹性的地面，儿童使用的通道地面应采用防滑材料。

4.3.8 活动室、多功能活动室等室内墙面应具有展示教材、作品和空间布置的条件。

4.3.9 寝室应保证每一幼儿设置一张床铺的空间，不应布置双层床。床位侧面或端部距外墙距离不应小于0.60m。

4.3.10 卫生间应由厕所、盥洗室组成，并宜分间或分隔设置。无外窗的卫生间，应设置防止回流的机械通风设施。

4.3.11 每班卫生间的卫生设备数量不应少于表4.3.11的规定，且女厕大便器不应少于4个，男厕大便器不应少于2个。

表4.3.11 每班卫生间卫生设备的最少数量

污水池 （个）	大便器 （个）	小便器（沟槽） （个或位）	盥洗台 （水龙头，个）
1	6	4	6

4.3.12 卫生间应临近活动室或寝室，且开门不宜直对寝室或活动室。盥洗室与厕所之间应有良好的视线贯通。

4.3.13 卫生间所有设施的配置、形式、尺寸均应符合幼儿人体尺度和卫生防疫的要求。卫生洁具布置应符合下列规定：

1 盥洗池距地面的高度宜为0.50m～0.55m，宽度宜为0.40m～0.45m，水龙头的间距宜为0.55m～0.60m；

2 大便器宜采用蹲式便器，大便器或小便槽均应设隔板，隔板处应加设幼儿扶手。厕位的平面尺寸不应小于0.70m×0.80m（宽×深），沟槽式的宽度宜为0.16m～0.18m，坐式便器的高度宜为0.25m～0.30m。

4.3.14 厕所、盥洗室、淋浴室地面不应设台阶，地面应防滑和易于清洗。

4.3.15 夏热冬冷和夏热冬暖地区，托儿所、幼儿园建筑的幼儿生活单元内宜设淋浴室；寄宿制幼儿生活单元内应设置淋浴室，并应独立设置。

4.3.16 封闭的衣帽储藏室宜设通风设施。

4.3.17 多功能活动室的位置宜临近幼儿生活单元，单独设置时宜与主体建筑用连廊连通，连廊应做雨篷，严寒和寒冷地区应做封闭连廊。

4.4 服务管理用房

4.4.1 服务管理用房应包括晨检室（厅）、保健观察室、教师值班室、警卫室、储藏室、园长室、财务室、教师办公室、会议室、教具制作室等房间，最小使用面积应符合表4.4.1的规定。

表 4.4.1　服务管理用房的最小使用面积（㎡）

房间名称	规　　模		
	小型	中型	大型
晨检室（厅）	10	10	15
保健观察室	12	12	15
教师值班室	10	10	10
警卫室	10	10	10
储藏室	15	18	24
财务室	15	15	18
教师办公室	18	18	24
会议室	24	24	30
教具制作室	18	18	24

注：1　晨检室（厅）可设置在门厅内；

　　2　教师值班室仅全日制幼儿园设置。

4.4.2　托儿所、幼儿园建筑应设门厅，门厅内宜附设收发、晨检、展示等功能空间。

4.4.3　晨检室（厅）应设在建筑物的主入口处，并应靠近保健观察室。

4.4.4　保健观察室设置应符合下列规定：

1　应设有一张幼儿床的空间；

2　应与幼儿生活用房有适当的距离，并应与幼儿活动路线分开；

3　宜设单独出入口；

4　应设给水、排水设施；

5　应设独立的厕所，厕所内应设幼儿专用蹲位和洗手盆。

4.4.5　教职工的卫生间、淋浴室应单独设置，不应与幼儿合用。

4.5　供应用房

4.5.1　供应用房应包括厨房、消毒室、洗衣间、开水间、车库等房间，厨房应自成一区，并与幼儿活动用房应有一定距离。

4.5.2　厨房应按工艺流程合理布局，并应符合国家现行有关卫生标准和现行行业标准《饮食建筑设计规范》JGJ 64 的规定。

4.5.3　厨房加工间室内净高不应低于3.0m。

4.5.4　厨房室内墙面、隔断及各种工作台、水池等设施的表面应采用无毒、无污染、光滑和易清洁的材料；墙面阴角宜做弧形；地面应防滑，并应设排水设施。

4.5.5　当托儿所、幼儿园建筑为二层及以上时，应设提升食梯。食梯呼叫按钮距地面高度应大于1.70m。

4.5.6 寄宿制托儿所、幼儿园建筑应设置集中洗衣房。

4.5.7 托儿所、幼儿园建筑应设玩具、图书、衣被等物品专用消毒间。

4.5.8 当托儿所、幼儿园场地内设汽车库时，汽车库应与儿童活动区域分开，应设置单独的车道和出入口，并应符合现行行业标准《车库建筑设计规范》JGJ 100 和现行国家标准《汽车库、修车库、停车场设计防火规范》GB 50067 的规定。

5 室内环境

5.1 采 光

5.1.1 托儿所、幼儿园的生活用房、服务管理用房和供应用房中的各类房间均应有直接天然采光和自然通风，其采光系数最低值及窗地面积比应符合表 5.1.1 的规定。

表 5.1.1 采光系数最低值和窗地面积比

房间名称	采光系数最低值（％）	窗地面积比
活动室、寝室、乳儿室、多功能活动室	2.0	1：5.0
保健观察室	2.0	1：5.0
办公室、辅助用房	2.0	1：5.0
楼梯间、走廊	1.0	——

5.1.2 托儿所、幼儿园建筑采光应符合现行国家标准《建筑采光设计标准》GB 50033 的有关规定。

5.2 隔声、噪声控制

5.2.1 托儿所、幼儿园建筑室内允许噪声级应符合表 5.2.1 的规定。

表 5.2.1 室内允许噪声级

房间名称	允许噪声级（A 声级，dB）
活动室、寝室、乳儿室	≤45
多功能活动室、办公室、保健观察室	≤50

5.2.2 托儿所、幼儿园建筑主要房间的空气声隔声标准应符合表 5.2.2 的规定。

表 5.2.2　空气声隔声标准

房间名称	空气声隔声标准（计权隔声量）（dB）	楼板撞击声隔声单值评价量（dB）
活动室、寝室、乳儿室、保健观察室与相邻房间之间	≥50	≤65
多功能活动室与相邻房间之间	≥45	≤75

5.2.3　托儿所、幼儿园建筑的环境噪声应符合现行国家标准《民用建筑隔声设计规范》GB 50118 的有关规定。

5.3　空气质量

5.3.1　托儿所、幼儿园的室内空气质量应符合现行国家标准《室内空气质量标准》GB/T 18883 的有关规定。

5.3.2　托儿所、幼儿园的幼儿用房应有良好的自然通风，其通风口面积不应小于房间地板面积的 1/20。夏热冬冷、严寒和寒冷地区的幼儿用房应采取有效的通风设施。

5.3.3　托儿所、幼儿园建筑使用的建筑材料、装修材料和室内设施应符合现行国家标准《民用建筑工程室内环境污染控制规范》GB.50325 的有关规定。

6　建筑设备

6.1　给水排水

6.1.1　托儿所、幼儿园建筑应设置给水排水系统，且设备选型和系统配置应适合幼儿需要。用水量标准、系统选择和水质应符合国家现行标准《建筑给水排水设计规范》GB 50015、《生活饮用水卫生标准》GB 5749、《饮用净水水质标准》CJ 94 和《建筑给水排水及采暖工程施工质量验收规范》GB 50242 的规定。

6.11.2　托儿所、幼儿园建筑给水系统的引入管上应设置水表。水表宜设置在室内便于抄表位置；在夏热冬冷地区及严寒地区，当水表设置于室外时，应采取可靠的防冻胀破坏措施。

6.1.3　托儿所、幼儿园建筑给水系统的压力应满足给水用水点配水器具的最低工作压力要求。当压力不能满足要求时，应设置系统增压给水设备，并应符合下列规定：

1　当设有二次供水设施时，供水设施不应对水质产生污染；2　当设置水箱时，应设置消毒设备，并宜采用紫外线消毒方式；

3　加压水泵应选用低噪声节能型产品，加压泵组及泵房应采取减振防噪措施。

6.1.4　托儿所、幼儿园建筑给水系统入户管的给水压力不应大于 0.35MPa；当水压大于 0.35MPa 时，应设置减压设施。

6.1.5 托儿所、幼儿园建筑宜设置集中热水供应系统，也可采用分散制备热水或预留安装热水供应设施的条件。当设置集中热水供应系统时，应采用混合水箱单管供应定温热水系统。

6.1.6 盥洗室、淋浴室、厕所、公共洗衣房应设置地漏，其水封深度不得小于，50mm，洗衣机排水应设置专用地漏或洗衣机排水存水弯。

6.1.7 便池宜设置感应冲洗装置。

6.1.8 托儿所、幼儿园建筑内单独设置的清扫间、消毒间应配备给水和排水设施。

6.1.9 托儿所、幼儿园建筑厨房的含油污水，应经除油装置处理后再排入户外污水管道。

6.1.10 消火栓系统、自动喷水灭火系统及气体系统灭火设计等，应符合国家现行有关防火标准的规定。当设置消火栓灭火设施时，消防立管阀门布置应避免幼儿碰撞，并应将消火栓箱暗装设置。单独配置的灭火器箱应设置在不妨碍通行处。

6.1.11 托儿所、幼儿园建筑应设置饮用水开水炉，宜采用电开水炉。开水炉应设置在专用房间内，并应设置防止幼儿接触的保护措施。

6.1.12 绿地可设置洒水栓，运动场地应设置排水设施。

6.2 供暖通风和空气调节

6.2.1 具备条件的托儿所、幼儿园建筑的供暖系统宜纳入区域集中供热管网，具备利用可再生能源条件且经技术经济合理时，应优先利用可再生能源为供暖热源。当符合现行国家标准《民用建筑供暖通风与空气调节设计规范》GB 50736 的规定时，可采用电供暖方式。

6.2.2 采用低温地面辐射供暖方式时，地面表面温度不应超过28℃。

6.2.3 严寒与寒冷地区应设置集中供暖设施，并宜采用热水集中供暖系统；夏热冬冷地区宜设置集中供暖设施；对于其他区域，冬季有较高室温要求的房间宜设置单元式供暖装置。

6.2.4 用于供暖系统总体调节和检修的设施，应设置于幼儿活动室和寝室之外。

6.2.5 当采用散热器供暖时，散热器应暗装。

6.2.6 当采用电采暖时，应有可靠的安全防护措施。

6.2.7 供暖系统应设置热计量装置，并应实现分室控温。

6.2.8 乡村托儿所、幼儿园建筑宜就地取材，采用可靠的能源形式供暖，并应保障环境安全。

6.2.9 托儿所、幼儿园房间的供暖设计温度宜符合表6.2.9的规定。

表6.2.9 托儿所、幼儿园房间的供暖设计温度

房间名称	室内设计温度（℃）
活动室、寝室、喂奶室、保健观察室、配奶室、晨检室（厅）、办公室	20
乳儿室	24
盥洗室、厕所	22

房间名称	室内设计温度（℃）
门厅、走廊、楼梯间、厨房	16
洗衣房	18
淋浴室、更衣室	25

6.2.10 托儿所、幼儿园建筑与其他建筑共用集中供暖热源时，宜设置过渡季供暖设施。

6.2.11 托儿所、幼儿园建筑通风设计应符合下列规定：

1 应优先采用有组织自然通风设施；

2 当采用换气次数确定室内通风量时，房间的换气次数不应低于表6.2.11—1的规定；

3 采用机械通风或空调房间，人员所需新风量应不小于表6.2.11—2的规定。

表6.2.11－1 房间的换气次数

房间名称	换气次数（次/h）
活动室	3
寝室	3
厕所	10
多功能活动室	3

表6.2.11－2 人员所需最小新风量

房间名称	新风量［m³/（h·人）］
活动室	20
寝室	20
保健观察室	38
多功能活动室	20

6.2.12 托儿所、幼儿园建筑的公共厨房、公共淋浴室、无外窗卫生间等，宜设置有防回流构造的排气通风竖井，并应安装机械排风装置。

6.2.13 夏热冬暖地区、夏热冬冷地区的托儿所、幼儿园建筑，当夏季依靠开窗不能实现基本热舒适要求，且幼儿活动室、寝室等房间不设置空调设施时，幼儿活动室、寝室等房间宜安装具有防护网且可变风向的吸顶式电风扇。

6.2.14 最热月平均室外气温大于和等于25℃地区的托儿所、幼儿园建筑，宜设置空调设备或预留安装空调设备的条件，并应符合下列规定：

1 空调房间室内设计参数应符合表6.2.14的规定；

表 6.2.14　空调房间室内设计参数

参数		冬季	夏季
温度 （℃）	活动室、寝室、喂奶室、保健观察室、配奶室、晨检室（厅）、办公室	20	25
	乳儿室	24	25
风速（v）（m/s）		$0.10 \leq v \leq 0.20$	$0.15 \leq v \leq 0.30$
相对湿度（%）		30～60	40～60

2　当采用集中空调系统或集中新风系统时，应设置空气净化消毒装置和供风管系统清洗、消毒用的可开闭窗口；

3　当采用分散空调方式时，应设置保证室内新风量满足国家现行卫生标准的装置。

6.2.15　设置非集中空调设备的托儿所、幼儿园建筑，应对空调室外机的位置统一设计。空调设备的冷凝水应有组织排放。空调室外机应安装在室外地面或通道地面2.0m以上，且幼儿无法接触的位置。

6.2.16　防排烟系统设计应符合国家现行有关防火标准的规定，当需要设置送风口、排风口时，风口底边距地面应大于1.5m。

6.3　建筑电气

6.3.1　活动室、寝室、图书室、美工室等幼儿用房宜采用细管径直管形三基色荧光灯，配用电子镇流器，也可采用防频闪性能好的其他节能光源，不宜采用裸管荧光灯灯具；保健观察室、办公室等可采用细管径直管形三基色荧光灯，配用电子镇流器或节能型电感镇流器，或采用其他节能光源。寄宿制幼儿园的寝室宜设置夜间巡视照明设施。

6.3.2　活动室、寝室、幼儿卫生间等幼儿用房宜设置紫外线杀菌灯，也可采用安全型移动式紫外线杀菌消毒设备。

6.3.3　托儿所、幼儿园的紫外线杀菌灯的控制装置应单独设置，并应采取防误开措施。

6.3.4　托儿所、幼儿园的房间照明标准值应符合表6.3.4的规定。

表 6.3.4　房间照明标准值

房间或场所	参考平面及其高度	照度标准值（lx）	UGR	Ra
活动室	地面	300	19	80
图书室	0.5m水平面	300	19	80
美工室	0.5m水平面	500	19	90
多功能活动室	地面	300	19	80
寝室	0.5m水平面	100	19	80

房间或场所	参考平面及其高度	照度标准值（lx）	UGR	Ra
办公室、会议室	0.75m 水平面	300	19	80
厨房	台面	200		80
门厅、走道	地面	150		80

6.3.5 托儿所、幼儿园的房间内应设置插座，且位置和数量根据需要确定。活动室插座不应少于四组，寝室、图书室、美工室插座不应少于两组。插座应采用安全型，安装高度不应低于1.8m。插座回路与照明回路应分开设置，插座回路应设置剩余电流动作保护。

6.3.6 幼儿活动场所不宜安装配电箱、控制箱等电气装置；当不能避免时，应采取安全措施，装置底部距地面高度不得低于1.8m。

6.3.7 托儿所、幼儿园安全技术防范系统的设置应符合下列规定：

1 幼儿园园区大门、建筑物出入口、楼梯间、走廊等应设置视频安防监控系统；

2 幼儿园周界宜设置入侵报警系统、电子巡查系统；

3 厨房、重要机房宜设置入侵报警系统。

6.3.8 托儿所、幼儿园建筑应设置电话系统、计算机网络系统，并宜设置广播系统、有线电视系统。

6.3.9 托儿所、幼儿园建筑的应急照明设计、火灾自动报警系统设计、防雷与接地设计、供配电系统设计、安防设计等，应符合国家现行有关标准的规定。

本规范用词说明

1 为便于在执行本规范条文时，对要求严格程度不同的用词说明如下：

1）表示很严格，非这样做不可的：

正面词采用"必须"，反面词采用"严禁"；

2）表示严格，在正常情况下均应这样做的：

正面词采用"应"，反面词采用"不应"或"不得"；

3）表示允许稍有选择，在条件许可时首先应这样做的：

正面词采用"宜"，反面词采用"不宜"；

4）表示有选择，在一定条件下可以这样做的，采用"可"。

2 条文中指明应按其他有关标准执行的写法为："应符合……的规定"或"应按……执行"。

引用标准名录

1 《建筑结构荷载规范》GB 50009

2 《建筑给水排水设计规范》GB 50015

3 《建筑设计防火规范》GB 50016

4 《建筑采光设计标准》GB 50033

5 《汽车库、修车库、停车场设计防火规范》GB 50067

6 《民用建筑隔声设计规范》GB 50118

7 《建筑给水排水及采暖工程施工质量验收规范》GB 50242

8 《民用建筑工程室内环境污染控制规范》GB 50325

9 《民用建筑供暖通风与空气调节设计规范》GB 50736

10 《生活饮用水卫生标准》GB 5749

11 《室内空气质量标准》GB/T 18883

12 《饮食建筑设计规范》JGJ 64

13 《车库建筑设计规范》JGJ 100

14 《饮用净水水质标准》CJ 94

中华人民共和国行业标准
托儿所、幼儿园建筑设计规范

JGJ 39—2016

条文说明
修订说明

《托儿所、幼儿园建筑设计规范》JGJ 39—2016，经住房和城乡建设部 2016 年 4 月 20 日以第 1079 号公告批准、发布。本规范是在《托儿所、幼儿园建筑设计规范》JGJ 39—87 的基础上修订而成，上一版的主编单位是黑龙江省建筑设计研究院，主要起草人是 孙传礼 、 贾世超 、葛庆华、 郭盛元 、马洪骥。

本规范修订过程中，编制组进行了广泛的调查研究，认真总结了实践经验，同时参考了有关国际标准和国外先进标准，确定了各项技术要求。

为便于广大设计、施工、科研、学校等单位有关人员在使用本规范时能正确理解和执行条文规定，《托儿所、幼儿园建筑设计规范》编制组按章、节、条顺序编制了本规范的条文说明，对条文规定的目的、依据以及执行中需注意的有关事项进行了说明，还着重对强制性条文的强制性理由作了解释。但是，本条文说明不具备与规范正文同等的法律效力，仅供使用者作为理解和把握规范规定的参考。

1 总 则

1.0.1 对于托儿所、幼儿园建设，国家有相应建设标准和严格的准人制度。根据有关规定，需要合理选择托儿所、幼儿园建设地址和建设标准，为托儿所、幼儿园提供安全、健康、卫生的活动场所。据此在对1987年版《托儿所、幼儿园建筑设计规范》（以下简称"原规范"）修订工作中，对原规范一些条文进行了修改，增添了一些技术内容，作为今后托儿所、幼儿园建筑设计的依据。

1.0.2 原规范适用范围包括城镇及工矿区新建、改建和扩建的托儿所、幼儿园建筑设计，不包括农村托儿所、幼儿园，本次修订将规范的适用范围不仅限于城市，还应包括广大农村。这是由于目前我国农村经济的发展，农村托儿所、幼儿园建设有所增加。为保证农村托儿所、幼儿园的建设符合有关标准要求，将农村托儿所、幼儿园建筑也应纳入国家标准，以保证农村幼儿与城市幼儿同样拥有安全、健康的生活场所。

1.0.3 据调查，目前托儿所、幼儿园规模有扩大的趋势，有些托儿所、幼儿园班数多达（20～30）班，规模过大，对于托儿所、幼儿园的管理、安全、服务质量不利。因此，建议托儿所、幼儿园的规模不要过大。根据调查结果，本条对托儿所、幼儿园的规范及班人数作了规定。规范中提出的托儿所、幼儿园建设规模和每班人数对托儿所、幼儿园管理是合适的。

1.0.4 本条文强调托儿所、幼儿园建筑设计应遵循的原则，其中保证托儿所、幼儿园的安全，是最重要的原则。建筑设计中还应满足使用功能、节约土地和能源、保护环境等条件。目前我国托儿所、幼儿园数量短缺，幼儿入园难的情况较普遍，各地建设托儿所、幼儿园数量比较大，因此在托儿所、幼儿园建设中遵守这些原则，对托儿所、幼儿园建筑的安全性、适用性有重要的意义。

1.0.5 托儿所、幼儿园建筑设计涉及多方面、多专业，对于各专业已有标准规定内容，除必要重申外，本规范不再重复，因此在设计时除执行本规范外，尚应符合国家现行有关标准的规定，主要有《民用建筑设计通则》GB 50352、《建筑设计防火规范》GB 50016、《安全防范工程技术规范》GB 50348、《建筑采光设计标准》GB 50033、《民用建筑隔声设计规范》GB 50118、《民用建筑工程室内环境污染控制规范》GB 50325、《严寒和寒冷地区居住建筑节能设计标准》JGJ 26、《夏热冬冷地区居住建筑节能设计标准》JGJ 134、《夏热冬暖地区居住建筑节能设计标准》JGJ 75 等。

2 术 语

2.0.1 托儿所是用于专门照顾和培养3周岁以下婴幼儿生活能力的场所。托儿所可以单独建设，但大多数为与幼儿园合并建设，但两部分需要分开。目前我国3周岁以下幼儿基本上是由家庭看护，很少送到托儿所去看护。因此托儿所这部分内容在本规范中已经弱化，是否建托儿所，各地可以根据需要进行设置。

2.0.2 幼儿园是供3周岁~6周岁的幼儿保育教育的场所，是对幼儿进行体、智、德全面发展的学前教育机构。

2.0.5 幼儿生活用房包括幼儿班活动单元、多功能活动室和为幼儿特殊活动的公共活动室等供幼儿使用的一切用房。

2.0.6 幼儿生活单元是幼儿生活用房中供一个班级幼儿园活动的空间，包括活动室、寝室、卫生间、衣帽储藏间等。

2.0.9 原规范中称音体室，现改为多功能活动室，原来称音体室，名称、含义不够全面、准确。该房间是全园集中活动的大空间，它不仅仅有文艺、体育活动的内容，而且包括全园集会、演出，召开家长会等多种内容。

2.0.15 原规范中称为服务用房，考虑其内容包括管理方面的内容，因此本次修编改为服务管理用房，其名称更为确切。服务管理用房包括警卫室、收发室、晨检室（厅）、保健观察室、财务室、办公室、会议室、医务室、储藏室等。

2.0.16 供应用房包括厨房、淋浴室、开水间、消毒间、洗衣房、配电室、锅炉房等，各地可根据实际需要进行设置。

3 基地和总平面

3.1 基 地

3.1.2 易发生自然地质灾害地段是指地震危险、地质塌陷、地下采空区、洪涝或泥石流多发区、山体滑坡区、雷暴区。飓风区，未处理的含氡土壤区、电磁波辐射区等不安全地带。

易发生危险建筑物指易燃、易爆的建筑，如生产易燃易爆物品的厂房、储存易燃、易爆产品的仓库、锅炉房、变电所等。污染源指垃圾站、污水处理场、传染病院、医院太平间及殡仪馆等。

3.1.3 托儿所、幼儿园园址选择在居住区内或附近，便于家长接送，其服务半径不宜过大。调研中发现有的居住区规模很大，但没有设置托儿所、幼儿园，有的即使设置了托儿所、幼儿园，其服务半径过大，家长接送，会耽误很长时间。幼儿步行时间不宜过长，因此规定了托儿所、幼儿园的服务半径。

3.2 总平面

3.2.2 托儿所、幼儿园建筑是供1周岁～6周岁幼儿进行集中保育、教育的学前机构。幼儿大部分时间在这里进行各种活动。由于幼儿身体尚未发育成熟，身体抵抗力弱，对外界环境适应能力差，要求托儿所、幼儿园建筑确保幼儿安全、卫生、适用。托儿所、幼儿园在建筑布局、房间设置、室内外环境等方面有许多要求，要求建筑封闭，周围设围墙。为了在建筑设计中满足这些要求，独立设置建筑基地，使建筑不受外界影响是十分必要的。如果托儿所、幼儿园建筑与其他建筑合建，势必对幼儿的生活环境造成干扰，难以保证幼儿的安全、卫生和适用要求。

幼儿是家庭的希望、国家的未来。社会各界、每个家庭都非常重视幼儿的健康成长，尤其关注幼儿生活环境的安全、卫生、适用问题。这些方面规范中有许多规定，这些规定是托儿所、幼儿园建筑的最低标准。随着社会进步、经济发展，对托儿所、幼儿园建筑的标准要求也应提高，不能以挤占托儿所、幼儿同建设用地，影响幼儿安全、卫生、适用为代价来发展城市建设。何况托儿所、幼儿园在居住区中占用的土地是很少的。居住区规划按规定留有幼儿园建设用地，可以独立建设满足规范要求的幼儿园。

由于建没用地紧张，一些托儿所、幼儿园与其他建筑合建。本条对与其他建筑物合建的托儿所、幼儿园作了规定，一是规模限定在两个班及以下；二是幼儿生活用房限定设在建筑首层；三是应设独立的出入口，并对出入口作出规定。由于建筑物底层有其他部分的出入口，托儿所、幼儿园不设独立出入口，可能会与其他出入的人员交叉干扰，不利于幼儿出入的安全和身体健康，幼儿出入也不方便。因此规定托儿所、幼儿园必须设独立出入口，确保幼儿使用安全。另外，规定在室外设置独立活动场地，并与其他场地进行分隔，可以避免与其他场地互相干扰，影响幼儿的安全和健康。

3.2.3 托儿所、幼儿园的室外活动场地需要有足够的活动面积，满足幼儿室外活动的需要。一些托儿所、幼儿园室外活动场地过小，不能满足需要，本规范对班活动场地、全园共用活动场地面积均作出了具体规定，并对活动场地的设置、安全方面等提出了要求。调研发现，有些托儿所、幼儿园室外活动场地布置在建筑周围阴影之内，基本没有阳光照射，儿童在室外活动得不到阳光，对儿童的身体健康不利。

3.2.4 关于托儿所、幼儿园室外绿化面积，调查发现，许多托儿所、幼儿园室外绿化面积不足，这对托儿所、幼儿园应有良好的室外环境是不利的。托儿所、幼儿园室外布置一定的绿地，不仅对提高环境质量有一定作用，而且能提高周围空气质量，有利于儿童身心健康。现在居住区绿地均规定不小于30%，因此规定托儿所、幼儿园绿地率不小于30%是必要的。

3.2.5 供应区的厨房经常有些杂物，可能对托儿所、幼儿园其他地区造成污染，因此有必要设置堆放杂物的地区应与其他部分相隔离。其杂物院设置独立的对外出口，可以避免运送杂物时经过其他区域，造成环境污染。

3.2.6 托儿所、幼儿园场地周围设置围护设施，一是防止幼儿从园内周围走失，二是防止其他无关人员进入托儿所、幼儿园，保证托儿所、幼儿园的安全。

3.2.7 托儿所、幼儿园接送幼儿的用车较多，有些托儿所、幼儿园出入口设在城市主要道路一侧，在接送幼儿时间停留车辆较多，严重影响城市道路交通，因此规定出入口不应设置在城市主要道路一侧。如果设在次要道路一侧，其出入口应退道路红线，并应留有一定的人员停留和停车的场地，防止影响城市道路交通，具体面积可根据实际情况确定。

3.2.8 在调研中发现，有些托儿所、幼儿园幼儿生活用房日照标准不能满足3h的规定，这对幼儿的身体是不利的。幼儿的生活和发育需要一定时间的阳光，阳光可以杀灭一些细菌，幼儿的生活用房在阳光的照射下也有利于室内环境的清洁卫生，因此规定幼儿活动用房满窗日照标准不小于3h，确保幼儿身体健康。

4 建筑设计

4.1 一般规定

4.1.2 幼儿生活单元是托儿所、幼儿园生活的基本空间,幼儿大部分在生活单元内生活。将若干个幼儿生活单元组合进行建筑设计,有利于幼儿各班生活相对的独立性,防止幼儿班之间相互干扰。目前国外托儿所、幼儿园有打破幼儿生活单元的布置方式,有利于幼儿之间的交流,但也容易造成幼儿班之间出现交叉、干扰的问题。因此,我国托儿所、幼儿园建筑仍主张按幼儿生活单元组合方法进行设计。

4.1.3 托儿所、幼儿园中的幼儿生活用房是指供幼儿生活使用的房间,包括幼儿生活单元、幼儿公共活动室、多功能厅等。为保证幼儿的身体健康,规范对房间的日照、采光、通风等室内环境方面有明确的规定。建筑物的地下室或半地下室的日照、采光、通风、防潮、排水等条件差,不能满足规范的规定,对幼儿身体健康十分不利,故规定幼儿生活用房不应设置在地下室或半地下室。如果建筑设有地下室或半地下室,且采取采光、通风、日照、防潮、排水、安全等防护措施,可以布置非幼儿生活用房,如设备用房、库房、工作人员厨房、餐厅等房间。

幼儿的体力、活动能力比较差,上下楼梯动作缓慢,不适宜多楼层上下;另外幼儿行动速度较慢,对环境适应能力差,一旦发生火灾等紧急情况,难以迅速疏散,尤其在楼梯间疏散更困难。为保护幼儿身体健康和紧急疏散时的安全,规定幼儿生活用房所在的层数不应布置在四层及四层以上。

托儿所主要是婴幼儿使用,婴幼儿活动能力较差,在发生紧急情况时,需要大人帮助疏散,因此规定托儿所部分应设在一层,是为保护幼儿的安全,在紧急情况下,使婴儿能迅速、安全地疏散。

4.1.5 托儿所、幼儿园活动室的窗与成人建筑的窗最大的区别在于窗台的高度不一样,因为幼儿的身材较矮,为了保证幼儿的视线不被遮挡,避免产生封闭感,并体现托儿所、幼儿园建筑空间的正常尺度,所以活动室,公共活动室的窗台距地不宜大于0.60m。由于窗台低,防止儿童爬上窗台,发生从窗坠落的事故,因此要求采取防护措施。寝室窗的形式不同于活动室,一般需要高于活动室的窗台,达到0.90m。如果幼儿的床紧靠窗户,为了防止幼儿在床上爬高,窗的下部需做固定扇,否则需要加护栏。活动室的窗宜设下亮子,活动室窗的形式不同于成人建筑窗的形式,后者窗亮子在上,窗扇在下,而前者正好相反。其次,后者的窗亮子是作为通风功能,而前者窗亮子为了幼儿安全,不可以开启,即使为了通风需要开启,应做上旋开启,设推拉窗,必须设置防护措施。1.80m以下严禁设开启窗扇,是为了防止幼儿通过时碰伤头部。窗外侧无外廊时应设栏杆,栏杆应符合现行国家标准《民用建筑设计通则》GB 50352的有关规定。

4.1.8 托儿所、幼儿园建筑设计应保障幼儿的安全,幼儿身体的各部分的发育尚未成熟,动作还不十分协调,防护意识差;同时好奇心强烈,容易忽视对周围的注意,很容易导致安全事故的发生。门是幼儿经常接触的部件，因此在托儿所、幼儿园建筑设计中，应注意门的安全问题。为了方便儿童自己开启或关闭房间门，应在距地 0.6m 处加设幼儿专用的拉手，门拉手可以将幼儿和教师使用的要求作整体考虑，结合门的造型，通常设垂直拉手，门扇内外皆装置。活动室、寝室的门应设观察窗，在兼顾幼儿和教师视线范围的情况下做透明玻璃，以便幼儿和教师进出活动室能观察门内外的情况，防止发生碰撞。

4.1.9 外廊、阳台、上人屋面、平台等部位是交通和疏散通行的地方，也是幼儿经常活动的场所，在这些临空部位活动易发生高空坠落危险事故。幼儿活泼、好动，且安全意识差，易出现嬉闹、拥挤行为，因此这些部位必须设防止栏杆，防止高空坠落，确保幼儿的人身安全。

由于幼儿好动，在应急疏散时，易发生集中拥挤、推搡栏杆行为，因此栏杆使用的材料应坚固、耐久，并能承受规范规定的水平推力，符合现行国家标准《建筑结构荷载规范》GB 50009 的规定。

栏杆的净高 1.10m 为地面至扶手顶面的垂直高度，当栏杆距地 0.60m 以下有可踏面时，扶手的高度应从可踏面顶面起计算。

为防止幼儿攀爬，造成高空坠落事故，栏杆应采用防攀爬的构造，栏杆不应有任何可踏面，例如，不应采用任何横向杆件和装饰物，女儿墙不应做防水小沿砖等构造。

做垂直杆件时，杆件间的净距不应大于 0.11m，以防止幼儿头部带身体穿过而发生坠落事故。近年来，时有发生儿童坠落事故。其中栏杆间距过宽是原因之一，因此必须严格规范规定，做垂直栏杆时，杆件间的净距不应大于 0.11m。

4.1.11 考虑儿童身体特点，幼儿使用的楼梯不同于成年人楼梯，楼梯扶手、栏杆宽度、踏步尺寸均与成年人楼梯不同。幼儿扶手高度宜为 0.60m，可在成人扶手中间增设。设置垂直杆件时，其净宽度不应大于 0.11m。由于儿童腿长比成年人短，楼梯踏步的尺寸不能与成年人楼梯踏步尺寸相同，因此对幼儿楼梯踏步尺寸作出了规定。

本规范经修订增加了楼梯间在首层应直通室外条款，是因为幼儿行动迟缓、动作较慢、安全意识差，在发生紧急情况时，为使幼儿迅速疏散到室外，规定楼梯间的首层直通室外，对幼儿安全疏散更为有利。

4.1.12 幼儿活泼、好动，且安全意识差，上、下楼梯时易发生嬉闹、攀爬等行为，甚至有些幼儿爬上楼梯扶手滑行、玩耍，很容易发生坠落事故。为保护幼儿的生命安全，幼儿使用的楼梯，其楼梯井净宽度大于 0.11m 时，必须采取防止攀滑的措施。防止幼儿从楼梯上滑落穿越，坠落至楼梯井底。

楼梯栏杆应采取不易攀登的构造，栏杆不应有任何可蹬踏的横向杆件及装饰物。当采用垂直杆件作栏杆时，其杆件净距不应大于 0.11m，防止幼儿头部、身体穿越栏杆，造成幼儿高空坠落安全事故。

4.2 托儿所生活用房

4.2.1 托儿所中的托儿班及乳儿班的设置一般根据年龄来划分，乳儿班为 2 岁以下在哺乳期间的幼儿，这些幼儿走路、吃饭、大小便基本不能自理，大部分时间在床上生活。托儿班为 2 岁 ~ 3 岁的幼儿，基本能自主走路、吃饭及大小便，但自理能力还较差，需要护理员帮助才能完成自理动作。由于 3 岁以下幼儿其活动能力有所差异，托儿班和乳儿班幼儿的划分可根据幼儿园的自理能力灵活分配，不必绝对按年龄分配。

4.2.2 托儿班的幼儿基本可以自理，其活动能力与幼儿园小班差不多，因此生活用房的设置、面积及有关规定与幼儿园相同，这样在托儿所和幼儿园合建的时候，其生活用房可以通用。

4.2.3 乳儿班的房间设置主要是根据哺乳其幼儿生活的需要而设置的，它与幼儿园及托儿班的区别主要是没有活动室，卫生间的设施也不相同。

4.2.4 如果托儿所设置若干个班，从管理和卫生方面要求应分成独立的使用单元，这和幼儿园相同。一般托儿所和幼儿园合建的较多，但托儿所和幼儿园两部分应单独分区，不应与幼儿园部分合用一个出入口，这有利于管理和幼儿的身体健康。

4.2.5 乳儿班需要母亲定时喂奶，喂奶时应有独立的空间，母亲需要将乳儿从乳儿室抱出后在喂奶室哺乳，因此喂奶室应临近乳儿室。幼儿喂奶也有非母乳喂奶，需要奶粉喂养，因此需有冲奶粉的加热设施及冲洗奶瓶需要的洗涤设施。考虑经济条件差的地区使用燃气、煤等燃料，会污染室内空气，因此必须设置独立的通风及排烟系统。

4.2.6 乳儿班的卫生间与托儿班的卫生间不同，哺乳的幼儿大小便还不能自理，因此也就不需要便器，但需要冲洗尿布的机会较多，因此需要设置一定量的洗涤池。设保育人员的厕位也可兼供母亲使用，同时兼作倒幼儿粪便使用。

4.3 幼儿园生活用房

4.3.1 原规范幼儿生活用房包括幼儿生活单元和音体室，本次规范调整为幼儿生活用房由幼儿生活单元和幼儿公共活动用房组成。公共活动用房包括多功能活动室，还包括幼儿公共活动用房。为了适应现代幼儿早期教育的需要，幼儿公共活动用房已在多数托儿所、幼儿园内设置。

4.3.2 幼儿生活单元是为了合理、科学地对幼儿进行保育、教养，达到方便管理以及预防疾病的要求，将幼儿日常中的主要房间组合在一起，形成了每个幼儿班自成一体的格局。其特点是每班独立使用一套用房及家具、设备，强调各班自成体系，之间互不干扰，有利于严格按卫生防疫要求进行隔离，避免幼儿之间的交叉感染。按年龄特点对各年龄段的幼儿分别进行有针对性的启蒙教育，是我国多数托儿所、幼儿园采用的方式。现代化开放型教育理论提倡可以将不同年龄的幼儿分组、合组进行活动，让不同年龄的幼儿在合理的活动接触中，促进幼儿的智力发展，培养集体生活的习惯和集体精神。这种幼儿的教育方式导致了幼儿园生活单元从相对独立的班级活动空间，向公共开放的合组活动空间发展，适应新的教育理论和教育方法。但是这种组合方式，在我国现阶段很少采用，因此本规范规定仍按幼儿生活单元设置。

4.3.3 原规范规定：大、中、小型幼儿园的活动室面积均为 50m²，本次修订面积有所增加，原因是过去的幼儿园建筑只是看管孩子的场所，幼儿活动内容简单。近年来我国幼儿教育事业的发展，教育模式的改革，大大促进了托儿所、幼儿园建筑模式在环境、功能、造型、设施及空间塑造等各方面进一步发展。现在幼儿的静态游戏方式较多，静态游戏活动场地，如角色游戏、智力游戏、桌上作业、医生看病和手工制作等这些均需要一定的场地空间，如不增加面积，势必挤占幼儿的游戏空间，而幼儿的身体机能特点，需要幼儿有大量肢体活动，有利于身体各部分组织、器官和心脏的发育，应该给他们提供足够多的活动空间。因此在幼儿园设计中要保证足够面积的室内游戏活动空间，应该扩大活动室的面积。

衣帽储藏间宜各班分开设置在幼儿生活单元内，亦可单独设房间。单独设置房间所占用的空间面积大，所以现在很多幼儿园多半采用过厅，走廊等空间设置衣柜来解决，这种设置多半占用疏散通道，带来了安全隐患。因此规定不应在走廊处设衣帽间。

4.3.4　为给幼儿健康成长创造良好的环境，活动室应明快、敞亮，有充足的日照和均匀的天然采光。要合理设计活动室的进深，当活动室进深较大时，必须采用双面采光，以免因进深过大而造成活动室采光不均匀、通风不畅和部分面积阳光照射不到。目前幼儿园活动室多为单面采光，为防止活动室进深过大，影响室内采光，规定单侧采光的活动室，其进深不宜超过 6.60m。

4.3.6　调研发现为数不多的托儿所、幼儿园采用寝室在活动室的上一层设置的形式，教师反映此种形式存在很多问题，因为孩子睡眠时间比较集中，同一时间上下楼梯，人流量大，幼儿拥挤现象明显，老师很难照顾到，留有很多安全隐患。所以不应将寝室设在活动室的上一层。

4.3.7　地（楼）面是幼儿直接接触的界面，它的材料性能与施工做法直接关系到幼儿的身体健康和室内的卫生条件。应从安全、卫生、保温考虑，活动室地面不应采用水泥地面或水磨石等凉性地面，因为这种材料做法使幼儿的脚感太生硬，缺少弹性，容易使幼儿摔伤，又容易起灰尘，不易清洁，尤其幼儿在活动室经常坐在地面上活动，硬质、凉性地面对幼儿健康十分不利。

4.3.9　调研发现，有的幼儿园设置通铺，不能保证幼儿的睡眠安静，且容易发生疾病的传染。幼儿睡单独床铺，不仅可以保证幼儿的睡眠舒适、互不干扰，而且为幼儿养成正常睡眠的好习惯提供必要的条件。有的幼儿园寝室布置双层床，幼儿上下床很危险，容易摔伤，因此规定不应布置双层床。床位侧面不应紧靠外墙，应保持适当的距离，以使幼儿身体避开冬季寒冷的外墙面，或外墙窗下的暖气片，防止幼儿受凉或被烫伤。

4.3.10　幼儿使用厕所的次数相对频繁，平均每天（3~4）次，使用盥洗台的次数更多，每天（6~7）次以上，使用时间也比较集中，致使盥洗间的门经常不能处于关闭状态，如将盥洗室与厕所安排在一个大空间内，容易致使厕所内的臭气散布污染活动室和寝室内，所以应将厕所和盥洗室分开设置，或之间设置分隔措施，同时要求卫生间采取有效的通风设施。原规范规定卫生间应有直接的自然通风，这样卫生间必须靠外墙，考虑到在平面设计中有一定困难，因此本次规范不要求卫生间必须直接自然通风，但必须采用有效的通风设施。

4.3.12　幼儿使用厕所和盥洗室的次数相对频繁，使用时间也比较集中，为了便于教师看护幼儿方便，随时观察到幼儿的情况，发现有情况将能够及时处理，生活单元中的活动室与卫生间、盥洗室与厕所之间应有良好的视线贯通。

4.3.14 调研发现有些卫生间地面有台阶，不便幼儿使用，易使幼儿摔伤，并且受伤的严重程度都较大。卫生间地面不设台阶，现在建筑设计也能做到。

4.3.15 寄宿制幼儿园应设置集中的或分散式的热水洗浴设备。热水温度必须事先由保育员调至可洗温度，使之保持恒定温度后，方可放水给幼儿洗浴，确保幼儿洗浴的安全。

4.3.16 为防止衣帽储藏间内的各类物品因通风不良，尤其在湿度较大的地区，衣帽物品容易受潮发霉，因此规定封闭的衣帽间宜设通风设施。

4.3.17 多功能活动室是为多种功能使用的房间，可供班级联合集会、跳舞、唱歌、家长会谈及放映电影、录像、幻灯片等活动使用。天气不好时还可以作为临时游戏室，因此多功能活动室应临近生活用房。无论是设在适中位置或幼儿用房的尽端，都不得和服务用房，供应用房混在一起。当多功能活动室独立设置时，与主体建筑的距离不宜过远，并需用连廊相连通。连廊设雨篷是为了在雨天、雪天不影响儿童室外通行，方便使用。

4.4 服务管理用房

4.4.3 全日制托儿所、幼儿园每日对入园幼儿都要进行例行晨检，主要是观察幼儿的精神状态是否萎靡不振，皮肤是否有异常，是否有感冒、沙眼等疾病，有了疾病要到保健观察室或请家长领幼儿去医院进一步检查或医治。晨检工作对保证全园幼儿健康有着重要的作用。晨检室（厅）设在建筑物的主出入口处，便于晨检人员监视入园的幼儿，以免漏查，保证患病幼儿不进入园内，避免幼儿互相传染。

4.4.4 托儿所、幼儿园保健观察室是为幼儿入园晨检发现患病的幼儿临时寄住的场所，其位置靠近人口处，方便医务人员对患儿进行简单的医治。患儿的疾病极易传染其他幼儿，所以规定患病幼儿至保健观察室的路线不能与健康儿童路线交叉，并设单独的出入口。

保健观察室不仅是一个小间房间，还要求布置必要的生活设施。否则，患儿需要大小便则必须到其他公共卫生间，这样既不方便，也易传染别人。因此规定保健观察室应设独立的厕所和洗手设备。

4.4.5 教职工厕所供园内教职工及外来人员使用，必须严格与幼儿使用的卫生间分开。供教师使用的厕所也可以设在生活单元内，其尺寸应按成人标准设置，每班一个厕位，必须设门扇，使教师厕所与幼儿卫生间互相隔离，互不干扰。

4.5 供应用房

4.5.2 托儿所、幼儿园厨房设计应按厨房工艺要求设置相应的房间，厨房主要房间的使用面积，工作人员及其使用的房间和面积应根据厨房的工艺使用要求和有关标准设置。

4.5.5 幼儿用餐，一般由专人负责从厨房配送食品，用餐完毕后，还须将餐具送回厨房消毒，这种往返运输的劳动量很大。为了减轻工作人员的劳动量，除水平运输可用保温车运送外，楼层的垂直运输，在适当位置设置食梯，通往各层的小备餐间或各班生活单元。

4.5.6　调研中发现，大部分全日制托儿所、幼儿园的床上用品均由家长带回家庭清洗，但有些由园内统一清洗。如果由园内统一清洗，需要设洗衣房。寄宿制幼儿同幼儿衣物一般由园内统一清洗，因此规定寄宿制幼儿园设洗衣房是必要的。

4.5.7　消毒间主要是对幼儿使用的玩具、书籍、衣物等物品进行消毒用的。由于消毒方式不同，对房间的设备、设施要求也不同，可根据消毒方式的要求，对消毒间进行设计。

4.5.8　托儿所、幼儿园内是否设汽车库，应根据需要设置。车库应与托儿所、幼儿园建筑分开，单独设计，并且设有独立的车道和出入口。

5　室内环境

5.1　采　　光

5.1.1　本条对原规范进行修改和补充，对幼儿用房及其他相关用房的天然采光质量作了具体的规定。采光系数标准应符合现行的国家标准《建筑采光设计标准》GB 50033 的有关规定，采光系数需要进行计算。本条中关于采光系数最低值是参考了《中小学校设计规范》GB 50099—2011 中的相关规定。为了保护幼儿的身体及视觉健康，本条规定了托儿所、幼儿园建筑中不同用途房间的采光系数最低值。为方便建筑设计进行估算窗口面积，同时给出了窗地面积比。

5.2　隔声、噪声控制

5.2.2　本条主要是对房间隔声标准提出了明确的要求，以便建筑设计时合理地择定建筑的围护结构、隔墙和楼板等部位的材料及构造，满足隔声标准的要求。

5.3　空气质量

5.3.1　本条是新增加的条款。幼儿的生长发育需要充足的日照、新鲜的空气。由于建筑材料及装修材料会产生有害物质，如甲醛、氨、氡、二氧化碳、二氧化硫、细菌、可吸入颗粒物等，会导致儿童患上各种疾病，因此必须保证幼儿生活用房空气质量符合国家规定的标准。

5.3.2　建筑通风设计确定合理可行的通风方法十分重要。除了利用房门与外窗进行空气对流外，尚需注意北方冬季外门窗封闭的情况下，采取有效的通风措施，达到通风换气的要求，如设固定换气小窗、采用通风换气装置等。

5.3.3　当前，儿童患有白血病等恶性疾病较多，这与儿童受室内环境污染有关。因此在建筑设计、施工中选用的建筑材料、装修材料必须符合现行国家标准《民用建筑工程室内环境污染控制规范》GB 50325 的规定，确保幼儿的身体健康。

6 建筑设备

6.1 给水排水

6.1.1 给水排水系统是现代生活最基本条件，幼儿是人类的未来，托儿所、幼儿园建筑是幼儿活动成长场所，必须设置。不具备条文要求供水条件的偏远乡村，可因地制宜设置净水和供水设施。

6.1.2 为了方便自来水公司管理收费和节约用水，在给水系统引入管上加设水表。

6.1.3 为确保幼儿的正常用水条件，给水水压应满足所用给水用水点最低工作压力。通常使用的配水器具的最低工作压力约为 0.05MPa。二次加压供水设施不应产生二次污染，噪声应符合相关标准规定。

6.1.4 最低配水点静水压力，一方面保证正常用水，另一方面要防止超压流出，造成浪费，同时减少用水噪声。

6.1.5 幼儿洗手或洗浴需要热水。托儿所、幼儿园宜优先采用集中热水制备的热水供应系统。当无条件采用集中热水制备时，也可采用分散热水制备或预留安装热水供应设施的条件。气候适宜地区应优先采用太阳能热水器或空气源热泵制备热水。

6.1.6 本条除规定了哪些房间及部位设置地漏外，还提出了地漏的性能要求，以防止地漏水封破坏造成有毒有害气体窜入室内，影响幼儿健康。淋浴室地漏应采用带网筐地漏去除毛发。

6.1.7 随着设备设施改进，便池采用感应冲洗装置，既有利于使用，又有利于节水。

6.1.8 清扫环境卫生工具宜单独放置及清洗，以便保证卫生安全。

6.1.9 厨房含油脂的污水排入污水管道时，随着水温下降，污水夹带的油脂颗粒便开始凝固，并附着在管壁上，逐渐缩小管道断面，最后完全堵塞管道。设置除油装置是十分必要的，除油装置可回收废油脂，制造工业用油脂，变害为利。

6.1.10 消火栓箱暗装，使得室内整洁美观。有条件时，消火栓系统管道也应暗装设置。单独配置的手提式灭火器，应设置在器具箱内并放置在明显且不妨碍通行处。

6.1.11 幼儿生活离不开饮用水，最好的饮用水应是白开水。在幼儿无法接触专用房间内设置开水器，每个幼儿班设置一台保温开水壶，方便教师为幼儿取用开水。

6.1.12 绿地设置洒水栓便于浇灌；运动场地设置排水设施，有利于雨后使用。

6.2 供暖通风和空气调节

6.2.1 从供暖质量、环保、消防安全、使用安全及卫生条件几方面衡量，托儿所、幼儿园采用热水为热媒的集中供暖系统是合适的。具备利用可再生能源条件的地区，供暖方案应优先考虑利用可再生能源。不具备集中供暖条件或冬季供暖时间比较短且供电充足的地区，可以采用电供暖来保证室内温度要求。

6.2.2　从有利于健康角度考虑，采用低温地面辐射供暖方式时，地面表面温度不应超过规定值。

6.2.3　当利用城市热网热源或与其他功能房间合用集中供暖系统时，托儿所、幼儿园应考虑过渡季的供暖设施。

6.2.4　供暖系统很难做到幼儿活动室和寝室没有调节和检修设施，但用于总体调节和检修的设施应该设置在库房或公共部位。地沟的检修口不应设置在幼儿活动室和寝室内。

6.2.5　托儿所、幼儿园中的散热器应该暗设于罩内，散热器罩必须具有良好空气流通条件。当采用壁挂板式散热器，并且设置在儿童活动区之上时，可以明设。

6.2.6　采用电供暖设备时，应该符合电气专业相关安全要求。

6.2.7　供暖系统应该设置集中热量计量并实现分室温度控制，一方面利于节能控制，另一方面可实现室温可控。

6.2.11　活动室和寝室应具备可开启自然通风外窗，可保证轮换开启通风。寒冷地区及夏热冬冷地区的供暖应计入通风的耗热量。

6.2.12　托儿所、幼儿园中的公共厨房、公共淋浴室、无外窗卫生间无排放通道时将对室内环境产生很大影响。无外窗卫生间无法直接对室外通风换气。设置排风竖井将有害气体从屋顶排出，并且竖井应该有防止回流构造，防止相邻房间窜味。机械排风装置根据房间换气需要设置。

6.2.13　托儿所、幼儿园的活动室或寝室大多为单面外窗，为了达到较舒适的室内环境，要求夏热冬暖、夏热冬冷等地区托儿所、幼儿园的活动室或寝室安装具有防护网且可变风向的吸顶式电风扇。

6.2.14　随着人们生活水平的提高，人们要求环境标准也越来越高。幼儿生活环境备受家长关注，夏季炎热地区的托儿所、幼儿园宜设置空调设备或预留安装空调设备的条件。

6.2.15　采用分体空调时，空调室外机对建筑物外形美观有一定影响。空调冷凝水随意排放，一是影响环境；二是对建筑物造成一定的不良影响。在建筑设计时就应该统一规划室外机位置；空调冷凝水有组织排放。

6.3　建筑电气

6.3.1　幼儿的眼睛非常稚嫩，幼儿活动室、寝室、图书室、美工室等是幼儿日常活动停留较多的场所，频闪和眩光问题是照明设计中应重点解决的问题。电子镇流器一般使用20kHz～60kHz频率供给灯管，可基本消除频闪。采用裸管荧光灯具眩光较严重，不宜使用，推荐采用格栅灯、带透明灯罩的灯具等。LED等新型节能光源也可采用。

6.3.2　幼儿园的日常消毒一般都是采用紫外线消毒灯，双端直管形紫外线杀菌灯固定在房间吊装对空气中杀菌最为有效，灯具应安装在空气容易对流循环的位置，其灯具的安装功率可参考表1选取。

表1 紫外线杀菌灯安装功率参考值

房间面积 S（m²）	安装功率（W）
$10 < S \leqslant 20$	30
$20 < S \leqslant 30$	60
$30 < S \leqslant 40$	90
$40 < S \leqslant 50$	120
$50 < S \leqslant 60$	150
$S > 60$	2.5

安全型移动式紫外线杀菌消毒设备没有固定安装的紫外线杀菌灯杀菌效果好，小型幼儿园等班数较少时可以采用。

6.3.3 紫外线杀菌灯的控制应特别注意防止幼儿在场时误开，目前还没有比较成熟的做法。调研中了解到，大多数都是紫外线灯的灯开关单独设置，且在灯开关上作出标志，例如在紫外线灯开关上贴上彩色不干胶，上面写上"紫外线灯"，还有的是把紫外线灯开关设在高处，并作出标记。但这些做法也不能完全避免误开，曾经发生过误开紫外线灯伤人事故。

鉴于目前的情况，提出三种做法供参考：

1 采用灯开关控制，并把灯开关设置在门外走廊专用的小箱内并上锁，由专人负责，其他人不能操作。

2 采用专用回路并集中控制，把控制按钮设在有人值班的房间，确定房间无人时由专人操作开启紫外线灯。

3 有条件时采用智能控制，探测房间是否有人，由房间无人和固定的消毒时间两个条件操作开启紫外线灯。

6.3.4 幼儿建筑的照明设计标准值在《建筑照明设计标准》GB 50034—2013中没有具体规定，故本规范作出补充规定。照明设计的其他要求如照度均匀度、眩光限制、光源颜色、灯具效率等均应执行现行国家标准《建筑照明设计标准》GB 50034的规定。

6.3.5 原规范规定插座安装高度不低于1.7m，调研中幼儿园反映很有必要，防止幼儿淘气触摸，使用也很方便，此次修订保留此条文。但为与其他规范保持一致，将1.7m改为1.8m。

6.3.6 幼儿活动场所包括活动室、公共活动场所等，在这些场所安装配电箱、控制箱等电气装置，如果底部距地低于1.8m对幼儿不安全，应予以避免。对于高度较大的配电箱，底部距地1.8m不易安装也不便操作，此时宜把配电箱、控制箱安装在专用配电小间，如没有条件设置配电小间，建议和建筑专业配合在墙上设置配电箱安装小空间，并用阻燃非导电材料制作小门并上锁。安装在配电小间、设置带安全门的安装空间等均为采取了安全措施，此时配电箱、控制箱安装高度不必限制为底部距地1.8m。

6.3.7 幼儿园的安全问题是整个社会关注和重视的问题，必须在建设中予以考虑，故作出本规定。

6.3.8　计算机网络是幼儿园教学不可缺少的环节，调研中了解到很多幼儿园都在网上查找教学资料，通过电视放给孩子们看；电话也是内部不可缺少的通信工具，有的幼儿园要求在班内设内部电话，不设外线电话；广播系统对大中型幼儿同内部统一通知、集体活动等也很有必要，设计中应对教学区、办公区分设支路，并设置音量控制开关，小型幼儿园可根据需要考虑是否设置广播系统；有线电视系统一般班内都不设置，但都设置了电视，供播放视频等。办公区电话系统、计算机网络系统均应设置，广播系统、有线电视系统可根据需要设置。原规范规定的电铃，调研中幼儿园一致反映不适用，故本次修订取消。

6.3.9　幼儿园应急照明设计、火灾自动报警系统设计、防雷与接地设计、供配电系统设计等本规范不另作规定，按现行国家标准《建筑设计防火规范》GB 50016、《建筑物防雷设计规范》GB 50057、《供配电系统设计规范》GB 50052、《低压配电设计规范》GB 50054 及行业标准《民用建筑电气设计规范》JGJ 16 等规范执行。

人员密集场所消防安全管理

GA 654—2006

（一）人员密集场所的界定

1. 人员密集场所，是指人员聚集的室内场所。比如学校的教学楼。

2. 图书馆、食堂和集体宿舍等，托儿所、幼儿园。

3. 学生住宿床位在 50 张以上的大、中、小学。

4. 幼儿住宿床位在 20 张以上的托儿所、幼儿园。

（二）人员密集场所的消防管理

1. 图书馆、教学楼、实验楼和集体宿舍的公共疏散走道、疏散楼梯间不应设置卷帘门、栅栏等影响安全疏散的设施。

2. 集体宿舍严禁使用蜡烛、电炉等明火；当需要使用炉火取暖时，应设专人负责，夜间应定时进行防火巡查。

3. 每间集体宿舍均应设置用电超载保护装置

4. 集体宿舍应设立醒目的消防设施、器材、出口等消防安全标志。

（三）火灾类型

A 类为固体物质火灾，B 类为液体火灾或可熔化固体物质火灾，C 类为气体火灾，D 类为金属火灾，E 类为带电火灾。

（四）灭火器配置一般规定：

1. 一个室内配置的灭火器数量不得少于 2 个；

2. 每个设置点的灭火器数量不宜多于 5 个；

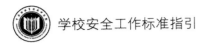

3. 每增加 100 平方米时应增加 1 个手提式灭火器

中小学校体育设施技术规程

JGJ/T 280—2012

1 总 则

1.0.1 为保证中小学校体育基本教学、课外体育活动和课余体育训练的基本条件和质量，使中小学校体育设施符合使用功能、安全、卫生、经济及体育工艺等的要求，制定本规程。

1.0.2 本规程适用于城镇和农村中小学校（含非完全小学）的体育设施的设计、选材、施工、检验与验收及场地维护与养护。不适用于体育专业学校及特殊教育学校的体育设施。

1.0.3 中小学校体育设施应符合现行国家标准《中小学校设计规范》GB 50099 的规定，并应结合本地区、本校办学特色及实际情况，合理确定场地规模、运动项目、设备标准和配套设施。

1.0.4 中小学校体育设施的设计、选材、施工、检验与验收及场地维护与养护除应符合本规程外，尚应符合国家现行有关标准的规定。

2 术 语

2.0.1 体育设施

作为体育竞技、体育教学、体育娱乐和体育锻炼等活动的体育建筑、运动场地、配套设施以及体育器材等的总称，分为室内设施和室外设施。

2.0.2 中小学校的体育用地

中小学校的田径项目用地、球类项目用地、体操及武术项目用地以及场地间的专用路。

2.0.3 风雨操场

有顶盖的体育场地，包括有顶无围护墙的场地及有顶有围护墙的场馆。

2.0.4 健身器械

供学生健身运动锻炼的器材。

2.0.5 安全区

根据体育运动本身特点及安全需要，在运动场地周边设置的保护性区域。又称缓冲区。

2.0.6 围挡

在运动场地周边，用于拦挡和安全防护的设施或构筑物。

2.0.7 面层

直接承受各种物理和化学作用的建筑地面、墙面等表面层。

2.0.8 涂层

涂覆在面层表面，起防护、绝缘、装饰等作用的固态连续膜层。

2.0.9 现浇型面层

现场浇筑铺装的面层。

2.0.10 预制型面层

工厂预制成成品，在黏结铺装的面层。

2.0.11 合成面层

用人工合成方法制成的运动场地面层。

2.0.12 草层

存活在地上的草坪草及部分根和枯草。

2.0.13 根系层

由矿物质、有机质、砂组成，具有可渗透性，密布根系的土壤层。

2.0.14 渗水层

设置在根系层下，由砂或其他相似材料组成的，以排水和储水为目的的土层。

2.0.15 运动木地板

可满足比赛、教学、训练和健身等体育活动要求，具有符合运动、保护和技术功能等标准要求的专用木地板。

2.0.16 投掷圈

由圈箍、抵趾板（铅球项目）、地面组成，运动员进行投掷项目时的起掷范围。

2.0.17 落地区

投掷项目的投掷物扇形落地范围。

2.0.18 牵引力系数

草坪表面与仿钉鞋底表面的摩擦系数。

2.0.19 地面速率

用于测量网球和地面间的摩擦作用，反映网球从场地面层反弹的速度及角度最显著的特性。

2.0.20 游泳池

供游泳比赛、教学、训练的专用水池。

2.0.21 泳道

游泳池比赛时，用水面浮标和池底、池壁的标志线加以界定的比赛活动区。

2.0.22 看台

体育设施中供观众观看比赛的席位。分为活动式看台和固定式看台。

2.0.23 视线

由观众眼睛至场地设计视点的连线。

2.0.24 视点

为保证观众的观看质量，在视线设计时，根据不同竞赛项目和不同标准，能够保证观众观看比赛场地的全部或绝大部分时所确定的场地设计平面的位置。

2.0.25 冲击吸收

地面系统对冲击力的减缓性能。

2.0.26 滚动负荷

确保地板不受损坏的滚动体产生的许可荷载。

2.0.27 标准垂直变形

20kg 重物从规定高度落在地面时，受力地面垂直方向的变形。

2.0.28 滑动摩擦系数

物体在接触地面时产生的滑动摩擦力与正压力之比。

2.0.29 角度球反弹率

足球以一定入射角度和速率射向草坪后，足球的反弹速率与入射速率之比。

3 基本规定

3.0.1 中小学校应结合本地区的气候条件、地理环境、社会、经济、技术发展水平及民族习俗等不同因素，合理选择运动项目，体育设施应满足教学功能要求。

3.0.2 中小学校体育设施应满足学生和老师在课上和课余活动时的安全要求。

3.0.3 中小学校体育设施建设应满足保护环境、节地、节能、节水、节材的要求，并应遵循节约建设投资，降低运行成本的原则。

3.0.4 中小学校体育设施中建筑的设计使用年限和耐火等级应符合国家现行相关标准的规定。

3.0.5 中小学校体育设施的给水、排水、电力、通信及供热等设施的建设应与主体设施同步建设。

3.0.6 中小学校体育设施应符合消防、防灾、安全防范、水质安全、行为安全、环境安全等的规定。确定为避灾疏散场所的学校体育设施，在应急疏散、生命线系统等方面的规划、设计应符合国家现行相关标准的规定。

3.0.7 中小学校体育设施的设置应兼顾课余、节假期间与社区共用。

4 材料及器材

4.0.1 中小学校体育设施所选用的材料的品种、规格和质量等除应符合设计要求和国家现行有关标准的规定外，还应符合《建筑材料放射性核素限量》GB 6566、《民用建筑工程室内环境污染控制规范》GB 50325、《室内装饰装修材料人造板及其制品中甲醛释放限量》GB 18580、《室内装饰装修材料 溶剂型木器涂料中有害物质限量》GB 18581、《室内装饰装修材料 内墙涂料中有害物质限量》GB 18582、《室内装饰装修材料胶粘剂中有害物质限量》GB 18583、《室内装饰装修材料木家具中有害物质限量》GB 18584、《室内装饰装修材料壁纸中有害物质限量》GB 18585、《室内装饰装修材料聚氯乙烯卷材地板中有害物质限量》GB 18586、《室内装饰装修材料地毯、地毯衬垫及地毯胶粘剂有害物质释放限量》GB 18587、《混凝土外加剂中释放氨的限量》GB 18588、《建筑内部装修设计防火规范》GB50222 的规定。

4.0.2 中小学校体育设施所选用的器材的品种、规格和质量等应符合使用要求和国家现行有关标准的规定。

5　设　计

5.1 一般规定

5.1.1 体育运动项目选择、体育设施设计宜与学校规划设计同步进行。

5.1.2 中小学校体育设施的设计应符合下列规定：

1. 应符合运动项目体育工艺的基本要求；

2. 应合理规划远期、近期体育设施建设项目，为改建和发展留有条件；

3. 应布局合理，功能分区明确，交通组织顺畅，满足安全使用、管理维护简便等要求；

4. 运动场地应平整，在其周边的同一高程上应有相应的安全防护空间；

5. 应结合环境资源，并根据地形、地貌和地质情况，因地制宜，充分保护和利用自然地形和天然资源；

6. 应进行人性化设计，并宜解决学生夏季室外上课时的防晒、防雨等问题。

5.1.3 多个学校校址集中或组成校区时，宜合建共用的体育设施。

5.2 运动场地

5.2.1 根据运动项目特点，中小学校运动场地可按表 5.2.1 进行分类。

表 5.2.1　中小学校运动场地

序号	场地名称	运动项目
1	田径类场地	跑、跳、投等
2	球类场地	篮球、排球、网球、棒（垒）球、羽毛球、乒乓球、腰旗橄榄球等
3	游泳类场地	游泳

序号	场地名称	运动项目
4	健身器械场地	爬绳和爬杆、软梯、吊环、攀网、平行梯、肋木、攀岩墙、不具有杠面弹力性能单双杠、小学用单双杠、中学用单双杠、轮滑、独轮车等
5	技巧艺术类场地	舞蹈艺术、体操、技巧、武术及形体训练等
6	其他特殊设置的运动项目场地	滑冰等

5.2.2 运动场地包括比赛场地、教学场地及练习场地。正规竞技比赛用场地的规格和设施应符合相应运动项目规则的有关规定。

5.2.3 室外田径场地及室外足球、篮球、排球、网球、羽毛球场等运动场地的长轴，宜南北向布置。长轴南偏东宜小于20°，南偏西宜小于10°。

5.2.4 运动场地外侧应按运动项目竞赛规则的规定预留安全区，并应符合缓冲距离、通行宽度及安全防护等方面的规定。安全区内不应有凸出或凹陷的障碍物。运动场地上空净高应满足教学及训练要求。

5.2.5 有围挡的场地对外出入口不应少于两处，其尺寸应满足人员出入方便、疏散安全和器材运输的要求。疏散通道面层应采用防滑材料。

5.2.6 室外运动场地应满足各项运动场地的坡度要求，排水应通畅，并宜根据场地的清洗、保养及维护等方面要求，合理设置给水排水设施。中小学校部分室外运动场地坡度应符合表5.2.6的规定。

表5.2.6　中小学校部分室外运动场地坡度

序号	场地名称	横向（短边）坡度	纵向（长边）坡度
1	足球场（天然草坪）	0.3%～0.5%	—
	足球场（人工草坪，无渗水功能）	≤0.8%	—
	足球场（人工草坪，有渗水功能）	0.3%	—
2	排球场、篮球场	0.3%～0.5%	0.3%～0.5%
3	网球场	≤0.5%	≤0.4%
4	田径场（跑道）	≤1%（内低外高）	≤0.1%（跑进方向）
	田径场（跳远及三级跳远）	—	≤0.1%（跑进方向，最后30m）
	田径场（跳高）	—	≤0.4%（跑进方向，最后15m）
	田径场（铅球、铁饼）	—	≤0.1%（落地区，朝投掷方向）

5.2.7 室外运动场地宜采用封闭式围挡或围网，且网球和室外游泳池应设置封闭式围挡或围网。部分项目封闭式围挡或围网的最小高度应符合表5.2.7的规定。

表 5.2.7 部分项目封闭式围挡或围网的最小高度（m）

项目名称	网球	网球（屋顶上）	足球	篮球	排球	室外游泳池
围挡最小高度	4	6	3	3	3	3

注：1. 围挡或围网应坚固、无凸出部分，门把手、门闩应隐蔽；

2. 围网网眼尺寸应根据运动项目确定。

5.2.8 室外运动场地宜高出周边地面。设有围挡的场地，宜高出周围地面 100mm～200mm，入口宜设置坡道。

5.2.9 运动场地的照度应满足运动项目要求，且应照度均匀、避免眩光；照明电力、计算机网络及电视电缆等的地下管线、管道应由设计确定。

5.2.10 中小学校宜在室外运动场地周边设置洗手池、洗脚池等设施。

5.2.11 运动场地材料应满足学生身体健康、安全、比赛、教学、训练的要求及运动项目对地面材料及构造的要求；球场和跑道不宜采用非弹性的面层材料。

5.2.12 中小学校体育设施场地面层常用材料宜按表 5.2.12 选择。

表 5.2.12 中小学校体育设施场地面层常用材料

序号	场地名称	面层材料
1	足球场	土质、天然草坪、人造草坪
2	篮球场	土质、聚氨酯、其他合成材料、运动木地板
3	排球场	土质、聚氨酯、其他合成材料、运动木地板
4	网球场	土质、聚氨酯、丙烯酸、其他合成材料
5	田径场	土质、聚氨酯、其他合成材料、煤渣、火山岩
6	羽毛球场	土质、聚氨酯、其他合成材料、运动木地板
7	乒乓球场	土质、水泥、其他合成材料、运动木地板
8	舞蹈兼形体教室	运动木地板
9	健身器械场地	沙质、软质合成材料、人造草坪、聚氨酯、运动木地板

5.2.13 运动场地面层构造做法宜按本规程附录 A 选择。

5.2.14 中小学校室内部分运动场地最小净高宜符合表 5.2.14 的规定。

表 5.2.14　中小学校室内部分运动场地最小净高（m）

项目名称	篮球	排球	网球	田径	羽毛球	乒乓球	体操	健身等
最小净高	7.0	7.0	3.0~12.5	9.0	9.0	4.0	6.0	2.6

5.3 田赛场地

5.3.1 中小学校跳远和三级跳远场地设施应包括助跑道、起跳板和落地区（沙坑），并应符合下列规定：

1. 中小学校跳远和三级跳远场地规格应符合表 5.3.1 的规定；

表 5.3.1　中小学校跳远和三级跳远场地规格

名　　称		跳远	立定跳远	三级跳远
助跑道	起跳板尺寸	长 1.22m±0.01m，宽 0.2m±0.002m，厚≤0.10m		
	起点至起跳线	≥30m		
	起跳线至沙坑近端	1m~3m	—	高中女子≥7m 高中男子≥9m
	起跳线至沙坑远端	≥8m	—	18m
落地区（沙坑）	宽（不含边框宽）	2.75m~3.00m（双助跑道4.02m~5.50m）		
	长（不含边框宽）	7m~9m		
	深度	≥0.40m		

2. 助跑道宽应为 1.22m，并应有 0.05m 宽的白色标志线标识，也可采用 0.05m 宽、0.1m 长实线、间距 0.5m 的虚线标识；助跑道面层材料宜与跑道面层相同，坡度应符合本规程表 5.2.6 的规定；

3. 起跳板应采用木材或其他适宜的坚硬材料制成，应嵌入起跳线凹槽内，并用黏性物质填实；安装后，起跳板应与助跑道在同一水平面上，且宜为白色；

4. 教学、训练场地可采用颜色标志线替代木制起跳板；

5. 落地区（沙坑）的中心线应与助跑道中心线一致，沙坑边框上部宜采用木材或水泥，上沿应为企口形式，并应用软质材料覆盖，覆盖面层厚度不应小于 0.02m，沙面与边框、助跑道应在同一水平面上；沙坑深度不宜小于 0.40m；

6. 沙子应采用清洗过的河沙或海沙，不应含有机成分，粒径不应大于 2mm，粒径小于 0.2mm 的颗粒质量不应超过 5%。

5.3.2 中小学校跳高场地设施应包括助跑区、跳高支架及横杆、落地区（垫子或沙），并应符合下列规定：

1. 中小学校跳高场地规格应符合表 5.3.2 的规定（图 5.3.2）：

表 5.3.2 中小学校跳高场地规格

助跑区		落地区		
半径（m）	材料、坡度	长（m）	宽（m）	材料
≥15	材料与径赛跑道相同，坡度≤0.4%并朝向横杆中心，落地区应位于助跑上坡位置	≥6.00	≥4.00	垫子
		≥5.10	≥3.10	沙

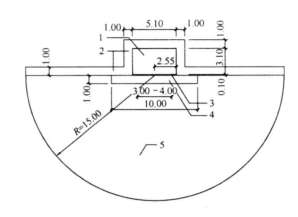

图 5.3.2 中小学校跳高场地设施平面图（m）

1-沙或垫子；2-安全区；3-跳高支架；4-水平区域；5-助跑区

2. 采用椭圆形跑道的助跑区，应设置可移动道牙，椭圆形跑道应与沿跑道沿的弓形表面一致，且该处的排水沟盖板不应有漏水孔；

3. 采用堆沙的落地区，沙坑深宜为 0.30m，堆沙厚度不应小于 0.50m；

4. 采用垫子的落地区，垫子的长度不应小于 6.00m，宽度不应小于 4.00m，并应采用防鞋钉穿透的落地垫，垫子高度不应小于 0.70m；

5. 跳高架立柱高度刻度宜为 0.50m～2.00m；横杆长度应为 3.00m～4.00m，直径宜为 25mm～30mm，质量不应超过 2000g；跳高架立柱与落地区之间距离不应小于 0.10m。

5.3.3 铅球场地设施应包括投掷圈和落地区，并应符合下列规定：

1. 中小学校铅球场地规格应符合表 5.3.3 的规定（图 5.3.3-1）。

表 5.3.3 中小学校铅球场地规格

投掷圈		扇形落地区		
直径（m）	材料	圆心角	长（半径）（m）	地面材料
2.135±0.005	钢圈、木抵趾板、混凝土地面	≥40°	20	可留下痕迹的材料

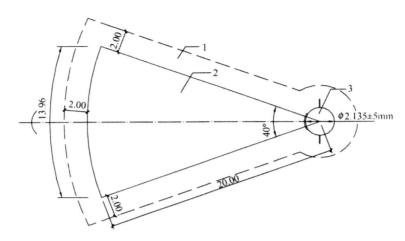

图 5.3.3 - 1 中小学校铅球场地平面图（m）

1 - 安全区；2 - 落地区；3 - 投掷圈

2. 铅球投掷圈内沿直径应为 2.135m ± 0.005m。

3. 圈箍应采用 0.076m × 0.006m 的带状钢材或其他适宜材料制成，宜为白色，上沿应与圈外地面齐平。投掷圈区域内地面应采用混凝土，厚度不应小于 0.15m，混凝土表面应具有附着摩擦力；地面应水平，且应比投掷圈上沿低 0.02m ± 0.006m。投掷圈应有圆心标识，并应与表面齐平，宜使用内径为 0.04m 的黄铜管埋置。投掷圈内次要位置可分开设置三个与地面齐平的防腐蚀排水口。从投掷圈两边应各画一条宽度为 0.05m，长度不小于 0.75m 的白线，白线后沿的理论延长线应通过投掷圈圆心，并与落地区中心线垂直。

4. 抵趾板采用木材或其他适宜材料制成弧形，内沿应与投掷弧内沿吻合，宜为白色（图 5.3.3 - 2）。抵趾板应安装在落地区分界线之间的地面上；其前沿应为直线型，长度应为 1.15m ± 0.01m；内弧长度应为 1.22m ± 0.01m，最窄处宽度应为 0.112m ± 0.002m；并应高于投掷圈地面 0.10m ± 0.002m。

5. 落地区应为草坪或其他适宜材料，并应以 0.05m 宽白线标识。落地区在投掷方向上的纵向坡度不应大于 0.1%。

6. 落地区线外安全区宽度不应小于 2m。

5.3.4 掷铁饼场地设施应包括投掷圈、护笼、扇形落地区，并应符合下列规定：

1. 中小学校掷铁饼场地规格应符合表 5.3.4 的规定（图 5.3.4 - 1）。

表 5.3.4 中小学校掷铁饼场地规格

名称	投掷圈		护笼（护网）（m）	落地区		
	直径（m）	材料		圆心角	长（半径）（m）	地面
掷铁饼	2.50 ± 0.005	钢圈、混凝土地面	10 × 6，高 ≥ 4	40°	60	天然草坪

2. 铁饼投掷圈由圈箍、地面组成。投掷圈内沿直径应为 2.50m ± 0.005m。

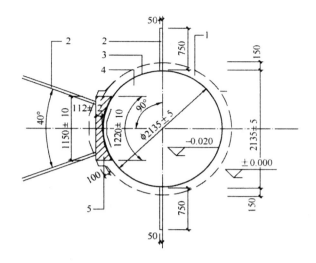

图 5.3.3 - 2　中小学校铅球场地投掷圈抵趾板平面图（mm）

1 - 混凝土地面浇筑范围；2 - 50mm 宽白色标志线；3 - 6mm 厚 76mm

高的钢圈箍；4 - 混凝土地面；5 - 抵趾板

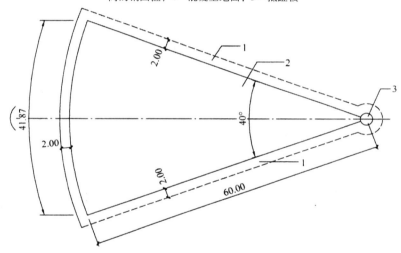

图 5.3.4 - 1　中小学校掷铁饼场地平面图（m）

1 - 安全区；2 落地区；3 - 投掷圈

3. 投掷圈的圈箍采用钢材或其他适宜材料制成，厚度不应小于 0.006m，高度应为 0.07m ~ 0.08m，宜漆成白色，顶面应与投掷圈外的地面平齐。投掷圈内应采用混凝土地面，圈内地面应水平，且应比投掷圈上沿低 0.02m ± 0.006m。圈内应设置圆心标识。投掷圈内应至少设置 3 个与地坪齐的排水口，并应采用防腐蚀排水管与排水系统连接。

4. 落地区应为草坪或其他适宜材料。从投掷方向看，落地区向下的纵向坡度不应大于 0.1%。

5. 护笼（护网）应能阻挡以 25.00m/s 运行、重量为 2kg 的铁饼。

6. 护笼（护网）平面应为 U 字形。护笼开口的宽度应为 6.00m，并应位于投掷圈圆心前方 7.00m 处（图 5.3.4 - 2）。护笼（护网）开口宽度应为挡网内沿净宽。挡网或挂网最低点高度不应小于 4.00m。应有防止铁饼从护笼和挡网的连接处、挡网或挂网下方冲出的措施。

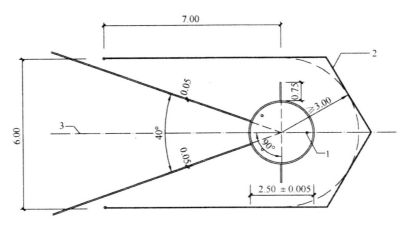

图 5.3.4 - 2 护笼平面图（m）

1 - 排水管；2 - 护笼；3 - 中心线

7. 挡网材料宜采用天然材料、合成纤维、低碳钢丝或高抗张力钢丝。绳索网眼尺寸不应大于 0.044m，钢丝网眼尺寸不应大于 0.05m。

5.4 径赛场地

5.4.1 小学宜设置 200m 环形跑道和（1~2）组 60m 直道。中学宜设置 200m、300m、350m 或 400m 环形跑道和（1~2）组 100m、110m 直道。每条分跑道宽度宜为 1.22m ± 0.01m。设有 400m 标准跑道的场地宜设置 8 条分跑道。5.4.2 中小学校 400m 跑道规格应符合表 5.4.2 的规定（图 5.4.2）。

表 5.4.2 中小学校 400m 跑道规格

环 形 道				西 直 道			
弯道半径（内沿 m）	两圆心距（直段 m）	每条分道宽度（m）	分道数量（条）	总长度（m）	其中起点准备区长度（m）	其中终点缓冲区长度（m）	分道数量（条）
36.5	84.39	1.22	≥6	130	3	17	8

注：1. 跑道内沿周长为 398.12m；

2. 跑道内道第一分道的理论跑进路线周长为 400.00m，是按距第一分道线外沿 0.30m（不装道牙时为 0.20m）处的跑程计算的；

3. 每条分道宽 1.22m，含分道标注线宽 0.05m 位在各道的跑进方向的右倾 4. 测量跑程除第一分道外，其他分道按距相邻左侧分道外沿 0.20m 处丈量；分道的次序由内圈第一分道起向外侧顺序排列；

4. 跑道内外侧安全区应距跑道不少于 1.00m 空间；

5. 西直道设置 100m 短跑和 110m 跨栏跑的起点，以及所有径赛的同一终点。终点线位于直道与弯道交接处；

6. 直道宜设置在西侧。

5.4.3 中小学校 400m 跑道道牙应符合下列规定：

1 跑道道牙规格应符合表 5.4.3 的规定：

表 5.4.3　跑道道牙规格

道牙宽度（m）	道牙高度（m）	道牙材料	道牙标高
≥0.05	0.05	金属或其他适当材料	在同一水平面上

2 比赛场地的道牙宜为可装卸式，且下部透空排水；

3 道牙上不应有凸出物；

4 教学、训练用场地的跑道不应设道牙。

5.4.4 跑道坡度应符合本规程表 5.2.6 的规定。

5.4.5 径赛场地面层材料可按本规程表 5.2.12 选择。

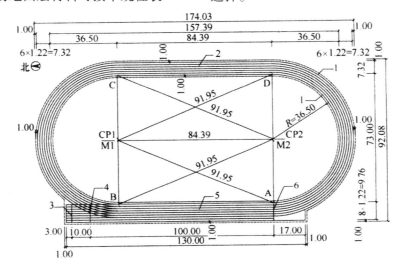

图 5.4.2　中小学校 400m 跑道平面图（m）

1 - 安全区；2 - 6 条跑道；3 - 110m 栏起点；4 - 100m 起点；5 - 8 条直跑道；6 - 终点

注：1. A、B、C、D 四点在跑道内沿上；

2. CP1 ~ CP2（M1 ~ M2）的间距为 84.39m + 0.01m；CP1/M1 ~ A 或 D 和 CP2/M2 ~ B 或 c 的距离均
为 91.95m；

3. 图中标注的尺寸为有道牙的情况。

5.4.6 跑道的所有分道线、起点线、终点线等，应采用白色标志线，且宽度应为 0.05m，其他标志线可采用白色、黄色、蓝色、绿色等。

5.4.7 跑道长度精度应符合下列规定：

1. 400m 环形跑道的允许偏差应为 0.00m ~ + 0.04m；

2. 100m 直道的允许偏差应为 0.00m ~ + 0.02m。

5.4.8 径赛场地应符合下列规定：

1. 当场地面层选用合成材料时，应采用沥青混凝土作为基层；当场地面层选用其他材料时，可采用碎石、混凝土作为基层；

2. 场地面层构造可按本规程附录 A 选择；

3. 场地地面距地下水位的距离应大于 1.00m；

4. 塑胶跑道应雨后 30min 后无积水。

5.4.9 采用合成材料面层的厚度应符合下列规定：

1. 除需加厚区域外，径赛场地面层平均厚度不应小于 13mm，低于产品证书规定厚度 10% 的面积不应超过总面积的 10%，且任何区域的厚度不应小于 10mm。

2. 跳高起跳区中助跑道最后 3m、跳远及三级跳远区中助跑道最后 13m 的区域，面层厚度均不应小于 20mm。

3. 教学用场地（非穿钉鞋）可不设加厚区。采用混合型合成材料时，面层平均厚度不应小于 10mm；采用复合型合成材料时，面层平均厚度不应小于 11mm；采用渗水（透气）型合成材料时，面层平均厚度不应小于 12mm。

4. 中小学体育设施场地面层宜使用渗水型合成材料。5.4.10 中小学校小型跑道规格应符合表 5.4.10 的规定，且跑道外围安全区应大于 1.00m（图 5.4.10－1、图 5.4.10－2、图 5.4.10－3、图 5.4.10－4）。

表 5.4.10　中小学校小型足向漕规格（m）

周长 R（m）	200m			300m			350m		
	A	B	C	A	B	C	A	B	C
15	92.008	42.20	52.248	—	—	—	—	—	—
16	90.866	441.20	49.106	—	—	—	—	—	—
17	89.724	46.20	45.965	—	—	—	—	—	—
17.5	89.182	47.20	44.422	—	—	—	—	—	—
18	88.583	48.20	42.823	—	—	—	—	—	—
19	87.441	50.20	39.681	—	—	—	—	—	—
20	86.30	52.20	36.54	—	—	—	—	—	—
21	85.158	54.20	33.398	—	—	—	—	—	—
22	—	—	—	138.897	61.08	80.257	—	—	—
23	—	—	—	137.755	63.08	77.115	—	—	—
24	—	—	—	：136.614	65.08	73.974	—	—	—
25	—	—	—	135.472	67.08	70.832	—	—	—
26	—	—	—	134.330	69.08	67.690	—	—	—
27	—	—	—	133.189	71.08	64.549	158.189	71.080	89.549

周长 R（m）	200m			300m			350m		
	A	B	C	A	B	C	A	B	C
28	—	—	—	132.047	73.08	61.407	157.047	73.080	86.407
29	—	—	—	130.906	75.08	58.266	155.906	75.080	83.266
30	—	—	—	—	—	—	154.764	77.080	80.124
31	—	—	—	—	—	—	153.622	79.080	76.982
32	—	—	—	—	—	—	152.481	81.080	73.841
33	—	—	—	—	—	—	151.339	83.080	70.699
34	—	—	—	—	—	—	150.198	85.080	67.558

注：1. 200m 跑道按 4 条分跑道，300m、350m 跑道按 6 条分跑道。

2. 200m 跑道半径 15m～21m，300m 跑道半径 22m～29m，350m 跑道半径 27m～34m。

3. R 为跑道内沿半径，表中 A、B、C 所示位置见图 5.4.10－1～图 5.4.10－4。

4. 每条分跑道的实际周长均按内沿 0.20m 处丈量（按无道牙），道宽 1.22m。

5. 室外田径跑道外围安全区应大于 1.00m。

6. R＝17.5m 的 200m 跑道宜用于室内田径馆。室内田径馆跑道外围安全区应大于 1.50m。

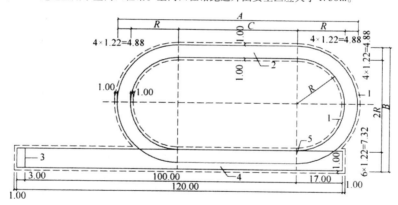

图 5.4.10－1 中小学校 200m 跑道平面图（m）（一）

1－安全区；2－4 条分跑道；3－100m 起点；4－6 条直分跑道；5－终点

注：本图为 4 条分跑道、6 条 100m 直分跑道的中小学校 200m 跑道平面布置示意图。

5.4.11 中小学校运动场地综合布置应符合下列规定（图 5.4.12）：

1. 各运动项目的场地布置应紧凑合理，在满足各项比赛、教学或训练要求和保证安全的前提下，应充分利用；

2. 铁饼、铅球的落地区可设在足球场内，铅球落地区也可设置在足球场与弯道之间；投掷圈应设在足球场端线之外；

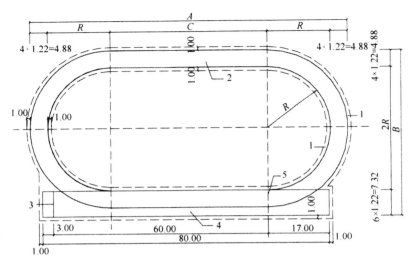

图 5.4.10 - 2　中小学校 200m 跑道平面图（m）（二）

1 - 安全区；2 - 4 条分跑道；3 - 60m 跑起点；4 - 6 条直分跑道；5 - 终点

注：本图为 4 条分跑道、6 条 60m 直分跑道的中小学校 200m 跑道平面布置示意图。

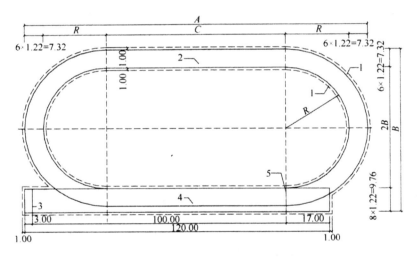

图 5.4.10 - 3　中小学校 300m 跑道平面图（m）

1 - 安全区；2 - 6 条分跑道；3 - 60m 跑起点；4 - 8 条直分跑道；5 - 终点

注：本图为 6 条分跑道、8 条 100m 直分跑道的中小学校 300m 跑道平面布置示意图。

3. 跳远和三级跳远宜设置在跑道直道外侧；

4. 比赛用场地的西直道外侧场地宽度宜满足终点裁判工作、颁奖仪式等活动的需求；

5. 场地应有良好的排水设施，沿跑道内侧应设环形排水沟，全场外侧宜设置排水沟，明沟应有漏水盖板；

6. 场地内应根据使用要求，设置通信、信号、网络、供电、给排水管线等其他设施。

5.5 足球场地

5.5.1 中小学校足球场地规格应符合表 5.5.1 的规定（图 5.5.1 - 1、图 5.5.1 - 2、图 5.5.1 -

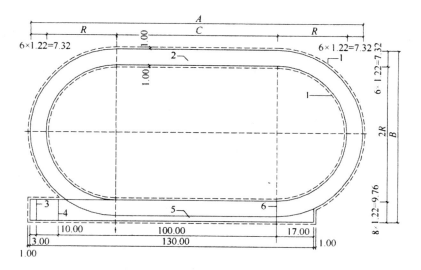

图 5.4.10-4 中小学校 350m 跑道平面图 （m）

1-安全区；2-6 条分跑道；3-110m 跑起点；

4-100m 跑起点；5-8 条直分跑道；6-终点

注：本图为 6 条分跑道、8 条 100m 直分跑道的中小学校 350m 跑道平面布置示意图。

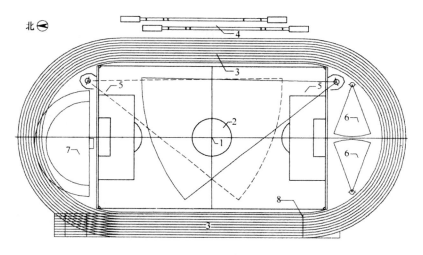

图 5.4.12 中小学校运动场地综合布置平面图

1-足球场地中心位置标记；2-足球场；3-标准跑道；4-跳远及三级跳设施；

5-掷铁饼设施；6-推铅球设施；7-跳高设施；8-终点线

3）。

表 5.5.1 中小学校足球场地规格

项目名称 参数	11 人制 （标准足球场地）	7 人制	5 人制
场地尺寸长×宽（m）	（90～120）×（45～90） （竞技比赛场地为：105×68）	（60～70）×（40～50）	（25～42）×（15～25）
安全区（m）	边线外≥1.5 端线外≥3.0	≥1.5 端线外≥2.0	≥1.5
球门尺寸长×高（m）	7.32×2.44	5.5×2	3×2
线宽、球门柱宽度、 横梁厚度（mm）	120	100	80

注：1. 表中场地宽度有区间范围的，宜按 11 人制足球比赛场地比例，按长：宽约为 1.5：1 设计；

2. 非标准足球场根据具体条件制定场地尺寸，但任何情况下长度均应大于宽度；

3. 设置在田径场地内的足球场，其足球门架宜采用装卸式或移动式球门；

4. 足球场地周围与有其他场地材料交接处应平整；

5. 场地界限宽度包含在场地各个区域之内。

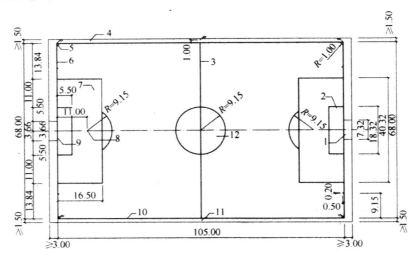

图 5.5.1-1 中小学校 11 人制足球场地平面图（m）

1-1 号足球门；2-球门区；3-中线；4-草坪延伸区；5-角球区；6-端线；

7-大禁区；8-点球点；9-球门线；10-边线；11-中线旗；12-中圈

5.5.2 中小学校足球门规格应符合表 5.5.2-1 的规定，中小学校足球网规格应符合表 5.5.2-2 的规定。

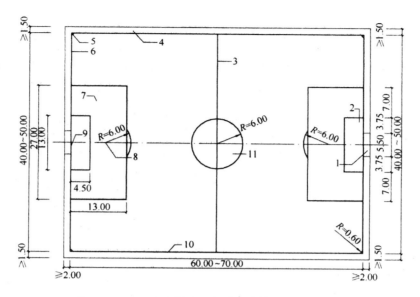

图 5.5.1-2　中小学校 7 人制足球场地平面图（m）

1-2 号足球门；2-球门区；3-中线；4-草坪延伸区；5-角球区；

6-端线；7-大禁区；8-点球点；9-球门线；10-边线；11-中圈

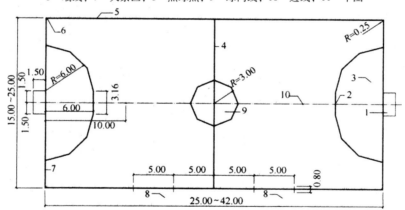

图 5.5.1-3　中小学校 5 人制足球场地平面示意图（m）

1-3 号足球门；2-罚球点；3-罚球区；4-中线；5-边线；

6-角球区；7-端线；8-换人区；9-中圈；10-第二罚球点

表 5.5.2-1　中小学校足球门规格（mm）

基本尺寸 部位名称	1 号球门	2 号球门	3 号球门	对角线误差	横梁挠度
球门下方深度	3000	2000	1500	≤15	≤10
球门内高度	2440±10	2000±10	2000±10		
球门上方深度	2400	1140	900		
球门内口宽度	7320±10	5500±10	3000±10		

注：1. 中小学用足球门分为 1 号足球门（11 人制足球比赛用足球门），2 号足球门（7 人制足球比赛用足球门），3 号足球门

（5 人制足球比赛用足球门）；

2. 球门柱和横梁应为白色。

表 5.5.2-2　中小学校足球网规格（mm）

基本尺寸 部位	1号球门网	2号球门网	3号球门网	允许偏差
网前部高	3000	2000	1500	±50
网下部深	2440	2000	2000	±50
网后部高	2400	1400	900	±50
网上部深	2500	2100	2100	±50
网长	7320	5500	3000	±80
网线直径	φ2.5～φ4.0			
网眼	（100×100）～（150×150）（正方形）			

5.5.3 室外足球比赛场地每个角落上宜各设一根高度不小于 1.50m 的旗杆；在中线的两端、边线以外不小于 1.00m 处，宜设置旗杆。

5.5.4 室外足球场地的围网高度应符合本规程表 5.2.7 的规定。

5.5.5 室外足球场地宜选用土质、天然草坪或人造草坪。室内足球场地宜选用运动木地板等面层材料。室外足球场地的构造宜按本规程附录 A 选择。

5.5.6 中小学校足球场地天然草坪面层的技术要求应符合表 5.5.6 的规定。

表 5.5.6　中小学校足球场地天然草坪面层的技术要求

1	表面硬度	10～100
2	牵引力系数	1.0～1.8
3	平整度（f）	合格值为≤30mm
4	系层渗水速率（e）	采用圆筒法合格值为（0.4～1.2）mm/min 采用实验室法合格值为（1.0～4.2）mm/min
5	有机质及营养供给	根系层要求应有足够的有机质及氮（N）、磷（P）、钾（K）、镁（Mg）等
6	环境保护	不应使用带有危险的或是散发对人、土壤、水、空气有危害污染的物质或材料

注：1. 平整度为草坪场地表面凹凸的程度，3m 长度范围内任意两点相对高差值；

　　2. 同一场地应采用一种方法检测，当检测结果有分歧时以实验室检测法为准。

5.5.7 中小学校足球场地人工草坪面层的技术要求应符合表5.5.7的规定。

表 5.5.7　中小学校足球场地人工草坪面层的技术要求

序号	项　目	要　求
1	场地坡度	无渗水功能的场地≤0.8%，有渗水功能的场地≤0.3%
2	平整度	直径3m范围内间隙≤10mm
3	拉伸强度、连接强度	草坪底衬的拉伸强度以及连接处的连接强度均应＞15N/mm
4	安全和环境保护	材料应具有阻燃性和抗静电性能，并符合国家有关人身健康、安全及环境保护的规定。室内人造草坪面层应符合室内环境的有关要求

5.5.8　中小学校足球场沙土面层的技术要求应符合表5.5.8的规定。

表 5.5.8　中小学校足球场沙土面层的技术要求

序　号	项　目	要　求
1	场地坡度	≤0.8%
2	平整度	3m直尺，间隙≤15mm

　　5.5.9 室外足球场地排水沟的位置、深度、宽度应根据场地具体布置情况、当地气候条件经计算确定。现场砌筑的排水沟宽度不宜小于0.40m，沟内纵坡宜为0.3%~0.5%，沟内应均匀设置沉砂井，沉砂井间距宜为30m。草坪下宜设置排水暗管或盲沟。

　　5.5.10 室外足球场地采用人工浇洒时，应在场地外侧设置洒水栓井。

　　5.5.11 室内足球场地地面应做防水处理。

　　5.6 其他球类场地

　　5.6.1 中小学校篮球场地应符合下列规定：

　　1. 进行篮球比赛、教学、训练的比赛场地的尺寸应为28.00m×15.00m（图5.6.1）；小学教学用场地尺寸宜为18.00m×10.00m；初中教学用场地尺寸宜为26.00m×13.00m；比赛场地的规格允许偏差应小于0.01m，画线宽度允许偏差不应大于0.002m。

　　2. 场地线的颜色应容易辨认，线宽应为50mm，边线和端线的宽度不应包含在场地尺寸范围内。场地内颜色应以界线内侧范围为准，场地外围颜色应从界线外侧算起。

　　3. 比赛场地外安全区的宽度应为端线外不小于5.00m，边线外不小于6.00m；教学、训练场地安全区的宽度应为线外不小于2.00m。

　　4. 教学、训练场地净高不宜小于6.00m。

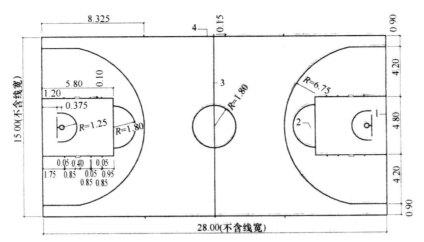

图 5.6.1　28.00m×15.00m **篮球场地平面图**（m）

1-端线；2-罚球区；3-中线；4-边线

5. 篮板的地面正投影与端线内侧的距离应为 1.20m。篮圈距地高度应符合下列规定：

1）小学 1～3 年级应为 2.05m±0.008m；

2）小学 4～6 年级应为 2.35m±0.008m；

3）中学生应为 2.70m±0.008m；

4）高中生宜为 3.05m±0.008m；

5）成人或竞技比赛应为 3.05m±0.008m。

6. 中小学校篮球网基本尺寸应符合表 5.6.1 的规定。

表 5.6.1　中小学校篮球网基本尺寸（mm）

网眼	网线直径	网高	网口直径	网底直径
45～50（菱形）	φ2.5～φ4.0	400～450	450±8	350±8

7. 篮球场地可兼作 5 人制足球场。

8. 三对三篮球比赛场地宜为半个标准篮球场，场地尺寸应为 14.00m×15.00m，也可按半场比例适当缩小，长度方向可减少 2.00m，宽度方向可减少 1.00m。

9. 篮球场地的面层采用混合型、复合型合成材料时，平均厚度不宜小于 7mm；采用透气型合成材料时，平均厚度不宜小于 10mm。

5.6.2 中小学校排球场地应符合下列规定：

1. 进行排球比赛、教学、训练的场地尺寸宜为 18.00m×9.00m（图 5.6.2）。

2. 排球场地线宽应为 50mm，边线和端线的宽度应包含在场地尺寸范围内。

3. 排球场地四周安全区尺寸不应小于 3.00m。

4. 净高应大于或等于 7.00m。

5. 网柱应为圆形，并应设在边线外 0.50m～1.00m 处（比赛场地应设在边线外 1.00m 处），柱

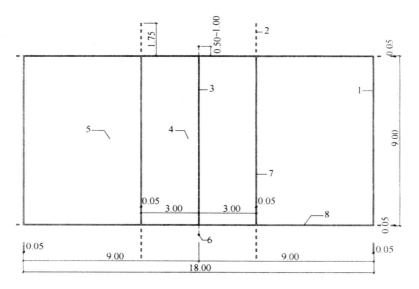

图5.6.2　中小学校排球场地平面图（m）

1 端线；2－进攻延长线；3－中线及球网；4－前场区；

5－后场区；6－网柱；7－进攻线；8－边线

高应2.55m。对于球网中央高度，小学应为1.80m±0.005m；中学应为2.00m±0.005m。

6. 中小学校用排球网基本尺寸应符合表5.6.2的规定。

表5.6.2　中小学校排球网基本尺寸（mm）

部位名称		基本尺寸
球网长度		9500～10000
拉网中央高度	中学	2000±5
	小学	1800±5
网柱高度	中学	2120±5
	小学	1920±5
球网宽度	中学	1000±25
	小学	700±25
网孔尺寸		（100±20）×（100±20）（正方形）
球网上包边宽		70±4
球网两端高度		球网两端高度不应高于拉网中央高度200mm。且两端应相等

7. 排球场地的面层采用混合型、复合型合成材料时，平均厚度不宜小于7mm；采用透气型合成材料时，平均厚度不宜小于10cm。

5.6.3 中小学校网球场地应符合下列规定：

1. 场地外观应符合下列规定：

（1）场地表面颜色应均匀，不应出现明显的色差；

（2）场地面层应粘结牢固、不得有断裂、起泡、脱皮、空鼓等现象；

（3）所有划线应是同一颜色；

（4）场地四周围挡应使用较深颜色；

（5）室外网球场全打区场地表面应至少比周围地面高出 0.254m；

（6）室内网球场地两边墙面 2.44m 以下范围内、场地两端墙面 3.66m 以下范围内，应为较深颜色；墙的上部及顶棚应为浅色；场地四周围挡应使用较深颜色。

2. 场地规格应符合下列规定：

（1）进行网球单打比赛、教学、训练的场地尺寸宜为 23.77m×8.23m，双打比赛场地的尺寸宜为 23.77m×10.97m，规格尺寸允许偏差应为 ±5mm（图5.6.3）；

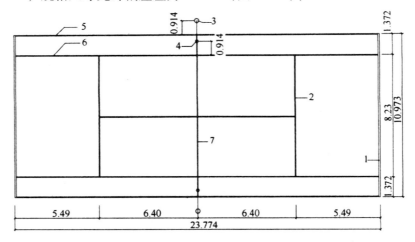

图 5.6.3　中小学校网球场地平面图（m）

1－端线；2－发球线；3－双打网柱；4－单打网柱；

5－双打边线；6单打边线；7－中线

（2）场地发球中线宽度应为 50mm，端线宽度应为 100mm，其他界线宽度应为 50mm，界线宽度应包含在各区域的有效范围内；

（3）对于场地外安全区的宽度，端线外不应小于 6.40m，边线外不应小于 3.66mm；

（4）网球场球网上方净高不应小于 12.50m，四周墙壁及场地外围区域净高不应小于 3.00m。

3. 场地固定设施应符合下列规定：

（1）网柱高度应为 1.07m，且不应超过网绳顶端以上 25.4mm，网柱应设在边线外 0.914m 处，球网中央高度应为 0.914m；

（2）网柱宜为圆形或方形，颜色宜为黑色或绿色。

4. 球网应符合下列规定：

（1）中小学校网球网基本尺寸应符合表5.6.3 - 1的规定；

表5.6.3 - 1　中小学校网球网基本尺寸（mm）

部位名称	基本尺寸
球网长度	12800 ± 30
球网宽度	1070 ± 25
拉网中央高度	914 ± 5
网柱高度	1070 ± 5
网孔尺寸	（45 ± 3）×（45 ± 3）（正方形）
球网上包边宽	40 ~ 50
球网左右包边宽	40 ~ 50
网线直径	φ2.5 ~ φ3.5

（2）网带里的绳索或钢丝绳抗断强度不应小于1179kg；

（3）球网的抗张强度不应小于124kg，球网合股线的抗张强度应在84kg ~ 141kg之间。

5. 地锚应与场地表面平齐，并应与张网线平行。

6. 挡网应符合下列规定：

（1）挡网应位于场地边缘内侧300mm处；

（2）高度不应小于4m；

（3）网眼尺寸应为44.5 mm×44.5mm；

（4）所有立柱为边长不应小于65mm×65mm的方柱或外径75mm的圆柱；

（5）横梁的边长或外径不应小于65mm；

（6）柱、梁中心距不应小于3m；

（7）挡网颜色应为绿色、黑色或褐色。

7. 单片场地应在一个斜面上，室外场地的坡度应符合本规程表5.2.6的规定。

8. 场地表面任何位置高差不应超过0.002m。

9. 中小学校网球场地表面物理机械性能应符合表5.6.3 - 2的规定。

表5.6.3 - 2　中小学校网球场地表面物理机械性能

反（回）弹值（%）	≥80
滑动阻力（N）	60 ~ 100
冲击吸收（%）	5 ~ 15
地面速率	30 ~ 45
渗水性（率）（mm/min）	0

10. 网球场地的面层采用丙烯酸材料时，平均厚度不宜小于3mm；采用混合型、复合型合成材料时，平均厚度不宜小于7mm；采用透气型合成材料时，平均厚度不宜小于10mm。

11. 照明应符合下列规定：

（1）最低照度应符合本规程表5.12.2的规定；

（2）室外场地灯柱应安装在挡网延长线上；

（3）灯柱的位置与高度应满足场地对固定障碍物的要求；

（4）照明装置的布局应为边照明，端线后面不应安装照明装置。

5.6.4 中小学校羽毛球场地应符合下列规定：

1. 进行羽毛球单打比赛、教学、训练的场地尺寸宜为13.40m×5.18m，双打比赛场地的尺寸宜为13.40m×6.10m（图5.6.4）。对于两块场地并列时的边线间距离，比赛场地宜为6.00m，训练场地不宜小于2.00m；

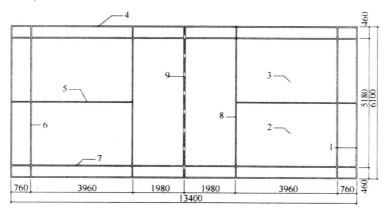

图5.6.4 中小学校羽毛球场地平面图（mm）

1－端线即单打后发球线；2－左发球区；3－右发球区；4－双打边线；5－中线；

6－双打后发球线；7－单打边线；8－前发球线；9－中线

2. 羽毛球场地线宽应为0.04m，界线宽度应包含在各区域有效范围内；

3. 对于场地外安全区，端线及边线外均不应小于2.00m；

4. 羽毛球教学、训练用场地净高不应小于9.0m；

5. 室内羽毛球场地四周墙壁应为深色，且反射率应小于0.2；

6. 网柱应设在场地边线中心点上，网柱高应为1.55m；球网中央高度应为1.524m；

7. 小学校羽毛球网基本尺寸应符合表5.6.4规定；

表5.6.4 中小学校羽毛球网基本尺寸（m）

部位名称		基本尺寸
球网长度		≥6100
球网宽度	中学	760±25
	小学	500±25
拉网中央高度	中学	1524±5
	小学	1314±5
网柱高度	中学	1550±8
	小学	1340±8

部位名称	基本尺寸
网孔尺寸	（18±3）×（18±3）（正方形）
球网上包边宽	70±4
球网左右包边宽	50±4
网线直径	φ1.5～φ2

8. 羽毛球场地的面层采用混合型、复合型合成材料时，平均厚度不宜小于7mm；采用透气型合成材料时，平均厚度不宜小于10mm。

5.6.5 中小学校乒乓球场地应符合下列规定：

1. 室内场地净高不宜小于4m；

2. 球台尺寸应为2.74m×1.525m×（高）0.76m（小学乒乓球台面高度宜为0.66m）；球网长度应为1.83m，球网高应为0.1525m；

3. 活动围挡高度宜为0.76m，成组布置球台且中间有过道时，过道净宽不宜小于1.00m；

4. 室内场地地面宜采用运动木地板或合成材料面层，合成材料面层平均厚度不宜小于7mm，地面颜色不宜太浅，且应避免反光强烈及打滑；

5. 室内球台四周墙壁和挡板反射率应小于0.2，颜色宜为墨绿等深色；

6. 室内场地两端墙面不宜设直接自然采光，当两侧设采光窗时，窗台高度不宜小于1.50m，采光照度应均匀。

5.6.6 中小学校腰旗橄榄球场地应符合下列规定：

1. 腰旗橄榄球场地长度宜为55.00m～73.00m，宽度宜为18.00m～27.00m，并宜优先采用73.00m×27.00m（图5.6.6）；

可根据实际用地情况按比例调整场地大小；

2. 端线及边线外应各有5.00m宽的安全区。

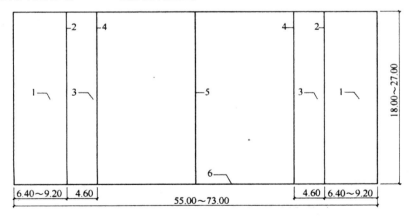

图5.6.6　中小学校腰旗橄榄球场地平面图（m）

1－达阵区；2－得分线；3－非跑区；4－5码线；5－中线；6－边线

5.7 风雨操场（小型体育馆、室内田径综合馆）

5.7.1 中小学校风雨操场（小型体育馆）宜作为篮球、排球、网球、羽毛球、体操、蹦床等运动项目的比赛、教学或训练场地（图 5.7.1－1）；中小学校室内田径综合馆宜作为200m 跑道、短跑、田赛项目或球类项目的教学或训练场地（图 5.7.1－2）。

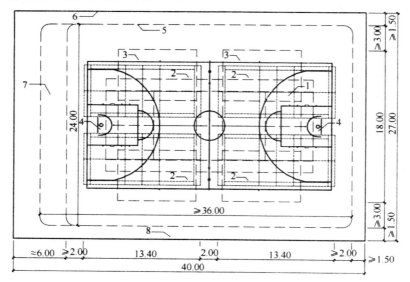

图 5.7.1－1　中小学校风雨操场平面图（m）

1－网球场；2－羽毛球场；3－排球场；4－篮球场；5－夹层轮廓线

（无夹层场馆的内轮廓线）；6－场馆内轮廓线；7－夹层活动区；8－夹层（走廊兼看台）

注：本图为含1个篮球场地、1个网球场地、2个排球场地、4个羽毛球场地的

风雨操场平面布置示意图。

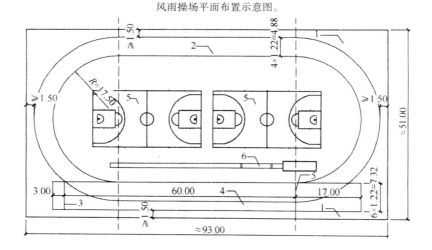

图 5.7.1－2 中小学校室内田径综合馆（R：17.50m）平面图（m）

1－安全区；2－4 条分跑道；3－60m 跑起点；4－6 条直分跑道；5－篮球场；6－跳远及三级跳设施

注：本图为含2个篮球场地、1个60m直跑道、1个200m跑道、1个跳远的室内田径综合馆平面布置示意图。

5.7.2 中小学校风雨操场（小型体育馆、室内田径综合馆）规格应根据学校规模、比赛、教学、训练项目确定。

5.7.3 以球类项目为主的风雨操场的平面尺寸宜为 20.00m×36.00m、24.00m×36.00m、

36.00m×36.00m、36.00m×52.00m 等；室内田径综合馆（容纳 1 个 200m 跑道）的平面尺寸宜为（90.00m～100.00m）×（50.00m～60.00m）。

5.7.4 风雨操场（小型体育馆、室内田径综合馆）宜贴近室外体育场地设置，位置宜相对独立，并应便于对社会开放。

5.7.5 当风雨操场（小型体育馆、室内田径综合馆）兼顾多功能用途时，应符合下列规定：

1. 应为多功能使用留有余地和灵活可变的条件；

2. 在场地、出入口、相关专用设备、配套设施等方面，应为多功能用途提供可能性；

3. 屋顶结构应留有增加悬吊设备的余地；

4. 应满足相关使用功能的安全及技术要求；

5. 做集会场所使用时，应进行声学设计，预留灯光、声学等设备条件。

5.7.6 风雨操场（小型体育馆、室内田径综合馆）应附设体育器材室，器材室应邻近室外场地，并应设外借窗口和易于搬运体育器材的门和通道；宜附设更衣室、厕所、浴室、各类机房、广播等辅助用房。

5.7.7 风雨操场（小型体育馆、室内田径综合馆）宜采用自然采光，并应根据项目和多功能使用时对光线的要求，设置必要的遮光和防眩光措施。高度在 2.10m 以下的墙面宜为深色。室内场地的照度应符合本规程表 5.12.2 的规定。

5.7.8 运动场地面层材料应根据主要运动项目的要求确定，不宜采用刚性面层材料。

5.7.9 风雨操场（小型体育馆、室内田径综合馆）应优先采用自然通风，在场地、标高、环境许可的条件下，宜采取低位开窗；当场地条件不满足时，应设机械通风或空调；气候适宜地区的场馆宜安装低位通风百叶窗；窗台高度小于 2.10m 时，窗户的室内侧应采取安全防护措施。

5.7.10 风雨操场（小型体育馆、室内田径综合馆）应符合现行国家标准《体育馆卫生标准》GB 9668 的有关规定。

5.7.11 风雨操场（小型体育馆、室内田径综合馆）室内的墙面和顶棚应选用有吸声减噪作用的材料及构造做法，且墙面吸声减噪材料应耐撞击。

5.7.12 风雨操场（小型体育馆、室内田径综合馆）屋顶结构应设计预留安装吊环、吊杆、吊绳、爬梯等健身器材的吊钩；地面应预留体操器械所需埋件；固定运动器械的预埋件不应凸出地面或墙面。

5.7.13 风雨操场（小型体育馆、室内田径综合馆）室内的墙面应坚固、平整、无凸起，对于柱、低窗窗口、暖气等高度低于 2.00m 的部分应设有防撞措施；门和门框应与墙平齐，门应向场外或疏散方向开启，并应符合安全疏散的规定。

5.7.14 风雨操场（小型体育馆、室内田径综合馆）的灯具等悬吊物应设防护措施，悬吊物的安装应牢固。

5.7.15 有条件的风雨操场（小型体育馆）可设置看台及小型舞台。

5.7.16 无看台的风雨操场（小型体育馆），宜设夹层挑廊。

5.7.17 风雨操场（小型体育馆、室内田径综合馆）应设置广播系统。

5.7.18 有条件的风雨操场（小型体育馆）可设置电动记分系统，并应预留人工记分牌的位置。

5.7.19 辅助用房设计应符合下列规定：

1. 体育器材室的门窗或通道应满足借用及搬运体育器材的需要；

2. 体育器材室内应采取防虫、防潮措施；

3. 更衣室面积及更衣柜数量、卫生间（浴室）面积及卫生器具数量应符合国家现行有关标准的规定。

5.7.20 室内田径综合馆除应符合本规程第 5.7.3 条～第 5.7.19 条的规定外，还宜符合下列规定：

1. 室内田径综合馆宜设置 200m 长的长圆形跑道，其内侧可设置短跑或田赛项目，也可设置球类项目；

2. 弯道半径宜为 15.00m～19.00m，标准弯道半径应为 17.50m（第一分道的跑程的计算半径），弯道不宜倾斜；

3. 室内墙面应平整光滑，距地面 2.00m 高度内不应有凸出墙面的物件或设施；

4. 在直道终点后缓冲段的尽端应设置能承受运动者冲撞力的缓冲挂垫墙；

5. 安全区宽度不应小于 1.50m。

5.8 游泳池、游泳馆

5.8.1 中小学校设置游泳池时，游泳池规格宜为 8 条泳道，泳道长度宜为 50m 或 25m。在气候适宜的条件下，宜建室外游泳池，室外游泳池长轴宜南北向。

5.8.2 中小学校游泳池、游泳馆不宜设置跳水池。

5.8.3 游泳池、游泳馆均应附设更衣室、卫生间、浴室、技术设备房、器材库房、医务急救室、广播等辅助用房。

5.8.4 游泳池的给水排水系统应符合国家现行标准《建筑给水排水设计规范》GB 50015 及《游泳池给水排水工程技术规程》CJJ 122 的有关规定。

5.8.5 游泳池人口处应设强制通过式浸脚消毒池，池长不应小于 2.00m，宽度与通道相同，深度不应小于 0.20m；淋浴室与浸脚消毒池之间应当设置强制通过式淋浴装置。

5.8.6 游泳池、游泳馆的安全要求应符合国家现行标准《体育场所开放条件与技术要求 第 1 部分：游泳场所》GB 19079.1 的有关规定。

5.8.7 当游泳池设有观众席时，游泳者和观众的交通路线和场地应分开。

5.8.8 游泳馆的主体结构应有防腐蚀性能，外部围护结构及外墙门窗等应满足隔汽、防潮、保温、隔热及防止结露的要求。馆内装饰材料、设备及设施应有防潮、防腐蚀措施。

5.8.9 游泳馆室内 2.00m 高度以上的墙面应采取吸声减噪措施。

5.8.10 竞技比赛游泳池应符合下列规定：

1. 游泳池长×宽应为 50m×21m 或 25m×21m。游泳池两端池壁自水面上 +0.30m 至水面下

0.80m 范围内的长度的允许偏差应为 +0.03m（50m 池）~ -0.00m、+0.02m（25m 池）~ -0.00m。池深不应小于 2.00m。池侧的池岸宽度不应小于 2m，池端的池岸宽度不应小于 3m。

2. 每条泳道宽度应为 2.50m，最外侧分道线距池边不应小于 0.50m。

3. 池壁和池岸装饰面应选用防滑材料，池岸与池身阳角交接处为弧形；池壁和池底应设置标志线，其位置及尺寸应符合比赛规则的要求（图 5.8.10），泳道标志线尺寸应符合表 5.8.10 的规定；两端池壁应设置浮标挂钩。

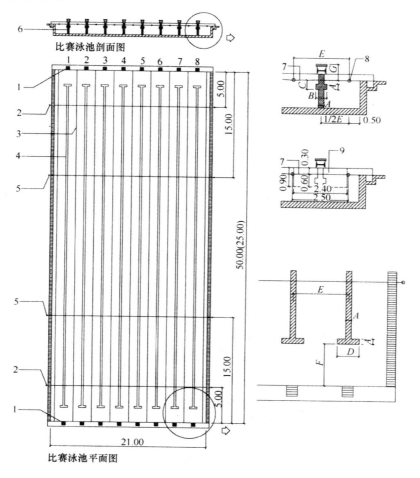

图 5.8.10 标准泳池标志线位置及尺寸图（m）

1-出发台；2-仰泳转身标志线；3-泳道分隔线；4-泳道标志线；

5-抢跳犯规召回线；6-池端泳道目标标志线；7-水面；

8-泳道线挂钩；9-电子计时触板（2.40×0.90×0.10）

4. 出发端应按比赛规则要求安装出发台，其表面积不应小于 0.50m×0.50m，前缘应高出水面 0.50m~0.75m，台面向前倾斜角度不应超过 10°；出发台应坚固且没有弹性，台面应防滑；在水面上 0.30m~0.60m 处，应安装水平和垂直的仰泳握手器，且不应凸出池壁；出发台应标明泳道次序号码，并应按出发方向由右向左依次排列。

5. 池身两侧应至少设置四个嵌入池身的攀梯，攀梯不得凸出池壁。池壁水面下 1.20m 处宜设通长歇脚台，宽度应为 0.10m~0.15m。

6. 场地水面上净空高度宜为 8.00m~10.00m。

表 5.8.10　泳道标志线尺寸（m）

符号	表示内容	尺寸	备注
A	泳道标志线、两端横线和目标线宽	0.20~0.30	优选 0.25
B	池端目标标志线的长度	0.50	—
C	池端目标标志线中心水下深度	0.30	—
D	泳道标志线两端横线的长度	1.00	—
E	相邻两条泳道标志线间的距离	2.50	≥2.00
F	泳道标志线两端横线到池端壁距离	2.00	—
G	出发台前沿到水平面的高度	0.50~0.75	—

5.8.11 竞技比赛和训练用的游泳池池底和池壁应为白色，宜采用游泳池专用瓷砖或颜色相同、耐用、易清洗的建筑饰面材料；泳道标志线应为黑色或深蓝色。

5.8.12 教学用游泳池可根据建设条件，按比赛用游泳池确定游泳池尺寸及泳道数。

5.8.13 游泳池周围、通向更衣室的走道、更衣室及浴室地面均应防滑，且在有水状态下表面净摩擦系数不应小于 0.5。

5.8.14 室内游泳池的声学效果应符合现行行业标准《体育馆声学设计及测量规程》JGJ/T 131 的规定。

5.8.15 游泳场地的采光及照明应符合下列规定：

1. 室内游泳场地的自然采光，不应对游泳者产生眩光，太阳光不宜直接照射到水面；

2. 游泳场地比赛区的灯光应避免对游泳者产生眩光；

3. 室内场地的灯光主光源应使用侧光；

4. 室内场地的照明应符合现行国家标准《体育场馆照明设计及检测标准》JGJ 153 的规定，灯具位置的布置应既能满足照明要求，又能方便维修更换。

5.8.16 游泳池的水质、水温应符合下列规定：

1. 水质应符合现行行业标准《游泳场所卫生标准》GB 9667 的规定；

2. 水质、水温应符合现行行业标准《游泳池水质标准》CJ 244 的规定；

3. 室内游泳池水温不宜低于 25℃，室温应高于水温 1℃~2℃。

5.8.17 新建、改建、扩建的游泳场所必须配备循环水净化消毒设备，循环水处理系统的设计和设施配备应符合现行行业标准《游泳池给水排水工程技术规程》CJJ 122 的规定。

5.8.18 游泳场地周边环境应符合下列规定：

1. 游泳场地内的空气质量应符合现行国家标准《室内空气中细菌总数卫生标准》GB/T 17093 的规定；

2. 游泳场地内空气相对湿度不应大于75%；

3. 池岸地面排水不应排入池内或进入游泳池水处理系统；

4. 室外游泳场地池岸边5m范围内不宜有裸露泥土、落叶树木，并应避开粉尘等污染源。

5.8.19 游泳池的辅助用房与设施应符合下列规定：

1. 中小学校游泳馆淋浴设置不应少于表5.8.19的规定；

表5.8.19　中小学校游泳馆淋浴数目设置数量表

使用人数	性别	淋浴数目
100人以下	男	1个/20人
	女	1个/15人

2. 技术设备用房宜包括水处理室、水质检验室、水泵房、配电室等设备、仓储用房等；当采用液氯等化学药物进行水处理时，应有独立的加氯室及化学药品储藏间，并应防火、防爆、通风。

5.9 舞蹈教室

5.9.1 舞蹈教室宜满足舞蹈艺术课、体操课、技巧课、武术课等的教学要求，并可用于开展形体训练活动。每个学生的使用面积不宜小于6m²。

5.9.2 舞蹈教室应按男女学生分班上课的需要设置。

5.9.3 舞蹈教室应附设更衣室，并宜附设卫生间、浴室和器材储藏室。

5.9.4 舞蹈教室内应在与采光窗相垂直的一面墙上设通长镜面，镜面（含镜座）总高度不宜小于2.10m，镜座高度不宜大于0.30m。镜面两侧的墙上及对面后墙上应装设把杆，镜面上宜装设固定把杆。把杆升高时的高度应为0.90m；把杆与墙面的最小净距离不应小于0.40m。

5.9.5 舞蹈教室应避免眩光。

5.9.6 舞蹈教室地面宜铺装运动木地板，墙面及吊顶应采取吸声措施；墙面阳角应抹圆；宜设置墙裙。

5.9.7 舞蹈教室宜设带防护网的吸顶灯，采暖等各种设施应暗装。

5.9.8 舞蹈教室应设计电声系统。

5.9.9 当学校有地方或民族舞蹈课时，舞蹈教室的设计宜满足其相关需求。

5.10 看 台

5.10.1 中小学校的体育建筑、运动场地中可根据建设条件设置看台。

5.10.2 看台设计应使观众有良好的视觉条件和安全方便的疏散条件。

5.10.3 中小学校体育建筑、运动场地中的观众席宜设计成水泥看台，也可选择无背条凳、无背方凳、有背硬椅等形式。主席台可根据实际情况设置。中小学校体育场馆观众席最小尺寸不应小于表5.10.3的规定。

表 5.10.3 中小学校体育场馆观众席最小尺寸（m）

席位种类\规格	水泥台阶	无背条凳	无背方凳	有背硬椅
座宽	—	0.45	0.45	0.48
排距	0.70	0.72	0.75	0.80
每层高度（座椅到地面）	0.30~0.40	0.30~0.45	0.30~0.45	0.40~0.46

5.10.4 看台应进行视线设计，视点选择应符合下列规定：

1. 应根据运动项目的特点，使学生观众看到比赛场地的全部或绝大部分，且应看到运动员的全身或主要部分；

2. 应以使用场地主要运动项目为设计依据；

3. 看台视点位置应符合表 5.10.4 的规定。

表 5.10.4 看台视点位置

项目	视点平面位置	视点距地面高度（m）	视线升高差 C 值（m/每排）
篮球场	边线及端线	0.00	0.06
游泳池	最外泳道外侧边线	水面	0.06
足球场	边线端线（重点是角球点及球门处）	0.00	0.06
田径场	两直道侧边线与终点线的交叉点	0.00	0.06

5.10.5 活动看台的设置，应考虑分区、走道设置、疏散方式、看台收纳方式等要求，且应保证活动看台在场地安全区范围之外。

5.10.6 看台栏杆应符合下列规定：

1. 栏杆高度不应低于 0.90m，室外看台后部及端部的栏杆应高于 1.10m；

2. 正面栏杆不应遮挡观众视线，并应保证观众安全；

3. 对于横向过道，至少一侧应设栏杆；

4. 当看台坡度较大、前后排高差超过 0.50m 时，其纵向过道上应设置栏杆扶手；采用无靠背座椅时，不宜超过 10 排，超过时应增设横向过道或横向栏杆；

5. 栏杆的构造应经过结构计算。

5.10.7 小型体育馆看台视线、安全出口和走道的设计应符合现行行业标准《体育建筑设计规范》JGJ 31 规定。

5.10.8 室外看台上空的雨棚应符合下列规定：

1. 雨棚的大小应根据使用要求确定；

2. 应合理确定雨棚的造型和结构形式；

3. 当雨棚设检修天桥时，应设置高度不低于 1.05m 的防护栏杆。

5.11 室外健身器械运动场地

5.11.1 室外健身器械运动场地规格尺寸应根据项目本身要求设置。

5.11.2 室外健身器械运动场地地面可选用软质合成材料面层、沙质等材料；软质合成材料面层的厚度不应小于25mm。

5.11.3 室外健身器械运动场地地面的排水坡度应符合本规程表

5.2.6 中的规定。

5.11.4 室外健身器械运动场地应有排水设施。排水沟宽度、深度应根据当地气候条件经计算确定，位置应根据具体场地布置情况确定。

5.12 室内环境与室内外照明

5.12.1 室内环境应符合下列规定：

1. 室内空气应符合现行国家标准《室内空气质量标准》GB/T 18883、《民用建筑工程室内环境污染控制规范》GB 50325 及《室内空气中细菌总数卫生标准》GB/T 17093 的规定；

2. 根据当地气候条件，应充分利用自然通风和天然采光；

3. 当采用换气次数确定室内通风时，体育馆最小允许换气次数应为3次/h。对于舞蹈教室最小允许换气次数，小学应为2.5次/h，初中应为3.5次/h，高中应为4.5次/h；

4. 风雨操场（室内田径综合馆）、舞蹈教室在地面上的采光系数最低值应为2%，最小窗地比应为1：5.0；

5. 风雨操场（室内田径综合馆）、舞蹈教室照度标准值不应低于表5.12.1-1的规定；

表5.12.1-1　风雨操场（室内田径综合馆）、舞蹈教室照度标准值

序号	名称	规定照度的平面	维持平均照度（lx）	统一眩光值 UGR	显色指数 R_a
1	风雨操场（室内田径综合馆）	地面	300	—	65
2	舞蹈教室	地面	300	19	80

6. 舞蹈教室的照明功率密度值应符合表5.12.1-2的规定；

表5.12.1-2　舞蹈教室的照明功率密度值

房间	照明功率密度（W/m²）		对应照度值（lx）
	现行值	目标值	
舞蹈教室	11	9	300

注：当房间的照度值高于或低于本表中对应照度值时，其照明功率密度应按比例提高或折减。

7. 舞蹈教室的混响时间应符合现行国家标准《民用建筑隔声设计规范》GB 50118 的规定；

8. 风雨操场（小型体育馆、室内田径综合馆）的室内设计温度应为12℃~15℃；舞蹈教室的室内设计温度应为22℃；

9. 应采用有效的通风措施，风雨操场（室内田径综合馆）、舞蹈教室的室内空气中 CO_2 的浓度不应大于 0.15%。

5.12.2 体育场地照明应避免眩光，中小学校其他体育场地最低照度应符合表 5.12.2 的规定。

表 5.12.2　中小学校其他体育场地最低照度

序号	运动项目	参考平面	照度 (lx)[a]	
			室内	室外
1	篮球、排球、网球、羽毛球	地面	300	200
2	足球	地面	200	150
3	乒乓球[b]	台面	300	
4	游泳	地面	200	180
5	室内健身	地面	200	
6	室外综合场地	地面		200

注：a　为平均维持照度值；

　　b　乒乓球场地照明应重点考虑防止台面眩光。

6　施　工

6.1 一般规定

6.1.1 承担中小学校体育设施施工的单位应具备相应的施工资质。施工前，应编制施工组织设计或施工的方案，建立工程质量管理体系、安全生产管理体系及质量检验制度。

6.1.2 施工单位应按工程设计图纸施工。工程设计的修改应由原设计单位负责，施工单位不得擅自修改工程设计。

6.1.3 施工单位应按照工程设计要求、施工技术标准和合同的约定，对材料、构配件和设备进行检验，并应经验收合格后使用。

6.2 场地地面面层

6.2.1 运动木地板安装施工应符合下列规定：

1. 基层工程应已完工，施工现场应整洁干净，地面施工质量应达到设计要求；

2. 基层表面应做找平、分格处理；

3. 安装铺设上、下龙骨，并应交验合格；

4. 铺设多层板应固定牢固，符合平整度要求，并应交验合格；

5. 木龙骨及多层板应做防虫、防腐、防潮处理，并应设置防潮隔离层；

6. 安装运动木地板，并应交验合格；

7. 场地地面画线应根据设计要求用体育运动专用画线油漆画线。

6.2.2 面层丙烯酸涂料施工应符合下列规定：

1. 面层施工宜按下列顺序进行：

（1）检测、平整场地；

（2）基层构造层；

（3）中间构造层；

（4）饰面层；

（5）画线。

2. 沥青混凝土、混凝土基础应养护28d以上。基础表面应压光拉毛，不应有车辙、硬结、凹沉、龟裂或开口等。平整度、坡度应符合设计要求。

3. 施工时温度应在12℃~36℃之间。

4. 应在施工前检测场地平整度，在明显凹陷部位做出标识。并应填平。

5. 基础构造层施工时，应在强化沥青填充剂拌和砂、水后，铺涂二遍并应找平地面。

6. 中间构造层施工时，应在丙烯酸强化填充剂拌和砂、水后，涂刮一遍。

7. 面层施工时，应在丙烯酸色料浓缩物石英砂和水搅拌后，涂刮二遍。

8. 饰面层施工时，应用丙烯酸色料浓缩物加水搅拌后，涂刮一遍。

9. 画线时，应用丙烯酸色料浓缩物画白色界线两遍。

6.2.3 球类运动聚氨酯面层施工应符合下列规定：

1. 面层施工宜按下列顺序进行：

（1）检测、平整场地；

（2）涂铺环氧封闭底漆；

（3）铺撒高弹性颗粒；

（4）涂弹性聚氨酯增厚层；

（5）平整弹性增厚层；

（6）涂刷弹性聚氨酯自流平浆；

（7）平整弹性层表面；

（8）涂铺弹性聚氨酯面漆；

（9）标线漆画定标线。

2. 基层施工应符合下列规定：

（1）沥青混凝土、混凝土基层应养护28d以上；

（2）基础表面应压光拉毛，清洁干燥，不应有车辙、硬结、凹沉、龟裂或开口等；

（3）平整度、坡度应符合设计要求。

3. 清理现场应符合下列规定：

（1）应清理施工、配料、搅拌场地，保持配料场地及周围平整、干净；

（2）应检测现场平整度。

4. 配料时，应按工艺配比产品各组分搅拌均匀。

5. 现场应对场地凹处进行找平、放线。

6. 施工天气状况应符合下列规定：

（1）施工现场天气应无雨，场地干燥；

（2）环境温度应高于8℃。

7. 涂铺环氧封闭底漆时，应避免出现气泡。

8. 铺撒高弹性颗粒、涂弹性聚氨酯增厚层、平整弹性增厚层应符合下列规定：

（1）铺撒前应检查底层平整度。施工次序应由内向外；

（2）面层应待底层干透、稳固后，均匀铺撒。

9. 应涂刷弹性聚氨酯自流平浆、平整弹性层表面、涂铺弹性聚氨酯面漆。

10. 收边部位应进行修整，修边人员应随时检查厚度、平整度。

11. 清理、画线应符合下列规定：

（1）应按设计要求将塑胶面层全部铺完，整体清理场地。跑道塑胶表面应干燥，无水分；

（2）应根据设计要求用体育运动专用画线油漆画线；

（3）雨天、阴天光线不足、风大（大于4级）时，不应画线。

6.2.4 混合型、复合型塑胶面层施工应符合下列规定：

1. 场地面层施工应按下列顺序进行：

（1）检测、平整场地；

（2）防水层；

（3）中间构造层；

（4）塑胶面层；

（5）表面撒红色、绿色胶粒；

（6）画线。

2. 基层施工应符合下列规定：

（1）沥青混凝土、混凝土基层应养护28d以上；

（2）基层表面应压光拉毛，清洁干燥，不应有车辙、硬结、凹沉、龟裂或开口等；

（3）平整度、坡度应符合设计要求。

3. 施工气候状况应符合下列规定：

（1）施工现场天气应无雨，场地干燥；

（2）环境温度应高于8℃。

4. 基层表面应铺装防水层。

5. 铺设中间构造层时，应将聚氨酯混合胶料与粒径为2mm～4mm的环保橡胶粒，按比例在搅拌机内搅拌后，摊铺在防水层上，其厚度应符合设计要求。

6. 铺设塑胶颗粒面层应符合下列规定：

（1）应在双组分无溶剂弹性聚氨酯自流平纯胶料按工艺配比用搅拌机搅拌后，涂在中间构造层上，随即撒上环保颗粒；

（2）颗粒面层双组分弹性聚氨酯自流平纯胶料干透后，应将未被其黏结住的颗粒回收、清理。

7. 清理、画线应符合下列规定：

（1）按设计要求将塑胶面层全部铺完，整体清理场地。跑道塑胶表面应干燥，无水分；

（2）根据设计要求用体育运动专用画线油漆画线；

（3）雨天、阴天光线不足、风大（大于 4 级）时不应画线；

（4）应于跑道残余颗粒回收后画线。

6.2.5 透气型塑胶跑道施工应符合下列规定：

1. 场地面层施工应按下列顺序进行：

（1）检测、平整场地；

（2）涂刷底油；

（3）铺设底层黑粒；

（4）表面喷涂撒红粒子；

（5）画线。

2. 基层施工应符合下列规定：

（1）沥青混凝土、混凝土基层应养护 28d 以上；

（2）基础表面应压光拉毛，清洁干燥，不应有车辙、硬结、凹沉、龟裂或开口等；

（3）平整度、坡度应符合设计要求。

3. 施工气候状况应符合下列规定：

（1）施工现场天气应无雨，场地干燥；

（2）环境温度应高于 8℃。

4. 应涂刷底油。

5. 应铺设黑粒子后进行表面喷压。

6. 应喷涂红粒子。

7. 画线应符合下列规定：

（1）应按设计要求将塑胶面层全部铺完，整体清理场地。跑道塑胶表面应干燥，无水分；

（2）应根据设计要求用体育运动专用画线油漆画线；

（3）雨天、阴天光线不足、风大（大于 4 级）时不应画线。

6.3 场地基层

6.3.1 选用合成材料面层时，基层宜采用沥青混凝土基层；场地面层选用其他材料时，宜采用碎石、混凝土基层。

6.3.2 级配砂石垫层的沥青混凝土基层施工应按下列顺序进行：

1. 挖土方；

2. 级配砂石垫层；

3. 沥青碎石稳定层；

4. 中粒沥青混凝土；

5. 细粒沥青混凝土。

6.3.3 灰土垫层加无机料或级配碎石层的沥青混凝土基层施工应按下列顺序进行：

1. 挖土方；

2. 2∶8或3∶7灰土（分层夯实，每层约100mm厚）；

3. 无机料或级配碎石，碎石粒径≤40mm；

4. 中粒沥青混凝土；

5. 细沥青混凝土，压实系数0.95。

6.3.4 级配砂石垫层加水泥石粉层的沥青混凝土基层施工应按下列顺序进行：

1. 挖土方；

2. 级配砂石垫层；

3. 水泥石粉层，在碎石面上铺100mm水泥石粉（水泥含量8%）。并压实；

4. 中粒沥青混凝土；

5. 细粒沥青混凝土。

6.3.5 土方工程应符合下列规定：

1. 应通过勘探选择持力层；

2. 原地基土比较密实的场地，应防止在挖土方时扰动原土或超挖；

3. 普通场地，应先去除腐殖土、松土层或对霜冻敏感的基层。

6.3.6 土方施工应符合下列规定：

1. 应在施工场地设置5.00m×5.00m的方格木桩，标识挖土深度后进行机械施工；

2. 在至持力层100mm厚度时，应采用人力施工；

3. 整平工作应做到一次成型，经碾压后的平整度应用3m直尺检查，空隙不应大于20mm；

4. 整平后应用重型带振动压路机（10t及以上）碾压，轮迹深度不应高于5mm，达到98%的密实度后，进行下一道工序施工。

6.3.7 3∶7或2∶8灰土夯实应符合下列规定：

1. 施工应按下列顺序进行：

（1）检验土料和石灰粉的质量并过筛；

（2）灰土拌和；

（3）基底清理；

（4）分层铺灰土；

（5）夯打密实；

（6）找平验收。

2. 应检查土料种类和质量以及石灰材料的质量，符合国家现行有关标准的规定后再分别过筛。

3. 灰土的配合比应用体积比，严格控制配合比。拌和时应均匀一致，至少翻拌两次，拌和好的灰土颜色应一致。灰土拌和可调整含水率使之符合设计要求。

4. 应清理基底的杂物及积水。

5. 灰土的摊铺每层厚度不应超过100mm，分层碾压夯实至达到设计要求的厚度。

6. 灰土层经检验合格后，应立即开始养护，养护期不应少于7d，养护期间应始终保持稳定层表面潮湿。养护期内出现缺陷时，应及时挖补，且挖补的压实厚度不应小于80mm，不得薄层贴补。

6.3.8 级配砂石垫层工程应符合下列规定：

1. 不得有风化石和不稳定矿石掺入，含砂量、粒径及厚度应符合设计要求；

2. 摊铺时，松铺系数应为1.2~1.3，并应按先远后近的顺序进行摊铺；每一次压实厚度不应超过200mm；当设计厚度大于200mm时，应分层摊铺；

3. 应由压路机（10t及以上带振动）分层碾压锁实；

4. 应检查压实干密度、平整度、坡度及厚度。

6.3.9 沥青碎石层施工应符合下列规定：

1. 主层石料粒径应为30mm~70mm、嵌缝石料为15mm~25mm；

2. 摊铺厚度应符合设计要求；

3. 摊铺整平至符合质量要求后，应碾压至无明显轮迹为止；

4. 应机洒沥青油。且每150mm厚的沥青油用量应为6kg/m²；

5. 应进行施工质量检查。

6.3.10 沥青混凝土施工应符合下列规定：

1. 应用机械将沥青混凝土碾压，并应分初压、复压和终压三个阶段进行碾压；碾压方向应由边向中，由低向高。

2. 应控制碾压时的沥青混凝土温度。初压时温度不应低于110℃，复/压不应低于90℃，终压完成时温度不应低于70℃。

3. 压路机碾压应符合操作规范的规定。碾压应匀速进行。

4. 已经施工完成的沥青层，应采取防止油料、润滑脂、汽油或其他有机杂质掉落在其上的保护措施，不应在沥青层上堆放石子、块料、泥土等其他杂物。

5. 已经完成碾压的沥青层，不应修补表皮。

6.3.11 沥青混凝土完成后，宜经过28d养护时间后，再进行面层施工。

7 检验与验收

7.1 一般规定

7.1.1 中小学校体育设施的施工验收宜包括场地基础与场地面层的质量验收、运动项目体育工艺的质量验收、固定设施安装的质量验收。

7.1.2 场地基础的质量验收应符合现行国家标准《建筑工程施工质量验收统一标准》GB 50300 和《建筑地基基础工程施工质量验收规范》GB 50202 的规定。

7.1.3 场地面层的质量验收应符合下列规定：

1. 运动木地板面层的检验与验收应符合现行国家标准《天然材料体育场地使用要求及检验方法第 2 部分：综合体育场馆木地板场地》GB/T 19995.2 的规定；

2. 游泳场地的检验与验收应符合现行国家标准《体育场地使用要求及检验方法第 2 部分：游泳场地》GB/T 22517.2 的规定；

3. 网球场地面层的检验与验收应符合现行国家标准《人工材料体育场地使用要求及检验方法第 2 部分：网球场地》GB/T 20033.2 的规定；

4. 足球场地人造草坪面层的检验与验收应符合现行国家标准《人工材料体育场地使用要求及检验方法第 3 部分：足球场地人造草面层》GB/T 20033.3 的规定；

5. 足球场地天然草坪面层的检验与验收应符合现行国家标准《天然材料体育场地使用要求及检验方法第一部分：足球场地天然草面层》GB/T 19995.1 的规定；

6. 土质面层运动场地的验收应符合现行国家标准《建筑地面工程施工质量验收规范》GB 50209 和《建筑工程施工质量验收统一标准》GB 50300 的规定。

7.1.4 中小学校体育设施工程质量施工验收应符合下列规定：

1. 工程质量应符合工程勘察、设计文件的要求；

2. 参加验收的各方人员应具备相应的资格；

3. 工程质量验收应在施工单位自行检查评定合格的基础上进行；

4. 隐蔽工程在隐蔽前应由施工单位通知有关单位进行验收，并应形成验收文件；

5. 涉及结构安全的试块、试件以及有关材料，应进行见证取样检测；

6. 检验批的质量应按主控项目和一般项目验收；

7. 对涉及结构安全和使用功能的重要分部工程应进行抽样检测；

8. 承担见证取样检测及有关结构安全检测的单位应具有相应资质；

9. 工程的观感质量应由验收人员通过现场检查，并应共同确认。

7.1.5 工程质量验收时应检查下列文件和记录：

1. 工程施工图、设计说明及其他设计文件；

2. 材料的出厂合格证书、性能检测报告、进场验收记录和复检报告，进口产品应提供中文说明书和按规定提供商检报告；

3. 隐蔽工程、分项工程的验收记录；

4. 施工记录。

7.1.6 面层材料取样验收样块应与现场面层材料一致。

7.2 田径场地面层

7.2.1 田径场地合成材料面层外观应符合下列规定：

1. 合成材料面层表面应色泽均匀；

2. 场地跑道、助跑道和两个半圆区面层铺设的材料和颜色宜一致；

3. 合成面层固化应均匀稳定，不应出现起鼓、气泡、裂缝、分层、断裂或台阶式凹凸；

4. 点位线应清晰、不反光且无明显虚边；

5. 表面颗粒应均匀，黏结牢固。

7.2.2 合成面层厚度应符合本规程第5.4.9条的规定。

7.2.3 面层平整度应符合下列规定：

1. 在3m直尺下，不得出现超过6mm的间隙，3mm~6mm间隙的点位数应少于总检测点15%；

2. 在1m直尺下，不得出现超过3mm的间隙，1mm~3mm间隙的点位数应少于总检测点15%。

7.2.4 面层坡度应符合下列规定：

1. 跑进方向应为纵向，跑道的纵向坡度应小于0.1%；

2. 垂直于跑进方向应为横向，环形跑道应向场地中心方向倾斜，跑道的横向坡度应小于1%；

3. 扇形半圆区内助跑道纵向坡度应小于0.4%。

7.2.5 预制型面层与基层的黏结应符合下列规定：

1. 竞赛区不应出现空鼓；

2. 接头应平顺，接头部位不应有缝隙，并不应出现台阶式凹凸。

7.2.6 合成面层材料的有机溶剂及游离异氰酸酯含量应符合下列规定：

1. 有机溶剂应小于等于50mg/kg；

2. 游离异氰酸酯应小于等于20 mg/kg。

7.2.7 合成面层材料的无机填料不应超过65%。7.2.8 面层材料的物理机械性能应符合表7.2.8的规定。

表7.2.8　面层材料的物理机械性能

面层类型	拉伸强度（MPa）	拉断伸长率（%）	冲击吸收（%）	垂直变形（mm）	抗滑值BPN20℃	阻燃性（级）
非渗水型合成面层材料	≥0.50	≥40	35~50	0.6~2.5	≥47	1
渗水型合成面层材料	≥0.40	≥40	35~50	0.6~2.5	≥47	1

7.2.9 在168h老化试验后，面层材料的拉伸强度和拉断伸长率应符合本规程表7.2.8的规定。

7.2.10 合成面层材料的重金属含量应符合下列规定：

1. 铅不应大于90mg/kg；

2. 镉不应大于10mg/kg；

3. 铬不应大于10 mg/kg；

4. 汞不应大于 2mg/kg。

7.2.11 径赛项目设施规格除应符合本规程第 5.4 节规定外，还应符合下列规定：

1. 跑道标记应符合下列规定（图 7.2.11）：

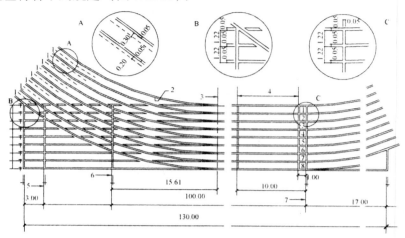

图 7.2.11 直跑道画线（m）

1 - 环形跑道的测量线（实跑线）；2 - 跑道内沿；3 通过半圆圆心的轴；

4 - 距离确定线（可选择）；5 - 110m 起跑线；6 - 100m 起跑线；7 - 终点线

（1）除弧形起跑线外，所有起跑线和终点线应与分道线呈直角标示；

（2）接近终点线处，跑道上应标示字符高度大于 0.80m × 0.50m 的分道号码；

（3）所有起跑线，对于每名运动员所允许选取的最短路线距离应一致，且不应少于规定距离。

2. 400m 跑道的内凸沿的高度应为 50mm ~ 65mm，宽度应大于 50mm，并应保持水平；可采用铝合金材料或其他合成材料制成，不应影响场地排水；内凸沿应安装结实并可拆卸。

3. 场地两个半圆圆心点基准桩应永久保留，其间距允许偏差值应为 ±5mm。

7.2.12 田径场地符合本规程第 7.2.1 条 ~ 第 7.2.11 条的规定时，可判定为场地合格。

7.3 篮球场地

7.3.1 标准篮球场地规格应符合本规程第 5.6.1 条的规定。且场地的标志线应清晰，无明显虚边，颜色宜为白色。

7.3.2 运动木地板面层的场地应符合下列规定：

1. 运动木地板的表面不应起刺，并应符合现行国家标准《实木地板第一部分：技术要求》GB/T 15036.1 和《实木复合地板》GB/T 18103 的规定，且面层的外观质量应符合一等品的规定。龙骨、毛地板、木地板的含水率均应低于地板用户所在地区的平衡含水率。龙骨、毛地板的质量要求符合现行国家标准《木结构工程施工质量验收规范》GB 50206 的规定。

2. 运动木地板面层物理机械性能应符合表 7.3.2 的规定。

表 7.3.2　运动木地板面层物理机械性能指标

内　　容	性能指标
	教学、训练、健身
冲击吸收（%）	≥40
球反弹率（%）	≥75
滚动负荷（N）	≥1500
滑动摩擦系数 μ	0.4～0.7

3. 场地外观、板面拼装缝隙宽度、板面拼缝平直、相邻板材高差、面层开洞等项目允许偏差应符合现行国家标准《建筑地面工程施工质量验收规范》GB 50209 的规定。

4. 铺装好的运动木地板层表面，用 2m 靠尺测量，间隙不应大于 2mm；场地应整体平整，在场地上任意选取间距 15m 的两点，用水准仪测量标高，其标高差值不应大于 15mm。

5. 运动木地板结构宜具有通风设施。

6. 面层不应存在起翘、下凹等各种变形。

7. 运动木地板层铺装完成后，应至少在 16h 后进行检测；在实验室中的检测，可在试样制备完成后随时进行。各种测试宜在地板铺装后 10d 内完成检验。当检验中没有其他特殊要求时，同一结构的场地应至少检验 5 个测试点。

7.3.3 篮球场地的检验结果判定与处理应符合下列规定：

1. 项目检验结果的判定

（1）在场地测试中，当被测项目 80% 以上的测试点合格，并且该项目的全部测试点的平均值合格时，可判定该项目合格。当被测项目不能达到要求时，应对不合格项目进行再次取样或者加倍取样，当重新检验批的测试结果满足合格条件时，可判定被测项目合格。

（2）当经过三次以上检验，测试结果仍不能满足合格条件时，应判定被测项目不合格。

2. 场地检验结果的判定

（1）当所有被测项目合格时，应当判定场地合格。

（2）当被测篮球场地的冲击吸收、球反弹率、滚动负荷合格；滑动摩擦系数不合格，但其超差范围经供需双方认可，不影响该场地正常使用时，可判定场地合格。

3. 当被测项目不满足要求时，应判定场地不合格。对不合格场地应进行施工整改至合格。

7.3.4 合成弹性面层场地验收可按田径场地合成材料面层验收要求执行。

7.4 天然草坪足球场地

7.4.1 天然草坪足球场地规格、画线应符合本规程第 5.5.1 条的规定。

7.4.2 天然草坪足球场地面层应符合本规程第 5.5.10 条的规定。

7.4.3 天然草坪足球场地的检验方法及取样规则应符合现行国家标准《天然材料体育场地使用要求及检验方法　第一部分：足球场地天然草面层》GB/T 19995.1 的规定。

7.4.4 天然草坪足球场地检验结果的判定应符合下列规定：

1. 对于非破坏性检验项，应在被测现场随机取样不少于 20 个点，或每个点代表面积小于 400m²，并应覆盖被检测场地，所测点的合格率不小于 95% 时，可判定合格；

2. 对于破坏性检验项，应选择 3～5 个样点，每个点代表面积小于 2000m。，所有测点全合格时，可判定该项合格。

7.5 人造草坪足球场地

7.5.1 人造草坪足球场地规格、画线应符合本规程第 5.5.1 条的规定。

7.5.2 人造草坪足球场地面层要求应符合本规程第 5.5.11 条的规定。

7.5.3 人造草坪足球场地的检验方法及取样规则应符合现行国家标准《人工材料体育场地使用要求及检验方法　第三部分：足球场地人造草面层》GB/T 20033.3 的规定。

7.5.4 人造草坪足球场地的实验室检测应符合下列规定：

1. 应向有资质的检验机构提交 2m×2m 和 10m×1m 能够完全代表铺装场地的样品和填充料各一份；

2. 当所检验均达到本规程的规定时，可判定该产品实验室检测合格。

7.5.5 人造草坪足球场地检测合格判定规则：

1. 保证实验室检测与场地检测的草坪应是同一品种（序列）；

2. 应提供实验室检测合格报告，当对无实验室检测合格报告的草坪进行现场检测时，应增加本规程第 5.5.11 条中第 1～第 2 款的测定；

3. 草坪铺装完成后三个月或 120d 后，可进行场地检测；

4. 在被测标准场地内随机取样不少于 20 个点，覆盖被检测场地，所测点的合格率不小于 95%，可判定合格。

7.6 网球场地

7.6.1 网球场地规格、画线及场地要求应符合本规程第 5.6.3 条的规定。

7.6.2 网球场地检验方法及取样规则应符合现行国家标准《人工材料体育场地使用要求及检验方法 第 2 部分：网球场地》GB/T 20033.2 的规定。

7.6.3 网球场地检验结果判定应符合下列规定：

1. 网球场地所有设施设备均应附有产品合格证书和产品说明书；

2. 检验结果符合本规程第 5.6.3 条的要求时，可判为合格；

3. 当检验结果有不合格项时，应另行检验两次，其算术平均值仍不合格的，应判该网球场地不合格。

7.7 游泳场地

7.7.1 游泳场地应符合本规程第5.8节的规定。

7.7.2 游泳场地的规格尺寸、声学指标、照度、水温及水质、地面静摩擦系数等，应进行现场检测。本规程第5.8节中的其他项目均应为观察项目，可采用目测法进行检测。

7.7.3 中小学校游泳场地的规格尺寸、声学指标、照度、水温及水质等的检测及取样方法，应符合现行国家标准《体育场地使用要求及检验方法　第二部分：游泳场地》GB/T 22517.2 的规定。

7.7.4 中小学校游泳场地检验结果的判定和处理应符合下列规定：

1. 所有采用目测观察或现场检测项目均符合本规程第5.8节的规定时，可判定该场地为合格；

2. 当出现不合格项目，应在整改后再次进行检验，直至合格。

8　场地维护与养护

8.1 天然草坪

8.1.1 天然草坪铺装完成后，保养时间不应少于100d。保养期间应避免重型机械和车辆的碾压。

8.1.2 雨雪天气不宜使用天然草坪。

8.1.3 天然草坪场地的给排水系统应保持通畅。

8.1.4 天然草坪保养应符合下列规定：

1. 草坪草高度宜保持在0.03m～0.05m。修剪的频率应根据草坪的生长速度确定。

2. 草坪施肥的种类和施量应根据草坪营养缺失种类、当地气候、土壤、草坪使用强度和修剪频率而确定。

3. 杂草应定期清除。

4. 对于病虫害，应根据区域、时期、病虫害种类的不同进行防治，并应以预防为主、防治结合。

5. 应适时补充土壤水分、及时灌溉。灌溉浇水时间宜在早晨太阳出现之前，灌溉用水量应根据检查土壤水的实际渗透度进行确定。

6. 足球场草坪覆土（沙）的材料应以细河沙为主，适当配以有机肥和缓效化肥。

7. 当草坪出现退化、人为的破坏、使用过度、长期使用而缺乏正确的养护管理以及使用杀虫剂、除草剂、肥料不当而造成草坪受伤害，使草坪局部以至全部失去使用价值时，应采取下列维护措施：

（1）草坪打孔、表面松土。应用草坪打孔机打孔，打孔、松土宜为每年进行一次，并应在冬、春两季进行。

（2）草坪梳草。应除去过密的不健康草茎叶，同时划破表土层松土，然后用吸草机把枯草吸走，或用人工的方法处理掉。

（3）草坪覆土（沙）施肥。

（4）草坪补草。当草坪被人为破坏、使用过度、保养不当，造成草坪伤害严重，无法生长或自然死亡时，应采取补播、补种或铺草皮。

8.2 人造草坪

8.2.1 运动场地人造草坪安装完成后，保养时间不应少于14d。重型器械和交通车辆不应进入场地。保养期间，高温天气时不得清扫。

8.2.2 人造草坪在使用期间的养护应符合下列规定：

1. 机动车辆不应在场地内行驶、停放；

2. 应保持清洁、及时清理杂物、污渍、油渍；

3. 33℃以上天气，不应使用清洁机清洁；

4. 应定期用水冲洗；

5. 发生损坏时，应及时修补；

6. 应按产品保养手册进行保养和清洁。

8.3 运动木地板

8.3.1 应避免锐物划、戳伤运动木地板。

8.3.2 应避免阳光长时间直晒运动木地板。

8.3.3 应保持运动木地板干燥、清洁，及时清除水渍。清洁时，应用干的软布擦干净，不得用碱水、肥皂水等腐蚀性液体擦洗。

8.3.4 应定期清扫运动木地板。

8.4 合成材料面层

8.4.1 合成材料面层有污秽应随时清洗，应定期（7d）清扫砂、树叶、垃圾等，每季度应整体洗刷一次。

8.4.2 合成材料面层使用前后应用水冲刷。

8.4.3 跑道上的各种标志及线，应保持清晰、醒目。有褪色时，应重新描画。

8.4.4 场地面层在发生断裂、脱层时，应及时修补。

农村普通中小学建设标准

建标 109—2008

第一章 总 则

第一条 为了贯彻执行《中华人民共和国教育法》，促进农村义务教育的科学发展，坚持以人为本，积极创建适合农村青少年德智体美全面发展的办学条件，满足教学活动和师生生活的基本要求，合理确定校舍建设标准，全面提高学校建设水平，促进办学条件均衡发展，制定本建设标准。

第二条 本建设标准是编制、评估和审批农村普通中小学校建设项目建议书、可行性研究报告、校园规划设计和建设规划用地的依据，也是项目设计审查和工程监督检查的尺度。

第三条　本建设标准适用于乡（镇）及以下农村普通中小学校的新建、改建和扩建项目。

第四条　农村普通中小学校的建设必须确保师生安全。在抗御重大意外灾害时，学校可作为周边地区的紧急避难疏散场所。

第五条　农村普通中小学校建设应统筹规划、合理布局，先规划后建设。学校的总体规划在满足安全和功能的前提下，应严格执行执行资源节约的方针政策，注重技术、经济对比分析。

第六条　农村普通中小学校建设，除执行本建设标准外，尚应符合国家现行相关强制性标准的规定。

第二章　建设规模和项目构成

第一节　建设规模

第七条　农村普通中小学校的建设规模，应根据学制、学校规模、校舍建筑面积指标确定。

第八条　学校规模和班额宜根据生源按下列规定设置：

一、小学：非完全小学为 4 班，30 人/班，完全小学为 6 班、12 班、18 班、24 班，近期 45 人/班，远期 40 人/班。

二、初级中学为 12 班、18 班、24 班，近期 50 人/班，远期 45 人/班。

第九条　建设规模和建筑面积指标

一、农村普通中小学校校舍建筑面积指标分规划指标和基本指标。新建学校应按规划指标进行校园总体规划，首期建设的校舍建筑面积不应低于基本指标的规定。

二、农村普通中小学校建设规模和生均建筑面积指标应符合表 1－1～表 1－3 的规定

表 1－1　农村普通中小学校建设规模和生均建筑面积规划指标

学校类别	面积（㎡）	建设规模				
		4 班	6 班	12 班	18 班	24 班
非完全小学	建筑面积	670	—	—	—	—
	生均面积	5.58	—	—	—	—
完全小学	建筑面积	—	2228	4215	5470	7065
	生均面积	—	8.25	7.81	6.75	6.54
初级中学	建筑面积	—	—	6000	8030	10275
	生均面积	—	—	10.00	8.92	8.56

注：完全小学、初级中学未包括学生宿舍的建筑面积。

表1-2 农村普通中小学校建设规模和生均建筑面积基本指标

学校类别	面积（㎡）	建设规模				
		4班	6班	12班	18班	24班
非完全小学	建筑面积	543	—	—	—	—
	生均面积	4.52	—	—	—	—
完全小学	建筑面积	—	2120	3432	4655	6117
	生均面积	—	7.85	6.35	5.75	5.66
初级中学	建筑面积	—	—	4678	6310	7988
	生均面积	—	—	7.8	7.01	6.66

注：完全小学、初级中学未包括学生宿舍的建筑面积。

表1-3 农村全寄宿制中小学校建设规模和生均建筑面积指标

学校类别	面积（㎡）	建设规模		
		12班	18班	24班
全寄宿制完全小学	建筑面积	7752	10785	14185
	生均面积	14.35	13.31	13.13
全寄宿制初级中学	建筑面积	10050	14097	18375
	生均面积	16.75	15.66	15.31

第二节 项目构成

第十条 农村普通中小学校舍由教学及教学辅助用房、办公用房、生活用房三部分构成。

第十一条 教学及教学辅助用房：

一、小学：非完全小学设置普通教室、多功能教室（兼多媒体教室）、图书室、体育器材室；完全小学设置普通教室、音乐教室、美术教室（艺术教室）、科学教室、计算机教室、多功能教室（兼多媒体教室）、远程教育教室、图书室、科技活动室、体育活动室、心理咨询室以及教学辅助用房。

二、初级中学：设置普通教室、音乐教室、美术教室（艺术教室）、实验室、技术教室、计算机教室、多媒体教室、多功能教室、远程教育教室、图书室、科技活动室、心理咨询室以及教学辅助用房。

第十二条 办公用房：

一、小学：非完全小学设置行政及教师办公室、少先队部室、传达值宿室；完全小学设置行政办公室、教师办公室、卫生保健室、总务仓库、少先队部室、传达值宿室。

二、初级中学：设置行政办公室、教师办公室、会议室、文印档案室、卫生保健室、总务仓库、社团办公室、传达值宿室。

第十三条　生活用房：

一、小学：非完全小学设置食堂、教工厕所、学生厕所；完全小学设置教工宿舍、食堂、开水房及浴室、教工厕所、学生厕所。学生宿舍根据需要设置。

二、初级中学：设置教工宿舍、食堂、开水房及浴室、教工厕所、学生厕所。学生宿舍根据需要设置。

三、全寄宿制完全小学、初级中学：除分别按上述用房设置外，应按全校学生规模设置学生宿舍。

第三章　学校布局、选址与校园规划

第一节　学校布局

第十四条　农村普通中小学校的布局，应根据乡（镇）总体规划要求、结合人口密度、学生来源、地形地貌、能源、交通、环境等综合条件确定。

第十五条　学校服务半径，应以小学就近入学、中学相对集中为原则，根据"规模"办学和学校住宿条件等因素确定。

第二节　学校选址

第十六条　学校选址应符合下列规定：

一、应选在地质条件较好、环境适宜、交通方便、地形开阔、阳光充足、地势较高、具备必要基础设施的地段。

二、应避开地震危险地段、泥石流易发地段、滑坡体、悬崖边及崖底、风口、洪水沟口、输气管道和高压走廊等。

三、应避免学生跨越公路干线、无立交设施的铁路、无安全通行防护设施的河流及水域。

四、不应与集贸市场，娱乐场所，生产、经营、贮藏有毒有害危险品、易燃易爆物品的场所，噪声等污染源，医院太平间，殡仪馆，消防站等不利于学生学习、身心健康和危及学生安全的场所毗邻。

第三节　学校总体规划

第十七条　学校必须编制校园总体规划。总体规划应按教学区、体育运动区、生活区等不同功能要求合理布局，并应符合下列要求：一、教学、图书、实验用房应布局在校园的静区，并保证有良好的建筑朝向。

二、校园内各建筑之间、校内建筑与相邻的校外建筑之间的距离，应符合国家现行标准、规范中的规划、消防、日照等有关规定。

三、教学用房与体育活动场地应有合理的间距。田径场地和球类场地的长轴宜为南北方向。

四、校园内的交通应便捷，校园道路应避免穿越体育运场地。学校的主出入口不宜设在主要交通干道边上，校门外侧应设置人流缓冲区。

第十八条 校园绿地及种植园地应与校舍建筑统一规划和建设。

第十九条 校园应有围墙（或安全隔离设施）、校门。

第二十条 学校应设置旗杆、旗台，并宜位于校园中心广场或主要运动场区的显要位置。

第四章　建设用地指标

第二十一条 农村普通中小学校建设用地包括建筑用地、体育运动场用地、绿化用地三部分。

一、建筑用地：学校建筑用地包括建筑物、构筑物占地面积，建筑物周围道路，房前屋后零星绿地及建筑群组之间的小片活动场地。

二、体育运动场用地：

（一）学校体育运动场地包括体育课、课间操及课外活动所需要的场地。

（二）非完全小学和完全小学 6 班应分别设置 60m 和 100m 直跑道；完全小学 12 班、18 班、24 班均应设置 200m 环形跑道田径场。初级中学 12 班应设置 200m 环形跑道田径场，18 班、24 班均应设置 300m 环形跑道田径场。中小学校应设置适量的球类、器械等运动场地。

三、绿化用地：

（一）学校绿化用地指成片的集中绿地和学生劳动种植园地等。

（二）非完全小学可不设置集中绿地。完全小学和初级中学宜设置集中绿地和学生种植园地，用地面积为：完全小学 6 班、12 班不宜小于 6m^2/生；完全小学 18 班不宜小于 5m^2/生，24 班不宜小于 4m^2/生；初级中学 12 班不宜小于 6m^2/生，18 班、24 班不宜小于 5m^2/生；全寄宿制完全小学、初级中学 12 班、18 班不宜小于 7m^2/生，24 班不宜小于 6m^2/生。

第二十二条 农村普通中小学校建设用地面积和生均用地面积指标，应符合表 2 - 1、表 2 - 2 的规定。

表2-1 农村普通中小学校建设用地面积和生均用地面积指标

学校类别	学校规模（班）	用地面积（㎡）	生均用地面积（㎡）
非完全小学	4	2973	25
完全小学	6	9131	34
	12	15699	29
	18	18688	23
	24	21895	20
初级中学	12	17824	30
	18	25676	29
	24	29982	25

注：1. 完全小学、初级中学未含学生宿舍用地面积。

2. 开展劳动技术教育所需的实习实验场、自行车存放地（1.50㎡/辆），可根据实际情况另行增加。

表2-2 农村全寄宿制中小学校建设用地面积和生均用地面积指标

学校类别	学校规模	用地面积（㎡）	生均用地面积（㎡）
完全小学	12	21292	39
	18	27901	34
	24	34226	32
初级中学	12	23487	39
	18	35059	39
	24	41307	34

注：开展劳动技术教育所需的实习实验场、自行车存放地（1.50㎡/辆），可根据实际情况另行增加

第五章 校舍建筑面积指标

第一节 校舍建筑面积总指标

第二十三条 农村普通中小学校校舍建筑面积总指标应符合表3-1、表3-2的规定。

表3-1 农村普通中小学校舍建筑面积总指标

指标	小学规划指标					小学基本指标					全寄宿制完全小学指标		
	4班	6班	12班	18班	24班	4班	6班	12班	18班	24班	12班	18班	24班
教学及教学辅助用房使用面积（㎡）	344	928	1817	2277	2936	294	878	1362	1808	2387	1817	2277	2936
办公用房实用面积（㎡）	65	128	203	269	332	50	113	188	249	312	203	269	332

表 3-2   农村普通初级中学校舍建筑面积总指标

指标	初级中学规划指标			初级中学基本指标			全寄宿制初级中学指标		
	12班	18班	24班	12班	18班	24班	12班	18班	24班
教学及教学辅助用房使用面积（㎡）	2557	3317	4208	1826	2373	2950	2557	3317	4208
办公用房实用面积（㎡）	333	447	561	271	359	447	333	447	561
生活用房使用面积（㎡）	710	1054	1396	710	1054	1396	3140	4694	6256
使用面积合计（㎡）	3600	4818	6165	2807	3786	4793	6030	8458	11025
建筑面积（㎡）	6000	8030	10275	4678	6310	7988	10050	14097	18375

注：初级中学规划指标、基本指标未包括学生宿舍的建筑面积（5.50㎡/生）。

第二节　教学及教学辅助用房使用面积指标

第二十四条　农村普通中小学教学及教学辅助用房使用面积指标：

一、农村普通非完全小学教学及教学辅助用房使用面积指标应符合表4-1的规定

表 4-1   农村普通非完全小学教学用房使用面积指标

用房名称	规划指标（4班120人）			基本指标（4班120人）		
	间数	每间使用面积（㎡）	使用面积小计（㎡）	间数	每间使用面积（㎡）	使用面积小计（㎡）
普通教室	4	40	160	4	40	160
多功能教室（兼多媒体教室）	1	80	80	1	80	80
多功能准备室（电教器材）	1	25	25	—	—	—
图书室	1	54	54	1	54	54
体育器材室	1	25	25	—	—	—
合计	—	—	344	—	—	294

二、农村普通完全小学教学及教学辅助用房使用面积指标应符合表4-2、表4-3的规定

表4-2　农村普通完全小学教学及教学辅助用房使用面积规划指标

用房名称	6班270人			12班540人			18班840人			24班1080人		
	间数	每间使用面积（㎡）	使用面积小计（㎡）	间数	每间使用面积（㎡）	使用面积小计（㎡）	间数	每间使用面积（㎡）	使用面积小计（㎡）	间数	每间使用面积（㎡）	使用面积小计（㎡）
普通教室（含机动教室）	7	54	378	13	54	702	20	54	108	26	54	1404
音乐教室	—	—	—	1	80	80	1	80	80	2	80	160
美术教室（艺术教室）	—	—	—	1	80	80	1	80	80	1	180	80
美术准备室	—	—	—	1	25	25	1	25	25	1	25	25
科学教室	1	80	80	1	80	80	1	80	80	2	80	160
科学准备室	1	39	39	1	39	39	1	39	39	1	39	39
计算机教室	1	80	80	1	80	80	1	80	80	2	80	160
计算机准备室	1	25	25	1	25	25	1	25	25	1	25	25
多功能教室（兼多媒体教室）	1	107	107	1	107	107	1	134	134	1	189	189
多功能准备室(电教器材)	1	25	25	1	25	25	1	25	25	1	25	25
远程教育教室	1	39	39	1	39	39	1	39	39	1	39	39
图书室	1	80	80	1	121	121	1	162	162	1	202	202
科技活动室	—	—	25	—	—	25	—	—	39	—	—	39
体育活动室	—	—	—	1	300	300	1	300	300	1	300	300
体育器材室	1	25	25	1	39	39	1	39	39	1	39	39
心理咨询室	—	—	25	—	—	25	—	—	25	—	—	25
合计	—	—	928	—	—	1817	—	—	2277	—	—	2936

注：表中12班、18班、24班的指标适用于相同办学规模的全寄宿制小学。

表4-3 农村普通完全小学教学及教学辅助用房使用面积基本指标

用房名称	6班270人			12班540人			18班840人			24班1080人		
	间数	每间使用面积（㎡）	使用面积小计（㎡）	间数	每间使用面积（㎡）	使用面积小计（㎡）	间数	每间使用面积（㎡）	使用面积小计（㎡）	间数	每间使用面积（㎡）	使用面积小计（㎡）
普通教室（含机动教室）	7	54	378	13	54	702	20	54	1080	26	54	1404
音乐教室	—	—	—	1	80	80	1	80	80	2	80	160
音乐准备室	—	—	—	1	25	25	1	25	25	1	25	25
科学教室	1	80	80	1	80	80	1	80	80	2	80	160
科学准备室	1	39	39	1	39	39	1	39	39	1	39	39
计算机教室	1	80	80	1	80	80	1	80	80	1	80	80
多功能教室（兼多媒体教室）	1	107	107	1	107	107	1	134	134	1	189	189
多功能准备室（电教器材）	1	25	25	1	25	25	1	25	25	1	25	25
远程教育室	1	39	39	1	39	39	1	39	39	1	39	39
图书室	1	80	80	1	121	121	1	162	162	1	202	202
体育器材室	1	25	25	1	39	39	1	39	39	1	39	39
合计	—	—	878	—	—	1362	—	—	1808	—	—	2387

第二十五条 农村普通初级中学教学及教学辅助用房使用面积指标应符合表5-1、表5-5的规定。

表 5-1 农村普通初级中学教学及教学辅助用房使用面积规划指标

用房名称	12 班 600 人			18 班 900 人			24 班 1200 人		
	间数	每间使用面积（㎡）	使用面积小计（㎡）	间数	每间使用面积（㎡）	使用面积小计（㎡）	间数	每间使用面积（㎡）	使用面积小计（㎡）
普通教室（含机动教室	13	61	793	20	61	1220	26	61	1586
音乐教室	1	93	93	1	93	93	1	93	93
音乐准备室	1	30	30	1	30	30	1	30	30
美术教室（艺术教室）	1	93	93	1	93	93	1	93	93
美术准备室	1	30	30	1	30	30	1	30	30
实验室	3	93	279	3	93	279	4	93	372
仪器准备室	3	45	135	3	45	135	4	45	180
技术教室	—	93	93	—	140	140	—	140	140
计算机教室	1	93	93	1	93	93	2	93	186
计算机准备室	1	30	30	1	30	30	1	30	30
多媒体教室	1	93	93	1	93	93	1	93	93
多功能教室	1	124	124	1	155	155	1	218	218
多功能准备室（电教器材）	1	30	30	1	30	30	1	30	30
远程教育教室	1	45	45	1	45	45	1	45	45
图书室	—	155	155	—	218	218	—	281	281
体育活动室	1	300	300	1	450	450	1	608	608
体育器材室	1	50	50	1	60	60	1	70	70
科技活动室	—	—	61	—	—	93	—	—	93
心理咨询室	—	—	30	—	—	30	—	—	30
合　计	—	—	2557	—	—	3317	—	—	4208

注：表中指标适用于相同办学规模的全寄宿制初级中学

表5-5 农村普通初级中学教学及教学辅助用房使用面积基本指标

用房名称	12班600人			18班900人			24班1200人		
	间数	每间使用面积（㎡）	使用面积小计（㎡）	间数	每间使用面积（㎡）	使用面积小计（㎡）	间数	每间使用面积（㎡）	使用面积小计（㎡）
普通教室（含机动教室	13	61	793	20	61	1220	26	61	1586
音乐教室	1	93	93	1	93	93	1	93	93
音乐准备室	1	30	30	1	30	30	1	30	30
实验室	3	93	279	3	93	279	4	93	372
仪器准备室	3	45	135	3	45	135	4	45	180
技术教室	—	93	93	—	140	140	—	140	140
计算机教室	1	93	93	1	93	93	1	93	93
远程教育教室	1	45	45	1	45	45	1	45	45
图书室	—	155	155	—	218	218	—	281	281
体育器材室	1	50	50	1	60	60	1	70	70
心理咨询室	—	—	30	—	—	30	—	—	30
合计	—	—	1826	—	—	2373	—	—	2950

第三节 办公用房使用面积指标

第二十六条 农村普通小学办公用房使用面积指标应符合表5-6的规定。

表5-6 农村普通小学办公用房使用面积指标

指标	规划指标					基本指标				
班级规模（班）	4	6	12	18	24	4	6	12	18	24
使用面积（㎡）	65	128	203	269	332	50	113	188	249	312

注：表中12班、18班、24班的规划指标适用于相同办学规模的全寄宿制完全小学。

第二十七条 农村普通初级中学办公用房使用面积指标应符合表5-7的规定。

表5-7 农村普通初级中学办公用房使用面积指标

指标	规划指标			基本指标		
班级规模（班）	12	18	24	12	18	24
使用面积（㎡）	333	447	561	271	359	447

注：表中规划指标适用于相同办学规模的全寄宿制初级中学

第四节　生活用房使用面积指标

第二十八条　农村普通小学生活用房使用面积指标应符合表5–8、表5–9的规定。

表5–8　农村普通小学生活用房使用面积指标

指标	规划指标					基本指标				
班级规模（班）	4	6	12	18	24	4	6	12	18	24
使用面积(㎡)	60	281	509	736	971	36	281	509	736	971

注：表中12班、18班、24班的使用面积未包括学生宿舍的使用面积。

表5–9　农村全寄宿制普通完全小学生活用房使用面积指标

班级规模（班）	12	18	24
使用面积（㎡）	2631	3295	5243

第二十九条　农村普通初级中学生活用房使用面积指标应符合表5–10的规定。

表5–10　农村普通初级中学生活用房使用面积指标

指标	普通初级中学生活用房规划指标			普通初级中学生活用房基本指标			全寄宿制初级中学生活用房指标		
班级规模（班）	12	18	24	12	18	24	12	18	24
使用面积（㎡）	710	1054	1396	710	1054	1396	3140	4684	6256

注：表中12班、18班、24班普通初级中学的使用面积未包括学生宿舍的使用面积。

第六章　校舍主要建筑标准

第三十条　农村普通中小学校校舍建设应贯彻安全、适用、经济、美观的方针政策，校舍建筑应符合现行国家标准《中小学校建筑设计规范》GBJ99的规定，规划建设环保、卫生、节能型校园。

第三十一条　小学的普通教室应在三层及以下，初级中学的普通教室应在四层及以下。

第三十二条　建筑设计在平面空间布置和造型设计等方面应符合抗震概念设计要求。

第三十三条　建筑层高应符合以下规定：

一、教学用房的层高，小学不宜低于3.60m，初级中学不宜低于3.90m。

二、办公用房不宜高于3.00m。

三、教职工宿舍不宜高于2.80m。

四、学生宿舍使用单层床的不宜低于3.00m，使用双层床的不宜低于3.60m。

五、多功能教室、食堂等用房的层高，应根据使用功能要求确定。阶梯教室最后一排的地面至顶棚的净高不应低于 2.20m。

第三十四条 建筑结构：

一、建筑结构应按防御各类重大意外灾害的相关规范要求进行设计。

二、教学用房以及学生宿舍和食堂，抗震设防类别应不低于重点设防类，建筑结构应采用抗震性能好的结构体系。

三、在抗震设防烈度 6 度及以上区域，严禁使用预制空心板及预制楼梯。

四、建筑材料的强度等级、型号、规格、质量等材料性能必须符合国家现行有关标准、规范的规定，满足设计的要求。

第三十五条 中小学的设计应经过施工图审查，并实施施工监理。

第三十六条 建筑防火应符合国家现行有关标准、规范的规定。建筑物的耐火等级：楼房不应低于二级，平房不应低于三级。

第三十七条 楼梯数量、宽度及形式：

一、楼梯设置的数量、宽度、位置和形式，应满足使用要求，符合安全疏散和国家防火规范要求，每幢多层建筑不得少于 2 座楼梯。

二、楼梯不得采用螺旋形或扇形踏步。楼梯坡度不应大于 30°。

踏步高度，小学不应大于 150mm，中学不应大于 160mm；踏踏步板外沿不宜突出踢脚板。梯段与梯段之间不应设置遮挡视线的隔墙。楼梯井宽度不应大于 200mm。楼梯栏杆（栏板）应坚固，高度不应小于 900mm，室内楼梯平台及室外楼梯栏杆（栏板）高度不应小于 1100mm。

三、楼梯间应有直接的自然采光、通风和人工照明。

第三十八条 走廊宽度（净宽）：教学用房的内走廊宽度不应小于 3000mm，外廊及单面内廊的宽度不应小于 2100mm；外廊栏杆（栏板）净高度不应低于 1100mm。栏杆的垂直杆件间净距不应大 110mm。上人屋面应设置女儿墙或安全防护栏，其净高不应低于 1100mm。各种栏杆均应坚固，不易攀登。

走廊不宜设踏步，如必须设踏步时不宜少于三级或做成 1/8~1/10 坡度的斜磋坡道。

第三十九条 室内环境应符合下列要求：

一、采光：室内采光应亮度均匀。应保证主要教学用房的最佳建筑朝向，避免教室内直射阳光。教学用房宜采用双侧采光，主要采光面应位于学生座位的左侧，采光窗窗台高度不应低于 900mm。教学及办公用房的采光玻地比不应低于 1/6，并应防止眩光，严禁使用有色玻璃。

二、照明：教学用房应采用配有保护灯罩的节能荧光灯具，不宜采用裸灯。灯具（长轴）应垂直于黑板面布置（黑板灯除外）；悬挂高度距桌面宜为 1700mm。各类用房的平均照度应符合建筑照明设计标准的规定。

三、通风换气，校舍室内应有良好的自然通风。教学用房应有冬春季换气设施，炎热地区可采用开窗换气，还可在外墙窗台下部距地面 200mm 处设置可开启的小百叶气窗；温暖地区宜采用开窗与开启小气窗相结合的方式换气；寒冷和严寒地区应在外墙（或采光窗上部）和内走廊墙上设置小气窗。化学实验室及毒气橱应设置有效排气设施。

四、室内温度：寒冷和严寒地区的中小学校，应因地制宜地配置采暖设施。炎热地区应因地制宜地配置降温设施。

五、室内装修应符合现行国家标准《民用建筑工程室内环境污染控制规范和建筑内部装修设计防火规范》GB50235 的要求。

第四十条　建筑防雷装置应符合现行国家标准《国家建筑物防雷设计规范》GB50057 的规定。

第四十一条　卫生设施的设置应符合下列要求：

一、学校应设置给排水系统。

二、建筑物内应设置水冲式厕所，厕所应采用瓷砖大便槽（或蹲式陶瓷大便器）和小便槽。水冲式厕所宜配备洗水盆和污水池。独立厕所应按卫生要求，位于教学、办公区及食堂的下风方位，并保持适当的距离。厕所均应设置通风排气设施。

第四十二条　学校各类用房应因地制宜，充分利用地方建筑材料进行装修，应简朴、美观、大方，严禁采用豪华装饰。建筑装修应符合下列要求：

一、楼面、地面：根据使用要求宜做防滑、易清洁的楼地面。化学实验室宜做耐酸碱腐蚀的楼地面。多功能教室、体育活动室宜采用弹性地面。

二、室内墙面及顶棚：所有内墙的阳角和方柱宜做成圆角。教学用放的墙角、顶棚宜采用白色材料做普通装修。音乐、功能教室墙面宜采用吸音材料。墙裙宜采用易于清洁的材料。固定黑板应采用墨绿色或黑色无光耐磨材料制作。

第四十三条　食堂、厨房装修及设施配置应符合各地区卫生防疫部门关于学校食堂卫生管理的要求。

第四十四条　校舍建设应符合无障碍设施规范要求。第四十五条　学校应根据消防要求，在校内、楼内和相关室内配置消防设备。

第四十六条　学校应根据安全要求，在校内配置应急照明设备，设置疏散标志。

附　录　术　　语

一、农村普通中小学 countryside general middle and elementary schools

指非城市建制的乡（镇）及以下的小学、初级中学。

二、非完全小学 Incomplete elementary school

指一年级到四年级的小学。

三、完全小学 elementary school

指一年级到六年级的小学。

四、玻地比 the ratio of the window size to the floor area

学校安全工作标准指引

窗玻璃面积与室内地面面积比。

五、远程教育教室 long – distance education office

室内通过卫星接收器接收电视台播放教育教学内容的教学用房。

本建设标准用词和用语说明

1. 为便于在执行本建设标准条纹是区别对待，对要求严格程度不同的用词说明如下：

1）表示很严格，非这样做不可的用词：

正面词采用"必须"，反面词采用"严禁"。

2）表示严格，在正常情况均应这样做的用词：

正面词采用"应"，反面词采用"不应"或"不得"。

3）表示允许稍有选择，在条件许可时首先应这样做的用词：

正面词采用"宜"，反面词采用"不宜"；

表示有选择，在一定条件下可以这样做的，采用"可"。

2. 本建设标准中指明应按其他有关标准、规范执行的写法为"应符合……的规定"或"应按……执行"。

中小学理科实验室装备规范

JY/T 0385—2006

1 范围

本标准规定了普通中小学理科实验室装备建设的基本要求，包括"功能与要求"、"面积与间数"、"建筑要求"、"环境要求"、"固定设施"、"布置"和"实验室设备"等7个方面。

本标准适用于普通中小学理科实验室的装备建设。其中，九年制学校和完全中学在本标准中没有单列。在实际执行中，九年制学校可根据学校规模参照本标准小学和初中的相关内容综合考虑；完全中学可参照本标准的中学部分内容综合考虑。

2 规范性引用标准

下列文件中的条款通过在本标准的引用而成为本标准的条款。凡是注日期的引用文件，其随后所有的修改单（不包括勘误的内容）或修订版均不适用于本标准，然而，鼓励根据本标准达成协议

的各方研究是否可使用这些文件的最新版本。凡是不注日期的引用文件，其最新版本适用于本标准。

GB 5700 室内照明测量方法

GB 5701 室内空调至适温度

GB 8772 电视教室座位布置范围和照度卫生标准

GB/T 17226 中小学校教室换气卫生标准

GB 50034 建筑照明设计标准

3　分类

普通中小学理科实验室装备建设的要求分为两类，即"基本要求"和"规划建议"。"基本要求"是学校实验室装备建设应达到的最低要求，"规划建议"是在达到"基本要求"的基础上，为有较高实验室装备能力的地区和学校提出的要求。

各地可以根据实际情况，创建更有利于培养学生创新精神和实践能力的实验室，满足基础教育课程改革对实验教学的要求。

4　要求

4.1 中学部分

4.1.1 功能与要求

功能与要求见表1。

表1　功能与要求

室　别	类　别	功　能	要　求
实验室/科学探究（理、化、生）	基本要求	能够满足实验教学要求，方便学生熟悉并接触一些实验仪器设备，学习掌握基本实验技能。	应努力为方便学生查阅相关资料，方便学生制定实验计划和设计实验方案，进行探究性学习和学科实验活动创造条件。
实验员室（理、化、生）	基本要求	实验员办公	可与准备室合并使用，不能与药品室合并使用。
准备室（理、化、生）	基本要求	进行实验室的准备和简单的仪器维修。	应邻近所属实验室。
仪器室（理、化、生）	基本要求	存放实验仪器。	
药品室（化、生）	基本要求	存放实验药品。	可与准备室合并使用，应采取防潮、通风等措施。

室　别	类　别	功　能	要　求
危险药品柜（化）	基本要求	存放危险实验药品。	应采取防潮、通风及必需的安全措施。
危险药品柜（化）	规划建议	存放危险实验药品。	宜设计在地下或半地下，应采取防潮、通风及必需的安全措施。
培养室（生）	规划建议	进行组织培养等。	朝阳方向，通风良好。
生物园地	基本要求	进行种植、饲养。	南方地区可结合校园绿化在校园空地、楼顶布置设计，北方地区宜设计在暖房里，亦可室内外结合布置。

4.1.2 面积与间数

"面积与间数"的指标，以学校的建设规模和班额人数分别为 12 班～24 班（4 个～8 个平行班）、24 班～36 班（8 个～12 个平行班）、36 班～48 班（12 个～16 个平行班），每班 50 人为参考设计的；学校规模大于 48 个班的，以本标准中 48 个班的数据指标为基准，学校规模每增加 12 个班（4 个平行班）时，理、化、生实验室及其附属用房各增加 1 套。

4.1.2.1 面积见表 2。

表 2　面积　　　　　　　　　　　　　　　　　　　　　　　　单位：m²

室　别	类　别	
	基本要求	规划建议
实验室/科学探究室（理、化、生）生均使用面积	不小于 1.80	不小于 1.92
实验员室（理、化、生）人均使用面积	不小于 6	
准备室（理、化、生）使用面积	每间不小于 18	每间不小于 23
仪器室（理、化、生）使用面积 a	每间不小于 23	每间不小于 43
药品室（化、生）使用面积	每间不小于 23	
危险药品室（化）使用面积	—	每间不小于 8
培养室（生）使用面积	—	每间不小于 43
注："—"表示不要求。		
a　仪器室只设 1 间时面积应不小于 40。		

4.1.2.2 间数见表 3。

表3　间数

单位：间

室别	类别	4个~8个平行班 a		8个~12个平行班		12个~16个平行班	
		初中	高中	初中	高中	初中	高中
物理实验室/探究室	基本要求	1	1~2	1~3	2~3	3~5	3~5
	规划建议	2~3	2~3	3~4	3~4	4~6	4~6
化学实验室/探究室	基本要求	1	1~2	1~2	2~3	2~3	3~5
	规划建议	1~2	2~3	2~3	3~4	3~4	4~6
生物实验室/探究室	基本要求	1	1~2	1~3	2~3	2~3	3~5
	规划建议	2~3	2~3	3~4	3~4	3~4	4~6
实验员室（理、化、生）	基本要求	各1	各1	各1	各1	各1	各1
准备室（理、化、生）	基本要求	各1	各1	各1	各1	各2	各2
仪器室（理、化、生）	基本要求	各1	各1	各1~2	各2~3	各2	各2~3
药品室（化、生）	基本要求	各1	各1	各1	各1	各1	各1
危险药品室（化）	规划建议	1	1	1	1	1	1
培养室（生）	规划建议	1	1	1	1	1	1
生物园地	基本要求	1	1	1	1	1	1
a　学校规模小于12个班的可参照表中4个~8个平行班的数据指标执行。							

4.1.3 建筑要求

a）地面：各室与走廊的地面不宜设台阶。地面应防尘易清洁、耐磨、防滑，化学实验室的地面应耐酸碱腐蚀。化学实验室、化学准备室和生物实验室的地面应设地漏；

b）门窗：应根据人流安全疏散的要求设置后门，门洞的宽度不应小于1200mm，门扇上宜设观察窗，门框上部设采光通风窗。实验室的窗台适宜高度900mm~1000mm，实验室的窗间墙宽度不应大于1200mm。门窗开启后不应影响室内空间的使用和走廊通行的便利与安全。

c）综合布线系统：室内有水源、电源的应设总控制阀。实验室内电源插座与照明用电应分路设计、分别控制。新建实验室应预留综合布线系统的竖向贯通井道及设备位置；

d）采用通风到桌的化学实验室，应单独设置三相动力电源，独立控制；

e）用电负荷：实验室的配电线路和设备功率容量应留有余地，以满足不断采用现代化教学手段及教学设逐步增多的需要。

4.1.4 环境要求

环境要求见表4。

4.1.5 固定设施

4.1.5.1 基本要求

a）书写板：书写板下沿与讲台面的距离宜为1000mm~1100mm

b）讲台：两端与书写板竖直边缘下延的水平距离不应小于200mm，宽度不应小于650mm，高度宜为200mm；

c）电源：实验室电气线路应采用防火要求的暗敷配线方式，安装自动断电保护器，应有可靠的接地措施；

    d）水源：各室应设给排水设施，宜设水槽和拖把池，排水口应有水封装置。

    4.1.5.2 规划建议

    a）气源：根据需要设置气源，并应有一定的安全措施；

    b）通讯：可根据实际情况设一处或多处网络接口；

    c）教学电视：实验室内设置电视机时，应符合 GB 8772 的有关要求。观看距离以座椅前缘至电视屏幕垂直面间水平距离电视机屏幕尺寸的 4 倍～11 倍为宜。观看的水平斜视角不宜超过 45°，仰视不宜 30°；

    d）教学屏幕：实验室安装屏幕时，屏幕下沿距讲台面不应低于 1100mm，屏幕的宽度宜为屏幕垂直面至最后一排座椅距离的 1/6。

表 4 环境要求

项 目	类 别	要 求
采光	基本要求	应保证实验室教学用房的最佳建筑朝向，避免室内直射阳光。主要采光面应位于学生座位左侧。生物准备室应至少有一个向阳的窗户，存放生物标本的仪器室宜为北向布置。
照明	基本要求	1.实验台面的平均照度应符合 GB 50034 的有关要求不低于 300lx，其照度均匀度不低于 0.7。 2.灯具悬挂高度距实验台面不应低于 1700 mm，不宜用裸灯。
照明	规划建议	1.书写宜设局部照明，书写版面的平均照度应符合 GB 50034 的有关要求不低于 500lx，照度均匀度不低于 0.7。 2.实验台上若设计局部照明，前排灯不应对后排学生视线产生直接眩光。
遮光	基本要求	窗户可装窗帘。做光学实验用的实验室应设遮光通风帘。
温度	基本要求	室内设计温度应符合 GB 5701 的有关要求宜在 16℃～28℃。寒冷和炎热地区应因地制宜地设置暖和降温设施。
通风换气	基本要求	1.实验室、准备室的换气次数应符合 GB 17226 的有关要求不低于 4 次/h，宜采取各种有组织的自然通风措施，使室内二氧化碳浓度低于 1.5‰。 2.必要时还应采取强制置换室内污染空气的措施：采用排风扇时，排风扇应设在外墙靠地面处。风扇的中心距地面不应小于 300 mm。风扇洞口靠室外的一面应设挡风措施；室内的一面应设防护罩。
通风换气	规划建议	若采用排风到桌（化学）装置时，风速应连续可调，各风罩洞口风速应基本一致，最大风速下可实现换气次数不低于 10 次/h。
环保	基本要求	1.室内环境噪声不大于 65dB。 2.新建、改建、扩建实验室及附属用房时，甲醛、苯、氡等有害气体和放射性污染应符合相关标准中的限量值。 3.实验废液应收集并进行委托处理，经处理后方可排放。排放应达到国家废水综合排放水质标准。
安全	基本要求	各室应备有效的消防设施。每个化学实验室应设置一个事故急救冲洗水嘴和急救箱。急救箱中的药品应注意及时更换。

4.1.6 布置

a）同一学科的实验室宜布置在同一层面；化学实验室宜设置在一层；

b）实验室第一排实验台的前沿与书写板的水平距离不应小于2500mm，边座的学生与书写板远端形成的水平视角不应小于30°。最后一排实验台的后沿距后墙不应1200mm小于；与书写板的水平距离不应大于11000mm；

c）实验室两实验台间前后的净距离：双人单侧操作时，不应小于600mm；四人双侧操作时，不应小于1300mm；超过四人双侧操作时，不应小于1500mm；

d）实验室中间纵向走道的净距离：双人单侧操作时，不应小于600mm；四人双侧操作时，不应小于900mm；

e）实验室实验台端部与墙面（或突出墙面的内壁柱及设备管道）的净距离不应小于550mm；

f）学校在进行实验室布置时，应结合学科特点，充分体现科学性、合理性、安全性。

4.1.7 实验室设备

4.1.7.1 基本要求

4.1.7.1.1 演示台、实验台和准备台

a）台面：演示台、准备台尺寸不小于（L×D）1800mm×700mm，实验台生均有效操作面积不小于600mm×500mm。外观应平整、无明显缝隙，若采用封边处理的，封边条不应有脱胶、鼓泡；

b）台面材料：应符合相应材质的力学性能和理化性能要求。其中化学耐腐蚀、耐污染等要求应符合相应标准的要求；

c）演示台和实验台均应有良好的稳定性。实验台前沿可设高约50mm的围板，延伸到两侧的围板长应不大于200mm。铺设有管线到台的实验室，实验台与地面应采取固定措施。

4.1.7.1.2 仪器柜、药品柜、陈列柜

数量、规格及内部格局根据实际情况设计。其中，柜中搁板位置应可调节，对于存放较重仪器的搁板宜做承重加强处理。药品柜中搁板宜设计成阶梯式，应设计通风装置；搁板面材应耐酸、耐碱、耐热、阻燃。危险药品柜应防腐、应有必要的安全措施。陈列柜宜设计成透明体，并应采取防潮、防虫蛀等措施。

4.1.7.1.3 通风柜（化学）

通风柜用于产生有害气体实验的准备，柜内宜设给排水装置，但电源插座、照明及煤气开关均不得设在通风柜内。

4.1.7.1.4 资料柜、储物柜

数量、规格及内部格局应根据实际情况设计。

4.1.7.1.5 学生凳

高度可调节，无棱角。

4.1.7.1.6 电源

a）演示台、准备台和实验台应有220v交流电源；

b）教学电源和学生电源可选用集控电源或分立电源，指标应符合相关标准，充分满足实验教学的需要。

4.1.7.1.7 插座

交流220v，演示台宜采用电流不小于6A多用插座，演示台、实验台应选用通过国家认证的安全插座，设计位置应合理。

4.1.7.1.8 水槽及水嘴

演示台水槽宽度不小于600mm，实验台水槽宽度不小于400mm；深不小于180mm，排水口应有水封装置，并设高位水嘴。若将水槽置于台面上的，水槽的四周应做密缝处理，无脱胶、漏水现象。

4.1.7.1.9 废液收集器

化学实验室和生物实验室应配置废液收集器。

4.1.7.1.10 工具

应配置制作、修理仪器所用的工具及仪器小车、梯子等。

4.1.7.2 规划建议

4.1.7.2.1 信息传输设备

宜配置适当的显示装置和播放设备。

a）信息的传送和显示：信息传送部分可由局域网端口等信息源，计算机等信息查询设备和音、视频电子设备组成，并由显示装置来实现。设备的功能和技术指标宜适时选择；

b）数据的采集和处理：宜采用现代信息技术对实验进行实时测量、数据处理和结果分析；

c）实验资料的查询：装备一套或多套与网络连接的计算机设备，方便查询相关资料，帮助自主设计实验。

4.1.7.2.2 辅助电器

根据学科需求配备电冰箱、恒温箱等。

4.1.7.2.3 培养室设备

宜设置超净工作台、培养架、培养箱、高压灭菌锅、接种环等培养设备。

4.2 小学部分

4.2.1 功能与要求

功能与要求见表5。

表5 功能与要求

室 别	类 别	功 能	要 求
科学教室/科学活动室	基本要求	能够满足实验教学要求，为学生创设科学氛围，有利于进行科学探究，体验科学过程，方便开展科学活动。	应努力为学生自行完成科学信息查询和开展科学实验活动创造条件。
实验员室	基本要求	实验员办公。	
准备室	基本要求	进行实验的准备和简单的仪器维修。	应邻近科学教室和科学活动室。
仪器室	基本要求	存放实验仪器和实验药品。	药品柜应采取防潮、通风及安全等措施。
培养室	规划建议	进行组织培养等。	朝阳方向，通风良好。
生物园地	基本要求	进行种植、饲养。	南方地区可设计在校园空地或楼顶，北方地区宜设计在暖房里亦可室内外结合布置。

4.2.2 面积与间数

"面积与间数"的指标，以学校的建设规模和班额人数分别为12班~24班（2个~4个平行班）、24班~36班（4个~6个平行班）、36班~48班（6个~8个平行班），每班45人为参考设计的；学校规模大于48个班，以本标准中48个班的数据指标为基准，学校规模每增加12个班（2个平行班）时，科学教室及其附属用房各增加1套。

4.2.2.1 面积见表6

表6 面积 单位：m²

室别	类别	
	基本要求	规划建议
科学教室/科学活动室生均使用面积	不小于1.58	不小于1.91
实验员人均使用面积	不小于6	
准备室使用面积	每间不小于18	每间不小于23
仪器室使用面积a	每间不小于23	每间不小于43
培养室使用面积	—	每间不小于43
a 仪器室只设1间时面积应不小于40。		

4.2.2.2 间数见表7

表7　间数　　　　　　　　　　　　　　　　　　　　　单位：间

室别	类别	2个~4个平行班a	4个~6个平行班	6个~8个平行班
科学教室/科学活动室	基本要求	1	1~2	2~3
	规划建议	1~2	2~3	3~4
实验员室	基本要求	1	1	1
准备室	基本要求	1	1	2
仪器室	基本要求	1	1~2	2
培养室	规划建议	1	1	1
生物园地	基本要求	1	1	1
a　学校规模小于12个班的可参照表中2个~4个平行班的数据指标执行。				

4.2.3 建筑要求

a) 地面：各室与走廊的地面不宜设台阶。地面应防尘易清洁、耐磨、防滑；应耐酸碱腐蚀；应设地漏；

b) 门窗：应根据人流安全疏散的要求设置后门，门洞的宽度不应小于1000mm，门扇上宜设观察窗，门框上部设采光通风窗。科学教室的窗台适宜高度800mm~900mm，科学教室的窗间墙宽度不应大于1200mm。门窗开启后不应影响室内空间的使用和走廊通行的便利与安全；

c) 综合布线系统：室内有水源、电源的应设总控制阀。科学教室内电源插座与照明用电应分路设计、分别控制。新建科学教室应预留综合布线系统的竖向贯通井道及设备位置；

d) 用电负荷：科学教室用电负荷的设计应兼顾现代化教学设备及仪器设备增多的需要。

4.2.4 环境要求

环境要求见表8。

4.2.5 固定设施

4.2.5.1 基本要求

a) 书写板：书写板下沿与讲台面的垂直距离宜为850mm~1000mm；

b) 讲台：两端与书写板竖直边缘下延长线的水平距离不应小于200mm，宽度不应小于650mm，高度宜为200mm；

c) 电源：科学教室电气线路应采用防火要求的暗敷配线方式，安装自动断电保护器，应有可靠的接地措施；

d) 水源：各室应设给排水设施，宜设水槽和拖把池，排水口应有水封装置。

表8 环境要求

项　目	类　别	要　　求
采光	基本要求	应保证科学教室教学用房最佳建筑朝向，避免室内直射阳光。主要采光应位于学生座位左侧。准备室应至少有一个向阳的窗户，存放生物标本的仪器室宜为北向布置。
照明	基本要求	1.实验台面的平均照度应符合 GB 50034 的有关要求不低于 300lx，照度均匀度应符合 GB 5700 的要求不应低于 0.7。 2.灯具悬挂高度距实验台面不应低于 1700 ㎜，不宜用裸灯。
照明	规划建议	1.书写板宜设局部照明，书写板面的平均照度应符合 GB50034 的有关要求不低于 500lx，照度均匀度不低于 0.7。 2.实验台上若设计局部照明，前排灯不应对后排学生视线产生直接眩光。
遮光	基本要求	窗户可装窗帘。
温度	基本要求	室内设计温度应符合 GB 5701 的有关要求宜在 16℃～28℃。寒冷和炎热地区应因地制宜地设置采暖和降温设施。
通风换气	基本要求	科学教室、准备室的换气次数应符合 GB/T17226 的有关要求就不低于 3 次/h，宜采取有各种组织的自然通风措施，使室内二氧化碳浓度低于 1.5‰。
通风换气	规划建议	必要时还应采取强制置换室内污染空气的措施：采用排风扇，排风扇应设在外墙靠地面处。风扇的中心距地面不应小于 300 ㎜。风扇洞口靠室外的一面应设挡风措施；室内的一面应设护罩。
环保	基本要求	1.室内环境噪声不大于 65dB。 2.新建、改建、扩建科学教室及附属用房时，甲醛、笨、氨等有害气体和放射性污染应符合相关标准中的限量值。
安全	基本要求	各室应备有效的消防设施。

4.2.5.2 规划建议

a）气源：可根据需要设置气源，并应有一定的安全措施；

b）通讯：可根据实际情况设一处或多处网络接口；

c）教学电视：科学教室内设置电视机时，应符合 GB 8772 的有关要求。观看距离以座椅前缘至电视屏幕垂直面间水平距离为电视机屏幕尺寸的 4 倍～11 倍为宜。观看的水平斜视角不宜超过 45°，仰角不宜超过 30°；

d）教学屏幕：科学教室内安装屏幕时，屏幕下沿距讲台面不应低于 1000mm，屏幕的宽度宜为屏幕垂直面至最后一排座椅距离的 1/6。

4.2.6 布置

a）科学教室及辅助用房宜布置在同一层面；

b）科学教室第一排实验台的前沿与书写板的水平距离不应小于 2500mm，边座的学生与书写板远端形成的水平视角不应小于 30°。最后一排实验台的后沿与书写板的水平距离不应大于 9500mm；

c）科学教室实验台端部与墙面（或突出墙面的内壁柱及设备管道）的净距离不应小于 550mm；

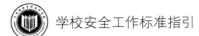

d）学校在进行科学教室布置时，应结合学科特点，充分体现科学性、合理性、安全性。

4.2.7 实验室设备

4.2.7.1 基本要求

4.2.7.1.1 演示台、实验台和准备台

a）台面：演示台、准备台尺寸不小于（L×D）1400mm×700mm，实验台生均有效操作面积不小于550mm×500mm。外观应平整、无明显缝隙，若采用封边处理的，封边条不应有脱胶、鼓泡；

b）台面材料：应符合相应材质的力学性能和理化性能要求。耐腐蚀，耐污染等要求应符合相应标准的要求；

c）演示台和实验台均有良好的稳定性。实验台前沿可设高约50mm的围板，延伸到两侧的围板长应不大于150mm。铺设有管线到桌的实验室，实验台与地面间应采取固定措施。

4.2.7.1.2 仪器柜、陈列柜

数量、规格及内部格局可根据实际情况设计。其中，柜中搁板位置应可调节，对于存放较重仪器的搁板宜做承重加强处理。陈列柜宜设计成透明体，并应采取防潮、防虫蛀等措施。

4.2.7.1.3 资料柜、储物柜

数量、规格及内部格局可根据实际情况设计。

4.2.7.1.4 学生凳

高度可调节，无棱角。

4.2.7.1.5 电源

a）演示台、准备台应有220V交流电源；

b）教学电源和学生电源可选用集控电源和分流电源，负荷应能充分满足实验教学的需要。

4.2.7.1.6 插座

交流220V，演示台宜采用电源不小于3A，通过国家认证的安全插座，设计位置应合理。

4.2.7.1.7 水槽

水槽置于台面上的，水槽的四周应做密缝处理，无脱胶、漏水现象，排水口应有水封装置。

4.2.7.1.8 工具

制作、修理仪器所用的工具及仪器小车、梯子等。

4.2.7.2 规划建议

4.2.7.2.1 信息传输设备

宜配置适当的显示装置和播放设备。

a）信息和传送和显示：信息传送部分可由局域网端口等信息源，计算机等信息查询设备和音、视频电子设备组成，并由显示装置来实现。设备的功能和技术指标宜适时选择；

b）实验资料的查询：装备一套或多套与网络相连接的计算机设备，方便查询相关资料，帮助自主设计实验。

4.2.7.2.2 辅助电器

根据学科需求配备电冰箱、恒温箱等。

4.2.7.2.3 培养室设备

宜设置超净工作台、培养架、培养箱、高压灭菌锅、接种环等培养设备。

小学数学科学教学仪器配备标准

JY/T 0388—2006

1 范围

本标准规定了小学数学科学教学用仪器设备的配备要求。

本标准作为指导地方教育行政部门和普通教育小学配备数学科学教学仪器使用。本标准也可作为特殊教育学校配备常规教学仪器的参考。

2 规范性引用文件

下列文件中的条款通过本标准的引用而成为本标准的条款。凡是注日期的引用文件，其随后所有的修改（不包括勘误的内容）或修订版均不适用本标准，然而，鼓励根据本标准达成协议的 各方研究是否可使用这些文件的最新版本。凡是不注日期的引用文件，其最新版本适用于本标准。

GB 1588 玻璃体温体

GB/T 2985 生物显微镜

GB/T 4440 活扳手

GB 4706.22 家用和类似用途电器的安全

GB/T 7000.11 可移式通用灯具安全要求

GB/T 8059.2 家用制冷器具冷冻箱

GB/T 9813 微型计算机通用规范

GB/T 1 803 实验室玻璃仪器量杯

GB/T 12804 实验室玻璃仪器量筒

GB/T 13982 反射放映银幕

GB/T 15643 非广播磁带录像机通用技术条件

GB/T 15724.1～15724.2 实验室玻璃仪器烧杯

GB 15810 《一次性使用无菌注射器》

HB 3252 方头手锤

JB/T 6830 投影仪

JB/T 9283 万用电表

JB/T 10362 数码照相机

JJG 130 工作用玻璃液体温度计检定规程

JY 0012 磁针

JY 0057 教学用磁钢

JY 58 地球仪技术条件

JY 0068 植物根尖纵切技术条件

JY 0073 木本双子叶植物茎横切技术条件

JY 105 勾码

JY 0127 教学用测力计

JY 0148 发育顺序标本技术条件

JY 167 方座支架

JY 227 F256 音叉、F512 音叉

JY 0361 教学电源

JY/T 0363 视频展示台

JY/T 0373 教学用液晶投影机

JY 0374 教学实验室设备 电源系统

JY/T 0376 生物显微演示装置

JY/T 0378 放大镜

QB/T 1240 家用食品烘烤器具

QB/T 1908 24 机械摆钟

QB/T 1966 民用剪刀

QB/T 1992 化学瓷蒸发皿

QB/T 2065 人体秤

QB/T 2087 架盘天平

QB/T 2094.1 木工锯木工锯条

QB/T 2442.1 夹扭剪切两用钳钢丝钳

QB/T 2442.3 夹扭剪切两用钳带刃尖嘴钳

QB/T 2443 卷尺

QB/T 2561 实验室玻璃仪器试管和培养管

GB/T 10205 打气筒

3　要求

3.1 小学数学科学教学仪器的配备分为"基本"和"选配"两种配备要求。"基本"栏目规定了小学完成教育部发布的《全日制义务教育数学课程标准（实验稿）》（第一、二学段）、《全日制义务教育科学（3～6）年级课程标准（实验稿）》所规定的教学任务应具备的常规的仪器设备、教学软件、药品、材料、工具和必要的安全器材，所有开设小学数学、科学课程的学校均应达到该栏目的配备要求。有条件的学校在达到"基本"配备要求的基础上可根据选用的教材、教师教学方法的多样性和仪器的多种类等实际情况，在"选配"栏目中有选择地配备相应的仪器设备，以满足教学的需要。

"选配"栏目中所列与"基本"栏目功能相近的仪器，若学校已经配备，则"基本"栏目中的相应仪器原则上不再要求配备。鼓励有条件的学校配备性能更好的仪器。

3.2 配备数量按照每年级4个平行班、每班45人的标准计算。配备数量"1"、"1～2"为演示用配备量；"1～8"为既可按演示用数量配备，也可按学生分组活动用数量配备；"8～12"、"12～23"、"23～45"为学生分组活动用配备量。如果每年级平行班和学生数较多，则应适当增加配备数量，达到分组活动每组人数不多于6人。

3.3 消耗性实验材料是保证教学实验活动顺利进行的重要条件，学校应根据需要及时补充。

3.4 各地应结合所选用的教材和教学活动的实际需要，对目录所列的品种和数量进行调整，制订积极的、切实可行的装备计划。

3.5 凡是进入学校的教学仪器设备产品，需取得通过计量认证的教学仪器设备产品质量检验机构出具的合格证书或符合相关标准的检测报告。

3.6 小学数学、科学学科的教学仪器配备要求。

3.7 本标准的执行情况由省级教育行政部门的教育技术装备机构负责监督。

安全防范系统维护保养规范

GA 1081—2013

1　范围

本标准规定了安全防范系统维护保养活动中的一般要求、工作程序、工作内容与要求、维护保养费用构成和计取等。

本标准适用于安全防范系统的维护保养活动。

2　规范性引用文件

下列文件对于本文件的应用是必不可少的。凡是注日期的引用文件，仅注日期的版本适用于本文件。凡是不注日期的引用文件，其最新版本（包括所有的修改单）适用于本文件。

GB 50348—2004 安全防范工程技术规范

GB 50394　入侵报警系统工程设计规范

GB 50396　出入口控制系统工程设计规范

GA/T 70　安全防范工程费用预算编制办法

GA/T 644—2006　电子巡查系统技术要求

GA/T 670—2006　安全防范系统雷电浪涌防护技术要求

GA/T 761　2008　停车库（场）安全管理系统技术要求

3　术语和定义

下列术语和定义适用于本文件。

3.1　维护保养　maintenance

针对安全防范系统开展的检查、清洁、调整、调试及故障设备/部件更换、发现并排除故障、预见性的消除隐患等一系列活动的总称。

注：维护保养工作不包括对设备器材及其部件的修理。

3.2　维护保养单位　maintenance unit

专业提供安全防范系统维护保养服务的单位。

4　一般要求

4.1　建设/使用单位要求

4.1.1　建设/使用单位应制定和落实安全防范系统使用、管理和维护保养的规章制度，建立维护保养工作的长效机制，保证系统有效运行，充分发挥系统防范效能。

4.1.2　建设/使用单位应在年度财务预算中列支用于安全防范系统维护保养的专项经费，确保系统维护保养工作的顺利开展。

4.1.3　建设/使用单位应提供有利于安全防范系统维护保养工作开展的技术资料。技术资料至少应包括：

a）工程竣工文件（设计方案、器材设备清单、产品质量合格证明、产品/系统使用说明书、系统联动关系表、施工记录、系统验收报告等）；

b）工程竣工图纸（系统原理图、传输拓扑图、前端设备布防图、管线敷设图、监控中心布局、接线图等）；

c）系统运行及维保记录（系统运行情况记录、系统检查记录、系统改造说明或记录、维护保养记录、故障处置记录等）。

4.2　维护保养单位要求

4.2.1　安全防范系统的维护保养单位应是在中华人民共和国境内注册、具有独立法人资格的单位。

4.2.2　安全防范系统的维护保养单位承接维护保养项目时，应具有同类、同规模项目的设计施工或维护保养服务经历，并具备协助建设/使用单位建立、完善系统运行应急预案的能力。

4.2.3　维护保养单位应组建专门的维护保养机构并配备相应的专业维护保养人员。维护保养人员基本要求如下：

a）对于从事安全防范系统维护保养工作的人员，维护保养单位应坚持"先审查、后录用"的原则，并登记备案；

b）维护保养人员应当接受有关法律知识、安全法规和标准的培训、考核，并遵守相关的保密规定；

c）维护保养人员应参加安全防范业务、技能及相关专业知识的培训、考核，取得合格证书后方可上岗；

d）维护保养人员应具备与其职责相应的综合素质和业务技能。

4.2.4　维护保养单位应配备与安全防范系统维护保养工作相适应的器具、设备和仪器仪表等。

4.2.5　维护保养单位应与建设/使用单位签订保密协议，落实保密责任与措施。

4.2.6　维护保养单位应建立完善的维护保养服务体系，包括但不限于维护保养管理制度、维护保养服务规程、质量管理要求、安全生产要求等。

4.2.7　维护保养单位应根据系统运行情况及安全保卫工作需要，向建设/使用单位提出关于系统/设备升级、改造的合理化建议。

4.2.8　维护保养单位应建立如下服务机制：

a）服务受理，维护保养单位应具备固定多线客服热线电话，保持每周 7×24h 接听、处理建设/使用单位的技术咨询、沟通和服务支持，反馈服务信息；

b）服务响应，日常技术咨询、技术支持等服务响应时间应小于等于 2 h；应急维护响应时间应小于等于 1 h；设备、系统发生故障时，维护保养单位应在与建设/使用单位约定的时间内恢复设备、系统正常运行；

c）回访，维护保养单位应在每次维护保养任务完成后 3 d 内，对用户进行跟踪回访；

d）投诉受理，维护保养单位应提供投诉热线，用户投诉处理结果的反馈应小于等于 2 d，投诉回复率 100%；

e）用户满意度调查，维护保养单位组织用户满意度调查应每六个月不少于 1 次。由建设/使用单位对受理人员服务态度、现场工作人员态度/技能、响应时间、用户需求理解率、跟踪回访、服务结果等项目进行评价和打分。

5 工作程序

5.1 安全防范系统的维护保养工作按照图1的程序进行。

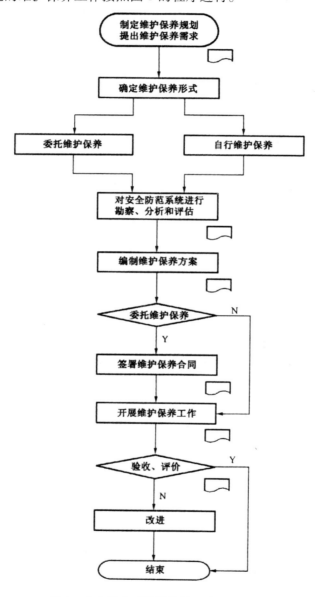

图1 安全防范系统的维护保养工作程序

5.2 建设/使用单位在安全防范系统交付使用后，应制定系统维护保养规划，并提出维护保养需求。

5.3 建设/使用单位可根据系统规模、维护保养需要和自身能力，委托维护保养单位或自行开展维护保养工作。建设/使用单位委托维护保养单位开展维护保养工作时，应选择符合4.2要求的维护保养单位；建设/使用单位自行开展维护保养工作时，维护保养人员应具备与维护保养工作相适应的技术能力，并符合4.2.3的要求。

5.4 开展维护保养工作前，应对安全防范系统进行勘察、分析和评估，并编制系统勘察报告。系统勘察的内容及要求应符合下列规定：

a）调查系统的建设情况，包括：系统建设时间和周期，设计、施工及竣工文件，系统构成和设备配置、工程造价等；

b）考察系统目前的运行状态、防护效能等；

c）全面调查现场的环境情况，如温度、湿度、风、雨、雾、霜、雷电、电磁干扰等有可能造成系统故障或加速系统老化的环境因素，分析影响设备/系统稳定运行的环境因素；

d）考察系统值机员的水平和能力，考察其对系统的认知情况和掌握情况；

e）调查系统曾发生故障的次数、严重程度、处理方法和故障原因，分析并总结其中规律；

f）了解建设/使用单位备品备件储备及其规格型号和数量，调研系统设备的市场供应情况以及替代品情况。

5.5 根据系统勘察报告和第6章的要求编制维护保养方案。维护保养方案应至少包含以下内容：

a）维护保养对象和周期；

b）维护保养内容及要求；

c）维护保养实施组织方案；

d）维护保养备品、备件配置与管理；

e）重大节假日、重大活动期间的保障措施；

f）维护保养的费用预算等。5.6 建设/使用单位委托维护保养单位提供安全防范系统维护保养服务时，维护保养方案应经建设/使用单位和维护保养单位共同确认，双方应签署安全防范系统维护保养合同。

5.7 维护保养人员应按照维护保养方案开展维护保养工作。每次维护保养工作完成后，维护保养人员应详细记录维护保养工作内容、系统维护保养后运行状态、发现的问题及处置方式、相关建议等内容，并确认、存档。建设/使用单位应对维保人员提出的建议进行分析研究并及时反馈。

5.8 建设/使用单位应对维护保养工作进行验收、评价。验收、评价应包括维护保养工作效果和维护保养人员的工作态度、工作效率、安全生产等内容，并确认、存档。维护保养单位/人员应根据验收、评价意见进行相应的改进。

6 工作内容与要求

6.1 基本原则

6.1.1 安全防范系统维护保养包括但不限于检查、清洁、调整、测试、优化系统、备份数据、排查隐患、处置问题等工作。

6.1.2 检查设备时，应对设备进行物理检查、运行环境检查、电气参数与性能检查等。

6.1.3 清洁设备时，应根据设备类型使用吸（吹）尘、刷、擦等方法对设备表面或内部的灰尘、污物等进行清理。

6.1.4 调整设备时，应按照标准规范、技术手册和使用/管理要求对设备的安装位置、防护范围、电气参数、运行模式等进行设置与校正。

6.1.5 测试设备/系统时，应按照标准规范、技术手册和使用/管理要求对设备/系统的功能/性能进行测量试验。

6.1.6 优化系统时，应按照标准规范和使用/管理要求对系统的参数、设置等进行合理配置。

6.1.7 备份数据时，应根据使用/管理要求对重要数据进行转存、转录，并确保数据和存储介质的安全。

6.1.8 排查隐患时，应对可能造成系统不稳定运行、系统设置/功能/性能等不满足标准规范和使用/管理要求的情况进行详细检查与记录。

6.1.9 处置问题时，应根据检查、测试及隐患排查过程中发现的问题，提出处置建议，经建设/使用单位同意后，采取相应的措施进行解决。

6.2 维护保养内容及要求

6.2.1 维护保养对象应按系统及其构成单元，逐级分解，系统及构成单元划分方式参照 GB 50348—2004 中 3.3.1 执行。

6.2.2 入侵报警系统的维护保养内容及要求见附录 A。

6.2.3 视频安防监控系统的维护保养内容及要求见附录 B。

6.2.4 出入口控制系统维护保养内容及要求见附录 C。

6.2.5 声音复核系统维护保养内容及要求见附录 D。

6.2.6 电子巡查系统维护保养内容及要求见附录 E。

6.2.7 停车库（场）安全管理系统维护保养内容及要求见附录 F。

6.2.8 系统供配电设备、防雷接地及传输线缆维护保养内容及要求见附录 G。

6.2.9 安全防范系统软件系统或平台维护保养内容及要求见附录 H。

6.2.10 监控中心机房环境及附属设备维护保养内容及要求见附录 I。

6.2.11 其他子系统参照 6.1 规定，确定维护保养内容及要求。

6.3 维护保养周期

安全防范系统的维护保养周期应每六个月不少于 1 次。可根据各系统/设备的运行情况及安全防范需要，相应地增加维护保养次数。

7　维护保养费用构成和计取

7.1　安全防范系统维护保养费用包括维护保养勘察设计费、维护保养服务费和其他费用。

7.2　安全防范系统维护保养费用的计取按照 GA/T 70 相关规定执行。

附　录　A
（规范性附录）
入侵报警系统维护保养内容及要求

表 A.1 规定了入侵报警系统的维护保养内容及要求。

表 A.1　入侵报警系统维护保养内容及要求

序号	维护保养对象		维护保养内容与要求
1	前端设备	物理检查	检查前端探测设备是否依图纸标定位置（或系统中标定的位置）存在，对于前端设备的拆改、挪移应及时反映至系统中。检查设备安装部件是否齐全，安装是否牢固，有无明显破损情况，并进行必要处理或处置
		运行环境检查	检查设备探测区域的局部环境，重点检查有无引发漏报警、误报警和影响探测效果，降低探测范围的因素，对异常情况应及时调整或处置
		设备清洁	清理探测设备内外的灰尘、污物。　　确保探测设备内外清洁，无影响探测效果的污物或覆盖物
		设备调整	根据防护需要调整入侵探测器的灵敏度、探测范围、探测角度等。确保设备处在最好状态或保持应有探测效果
		功能/性能测试	模拟报警条件，或采用相应的测试设备或手段，进行模拟报警试验，检查入侵探测器的有效性。　　前端设备的功能/性能应满足 GB 50394 和前端设备标准规定及使用/管理要求
2	传输设备	线缆、路由检查	传输线缆安装应牢固，安装部件应齐全，标示应清晰。检查线缆有无破损、破坏、氧化等情况。检查线管管口封堵情况，接地连接情况，查找有无异常现象
		传输设备检查	传输设备安装应牢固，安装部件应齐全，标识应清晰，工作状态应正常。使用电池供电的无线发射/接收/中继设备应根据具体要求定期更换电池
		清洁整理	对传输设备、管线、入井手孔等传输设备、设施或配套装置进行必要的清洁和清理。根据现场情况和需要，调整电缆、光缆等的捆扎方式
		测试调整	根据检查结果和系统需要调整传输设备的相关参数

序号	维护保养对象		维护保养内容与要求
3	处理/控制/管理/显示/记录设备	物理检查	根据系统构成模式和安装方式，制定检查方案，重点检查处理/控制/管理/显示/记录设备安装足否牢固，设备外壳及部件有无异常变化或破损迹象，设备部件和接线是否正常。对于发现的问题应在维保过程中及时处理。 显示记录设备包括报警事件打印机、模拟报警地图显示装置、声光报警器和报警地图显示系统等
		电气参数与性能检查	通过观察设备指示灯、测量设备电压/电流等方式，检查设备运行状态。设备运行指示应正常. 排查明显故障隐患
		设备清洁	采用适当的方式，对设备内外进行必要的清洁和除尘
		功能/性能测试调整	应按 GB 50348—2004 中 7.2.1 的要求，并结合设计方案和使用管理要求对系统的功能/性能进行测试和调整
4	系统	系统优化	根据系统运行情况及使用/管理要求，调整系统的相关设置参数，提高、优化系统性能。系统优化的重点在于杜绝漏报警、减少误报警、提高报警响应时间和联动时间，提高报警显示准确性等
		系统校时	对系统进行校时，系统的主时钟与标准时间偏差应满足相应标准规定或使用/管理要求
		数据备份	对系统信息、设置数据及其他有助于保证系统安全，有助于系统快速恢复的数据资料进行备份。 备份文件应存储在专门的介质上，并注明备份时间、打开密码（如有）、恢复数据注意事项等信息。 维保工作要求的备份内容不包括报警记录数据，建设单位特别要求除外
		隐患排查	通过询问系统管理员/操作员、查阅运行记录等方式，核实系统运行状态，排查系统存在的问题或隐患。 汇总维保过程中发现的问题，分析系统目前的健康状态，预测系统可能发生的问题，并前瞻性提出处置意见
		问题处置	由于入侵探测器老化而造成的探测范围减小、探测灵敏度降低或前端设备破损/污损严重，且已经不能满足防护需要时，应提出处置建议，征得建设/使用单位同意后，采取相应的措施进行解决。 对于日常运行过程中性能稳定性较差或频繁发生故障的设备，经现场调整/调试后仍无法满足要求时，应提出处置建议，征得建设/使用单位同意后。采取相应的措施进行解决。对于系统可能发生的问题，应及时书面告知建设/使用单位，并同时提出处置意见，征得建设/使用单位同意后，采取相应的措施予以应对

附　录　B

（规范性附录）

视频安防监控系统维护保养内容及要求

表 B.1　规定了视频安防监控系统的维护保养内容及要求。

表 B.1　视频安防监控系统维护保养内容及要求

序号	维护保养对象		维护保养内容与要求
1	前端设备	物理检查	检查前端监控设备是否依图纸标定位置（或系统中标定的位置）存在，对于前端设备的拆改、挪移应及时反映至系统中。检查设备安装部件是否齐全，安装是否牢固，有无明显破损情况，并进行必要处理或处置
		运行环境检查	匿查前端有无影响监控效果，影响设备正常工作的因素：对于发现的异常情况，应及时调整或处置
		电气参数与性能检查	检查摄像机．及其配套设备。包括电源、风扇、加热、雨刷、辅助照明装置等的工作状态。采用相应的仪器/仪表测量摄像机的相关指标，并作相应调整
		机械构件维护	对摄像机/防护罩/云台/辅助照明装置的安装支架/立杆等构件进行加固、除锈、防腐等养护，并做必要调整
		设备清洁	采用专业的方式方法，对摄像机镜头、摄像机防护罩及附属配件进行必要的清洁
		设备调整	根据视频监控需要调整前端摄像机的焦距、监控范围等。确保设备处于良好的运行状态，发挥其最佳监控效果
2	传输设备	线缆、路由检查	传输线缆安装应牢固，安装部件应齐全，标示应清晰。检查线缆有无破损、破坏、氧化等情况。检查线管管口封堵情况，接地连接情况，查找有无异常现象
		传输设备检查	传输设备安装应牢固，安装部件应齐全，标识应清晰，工作状态应正常。使用电池供电的无线发射/接收/中继设备应根据具体要求定期更换电池
		清洁整理	对传输设备、管线、入井手孔等传输设备、设施或配套装置进行必要的清洁和清理。根据现场情况和需要，调整电缆、光缆等的捆扎方式
		测试调整	根据检查结果和系统需要调整传输设备的相关参数。调整后，应保证视频信号及控制信号衰减满足规范或原设计要求
3	处理/控制/管理/记录设备	物理检查	根据系统构成模式和安装方式，制定检查方案，重点检查处理/控制/管理设备安装是否牢固．设备外壳及部件有无异常变化或破损迹象。设备部件和接线是否正常。对于发现的问题应在维保过程中及时处理
		电气参数与性能检查	通过观察设备指示灯、测量设备电压/电流等方式，检查设备运行状态。应确保设备运行指示应正常，排查明显故障隐患

序号	维护保养对象		维护保养内容与要求
3	处理/控制/管理/记录设备	设备清洁	采用适当的方式，对设备内外进行必要的清洁和除尘
		功能/性能测试	应按 GB 50348—2004 中 7.2.2 的要求，并结合设计方案和使用管理要求对系统的功能/性能进行测试和调整
4	显示设备	物理检查	检查显示设备安装柜/箱和结构件是否牢固，检查其外表有无异常或破损迹象，检查接地是否完好。 检查并调整显示设备，确保显示设备安装应牢固，设备外壳及部件应无异常变化或破损迹象，设备部件和接线应正常。 除视频显示设备外，显示设备还应包括 LED 显示屏等字符显示装置
		设备清洁	对设备、箱/柜及结构件等进行必要的清洁和除尘。 显示屏幕清洁，应采用专用试剂
		功能/性能测试	应按 GB 50348—2004 中 7.2.2 的要求，并结合设计方案和使用管理要求对系统的功能/性能进行测试和调整
5	系统	系统优化	根据系统运行情况及使用/管理要求，调整系统的相关设置参数，提高、优化系统性能。系统优化的重点在于提高视频监控系统监控效果、延长视频录像保存时间、提高视频图像回放效果、缩短报警视频联动时间等
		系统校时	对系统进行校时，系统的主时钟与标准时间偏差应满足相应标准规定或使用/管理要求
		数据备份	对系统信息、设置数据及其他有助于保证系统安全，有助于系统快速恢复的数据资料进行备份。 备份文件应存储在专门的介质上，并注明备份时间、打开密码（如有）.恢复数据注意事项等信息。 维保工作要求的备份内容不包括视频数据信息，建设单位特别要求除外
		隐患排查	通过询问系统管理员/操作员、查阅运行记录等方式.核实系统运行状态，排查系统存在的问题或隐患。 汇总维保过程中发现的问题，分析系统目前的健康状态，预测系统可能发生的问题，并前瞻性提出处置意见
		问题处置	监控图像、记录图像达不到标准规范和使用/管理要求或设备破损/污损严重，且已经不能满足视频监控需要时，应提出处置建议，征得建设/使用单位同意后，采取相应的措施进行解决。 对于日常运行过程中性能稳定性较差或频繁发生故障的设备，经现场调整/调试后仍无法满足要求时，应提出处置建议，征得建设/使用单位同意后，采取相应的措施进行解决。 对于系统可能发生的问题，应及时书面告知建设/使用单位，并同时提出处置意见，征得建设/使用单位同意后，采取相应的措施予以应对

附　录　C

（规范性附录）

出入口控制系统维护保养内容及要求

表 C.1 规定了出入口控制系统的维护保养内容及要求。

表 C.1　出入口控制系统维护保养内容及要求

序号	维护保养对象		维护保养内容与要求
1	识读设备	物理检查	检查前端设备是否依图纸标定位置（或系统中标定的位置）存在，对于前端设备的拆改、挪移应及时反映至系统中。 检查设备安装部件是否齐全，安装是否牢固，有无明显破损情况
		设备清洁	采用适当的方式，对设备内外进行必要的清洁和除尘。 对影响识别准确性和识读速度的关键部件进行专业清洁
		功能测试	根据识读设备的类型采用适当的方式测试识读设备的功能，其有效性应满足 GB 50396 和设备标准规定及使用/管理要求
2	执行机构	物理检查	检查设备或部件的磨损或损耗情况，检查设备安装是否牢固，安装部件是否齐全，有无遭破坏痕迹
		设备维护	加固机械部件、调节安装位置、润滑传动机构，保证执行机构能够正常启闭。 执行机构包括电控锁、闭门器、电动栏杆机等
3	其他设备	出门按钮	检查出门按钮的安装、外观及功能。安装应牢固，外观应无污损，开关应灵活，按下出门按钮后执行机构应能正常开启
		紧急疏散开关	检查紧急疏散开关的安装、外观及功能。安装应牢固，外观应无污损，触发紧急疏散开关后应能保证电控锁即刻开启
4	传输设备	线缆、路由检查	传输线缆安装应牢固，安装部件应齐全，标示应清晰。检查线缆有无破损、破坏，氧化等情况。检查线管管口封堵情况，接地连接情况，查找有无异常现象
		传输设备检查	传输设备安装应牢固，安装部件应齐全，标识应清晰．工作状态应正常。使用电池供电的无线发射/接收/中继设备应根据具体要求定期更换电池
		清洁整理	对传输设备、管线、入井手孔等传输设备、设施或配套装置进行必要的清洁和清理。根据现场情况和需要，调整电缆、光缆等的捆扎方式
		测试调整	根据检查结果和系统需要调整传输设备的相关参数

序号	维护保养对象		维护保养内容与要求
5	管理/控制设备	物理检查	根据系统构成模式和安装方式，制定检查方案，重点检查处理/控制设备安装是否牢固，设备外壳及部件有无异常变化或破损迹象，设备部件和接线是否正常。对于发现的问题应在维保过程中及时处理
		电气参数与性能检查	通过观察设备指示灯、测量设备电压/电流等方式，检查设备运行状态。应确保设备运行指示应正常，排查明显故障隐患
		设备清洁	采用适当的方式，对设备内外进行必要的清洁和除尘
		功能/性能测试	应按 GB 50348 2004 中 7.2.3 的要求，并结合设计方案和使用管理要求对系统的功能/性能进行测试和调整
6	系统	系统优化	根据系统运行情况及使用/管理要求，调整系统的相关设置参数，提高、优化系统性能。 优化重点在于提高系统识别速度、通行速度，保证受控区域安全
		系统校时	对系统进行校时，系统的主时钟与标准时间偏差应满足相应标准规定或使用/管理要求
		数据备份	对系统信息、设置数据，授权信息及其他有助于保证系统安全，有助于系统快速恢复的数据资料进行备份。 备份文件应存储在专门的介质上，并注明备份时间、打开密码（如有），恢复数据注意事项等信息。 维保工作要求的备份内容不包括出入口通行记录，建设单位特别要求除外
		隐患排查	通过询问系统管理员/操作员、查阅运行记录等方式，核实系统运行状态，排查系统存在的问题或隐患。 汇总维保过程中发现的问题，分析系统目前的健康状态，预测系统可能发生的问题，并前瞻性提出处置意见
		问题处置	出入口控制系统功能/性能、紧急疏散措施等达不到标准规范和使用/管理要求或设备老化/破损严重，且已经不能满足出入口控制需要时，应提出处置建议，征得建设/使用单位同意后，采取相应的措施进行解决。 对于日常运行过程中性能稳定性较差或频繁发生故障的设备，经现场调整/调试后仍无法满足要求时。应提出处置建议，征得建设/使用单位同意后，采取相应的措施进行解决。 对于系统可能发生的问题，应及时书面告知建设/使用单位，并同时提出处置意见，征得建设/使用单位同意后，采取相应的措施予以应对

附　录　D
（规范性附录）
声音复核系统维护保养内容及要求

表 D.1 规定了声音复核系统的维护保养内容及要求。

表 D.1　声音复核系统维护保养内容及要求

序号	维护保养对象		维护保养内容与要求
1	前端设备	物理检查	检查前端探测设备是否依图纸标定位置（或系统中标定的位置）存在，检查设备安装部件是否齐全，安装是否牢固，有无氧化或破损情况
		设备清洁	对设备外壳和拾音话筒进行必要的清洁和除尘
		性能测试	检查设备实际采音效果
2	传输设备	线缆、路由检查	传输线缆安装应牢固，安装部件应齐全，标示应清晰。 检查线缆有无破损、破坏，氧化等情况。 检查线管管口封堵情况，接地连接情况，查找有无异常现象
		传输设备检查	传输设备安装应牢固，安装部件应齐全，标识应清晰，工作状态应正常。使用电池供电的无线发射/接收/中继设备应根据具体要求定期更换电池
		清洁整理	对传输设备、管线、入井手孔等传输设备、设施或配套装置进行必要的清洁和清理。 根据现场情况和需要，调整电缆、光缆等的捆扎方式
		测试调整	根据检查结果和系统需要调整传输设备的相关参数。 调整后，应保证音频信号衰减满足规范或原设计要求
3	管理/控制设备	物理检查	处理/控制/管理设备安装应牢固，设备外壳及部件应无异常变化或破损迹象，设备部件和接线应正常
		电气参数与性能检查	通过观察设备指示灯、测量设备电压/电流等方式，检查设备运行状态。应确保设备运行指示正常，排查明显故障隐患
		设备清洁	采用适当的方式，对设备内外进行必要的清洁和除4
		功能/性能测试	系统应能清晰地探测现场内人的语音、人走动、撬、挖、凿、锯、砸等动作发出的声音。声音复核系统作为音频报警使用时，应满足现场入侵探测的要求

序号	维护保养对象		维护保养内容与要求
4	系统	系统优化	根据系统运行情况及使用/管理要求，调整系统的相关设置参数，提高、优化系统性能。优化重点在于提高拾音效果、降低干扰噪声，如作为入侵探测设备使用，应杜绝漏报警、减少误报警、提高报警响应时间和联动时间，提高报警显示准确性等
		系统校时	对系统进行校时，系统的丰时钟与标准时间偏差应满足相应标准规定或使用/管理要求
		数据备份	对系统信息、设置数据及其他有助于保证系统安全，有助于系统快速恢复的数据资料进行备份。 备份文件应存储在专门的介质上，并注明备份时间、打开密码（如有）。恢复数据注意事项等信息。 维保工作要求的备份内容不包括音频数据，建设单位特别要求除外
		隐患排查	通过询问系统管理员/操作员、查阅运行记录等方式，核实系统运行状态，排查系统隐患。 对有可能造成系统不稳定运行、系统设置/功能/性能等不满足标准规范和使用/管理要求的情况，应及时向建设/使用单位反映，并提出解决办法
		问题处置	声音复核系统功能/性能达不到标准规范和使用/管理要求或设备老化/破损严重，且已经不能满足报警复核或入侵探测需要时，应提出处置建议，征得建设/使用单位同意后，采取相应的措施进行解决。 对于日常运行过程中性能稳定性较差或频繁发生故障的设备，经现场调整/调试后仍无法满足要求时，应提出处置建议，征得建设/使用单位同意后，采取相应的措施进行解决。 对于系统可能发生的问题，应及时书面告知建设/使用单位，并同时提出处置意见，征得建设/使用单位同意后，采取相应的措施予以应对

附　录　E
（规范性附录）
电子巡查系统维护保养内容及要求

表 E.1 规定了电子巡查系统的维护保养内容及要求。

表 E.1　电子巡查系统维护保养内容及要求

序号	维护保养对象		维护保养内容与要求
1	离线式电子巡查系统信息装置	物理检查	检查信息装置是否依图纸标定位置（或系统中标定的位置）存在，检查设备安装部件是否齐全，安装是否牢固，有无毁坏或破损情况
		清洁	对信息装置进行必要的清洁，定期更换夜光标签等标识设备（如有）
		调整	根据安全保卫需要调整信息装置的安装位置
2	离线式电子巡查系统采集装置	物理检查	各种功能操作键应手感良好，动作灵活，无卡滞现象
		供电检查	使用电池供电的采集装置应定期更换电池
		设备清洁	对采集装置设备进行必要的清洁
		设备调整	根据需要调整巡逻人员、巡逻路线、巡更时间、巡更方式等参数
3	离线式电子巡查系统信息转换装置及其他	转换装置	设备外壳及部件应无异常变化或破损迹象，设备部件和接线应正常。测试信息转换、信息读取等功能，应满足管理/使用要求
		充电装置	对于充电装置应进行充放电测试
4	在线式电子巡查系统识读装置	物理检查	检查前端探测设备是否依图纸标定位置（或系统中标定的位置）存在，对于前端设备的拆改、挪移应及时反映在系统中。检查设备安装部件是否齐全，安装是否牢固，有无明显破损情况
		设备清洁	对设备外壳和影响识别准确性和识读速度的关键部件进行必要的清洁
		功能测试	根据识读设备的类型采用适当的方式测试识读设备的功能，其有效性应满足 GB 50396 和设备标准规定及使用/管理要求
5	在线式电子巡查系统传输装置	线缆、路由检查	传输线缆安装应牢固，安装部件应齐全，标示应清晰。检查线缆有无破损、破坏、氧化等情况。检查线管管口封堵情况，接地连接情况，查找有无异常现象
		传输设备检查	传输设备安装应牢固，安装部件应齐全，标识应清晰，工作状态应正常。使用电池供电的无线发射/接收/中继设备应根据具体要求定期更换电池
		清洁整理	对传输设备、管线、入井手孔等传输设备、设施或配套装置进行必要的清洁和清理。根据现场情况和需要，调整电缆、光缆等的捆扎方式
		测试调整	根据检查结果和系统需要调整传输设备的相关参数

序号	维护保养对象		维护保养内容与要求
6	电子巡查系统管理终端	物理检查	管理终端安装应牢固，设备外壳及部件应无异常变化或破损迹象，设备部件和接线应正常
		电气参数与性能检查	通过观察设备指示灯、测量设备电压/电流等方式，检查设备运行状态。设备运行指示应正常，应无明显故障隐患
		设备清洁	对设备进行必要的清洁和除尘
		功能/性能测试	结合系统实际情况．测试系统各项功能和指标。系统的功能/性能应满足 GB 50348—2004 中 7.2.4、GA/T 644 2006 中 6.2 及使用/管理的要求
7	系统	系统优化	根据系统运行情况及使用/管理要求，调整系统的相关设置参数，提高、优化系统性能
		系统校时	对系统进行校时，系统的主时钟与标准时间偏差应满足相应标准规定或使用/管理要求
		数据备份	对巡查系统信息、设置数据及其他有助于保证系统安全，有助于系统快速恢复的数据资料进行备份。 备份文件应存储在专门的介质上，并注明备份时间、打开密码（如有），恢复数据注意事项等信息。 维保工作要求的备份内容不包括巡更记录．建设单位特别要求除外
		隐患排查	通过询问系统管理员/操作员、查阅运行记录等方式，核实系统运行状态，排查系统隐患。 对有可能造成系统不稳定运行、系统设置/功能/性能等不满足标准规范和使用/管理要求的情况，应及时向建设/使用单位反映，并提出解决办法
		问题处置	电子巡查系统功能/性能达不到标准规范和使用/管理要求或设备老化/破损严重，且已经不能满足巡查需要时，应提出处置建议，征得建设/使用单位同意后，采取相应的措施进行解决。 对于日常运行过程中性能稳定性较差或频繁发生故障的设备，经现场调整/调试后仍无法满足要求时，应提出处置建议，征得建设/使用单位同意后，采取相应的措施进行解决。 对于系统可能发生的问题，应及时书面告知建设/使用单位，并同时提出处置意见，征得建设/使用单位同意后。采取相应的措施予以应对

附　录　F

（规范性附录）

停车库（场）安全管理系统维护保养内容及要求

表 F.1 规定了停车库（场）安全管理系统的维护保养内容及要求。

表 F.1　停车库（场）安全管理系统维护保养内容及要求

序号	维护保养对象		维护保养内容与要求
1	识读设备	物理检查	检查前端设备是否依图纸标定位置（或系统中标定的位置）存在，对于前端设备的拆改、挪移应及时反映至系统中。 检查设备安装部件是否齐全，安装是否牢固，有无明显破损情况
		设备清洁	采用适当的方式，对设备内外进行必要的清洁和除尘。 对影响识别准确性和识读速度的关键部件进行专业清洁
		功能测试	根据识读设备的类型采用适当的方式测试识凑设备的功能，其有效性应满足 GB 50396 和设备标准规定及使用/管理要求。 根据停车库（场）安全管理需要对识读装置进行必要的调整
2	执行机构	物理检查	设备安装应牢固，安装部件应齐全
		设备维护	加固机械部件、调节安装位置、润滑传动机构，保证执行机构能够正常启闭
3	传输装置	线缆、路由检查	传输线缆安装应牢固，安装部件应齐全，标示应清晰。 检查线缆有无破损、破坏、氧化等情况。 检查线管管口封堵情况，接地连接情况，查找有无异常现象
		传输设备检查	传输设备安装应牢固，安装部件应齐全，标识应清晰，工作状态应正常。 使用电池供电的无线发射/接收/中继设备应根据具体要求定期更换电池
		清洁整理	对传输设备、管线、入井手孔等传输设备、设施或配套装置进行必要的清洁和清理。根据现场情况和需要，调整电缆、光缆等的捆扎方式
		测试调整	根据检查结果和系统需要调整传输设备的相关参数
4	前端显示/指示设备	物理检查	设备安装应牢固，安装部件应齐全
		设备清洁	对设备进行必要的清洁
		设备调整	根据需要对前端显示/指示装置进行调整，确保能够使驾驶员完整清晰地看到显示/指示信息

序号	维护保养对象		维护保养内容与要求
5	视频监控前端设备	物理检查	前端设备安装应牢固，安装部件应齐全
		运行环境检查	检查前端设备运行环境情况，设备的环境适应性应满足可靠工作的要求
		机械构件维护	对摄像机/防护罩/云台/辅助照明装置的安装支架/立杆等构件进行加固，除锈、防腐等养护，并作必要调整
		设备清洁	对摄像机镜头、摄像机防护罩及附属配件进行必要的清洁
		设备调整	根据视频监控需要调整前端摄像机的焦距、监控范围等
6	管理/控制设备	物理检查	根据系统构成模式和安装方式，制定检查方案，重点检查处理/控制设备安装是否牢固，设备外壳及部件有无异常变化或破损迹象，设备部件和接线是否正常。对于发现的问题应在维保过程中及时处理
		电气参数与性能检查	通过观察设备指示灯、测量设备电压/电流等方式，检查设备运行状态。设备运行指示应正常，应无明显故障隐患
		设备清洁	对设备进行必要的清洁和除尘
		功能/性能测试	结合系统实际情况，测试系统各项功能和指标。系统的功能/性能应满足 GB 50348—2004 中 7.2.5、GA/T 761—2008 中第 6 章及使用/管理的要求
7	系统	系统优化	根据系统运行情况及使用/管理要求，调整系统的相关没置参数，提高、优化系统性能
		系统校对	对系统进行校时，系统的主时钟与标准时间偏差应满足相应标准规定或使用/管理要求
		数据备份	对系统信息、设置数据及其他有助于保证系统安全，有助于系统快速恢复的数据资料进行备份。 备份文件应存储在专门的介质上，并注明备份时间、打开密码（如有），恢复数据注意事项等信息。 维保工作要求的备份内容不包括车辆进出记录，建设单位特别要求除外
		隐患排查	通过询问系统管理员/操作员、查阅运行记录等方式，核实系统运行状态，排查系统隐患。 对有可能造成系统不稳定运行、系统设置/功能/性能等不满足标准规范和使用/管理要求的情况，应及时向建设/使用单位反映，并提出解决办法
		问题处置	停车库（场）安全管理系统功能/性能达不到标准规范和使用/管理要求或设备老化/破损严重时，应提出处置建议，征得建设/使用单位同意后，采取相应的措施进行解决。 对于日常运行过程中性能稳定性较差或频繁发生故障的设备，经现场调整/调试后仍无法满足要求时，应提出处置建议，征得建设/使用单位同意后，采取相应的措施进行解决。 对于系统可能发生的问题，应及时书面告知建设/使用单位，并同时提出处置意见，征得建设/使用单位同意后，采取相应的措施予以应对

附 录 G

（规范性附录）

系统供配电设备、防雷接地及传输线缆维护保养内容及要求

表 G.1 规定了系统供配电设备、防雷接地及传输线缆的维护保养内容及要求。

表 G.1 系统供配电设备、防雷接地及传输线缆维护保养内容及要求

序号	维护保养对象		维护保养内容与要求
1	供配电箱/柜及设备	物理检查	供配电箱/柜及相关设备安装应牢固，安装部件应齐全。箱/柜操控部件应灵活，设备应无过热、焦、糊等异常现象，各类指示灯显示应正常。接线或供电标示应清晰
		设备清洁	对供配电箱/柜及设备进行必要的清洁
		电源测量	测量供配电设备的输入/输出电压/电流，应满足相应用电设备可靠、稳定运行的要求
2	LJPS 电源	电池检查	对 UPS 电池柜进行必要的清洁；电池应无鼓包、漏液、发热等异常现象；电池接线柱应无氧化，连线应牢固
		主机维护	对 UPS 主机进行必要的清洁；各类连线应牢固
		电源切换测试	人工切断市电，UPS 应能自动切换。供电时间满足设计要求
3	发电设备	启动维护	发电设备宜每季度启动一次。 按照设备说明书要求进行养护；启动发电设备测量其输出电压，应满足相应用电设备可靠、稳定运行的要求
4	防雷接地	物理检查	监控中心接地汇集环或汇集排与等电位接地端子的连接应紧固，连接端应无锈蚀；各类设备与接地汇集环或汇集排的连接应紧固，连接端应无锈蚀；各类浪涌保护器（SPD）安装应牢固，安装部件应齐全。 安全防范系统防雷接地应满足 GA/T 670—2006 中 10.3 的要求
		SPD 检查	SPD 接地端应以最短距离与等电位接地端子连接，连接应紧固，连接端应无锈蚀；根据 SPD 使用维护手册检查设备的有效性
5	传输线缆	物理检查	传输线缆应无破损，并采用适当的方式进行保护；接线盒/箱应加装保护盖，线槽盖应完整、封闭
		线缆连接	线缆连接应牢固，并采取可靠的绝缘措施
6	隐患排查		通过询问系统管理员/操作员、查阅运行记录等方式，核实系统运行状态，排查系统隐患。对设备功能/性能等不满足标准规范和使用/管理要求的情况，应及时向建设/使用单位反映，并提出解决办法
7	问题处置		对于日常运行过程中性能稳定性较差或频繁发生故障的设备。经现场调整/调试后仍无法满足要求时，应提出处置建议，征得建设/使用单位同意后，采取相应的措施进行解决

附 录 H
（规范性附录）
安全防范系统软件系统或平台维护保养内容及要求

表 H.1 规定了安全防范系统软件系统或平台维护保养内容及要求。

表 H.1 安全防范系统软件系统或平台维护保养内容及要求

序号	维护保养对象		维护保养内容与要求
1	硬件设备	物理检查	安全管理系统服务器、客户端等设备安装应牢固，部件应齐全，设备连线应牢固
		电气参数与性能检查	通过观察设备指示灯、测量设备电压/电流等方式，检查设备运行状态。设备运行指示应正常，应无明显故障隐患
		设备清洁	对设备进行必要的清洁和除尘
2	操作系统	清理垃圾	对临时文件夹、历史记录、回收站、注册表等进行垃圾清理，清除系统内不再使用的垃圾文件，以节省硬盘空间，提高运行效率
		磁盘检查	采用合理的方法或合适的软件，检验硬盘是否已出现坏道
		查杀病毒	采用必要的工具软件，查杀系统病毒，并对防病毒软件进行必要升级
		数据备份	对重要数据进行备份，备份文件应存储在专门的介质上，并注明备份时间、打开密码（如有）、恢复数据注意事项等信息
		系统修复	对系统存在的漏洞进行修复。对使用过程中造成的系统损伤进行修复
		系统优化	在确保安全的前提下，对系统进行优化
3	数据库系统	数据备份	针对不同的系统要求，采用对应的方法，进行数据备份。备份的内容应包括系统数据、日志数据等全部信息。备份文件应存储在专门的介质上，并注明备份时间、打开密码（如有），恢复数据注意事项等信息
		系统优化	应根据数据库系统操作说明。对数据库系统进行优化。优化前应先进行数据备份操作
		其他内容	针对特殊系统的需要，或根据系统供应商要求，应对系统进行的维护保养工作
4	应用软件	功能性测试	根据说明书（或有关文档）要求，对软件功能进行逐项测试，对发现的问题和隐患进行处理
		性能性测试	根据软件提供的性能监控界面，检查系统运行状况，及时排查系统隐患
		系统优化	对软件配置信息、联动配置表、用户权限等进行检查，并根据需要进行优化
		其他内容	根据具体系统而定

附 录 I

（规范性附录）

监控中心机房环境及附属设备维护保养内容及要求

表 I.1 规定了监控中心机房环境及附属设备的维护保养内容及要求。

表 I.1 监控中心机房环境及附属设备维护保养内容及要求

序号	维护保养对象		维护保养内容与要求
1	机房环境	现场检查	按照设计/使用要求，检查监控中心和机房运行环境，并对不符合项提出改善建议
		清洁维护	清洁机房内的卫生死角、清洁空调、新风管道等装置。检查维护机房内照明、墙插等用电设备和装置。定期投放鼠药、白蚁药、蟑螂药等
2	通讯设备	物理检查	设备应安装在便于取用的位置，部件应齐全
		通讯测试	通讯设备应能与外界实时、有效地建立联系，通话信号应流畅，语音音质应清晰
3	紧急报警装置	物理检查	设备应安装在便于操作的位置，安装应牢固，部件应齐全
		报警测试	触发紧急报警装置后应能即刻发出报警信号，装置应能自锁，使用专用工具应能复位
4	卢光警报装置	物理检查	设备应安装在便于值班人员识别的位置，安装应牢固，部件应齐全
		报警测试	系统接收到报警信号后，声光警报器应即刻发出警报。声光警报器报警声压应大于等于 80 dB（A）
5	隐患排查		通过询问系统管理员/操作员、查阅运行记录等方式，核实系统运行状态，排查系统隐患。对设备功能/性能等不满足标准规范和使用/管理要求的情况，应及时向建设/使用单位反映，并提出解决办法
6	问题处置		对于日常运行过程中性能稳定性较差或频繁发生故障的设备，经现场调整/调试后仍无法满足要求时，应提出处置建议，征得建设/使用单位同意后，采取相应的措施进行解决

建筑抗震加固建设标准

建标 158—2011

第一章　总　　则

第一条　为贯彻执行《中华人民共和国防震减灾法》，完善建筑抗震加固建设项目的科学决策，切实实行有效的监督管理，合理使用加固建设资金，提高投资效益，制定本标准。

第二条　本建设标准是编制、评估和审批建筑抗震加固工程（含核准、备案）项目建议书、项目可行性研究报告（含项目申请报告、资金申请报告）和初步设计概算的依据，也是监督、检查加固工程建设全过程的衡量尺度。

第三条　本建设标准适用于抗震设防区建筑物的抗震鉴定、加固项目。

第四条　建筑抗震加固项目建设应坚持以人为本，做到安全、适用、经济，提高建筑的抗震、防灾、减灾的综合能力，统筹兼顾加固的效果和投资效益，在工程合理使用年限内和项目寿命周期内达到价值最大化。

第五条　建筑抗震加固建设应纳入当地国民经济和社会发展规划及本地区的抗震防灾规划或灾后恢复重建规划，由各级政府负责，并按规划组织实施。

第六条　建筑抗震加固项目建设，除应执行本建设标准外，尚应符合国家现行有关标准、规范的规定。

第二章　基本规定

第七条　对符合下列要求的抗震设防区建筑，应进行抗震加固：

一、未进行抗震设防的；

二、未达到该地区抗震设防现行标准规定的设防烈度或设防类别要求的；

三、遭受地震灾害的建筑。

第八条　对下列建筑应优先安排抗震性能鉴定，并对不符合要求的建筑进行抗震加固：

一、属于特殊设防类和重点设防类的建筑；

二、地震重点监视防御区标准设防类的建筑；

三、具有重大历史、科学、艺术价值或重要纪念意义的建筑。

第九条　建筑的抗震鉴定、抗震加固设计和施工，应由有资质的机构依据国家标准和行业标准实施。

第十条　经场地勘察评估认为该建筑位于地震危险地段时，必须予以避让迁址。第十一条经鉴定认为不宜采取加固措施的建筑，应按下列规定处置：

一、受地震严重破坏且无修复价值的，应予拆除；

二、结构加固总费用（不含改造费用）高达新建同类建筑工程造价 70% 或以上的，宜采取拆除重建的方案。

第十二条 对于有重大历史、科学、艺术价值或重要纪念意义建筑的抗震加固，不受第十一条第二款的限制。

第十三条 经鉴定认为需采取加固修复措施的建筑，应按下列规定安排加固：

一、抗震设防烈度为 6 度及以上地区的建筑。

（一）位于地震重点监视防御区的建筑，必须按当地政府统一部署如期完成加固；若确有困难，应先采取有效的临时加固措施，确保建筑的安全性。

（二）位于非地震重点监视防御区的建筑，应按下列规定安排加固：

1. 属特殊设防类和重点设防类的建筑，应在鉴定报告提出后及时安排加固；

2. 属标准设防类的建筑，应在鉴定报告提出后，按当地抗震防灾规划规定的时限统筹安排加固；

3. 属适度设防类的建筑，可由业主自行安排加固，但应报主管部门备案。

二、遭受地震灾害地区的建筑。

（一）对特殊设防类和重点设防类的建筑，应立即加固；若个别确有困难，也应及时采取有效的临时加固措施；

（二）对标准设防类和适度设防类的建筑，应按灾后恢复重建规划规定的时限完成加固；

（三）对遭受轻微损坏的建筑，可由业主自行安排修复。

三、文物建筑。应由文物部门会同住房和城乡建设行政主管部门组织相关单位提出加固方案和加固时限，并具体安排。第十四条针对不同建造年代、不同结构体系的建筑，其抗震加固应按国家有关加固技术标准的规定，因地制宜地选择科学、有效的加固方法和措施。

当建筑进行节能改造、使用布局调整、建筑外观改变、临近使用年限进行大修时，应同时进行抗震加固。

第十五条 建筑的抗震加固，应严格执行加固技术标准的强制性规定，并按鉴定报告确认的加固范围和内容进行设计和施工。任何单位和个人不得任意篡改、伪造鉴定数据或鉴定结论。

第十六条 建筑抗震加固工程，其设计、施工、监理应依法通过招投标确定有相应资质的承包人。按照《中华人民共和国招标投标法》规定可不进行招标的项目，应按照有关规定公正透明办理。

第三章 建筑抗震鉴定

第十七条 建筑抗震鉴定与结构安全性鉴定，应遵守现行国家有关标准规范的规定。

第十八条 地震灾区建筑，应依据政府抗震救灾指挥机构判定的地震趋势，在预期余震作用为不构成结构损伤的小震作用时，方允许启动鉴定工作。

第十九条 建筑抗震后续使用年限鉴定，应按现行国家标准《建筑抗震鉴定标准》GB 50023 的有关规定，由建筑产权人会同鉴定机构，根据该建筑的实际情况确定。

第二十条 抗震鉴定报告应严格依据国家强制性标准的规定，对建筑后续使用年限内的下列问题作出明确的结论：

一、建筑的结构体系，是否具备该地区抗震设防烈度和该建筑设防类别所要求的综合抗震能力；

二、建筑安全的承载，即在正常使用荷载作用下，其结构的承载能力是否满足安全使用的要求；

三、建筑应进行加固的范围和内容。

第四章 建筑抗震加固设计

第二十一条 建筑抗震加固设计采用的抗震设防标准，应符合现行国家标准《中国地震动参数区划图》GB 18306 和《建筑工程抗震设防分类标准》GB 50223 的规定。任何单位或个人不得降低抗震设防要求和设防标准。

第二十二条 建筑的抗震加固设计，应符合下列要求：

一、结构的综合抗震能力，应能满足现行国家标准《建筑抗震鉴定标准》GB 50023 的要求，并满足正常荷载下安全使用的要求；

二、结构的整体性，应通过系统地采取拉结、锚固、增设支撑和抗震墙等措施，而得到应有的加强；

三、具有安全可靠的逃生、疏散通道。

建筑抗震加固方法的选用，可参照本标准附录一的有关规定。

第二十三条 对抗震设防烈度为 8 度、9 度地区的特殊设防类、重点设防类建筑和对使用功能有特殊要求的建筑，鼓励采用技术成熟的隔震和消能减震设计。

第二十四条 建筑抗震加固设计应包括在鉴定时发现的损伤、加固过程中受损伤和在地震过程中受损坏的结构工程及其相关工程的修复设计。其建筑抗震加固相关工程的修复要求和建筑装饰装修的修复要求可参照本标准附录二、附录三的有关规定。

第二十五条 建筑抗震加固用的材料、构配件和设备，其品质要求必须符合现行国家标准的规定，并应在设计文件中注明其规格、型号、性能等技术指标。

第二十六条 施工图设计文件审查机构应依据现行国家有关强制性标准、技术规定等规定和要求，对建筑抗震加固施工图提出审查意见；审查合格的，应出具审查合格通知书。

第五章 建筑抗震加固施工

第二十七条 建筑的抗震加固施工，应符合下列要求：

一、应按照加固设计方案，制定完善的施工方案；

二、施工中应采取避免或减少损伤原结构的措施；

三、施工中若发现原结构或相关工程的隐蔽部位有严重缺陷或损伤时，应立即停止施工，在会同加固设计单位采取有效措施处理后，方可继续施工；

四、结构已经存在的损伤部位，特别是遭受地震灾害的受损部位，应先进行修补或采取增强措施；

五、结构加固施工应有可靠的安全措施。

第二十八条 建筑抗震加固建设项目使用的主要材料及建筑构、配件等应进行进场验收。凡涉及安全、功能的产品，监理单位应进行见证取样复验。严禁使用不符合国家现行标准要求的加固材料和产品。

第二十九条 建筑抗震加固工程的施工过程控制与质量检验，应按现行国家标准《建筑结构加固工程施工质量验收规范》GB 50550 的规定执行。

第六章 建筑抗震加固工程计价

第三十条 建筑抗震加固工程的造价，应按下列规定的项目合理编制：

一、结构加固工程（包括设计、施工、施工质量检验、监理和必要的补充勘察等费用）；

二、原结构清理工程（包括拆除原结构装饰层、拆迁原结构上影响施工的管线和其他障碍物等）及局部拆除原结构、构件工程（必要时）；

三、开挖基础工程（必要时）；

四、安全支护工程；

五、修复受影响的相关工程和建筑装饰装修工程；

六、其他经核实应计入的项目或工程。

建筑抗震加固工程的计价应按所在地区物价主管部门批准发布的《建筑抗震加固工程计价定额》进行计算。若该地区尚未发布此类定额，则应由省（直辖市）级建设工程造价管理部门参照国家现行相关标准对工程计价进行审核。

第三十一条 地震灾区政府实施临时价格干预措施的建筑材料和加固材料，其执行期间内材料计价必须按该地区物价或工程造价管理部门公布的价格执行。

第三十二条 由政府出资的抗震加固工程，应实施工程造价全过程管理。

附录一 建筑抗震加固方法的选用要求

一、一般规定

（一）建筑抗震加固的抗震设计应按现行行业标准《建筑抗震加固技术规程》JGJ 116 的有关规定执行。对于钢结构，若该规程未包含相应内容，可按现行国家标准《建筑抗震设计规范》GB 50011 的要求进行设计。

（二）对混凝土结构和古建筑木结构构件承载能力的加固设计，所采用的材料及其性能指标、加固构造要求和计算方法，应分别执行现行国家标准《混凝土结构加固设计规范》GB 50367 和《古建筑木结构维护与加固技术规范》GB 50165 的规定。

（三）建筑抗震加固设计拟采用的加固方法和技术，应符合现行行业标准《建筑抗震加固技术规程》JGJ 116 各章的具体规定，可按本附录以下各节的要求进行设计和施工。不得为多争取加固经费而故意选择高造价而又不适用的加固方法和技术，也不得超出鉴定的结论任意增加结构的加固范围和内容。

二、地基和基础

（一）当地基竖向承载力不满足安全使用要求时，宜优先考虑采用提高上部结构抵抗不均匀沉降能力的方法进行加固；当地基（或桩基）水平向承载力不满足抗震要求或有液化隐患时，宜优先考虑采用增设刚性地坪和排水桩，以及加固上部结构的方法进行处理，若有条件，也可采用旋喷法处理。

（二）当必需开挖基础进行加固时，应通过可行性论证选用现行行业标准《既有建筑地基基础加固技术规范》JGJ 123 和《建筑抗震加固技术规程》JGJ 116 推荐的加固方法。

（三）对有特殊要求的建筑，其地基基础的抗震加固应按专门规定执行。

（四）建筑抗震加固时，对天然地基承载力宜考虑地基土长期压密的有利影响，按现行行业标准《建筑抗震加固技术规程》JGJ116 的规定，计入地基承载力的提高系数。

（五）当建筑的上部结构整体性构造符合抗震要求时，其地基基础的加固方案，宜考虑上部结构与地基基础的共同作用。

三、混凝土结构

（一）混凝土结构的抗震加固，当构件承载力满足正常使用要求时，宜优先选用改变结构体系而不全面加固其构件的方法。

（二）当需要加固混凝土结构构件时，所选用的加固方法，宜符合下列规定：

1. 当需要大幅度提高梁柱承载力、改善结构延性时，宜选用外粘（或外包）型钢加固法（亦称钢构套法）或增大截面加固法（亦称现浇混凝土套法）。若仅加固框架柱，后者还可起到提高"强柱弱梁"程度的作用。

2. 当需要适当提高结构构件承载力和刚度时，可选用钢丝绳网—聚合物砂浆面层加固法或钢筋网—水泥复合砂浆面层加固法，以减少对建筑使用空间的影响。

3. 当需要解决构件受压混凝土强度严重不足或有严重缺陷的问题时，可选用置换混凝土加固法，若还需进一步提高其承载力时，可配合使用外加预应力加固法。

4. 当原构件质量良好，仅截面偏小或配筋不足时，可考虑选用粘贴纤维复合材或粘贴钢板加固法。

5. 当需要加固历史建筑或纪念性建筑的结构构件时，可考虑选用耐久性较好，但造价较高的不锈钢丝绳～聚合物砂浆面层加固法或增设支撑的可逆加固法。

6. 当需要提高框架结构抗震能力并减少扭转效应时，宜采用增设钢筋混凝土抗震墙或翼墙的加固法，但应处理好基础的承载问题。

四、砌体结构

（一）砌体结构的抗震加固，应首先对其整体性的构造进行完善和必要的增强。

（二）当需对砌体结构构件进行抗震加固时，应针对工程实际选用下列加固方法：

1. 钢筋网—水泥砂浆（包括水泥复合砂浆）面层加固法，适用于各类砌体墙柱的承载力和抗震能力的加固；

2. 当需将原墙改造成抗震墙时，宜采用钢筋网—细石混凝土（包括喷射混凝土）面层加固法；必要时可增设钢筋混凝土墙；

3. 当无构造柱或构造柱设置不符合现行设计规范要求时，应增设现浇钢筋混凝土构造柱进行加固；当无圈梁或圈梁设置不符合现行设计规范要求时，或纵横墙交接处咬槎有明显缺陷，或房屋的整体性较差时，应增设封闭的圈梁进行加固；

4. 当需提高砌体柱承载力和抗震能力时，宜采用钢筋混凝土外加层加固法；

5. 当需要较大幅度提高砌体柱和窗间墙的承载力和抗震能力时，可采用外包型钢加固法（干式外包钢加固法）；

6. 为提高砌体墙的整体稳定性，可采用增设扶壁柱加固法，一般情况下，宜采用钢筋混凝土扶壁柱；

7. 对l临时性加固或难加固的文物建筑，可采用增设支撑、支架的可逆加固法。

（三）在砌体结构抗震加固工程中，不宜大量采用造价高的外贴纤维复合材的加固法；不应采用对砌体变形敏感的预应力撑杆加固法。

五、钢结构

（一）对大型复杂钢结构及重要钢结构工程的抗震加固，宜作为个案处理，经可行性论证后，进行抗震加固的规划和设计。

（二）对钢结构的抗震加固，应根据综合鉴定结果，首先在以下方面采取有效措施，增强结构的整体抗震能力：

1. 防止结构整体失稳和局部失稳；

2. 改善结构薄弱部位的体系构成；

3. 增强结构的整体性能。

（三）钢结构的抗震加固，宜选用下列加固方法：

1. 改变或改善结构体系。

（1）增设支撑或其他杆件，改变结构体系，以增加加固方向的刚度；

（2）增设阻尼单元或构件，提高阻尼比，减小地震反应；

（3）改变结构某些节点（包括支座节点）的约束方式或计算模型，调整结构内力分布；

（4）增设预应力构件，改善结构内力分布及变形。

2. 结构构件加固。

（1）对长细比过大或稳定性不足的构件，可采用外包钢套管的方法，提高构件的整体稳定性；

（2）对强度不足的构件，可采用增设辅助构件或增大原构件截面的方法，提高构件承载能力；

（3）对强度不足或稳定性不足的构件，可采用增设预应力及其构件的方法，提高构件承载能力。

3. 结构节点加固。

（1）增设辅助连接件（包括焊缝），提高节点刚度；

（2）大跨度结构支座节点设置减震支座，减小地震反应。

4. 减轻结构上的荷载，或改变结构上荷载的分布，以改善结构内力分布。

5. 采用其他经实际工程或试验验证是安全有效的方法。

（四）大跨度空间钢结构支座附近的构件，在地震作用下可能发生内力变号或幅值显著增加，应加强其稳定承载能力。

（五）采用焊接方式加固钢结构时，其施工应符合现行国家标准《建筑结构加固工程施工质量验收规范》GB 50550 的规定。

（六）在低温环境下现场加固钢结构，宜采用螺栓连接，而不宜采用焊接连接。当必须采用焊接时，应遵守现行行业标准《建筑钢结构焊接规程》JGJ 77 的规定。

附录二　相关工程的修复要求

一、在建筑抗震加固过程中，或在地震过程中受损的下列相关工程均应得到必要的修复：

（一）建筑围护系统（包括屋面防水构造、屋面和外墙保温隔热构造，以及地下室防水构造）；

（二）给水、排水系统；

（三）供热、采暖系统；

（四）空调、通风系统；

（五）电气系统；

（六）电梯系统。

二、相关工程修复使用的材料和设备，应为安全性能和使用功能符合现行国家标准要求的材料和设备。

三、国有建筑中相关工程的修复尚应遵守下列标准的规定：

（一）《党政机关办公用房建设标准》；

（二）《建筑节能改造建设标准》；

（三）《中央国家机关办公用房维修标准》。

四、相关工程系统的修复，应结合该建筑抗震加固的特点和要求，科学、有序地进行；其设计和施工应统一协调安排，以避免造成不必要的返工。

五、相关工程系统的修复，应另列预算报批，不得与加固费用混淆。

附录三　建筑装饰装修的修复要求

一、在建筑抗震加固过程中，或在地震过程中受损的装饰装修应得到修复或重新装修。

二、建筑装饰装修的局部修复，应采用相近质地和色调的装修材料进行设计和施工。若局部修复的面积较大，或原有的装饰装修材料已退出市场，也可考虑予以全面更新。

三、建筑装饰装修的更新，应遵循简朴、庄重、经济适用的原则，兼顾美观和地方特色。装饰装修材料的选择应因地制宜，就地取材；一般不应使用豪华的装饰装修材料。

四、国有建筑外部装修的更新，尚应符合下列规定：

（一）对党政机关和事业单位办公用房，应执行《党政机关办公用房建设标准》的规定；

（二）对一般企业，其管理部门用房可参照《党政机关办公用房建设标准》的规定，采用中级装修；其生产用房一律采用普通装修；

（三）对上述建筑的实验室、计算机用房、档案室以及其他特殊业务用房，应采用单独审批和核定的装饰装修标准。

本建设标准用词说明

为了便于在执行建设标准条文时区别对待．对要求严格程度不同的用词说明如下：

1）表示很严格，非这样做不可的：

正面词采用"必须"；反面词采用"严禁"。

2）表示严格，在正常情况下均应这样做的：

正面词采用"应"；反面词采用"不应"或"不得"。

3）表示允许稍有选择，在条件许可时首先应这样做的：

正面词采用"宜"；反面词采用"不宜"。

表示有选择，在一定条件下可以这样做的，采用"可"。

人身损害误工期、护理期、营养期评定规范

GA/T 1193—2014

1　范围

本标准规定了人身损害误工期、护理期、营养期评定的原则、方法和内容。

本标准适用于人身伤害、道路交通事故、工伤事故、医疗损害等人身损害赔偿中受伤人员的误工期、护理期和营养期评定。

2 术语和定义

下列术语和定义适用于本文件。

2.1 误工期 loss of working time period

人体损害后经过诊断、治疗达到临床医学一般原则所承认的治愈（即临床症状和体征消失）或体征固定所需要的时间。

2.2 护理期 nursing period

人体损害后，在医疗或者功能康复期间生活自理困难，全部或部分需要他人帮助的时间。

2.3 营养期 vegetative period

人体损害后，需要补充必要的营养物质，以提高治疗质量或者加速损伤康复的时间。

2.4 评定 assessment

运用专门知识，评价确定人身损害误工期（2.1）、护理期（2.2）和营养期（2.3）的过程。

2.5 评定意见 assessment conclusion

评定人运用专门知识对人身损害误工期（2.1）、护理期（2.2）和营养期（2.3）进行分析所得出的综合性判断。

3 总则

3.1 目的

本标准为人身损害误工期、护理期和营养期的评定提供依据。

3.2 评定原则

人身损害误工期、护理期和营养期的确定应以原发性损伤及后果为依据，包括损伤当时的伤情、损伤后的并发症和后遗症等，并结合治疗方法及效果，全面分析个体的年龄、体质等因素，进行综合评定；具体见附录 A、附录 B。

3.3 评定时机

评定时机应以外伤直接所致的损伤或确因损伤所致的并发症经过诊断、治疗达到临床医学一般原则所承认的症状及体征稳定为准。

4 头部损伤

4.1 头皮血肿 [S00.002]

4.1.1 头皮下血肿：误工 7~15 日，无需护理和营养。

4.1.2 帽状腱膜下血肿/骨膜下血肿：

　　a）一般情况下：误工 15~30 日，护理 1~7 日，营养 1~7 日；

　　b）需穿刺抽血/加压包扎：误工 30~60 日，护理 1~15 日，营养 7~15 日。

4.2 头皮创 [S01.001]

4.2.1 钝器创口长度小于或等于 6cm、锐器创口长度小于或等于 8 cm：误工 20~30 日，护理 1~7 日，营养 1~7 日。

4.2.2 钝器创口长度大于 6 cm、锐器创口长度大于 8 cm：误工 45~60 日。护理 1~7 日，营养 7~

15 日。

4.3 头皮撕脱伤〔S08.051〕

4.3.1 撕脱面积小于或等于 20 cm²：误工 60～90 日，护理 7～15 日，营养 15～20 日。

4.3.2 撕脱面积大于 20 cm²：误工 90～120 日，护理 15～60 日，营养 20～60 日。

4.4 头皮缺损

4.4.1 头皮缺损小于或等于 10 cm²：误工 30～60 日，护理 7～15 日，营养 15～20 日。

4.4.2 头皮缺损大于 10 cm²：误工 60～120 日，护理 15～90 日，营养 20～60 日。

4.5 颅盖骨骨折〔S02.902（颅骨开放性骨折 S02.911）〕

4.5.1 单纯线状骨折：误工 30～60 日，护理 15～20 日，营养 20～30 日。

4.5.2 凹陷骨折/多发粉碎骨折：

　　a）非手术修复：误工 90～120 日，护理和营养期可根据临床治疗情况确定；

　　b）手术修复：误工 120～150 日，护理和营养期可根据临床治疗情况确定。

4.6 颅底骨折〔S02.101〕

4.6.1 单纯颅底骨折：误工 60～90 日，护理 15～20 日，营养 20～30 日。

4.6.2 伴有脑脊液漏和/或神经损伤：误工 90～120 日，护理 30～60 日，营养 30～60 日。

4.6.3 手术治疗：根据临床治疗情况确定。

4.7 闭合型颅脑损伤〔S06〕

4.7.1 轻型：误工 30～45 日，原则上不考虑护理、营养。

4.7.2 中型：误工 90～180 日，护理 30～60 日，营养 30～60 日。

4.7.3 重型：根据临床治疗情况确定。

4.7.4 极重型：根据临床治疗情况确定。

4.8 开放型颅脑损伤〔S06〕

4.8.1 不伴有神经系统体征：误工 30～90 日，护理 20～30 日，营养 30～60 日。

4.8.2 伴有神经系统体征：根据临床治疗情况确定。

4.9 颅脑损伤并发症及后遗症〔1：90.552〕

　　根据临床治疗情况确定。

　　涉及外伤性智力缺损或者精神障碍者，原则上，误工期可在原损伤条款的基础上加 90 日，上限可至评残前一日止；营养期同原损伤的条款，护理期视临床情况确定。

5　面部损伤

5.1 眼部损伤〔S05〕

5.1.1 眼睑损伤：

　　a）眼睑血肿：误工 7～15 日，无需护理和营养；

　　b）眼睑裂伤：误工 20～30 日，护理 1～7 日，营养 1～7 日；

　　c）合并眼睑闭合不全/上睑下垂：误工 30～90 日，护理 7～20 日，营养 7～15 日；

　　d）行眼睑内、外翻手术治疗：误工 90～120 日，护理 20～30 日，营养 30～45 日。

5.1.2 眼肌损伤：误工 30～90 日，护理 15～30 日，营养 7～15 日。

5.1.3 泪器损伤〔S05.852〕：

　　a）泪小管、泪囊、泪腺损伤：误工 30～45 日，护理 7～15 日，营养 1～7 日；

b）鼻泪管损伤：

1）非手术治疗：误工 30~45 日，护理 7~15 日，营养 7~15 日；

2）手术治疗：根据临床治疗情况确定。

5.1.4　结膜损伤［S05.302］：

a）出血或充血：误工 15~30 日，无需护理和营养；

b）睑球粘连伴眼球运动障碍：误工 45~60 日，护理 30~45 日，营养 15~30 日；

c）双眼损伤：根据临床治疗情况确定。

5.1.5　角膜损伤［S05.803］：

a）无后遗症：误工 15~30 日，无需护理和营养；

b）行角膜移植术：误工 60~120 日，护理 30~60 日，营养 30~45 日。

5.1.6　虹膜睫状体损伤［S05.855］：

a）外伤性虹膜睫状体炎：误工 30~60 日，护理 7~15 日，营养 7~15 日；

b）外伤性瞳孔散大/虹膜根部离断：误工 30~60 日，护理 7~15 日，营养 7~15 日；

c）前房出血：误工 30~60 日，护理 15~30 日，营养 15~30 日；出血致角膜血染：误工 60~90 日，护理 30~45 日，营养 30~45 日；

d）睫状体脱离［S05.208］：根据临床治疗情况确定。

5.1.7　巩膜裂伤［S05.856］：

a）单纯巩膜裂伤：误上 45~60 日，护理 20~45 日，营养 20~45 日；

b）伴眼内容物脱出：误工 120~180 日，护理 45~60 日，营养 30~60 日。

5.1.8　晶状体损伤［S05.853］：

a）晶状体脱位［S05.953］：误工 60~90 日，护理 15~30 日，营养 7~15 日；

b）外伤性白内障：误工 60~120 日，护理 15~30 日，营养 7~15 日；

c）白内障手术治疗：误工 120~150 日，护理 15~45 日，营养 15~45 日。

5.1.9　玻璃体损伤［S05.951］：

a）玻璃体出血：误工 30~60 日，护理 15~30 日，营养 15~30 日；

b）玻璃体切割术：误工 120~180 日，护理 15~45 日，营养 15~45 日。

5.1.10　眼底损伤：

a）视网膜震荡、出血［S05.804］：误工 15~30 日，一般无需护理和营养；较为严重的损伤，治疗期间考虑护理和营养；

b）视网膜脱离或脉络膜脱离：根据临床治疗情况确定；

c）黄斑裂孔：误工 30~90 日，护理 30~45 日，营养 30~45 日；

d）外伤性视网膜病变：误工 90~120 日，护理 30~45 日，营养 30~45 日。

5.1.11　视神经损伤［804.001］：误工 90~120 日，护理 30~45 日，营养 30~45 日。

5.1.12　眼球摘除［16.491］：误工 30~60 日，护理 15~20 日，营养 15~20 日。

5.1.13　外伤性青光眼：误工 30~180 日，护理和营养根据临床治疗情况确定。

5.1.14　交感性眼炎、化脓性眼内炎［H44.102、H44.003］：误工 90~180 日，护理 45~60 日，营养 60~90 日。

5.1.15　眼球后血肿：误工 45~60 日，护理和营养根据临床治疗情况确定。

5.1.16　眼球内异物或眼眶内异物［S05.501、S05.401］：根据临床治疗情况确定。

5.1.17　眶壁骨折［S02.801］：

a）非手术治疗：误工 60~90 日，护理 15~30 日，营养 30~45 日；

　　b）手术治疗：根据临床治疗情况确定。

5.2　耳部损伤［S09.903］

5.2.1　耳廓损伤［S09.906］：

　　a）耳廓血肿：误工 15～20 日，护理 1～7 日，营养 1～15 日；

　　b）耳廓撕裂创、耳廓切割伤：误工 15～30 日，护理 7～15 日，营养 7～15 日；

　　c）耳廓部分或全部离断：误工 15～30 日，护理 7～15 日，营养 7～15 日；

　　d）化脓性耳廓软骨膜炎：误工 45～60 日，护理和营养根据临床治疗情况确定。

5.2.2　外耳道损伤：

　　a）单纯性外耳道损伤：误工 20～30 日，无需护理和营养；

　　b）合并乳突损伤或下颌骨损伤：误工 90～120 日，护理 45～60 日，营养 45～60 日。

5.2.3　鼓膜穿孔［S09.251］：

　　a）自行愈合：误工 15～30 日，无需护理，营养 1～7 日；

　　b）手术修补术：误工 30～90 日，护理 1～7 日，营养 1～7 日。

5.2.4　听骨链损伤：

　　a）听小骨脱位、骨折：误工 30～60 日，护理和营养根据临床治疗情况确定；

　　b）手术治疗：误工 90～120 日，护理和营养根据临床治疗情况确定。

5.2.5　内耳损伤：

　　a）迷路震荡：误工 60～90 日，护理 7～15 日，营养 7～15 日；

　　b）内耳窗膜破裂：误工 90～120 日，护理 30～60 日，营养 15～30 日。

5.3　鼻部损伤［S09.901］

5.3.1　鼻部皮肤创［S01.201］：误工 15～30 日，无需护理，营养 1～7 日。

5.3.2　鼻翼缺损：误工 60～90 日，护理 7～30 日，营养 7～15 日。

5.3.3　鼻骨骨折［S02.201（鼻骨开放性骨折 S02.211）］：

　　a）线状骨折：误工 20～30 日，无需护理，营养 1～7 日；

　　b）粉碎性骨折/手术治疗：误工 30～60 日，护理 20～30 日，营养 20～30 日。

5.3.4　鼻窦损伤［S02.811］：误工 60～90 日，护理 1～7 日，营养 7～15 日。

5.4　颌面部、口腔损伤

5.4.1　颌面部皮肤擦伤、挫伤［S00.859］：误工 15～20 日，无需护理，营养 1～7 日。

5.4.2　颌面部皮肤创［S01.801］：

　　a）创口长度单条小于或等于 3.5 cm 或累计小于或等于 5cm：误工 15～30 日，护理 1～7 日，营养 1～7 日；

　　b）创口长度单条大于 3.5 cm 或累计大于 5 cm：误工 20～45 日，护理 1～7 日，营养 7～15 日；

　　c）颌面部穿通伤：误工 30～60 日，护理 1～7 日，营养 7～15 日。

5.4.3　上、下颌骨骨折［S02.403、S02.602］：

　　a）单纯线状骨折：误工 60～90 日，护理 15～30 日，营养 30～60 日；

　　b）粉碎性骨折：误工 90～120 日，护理 30 日，营养 60～90 日。

5.4.4　颧骨、颧弓骨折［S02.402、S02.401］：

　　a）单纯线状骨折：误工 60 日，护理 15～30 日，营养 20～30 日；

　　b）粉碎性骨折：误工 120 日，护理 20～30 日，营养 30～60 日。

5.4.5　牙槽骨骨折［S02.802］：误工 30～60 日，护理 7～15 日，营养 15～30 日。

5.4.6 牙齿损伤：

    a）牙齿脱落或折断［S03.251、S02.5151］：误工 30 ~ 45 日，护理 1 ~ 7 日，营养 15 ~ 30 H；

    b）复位固定：误工 60 ~ 90 日，护理 7 ~ 15 日，营养 30 ~ 45 日。

5.4.7 颞颌关节损伤［颌关节单纯脱位 S03.051、颌关节哆开性脱位 S03.052、颞下颌关节脱位 S03.053、颞下颌（关节）（韧带）扭伤 S03.452］：误工 60 ~ 90 日，护理 7 ~ 15 日，营养 20 ~ 30 日。

5.4.8 舌损伤［S09.952］：误工 30 ~ 90 日，护理 1 ~ 7 日，营养 15 ~ 30 日。

5.4.9 腮腺损伤：误工 30 ~ 120 日，护理 7 ~ 15 日，营养 7 ~ 20 日。

5.4.10 面神经损伤［S04.501］：误工 90 ~ 120 日，护理 7 ~ 30 日，营养 7 ~ 30 日。

5.4.11 三叉神经损伤［S04.351］：误工 120 ~ 150 日，护理 7 ~ 30 日，营养 7 ~ 30 日。

6 颈部损伤

6.1 颈部皮肤创［11.05、S11.901］

    误工 15 ~ 60 日，护理 1 ~ 7 日。营养 1 ~ 7 日。

6.2 咽部损伤［S11.251］

    误工 20 ~ 30 日，护理 7 ~ 20 日，营养 7 ~ 20 日。

6.3 喉损伤［S19.851］

6.3.1 喉挫伤不伴有软骨骨折：误工 7 ~ 15 日，无需护理和营养。

6.3.2 喉切割伤：误工 30 ~ 60 日，护理和营养根据临床治疗情况确定。

6.3.3 喉损伤伴有软骨骨折：误工 60 ~ 90 日，护理和营养根据临床治疗情况确定。

6.3.4 喉烫伤或烧灼伤：误工 90 ~ 180 日，护理和营养根据临床治疗情况确定。

6.4 甲状腺损伤［甲状腺开放性伤口 S11.151、甲状腺区扭伤和劳损 S13.551］

6.4.1 甲状腺功能轻度损伤：误工 45 ~ 60 日，护理 15 ~ 30 日，营养 15 ~ 30 日。

6.4.2 甲状腺功能中度损伤：误工 90 ~ 120 日，护理和营养根据临床治疗情况确定。

6.4.3 甲状腺功能重度损伤：误工 150 ~ 180 日，护理和营养根据临床治疗情况确定。

6.4.4 伴有喉返神经损伤：误工 150 ~ 180 日，护理和营养根据临床治疗情况确定。

6.5 甲状旁腺损伤

6.5.1 甲状旁腺功能轻度损伤：误工 45 ~ 60 日，护理 15 ~ 30 日，营养 15 ~ 30 日。

6.5.2 甲状旁腺功能中度损伤：误工 90 ~ 120 日，护理和营养根据临床治疗情况确定。

6.5.3 甲状旁腺功能重度损伤：误工 150 ~ 180 日，护理和营养根据临床治疗情况确定。

7 胸部损伤

7.1 胸部软组织损伤

7.1.1 擦伤/挫伤［SB0.802/S20.B01］：误工 15 ~ 30 日，无需护理，营养 1 ~ 7 日。

7.1.2 皮肤创长度小于或等于 20 cm［S21.901］：误工 15 ~ 30 日，护理 1 ~ 7 日，营养 1 ~ 15 日。

7.1.3 皮肤创长度大于 20 cmES21.901］：误工 30 ~ 60 日，护理 1 ~ 15 日，营养 15 ~ 30 日。

7.1.4 胸壁异物存留［S21.952］：误工 30 ~ 60 日，护理 1 ~ 15 日，营养 15 ~ 30 日。

7.2 肋骨骨折［S22.301］

7.2.1 一处骨折：误工 30～45 日，护理 7～15 日，营养 15～30 日。

7.2.2 多根、多处骨折：误工 60～120 日，护理 30～60 日，营养 30～60 日。

7.3 胸骨骨折 ［S22.201］

　　误工 60～120 日，护理 20～30 日，营养 30～60 日。

7.4 气胸 ［S27.001、S27.011］

7.4.1 小量（肺压缩三分之一以下）：误工 15～30 日，护理 7～15 日，营养 7～15 日。

7。4.2 中量（肺压缩三分之二以下）：误工 30～90 日，护理 15～30 日，营养 15～30 日。

7.4.3 大量（肺压缩三分之二以上）：误工 90～120 日，护理 30～45 日，营养 30～45 日。

7.5 血胸 ［S27.101］

7.5.1 小量（胸腔积血 500 mL 以下）：误工 30～60 日，护理 7～15 日，营养 7～15 日。

7.5.2 中量（胸腔积血 500 mL～1 500 mL）：误工 60～90 日，护理 15～30 日，营养 15～30 日。

7.5.3 大量（胸腔积血 500 mL 以上）：误工 90～120 日，护理 20～30 日，营养 30～45 日。

7.6 肺损伤 ［S29.951］

7.6.1 肺挫伤 ［S27.301］：误工 30～90 日，护理 15～20 日，营养 15～20 日。

7.6.2 肺裂伤修补术 ［S27.3152/33.491］：误工 60～90 日，护理 30～60 日，营养 30～60 日。

7.6.3 肺叶切除 ［31.401］：误工 90～120 日，护理 30～60 日，营养 30～60 日。

7.6.4 一侧全肺切除 ［32.501］：误工 120～180 日，护理 30～60 日，营养 60～90 日。

7.6.5 肺爆震伤：误工 90～120 日，护理 30～60 日，营养 30～60 日。

7.6.6 肺内异物存留或肺内异物摘除术 ［S17.852］：误工 60～90 日，护理 30～60 日，营养 30～50 日。

7.7 食管损伤 ［S19.854］

7.7.1 保守治疗：误工 30～60 日，护理 30～60 日，营养 20～30 日。

7.7.2 手术治疗：误工 90～120 日，护理 60～120 日，营养 60～90 日。

7.8 气管、支气管损伤 ［527.5051、527.4051］

7.8.1 保守治疗：误工 30～60 日，护理 30～60 日，营养 20－30 日。

7.8.2 手术治疗：误工 90～120 日，护理 60～120 日，营养 60～90 日。

7.9 心脏损伤 ［526.901］

　　误工 120～210 日，护理 90～120 日，营养 60～90 日。

7.10 胸内大血管损伤

　　根据临床治疗情况确定。

7.11 胸导管损伤 ［527.8053］

　　误工 60～90 日，护理和营养根据临床治疗情况确定。

7.12 纵膈气肿、脓肿、纵膈炎

　　误工 90～180 日，护理和营养根据临床治疗情况确定。

7.13 膈肌损伤 ［S27.8051］

7.13.1 膈疝形成 ［S27.801］：误工 30～60 日，护理 30～60 日，营养 45～60 日。

7.13.2 手术治疗：误工 90～120 日，护理和营养根据临床治疗情况确定。

7.14 乳房损伤 ［527.311、520.151］

　　误工 30～60 日，护理 1～15 日，营养 7～30 日。

8　腹部损伤 ［539.905］

8.1　腹部软组织损伤

8.1.1　皮肤擦、挫伤 ［S30.852、S30.151］：误工 15～30 日，无需护理，营养 1～7 日。

8.1.2　皮肤创长度小于或等于 20 cm：误工 15～30 日，护理 1～7 日，营养 1～15 日。

8.1.3　皮肤创长度大于 20 cm：误工 30～60 日，护理 1～15 日，营养 15～30 日。

8.1.4　腹壁异物存留：误工 45～60 日，护理 7～15 日，营养 15～30 日。

8.1.5　腹部穿通伤行腹部探查术 ［54.111］：误工 45～60 日，护理和营养根据临床治疗情况确定。

8.2　肝脏损伤 ［S36.1052］

8.2.1　非手术治疗：误工 60～90 日，护理 15～30 日，营养 30～60 日。

8.2.2　修补术或部分切除术 E50.221］：误工 90～150 日，护理 30～60 日，营养 60～90 日。

8.3　脾损伤 ［S36.002］

8.3.1　非手术治疗：误工 60 日，护理 15～30 日，营养 30～60 日。

8.3.2　部分切除或全脾摘除术 ［41.501］：误工 90～120 日，护理 30～60 日，营养 60～90 日。

8.3.3　延迟性脾破裂：误工、护理和营养根据临床治疗情况确定。

8.4　胰腺损伤 ［S36.2051］

8.4.1　挫伤：误工 60～90 日，护理 20～30 日，营养 30～60 日。

8.4.2　修补术：误工 90～180 日，护理 30～60 日，营养 60～120 日。

8.4.3　部分切除或全胰腺切除术：误工 90～180 日，护理 60～90 日，营养 60～90 日。

8.4.4　假性囊肿：误工 90～180 日，护理 60～90 日，营养 60～90 日。

8.5　肾损伤 ［S37.001］

8.5.1　挫伤：误工 30～90 日，护理 15～20 日，营养 15～20 日。

8.5.2　破裂：误工 90～120 日，护理 30～60 日，营养 30～90 日。

8.6　腹部空腔脏器损伤

8.6.1　空腔脏器修补术：误工 60～90 日，护理 30～60 日，营养 60～120 日。

8.6.2　空腔脏器部分切除术：误工 90～120 日，护理 30～60 日，营养 60～120 日。

8.6.3　腹部探查术：误工 60～90 日，护理 30～45 日，营养 45～60 日。

8.7　膀胱、输尿管、尿道损伤 ［S37.2051、S37.1051、S37.3051］

8.7.1　挫伤：误工 15～30 日，护理 15～30 日，营养 7～15 日。

8.7.2　破裂：误工 30～90 日，护理 30～60 日，营养 30～60 日。

8.7.3　手术治疗：误工 60～150 日，护理 45～60 日，营养 45～60 日。

8.8　输卵管、卵巢、子宫损伤 ［S37.5051、＄37.4051（创伤性子宫穿孔 S37.601、创伤性子宫破裂 S37-602、子宫损伤通入体腔开放性伤口 S37.6151）］

8.8.1　挫伤：误工 15～30 日，护理 15～30 日，营养 7～15 日。

8.8.2　破裂：误工 30～90 日，护理 30～60 13，营养 30～60 日。

8.8.3　手术治疗：误工 60～90 日，护理 45～60 日，营养 45～60 日。

8.9　腹膜后血肿 ［S36.8053］

误工 .60～90 日，护理和营养根据临床治疗情况确定。

9 脊柱、骨盆部损伤

9.1 脊柱骨折 Evos. X051］

9.1.1 非手术治疗：误工 45～150 日，护理 45～60 日，营养 45～60 日。

9.1.2 手术治疗：误工 120～180 日，护理 60～90 日，营养 60～90 日。

9.2 椎间关节脱位

　　误工 45～60 日，护理 30～45 日，营养 20～30 日。

9.3 外伤性椎间盘突出

9.3.1 非手术治疗：误工 60～120 日，护理 30～60 日，营养 30～60 日。

9.3.2 手术治疗；误工 90～150 日，护理 60～90 日，营养 60～90 日。

9.4 脊髓损伤［S14.101、S24.101、S34.101、S34.401］

9.4.1 脊髓震荡：误工 30～60 日，护理 30～45 日，营养 20～30 日。

9.4.2 脊髓挫伤、脊髓压迫：根据临床治疗情况确定。

9.5 骨盆骨折［S32.801］

9.5.1 稳定型骨折：误工 60～120 日，护理 20～30 日，营养 30～60 日。

9.5.2 不稳定型骨折：误工 120～180 日，护理 60～90 日，营养 60～90 日。

9.6 阴茎损伤［S39.904］

9.6.1 挫伤［S30.252］：误工 1～30 日，护理 1～7 日，营养 1～15 日。

9.6.2 裂伤［S31.251］：误工 15～60 日，护理 1～30 日，营养 1～30 日。

9.6.3 脱位：误工 30～60 日，护理 30～60 日，营养 30～60 日。

9.6.4 断裂或缺损［S38.251］：误工 30～90 日，护理 45～60 日，营养 45～60 日。

9.7 阴囊损伤［S39.958］

9.7.1 阴囊血肿、鞘膜积血 IS30.202］：误工 15～60 日，护理 7～30 日，营养 7～30 日。

9.7.2 阴囊撕裂伤［S31.351（阴囊开放性伤口 S31.301）］：误工 30～90 日，护理 20～30 日，营养 20～30 日。

9.8 睾丸损伤［S39.959］

9.8.1 睾丸挫伤或脱位［S30.258］：误工 30～60 日，护理 20～30 日，营养 20～30 日。

9.8.2 睾丸破裂［S31.352］：误工 60～90 日，护理 30～60 日，营养 30～60 日。

9.8.3 一侧睾丸切除［62.301］：误工 60～90 日，护理 45～60 日，营养 45～60 日。

9.9 女性外阴裂伤［S31.452］

　　误工 60～90 日，护理 20～30 日，营养 20～30 日。

9.10 阴道损伤［S39.955］

　　误工 60～90 日，护理 20～30 日。营养 20～30 日。

9.11 外伤性流产、早产

　　误工 60～90 日，护理 20～30 日，营养 30～60 日。

10 肢体与关节损伤

10.1 肢体软组织损伤

10.1.1 皮肤擦、挫伤：误工 7～15 日，无需护理，营养 1～7 日。

10.1.2 皮肤创长度小于或等于 20 cm：误工 15～20 日，护理 1～7 日，营养 1～15 日。

10.1.3 皮肤创长度大于 20 cm：误工 20～30 日，护理 1～15 日，营养 15～30 日。

10.2 骨折

10.2.1 锁骨骨折［S24.0］：
　　a）非手术治疗：误工 60～120 日，护理 30～60 日，营养 60～90 日；
　　b）手术治疗：误工 90～120 日，护理 30～60 日，营养 60～90 日。

10.2.2 肩胛骨骨折［S42.1］：
　　a）非手术治疗：误工 60～120 日，护理 30～60 日，营养 30～60 日；
　　b）手术治疗：误工 90～180 日，护理 30～60 日，营养 60～90 日。

10.2.3 肱骨骨折［S42.2、S42.3、S42.4］：
　　a）非手术治疗：误工 60～180 日，护理 30～60 日，营养 60～90 日；
　　b）手术治疗：误工 90～270 日，护理 60～90 日，营养 60～90 日。

10.2.4 尺骨鹰嘴骨折［S52.003］：
　　a）非手术治疗：误工 60～90 日，护理 30～60 日，营养 30～60 日；
　　b）手术治疗：误工 90～120 日，护理 30～60 日，营养 60～90 日。

10.2.5 尺桡骨折［S52.4051］：
　　a）非手术治疗：误工 90～120 日，护理 30～60 日，营养 60～90 日；
　　b）手术治疗：误工 90～180 日，护理 30～60 日，营养 60～90 日。

10.2.6 腕骨骨折［S62.101］：
　　a）骨折：误工 90～180 日，护理 30～60 日，营养 20～30 日；
　　b）脱位：误工 120～180 日，护理 30～60 日，营养 20～30 日。

10.2.7 指、掌骨骨折［S62.602、S62.301］：
　　a）非手术治疗：误工 45～60 日，护理 20～30 日，营养 20～30 日；
　　b）手术治疗：误工 30～90 日，护理 20～30 日，营养 20～30 日。

10.2.8 股骨颈骨折［S72.002］：
　　a）非手术治疗：误工 240～365 日，护理 120～180 日，营养 30～90 日；
　　b）手术治疗：误工 180～365 日，护理 90～150 日，营养 90～180 日。

10.2.9 股骨粗隆间骨折［S72.101］：
　　a）非手术治疗：误工 180～270 日，护理 120～180 日，营养 30～90 日；
　　b）手术治疗：误工 180～270 日，护理 90～180 日，营养 90～180 日。

10.2.10 股骨干骨折［S72.301］；
　　a）非手术治疗：误工 90～180 日，护理 60～120 日，营养 30～90 日；
　　b）手术治疗：误工 90～300 日，护理 60～120 日，营养 60～90 日。

10.2.11 股骨远端骨折［S72.404］：
　　a）非手术治疗：误工 90～180 日，护理 60～120 日，营养 30～90 日；
　　b）手术治疗：误工 120～270 日，护理 60～120 日，营养 30～90 H。

10.2.12 髌骨骨折［S82.001］：
　　a）非手术治疗：误工 120～150 日，护理 30～60 日，营养 30～60 日；
　　b）手术治疗：误工 120～180 日，护理 60～90 日，营养 30～60 日。

10.2.13 胫骨平台骨折：

a）非手术治疗：误工 90～150 日，护理 60～90 日，营养 30～60 日；

b）手术治疗：误工 120～180 日，护理 60～90 日，营养 30～60 日。

10.2.14　胫腓骨骨折［S82.201］：

a）胫骨骨折：误工 120～180 日，护理 30～90 日，营养 60～90 日；

b）腓骨骨折：误工 60～90 日，护理 30～60 日，营养 30～60 日；

c）胫腓骨双骨折：误工 120～180 日，护理 30～90 日，营养 60～90 日；

d）开放性骨折：误工 150～180 日，护理 60～90 日，营养 60～90 日；

e）胫骨远端粉碎性骨折：误工 150～180 日，护理 60～90 日，营养 60～90 日。

10.2.15　踝部骨折［S82.801］：

a）单踝骨折：误工 90～120 日，护理 30～60 日，营养 60～90 日；

b）双踝骨折：误工 90～180 日，护理 30～60 日，营养 60～90 日；

c）三踝骨折：误工 90～180 日，护理 30～60 日，营养 60～90 日。

10.2.16　舟、楔骨骨折：误工 120 日，护理 30～60 日，营养 60～90 日。

10.2.17　跟、距骨骨折 Es92.001/S92.101］：

a）单纯骨折：误工 90～180 日，护理 60～90 日，营养 60～90 日；

b）累及关节面：误工 90～240 日，护理 60～90 日，营养 90～120 日；

c）手术治疗：误工 90～240 日，护理 60～90 日，营养 60～90 日。

10.2.18　跖、趾骨及其他跗骨骨折［S92.301/S92.501］：

a）非手术治疗：误工 90～120 日，护理 30～60 日，营养 60～90 日；

b）手术治疗：误工 120～150 日，护理 30～60 日，营养 60～90 日。

10.3　关节脱位

10.3.1　肩关节脱位［S43.001］：

a）非手术治疗：误工 60～90 日，护理 30～60 日，营养 20～30 日；

b）手术治疗：误工 60～180 日，护理 30～60 日，营养 20～30 日。

10.3.2　肘关节脱位［S53.101］：

a）非手术治疗：误工 60～90 日，护理 30～60 日，营养 20～30 日；

b）手术治疗：误工 60～180 日，护理 30～60 日，营养 60～90 日。

10.3.3　髋关节脱位［S73.052］：

a）非手术治疗：误工 90～150 日，护理 30～90 日，营养 30～60 日；

b）手术治疗：误工 90～180 日，护理 30～90 日，营养 60～90 日。

10.3.4　其他关节脱位：

a）胸锁/肩锁关节脱位［S43.201/S43.151］：误工 60～180 日，护理 30～60 日，营养 30 日；

b）腕部脱位［S63.001］：误工 60～180 日，护理 30～60 日，营养 20～30 日；

c）掌指/指间关节脱位［S63.153/S63.151］：误工 60～90 日，护理 30～60 日，营养 30 日；

d）距骨脱位［S93.054］：误工 60～120 日，护理 30～90 日，营养 20～30 日；

e）跗骨间/跗跖关节脱位 ES93.353/S93.352］：误工 60～120 日，护理 30～90 日，营养 20～30 日；

f）跖趾/趾间关节脱位［S93.151/S93.101］：误工 60～90 日，护理 30～90 日，营养 20～30 日；

g）趾间关节/跗足关节骨折脱位：误工 60～180 日，护理 30～90 日，营养 60～90 日。

10.4　四肢大关节韧带损伤

误工 60 ~ 120 日，护理 60 ~ 90 日，营养 30 ~ 60 日。

10.5　主要肌腱断裂

　　误工 60 ~ 150 日，护理和营养根据临床治疗情况确定。

10.6　肢体离断

10.6.1　断肢：误工 120 ~ 180 日，护理 30 ~ 90 日。营养 90 日。断肢需持续治疗的，可视临床治疗情况确定。

10.6.2　断指：误工 60 ~ 90 日，护理 30 ~ 90 日，营养 30 ~ 60 日。多指离断可视临床治疗情况确定。

10.7　断肢（指、趾）再植

　　根据临床治疗恢复情况确定。

10.8　周围神经损伤

10.8.1　臂丛及其重要分支神经损伤（尺神经/桡神经/正中神经/腋神经/肌皮神经）［S14.301］：误工 180 ~ 365 日，护理 30 ~ 150 日，营养 30 ~ 60 日。

10.8.2　腰、骶丛及其重要分支神经（坐骨神经/股神经/胫神经/腓总神经）［S34.451］：误工 180 ~ 365 日，护理 30 ~ 150 日，营养 30 ~ 60 日。

10.9　四肢主要血管损伤

　　误工 90 ~ 180 日，护理 30 ~ 60 日，营养 30 ~ 60 日。

11　其他损伤

11.1　烧烫伤［T20 ~ T32］

11.1.1　轻度：误工 30 ~ 45 日，护理 1 ~ 30 日，营养 20 ~ 30 日。

11.1.2　中度：误工 60 ~ 90 日，护理 30 ~ 60 日，营养 60 日。

11.1.3　重度：误工 120 日，护理 60 ~ 120 日，营养 90 ~ 120 日。

11.1.4　特重度：根据临床治疗情况确定。

11.2　冻伤［T33］

11.2.1　局部冻伤：

　　a）Ⅰ度：误工 15 ~ 30 日，护理 1 ~ 30 日，营养 1 ~ 30 日；

　　b）Ⅱ度：误工 30 ~ 45 日，护理 15 ~ 30 日，营养 30 ~ 60 日；

　　c）Ⅲ度：误工 60 ~ 90 日，护理 60 ~ 90 日，营养 60 ~ 90 日；

　　d）Ⅳ度：误工 120 ~ 150 日，护理 60 ~ 90 日，营养 60 ~ 90 日。

11.2.2　全身冻伤：根据临床治疗情况确定。

11.3　其他物理化学生物因素损伤

　　参照有关条款。

11.4　损伤致皮下软组织出血

　　出血达全身体表面积的 30% 以上，误工 60 ~ 120 日，护理和营养根据临床治疗情况确定。

11.5　损伤致创伤性休克、失血性休克或感染性休克

　　误工 60 ~ 90 日，护理和营养根据临床治疗情况确定。

11.6　损伤致异物存留在脑、心等重要器官内

　　误工 90 ~ 120 日，护理和营养根据临床治疗情况确定。

11.7　损伤致挤压综合征

　　误工 90 ~ 120 日，护理和营养根据临床治疗情况确定。

附 录 A
（规范性附录）
判定基准的补充

A.1 本标准中的"误工期、护理期、营养期"是指本次损伤/事故所致的期限，需排除既往损伤、疾病。

A.2 本标准中的"误工期、护理期、营养期"为各类损伤/事故的一般性期限，在具体案件的评定中，应遵循个性化为主、循证化为辅的原则，考虑不同个体的自身情况、损伤情况、临床治疗、恢复等因素具体分析，综合评定，不可机械照搬。

A.3 人身损害后的临床"误工期、护理期、营养期"低于本标准期限的，按临床实际发生的期限计算。

A.4 多处损伤，不能将多处损伤的"误工期、护理期、营养期"进行简单累加；一般以"误工期、护理期、营养期"较长的损伤为主，并结合其他损伤的期限综合考虑，必要时酌情延长。

A.5 对于一些损伤后恢复期较长，但已进入调解程序或诉讼程序的，"误工期、护理期、营养期"评定的上限可以至伤残评定前一日。

A.6 "误工期、护理期、营养期"原则上不超过 24 个月。

A.7 遇有本标准以外的损伤，应根据临床治疗情况，或比照本标准相类似损伤所需的"误工期、护理期、营养期"进行评定。

A.8 继发性损伤、合并症、并发症或需二期治疗的，根据临床治疗恢复情况确定。

A.9 由于个体差异、潜在疾病、年龄等因素介入导致"误工期、护理期、营养期"有所变化的，应根据具体情况综合评定。

附 录 B
（规范性附录）
损伤分级的依据

B.1 颅脑损伤分级

B.1.1 轻型颅脑损伤：无颅骨骨折，昏迷时间不超过 0.5 h，有轻度头痛、头晕等症状。神经系统检查和脑脊液检查均正常。

B.1.2 中型颅脑损伤：相当于轻的脑挫裂伤，有或无颅骨骨折，蛛网膜下腔出血，无脑受压征象。昏迷时间不超过 12 h。有轻度神经系统病理体征，体温、脉搏、呼吸及血压均有轻度改变。

B.1.3 重型颅脑损伤：相当于广泛的脑挫裂伤，脑干损伤或急性颅内血肿，深昏迷在 12h 以上。有明显的神经系统病理体征，如瘫痪、脑疝综合征、去大脑强直等，有明显的体温、脉搏、呼吸和血压变化。

B.1.4 特重型颅脑损伤：伤后立即出现深昏迷，去大脑强直或伴有其他脏器损伤、休克等。迅速出现脑疝、双瞳孔散大、生命体征严重紊乱等，甚至出现呼吸停止。

B.2 烧烫伤程度分级

B.2.1 成人烧烫伤程度划分：

　　a）轻度烧烫伤：烧烫伤总面积小于或等于 10%，Ⅲ度烧烫伤面积小于或等于 5%；

b）中度烧烫伤：烧烫伤总面积 10%～30%，Ⅲ度烧烫伤面积 5%～10%；

c）重度烧烫伤：烧烫伤总面积 31%～50%，Ⅲ度烧烫伤面积 11%～20%；

d）特重度烧烫伤：烧烫伤总面积大于 50%，Ⅲ度烧烫伤面积大于 20%。

B.2.2　小儿烧烫伤程度划分：

a）轻度烧烫伤：烧烫伤总面积小于或等于 10%，无Ⅲ度烧烫伤；

b）中度烧烫伤：烧烫伤总面积 10%～29%，Ⅲ度烧烫伤面积小于或等于 5%；

c）重度烧烫伤：烧烫伤总面积 30%～49%，Ⅲ度烧烫伤面积 5%～14%；

d）特重度烧烫伤：烧烫伤总面积大于 50%，Ⅲ度烧烫伤面积大于 15%。

B.3　甲状腺功能低下程度分级

B.3.1　轻度甲状腺功能低下：

a）临床症状较轻；

b）B.M.R.（基础代谢率）－20%～－10%；

c）吸碘率 15%～20%（24 h）；

d）参考 T3（三碘甲状腺原氨酸）、T4（甲状腺素）检查和甲状腺同位素扫描。

B.3.2　中度甲状腺功能低下：

a）临床症状较重；

b）B.M.R.－30%～－20%；

c）吸碘率 10%～15%（24 h）；

d）参考 T3、T4 检查和甲状腺同位素扫描。

B.3.3　重度甲状腺功能低下：

a）临床症状严直；

b）B.M.R.＜－30%；

c）吸碘率＜10%（24h）；

d）参考 T3、T4 检查和甲状腺同位素扫描。

B.4　甲状旁腺功能低下程度分级

B.4.1　轻度甲状旁腺功能低下：空腹血钙 7 mg/dL～8 mg/dL。

B.4.2　中度甲状旁腺功能低下：空腹血钙 6 mg/dL～7 mg/dL。

B.4.3　重度甲状旁腺功能低下：空腹血钙＜6 mg/dL。

a）临床症状严直；

b）B.M.R.＜－30%；

c）吸碘率＜10%（24h）；

d）参考 T3、T4 检查和甲状腺同位素扫描。

B.4　甲状旁腺功能低下程度分级

B.4.1　轻度甲状旁腺功能低下：空腹血钙 7 mg/dL～8 mg/dL。

B.4.2　中度甲状旁腺功能低下：空腹血钙 6 mg/dL～7 mg/dL。

B.4.3　重度甲状旁腺功能低下：空腹血钙＜6 mg/dL。

特殊教育学校建设标准

建标 156—2011

第一章　总　　则

第一条　为了贯彻执行《中华人民共和国教育法》、《中华人民共和国义务教育法》、《中华人民共和国残疾人保障法》和《残疾人教育条例》等法律法规，落实《国家中长期教育改革和发展规划纲要（2010—2020 年)》，促进特殊教育的科学发展，坚持以人为本，实现教育公平，满足特殊教育学校教学活动和师生生活的基本需求，合理确定校园建设用地面积与校舍建筑面积指标和建筑标准，全面提升学校建设水平，特制定本建设标准。

第二条　本建设标准是为特殊教育学校建设项目决策服务和合理确定特殊教育学校建设水平的全国统一标准，是编制、评估和审批特殊教育学校建设项目建议书、可行性研究报告、校园规划设计和建设规划用地的依据，也是审查项目设计和监督检查工程项目建设全过程的尺度。

第三条　本建设标准所称特殊教育学校是指九年制义务教育阶段招收盲、聋、智障学生的学校。

第四条　本建设标准适用于义务教育阶段的各类特殊教育学校的新建项目，改建和扩建项目参照执行。

第五条　特殊教育学校的建设必须确保师生安全和使用功能，学校的建筑及设施应具有防御各类重大意外灾害的能力和应对措施。必须贯彻"适用、经济、美观"的原则，应执行"环保、节地、节能、节水、节材、无障碍"的基本规定，注重技术、经济对比分析。

第六条　特殊教育学校建设应统筹规划、合理布局，先规划后建设。改建、扩建项目应充分利用现有设施。本建设标准将各类校舍面积分为必备指标和选配指标，必备指标分为一级指标和二级指标，校园建设用地面积指标分为Ⅰ类和Ⅱ类。新建学校应按必备指标加选配指标进行校园总体规划。首期建设的校舍建筑面积不应低于必备指标。建在县级城镇的特殊教育学校首期建设的校舍建筑面积不应低于一级指标，建在地（州）、市及以上的特殊教育学校首期建设的校舍建筑面积不应低于二级指标。

第七条　特殊教育学校建设，除应执行本建设标准外，还应符合国家现行其他相关标准和建筑设计规范的规定。

第二章　建设规模与建筑项目构成

第八条　特殊教育学校的建设规模，应根据各类特殊教育学校的办学规模、课程设置、教学计划、校舍建筑面积指标确定。

第九条　办学规模和班额宜根据生源按下列规定设置：

一、盲、聋校为 9 班、18 班、27 班，12 人/班。

二、培智学校为9班、18班、27班，8人/班。

第十条 特殊教育学校校舍建筑由教学及教学辅助用房、公共活动及康复用房、办公用房、生活用房四部分构成。

第十一条 教学及教学辅助用房：

一、盲校：包括普通教室、语言教室、计算机教室、直观教室、音乐教室、乐器室、美工教室及教具室、实验室、仪器及准备室、生活与劳动教室、劳技教室，以及地理教室、小琴房。

二、聋校：包括普通教室、语训小教室、律动教室及辅房、美工教室及教具室、多媒体教室、计算机教室、实验室、仪器及准备室、生活与劳动教室、劳技教室以及语训小教室、职业技术教室。

三、培智学校：包括普通教室、唱游教室、心理疏导个训室、计算机教室、美工教室及教具室、家政训练教室、语训教室、劳技教室，以及律动教室及辅房、乐器室、情景教室。

第十二条 公共活动及康复用房：包括图书阅览室、多功能活动室、电教器材室、体育康复训练室、体育器材室。盲校应增设风雨操场、心理咨询室、视力检测室；聋校应增设风雨操场、心理咨询室、听力检测室、耳模制作室；培智学校应增设感觉统合训练室，以及心理咨询室。

第十三条 办公用房：包括行政办公室、教师办公室、会议接待室、广播及社团办公室、卫生保健室、总务贮藏室、电木工修理间、门卫值班室、配电室以及员工休息室、弱电机房等。

第十四条 生活用房：包括学生宿舍、学生食堂、学生浴室、学生厕所、教工厕所、单身教工宿舍、教工食堂及其他生活用房等。

第三章 布局、选址、校园规划与建设用地

第十五条 新建特殊教育学校应根据当地经济社会发展规划和特殊教育事业发展规划、城市规划（或镇规划），结合人口规模和人口密度、残疾儿童少年数量等要素合理布局，应独立设置，宜建在县级及以上的城镇。

第十六条 特殊教育学校的选址应遵循以下原则： 一、选择地质条件较好、环境适宜、交通方便、地形开阔平坦、基础设施完善、符合卫生和环保要求，适合建设特殊教育学校的地段。

二、避开地震危险地段、可能发生地质灾害的地段和不安全地段。避开输气管道和高压供电走廊等。

三、与铁路、高速公路、城市干道、机场及飞机起降航线有足够的安全、卫生防护距离。校园用地应完整，不应有校外道路穿越。

四、不应与集贸市场、娱乐场所、医院传染病房、太平间、殡仪馆、生产经营贮藏有毒有害危险品、易燃易爆物品的场所和噪声源等不利于学生学习、身心健康和危及学生安全的场所毗邻。

第十七条 特殊教育学校的校园规划应遵循以下原则：

一、新建、改建、扩建的学校都应有校园规划。

二、特殊教育学校的校园规划应因地制宜，合理利用地形地貌；应适合学生的特点，并有利于对学生的管理。

三、校园总平面宜按教学、体育运动、生活等不同功能进行分区、合理分布，各功能区之间方便联系、互不干扰。校园内建筑间距及校内建筑与相邻校外建筑的间距，应符合国家标准及规划、消防、卫生、环保等部门的有关规定。

四、校园道路网的布置应便捷通畅，主要交通道路应根据学校人流、车流、消防要求布置。道

路的高差处宜设坡道，路上的地下管线井盖应与路面标高一致。有盲生学校的路面应铺设行进盲道和提示盲道。

五、校园的主出人口不宜设在主要交通干道边，校门外应设置人流缓冲区。校园应有围墙（或安全隔离设施）、校门。

六、校同建筑组合宜紧凑、集巾，学校的主要建筑之间宜有廊联系，强化校园整体性。建筑形式和建筑风格宜体现特殊教育建筑的文化内涵和时代特征。校园绿化、美化应结合建筑景观统一规划设计和建设，以形成优美的校园环境和人文景观。

七、环形跑道田径场地的长轴宜为南北方向。

八、旗杆、旗台宜位于校园中心广场或主要运动场区的显要位置。

九、严禁种植带刺和有毒的植物，严禁使用带有尖状突出物的围栏。

十、符合城市道路和建筑物无障碍设计规范。

第十八条 特殊教育学校建设用地包括建筑用地、体育活动用地、集中绿化用地和地面停车场用地。

一、建筑用地包括建筑物、构筑物基底占地面积，建筑物周围通道，房前屋后的零星绿地及建筑组群之间的小片活动场地，校园道路及广场用地。

二、体育活动用地包括体育课、课间操、课外活动使用的田径场和球类场地，应设置适宜残疾学生使用的200m环行跑道田径场（含60m以上的直跑道），用地面积指标应符合表1的规定。

表1　体育活动用地面积指标

校别 项目	肓校			聋校			培智学校		
	9班	18班	27班	9班	18班	27班	9班	18班	27班
200m环形跑道（片）	1	1	1	1	1	1	1	1	1
篮球场（片）	—	—	—	1	2	3	1	2	3
占地面积（m²）	4628	4628	4628	5186	5744	6302	5186	5744	6302

三、集中绿化用地包括校园专用绿地和生物科技园地等，不应小于校园建设用地面积的10%。

四、地面停车场用地按教职工数的30%配置机动车地面停车场，每个停车位占地30m²。

第十九条 建设用地面积指标应符合表2的规定。

表2　建设用地面积指标　　　　　　　　　　　　　　　　单位：m²

学校类别	学校规模	建设用地面积	
		I	II
肓校	9班	13104	15216
	18班	18767	22559
	27班	—	27896
聋校	9班	13542	15526
	18班	18966	22414
	27班	—	29379
培智学校	9班	1 2338	13761
	18班	17100	19974
	27班	—	25670

注：表中I类建设用地指标是指满足校舍总建筑面积一级指标加选配指标的建筑用地和其他各项用地之和所需的建设用地面积；II类

建设用地指标是指满足校舍 总建筑面积二级指标加选配指标的建筑用地和其他各项用地之和所需的建设用 地面积。

第四章　校舍建筑面积指标

第二十条　校舍总建筑面积和班均建筑面积指标应符合表 3 的规定。

表3　校舍总建筑面积和班均建筑面积指标　　　　　　　　　　　　　　　单位：m²

学校类别	项目名称	必备指标					选配指标		
		一级指标		二级指标					
		9班	18班	9班	18班	27班	9班	18班	27班
盲校	建筑面积合计	4782	7822	6302	10552	13708	728	1542	2005
	班均建筑面积	531	435	700	586	508	81	86	70
聋校	建筑面积合计	4150	6558	5578	9042	12357	1228	2055	3085
	班均建筑面积	461	364	620	502	458	136	114	114
培智学校	建筑面积合计	3792	6173	4817	8243	11103	683	1025	1560
	班均建筑面积	421	343	535	458	411	76	57	58

第二十一条　教学及教学辅助用房使用面积必备指标应符合表4、表5的规定，选配指标应配合表6的规定。

表4　教学及教学辅助用房使用面积必备指标（一）　　　　　　　　　　单位：间、m²

学校类别	用房名称	每间使用面积	必备指标			
			一级指标			
			9班		18班	
			间数	面积	间数	面积
盲校	普通教室	44	9	396	18	792
	语言教室	47	1	47	1	47
	计算机教室	44	1	44	1	44
	直观教室	44	2	88	3	132
	音乐教室	44	1	44	2	88
	乐器室	21	1	21	1	21
	美工教室及教具室	44	2	88	2	88
	实验室	47	2	94	2	94
	仪器及准备室	21	2	42	2	42
	生活与劳动教室	—	—	65	—	88
	劳技教室	47	2	94	2	94
	普通教室	40	9	360	18	720
	语训小教室	6	3	18	5	30
	律动教室及辅房	—	—	98	—	98
	美工教室及教具室	—	—	68	—	68
	多媒体教室	47	1	47	1	47

学校类别	用房名称	每间使用面积	间数	面积	间数	面积
育校	计算机教室	44	1	44	1	44
	实验室	47	2	94	2	94
	仪器及准备室	21	2	42	2	42
	生活与劳动教室	—	—	65	—	88
	劳技教室	47	2	94	2	94
培智学校	普通教室	44	9	396	18	792
	心理疏导个训室	—	—	12	—	12
	唱游教室	44	1	44	1	44
	计算机教室	44	1	44	1	44
	美工教室及教具室	—	—	56	—	56
	家政训练教室	—	—	47	—	47
	语训教室	44	1	44	1	44
	劳技教室	44	1	44	2	88

表5　教学及教学辅助用房使用面积必备指标（二）　　　　单位：间、m²

学校类别	用房名称	每间使用面积	必备指标					
			二级指标					
			9班		18班		27班	
			间数	面积	间数	面积	间数	面积
育校	普通教室	54	9	486	18	972	27	1458
	语言教室	61	1	61	2	122	2	122
	计算机教室	61	1	61	2	122	2	122
	直观教室	—	—	122	—	183	—	183
	音乐教室	61	1	61	2	122	2	122
	乐器室	—	—	40	—	40	—	40
	美工教室及教具室	61	2	122	2	—122	2	122
	实验室	61	2	122	2	122	2	122
	仪器及准备室	—	—	60	—	60	—	60
	生活与劳动教室	—	—	122	—	122	—	122
	劳技教室	61	2	122	2	122	3	183
	普通教室	54	9	486	18	972	27	1458
	语训小教室	—	—	30	—	60	—	60
	律动教室及辅房	—	—	100	—	100	—	200
	美工教室及教具室	80	1	80	1	80	2	160
	多媒体教室	80	1	80	1	80	2	160

学校类别	用房名称	每间使用面积	间数	面积	间数	面积	间数	面积
育校	计算机教室	61	1	61	1	61	2	122
	实验室	61	2	122	2	122	2	122
	仪器及准备室	—	—	60	—	60	—	60
	生活与劳动教室	—	—	122	—	122	—	122
	劳技教室	61	2	122	2	122	3	183
培智学校	普通教室	54	9	486	18	972	27	1458
	唱游教室	61	1	61	1	61	2	122
	心理疏导个训室	—	—	15	—	15	—	30
	计算机教室	61	1	61	2	122	2	122
	美工教室及教具室	61	1	61	2	122	2	122
	家政训练教室	61	1	61	1	61	2	122
	语训教室	61	1	61	1	61	2	122
	劳技教室	61	1	61	2	122	2	122

表6 教学及教学辅助用房使用面积选配指标   单位：间、m²

学校类别	用房名称	每间使用面积	选配指标					
			9班		18班		27班	
			间数	面积	间数	面积	间数	面积
育校	地理教室	61	1	61	1	61	1	61
	小琴房	—	—	40	—	60	—	60
聋校	语训小教室	—	—	30	—	30	—	30
	职业技术教室	61	1	61	1	61	1	61
培智学校	律动教室及辅房	—	—	100	—	100	—	200
	乐器室	—	—	15	—	15	—	30
	情景教室	6	1	61	2	122	2	122

第二十二条 公共活动及康复用房使用面积指标应符合表7的规定。

表7　公共活动及康复用房使用面积指标　　　　　　　　　　　　　单位：m²

学校类别	用房名称	必备指标					选配指标		
		一级指标		二级指标					
		9班	18班	9班	18班	27班	9班	18班	27班
盲校	图书阅览室	166	271	180	300	400	—	—	—
	多功能活动室	120	180	180	240	240	—	—	—
	电教器材室	21	21	30	30	30	—	—	—
	体育康复训练室	56	56	122	183	183	—	—	—
	体育器材室	21	21	30	61	61	—	—	—
	风雨操场	—	—	—	—	—	—	252	252
	心理咨询室	—	—	—	—	—	30	30	30
	视力检测室	—	—	—	—	—	30	30	30
聋校	图书阅览室	79	118	150	270	370	—	—	—
	多功能活动室	120	180	180	240	240	—	—	—
	电教器材室	21	21	30	30	30	—	—	—
	体育康复训练室	56	56	61	122	122	—	—	—
	体育器材室	21	21	30	30	30	—	—	—
	风雨操场	—	—	—	—	—	280	560	840
	心理咨询室	—	—	—	—	—	30	30	30
	听力检测室	—	—	—	—	—	30	30	60
	耳模制作室	—	—	—	—	—	30	30	60
培智学校	图书阅览室	65	106	90	122	183	—	—	—
	多功能活动室	120	160	180	240	240	—	—	—
	电教器材室	21	21	30	30	30	—	—	—
	体育康复训练室	56	56	61	122	122	—	—	—
	体育器材室	21	21	30	30	30	—	—	—
	感觉统合训练室	122	122	122	122	122	—	—	—
	心理咨询室	—	—	—	—	—	30	30	30

第二十三条　办公用房使用面积指标应符合表8的规定。

表8　办公用房使用面积指标　　　　　　　　　　　　　　　　　　单位：m²

用房名称	必备指标					选配指标		
	一级指标		二级指标					
	9 班	18 班	9 班	18 班	27 班	9 班	18 班	27 班
行政办公室	84	112	124	186	186	—	—	—
教师办公室	144	288	186	372	558	—	—	—
会议、接待室	47	80	61	122	122	—	—	—
广播及社团办公室	28	42	30	61	61	—	—	—
卫生保健室	28	42	30	61	61	—	—	—
总务贮藏室	28	42	30	61	61	—	—	—
电木工修理间	44	44	61	61	61	—	—	—
门卫值班室	22	22	45	45	45	—	—	—
配电室	15	15	30	30	61	—	—	—
员工休息室	—	—	—	—	—	30	30	61
弱电机房	—	—	—	—	—	30	30	61

第二十四条　生活用房使用面积指标应符合表 9 的规定。

表9　生活用房使用面积指标　　　　　　　　　　　　　　　　　　单位：m²

学校类别	用房名称	必备指标					选配指标		
		一级指标		二级指标					
		9 班	18 班	9 班	18 班	27 班	9 班	18 班	27 班
育校	学生宿舍	518	1037	648	1296	1944	216	432	648
	学生食堂	177	311	216	389	518	—	—	—
	学生浴室	32	65	65	130	194	—	—	—
	学生厕所	48	96	48	96	144	—	—	—
	教工厕所	16	28	16	28	40	—	—	—
	单身教工宿舍	81	161	93	186	279	—	—	—
	教工食堂	31	56	37	68	93	—	—	—
	其他生活用房	119	173	140	216	227	—	—	—

	学生宿舍	324	648	432	864	1296	216	432	648
聋校	学生食堂	177	311	21 6	389	518	—	—	—
	学生浴室	27	54	54	108	162	—	—	—
	学生厕所	48	96	48	96	144	—	—	—
	教工厕所	16	28	16	28	40	—	—	—
	单身教工宿舍	81	161	93	186	279	—	—	—
	教工食堂	31	56	37	68	93	—	—	—
	其他生活用房	119	173	140	216	227	—	—	—
培智学校	学生宿舍	346	691	432	864	1296	144	288	432
	学生食堂	118	207	144	259	346	—	—	—
	学生浴室	22	43	44	87	130	—	—	—
	学生厕所	32	64	32	64	96	—	—	—
	教工厕所	16	32	16	32	48	—	—	—
	单身教工宿舍	94	187	108	216	324	—	—	—
	教工食堂	36	65	43	79	108	—	—	—
	其他生活用房	79	115	94	144	151	—	—	—

第五章　校舍建筑标准

第二十五条　特殊教育学校校舍建筑标准必须贯彻安全、适用、经济、环保、节能、美观的原则，校舍建筑设计应符合特殊教育学校建筑设计规范，应规划建设成符合残疾儿童少年学习生活要求和身心健康发展需求的无障碍型校园。

第二十六条　学校的普通教室、专用教室应安排在四层及以下。其他用房的层数宜根据使用要求设计。

第二十七条　建筑设计在平面空间布置和立面设计等方面应符合抗震设计要求。

第二十八条　建筑净高应符合以下规定：

一、各种教室不应低于3.10m，各类实验室不应低于3.40m。

二、行政办公用房不应低于2.60m。

三、学生宿舍使用单层床的不应低于2.60m，使用双层床的不应低于3.40m。

四、多功能活动室、食堂等用房的净高，应根据使用功能要求确定。

第二十九条　建筑结构应符合以下规定：

一、按防御各类重大意外灾害的相关规范要求进行设计。

二、校舍抗震设防类别不应低于重点设防类，建筑结构应采用抗震性能好的结构体系。

三、在抗震设防烈度6度及以上区域，严禁使用预制混凝土空心板及预制混凝土楼梯构件。

四、建筑材料的强度等级、型号、规格、质量等材料性能必须符合国家现行有关标准、规范的规定，满足设计要求。

第三十条　建筑防火应符合国家现行有关标准、规范的规定。建筑物的耐火等级：多层不应低于二级，单层不应低于三级。

第三十一条 普通教室、专用教室、食堂、门厅、走道、楼梯间宜采用防尘防滑易清洁的楼地面。化学实验室宜采用耐酸碱腐蚀的楼地面。计算机教室宜采用防静电架空地板。多功能活动室、体育康复训练室、音乐教室、唱游教室等应采用柔性楼地面，律动教室应采用弹性木地板楼地面。食堂、厕所、盥洗等用房宜采用防滑易清洁的楼地面，楼地面上应设地漏。需要对埋设在楼地面内的管线进行检修的房间，楼地面的做法应有利于管线维修。

第三十二条 门厅、走廊应符合以下规定：

一、门厅和走廊的地面上，盲校应设有引导视力残疾学生通向楼梯或有关房间的触感标志，在男女厕所门前地面处应设有特殊的触感标志；聋校应设有引导听力语言残疾学生上下课等作息时间的灯光标志。

二、教学用房、宿舍的内走廊净宽度不应小于3000mm，外廊及单面内廊的净宽度不应小于2100mm。有盲生及智障生的学校宜在走廊墙面的650 mm和850 mm高度处设两道木质扶手。进门处扶手末端应设置盲文提示标志。

三、特殊教育学校门厅和走廊内不得设踏步。走廊地面有高差时应使用坡道；房间出入口与走廊有高差时，连接处应使用斜坡。

四、外廊栏杆（栏板）净高不得低于1100mm。

五、建筑人口应设置残疾人通行无障碍坡道和扶手设施。

第三十三条 楼梯、电梯应符合以下规定：

一、楼梯设置的数量、宽度、位置和形式，应满足使用要求，符合安全疏散和国家防火规范要求，多层建筑每幢不得少于2座楼梯。

二、严禁采用螺旋形楼梯和扇形踏步。梯段之间不应设置遮挡视线的隔墙。楼梯坡度不应大于30°。踏步高度不应大于150mm；踏面板外沿不应突出踏步。楼梯井宽度不应大于110mm。楼梯栏杆（栏板）应坚固，高度不应小于900mm，室内楼梯平台及室外楼梯栏杆（栏板）高度不应小于1100mm。

三、楼梯间应有直接的自然采光、通风和人工照明。

四、盲校、培智学校楼梯应设双面扶手，宜设高、低两道木质扶手。盲校每层楼梯末端扶手应设置盲文楼层标志。有智障生的学校教学用房超过2层（含2层）时宜设无障碍电梯。

第三十四条 墙面粉刷应采用适用、耐久、环保的材料。所有内墙的阳角和凸出墙面的方柱均应做成圆角。教学用房、门厅、走廊、楼梯间均宜采用高于1200mm的耐磨、易清洁墙裙。厨房、浴室、厕所的墙裙宜高于1500mm。音乐教室、琴房内表面及聋校律动教室内墙面宜采用吸声和隔声措施。培智学校康复训练用房的内墙面应采用高于1800mm的软性包装墙面。外墙粉刷的用料，必须能防止雨水渗透，其色彩宜用暖色调。

第三十五条 建筑物出入口宽度应满足疏散和轮椅通行的要求，门窗应便于开启、清洁及安全，开启方式不得影响教室使用和走廊的交通。教学用房和门窗要有利于通风采光。各种教室和实验室均应设置前后门，门扇上宜设有观察窗，门上部应设较大面积的亮子。楼梯间窗户的设置应保证残疾学生的安全。培智学校窗户（面向走廊除外）应有安全护栏。

第三十六条 应根据各地雨雪量等气象条件和建材供应情况，采用钢筋混凝土平屋面或坡屋面。上述屋面均应有可靠的防水、隔热、保温措施。特殊教育学校不得设上人屋面。

第三十七条 特殊教育学校的教学楼和宿舍应每层设置男女厕所，并设置足够的厕位。男生按每18人配置1个蹲位和1个小便位，女生按每9人配置1个蹲位，且每层男女厕位数各不少于2个。厕所应采用水冲式瓷质便器。培智学校应设无障碍卫生间。

第三十八条 室内环境应符合下列要求：

一、建筑采光应符合建筑采光设计标准，应保证教学用房的最佳建筑朝向，并宜双侧采光，主要采光面应位于学生座位左侧。严禁使用有色玻璃，并应防止室内眩光，窗台高度宜为 900～1000mm。

二、室内应有良好的自然通风。化学实验室及毒气橱、药品柜应设置机械排气系统设施。

三、照明及电气设施。

1. 教学用房的灯具应配有保护灯罩或灯栅，不得用裸灯。如使用荧光灯，灯具（长轴）应垂直于书写板面布置（板前灯除外），悬挂高度距桌面宜为1700mm。各种教室、实验室的桌面照度：盲校不应低于400Lx，为适应低视力学生的学习，教室课桌上宜配置局部照明灯具；聋校、培智学校不应低于300Lx。书写板面的照度不应低于500Lx。各类用房的平均照度应符合建筑照明设计标准。

2. 教学楼、办公楼、宿舍、食堂等照明应分幢分层（或分部门）控制。

3. 各种教室、实验室的进门处宜装设门铃，聋校应加设信号灯。

4. 电源插座、开关的选型和安装应保证学生使用安全。

5. 信息网络系统应结合残疾人特点设置，其网络接口应接至每个教室、实验室、活动室、宿舍等残疾学生生活和学习的房间。

6. 所有导线均应采用暗敷，不得拖挂明线。

7. 食堂、劳技教室内除照明电源外，还应根据需要配备动力电源。

四、各地区的特殊教育学校，应因地制宜地配置安全的采暖设施和降温设施。

五、室内装修应符合民用建筑工程室内环境污染控制规范和建筑内部装修设计防火规范。

第三十九条 建筑防雷装置应符合国家建筑物防雷设计规范。

第四十条 主要用房固定设备配置：

一、普通教室。前墙应设书写板和投影幕布及显示屏，后墙宜设张贴通知和学生作业用的陈列板。聋校书写板上方应设信号灯一组。室内应设置讲台（盲校、培智学校不应设台阶）、清洁柜、广播音箱、电源插座、网络接口、有线电视等。

二、各种专用教室、实验室还应根据功能要求和可能条件设置上下水、电、管道燃气、通风等管线和设备。实验室应将管线接到每个实验桌。

三、行政办公室、教师办公室应采用综合布线。

四、教师办公室内宜设洗手盆、挂衣钩、电源插座、网络接口、有线电视、电话。

五、室内厕所应设洗手盆、污水池和地漏。

六、聋生宿舍应设置振动呼叫器及信号灯。盲校宜在建筑物内设置语音提示按钮。

第四十一条 食堂装修及设施配置应符合卫生防疫部门关于学校食堂卫生管理的要求。

第四十二条 应根据消防要求，在校内、楼内和相关室内配置消防设备。

第四十三条 应根据安全要求，在校内配置应急照明设备，设置疏散指示标志，宜设电子监控系统。聋校疏散转弯处应设置凸面镜。

附录一 术 语

一、特殊教育学校 special education school 本标准所说的特殊教育学校是由政府、企业事业组织、社会团体、其他社会组织及公民个人依法举办的专门对残疾儿童少年实施特殊教育的机构。

二、盲校 school for the blind person 为视力残疾儿童少年实施特殊教育的机构。

三、聋校　school for the deaf person　为听力残疾儿童少年实施特殊教育的机构。

四、培智学校　school for the mental handicapped　为智力残疾儿童少年实施特殊教育的机构。

五、律动教室　classroom for rhythmic course　供聋校学生上律动课的教室。内容包括音乐感受、舞蹈、体操、简单游戏等。主要是利用学生残存的听觉锻炼他们的触觉、振动觉，发展动作机能，培养学生对韵律的初步感受能力、欣赏能力和表现能力，以促进学生身心健康发展。

六、直观教室　classroom for intuition　利用感知材料的实物和模型等教学用具，训练盲生通过触觉、听觉、嗅觉直接认知客观事物的教室。

七、情景教室　classroom for scene practice　为特教学生适应生存，适应社会而设立的模拟社会各项公共服务设施的教室。八、感觉统合训练室　classroom for sensory integration　为智力残疾学生提供训练和发展认识外部世界的心理活动（感觉、知觉、注意等），发展身体的运动机能（大小肌肉控制、协调、灵活性等），设有综合训练器材进行活动训练的教室。

九、盲道　sidewalk for the blind　在人行道上铺设一种固定形态的地砖，使视力残疾者产生不同的触感，诱导视力残疾者向前行走、辨别方向以到达目的地的通道。

附录二　本建设标准用词和用语说明

一、为便于在执行本建设标准条文时区别对待，对要求严格程度不同的用词说明如下：

（一）表示很严格，非这样做不可的用词：

正面词采用"必须"，反面词采用"严禁"。

（二）表示严格，在正常情况均应这样做的用词：

正面词采用"应"，反面词采用"不应"或"不得"。

（三）表示允许稍有选择，在条件许可时首先应这样做的用词：

正面词采用"宜"，反面词采用"不宜"。

（四）表示有选择，在一定条件下可以这样做的用词：

正面词采用"可"，反面词采用"不可"。

二、本建设标准中指明应按其他有关标准、规范执行的写法为"应符合……的规定"或"应按……执行"。非必须按所指定的标准和规范执行的写法为"可参照……执行"。

中小学校雷电防护技术规范

QX/T 230—2014

1　范围

本标准规定了中小学校（简称学校）雷电防护的基本要求、设计要求、施工要求、管理和维护。

本标准适用于新建、改建和扩建学校的雷电防护，特殊教育学校、幼儿园、儿童福利院的雷电防护可参照使用。

2　规范性引用文件

下列文件对于本文件的应用是必不可少的。凡是注日期的引用文件，仅注日期的版本适用于本文件。凡是不注日期的引用文件，其最新版本（包括所有的修改单）适用于本文件。

GB/T 21714.3—2008　雷电防护　第 3 部分：建筑物的物理损坏和生命危险（IEC 62305—3：2006，IDT）

GB 50054—2011　低压配电设计规范

GB 50057—2010　建筑物防雷设计规范

GB 50169—2006　电气装置安装工程接地装置施工及验收规范

GB 50204　混凝土结构工程施工质量验收规范

GB 50311—2007　综合布线系统工程设计规范

GB 50601—2010　建筑物防雷工程施工与质量验收规范

QX 4　气象台（站）防雷技术规范

QX/T 10.2—2007　电涌保护器　第 2 部分：低压电气系统中的选择和使用原则

QX/T 10.3—2007　电涌保护器　第 3 部分：在电子系统信号网络中的选择和使用原则

QX 30—2004　自动气象站场室防雷技术规范

3　术语和定义

GB 50057—2010 界定的术语和定义适用于本文件。为了便于使用，以下重复列出了 GB 50057—2010 中的一些术语和定义。

3.1　直击雷　direct lightning falsh

闪击直接击于建（构）筑物、其他物体、大地或外部防雷装置上，产生电效应、热效应和机械力者。

［GB 50057—2010，定义 2.0.13］

3.2　雷击电磁脉冲　lightning electromagnetic impulse；LEMP

雷电流经电阻、电感、电容耦合产生的电磁效应，包含闪电电涌和辐射电磁场。

［GB 50057—2010，定义 2.0.25］

3.3　防雷装置　lightning protection system；LPS

用于减少闪击击于建（构）筑物上或建（构）筑物附近造成的物质性损害和人身伤亡，由外部防雷装置和内部防雷装置组成。

［GB 50057 2010，定义 2.0.5］

3.4　外部防雷装置　external lightning protection system

由接闪器、引下线和接地装置组成。

［GB 50057 2010，定义 2.0.6］

3.5　内部防雷装置　internal lightning protection system

由防雷等电位连接和与外部防雷装置的间隔距离组成。

［GB 50057—2010，定义 2.0.7］

3.6　接闪器　air—termination system

由拦截闪击的接闪杆、接闪带、接闪线、接闪网以及金属屋面、金属构件等组成。

注：以前接闪杆称为避雷针、接闪带称为避雷带、接闪线称为避雷线、接闪网称为避雷网。

［GB 50057—2010，定义 2.0.8］

3.7　引下线　down—conductor system

用于将雷电流从接闪器传导至接地装置的导体。

［GB 50057—2010，定义 2.0.9］

3.8　接地装置　earth—termination system

接地体和接地线的总合，用于传导雷电流并将其流散入大地。

［GB 50057—2010，定义 2.0.10］

3.9　电涌保护器　surge protective device；SPD

用于限制瞬态过电压和分泄电涌电流的器件。它至少含有一个非线性元件。

［GB 50057—2010，定义 2.0.29］

4　基本要求

4.1　应在认真调查地理、地质、土壤、气象、环境等条件和雷电活动规律及中小学校特点的基础上进行防雷设计，研究防雷装置的形式及其布置。

4.2　在可能发生对地闪击的地区，应根据学校建筑物的重要性、使用性质及雷电事故发生的可能性和后果，将学校建筑物分为以下三个防雷等级：

a）遇下列情况之一时，应划为第一等防雷建筑物：

1）预计年雷击次数大于 0.05 次的人员密集的建筑物；

2）属于国家级重点文物保护的建筑物。

b）遇下列情况之一时，应划为第二等防雷建筑物：

1）预计年雷击次数大于或等于 0.01 次，且小于或等于 0.05 次的人员密集的建筑物；

2）属于省级重点文物保护的建筑物；

3）在平均雷暴日大于 15 d/a 的地区，15 m 及以上的烟囱、水塔等孤立高耸建筑物，或者在平均雷暴日小于或等于 15 d/a 的地区，20 m 及以上的烟囱、水塔等孤立高耸建筑物。

c）遇下列情况之一时，应划为第三等防雷建筑物：

1）预计年雷击次数大于或等于 0.003 次，且小于 0.01 次的人员密集的建筑物；

2）属于市（县）级重点文物保护的建筑物；

3）历史上发生过雷电灾害的学校。

4.3　不同防雷等级的学校建筑物应按对应等级的防雷要求分别进行防雷工程设计、施工。

4.4　学校新建建筑物在建设前宜按 GB/T 21714.2 2008 中的技术规定进行雷击风险评估。

4.5　学校建筑物的防雷设计、施工宜与学校建设或改造同步进行。

4.6　使用的防雷装置应符合附录 A 的要求。

5　设计要求

5.1　一般要求

5.1.1　各等级防雷建筑物均应装设外部防雷装置。

5.1.2　在建筑物的地下室或地面层，建筑物金属体、金属装置、建筑物内系统和进出建筑物的金属管线应与防雷装置做等电位连接；除上述措施外，建筑物金属体、金属装置、建筑物内系统与外部防雷装置之间，应满足 GB 50057—2010 中 4.3.8 和 4.4.7 规定的间隔距离要求。

5.1.3　有电气系统和电子系统的各等级防雷建筑物，当其建筑物内系统所接设备的重要性高，以及所处雷击电磁环境和加于设备的闪电电涌满足不了要求时，应采取雷击电磁脉冲防护措施。

5.2　直击雷防护

5.2.1　接闪器

5.2.1.1　接闪器应由以下一种或多种组成：

a）独立接闪杆；

b）架空接闪线；

c）直接装设在建筑物上的接闪杆、接闪带或接闪网。

5.2.1.2　接闪器的材料规格应符合附录 A 的 A.1 的要求。

5.2.1.3　接闪器的布置应符合表 1 的要求。

表 1　接闪器的布置要求

学校建筑防雷等级	滚球半径	接闪网网格尺寸
第一等防雷建筑物	45 m	≤10 m×10 m 或≤8 m×12 m
第二等防雷建筑物	60 m	≤20 m×20 m 或≤16 m×24 m
第三等防雷建筑物	75 m	≤30 m×30 m 或≤24 m×36 m

5.2.1.4　利用金属屋面做接闪器时，应符合附录 A 的 A.1.2 的要求。

5.2.1.5　突出屋面的烟囱、广告牌、冷却塔、太阳能热水器的支架、金属棚、晒衣架、空调风机等金属物体，应采取下列防雷措施：

a）金属物体应和屋面防雷装置相连；

b）在屋面接闪器保护范围之外的非金属物体应加装接闪杆，接闪杆应与屋面防雷装置相连。接闪杆的保护范围应按表 1 规定的滚球半径计算。对尺寸较大或突出屋面高于接闪器超过 0.5 m 的物体应另增设接闪器。

5.2.1.6　对于砖烟囱、钢筋混凝土烟囱，应在烟囱上装设接闪杆或环形接闪带。

5.2.1.7　在独立接闪杆、架空接闪线上不得悬挂电话线、广播线、电视接收天线及低压架空线等物体。

5.2.1.8　位于高山的学校宜根据环境情况设置水平状接闪器防止自下而上的雷击。

5.2.2　引下线

5.2.2.1　应沿建筑物四周均匀或对称地布置引下线。引下线应不少于两根，其平均间距应符合表 2 的要求。

表 2　引下线的最大平均间距要求

学校建筑防雷等级	引下线最大平均间距要求
第一等防雷建筑物	18 m
第二等防雷建筑物	25 m
第三等防雷建筑物	30 m

5.2.2.2　引下线的材料规格应符合附录 A 的表 A.1 的要求。

5.2.2.3　引下线明敷时，应采取如下措施之一：

a）外露引下线，其距地面 2.7 m 以下的导体使用耐 1.2/50 μs 冲击电压 100kV 的绝缘层隔离，或使用不小于 3 mm 厚的交联聚乙烯层隔离；

b）设立阻止人员进入的护栏或警示牌，使进入距引下线 3 m 范围内地面的可能性减小到最限度。

5.2.2.4 钢筋混凝土结构的建筑物宜利用钢筋混凝土屋面、梁、柱、基础内的钢筋作为引下线。

5.2.2.5 高度不超过 40 m 的烟囱，可只设一根引下线，超过 40 m 时应设两根引下线。可利用螺栓接或焊接的一座金属爬梯作为两根引下线用。钢筋混凝土烟囱的钢筋应在其顶部和底部与引下线和通连接的金属爬梯相连。金属烟囱可作为接闪器和引下线。

5.2.2.6 引下线上不得附着其他电气线路、通信线、信号线，当在学校内的通信塔或其他高耸金属构这些实际上起接闪作用的金属物上敷设电气线路、通信线、信号线时，线路应采用直埋于土壤中的铠电缆或穿金属管敷设的导线。电缆的金属护层或金属管应两端接地，埋入土壤中的长度应不小 10 m。

5.2.3 接地装置

5.2.3.1 学校建筑物防雷接地体可按以下两种形式设置：

a）A 型接地体：与引下线连接的单独的人工水平接地体和（或）人工垂直接地体；

b）B 型接地体：利用建筑物基础接地体或人工敷设的包围建筑物的环形接地体。

5.2.3.2 接地装置的接地体材料规格应符合附录 A 的表 A.2 的要求，人工接地装置的接地线应与平接地体的截面面积相同。

5.2.3.3 接地装置的冲击接地电阻值应符合表 3 的要求。当土壤电阻率较高等原因难于满足表 3 要求时，若采用 A 型接地体，接地体最小长度应满足 GB/T 21714.3—2008 中 5.4.2.1 的规定。若采 B 型接地体，第一等防雷建筑物环形接地体应满足 GB 50057—2010 中 4.3.6 的规定，第二等、第三等雷建筑物的环形接地体应满足 GB 50057—2010 中 4.4.6 的规定。按上述方法布置接地体以及环形地体所包围面积的等效圆半径等于或大于所规定的值时，可不计及冲击接地电阻。

表 3 接地装置冲击接地电阻值要求

学校建筑防雷等级	冲击接地电阻值
第一等防雷建筑物	不大于 10 Ω
第二等防雷建筑物	不大于 30 Ω
第三等防雷建筑物	不大于 30 Ω

5.2.3.4 接地装置在土壤中的埋设深度应不小于 0.5 m。角钢、钢管、铜棒、铜管等接地体应垂直配置。人工垂直接地体的长度宜为 2.5 m，其间距宜不小于 5 m。

5.2.3.5 接地系统宜采用共用接地方式，接地电阻应不大于 50 Hz 电气装置对人身安全所要求的阻值。电气装置的安全接地电阻值要求见 GB 50054—2011。

5.2.3.6 为防止跨步电压对出入建筑物的人员造成伤害，应采用以下一种或多种方法：

a）利用建筑物金属构架和建筑物互相连接的钢筋在电气上是贯通且不少于 10 根柱子组成的自然引下线，作为自然引下线的柱子包括位于建筑物四周和建筑物内的柱子；

b）引下线 3 m 范围内地表层的电阻率不小于 50 kΩm，或敷设 5 cm 厚沥青层或 15 cm 厚砾石层；

c）用网状接地装置对地面做均衡电位处理；

d）使用护栏、警示牌使进入距引下线 3 m 范围内地面的可能性减小到最低限度。

5.3 电气系统和电子系统的雷电防护

5.3.1 电气系统的电磁屏蔽和等电位连接应符合 GB 50057—2010 的要求，电涌保护器的选择和安装应符合 QX/T 10.2—2007 的要求。

5.3.2 计算机网络控制系统、视听教学系统、安全防范监控系统、通信网络系统、卫星接收及有线电视系统、有线广播及扩声系统等电子系统在直击雷防护措施完善的前提下，还应符合 GB 50057—2010 对电磁屏蔽和等电位连接的要求，电涌保护器的选择和安装应符合 QX/T 10.3—2007 的要求。具体措施见附录 B。

5.4　其他场所和设施的雷电防护

5.4.1　学校食堂、锅炉房等采用金属燃气管道且主管道已采取了阴极保护措施时，应在燃气供气管道入户处接入绝缘段或绝缘法兰盘。绝缘段或绝缘法兰盘两端安装的电源 SPD 应符合 GB 50057—2010 中 4.2.4 的第 13 款和第 14 款的要求。

5.4.2　校园气象站的防雷措施应符合 QX 4 和 QX 30—2004 的要求。

5.4.3　学校操场的金属旗杆、金属围栏等金属设施应做好接地，接地电阻值不宜大于 30Ω，并应采取防接触电压、防跨步电压措施。户外活动器材、高杆灯、报栏、车棚、雕塑等金属物体应进行接地处理，接地装置应符合 5.2.3 的要求。

5.4.4　经园林或林业管理部门确认的校园古树宜采取直击雷防护措施。当古树高度低于 20 m 时，可在古树群中央部位设置独立接闪杆，使周边古树在其保护范围内。接闪杆的滚球半径可取 75 m；当古树高度高于 20 m 时，可在古树树冠的主要干叉上装设圆钢制成的短接闪杆，并使其高于树冠 2 m，同时用软钢绞线上端与接闪杆电气连接、中间部分弯曲布设，并与树根附近的人工垂直接地极连接。

5.4.5　屋顶太阳能热水器宜设置接闪杆进行保护，金属支架应采用不小于直径 8 mm 的圆钢与屋面防雷装置作等电位连接。接闪杆与智能型太阳能热水器的距离不宜小于 3 m，智能型太阳能热水器应处于 $LPZ0_B$ 区内，电源线路、液位传感器线路、温度传感器线路等应套金属线槽（钢管）敷设，金属线槽（钢管）应全长保持电气连通并作两端接地处理。太阳能热水器的电源线路在入户端应安装电源 SPD，信号线路入户端宜安装信号 SPD。应有雷雨天气不要使用的警示。

5.4.6　卫星接收及有线电视系统的屋面天线应装设接闪杆，接闪杆与天线的间距不宜小于 3 m，天线应处于 $LPZ0_B$ 区内。天线馈线除了应采取屏蔽措施且屏蔽体应两端接地外，还应采取防闪电电涌侵入和过电压保护措施。若有线电视的天线放大器设置在竖杆上，并采用专用电源线供电，则电源线应穿金属管敷设，其金属管应与竖杆（架）进行电气连接。

6　施工要求

6.1　一般要求

6.1.1　施工人员、资质和计量器具应符合下列要求：

a）施工中的各工种技工、技术人员均应具备相应的资格并持证上岗；

b）施工单位应具备相应的防雷工程施工资质；

c）在安装和调试中使用的各种计量器具，应经法定计量认证机构检定合格，并应在检定合格有效期内。

6.1.2　防雷工程采用的主要设备、材料、成品、半成品进场检验结论应有记录，并应在确认符合附录 A 的要求后再在施工中应用。对依法定程序批准进入市场的新设备、器具和材料进场验收，供应商应提供安装、使用、维修和试验要求等技术文件。对进口设备、器具和材料进场验收，供应商应提供商品检验（或国内检测机构）证明和中文的质量合格证明文件，规格、型号、性能检验报告，以及中文的安装、使用、维修和试验要求等技术文件。当对防雷工程采用的主要设备、材料、成品、半成品存在异议时，应由法定检测机构的试验室进行抽样检测，并应出具检测报告。

6.1.3　各工序应按 GB 50601—2010 的规定进行质量控制，每道工序完成后应进行检查。相关各专业工种之间应进行交接检验，并形成记录（含隐蔽工程记录）。未经监理工程师或建设单位技术负责人检查确认，不得进行下道工序施工。

6.1.4　除设计要求外，承力建筑钢结构构件上，不得采用熔焊工艺连接固定低压电气设备、线路和器具的支架、螺栓等部件，应采用机械连接，且不得热加工开孔。

6.2　接闪器安装

6.2.1　专用接闪杆应能承受 0.7 kN/m² 基本风压，在经常发生台风和大于 11 级大风的地区，应增大其抗风能力。专用接闪杆位置应正确，螺栓固定的应有防松零件（垫圈），焊接固定的焊缝饱满无遗漏．焊接部分补刷的防腐油漆完整。接闪导线应位置正确、平正顺直、无急弯。

6.2.2　接地体的连接应采用焊接，并宜采用放热焊接（热剂焊）。当采用通用的焊接方法时，应在焊接处做防腐处理。钢材、铜材的焊接应符合以下要求：

　　a）导体为钢材时，焊接时的搭接长度及焊接方法要求见表 4；

　　b）导体为铜材与铜材或铜材与钢材时，连接工艺应采用放热焊接，其熔接接头应符合下列规定：

　　1）被连接的导体应完全包在接头里；

　　2）应保证连接部位的金属完全熔化，连接牢固；

　　3）放热焊接接头的表面应平滑且无贯穿性气孔。

表 4　防雷装置钢材焊接时的搭线长度及焊接方法

焊接材料	搭接长度	焊接方法
扁钢与扁钢	不应少于扁钢宽度的 2 倍	不少于 3 个棱边焊接
圆钢与圆钢	不应少于圆钢直径的 6 倍	双面施焊
圆钢与扁钢	不应少于圆钢直径的 6 倍	双面施焊
扁钢与钢管、扁钢与角钢	紧贴角钢外侧两面或紧贴 3/4 钢管表面，上下两侧施焊，并应焊以由扁钢弯成的弧形（或直角形）卡子或直接由扁钢本身弯成弧形或直角形与钢管或角钢焊接	

6.2.3　固定接闪带的固定支架应固定可靠，每个固定支架应能承受 49 N（5kgf）的垂直拉力。固定支架应均匀，并符合表 5 中的间距要求。

表 5　明敷接闪导体和引下线固定支架的间距

布置方式	扁形导体和绞线固定支架的间距	单根圆形导体固定支架的间距
水平面上的水平导体	500 mm	1000 mm
垂直面上的水平导体	500 mm	1000 mm
地面至 20 m 处的垂直导体	1000 mm	1000 mm
从 20 m 处起往上的垂直导体	500 mm	1000 mm

6.2.4　校园内古建筑防雷工程施工中，应遵守不改变文物原状的文物保护原则。选择使用接闪带的颜色应与古建筑物相应位置的颜色协调一致，接闪带应随形敷设。固定支架固定在屋面脊瓦时不应对脊瓦造成破坏或破坏屋面的防水结构。古建筑防雷工程中接闪带的安装方法可参见图集《建筑物防雷设施安装》99D501－1 中的做法。

6.3　引下线安装

6.3.1　暗敷或明敷的专用引下线应分段固定，并以最短路径敷设到接地体，敷设应平正顺直、无急弯。焊螺栓固定的应有防松零件（垫圈），接固定的焊缝饱满无遗漏，焊接部分补刷的防腐油漆完整。

6.3.2　引下线安装应与易燃材料的墙壁或墙体保温层间距大于 0.1 m。按 GB/T 21714.3—2008 中 D.5.1 的规定，当难以实现 0.1 m 要求时，引下线截面面积应不小于 100mm²。

6.3.3　引下线固定支架应固定可靠，每个固定支架应能承受 49 N（5 kgf）的垂直拉力。固定支架应均匀，并符合表 5 中的间距要求。在校园内古建筑中沿廊柱引下时，不应使用钉入柱内的固定支架，而应采用圆抱箍进行固定。

6.3.4　引下线可利用建筑物的钢梁、钢柱、消防梯等金属构件作为自然引下线，这些金属构件之间应电气贯通，可采用铜锌合金焊、熔焊、卷边压接、缝接、螺钉或螺栓进行连接。当利用混凝土内钢筋、钢柱作为自然引下线并采用基础钢筋接地体时，不宜设断接卡，但应在室外墙体上留出供测量用的测接地电阻孔洞及与引下线相连的测试点接头。暗敷的自然引下线（柱内钢筋）的施工应符合 GB 50204 的要求。对混凝土柱内钢筋的连接，应采用土建施工的绑扎法、螺丝扣连接等机械连接或对焊、搭焊等焊接连接。

6.3.5　引下线不应敷设在下水管道内，不宜敷设在排水槽沟内。

6.4　接地装置安装

6.4.1　接地体的连接应采用焊接，并宜采用放热焊接（热剂焊）。当采用通用的焊接方法时，应在焊接处做防腐处理。钢材、铜材的焊接应符合 6.2.2 的要求。

6.4.2　接地线连接要求及防止发生机械损伤和化学腐蚀的措施应符合 GB 50169—2006 中 3.2.7、3.3.1 和 3.3.3 的要求。

6.4.3　降低接地电阻的方法包括：

a）将垂直接地体深埋到低电阻率的土壤中或扩大接地体与土壤的接触面积；

b）置换成低电阻率的土壤；

c）采用降阻剂或新型接地材料。

6.4.4　在永冻土地区和采用深孔（井）技术的降阻方法应符合 GB 50169—2006 中 3.2.10 的要求。

7　管理和维护

7.1　学校防雷工程施工与质量验收应符合 GB 50601—2010 的要求。防雷工程（子分部工程）应由具备资质的机构进行检测验收。

7.2　应确定专人负责管理和维护学校防雷装置，每年应对学校的防雷装置进行检测，防雷装置检测宜在雷雨季节前进行。应及时对防雷装置的设计、安装、综合布线等图纸和防雷装置检测报告资料进行归档保存。如需对建筑物进行防雷工程整改，应及时制定整改措施并加以落实，消除隐患。

7.3　学校应及时把雷电预警信息发布给师生，宜安装雷电预警系统和 LED 显示屏。

7.4　在雷雨天气应停止在操场活动并远离旗杆、金属围栏、大树等以防旁侧闪络造成人员伤害。

7.5　学校应建立健全雷电灾害报告制度，在遭受雷电灾害后应及时向教育行政主管部门和气象主管机构报告灾情，并协助气象主管机构做好雷电灾害的调查、鉴定工作，分析雷电灾害事故原因，提出解决方案和措施。

7.6　检查维护和检测应有详细记录，并由参加检测人员填写、整理。记录内容应包括：

a）接闪器、引下线的总体情况；

b）保护措施和材料现状；

c）接地装置的接地电阻；

d）电涌保护器的功能状况，雷击计数器的记录值；

e）对雷击防护装置的评估和建议，以及整改情况。

7.7 学校应经常对师生进行防雷安全教育。

中小学与幼儿园校园周边道路
交通设施设置规范

GA/T 1215—2014

1 范围

本标准规定了中小学、幼儿园校园周边道路交通设施的设置原则、要求和方法。

本标准适用于中小学、幼儿园校园周边道路交通设施的设置。高等院校或其他学生集中出入的场所可参照执行。

2 规范性引用文件

下列文件对于本文件的应用是必不可少的。凡是注日期的引用文件，仅注日期的版本适用于本文件。凡是不注日期的引用文件，其最新版本（包括所有的修改单）适用于本文件。

GB 5768（所有部分）道路交通标志和标线

GB 14886 道路交通信号灯设置与安装规范

GB/T 18833—2012 道路交通反光膜

GB/T 24969 公路照明技术条件

GB 50688 城市道路交通设施设计规范

GB 50763 无障碍设计规范

CJJ 45 城市道路照明设计标准

GA/T 832 道路交通安全违法行为图像取证技术规范

GA/T 995 道路交通安全违法行为视频取证设备技术规范

3 术语和定义

下列术语和定义适用于本文件。

3.1　校园出入口　school access

校门与校园周边次干路及以上城市道路或三级及以上公路的接入口。

3.2　校园周边道路　road network around school

校园出入口周边不少于 150 m 范围内的道路。

3.3　校园周边道路交通设施 road traffic facilities around school

保障校园周边道路交通安全和畅通的设施，包括交通信号灯、交通标志和标线、人行设施、分隔设施、停车设施、监控设施、照明设施等。

4　一般要求

4.1　交通标志和标线的设置应清晰、醒目，符合 GB 5768 的要求。

4.2　交通信号灯的设置应符合 GB 14886 的要求。

4.3　隔离设施的设置应符合 GB 50688 的要求。

4.4　监控设施的设置应符合 GA/T 832、GA/T 995 的要求。

4.5　交通标志的尺寸宜在 GB 5768 要求的基础上放大一个等级。

4.6　交通标志宜采用符合 GB/T 18833—2012 的 IV 类或 V 类反光膜。

4.7　交通标志宜设置在车行道上方，无法设置在车行道上方的，可设置在道路行进方向右侧，必要时，也可在道路行进方向左右两侧同时设置。

4.8　校园出入口位置要求如下：

a）校园出入口不应设置在交叉口范围内，宜设置距交叉口范围 100 m 以外；

b）校园出入口不宜设置在城市主干路或国省道上；

c）校园出入口距校门的距离宜大于 12 m。

4.9　学校宜设置多个校门供行人和车辆出入。

4.10　特殊教育中小学与幼儿园校园周边道路交通设施的设置还应符合 GB 50763 的要求。

5　设施设置

5.1　交通信号灯

5.1.1　校园周边道路交叉路口应设置信号灯。

5.1.2　校园周边道路施划了人行横道线的，按下列规定设置信号灯：

a）单向 2 车道及以上的城市道路应设置；

b）单向 1 车道的城市道路宜设置；

c）双向 2 车道及以上的公路应设置。

5.1.3　校园周边道路交通信号灯可根据学生交通流情况分时段使用。人行横道信号灯的行人

通行时间可适当延长。

5.1.4 设置信号灯的路段人行横道，学生过街时可配合交通信号灯使用栏杆等辅助拦停设施保障学生过街安全，参见图 A.1。

5.2 交通标志和标线

5.2.1 校园周边道路交通标志的设置应符合以下要求：

a）进入校园周边道路和离开校园周边道路处，应设置限制速度标志及解除限制速度标志（限速值为 30 km/h）或区域限制速度及解除标志，设置限制速度标志的，应附加"学校区域"辅助标志，参见图 A.2；

b）禁止停车路段应设置禁止停车标志，禁止长时停车标志可和限时长停车标志并设，参见图 A.3；

c）设置了校车专用停车位的，应设置校车专用停车位标志，参见图 A.4；

d）应设置注意儿童标志，参见图 A.5；

e）因受地形或其他因素影响，当设置的交通信号灯不易被驾驶员发现的，应设置注意信号灯标志，参见图 A.6；

f）设置了交通监控设施的，应设置交通监控设备标志；

g）设置了减速丘的，应设置路面高突标志，参见图 A.7；

h）施划人行横道线的，应设置停车让行标志和注意避让行人提示文字。5.2.2 校园周边道路交通标线的设置应符合以下要求：

a）校园出入口 50 m 范围内无立体过街设施应施划人行横道线，宽度不应小于 6 m；

b）校园出入口应施划网状线；

c）设置了临时停车位的，应施划机动车限时停车位标线；

d）设置了校车专用停车位的，应施划校车专用停车位标线；

e）路段施划人行横道线的，应施划停止线和人行横道预告标识线；

f）路面可施划"注意儿童"路面文字或图形标记。

5.3 人行设施

5.3.1 校园周边道路人行设施的设置应符合以下要求：

a）城市校园周边道路应设置永久或临时性人行道，宽度不小于 2 m，新、改建校园周边道路应设

置永久性人行道，宽度不得小于 3 m；

b）农村校园周边道路宜设置永久或临时性人行道。

5.3.2 符合下列条件之一的，校园周边道路应设置人行天桥、地道或机动车下穿立交设施：

a）横穿道路的高峰小时人流量超过 5 000 per/h 且双向高峰小时交通量大于 1 200 pcu/h；

b）横穿城市快速路；

c）校园周边道路发生过因学生过街而导致交通死亡事故。

5.3.3　校园被道路分隔的，宜设置人行天桥、地道立体过街设施。

5.3.4　校园周边道路可设置永久或临时性学生步行专用通道。

5.3.5　校园周边道路双向车道数为 6 条及以上或路面宽度大于 30 m 的，宜在分隔带或对向车行道分界线处人行横道上设置行人过街安全岛，参见图 A.8。因用地条件、地形条件等因素限制，安全岛面积不能满足等候信号放行的行人停留需要、桥墩或其他构筑物遮挡车辆驾驶人视线等情况下，可将安全岛两侧人行横道线错位设置，以扩大安全岛的面积。

5.4　分隔设施

校园周边道路分隔设施的设置情况如下：

a）双向 4 车道及以上公路逆向交通之间应设置分隔设施；

b）城市道路：

1）机动车道和非机动车道之间、非机动车道和人行道之间、逆向车道之间宜设置分隔设施；

2）机动车道和非机动车道之间、非机动车道和人行道之间无法设置分隔设施的，逆向车道之间应设置分隔设施；

c）校园出入口不符合 4.8 要求，并严重影响交通时，可设置分隔设施。

5.5　停车设施

5.5.1　校园周边宜建设停车设施或利用现有停车设施，以满足接送学生停车需求。有条件的，可在学校用地范围建设地下停车场。

5.5.2　校园周边道路可设置非机动车临时停放点。

5.6　监控设施

5.6.1　视频监控系统应覆盖校园周边道路。

5.6.2　校园周边道路应安装测速设备。

5.6.3　信号控制交叉口及信号控制人行横道处应设置交通违法监测记录设备，具有闯红灯自动记录功能、超速监测记录功能、实线变换车道监测记录功能、不按导向车道行驶监测记录功能。

5.6.4　禁止停车或禁止长时停车的路段宜设置违法停车监测记录设备。

5.7　照明设施

5.7.1　校园周边道路应设置人工照明设施。受条件限制无法设置照明设施的，应在校园出入口设置反光或发光交通设施。

注：道口标柱、主动发光标志等。

5.7.2　城市校园周边道路人工照明设施的设置应符合 CJJ 45 的要求。

5.7.3　公路校园周边道路人工照明设施的设置应符合 GB/T 24969 的要求。

图书在版编目(CIP)数据

学校安全工作标准指引：全5册／中安协教育科技
研究院组编． － － 北京：九州出版社，2015.11
ISBN 978－7－5108－4091－3

Ⅰ．①学… Ⅱ．①中… Ⅲ．①学校－安全管理－中国
Ⅳ．①G474

中国版本图书馆CIP数据核字(2015)第293204号

学校安全工作标准指引

作　　　者：中安协教育科技研究院　组编
出版发行：九州出版社
出 版 人：黄宪华
地　　　址：北京市西城区阜外大街甲35号(100037)
网　　　址：www.jiuzhoupress.com
印　　　刷：北京市通州运河印刷厂
开　　　本：889毫米×1194毫米　16开
印　　　张：105.75
字　　　数：2985千字
版　　　次：2016年10月第1版
印　　　次：2016年10月第1次印刷
书　　　号：ISBN 978－7－5108－4091－3
定　　　价：550.00元(全5册)